Prosopographie der mittelbyzantinischen Zeit
Zweite Abteilung (867–1025)

8. Band: Nachwort, Abkürzungen und Indices

Prosopographie der mittelbyzantinischen Zeit

Herausgegeben von der
Berlin-Brandenburgischen Akademie
der Wissenschaften

De Gruyter

Prosopographie der mittelbyzantinischen Zeit

Zweite Abteilung (867–1025)

8. Band: Nachwort, Abkürzungen und Indices

Ralph-Johannes Lilie · Claudia Ludwig
Beate Zielke

De Gruyter

Dieser Band wurde durch die Bund-Länder-Kommission für Bildungsplanung und Forschungsförderung im Akademieprogramm mit Mitteln des Bundes (Bundesministerium für Bildung, Wissenschaft, Forschung und Technologie) und des Landes Berlin (Senatsverwaltung für Wissenschaft, Forschung und Kultur) gefördert.

ISBN 978-3-11-027547-6

Library of Congress Cataloging-in-Publication Data

A CIP catalog record for this book has been applied for at the Library of Congress.

Bibliografische Information der Deutschen Nationalbibliothek

Die Deutsche Nationalbibliothek verzeichnet diese Publikation in der Deutschen Nationalbibliografie; detaillierte bibliografische Daten sind im Internet über http://dnb.dnb.de abrufbar.

Druck und buchbinderische Verarbeitung: Hubert & Co. GmbH & Co. KG, Göttingen
♾ Gedruckt auf säurefreiem Papier

Printed in Germany

www.degruyter.com

MIX
Papier aus verantwortungsvollen Quellen
FSC www.fsc.org FSC® C016439

Inhaltsverzeichnis

Inhaltsverzeichnis V

Nachwort VII

Quellen-, Literatur- und Abkürzungsverzeichnis 1

Benutzungshinweise zu den Indices 149

Indices

1. Korrekturen und Ergänzungen zu PmbZ I 155

2. Namensvarianten, Familiennamen und Beinamen 159

3. Quellen 206

4. Handschriften 280

4.1 Handschriften in alphabetischer Ordnung 280

4.2 Handschriften in chronologischer Ordnung 288

5. Titel und Berufe 298

6. Geographische und topographische Namen 483

Nachwort

Mit dem Erscheinen der zweiten Abteilung ist die an der Berlin-Brandenburgischen Akademie erstellte "Prosopographie der mittelbyzantinischen Zeit", die den byzantinischen Kulturraum zwischen 641 und 1025 a. d. erfaßt, abgeschlossen. Etwa gleichzeitig mit der Druckfassung wird eine Onlinefassung erscheinen, die beide Abteilungen umfaßt und vor allem die Suche erleichtern soll, aber ansonsten identisch mit der gedruckten Publikation sein wird.

Die Benutzungshinweise für die zweite Abteilung sind mit denen der ersten Abteilung inhaltlich identisch, so daß eine Wiederholung an dieser Stelle überflüssig wäre[1].

Quellen und Quellengruppen

In der zweiten Abteilung treten einige neue Quellengruppen zu denjenigen der ersten Abteilung hinzu, während andere wegfallen oder sich ihr Anteil ändert. Im folgenden seien die Quellengruppen und ihr jeweiliger Anteil an der Zahl aller Lemmata kurz dargestellt[2]:

Neue Quellengruppen:

Urkunden und Akten (Dok.):	1.433 Lemmata
Dichtung (Vers.):	94 Lemmata
Handschriften (Ms.):	277 Lemmata
Hebräische Quellen (hebr.):	27 Lemmata
Skandinavische Quellen (skand.):	164 Lemmata

Ganz oder fast ganz weggefallene Quellengruppen:

Homilien etc. (Hom.):	264 Lemmata (Abt. I) – vier Lemmata (Abt. II)
Koptische Quellen (kopt.):	16 Lemmata (Abt. I) – keine Lemmata (Abt. II)

In beiden Abteilungen vertretene Quellengruppen:

Quellengruppe (Abkürzung)	*Abteilung I*	*Abteilung II*
Historiographie (Hist.):	959 Lemmata	870 Lemmata
Epistolographie (Ep.):	945 Lemmata	1.035 Lemmata
Konzilsakten (Conc.):	1.487 Lemmata	626 Lemmata
Hagiographie (Hag.):	2.089 Lemmata	1.678 Lemmata
Fachschriften (Fs.):	377 Lemmata	519 Lemmata
Sonstige Quellen (Sonst.):	259 Lemmata	234 Lemmata
Inschriften (Inscr.):	682 Lemmata	309 Lemmata

1. S. PmbZ I, Bd. I, p. V–XI.
2. In vielen Lemmata sind mehrere Quellengruppen vertreten, so daß die reine Addition der einzelnen Quellengruppen eine höhere Summe ergibt als die angegebenen Gesamtzahlen für die beiden Abteilungen der PmbZ.

Siegel (Sg.):	4.688 Lemmata	3.239 Lemmata
Numismatik (Num.):	28 Lemmata	17 Lemmata
Lateinische Quellen (lat.):	523 Lemmata	716 Lemmata
Armenische Quellen (arm.):	76 Lemmata	141 Lemmata
Georgische Quellen (georg.):	147 Lemmata	147 Lemmata
Syrische Quellen (syr.):	170 Lemmata	107 Lemmata
Arabische Quellen (arab.):	334 Lemmata	583 Lemmata
Slawische Quellen (sl.):	83 Lemmata	161 Lemmata
Gesamtzahl	***11.077 Lemmata***	***10.594 Lemmata***

Da der Zeitraum der zweiten Abteilung mit 158 Jahren gegenüber den 227 Jahren der ersten Abteilung um etwa 30 Prozent geringer ist, könnten die nackten Zahlen leicht einen falschen Eindruck erwecken. Tatsächlich ist die Zahl der Quellenmitteilungen in der zweiten Abteilung gegenüber derjenigen der ersten Abteilung signifikant angestiegen, wie sich zeigt, wenn man die Zahl der Lemmata pro Jahr errechnet. Hier ergibt sich, daß in der ersten Abteilung 11.077 Lemmata auf 227 Jahre entfallen, also etwa knapp 50 Lemmata auf ein Jahr, während in der zweiten Abteilung 10.595 Lemmata auf 158 Jahre verteilt sind, was einem Schnitt von ca. 67 Lemmata pro Jahr entspricht. Hier lohnt sich auch eine entsprechende Betrachtung der einzelnen Quellengruppen.

Um den Anteil der jeweiligen Quellengruppe an der Gesamtzahl der Lemmata deutlich zu machen, wird zunächst die Gesamtzahl der Erwähnungen der jeweiligen Quellengruppe in Abteilung I bzw. Abteilung II genannt, dann die Zahl der durchschnittlichen Erwähnungen pro Jahr und schließlich der prozentuale Anteil. – Die ermittelten Zahlen sind Näherungswerte und auf die erste Stelle hinter dem Komma gerundet.

Quellengruppe	*Abteilung I*	*Abteilung II*
Historiographie:	959 / 4,2 (8,6%)	870 / 5,6 (8,3%)
Epistolographie:	945 / 4,2 (8,5%)	1035 / 6,6 (9,8%)
Konzilsakten:	1.487 / 6,6 (13,4%)	626 / 4,0 (5,9%)
Hagiographie:	2.089 / 9,2 (18,9%)	1.678 / 10,7 (15,9%)
Homilien etc:	264 / 1,2 (2,4%)	4 / 0,0 (0%)
Fachschriften:	377 / 1,7 (3,4%)	519 / 3,3 (4,9%)
Urkunden und Akten:	0 / 0	1.433 / 9,1 (13,5%)
Dichtung:	0 / 0	94 / 0,6 (0,9%)
Handschriften:	0 / 0	277 / 1,8 (2,6%)
Sonstige Quellen:	259 / 1,1 (2,3%)	234 / 1,5 (2,2%)
Inschriften:	682 / 3,0 (6,1%)	309 / 2,0 (2,9%)
Siegel:	4.688 / 20,7 (42%)	3.239 / 20,6 (30,6%)
Numismatik:	28 / 0,1 (0,3%)	17 / 0,1 (0,2%)
Lateinische Quellen:	523 / 2,3 (4,7%)	716 / 4,6 (6,8%)
Armenische Quellen:	76 / 0,3 (0,7%)	141 / 0,9 (1,4%)
Georgische Quellen:	147 / 0,6 (1,3%)	147 / 0,9 (1,4%)
Syrische Quellen:	170 / 0,7 (1,5%)	107 / 0,7 (1,0%)

Arabische Quellen:	334 / 1,5 (3,0%)	583 / 3,7 (5,5%)
Hebräische Quellen:	0 / 0	27 / 0,2 (0,3%)
Slawische Quellen:	83 / 0,4 (0,7%)	161 / 1,0 (1,5%)
Koptische Quellen:	16 / 0,1 (0,1%)	0 / 0
Skandinavische Quellen:	0 / 0	164 / 1,0 (1,5%)
Gesamtzahl	***11.077 / 50***	***10.594 / 67***

Insgesamt beläuft sich die Zahl der ausgewerteten Quellen in Abteilung II auf ca. 1.000 , während sie in Abteilung I etwas über 650 beträgt. Auch dies spiegelt die wachsende Schriftlichkeit und die bessere Überlieferungssituation von Texten nach den "Dunklen Jahrhunderten" (7./8. Jh.) wider.

Nicht uninteressant sind die Verschiebungen des zahlenmäßigen Anteils der verschiedenen Quellengruppen zwischen der ersten und der zweiten Abteilung der PmbZ, die im folgenden kurz analysiert werden sollen[3].

Historiographie. Insgesamt gesehen bleibt der Anteil der historiographischen Quellen in beiden Abteilungen gleich, was überrascht, da man angesichts des allgemeinen Quellenzuwachses auch eine Zunahme der Lemmata erwarten würde, an denen diese Quellen beteiligt sind. Die Erklärung dürfte darin liegen, daß der von diesen Quellen erfaßte Personenkreis – grob gesagt, die Spitzen der weltlichen und kaiserlichen Hierarchie – im wesentlichen gleich blieb. Dieser Personenkreis war aber auch schon vor 867 relativ gut erfaßt. Umfangreicher werden daher nur die Informationen über die einzelnen Personen, während deren Zahl gleich bleibt.

Epistolographie. Die Anzahl der Lemmata aus epistolographischen Quellen (Briefen und Briefsammlungen) steigt in Abteilung II um ca. zehn Prozent, während gleichzeitig der erfaßte Zeitraum um 30 Prozent abnimmt. Das bedeutet, daß die Briefe als Quellengruppe in ihrer Bedeutung deutlich zunehmen. Während aus dem Zeitraum von Abteilung I im wesentlichen drei große Briefsammlungen bedeutender Persönlichkeiten (Theodoros Studites, Ignatios Diakonos, Patriarch Photios) erhalten sind, sind aus dem Zeitraum von Abteilung II zahlreiche größere (Patriarch Photios, Nikolaos Mystikos) und auch kleinere Briefsammlungen weniger bekannter Persönlichkeiten überliefert. Dies bewirkt nicht nur insgesamt eine quantitative Zunahme der Briefe, sondern auch eine Verbreiterung des Themenspektrums und damit eine deutliche Verbesserung des prosopographischen Informations- und Quellenwertes der Briefe.

Konzilsakten. Aus dem vorgelegten Zahlenmaterial ergibt sich, daß der Anteil der Konzilsakten an der Anzahl der Lemmata in Abteilung II gegenüber Abteilung I auf weniger als die Hälfte gesunken ist. Der Grund dafür liegt darin, daß im Zeitraum von Abteilung II nur zwei Konzilien stattgefunden haben, während für Abteilung I die Akten dreier Konzilien und weiterer regionaler Synoden auszuwerten waren. Es kommt hinzu, daß das Konzil von 787 eine sehr hohe Teilnehmerzahl aufwies, da neben den Bischöfen und Metropoliten zahlreiche Mönche und Äbte am Konzil teilnahmen. Außerdem fanden die beiden Konzilien innerhalb des

3. Hierbei wird nur auf die Unterschiede zwischen den beiden Abteilungen eingegangen, insoweit sie Auswirkungen auf den zahlenmäßigen Anteil der betreffenden Quellengruppe haben. Zur inhaltlichen Analyse cf. die entsprechenden Artikel in den Prolegomena zu den beiden Abteilungen der PmbZ.

Zeitraums von Abteilung II in einem Abstand von nur zehn Jahren statt, was zumindest in gewissem Maße zu einer Übereinstimmung bei den Teilnehmern geführt hat, und das erste der beiden war außerordentlich schlecht besucht.

Hagiographie. Die hagiographischen Quellen liefern mit 1.678 Lemmata in Abteilung II immer noch ca. 80 Prozent der 2.089 Lemmata in Abteilung I., während der von der Abteilung II untersuchte Zeitraum nur etwa 70 Prozent desjenigen von Abteilung I umfaßt. Das Aufkommen an prosopographischen Informationen aus hagiographischen Quellen nimmt also im Verhältnis leicht zu. Insgesamt bleiben aber der Umfang und die Bedeutung der Heiligenviten als Quellengruppe in beiden Abteilungen mehr oder weniger gleich.

Homilien. In Abteilung II wurde der prosopographische Beitrag der homiletischen Literatur als so gering eingeschätzt, daß ihr keine eigene Quellengruppe mehr eingeräumt wurde, sondern entsprechende Texte unter "Sonstige Quellen" oder in andere Quellengruppen eingeordnet wurden. Die Zahl der aus homiletischen Quellen bekannten Personen geht also in Wahrheit nicht auf Null, sondern wird unsichtbar, da sie in anderen Quellengruppen aufgeht.

Fachschriften. Die Zahl der Lemmata nimmt in der zweiten Abteilung gegenüber der ersten Abteilung um etwa ein Drittel zu. Dies mag u. a. damit zusammenhängen, daß die personenintensiven Quellenwerke, wie etwa die Schriften Konstantins VII. (DAI, De them., De cerim.) mehr Personen aus der Zeit ihrer Entstehung oder kurz davor verzeichnen als für den früheren Zeitraum.

Urkunden und Akten. Erst im Zeitraum der Abteilung II setzt – jedenfalls wenn man die Papyrusurkunden aus Ägypten bis ins 7./8. Jh. außer acht läßt, die in PmbZ I zu etwa 40 Lemmata beitragen – die Überlieferung von Urkunden in diplomatischer Kopie oder im Original ein: Die älteste im Original erhaltene Urkunde ist Actes de Lavra, Nr. 1 aus dem Jahre 897. Die älteste in einer diplomatischen Kopie überlieferte Urkunde ist Actes du Prôtaton, Nr. 1 aus dem Jahre 883. Gibt es bis in die Mitte des 10 Jh.s nur sehr wenige erhaltene oder überlieferte Urkunden, so steigt ihre Zahl ab der zweiten Hälfte stetig an, so daß für die Zeit bis 1025 insgesamt 69 Athosurkunden, einige Latrosakten, süditalienische Urkunden und weitere Dokumente dieser Art auszuwerten waren.

Dichtung. Natürlich gab es auch im Zeitraum der Abteilung I Versdichtung, nur war sie zahlenmäßig noch recht überschaubar, enthielt oft wenig prosopographisches Material (wie z. B. die Epigramme des Theodoros Studites, die nur zu insgesamt 24 Lemmata beitrugen) und ließ sich ohne größere Widersprüche unter die Inschriften – wie z. B. die von Steininschriften abgeschriebenen Epigramme der Anthologia Graeca – oder eben auch in die Rubrik "Sonstige Quellen" einordnen. Für den Zeitraum von Abteilung II treten jedoch mehr Dichter (namentlich bekannte wie anonyme) in Erscheinung, die in ihrer Dichtung Zeitgenossen nennen, aktuelle Ereignisse verarbeiten oder autobiographische Details erwähnen. Weil diesen Texten erst in Abteilung II eine eigene Quellengruppe zugewiesen wurde, erscheint der in der obigen Tabelle ablesbare starke Zuwachs (von 0 auf 94) größer, als er es tatsächlich gewesen ist.

Handschriften. Vor 867 gibt es nur sehr wenige mit Subskription versehene, sicher datierbare Handschriften, so daß in Abteilung I bei den wenigen Personen, die sich aus diesen Quellen ergaben (nur 6 Lemmata), keine eigene Quellengruppe gebildet wurde, sondern daß die betroffenen Quellen unter dem Begriff "Sonstige Quellen" subsumiert wurden. In Abteilung II jedoch nimmt die Zahl der datierten und subskribierten Handschriften so stark zu, daß die Anlage einer eigenen Quellengruppe sinnvoll erschien.

Sonstige Quellen. Bei den "Sonstigen Quellen" handelt es sich, wie der Name schon nahelegt, um eine Gruppe relativ unterschiedlicher Quellen, die aus verschiedenen Gründen nicht einer der anderen Quellengruppen zugeordnet werden konnten. Ihr Anteil bleibt in beiden Abteilungen etwa gleich.

Inschriften. Die Zahl der inschriftlich erwähnten Personen nimmt von Abteilung I zu Abteilung II um über 50 Prozent ab. Dieser Rückgang wird nur durch eine methodische Modifikation etwas relativiert, nämlich durch die Tatsache, daß einige nur schriftlich fixierte Inschriften in Abteilung I der Quellengruppe der Inschriften zugeordnet wurden, in Abteilung II aber unter die neu geschaffene Quellengruppe der Dichtung fallen. Dies ändert jedoch nichts an der generell rückläufigen Bedeutung dieser Quellengruppe.

Siegel. Der zahlenmäßige Rückgang der Lemmata mit Siegeln hängt mit der häufig nur auf ein halbes oder sogar ein ganzes Jahrhundert genauen Datierung der Siegel und mit den Aufnahmekriterien für die beiden Abteilungen zusammen und spiegelt vermutlich nicht den tatsächlichen Befund wider. In Abteilung I wurden auch diejenigen Siegel aufgenommen, die allgemein in das 7. Jahrhundert datiert wurden, während in Abteilung II, deren Zeitraum 1025 endet, die Siegel mit der Datierung 11. Jahrhundert in der Regel nicht aufgenommen wurden, zumal diese in PBW zu finden sein sollten. Die absolute Anzahl der Lemmata mit Siegeln, auf das Jahr gerechnet, ist auch mit 20,7 (Abteilung I) bzw. 20,6 (Abteilung II) in etwa gleich geblieben. Die Verteilung der Siegel mit einer Datierung in die zweite Hälfte des 9. Jahrhunderts auf Abteilung I und II ist insofern zufällig, als die meisten von diesen aus älteren Publikationen bereits in Abteilung I aufgenommen wurden und in Abteilung II nur diejenigen aus Neuerscheinungen seit ca. 2000 und solche, bei denen sich Anhaltspunkte dafür ergaben, daß die Person eher dem Zeitraum nach 867 zuzurechnen wäre. Wenn man die Gesamtzahl dieser Siegel den Berechnungen für beide Abteilungen der PmbZ zugrundelegte und das gesamte 7. Jahrhundert in die Berechnungen einbezöge, ergäbe sich ein anderes Bild. Es würde deutlich, daß die absolute Anzahl der Lemmata mit Siegeln in Wahrheit in Abteilung II höher liegt als in Abteilung I (mit den Korrekturen nur ca. 18 Lemmata pro Jahr). Der auch bei den veränderten Berechnungen verbleibende Rückgang des Anteils an der Gesamtzahl der Lemmata erklärt sich folglich nicht aus einem Rückgang der Lemmata aus sigillographischen Quellen, sondern aus einem prozentualen Anstieg der Personen aus anderen Quellen als den Siegeln.

Numismatik. Der Rückgang der Anzahl der Lemmata von 28 auf 17 läßt sich leicht erklären, denn Münzen erscheinen als Quellengattung lediglich bei dem regierenden Kaiser oder der Kaiserin, gelegentlich auch bei Mitkaisern oder engen Familienmitgliedern wie Ehepartnern, Geschwistern oder Kindern. Im Zeitraum von Abteilung I regierten 23 Kaiser und Kaiserinnen, während es im erheblich kürzeren Zeitraum von Abteilung II nur zwölf waren. Dieses Verhältnis spiegelt sich auch darin wider, daß der Faktor auf das Jahr gerechnet gleich bleibt.

Lateinische Quellen. Unter den nichtbyzantinischen Quellen sind die lateinischen zahlenmäßig und ihrer Bedeutung nach wohl am höchsten einzustufen. Daß sie in der zweiten Abteilung sogar noch zunehmen, liegt sicherlich auch an der allgemeinen Zunahme der lateinischen Quellen für diese Region im 9. und vor allem im 10./11. Jahrhundert.

Armenische und georgische Quellen. Bei den aus georgischen Quellen bekannten Personen gibt es in Abteilung II einen leichten, bei den aus armenischen Quellen bekannten Personen einen deutlicheren Zuwachs. Dieser erklärt sich vor allem aus der byzantischen Osterweiterung ab der zweiten Hälfte des 10. Jh.s, die auch in den georgischen und armenischen Quellen ihren Niederschlag gefunden hat.

Syrische Quellen. Die Zahl der Lemmata mit syrischen Quellen nimmt in der zweiten Abteilung leicht ab. Dies dürfte damit zusammenhängen, daß die Chronik des Michael syr. bis zum Beginn des 9. Jahrhunderts u. a. eine Vorlage ausschreibt, die außerordentlich viele Ereignisse auch aus der innerbyzantinischen Geschichte enthielt und von der im übrigen auch die Chronik des Theophanes abhängt. Nach dem Ende dieser Vorlage nimmt die Häufigkeit der Erwähnungen "byzantinischer" Ereignisse in der Chronik Michaels und in den von ihr abhängigen, späteren Chroniken stark ab.

Arabische Quellen. Der Zuwachs an Lemmata mit Nachrichten aus arabischen Quellen ergibt sich aus der Zunahme an solchen Quellen im 9. und 10. Jahrhundert. Von besonderer Bedeutung ist hier die Chronik des Yaḥyā aus Antiocheia, der auch über byzantinische Quellen verfügte und allein zu 250 Lemmata beiträgt.

Hebräische Quellen. Diese Quellengruppe ist vor allem dem Hinzutreten der ältesten Texte der Kairoer Genizah, der Korrespondenz des Ḥasdāy b. Šaprūṭ und einer süditalienischen Chronik zu verdanken.

Slawische Quellen. Diese Quellen setzen in größerer Zahl erst ab dem 10. Jahrhundert ein und behandeln dann auch im wesentlichen die Ereignisse dieser und der folgenden Zeit. Eine Ausnahme bildet hier die slawische Redaktion der Logothetenchronik (Symeon sl.), die den gesamten Zeitraum beider Abteilungen erfaßt, soweit er von der Logothetenchronik behandelt wird. Da die "Slawenapostel" Kyrill und Method bis in die zweite Hälfte des 9. Jahrhunderts lebten, berücksichtigen auch ihre Viten notwendigerweise Ereignisse und Personen aus dem Zeitraum beider Abteilungen der PmbZ. Für die Zeit ab dem 10. Jahrhundert verfügen wir in der Nestorchronik über eine weitere slawische Quelle mit umfangreichen Informationen, zu der noch einige kleinere slawische Quellen hinzutreten.

Koptische Quellen. Die koptischen Quellen nach der arabischen Eroberung Ägyptens 640–642 waren für die zweite Abteilung der PmbZ nicht mehr relevant, da sie allenfalls lokale Ereignisse und Personen dokumentieren. Während einige wenige Quellen, vor allem die Chronik des Johannes von Nikiu, für die Übergangszeit nach der arabischen Eroberung immerhin noch ein paar Informationen liefern, spielen koptische Quellen für die spätere Zeit keine Rolle mehr.

Skandinavische Quellen. Die skandinavische Expansion beginnt im ausgehenden 8. Jahrhundert und erreicht Byzanz erst ab der zweiten Hälfte des 9. Jahrhunderts, so daß auch die

Quellen aus diesem Raum erst ab dieser Zeit Informationen zu Byzantinern und vor allem zu skandinavischen Byzanzreisenden liefern, während sie für die erste Abteilung der PmbZ nicht von Bedeutung sind.

Abschließende Bemerkungen. Die Bedeutung einzelner Quellen oder Quellengruppen hängt natürlich nicht von ihrer quantitativen Verteilung ab. Jedoch gibt diese Verteilung Hinweise darauf, wo die Schwierigkeiten bei der Aufnahme dieser Quellen liegen. So bilden die Siegel mit knapp 8.000 Lemmata zwar einerseits über ein Drittel des Gesamtbestandes der PmbZ, aber ihre Informationen sind andererseits sehr fragmentarisch und auf jeweils eine einzelne Person konzentriert, zu der punktuelle Informationen gegeben werden, die aber in der überwiegenden Mehrzahl der Fälle nicht einen Lebenslauf oder wenigstens größere Teile einer Karriere erkennen lassen. Demgegenüber bieten die historiographischen Quellen mit insgesamt 1.842 Lemmata zwar nur zu ca. 8,5 Prozent der Lemmata Informationen, aber diese sind in der Regel umfangreicher und können in Einzelfällen sogar den Rahmen bieten, in den manche Siegel eingeordnet werden können. Daneben darf man nicht vergessen, daß beide Quellengruppen nur Ausschnitte aus der byzantinischen Gesellschaft bieten: Die historiographischen Quellen konzentrieren sich auf das obere Ende der gesellschaftlichen Hierarchie, während die Siegel vor allem den Bereich der weltlichen und geistlichen Administration betreffen, wobei auch hier die mittleren und oberen Teile dieser Administration sicherlich besser repräsentiert sind als die unteren Verwaltungsebenen.

Diese Einschränkungen gelten entsprechend auch für die anderen Quellengruppen, die ihrerseits immer nur Ausschnitte aus dem Gesamtbild der byzantinischen Gesellschaft liefern. Letztendlich wird man einräumen müssen, daß ausgerechnet der "Normalfall", also die überwiegende Mehrheit der Bevölkerung, in den Quellen nur sehr unzureichend repräsentiert ist. Aber dies gilt nicht für die PmbZ und für Byzanz allein, sondern trifft auf die gesamte mittelalterliche Geschichte zu, soweit sie sich in den Quellen dieser Epoche widerspiegelt. Prosopographische Sammlungen wie die PmbZ können diese Problematik zwar etwas mindern, aber eben doch nicht ganz ausschalten.

Mitarbeiter und Helfer

Wie schon in der Einleitung zur Abteilung I der PmbZ ausgeführt und ausführlich begründet[4], sind die einzelnen Lemmata in der PmbZ nicht mit den Namen der jeweiligen Autoren gekennzeichnet. Dies bedeutet allerdings nicht, daß es in der Arbeitsgruppe keine individuellen Spezialisierungen gegeben hätte. Die "Zuständigkeiten" der verschiedenen Autoren und Mitarbeiter lassen sich ungefähr wie folgt aufzeigen, wobei es auch – hier nicht eigens aufgeschlüsselte – Überschneidungen gibt: Ralph-Johannes Lilie (Historiographie, Teile der Hagiographie und der Fachschriften, lateinische Quellen, Koordination und Gesamtleitung sowie EDV-technische Fragen); Claudia Ludwig (Sigillographie, Numismatik, Konzilsakten, Briefcorpus des Nikolaos Mystikos); Thomas Pratsch (Epistolographie, Teile der Hagiographie und der Fachschriften, Inschriften); Beate Zielke (Teile der Hagiographie und der Fachschriften, Urkunden und Akten, Dichtung, Handschriften, armenische und georgische Quellen. Außer-

4. S. PmbZ I, Bd. I, p. IX.

dem lag das Abkürzungsverzeichnis in ihrer Verantwortung); Bettina Krönung (arabische und syrische Quellen); Harald Bichlmeier (slawische und Teile der armenischen Quellen); Daniel Föller (skandinavische Quellen).

Zu den ersten vier der genannten Personen, die über den gesamten Zeitraum an der zweiten Abteilung der PmbZ gearbeitet haben, kommen noch Bettina Krönung und Harald Bichlmeier. Frau Krönung war von 2006 bis 2010 als Mitarbeiterin im Vorhaben aktiv, zunächst im Rahmen von Werkverträgen sowie eines Kooperationsabkommens zwischen dem Vorhaben und dem Department of History der University of Cyprus (Nikosia), 2008 als reguläre Mitarbeiterin und schließlich als Stipendiatin der Gerda-Henkel-Stiftung. Frau Krönung war als ausgebildete Byzantinistin und Arabistin vor allem für die Auswertung der arabischen Quellen zuständig. Unterstützt wurde sie hierbei von Alexander Beihammer (Universität Nikosia), der die Kooperation zwischen der University of Cyprus (Nikosia) und dem Vorhaben ermöglichte und sich auch persönlich bei der Auswertung der arabischen Quellen für die PmbZ engagierte. Herr Bichlmeier war von 2007 bis 2009 zunächst gleichfalls im Rahmen von Werkverträgen und anschließend als regulärer Mitarbeiter im Vorhaben tätig und bearbeitete die slawischen und einen Teil der armenischen Quellen. Herr Daniel Föller bearbeitete zunächst in einem Werkvertrag und dann als unbezahlter externer Mitarbeiter die skandinavischen Quellen für die PmbZ.

Allen vier "temporären" Mitarbeitern sind wir für ihr Engagement und für die über ihre bezahlte Beschäftigungszeit hinausgehende Bereitschaft zur Unterstützung der Fertigstellung der PmbZ zu außerordentlichem Dank verpflichtet.

2006 absolvierten Frau Melanie Behrens (Freie Universität) und 2008 Herr Benjamin Pohl (Universität Bamberg) Praktika im Vorhaben. Herr Max Ritter war 2007 und 2010 als studentische Hilfskraft im Vorhaben tätig.

Nicht vergessen werden dürfen an dieser Stelle aber auch die zahlreichen Helfer, die uns bei der Arbeit an der PmbZ unterstützt haben, sei es durch sachdienliche Hinweise, Rat und Antwort bei Fragen von uns, durch Hinweise auf Literatur oder auch durch die frühzeitige Zusendung von Publikationen, manchmal sogar schon vor der offiziellen Veröffentlichung, sowie schließlich durch Kontrolle und Korrekturen zu kleineren und größeren Teilen der PmbZ. Ebenso ist denen zu danken, die durch Gutachten bei den verschiedenen Evaluierungsverfahren die Weiterarbeit des Vorhabens erleichtert, wenn nicht sogar ermöglicht haben. Eine Wertung aller dieser Hilfen wäre ebenso unmöglich wie ungerecht. Insofern seien Helferinnen und Helfer in alphabetischer Reihenfolge aufgeführt: Klaus Belke, Wolfram Brandes, Victoria Bulgakova, Jean-Claude Cheynet, Vera von Falkenhausen, Jeffrey Featherstone, Christian Gastgeber, John Haldon, Dieter Harlfinger, Judith Herrin, Wolfgang Huschner, Ewald Kislinger, Johannes Koder, Otto Kresten, Cyril Mango, Stamatina McGrath, Brigitte Mondrain, Claudia Rapp, Ilse Rochow, Werner Seibt, Jonathan Shepard, Juan Signes-Codoñer, Christos Stavrakos, Alice-Mary Talbot, Boris Todorov, Alexandra Wassiliou-Seibt und natürlich immer wieder Friedhelm Winkelmann. Wahrscheinlich ist diese Liste unvollständig. Wenn jemand fesstellt, daß er oder sie in dieser Aufzählung übergangen worden ist, so wäre dieses Versäumnis keine Absicht, sondern eine Folge der Vergeßlichkeit, die am Ende einer solchen Arbeit unvermeidlich zunimmt und für die wir schon hier um Entschuldigung bitten. Daß im übrigen für alle möglichen Fehler alleine wir die Verantwortung tragen, muß nicht weiter erläutert werden.

Last but not least sei an dieser Stelle Günter Prinzing gedankt, der 2007 dem aus Altersgründen zurücktretenden Friedhelm Winkelmann in der Projektleitung der PmbZ gefolgt ist. Es war sicher nicht leicht, auf diese Weise die "Erbschaft" eines anderen zu übernehmen und in dessen Sinn fortzuführen, ohne die Möglichkeit zu haben, selbst neue Akzente zu setzen. Wir sind Günter Prinzing für seine zurückhaltende Leitung des Vorhabens ebenso dankbar wie für seine Bereitschaft, sich immer dann einzubringen, wenn dies gewünscht wurde oder notwendig schien. Ebenso sind wir ihm für seine Hilfe bei der Interpretation vor allem derjenigen Quellen dankbar, die für die Entwicklung auf dem Balkan auszuwerten waren. Die zweite Abteilung der PmbZ hat seiner Unterstützung viel zu verdanken.

Zur Arbeit an der PmbZ

Mit der Publikation der zweiten Abteilung der PmbZ ist eine über 20 Jahre währende Periode zu Ende gegangen, in der von den Mitarbeitern der PmbZ fast 1.700 Quellen verschiedenster Art und Größe ausgewertet und die Ergebnisse in knapp 22.500 prosopographischen Artikeln festgehalten worden sind. Die Größe der einzelnen Artikel variiert dabei von wenigen Zeilen bis zu zehn Druckseiten und mehr. Insgesamt sind die Lemmata der beiden Abteilungen in zwölf Bänden auf ca. 8.850 Druckseiten publiziert, nicht gerechnet die zwei Bände Prolegomena und die beiden Schlußbände mit den Bemerkungen zu den Quellen, mit den Abkürzungsverzeichnissen und den Indices, die zusammen ca. 1.750 Druckseiten umfassen. Ergänzt wird die PmbZ durch die Reihe der Berliner Byzantinistischen Studien, in der zwischen 1994 und 2007 acht Bände mit insgesamt knapp 3.500 Druckseiten publiziert worden sind. Die Aufsätze und Studien, die von den Mitarbeitern erarbeitet und an anderen Orten publiziert worden sind, sind zu zahlreich, als daß sie hier im einzelnen aufgeführt werden könnten.[5]

Diese Leistung hätte ohne die ausgezeichneten Arbeitsbedingungen an der BBAW nicht erbracht werden können. Die Mitarbeiterinnen und Mitarbeiter der Akademiebibliothek haben unsere zahlreichen Bestell-, Fernleih- und Kopierwünsche schnell und kompetent erfüllt, die räumlichen Bedingungen waren mehr als ausreichend, und auch die technische Ausstattung mit Computern, Druckern, Kopierern usw. ließ keine Wünsche offen. Für all dies sind wir den jeweiligen Verantwortlichen zu Dank verpflichtet.

Wenn dieser Dank leider doch nicht ohne Einschränkungen ausgesprochen werden kann, so liegt das nicht an den Mitarbeitern der BBAW, sondern an einigen Grundbedingungen, die unsere Arbeit nicht unerheblich behindert haben. Das beginnt mit der Laufzeit des Vorhabens, die außerordentlich eng begrenzt war, so daß Ausfälle nur mit größter Mühe ausgeglichen werden konnten. Es ist offensichtlich, daß die Laufzeit nicht an dem Projekt ausgerichtet worden ist, sondern daß das Projekt sich an einer von vornherein vorgegebenen Laufzeit zu orientieren hatte, wobei ungerührt durchgängig höchste Qualität eingefordert wurde. Im Gegenteil wurde die für die Fertigstellung der PmbZ vorgegebene Arbeitszeit während der Laufzeit noch weiter eingeschränkt, ohne daß die Anforderungen entsprechend angepaßt worden wären: Zwischen 2003 und 2009 übernahm die BBAW die im Bundesland Berlin angeordnete Arbeitszeitverkürzung, was insgesamt eine Verringerung um etwa ein Jahr Arbeitszeit bedeutete. Ein Mitglied

5. Sie sind, zumindest teilweise, in den verschiedenen Jahrbüchern der Akademie aufgeführt, die seit 1992/93 auch die Arbeit der Akademienvorhaben dokumentieren.

des Vorhabens war als gewähltes Mitglied über mehrere Jahre in der Personalvertretung der BBAW tätig, was natürlich die Arbeitszeit für die PmbZ einschränkte. Diese Personalvertretung wird durch den Gesetzgeber gewünscht und von den Mitarbeiterinnen und Mitarbeitern an der BBAW begrüßt[6]. Von Seiten der BBAW gab es aber keinen Ausgleich für die fehlenden Arbeitsstunden, was bei einem kleinen Vorhaben, wie die PmbZ es war, erhebliche Probleme verursachte. Auch die allgemeine Politik der Leitung der BBAW führte zu Mehrarbeit für die Mitarbeiter des Vorhabens: Während in den 90er Jahren gewünscht wurde, daß die Mitarbeiter sich vor allem auf die Fertigstellung der Projekte konzentrierten, wurde seit der Jahrtausendwende in zunehmendem Maße gefordert, sich an der Außendarstellung der Akademie zu beteiligen, etwa Schüler und Studenten über die Arbeitsvorhaben zu informieren und in das wissenschaftliche Arbeiten einzuführen und auch, wenn möglich, durch zusätzliche Lehre an den Universitäten die Akademie zu repräsentieren. Auch die über die Jahre stetig zunehmende Beanspruchung durch Verwaltung und diverse Gremiensitzungen wäre hier zu nennen. Gegen all dies ist nichts einzuwenden; auch für die Mitarbeiter, die ja zugleich an ihre Zukunft denken müssen, haben solche Aktivitäten durchaus positive Aspekte, denn nicht alle Arbeitsstellen in den Vorhaben sind unbefristet. Aber solche Aktivitäten kosten Zeit! Ein zusätzliches Jahr "Auslauffinanzierung" und die Zuweisung zusätzlicher Mittel, durch die für ca. drei Jahre ein weiterer wissenschaftlicher Mitarbeiter eingestellt werden konnte, waren bei weitem nicht ausreichend, zumal ja auf keinen Fall Abstriche an der Qualität gemacht werden sollten.

Ein bezeichnendes Beispiel für die Haltung der Akademie bzw. der Union der Akademien, die für das sogenannte Akademienprogramm verantwortlich ist, zu dem auch die PmbZ gehört, ist die "aktenmäßige Evaluierung" (Evaluierung nach Aktenlage ohne Anhörung der Betroffenen) des Vorhabens 2008 durch die Union der Akademien, als deren Ergebnis wir einen Tadel erhielten, weil wir den Arbeitsplan des Vorhabens nicht den geänderten Bedingungen angepaßt hätten. Dieser Arbeitsplan war 2003 erstellt und nach einer positiven Evaluierung des Vorhabens in demselben Jahr bei der BBAW eingereicht worden, als die Kürzung der Arbeitszeit noch nicht feststand. Die Union der Akademien billigte ihn 2004 ohne Änderungen, obwohl man zu diesem Zeitpunkt bereits um die Kürzung wußte und obwohl die Evaluierungsgutachten ausdrücklich davor gewarnt hatten, die Zeit für die Fertigstellung der PmbZ zu kürzen. Ein solcher Arbeitsplan ist verbindlich, und die Mitarbeiter eines Vorhabens haben nicht das Recht, ihn eigenmächtig zu ändern. Hierfür wäre ein neuer Antrag mit anschließender Evaluierung und Beschlußfassung durch die Union erforderlich gewesen, der bis zu einer offiziellen Verabschiedung wiederum rund zwei Jahre in Anspruch genommen hätte. Er wäre wahrscheinlich zu einem Zeitpunkt in Kraft getreten, als das Vorhaben ohnehin vor seinem Ende stand. Bis dahin aber wären wir in jedem Fall verpflichtet gewesen, nach dem alten Arbeitsplan weiterzuarbeiten. Mit anderen Worten: Die Union der Akademien tadelte uns dafür, daß wir uns an den von ihr selbst erlassenen Arbeitsplan hielten, zu dem wir rechtlich keine Alternative hatten! So wird die eigene Verantwortung auf die Betroffenen abgeschoben! Allerdings entspricht das durchaus der grundsätzlichen Haltung an der Akademie, wo die Mitarbeiter immer dann als eigenständige Wissenschaftler angesehen werden, wenn dies den Zielen

6. Wichtig ist in diesem Zusammenhang, daß die Mitglieder des Personalrats (früher sieben, derzeit neun) für alle Angestellten an der BBAW (zur Zeit zwischen 350 und 400) zuständig sind, der daraus resultierende Arbeitsausfall aber nur von den Abteilungen zu tragen ist, denen die betreffenden Personalratsmitglieder angehören.

der Leitungsebene dient, ihnen diese Eigenschaft jedoch abgesprochen wird, sobald die Gefahr besteht, daß sie daraus Ansprüche auf eigenverantwortliches Arbeiten ableiten könnten.

Man wird sicher zugeben müssen, daß der Stellenwert eines Forschungsvorhabens, wie die PmbZ es war, für die an dem Vorhaben beteiligten Mitarbeiter naturgemäß höher ist als für die Akademieleitung, die ja die Belange der gesamten Akademie vertreten muß. Aber wir hatten doch häufig den Eindruck, daß den Verantwortlichen mehr daran gelegen war, das Vorhaben möglichst schnell abzuschließen, als es zu einem optimalen Ende zu führen. Zu bedauern ist, daß der spätere Nutzer, der diese Verhältnisse nicht kennt, etwaige Fehler oder Mängel dann den Autoren anlastet, obwohl diese unter den gegebenen Bedingungen ihr Möglichstes getan haben.

Für die Autoren

Ralph-Johannes Lilie — Berlin, September 2012

Quellen-, Literatur- und Abkürzungsverzeichnis

Allgemeine Abkürzungen

*	a) *bei Seitenangaben in Nachahmung der Paginierung des Verfassers, z. B.* 77** (Dobschütz) b) *nach der Nummer eines Lemmas: Addendum, nachträglich eingefügtes Lemma, z. B.* # 1506*
#	Nummer *(bei Querverweisen auf andere Lemmata innerhalb der PmbZ)*
a.	a) annus, anni, anno, annum, ad annum b) *in einigen Quellenabkürzungen (bes. Hagiographie) auch:* auctore c) auch
aa.	anni, annorum, annos etc.
a. d.	annus domini, anno domini, Jahr nach Christi Geburt
a. h.	annus hegirae, anno hegirae, Jahr der Hiğra (*islamische Jahreszählung, beginnend 622 n. Chr.*)
a. m.	annus mundi, anno mundi, Weltjahr
Abb.	Abbildung, Abbildungen
Abh.	Abhandlung, Abhandlungen
Abt.	Abteilung
Abt. I	*oft speziell*: Abteilung I der PmbZ (642–867) *bzw.* PmbZ I
Abt. II	*oft speziell*: Abteilung II der PmbZ (867–1025) *bzw.* PmbZ II
abulg.	altbulgarisch
Acad.	academy, académie u. ä.
add.	*Abkürzung hinter der Nr. eines Lemmas und einem Schrägstrich (z. B.* "# 2287/add."*)*: S. unter den Addenda und Corrigenda (von PmbZ I, in Bd. 6)
Akad.	Akademie
altruss.	altrussisch
Anm.	Anmerkung, Anmerkungen
app. crit.	apparatus criticus, kritischer Apparat
Apr. *bzw.* April	April, Aprilis (*z. B. in den Bandangaben der AASS*)
arab.	arabisch
(arab.):	*bei der Unterteilung der Quellen*: arabische Quellen
arm. *bzw.* armen.	armenisch
(arm.):	*bei der Unterteilung der Quellen*: armenische Quellen
Aufl.	Auflage
Aug.	August, Augustus, Augusti

Ausg. Ausgabe
B. M. V. Beata Maria Virgo, Beatae Mariae Virginis u .ä.
bayer. bayerisch
Bd. Band
Bde. Bände
bes. besonders
bulg. bulgarisch
byz. byzantinisch
bzw. beziehungsweise
ca. circa, ungefähr
Cal. California
cap. Kapitel (*auch Plural:* Kapitel)
cf. confer, vergleiche
cl. Columne, Spalte *bzw.* Columnen, Spalten
Cl. *bzw.* cl. s. unter Kl.
Cod. *bzw.* cod. Codex (*Die im Zusammenhang mit "Cod." verwendeten Abkürzungen für Handschriften folgen den Gepflogenheiten der Autoren der Sekundärliteratur. Ein Verzeichnis von Handschriftenbenennungen, die diesen Abkürzungen zugrundeliegen, findet sich im Lexikon der Alten Welt, hrsg. v. H. Erbse u. a., Zürich–Stuttgart 1965, Anhang: Benennungen griechischer und lateinischer Handschriften, col. 3375–3402.*)
coll. Columnen, Spalten
(**Conc.**): *bei der Unterteilung der Quellen*: Konzilsakten u. ä.
Cpl. s. unter Kpl.
d. der, die, das; des, der; dem; den
d. Gr. der Große (*z. B.*: Karl d. Gr., Konstantin d. Gr.)
d. h. das heißt
DC District of Columbia (*US-Bundesstaat, bei Angaben des Publikationsortes*)
Dec. December, Decembris (*z. B. in den Bandangaben der AASS*), décembre
Dez. Dezember
dgl. dergleichen
Diss. Dissertation
(**Dok.**): *bei der Unterteilung der Quellen*: Urkunden, Verträge u. ä.
dt. deutsch
ead. eadem, dieselbe
ed. ediert, ediert von, edidit, ediderunt, edited, edited by, éditée/édité, éditée/édité par, a cura di, ἐπιμέλεια ἐκδόσεως u. ä.

Ed. Edition, Edition von, Editio, Edition by, Édition, Édition par, *auch:* Editor(in), Herausgeber(in) (*auch Plural:* Editoren)

edd. ediderunt, editores

eingel. eingeleitet, eingeleitet von

Einl. Einleitung

engl. englisch

Ep. *bzw.* ep. epistula, Brief (*auch Plural:* epistulae, Briefe)

Epp. *bzw.* epp. epistulae, Briefe

(Ep.): *bei der Unterteilung der Quellen*: Epistolographie

erg. ergänzt

erl. erläutert, erläutert von

Erl. Erläuterung, Erläuterungen

et al. et alii, und andere

etc. et cetera, und so weiter

evtl. eventuell

f. folgend (*z. B.*: und die folgende Seite, und die folgende Nr.)

fasc. fasciculus, Faszikel

Feb. Februar, February, Februarius, Februarii

Fév février

ff. folgende (*z. B.*: und die folgenden Seiten, und die folgenden Nrr.)

fol. folio, *auch Plural:* folia

franz. französisch

(Fs.): *bei der Unterteilung der Quellen*: Fachschriften

geb. geboren

georg. georgisch

(georg.): *bei der Unterteilung der Quellen*: georgische Quellen

gest. gestorben

ggf. gegebenenfalls

gr. *bzw.* griech. griechisch

(Hag.): *bei der Unterteilung der Quellen*: Hagiographie

hebr. hebräisch

(hebr.): *bei der Unterteilung der Quellen*: hebräische Quellen

hist. historisch

(Hist.): *bei der Unterteilung der Quellen*: Historiographie

hl. heilig, heilige

Hrsg. Herausgeber(in), Herausgeber(innen)

hrsg. herausgegeben, herausgegeben von
Hs. Handschrift
Hss. Handschriften
Ian. Ianuarius, Ianuarii *(z. B. in den Bandangaben der AASS)*
ibid. ibidem, ebendort
id. idem, derselbe
Inaug.-Diss. Inaugural-Dissertation
Ind. Indiktion
(Inscr.): *bei der Unterteilung der Quellen*: Inschriften
ist.-fil. *s. unter* hist.-phil.
ital. italienisch
Iul. Iulius, Iulii (*z. B. in den Bandangaben der AASS*)
Iun. Iunius, Iunii (*z. B. in den Bandangaben der AASS*)
Jahrg. Jahrgang
Jan. Januar, January, janvier
Jh. *bzw.* Jh.s Jahrhundert *bzw.* Jahrhunderts
Kl. Klasse, classe u. ä.
königl. königlich
kopt. koptisch
Kpl. Konstantinopel
krit. App. kritischer Apparat, im kritischen Apparat
L: *Rubrik in den einzelnen Lemmata*: Sekundärliteratur zu einer Person
l. linea, Zeile, *auch:* lineae, Zeilen
lat. *bzw.* latein. lateinisch
(lat.): *bei der Unterteilung der Quellen*: lateinische Quellen
Lit. Literatur, Sekundärliteratur, mit weiteren Literaturhinweisen
loc. ad locum, zur Stelle.
loc. cit. locus citatus, loco citato, am angegebenen Ort
Mart. Martius, Martii (*z. B. in den Bandangaben der AASS*)
Mass. Massachusetts
mbulg. mittelbulgarisch
Ms. manuscript, manuscrit
(Ms.): *bei der Unterteilung der Quellen*: Subskriptionen und Notizen in Handschriften
Mss. manuscripts, manuscrits
N: *Rubrik in den einzelnen Lemmata*: Informationen zum Namen
n. nota, note, Anmerkung

n. Chr. nach Christus
N. F. Neue Folge
N. S. Neue Serie, new series u. ä.
Ndr. Nachdruck, nachgedruckt, reprint, reprinted
NJ New Jersey
Nov. November, Novembris (*z. B. in den Bandangaben der AASS*), novembre
Nr. Nummer, *auch Plural:* Nummern
Nrr. Nummern
(Num.): *bei der Unterteilung der Quellen*: Numismatik
NY New York (*US-Bundesstaat*)
o. a. oder anders, oder anderes
o. ä. oder ähnlich, oder ähnliches
Oct. October, Octobris (*z. B. in den Bandangaben der AASS*), octobre
österr. österreichisch
Okt. Oktober
om. omisit, hat weggelassen
P: *Rubrik in den einzelnen Lemmata*: Probleme, die sich mit einer Person verbinden
p. pagina, Seite *bzw.* paginae, Seiten
P. *bzw.* Pap. Papyrus (*Die im Zusammenhang mit "P." bzw. "Pap." verwendeten Abkürzungen für Papyri folgen den Gepflogenheiten der Autoren der Sekundärliteratur. Ein Verzeichnis von Papyrusbenennungen, die diesen Abkürzungen zugrundeliegen, findet sich im Lexikon der Alten Welt, hrsg. v. H. Erbse u. a., Zürich–Stuttgart 1965, Anhang, col. 3389–3402.*)
p. Chr. n. post Christum natum
pass. passim
phil. philosophisch *oder* philologisch
phil.-hist. philosophisch-historisch *bzw.* philologisch-historisch
philol. philologisch
philos. philosophisch
pp. (*selten*) paginae, Seiten
preuß. preußisch
publ. *bzw.* pubbl. publié, pubblicato/pubblicata u. ä.
Q: *Rubrik in den einzelnen Lemmata*: Quellenangaben
r *bei Folioangaben von Handschriften*: recto
rec. recensuit, *auch*: recensio, recensione, ex recensione u. ä.
reg. regierte; Regierungszeit
Reg. Register

repr. reprint, reprinted

russ. russisch

s. a) siehe, s. unter
b) *hinter Abkürzungen von Handschriften auch*: saeculi

S. sanctus/sancta, San u. ä.

s. a. a) siehe auch
b) *bei bibliographischen Angaben*: sine anno, ohne Jahr

s. l. *bei bibliographischen Angaben*: sine loco, ohne Erscheinungsort

s. o. siehe oben

S. P. N. sanctus pater noster, sancti patris nostri u. ä.

s. u. siehe unten

s. v. sub voce, sub verbo

sächs. sächsisch

sc. scilicet

Sept. September, Septembris (*z. B. in den Bandangaben der AASS*), septembre

sér. série

Ser. *bzw.* ser. Serie, series u. ä.

(Sg.): *bei der Unterteilung der Quellen*: Siegel

Sitzungsber. Sitzungsberichte

skand. skandinavisch

(skand.): *bei der Unterteilung der Quellen*: skandinavische Quellen

sl. slawisch

(sl.): *bei der Unterteilung der Quellen*: slawische Quellen

sog. sogenannt

(Sonst.): *bei der Unterteilung der Quellen*: Sonstige Quellen

span. spanisch

St. Sankt, sanctus/sancta, saint, santa u. ä.

syr. syrisch

(syr.): *bei der Unterteilung der Quellen*: syrische Quellen

T: *Rubrik in den einzelnen Lemmata*: Informationen zu den Titeln einer Person bzw. zu ihrem Beruf oder ihrer Tätigkeit

t. *bzw.* tom. tomus, Band

trad. traduxit, traduit, übersetzt von, Übersetzung von u. ä.

transl. translated, translation

u. und

u. a. a) unter anderem
b) und andere (*z. B. bei der Angabe von Herausgebern und Autoren*)
c) und andernorts (*z. B. bei der Angabe des Publikationsortes*)
u. ä. und ähnlich, und ähnliches
u. E. unseres Erachtens
u. ö. und öfter
u. U. unter Umständen
übers. übersetzt, übersetzt von
Übers. Übersetzung
Univ. Universität, University u. ä.
usw. und so weiter
v *bei Folioangaben von Handschriften*: verso
V: *Rubrik in den einzelnen Lemmata*: Informationen zur Vita einer Person bzw. Darstellung dessen, was wir über ihr Leben wissen
v. a) Vers, Verse
b) von
v. l. varia lectio
verb. verbessert
(Vers.): *bei der Unterteilung der Quellen*: Versdichtung, Epigramme
vol. *bzw.* Vol. volumen, volume, Band, *auch Plural*: volumina, volumes, Bände
vv. Verse
W: *Rubrik in den einzelnen Lemmata*: Werke einer Person
Wiss. Wissenschaften
Z. *(selten)* Zeile, *auch Plural:* Zeilen
z. B. zum Beispiel
z. T. zum Teil

Quellen und Sekundärliteratur

AASS = Acta Sanctorum, ed. Societas Bollandiensis, vol. Ian. I – Oct. XI, 3. Aufl., Paris 1863–1870; vol. Oct. XII – Nov. IV, [1. Aufl.,] Brüssel 1867–1925.

ʿAbdalǧabbār = ʿAbdalǧabbār, Taṯbīt dalāʾil an-nubūwa, Ms. Istanbul, Şehid Ali Paşaḫ, zitiert nach der franz. Übersetzung bei Pines, La lettre injurieuse d'un "roi" de Byzance 103–105.

Abegjan, Istorija = M. Abegjan, Istorija drevnearmjanskoj literatury, Jerewan 1975.

Abramea–Laiu–Chrysos (Ed.), Βυζάντιο, κράτος και κοινωνία = Anna Abramea – Angeliki Laiu – E. Chrysos (Ed.), Βυζάντιο, κράτος και κοινωνία. Μνήμη Νίκου Οικονομίδη, Athen 2003 (Ινστιτούτο Βυζαντινών Ερευνών).

Abschwörungsformeln = Les formules d'abjuration, ed. J. Gouillard, in: C. Astruc, Wanda Conus-Wolska, J. Gouillard, P. Lemerle, Denise Papachryssanthou, J. Paramelle, Les sources grecques pour l'histoire des Pauliciens d'Asie mineure, in: TM 4 (1970) 185–207 (Text: 191–207).

Abstracts = Annual Byzantine Studies Conference, Abstracts of Papers, 1975ff.

Abū Firās bzw. Abū Firās (Halawayh) = Abū Firās (Ḫalawayh) = Dīwān Abī Firās al-Ḥamdānī, ed. S. ad-Dahhān, Vol. I–III, Beirut 1944; franz. Übersetzung: Vasiliev, Arabes II 2, p. 349–370. (Abū Firās [Ḫalawayh] = Kommentar des Ḫalawayh zu Abū Firās, ibid.)

Abū l-Fidā' (Amari, Biblioteca) = 'Imādaddīn Ismā'īl Abī l-Fidā', al-Muḫtaṣar fī aḫbār al-bašar, Auszüge in: Amari, Biblioteca 404–423.

Abū l-Maḥāsin b. Taġrībirdī = an-Nuǧūm az-zāhira fī mulūk Miṣr wa-l-Qāhira, Ǧamāl-ad-Dīn Abu-'l-Maḥasin Yūsuf Ibn-Taġrībirdī al-Atābakī, Vol. I–XII, ed. Fahīm Muḥammad Šaltūt, s. l. 1970.

Abū Šuǧā' = Margoliouth, The Eclipse of the 'Abbasīd Caliphate, Original Chronicles of the Fourth Islamic Century, The Concluding Portion of the Experiences of the Nations by Miskawaih; Vol. III, ed. H. F. Amedroz and D. S. Margoliouth; Vol. IV, trad. D. S. Margoliouth, Oxford 1921; Auszüge in: H. F. Amedroz, An Embassy from Baghdad to the Emperor Basil II, in: Journal of the Royal Asiatic Society (London) 1914, 915–942 (engl. Übers.: 919–931; arab. Text: 933–942 [Teile der englischen Übersetzung sind nachgedruckt in: D. Geanokoplos, Byzantium, Chicago 1984, 339–40]).

Abū'l Faraǧ = s. unter Bar Hebraeus.

ABzF (N. S.) = Acta Byzantina Fennica (N. S.) 1 (2002).

Acconcia Longo, Monaci = Augusta Acconcia Longo, Santi monaci italogreci alle origini del monastero di S. Elia di Carbone, in: eadem, Ricerche di Agiografia Italogreca, Rom 2003 (Testi e Studi Bizanitno-Neoellenici 13), 145–164.

Acta Latrensia = Acta Latrensia, bisher ediert in: Miklosich–Müller, Band IV, p. 307–315. 324f.; neu ediert von C. Gastgeber – O. Kresten, Chartular des Paulos-Klosters am Berge Latros (in Vorbereitung).

Acta X mart. Cpl. (BHG 1195) = Acta X martyrum Constantinopolitanorum, in: AASS Aug. II 428–448 (Text: 434–447).

Actes d'Esphigménou = Actes d'Esphigménou, édition diplomatique par J. Lefort, Paris 1973 (Archives de l'Athos 6).

Actes d'Iviron = Actes d'Iviron I: des origines au milieu du XIe siècle, édition diplomatique par J. Lefort, N. Oikonomidès, Denise Papachryssanthou avec la collaboration d'Hélène Métrévéli, Paris 1985 (Archives de l'Athos 14); Actes d'Iviron II: du milieu du XIe siècle à 1204, édition diplomatique par J. Lefort, N. Oikonomidès, Denise Papachryssanthou avec la collaboration de Vassiliki Kravari et d'Hélène Métrévéli, Paris 1990 (Archives de l'Athos 16).

Actes de Chilandar I = Actes de Chilandar I: Des origines à 1319, édition diplomatique par Mirjana Živojinović, Vassiliki Kravari, C. Giros, Paris 1998 (Archives de l'Athos 20).

Actes de Dionysiou = Actes de Dionysiou, édition diplomatique par N. Oikonomidès, Paris 1968 (Archives de l'Athos 4).

Actes de Docheiariou = Actes de Docheiariou, édition diplomatique par N. Oikonomidès, Paris 1984 (Archives de l'Athos 13).

Actes de Kastamonitou = Actes de Kastamonitou, édition diplomatique par N. Oikonomidès, Paris 1978 (Archives de l'Athos 9).

Actes de Kutlumus = Actes de Kutlumus, nouvelle édition remaniée et augmentée par P. Lemerle, [2. Ausgabe] Paris 1988 (Archives de l'Athos 2) [1. Ausgabe Paris 1945].

Actes de Lavra = Actes de Lavra, Première partie: des origines a 1204, édition diplomatique par P. Lemerle, A. Guillou, N. Svoronos avec la collaboration de Denise Papachryssanthou, Paris 1970 (Archives de l'Athos 5); Actes de Lavra II: de 1204 à 1328, édition diplomatique par P. Lemerle, A. Guillou, N. Svoronos, D. Papachryssanthou, Paris 1977 (Archives de l'Athos 8).

Actes de Pantéléèmôn = Actes de Saint-Pantéléèmôn, édition diplomatique par P. Lemerle, G. Dagron, S. Ćirković, Paris 1982 (Archives de l'Athos 12).

Actes de Philothée = Actes de Philothée, publiés par W. Regel, E. Kurtz et B. Korablev, in: VV 20 (1913), Priloženie [Beiheft] 1 (Actes de l'Athos VI) (Ndr. Amsterdam 1975). Ergänzt durch: Vassiliki Kravari, Nouveaux documents du monastère de Philothéou, in: TM 10 (1987) 261–356.

Actes de Philothéou, Suppl. = Vassiliki Kravari, Nouveaux documents du monastère de Philothéou, in: TM 10 (1987) 261–356.

Actes de Vatopédi = Actes de Vatopédi I: Des origines à 1329, édition diplomatique par J. Bompaire, J. Lefort, Vassiliki Kravari, C. Giros, Paris 2001 (Archives de I'Athos 21).

Actes de Xénophon = Actes de Xénophon, édition diplomatique par Denise Papachryssanthou, Paris 1986 (Archives de l'Athos 15).

Actes de Xéropotamou = Actes de Xéropotamou, édition diplomatique par J. Bompaire, Paris 1964 (Archives de l'Athos 3).

Actes de Zographou = Actes de Zographou, publiées par W. Regel, E. Kurtz et B. Korablev, in: VV 13 (1906 [1907]), Priloženie [Beiheft] 1, p. 1–213 (Actes de l'Athos IV).

Actes du Prôtaton = Actes du Prôtaton, édition diplomatique par Denise Papachryssanthou, Paris 1975 (Archives de l'Athos 7).

Addenda et Corrigenda (1987) = s. unter Actes de Kutlumus.

Ademar, Historiae (MGH) bzw. (Bourgain) = Ademari Historiae libri III. ed. G. Waitz, in: MGH SS IV 106–148; neue Edition: Ademari Cabannensis Chronicon, cura et studio P. Bourgain iuvamen praestantibus R. Landes et G. Pon, Turnhout 1999 (Corpus Christianorum, Continuatio mediaevalis 129 / Ademari Cabannensis Opera omnia 1).

Adler, Jewish travellers = E. N. Adler, Jewish travellers, London 1930 (The Broadways travellers).

Adontz, Études = N. Adontz, Études arméno-byzantines, Lissabon 1965.

Adontz, Samuel = N. Adontz, Samuel l'Arménien, roi des Bulgares, in: Mémoires de la Classe des lettres de l'Académie royale de Belgique 39,1 (1938) 1–63 (Ndr. in: Adontz, Études 348–407). (zitiert nach dem Ndr. in: Adontz, Études.)

ADSV = Antičnaja drevnost' i srednie veka, Sverdlovsk 1960ff.

Agati, Minuscola "bouletée" = Maria Luisa Agati, La minuscola "bouletée", Vatikanstadt 1992 (Scuola vaticana di paleografia, diplomatica e archivistica).

AHC = Annuarium Historiae Conciliorum. Internationale Zeitschrift für Konziliengeschichtsforschung, Paderborn 1969ff.

Åhlén, Runristaren Öpir = M. Åhlén, Runristaren Öpir. En monografi, Uppsala 1997 (Runrön 12).

Ahmad, History = A. Ahmad, A History of Islamic Sicily, Edinburgh 1975.

Ahrweiler, Mer = Hélène Ahrweiler, Byzance e la mer. La marine de guerre, la politique et les institutions maritimes de Byzance aux VIIIe–XVe siècles, Paris 1966.

Akoluthie auf Michael Maleïnos = Akoluthie auf Michael Maleïnos, in: Petit, Michel Maléinos 27–41.

Akoluthie auf Nikolaos von Bunaine = Ἀρχικὴ ἀκολουθία καὶ συναξάριον τοῦ ἁγίου Νικολάου τοῦ νέου τοῦ ἐν Βουναίνῃ, ed. D. Z. Sophianos, Ἅγιος Νικόλαος ὁ ἐν Βουναίνῃ. Ἀνέκδοτα ἁγιολογικὰ κείμενα, ἱστορικαὶ εἰδήσεις περὶ τῆς μεσαιωνικῆς Θεσσαλίας (Ι' αἰὼν), Athen 1972 (Ἐθνικὸν καὶ Καποδιστριακὸν πανεπιστήμιον. Φιλοσοφικὴ σχολή. Βιβλιοθήκη Σοφίας Ν. Σαριπόλου 22), 169–186.

Aland, Kurzgefaßte Liste = K. Aland, Kurzgefaßte Liste der griechischen Handschriften des Neuen Testaments, zweite, neubearb. und erg. Auflage, Berlin 1994.

Alekseenko, Činovniki = N. Alekseenko, Činovniki Balkano-maloazijskogo regiona na molivdovulach Chersonskogo archiva, in: Numizmatičny i sfragističny prinosi k'm istorijata na zapadnoto Černomorje. Meždunarodnaja konferencija. Varna 12-15 septemvri 2001 g., Varna 2004, 265–275.

Alekseenko, Stratigi Chersona = N. A. Alekseenko, Stratigi Chersona po dannym novych pamjatnikov sfragistiki IX–XI vv., in: MAIET 6 (1998) 701–743.

Alemany, Sources on the Alans = Agustí Alemany, Sources on the Alans. A Critical Compilation, Leiden–Boston–Köln 2000 (Handbook of Oriental Studies VIII [Central Asia], 5).

Alexandros von Nikaia, Epp. = Alexandros von Nikaia, Epistulae, ed. J. Darrouzès, in: Épistoliers byzantins 67–96: Epp. 1–17. (Die bei Darrouzès als Alexandros von Nikaia, Epp. 18–20, edierten Briefe wurden von Markopulos, in: JÖB 44 [1994] 313–326, mit überzeugender Begründung dem Briefkorpus des Symeon Magistros [Symeon Magistros, Epp.] zugewiesen.)

Alexios Studites, Antwort an Theophanes von Thessalonike = Alexios Studites, Antwort an Theophanes von Thessalonike — Ψῆφος τοῦ πατριάρχου Ἀλεξίου πρὸς Θεοφάνην ἐπίσκοπον Θεσσαλονίκης περὶ ἁρπαγῆς γάμου (Januar 1027; Grumel–Darrouzès, Regestes Nr. 832), ed. Beneševič (nach dem Cod. Vat. gr. 842, fol. 30v–31r), in: VV

12 (1906) 516f.; Fragment, ed. Zhishman (nach dem Cod. Paris. gr. 1319, fol. 518), in: Zhishman, Eherecht 571 Anm. 1.

Alexios Studites, Eherechtliche Entscheidung = Alexios Studites, Entscheidung über eine Ehe zwischen Verwandten siebten Grades — Περὶ γάμου τοῦ ζ′ βαθμοῦ (17. April 1038; Grumel–Darrouzès, Regestes Nr. 844), ed. Leunclavius, in: PG 119, col. 744 (= Syntagma Kanon. V 36f.).

Alexios Studites, Synodalakt über die Haeresie des Eleutherios = Alexios Studites, Synodalakt über die Haeresie des Eleutherios — Ἴσον κρίσεως συνοδικῆς ἐπὶ τοῦ κυροῦ Ἀλεξίου τοῦ πατριάρχου περὶ τῆς αἱρέσεως Ἐλευθερίου τοῦ ἀπὸ Παφλαγονίας, ed. J. Gouillard, in: REB 36 (1978) 45–53; ältere Edition in: G. Ficker, Der Häretiker Eleutherius, in: Theologische Studien und Kritiken 79 (1906) 591–614 (griech. Text: 592–599).

Allatius, De aetate = L. Allatius, De aetate et interstitiis in collatione ordinum etiam apud Graecos servandis, Rom 1638.

Allen, Three Greek Scribes = T. W. Allen, Three Greek Scribes, in: Miscellanea Francesco Ehrle IV. Scritti di storia e paleografia, pubblicati in occasione dell'ottantesimo natalizio delle Francesco Ehrle, Vol. 4: Paleografia e diplomatica, Rom 1924 (Studi e Testi 40), 22–33.

Althoff, Ottonen = G. Althoff, die Ottonen. Königsherrschaft ohne Staat, 2. Aufl., Stuttgart 2005 (Urban Taschenbücher 473).

Amand de Mendieta = E. Amand de Mendieta, Mount Athos. The Garden of the Panaghia, translated from the French by M. R. Bruce, Berlin 1972 (BBA 41) (Veränderte engl. Fassung von: E. Amand de Mendieta, La Presqu'île des Caloyers. Le Mont-Athos, Paris–Brüssel–Brügge 1955).

Amari, Biblioteca = Biblioteca Arabo-Sicula, o ssia raccolta di testi arabici che toccano la geografia, la storia, le biografie e la bibliografia della Sicilia, messi insieme da M. Amari, Leipzig 1857 (Ndr. in: F. Sezgin, Islamic Geography 153, Frankfurt a. M. 1994).

Amari, Biblioteca, Vers. Ital. I. II = M. Amari, Biblioteca Arabo-Sicula, Versione Italiana I. II, Turin–Rom 1880. 1881.

Amari, Centenario = Centenario della nascità di Michele Amari: scritti di filologia e storia araba; di geografia, storia, diritto della Sicilia medievale; studi bizantini e giudaici relativi all'Italia meridionale nel medio evo; documenti sulla relazioni fra gli stati italiani ed il levante, vol. I–II, Palermo 1910.

Amari, Storia I. II. = M. Amari, Storia dei Musulmani di Sicilia, seconda edizione modificata e accresciuta dall'autore, pubblicata con note a cura di C. A. Nallino, vol. I–II, 2. Auflage, Catania 1933. 1935 (Biblioteca Siciliana di Storia, Letteratura ed Arte) (1. Auflage 1854. 1856).

Amato di Montecassino = Storia de' Normanni di Amato di Montecassino, volgarizzato in antico Francese, a cura di Vincenzo de Bartholomaeis, vol. I, Rom 1935 (Fonti per la storia d'Italia 76).

Amedroz–Margoliouth, Eclipse = The Eclipse of the 'Abbasid Caliphate, Original Chronicles of the Fourth Islamic Century, ed., transl., and elucidated by H. F. Amedroz and D. S. Margoliouth, vol. I–VII, Oxford 1920–1921; vol. I–II: The Concluding Portion of the Experiences of the Nations by Miskawaih [arab. Text], ed. H. F. Amedroz; vol. III: Continuation of the Experience of the Nations ... [arab. Text], ed. H. F. Amedroz and D. S. Margoliouth; vol. IV–V: [The Concluding Portion of the Experiences of the Nations by Miskawaih, engl. Übers.], translated from the Arabic by D. S. Margoliouth; vol. VI: Continuation of the Experience of the Nations ... [engl. Übers.], translated from the original Arabic by D. S. Margoliouth; vol. VII: Preface and Index, by D. S. Margoliouth. (Cf. unter Miskawayh und Abū Šuǧā'.)

Amedroz, Embassy = H. F. Amedroz, An Embassy from Baghdad to the Emperor Basil II., in: JRAS 46 (1914) 915–942 (engl. Übers.: 919–931; arab. Text: p. 933–942 [Teile der engl. Übers. sind nachgedruckt in: D. Geanokoplos, Byzantium, Chicago 1984, 339–340]).

Anakreontisches Gedicht auf die Augusta Helene Lakapene = Εἰς τὴν αὐγούσταν Ἑλένην Κωνσταντίνου τοῦ νέου σύζυγον, ed. Ciccolella, Anacreontee 110–114 (= ed. Matrangra, Anecdota graeca 568–571; ed. Bergk, PLG III 361f.).

Analecta Hymnica Graeca = Analecta Hymnica Graeca e codicibus eruta Italiae inferioris I. Schirò consilio et ductu edita, I–XIII, Rom 1960–1983.

Analecta Septentrionalia = W. Heizmann – K. Böldl – H. Beck (Hrsg.), Analecta Sepentrionalia. Beiträge zur nordgermanischen Kultur- und Literaturgeschichte, Berlin – New York 2009 (RGA, Ergänzungsband 65).

Anastasios Protasekretis, Enkomion auf die hl. Katharina v. Alexandreia (BHG 32b) = Ἀναστασίου πρωτασηκρῆτις ἐγκώμιον εἰς τὴν ἁγίαν Αἰκατερίναν, ed. G. D. Metallenos, in: Ἐκκλησιαστικὸς Φάρος 54 (1972) ii-iii, 237–274 (griech. Text: 253–274).

AnBoll = Analecta Bollandiana, Brüssel 1882ff.

Anderson, Biographical Dictionary = G. H. Anderson, Biographical Dictionary of Christian Missions, New York 1998 (Ndr.[Paperback] Cambridge 1999).

Andreev–Lazarov–Pavlov, Koj koj e = J. Andreev – I. Lazarov – P. Pavlov, Koj koj e v srednovekovna Bălgarija, Vtoro dopălneno izdanie ["Who is who?" im mittelalterlichen Bulgarien, 2. erg. Ausgabe], Sofia 1999.

Angelide, Basileios = Christina Angelide, Ὁ βίος τοῦ ὁσίου Βασιλείου τοῦ Νέου, Ioannina 1980.

Anglo-Saxon Chronicle = The Anglo-Saxon Chronicle according to the several original authorities, ed. with a transl. by B. Thorpe, Vol. I–II, London 1861 (Rerum Britannicarum Medii Aevi Scriptores 23).

Anna Komnene = Annae Comnenae Alexias, recensuerunt D. R. Reinsch et A. Kambylis, Pars prior: Prolegomena et textus; Pars altera: Indices, digesserunt Foteini Kolovou et D. R. Reinsch, Berlin – New York 2001 (CFHB XL/1-2, Series Berolinensis). Ältere Edition: B. Leib, Anne Comnène, Alexiade, I–III, Paris 1937–1945, IV: Index par P. Gautier, Paris 1976 (Collection Budé).

Annales Barenses = Annales Barenses, ed. G. H. Pertz, in: MGH SS V, Hannover 1844 (Ndr. Stuttgart – New York 1963), 51–63 (Text: 51–56).

Annales Bertiniani = Annales Bertiniani, rec. G. Waitz, Hannover 1883 (MGH SS rer. Germ. in usum scholarum separatim editi V) (Annalium Bertinianorum pars I: 1–11; Annales Bertiniani auctore Prudentio: 11–54; Annales Bertiniani auctore Hincmaro: 55–154); Annales de Saint-Bertin, publiées pour la société de l'histoire de France (Série antérieure à 1789) par. F. Grat, J. Vielliard et S. Clémenzet avec une introduction et des notes par L. Levillain, Paris 1964 (Prudentii Annales: 17–84; Hincmari Annales: 84–251); ältere, nicht mehr zu benutzende Ausgabe: ed. G. H. Pertz, in: MGH SS I, Hannover 1826 (Ndr. Stuttgart – New York 1963), 419–515 (Pars prima: 423–429; Prudentii Annales: 429–454; Hincmari Annales: 455–515).

Annales Cambriae = Annales Cambriae, ed. by J. Williams ab Ithel, London 1860 (Rerum Britannicarum Medii Aevi Scriptores 20).

Annales ESC = Annales: histoire, sciences sociales, revue publ. par l'École des Hautes Études en Sciences Sociales avec le concours du Centre National de la Recherche Scientifique, Paris 1946ff.

Annales Fuldenses = Annales Fuldenses sive Annales regni Francorum Orientalis ab Einhardo, Ruodolfo, Meginhardo Fuldensibus Seligenstadi, Fuldae, Mogontiaci conscripti cum Continuationibus Ratisbonensi et Altahensibus, post editionem G. H. Pertzii recognovit F. Kurze. Accedunt Annales Fuldenses antiquissimi, Hannover 1891 (MGH SS rer. Germ. in usum scholarum separatim editi VII); ältere, nicht mehr maßgebliche Edition: ed. G. H. Pertz, in: MGH SS I, Hannover 1826 (Ndr. Stuttgart – New York 1963), 343–415.

Annales Hildesheimenses = Annales Hildesheimenses, ed. G. H. Pertz, in: MGH SS III (1839) 22–116.

Annales Lamberti = Lamberti annalium pras prior ab O. C. – 1039, ed. G. H. Pertz, in: MGH SS III (1839) 22–29. 33–69. 90–102.

Annales Quedlinburgenses = Annales Quedlinburgenses, ed. G. H. Pertz, in: MGH SS III, Hannover 1839, 22–90.

Annales S. Bavonis Gandensis = Annales S. Bavonis Gandensis, a Iulio Caesare et a. 608–1350, ed. I. von Arx, in: MGH SS II, Hannover 1879, 185–191.

Annales Sangallenses Maiores = Annales Sangallenses Maiores, ed. I. von Arx, in: MGH SS I, Hannover 1826, 72–85.

Annales Weissemburgenses = Annales Weissemburgenses, ed. G. H. Pertz, in: MGH SS III, Hannover 1839, 33–72.

"Anonymer Patrikios", Gedichte = "Anonymer Patrikios", Gedichte, ed. S. Lampros, Τὰ ὑπ' ἀριθμὸν ΡΙΖ' καὶ ΡΓ' καὶ κατάλοιπα, in: NE 16 (1922) 30–50 (griech. Text: p. 47,10 – 57,7). Korrekturen und Ergänzungen bei: S. G. Mercati, Osservazione alle poesie del codice Vaticano Palatino greco 367 edite in Νέος Ἑλληνομνήμων 16 (1922), p. 39–50, in: Studi Bizantini 2 (1927) 276–292 (Ndr. in: Mercati, Collectanea Byzantina I 406–425 [griech. Text: p. 415,1 – 426,48]).

Anonymi Professoris Epp. = Anonymi Professoris Epistulae, rec. A. Markopoulos, Berlin – New York 2000 (CFHB XXXVII, Series Berolinensis).

Anonymi Professoris Epp. (Browning–Laourdas) = R. Browning – B. Laourdas, Τὸ κείμενον τῶν ἐπιστολῶν τοῦ κώδικος BM 36749, in: EEBS 27 (1957) 151–212. 391f.

Anonymus (C), Epp. = Anonymus (C), Epistulae, ed. J. Darrouzès, in: Épistoliers byzantins 355–371.

Anonymus (D), Epp. = Anonymus (D), Epistulae, ed. J. Darrouzès, in: Épistoliers byzantins 371–381.

Anonymus Barensis = Ignoti Civis Barensis sive Lupi Protospatae Chronicon ab anonymo auctore Barensi, in: RRIS V (1724), p. 147–156.

Anonymus Cassinensis = Anonymi Monachi Cassinensis rerum in regno Neapolitano Gestarum, breve Chronicon, Ab anno Christi M. usque ad MCCXII, in: RRIS V (1724), p. 55–78.

Anonymus, Lists (Downey) = G. Downey, The Tombs of the Byzantine Emperors at the Church of the Holy Apostles in Constantinople, in: JHS 79 (1959) 27–51 (darin Edition zweier anonymer Listen kaiserlicher Sarkophage in der Apostelkirche: 37f. [List C]; 40–42 [List R]).

Anonymus, Naumachika = Anonymous, Ναυμαχικὰ συνταχθέντα παρὰ Βασιλείου πατρικίου καὶ παρακοιμουμένου, ed. and transl. Elizabeth Jeffreys, in: Pryor–Jeffreys, Dromon 522–545.

Anrich, Nikolaos = G. Anrich, Hagios Nikolaos. Der heilige Nikolaus in der griechischen Kirche. Texte und Untersuchungen, I–II, Leipzig 1913. 1917.

Anthologia Graeca = Anthologia Graeca, ed. H. Beckby, I–IV, 2. Aufl., München 1958–1965.

Antike Medizin: ein Lexikon = Antike Medizin: ein Lexikon, hrsg. von K.-H. Leven, München 2005.

Antonij von Novgorod = Kniga palomnik. Skazanie mest Svjatych vo Caregrade Antonija archiepiskopa Novgorodskago v 1200 godu, ed. C. M. Loparev, St. Petersburg 1899 (PPSb 17,3 = 51); franz. Übers.: in: B. Khitrowo, Itinéraires russes en Orient, Genf 1889, 85–111; deutsche Übers., in: Itineraria rossica. Altrussische Reiseliteratur, hrsg. u. übers. von K. Müller, Leipzig 1986 (Reclams Universal-Bibliothek 1160), 100–124.

Antonin = Archimandrit Antonin, in: Nadpisi (Antonin).

Antonios Patriarches, Ep. = Antonios Patriarches, Epistula ad imperatorem (Basileium), ed. J. Darrouzès, in: Épistoliers byzantins 343–346.

Antonopoulou, Homilies of Leo VI = Theodora Antonopoulou, The Homilies of The Emperor Leo VI, Leiden – New York – Köln 1997 (The Medieval Mediterranean 14).

Apocalypsis Anastasiae = Apocalypsis Anastasiae ad trium codicum auctoritatem Panormitani Ambrosiani Parisini, ed. R. Homburg, Leipzig 1903.

Archeion Pontu = Ἀρχεῖον Πόντου. Σύγγραμμα περιοδικὸν ἐκδ. ὑπὸ τῆς Ἐπιτροπῆς Ποντιακῶν Μελετῶν, Athen 1928ff.

Arethas, Scripta minora = Arethae archiepiscopi Caesariensis scripta minora, rec. L. G. Westerink, I–II, Leipzig 1968. 1972 (Bibliotheca Scriptorum Graecorum et Romanorum Teubneriana).

'Arīb = Arîb, Tabarî continuatus, ed. M. J. de Goeje, Leiden 1897; Auszüge in franz. Übers. in: Vasiliev, Arabes II 2, p. 48–63.

Aristakēs Lastivertc'i = Aristakēs Lastivertc'i, franz. Übers.: M. Canard – H. Berbérian, Récit des malheurs de la nation arménienne, Brüssel 1973 (Biblitothèque de Byzantion 5); ältere franz. Übers.: E. Prud'homme, Aristakes Lastiverdsi, Histoire d'Arménie, Paris 1864. (Zitiert nach der franz. Übers. von Canard–Berbérian; die Zahlen in eckigen Klammern geben die Pagination der arm. Ed. von K. N. Yuzbašyan, Jerewan 1963, wieder.)

Armenian People = R. G. Hovannisian (Ed.), Armenian People from Ancient to Modern Times, vol I: The Dynastic Periods: From Antiquity to the Fourteenth Century, New York 1997.

Arménie = L'Arménie et Byzance = L'Arménie et Byzance. Histoire et culture, [éd. par Nina Garsoïan], Paris 1996 (Byzantina Sorbonensia XII).

Armenische Redaktion der Georgischen Chronik = Patmut'iwn Vrac' ["Geschichte der Georgier"], ed. Ilia Abuladze, Tiflis 1953; engl. Übers.: R. W. Thomson, Rewriting Caucasian History. The Medieval Armenian Adaptation of the Georgian Chronicles, The Original Georgian Texts and The Armenian Adaptation, Oxford 1996, bes. p. 255–308. (Nach der engl. Übersetzung von Thomson zitiert.)

Arnulfi gesta = Arnulfi gesta archiepiscoporum Mediolanensium usque ad annum 1077, ed. L. C. Bethmann – W. Wattenbach, in: MGH SS VIII, Hannover 1848, 1–31.

Asdracha I = Catherine Asdracha, Inscriptions byzantines de la Thrace orientale (VIIIe–XIe siècles), in: Ἀρχαιολογικὸν Δελτίον 44–46 (1989–1991) 239–334.

Asdracha II = Catherine Asdracha, Inscriptions byzantines de la Thrace orientale (VIIIe–XIe siècles), in: Ἀρχαιολογικὸν Δελτίον 47–48 (1992–1993 [1997 erschienen]) 309–333 (Nrr. 102–110). (zitiert nach Nr.)

Asdracha, Thrace orientale = Catherine Asdracha, La Thrace orientale et la mer noire: Géographie ecclésiastique et Prosopographie (VIIIe–XIIe siècles), in: Géographie Historique du Monde Méditerranéen, éd. Hélène Ahrweiler, Paris 1988 (Byzantina Sorbonensia VII), 221–309.

Atanasio e il monachesimo = Atanasio e il monachesimo del Monte Athos. Atti del XII Convegno ecumenico internazionale di spiritualità ortodossa, sezione bizantina, Bose, 12-14 settembre 2004, a cura di S. Chialà – L. Cremaschi, Turin 2005.

Atanasov, Durostorum = G. Atanasov, Christianskijat Durostorum-Drăstăr [engl. Paralleltitel: The Christian Durostorum-Drastar], Dorostolskata eparchija prez Kăsnata antičnost i Srednovekovieto IV–XIV v. Istorija, archeologija, kultura i izkustvo, Varna 2007.

Athanasios Athonites, Diatyposis (BHG 191) = Ἡ διατύπωσις τοῦ ὁσίου καὶ μακαρίου πατρὸς ἡμῶν Ἀθανασίου, in: Meyer, Haupturkunden 123,1 – 130,22; engl. Übers. von G. Dennis, in: Byzantine Monastic Foundation Documents, no. 14, vol. I, p. 274–278.

Athanasios Athonites, Hypotyposis (BHG 190b) = [Ὑποτύπωσις καταστάσεως τῆς λαύρας τοῦ ὁσίου Ἀθανασίου], in: Meyer, Haupturkunden 130,28 – 140,36; engl. Übers. von G. Dennis, in: Byzantine Monastic Foundation Documents, no. 11, vol. I, p. 221–228.

Athanasios Athonites, Typikon (BHG 190) = Τυπικὸν ἤτοι κανονικὸν τοῦ ὁσίου καὶ θεοφόρου πατρὸς ἡμῶν Ἀθανασίου τοῦ ἐν τῷ Ἄθῳ, in: Meyer, Haupturkunden 102,1 – 122,28; engl. Übers. von G. Dennis, in: Byzantine Monastic Foundation Documents, no. 13, vol. I, p. 250–265.

Athena bzw. Ἀθηνᾶ = ΑΘΗΝΑ. Σύγγραμμα περιοδικὸν τῆς ἐν Ἀθήναις ἐπιστημονικῆς ἑταιρείας, Athen 1963ff.

Atsalos, Cheirographa Kosinitsas = B. Atsalos, Τά χειρόγραφα της Ιεράς Μονής της Κοσινίτσας (η Εικοσιφοινίσσας) του Παγγαίου, Drama 1990.

Austfirðinga sǫgur = Austfirðinga sǫgur. Þorsteins saga hvíta. Vápnfirðinga saga. Þorsteins þáttr stangarhǫggs. Ǫlkofra þáttr. Hrafnkels saga Freysgoða. Droplaugarsona saga. Brandkrossa þáttr. Gunnars þáttr Þiðrandabana. Fljótsdæla saga. Þorsteins saga Síðu-Hallssonar. Draumr Þorsteins Síðu-Hallssonar. Þorsteins þáttr Austfirðings. Þorsteins þáttr sǫgufróða. Gull-Ásu-Þórðar þáttr, J. Jóhannesson gaf út, Reykjavík 1959 (Íslenzk fornrit 11).

Αυτοκρατορία σε κρίση = B. N. Vlyssidou (Βασιλική N. Βλυσίδου) (Ed.), Η αυτοκρατορία σε κρίση(;). Το Βυζάντιο τον 11ο αιώνα (1025–1081), Athen 2003 (Εθνικό Ίδρυμα Ερευνών. Ινστιτούτο Βυζαντινών Ερευνών. Διεθνή Συμπόσια 11).

ʿAynī = Badraddīn Abū Muḥammad Maḥmūd b. Aḥmad, ʿIqd al-ǧumān fī aḫbār ahl az-zamān, Auszüge in franz. Übers. in: Vasiliev, Arabes II 2, p. 263–268; Auszüge in: Rozen, Vassilij; Codd. Mus. Asiatic. Ac. Petropol. 524b. 524c [= Bd. II und III der Chronik], nach der Inhaltsangabe bei Dölger–Müller, Regesten (Beihammer).

ʿAẓīmī = Taʾrīḫ Ḥalab, taṣnīf Muḥammad b. ʿAlī al-ʿAẓīmī al-Ḥalabī, ed. I. Zaʿrūr, Damaskus 1984.

Bachrach, Fulk = B. S. Bachrach, Fulk Nerra, the neo-Roman consul, 987–1040. A political biography of the Angevin count, Berkeley, Cal.,1993.

Bachrach, Pilgrimages = B. S. Bachrach, The Pilgrimages of Fulk Nerra, Count of the Angevins, 987–1040, in: Religion, culture, and society in the early Middle Ages. Studies in honor of Richard E. Sullivan, ed. by T. F. X. Noble, Kalamazoo1987 (Studies in medieval culture 23), p. 205–217.

Baethgen, Fragmente = F. Baethgen, Fragmente syrischer und arabischer Historiker, Leipzig 1884 (Abh. für die Kunde des Morgenlandes VIII,3), bes. 108–154 (dt. Übers. des Elias von Nisibis).

Baldwin, Anthology = B. Baldwin, An Anthology of Byzantine Poetry, Amsterdam 1985 (London studies in classical philology 14).

Bamban, Military History = R. Bamban, The Military History of Armenia, Woodland Hills, CA, 2000.

Bandini, Catalogus = A. M. Bandini, Catalogus Codicum Manuscriptorum Bibliothecae Mediceae Laurentianae. Supplementa tria, Florenz 1764–1770 (Ndr., ed. E. Rostagno e N. Festa, Leipzig 1961), vol. I–II; im Nachdruck Leipzig 1961: Supplementum I: E. Rostagno – N. Festa, Indice dei codici greci Laurenziani non compresi nel Catalogo del Bandini, p. 3*–62*.

Bandy, Nikon = A. Bandy, Nikon Metanoeite: Testament of Nikon the Metanoeite for the Church and Monastery of the Savior, the Mother of God, and St. Kyriake in Lakedaimon, in: Byzantine Monastic Foundation Documents, vol. I, no. 17, p. 313–322.

Bănescu, Colecţie = N. Bănescu, O colecţie de sigilii bizantine inedite, in: Analele Academiei Romane, Memoriile Sectiunii Istorice, Seria III 20, Memoriile 5, Bukarest 1938, 115–126.

Bar Hebr., Muḫtaṣar = Taʾrīḫ muḫtaṣar ad-duwal, li-l-ʿallāma Ġrīgūriqūs al-Malaṭī al-maʿrūf bi-Ibn al-ʿIbrī, ed. A. Ṣālḥānī, Beirut 1890 (Ndr. [mit anderer Paginierung] Beirut 1958). (Zitiert nach der Ed. 1890, während Dölger–Müller, Regesten [Beihammer], nach dem Ndr. 1958 zitieren.)

Bar Hebraeus = E. A. W. Budge, The chronography of Gregory Abû'l-Faraj 1225–1286, the Son of Aaron, the Hebrew physician commonly known as Bar Hebraeus being the first part of his political history of the world, transl. from the Syriac with an historical introduction, apparatus, and an index accompanied by reproduction of the Syriac texts in the Bodleian Manuscript, I, London 1932 (Ndr. Amsterdam 1976).

Bar Hebraeus, Dyn. = Des Gregorius Abulfaradsch kurze Geschichte der Dynastien oder Auszug der allgemeinen Weltgeschichte ..., aus dem Arabischen übers. mit erläuternden ... Anmerkungen von G. L. Bauer, I, Leipzig 1783.

Barbour = Ruth Barbour, Greek Literary Hands A.D. 400–1600, Oxford 1981.

Bardas Monachos, Epp. = Bardas Monachos, Epistulae, ed. A. Markopoulos, in: Byzantium. Tribute to Andreas N. Stratos, vol. II, Athen 1986, 573–585.

Barnea, Durostorum = I. Barnea, Sigillii bizantine de la Durostorum–Dorostolon, in: Pontica 15 (1982) 201–212.

Baronius XV = C. Baronius, Annales ecclesiastici denuo excusi et ad nostra usque tempora perducti ab A. Theiner, XV: 864–933, Bar-le-Duc 1868.

Bartikian, Gaurades = H. Bartikian, Les Gaurades à travers les sources arméniennes, in: L'Arménie et Byzance 19–30.

Bartikian, Ἔγγραφα = H. M. Bartikian (Μπαρτικιάν), Ἐπίσημα Βυζαντινὰ Ἔγγραφα σὲ Ἔργα Ἀρμενίων Μεσαιωνικῶν Συγγραφέων. Α': Οἱ Ἐπιστολὲς τοῦ Ἰωάννη Τσιμισκῆ στοὺς Ἀρμενίους, in: Βυζαντινός Δόμος 2 (1988) 13–34 (neugriech. Übers. der interessierenden arm. Passage bei Matthäus von Edessa: 22–33; engl. Zusammenfassung: 33f.).

Barzos, Genealogia = K. Barzos (Βαρζός), Η γενεαλογία τών Κομνηνών, Thessalonike 1984 (Βυζαντινά κείμενα και μελέται 20).

Baumann, Faszination = W. Baumann, Die Faszination des Heiligen bei Kliment Ochridski, Neuried 1983 (Typoskript-Edition Hieronymus, Slavische Sprachen und Literaturen 1).

Baumgärtel-Fleischmann, Sternenmantel = Renate Baumgärtel-Fleischmann, Der Sternenmantel Kaiser Heinrichs II. und seine Inschriften, in: W. Koch (Hrsg.), Epigraphik 1988. Fachtagung für mittelalterliche und neuzeitliche Epigraphik, Wien 1990 (Veröffentlichungen der Kommission für die Herausgabe der Inschriften des Deutschen Mittelalters 2), 105–125.

Baun, Apocalypse = J. R. Baun, The "Apocalypse of Anastasia" in its Middle Byzantine context, Ann Arbor, MI, 1997 (Ph. D. Diss. Princeton University).

Baun, Tales = J. R. Baun, Tales from Another Byzantium: Celestial Journey and Local Community in the Medieval Greek Apocrypha, Cambridge 2007.

Bayer, Spaltung = A. Bayer, Spaltung der Christenheit. Das sogenannte morgenländische Schisma von 1054, Köln–Weimar–Wien 2002 (Beihefte zum Archiv für Kulturgeschichte 53).

BBA = Berliner Byzantinistische Arbeiten, 1–60, Berlin 1956–1995.

BBKL = Biographisch-Bibliographisches Kirchenlexikon, bisher 26 Bände, Hamm 1990 – Nordhausen 2006.

BBS = Berliner Byzantinistische Studien, 1ff., Frankfurt a. M. 1994ff.

BCH = Bulletin de Correspondance Hellénique. Δελτίον Ἑλληνικῆς Ἀλληλογραφίας, École Française d'Athènes, Athen 1877ff.

Beck, Gefolgschaftswesen = H.-G. Beck, Byzantinisches Gefolgschaftswesen, München 1965 (Sitzungsberichte der Bayer. Akad. der Wiss., phil.-hist. Kl., Jahrg. 1965, Heft 5) (Ndr., in: Beck, Ideen und Realitaeten, XI).

Beck, Ideen und Realitaeten = H.-G. Beck, Ideen und Realitaeten in Byzanz. Gesammelte Aufsätze, London 1972 (Variorum Reprints).

Beck, Kekaumenos = H.-G. Beck, Vademecum des byzantinischen Aristokraten. Das sogenannte Strategikon des Kekaumenos, 2. Auflage, Graz–Wien–Köln 1964 (1. Auflage 1956) (Byzantinische Geschichtsschreiber 5).

Beck, Kirche = H.-G. Beck, Kirche und theologische Literatur im byzantinischen Reich, München 1959 (Byzantinisches Handbuch 2,1 = Handbuch der Altertumswissenschaft XII 2,1).

Beck, Ministerpräsident = H.-G. Beck, Der byzantinische "Ministerpräsident", in: BZ 48 (1955) 309–338 (Ndr. in: Beck, Ideen und Realitaeten, XIII).

Beck, Nomos = H.-G. Beck, Nomos, Kanon und Staatsräson in Byzanz, Wien 1981 (Österr. Akademie d. Wiss., phil.-hist. Kl., Sitzungsber. 384).

Beck, Orthodoxe Kirche = H.-G. Beck, Geschichte der orthodoxen Kirche im byzantinischen Reich, Göttingen 1980 (Die Kirche in ihrer Geschichte 1, Lieferung D 1).

Beck, Umgang mit Ketzern = H.-G. Beck, Vom Umgang mit Ketzern. Der Glaube der kleinen Leute und die Macht der Theologen, München 1993.

Beck, Volksliteratur = H.-G. Beck, Geschichte der byzantinischen Volksliteratur, München 1971 (Byzantinisches Handbuch 2,3 = Handbuch der Altertumswissenschaft XII 2,3).

Beckwith, Tissues = J. G. Beckwith, Byzantine Tissues, in: XIVe Congrès International d'Études Byzantines, Bucarest, 6-12 Septembre 1971, Actes publiés par M. Berza et E. Stănescu, Bukarest 1974, I, 343–353, bes. 350f., Tafeln Fig.1 – Fig. 32.

Bees, Χειρόγραφα Μετεώρων = N. A. Bees (Βέης), Τὰ χειρόγραφα τῶν Μετεώρων, Athen 1967.

Begegnung des Westens mit dem Osten = Die Begegnung des Westens mit dem Osten. Kongreßakten des 4. Symposiums des Mediävistenverbandes in Köln 1991 aus Anlaß des 1000. Todesjahres der Kaiserin Theophanu, hrsg. von O. Engels und P. Schreiner, Sigmaringen 1993.

Beihammer, Bardas Skleros = A. Beihammer, Der harte Sturz des Bardas Skleros. Eine Fallstudie zu zwischenstaatlicher Kommunikation und Konfliktführung in der byzantinisch-arabischen Diplomatie des 10. Jahrhunderts, in: RHM 45 (2003) 21–57.

Beihammer, Seepolitik = A. Beihammer, Zypern und die byzantinisch-arabische Seepolitik vom 8. bis zum Beginn des 10. Jahrhunderts, in: Aspects of Arab seafaring, in: Y. Al-Hijji – V. Christides (ed.), Aspects of Arab seafaring. An attempt to fill in the gaps of maritime history, Athen 2002, 41–62.

Belke–Mersich, Phrygien und Pisidien = K. Belke – N. Mersich, Phrygien und Pisidien, Wien 1990 (TIB VII = Österr. Akad. der Wiss., phil.-hist. Kl., Denkschriften 211).

Belke–Soustal = Die Byzantiner und ihre Nachbarn. Die *De Administrando Imperio* genannte Lehrschrift des Kaisers Konstantinos Porphyrogennetos für seinen Sohn Romanos, übers., eingel. und erklärt von K. Belke und P. Soustal, Wien 1995 (Byzantinische Geschichtsschreiber 19).

Belke, Bithynien und Hellespontos = K. Belke, Bithynien und Hellespontos, Wien (in Vorbereitung) (TIB XIII).

Belke, Galatien = K. Belke, Galatien und Lykaonien, mit Beiträgen von M. Restle, Wien 1984 (TIB IV = Österr. Akad. der Wiss., phil.-hist. Kl., Denkschriften 172).

Belke, Paphlagonien = K. Belke, Paphlagonien und Honorias, Wien 1996 (TIB IX = Österr. Akad. der Wiss., phil.-hist. Kl., Denkschriften 249).

Belting–Cavallo, Bibel des Niketas = H. Belting – G. Cavallo, Die Bibel des Niketas. Ein Werk der höfischen Buchkunst in Byzanz und sein antikes Vorbild, Wiesbaden 1979.

Beltrani, Documenti = G. Beltrani, Documenti longobardi e greci per la storia dell'Italia meridionale nel Medioevo, Roma 1877, Nr. 4-9, p. 5–13.

Beneševič, Catalogus codd. Sinait. = V. Beneševič, Catalogus codicum manuscriptorum graecorum qui in monasterio Sanctae Catharinae in monte Sina asservantur = Opisanie grečeskich rukopisej mon. sv. Ekateriny na Sinae I, St. Petersburg 1911.

Bengtsson, Röde Orm = F. G. Bengtsson, [Teil I:] Sjöfarare i västerled, Stockholm 1939; [Teil II:] Hemma och i österled, Stockholm 1942. Dt. Übers.: F. G. Bengtsson, Die Abenteuer des Röde Orm, übers. von E. Carlberg, München 1951 (zahlreiche spätere Auflagen unter verschiedenen Titeln, hier zitiert nach der Auflage München 1978).

BEO = Bulletin d'Études Orientales, Institut Français de d'Études Arabes (Dimasq), Damaskus 1931ff.

Berger, Patria = A. Berger, Untersuchungen zu den Patria Konstantinupoleos, Bonn 1988 (ΠΟΙΚΙΛΑ ΒΥΖΑΝΤΙΝΑ 8).

Bergk, PLG = Poetae lyrici Graeci, collegit Theodorus Bergk, Bde. I–III, 5. Aufl., Leipzig 1900–1915.

Bernštejn, Konstantin-filosof i Metodij = S. B. Bernštejn, Konstantin-filosof i Metodij. Načalnye glavy iz istorii slavjanskoj pis'mennosti, Moskau 1984.

Berschin–Klüppel, Legende = W. Berschin und T. Klüppel, Die Legende vom Reichenauer Kana-Krug, Sigmaringen 1994.

Berschin–Klüppel, Markus = W. Berschin und T. Klüppel, Der Evangelist Markus auf der Reichenau, Sigmaringen 1994.

Berschin, Gr.-lat. MA = W. Berschin, Griechisch-lateinisches Mittelalter: von Hieronymus zu Nikolaus von Kues, Bern 1980.

Berschin, Legende = W. Berschin, Die Legende vom Reichenauer Kana-Krug aus dem X. Jahrhundert, in: Berschin–Klüppel, Legende 7–18.

Beševliev, Părvobălgarski nadpisi = V. Beševliev, Părvobălgarski nadpisi, Sofia 1979.

Beševliev, Periode = V. Beševliev, Die protobulgarische Periode der bulgarischen Geschichte, Amsterdam 1981.

Beševliev, Prot. Inschriften = Die protobulgarischen Inschriften, hrsg. von V. Beševliev, Berlin 1963 (BBA 23).

Beševliev, Spätgriechische und spätlateinische Inschriften = Spätgriechische und spätlateinische Inschriften aus Bulgarien, hrsg. von V. Beševliev, Berlin 1964 (BBA 30).

BF = Byzantinische Forschungen, Amsterdam 1966ff.

BHG = F. Halkin, Bibliotheca hagiographica graeca, 3e éd., Brüssel 1957 (Subs. hag. 8); idem, Auctarium bibliothecae hagiographicae graecae, Brüssel 1969 (Subs. hag. 47); idem, Novum auctarium bibliothecae hagiographicae graecae, Brüssel 1984 (Subs. hag. 65).

BHL = Bibliotheca hagiographica latina antiquae et mediae aetatis, edd. Socii Bollandiani, I–II, Brüssel 1898. 1901.

BHL Suppl. = Bibliotheca hagiographica latina antiquae et mediae aetatis. Novum supplementum, ed. H. Fros, Brüssel 1986 (Subs. hag. 70).

BHO = (P. Peeters,) Bibliotheca hagiographica orientalis, edd. Socii Bollandiani, Brüssel 1910 (Ndr. Brüssel 1970) (Subs. hag. 10).

BIAB = Bulletin de l'Institut Archéologique Bulgare. Izvestija na Bălgarskija Archeologičeski Institut, 1–16, Sofia 1921/22–1950.

Bianquis, Damas et la Syrie = T. Bianquis, Damas et la Syrie sous la domination fatimide (359–468/969–1076). Éssai d'interprétation de chroniques arabes médiévales, vol. I–II, Damaskus 1986–1989 (Publications de l'Institut Français de Damas 120–121).

Bibl. Sanct. = Bibliotheca Sanctorum, I–XII, Rom 1961–1969; Indices, Rom 1970.

Birkmann, Von Ågedal bis Malt = T. Birkmann, Von Ågedal bis Malt. Die skandinavischen Runeninschriften vom Ende des 5. bis Ende des 9. Jahrhunderts, Berlin – New York 1995 (RGA, Ergänzungsband 12).

Biskupa sögur 1 = Biskupa sögur 1. Kristni saga. Kristni þættir: Þorvalds þáttr víðfǫrla I. Þorvalds þáttr víðfǫrla II. Stefnis þáttr Þorgilssonar. Af Þangbrandi. Af Þiðranda ok Dísunum. Kristniboð Þangbrands. Þrír þættir. Kristnitakan. Jóns saga ins helga. Gísls þáttr Illugasonar. Sæmundar þáttr, Sigurgeir Steingrímsson – Ólafur Halldórsson – P. Foote gafu út, Reykjavík 2003 (Íslenzk fornrit 15).

Bithynie au Moyen Âge = La Bithynie au Moyen Âge, édité par B. Geyer et J. Lefort, Paris 2003 (Réalités byzantines 9).

Bitolski nadpis (ed. Božilov) = I. Božilov, Bitolski nadpis na Ivan Vladislav (die Inschrift von Bitola des Ivan Vladislav), in: KME I (1985) 196–198.

Bitolski nadpis (ed. Zaimov–Zaimova) = J. Zaimov — Vasilka Zaimova, Bitolski nadpis na Ivan Vladislav samodăržec bălgarski. Starobălgarski pametnik ot 1015–1016 godina. Ivan Vladislav i negovijat nadpis, Sofia 1970.

Blake, Georgian Old Testament = R. Blake, The Athos Codex of the Georgian Old Testament, in: The Harvard Theological Review 22 (1929) 32–105.

Blake, Manuscrits géorgiens d'Iviron = R. Blake, Catalogue des manuscrits géorgiens de la bibliothèque de la laure d'Iviron au Mont Athos, in: ROC, sér. 3, 8 [28] (1931–1932) 289–361; 9 [29] (1933–1934) 114–159. 225–271.

Blanchet, Collection sigillographique = A. Blanchet, Collection sigillographique de M. M. G. Schlumberger et A. Blanchet, Paris 1914.

Bleisiegel Eremitage = Valentina S. Šandrovskaja – W. Seibt, Byzantinische Bleisiegel in der Staatlichen Eremitage mit Familiennamen, 1. Teil: Sammlung Lichačev – Namen von A bis I, Wien 2005 (Denkschriften der phil.-hist. Kl. 331; Veröffentlichungen der Kommission für Byzantinistik 10/1).

Bloch, Monte Cassino = H. Bloch, Monte Cassino in the Middle Ages, Cambridge, Mass., 1986, vol. I–III.

Blöndal–Benedikz, Varangians = S. Blöndal, translated, revised and rewritten by B. S. Benedikz, The Varangians of Byzantium. An aspect of Byzantine military history, Cambridge 1978.

BMGS = Byzantine and Modern Greek Studies, London 1975ff.

BNJ = Byzantinisch-neugriechische Jahrbücher, 1–22, Athen–Berlin, 1920 - 1977/85.

Böhlig, Einnahme Thessalonikes = Die Einnahme Thessalonikes durch die Araber im Jahre 904. Übersetzt, eingeleitet und erklärt von Gertrud Böhlig, Graz–Wien–Köln 1975 (Byzantinische Geschichtsschreiber 12).

Böhmer–Appelt, Regesten = J. F. Böhmer, Regesta Imperii III. Salisches Haus 1024–1125, Teil. 1: 1024–1039. Bd. 1. Die Regesten des Kaiserreichs unter Konrad II. 1024–1039, bearb. von H. Appelt, Köln u. a. 1951.

Böhmer–Graff, Regesten = J. F. Böhmer, Regesta Imperii II. Sächsisches Haus 919–1024, Bd. 4: Die Regesten des Kaiserreiches unter Heinrich II. 1002–1024, bearb. von T. Graff, Wien u. a. 1971.

Böhmer–Mikoletzky, Regesten = J. F. Böhmer, Regesta Imperii II. Sächsisches Haus 919–1024, Bd. 2: Die Regesten des Kaiserreiches unter Otto II. 955(973)–983, bearb. von H. L. Mikoletzky, Wien u. a. 1950.

Böhmer–Uhlirz, Regesten = Böhmer, J. F., Regesta Imperii II. Sächsisches Haus 919–1024, Bd. 3: Die Regesten des Kaiserreiches unter Otto III. 983–1002, bearb. von M. Uhlirz, Wien u. a. 1956.

Böhmer–Zielinski, Regesten 1–3 = J. F. Böhmer, Regesta Imperii I. Die Regesten des Kaiserreichs unter den Karolingern 751–918 (926), Bd. 3: Die Regesten des Regnum Italiae und der burgundischen Regna, Teil 1: Die Karolinger im Regnum Italiae 840–887 (888), bearb. von H. Zielinski, Köln–Wien 1991; Teil 2: Das Regnum Italiae in der Zeit der Thronkämpfe und Reichsteilungen 888 (850)–926, bearb. von H. Zielinski, Köln–Weimar–Wien 1998; Teil 3: Das Regnum Italiae vom Regierungsantritt Hugos von Vienne bis zur Kaiserkrönung Ottos des Großen (926–962), bearb. von H. Zielinski, Wien–Weimar–Köln 2006.

Böhmer–Zimmermann, Regesten = J. F. Böhmer, Regesta Imperii. Sächsisches Haus 919–1024, Bd. 5: Papstregesten 911–1024, bearb. von H. Zimmermann, 2. überarb. und erg. Aufl., Köln–Weimar–Wien 1998.

Boese, Sammlung Hamilton = H. Boese, Die lateinischen Handschriften der Sammlung Hamilton zu Berlin, Wiesbaden 1966.

Boisson-Chenorhokian = P. Boisson-Chenorhokian, in: Yovhannēs Drasxanakertc‘i, Histoire d'Arménie, introduction, traduction et notes par Patricia Boisson-Chenorhokian, Louvain 2004 (CSSO 605; Subsidia 115), passim (Anmerkungen zur Übersetzung).

BollBadGr = Bollettino della Badia Greca di Grottaferrata, Grottaferrata, 1–14, 1929/30–1943; N. S. 1ff., 1947ff.

Bon, Péloponnèse = A. Bon, Le Péloponnèse byzantin jusqu'en 1204, Paris 1951.

Borgfirðinga sǫgur = Borgfirðinga sǫgur. Hœnsa-Þóris saga. Gunnlaugs saga ormstungu. Bjarnar saga hítdœlakappa. Heiðarvíga saga. Gísls þáttr Illugasonar, S. Nordal – Guðni Jónsson gafu út, Reykjavík 1938 (Íslenzk fornrit 3).

Borsari (RSI 62) = S. Borsari, L'amministrazione del tema di Sicila, in: RSI 62 (1954) 133–158. (Siegel p. 156–158 nach Nrr. zitiert.)

Borsari, Monachesimo = S. Borsari, Il monachesimo bizantino nella Sicilia e nell'Italia meridionale prenormanne, Neapel 1963 (Istituto Italiano per gli Studi Storici in Napoli).

Bosworth, Arab attacks = C. E. Bosworth, Arab attacks on Rhodes in the pre-Ottoman period, in: Y. Al-Hijji – V. Christides (Ed.), Aspects of Arab seafaring. An attempt to fill in the gaps of maritime history, Athen 2002, 62–73.

Božilov, Bălgarite = I. Božilov, Bălgarite văv Vizantijskata Imperija, Sofia 1995 (Prosopographischer Katalog: p. 193–361).

Božilov–Gjuzelev, Istorija = I. Božilov – V. Gjuzelev, Istorija na srednovekovna Bălgarija VII–XIV vek (tom I), Sofia 2006.

Brate, Pireuslejonets runinskrift = E. Brate, Pireuslejonets runinskrift, Stockholm 1914 (Antikvarisk Tidskrift för Sverige 20,3).

Brate, Runristare = E. Brate, Svenska Runristare, Stockholm 1926 (Kungl. Vitterhets Historie och Antikvitets Akademiens Handlingar 33,3).

Brate–Bugge, Runverser = E. Brate – S. Bugge, Runverser. Undersökning af Sveriges metriska runinskrifter, Stockholm 1891 (Antikvarisk Tidskrift för Sverige 10,1).

Breck–Meyendorff–Silk, Legacy of St Vladimir = J. Breck – J. Meyendorff – E. Silk (Ed.), The Legacy of St Vladimir. Byzantium – Russia – America. Papers presented at a Symposium commemmorating the Fiftieth Anniversary of St Vladimir's Orthodox Theological Seminary, Crestwood, NY, September 27 – October 1, 1988, Crestwood, NY, 1990.

Bréhier, Institutions = L. Bréhier, Les institutions de l'empire byzantin, Paris 1948 (Le monde byzantin II).

Bresc, La formazione = H. Bresc, La formazione del popolo siciliano, in: A. Q. Moreschini (Hrsg.), Tre Millenni di storia linguistica della sicilia (Atti del Convegno della Società Italiana di Glottologia, Palermo, 25-27 marzo 1983), Pisa 1984, 243–258.

Brief des Konstantinos VII. an al-Ḥakam II. (Stern) = S. M. Stern, A letter of the Byzantine Emperor to the Court of the Spanish Umayyad Caliph al-Ḥakam, in: Al Andalus 26 (1961) 37–42.

Briefwechsel Berta – al-Muktafī = Berta, Brief an den Kalifen al-Muktafi, in: Hiestand, Regnum Italicum, Anhang I. 225f. (die Antwort des Kalifen: ibidem 226–229; beides jeweils in dt. Übersetzung).

Brockelmann, Litteratur = C. Brockelmann, Die syrische und die christlich-arabische Litteratur, in: Geschichte der christlichen Litteraturen des Orients, von C. Brockelmann, F. N. Finck, J. Leipoldt, E. Littmann, Leipzig 1909 (zweite Ausgabe mit Berichtigungen), 1–67 (Ndr. Leipzig 1979 unter dem Titel "Geschichte der christlichen Literaturen des Orients").

Brokkaar, Basil Lacapenus = W. G. Brokkaar, Basil Lacapenus. Byzantium in the tenth century, in: Studia Byzantina et Neohellenica Neerlandica 3 (1972) 199–234.

Brousselle, Integration = Isabelle Brouselle, L'intégration des Arméniens dans l'aristocratie byzantine au IXe siècle, in: L'Arménie et Byzance 43–54.

Browning, Bulgaria = R. Browning, Byzantium and Bulgaria. A comparative study across the early medieval frontier, Berkeley – Los Angeles 1975.

Browning, Correspondence = R. Browning, The Correspondence of a Tenth-Century Byzantine Scholar, in: Byz 24 (1954) 397–452.

Brut y Tywysogion = Brut y Tywysogion or the chronicle of the princes, ed. by J. Williams ab Ithel, London 1860 (Rerum Britannicarum Medii Aevi Scriptores 17).

Bryer–Winfield, Pontos = A. Bryer – D. Winfield, The Byzantine Monuments and Topography of the Pontos, I–II, Washington, DC, 1985 (Dumbarton Oaks Studies 20).

Bsl = Byzantinoslavica, Prag 1929ff.

Bürgel, Hofkorrespondenz 'Aḍud ad-Daulas = J. C. Bürgel, Die Hofkorrespondenz 'Aḍud ad-Daulas und ihr Verhältnis zu anderen historischen Quellen der frühen Būyiden, Wiesbaden 1965.

Bujnoch, Zwischen Rom und Byzanz = J. Bujnoch, Zwischen Rom und Byzanz. Leben und Wirken der Slavenapostel Kyrillos und Methodios nach den Pannonischen Legenden und der Klemensvita. Bericht von der Taufe Rußlands nach der Laurentiuschronik, übersetzt, eingeleitet und erklärt von J. Bujnoch, 2. verb. Aufl., Graz–Wien–Köln 1972.

Bulg. Bischofsliste (Gelzer) = Οἱ ἀρχιεπίσκοποι Βουλγαρίας [Liste der bulgarischen Bischöfe nach dem Cod. Paris. Gr. 880, fol. 407vff.], ed. H. Gelzer, in: idem, Der Patriarchat von Achrida. Geschichte und Urkunden, Leipzig 1902 (Ndr. Aalen 1980), 6f.

Bulg. Bischofsliste (Ivanov) = Οἱ ἀρχιεπίσκοποι Βουλγαρίας, ed. J. Ivanov, Bălgarski starini iz Makedonija, Sofia 1931 (Ndr. 1970), 565f.

Bulgakova, Bleisiegel in Osteuropa = Viktoria I. Bulgakova, Byzantinische Bleisiegel in Osteuropa. Funde auf dem Territorium Altrußlands, Wiesbaden 2004 (Mainzer Veröffentlichungen zur Byzantinistik 6).

Burgarella, Chiese = F. Burgarella, Chiese d'Oriente e d'Occidente alla vigilia dell'anno Mille, in: Europa Medievale e il Mondo Bizantino. Contatti effettivi e possibilità di studi comparati (Tavola rotonda del XVIII congresso del CISH – Montreal, 29 agosto 1995), a cura di G. Arnaldi e G. Cavallo, Rom 1997 (Nuovi studi storici 40), 179–212.

Burgmann, Peira 51 = L. Burgmann, Peira 51. Übersetzung und Kommentar, in: Κατευόδιον. In memoriam Nikos Oikonomides, ed. S. Troianos, Athen–Komotini 2008 (Forschungen zur byzantinischen Rechtsgeschichte. Athener Reihe 15), 5–26.

Burgmann, Sisinnios = L. Burgmann, Turning Sisinnios Against the Sisinnians: Eustathios Romaios on a Disputed Marriage, in: Magdalino (Ed.), Byzantium in the year 1000, 161–181.

Burr, Anmerkungen = V. Burr, Anmerkungen zum Konflikt zwischen Methodius und den bayerischen Bischöfen, in: Cyrillo-Methodiana (1964) 39–56.

Bury, Ceremonial Book = J. B. Bury, The Ceremonial Book of Constantine Porphyrogenitus, in: EHR 22 (1907) 209–227. 417–439.

Bury, Eastern Rom. Emp. = J. B. Bury, A History of the Eastern Roman Empire from the Fall of Irene to the Accession of Basil I (A. D. 802–867), London 1912.

Busse, Buyiden = H. Busse, Chalif und Großkönig. Die Buyiden im Iraq (945–1055), Beirut 1969 (Beiruter Texte und Studien 6).

Byz = Byzantion. Revue Internationale des Études Byzantines, Brüssel 1924ff.

Byzantiaka = Βυζαντιακά. Επιστημονικό όργανο Ελληνικής Ιστορικής Εταιρείας, Thessalonike 1981ff.

Byzantina = Βυζαντινά. Ἐπιστημονικὸν ὄργανον Κέντρου Βυζαντινῶν Ἐρευνῶν Φιλοσοφικῆς Σχολῆς Ἀριστοτελείου Πανεπιστημίου, Thessalonike 1969ff.

Byzantina Mediterranea = Byzantina Mediterranea. Festschrift für Johannes Koder zum 65. Geburtstag, hrsg. von K. Belke, E. Kislinger, A. Külzer und Maria A. Stassinopoulou, Wien–Köln–Weimar 2007.

Byzantine Court Culture = Byzantine Court Culture from 829 to 1204, edited by H. Maguire, Washington, DC, 1997.

Byzantine Diplomacy = Byzantine Diplomacy. Papers from the 24th Spring Symposium of Byzantine Studies, Cambridge, March 1990, ed. by J. Shepard and S. Franklin, Aldershot 1992 (Society for the Promotion of Byzantine Studies, Publications 1).

Byzantine Monastic Foundation Documents = Byzantine Monastic Foundation Documents, ed. by J. Thomas and A. Constantinides Hero, vol. I–V, Washington, DC, 2001.

Byzantine Studies / Études Byzantines = Byzantine Studies. Études Byzantines, zunächst Arizona State Univ. Press, dann Bakersfield, Cal. (Calif. State Univ. Press), 1974ff.

Byzantinische Sprachkunst = Byzantinische Sprachkunst. Studien zur byzantinischen Literatur gewidmet Wolfram Hörandner zum 65. Geburtstag, hrsg. von M. Hinterberger und Elisabeth Schiffer, Berlin 2007 (Byzantinisches Archiv 20).

BYZANTIOS = BYZANTIOS. Festschrift für Herbert Hunger zum 70. Geburtstag, hrsg. von W. Hörandner, J. Koder, O. Kresten, E. Trapp, Wien 1984.

Byzanz und Ostmitteleuropa = Byzanz und Ostmitteleuropa 950–1453. Beiträge zu einer table-ronde des XIX International Congress of Byzantine Studies, Copenhagen 1996, hrsg. v. G. Prinzing und M. Salamon, Wiesbaden 1999.

ByzBulg = Byzantinobulgarica, Sofia 1962ff.

BZ = Byzantinische Zeitschrift, 1–42, Leipzig 1892–1943/49; 43–83, München 1950–1990; 84/85–91, Stuttgart–Leipzig 1991/92–1998; 92–99, München–Leipzig 1999–2006; 100ff., Berlin – New York 2007ff.

CA = Cahiers archéologiques: fin de l'antiquité et moyen-âge, Paris 1945ff.

Cahen, Note = C. Cahen, Note d'historiographie syrienne, la première partie de l'histoire d'bn al-Qalānisī, in: Arabic and Islamic Studies in Honor of Hamilton A. R. Gibb, ed. G. Makdisi, Cambridge, MA, – Leiden 1965, 157–167.

Caietani, Vitae SS. Siculorum = Vitae sanctorum Siculorum ex antiquis Graecis Latinisque Monumentis ... collectae aut scriptae ... a. R. P. Octavio Caietano ... opus postumum ... cui perficiendo operam contulit R. P. Petrus Salernus, I–II, Palermo 1657.

Calendrier palestino-géorgien = G. Garitte, Le calendrier palestino-géorgien du Sinaïticus 34 (Xe s.), édité, traduit et commenté, Brüssel 1958 (Subs. hag. 30).

Cameron, Anthology = Alan Cameron, The Greek Anthology from Menander to Planudes, Oxford 1993.

Cameron, Circus Factions = Alan Cameron, Circus Factions. Blues and Greens at Rome and Byzantium, Oxford 1976.

Cameron, Image of Edessa = Averil Cameron, The History of the Image of Edessa: The Telling of a Story, in: OKEANOS. Essays presented to Ihor Ševčenko on his Sixtieth Birthday from his Colleagues and Students = Harvard Ukrainian Studies 7 (1983) 80–94.

Cameron, Mandylion and Byzantine iconoclasm = Averil Cameron, The Mandylion and Byzantine iconoclasm, in: The Holy Face and the paradox of representation. Papers from a colloquium held at the Bibliotheca Hertziana, Rome, and the Villa Spelman, Florence, 1996, ed. with an introduction by H. L. Kessler and G. Wolf, Bologna 1998, 33–54.

Cameron, Porphyrius = Alan Cameron, Porphyrius the Charioteer, Oxford 1973.

Campagnolo-Pothitou, Échanges = M. Campagnolo-Pothitou, Les échanges de prisonniers entre Byzance et l'Islam aux IXe et Xe siècles, in: JOAS 7 (1995) 1–56.

Canard, Byzance et les musulmans = M. Canard, Byzance et les musulmans du Proche Orient, London 1973 (Variorum Reprints).

Canard, Deux documents = M. Canard, Deux documents arabes sur Bardas Skleros, in: SBN 5 (1939) 55–69 (Ndr. in: Canard, Byzance et les musulmans [Variorum Reprints], Nr. XI).

Canard, Deux Épisodes = M. Canard, Deux Épisodes des relations diplomatiques arabo-byzantines au Xe siècle, in: BEO 13 (1949–1950) 51–69 (Ndr. in: Canard, Byzance et les musulmans [Variorum Reprints], Nr. XII).

Canard, Expéditions mésopotamiennes = M. Canard, La date des expéditions mésopotamiennes de Jean Tzimiscès, in: Mélanges Henri Grégoire, II, Annuaire de l'Institut de Philologie et d'Histoire orientales et slaves 10 (1960) 99–108 (Ndr. in: Canard, Byzance et les musulmans [Variorum Reprints], Nr. XIII).

Canard, Guerre sainte = M. Canard, La guerre sainte dans le monde islamique et dans le monde chrétien, in: Revue Africaine (1936) 605–623 (Ndr. in: Canard, Byzance et les musulmans [Variorum Reprints], Nr. VIII).

Canard, Hamdanides = M. Canard, Histoire de la dynastie des H'amdanides de Jazîra et de Syrie, Algier 1953 (Publication de la Faculté des Lettres d'Alger, IIe série, tome 21).

Canard, Les poètes de la cour Ḥamdānide = M. Canard, Quelques aspects de la vie sociale en Syrie et Jazīra au dixième siècle d'après les poètes de la cour Ḥamdānide, in: Arabic and Islamic Studies in Honor of Hamilton A. R. Gibb, ed. G. Makdisi, Cambridge, MA, – Leiden 1965, 168–190.

Canard, Lettre ... à l'empereur Romain Lécapène = M. Canard, Une lettre de Muḥammad b. Ṭuġj al-Iḫšīd, émir d'Égypte, à l'empereur Romain Lécapène, in: Annales de l'Institut d'Études Orientales de la Faculté des Lettres d'Alger (AIEO) 2 (1936) 189–209 (Ndr. in: Canard, Byzance et les musulmans [Variorum Reprints], Nr. VII).

Canard, Muslim = M. Canard, Byzantium and the Muslim World to the Middle of the Eleventh Century, in: CMH IV/1, 696–752.

Canard, Mutanabbi = M. Canard, Mutanabbi et la guerre byzantino-arabe. Intérêt historique de ses poésies, in: "Al-Mutanabbi", Mémoires de l'Institut français de Damas, Beirut 1936, 99–114 (Ndr. in: Canard, Byzance et les musulmans [Variorum Reprints], Nr. VI).

Canard, Noms byzantins chez Abû Firâs = M. Canard (en collaboration avec N. Adontz), Quelques noms de personnages byzantins dans une pièce du poète Abû Firâs, in: Byz 11 (1936) 451–460 (franz. Übers. der betreffenden Verse: 454f.) (Ndr. in: Canard, Byzance et les musulmans [Variorum Reprints], Nr. IX).

Canard, Quelques = M. Canard, Quelques "à côté" de l'histoire des relations entre Byzance et les Arabes, in: Studi medievali in onore di Giorgio levi Della Vida, Rom 1956, 98–119 (Ndr. in: Canard, Byzance et les musulmans [Variorum Reprints], Nr. XV).

Canard, Recueil = M. Canard, Sayf al-Daula. Recueil de textes relatifs à l'émir Sayf al Daula le Ḥamdanide avec annotations, cartes et plans, Algier 1934 (Bibliotheca Arabica publiée par la Faculté des lettres d'Alger 8).

Canard, Sources arabes = M. Canard, Les sources arabes de l'histoire byzantine aux confins des Xe et XIe siècles, in: Mélanges R. Janin = REB 19 (1961) 284–314 (Ndr. in: Canard, Byzance et les musulmans [Variorum Reprints], Nr. XVII).

Canard, Une Vie du patriarche = M. Canard, Une Vie du patriarche melkite d'Antioche, Christophore, in: Byz 23 (1953) 561–569.

Canart, Vaticani gr. 1745–1962 = s. unter Vaticana (Catal.) VIII,1: Canart, Vaticani gr. 1745–1962 (1970) bzw. Vaticana (Catal.) VIII,2: Canart, Vaticani gr. 1745–1962 (1973).

Cappelli, Monachesimo basiliano = B. Cappelli, Il monachesimo basiliano ai confini Calabro-Lucani, Neapel 1963.

Carmen in Arsenium ep. Corcyr. auctore Ioanne Crasso (BHG 2045) = Στίχοι εἰς τὸν ἅγιον Ἀρσένιον μητροπολίτην Κερκύρων Ἰωάννου Γράσσου, ed. M. Gigante, Poeti bizantini di Terra d'Otranto nel secolo XIII, Neapel 1979, 105f. (ital. Übers. p. 120) (zuvor schon ediert von M. Gigante, Poeti italobizantini del secolo XIII, Neapel 1953, 57; cf. Emendationen von S. G. Mercati, in: BZ 47 [1954] 43–44).

Carmina ad Romanum = Carmina ad Romanum, ed. P. Odorico, Il calamo d'argento. Un carme inedito in onore di Romano II, in: JÖB 37 (1987) 65–93 (Text: 87–93).

Catal. patriarch. (Fischer) = F. Fischer, De Patriarcharum Constantinopolitanorum catalogis et de chronologia octo primorum patriarcharum. Accedunt eiusmodi catalogi duo adhuc non editi, in: Commentationes philologae Jenenses, edd. Seminarii philologorum Ienenses professores, III, Leipzig 1884, 263–333 (Text: 282–294).

Cataldi Palau, Catalogo Biblioteca Franzoniana (Genova) = Annaclara Cataldi Palau, Catalogo dei manoscritti greci della Biblioteca Franzoniana (Genova) (Urbani 2–20), Rom 1990 (Bollettino dei classici, Supplemento 8).

Catálogo El Escorial = Catálogo de los códices griegos de la Biblioteca de El Escorial, por A. Revilla, Gregorio de Andrés, vol. I: por el P. Alejo Revilla, Madrid 1936; vol. II: Códices 179–420, por Gregorio de Andrés, Madrid 1965; vol. III: Códices 421-649, por Gregorio de Andrés, Madrid 1967.

Catalogue I = Catalogue of Byzantine Seals at Dumbarton Oaks and in the Fogg Museum of Art, I: Italy, North of the Balkans, North of the Black Sea, ed. by J. Nesbitt and N. Oikonomides, Washington, DC, 1991.

Catalogue II = Catalogue of Byzantine Seals at Dumbarton Oaks and in the Fogg Museum of Art, II: South of the Balkans, the Islands, South of Asia Minor, ed. by J. Nesbitt and N. Oikonomides, Washington, DC, 1994.

Catalogue III = Catalogue of Byzantine Seals at Dumbarton Oaks and in the Fogg Museum of Art, III: West, Northwest, and Central Asia Minor and the Orient, ed. by J. Nesbitt and N. Oikonomides, Washington, DC, 1996.

Catalogue IV = Catalogue of Byzantine Seals at Dumbarton Oaks and in the Fogg Museum of Art, IV: The East, ed. by E. McGeer, J. Nesbitt and N. Oikonomides †, Washington, DC, 2001.

Catalogue V = Catalogue of Byzantine Seals at Dumbarton Oaks and in the Fogg Museum of Art, V: The East (continued), Constantinople and Environs, Unknown Locations, Addenda, Uncertain Readings, ed. by E. McGeer, J. Nesbitt and N. Oikonomides †, Washington, DC, 2005.

Catalogue, Byzantine Coins III/2 = Catalogue of the Byzantine Coins in the Dumbarton Oaks Collection and in the Whittemore Collection, III: Leo III to Nicephorus III, 717–1081, ed. P. Grierson, Part II: Basil I to Nicephorus III (867–1081), Washington, DC, 1973 (Ndr. 1993).

Catalogus comitum Capuae = Catalogus comitum Capuae, ed. G. Waitz, in: MGH SS rer. Lang. 498–501.

Catalogus imperatorum = Catalogus imperatorum, regum Italicorum, Ducum Beneventanorum et Spoletinorum Farfensis, ed. L. Bethmann, in: MGH SS rer. Lang. 521–523.

Catalogus regum Langobardorum = Catalogus regum Langobardorum et ducum Beneventanorum, ed. G. Waitz, in: MGH SS rer. Lang. 490–497.

Cavallo, Libri di medicina = G. Cavallo, I libri di medicina: gli usi di un sapere, in: Maladie et societé à Byzance, a cura di Evelyne Patlagean, Spoleto1993 (Centro Italiano di studi sull'alto medioevo, Collectanea 3), 43–56.

CCAG = Corpus Codicum Astrologorum Graecorum, vol. I–XII, Brüssel 1898–1953.

CCSG = Corpus Christianorum, Series graeca.

CCSL = Corpus Christianorum, Series latina.

Cereteli–Sobolevski = G. Cereteli – S. Sobolevski, Exempla codicum Graecorum litteris minusculis scriptorum annorumque notis instructorum, I: Codices Mosquenses, Moskau 1911; II: Codices Petropolitani, Moskau 1913.

Cessi, Venezia Ducale = R. Cessi, Venezia ducale, I: Le origini, Padua 1928.

CFHB = Corpus fontium historiae Byzantinae.

Charanis, Armenians = P. Charanis, The Armenians in the Byzantine Empire, Lissabon 1963 (überarbeitete Fassung eines Artikels aus: Bsl 22 [1961] 196–240, bzw. dessen Ndr.s in: P. Charanis, Studies on the Demography of the Byzantine Empire, London 1972 [Variorum Reprints], Nr. V).

Charizanes, Ἵδρυση = G. C. Charizanes, Η ίδρυση και οι απαρχές λειτουργίας της Αθωνικής Πολιτείας [engl. Paralleltitel: G. C. Charizanis, The Foundation and the Beginning of Operation of the Athonic State], Thessalonike 2007.

Charizanes, Μοναχισμός στη Θράκη = G. C. Charizanes, Ο μοναχισμός στη Θράκη κατά τους Βυζαντινούς αιώνες, Thessalonike 2003.

CHBE = The Cambridge History of the Byzantine Empire c. 500–1492, edited by J. Shepard, Cambridge 2008.

Cherubini, Pergamene = P. Cherubini, Le pergamene di S. Nicola di Gallucanta (secc. IX–XII), Nocera 1990.

Cheynet, Collection Zacos = J.-C. Cheynet, Sceaux de la collection Zacos (Bibliothèque nationale de France) se rapportant aux provinces orientales de l'Empire byzantin. Exposition organisée par le Département des monnaies, médailles et antiques, Bibliothèque nationale de France (16 juillet – 14 octobre 2001), Paris 2001. (Zitiert nach Nummern.)

Cheynet, Diogénai = J.-C. Cheynet, Grandeur et décadence des Diogénai, in: Αυτοκρατορία σε κρίση 119–137.

Cheynet, Horreiarioi = J.-C. Cheynet, Un aspect du ravitaillement de Constantinople aux Xe/XIe siècle d'après quelques sceaux d'hôrreiarioi, in: SBS 6 (1999) 1–26.

Cheynet, in: Bithynie au Moyen Âge = J.-C. Cheynet, L'Époque byzantine, in: La Bithynie au Moyen Âge, édité par B. Geyer et J. Lefort, Paris 2003 (Réalités byzantines 9), 311–350 (Appendice prosopographique. Fonctionnaires et ecclésiastiques byzantins en Bithynie: p. 330–350).

Cheynet, Kráteroi = J.-C. Cheynet, Une famille méconnue: les Kratéroi, in: REB 59 (2001) 225–238.

Cheynet, L'iconographie des sceaux des Comnènes = J.-C. Cheynet, L'iconographie des sceaux des Comnènes, in: Siegel und Siegler. Akten des 8. Internationalen Symposions für Byzantinische Sigillographie, hrsg. von Claudia Ludwig, Frankfurt a. M. 2005 (BBS 7), 53–67. 195f. (Abb.).

Cheynet, Les Phocas = J.-C. Cheynet, Les Phocas, in: G. Dagron – H. Mihăescu, Le traité sur le guérilla de l'empereur Nicéphore Phocas (963–969), Paris 1986, Appendice, 289–315.

Cheynet, Notes arabo-byzantines = J.-C. Cheynet, Notes arabo-byzantines, in: B. Kremmydas – C. Maltezu – N. M. Panagiotakes (Hrsg.), Αφιέρωμα στον Νίκο Σβορώνο, I–II, Rethymno 1986, vol. I, 145–152.

Cheynet, Pouvoir = J.-C. Cheynet, Pouvoir et Contestations à Byzance (963–1210), Paris 1990 (Byzantina Sorbonensia IX).

Cheynet, Skylitzès = Jean Skylitzès, Empereurs de Constantinople, texte traduit par B. Flusin et annoté par J.-C. Cheynet, Paris 2003 (Réalités Byzantines 8).

Cheynet, Trois familles = J.-C. Cheynet, Trois familles du duché d'Antioche, in: J.-C. Cheynet – J.-F. Vannier, Études Prosopographiques, Paris 1986 (Byzantina Sorbonensia V), 7–122.

Cheynet–Malamut–Morrisson = J.-C. Cheynet, Élisabeth Malamut, Cécile Morrisson, Prix et salaires à Byzance (Xe–XVe siècle), in: Hommes et richesses II 339–374.

Cheynet–Theodoridis = J.-C. Cheynet – D. Theodoridis, Sceaux byzantins de la collections D. Theodoridis: Les sceaux patronymiques, Paris 2010 (Centre de recherche d'histoire et civilisation de Byzance, Monographies 33).

Cheynet–Vannier, Argyroi = J.-C. Cheynet – J.-F. Vannier, Les Argyroi, in: ZRVI 40 (2003) 57–90.

Christ–Paranikas = W. Christ – M. Paranikas, Anthologia graeca carminum christianorum, Leipzig 1871 (Ndr. Hildesheim 1963).

Christian Dualist Heresies = Janet Hamilton – B. Hamilton – Y. Stoyanov, Christian Dualist Heresies in the Byzantine World c. 650 – c. 1450: Selected sources translated, Manchester 1998 (Manchester Medieval Sources Series).

Christianisierung des Kaukasus = W. Seibt (Hrsg.), Die Christianisierung des Kaukasus. The Christianization of Kaukasus (Armenia, Georgia, Albania). Referate des Internationalen Symposions (Wien, 9.-12. Dezember 1999), Wien 2002 (Österr. Akad. der Wiss., Phil.-hist. Kl., Denkschriften 296; Veröffentlichungen der Kommission für Byzantinistik 9).

Christianismes Orientaux = Micheline Albert, R. Beylot, R.-G. Coquin, B. Outtier, C. Renoux, A. Guillaumont, Christianismes Orientaux, Introduction à l'étude des langues et des littératures, Paris 1993.

Christianity Among the Slavs = E. G. Farrugia – R. F. Taft – G. K. Piovesana (Ed.), Christianity Among the Slavs: The Heritage of Saints Cyril and Methodius. Acts of the International Congress held on the Eleventh Centenary of the Death of St. Methodius, Rome, October 8-11, 1985 under the direction of the Pontifical Oriental Institute (venue: Pontifical University "Urbaniana"), Rom 1988 (Orientalia Christiana Analecta 231).

Christides, Crete = B. Christides, The Conquest of Crete by the Arabs (ca. 824): a Turning Point in the Struggle between Byzantium and Islam, Athen 1984.

Christophilopulu, Synkletos = A. Christophilopulu, Ἡ σύγκλητος εἰς τὸ Βυζαντινὸν κράτος, Athen 1949 (Ἐπετηρὶς τοῦ Ἀρχείου τῆς Ἱστορίας τοῦ Ἑλληνικοῦ Λαοῦ τῆς Ἀκαδημίας Ἀθηνῶν 2).

Christophoros Mitylenaios = s. unter Kurtz, Mitylenaios.

Chron. Amalfitanum = Chronicon Amalfitanum, ed. U. Schwarz, in: Schwarz, Amalfi 149–236, Text: 195–224. (frühere Edition: Chronicon Amalfitanum, in: Muratori, Antiquitates Italicae Medii Aevi, Mailand 1738, 1ff.)

Chron. Cambr. arab. = Kitāb ta'rīḫ ǧazīrat Ṣiqillīa min ḥīn daḫalahā l-muslimūn wa-aḫbār mā ǧāra fīhā min al-ḥurūb wa-tabdīl al-umarā' wa-ġayr ḏālika, in: Amari, Biblioteca I 165–176.

Chron. Cambridge = Chronicon Cambridge, in: Kleinchroniken I 45, p. 331–340; ältere Edition: Chronique de Cambridge, ed. A. A. Vasiliev, in: Vasiliev, Arabes I, p. 344–346; II 2, p. 99–106.

Chron. Salernitanum = Ulla Westerbergh, Chronicon Salernitanum. A Critical Edition with Studies on Literary and Historical Sources and on Language (Diss. Lund 1956), Stockholm 1956 (Studia Latina Stockholmiensia III).

Chronica S. Benedicti Casinensis = Chronica S. Benedicti Casinensis, ed. G. Waitz, in: MGH SS rer. Lang. 467–488.

Chronica Sancti Benedicti = Chronica de Monasterio Sanctissimi Benedicti, ed. H. Pertz, in: MGH SS III, Hannover 1839, 197–213.

Chronicon S. Andreae Castri Cameracesii = Chronicon S. Andreae Castri Cameracesii, ed. L. C. Bethmann, in: MGH SS VII, Hannover 1846, 526–550.

Chronicon Vulturnense = Chronicon Vulturnense del Monaco Giovanni, a cura di V. Federici, I–III, Rom 1925. 1938. 1940 (Fonti per la Storia d'Italia 58–60).

Chronik v. 1234 = I: Chronicon anonymum ad annum Christi 1234 pertinens, interpretatus est I.-B. Chabot, Louvain 1937 (Ndr. Louvain 1965) (CSCO, vol. 109, Scriptores Syri 56), 17–266 (= cap. 1–186); II: Anonymi auctoris Chronicon ad annum Christi 1234 pertinens, traduit par A. Abouna, introduction, notes et index par J.-M. Fiey, Louvain 1974 (CSCO, vol. 354, Scriptores Syri 154), 1–181 (= cap. 187ff.).

Chronik von Kartli: Chronik von K'art'li = s. unter Georgische Chronik (K'art'lis C'xovreba).

Chronik von Melrose = Chronica de Mailros e codice unico in Biblioteca Cottoniana servato, ed. by J. Stevenson, Edinburgh 1835 (Bannatyne Club 49).

Chronik von Monembasia = ed. I. Dujčev, Cronaca di Monemvasia, introduzione, testo critico e note, Palermo 1976 (Istituto Siciliano di Studi Bizantini e Neoellenici, Testi e monumenti, Testi 12). Ältere Edition: P. Lemerle, La Chronique improprement dite de Monemvasie: le contexte historique et légendaire, in: REB 21 (1963) 5–49 (griech. Text: 8–11).

CIArm I = H. A. Ōrbeli, Divan hay vimagrut'yan, Prak 1: Ani k'ałak' [russ. Paralleltitel: I. A. Orbeli, Svod armjanskich nadpisej, Vypusk 1: Gorodišče Ani; lat. Paralleltitel: Corpus Inscriptionum Armenicarum, Liber I], Jerewan 1966.

Ciccolella, Anacreontee = Federica Ciccolella, Cinque poeti bizantini. Anacreontee dal Barberiniano greco 310, testo critico, introduzione, traduzione e note, Alessandria 2000 (Hellenica. Testi e strumenti di letteratura greca antica, medievale e umanistica 5).

CIG IV = Corpus Inscriptionum Graecarum, IV, Pars XL: Inscriptiones christianae, edd. E. Curtius et A. Kirchhoff, Berlin 1877.

Ciggaar, Travellers = K. N. Ciggaar, Western Travellers to Constantinople. The West & Byzantium, 962–1204, Leiden – New York – Köln 1996.

CIMAGL = Cahiers de l'institut du moyen-âge grec et latin (Institut for Graesk og Latinsk Middelalderfilologi), Université de Copenhague (Kobenhavns Universitet), Kopenhagen 1 (1969) – 74 (2003); 75 (2004) – 78 (2007[2008]).

Ćirković, Crkvena organizacija = T. Ćirković, Crkvena organizacija u srpskim zemljama (rani srednji vek), Belgrad 2004.

Ćirković, Serbs = S. Ćirković, The Serbs, Oxford 2004.

Civitas divino-humana = Civitas divino-humana – in honorem annorum LX Georgii Bakalov, ed. C. J. Stepanov, Sofia 2004.

CMH IV/1 = The Cambridge Medieval History, IV: The Byzantine Empire, 1, Byzantium and its Neighbours, ed. Joan Hussey, Cambridge 1966.

CMR II = Christian-Muslim Relations. A Bibliographical History, Volume 2 (900-1050), edited by D. Thomas and A. Mallett with J. Pedro Monferrer Sala, J. Pahlitzsch, M. Swanson, H. Teule, and J. Tolan, Leiden 2010 (The History of Christian-Muslim Relations 14).

Cod. Athous Iviron 275 (Anrich, Nikolaos) = Cod. Athous Iviron 275, in: Anrich, Nikolaos II 86.

Codex diplomaticus Cavensis II = M. Morcaldi – M. Schiani – S. di Stephano (Ed.), Codex diplomaticus Cavensis II, Mailand–Pisa–Neapel 1875.

Codice diplomatico amalfitano = Codice diplomatico amalfitano, ed. R. Filangieri di Candida, vol. I, Neapel 1916; vol. II, Trani 1951.

Codice diplomatico barese = Codice diplomatico barese, ed. a cura della Commissione provinciale di archeologia e storia patria, vol. I: Pergamene del duomo di Bari, edd. G. B. Nitto De Rossi e F. Nitti di Vito, Bari 1897; vol. III: Pergamene della Cattedrale di Terlizzi (971–1300), ed. F. Carabellese, Bari 1899; vol. IV: Pergamene di S. Nicola di Bari, ed. F. Nitti Di Vito, Bari 1900; vol. V: Le Pergamene di S. Nicola di Bari: periodo normanno (1075–1194), ed. F. Nitti Di Vito, Bari 1901; vol. VIII: Le pergamene di Barletta. Archivio Capitolare (897–1285), ed. F. Nitti Di Vito, Bari 1914.

Codice diplomatico brindisino = Annibalo de Leo, Codice diplomatico Brindisino I (492–1299), a cura di G. M. Monti e collaboratori, Trani 1940 (Deputazione di Storia Patria per le Puglie. Sezione di Brindisi 1).

Codice diplomatico del monastero di S. Maria di Tremiti = Codice diplomatico del monastero benedettino di S. Maria di Tremiti (1005–1237), ed. A. Petrucci, Rom 1960 (Fonti per la Storia d'Italia 98), II, Nr. 1–9, p. 3–30.

Codice diplomatico del regno di Carlo I e II d'Angio = G. Del Giudice, Codice diplomatico del regno di Carlo I e II d'Angiò, I–III, Neapel 1863–1902.

Codice diplomatico Pugliese = Codice diplomatico Pugliese (Contiuazione del Codice Diplomatico Barese XX), vol. I: Le Pergamene di Conversano I (901–1265), ed.

G. Coniglio, Bari 1975; vol. II: Les Chartes de Troia, édition et étude critique de plus anciens documents conservés à Archivio Capitolare (1024–1266), ed. J.-M. Martin, Bari 1976.

Conca–Fiaccadori, Età dei Macedoni = F. Conca – G. Fiaccadori (Hrsg.), Bisanzio nell'età dei Macedoni. Forme della produzione letteraria e artistica. VIII Giornata di Studi Bizantini (Milano, 15-16 marzo 2005), Mailand 2007 (Quaderni di Acme 87).

Connor, Life = Carolyn L. Connor – W. R. Connor, The Life and Miracles of Saint Luke of Steiris. Text, Translation and Commentary, Brookline, Mass., 1994 (s. auch unter Vita Lucae iun. [BHG 994]).

Connor, Women = Carolyn L. Connor, Women of Byzantium, New Haven – London 2004.

Conversio Bagoariorum et Carantanorum = M. Kos, Conversio Bagoariorum et Carantanorum, Ljubljana 1936 (Razprave znanstvenega društva v Ljubljani 11, Historični odsek 3) (Text: 126–140); (ältere Edition: ed. G. H. Pertz, in: MGH SS XI, Hannover 1854 [Ndr. Stuttgart – New York 1963], 1–17 [Text: 4–15]).

Cortassa, Lettere = G. Cortassa, Lettere dell'uomo di lettere, in: Humanitas 58, N. S. 1: Bisanzio tra storia e letteratura, Brescia 2003, 123–139.

Cosentino, Bullae = S. Cosentino, Re-analysing some Byzantine Bullae from Sardinia, in: Siegel und Siegler. Akten des 8. Internationalen Symposions für Byzantinische Sigillographie, hrsg. von Claudia Ludwig, Frankfurt a. M. 2005 (BBS 7), 69–81.

Coxe, Bodleian Catalogue I = H. O. Coxe, Bodleian Library, Quarto Catologues, vol. I: Greek Manuscripts, Oxford 1853 (Ndr. 1969).

Cozza-Luzi, Cronaca Siculo-Saracena = G. Cozza-Luzzi, La Cronaca Siculo-Saracena di Cambridge (Documenti per servire alla Storia di Sicilia, ser. IV, vol. 2), Palermo 1890.

CPG = M. Geerard, Clavis patrum Graecorum I–V, Turnhout 1983–1987; Supplementum, cura et studio M. Geerard et J. Noret, Turnhout 1998.

Cramer = s. unter Ioannes Geometres, ed. Cramer.

Cresci, Eventi storici = Lia Raffaella Cresci, Echi di eventi storici nei carmi di Giovanni Geometra, in: La Poesia bizantina. Atti della terza Giornata di studi bizantini sotto il patrocinio della Associazione Italiana di Studi Bizantini (Macerata, 11-12 maggio 1993), a cura di U. Criscuolo e R. Maisano, Neapel 1995, 35–53.

Crimée entre Byzance et Khaganat = La Crimée entre Byzance et le Khaganat Khazar, édité par C. Zuckerman, Paris 2006 (Monographies du Collège de France – CNRS, Centre de recherche d'histoire et civilisation de Byzance, 25).

CSCO = Corpus scriptorum Christianorum orientalium, Louvain 1903ff.

CSHB = Corpus Scriptorum Historiae Byzantinae, Bonn 1828–1897.

Cucina, Tema del viaggio = C. Cucina, Il tema del viaggio nelle iscrizioni runiche, Pavia 1989 (Studi e Ricerche di Linguistica e Filologia 2).

Curta, Southeastern Europe = F. Curta, Southeastern Europe in the Middle Ages 500–1250, Cambridge 2006.

Cutler, Constantinople and Cordoba = A. Cutler, Constantinople and Cordoba: cultural exchange and cultural difference in the Ninth and Tenth centuries, in: M. Morfakidis – M. Alganza Roldan (Ed.), La religión en el mundo griego de la Antigüedad a la Grecia moderna, Granada 1997, 417–436.

Cyrillo-Methodiana (1964) = Cyrillo-Methodiana. Zur Frühgeschichte des Christentums bei den Slaven 863–1963, hrsg. v. M. Hellmann, R. Olesch, B. Stasiewski, F. Zagiba, Köln–Graz 1964 (Slavistische Forschungen 6).

DA = Deutsches Archiv für Geschichte des Mittelalters, Hannover 1937–1944; Deutsches Archiv für Erforschung des Mittelalters, Köln–Graz 1950ff. (Vorgänger: Neues Archiv der Gesellschaft für ältere deutsche Geschichtskunde ..., Hannover 1876–1936).

Dachraoui, Le califat = Dachraoui, F., Le califat fatimide au Maghreb, histoire politique et institutions, Tunis 1981.

Dagron–Feissel = G. Dagron – D. Feissel, in: Inscriptions (Dagron–Feissel).

Dagron, Constantinople Imaginaire = G. Dagron, Constantinople Imaginaire. Études sur le recueil des Patria, Paris 1984 (Bibliothèque Byzantine 8).

Ḏahabī, Duwal = Ḏahabī, Kitāb duwal al-islām fī ta'rīḫ li-l-ḥāfiẓ Šamsaddīn Abī 'Abdallāh Muḥammad b. Aḥmad b. 'Uṯmān b. Qāyimāz at-Turkumānī aḏ-Ḏahabī, Haydarabad 1919. Übers. 1: Vasiliev, Arabes II 2, p. 236–244. Übers. 2: Ḏahabī, Kitāb duwal al-islām: Muḥammad b. Aḥmad aḏ-Ḏahabī: Les dynasties de l'Islam, trad. annotée des années 447/1055-6 à 656/1258, introd., lexique et index par Arlette Nègre, Damaskus 1979.

Ḏahabī, 'Ibār = al-'Ibar fī ḫabar man ġabar li-mu'arriḫ al-islām al-ḥāfiẓ aḏ-Ḏahabī, vol. II, ed. F. Sayyid, Kuwait 1961.

Ḏahabī, Ta'rīḫ (Tadmurī) bzw. Ḏahabī, Ta'rīḫ (Canard, Recueil) bzw. Ḏahabī, Ta'rīḫ (Amedroz–Margoliouth, Eclipse) = Šamsaddīn Abī 'Abdallāh Muḥammad b. Aḥmad b. 'Uṯmān b. Qāyimāz at-Turkmānī aḏ-Ḏahabī, Ta'rīḫ al-islām, Edition: Ta'rīḫ al-islām wa-wafayāt al-mašāhir wa-l-a'lām li-Šamsaddīn Muḥammad Aḥmad b. 'Uṯmān aḏ-Ḏahabī, 321–330 h.; 331–340 h.; 341–350 h., ed. 'U. 'A. Tadmūrī, Beirut 1992. Zum Teil auch zitiert nach den Auszügen in: Canard, Recueil 82. 87–89. 145–149. 165f. 185–187. 190f. 195–200, sowie nach den Auszügen in: Amedroz–Margoliouth, Eclipse, vol. II.

DAI = s. unter Konst. Porph., DAI.

DAI, Comm. = Constantine Porphyrogenitus, De administrando imperio, II: Commentary, by F. Dvornik, R. J. H. Jenkins, B. Lewis, G. Moravcsik, D. Obolensky and S. Runciman, ed. by R. J. H. Jenkins, London 1962.

Dandolo, Chron. Venet. = Andreae Danduli Ducis Venetiarum Chronica per extensum descripta aa. 46–128 d. C., a cura di Ester Pastorello, Bologna 1938–1958 (RRIS NS XII, 1) (Ndr. Torino 1966).

Danmarks Runeindskrifter = L. Jacobsen – E. Moltke (Hrsg.), Danmarks Runeindskrifter, Kopenhagen 1941–1942.

Darrouzès–Westerink = J. Darrouzès – L. G. Westerink, in: Theodoros Daphnopates, Epp. (Darrouzès–Westerink) 1–27.

Darrouzès, Prôtes = J. Darrouzès, Liste des prôtes de l'Athos, in: Millénaire du Mont Athos I, 407–447.

Darrouzès, Recherches = J. Darrouzès, Recherches sur les ΟΦΦΙΚΙΑ de l'Église byzantine, Paris 1970 (Archives de l'Orient chrétien 11).

Davidson, Corinth = Gladys R. Davidson, The Minor Objects, in: Corinth results of excavations conducted by the American School of Classical Studies at Athens, vol. XII, Princeton 1952.

Davidson, Viking Road = H. R. E. Davidson, The Viking Road to Byzantium, London 1976.

Davis, Liber pont. III = The Lives of the Ninth-Century Popes (*Liber Pontificalis*), vol. II: The lives of the ninth-century popes (*Liber pontificalis*): the ancient biographies of ten popes from A.D. 817–891, translated with an introduction and commentary by R. Davis, Liverpool 1995.

Dawādārī = Die Chronik des Ibn ad-Dawādārī, Sechster Teil. Der Bericht über die Fatimiden, ed. Ṣ. al-Munağğid, Kairo 1961 (Deutsches Archäologisches Institut Kairo / Quellen zur Geschichte des Islamischen Ägyptens, Bd. 1,F).

DBI = Dizionario biografico degli Italiani, Rom 1960ff.

de Gregorio, Epigrammi e documenti = G. de Gregorio, Epigrammi e documenti. Poesia come fonte per la storia di chiese e monasteri bizantini, in: Sylloge diplomatico-palaeographica I. Studien zur byzantinischen Diplomatik und Paläographie, hrsg. von C. Gastgeber und O. Kresten, Wien 2010 (Österr. Akad. der Wiss., phil.-hist. Kl., Denkschriften 392 = Veröffentlichungen zur Byzanzforschung 19), 9–134.

de Lange, Greek Jewish Texts = N. de Lange, Greek Jewish Texts from the Cairo Genizah, Tübingen 1996 (Text und Studien zum antiken Judentum 51). (Zitiert nach der parallelen engl. Übers.)

De Petro scholario (BHG 1359) = Thauma de Petro scholario, in: Anrich, Nikolaos I 174–182.

De templo B. M. V. τῆς Πηγῆς et miraculis (BHG 1072) = *Διήγησις περὶ τῆς συστάσεως τῶν ἐν τῇ Πηγῇ τῆς Θεοτόκου ναῶν καὶ περὶ τῶν ἐν αὐτοῖς γενομένων θαυμάτων*, in: AASS Nov. III 878–889.

de Vries, Altnordisches etymologisches Wörterbuch = J. de Vries, Altnordisches etymologisches Wörterbuch, zweite, verb. Auflage, Leiden 1962.

Dédéyan, Arméniens en Occident = G. Dédéyan, Les Arméniens en Occident fin Xe siècle – début du XIe siècle, in: Occident et Orient au Xe siècle. Actes du IXe Congrès de la Société des historiens médiévistes de l'enseignement supérieur public, Paris 1979 (Publications de l'Université de Dijon 57), 123–143.

Dédéyan, Arméniens en Syrie = G. Dédéyan, Le rôle des Arméniens en Syrie du Nord pendant la reconquête byzantine (vers 945–1031), in: BF 25 (1999) 249–284.

Dédéyan, Arméniens entre Grecs, Musulmans et Croisés = G. Dédéyan, Les Arméniens entre Grecs, Musulmans et Croisés. Étude sur les pouvoirs arméniens dans le Proche-Orient méditerranéen (1068–1150), Vol. 1: Aux origines de l'état cilicien: Philarete et les premiers Roubeniens, Vol. 2: De l'Euphrate au Nil: le réseau diasporique, Lissabon 2003.

Dédéyan, Mleh = G. Dédéyan, Mleh le Grand, stratège de Lykandos, in: REA 15 (1981) 73–102.

Dédéyan, Symbatikios = G. Dédéyan, Le stratège Symbatikios et la colonisation Arménienne dans la thème de Longobardie, in: Ravenna da capitale imperiale a capitale esarcale (Atti del XVII Congresso internazionale di studio sull'alto medioevo, Ravenna, 6–12 giugno 2004), Spoleto 2005, vol. I, 461–493.

Deér, Verleihung = J. Deér, Zur Praxis der Verleihung des auswärtigen Patriziats durch den byzantinischen Kaiser, in: Archivum Historiae Pontificiae 8 (1970) 7–26.

Degrassi, S. Alessio = A. Degrassi, La raccolta epigrafica del chiostro di S. Alessio, Rom 1943, bes. Tav. 8-9 (Ndr. in: P. Pensabene, Frammenti antichi del convento di S. Alessio, Rom 1982 [Istituto di Studi Romani, Quaderni di storia dell'arte 20], 69–88, bes. p. 76f. [Nr. 4] mit Tav. III).

Delehaye, Saints stylites = H. Delehaye, Les saints stylites, Brüssel 1923 (Subs. hag. 14).

Delonga, Spomenici = Vedrana Delonga, Latinski epigrafički spomenici u ranosrednjovjekovnoj Hrvatskoj, Split 1996 (Monumenta Medii Aevi Croatiae 1).

Demetrios Chomatenos, Ponem. diaph. (Prinzing) = Demetrii Chomateni Ponemata diaphora, rec. G. Prinzing, Berlin – New York 2002 (CFHB XXXVIII).

Detorakis, Crete = T. E. Detorakis, History of Crete, Heraklion 1994.

Devreesse, Fonds Coislin = R. Devreesse, Le fonds Coislin, Paris 1945.

Devreesse, Introduction = R. Devreesse, Introduction à l'étude des manuscrits grecs, Paris 1954.

Devreesse, Manuscrits = R. Devresse, Les manuscrits grecs de l'Italie méridionale, Vatikan 1955 (Studi e testi 183).

Devreesse, Vaticani gr. 330–603 = s. unter Vaticana (Catal.) II: Devreesse, Vaticani gr. 330–603 (1937).

DHGE = Dictionnaire d'histoire et de géographie ecclésiastiques, hrsg. von A. Baudrillart u. a., Bd. 1ff., Paris 1912ff.

Dialogi de miraculis sancti Benedicti auctore Desiderio abbate Casinensi (BHL 1141) = Dialogi de miraculis sancti Benedicti auctore Desiderio abbate Casinensi (BHL 1141), ed. G. Schwartz – A. Hofmeister, in: MGH Scriptores, Supplementa tomorum I–XV, Leipzig 1934 (MGH SS XXX/2), p. 1111–1151 (lat. Text: 1116–1151).

Dictionary of Scientific Biography = Dictionary of scientific biography, ed. in chief: Charles Coulston Gillispie [Publ. under the auspices of the American Council of Learned Societies], vol. I–XVI, New York [u. a.] 1981 (Ndr. der 16-bändigen Originalausgabe 1970–1980 in acht Bänden. Die Bandangaben der Originalausgabe werden in dem achtbändigen Ndr. beibehalten).

DictSpir = Dictionnaire de Spiritualité, Ascétique et Mystique. Doctrine et Histoire, hrsg. von M. Viller, vol. I–XVII, Paris 1932–1995.

Diplomata Hungariae = Diplomata Hungariae Antiquissima. Accedunt epistolae et acta ad historiam Hungariae pertinentia, vol. I: ab anno 1000 usque ad 1131, hrsg. v. G. Györffy u. a., Budapest 1992.

Diplomatarium Danicum 1,1 = Diplomatarium Danicum. Række 1, Bind 1: Regester 789–1052, udgiv. af C. A. Christensen, Kopenhagen 1975.

Diptycha = Δίπτυχα Ἑταιρείας Βυζαντινῶν καὶ Μεταβυζαντινῶν Μελετῶν, Athen 1979ff.

Ditten, Ethnische Verschiebungen = H. Ditten, Ethnische Verschiebungen zwischen der Balkanhalbinsel und Kleinasien vom Ende des 6. bis zur zweiten Hälfte des 9. Jahrhunderts, Berlin 1992 (BBA 59).

Djobadze, Materials = W. Z. Djobadze, Materials for the study of Georgian monasteries in the western environs of Antioch on the Orontes, Louvain 1976 (CSCO 372, Subsidia 48).

Djobadze, Monasteries = W. Z. Djobadze, Early Medieval Georgian Monasteries in Historic Tao-Klarjet'i and Savset'i, Stuttgart 1992 (Forschungen zur Kunstgeschichte und Christlichen Archäologie 17).

DO Hagiography Database = Dumbarton Oaks Hagiography Database of the eighth, ninth and tenth century, ed. A. Kazhdan, Alice-Mary Talbot, L. Sherry, A. Alexakis, S. Efthymiadis, Stamatina McGrath, Beate Zielke, Washington, DC, 1998. Online unter: http://www.doaks.org/research/byzantine/projects/hagiography_database/(zuletzt aufgerufen am 26.10.2011).

Dobschütz, Christusbilder = E. von Dobschütz, Christusbilder. Untersuchungen zur christlichen Legende, Leipzig 1899 (Texte und Untersuchungen zur Geschichte der altchristlichen Literatur 18 = N. F. 3), i–xii; 1–294; 1*–335* (Belege); 1**–357** (Beilagen + Register).

Dodone = Δωδώνη. Επιστημονική Επετηρίδα Φιλοσοφικής Σχολής Πανεπιστημίου Ιωαννίνων, Ioannina 1972ff.

Dölger–Müller, Regesten = Regesten der Kaiserurkunden des Oströmischen Reiches von 565–1453, bearbeitet von F. Dölger, I. Teil, 1. Halbband: Regesten 565–867, zweite Auflage, unter Mitarbeit von J. Preiser-Kapeller und A. Riehle besorgt von A. E. Müller, München 2009 (Corpus der griechischen Urkunden des Mittelalters und der neueren Zeit A/1,1); 2. Halbband: Regesten von 867–1025, zweite Auflage neu bearbeitet von A. E. Müller unter verantwortlicher Mitarbeit von A. Beihammer, München 2003 (Corpus der griechischen Urkunden des Mittelalters und der neueren Zeit A/1,2). (Beiträge von A. Beihammer im 2. Halbband [867–1025] sind dort mit "A. B." gekennzeichnet. Nach Nummern zitiert.)

Dölger, Diplomatik = F. Dölger, Byzantinische Diplomatik. 20 Aufsätze zum Urkundenwesen der Byzantiner, Ettal 1956.

Dölger, Ein Fall slavischer Einsiedlung = F. Dölger, Ein Fall slavischer Einsiedlung im Hinterland von Thessalonike im 10. Jh., Sitzungsberichte der Bayer. Akad. d. W., Phil.-hist. Kl., 1952, Heft 1.

Dölger, Finanzverwaltung = F. Dölger, Beiträge zur Geschichte der byzantinischen Finanzverwaltung besonders des 10. und 11. Jahrhunderts, 2. Auflage, Darmstadt 1960 (1. Auflage 1927).

Dölger, Hl. Berg = F. Dölger, Aus den Schatzkammern des Heiligen Berges. 115 Urkunden und 50 Urkundensiegel aus 1Jahrhunderten, Bd. I (Textband), München 1955 (Ndr. 1976).

Dölger, Regesten = F. Dölger, Regesten der Kaiserurkunden des Oströmischen Reiches von 565–1453, I: Regesten von 565–1025, München–Berlin 1924 (Corpus der griechischen Urkunden des Mittelalters und der neueren Zeit A/1).

Dölger, Staatenwelt = F. Dölger, Byzanz und die europäische Staatenwelt. Ausgewählte Vorträge und Aufsätze, Ettal 1953.

Dölger, Theophano = F. Dölger, Wer war Theophano? in: Historisches Jahrbuch 62/9 (1949) 646–658.

Dolley, Eustathios = R. H. Dolley, The Lord High Admiral Eustathios Argyros and the betrayal of Taormina to the African Arabs in 902, in: Atti VIII Congr. Int. di Studi Bizantini (1951) I = SBN 7 (1953) 340–353.

Donohue, The Buwayhid Dynasty = J. J. Donohue, The Buwayhid Dynasty in Iraq 334 H./945 to 403H./1012. Shaping Institutions for the Future, Leiden–Boston 2003.

DOP = Dumbarton Oaks Papers, 1–12, Cambridge, Mass. 1941–1958; 13ff., Washington, DC, 1959ff.

Dorfmann-Lazarev, Apostolic Foundation Stone = I. Dorfmann-Lazarev, The Apostolic Foundation Stone: the Conception of Orthodoxy in the Controversy between Photius of Constantinople and Isaac Mṙut, in: Byzantine orthodoxies. Papers from the thirty-sixth Spring Symposium of Byzantine Studies, University of Durham, 23-25 March 2002, ed. by A. Louth and Augustine Casiday, Aldershot 2006 (Publications of the Society for the Promotion of Byzantine Studies 12), 179–197.

Dorfmann-Lazarev, Arméniens et Byzantins = I. Dorfmann-Lazarev, Arméniens et Byzantins à l'époque de Photius: deux débats théologiques après le triomphe de l'orthodoxie, Louvain 2004 (CSCO 609; Subsidia 117).

Downey, Constantine the Rhodian = G. Downey, Constantine the Rhodian: His Life and Writings, in: Late classical and mediaeval studies in honor of A. M. Friend jr., Princeton 1955, 212–221.

DTC = Dictionnaire de Théologie Catholique, ed. A. Vacant, E. Mengenot, E. Amann, 15 Bde., Paris 1903–1950; 3 Registerbände, Paris 1951–1972.

Düwel, Handel und Verkehr = K. Düwel, Handel und Verkehr der Wikingerzeit nach dem Zeugnis der Runeninschriften, in: K. Düwel u. a. (Hrsg.), Untersuchungen zu Handel und Verkehr der vor- und frühgeschichtlichen Zeit in Mittel- und Nordeuropa. Teil IV: Der Handel der Karolinger- und Wikingerzeit. Bericht über die Kolloquien der

Kommission für die Altertumskunde Mittel- und Nordeuropas in den Jahren 1980 bis 1983, Göttingen 1987 (Abhandlungen der Akademie der Wissenschaften in Göttingen. Philologisch-historische Klasse, 3. Folge, Nr. 156), 313–357.

Düwel, Runenkunde = K. Düwel, Runenkunde, 4., überarbeitete und aktualisierte Auflage, Stuttgart 2008 (Sammlung Metzler 72).

Dujčev, Epistola = I. Dujčev, L'epistola sui Bogomili del patriarca costantinopolitano Teofilatto, in: Mélanges Eugène Tisserant II, Vatikan 1964, 63–87 (griech. Text: 88–91) (Ndr. in: I. Dujčev, Medioevo bizantino-slavo I, Rom 1965, 283–31[griech. Text: 311–313]).

Dujčev, Medioevo = I. Dujčev, Medioevo bizantino-slavo, vol. I: Saggi di storia politica e culturale, Rom 1965 (Storia e letteratura 102); vol. II: Saggi di storia letteraria, Rom 1968 (Storia e letteratura 113); vol. III: Altri saggi di storia politica e letteraria, Rom 1971 (Storia e letteratura 119).

Dujčev, Poslednijat zaštitnik = I. Dujčev, Poslednijat zaštitnik na Srem v 1018 g., in: I. Dujčev, Proučvanija vŭrchu srednovekovnata bŭlgarska istorija i kultura, Sofia 1981, 27–37 (Erstveröffentlichung in: Izvestija na Instituta za bŭlgarska istorija VIII, 1960, 309–321).

Dujčev, Sondoke = I. Dujčev, Der protobulgarische Name Sondoke–Sundice, in: Polychronion 181–183 (Ndr. in Dujčev, Medioevo III 77–80).

Dunn, Seals = A. W. Dunn, A Handlist of the Byzantine Lead Seals and Tokens (and of Western and Islamic Seals) in the Barber Institute of Fine Arts (University of Birmingham), Birmingham 1983. (Zitiert nach Nrr.)

Dvornik, Légendes = F. Dvorník, Les Légendes de Constantin et de Méthode vues de Byzance, Prag 1933 (Byzantinoslavica, Supplementa 1) (Ndr. mit zusätzlichem Vorwort und Anmerkungen, Hattiesburg 1969).

Dvornik, Missions = F. Dvorník, Byzantine Missions among the Slavs. SS. Constantine-Cyril and Methodius, New Brunswick, NJ, 1970 (Rutgers Byzantine Series).

Dvornik, Photian Schism = F. Dvornik, The Photian Schism. History and Legend, Cambridge 1948 (Ndr. 1970).

Dvornik, Slaves = F. Dvornik, Les Slaves, Byzance et Rome au IXe siècle, Paris 1926 (Travaux publiés par l'Institut d'études slaves 4).

Eastern Approaches = Eastern Approaches to Byzantium. Papers from the Thirty-third Spring Symposium of Byzantine Studies, University of Warwick, Coventry, March 1999, ed. by A. Eastmond, Aldershot–Brookfield 2001 (Society for the Promotion of Byzantine Studies, Publications 9).

Ebersolt, Musées = J. Ebersolt, Musées Impériaux Ottomans. Catalogues des sceaux byzantins, Paris 1922. (Zitierung nach Nrr.)

Ebersolt, Sceaux = J. Ebersolt, Sceaux byzantins du Musée de Constantinople, in: RN IV 18 (1914) 207–243. 377–409. (Zitierung nach Nrr.)

Eddé–Micheau–Picard, Communautés = Anne-Marie Eddé, Françoise Micheau, C. Picard, Communautés chrétiennes en pays d'islam, du début du VIIe au milieu du Xie siècle, Paris 1997.

Eddé, Description = Description de la Syrie du Nord. Traduction annotée de al-a'lāq al-ḫaṭīra fī ḏikr umarā' al-Šām wa l-Ǧazīra par Anne-Marie Eddé-Terrasse, Damaskus 1984.

EdP II = Enciclopedia dei Papi, vol. II: Niccolò I, santo – Sisto IV, Istituto della Enciclopedia Italiana [Dir. ed.: Massimo Bray], Rom 2000.

EEBS = Ἐπετηρὶς Ἑταιρείας Βυζαντινῶν Σπουδῶν, Athen 1924ff.

EEPhSPA = Ἐπιστημονικὴ Ἐπετηρὶς Φιλοσοφικῆς Σχολῆς Πανεπιστημίου Ἀθηνῶν. Annuaire scientifique de la Faculté de Philosophie de l'Université d'Athènes, Athen 1 (1902/03) – 18 (1921/22); N. S. (περίοδος Β') 1ff., Athen 1935/36ff.

EEPhSPTh = Ἐπιστημονικὴ Ἐπετηρὶς Φιλοσοφικῆς Σχολῆς Πανεπιστημίου Θεσσαλονίκης, Thessalonike 1 (1927) – 6 (1950); Ἐπιστημονικὴ Ἐπετηρίδα Φιλοσοφικῆς Σχολῆς Ἀριστοτελείου Πανεπιστημίου Θεσσαλονίκης, Thessalonike 7 (1957) – 22 (1984).

Eggers, Das "Großmährische Reich" = M. Eggers, Das "Großmährische Reich": Realität oder Fiktion? Eine Neuinterpretation der Quellen zur Geschichte des mittleren Donauraumes im 9. Jahrhundert, Stuttgart 1995 (Monographien zur Geschichte des Mittelalters 40)

EHR = The English Historical Review, London 1886ff.

Ehrhard, Überlieferung = A. Ehrhard, Überlieferung und Bestand der hagiographischen und homiletischen Literatur der griechischen Kirche von den Anfängen bis zum Ende des 16. Jahrhunderts. Erster Teil: Die Überlieferung, I–III, Leipzig 1937–1952 (TU 50–52).

EI² = The Encyclopaedia of Islam: New Edition, ed. by H. A. R. Gibb (et al.), Leiden–London 1960ff. (engl. Edition).

Eickhoff, Otto III. = E. Eickhoff, Kaiser Otto III. Die erste Jahrtausendwende und die Entfaltung Europas, 2. Auflage, Freiburg 2000.

Eickhoff, Seekrieg = E. Eickhoff, Seekrieg und Seepolitik zwischen Islam und Abendland, Berlin 1966.

Eikon kai Logos = P. Agapetos (Ed.), Εἰκὼν καὶ λόγος. Ἕξι βυζαντινὲς περιγραφὲς ἔργων τέχνης, εἰσαγωγικὸ δοκίμιο Ε. Μήτση – Π. Ἀγαπητός, ἀνθολόγηση, μετάφραση καὶ σχολιασμὸς Π. Ἀγαπητός – M. Hinterberger, Athen 2006 (darin: Konstantinos Rhodios, Εἰς τὴν εἰκόνα τῆς Θεοτόκου, p. 75–79 [griech. Text mit paralleler neugriech. Übers.: 78–79]; Ioannes Geometres, Ἐπιστολαὶ κήπου ἐκφραστικαί, p. 129–137 [griech. Text mit paralleler neugriech. Übers.: 136–147]).

EIr = Encyclopaedia Iranica, ed. E. Yar-Shater, London [u. a.] 1985ff.

Ekkehard, Casus sancti Galli = Ekkehard IV., St. Galler Klostergeschichten (Casus sancti Galli), ed. H. Häfele, Darmstadt 1980 (Freiherr vom Stein Gedächtnisausgabe, Ausgewählte Quellen zur deutschen Geschichte des Mittelalters 10).

Ekklesia = Ἐκκλησία. Ἐπίσημον δελτίον τῆς Ἐκκλησίας τῆς Ἑλλάδος, Athen 1923ff.

Ekmekjian, History = J. Ekmekjian, History of Armenian Literature. Fifth to thirteenth centuries, New York 1985.

Ekthesis (Sadnik) = Linda Sadnik (Ed.), Des hl. Johannes von Damaskus Ἔκθεσις ἀκριβὴς τῆς ὀρθοδόξου πίστεως in der Übersetzung des Exarchen Johannes, Bd. 1, Wiesbaden 1967 (Monumenta linguae slavicae dialecti veteris, fontes et dissertationes 5).

El-Cheikh, Byzantium = N. M. El-Cheikh Saliba, Byzantium Viewed by the Arabs, Cambridge, MA, 2004.

Eleopulos, Βιβλιοθήκη = N. X. Eleopulos, Ἡ βιβλιοθήκη καὶ τὸ βιβλιογραφικὸν ἐργαστήριον τῆς Μονῆς τῶν Στουδίου, Athen 1967.

Eleuteri–Rigo, Eretici = P. Eleuteri – A. Rigo, Eretici, dissidenti, musulmani et ebrei a Bisanzio, Venedig 1993.

Elfenbeintafel im Cabinet des Medailles (Paris) = A. Cutler, The Date and Significance of the Romanos Ivory, in: C. Moss – K. Kiefer (Ed.), Byzantine East, Latin West. Art-Historical Studies in Honor of K. Weitzmann, Princeton, NJ, 1995, 605–613.

Elfenbeintafel, Cluny Nr. 392 = Elfenbeintafel, Musée National du Moyen Âge, thermes & hôtel de Cluny, Inv. Nr. Cl. 392. Die Elfenbeintafel wurde mehrfach ediert, zuletzt von R. Kahsnitz, in: Otto der Große, Magdeburg und Europa, Katalog, hrsg. von M. Puhle, Band II, Mainz 2001, Nr. III. 17, p. 129–131; wegen besserer Lesung ist jedoch unbedingt heranzuziehen die Edition des Textes bei F. Dölger, Die Ottonenkaiser und Byzanz, in: Karolingische und ottonische Kunst. Werden–Wesen–Wirkung = Forschungen zur Kunstgeschichte und christlichen Archaeologie 3 (1957) 56f. (= F. Dölger, Paraspora. 30 Aufsätze zur Geschichte, Kultur und Sprache des byzantinischen Reiches, Ettal 1961, 149).

Elias von Nisibis (Baethgen) bzw. Elias von Nisibis (Brooks) = F. Baethgen, Fragmente syrischer und arabischer Historiker, Leipzig 1884 (Abh. für die Kunde d. Morgenlandes 8,3); Eliae metropolitae Nisibeni opus chronologicum, ed. E. W. Brooks, Paris 1910 (CSCO, vol. 62, Scriptores Syri 21 = Syr. III, 7, textus) (Ed. des syr. Textes, hier zitiert nach den Angaben von A. Beihammer in: Dölger–Müller, Regesten); dt. Übers. in der Ed. Baethgen vorhanden (cf. Abkürzung "Baethgen, Fragmente"); Auszüge in franz. Übers. in: Vasiliev, Arabes II 2, p. 107–109.

Encomium Antonii Cauleae (BHG 139) = Νικηφόρου τοῦ μακαριωτάτου φιλοσόφου καὶ ῥήτορος Ἐπιτάφιος ἤτοι βίος ἐγκωμίῳ συμπλεγμένος, εἰς τὸν μέγαν ἐν ἀρχιερεῦσιν θεοῦ καὶ θαυμαστὸν ἐν πατριάρχαις Ἀντώνιον, ed. P. L. M. Leone, *L'Encomium in Patriarcham Antonium II Cauleam* del filosofo e retore Niceforo, in: Orpheus N. S. 10 (1989) 404–429 (Text: 412–429).

Encomium Demetrii (BHG 534) = Πλωτίνου ἀρχιεπισκόπου Θεσσαλονίκης ἐγκώμιον εἰς τὸν πανένδοξον τοῦ Χριστοῦ μάρτυρα Δημήτριον, in: Joannou, Mnemeia 40–53.

Encomium Demetrii (BHG 544) = Encomium Demetrii auctore Gregorio archidiacono (BHG 544) — Γρηγορίου διακόνου καὶ ῥεφερενδαρίου ἐγκώμιον εἰς τὸν ἅγιον μεγαλομάρτυρα Δημήτριον, in: Joannou, Mnemeia 54–66.

Encomium Euphrosynae iun. (BHG 627b) = Encomium Euphrosynae iunioris auctore Constantino acropolita e codice Ambrosiano H 81 sup., ed. F. Halkin, Éloge de Ste Euphrosyne la Jeune par Constantin Acropolite, in: Byz 57 (1987) 56–65.

Encomium Georgii (BHG 684d) = Θεοδώρου κυέστορος ἐγκώμιον εἰς τὸν ἅγιον μεγαλομάρτυρα Γεώργιον, ed. K. Krumbacher, Der heilige Georg in der griechischen Überlieferung, München 1911 (Abh. d. königl. bayer. Akad. d. Wiss., philos.-philol. u. hist. Kl. 25,3), 81–83.

Encomium Ignatii (BHG 818) = Ἀπὸ τοῦ ἐγκωμίου τοῦ εἰς τὸν ἅγιον Ἰγνάτιον τὸν γεγονότα πατριάρχην Κωνσταντινουπόλεως συντεθέντος παρὰ Μιχαὴλ μοναχοῦ πρεσβυτέρου καὶ συγκέλλου, in: Mansi XVI 292A–293E.

Encomium Theodorae Thess. (BHG 1740) = Τοῦ εὐτελοῦς διακόνου καὶ χαρτοφύλακος Θεσσαλονίκης Ἰωάννου τοῦ Σταυρακίου λόγος εἰς τὸν βίον καὶ τὰ θαύματα τῆς ὁσίας καὶ μυροβλύτιδος Θεοδώρας τῆς ἐν Θεσσαλονίκῃ, in: Kurtz, Theodora von Thessalonike 50–70.

Encomium Theodorae Thess. (BHG 1741) = Ἐγκώμιον εἰς τὴν ὁσίαν μητέρα ἡμῶν καὶ μυροβλύτιδα Θεοδώραν, in: AASS Apr. I, XLVII–L (= PG 150, 753–772).

Enkomion auf den Zaren Symeon = Enkomion auf den Zaren Symeon, in: Simeonov Sbornik (po Svetoslavovija prepis ot 1073 g.), ed. Dinekov et al., I, Sofia 1991, 202; F. J. Thomson, The Symeonic florilegium, in: Palaeobulgarica 17 (1993) 51 (Edition); 51–53 (engl. Übers.).

Enkomion Ἐπὶ τῇ τῶν Βουλγάρων συμβάσει (Dujčev) bzw. (Stauridu-Zaphraka = Enkomion Ἐπὶ τῇ τῶν Βουλγάρων συμβάσει (Cod. Vat. gr. 483, fol. 43r–51r), ed. I. Dujčev, On the Treaty of 927 with the Bulgarians, in: DOP 32 (1978) 217–295 (Edition: 254–289 [mit paralleler engl. Übers.]; Kommentar: p. 290–295); ältere Edition: A. Stauridu-Zaphraka, Ὁ Ἀνώνυμος λόγος «Ἐπὶ τῇ τῶν Βουλγάρων συμβάσει», in: Byzantina 8 (1974) 343–406 (Edition: 363–380).

Enzensberger, Unteritalien = H. Enzensberger, Unteritalien seit 774, in: Handbuch der europäischen Geschichte, hrsg. von T. Schieder, Bd. I: Europa im Wandel von der Antike zum Mittelalter, Stuttgart 1976, 784–804.

EO = Échos d'Orient, Paris 1897–1943.

Eos = Eos. Commentarii Societatis Philologae Polonorum / Polskie Towarzystwo Filologiczne. Universytet, Instytut Filologii Klasycznej, Warschau 1894ff.

Ep. Asotii = 1. ed. Girk' T'łt'oc' (Buch der Briefe, arm.), Tiflis 1901, p. 282–294 (Brief des A.) (arm. Text nach Cod. Bzommarensis 431 [a. 1298/1299]); 2. ed. A. Papadopulos-Kerameus, in: Φωτίου τοῦ ἁγιωτάτου ἀρχιεπισκόπου Κωνσταντινουπόλεως τὸ περὶ τοῦ τάφου τοῦ κυρίου ἡμῶν Ἰησοῦ Χριστοῦ ὑπόμνημα καὶ ἄλλα τινὰ πονήματα τοῦ αὐτοῦ, in: PPSb 11 (1892) 214–226 (Brief des A.) (Titel griech., arm. Text nach Cod. Hierosolym. S. Iacobi Armeniorum 858 [S. XVII]); 3. ed. N. Akinian – P. Ter-Poghosian, in: Handēs Amsōreay 82 (1968) 451–464 (Brief des A.) (arm. Text nach nach Cod. Bzommarensis 431 und Cod. Hierosolym. S. Iacobi Armeniorum 858); deutsche Übersetzung: Agnes Finck – E. Gjandschezian, Der Brief des Photios an Aschot und dessen Antwort, in: Zeitschrift für armenische Philologie 1 (1903/04) 1–17, bes. 4–17 (Brief des A.) (auf der

Grundlage der Editionen 1. und 2.); franz. Übers., in: Dorfmann-Lazarev, Arméniens et Byzantins 32–53. (Zitiert nach der dt. Übers von Finck–Gjandschezian und der franz. Übers. von Dorfman-Lazarev.)

Eparchikon Biblion = Τὸ ἐπαρχικὸν βιβλίον, ed. J. Koder, in: Das Eparchenbuch Leons des Weisen, Einführung, Edition, Übersetzung und Indices von J. Koder, Wien 1991 (CFHB XXXIII), 72–142.

EPhS = Ἑλληνικὸς Φιλολογικὸς Σύλλογος Κωνσταντινουπόλεως, Σύγγραμμα Περιοδικόν, Konstantinopel 1861–1921.

Epigramm zu den Naumachika = Epigramm zu den Naumachika, ed. S. Kyriakides, in: EEPhSPTh 3/3 (1939) 283f.; abgedruckt auch bei Bura (Μπούρα), in: Κωνσταντῖνος Ζ΄ 405; neue Edition: ed. Elizabeth Jeffreys, in: Anonymus, Naumachika (in: Pryor–Jeffreys, Dromon), p. 522.

Epilogus Sym. Novi Theologi (BHG 1692a) = Epilogus metricus, ed. I. Hausherr, Vie de Syméon le Nouveau Théologien par Nicétas Stéthatos, in: Orientalia Christiana 12 (Rom 1928) 230.

Épistoliers byzantins = Épistoliers byzantins du Xe siècle, édités par J. Darrouzès, Paris 1960 (Archives de l'Orient Chrétien 6).

Epistula Lazari = J. Raasted, A Byzantine Letter in Sankt Gallen and Lazarus the Painter, in: CIMAGL 37 (1981) 124–137 (Text: 126).

Epitome Laudationis Athanasii Athon. (BHG 189b) = ed. Halkin, in: AnBoll 79 (1961) 26–39 (Text: 28–39) (Ndr. in: Halkin, Saints moines).

Epitome legum, Prooimion = Epitome legum, Prooimion, ed. A Schminck, in: ders., Rechtsbücher 109–131 (Text und Übersetzung: 112–119).

EPLBHC I, II, ... = Encyclopaedic Prosopographical Lexicon of Byzantine History and Civilization, Volume 1: Aaron–Azarethes, ed. by A. Savvides – B. Hendrickx, Turnhout 2007; Vol. 2: Baanes – Eznik of Kolb, ed. by A. Savvides – B. Hendrickx – Thekla Sansaridou-Hendrickx, Turnhout 2009; Vol. 3: Facundus of Hermiane – Juvenal of Jerusalem, ed. by A. Savvides – B. Hendrickx – Thekla Sansaridou-Hendrickx, Turnhout 2011.

Ep'rem Mcire = Ep'rem Mcire, ed. T. Bregadze, [Bericht über die Bekehrung der Georgier, in georg. Sprache], Tiflis 1959, 3–12. Ndr. des für PmbZ II relevanten Abschnittes und engl. Übers. in: Djobadze, Materials 61.

Erchempert, Hist. Lang. = Erchemperti Historia Langobardorum Beneventanorum, post G. H. Pertz iterum edidit G. Waitz, in: MGH SS rer. Lang. 234–264.

Ermerins, Anecdota medica gr. = F. Z. Ermerins, Anecdota medica graeca, Leiden 1840 (Ndr. Amsterdam 1963).

Euangelatu-Notara, Semeiomata = P. Euangelatu-Notara, Σημειώματα ἑλληνικῶν κωδίκων ὡς πηγὴ διὰ τὴν ἔρευναν τοῦ οἰκονομικοῦ καὶ κοινωνικοῦ βίου τοῦ Βυζαντίου ἀπὸ τοῦ 9ου αἰῶνος μέχρι τοῦ ἔτους 1204, Athen 1982. (Es ist darauf hinzuweisen, daß es eine ältere Ausgabe, Athen 1978, mit abweichenden Seitenzahlen bzw. abweichender Zählung gibt und daher die Hinweise auf Euangelatu-Notara in anderer Literatur, z. B. Gamillscheg–Harlfinger, von unseren Angaben abweichen.)

Euaristos, Ep. arab. = Euaristos, Epistula arabica, ed. A. Smith-Lewis – M. Dunlop Gibson, Apology of Euaristus, in: Studia Sinaitica XI, Cambridge 1902, 27f.

Eugenius Vulgarius = Eugenius Vulgarius, [vier Gedichte auf Kaiser Leon VI.], ed. P. von Winterfeld, Eugenii Vulgarii Sylloga, in: MGH Poet. lat. medii aevi IV/1, Hannover 1899, 422–425 (Nr. 16–19).

Eustathios Patriarches, Zur Ehe des Euthymios Kapules = ed. W. Seibt, Prosopographische Konsequenzen aus der Umdatierung von Grumel, Regestes 933 [heute: Grumel–Darrouzès, Regestes 826a], in: JÖB 22 (1973) 103–115 (griech. Text: 104f.); frühere Ed.: Löwenklau, in: PG 119, 860B-D = Syntagma Kanon. V 57.

Eustathios Romaios (?), Fragment Εἴλετό τις νόμῳ γάμου = Eustathios Romaios (?), Fragment aus einem eherechtlichen Hypomnema, Incipit: Εἴλετό τις νόμῳ γάμου (Grumel–Darrouzès, Regestes, Nr. **849), in: Demetrios Chomatenos, Ponem. diaph. 6,80-104, p. 44f. (Prinzing).

Eustathios Romaios, Entscheidung über die Ehen zweier Cousins 2. Grades (Grumel–Darrouzès, Regestes 834) = Eustathios Romaios, Περὶ δισεξαδέλφων δύο, ὧν ὁ μὲν εἷς συνάλλαγμα συνεστήσατο μετὰ θυγατρός τινος ἀτελοῦς οὔσης τὴν ἡλικίαν, ἤτοι χρόνων πέντε πρὸς τῷ ἡμίσει· ἅτερος δὲ τῇ ταύτης συνεζύγη μητρὶ μετὰ τελευτὴν αὐτῆς, ὡς ἀντ' οὐδενὸς δοκοῦντος τοῦ πρώτου γάμου διὰ τὸ παντελῶς ἀτελὲς τῆς κόρης, Incipit: Αἱ τῶν γάμων ζητήσεις περὶ θείου γινόμεναι πράγματος ..., ed. Leunclavius, in: PG 119, col. 844D–849C = Syntagma Canon V 32–36; zusammenfassender Auszug in: Peira 49,34, in: Ius (Zepos) IV 208f.

Eustathios Romaios, Hypomnema über die Ehen von zwei Cousins mit zwei Cousinen (April 1025) = Εὐσταθίου πατρικίου τοῦ Ῥωμαίου ὑπόμνημα περὶ δύο ἐξαδέλφων λαβόντων δύο ἐξαδέλφας, Incipit: Ἐπεβάλετο μὲν Νικήτας ὁ τὴν ἐπωνυμίαν Βοθυρίτης ..., in: J. Leunclavius, Iuris Graeco-Romani tam canonici quam civilis tomi duo, Frankfurt a. m. 1596 (Ndr. London 1971), I 414–424 = Syntagma Kanon. V 341–353.

Eustathios von Thessalonike, Laudatio Philothei (BHG 1535) = Eustathius Thessalonicensis, Λόγος ἐπελευστικὸς βίου τοῦ κατὰ τὸν ἅγιον Φιλόθεον τὸν Ὀψικιανόν, ἐκ προσώπου Φιλοθέου μοναχοῦ, ἀνδρὸς ἀξίου λόγου, τοῦ καὶ προκαλεσαμένου εἰς ταύτην τὴν γραφήν, in: PG 136, 141A–161C; ed. T. L. F. Tafel, Eustathii metropolitae Thessalonicensis opuscula, Frankfurt a. M. 1832, 145–151.

Eustratiades, Semeiomata Athos = S. Eustratiades (Σωφρόνιος ὁ πρώην μητροπολίτης Λεοντοπόλεως), Ἁγιορειτικῶν Κωδίκων Σημειώματα, Α) τῆς Λαύρας τοῦ Ἁγίου Ἀθανασίου, in: "Γρηγόριος ὁ Παλαμᾶς" 1 (1917) 49–62. 145–160. 374–384. 413–432. 457–472. 561–568. 617–624. 755–771. 879f.

Eustratiades–Arcadios, Catalogue Vatopedi = S. Eustratiades – Arcadios Vatopedinos, Catalogue of the Greek Manuscripts in the Library of the Monastery of Vatopedi on Mount Athos, Cambridge, Mass., – Paris 1924 (Harvard Theological Studies 11) = Κατάλογος τῶν ἐν τῇ ἱερᾷ μονῇ Βατοπεδίου ἀποκειμένων κωδίκων (Ndr. New York 1969).

Euthymii epistula contra Phundagiagitas = Ἐπιστολὴ Εὐθυμίου μοναχοῦ τῆς περιβλέπτου μονῆς σταλεῖσα ἀπὸ Κωνσταντινουπόλεως πρὸς τὴν αὐτοῦ πατρίδα στηλιτεύουσα τὰς αἱρέσεις τῶν ἀθεωτάτων καὶ ἀσεβῶν πλάνων τῶν Φουνδαγιαγιτῶν ἤτοι Βογομίλων, ed.

G. Ficker, Die Phundagiagiten: Ein Beitrag zur Ketzergeschichte des byzantinischen Mittelalters, Leipzig 1908, 3–86. Teileditionen: F. Cumont, in: BZ 12 (1903) 582f.; PG 131, col. 47B–57C. Dt. Übers.: Beck, Umgang mit Ketzern 155–167 (Nr. VIII); engl. Übers. in: Christian Dualist Heresies 142–164 (Nr. 19).

Eutych. Alex. = Eutychii patriarchae Alexandrini annales, II. Accedunt annales Yahia ibn Said Antiochensis, ed. L. Cheikho, B. Carra de Vaux, H. Zayyat, Beirut–Paris 1909 (Ndr. Louvain 1960) (CSCO 51, Script. arab. 7). Franz. Übers. in Auszügen in: Vasiliev, Arabes II 2, p. 25–27.

Eyfirðinga sǫgur = Eyfirðinga sǫgur. Víga-Glúms saga. Ǫgmundar þáttr dytts. Þorvalds þáttr tasalda. Svarfdœla saga. Þorleifs þáttr jarlsskálds. Valla-Ljóts saga. Sneglu-Halla þáttr. Þorgríms þáttr Hallasonar, J. Kristjánsson gaf út, Reykjavík 1956 (Íslenzk fornrit 9).

Fahmy, Naval Organisation = A. M. Fahmy, Muslim naval Organisation in the eastern Mediterranean from the Seventh to the Tenth Century A. D., Kairo 1966.

Falkenhausen, Carbone = Vera von Falkenhausen, Il monasterio di S. Elia di Carbone in epoca bizantina e normanno-svevo, in: Il monasterio di S. Elia di Carbone e il suo territorio dal medioevo all'eta moderna. Atti del Convegno internazionale di studio (Potenza. Carbone, 26-27 giugno 1992), a cura di C. D. Fonseca e A. Lerra, Galatina 1996 (Università degli studi della Basilicata [Potenza], Atti e memorie 16), 61–87 .

Falkenhausen, Dominazione = Vera von Falkenhausen, La dominazione bizantina nell'Italia meridionale, Bari 1978 (erweiterte ital. Übersetzung von: V. von Falkenhausen, Untersuchungen über die byzantinische Herrschaft in Süditalien vom 9. bis ins 11. Jahrhundert, Wiesbaden 1967).

Falkenhausen, Empires = Vera von Falkenhausen, Between two empires: Byzantine Italy in the reign of Basil II, in: Magdalino (Ed.), Byzantium in the Year 1000, 135–159.

Falkenhausen, Lucera = Vera von Falkenhausen, Zur byzantinischen Verwaltung von Lucera am Ende des 10. Jahrhunderts, in: QFIAB 53 (1973) 395–406.

Falkenhausen, Monachesimo benedettino = Vera von Falkenhausen, Il monachesimo italo-greco e i suoi rapporti con il monachesimo benedettino, in: C. D. Fonseca (Ed.), L'esperienza monastica benedettina e la Puglia. Atti del Convegno di studio organizzato in occasione del XV centenario della nascita di S. Benedetto (Bari–Noci–Lecce–Picciano, 6-10 ottobre 1980), vol. I, Galatina 1983, 119–135.

Falkenhausen, Monachesimo greco = Vera von Falkenhausen, Il monachesimo greco in Sicilia, in: La Sicilia Rupestre nel contesto delle civiltà mediterranee. Atti del sesto Convegno Internazionale di Studio sulla Civiltà Rupestre Medioevale nel Mezzogiorno d'Italia (Cantania–Pantalica–Ispica, 7-12 settembre 1981), a cura di C. D. Fonseca, Galatina 1986 (Università degli di Scienze Storiche e Sociali, Saggi e ricerche 18), 135–174.

Falkenhausen, Montecassino = Vera von Falkenhausen, Montecassino e Bisanzio dal IX al XII secolo, in: L'Età dell'abate Desiderio, vol. III/1: Storia, arte e cultura. Atti del IV Convegno di studi sul Medioevo meridionale (Montecassino–Cassino, 4-8 ottobre 1987), a cura di F. Avagliano – O. Pecere, Montecassino 1992 (Miscellanea Cassinese 67), 69–107.

Falkenhausen, Sigillion = Vera von Falkenhausen, Un σιγίλλιον bizantino nel codice Crypt. A. α. XI e A. α. XIII, in: BollBadGr 47 (1993 [1997]) 71–77.

Falkenhausen, Straußeneier = Vera von Falkenhausen, Straußeneier im mittelalterlichen Kampanien, in: Ot Zargrada do Belogo Morja. Sbornik statej po srednevekovomu iskustsvu v čest E. C. Smirnovoj, Moskau 2007, 581–598.

Falkenhausen, Vita di S. Nilo = Vera von Falkenhausen, La Vita di S. Nilo come fonte storica per la Calabria bizantina, in: Atti del congresso internazionale su S. Nilo di Rossano, 28 settembre – 1o ottobre 1986, Rossano–Grottaferrata 1989, 271–305.

Featherstone, Further Remarks = M. Featherstone, Further remarks on the De Ceremoniis, in: BZ 97 (2004) 113–121.

Featherstone, Visit = J. M. Featherstone, Ol'ga's Visit to Constantinople, in: ADELPHOTES: A Tribute to Omeljan Pritsak by his Students = Harvard Ukrainian Studies 14, Nr. 3/4 (Dezember 1990) 293–312.

Fedalto = G. Fedalto, Hierarchia Ecclesiastica Orientalis, I: Patriarchatus Constantinopolitanus; II: Patriarchatus Alexandrinus, Antiochenus, Hierosolymitanus, Padua 1988.

Feissel, Éphèse = D. Feissel, Les metropolites d'Éphèse au XIe siècle et les inscriptions de l'archevêque Théodôros, in: Abramea–Laiu–Chrysos (Ed.), Βυζάντιο, κράτος και κοινωνία, 231–247.

Felix, Byzanz = W. Felix, Byzanz und die islamische Welt im früheren 11. Jahrhundert, Wien 1981.

Fennell, History = J. Fennell, A History of the Russian Church to 1448, London – New York 1995.

Ferrari, Early Roman Monasteries = G. Ferrari, Early Roman Monasteries. Notes for the History of the Monasteries and Convents at Rome from the V through the X Century, Vatikanstadt 1957 (Studi di antichità cristiana 23).

Festschrift Spieser = The Material and the Ideal: Essays in Medieval Art and Archeology in Honour of Jean-Michel Spieser, ed. A. Cutler et Arietta Papaconstantinou, Leiden 2007 (The Medieval Mediterranean 70).

Ficker, Epiphanios-Kloster = G. Ficker, Das Epiphanios-Kloster in Kerasus und der Metropolit Alaniens, in: BNJ 3 (1922) 92–101 (Text 1 = "Typikon" des Patriarchen Sisinnios II. zugunsten des Metropoliten von Alanien — Τυπικὸν περὶ τοῦ μητροπολίτου Ἀλανίας, γενόμενον ἐπὶ Σισινίου πατριάρχου: 93f.; Text 2 = Hypomnema des Patriarchen Eustathios vom Mai 1024 zugunsten des Epiphanios-Klosters: 94f.).

Ficker, Erlasse = G. Ficker, Erlasse des Patriarchen von Konstantinopel Alexios Studites, in: Festschrift der Universiät Kiel zur Feier des Geburtstages Seiner Majestät des Kaisers und Königs Wilhelm II., Kiel 1911 (darin: 1. Pittakion des Alexios an den Metropoliten von Karien [Grumel–Darrouzès, Regestes Nr. 854], p. 4f.; 2. Pittakion des Alexios an den Klerus von Karien [Grumel–Darrouzès, Regestes Nr. 855], p. 5f.; 3. Synodalerlaß des Alexios gegen die Jakobiten [Mai 1030, cf. Grumel–Darrouzès, Regestes Nr. 839], p. 8–21; 4. Synodalerlaß gegen die Jakobiten [April 1032, cf. Grumel–Darrouzès, Regestes Nr. 840], p. 22–27; 5. Synodalerlaß des Alexios über die Mischehen zwischen Orthodoxen und Häretikern [September 1039, cf. Grumel–Darrouzès, Regestes Nr. 846], p. 28–42; alle aus dem Cod. Escorial. R.I.15 ediert).

Ficker, Phundagiagiten = G. Ficker, Die Phundagiagiten: Ein Beitrag zur Ketzergeschichte des byzantinischen Mittelalters, Leipzig 1908.

Fierro, 'Abd al-Rahman III. = M. Fierro, 'Abd al-Rahman III. The First Cordoban Caliph, Oxford 2005.

Fine, Early Medieval Balkans = J. V. A. Fine, Jr., The Early Medieval Balkans. A Critical Survey from the Sixth to the Late Twelfth Century, Ann Arbor 1983.

Flateyjarbók = Flateyjarbok. En samling af Norske konge-sagaer med indskundte mindre fortaelliger om begivenheder i og udenfor Norge samt annaler, 3 Vol.s, Christiania 1860–1868.

Florio Bustrone = Florio Bustrone, Chronique de l'île de Chypre, ed. R. de Mas Latrie, Paris 1884 (uns nicht zugänglich, benutzt nach N. Cappuyns, Le Synodicon de Chypre au XIIe siecle, in: Byz 10 [1935] 489–504, bes. 494–498).

Flusin, Construire une nouvelle Jérusalem = B. Flusin, Construire une nouvelle Jérusalem. Constantinople et les reliques, in: L'Orient dans l'histoire religieuse de l'Europe. Actes du colloque international EPHE Section des Sciences religieuses – Université de Jérusalem, Paris, février 1999, ed. M. Amir Moezzi et J. Scheid, Turnhout 2000 (Bibliothèque de l'École des Hautes Études, Sciences Religieuses 110), 51–70.

Flusin, Fragment = B. Flusin, Un fragment inédit de la vie d'Euthyme le patriarche?, in: TM 9 (1985) 119–132 (Text: 123–131).

Flusin, in: TM 10 (1988) = B. Flusin, Un fragment inédit de la vie d'Euthyme le patriarche? II: Vie d'Euthyme ou Vie de Nicétas?, in: TM 10 (1988) 233–260.

Flusin, L'empereur et le Théologien = B. Flusin, L'empereur et le Théologien: à propos de la Translation des reliques de Grégoire de Nazianze (BHG 728), in: ΑΕΤΟΣ. Studies in honour of Cyril Mango presented to him on April 14, 1998, edited by I. Ševčenko and I. Hutter, Stuttgart–Leipzig 1998, 137–153.

Flusin, L'empereur hagiographe = B. Flusin, L'empereur hagiographe. Remarques sur le rôle des premiers empereurs macédoniens dans le culte des saints, in: P. Guran – B. Flusin, L'empereur hagiographe. Culte des saints et monarchie byzantine et post-byzantine. Actes des colloques internationaux „L'empereur hagiographe" et „Reliques et miracles" (Bucarest 2000), Bukarest 2001, 29–54.

FM = Fontes Minores, Frankfurt 1976ff. (Forschungen zur byzantinischen Rechtsgeschichte).

Föller, "Rate ..." = D. Föller, "Rate, der es kann!" – Schriftkultur und Totengedenken in der Wikingerzeit, in: G. Krieger (Hrsg.), Verwandtschaft, Freundschaft, Bruderschaft. Soziale Lebens- und Kommunikationsformen im Mittelalter, Berlin 2009 (Akten des 12. Symposiums des Mediävistenverbandes), 307–329.

Föller, Wikinger als Pilger = D. Föller, Wikinger als Pilger, in: Konflikt und Bewältigung. Die Zerstörung der Grabeskirche zu Jerusalem im Jahre 1009, hrsg. von T. Pratsch, Berlin – New York 2011 (Millennium-Studien 32), 281–299.

Förstel, Brief des Arethas an den Emir von Damaskus = Schriften zum Islam von Arethas und Euthymios Zigabenos und Fragmente der griechischen Koranübersetzung, griechisch-deutsche Textausgabe von K. Förstel, Wiesbaden 2009 (Corpus Islamo-Christianum, Series Graeca 7), darin: Arethae Epistula ad amiram Damascenum. Brief des Arethas an den Emir in Damaskus (= Arethas, Scripta minora Nr. 26, I, 233–245 [Westerink]), p. 21–41 (Ed. mit paralleler dt. Übers.).

Follieri–Perria, in: BollBadGr 40 (1986) 113–123 = Enrica Follieri – Lidia Perria, La data del più antico documento per S. Nicodemo di Cellarana e l'espressione grafica dell'indizione, in: BollBadGr 40 (1986) 113–123.

Follieri, Attività scrittoria calabrese = Enrica Follieri, Attività scrittoria calabrese nei secoli X e XI, in: Calabria bizantina. Tradizione di pietà e tradizione scrittoria nella Calabria greca medievale, Reggio di Calabria – Rom 1983, 103–142.

Follieri, Ciriaco = Enrica Follieri, Ciriaco ὁ μελαῖος, in: Zetesis. Album amicorum door vrienden en collega's aangeboden aan Prof. Dr. E. de Strycker, Antwerpen–Utrecht 1973, 502–528.

Follieri, Cod. Vat. = Enrica Follieri, Codices graeci Bibliothecae Vaticanae selecti, Vatikanstadt 1969.

Follieri, Initia = Henrica Follieri, Initia hymnorum ecclesiae graecae, I–V,2, Vatikanstadt 1960–1966 (Studi e testi 211–215).

Follieri, Minuscola = Enrica Follieri, La minuscola libraria dei secoli IX e X, in: La paléographie grecque et byzantine (Colloque du CNRS, 21-25 oct. 1974), Paris 1977 (Colloques Internationaux du CNRS 559), 139–165.

Follieri, Ottob. gr. 250 e 251 = Enrica Follieri, Due codici greci già cassinesi oggi alla Biblioteca Vaticana: gli Ottob. gr. 250 e 251, in: Palaeographica, Diplomatica et Archivistica. Studi in onore di G. Battelli, Rom 1979 (Storia e Letteratura 139), vol. I, 159–221.

Follieri, Vita di San Fantino = Enrica Follieri, La Vita di San Fantino il Giovane, introduzione, testo greco, traduzione, commentario e indici, Brüssel 1993 (Subs. hag. 77).

Fonkič, Euthyme = B. L. Fonkič, Pervodčeskaja dejatel' nost' Evfimija svjatogorca i biblioteka Iverskogo monastyrja na Afone v na ale XI v. [L'activité de traducteur Euthyme l'Hagiorite et la bibliotheque du monastère d'Iviron au Mont Athos, au commencement du XIe siècle], in: Palestinskij sbornik (Moskau) 19 (1969) 165–170 .

Fonkič–Poljakov = B. L. Fonkič – F. B. Poljakov, Grečeskie rukopisi Moskovkoj Sinodal'noj biblioteki. Paleografičeskie, kokikologičeskie i bibliografičeskie dopolnenija k kaalogu archimandrita Vladimira (Filantropova) [Griechische Handschriften der Moskauer Synodalbibliothek. Paläographische, kodikologische und bibliographische Ergänzungen zum Katalog des Archimandriten Vladimir (Filantropov), in russ. Sprache], Moskau 1993.

Forsyth, Yahya = J. H. Forsyth, The Byzantine-Arab chronicle (938–1034) of Yaḥyā b. Sa'īd al-Anṭākī, Ph.-D. Thesis, University of Michigan 1977, 2 Bände (mit durchgehender Seitennumerierung).

Franklin–Shepard, Emergence of Rus = S. Franklin and J. Shepard, The Emergence of Rus 750–1200, London – New York 1996.

Franklin, Slavonic Sources = S. Franklin, Slavonic Sources, in: Whitby (ed.), Byzantines and Crusaders, 157–181.

Franklin, Writing = S. Franklin, Writing, Society and Culture in Early Rus, c. 950–1300, Cambridge 2002.

Franz, Kompilation = K. Franz, Kompilation in arabischen Quellen, Berlin – New York 2004 (Studien zur Geschichte und Kultur des islamischen Orients 15).

Frendo–Fotiou, Kaminiates = John Kaminiates. The Capture of Thessaloniki. Translation, introduction and notes by D. Frendo and A. Fotiou with Gertrud Böhlig's edition of the Greek text (de Gruyter 1973), Perth 2000 (Byzantina Australiensia 12).

Frolow, Vraie croix = A. Frolow, La relique de la vraie croix. Recherches sur le développement d'un culte, Paris 1961 (Archives de l'Orient Chrétien 7).

FS Fonkič = ΜΟΣΧΟΒΙΑ [Festschrift B. Fonkič], Moskau 2001.

Fünf Geschichten aus dem westlichen Nordland = Fünf Geschichten aus dem westlichen Nordland, übertr. von W. H. Vogt u. F. Fischer, Jena 1914 (Thule 10).

Fünf Geschichten von Ächtern und Blutrache = Fünf Geschichten von Ächtern und Blutrache, übertragen von A. Heusler, Jena 1922 (Thule 8).

Furlan, Codici greci Bib. Marc., I = I. Furlan, Codici greci illustrati della Biblioteca Marciana, I, Mailand 1978.

Gabrieli, Nota biobibliographica su Qusṭā ibn Lūqā = G. Gabrieli, Nota biobibliographica su Qusṭā ibn Lūqā, in: Rendiconti della Reale Accademia dei Lincei, Classe di scienze morali, storiche e filol ogiche, Serie V, vol. 21 (1912) 341–382.

Gästriklands Runinskrifter = S. B. F. Jansson (Hrsg.), Gästriklands Runinskrifter, Stockholm 1981 (Sveriges Runinskrifter XV).

Gained in Translation = Metaphrastes or gained in translation. Essays and translations in honour of Robert H. Jordan, edited by Margaret Mullett, Belfast 2004 (Belfast Byzantine texts and translations 9).

GAL G = (Grundwerk:) C. Brockelmann, Geschichte der arabischen Literatur. Zweite den Supplementbänden angepasste Auflage, 2 Bde., Leiden 1943–1949.

GAL S = (Supplement:) C. Brockelmann, Geschichte der arabischen Literatur, 1.–3. Supplementband, Leiden 1937–1942.

Gamillscheg–Harlfinger = E. Gamillscheg – D. Harlfinger, Repertorium der griechischen Kopisten 800–1600, Bd. I: Großbritannien, A. Verzeichnis der Kopisten, Wien 1981; Bd. II: Frankreich, A. Verzeichnis der Kopisten, Wien 1989; Bd. III: Rom mit dem Vatikan, A. Verzeichnis der Kopisten, Wien 1997 (Österr. Akad. d. Wiss., Veröffentlichungen der Komission für Byzantinistik III,1A; III,2A; III,3A).

Gardthausen, Catalogus Codd. Sin. = V. Gardthausen, Catalogus codicum Sinaiticorum, Oxford 1886.

Garland, Empresses = Lynda Garland, Byzantine Empresses. Women and Power in Byzantium AD 527–1204, London – New York 1999.

Garsoïan, Annexation = Nina Garsoïan, The Byzantine Annexation of the Armenian Kingdoms in the Eleventh Century, in: R. G. Hovannisian (Ed.), Armenian People from Ancient to Modern Times, Vol I: The Dynastic Periods: From Antiquity to the Fourteenth Century, New York 1997, 187–198.

Garsoïan, Arab Invasions = Nina Garsoïan, The Arab Invasions and the Rise of the Bagratuni (640–884), in: R. G. Hovannisian (Ed.), Armenian People from Ancient to Modern Times, Vol I: The Dynastic Periods: From Antiquity to the Fourteenth Century, New York 1997, 117–142.

Garsoïan, Grand schisme = Nina G. Garsoïan, L'Église arménienne et le grand schisme d'Orient, Louvain 1999 (CSCO 574, Subsidia 100).

Garsoïan, Integration = Nina G. Garsoïan, The Problem of the Armenian Integration into the Byzantine Empire, in: Studies on the Internal Diaspora of the Byzantine Empire, ed. by Hélène Ahrweiler and Angeliki E. Laiou, Washington, DC, 1998, 53–124.

Garsoïan, Kingdoms = Nina G. Garsoïan, The Independent Kingdoms of Medieval Armenia, in: R. G. Hovannisian (Ed.), Armenian People from Ancient to Modern Times, Vol I: The Dynastic Periods: From Antiquity to the Fourteenth Century, New York 1997, 143–185.

GAS = F. Sezgin, Geschichte des arabischen Schrifttums, Bd. I: Qur'ānwissenschaften, Ḥadīṯ, Geschichte, Fiqh, Dogmatik, Mystik, Leiden 1967; Bd. III: Medizin, Pharmazie, Zoologie, Tierheilkunde, Leiden 1970.

Gassisi, Poesie = D. S. Gassisi, Poesie di San Nilo Iuniore e di Paolo Monaco abbati di Grottaferrata, Rom 1906 (Innografi Italo-greci 1).

Gauderich, Vita Constantini cum translatione Clementis (BHL 2073) = Gauderich, Vita Constantini cum translatione Clementis (BHL 2073), in: Legenda italica, in: Grivec–Tomšič, Constantinus et Methodius 59–64; auch in: Magnae Moraviae Fontes Historici II 120–132 (Text: 122–132, mit tschech. Übersetzung).

Gautier, Théophylacte = Theophylacte d'Achrida, Discours, Traités, Poésies, introduction, texte, traduction et notes par P. Gautier, Thessalonike 1980 (CFHB XVI/1).

Gay, L'Italie bzw. Gay, L'Italia = J. Gay, L'Italie méridionale et l'Empire byzantin depuis l'avènement de Basile Ier jusqu'à la prise de Bari par les Normands (867–1071), Paris 1909 (Bibliothèque des Écoles Françaises d'Athènes et de Rome 90); ital. Übers.: G. Gay, L'Italia meridionale e l'impero bizantino dall'avvento di Basilo I alla resa di Bari ai Normanni (867–1071), Florenz 2001.

Gedeon, Ἑορτολόγιον = M. Gedeon, Βυζαντινὸν Ἑορτολόγιον. Μνῆμαι τῶν ἀπὸ τοῦ Δ΄ μέχρι τῶν μέσων τοῦ ΙΕ΄ αἰῶνος ἑορταζομένων ἁγίων ἐν Κωνσταντινουπόλει, Konstantinopel 1899.

Gelzer, Achrida = H. Gelzer, Der Patriarchat von Achrida. Geschichte und Urkunden, Leipzig 1902 (Abhandlungen d. [Kgl.] Sächsischen Gesellschaft d. Wiss., phil.-hist. Cl. 20,5) (Ndr. Aalen 1980).

Gelzer, Bistümerverzeichnisse = H. Gelzer, Ungedruckte und wenig bekannte Bistümerverzeichnisse der orientalischen Kirche, in: BZ 2 (1893) 22–72.

Gelzer, Ungedruckte = H. Gelzer, Ungedruckte und ungenügend veröffentlichte Texte der Notitiae episcopatuum. Ein Beitrag zur byzantinischen Kirchen- und Verwaltungsgeschichte, München 1901 (Abh. d. I. [=philos.-philol.] Cl. d. königl. Bayer. Akad. d. Wiss., 21. Bd., 3. Abt.), 529–641.

Genesios = Iosephi Genesii regum libri quattuor rec. Anni Lesmueller-Werner et I. Thurn, Berlin 1978 (CFHB XIV, Series Berolinensis).

Georg. mon. cont. (Bonn) = Γεωργίου τοῦ μοναχοῦ βίοι τῶν νέων βασιλέων (Georgius Monachus continuatus), in: Theoph. cont. 761–924.

Georg. mon. cont. (Istrin) = Prodolženie chroniki Georgija Amartola po Vatikanskomu spisku No 153, in: V. M. Istrin, Knigy vremennyja i obraznyja Georgija Mnicha. Chronika Georgija Amartola v drevnem slavjanorusskom perevode. Tekst, izsledovanie i slovar, II, Petrograd 1922 (Ndr. München 1972), 1–65.

Georg. mon. cont. (Muralt) = Chronicon breve quod e diversis annalium scriptoribus et expositoribus decerpsit concinnavitque Georgius Monachus cognomento Hamartolus — Χρονικὸν σύντομον ἐκ διαφόρων χρονογράφων τε καὶ ἐξηγητῶν συλλεγὲν καὶ συντεθὲν ὑπὸ Γεωργίου ἁμαρτωλοῦ μοναχοῦ, ... Graece ed. E. de Muralto. Editio Parisiensis juxta editionem principem, adjecta Latina interpretatione ... J.-P. Migne, in: PG 110, 1072–1220.

Georg. mon. cont., in: VV 4 (1897) = S. Šestakov, [Eine Pariser Handschrift der Chronik des Symeon Logothetes (russ.)], in: VV 4 (1897) 167–183.

Georgiev, Razcvetăt = E. Georgiev, Razcvetăt na bălgarskata literatura v IX–X v., Sofia 1962.

Georgios Chartophylax, Encomium Nicolai (BHG 1364b) = Γεωργίου διακόνου καὶ χαρτοφύλακος τῆς ἁγίας μεγάλης ἐκκλησίας Κ.πόλεως ἐγκώμιον εἰς τὸν ὅσιον πατέρα ἡμῶν Νικόλαον, in: Anrich, Nikolaos I 92–96 (Exzerpt: Praxis de stratelatis), cf. Anrich, Nikolaos II 162 (u. a.: Titel in Cod. Ambros. gr. D 92 sup. [s. XI]).

Georgische Chronik (K'art'lis C'xovreba) = K'art'lis C'xovreba I, ed. S. Q'auxč'išvili, Tiflis 1955 (Ndr. unter dem Titel "K'art'lis C'xovreba: The Georgian Royal Annals and Their Medieval Armenian Adaptation", hrsg. und mit einer Einleitung versehen von S. H. Rapp, vol. 1, Delmar, NY, 1998); II, Tiflis 1959, darin: 1. Sumbat Davit'is-dze, Geschichte der Bagratiden, ed. Q'auxč'išvili I 372–386; neuere Ed. des georgischen Textes: G. Araxamia (Arachamia), Tiflis 1990, p. 39–60; engl. Übers.: S. H. Rapp (Jr.), Studies in Medieval Georgian Historiography: Early Texts and Eurasian Contexts, Louvain 2003 (CSCO 601; Subsidia 113), p. 350–367; dt. Übers.: Gertrud Pätsch, Das Leben Kartlis. Eine Chronik aus Georgien 300–1200, Leipzig 1985 (Sammlung Dieterich 330), p. 459–481 (zitiert nach der engl. Übers. Rapp unter Angabe der dort mitgeführten Paginierung der beiden georg. Edd. in eckigen Klammern; ferner nach der dt. Übersetzung von Gertrud Pätsch); 2. Anonymus, Chronik von K'art'li, ed. Q'auxč'išvili I 249–317; engl. Übers.: R. W. Thomson, Rewriting Caucasian History. The Medieval Armenian Adaptation of the Georgian Chronicles, The Original Georgian Texts and The Armenian

Adaptation, Oxford 1996, cap. 45–54, p. 255–308; dt. Übers. Pätsch (s. o.), p. 323–394 (zitiert nach der engl. Übers. Thomson unter Angabe der dort mitgeführten Paginierung der georg. Ed. Q'auxč'išvili I in eckigen Klammern).

Gerbert von Reims, Briefe = Die Briefsammlung Gerberts von Reims, bearbeitet von F. Weigle, in: MGH Epp. II, Weimar 1966. Engl. Übers. und Kommentar in: H. P. Lattin, The Letters of Gerbert, with his Papal Privileges as Sylvester II, New York 1961 (Übers. von Brief Nr. 111 [Weigle]: p. 151f., Nr. 119). Eine engl. Übers. des Briefes findet sich auch bei Vasiliev, in: DOP 6 (1951) 230.

Gerchow, Gedenküberlieferung der Angelsachsen = J. Gerchow, Die Gedenküberlieferung der Angelsachsen. Mit einem Katalog der libri vitae und Necrologien, Berlin u. a. 1988 (Arbeiten zur Frühmittelalterforschung 20).

Geschichte Südosteuropas = Geschichte Südosteuropas. Vom frühen Mittelalter bis zur Gegenwart, für das Südost-Institut in Regensburg und für das Institut für Osteuropäische Geschichte der Universität Wien hrsg. von K. Clewing und O. J. Schmitt, Redaktion: P. M. Kreuter, Regensburg 2011.

Gesta Episc. Neapol. = Gesta episcoporum Neapolitanorum I, ed. G. Waitz, in: MGH SS rer. Lang. 402–424 (cap. 1–40); 424–435 (cap. 41–65: Gestorum pars altera auctore Iohanne diacono).

Giannelli, Nuovo codice = C. Giannelli, Un nuovo codice di provenienza studita (Vat. gr. 2564), in: Bollettino dell'Archivio paleografico italiano, N. S. 2–3 (1956–1957), I, p. 347–359 (Ndr. in: C. Giannelli, Scripta minora = Studi bizantini e neoellenici 10, Rom 1963, 225–238).

Giannelli, Vaticani gr. 1485–1683 = s. unter Vaticana (Catal.) VI: Giannelli, Vaticani gr. 1485–1683 (1950).

GIBI = I. Dujčev et al. (Ed.), Grăcki izvori za bălgarskata istorija. Fontes Graeci historiae Bulgaricae, II–VI, Sofia 1958–1965 (Izvori za bălgarskata istorija. Fontes historiae Bulgaricae III. VI. VIII. IX. XI).

Giovanelli, Bartolomeo = G. Giovanelli,S. Bartolomeo Juniore Cofondatore di Grottaferrata, Grottaferrata 1962.

Giovanelli, Matrimonio = G. Giovanelli, in: Vita Nili (BHG 1370), ed. G. Giovanelli, Βίος ... Νείλου τοῦ νέου, Grottaferrata 1972, 137–172.

Giovanelli, Vita = Vita di S. Nilo fondatore e patrono di Grottaferrata, versione e note a cura dello Jeromonaco Germano Giovanelli, Grottaferrata 1966.

Girk' T'łt'oc' (Buch der Briefe) = Girk' T'łt'oc' [Buch der Briefe, arm.], ed. Y. Izmireanc', Tiflis 1901 (uns nicht zugänglich; Hinweise lediglich nach Maksoudian, Yovh. 22f.; van Esbroeck, in: AHC 30 [1998] 174 [Nr. 34], und Dorfmann-Lazarev, Arméniens et Byzantins 248). Auch eine in der Literatur angeführte jüngere Edition war uns nicht zugänglich: Girk' T'łt'oc' [Livre des lettres], édition augmentée de N. Połorean, Jerusalem 1994 (Haykakan Matenašar Calouste Gulbenkian himnarkut'ean).

Gjuzelev, Funkciite = V. Gjuzelev, Funkciite i roljata na kavchana v života na pǔrvata bǔlgarska dǔržava VII–XI v., in: Godišnik na Sofijskija universitet. Filosofsko-istoričeski fakultet 60, kn. 3 (1966) 134–159.

Gjuzelev, Vlasij Amorijskij = V. Gjuzelev, Žitieto na Vlasiij Amorijskij kato izvor za bălgarskata istorija, in: Godišnik na Sofijskija universitet. Filosofsko-istoričeski fakultet 61 (1968) istor. 3: 19–33.

Glazyrina, Viking Age and Crusades Era = G. Glazyrina, The Viking Age and the Crusades Era in Yngvars saga víðfǫrla, in: S. Würth u. a. (Hrsg.), Sagas and Societies. International Conference at Borgarnes, Iceland, September 5-9, 2002 (http://tobias-lib.ub.uni-tuebingen.de/portal/sagas [letzter Zugriff 10. Januar 2010]).

Glory of Byzantium = The Glory of Byzantium. Art and Culture of the Middle Byzantine Era A. D. 843–1261, ed. by Helen C. Evans and W. D. Wixom, The Metropolitan Museum of Art, New York 1997 (Catalogue accompanying an exhibition at the Metropolitan Museum of Art from March 11 through July 6, 1997).

Glossar (griech.) = Glossar zur frühmittelalterlichen Geschichte im östlichen Europa, Serie B: Griechische Namen bis 1025, Wiesbaden 1980–1989.

Glossar (lat.) = Glossar zur frühmittelalterlichen Geschichte im östlichen Europa, hrsg. von J. Ferluga, Bd. I: Aba – Bela [bearbeitet von N. Otto, D. Wojtecki], Wiesbaden 1977; Bd. II: Belaa – Carolus (Magnus) [bearbeitet von R. Ernst, D. Wojtecki], Wiesbaden 1983; Bd. III: Carolus (Martellus) – Emnetzur, hrsg. von F. Kämpfer [bearbeitet von R. Ernst], Wiesbaden 1989.

Glykas = Michaelis Glycae Annales, rec. I. Bekkerus, Bonn 1836.

Glykatzi-Ahrweiler, Recherches = Hélène Glykatzi-Ahrweiler, Recherches sur l'administration de l'empire byzantin, Athen–Paris 1960, 1–109 (Ndr. in: H. Ahrweiler, Études sur les structures administratives et sociales de Byzance, London 1971 [Variorum Reprints], Nr. VIII).

Göckenjan–Zimonyi, Orientalische Berichte = H. Göckenjan, I. Zimonyi, Orientalische Berichte über die Völker Osteuropas und Zentralasiens im Mittelalter: die Ǧayhānī-Tradition (Ibn Rusta, Gardīzī, Ḥudūd al-ʿĀlam, al-Bakrī und al-Marwazī), Wiesbaden 2001.

Golb–Pricak, Dokumenty = N. Golb – O. Pricak, Chazarsko–evrejskie dokumenty X veka, [Redaktion, Nachwort und Kommentar von] V. J. Petruchin, Moskau–Jerusalem 1997 [russ. Übers. von N. Golb – O. Pritsak, Khazarian Hebrew documents of the tenth century, Ithaca 1982].

Golb–Pritsak, Khazarian Hebrew documents = N. Golb – O. Pritsak, Khazarian Hebrew documents of the tenth century, Ithaca 1982.

Goldstein, Srednji Vijek = I. Goldstein, Hrvatski Rani Srednji Vijek, Zagreb 1995.

Gotlands Runinskrifter 1 = S. B. F. Jansson – E. Wessén – E. Svärdström (Hrsg.), Gotlands Runinskrifter. Första delen, Stockholm 1962 (Sveriges Runinskrifter XI).

Gotlands Runinskrifter 2 = S. B. F. Jansson – E. Wessén – E. Svärdström (Hrsg.), Gotlands Runinskrifter. Andra delen, Stockholm 1978 (Sveriges Runinskrifter XII,1).

Gotlands Runinskrifter 3 = H. Gustavson – T. Snædal (Hrsg.), Gotlands Runinskrifter. Tredje delen (Sveriges Runinskrifter XII,2), vorläufige Version online unter: http://www.raa.se/cms/extern/kulturarv/arkeologi_och_fornlamningar/gotlands_runinskrifter.html (letzter Zugriff: 28.01.2010).

Graeco-Arabica = Graeco-Arabica, hrsg. von der Ἑταιρεία Ἑλληνοαραβικῶν Σπουδῶν (Θεσσαλονίκη), Athen 1982ff.

Graf, Arab. Lit. I–II = G. Graf, Geschichte der christlichen arabischen Literatur, Bd. I: Die Übersetzungen, Vatikanstadt 1944 (Studi e Testi 118); Bd. II: Die Schriftsteller bis zur Mitte des 15. Jahrhunderts, Vatikanstadt 1947 (Studi e Testi 133).

Graffiti (Orlandos–Branuses) = Τὰ χαράγματα τοῦ Παρθενῶνος ἤτοι ἐπιγραφαὶ χαραχθεῖσαι ἐπὶ τῶν κιόνων τοῦ Παρθενῶνος κατὰ τοὺς παλαιοχριστιανικοὺς καὶ βυζαντινοὺς χρόνους ὑπὸ A. K. Ὀρλάνδου τῇ συνεργασίᾳ Λ. Βρανούση, Athen 1973 (Ἀκαδημία Ἀθηνῶν. Κέντρον Ἐρεύνης τοῦ Μεσαιωνικοῦ καὶ Νέου Ἑλληνισμοῦ) (Les Graffiti du Parthénon. Inscriptions gravées sur les colonnes du Parthénon à l'époque paléochrétienne et byzantine par A. C. Orlandos avec la collaboration de L. Vranoussis, Athènes 1973 [Académie d'Athènes. Centre de Recherches Médiévales et Néo-Helléniques]). (Zitiert nach Nrr. und pp.)

Gray Birch = W. de Gray Birch, Catalogue of Seals in the Department of Manuscripts in the British Museum, V, London 1898, 1–106: Byz. Empire. (Zitierung nach Nrr.)

GRBS = Greek, Roman and Byzantine Studies, Duke University, Durham, NC, 1958ff.

Greenfield, Lazaros = The Life of Lazaros of Mt. Galesion. An Eleventh-Century Pillar Saint, introduction, translation, and notes by R. P. H. Greenfield, Washington, DC, 2000 (Dumbarton Oaks, Byzantine Saints' Lives in Translation 3).

Greenwood, Armenian Neighbours = T. W. Greenwood, Armenian Neighbours (600–1045), in: CHBE 333–364 (Chapter 8).

Greenwood, Discovery = T. W. Greenwood, The discovery of the relics of St Grigor and the development of Armenian tradition in ninth-century Byzantium, in: Byzantine style, religion and civilazation: in honour of Sir Steven Runciman, ed. Elizabeth Jeffreys, Cambridge 2006, 177–191.

Grégoire, Carrière = H. Grégoire, La carrière du premier Nicéphore Phocas, in: Hellenika, suppl. 4 (1953) 232–254.

Greppin, Studies = J. A. C. Greppin (Ed.), Studies in Classical Armenian Literature, Delmar, NY, 1994.

Gribomont, Hist. texte S. Basile = J. Gribomont, Histoire du texte des ascétiques de S. Basile, Louvain 1953 (Bibliothèque du Muséon 32).

Griechenland und das Meer = Griechenland und das Meer. Beiträge eines Symposions in Frankfurt im Dezember 1996, hrsg. von E. Chrysos, D. Letsios, H. A. Richter und R. Stupperich, Mannheim und Möhnesee 1999 (Peleus. Studien zur Archäologie und Geschichte Griechenlands und Zyperns 4).

Grierson, Coins = P. Grierson, Byzantine Coins, London – Berkeley – Los Angeles 1982.

Grierson, Tombs = P. Grierson, The Tombs and Obits of the Byzantine Emperors (337–1042), in: DOP 16 (1962) 1–60; P. Grierson – C. Mango – I. Ševčenko, Additional Note on the Tombs and Obits of the Byzantine Emperors, ibidem 61–63.

Grimm-Stadelmann, Theophilos = Isabel Grimm-Stadelmann, Θεοφίλου περὶ τῆς τοῦ ἀνθρώπου κατασκευῆς – Theophilos, Der Aufbau des Menschen, kritische Edition des Textes mit Einleitung, Übersetzung und Kommentar, Diss. München 2008 (als Pdf-Datei zugänglich unter der URL http://edoc.ub.uni-muenchen.de/9393/1/Grimm_Stadelmann_Isabel.pdf [letzter Zugriff am 31.5.2010]).

Grivec, Konstantin und Method = F. Grivec, Konstantin und Method. Lehrer der Slaven, Wiesbaden 1960.

Grivec–Tomšič, Constantinus et Methodius = F. Grivec – F. Tomšič, Constantinus et Methodius Thessalonicenses: Fontes, rec. et illustrav., Zagreb 1960 (Radovi staroslavenskog instituta 4).

Grotz, Hadrian = H. Grotz, Erbe wider Willen. Hadrian II. (867–872) und seine Zeit, Wien–Köln–Graz 1970.

Grousset, Histoire = R. Grousset, Histoire de l'Arménie des origines à 1071, Paris 1947 (Ndr. Paris 1995 [Grande Bibliothèque Payot]).

Grünbart, Metallstempel = M. Grünbart, Verbreitung und Funktion byzantinischer Metallstempel, in: Siegel und Siegler. Akten des 8. Internationalen Symposions für Byzantinische Sigillographie, hrsg. von Claudia Ludwig, Frankfurt a. M. 2005 (BBS 7), 95–104. 201f. (Abb.).

Grünebaum, Eine poetische Polemik = G. von Grünebaum, Eine poetische Polemik zwischen Byzanz und Bagdad im X. Jahrhundert, in: Analecta Orientalia 14 (1937) (= Studia Arabica I) 43–63.

Grumel, Chronologie = V. Grumel, La Chronologie, Paris 1958 (Bibliothèque byzantine, Traité d'études byzantines 1).

Grumel, Regestes = V. Grumel, Les regestes des actes du patriarcat de Constantinople, Vol. I: Les actes des patriarches, Fasc. II: Les regestes de 715 à 1043, Istanbul 1936.

Grumel–Darrouzès, Regestes = V. Grumel, Les regestes des actes du patriarcat de Constantinople, Vol. I: Les actes des patriarches, Fasc. II et III: Les regestes de 715 à 1206, 2e éd. revue et corr. par J. Darrouzès, Paris 1989 (Le Patriarcat byzantin, Sér. 1).

Guðnason, Túlkun Heiðarvígasögu = B. Guðnason, Túlkun Heiðarvígasögu, Reykjavík 1993 (Studia Islandica 50).

Guilland, Curopalate = R. Guilland, Études sur l'histoire administrative de l'empire byzantin. Le curopalate, in: Byzantina 2 (1970) 185–249 (Ndr. in: Guilland, Titres, III).

Guilland, Recherches = R. Guilland, Recherches sur les institutions byzantines, I–II, Berlin 1967 (BBA 35).

Guilland, Titres = R. Guilland, Titres et fonctions de l'Empire byzantin, London 1976 (Variorum Reprints).

Guillou–Holtzmann = A. Guillou – W. Holtzmann, Zwei Katepansurkunden aus Tricarico, in: QFIAB 41 (1961) 1–28 (Nachdruck in: A. Guillou, Studies on Byzantine

Italy, with a preface by R. Morghen, London 1979 [Variorum Reprints], Nr. VII); darin: Urkunde des Katepano Gregorios Tarchaneiotes von 1001/02, p. 12–20 (griech. Text: 18–20); Urkunde des Katepano Basileios Boioannes, p. 20–28 (griech. Text: 27f.).

Guillou, Brébion = A. Guillou, Le Brébion de la Métropole byzantine de Règion (vers 1050), Vatikanstadt 1974 (Corpus des actes grecs d'Italie du Sud et de Sicile. Recherches d'histoire et de géographie 4).

Guillou, Saint-Élie = A. Guillou, Saint-Élie près de Luzzi en Calabre. Monastères byzantins inconnus du Xe siècle, in: RSBS 2 (1982) 3–11.

Guillou, Saint-Nicodème de Kellarana = A. Guillou, Saint-Nicodème de Kellarana (1023/1024–1232), Vatikanstadt 1968 (Corpus des actes grecs d'Italie du Sud et de Sicile. Recherches d'histoire et de géographie 2), Nr. 1, p. 19–24.

Guscin, Image of Edessa = M. Guscin, The Image of Edessa, Leiden–Boston 2009 (The Medieval Mediterranean 82) (darin Ed. und engl. Übers. der Narratio de Imagine Edessena B [BHG 794–795]: p. 7–69; des Tractatus liturgicus de imagine Edessena [BHG 796] [von Guscin als integraler Bestandteil der Narratio B ediert, nämlich als § 31-36]: p. 60–68; der Oratio de imagine Edessena auctore Gregorio archidiacono et referendario [BHG 796g]: p. 70–87; des Synaxarium de imagine Edessena [BHG 796f]: p. 88–95, sowie einiger weiterer Texte).

Gutas, Greek thougt, Arabic culture = D. Gutas, Greek thought, Arabic culture. The Graeco-Arabic translation movement in Baghdad and early 'Abbasid society (2nd–4th / 8th–10th centuries), London [u. a.] 1998.

Haarmann, Geschichte = Geschichte der arabischen Welt, unter Mitwirkung von U. Haarmann, H. Halm, Barbara Kellner-Heinkele, H. Mejcher, T. Nagel, A. Noth, A. Schölch, H.-R. Singer, P. von Sivers, hrsg. von U. Haarmann, München 1987.

Hacikyan, Heritage = A. J. Hacikyan, G. Basmajian, E. S. Franchuk, N. Ouzounian (Edd.), The Heritage of Armenian Literature, Vol. II: From the sixth to the eighteenth century, Detroit 2002.

Hafner, Studien zur altserb. dynast. Historiographie = S. Hafner, Studien zur altserbischen dynastischen Historiographie, München 1964 (Südosteuropäische Arbeiten 62).

Hairapetian, History of Armenian Literature = Srbouhi Hairapetian, A History of Armenian Literature. From Ancient Times to the Nineteenth Century, Delmar, NY, 1995.

Hajdú, Katalog München III = Kerstin Hajdú, Katalog der griechischen Handschriften der Bayerischen Staatsbibliothek München, Bd. III: Codices graeci Monacenses 110–180, Wiesbaden 2003.

Haldon, Praetorians = J. F. Haldon, Byzantine Praetorians. An administrative, institutional and social survey of the Opsikion and Tagmata, c. 580–900, Bonn 1984 (Poikila Byzantina 3).

Haldon, Recruitment = J. F. Haldon, Recruitment and conscription in the Byzantine army c. 550–950. A study on the origins of the stratiotika ktemata, Wien 1979 (Österr. Akad. der Wiss., phil.-hist. Kl., Sitzungsberichte 357).

Haldon, Treatises = Constantine Porphyrogenitus, Three Treatises on Imperial Military Expeditions, Introduction, Edition, Translation and Commentary by J. F. Haldon, Wien 1990 (CFHB XXVIII, Series Vindobonensis) (Introduction: 33–77; Commentary: 153–293). Cf. unter Konst. Porph., De cerim, App. (Haldon).

Haldon, Warfare = J. Haldon, Warfare, State and Society in the Byzantine World 565–1204, London 1999.

Halkin, Hagiologie = F. Halkin, Hagiologie byzantine, textes inédits publiés en grec et traduits en français, Brüssel 1986 (Subs. hag. 71).

Halkin, Saints moines = F. Halkin, Saints moines d'Orient, London 1973 (Variorum Reprints).

Halm, Kalifen = H. Halm, Die Kalifen von Kairo. Die Fatimiden in Ägypten (979–1074), München 2003.

Halm, Mahdi = H. Halm, Das Reich des Mahdi. Der Aufstieg der Fatimiden, München 1991.

Hamadānī = Takmila ta'rīḫ aṭ-Ṭabarī, ed. A. Y. Kan'ān, Beirut 1961. Zuvor in Fortsetzung publiziert in der Zeitschrift Mašriq: Takmila ta'rīḫ aṭ-Ṭabarī, ed. A. Y. Kan'ān, in: Mašriq (Al-Mašriq [franz. Paralleltitel: al-machriq, revue catholique orientale: sciences, lettres, arts, sous la direction des Pères de l'Université Saint-Joseph]) 49 (1955) 21–42. 149–172; 50 (1956) 283–328. 485–528; 51 (1957) 185–216. 395–446; 52 (1958) 51–82. 492–530. (Zitiert nach der Ausgabe Beirut 1961).

Hamidullah, Nouveaux documents = M. Hamidullah, Nouveaux documents sur les rapports de l'Europe avec l'Orient musulman au Moyen Age, in: Arabica 7 (1960) 281–300.

Handes Amsorya = Handēs Amsōreay [dt. Nebentitel: Handes Amsorya. Zeitschrift für armenische Philologie] Wien (Mechitharisten-Congregation) 1887ff.

Harðar saga = Harðar saga. Bárðar saga. Þorskfirðinga saga. Flóamanna saga. Þórarins þáttr Nefjólfssonar. Þorsteins þáttr uxafóts. Egils þáttr Síðu-Hallssonar. Orms þáttr Stórólfssonar. Þorsteins þáttr Tjaldstœðings. Þorsteins þáttr forvitna. Bergbúa þáttr. Kumlbúa þáttr. Stjörnu-Odda draumr, Þórhallur Vilmundarson – B. Vilhjálmsson gafu út, Reykjavík 1991 (Íslenzk fornrit 13).

Harlfinger, Maiuscula ogivalis inclinata Sinai = D. Harlfinger, Beispiele der Maiuscula ogivalis inclinata vom Sinai und aus Damaskus, in: Alethes Philia. Studi in onore di Giancarlo Prato, a cura di M. D'Agostino e Paola Degni, Spoleto 2010, 461–477 (mit XXV Tafeln).

Hartmann III/1. 2 = L. M. Hartmann, Geschichte Italiens im Mittelalter, III/1: Italien und die fränkische Herrschaft, Gotha 1900 (Ndr. Hildesheim 1969); III/2: Die Anarchie, Gotha 1911 (Ndr. Hildesheim 1969).

Hartmann, Ludwig der Deutsche = W. Hartmann, Ludwig der Deutsche, Darmstadt 2002 (Gestalten des Mittelalters und der Renaissance).

Harvey, Economic Expansion = A. Harvey, Economic Expansion in the Byzantine Empire 900–1200, Cambridge 1989.

Ḥasdāy b. Šaprūṭ, Korrespondenz = 1) Brief des Ḥasdāy b. Šaprūṭ an den Chazarenkhan Ioseph, ed. D. Kahana, Sifrut ha-historiyah ha-yisreelit, I, Warschau 1922, 35–41; engl. Übers. in: E. N. Adler, Jewish Travellers, London 1930, 23–32; engl. Teilübers. in: Starr, Jews 154f. (Nr. 97); neuere engl. Teilübers. in: Golb–Pritsak, s. u., p. 82 Anm. 28. — 2) Brief des Ḥasdāy b. Šaprūṭ an die byzantinische Kaiserin Helene Lakapene, in: Mann, Texts and Studies 21–23. — 3) Brief eines anonymen Chazaren [an Ḥasdāy b. Šaprūṭ] aus der Kairoer Genizah in: Golb Khazarian Hebrew documents 106–121. (Zitiert nach den engl. Übersetzungen von Starr, Mann und Golb.)

Ḫaṭīb al-Bagdādī = L'introduction topographique à l'histoire de Baghdādh d'Abou Bakr Aḥmad ibn Thābit Al-Khatib al-Baghdādī (392–463 H. = 1002–1071 J.-C.), ed. G. Salmon, Paris 1904 (Bibliothèque de l'École des hautes études. Sciences historiques et philologiques 148). Franz. Übers. in Auszügen in: Vasiliev, Arabes II 2, p. 72–79.

Hauptmann–Stricker, Orthodoxe Kirche = P. Hauptmann – G. Stricker, Die orthodoxe Kirche in Rußland. Dokumente ihrer Geschichte (860–1980), Göttingen 1988.

Havlík, Svatopluk = L. E. Havlík, Svatopluk veliký, král moravanů a slovanů, Brünn 1994.

Heikkilä, Symeon Treverensis = T. Heikkilä, Vita S. Symeonis Treverensis. Ein hochmittelalterlicher Heiligenkult im Kontext, [Helsinki] 2002 (Academia Scientiarum Fennica, Suomalaisen Tiedeakatemian toimituksia: Humaniora 326).

Hellenika = Ἑλληνικά. Φιλολογικόν, ἱστορικὸν καὶ λαογραφικὸν περιοδικὸν σύγγραμμα, Thessalonike 1928ff.

Hellenkemper–Hild, Lykien = H. Hellenkemper – F. Hild, Lykien und Pamphylien, Wien 2004 (TIB VI = Österr. Akad. d. Wiss., phil.-hist. Kl., Denkschriften 320).

Hellmann, Handelsverträge = H. Hellmann, Die Handelsverträge des 10. Jahrhunderts zwischen Kiev und Byzanz, in: K. Düwel – H. Jankuhn – H. Siems – D. Timpe (Hrsg.), Untersuchungen zu Handel und Verkehr der vor- und frühgeschichtlichen Zeit in Mittel- und Nordeuropa, Teil IV: Der Handel der Karolinger und Wikingerzeit ..., Göttingen 1987 (Abhandlungen d. Akad. d. Wiss. in Göttingen, phil.-hist. Kl., 3. Folge, Nr. 156), 643–666.

Herbers, Nikolaus I. und Photios = Herbers, K., Papst Nikolaus I. und Patriarch Photios. Das Bild des byzantinischen Gegners in lateinischen Quellen, in: Begegnung des Westens mit dem Osten 51–74.

Herbers, Rom und Byzanz = K. Herbers, Rom und Byzanz im Konflikt. Die Jahre 869/870 in der Perspektive der Hadriansvita des Liber pontifcalis, in: Die Faszination der Papstgeschichte. Neue Zugänge zum frühen und hohen Mittelalter, hrsg. von W. Hartmann und K. Herbers, Köln–Weimar–Wien 2008, 55–69.

Hergenröther = J. Hergenröther, Photius, Patriarch von Constantinopel: sein Leben, seine Schriften und das griechische Schisma, I–III, Regensburg 1867–1869.

Hester, Italo-Greeks = P. D. Hester, Monasticism and spirituality of the Italo-Greeks, Thessalonike 1992 (Analekta Blatadon 55).

Hiestand, Regnum Italicum = R. Hiestand, Byzanz und das Regnum Italicum im 10. Jahrhundert, Zürich 1964.

Hilāl aṣ-Ṣābi' = The Historical Remains of Hilâl al-Sâbi, First Part of his Kitab al-wuzara and Fragment of his History 389–393 A. H., ed. H. F. Amedroz, Leiden 1904.

Hild–Hellenkemper, Kilikien = F. Hild – H. Hellenkemper, Kilikien und Isaurien, Teile 1–2 (2 Bde.), Wien 1990 (TIB V = Österr. Akad. d. Wiss., phil.-hist. Kl., Denkschriften 215,1-2).

Hild–Restle, Kappadokien = F. Hild – M. Restle, Kappadokien (Kappadokia, Charsianon, Sebasteia und Lykandos), Wien 1981 (TIB II = Österr. Akad. d. Wiss., phil.-hist. Kl., Denkschriften 149).

Hillenbrand, Sources in Arabic = C. Hillenbrand, Sources in Arabic, in: Whitby (Ed.), Byzantines and Crusaders, 283–340.

Hinterberger, Autobiographie = M. Hinterberger, Autobiographische Traditionen in Byzanz, Wien 1999 (Wiener Byzantinistische Studien 22).

Hirsch, Byz. Studien = F. Hirsch, Byzantinische Studien, Leipzig 1876 (Ndr. Amsterdam 1965).

Histoire et culture dans l'Italie byzantine = Histoire et culture dans l'Italie byzantine. Acquis et nouvelles recherches (Actes de la table ronde réunie à Paris le 22 août 2001 dans le cadre du XXe Congrès international des Études byzantines), ed. A. Jacob, J.-M. Martin, G. Noyé, Rom 2006 (Collection de l'École française de Rome 363).

History in connection with the finding of the relics of Saint Grigor, Illuminator of Greater Armenia (Greenwood) = History in connection with the finding of the relics of Saint Grigor, Illuminator of Greater Armenia (Greenwood), in: Greenwood, Discovery 178–181 (engl. Übers.). Die armenischen Editionen: 1) L. M. Ališan, Hayapatum, II: Patmut'iwnk' Hayoc', Venedig 1901, p. 263–265; 2) Patmut'iwn dzałags giwti nšarac' srboyn Grigori Hayoc' Mecac' Lusaworč'i, in: Ararat 35 (1902) 1178–1183; 3) N. Połarean, Mayr c'uc'ak hayerēn dzeṙagrc' srboc' Yakobeanc', II, Jerusalem 1954, p. 51–53, waren uns nicht zugänglich.

HJb = Historisches Jahrbuch der Görres-Gesellschaft, Köln 1880ff.; München 1950ff.

Hörandner, Epigramm und Kreuz = W. Hörandner, Das byzantinische Epigramm und das heilige Kreuz: einige Beobachtungen zu Motiven und Typen, in: La Croce. Iconografia e interpretazione (secoli I – inizio XVI). Atti del convegno internazionale di studi (Napoli, 6-11 dicembre 1999), a cura di B. Ulianich con la collaborazione di U. Parente, Neapel–Rom 2007, vol. III, p. 107–125.

Hoffmann, Yngvars saga víðfǫrla = D. Hoffmann, Die Yngvars saga víðfǫrla und Oddr munkr inn fróði, in: U. Dronke u. a. (Hrsg.), Speculum Norroenum, Oxford 1981 (Gedenkschrift G. Turville-Petre), 188–222.

Holmes, Basil II = Catherine J. Holmes, Basil II and the governance of empire (976–1025), Oxford 2005 (Oxford Studies in Byzantium).

Holmes, East = Catherine Holmes, "How the east was won" in the reign of Basil II, in: Eastern Approaches 41–56.

Holo, Byzantine Jewry = J. Holo, Byzantine Jewry in the Mediterranean Economy, Cambridge 2009.

Holo, Correspondence = J. Holo, Correspondence from the Cairo Genizah Evidently Concerning the Byzantine Reconquest of Crete, in: Journal of Near Eastern Studies 59 (2000) 1–13.

Holo, Jews = J. Holo, An Economic History of the Jews of Byzantium from the Eve of the Arab Conquest to the Fourth Crusade, Diss. Univ. of Chicago 2001.

Holtzmann, Boioannes = W. Holtzmann, Der Katepan Boioannes und die kirchliche Organisation der Capitanata, in: Nachrichten der Akademie der Wissenschaften in Göttingen, phil.-hist. Klasse 1969, 19–39.

Holy Women = Holy Women of Byzantium. Ten Saints' Lives in English Translation, ed. Alice-Mary Talbot, Washington, DC, 1996 (Byzantine Saints' Lives in Translation 1).

Hommes et richesses = Hommes et richesses dans l'Empire byzantin, Tome II: VIIIe –XVe siècle, édité par Vassiliki Kravari, J. Lefort et Cecile Morrisson, Paris 1991 (Réalités byzantines 3).

Honigmann, Barsauma = E. Honigmann, Le couvent de Barṣaumā et le patriarcat jacobite d'Antioche et de Syrie, Louvain 1967 (CSCO 146, Subsidia 7).

Honigmann, Ostgrenze = E. Honigmann, Die Ostgrenze des byzantinischen Reiches von 363 bis 1071 nach griechischen, arabischen, syrischen und armenischen Quellen, Brüssel 1935 (Vasiliev, Byzance et les Arabes III; Corpus Bruxellense Historiae Byzantinae III).

Hovannisian, Armenian Van/Vaspurakan = R. G. Hovannisian (Ed.), Armenian Van/Vaspurakan, Costa Mesa 2000 (UCLA Armenian History and Culture Series: Historic Armenian Cities and Provinces 1).

Høgel, S. Metaphrastes = C. Høgel, Symeon Metaphrastes. Rewriting and Canonization, Kopenhagen 2002.

Hübler, Runendichtung = F. Hübler, Schwedische Runendichtung der Wikingerzeit, Uppsala 1996 (Runrön 10).

Hunger, Katalog I–IV = H. Hunger, Katalog der griechischen Handschriften der Österreichischen Nationalbibliothek, Teil I: Codices historici, codices philosophici et philologici, Wien 1961; Teil II: Codices juridici, codices medici, Wien 1969; Teil III,1: Codices theologici 1–100 (H. Hunger und O. Kresten), Wien 1976; Teil III,2: Codices theologici 101–200 (iidem, W. Lackner), Wien 1984; Teil III,3: Codices theologici 201–337 (iidem), Wien 1992; Teil IV: Supplementum graecum, Wien 1994.

Hunger, Literatur I. II = H. Hunger, Die hochsprachliche profane Literatur der Byzantiner, I–II, München 1978 (Byzantinisches Handbuch Teil 5,1. 2 = Handbuch der Altertumswissenschaften XII 5,1. 2).

Huschner, Transalpine Kommunikation = W. Huschner, Transalpine Kommunikation im Mittelalter. Diplomatische, kulturelle und politische Wechselwirkungen zwischen Italien und dem nordalpinen Reich (9.–11. Jahrhundert), 3 Bde., Hannover 2003 (MGH Schriften 52, I–III).

Husmann, Sinai-Handschriften = H. Husmann, Die datierten griechischen Sinai-Handschriften des 9. bis 16. Jahrhunderts. Herkunft und Schreiber, in: Ostkirchliche Studien 27 (1978) 143–168.

Hutter, Corpus byz. Miniaturhss. = Irmgard Hutter, Corpus der byzantinischen Miniaturhandschriften, Bd. I: Oxford, Bodleian Library, Stuttgart 1977.

Hutter, in: Histoire et culture dans l'Italie byzantine = Irmgard Hutter, Décoration et mise en page des manuscrits grecs, in: Histoire et culture dans l'Italie byzantine. Acquis et nouvelles recherches (Actes de la table ronde réunie à Paris le 22 août 2001 dans le cadre du XXe Congrès international des Études byzantines), ed. A. Jacob, J.-M. Martin, G. Noyé, Rom 2006 (Collection de l'École française de Rome 363), 69–93.

HZ = Historische Zeitschrift, München–Berlin 1 (1859) - 360 (1876); N. F. 1 (1877) - 60 (1906) = Bd. 37–96; 3. Ser. 1 (1906) - 34 (1924) = Bd. 97–130; 131 (1925) - 168 (1943); 169 (1949) - 290 (2010).

I Bizantini in Italia = I Bizantini in Italia, ed. G. Cavallo, 2. ed., Mailand 1986 (1. Auflage 1982).

Iacobini, Segno del possesso = A. Iacobini, Il segno del possesso: committenti, destinatari, donatori nei manoscritti bizantini dell'età macedone, in: Bisanzio nell'età dei Macedoni. Forme della produzione letteraria e artistica. VIII Giornata di Studi Bizantini (Milano, 15-16 marzo 2005), a cura di F. Conca e G. Fiaccadori, Mailand 2007 (Quaderni di Acme 87), 151–194.

Ibn Abī Dinār = Ibn Abī Dīnār, Kitāb al-Mu'nis fī aḫbār Ifrīqīya wa-Tūnis, ed. N. N., Tunis 1286 a. h. (1869/70). Auszüge in ital. Übersetzung in: Amari, Biblioteca, Vers. Ital. II 273–297.

Ibn Abī Uṣaybi'a = Kitāb 'uyūn al-anbā' fī ṭabaqāt al-aṭibbā', ta'līf aṭ-ṭabīb al-fāḍil al-'ālim al-adīb Muwaffaqaddīn Abī l-'Abbās Aḥmad b. al-Qāsim b. Ḫalīfa b. Yūnus as-Sa'dī al-Ḫazraǧī al-ma'rūf bi-Ibn Abī Uṣaybi'a, ed. A. Müller, Bd. I–II, Königsberg 1884 (Ndr. Westmead, Farnborough 1972); kurzer Auszug (ed. Müller II, p. 47) in franz. Übers. in: Vasiliev, Arabes II 2, p. 186f.

Ibn al-Aṯīr = Ibn el-Athiri Chronicon quod perfectissimum inscribitur, ed. C. Tornberg, Bd. I–XIV, Upsala 1851–1876 (Ndr. Kairo 1956–1957); Auszüge in franz. Übers. in: Vasiliev, Arabes II 2, 129–162; Auszüge in ital. Übers. in: Amari, Biblioteca, Vers. Ital., 353–507.

Ibn al-Azraq bzw. Ibn al-Azraq (Canard, Recueil) = Tārīkh al-Fāriqī by Ibn al-Azraq al-Fāriqī, ed. B. A. L. Awad, Kairo 1959; Auszüge in: Canard, Recueil 76–78; Auszüge in franz. Übers. in: Vasiliev, Arabes II 2, p. 113–117.

Ibn al-Ǧawzī = Al-Muntaẓam fī ta'rīḫ al-mulūk wa-l-umam, li-Abī l-Faraǧ 'Abdarraḥmān b. 'Alī b. Muḥammad b. al-Ǧawzī, ed. M. 'Abdalqādir 'Aṭā, Bd. I–XIX, Beirut 1992–1993.

Ibn al-Ḫaṭīb = Ibn al-Ḫaṭīb, Kitāb a'māl al-a'lām fī man buyi'a qabl al-iḥtilām min mulūk al-islām, ed. H. H. Abdulwahab, in: Amari, Centenario II 427–494; Auszüge in franz. Übers. in: Vasiliev, Arabes II 2, p. 250–257.

Ibn al-Qalānisī = Ibn al-Qalānisī, Ḏail ta'rīḫ Dimašq, ed. H. F. Amedroz, Beirut–Leiden 1908; Auszüge in franz. Übers. in: Canard, Sources arabes 284–314 (Ndr. in: Canard, Byzance et les musulmans, Nr. XVII), bes. 293–300.

Ibn al-Qifṭī = Ibn al-Qifṭī, Ta'rīkh al-ḥukamā', ed. J. Lippert, Leipzig 1903.

Ibn an-Nadīm = Kitāb al-fihrist, ed. G. Flügel, Bd. I–II, Frankfurt 2005 (Ndr. d. Ausg. Leipzig 1871. 1872); Auszüge in franz. Übers. in: Vasiliev, Arabes II 2, p. 295f.; Auszüge in dt. Übers. in: Rosenthal, Fortleben 68–72.

Ibn Ḫaldūn bzw. Ibn Ḫaldūn (Amari) = Ta'rīḫ al-'allāma Ibn Ḫaldūn, Kitāb al-'ibar wa-dīwān al-mubtada' wa-l-ḫabar fī ayyām al-'arab wa-l-'aǧam wa-l-barbar wa-man 'āṣarahum min ḏawī s-sulṭān al-akbar wa-huwa ta'rīḫ waḥīd 'aṣrihī, al-'allāma 'Abdarraḥmān b. Ḫaldūn al-Maġribī, ed. N. N., Bd. I–IX, Beirut 1958–1967. Für Sizilien/Unteritalien zitiert nach den Auszügen in: Amari, Biblioteca 460–508. Auszüge in ital. Übers. in: Amari, Biblioteca, Versione Italiana II 163–205.

Ibn Ḫaldūn/Maqqarī = s. unter Maqqarī (bei Maqqarī überlieferte Teile des Geschichtswerkes des Ibn Ḫaldūn).

Ibn Hāni = Yalaoui M. (Hrsg.), Un poète chiite d'Occident au IVème/Xème siècle: 'Ibn Hāni' al-'Andalusī, Tunis 1976.

Ibn Hayyan/Maqqari bzw. Ibn Ḥayyān/Maqqarī = s. unter Maqqarī (bei Maqqarī überlieferte Teile des Geschichtswerkes des Ibn Hayyan).

Ibn Ḥayyān = Ibn Ḥayyān, al-Muqtabis fī aḫbār balad al-Andalus, ed. 'A. 'A. al-Ḥaǧǧī, Beirut 1965 (Ndr. 1982).

Ibn 'Iḏārī = Ibn 'Iḏārī, Histoire de l'Afrique et de l'Espagne musulmane intitulée al-Bayān al-mughrib par Ibn 'Idharī al-Marrākushī et fragments de la chronique de 'Arīb, nouvelle édition publiée d'après l'édition de 1848–1851 de R. Dozy et de nouveaux manuscrits par G. S. Colin et E. Lévi-Provençal, Bd. I–IV, 2. Auflage, Beirut 1980; franz. Übers. in Auszügen: Vasiliev, Arabes II 2, p. 214–219.

Ibn Kaṯīr = Al-Bidāya wa-n-nihāya, Ismā'īl b.'Umar Ibn Kaṯīr, ed. Aḥmad 'Abd al-Wahhāb Fatīḥ, Vol. XI–XII, Kairo 1992; franz. Übers. in Auszügen, in: Vasiliev, Arabes II 2, p. 248f.

Ibn Rusta = Ibn Rosteh, Kitāb al-a'lāq al-nafīsa, ed. de Goeje, Biblioteca Geographarum Arabicorum VII, Leiden 1892 (Ndr. 1992).

Ibn Šaddād bzw. Ibn Šaddād (Canard, Recueil) = Abū 'Abdallāh Muḥammad b. Ibrāhim 'Izzaddīn b. Šaddād al-Kātib al-Ḥalabī, in: A. Eddé, La description de la Syrie du Nord de 'Izz al-Dîn Ibn Šaddād, édition critique; in: BEO 32–33 (1980–1981) 265–402; in Auszügen auch in: Canard, Recueil 105f. (Falls nicht anders angegeben, ist die Ed. Eddé zitiert.)

Ibn Šahrām = H. F. Amedroz, An Embassy from Baghdad to the Emperor Basil II, in: JRAS 46 (1914) 915–942 (engl. Übers.: 919–931; arab. Text: p. 933–942) = Abū Šuǧā' III 28,14 – 39,5.

Ibn Sa'īd bzw. Ibn Sa'īd al-Maġribī (Tallqvist) bzw. (Vollers) = Ibn Sa'īd Kitāb al-Muġrib fī ḥulā l-maġrib, Buch IV: Geschichte der Iḫšīden und Fusṭâṭensische Biographien. Textausgabe nach der originalen einzig vorhandenen Handschrift zu Kairo und deutsche Bearbeitung mit Anmerkungen und Registern von K. L. Tallqvist, Helsingfors 1899 (Acta Societatis Scientiarum Fennicae XXV, pars I); Fragmente aus dem Muġrib des Ibn Sa'īd: I. Bericht über die Handschrift und das Leben des Aḥmed ibn Ṭūlūn von Ibn Sa'īd nach Ibn ed-Dâjä, hrsg. von K. Vollers, Berlin 1894 (Semitische Studien 1).

Ibn Wāḍiḥ (Ya'qūbī) = Ibn Wādih qui dicitur Ja'qūbī, Historiae, ed. M. T. Houtsma, Bd. I–II, 2. Auflage, Leiden 1969.

Ibn Ẓāfir = Aḫbār ad-duwal al-munqaṭi', ta'līf Ǧamaladdīn Abū l-Ḥasan 'Alī b. Manṣūr Ẓāfir b. Ḥusayn al-Azdī, ed. 'A. 'Umar, Kairo 2001.

Ibrāhīm aṣ-Ṣābī' (Qalqašandī) = Ein Brief des Ibrāhīm aṣ-Ṣābī', der im Kanzleihandbuch des Qalqašandī überliefert ist: Kitāb Ṣubḥ al-A'šā ta'līf aš-šayḫ Abī l-'Abbās Aḥmad al-Qalqašandī, Bd. 7, ed. A. Ibrāhīm, Kairo 1915. Franz. Übers. in: Canard, Deux documents 65–69.

Ibrāhīm aṣ-Ṣābī' = Al-muḫtār min rasā'il Abī Isḥāq Ibrāhīm Ibn Hilāl Ibn Zahrūn aṣ-Ṣābī', ed. Šakīb Arslān, Ba'abda 1898.

IBSL = A. Miltenova (Hrsg.), Istorija na bălgarskata srednovekovna literatura [Geschichte der bulgarischen mittelalterlichen Literatur], Sofia 2008.

Iconoclasm = Iconoclasm. Papers given at the Ninth Spring Symposium of Byzantine Studies, University of Birmingham, March 1975, ed. by A. Bryer and Judith Herrin, Birmingham 1977.

Ideler, Physici et medici I–II = J. L. Ideler, Physici et medici Graeci minores, Vol. I–II, Berlin 1841–1842 (Ndr. Amsterdam 1963).

IGSK = Die Inschriften der griechischen Städte Kleinasiens, hrsg. von der Kommission für die archäologische Erforschung Kleinasiens bei der Österreichischen Akademie der Wissenschaften und dem Institut für Altertumskunde der Universität Köln, Bonn 1972ff.

Iliev, Sv. Kliment Ochridski = J. Iliev, Sv. Kliment Ochridski. Život i delo, Plovdiv 2010.

'Imādaddīn Idrīs = 'Uyūn al-aḫbār wa-funūn al-āṯār fī faḍā'il al-a'imma al-aṭhār, as-sab' as-sādis, ta'līf ad-dā'ī al-muṭliq Idrīs 'Imādaddīn al-Qurašī, ed. M. Ġālib, Bd. V, Beirut 1975, Bd. VI, Beirut s. a.

Inglisian, Armenische Literatur = V. Inglisian, Die Armenische Literatur, in: B. Spuler et al. (Hrsg.), Handbuch der Orientalistik, Erste Abteilung, Siebenter Band: Armenisch und kaukasische Sprachen, Leiden–Köln 1963, 156–250. 269–272 (Register).

Inschrift von Christupolis = S. Reinach, La reconstruction des murs de Cavalla au Xe siècle, in: BCH 6 (1882) 267–275, bes. 269; Text der Inschrift auch abgedruckt in: Lemerle, Philippes 141.

Inschrift von Ekrek = ed. P. Lemerle, in: Lemerle, Kékauménos 29–32 (Text: 31f.); ed. H. Bartikian, in: REA 2 (1965) 262.

Inschrift von Philippi = P. Lemerle, Le château de Philippes au temps de Nicéphore Phocas, in: BCH 61 (1937) 103–108.

Inschrift von Zarzma = Inschrift von Zarzma, deutsche Übers., in: Tarchnišvili, Euthymius 122; franz. Übers. in: Tarchnišvili, Soulèvement 96, und in: Actes d'Iviron, p. 23 Anm. 4. (Die Edition des georg. Textes durch E. S. Taqaïšvili, Zarzmskij monastyri, ego restovrazija i freski, in: Sbornik materialov dlja opisanija mĕstnostej i plemen Kavkaza 35 [1905] 18–22, war uns nicht zugänglich.)

Inschriften (Bees) = Die griechisch-christlichen Inschriften des Peloponnes, hrsg. von N. A. Bees (Βέης), Band I, Lieferung 1: Isthmos–Korinthos, Athen 1941 (Corpus der griechisch-christlichen Inschriften von Hellas, hrsg. von H. Lietzmann, N. A. Bees und G. Sotiriu, Band I).

Inschriften (Getakos) = M. C. Getakos (Γκήτακος), Ἀνέκδοτοι ἐπιγραφαὶ καὶ χαράγματα ἐκ βυζαντινῶν καὶ μεταβυζαντινῶν μνημείων τῆς Ἑλλάδος, Athen 1957.

Inscription (Papacostas) = T. C. Papacostas, A tenth-century inscription from Syngrasis, Cyprus, in: BMGS 26 (2002) 42–64 (Edition: p. 64).

Inscription from Galakrenai (Ševčenko) = I. Ševčenko, An Early Tenth-Century Inscription from Galakrenai with Echoes from Nonnos and the Palatine Anthology, in: DOP 41 (1987) 461–468 (Text: 461f.).

Inscriptions (Asdracha) = Catherine Asdracha, Inscriptions byzantines de la Thrace orientale (VIIIe–XIe siècles), in: Ἀρχαιολογικὸν Δελτίον 44–46 (1989–1991) 239–334 (Nrr. 48–101); in: Ἀρχαιολογικὸν Δελτίον 47–48 (1992–1993 [1997 erschienen]) 309–333 (Nrr. 102–110)(zitiert nach Nrr.); anastatischer Nachdruck in: C. Asdracha, Inscriptions protobyzantines et byzantines de la Thrace orientale et l'île d'Imbros (IIIe–XVe siècles), présentation et commentaire historique, Athen 2003.

Inscriptions (Dagron–Feissel) = Inscriptions de Cilicie, par G. Dagron et D. Feissel avec la collaboration de A. Hermary, J. Richard et J.-P. Sodini, Paris 1987 (Travaux et Mémoires du Centre de Recherche d'Histoire et Civilisation de Byzance, Collège de France, Monographies 4).

Inscriptions (Grégoire I) = Recueil des inscriptions grecques chrétiennes d'Asie Mineure publié par H. Grégoire, Paris 1922.

Inscriptions (Guillou) = A. Guillou, Recueil des inscriptions grecques médiévales d'Italie, Rom 1996 (Collection de l'École Française de Rome 222). (Zitiert nach Nrr.)

Inscriptions (Kent) = Corinth. Results of Excavations Conducted by The American School of Classical Studies at Athens, Vol. VIII, Part III: The Inscriptions 1926–1950, by H. Kent, Princeton, NJ, 1966.

Inscriptions (Spieser) = J.-M. Spieser, Les Inscriptions de Thessalonique, in: TM 5 (1973) 145–180.

Ioannes Geometres, ed. Cramer = J. A. Cramer, Appendix ad excerpta poetica: codex 352 suppl., in: J. A. Cramer, Anecdota Graeca e Codd. Manuscriptis Bibliothecae Regiae Parisiensis, vol. IV, Oxford 1841 (Ndr. Hildesheim 1967), 265–388.

Ioannes Geometres, ed. van Opstall = Jean Géomètre – Poèmes en hexamètres et en distiques élégiaques, éd., trad., comment. par Emilie Marlène van Opstall, Leiden 2008 (The Medieval Mediterranean 75).

Ioannes Kaminiates = s. unter Kaminiates.

Ioannes Lazaropulos, Miracula Eugenii (BHG 612) = Σύνοψις τοῦ ἁγίου [sc. Εὐγενίου] θαυμάτων μερικὴ ἐκ τῶν πλείστων συγγραφεῖσα ὑπὸ Ἰωάννου τοῦ Λαζαροπούλου, μητροπολίτου Τραπεζοῦντος γεγονότος, ed. A. Papadopulos-Kerameus, Fontes historiae imperii Trapezuntini, I, St. Petersburg 1897 (Ndr. Amsterdam 1965), 78–136; ed. J. O. Rosenqvist, The Hagiographic Dossier of St. Eugenios of Trebizond in Codex Athous Dionysiou 154. A Critical Edition with Introduction, Translation, Commentary and Indexes, Uppsala 1996 (Studia Byzantina Upsaliensia 5), p. 246–359.

Ioannes vom Latros, Epp. = Ioannes vom Latros, Epistulae, ed. J. Darrouzès, in: Épistoliers byzantins 211–215.

Iohannes Diaconus, Martyrium Procopii = Martyrium Sancti Procopii Episcopi Tauromenii eiusque sociorum, scriptore Ioanne diacono Neapolitano, in: Caietani, Vitae SS. Siculorum II, p. 60–63.

Iohannes Diaconus, Translatio Severini (BHL 7658) = Translatio Sancti Severini auctore Iohanne Diacono, ed. G. Waitz, in: MGH SS rer. Lang. 452–459. Veraltete Editionen: Johannes Diaconus, Translatio S. Severini Neapolim (BHL 7658), in: AASS Ian. I, 1098–1102 (1. Aufl.); 484–497 (3. Aufl.); ed. Capasso, Monumenta I 291–300.

Ioseph Lazaropulos, Oratio de Eugenio martyre (BHG 611) = Ἰωσὴφ τοῦ χρηματίσαντος μητροπολίτου Τραπεζοῦντος Λόγος ... διαλαμβάνων τὴν γενέθλιον ἡμέραν τοῦ ἐν θαύμασι περιβοήτου καὶ μεγάλου Εὐγενίου, ed. A. Papadopulos-Kerameus, Fontes historiae imperii Trapezuntini, I, St. Petersburg 1897 (Ndr. Amsterdam 1965), 52–77; ed. J. O. Rosenqvist, The Hagiographic Dossier of St. Eugenios of Trebizond in Codex Athous Dionysiou 154. A Critical Edition with Introduction, Translation, Commentary and Indexes, Uppsala 1996 (Studia Byzantina Upsaliensia 5), 205–244.

IRAIK = Izvěstija Russkago archeologičeskago Instituta v Konstantinopolě. Bulletin de l'Institut Archéologie Russe à Constantinople, 1–16, Odessa–Sofia u. a. 1896–1912.

Islands Besiedlung = Islands Besiedlung und älteste Geschichte, übertragen von W. Baetke u. F. Niedner, Jena 1928 (Thule 23).

Islandske Annaler = Islandske Annaler indtil 1578, udgivne for det norske historiske Kildeskriftfond ved G. Storm, Christiania 1888.

Íslendingabók = Ari Þorgilsson, Íslendingabók. Landnámabók, J. Benediktsson gaf út, 2 Vol.s, Reykjavík 1968 (Íslenzk fornrit 1).

Ist. pregled = Istoričeski pregled, Bălgarska Akademija na Naukite, Institut za Bălgarska Istorija, Sofia 1945ff.

Istorija na Bălgarija II = D. Angelov et al. (Hrsg.), Istorija na Bălgarija, Tom vtori: Părva bălgarska dăržava, Sofia 1981.

Istorija Srpskog Naroda I = Istorija Srpskog Naroda. Prva knjiga. Od najstarijih vremena do Maričke bitke (1371). Napisali D. Srejović (et alii), Belgrad 1981, 2. Aufl. 1994.

Italia pontificia I–X = Italia pontificia, hrsg. von P. Kehr, W. Holtzmann, D. Girgensohn I–X, Berlin–Zürich 1906–1975.

Ιταλιώτης Ελληνισμός = Ο Ιταλιώτης Ελληνισμός από τον Ζ στον ΙΒ αιώνα. Μνήμη Νίκου Παναγιωτάκη – L'Ellenismo italiota dal VII al XII secolo. Alla memoria di Nikos Panagiotakis, ed. N. Oikonomides, Athen 2001 (Εθνικό Ἵδρυμα Ερευνών, Ινστιτούτο Βυζαντινών Ερευνών, Διεθνή Συμπόσια 8).

Ius (Zepos) = Ius graecoromanum, cura J. Zepi et P. Zepi, vol. I: Novellae et aureae bullae imperatorum post Iustinanum. Ex editione C. E. Zachaeriae a Lingenthal, Ndr. Aalen 1962 (Athen 1931); vol. II: Leges imperatorum Isaurorum et Macedonum, Athen 1931; vol. IV: Practica ex actis Eustathii Romani, Epitome legum. Ex editione C. E. Zachariae a Lingenthal, Ndr. Aalen 1962 (Athen 1931).

Ivanov, Religious Missions = S. A. Ivanov, Religious Missions, in: Shepard, Byzantine Empire 305–332.

Izedin, Prisonnier = M. Izedin, Un prisonnier arabe à Byzance au IXe siècle. Hâroûn-ibn-Yahya, in: Révue des études islamiques 15 (1947) 41–62.

Jacob, S. Maria della Croce à Casaranello = A. Jacob, La consécration de S. Maria della Croce à Casaranello et l'ancien diocèse de Gallipoli, in: RSBN 25 (1988) 147–163, bes. 152–157 (Text: p. 153).

Jacoby, Asia Minor = D. Jacoby, Byzantine Asia Minor from the Documents of the Cairo Genizah, in: Η Βυζαντινή Μικρά Ασία (6ος–12ος αι.) — Byzantine Asia Minor (6th–12th cent.), Athen 1998 (The Speros Basil Vryonis Center for the Study of Hellenism, Hellenism: Ancient, Medieval, Modern 27 – National Hellenic Research Foundation, Institute for Byzantine Research, International Symposium 6), 83–95.

Janin, Centres = R. Janin †, Les églises et les monastères des grands centres byzantins (Bithynie, Hellespont, Latros, Galèsios, Trébizonde, Athènes, Thessalonique), Paris 1975 (La géographie écclesiastique de l'empire byzantin, [première partie: Le siège de Constantinople et le Patriarcat œcumenique,] tome II).

Janin, Constantinople = R. Janin, Constantinople byzantin. Développement urbain et répertoire topographique, 2e éd., Paris 1964 (Archives de l'Orient Chrétien 4A).

Janin, Églises = R. Janin, Les églises et les monastères [de la ville de Constantinople], 2e éd., Paris 1969 (La géographie ecclésiastique de l'empire byzantin, première partie: Le siège de Constantinople et le Patriarcat œcumenique, tome III).

Janin, in: REB 17 (1959) 136–149 = R. Janin, La hiérarchie ecclésiastique dans le diocèse de Thrace, in: REB 17 (1959) 136–149.

Jansson, Runes in Sweden = S. B. F. Jansson, Runes in Sweden, Stockholm 1987.

Jansson, Utlandsfärder = S. B. F. Jansson, Svenska utlandsfärder i runinskrifternas ljus, Göteborg 1956 (Svenska spår i främmande land 3).

JAOS = Journal of the American Oriental Society, New Haven 1843ff.

JE = Regesta Pontificum Romanorum, ab condita ecclesia ad annum post Christum natum MCXCVIII, ed. P. Jaffé, ed. secundam et correctam et auctam auspiciis W. Wattenbach curaverunt S. Löwenfeld, F. Kaltenbrunner et P. Ewald, I, Leipzig 1885 (Ndr. Graz 1956).

Jeffreys (Ed.), Rhetoric in Byzantium = Elizabeth Jeffreys (Ed.), Rhetoric in Byzantium. Papers from the Thirty-fifth Spring Symposium of Byzantine Studies, Exeter College, University of Oxford, March 2001, Aldershot 2003 (Society for the Promotion of Byzantine Studies. Publications 11).

Jeffreys, The Image of the Arabs = Elizabeth Jeffreys, The Image of the Arabs in Byzantine Literatur. The 17th international Byzantine Congress, Major Papers, Washington 1986.

JEH = The Journal of Ecclesiastical History, London 1950ff.

Jenkins, Byzantium = R. J. H. Jenkins, Byzantium: The Imperial Centuries AD 610–1071, London 1966.

Jenkins, Leo Choerosph. = R. J. H. Jenkins, Leo Choerosphactes and the Saracen Vizier, in: ZRVI 8,1 (1963) 167–175 (Ndr. in: Jenkins, Studies XI).

Jenkins, Mission of St Demetrianos = R. J. H. Jenkins, The Mission of St Demetrianos of Cyprus to Bagdad, in: Annuaire de l'Institut de Philologie et d'Histoire Orientales et Slaves 9 (1949) (= Mélanges Grégoire) 267–275 (Ndr. in: Jenkins, Studies XVI).

Jenkins, Samonas = R. J. H. Jenkins, The 'Flight' of Samonas, in: Speculum 23 (1948) 217–235 (Ndr. in: Jenkins, Studies X).

Jenkins, Studies = R. J. H. Jenkins, Studies on Byzantine History ot the 9th and 10th Centuries, London 1970 (Variorum Reprints).

Jenkins–Mango, Synodicon = R. J. H. Jenkins – C. Mango, A Synodicon of Antioch and Lacedaemonia, in: DOP 15 (1961) 225–242.

Jenkins–Westerink = R. J. H. Jenkins – L. G. Westerink, in: Nikolaos Mystikos, Epp. (Jenkins–Westerink), Introduction, Notes, Summaries, Indices.

Jerphanion, Églises rupestres = G. de Jerphanion, Une nouvelle province de l'art byzantin. Les églises rupestres de Cappadoce, I–II, Paris 1925–1942.

Jesch, Ships and Men = J. Jesch, Ships and Men in the Late Viking Age. The Vocabulary of Runic Inscriptons and Skaldic Verse, Woodbridge 2001.

JHS = Journal of Hellenic Studies, London 1880ff.

JIAN = Διεθνὴς Ἐφημερὶς τῆς Νομισματικῆς Ἀρχαιολογίας. Journal International d'Archéologie Numismatique, 1–21, Athen 1898–1927.

Joannis Presbyteri Epistola = Joannis Presbyteri Epistola ad Leonem Grammaticum et Archiepiscopum Calabriae, in: PG 120, col. 177–180.

Joannou, Mnemeia = T. Joannou, Μνημεῖα ἁγιολογικὰ νῦν πρῶτον ἐκδιδόμενα, Venedig 1884 (photomechanischer Ndr. unter dem Titel: T. Ioannou, Mnemeia hagiologica nyn prōton ekdidomena, Leipzig 1973 [Subsidia Byzantina lucis ope iterata VIII]).

JOAS = Journal of Oriental and African Studies, Athen 1989ff.

JÖB = Jahrbuch der Österreichischen Byzantinischen Gesellschaft, 1–17, Wien 1951–1968; Jahrbuch der Österreichischen Byzantinistik, 18ff., Wien 1969ff.

Johannes Diaconus, Cronaca Veneziana = La Cronaca Veneziana del diacono Giovanni, in: Cronache Veneziane antichissime, pubblicate a cura di G. Monticolo, Rom 1890 (Fonti per la storia d'Italia 9), 57–171; ed. L. A. Berto, Giovanni Diacono, Istoria Veneticorum, Bologna 1999 (Fonti per la storia dell'Italia medievale 2) (mit ital. Übers.).

Johanson, Mutmaßungen = L. Johanson, Mutmaßungen über schwedische und türkische Runen, in: Zwischen Polis, Provinz und Peripherie 786–798.

John of Worcester, Chronicon II = The Chronicle of John of Worcester, Vol. II: The Annals from 450 to 1066, ed. by R. R. Darlington and P. McGurk, transl. by J. Bray and P. McGurk, Oxford 1995.

Jolivet-Lévy, Çavuşin = C. Jolivet-Lévy, Le Grand Pigeonnier de Çavuşin, in: La Cappadoce, Dossiers d'Archéologie 63 (Mai 1982) 73–77.

Jordanov, Corpus = I. Jordanov, Corpus of Byzantine Seals from Bulgaria, I: Byzantine Seals with Geographical Names, Sofia 2003; II: Byzantine Seals with Family Names, Sofia 2006; III (2 Bde.), Sofia 2009. (Zitiert nach Nrr.)

Jordanov, Develt = I. Iordanov, Pečatite na komerkiarijata Develt, Sofia 1992. (Zitiert nach Nrr.)

Jordanov, Korpus = I. Jordanov, Korpus na pečatite na srednovekovna Bălgarija, Sofia 2001 (Monetosečenija i monetna cirkulacija na Balkanite 6). (Zitiert nach Nrr.)

Jordanov, Pisota Vardarij = I. Jordanov, Molivdovuli na Pisota Vardarij (IX–X v.), namereni v Bălgarija [Siegel des Bardarios Pisotas (9.–10. Jh.) aus Bulgarien, in bulg. Sprache], in: Studia Protobulgarica et Medievalia Europensia (Beiträge zur Jubiläumskonferenz zu Ehren von V. Beševliev), Veliko Tărnovo 2000, 310–314.

Jordanov, Pliska = Jordanov, Vizantijski olovni pečati ot Pliska, in: Pliska–Preslav 5 (1992) 281–301. (Zitiert nach Nrr.)

Jordanov, Preslav = I. Iordanov, Pečatite ot strategijata v Preslav, Sofia 1993. (Zitiert nach Nrr.)

Jordanov, Silistra I–IV = I. Jordanov, Neizdadeni vizantijski pečati ot Silistra, in: Izvestija na narodnija muzej Varna 19 (1983) 97–110 [Teil I]; 21 (1985) 98–107 [Teil II]; 24 (1988) 88–104 [Teil III]; 28 (1992) 229–245 [Teil IV]. (Zitiert nach Nrr.)

Jordanov–Zhekova = I. Jordanov – Z. Zhekova, Catalogue of Medieval Seals at the Regional Historical Museum of Shumen, Shumen 2007. (Zitiert nach Nrr.)

JRAS = Journal of the Royal Asiatic Society, Cambridge 1 (1834) –20 (1863); N. S. 1 (1865) – 23 (1891); 1892 – 1990; 3. Ser. 1ff. (1991ff.).

JRS = Journal of Roman Studies, Cambridge 1911ff.

Juzbašjan, Arm. gosudarstva = K. N. Juzbašjan, Armjanskie gosudarstva epochi Bagratidov i Vizantija, IX–X vv. [Der armenische Staat zur Zeit der Bagratiden und Byzanz im 9. und 10. Jh., russ.], Moskau 1988.

Kadas, Semeiomata = S. N. Kadas (Καδᾶς), Τὰ σημειώματα τῶν χειρογράφων τῆς μονῆς Διονυσίου Ἁγίου Ὄρους, Athos 1996.

Kaiser Heinrich II. (Katalog) = Kaiser Heinrich II. 1002–1024, Katalog zur Bayerischen Landesausstellung 2002, hrsg. von J. Kirmeier, B. Schneidmüller, S. Weinfurter, Augsburg 2002.

Kaiserin Theophanu = Kaiserin Theophanu. Begegnung des Ostens und Westens um die Wende des ersten Jahrtausends. Gedenkschrift des Kölner Schnütgen-Museums zum 1000. Todesjahr der Kaiserin, hrsg. von A. von Euw und P. Schreiner, I–II, Köln 1991.

Kaldellis, Mothers and Sons = A. Kaldellis, Mothers and Sons, Fathers and Daughters. The Byzantine Familiy of Michael Psellos, edited and translated by A. Kaldellis, with contributions by D. Jenkins and S. Papaioannou, Notre Dame, Indiana, 2006 (nur Übers., keine Edition).

Kamāladdīn = Zubdat al-Ḥalab min ta'rīḫ Ḥalab, ta'līf al-mawlā aṣ-ṣāḥib Kamāladdīn Abī l-Qāsim ʻUmar b. Aḥmad b. Hibatallāh Ibn al-ʻAdīm, ed. S. ad-Dahhān, Bd. I–III, Damaskus 1951–1968.

Kambylis, Symeon = A. Kambylis, Symeon Neos Theologos, Hymnen, Berlin – New York 1976 (Supplementa Byzantina. Texte und Untersuchungen 3).

Kamer, Aristocrats = S. A. Kamer, Emperors and Aristocrats in Byzantium, 976–1081 (Ph. D. Diss. Harvard 1983), Ann Arbor, Mich., 1983.

Kamil, Catalogue = M. Kāmil, Catalogue of all manuscripts in the Monastery of St. Catharine on Mount Sinai, Wiesbaden 1970 (engl. Übers. der arab. Erstausgabe Kairo 1951).

Kaminiates = Ἰωάννου κληρικοῦ καὶ κουβουκλεισίου τοῦ Καμινιάτου εἰς τὴν ἅλωσιν Θεσσαλονίκης, ed. Gertrud Böhlig, Ioannis Caminiatae De expugnatione Thessalonicae, Berlin – New York 1973 (CFHB IV, Series Berolinensis).

Kanones Deusdedit = V. Wolf von Glanvell, Die Kanonessammlung des Kardinals Deusdedit, Paderborn 1905 (Ndr. Aalen 1967).

Kaplan, Hommes = M. Kaplan, Les hommes et la terre à Byzance du VIe au XIe siècle. Propriété et exploitation du sol, Paris 1992 (Byzantina Sorbonensia X).

Kaplan, Villes et campagnes = M. Kaplan, Byzance. Villes et campagnes, Paris 2006 (Les médiévistes français 7).

Karayannopulos–Weiß = J. Karayannopulos – G. Weiß, Quellenkunde zur Geschichte von Byzanz (324–1453), I–II, Wiesbaden 1982 (Schriften zur Geistesgeschichte des östlichen Europa 14).

Karlin-Hayter, Krikorikios = Patricia Karlin-Hayter, Krikorikios de Taron, in: Actes du XIVe Congrès international des Études byzantines, Bucarest 6.-12. septembre 1971, publiés par M. Berza et E. Stănescu, Band II, 345–358 (Ndr. in: Karlin-Hayter, Studies, Nr. XIV).

Karlin-Hayter, Studies = Patricia. Karlin–Hayter, Studies in Byzantine Political History. Sources and Controversies, London 1981 (Variorum Reprints).

Kartasev = Kartašev, Očerki = A. V. Kartašev, Očerki po istorii russkoj cerkvi, Moskau 1993 (Ndr. Moskau 2006).

Kathegetria = Καθηγήτρια. Essays presented to Joan Hussey, ed. by J. Chrysostomides, Cambridge 1988.

Katičić, Literatur- und Geistesgeschichte = R. Katičić, Literatur- und Geistesgeschichte des kroatischen Frühmittelalters, Wien 1999 (Österr. Akad. der Wiss., phil.-hist. Kl., Schriften der Balkan-Kommission, Philologische Abteilung 40).

Kedrenos = Γεωργίου τοῦ Κεδρηνοῦ σύνοψις ἱστοριῶν, ed. I. Bekker, Georgius Cedrenus Ioannis Scylitzae ope ab I. Bekkero suppletus et emendatus, I–II, Bonn 1838. 1839.

Kekaumenos (W.–J.) bzw. (Litavrin) bzw. (Spadaro) = Cecaumeni Strategicon et incerti scriptoris De officiis regiis libellus, ed. B. Wassiliewsky – V. Jernstedt, St. Petersburg 1896 (Ndr. Amsterdam 1965); ed. G. G. Litavrin, Sovety i rasskazy Kekavmena. Socinenie vizantijskogo polkovodka XI veka, Moskau 1972 (griech. Text u. parallele russ. Übers.: p. 118–307); ed. Maria Dora Spadaro, Cecaumeno, Raccomandazioni e consigli du un galantuomo (Στρατηγικόν), testo critico, traduzione e note, Alessandria 1998 (griech. Text u. parallele ital. Übers. [nur bis cap. 226, d. h. ohne λόγος νουθετητικὸς πρὸς τὸν βασίλεα]: p. 45–243).

Kekelidze, Simeon = K. Kekelidze, Simeon Metaphrast po gruzinsk. istočnikam, in: Trudi Kievskoj Akademij 1910, februal, 172–191. 220f.

Kelly, Päpste = J. N. D. Kelly, Reclams Lexikon der Päpste, Stuttgart 1988 (dt. Übers. der engl. Originalausgabe: J. N. D. Kelly, Oxford Dictionary of Popes, Oxford 1986).

Kennedy, Antioch = H. Kennedy, Antioch: from Byzantium to Islam and back again, in: J. Rich (Ed.), The City in Late Antiquity, London – New York 1992 (Leicester–Nottingham Studies in Ancient Society 3), 181–198 (Ndr. in: Kennedy, Byzantine and early Islamic Near East, Aldershot 2006 [Variorum Reprints], Nr. VII).

Kennedy, Byzantine and early Islamic Near East = H. Kennedy, The Byzantine and early Islamic Near East, Aldershot 2006 (Variorum Reprints).

Kennedy, Byzantine-Arab diplomacy = H. Kennedy, Byzantine-Arab diplomacy in the Near East from the Islamic conquests to the mid eleventh century, in: Byzantine diplomacy 133–143.

Kent = H. Kent, in: Inscriptions (Kent).

Kessler, Copying = H. L. Kessler, Configuring the Invisible by Copying the Holy Face, in: The Holy Face and the paradox of representation. Papers from a colloquium held at the Bibliotheca Hertziana, Rome, and the Villa Spelman, Florence, 1996, ed. with an introduction by H. L. Kessler and G. Wolf, Bologna 1998, 129–151.

Kirakos (Brosset) bzw. (Bedrosian) = Franz. Übers.: Deux Historiens Arméniens: Kiracos de Gantzac, XIIIe siècle, Histoire d'Arménie; Oukhtanès d'Ourha, Xe siècle, Histoire en trois parties, traduits par M. Brosset, I, St. Petersburg 1870, 1–194; neuere engl. Übers.: R. Bedrosian, Kirakos Gandzakets'i's History of the Armenians, New York 1986

(Armenian Historical Sources), ist online unter http://www.rbedrosian.com/hsrces.html einsehbar (zuletzt aufgerufen am 23.07.2008).

Kirilo-Metodievskiot Period = B. Koneski et al. (Hrsg.), Kirilo-Metodievskiot (staroslovenskiot) Period i kirilo-mtodievskata tradicija vo Makedonija. Prilozi od naučniot sobir održan po povod 1100-godišninata od smrtta na Metodij Solunski. Skopje, 1-3 oktomvri 1985 godina [The Period of Cyril and Methodius (Old Slavic) and Cyril and Methodius' Tradition in Macedonia. Papers from the scientific meeting held on the occasion of the 1100th anniversary from the death of Methodius of Salonica. Skopje, October 1st-3rd, 1985], Skopje 1988.

Kislinger, Demenna = E. Kislinger, Regionalgeschichte als Quellenproblem. Die Chronik von Monembasia und das sizilianische Demenna. Eine historisch-topographische Studie, Wien 2001 (Österr. Akad. d. Wiss., phil.-hist. Kl., Denkschriften 294; Veröffentlichungen der Kommission für die Tabula Imperii Byzantini 8).

Kitāb al-'uyūn = Kitāb al-'uyūn wa-l-ḥadā'iq fī aḫbār al-ḥaqā'iq, chronique anonyme, tome IV 256/870–350/961, ed. O. Saïdi, partie 1–2, Damaskus 1972–1973. Auszüge in franz. Übers. in: Vasiliev, Arabes II 2, p. 221–225.

Kitāb at-tuḥaf = Kitāb aḏ-ḏaḫā'ir wa-t-tuḥaf li-l-qāḍī r-Rašīd b. az-Zubayr, ed. M. Ḥamīdullāh, Kuwait 1959 (The Arab Heritages 1) (Ndr. 1984).

Kjalnesinga saga = Kjalnesinga saga. Jökuls þáttr Búasonar. Víglundar saga. Króka-Refs saga. Þórðar saga hreðu. Finnboga saga. Gunnars saga Keldugnúpsfífls, J. Halldórsson gaf út, Reykjavík 1959 (Íslenzk fornrit 14).

Klein, "Wahres" Kreuz = H. A. Klein, Byzanz, der Westen und das "wahre" Kreuz. Die Geschichte einer Reliquie und ihrer künstlerischen Fassung in Byzanz und im Abendland, Wiesbaden 2004.

Kleinchroniken = P. Schreiner, Die byzantinischen Kleinchroniken (Chronica byzantina breviora, rec., commentario indicibusque instruxit P. Schreiner), I–III, Wien 1975. 1977. 1979 (CFHB XII/1-3, Series Vindobonensis) (Ed. der griech. Texte in Bd. I).

Klüppel, Reichenauer Hagiographie = T. Klüppel, Reichenauer Hagiographie zwischen Walahfrid und Berno, mit einem Geleitwort von W. Berschin, Sigmaringen 1980.

KME = Kirilo-Metodievska Enciklopedija, [hrsg. von der] Bălgarska akademija na Naukite – Institut za Literatura, vol. I: A-Z. Sofia 1985; vol. II: I-O, Sofia 1995; vol. III: P-S, Sofia 2003; vol. IV: T-Ja. Dopălnenie, Sofia 2003.

Koch, Beamtentitel = P. Koch, Die byzantinischen Beamtentitel von 400–700, Jena 1903.

Koder, Aigaion Pelagos = J. Koder, Aigaion Pelagos (Die nördliche Ägäis), Wien 1998 (TIB X = Österr. Akad. der Wiss., phil.-hist. Kl., Denkschriften 259).

Koder–Hild, Hellas = J. Koder – F. Hild, Hellas und Thessalia, Wien 1976 (TIB I = Österr. Akad. der Wiss., phil.-hist. Kl., Denkschriften 125).

Koder–Weber, Liutprand = J. Koder – T. Weber, Liutprand von Cremona in Konstantinopel. Untersuchungen zum griechischen Sprachschatz und zu realkundlichen Aussagen in seinen Werken, Wien 1980 (Byzantina Vindobonensia XIII).

Kolbaba, Lists = Tia M. Kolbaba, The Byzantine Lists. Errors of the Latins, Urbana–Chicago 2000 (Illinois Medieval Studies).

Kolditz, Leon und Liudprand = S. Kolditz, Leon von Synada und Liudprand von Cremona, in: BZ 95 (2002) 509–583.

Kolias, Léon Ch. = G. Kolias, Léon Choerosphactès, magistre, proconcul et patrice. Biographie, correspondance (texte et traduction), Athen 1939 (Texte und Forschungen zur byzantinisch-neugriechischen Philologie 31) (Edition der Briefe von oder an Leon Choirosphaktes mit paralleler franz. Übers.: p. 76–132).

Kolias, Stephanos I. = G. T. Kolias, Βιογραφικὰ Στεφάνου Α´ οἰκουμενικοῦ πατριάρχου, in: Προσφορὰ εἰς Στ. Κυριακίδην [Festschrift St. Kyriakides] = Ἑλληνικῶν Παράρτ. 4 (1953) 358–363.

Kolias, Νικηφόρος = T. G. Kolias, Νικηφόρος Β´ Φωκᾶς (963–969). Ὁ στρατηγός αὐτοκράτωρ καί τό μεταρρυθμιστικό του ἔργο, Athen 1993.

Kolophon des Cod. Tbilisi hist.-ethnograph. Soc. 1346 = Cod. Tbilisi hist.-ethnograph. Soc. 1346 (a. 978), fol. 208r, dt. Übers. in: Tarchnišvili, Euthymius 118. (Die Hs. gehört heute zum Fonds H [ehemals Sammlung der Gesellschaft für Geschichte und Ethnographie Georgiens] des Kekelidze-Instituts für Handschriften in Tiflis, cf. Martin-Hisard, in: REB 49 [1991] 69 Anm. 13. Der dort herausgegebene, heute maßgebliche Katalog [6 Bände, 1946–1953] von Kristine Šarašidze, [Beschreibung der Handschriften, in georg. Sprache], III, Tiflis 1948, 292–293 [Hinweis aus Tarchnišvili, Euthymius 118 Anm. 39], ist uns nicht zugänglich.)

Koltsida-Makre = I. Koltsida-Makre (Ἰ. Κολτσίδα-Μακρή), Βυζαντινὰ μολυβδόβουλλα συλλογῆς Ὀρφανίδη-Νικολαΐδη νομισματικοῦ μουσείου Ἀθηνῶν, Athen 1996 (Τετράδια χριστιανικῆς ἀρχαιολογίας καὶ τέχνης 4).

Komines, Epigramma = A. D. Komines, Τὸ Βυζαντινὸν Ἱερὸν Ἐπίγραμμα καὶ οἱ Ἐπιγραμματοποιοί, Athen 1966 (<<ΑΘΗΝΑ>>. Σύγγραμμα Περιοδικὸν τῆς ἐν Ἀθήναις Ἐπιστημονικῆς Ἑταιρείας, Σείρα Διατριβῶν καὶ Μελετημάτων 3).

Komines, Gregorios Pardos = A. Komines, Γρηγόριος Πάρδος μητροπολίτης Κορίνθου καὶ τὸ ἔργον αὐτοῦ [ital. Paralleltitel: A. Kominis, Gregorio Pardos metropolita di Corinto e la sua opera], Rom 1960 (Testi e studi bizantino-neoellenici 2).

Komines, Patmiake Bibliotheke = A. D. Komines, Πατμιακὴ βιβλιοθήκη ἤτοι Νέος κατάλογος τῶν χειρογράφων κωδίκων τῆς Ἱερᾶς Μονῆς Ἰωάννου τοῦ Θεολόγου Πάτμου, I. Κώδικες 1-101, Athen 1988.

Kominis, Facsimiles Patmos = A. Kominis, Facsimiles of Dated Patmian Codices, Athen 1970.

Koneski et al., Kniga za Kliment Ochridski = B. Koneski – C. Polenaković – A. Spasov – Rada Ugrinova (Hrsg.), Kniga za Kliment Ochridski, Skopje 1966.

Konst. Porph, Demegoria 1 = Konst. Porph., Δημηγορία Κωνσταντίνου βασιλέως πρὸς τοὺς τῆς ἀνατολῆς στρατηγούς, ed. R. Vari, in: BZ 17 (1908) 78–85.

Konst. Porph, Demegoria 2 = Hélène Ahrweiler, Un discours inédit de Constantin VII Porphyrogénète, in: TM 2 (1967) 393–404 (darin: L'empereur Constantin à l'armée d'Orient [Ed. des griech. Textes]: 397–399).

Konst. Porph., DAI = Κωνσταντίνου ἐν Χριστῷ βασιλεῖ αἰωνίῳ βασιλέως Ῥωμαίων πρὸς τὸν ἴδιον υἱὸν Ῥωμανὸν τὸν θεοστεφῆ καὶ πορφυρογέννητον βασιλέα, ed. G. Moravcsik, in: Constantine Porphyrogenitus, De administrando Imperio, Greek text ed. by G. Moravcsik, English translation by R. J. H. Jenkins, new, revised edition, Washington, DC, 1967 (CFHB I, Series Washingtonensis).

Konst. Porph., De cerim. (Haldon) = J. F. Haldon, Theory and practice in tenth-century military administration. Chapters II, 44 and 45 of the *Book of Ceremonies*, in: TM 13 (2000) 201–352 (griech. Text: 203–235; engl. Übers.: 202–234).

Konst. Porph., De cerim. (Reiske) = <Ἔκθεσις τῆς βασιλείου τάξεως> Κωνσταντίνου τοῦ φιλοχρίστου καὶ ἐν αὐτῷ Χριστῷ τῷ αἰωνίῳ βασιλεῖ βασιλέως υἱοῦ Λέοντος τοῦ σοφωτάτου καὶ ἀειμνήστου βασιλέως σύνταγμά τι καὶ βασιλείου σπουδῆς ὄντως ἄξιον ποίημα, ed. J. J. Reiske, in: Constantini Porphyrogeniti imperatoris De Cerimoniis aulae byzantinae libri duo, graece et latine e recensione Io. Iac. Reiskii cum eiusdem commentariis integris, I–II, Bonn 1829. 1830 (I: liber I, cap. 1–97, p. 3–443; appendix ad librum primum [= Appendix I], p. 444–508; liber II, cap. 1–56, p. 509–807; II: Io. Iac. Reiskii commentarii ...).

Konst. Porph., De cerim. (Vogt) = Κωνσταντίνου τοῦ φιλοχρίστου καὶ ἐν αὐτῷ Χριστῷ τῷ αἰωνίῳ βασιλεῖ βασιλέως υἱοῦ Λέοντος τοῦ σοφωτάτου καὶ ἀειμνήστου βασιλέως σύνταγμά τι καὶ βασιλείου σπουδῆς ὄντως ἄξιον ποίημα, ed. A. Vogt, in: Constantin VII Porphyrogénète, Le livre des cérémonies, texte établi et traduit par A. Vogt, I–II, 2e tirage, Paris 1967 (1. Auflage 1935) (I: chapitres 1–46 [37], p. 1–179; II: chapitres 47 [38] – 92 [83], p. 1–185).

Konst. Porph., De cerim., App. (Haldon) = in: Haldon, Treatises 79–151 (Edition der traditionell als "Appendix I" bezeichneten drei Schriften Ὑπόθεσις τῶν βασιλικῶν ταξειδίων καὶ ὑπόμνησις τῶν ἀπλήκτων: p. 80; Ὅσα δεῖ παραφυλάττειν βασιλέως μέλλοντος ταξιδεύειν: p. 82–92; Κωνσταντίνου ἐν Χριστῷ βασιλεῖ αἰωνίῳ βασιλέως Ῥωμαίων, υἱοῦ Λέοντος τοῦ ἀοιδίμου καὶ σοφωτάτου βασιλέως, ἀπόγονος δὲ Βασιλείου τοῦ ἀνδρικωτάτου καὶ γενναιωτάτου βασιλέως, πρὸς Ῥωμανὸν τὸν θεοστεφῆ βασιλέα καὶ υἱὸν αὐτοῦ Ὅσα δεῖ γίνεσθαι τοῦ μεγάλου καὶ ὑψηλοῦ βασιλέως τῶν Ῥωμαίων μέλλοντος φοσσατεύσαι: p. 94–150).

Konst. Porph., De them. = Constantino Porfirogenito, De thematibus, introduzione, testo critico, commento a cura di A. Pertusi, Vatikanstadt 1952 (Studi e testi 160) (Edition des griech. Textes Φιλοπόνημα Κωνσταντίνου βασιλέως υἱοῦ Λέοντος περὶ τῶν θεμάτων τῶν ἀνηκόντων τῇ βασιλείᾳ τῶν Ῥωμαίων: 59–100).

Konst. Porph., Epp. = Konstantinos Porphyrogennetos, Epistulae, in: Theodoros von Kyzikos, Epistulae, ed. J. Darrouzès, in: Épistoliers byzantins 317–332.

Konstantelos, Historike Semasia = D. Konstantelos, Ἡ ἱστορικὴ σημασία τῶν βίων Πέτρου Ἄργους, Ἀθανασίου Μεθώνης καὶ Νίκωνος Μετανοεῖτε διὰ τὴν Πελοπόννησον τοῦ 10ου αἰῶνος, in: Μνήμη Ἰωάννου Ἀναστασίου, Thessalonike 1992, 347–365.

Konstantinides, Nikolaos = I. C. Konstantinides, Νικόλαος Α΄, ὁ Μυστικός, Athen 1967.

Κωνσταντῖνος Ζ΄ = Κωνσταντῖνος Ζ΄ ὁ Πορφυρογέννητος καὶ ἡ ἐποχή του. Constantine VII Porphyrogenitus and his age, Β΄ Διεθνὴς Βυζαντινολογικὴ Συνάντηση (Δέλφοι, 22-26 Ἰουλίου 1987). Second International Byzantine Conference, ed. A. Markopulos, Athen 1989.

Konstantinos, Slovo = Slovo na prenesenie moštem preslavnago Klimenta, istoričeskuju imušče besědе ..., ed. J. Vašica, in: Acta Academiae Velehradensis 19 (1948) 38–80 (altslav. Text: 73–80; lat. Übersetzung unter dem Titel: Sermo in Translatione reliquiarum praeclarissimi Clementis historiam complectens narrationem, quomodo Christi ope anno sexies millesimo trecentesimo nono [= 861 p. Chr. n.] iis, qui eum amanter fideliterque exquisierant, quasi prae aliis in Ponto resplenduerit: 64–72).

Konstantinou (Hrsg.), Byzanz und das Abendland = E. Konstantinou, Byzanz und das Abendland im 10. und 11. Jahrhundert, Köln–Weimar–Wien 1997.

Konstantopulos (JIAN 5-10) = K. M. Konstantopulos, Βυζαντιακὰ μολυβδόβουλλα ἐν τῷ Ἐθνικῷ Μουσείῳ Ἀθηνῶν, in: JIAN 5 (1902) 149–164 (Nr. 1-52); 189–228 (Nr. 53-185); 6 (1903) 49–88 (Nr. 186-340); 333–364 (Nr. 341-479); 7 (1904) 161–176 (Nr. 480-550); 255–310 (Nr. 551-774); 8 (1905) 53–102 (Nr. 775 bis 1057); 195–226 (Nr. 1058-1199); 9 (1906) 61–146 (Nr. 1a-702d); 10 (1907) 47–112 (Nr. 703a-1257 u. Indices) = K. M. Konstantopulos, Βυζαντιακὰ μολυβδόβουλλα τοῦ ἐν Ἀθήναις Ἐθνικοῦ Νομισματικοῦ Μουσείου, Athen 1917. (Zitierung nach Nrr.)

Konstantopulos (Stamules) = K. M. Konstantopulos, Βυζαντιακὰ μολυβδόβουλλα (Συλλογὴ Ἀναστασίου Κ. Π. Σταμούλη), Athen 1930. (Zitierung nach Nrr.)

Korpela, Beiträge = J. Korpela, Beiträge zur Bevölkerungsgeschichte und Prosopographie der Kiever Rus' bis zum Tode von Vladimir Monomah, Jyväskylä 1995 (Studia Historica Jyväskyläensia 53).

Kosmas, Gegen die Bogomilen = Editionen des altkirchenslawischen Textes: J. K. Begunov, Kozma Presviter v slavjanskich literaturach, Sofia 1973 (Edition: 297–393); Janette Sampimon – Sara van Halsema, Cosmas Presbyter: Homily against the Bogumils, Operational Edition, in: Polata knigopisnaja 34 (2005) 1–133 (Edition: 4–133). Franz. Übers.: A. Vaillant – H. Puëch, Le traîté contre les Bogomils de Cosmas le Prêtre, Paris 1945; neuere engl. Übers. (mit Auslassungen/Kürzungen) in: Christian Dualist Heresies 114–134.

Kotzabase, Cheirographa Mikras Asias = Sophia Kotzabase (Κοτζάμπαση), Βυζαντινά Χειρόγραφα από τα Μοναστήρια της Μικράς Ασίας, Athen 2004.

Kouroupou–Géhin, Catalogue Patriarcat = Matoula Kouroupou – P. Géhin, Catalogue des manuscrits conservés dans la Bibliothèque du Patriarcat Œcuménique: Les manuscrits du monastère de la Panaghia de Chalki, vol. I: Notices descriptives, Turnhout 2008.

Kouznetsov–Lebedynsky, Alains = V. Kouznetsov – I. Lebedynsky, Les Alains. Cavaliers des steppes, seigneurs du Caucase, Paris 1997.

Kouznetsov–Lebedynsky, Chrétiens = V. Kouznetsov – I. Lebedynsky, Les chrétiens disparus du Caucase. Histoire et archéologie du christianisme au Caucase du Nord et en Crimée, Paris 1999.

Kozucharov = Kožucharov, Mefodij i Naum Ochridski = S. Kožucharov, Mefodij i Naum Ochridski i formirovanie slavjanskoj gimnografičeskoj tradicii, in: Symposium Methodianum 421–430.

Kravari, Actes privés = Vassiliki Kravari, Les actes privés des monastères de l'Athos et l'unité du patrimoine familial, in: Eherecht und Familiengut in Antike und Mittelalter, hrsg. von D. Simon, München 1992 (Schriften des Historischen Kollegs, Kolloquien 22), 77–88.

Krekić, Dubrovnik = B. Krekić, Dubrovnik (Raguse) et le Levant au moyen âge, Paris – Den Haag 1961.

Kremp, Kreta = M. Kremp, Arabisches Kreta. Das Emirat der Andalusier (827–961), Frankfurt 1995.

Krencker, Kal'at Sim'ān = D. Krencker, Die Wallfahrtskirche des Simeon Stylites in Kal'at Sim'ān, 1. Bericht über Untersuchungen und Grabungen im Frühjahr 1938, ausgeführt im Auftrag des Deutschen Archäologischen Instituts, mit einem Beitrag von R. Naumann, Berlin 1939, 27 (nach schriftlichen Ausführungen von H. Lietzmann).

Kresten–Müller, Samtherrschaft = O. Kresten – A. E. Müller, Samtherrschaft, Legitimationsprinzip und kaiserlicher Urkundentitel in Byzanz in der ersten Hälfte des 10. Jahrhunderts, Wien 1995 (Österr. Akad. der Wiss., phil.-hist. Kl., Sitzungsberichte, 630. Band).

Kresten, Arklai = O. Kresten, Ἄρκλαι und τριμίσια. Lexikalisches zu den sozialen Maßnahmen des Kaisers Rhomanos I. Lakapenos im "Katastrophenwinter" 927/28, in: Österr. Akad. der Wiss., Anzeiger der phil.-hist. Kl. 137,2 (2002) 35–52.

Kresten, Arkumenon hapanton = O. Kresten, Ἀρκουμένων ἁπάντων. Eine wenig bekannte Formel der großen kaiserlichen Privilegienurkunde in Byzanz, in: Studi sulle società e le culture del medioevo per Girolamo Arnaldi, a cura di L. Gatto e P. Supino Martini, vol. I, Florenz 2002, 277–300.

Kresten, Geleitbrief = O. Kresten, Der Geleitbrief – ein wenig beachteter Typus der byzantinischen Kaiserurkunde. Mit einem Exkurs: Zur Verwendung des Terminus Sigillion in der byzantinischen Kaiserkanzlei, in: RHM 38 (1996) 41–82.

Kresten, Heirat = O. Kresten, Zur angeblichen Heirat Annas, der Tochter Kaiser Leons VI., mit Ludwig III. "dem Blinden", in: RHM 42 (2000) 171–211.

Kresten, Staatsempfänge = O. Kresten, "Staatsempfänge" im Kaiserpalast von Konstantinopel um die Mitte des 10. Jahrhunderts. Beobachtungen zu Kapitel II 15 des sogenannten "Zeremonienbuches", Wien 2000 (Österr. Akad. der Wiss., phil.-hist. Kl., Sitzungsberichte, 670. Band).

Kretika Chronika = Κρητικὰ Χρονικά. Τετραμηνιαία ἐπιστημονικὴ ἔκδοσις, Herakleion 1947ff.

Kretschmayr, Venedig I = H. Kretschmayr, Geschichte von Venedig, I: Bis zum Tode Enrico Dandolos, Gotha 1904.

Kreutz, Before the Normans = Barbara M. Kreutz, Before the Normans. Southern Italy in the Ninth and Tenth Centuries, Philadelphia 1991.

Krönung, al-Ḥākim = Bettina Krönung, Al-Ḥākim und die Zerstörung der Grabeskirche, in: Konflikt und Bewältigung. Die Zerstörung der Grabeskirche zu Jerusalem im Jahre 1009, hrsg. von T. Pratsch, Berlin – New York 2011 (Millennium-Studien 32), 139–158.

Kronk, Cometography = G. W. Kronk, Cometography. A Catalog of Comets, Volume 1: Ancient –1799, Cambridge 1999.

Krumbacher, Litteratur = K. Krumbacher, Geschichte der byzantinischen Litteratur von Justinian bis zum Ende des oströmischen Reiches (527–1453), zweite Aufl., bearbeitet unter Mitwirkung von A. Ehrhard u. H. Gelzer, München 1897 (1. Auflage 1890) (Handbuch der klassischen Altertums-Wissenschaft IX 1).

Külzer, Ostthrakien = A. Külzer, Ostthrakien (Europe), Wien 2008 (TIB XII = Österr. Akad. der Wiss., phil.-hist. Kl., Denkschriften 369).

Kugeas, Arethas = S. Kugeas (Κουγέας), Ὁ Καισαρείας Ἀρέθας καὶ τὸ ἔργον αὐτοῦ, Athen 1913.

Kurtz, Mitylenaios = E. Kurtz, Die Gedichte des Christophoros Mitylenaios, Leipzig 1903.

Kurtz, Theodora von Thessalonike = E. Kurtz, Des Klerikers Gregorios Bericht über Leben, Wunderthaten und Translation der hl. Theodora von Thessalonich nebst der Metaphrase des Joannes Staurakios, in: Mém. Acad. Imp. Pétersbourg, VIIIe sér., 6,1 (1902) 1–36.

Kurtz, Theophano = E. Kurtz, Zwei griechische Texte über die hl. Theophano, die Gemahlin Kaisers Leo VI., in: Mém. Acad. Imp. Pétersbourg, VIIIe sér., 3,2 (1898) I–XI. 1–75 (darin: Text von BHG 1794: p. 1–24; Text von BHG 1795: p. 25–45; Synaxarion Sirmondi [16. Dez.]: p. 46–48; Menologion Basilii II [16. Dez.]: p. 48).

Kyriakides, Meletai IV = S. Kyriakides, Βυζαντιναὶ Μελέται IV/V, in: EEPhSTh III 3 (1934) 291–560.

Laiou, Economic History = Angeliki E. Laiou (Ed.), The economic history of Byzantium. From the seventh through the fifteenth century, I–III, Washington, DC, 2002 (Dumbarton Oaks Studies 39).

Laiou, Law = Angeliki E. Laiou, Law, Justice, and the Byzantine Historian: Ninth to Twelfth Century, in: Laiou–Simon, Law and Society, 151–185.

Laiou, Michael Maleinos = Angeliki E. Laiou, The General and the Saint: Michael Maleïnos and Nikephoros Phokas, in: Εὐψυχία. Mélanges offerts à Hélène Ahrweiler, Paris 1998 (Byzantina Sorbonensia XVI), vol. II, 399–412.

Laiou, Sex, Consent, and Coercion = Angeliki E. Laiou, Sex, Consent, and Coercion in Byzantium, in: Consent and Coercion to Sex and Marriage in Ancient and Medieval Societies, ed. by A. E. Laiou, Washington, DC, 1993, 109–221.

Laiou–Simon, Law and Society = Angeliki E. Laiou – D. Simon (Ed.), Law and Society in Byzantium. Ninth–Twelfth Centuries, Washington, DC, 1994.

Lake, Athos = K. Lake, The Early Days of Monasticism on Mount Athos, Oxford 1909.

Lake, Dated Mss. = K. and S. Lake, Dated Greek Minuscule Manuscripts to the Year 1200, I–X, Indices, Boston 1934–1945.

Lakonikai Spudai = Λακωνικαί Σπουδαί. Περιοδικόν σύγγραμμα της Εταιρείας Λακωνικών Σπουδών [franz. Paralleltitel: Études laconiennes. Annuaire de l'Association des Études Laconiennes], Athen 1972ff.

Lampe = G. W. H. Lampe, A Patristic Greek Lexicon. With Addenda et Corrigenda, Oxford 1961.

Lampros, Catalogue Athos = S. Lampros, Catalogue of the Greek manuscripts on Mount Athos — Κατάλογος τῶν ἐν ταῖς βιβλιοθήκαις τοῦ Ἁγίου Ὄρους κωδίκων, Amsterdam 1966 (Unchanged reprint. of the ed. Cambridge 1895–1900).

Lampros, Monodia = Ἀνέκδοτος μονῳδία Ρωμανοῦ Β΄ ἐπὶ τῷ θανάτῳ τῆς πρώτης αὐτοῦ συζύγου Βέρθας, ed. S. Lampros, in: BCH 2 (1878) 266–273 (Text: 268–273).

Lampsides, Nikon = Ο. Λαμψίδης, Ὁ ἐκ Πόντου ὅσιος Νίκων ὁ Μετανοεῖτε, Athen 1982 (= Archeion Pontou, Supplement 13).

Landmauer Kpl. = Die Landmauer von Konstantinopel, bearbeitet im Auftrag der Deutschen Forschungsgemeinschaft, 2. Teil: Aufnahme, Beschreibung und Geschichte von B. Meyer-Plath und A. M. Schneider, Berlin 1943 (darin Kapitel VII: Inschriften, 1. Byzantinische: 123–144). (Zitiert nach Nrr.)

Landulphi Historia = Landulphi Senioris Historiae Mediolanensis libri quatuor, a cura di A. Cutolo, in: RRIS NS IV. 2 (Bologna 1942) 1–128.

Laourdas–Westerink = B. Laourdas – L. G. Westerink, in: Photios, Epp. (Laourdas–Westerink) I–III.

Lapidge, Byzantium, Rome and England = M. Lapidge, Byzantium, Rome and England in the early middle ages, in: Settimane di studio del Centro Italiano di Studi sull'Alto Medioevo 49 (2001), Spoleto 2002, 386–389.

Larsson, Runstenar och utlandsfärder = M. G. Larsson, Runstenar och utlandsfärder. Aspekter på det senvikingatida samhället med utgångspunkt i de fasta fornlämningarna, Lund 1990 (Acta Archaeologica Lundensia 18).

Larsson, Vikingatåg = M. G. Larsson, Ett ödesdigert vikingatåg. Ingvar den vittfarnes resa 1036–1041, in: M. G. Larsson, Vikingar i österled, Stockholm 1997.

Laudatio Athanasii Athon. (BHG 189) = Panteleemon Lauriotes, Ἐγκώμιον εἰς τὸν ὅσιον Ἀθανάσιον τὸν ἐν τῷ Ἄθῳ, in: Θεολογία 15 (1937) 128–143 (Text: 132–143); Panteleemon Lauriotes, Ἐγκώμιον εἰς τὸν ὅσιον Ἀθανάσιον τὸν ἐν τῷ Ἄθῳ, Volos 1948 (Text: 7–16).

Laudatio Nicolai Myrensis (BHG 1352z) = Τοῦ ἐν ἁγίοις πατρὸς ἡμῶν Μεθοδίου ἀρχιεπισκόπου Κωνσταντινουπόλεως ἐγκώμιον εἰς τὸν ἅγιον Νικόλαον τὸν ἐν Μύροις τῆς Λυκίας ἐπίσκοπον διαπρέψαντα, in: Anrich, Nikolaos I 153–182.

Laudatio Pauli Latrensis (BHG 1474d) = Laudatio Pauli Latrensis (BHG 1474d) — Λόγος ἐγκωμιαστικὸς καὶ θαυμάτων διήγησις εἰς τὸν ὅσιον καὶ θεοφόρον πατέρα ἡμῶν Παῦλον τὸν ἐν τῷ Λάτρῳ, ed. H. Delehaye, Monumenta Latrensia hagiographica, in: T. Wiegand, Der Latmos, Berlin 1913 (Milet, Ergebnisse der Ausgrabungen u. Untersuchungen seit dem Jahre 1899, Königliche Museen zu Berlin, t. III,1), 136–157 (darin p. 152f. = Testamentum Pauli Latrensis [BHG 1474h]).

Laudatio Thomaïdis Lesb. (BHG 2457) = Konstantinos Akropolites, Λόγος εἰς τὴν ἁγίαν Θωμαΐδα, ed. H. Delehaye, in: AASS Nov. IV 242–246.

Laurent, Arménie = J. Laurent, L'Arménie entre Byzance et l'Islam depuis la conquête arabe jusqu'en 886, nouvelle édition revue et mise à jour par M. Canard, Lissabon 1980 (Originalausgabe: Paris 1919).

Laurent, Byzance et les Turcs = J. Laurent, Byzance et les Turcs seldjoucides dans l'Asie Occidentale jusqu'en 1081, Paris–Nancy 1913.

Laurent (BZ 33) = V. Laurent, Sceaux byzantins, in: BZ 33 (1933) 331–361.

Laurent, Corpus II = V. Laurent, Le Corpus des Sceaux de l'Empire Byzantin, Tome II: L'administration centrale, Paris 1981. (Zitierung nach Nrr.)

Laurent, Corpus V = V. Laurent, Le Corpus des Sceaux de l'Empire Byzantin, Tome V,1: L'Église, première partie, 1: L'Église de Constantinople, A: La Hiérarchie, Paris 1963; Tome V,2, L'Église, première partie, 1 (suite): L'Église de Constantinople, B: Le clergé: titres et fonctions ecclésiastiques, C: Les monastères et les églises; première partie, 2: Les Archevêchés autocéphales, A: L'Église autonome de Chypre, B: L'Église autonome de Bulgarie; deuxième partie, 1: Les Patriarchats orientaux, 2: Supplément, Paris 1965. (Zitiert nach Nrr.)

Laurent, Gouverneurs d'Antioche = V. Laurent, La chronologie des gouverneurs d'Antioche sous la seconde domination byzantine, in: Mélanges de l'Université Saint-Joseph (Beirut) 38 (1962) 221–254.

Laurent, Lacédémone = V. Laurent, La liste épiscopale du Synodicon de la métropole de Lacédémone, in: REB 19 (1961) 208–226 (griech. Text: p. 216).

Laurent, Orghidan = V. Laurent, Documents de sigillographie byzantine, Paris 1952 (La collection C. Orghidan). (Zitierung nach Nrr.)

Laurent, Réponses canoniques = V. Laurent, Réponses canoniques inédites du patriarcat byzantin (Sergius, Eustathe, Michel d'Anchialos), in: EO 33 (1934) 298–315.

Laurent, Turcs = V. Laurent, Ὁ Βαρδαριωτῶν ἤτοι Τούρκων: Perses, Turcs asiatiques ou Turcs hongrois?, in: Sbornik à la mémoire du Prof. P. Nikov, Sofia 1939, p. 275–288.

Laurent, Vatic. = V. Laurent, Les sceaux byzantins du Médaillier Vatican, Vatikan 1962. (Zitierung nach Nrr.)

Lauxtermann, Epigram = M. D. Lauxtermann, The Byzantine Epigram in the Ninth and Tenth Centuries. A Generic Study of Epigrams and some other Forms of Poetry, Diss. Amsterdam 1994.

Lauxtermann, Poetry = M. D. Lauxtermann, Byzantine Poetry from Pisides to Geometres. Texts and Contexts, vol. I, Wien 2003 (Wiener Byzantinistische Studien 24,1).

Lauxtermann, Spring = M. D. Lauxtermann, The Spring of Rhythm. An Essay on the Political Verse and Other Byzantine Metres, Wien 1999.

Laxdœla saga = Laxdœla saga. Halldórs þættir Snorrasonar. Stúfs þáttr, E. Ó. Sveinsson gaf út, Reykjavík 1934 (Íslenzk fornrit 5).

LBG = Lexikon zur byzantinischen Gräzität, besonders des 9.–12. Jahrhunderts, erstellt von E. Trapp unter Mitarbeit von W. Hörandner, J. Diethart u. a., Faszikel 1ff., Wien 1994ff.

LCI = Lexikon der christlichen Ikonographie, hrsg. v. E. Kirschbaum u. W. Braunfels, I–VIII, Rom–Freiburg–Basel–Wien 1994 (Sonderausgabe; Originalausgabe: Freiburg im Breisgau 1968–1976).

LdMA = Lexikon des Mittelalters I–IX, München–Zürich 1980–1998 (ab Band VII [1995] nur noch München).

Le Quien I–III = M. Le Quien, Oriens christianus, I–III, Paris 1740 (Ndr. Graz 1958).

Leben und Werk der byzantinischen Slavenapostel Methodios und Kyrillos = Leben und Werk der byzantinischen Slavenapostel Methodios und Kyrillos. Beiträge eines Symposions der Griechisch-Deutschen Initiative Würzburg im Wasserschloß Mitwitz vom 25.-27. Juli 1985 zum Gedenken an den 1100. Todestag des hl. Methodios, hrsg. v. E. Konstantinou, Münsterschwarzach 1991.

Lebrun, Nicétas le Paphlagonien = F. Lebrun, Nicétas le Paphlagonien. Sept homélies inédites, Leuven 1997.

Leccisotti, Colonie cassinesi = T. Leccisotti, Le colonie cassinesi in Capitanata, I: Lesina (sec. VIII-XI), in: Miscellanea Cassinese 13, Montecassino 1937, p. 33–36 (Nr. 5-6); p. 63–65 (Nr. 18A).

Lefort, Anthroponymie = J. Lefort (éd.), Anthroponymie et société villageoise (Xe–XIVe siècle), in: Hommes et richesses 225–238.

Lefort, Chalcidique occ. = J. Lefort, Villages de Macédoine I: La Chalcidique occidentale, Paris 1982.

Lefort, Population = J. Lefort, Population et peuplement en Macédoine orientale, IXe–XVe siècle, in: Hommes et richesses 63–82.

Lefort-Cochez = L. T. Lefort – J. Cochez, Palaeographisch Album van gedagteekende grieksche Minuskelhandschriften uit die IXe en Xe Eeuw, Leuven 1932. (Zitiert nach Nrr.)

Lemerle, Agrarian History = P. Lemerle, The Agrarian History of Byzantium from the Origins to the Twelfth Century. The Sources and Problems, Galway 1979.

Lemerle, Byz. Humanism = P. Lemerle, Byzantine Humanism. The First Phase, notes and remarks on education and culture in Byzantium from its origins to the 10th century, transl. by H. L. Lindsay and A. Moffat, Canberra 1986 (Byzantina Australiensia 3)(engl. Übers. von: Lemerle, Prem. Humanisme).

Lemerle, Charisticaires = P. Lemerle, Un aspect du rôle des monastères à Byzance: les monastères donnés à des laïcs, les charisticaires, in: Académie des Inscriptions et Belles

Lettres. Comptes rendus 1967, 9–28 (Ndr. in: P. Lemerle, Le monde de Byzance: histoire et institutions, London 1978 [Variorum Reprints], Nr. XV).

Lemerle, Kékauménos = P. Lemerle, Prolégomènes à une édition critique des "Conseils et récits" de Kékauménos, Brüssel 1960 (Académie Royale de Belgique, Classe de Lettres, Mémoires 8°, 2ème série, tome 64).

Lemerle, Pauliciens = P. Lemerle, L'histoire des Pauliciens d'Asie mineure d'après les sources grecques, in: TM 5 (1970) 1–144.

Lemerle, Philippes = P. Lemerle, Philippes et la Macédoine orientale à l'époque chrétienne et byzantine, Paris 1945.

Lemerle, Prem. Humanisme = P. Lemerle, Le premier humanisme byzantin. Notes et remarques sur enseignement et culture à Byzance des origines au Xe siècle, Paris 1971 (Bibliothèque byzantine, Études 6).

Lemerle, Vie ancienne = P. Lemerle, La vie ancienne de saint Athanase l'Athonite composée au début du XIe siècle par Athanase de Lavra, in: Millénaire du Mont Athos I, 59–100.

Leo Ostiensis = Leo Ostiensis (Marsicanus), Chronica monasterii Casinensis, ed. H. Hoffmann, Die Chronik von Montecassino, Hannover 1980 (MGH Scriptores 34); ältere, nicht benutzte Edition in: MGH SS VII.

Leo the Deacon (Talbot–Sullivan) = The History of Leo the Deacon: Byzantine Military Expansion in the Tenth Century, Introduction, translation, and annotations by Alice-Mary Talbot and D. Sullivan, with the assistance of G. T. Dennis and Stamatina McGrath, Washington, DC, 2005.

Leon Diakonos, Enkomion auf Kaiser Basileios II. = Λέοντος Διακόνου πρὸς Βασίλειον αὐτοκράτορα λόγος, ed. I. Sykutres, in: EEBS 10 (1933) 425–434 (Text: 426–430).

Leon Diakonos, Epp. = in: Panagiotakes, Λέων ὁ Διάκονος 32–34.

Leon Diakonos, Historia = Leonis Diaconi Caloënsis Historiae Libri Decem et Liber de Velitatione Bellica Nicephori Augusti, e recensione Benedictii Hasii, addita eiusdem versione atque annotationibus ab ipso recognitis, Bonn 1828, 1–178.

Leon gr. = Λέοντος γραμματικοῦ χρονογραφία, ed. Bekker, in: Leonis grammatici chronographia ex rec. I. Bekkeri, Bonn 1842, 1–331.

Leon Magistros, Chil. Theologia = Στίχοι ἰαμβικοὶ περὶ θεολογίας τρίμετροι καθαροὶ ἀφωρισμένοι κατὰ τριακοντάδας, ἔχοντες ἀκροστιχίδα τήνδε· Λέοντος μαγίστρου ἀνθυπάτου πατρικίου πόνημα, ed. I. Vassis, in: Leon Magistros Choirosphaktes, Chiliostichos Theologia, Editio princeps, Einleitung, kritischer Text, Übersetzung, Kommentar, Indices besorgt von Ioannes Vassis, Berlin – New York 2002 (Supplementa Byzantina, Texte und Untersuchungen 6), 69–153 (mit paralleler dt. Übers.).

Leon Magistros, De thermis = C. Gallavotti, Planudea (X). 37. L'anacreontica *De thermis* di Leone Magistro, in: Bollettino dei Classici, s. III, 11 (1990) 78–103 (griech. Text: 86–89).

Leon Magistros, Epp. = Leon Magistros, Epistolai, in: G. Kolias, Léon Choerosphactès, magistre, proconcul et patrice, Athen 1939 (Texte und Forschungen zur byzantinisch-neugriechischen Philologie 31), Deuxième partie: correspondance (texte et traduction), 76–129.

Leon Magistros, Iamben = Leon Magistros, Iamben, in: G. Kolias, Léon Choerosphactès, magistre, proconcul et patrice, Athen 1939 (Texte und Forschungen zur byzantinisch-neugriechischen Philologie 31), Appendice: Quatre poèmes inédits de Léon Choerosphactès, 130–132 (Εἰς Λέοντα φιλόσοφον, Εἰς Φώτιον, Εἰς τὸν πατριάρχην Στέφανον, Εἰς τὴν εἰκόνα τῆς ὑπεραγίας Θεοτόκου βαστάζουσαν τὸν Χριστόν, alle vier aus dem Cod. Lond. Add. 36749).

Leon VI., Grabrede auf Basileios I. = Oraison funèbre de Basile I par son fils Léon VI le Sage, éditée avec introduction et traduction par A. Vogt et I. Hausherr S. I., in: Orientalia Christiana 26,1 (= Orientalia Christiana Analecta 77), Rom 1932, 5–79 (griech. Text: 38–78); neue Edition durch Theodora Antonopoulou: Leon VI., Homilien (Antonopoulou), p. 195–218 (Nr. 14).

Leon VI., Novellen = Λέοντος ἐν Χριστῷ ἀθανάτῳ πάντων βασιλεῖ εὐσεβοῦς βασιλέως Ῥωμαίων αἱ τῶν νόμων ἐπανορθωτικαὶ ἀνακαθάρσεις, in: S. N. Troianos (Τρωιάνος), Οι Νεαρές Λέοντος ς΄ του Σοφού, προλεγόμενα, κείμενο, απόδοση στη νεοελληνική, ευρετήρια και επίμετρο, Athen 2007, 40–322 (mit paralleler neugriechischer Übers.); ältere Edition in: Noailles–Dain, Novelles 5–373 (parallele franz. Übers.: p. 4–372).

Leon VI., Problemata = Λεόντος ἐν Χριστῷ βασιλεῖ αἰωνίῳ βασιλέως Ῥωμαίων Προβλημάτων λόγοι ΙΒ, in: A. Dain, Leonis VI sapientis Problemata, nunc primum edidit adnotatione critica et indice auxit A. Dain, Paris 1935, 13–91.

Leon von Sardeis, Ep. = Leon von Sardeis, Ep., ed. W. Hörandner, in: BF 2 (1967) (= Polychordia, Festschrift Franz Dölger zum 75. Geburtstag, hrsg. von P. Wirth, Amsterdam 1967) 227–237 (Edition des Briefes: 232–234; dt. Übers.: 234–236; Kommentar: 236f.).

Leon von Synada, Epp. = The Correspondence of Leo, Metropolitan of Synada and Syncellus, Greek Text, Translation and Commentary by Martha P. Vinson, Washington, DC, 1985 (CFHB XXIII; Dumbarton Oaks Texts 8).

Leonis abbatis et legati epistola = Leonis abbatis et legati ad Hugonem et Rotbertum reges epistola, ed. G. H. Pertz, in: MGH SS III, p. 686,34 – 690,9 (= PL 139, col. 337–344).

Leonis imp. Tactica = Leonis imperatoris Tactica sive De re militari Liber, ed. J. Meursius, in: PG 107, 671–1120. Neue Edition: G. Dennis, The Taktika of Leo VI, Text, Translation and Commentary, Wa shington, DC, 2010 (CFHB XLIX, Series Washingtonensis = Dumbarton Oaks Texts 12).

Leontaritu, Axiomata = Βασιλική Α. Λεονταρίτου, Εκκλησιαστικά αξιώματα και υπηρεσίες στην πρώιμη και μέση Βυζαντινή περίοδο, Athen–Komotine 1996 (Forschungen zur byzantinischen Rechtsgeschichte, Athener Reihe, hrsg. von S. Troianos, Bd. 8).

Leroy, Deux Vies = J. Leroy, Les deux Vies de S. Athanase l'Athonite, in: AnBoll 82 (1964) 409–429.

Leroy, Idéal cénobitique = J. Leroy, La conversion de saint Athanase l'Athonite à l'idéal cénobitique et l'influence Studite, in: Millénaire du Mont Athos I, 101–120.

Lesmüller-Werner, Genesios = Byzanz am Vorabend neuer Größe. Überwindung des Bilderstreites und der innenpolitischen Schwäche (813–886). Die vier Bücher der Kaisergeschichte des Ioseph Genesios, übers., eingel. und erklärt von Anni Lesmüller-Werner, Wien 1989 (Byzantinische Geschichtsschreiber 18).

Lévi-Provençal, L'Espagne = E. Lévi-Provençal, Histoire de l'Espagne musulmane, vol. I: La conquête et l'emirat Hispano-Umaiyade (710–912); vol. II: Le califat Umaiyade de Cordue (912–1031), nouvelle édition revue et augmentée, Paris–Leiden 1950; vol. III: La siècle du califat de Cordue, Paris 1953.

Liber Pont. = Le Liber pontificalis, texte, introduction et commentaire par L. Duchesne, I–II, Paris 1886. 1892 (Bibliothèque des Écoles Françaises d'Athènes et de Rome, Sér. II 3); III: Additions et corrections de Mgr. L. Duchesne, publ. par C. Vogel, Paris 1957.

Lichačev, Bogomateri = N. P. Lichačev, Istoričeskoje značenije italo-grečeskoj ikonopisi izobraženija Bogomateri v proizvedenijach italo-grečeskich ikonopiscev i ich vlijanije na kompozicii nekotorych proslavlennych russkich ikon, St. Petersburg 1911 (mit Appendix: p. 1–51). (Zitiert nach Nrr.)

Lichačev, Molivdovuly = N. P. Lichačev, Molivdovuly grečeskogo Vostoka, sostavitel' i avtor kommentariev V. S. Šandrovskaja, Moskau 1991 (Naučnoe Nasledstvo 19). (Zitiert nach Nrr.)

Lichačev, Nekotorye = N. P. Lichačev, Nekotorye starejšie tipy pečatej vizantijskich imperatorov, in: Numismatičeskij Sbornik 1 (1911) 497–539. (Zitiert nach Nrr.)

Lichačev, Pečati = N. P. Lichačev, Datirovannye vizantijskie pečati, in: Izvestija Rossijskoj Akademii Istorii Material'noj Kul'tury 3 (1924) 153–224. (Zitiert nach Nrr.)

Lichačev, Trudy = N. P. Lichačev, Pečati Patriarchov Konstantinopolskich, in: Trudy Moskovskago Numismatičeskago Obščestva II, Moskau 1899, p. 43–66. (Zitiert nach Nrr.)

Lienhard, Marianos Argyros = Bettina Lienhard, Marianos Argyros reist nach Afrika. Über die Vermittlungsversuche eines kaiserlichen Würdenträgers im byzantinisch-fāṭimidischen Konflikt im 10. Jh., in: Junge Römer – Neue Griechen. Eine byzantinische Melange aus Wien, Beiträge von Absolventinnen und Absolventen des Instituts für Byzantinistik und Neogräzistik der Universität Wien, in Dankbarkeit gewidmet ihren Lehrern Wolfram Hörandner, Johannes Koder, Otto Kresten und Werner Seibt als Festgabe zum 65. Geburtstag, hrsg. von M. Popović und J. Preiser-Kapeller, Wien 2008, 111–127.

Liestøl, Runic Inscriptions = A. Liestøl, Runic Inscriptions, in: K. Hannestad (Hrsg.), Varangian Problems. Report on the first International Symposium on the theme "The eastern connection of the Nordic peoples in the Viking Period and Early Middle Ages", Kopenhagen 1970 (Scando-Slavica, Suppl. 1), 121–131.

Lilie, Caesaropapismus = R.-J. Lilie, Caesaropapismus in Byzanz? Patriarch Polyeuktos und Kaiser Ioannes I. Tzimiskes, in: Byzantina Mediterranea 387–397.

Lilie, Sonderbare Heilige = R.-J. Lilie, Sonderbare Heilige. Zur Präsenz orthodoxer Heiliger im Westen während des 11. Jahrhunderts, in: Millenium 5 (2008) 225–259.

Lilie, Zypern = R.-J. Lilie, Zypern zwischen Byzantinern und Arabern (7.–10. Jahrhundert), in: J. G. Deckers, M. – E. Mitsou – S. Rogge (Hrsg.), Beiträge zur Kulturgeschichte Zyperns von der Spätantike bis zur Neuzeit (Symposium, München 12.-13. Juli 2002), Münster – New York – München – Berlin 2005 (Schriften des Instituts für Intersiziplinäre Zypern-Studien 3), 65–89.

Liste der Hegumenoi des Paulos-Klosters (Latros) im Cod. Paris. gr. 598 = ed. H. Omont, Note sur un manuscrit grec copié en 1050 au mont Latros (Anatolie), in: REG 1 (1888) 336–339 (Ed. der Liste: p. 337); ed. T. Wiegand, in: id., Der Latmos, Berlin 1913 (Milet, Ergebnisse der Ausgrabungen u. Untersuchungen seit dem Jahre 1899, Königliche Museen zu Berlin, t. III,1), p. 184 (dort jedoch in falscher Reihenfolge); Zusammenfassung von Janin, in: Janin, Centres 235 (richtige Reihenfolge); jüngst auch abgedruckt von Kotzabase, Cheirographa Mikras Asias 167.

Liudprand, Antapodosis bzw. Legatio = Liudprandi Opera, hrsg. von J. Becker, 3. Aufl., Hannover 1915 (MGH Scr. Rer. Germ. in usum scholarum). Neuere Ausgabe: Liudprandi Cremonensis Opera omnia: Antapodosis, Homelia paschalis, Historia Ottonis, Relatio de legatione Constantinopolitana, ed. P. Chiesa, Turnhout 1998 (Corpus Christianorum, Continuatio mediaevalis 156). (Zitiert wird nach der MGH-Ausgabe.)

Liudprand, Werke = Liudprands Werke, in: Widukinds Sachsengeschichte, Adalberts Fortsetzung der Chronik Reginos, Liudprands Werke, unter Benützung d. Übers. von Paul Hirsch (u. a.) neu bearbeitet von A. Bauer und R. Rau, Darmstadt 1971 (Ausgewählte Quellen zur deutschen Geschichte des Mittelalters 8, Fontes ad historiam aevi Saxonici illustrandam – Quellen zur Geschichte der sächsischen Kaiserzeit).

Lobrede Ilarions (Akentšev) = K. K. Akentšev, "Slovo o zakone i blagodati" Ilariona Kievskogo. Drevnejšaja versija po spisku GIM Sin. 591, in: Byzantinorossica 3 (2005) 116–152.

Lobrede Ilarions (Müller) = L. Müller, Des Metropoliten Ilarion Lobrede auf Vladimir den Heiligen und Glaubensbekenntnis, nach der Erstausgabe von 1844 neu herausgegeben, eingeleitet und erläutert von L. Müller, Wörterverzeichnis von Susanne Kehrer und W. Seegatz, Wiesbaden 1962.

Löwe, Ermenrich = H. Löwe, Ermenrich von Passau, Gegner des Methodius. Versuch eines Persönlichkeitsbildes, in: Salzburg und die Slawenmission 221–241.

Loos, Heresy = M. Loos, Dualist heresy in the Middle Ages, Prag 1974 (Çeskoslovenská Akademie Vĕd).

Loretto, Nikephoros Phokas = Nikephoros Phokas "Der bleiche Tod der Sarazenen" und Johannes Tzimiskes. Die Zeit von 959 bis 976 in der Darstellung des Leon Diakonos, übersetzt von F. Loretto, Graz–Wien–Köln 1961 (Byzantinische Geschichtsschreiber 10).

Lounghis, Ambassades = T. C. Lounghis, Les Ambassades byzantines en Occident depuis la fondation des états barbares jusqu'aux croisades (407–1096), Athen 1980.

LSJ = A Greek-English Lexicon compiled by H. G. Liddell and R. Scott, revised and augmented throughout by Sir H. S. Jones with the assistance of R. McKenzie and with the cooperation of many scholars, with a revised supplement, Oxford 1996 (Supplement 1996; Hauptteil des Wörterbuchs, 9. Auflage, 1940).

LThK = Lexikon für Theologie und Kirche, begründet von M. Buchberger, hrsg. von W. Kaspar, 3., völlig neu bearbeitete Aufl., Freiburg im Breisgau – Basel – Rom – Wien 1993ff. [2. Aufl., ibid. 1957ff.]. (Die 2. Aufl. ist nur in Ausnahmefällen zusätzlich angegeben worden. Den entscheidenden Hinweis auf die benutzte Auflage liefert das stets angegebene Erscheinungsjahr.)

Lucà, Attività = S. Lucà, Attività scrittoria e culturale a Rossano: da S. Nilo a S. Bartolomeo da Simeri (secoli X–XII), in: Atti del Congresso internazionale su S. Nilo (28 sett. – 1 ott. 1986), Rossano–Grottaferrata 1989, 25–74.

Lucà, Manoscritti 'Rossanesi' = S. Lucà, Manoscritti 'Rossanesi' conservati a Grottaferrata. Mostra in occasione del congresso internazionale su S. Nilo di Rossano (Rossano 28 sett. – 1 ott. 1986), Catalogo, Grottaferrata 1986.

Ludwig, Sonderformen = Claudia Ludwig, Sonderformen byzantinischer Hagiographie und ihr literarisches Vorbild. Untersuchungen zu den Viten des Äsop, des Philaretos, des Symeon Salos und des Andreas Salos, Frankfurt a. M. u. a. 1997 (BBS 3).

Lübke, Das östliche Europa = C. Lübke, Das östliche Europa, München 2004 (Die Deutschen und das europäische Mittelalter 2).

Lübke, Fremde = C. Lübke, Fremde im östlichen Europa. Von Gesellschaften ohne Staat zu verstaatlichten Gesellschaften (9.–11. Jh.), Köln u. a. 2001 (Ostmitteleuropa in Vergangenheit und Gegenwart 23).

Lupus Protospatarius = Lupus Protospatarius, ed. G. H. Pertz, in: MGH SS V, Hannover 1844 (Ndr. Stuttgart – New York 1963), 52–63.

Luzzi, La Vita di san Nilo da Rossano = A. Luzzi, La Vita di san Nilo da Rossano tra genere letterario e biografia storica, in: P. Odorico – P. A. Agapitos (Ed.), Les *Vies des Saints* à Byzance. Genre littéraire ou biographie historique?, Actes du IIième colloque international philologique ERMHNEIA, Paris, 6-7-8 juin 2002, organisé par l'E.H.E.S.S. et l'Université de Chypre sous la direction de P. Odorico et P. A. Agapitos, Paris 2004 (Centre d'études byzantines, néo-helléniques et sud-est européennes, École des Hautes Études en Sciences Sociales, Dossiers Byzantins 4), 175–190.

Maaß, Arethas = E. Maaß, Observationes palaeographicae, in: Mélanges Graux. Recueil de travaux d'érudition classique dédié à la mémoire de Charles Graux, Maître de conférences à l'École pratique des Haules Études ..., Partie 2, Paris 1884, 749–766.

Mabillon, Vetera Analecta = J. Mabillon, Vetera Analecta sive Collectio Veterum Aliquot Operum & Opusculorum ..., Nova Collectio, Paris 1723 (Ndr. Farnborough, England, 1967).

Magdalino (Ed.), Byzantium in the year 1000 = P. Magdalino (Ed.), Byzantium in the year 1000, Leiden–Boston 2003 (The Medieval Mediterranean. Peoples, Economies and Cultures, 400–1500, 45).

Magdalino, Army and Land = P. Magdalino, The Byzantine Army and the Land: From Stratiotikon Ktema to Military Pronoia, in: K. Tsiknakes (Hrsg.), Το εμπόλεμο Βύζαντιο (9ος–12ος αι.), Athen 1997 (The National Hellenic Research Foundation, Institute for Byzantine Research, International Symposium 4), 15–36.

Magdalino, Justice and Finance = P. Magdalino, Justice and Finance in the Byzantine State, Ninth to Twelfth Centuries, in: Laiou–Simon, Law and Society, 93–115.

Magdalino, Paphlagonians = P. Magdalino, Paphlagonians in Byzantine High Society, in: Η Βυζαντινή Μικρά Ασία (6ος–12ος αι.) — Byzantine Asia Minor (6th–12th cent.), Athen 1998 (The Speros Basil Vryonis Center for te Study of Hellenism, Hellenism: Ancient, Medieval, Modern 27 – National Hellenic Research Foundation, Institute for Byzantine Research, International Symposium 6), 141–150.

Magdalino, The road to Baghdad = P. Magdalino, The road to Baghdad in the thought-world of ninth-century Byzantium, in: L. Brubaker (Ed.), Byzantium in the Ninth Century: Dead or Alive, Aldershot 1998, 195–213.

Magnae Moraviae Fontes Historici II = Magnae Moraviae Fontes Historici, II: Textus biographici, hagiographici, liturgici, curaverunt D. Bartoňková, L. Havlík, J. Ludvíkovský , Z. Masařík, R. Večerka, Brno 1967 (Opera universitatis Purkynianae Brunensis, facultas philosophica 118).

Mahé, Kirche = J.-P. Mahé, Die armenische Kirche von 611–1066, in: Geschichte des Christentums, Band 4: Bischöfe, Mönche und Kaiser (641–1054), herausgegeben von G. Dagron, P. Riché und A. Vauchez, deutsche Ausgabe bearbeitet und herausgegeben von E. Boshof, Freiburg–Basel–Wien 1994 (dt. Ausgabe der franz. Originalausgabe "Histoire du christianisme des origines à nos jours, Tome IV: Évêques, moines et empereurs [642–1054]", Paris 1993), 473–542.

MAIET = Materialy po archeologii, istorii i etnografii Tavrii. Materials in archeology, history and ethnography of Tauria, Simferopol 1990ff.

Mailfert, Saint-Nicolas = Yvonne Mailfert, Fondation du monastère bénédictin de Saint-Nicolas d'Angers, in: Bibliothèque de l'École des Chartes 92 (1931) 43–61 (p. 54–61: verschiedene Quellen).

Majeska = G. P. Majeska, Russian Travelers to Constantinople in the Fourteenth and Fifteenth Centuries, Washington, DC, 1984 (Dumbarton Oaks Studies 19).

Makedonika = Μακεδονικά. Σύγγραμμα περιοδικὸν τῆς Ἑταιρείας Μακεδονικῶν Σπουδῶν, Thessalonike 1940ff.

Makīn = Ǧirǧis b. Abī l-Yāsir b. Abī l-Makārim al-Makīn b. al-ʿAdīm, Kitāb al-maǧmūʿ al mubārak, in: Historia Saracenica arabice olim exarata a Georgio Elmacino et latine reddita opera et studio Thomae Erpenii, Lugduni Batavorum 1625. Franz. Übers. in: Vasiliev, Arabes II 2, p. 188–191.

Maksoudian, Yovh. = K. H. Maksoudian, in: Yovhannēs Drasxanakertcʿi, History of Armenia, Translation and Commentary by Rev. K. H. Maksoudian, Atlanta, GA, 1987 (Scholars Press, Occasional Papers and Proceedings 3), 1–58 (Introduction); 237–308 (Commentary).

Malamut, Les îles = Élisabeth Malamut, Les îles de l'Empire byzantin VIIIe–XIIe siècles, I–II, Paris 1988 (Publications de la Sorbonne, Université de Paris I – Panthéon-Sorbonne, Byzantina Sorbonensia VIII).

Malamut, Route = Élisabeth Malamut, Sur la route des saints byzantins, Paris 1993.

Malingoudi, Russisch-byzantinische Verträge = Jana Malingoudi, Die russisch-byzantinischen Verträge des 10. Jhds. aus diplomatischer Sicht, Thessalonike 1994.

Malingoudis, Inschriften = P. Malingoudis, Die mittelalterlichen kyrillischen Inschriften der Hämus-Halbinsel, Teil 1: Die bulgarischen Inschriften, Thessalonike 1979 (Association hellénique d'études slaves 3).

Malingoudis, Personennamen = P. Malingoudis, Zu einigen slawisch-bulgarischen Personennamen (7.–9. Jh.), in: Sbornik v čest na Akad. Dimităr Angelov, ed. V. Velkov et al., Sofia 1994, p. 37–41.

MAMA I = Monumenta Asiae Minoris Antiqua, Vol. I, ed. by W. M. Calder, London 1928 (Publications of the American Society for Archaeological Research in Asia Minor 1).

MAMA VII = Monumenta Asiae Minoris Antiqua, Vol. VII: Monuments from Eastern Phrygia, ed. by Sir W. M. Calder, London 1928 (Publications of the American Society for Archaeological Research in Asia Minor 7) (Ndr. Manchester 1956).

Mango, Bath = C. Mango, The Palace of Marina, the Poet Palladas and the Bath of Leo VI, in: Εὐπφρόσυνον: Ἀφιέρωμα στόν Μανόλη Χατζηδάκη, vol. I, Athen 1991, 321–330.

Mango, Brazen House = C. Mango, The Brazen House. A Study of the Vestibule of the Imperial Palace of Constantinople, Kopenhagen 1959 (Arkæologisk-kunsthistoriske Meddelelser udg. af Det Kongelige Danske Videnskabernes Selskab 4,4).

Mango, Cod. Vat. Regin. gr. 1 = C. Mango, The Date of Cod. Vat. Regin. gr. 1 and the "Macedonian Renaissance", in: Acta ad Archaeologiam et Artium Historiam Pertinentia (Institutum Romanum Norvegiae) 4 (1969) 121–127.

Mango, Collapse = C. Mango, The Collapse of St. Sophia, Psellus and the Etymologicum Genuinum, in: Gonimos. Neoplatonic and Byzantine Studies Presented to L. G. Westerink at 75, Buffalo, NY, 1988, 167–174.

Mango, Homilies = C. Mango, The Homilies of Photius Patriarch of Constantinople, English Translation, Introduction and Commentary, Cambridge, Mass., 1958 (Dumbarton Oaks Studies 3).

Mango, Ignatios = C. Mango, The Correspondence of Ignatios the Deacon, text, translation and commentary by C. Mango with the collaboration of S. Euthymiadis, Washington, DC, 1997 (CFHB XXIX, Series Washingtonensis = Dumbarton Oaks Texts 11).

Mann, Jews in Egypt and Palestine = M. J. Mann, The Jews in Egypt and in Palestine under the Fatimid Caliphs, Vol. I–II, Oxford 1922.

Mann, Texts and Studies = M. J. Mann, Texts and Studies in Jewish History and Literature, Cincinnati–Philadelphia 1935.

Mansi = J. D. Mansi, Sacrorum conciliorum nova et amplissima collectio, Florenz–Venedig 1759ff. (Ndr. Paris 1901ff.; Graz 1960–1962).

Maqqarī (sowie Ibn Ḥayyān/Maqqarī sowie Ibn Ḫaldūn/Maqqarī) = Analectes sur l'histoire et la littérature des Arabes d'Espagne par al-Makkari, ed. R. Dozy, G. Dugat, L. Krehl, W. Wright, Bd. I–II, Leiden 1855–1861.

Maqrīzī, Ḫiṭaṭ = Kitāb al-mawā'iẓ wa-l-i'tibār bi-ḏikr al-ḫiṭaṭ wa-l-āṯār al-ma'rūf bi-l-ḫiṭaṭ al-maqrīzīya, ta'līf Taqīaddīn Abī l-'Abbās Aḥmad b. 'Alī al-Maqrīzī, ed. N. N., Bd. I–II, Kairo 1995.

Maqrīzī, Itti'aẓ = Itti'āz al-ḥunafā' bi-aḫbār al-a'imma al-fāṭimīyīn al-ḫulafā', li-Taqīaddīn Aḥmad b. 'Alī al-Maqrīzī, Bd. I, ed. Ǧ. Šayyāl, Kairo 1997; Bd. II, ed. M. Ḥilmī M. Aḥmad, Kairo 1996.

Maqrīzī, Kitāb al-muqaffā (Yalaoui) bzw. al-Maqrizī (Amari, Biblioteca) = Kitāb al-muqaffā al-kabīr. Biographies maghrébines et des orientales de la période 'ubaydide, de Taqī ad-Dīn al-Maqrīzī (845/1441). Extraits établis par M. Yalaoui, Beirut 1987. In Auszügen auch aus Amari, Biblioteca 661–668, zitiert.

Marava-Chatzinicolaou–Toufexi-Paschou = A. Marava-Chatzinicolaou und C. Toufexi-Paschou, Catalogue of the Illuminated Byzantine Manuscripts of the National Library of Greece, vol. I: Manuscripts of New Testament Texts 10th–12th Century, Athen 1978; vol. III: Homilies of the church fathers and menologia 9th–12th century, Athen 1997.

Mareš, "Sedumte Svetiteli" = F. V. Mareš, "Sedumte Svetiteli" vo staroslovenskata i grčkata književnost, in: Kliment Ochridski i ulogata na ochridskata književna škola vo razvitokot na slovenskata prosveta. Materijali od naučen sobir održan vo Ochrid od 25 do 27 septemvri 1986 godina (Clement of Ohrid and the Role of the Ohrid Literary School in the Development of the Slavic Literacy. Materials from the Scientific Meeting held in Ohrid on september 25-27, 1986), Skopje 1989, 101–110.

Margetić, Branimirov natpis = L. Margetić, Branimirov natpis iz 888. i međunarodni položaj Hrvatske, in: Zbornik Pravnog fakulteta u Zagrebu 40 (1990) 17–37 (Ndr. in: L. Margetić, Iz ranije hrvatske povijesti – Odabrane studije, Split 1997 [Biblioteka znanstvenih djela 91], 207–229).

Markopoulos, Anonymus = A. Markopoulos, Einleitung und Regesten der Briefe, in: Anonymi Professoris Epistulae, rec. A. Markopoulos, Berlin – New York 2000 (CFHB XXXVII, Series Berolinensis), 1*–74*.

Markopoulos, Bardas = A. Markopoulos, Contribution a l'épistolographie du Xe siècle. Les lettres de Bardas le moine, in: Byzantium. Tribute to Andreas N. Stratos, vol. II, Athen 1986, 565–585 (Ndr. in: A. Markopoulos, History and Literature of Byzantium in the 9th–10th Centuries, Aldershot 2004 [Variorum Reprints], Nr. X).

Markopoulos, Épistolaire = A. Markopoulos, Épistolaire du "Professeur Anonyme" de Londres, in: Ἀφιέρωμα στὸν Νίκο Σβορῶνο I, Rethymnon 1986, 139–144.

Markopoulos, Joseph Bringas = A. Markopoulos, Joseph Bringas. Prosopographical problems and ideological trends, in: A. Markopoulos, History and Literature of Byzantium in the 9th–10th Centuries, Aldershot 2004 (Variorum Reprints), Nr. IV, p. 1–27 (erste Fassung in griechischer Sprache in: Symmeikta 4 [1981] 87–115).

Markwart, Südarmenien = J. Markwart, Südarmenien und die Tigrisquellen, Wien 1930.

Marquart, Streifzüge = J. Marquart, Osteuropäische und ostasiatische Streifzüge. Ethnologische und historisch-topographische Studien zur Geschichte des 9. und 10. Jahrhunderts (ca. 840–940), Leipzig 1903.

Martin-Hisard, Kirche = Bernadette Martin-Hisard, Kirche und Christentum in Georgien, in: Geschichte des Christentums, Band 4: Bischöfe, Mönche und Kaiser (641–1054), herausgegeben von G. Dagron, P. Riché und A. Vauchez, deutsche Ausgabe bearbeitet und herausgegeben von E. Boshof, Freiburg–Basel–Wien 1994 (dt. Ausgabe der franz. Originalausgabe "Histoire du christianisme des origines à nos jours, Tome IV: Évêques, moines et empereurs [642–1054]", Paris 1993), 543–599.

Martin, Leon = J.-M. Martin, Léon, archevêque de Calabre, l'Église de Reggio et la lettre de Photius (Grumel–Darrouzès n° 562), in: Εὐψυχία. Mélanges offerts à Hélène Ahrweiler, Paris 1998 (Byzantina Sorbonensia XVI), vol. II, 481–491.

Martini–Bassi = E. Martini – D. Bassi, Catalogus Codicum graecorum bibliothecae Ambrosianae, Hildesheim 1978 (Ndr. in einem Band; Originalausgabe: Vol. I–II, Mailand 1906).

Maß, Bischof Anno = J. Maß, Bischof Anno von Freising 854/5–875, in: Cyrillo-Methodiana (1964) 210–221.

Mas'ūdī, Murūǧ = Maçoudi, Les prairies d'or, texte et traduction par C. Barbier de Meynard et M. Pavet de Courteille, I–IX, Paris 1861–1877 (Ndr. [mit abweichender Bandeinteilung] Paris 1962); Auszüge in franz. Übers. bei: Vasiliev, Arabes I, p. 329–333, und II 2, p. 31–43. Die auszugsweise dt. Übers.: Bis zu den Grenzen der Erde: Auszüge aus dem Buch der Goldwäschen / Al-Mas'ûdî, aus d. Arab. übertragen u. bearbeitet von G. Rotter, Tübingen–Basel 1978, und die engl. Übers.: The Meadows of Gold. The Abbasids, by Mas'udi, translated and edited by P. Lunde and C. Stone, London – New York 1989, werden in PmbZ II nicht zitiert.

Mas'ūdī, Tanbīh = al-Mas'ūdi, Kitâb at-tanbîh wa'l-Ischrâf, ed. M. J. de Goeje, 2. Auflage, Leiden 1967 (Bibliotheca Geographorum Arabicorum 8); Auszüge (in franz. Übers.) bei: Vasiliev, Arabes I. Die franz. Übers.: Maçoudi, Le livre de l'avertissement et de la révision, traduction par B. Carra de Vaux, Paris 1896 (Société asiatique), wird in PmbZ II nicht zitiert.

Mat'evosean, Kolophone (arm.) = A. S. Mat'evosean, Hayeren dzeṙagreri hišatakaranner 5.–12. dd. [Kolophone armenischer Handschriften 5.–12. Jh., in armen. Sprache], Matenadaran – Haykakan SSH Ministrneri Xorhrdin aṙet'er Maštoc'i Anvan Hin Dzeṙagreri Institut, ašxatasirut'yamb A. S. Mat'evoseani, Jerewan 1988 (Nyut'er hay zołovrdi patmut'ean 21).

Matranga, Anecdota Graeca = Anecdota Graeca e mss. bibliothecis Vaticana, Angelica, Barberiniana, Vallicelliana, Medicea, Vindobonensi deprompta edidit et indices addidit P. Matranga, I–II, Rom 1850 (Ndr. Hildesheim – New York 1971).

Matthäus von Edessa = Zitiert nach der engl. Übers.: A. E. Dostourian, Armenia and the Crusades. Tenth to Twelfth Centuries. The Chronicle of Matthew of Edessa, Lanham,

Michigan, 1993. Die Edition des armenischen Textes: Matt'ēos Uṙhayec'i, Patmut'iwn, Jerusalem 1869, und die Teiledition (arm. mit franz. Übers.) in: Recueil des Historiens des Croisades, Documents arméniens I, publié par les soins de l'Académie des Inscriptions et Belles-lettres, Paris 1869, p. 1–150, werden in PmbZ nicht zitiert.

Matthews, Classical Phase = T. F. Mathews, The Classic Phase of Bagratid and Artsruni Illumination: The Tenth and Eleventh Centuries, in: T. F. Mathews – R. S. Wieck (Hrsg.), Treasures in Heaven: Armenian Illuminated Manuscripts, New York 1994 (catalogue of exhibition at The Pierpont Morgan Library, New York, and the Walters Art Gallery, Baltimore, 1994), Baltimore 1994, 54–65.

Maurici, Arabi = F. Maurici, Breve storia degli Arabi in Sicilia, Palermo 1995.

Mazal, Prooimien = O. Mazal, Die Prooimien der byzantinischen Patriarchenurkunden, Wien 1974 (Byzantina Vindobonensia VII).

McCormick, Eternal Victory = M. McCormick, Eternal Victory: Triumphal Rulership in Late Antiquity, Byzantium, and the Early Medieval West, Cambridge 1990.

McGeer, Land Legislation = E. McGeer, The Land Legislation of the Macedonian Emperors. Translation and commentary, Toronto 2000 (Medieval Sources in Translation 38).

McGeer, Sowing = E. McGeer, Sowing the Dragon's Teeth: Byzantine Warfare in the Tenth Century, Washington, DC, 1995 (Dumbarton Oaks Studies XXXIII).

McNulty–Hamilton = P. McNulty – B. Hamilton, Orientale lumen et magistra Latinitas: Greek Influences on Western Monasticism (900–1100), in: Millénaire du Mont Athos I, 181–216 (Ndr. in: B. Hamilton, Monastic Reform, Catharism and the Crusades [900–1300], London 1979 [Variorum Reprints], Nr. V).

MDAI (A) = Mitteilungen des Deutschen Archäologischen Instituts, Athenische Abteilung, 1–66, Berlin–Athen u. a. 1876–19410 (1942); 67–104, Berlin (West) 1942 (1951)–1989; 105ff., Berlin 1990ff.

Medieval Armenian Culture = T. J. Samuelian – M. E. Stone (Ed.), Medieval Armenian Culture, Chico, CA, 1984 (University of Pennsylvania Armenian texts and studies 6).

Medieval Christian Europe = Srednovekovna christijanska Evropa: Istok i zapad. Cennosti, tradicii, obščuvane — Medieval Christian Europe: East and West, Tradition, Values, Communications, ed. V. Gjuzelev – A. Miltenova, Sofia 2002.

Megillat Ahimaaz (Kaufmann) bzw. (Starr, Jews) bzw. (Bonfil) = Auszüge in dt. Übers.: D. Kaufmann, in: BZ 6 (1897) 100–105; Auszüge in engl. Übers.: Starr, Jews 122–163 (Nr. 56–68). Neue Edition des hebräischen Textes mit paralleler engl. Übers.: R. Bonfil, History and Folklore in a Medieval Jewish Chronicle: The Family Chronicle of Aḥima'az Ben Paltiel, Leiden 2009 (Studies in Jewish History and Culture).

Melnikova, Runic Inscriptions as a Source = Elena A. Melnikova, Runic Inscriptions as a Source for the Relation of Northern and Eastern Europe in the Middle Ages, in: K. Düwel – S. Nowak (Hrsg.), Runeninschriften als Quellen interdisziplinärer Forschung. Abhandlungen des Vierten Internationalen Symposiums über Runen und Runeninschriften in Göttingen 4.-9. August 1995, Berlin – New York 1998 (RGA–E 15), 647–659.

Melnikova, Scandinavian Runic Inscriptions = Elena A. Melnikova, Scandinavian Runic Inscriptions as a Source for the History of Eastern Europe, in: R. Zeitler (Hrsg.), Les pays du Nord et Byzance (Scandinavie et Byzance). Actes du colloque nordique et international de Byzantinologie tenu à Upsal 20-22 avril 1979, Uppsala 1981, 169–173.

Mém. Acad. Imp. Pétersbourg = Mémoires de l'Académie Impériale des Sciences de St.-Pétersbourg, classe historico-philologique = Zapiski imperatorskoj Akademii Nauk S.-Peterburg, po Istoriko-Filologičeskomu otdeleniju, VIIIe sér. 1–12, St. Petersburg 1895/97–1913/16; (Fortsetzung: Mémoires de l'Académie des Sciences de Russie = Zapiski Rossijskoj Akademii Nauk, po Istoriko-Filologičeskomu otdeleniju, VIIIe sér. 13,2 – 13,6, Petrograd 1916/22 [1918–1922]).

Men. Basilii = Menologium Basilii, in: PG 117, 20–613.

Men. (Latyšev) = Menologii anonymi Byzantini saeculi X quae supersunt, Fasciculus prior: Februarium et Martium menses continens; Fasciculus alter: Menses Iunium, Iulium, Augustum continens, sumptibus Caesareae Academiae scientiarum e codice Hierosolymitano S. Sepulcri 17, ed. B. Latyšev, I–II, St. Petersburg 1911. 1912 (Ndr. Leipzig 1970).

Menthon, Olympe = B. Menthon, Une terre de légendes, l'Olympe de Bithynie: ses saints, ses couvents, ses sites, Paris 1935.

Mercati, Collectanea Byzantina = S. G. Mercati, Collectanea Byzantina, vol. I–II, Bari 1970.

Mercier = s. unter Messanensis gr. 177 (Jacob, in: Helikon 22–27).

Messanensis gr. 177 (Jacob, in: Helikon 22–27) = A. Jacob, La date, la patrie et le modèle d'un rouleau italo-grec (Messanensis gr. 177), in: Helikon 22–27 (1982–1987) 118–121; C. A. Swainson (Ed.), The Greek liturgies, chiefly containing the Coptik ordinary canon of the mass from two manuscripts in the British Museum, ed. by C. A. Swainson and translated by C. Bezold, London 1884 (Ndr. Hildesheim 1971); B.-C. Mercier, La Liturgie de saint Jacques, édition critique du texte grec avec traduction latine, in: PO 26,2, Paris 1946.

Metanoia Leontos basileos = Μετάνοια Λέοντος βασιλέως ἐπὶ τῇ αὐτοῦ ἐξόδῳ, ed. N. Oikonomidès, La dernière volonté de Léon VI au sujet de la Tétragamie (mai 912), in: BZ 56 (1963) 46–52 (griech. Text: p. 48; franz. Übers.: p. 49).

Metrophanes von Smyrna, Enkomion auf die Erzengel Michael und Gabriel (BHG 1292) = Μητροφάνους μητροπολίτου Σμύρνης προσφωνητικὸς εἰς τοὺς ἁγίους ἀρχαγγέλους Μιχαὴλ καὶ Γαβριήλ, ed. B. Georgiades, in: Ἐκκλησιαστικὴ Ἀλήθεια 7 (1887) 386–393.

Metropolites von Chonai, Epp. = Metropolites von Chonai, Epistulae, ed. J. Darrouzès, in: Épistoliers byzantins 346–355.

Metzenthin, Länder- und Völkernamen = E. M. Metzenthin, Die Länder- und Völkernamen im altisländischen Schrifttum, Bryn Mawr, PA, 1941.

Meyer, Haupturkunden = P. Meyer, Die Haupturkunden für die Geschichte der Athosklöster, Leipzig 1894 (Ndr. Amsterdam 1965).

MGH = Monumenta Germaniae Historica inde ab a. C. 500 usque ad a. 1500, Hannover–Berlin 1826ff.

MGH Diplomata = MGH, Diplomatum regum et imperatorum Germaniae, Tomus II. Ottonis II. et Ottonis III. Diplomata, Hannover 1893.

MGH Epp. = MGH Epistolae, III–VIII (= Epistolae Karolini Aevi, I–VI), Berlin 1892–1939 (Ndr. München 1978).

MGH Scriptores rerum Germanicarum in usum scholarum separatim editi = Scriptores rerum Germanicarum in usum scholarum ex Monumentis Germaniae Historicis separatim editi, Hannover 1871ff.

MGH SS = MGH Scriptores (folio), Hannover 1826–1934.

MGH SS rer. Lang. = MGH Scriptores rerum Langobardicarum et Italicarum saec. VI–IX, ed. G. Waitz, Hannover 1878 (Ndr. Hannover 1964. 1988).

Michael Psellos, Akoluthia (BHG 1675a) = Michael Psellos, Akoluthia, ed. E. Kurtz – F. Drexl, Michaelis Pselli Scripta Minora, Vol. I, Mailand 1936, p. 110–119; ältere Edition: Officium et canon in Symeonem Metaphr. auctore Michaele Psello, in: PG 114, 200–208.

Michael Psellos, Chronographia = Michele Psello, Imperatori di Bisanzio (Cronografia), Volume I (Libri I–VI 75), introduzione di D. Del Corno, testo critico a cura die S. Impellizeri, commento di U. Criscuolo, traduzione di Silvia Ronchey, Mailand 1984.

Michael Psellos, Enkomion Symeonis Metaphr. (BHG 1675) = Ἐγκώμιον εἰς τὸν Μεταφραστὴν κῦρ Συμεών, ed. E. Fisher, Michaelis Pselli, Orationes hagiographicae, Leipzig 1994, 267–288 (Text: 269–288).

Michael Psellos, Historia Syntomos = Michaelis Pselli Historia Syntomos. Editio Princeps, rec., anglice vertit et commentario instruxit W. J. Aerts, Berlin – New York 1990 (CFHB XXX, Ser. Ber.).

Michael Psellos, Hypomnema 3 = Michaelis Pselli Orationes Forenses et Acta, ed. G. T. Dennis, Leipzig 1994, 160–169.

Michael Psellos, Laudatio Nicolai (BHG 2313) = Ἐγκώμιον εἴς τινα Νικόλαον μοναχὸν γενόμενον καθηγούμενον τῆς ἐν τῷ Ὀλύμπῳ μονῆς τῆς Ὡραίας Πηγῆς, ed. P. Gautier, in: Byzantina 6 (1974) 33–69.

Michael Psellos, Theologica = Michaelis Pselli Theologica, ed. P. Gautier, vol. I, Leipzig 1989.

Michaelis Pselli Encomium in Matrem = Michaelis Pselli Encomium in Matrem, in: Michele Psello, Autobiografia. Encomio per la madre, testo critico, introduzione, traduzione e commentario a cura di U. Criscuolo, Neapel 1989, 83–153 (ital. Übers. 155–222). Engl. Übers. in: Kaldellis, Mothers and Sons 29–109.

Michael syr. = Chronique de Michel le Syrien, patriarche jacobite d'Antioche (1166–1199), ed. J. B. Chabot, I–III, Paris 1899–1904.

Micheau, Pèlerinages = Françoise Micheau, Les itinéraires maritimes et continentaux des pèlerinages vers Jérusalem, in: Occident et Orient au Xe siècle. Actes du IXe Congrès de la Société des historiens médiévistes de l'enseignement supérieur public, Paris 1979 (Publications de l'Université de Dijon 57), 79–111.

Mihaljčić-Steindorff, Steininschriften = R. Mihaljčić — L. Steindorff, Namentragende Steininschriften in Jugoslawien vom Ende des 7. bis zur Mitte des 13. Jahrhunderts, Stuttgart 1982 (Glossar zur frühmittelalterlichen Geschichte im östlichen Europa, Beiheft Nr. 2).

Miklosich-Müller = F. Miklosich – J. Müller, Acta et diplomata graeca medii aevi sacra et profana collecta, I–VI, Wien 1860–1890 (Ndr. Aalen 1968).

Η Μικρά Ασία των θεμάτων = Η Μικρά Ασία των θεμάτων. Έρευνες πάνω στην γεωγραφική φυσιογνωμία και προσωπογραφία των Βυζαντινών θεμάτων της μικράς Ασίας (7ος–11ος αι.), Πρόγραμμα Τράπεζα πληροφοριών Βυζαντινής ιστορίας (Βυζαντινή χρονογραφία) = Asia Minor and its Themes. Studies on the Geography and Prosopography of the Byzantine Themes of Asia Minor (7th–11th century), Program: Data Bank of Byzantine History (The Byzantine Chronography), Authors: E. Kountoura-Galake (Κουντούρα-Γαλάκη), S. Lampakes (Λαμπάκης), T. Lounghis (Λουγγής), A. Savvides (Σαββίδης), V. Vlyssidou (Βλυσίδου), Athen 1998 (Εθνικό Ίδρυμα Ερευνών, Ινστιτούτο Βυζαντινών Ερευνών, Ερευνητική Βιβλιοθήκη 1 = The National Hellenic Research Foundation, Institute for Byzantine Research, Research Series 1).

Milev, Grăckite Žitija = A. Milev, Grăckite Žitija na Kliment Ohridski. Uvod, tekst, prevod i objasnitelni beležki, Sofia 1966.

Millénaire du Mont Athos = Le millénaire du Mont Athos 963–1963. Études et Mélanges, I–II, Chevetogne 1963. 1964.

Millennium = Millennium. Jahrbuch zu Kultur und Geschichte des ersten Jahrtausends n. Chr., Berlin – New York 2004ff.

Miller, Hospital = T. Miller, The Birth of he Hospital in the Byzantine Empire, Baltimore 1985.

Mioni, Catalogo ... biblioteche italiane = E. Mioni, Catalogo di manoscritti greci esistenti nelle biblioteche italiane, Rom 1965.

Mioni, Catalogus Neapol. = E. Mioni, Catalogus codicum graecorum Bibliothecae Nationalis Neapolitanae, I,1, Rom 1992.

Mioni, Codd. gr. Bibl. Marc. = E. Mioni, Bibliothecae Divi Marci Venetiarum codices Graeci manuscripti, Vol. I: Thesaurus antiquus 1: Codices 1-299, Rom 1981 (Ministero della pubblica istruzione: Indici e cataloghi, N. S. 6,4,1); Vol. II: Thesaurus antiquus 2: Codices 300-625, Rom 1985 (Ministero della pubblica istruzione: Indici e cataloghi, N. S. 6,4,2); Appendix I, Codices in Classes, Vol. 1,1: Codices in Classes a prima usque ad quintam inclusi, [Teil] 1: Classis I – Classis II, Codd. 1-120, Rom 1960 (Ministero della pubblica istruzione: Indici e cataloghi, N. S. 6,1,1); Vol. 1,2: Codices in Classes a prima usque ad quintam inclusi, [Teil] 2: Classis II, Codd. 121-198 – Classes III, IV, V. Indices, Rom 1972 (Ministero della pubblica istruzione: Indici e cataloghi, N. S. 6,1,2); Vol. 2: Codices qui in sextam, septimam atque octavam classem includuntur continens, Rom

1960 (Ministero della pubblica istruzione: In dici e cataloghi, N. S. 6,2); Vol. 3: Codices in Classes nonam decimam undecimam inclusos et supplementa duo continens, Rom 1973 (Ministero della pubblica istruzione: Indici e cataloghi, N. S. 6,3).

Miracula S. Marci (BHL 5285) (ed. Klüppel 1980) = De miraculis et virtutibus s. Marci evangelistae de pretioso sanguine domini nostri, ed. T. Klüppel, Reichenauer Hagiographie 143–164.

Miracula S. Marci (BHL 5285) (ed. Klüppel 1994) = De miraculis et virtutibus Sancti Marci evangelistae (Miracula S. Marci), ed. und übers. v. T. Klüppel, in: Berschin-Klüppel, Markus 25–57.

Miracula S. Marci (BHL 5285), in: MGH SS IV = Miracula S. Marci (BHL 5285), Exzerpt in: Ex translatione sanguinis Domini, miraculis S. Marci, vita S. Wiboradae et miraculis S. Verenae, ed. D. G. Waitz, in: MGH SS IV 445–460, bes. 449–452.

Miraculum Cyri et Ioannis (BHO 239) = Narratio miraculi quod contigit in imagine sancti Cyri thaumaturgi, ed. P. Peeters, Miraculum Sanctorum Cyri et Iohannis in urbe Monembasia, in: AnBoll 25 (1906) 233–240 (Text der lat. Übers. des arab. Originals: 236–240).

Mišić, Humska zemlja = S. Mišić, Humska zemlja u srednjem veku, Belgrad 1994.

Miskawayh = Ibn Miskawayh (Abū ʿAlī Aḥmad b. Muḥammad), in: The Eclipse of the ʿAbbasīd Caliphate, Original Chronicles of the Fourth Islamic Century, ed., transl., and elucidated by H. F. Amedroz and D. S. Margoliouth, vol. I–II: The Concluding Portion of the Experiences of the Nations by Miskawaih, ed. H. F. Amedroz [Edition des arab. Textes]; vol. IV–V: [The Concluding Portion of the Experiences of the Nations by Miskawaih], trad. D. S. Margoliouth [engl. Übers.], Oxford 1920–1921. Auszüge in franz. Übers. auch in: Vasiliev, Arabes II 2, p. 64–71.

Molin Pradel, Katalog Hamburg = Marina Molin Pradel, Katalog der griechischen Handschriften der Staats- und Universitätsbibliothek Hamburg, Wiesbaden 2002 (Serta Graeca 14, zugleich Diss. Hamburg, Univ., FB Geschichtswiss., 2000).

Moltke, Runes = E. Moltke, Runes and Their Origin. Denmark and Elsewhere, Kopenhagen 1985.

Le monachisme à Byzance = Le monachisme à Byzance et en Occident du VIIIe au Xe siècle. Aspects internes et relations avec la société. Actes du colloque international organisé par la Section d'Histoire de l'Université Libre de Bruxelles en collaboration avec l'Abbaye de Maredsous (14-16 mai 1992), édités par A. Dierkens, D. Misonne et J.-M. Sansterre, Maredsous 1993 (= Revue Bénédictine 103 [1993]).

Montfaucon, Palaeographia Graeca = Palaeographia Graeca, sive de ortu et progressu literarum Graecarum ..., opera et studio D. Bernardi de Montfaucon, Paris 1708.

Moravcsik I, II = G. Moravcsik, Byzantinoturcica I: Die byzantinischen Quellen der Geschichte der Türkvölker, II: Sprachreste der Türkvölker in den byzantinischen Quellen, 2. Aufl., Berlin 1958 (Ndr. Berlin 1983) (BBA 10. 11).

Moravcsik, Namenliste = G. Moravcsik, Die Namenliste der bulgarischen Gesandten am Konzil vom J. 869–70, in: idem, Studia Byzantina, Budapest 1967, 127–138 (Erstveröffentlichung in: Izvestija na Istoričeskoto Družestvo v Sofija 13 [1933] 8–23).

Mordtmann, Sceaux = A. Mordtmann, Sur les sceaux et les plombs byzantins, Conférence tenue dans la Société Littéraire Grecque (Ἑλληνικὸς Φιλολογικὸς Σύλλογος), Konstantinopel 1873. (Zitiert nach Nrr.)

Mordtmann, Varègues = A. Mordtmann, Bulles byzantines relatives aux Varègues, in: Archives de l'Orient Latin 1 (1881) 697–703.

Morkinskinna = Morkinskinna, udg. ved Finnur Jónsson, Kopenhagen 1932 (Samfund til Udgivelse af Gammel Nordisk Litteratur 53). Engl. Übers.: Morkinskinna. The earliest Icelandic chronicle of the Norwegian kings (1030–1157), transl. with introd. and notes by T. Andersson, Ithaca, NY, u. a. 2000 (Islandica 51).

Morris, Monks = Rosemary Morris, Monks and laymen in Byzantium, 843–1118, Cambridge 1995.

Morris, Origins = Rosemary Morris, The origins of Athos, in: Mount Athos and Byzantine Monasticism, Papers from the Twenty-eighth Spring Symposium of Byzantine Studies, Birmingham, March 1994, ed. by A. Bryer and Mary Cunningham, Aldershot–Brookfield 1996 (Society for the Promotion of Byzantine Studies, Publications 4), 37–46.

Morrisson II = C. Morrisson, Catalogue des monnaies byzantines de la Bibliothèque Nationale, II: De Philippicus à Alexis III (711–1204), Paris 1970.

Moutsopoulos, Tombeau = N. Moutsopoulos, Le tombeau du tsar Samouel dans la basilique du St. Achilles à Prespa, in: Études Balkaniques (1984) 114–126 (Ndr. in: N. K. Μουτσοπούλου, Ἡ βασιλικὴ τοῦ ἁγίου Ἀχιλλείου στὴν Πρέσπα, Thessalonike 1989, vol. II, 999–1011).

Movses Dasxuranci bzw. Movsēs Dasxuranc'i (Kałankatuac'i) = Movsēs Kałankatuac'i, Patmut'iwn Ałuanic' Ašxarhi, k'nnakan bnagirě yev neracut'iwně Varag Arak'elyani [kritische Edition und Einl. v. Varag Arak'elyan], Jerewan 1983; russ. Übers.: Movsės Kalankatuaci, Istorija strany Aluank. Perevod s drevnearmjanskogo, predislovie i kommentarij Š. V. Smbatjana, Jerewan 1984; engl. Übers. von C. J. B. Dowsett, The History of the Caucasian Albanians by Movses Dasxuranci, Oxford 1961 (London Oriental Series 8). (Nur die engl. Übers. von Dowsett wurde berücksichtigt.)

Müller-Wiegand, Vermitteln = Daniela Müller-Wiegand, Vermitteln – Beraten – Erinnern. Funktionen und Aufgabenfelder von Frauen in der ottonischen Herrscherfamilie (919–1024)(Diss. Kassel 2003), Kassel 2005.

Müller, Taufe = L. Müller, Die Taufe Rußlands. Die Frühgeschichte des russischen Christentums bis zum Jahre 988, München 1987.

Mullet, Founders = Margaret Mullet (Ed.), Founders and refounders of Byzantine monasteries, Papers of the fifth Belfast Byzantine International Colloquium, Portaferry, Co. Down 17-20 September 1998, Belfast 2007 (Belfast Byzantine Texts and Translations 6,3).

Musca, L'emirato di Bari = G. Musca, L'emirato di Bari, 847–871, Bari 1964 (Università degli Studi di Bari. Istituto di Storia Medioevale e Moderna. Saggi, fasc. 4).

Mušmov (BIAB 8) = N. A. Mušmov, Vizantijski olovni pečati ot sbirkata na Narodnija Muzej, in: BIAB 8 (1934) 331–349.

Mušmov, Monetite = Monetite i pečatite na bălgarskite care ot Nikola Mušmov, Sofia 1924.

Mutanabbī (Dieterici) bzw. (Sayqā) bzw. (Canard, Recueil) = Mutanabbii Carmina cum Commentario Wāḥidī, ed. F. Dieterici, Berlin 1861; Dīwān Abī aṭ-Ṭayyib al-Mutanabbī bi-šarḥ Abī l-Baqā' al-'Ukbarī al-musammā bi-t-tabyān fī šarḥ ad-dīwān, ed. M. as-Sayqā, I. al-Abyārī, 'A. Šiblī, Bd. I–II, Beirut (ohne Jahresangabe); Auszüge in: Canard, Recueil 104f.; 109–125. 177–181.

Mutanabbī/'Ukbarī (Sayqā) = Dīwān Abī aṭ-Ṭayyib al-Mutanabbī bi-šarḥ Abī l-Baqā' al-'Ukbarī al-musammā bi-t-tabyān fī šarḥ ad-dīwān, ed. M. as-Sayqā, I. al-Abyārī, 'A. Šiblī, Bd. I–II, Beirut (ohne Jahresangabe).

Mutanabbī/Wāḥidī (Dieterici) = Mutanabbii Carmina cum Commentario Wāḥidī, ed. F. Dieterici, Berlin 1861.

Muthesius, Silk = Anna Muthesius, Byzantine Silk Weaving AD 400 to AD 1200, Wien 1997 (Institut für Byzantinistik und Neogräzistik der Universität Wien, Byzantinische Geschichtsschreiber, hrsg. v. J. Koder, Ergänzungsband 4).

Mužić, Povijest = I. Mužić, Hrvatska povijest devetoga stoljeća (drugo, dopunjeno izdanje), Split 2007 (Biblioteka Povjesnice Hrvata 3).

Mxit'ar Ayrivanec'i = franz. Übers.: Histoire chronologique par Mkhitar d'Airivank, XIIIe s., trad. par M.-F. Brosset, St. Petersburg 1869 (Mém. Acad. Imp. Pétersbourg VIIe sér. 13,5). (Zitiert nach der franz. Übers.)

NA = Neues Archiv der Gesellschaft für ältere deutsche Geschichtskunde zur Beförderung einer Gesamtausgabe der Quellenschriften deutscher Geschichte des Mittelalters, Hannover 1876–1936 (Nachfolgezeitschrift: S. unter DA).

Nadpisi (Antonin) = Archimandrit Antonin, O drevnich christianskich nadpisjach v Afinach, St. Petersburg 1874.

Nadpisi (Latyšev) = Sbornik grečeskich nadpisej christianskich vremen iz južnoj Rossii, ed. V. V. Latyšev, St. Petersburg 1896. (Zitiert nach Nrr.)

Nāmī (Hamadānī) = bei Hamadānī überlieferte Gedichte des Nāmī, s. unter Hamadānī.

Nāmī (Ibn Ẓāfir) = Aḫbār ad-duwal al-munqaṭi', ta'līf Ǧamaladdīn Abū l-Ḥasan 'Alī b. Manṣūr Ẓāfir b. Ḥusayn al-Azdī, ed. 'A. 'Umar, Kairo 2001.

Narratio de imagine Edessena A (BHG 793) = Narratio de Imagine Edessena A (BHG 793) — Μηνὶ Αὐγούστῳ εἰς τὴν ις΄· Ἡ ἀνάμνησις τῆς εἰσόδου τῆς ἀχειροποιήτου μορφῆς τοῦ κυρίου καὶ θεοῦ καὶ σωτῆρος ἡμῶν Ἰησοῦ Χριστοῦ ἐκ τῆς Ἐδεσηνῶν πόλεως εἰς ταύτην τὴν θεοφύλακτον καὶ βασιλίδα τῶν πόλεων ἀνακομισθείσης, ed. Dobschütz, Christusbilder 38**–84**.

Narratio de Imagine Edessena B (BHG 794–795) = Narratio de Imagine Edessena B (BHG 794–795) — Κωνσταντίνου ἐν Χριστῷ βασιλεῖ αἰωνίῳ βασιλέως Ῥωμαίων διήγησις ἀπὸ διαφόρων ἀθροισθεῖσαι ἱστοριῶν περὶ τῆς πρὸς Αὔγαρον ἀποσταλείσης ἀχειροποιήτου θείας εἰκόνος Ἰησοῦ Χριστοῦ τοῦ θεοῦ ἡμῶν, καὶ ὡς ἐξ Ἐδέσης μετεκομίσθη πρὸς τὴν πανδαίμονα ταύτην καὶ βασιλίδα τῶν πόλεων Κωνσταντινούπολιν, ed. Dobschütz, Christusbilder 39**–85**; ältere Edition, in: PG 113, 422–453; neue Edition auf breiterer handschriftlicher Grundlage: Guscin, Image of Edessa 7–68 (mit paralleler engl. Übers.: 9–69).

Narratio de Imagine Edessena B (BHG 794), Redaktion des Cod. Ambros. D 52s = Narratio de Imagine Edessena B (BHG 794), Redaktion des Cod. Ambros. D 52s, cap. XXVII, § 53–54, ed. E. von Dobschütz, Der Kammerherr Theophanes (Zu Konstantins des Purpurgeborenen Festpredigt auf die Translation des Christusbildes von Edessa), in: BZ 1 (1901) 166–181 (Ed. des griech. Textes von cap. XXVII, § 53–54: p. 168–170); neue Edition in: Guscin, Image of Edessa 52–57 (cap. 27 "*secundum Mi2*").

Nasrallah, Histoire II,2 = J. Nasrallah, Histoire du mouvement littéraire dans l'Église melchite du Ve au XXe siècle: contribution à l'étude de la littérature arabe chrétienne, vol. II,2: [Première période abbasīde] (750 – Xe s.), Louvain 1988.

Nasrallah, Histoire III,1 = J. Nasrallah, Histoire du mouvement littéraire dans l'Église melchite du Ve au XXe siècle: contribution à l'étude de la littérature arabe chrétienne, vol. III,1: [Reconquête byzantine ...] (969–1250), Louvain 1983.

Nastase, Monastère des Ibères = D. Nastase, Le monastère athonite des Ibères et l'Espagne, in: P. Guran – B. Flusin (Ed.), L'empereur hagiographe. Culte des saints et monarchie byzantine at post-byzantine. Actes des colloques internationaux "L'empereur hagiographe" et "Reliques et miracles" (Bucarest 2000), Bukarest 2001, 55–60.

Nazarenko, Drevnjaja Rus' = A. V. Nazarenko, Drevnjaja Rus' na meždunarodnych putjach. Meždisciplinarnye očerki kul'turnych, torgovych, političeskich svjazej XI–XII vekov, Moskau 2001.

NE = Νέος Ἑλληνομνήμων, τριμηνιαίον περιοδικὸν σύγγραμμα, Athen 1 (1904) – 21 (1927).

Nea Rhome = Νέα Ῥώμη. Rivista di ricerche bizantinistiche, ed. Università di Roma Tor Vergata, Rom 2004ff.

Nea Sion = Νέα Σιών, ἐκκλησιαστικὸν περιοδικὸν σύγγραμμα, Jerusalem 1904–1961.

Nerlich, Gesandtschaften = D. Nerlich, Diplomatische Gesandtschaften zwischen Ost- und Westkaisern 756–1002, Bern – Berlin – Brüssel – Frankfurt a. M. – New York – Wien 1999 (Geist und Werk der Zeiten. Arbeiten aus dem Historischen Seminar der Universität Zürich 92).

Nesbitt (SBS 2) = J. Nesbitt, Overstruck Seals in the Dumbarton Oaks Collection: Reused or Counterstamped?, in: SBS 2 (1990) 67–93. (Zitiert nach Nrr.)

Nesbitt et al., Highlights = J. Nesbitt, Alexandra-Kyriaki Wassiliou-Seibt, W. Seibt, Highlights from the Robert Hecht, Jr., Collection of Byzantine Seals, Thessalonike 2009.

Nestorchronik = Polnoe sobranie russkich letopisej. Tom pervyj. Lavrent'evskaja letopis', 2-e izdanie, Moskau 2001.

Nicephorus Phocas, De velitatione = G. Dagron – H. Mihaescu, Le traité sur la guérilla (De velitatione) de l'empereur Nicéphore Phocas (963–969), Paris 1986.

Nichoritis, Der hl. Methodios = K. Nichoritis, Der hl. Methodios und sein altslavischer Kanon auf den hl. Demetrios, in: Leben und Werk der byzantinischen Slavenapostel Methodios und Kyrillos 59–64.

Nichoritis, Unknown Stichera = K. Nichoritis, Unknown Stichera to St Demetrius by St Methodius, in: Tachiaos (ed.), Legacy of Saints Cyril and Methodius 79–86.

Nicol = D. Nicol, A Biographical Dictionary of the Byzantine Empire, London 1991.

Nicol, Venice = D. M. Nicol, Byzantium and Venice. A study in diplomatic and cultural relations, Cambridge 1992.

Nicolaus I. papa, epp. = Nicolai I. papae epistolae, ed. E. Perels, in: MGH Epp. VI (= Epistolae Karolini Aevi IV), pars II, fasc. 1, Berlin 1912 (Gesamtband Epp. VI, Berlin 1925) 257–690; ältere, nicht mehr zu benutzende Ausgabe in: Mansi XV 141–474.

Nikephoros Bryennios = Nicéphore Bryennios, Histoire (Nicephori Bryennii Historiarum Libri Quattuor), introduction, text, traduction et notes par P. Gautier, Brüssel 1975 (CFHB IX, Series Bruxellensis); ältere Edition, deren Paginierung noch in Klammern (z. B. "p. 17 M") angegeben wird: A. Meineke, Bonn 1836 (CSHB).

Nikephoros Kallistos (PG) = Nikephoros Kallistos Xanthopoulos, Schriften, in: PG 146–147.

Nikephoros Kallistos Xanthopulos, Diegesis (BHG 1361) = Νικηφόρου Καλλίστου τοῦ Ξανθοπούλου, Διήγησίς τις ἐν στίχοις ἰαμβείοις τινῶν θαυμάτων τοῦ θείου Νικολάου, ὧν οὐδαμῶς μέμνηται ὁ Μεταφράστης, in: Papadopulos-Kerameus, Analekta IV 357–366.

Nikephoros Kallistos, Catal. patriarch. = Nicephori Callisti Xanthopuli Patriarcharum Constantinopolitarum Catalogus — Νικηφόρου Καλλίστου Ξανθοπούλου διήγησις περὶ τῶν ἐπισκόπων Βυζαντίου καὶ τῶν πατριάρχων πάντων Κωνσταντινουπόλεως, ed. A. Banduri, in: PG 147, 449–468.

Nikephoros Uranos, Epp. = Nikephoros Uranos, Epistulae, ed. J. Darrouzès, in: Épistoliers byzantins 217–248.

Niketas klerikos, Historia = Ἱστορία Νικήτα βασιλικοῦ κληρικοῦ, ed. A. Papadopulos-Kerameus, in: PPSb 38 (St. Petersburg 1895) 1–6; Niketas klerikos, Lettre du Clerc Nicétas à Constantin VII Porphyrogenète sur le feu sacré (Avril 947), ed. P. Riant, in: Archives de l'Orient Latin 1 (1881) 375–382.

Niketas Magistros, Epp. (Westerink) = Nicétas Magistros, Lettres d'un exilé (928–946), introduction, édition, traduction et notes par L. G. Westerink, Paris 1973.

Niketas Paphlagon, Enkomion auf den Propheten Daniel (BHG 488b) = Νικήτα τοῦ Παφλαγόνος ἐγκώμιον εἰς τὸν μέγαν προφήτην Δανιὴλ καὶ εἰς τοὺς τρεῖς παῖδας Ἀνανίαν, Ἀζαρίαν καὶ Μισαήλ, ed. F. Halkin (†), Un inédit de Nicétas le Paphlagonien: l'éloge du prophète Daniel, in: Kathegetria 287–302 (griech. Text: 288–302).

Niketas Paphlagon, Epp. = Nicetae Paphlagonis epistulae, rec. L. G. Westerink, in: Arethas, Scripta minora Nrr. 84–89, II, 149–182 (Appendix II).

Niketas Paphlagon, Laudatio Andreae (BHG 100) = Πράξεις καὶ περίοδοι τοῦ ἁγίου πανευφήμου ἀποστόλου Ἀνδρέου ἐγκωμίῳ συμπεπλεγμέναι, ed. M. Bonnet, in: AnBoll 13 (1894) 311–352. (S. dazu Mango, in: Palaeoslavica 10 [2002] 255–264, der das Enkomion Niketas David Paphlagon zuschrieb.)

Niketas Stethatos, Epp. = Nicétas Stéthatos, Opuscules et lettres, introduction, texte critique, traduction et notes par J. Darrouzès, Paris 1961 (Sources Chrétiennes 81) (Briefe : p. 227–291).

Nikolaos Mystikos, Epp. = Nicholas I, patriarch of Constantinople, Letters, Greek text and English translation by R. J. H. Jenkins and L. G. Westerink, Washington, DC, 1973 (CFHB VI, Dumbarton Oaks Texts 2).

Nikolaos Mystikos, Opuscula (Westerink) = Nicholas I, patriarch of Constantinople, Miscellaneous Writings, Greek text and English translation by L. G. Westerink, Washington, DC, 1981 (CFHB XX, Dumbarton Oaks Texts 6).

Nikolaos Skribas, Logos Antirrhetikos = Nikolaos Skribas, Logos Antirrhetikos — Λόγος ἀντιρρητικὸς ἐκτεθεὶς παρὰ τοῦ κυροῦ Νικολάου τοῦ Σκρίβα ἐπὶ τῷ ἐκτεθέντι τόμῳ παρὰ τοῦ πατριάρχου κυροῦ Σισινίου ἕνεκεν τῶν ὀφειλόντων κωλύεσθαι ὡρισμένων προσώπων ἐν τοῖς γαμικοῖς συναλλάγμασιν, ed. A. Schminck, Kritik am Tomos des Sisinnios, in: FM 2 (1977) 215–254 (griech. Text: 223–240).

Nikolopulos, Cat. Sinai = Ἱερὰ Μονὴ καὶ Ἀρχιεπισκοπὴ Σινᾶ – Ὑπουργεῖο Πολιτισμοῦ – Ἵδρυμα Ὄρους Σινᾶ, Τὰ νέα εὑρήματα τοῦ Σινᾶ, ed. P. Nikolopulos, Athen 1998.

Nikolov, Bulgarian Aristocracy = G. N. Nikolov, The Bulgarian Aristocracy in the War against the Byzantine Empire (971–1019), in: Byzantina et Slavica Cracoviensia III. Byzantium and East Central Europe, Krakau 2001, 141–158.

Nikolov, Centralizăm = G. N. Nikolov, Centralizăm i regionalizăm v rannosrednovekovna Bălgarija (kraja na VII – načaloto na XI v.), Sofia 2005.

Nikon vom Schwarzen Berg, Taktikon = Nikon vom Schwarzen Berg, Taktikon, ed. V. Beneševič, Opisanie grečeskich rukopisej mon. sv. Ekateriny na Sinae I, St. Petersburg 1911, 561–601. (Eine neue Edition des Taktikon wird derzeit vorbereitet durch C. Hannick, P. Plank und Carolina Lutzka, cf. http://www.slavistik.uni-wuerzburg.de/forschung/ [zuletzt aufgerufen am 4.9.2012].)

Nissen, Anakreonteen = T. Nissen, Die byzantinischen Anakreonteen, München 1940 (Sitzungsberichte der Bayerischen Akademie der Wissenschaften, Phil.-hist. Abt., Jahrgang 1940, Heft 3).

Njáls saga = Brennu-Njáls saga, Einar Ólafur Sveinsson gaf út, Reykjavík 1954 (Íslenzk fornrit 12). Dt. Übers.: Njals Saga. Die Saga von Njal und dem Mordbrand, hrsg. und aus dem Altisländ. übers. von H.-P. Naumann, Münster 2005 (Skandinavistik 3).

Noailles–Dain, Novelles = P. Noailles – A. Dain, Les Novelles de Léon VI le Sage, texte et traduction, Paris 1944.

Norden, Kunstprosa = E. Norden, Die antike Kunstprosa, I, Leipzig 1898 (Ndr. 1958).

Noret, Vitae duae = J. Noret, Vitae duae antiquae sancti Athanasii Athonitae, Turnhout 1982 (CCSG 9), XV–CLI.

Norwegische Königsgeschichten 1 = Norwegische Königsgeschichten, Vol. 1: Novellenartige Erzählungen, übertragen v. F. Niedner, Jena 1928 (Thule 17).

Notitiae Episcopatuum (Darrouzès) = Notitiae episcopatuum ecclesiae Constantinopolitanae, texte critique, introduction et notes par J. Darrouzès, Paris 1981 (La géographie écclesiastique de l'empire byzantin [première partie: Le siège de Constantinople et le Patriarcat œcumenique], tome I).

Notizie scavi = Notizie degli scavi di antichità comunicate alla Reale Accademia dei Lincei per ordine di S. E. Il Ministro della Pubb. Istruzione, Rom 1876/77–1903; Notizie degli scavi di antichità comunicate alla Accademia dal Ministero per i Beni Culturali e Ambientali, Accademia Nazionale dei Lincei (Roma), 5. Ser. 1–21, Rom 1904–1924; 6. Ser. 1=5 - 15=64, Rom 1925–1939; 7. Ser 1=65 - 7=71, Rom 1940/41–1946 (1947); 8. Ser. 1=71 - 42/43=113/114, Rom 1947 (1948) - 1988/89 (1992); 9. Ser. 1/2ff., Rom 1990/91 (1994)ff.

Novgorodskaja pervaja letopis' = Novgorodskaja pervaja letopis' staršego i mladšego izvodov (Polnoe sobranie russkich letopisej. Tom tretij), Moskau 2000.

NPB = Nova Patrum Bibliotheca, [begonnen von] A. Mai, I–X, Rom 1852–1905.

Nuʿmān, Iftitāḥ = Risālat iftitāḥ ad-daʿwa li-Muḥammad Ibn al-Qāḍī an-Nuʿmān, taḥqīq li-Wadād al-Qāḍī, Beirut 1970.

Nuʿmān, Maǧālis = Al-Qāḍī an-Nuʿmān b. Muḥammad (m. 363/974), Kitāb al-maǧālis wa-l-musāyarāt, ed. H. al-Faqī, I. Šabbūḥ, M. Yalaoui, Beirut 1978.

Nuwayrī bzw. Nuwayrī (Amari, Biblioteca) = Nihāyat al-arab fī funūn al-adab, ta'līf Šihābaddīn Aḥmad b. ʿAbdalwahhāb an-Nuwayrī, Bd. XXII, ed. M. Ǧābir ʿA. al-Ḥīnī, I. Muṣṭafā, Kairo 1984; Bd. XXIII, ed. A. K. Zākī, M. M. Ziyāda, Kairo 1980; Bd. XXIV, ed. Ḥ. Naṣṣār, ʿA. al-Ahwānī, Kairo 1983; Bd. XXV, ed. M. Ǧ. ʿA. al-Ḥīnī, Kairo 1984; Bd. XXVI, ed. Fawzī, Kairo 1986. Für Sizilien/Unteritalien zitiert nach den Auszügen in Amari, Biblioteca 423–459.

Ob upravlenii imperiej = G. G. Litavrin – A. P. Novosel'cev, Konstantin Bagrjanorodnyj, Ob upravlenii imperiej, tekst, perevod, kommentarij, Moskau 1989 (2. verb. Auflage 1991).

Obolensky, Six Byzantine Portraits = D. Obolensky, Six Byzantine Portraits, Oxford 1988.

OC = Oriens Christianus, (Leipzig) Wiesbaden 1901ff.

OCP = Orientalia Christiana Periodica, Rom 1935ff.

ODB = The Oxford Dictionary of Byzantium, ed. A. Kazhdan, Alice-Mary Talbot, A. Cutler, T. E. Gregory, Nancy Patterson Ševčenko, I–III, New York - Oxford 1991.

Oddr Snorrason, Óláfs saga Tryggvasonar = Saga Óláfs Tryggvasonar af Oddr Snorrason, udg. af Finnur Jónsson, Kopenhagen 1932. Engl. Übers.: Oddr Snorrason, The Saga of Olaf Tryggvason, translated with introduction and notes by T. M. Andersson, Ithaca, NY, 2003 (Islandica 52).

Östergötlands Runinskrifter = E. Brate (Hrsg.), Östergötlands Runinskrifter, Stockholm 1911 (Sveriges Runinskrifter II).

Oesterle = Jenny Rahel Oesterle, Kalifat und Königtum. Herrschaftsrepräsentation der Fatimiden, Ottonen und frühen Salier an religiösen Hochfesten, Darmstadt 2009.

Oikonomides, Dated Seals = N. Oikonomides, A Collection of Dated Seals, Washington, DC, 1986.

Oikonomidès, Fiscalité = N. Oikonomidès, Fiscalité et exemption fiscale à Byzance (IXe–XIe s.), Athen 1996 (Fondation nationale de la recherche scientifique, Institut de recherches Byzantines, Monographies 2)

Oikonomidès, Listes = N. Oikonomidès, Les listes de préséance byzantines des IXe et Xe siècles, Paris 1972.

Oikonomidès, Organisation = N. Oikonomidès, L'organisation de la frontière orientale de Byzance aux Xe–XIe siècles et le Taktikon de l'Escorial, in: Actes du XIVe Congr. Intern. des Ét. Byz. I., Bukarest 1974, 285–302 (Ndr. in: Oikonomidès, Documents et études sur les institutions de Byzance, 7e–15e s., London 1976, 285–302).

Oikonomides, Social and Economic Life = N. Oikonomides, Social and Economic Life in Byzantium, ed. by Elizabeth Zachariadou, Aldershot 2004 (Variorum Collected Studies).

Óláfs saga Tryggvasonar en mesta = Óláfs saga Tryggvasonar en mesta, udg. af Ólafur Halldórsson, Vol. I–III, Kopenhagen 1958–2000 (Editiones Arnamagnæanae. Series A 1ff.).

Omont = H. Omont, Inventaire sommaire des Manuscrits Grecs de la Bibliothèque Nationale, vol. I: Ancien fonds Grec: Théologie, Paris 1886; vol. II: Ancien fonds Grec: Droit, Histoire, Sciences, Paris 1888; vol. III: Ancien Fonds Grec: Belles-Lettres, Paris 1888.

Oratio de imagine Edessena auctore Gregorio archidiacono et referendario (BHG 796g) = Oratio de imagine Edessena auctore Gregorio archidiacono et referendario Constantinopolitano (BHG 796g) — Γρηγορίου ἀρχιδιακόνου καὶ ῥεφερενδαρίου τῆς μεγάλης ἐκκλησίας Κωνσταντίνου πόλεως λόγος ὅτι νόμοις ἐγκωμίων οὐχ ὑπόκειται τὸ παράδοξον καὶ ὅτι πατριάρχαι τρεῖς ἀνετάξαντο ἐκμαγεῖον εἶναι Χριστόν, ὅπερ ἀπὸ τὰ Αἴδεσσα μετ' ἐνακόσια ἔτη καὶ ἐννεακαίδεκα μετηγάγετο σπουδῇ βασιλέως εὐσεβοῦς ἐν ἔτει ,υνβ' [sc. 944 n. Chr.], ed. A.-M. Dubarle, in: REB 55 (1997) 5–51 (griech. Text: 15–29; parallele franz. Übers.: 14–28); neue Edition: Guscin, Image of Edessa 70–86 (parallele engl. Übers.: 71–87).

Oratio de translatione Gregorii theologi (BHG 728) = Oratio de translatione Gregorii theologi (BHG 728) — Λόγος εἰς τὴν ἐπάνοδον τῶν λειψάνων τοῦ ἐν ἁγίοις πατρὸς ἡμῶν Γρηγορίου τοῦ Θεολόγου, ed. B. Flusin, Le Panégyrique de Constantin VII Porphyrogénète pour la translation des reliques de Grégoire le Théologien (BHG 728), in: REB 57 (1999) 5–97 (Ed. des griech. Textes: 41–81; parallele franz. Übers.: 40–80).

Oratio de translatione manus Ioannis Baptistae (BHG 849) = Theodoros Daphnopates, Oratio de translatione manus Ioannis Baptistae (BHG 849), ed. B. Latyšev, in: PPSb 59 (1910) 17–38.

Oriente cristiano e santità = Oriente cristiano e santità: figure e storie di santi tra Bisanzio e l'Occidente (Bimillenario di Cristo. I santi nella storia 1998–1999), ed. S. Gentile, Mailand 1998.

Orlandos–Branuses = A. K. Orlandos – L. Branuses, in: Graffiti (Orlandos–Branuses).

Ostrogorsky, Geschichte = G. Ostrogorsky, Geschichte des byzantinischen Staates, dritte durchgearbeitete Auflage, München 1963 (Byzantinisches Handbuch 1,2 = Handbuch der Altertumswissenschaft XII 1,2).

Ostrogorsky, Quelques problèmes = G. Ostrogorsky, Quelques problèmes d'histoire de la paysannerie byzantine, Brüssel 1956 (Corpus Bruxellense Historiae Byzantinae, Subsidia II).

Ostrogorsky, Steuergemeinde = G. Ostrogorsky, Die ländliche Steuergemeinde des byzantinischen Reiches im X. Jahrhundert, Stuttgart 1927 (Ndr. Amsterdam 1969).

Panagiotakes, Λέων ὁ Διάκονος = N. Panagiotakes, Λέων ὁ Διάκονος, in: EEBS 34 (1965) 1–138.

Panagiotakis, Theodosios Diakonos = N. M. Panagiotakis, Θεοδόσιος ὁ διάκονος καὶ τὸ ποίημα αὐτοῦ <Ἅλωσις τῆς Κρήτης>, Herakleion 1960 (Κρητικὴ Ἱστορικὴ Βιβλιοθήκη 2).

Panagopoulou, Gamoi = Angeliki G. Panagopoulou, Οι Διπλωματικοί Γάμοι στο Βυζάντιο (6ος–12ος αιώνασ), Athen 2006.

Pančenko = B. A. Pančenko, Kollekcii Russkago Archeologičeskago Instituta v Konstantinopolě, Katalog molivdovulov, in: IRAIK 8 (1903) 199–246 (Nr. 1-124); 9 (1904) 341–396 (Nr. 125-300); 13 (1908) 78–151 (Nr. 301-500). (Zitierung nach Nrr.)

Papachryssanthou, Hiérissos = Denise Papachryssanthou, Histoire d'un évêché byzantin: Hiérissos en Chalcidique, in: TM 8 (1981) 373–396.

Papachryssanthu, Ὁ Ἀθωνικὸς μοναχισμός = D. Papachryssanthu, Ὁ Ἀθωνικὸς μοναχισμός. Ἀρχὲς καὶ ὀργάνωση. Ἑλληνικὴ ἔκδοση βελτιωμένη καὶ ἐπαυξημένη, Athen 1992 (griechische, überarbeitete Fassung des ersten Teiles von: Actes du Prôtaton, Paris 1975, p. 1–164).

Papadopulos-Kerameus, Analekta = A. Papadopulos-Kerameus, Ἀνάλεκτα Ἱεροσολυμιτικῆς σταχυολογίας, I–V, St. Petersburg 1891–1898.

Papadopulos-Kerameus, Hierosol. Bibl. = A. Papadopulos-Kerameus, Ἱεροσολυμιτικὴ Βιβλιοθήκη ἤτοι κατάλογος τῶν ἐν ταῖς βιβλιοθήκαις τοῦ ἁγιωτάτου ἀποστολικοῦ τε καὶ καθολικοῦ ὀρθοδόξου πατριαρχικοῦ θρόνου τῶν Ἱεροσολύμων καὶ πάσης Παλαιστίνης ἀποκειμένων ἑλληνικῶν κωδίκων, I–V, Jerusalem 1891 (Ndr. Brüssel 1963).

Papadopulos-Kerameus, in: Μαυρογορδάτειος βιβλιοθήκη II, Istanbul 1886 (Παράρτημα Ἑλλην. φιλολ. Συλλόγου 17) = A. Papadopulos-Kerameus, Ἔκθεσις παλαιογραφικῶν καὶ φιλολογικῶν ἐρευνῶν ἐν Θράκῃ καὶ Μακεδονίᾳ, γενομένων κατὰ τὸ ἔτος 1885 διὰ τὴν Μαυρογορδάτειον Βιβλιοθήκην, in: Ὁ ἐν Κωνσταντινουπόλει Ἑλληνικὸς Φιλολογικὸς Σύλλογος (Παράρτημα τοῦ ΙΖ΄ τόμου), Istanbul 1886, p. 3–64.

Papadopulos-Kerameus, Monumenta = Monumenta Graeca et Latina ad Historiam Photii patriarchae pertinentia, ed. A. Papadopulos-Kerameus, I–II, St. Petersburg 1899. 1901.

Papadopulos-Kerameus, Varia graeca sacra = A. Papadopulos-Kerameus, Varia graeca sacra. Sbornik grečeskich neizdannych bogoslovskich tekstov IV–XV vekov, St.

Petersburg 1909 (= Mém. Acad. Imp. Pétersbourg 95) (Ndr., besorgt von J. Dummer, Leipzig 1975 [Subsidia byzantina lucis ope iterata VI]).

Papadopulos, Antiocheia = C. A. Papadopulos, Ἱστορία τῆς Ἐκκλησίας Ἀντιοχείας, Alexandria 1951.

Papadopulos, Historia = C. A. Papadopulos, Ἱστορία τῆς Ἐκκλησίας Ἱεροσολύμων, Alexandria 1910.

Papaoikonomu, Petros = C. Papaoikonomu, Ὁ πολιοῦχος τοῦ Ἄργους ἅγιος Πέτρος, ἐπίσκοπος Ἄργους ὁ θαυματουργός, Athen 1908.

Papazoglu, Cheirographa Eikosiphoinisses = G. K. Papazoglu, Τα χειρόγραφα τῆς Εικοσιφοινίσσης, Athen 1991.

Papazotos, Mont Athos = A. Papazotos, Recherches topographiques au Mont Athos, in: Géographie Historique du Monde Méditerranéen, éd. H. Ahrweiler, Paris 1988 (Byzantina Sorbonensia VII), 149–178.

Pape = Dr. W. Pape's weiland Professors am Berlinischen Gymnasio zum Grauen Kloster Griechisch-Deutsches Handwörterbuch in drei Bänden deren dritter die griechischen Eigennamen enthält, dritte Auflage bearbeitet von M. Sengebusch, dritte Ausgabe, Bd. I: A–K, Bd. II: Λ–Θ, Braunschweig 1902 (Ndr. Graz 1954); Bd. III: Wörterbuch der griechischen Eigennamen, dritte Auflage neu bearbeitet von G. E. Benseler, 2 Bde., Braunschweig 1863–1870.

Papsturkunden (Zimmermann) = Papsturkunden 896–1046, bearbeitet von H. Zimmermann, Erster Band: 896–996, Wien 1988 (Österreichische Akademie der Wissenschaften, Phil.-hist. Kl., Denkschriften 174; Veröffentlichungen der historischen Kommission 3); Zweiter Band: 996–1046, Wien 1989 (Österreichische Akademie der Wissenschaften, Phil.-hist. Kl., Denkschriften 177; Veröffentlichungen der historischen Kommission 4); Dritter Band: Register, Wien 1989 (Österreichische Akademie der Wissenschaften, Phil.-hist. Kl., Denkschriften 198; Veröffentlichungen der historischen Kommission 5).

Parekbolai = Παρεκβολαί—Parekbolai. An Electronic Journal for Byzantine Literature (hrsg. von Theodora Antonopulou, Sofia Kotzabassi, Marina Lukaki, I. Vassis), Athen–Thessalonike 1 (2011), online unter http://ejournals.lib.auth.gr/parekbolai (zuletzt aufgerufen am 2.11.2011).

Parnassos = Παρνασσός, φιλολογικὸ περιοδικό, Φιλολογικὸς Σύλλογος Παρνασσός, Athen 1 (1877) – 17 (1894/95); 2. Serie, Athen 1959ff.

Paroli, Bartolomeo = Elena Paroli, La Vita di san Bartolomeo di Grottaferrata (BHG e Novum Auctarium 233), Rom 2008.

Paschalides–Strates, Μοναστήρια της Μακεδονίας = S. A. Paschalides – D. Strates, Τα μοναστήρια της Μακεδονίας, Α΄ Ανατολική Μακεδονία, Thessalonike 1996.

Paschalides, Niketas David Paphlagon = S. A. Paschalides, Νικήτας Δαβίδ Παφλαγών, το πρόσωπο και το έργο του. Σύμβολη στη μελέτη της προσωπογραφίας και της αγιολογικής γραμματείας της προμεταφραστικής περίοδο, Thessalonike 1999 (Βυζαντινά κείμενα και μελέται 28).

Paschalides, Συνείδηση = S. A. Paschalides, Ἡ συνείδηση τῆς Ἐκκλησίας γιὰ τὴν ἁγιότητα τοῦ Μ. Φωτίου καὶ ἡ ἔνταξή του στὸ ἑορτολόγιο. Καταγραφὴ καὶ ἀνάλυση τῶν φιλοφωτιανῶν καὶ ἀντιφωτιανῶν πηγῶν, in: T. Zeses [Ζήσης] et al. (Hrsg.), Μνήμη ἁγίων Γρηγορίου τοῦ Θεολόγου καὶ Μεγάλου Φωτίου ἀρχιεπισκόπων Κωνσταντινουπόλεως. Πρακτικὰ ἐπιστημονικοῦ συμποσίου, Thessalonike 1994, 367–397.

Paschalides, Theodora = S. A. Paschalides, Ὁ Βίος τῆς ὁσιομυροβλύτιδος Θεοδώρας τῆς ἐν Θεσσαλονίκῃ. Διήγηση περὶ τῆς μεταθέσεως τοῦ τιμίου λειψάνου τῆς ὁσίας Θεοδώρας, εἰσαγωγή, κριτικὸ κείμενο, μετάφραση, σχόλια, Thessalonike 1991 (Ἱερὰ Μητρόπολις Θεσσαλονίκης, Κέντρον Ἁγιολογικῶν Μελετῶν 1).

Paschalides, Vita Ignatii = S. A. Paschalides, From Hagiography to Historiography: The Case of the *Vita Ignatii* (BHG 817) by Nicetas David the Paphlagonian, in: P. Odorico – P. A. Agapitos (Ed.), Les *Vies des Saints* à Byzance. Genre littéraire ou biographie historique?, Actes du IIième colloque international philologique EPMHNEIA, Paris, 6-7-8 juin 2002, organisé par l'E.H.E.S.S. et l'Université de Chypre sous la direction de P. Odorico et P. A. Agapitos, Paris 2004 (Centre d'études byzantines, néo-helléniques et sud-est européennes, École des Hautes Études en Sciences Sociales, Dossiers Byzantins 4), 161–173.

Passio Nicolai Bunensis (BHG 2308) = Ἀρχικὸν <μαρτύριον> ἁγίου Νικολάου τοῦ Νέου τοῦ ἐν Βουναίνῃ συνταχθὲν ὑπὸ Νικολάου, ed. D. Z. Sophianos, Ἅγιος Νικόλαος ὁ ἐν Βουναίνῃ. Ἀνέκδοτα ἁγιολογικὰ κείμενα, ἱστορικαὶ εἰδήσεις περὶ τῆς μεσαιωνικῆς Θεσσαλίας (Ι' αἰὼν), Athen 1972 (Ἐθνικὸν καὶ Καποδιστριακὸν πανεπιστήμιον, Φιλοσοφικὴ σχολή, Βιβλιοθήκη Σοφίας Ν. Σαριπόλου 22), 139–151.

Passio Nicolai Bunensis (BHG 2309) = <Μαρτύριον> ἁγίου Νικολάου τοῦ Νέου τοῦ ἐν Βουναίνῃ διασκευασθὲν ὑπὸ πρεσβυτέρου ἀχαϊκοῦ, ed. D. Z. Sophianos, Ἅγιος Νικόλαος ὁ ἐν Βουναίνῃ. Ἀνέκδοτα ἁγιολογικὰ κείμενα, ἱστορικαὶ εἰδήσεις περὶ τῆς μεσαιωνικῆς Θεσσαλίας (Ι' αἰὼν), Athen 1972 (Ἐθνικὸν καὶ Καποδιστριακὸν πανεπιστήμιον. Φιλοσοφικὴ σχολή. Βιβλιοθήκη Σοφίας Ν. Σαριπόλου 22), 152–160.

Pašuto, Vnešnjaja politika = V. T. Pašuto, Vnešnjaja politika Drevnej Rusi, Moskau 1968.

Patlagean, Figures = Évelyne Patlagean, Figures du pouvoir à Byzance (IXe–XIIe siècle), Spoleto 2001 (Centro Italiano di Studi sull'Alto Medioevo, Collectanea 13).

Patlagean, Sainte Face = Évelyne Patlagean, L'entrée de la Sainte Face d'Édesse à Constantinople 944, in: La religion civique à l'époque médiévale et moderne, Chrétienté et Islam. Actes du colloque organisé par le centre de recherche Histoire sociale et culturelle de l'Occident. XIIe–XVIIIe siècles, Rom 1995 (Collection de l'École française de Rome 213), 21–35 (Ndr.in: Patlagean, Figures 37–51).

Patria = Πάτρια Κωνσταντινουπόλεως, in: Scriptores originum Constantinopolitanarum, rec. T. Preger, II, Leipzig 1907 (Ndr. Leipzig 1989), 135–313.

Patriarchen (BBS 5) = Die Patriarchen der ikonoklastischen Zeit. Germanos I. – Methodios I. (715–847), hrsg. von R.-J. Lilie, mit Beiträgen von R.-J. Lilie, Claudia Ludwig, T. Pratsch, Ilse Rochow, D. Stein, Beate Zielke, Frankfurt a. M. u. a. 1999 (BBS 5).

Patriarchengeschichte = History of the Patriarchs of the Egyptian Church. Chael III – Šenouti II (AD 880–1066), ed. and engl. transl. A. S. Atiya [u. a.], Kairo 1948 (Publications de la Société d'Archéologie Copte 2.2).

Paulos von Monembasia = Παύλου ἐπισκόπου Μονεμβασίας διηγήσεις ψυχωφελεῖς περὶ ἐναρέτων καὶ θεοσεβῶν ἀνδρῶν τε καὶ γυναικῶν, ed. J. Wortley, Les récits édifiantes de Paul, évêque de Monembasie, et d'autres auteurs, introduction et texte, Paris 1987 (Sources d'histoire médiévale publiées par l'Institut de Recherche et d'Histoire des textes) (Texte: 27–123 [mit paralleler franz. Übers.]).

Paulos von Monembasia, Miraculum Cyri et Ioannis (BHO 239) = Paulos von Monembasia, Miraculum Cyri et Ioannis (BHO 239), ed. P. P(eeters), in: AnBoll 25 (1906) 233–240 (arab. Text und parallele lat. Übers.: 236–240).

Paulos von Monembasia, Narratio de inventione ossium sanctorum Valerii episcopi, Vincentii diaconi et Eulaliae virginis = Paulos von Monembasia, Narratio de inventione ossium sanctorum Valerii episcopi, Vincentii diaconi et Eulaliae virginis, ed. P. Peeters, Une Invention des SS. Valère, Vincent et Eulalie dans le Péloponèse, in: AnBoll 30 (1911) 296–306 (arab. Text: 301–304; lat. Übers.: 304–306).

Pavlikianov, Aristocracy = C. Pavlikianov, The medieval aristocracy on Mount Athos, Sofia 2001 (Center for Slavo-Byzantine Studies "Ivan Duicev", Sofia, University "St. Clement of Ohrid": Monumenta Slavico-Byzantina et mediaevalia Europensia 15).

Pavlikianov, in: Civitas divino-humana = K. Pavlikianov, The Bulgarian Athonite Monastery of Zographou from 980 to 1051 According to the Evidence of Its Archive, in: Civitas divino-humana – in honorem annorum LX Georgii Bakalov, Sofia 2004, 563–569.

Pazaras, in: Hiera Megiste Mone Batopaidiou I = T. N. Pazaras, Ὁ τάφος τῶν κτητόρων, in: Ἱερὰ Μεγίστη Μονὴ Βατοπαιδίου. Παράδοση – Ἱστορία – Τέχνη, vol. I, Athos 1996, 180–182 (Photographie vom Grab der Stifter: p. 180; Photo der Bleitafel mit Inschrift: p. 181).

PBW = Prosopography of the Byzantine World [Online-Publikation], ed. M. Jeffreys et al., King's College London, London 2006ff., online: http://www.pbw.kcl.ac.uk. Bis 2010 aktuelle und von uns benutzte Version: Version 2006.2 (Dezember 2006). Im Jahr 2011 erschien eine neue, erweiterte Version, die von uns jedoch nicht mehr benutzt wurde.

Peace and War in Byzantium = T. Miller – J. Nesbitt (Eds.), Peace and War in Byzantium: Essays in honour of George T. Dennis, S. J., Washington, DC, 1995.

Peeters, Colophon = P. Peeters, Un colophon géorgien de Thornik le Moine, in: AnBoll 50 (1932) 358–371 (georg. Text: 359–361; lat. Übers.: 361f.). (Ausschließlich nach der lat. Übers. zitiert.)

Peeters, Tréfonds oriental = P. Peeters, Le tréfonds oriental de l'hagiographie byzantine, Brüssel 1950 (Subs. hag. 26).

Peira = Πεῖρα Εὐσταθίου τοῦ Ῥωμαίου [Practia ex actis Eustathii Romani], ed. C. E. Zachariae von Lingenthal, in: Ius (Zepos) IV, p. 11–260 (Ndr. Aalen 1962).

Peloponnesiaka = Πελοποννησιακά. Ἑταιρεία Πελοποννησιακῶν Σπουδῶν, Athen 1956ff.

Peri Metatheseon (Darrouzès) = Περὶ μεταθέσεων, ed. J. Darrouzès, Le Traité des Transferts. Édition critique et commentaire, in: REB 42 (1984) 147–214 (Text: 171–189).

Peri Metatheseon (Rhalles–Potles) = Ἀδήλου Περὶ Μεταθέσεων, edd. G. A. Rhalles – M. Potles, in: Syntagma Kanon. V 391–394.

Perria–Iacobini, Vangelo di Dionisio = Lidia Perria – A. Iacobini, Il Vangelo di Dionisio. Un manoscritto bizantino di Costantinopoli a Messina, Rom 1998 (Milion 4).

Pertusi, Commento = A. Pertusi, Introduzione – commento, in: Konst. Porph., De Them. 1–55. 103–210.

Peterson, Runnamnslexikon = L. Peterson, Nordiskt runnamnslexikon. Fjärde, reviderade versionen med tillägg av frekvenstabeller och finalalfabetisk namnlista, Uppsala 2002 (online unter http://www.sofi.se/servlet/GetDoc?meta_id=1472, letzter Zugriff 2. Februar 2010).

Petit, Acolouthies grecques = L. Petit, Bibliographie des acolouthies grecques, Brüssel 1926 (Subs. hag. 16).

Petit, Michel Maléinos = Vie et Office de Michel Maléinos suivis du traité ascétique de Basile le Maléinote, texte grec publié par L. Petit, Paris 1903 (Bibliothèque hagiographique orientale 4).

Petros Heg. = Πέτρου ἐλαχίστου μοναχοῦ καὶ ἡγουμένου περὶ τῶν Παυλικιάνων τῶν καὶ Μανιχαίων, ed. C. Astruc, in: C. Astruc, Wanda Conus-Wolska, J. Gouillard, P. Lemerle, Denise Papachryssanthou, J. Paramelle, Les sources grecques pour l'histoire des Pauliciens d'Asie mineure, in: TM 4 (1970) 69–97.

Petros Sikeliotes = Πέτρου Σικελιώτου ἱστορία χρειώδης, ἔλεγχός τε καὶ ἀνατροπὴ τῆς κενῆς καὶ ματαίας αἱρέσεως τῶν Μανιχαίων, τῶν καὶ Παυλικιάνων λεγομένων, ed. Denise Papachryssanthou, in: C. Astruc, Wanda Conus-Wolska, J. Gouillard, P. Lemerle, Denise Papachryssanthou, J. Paramelle, Les sources grecques pour l'histoire des Pauliciens d'Asie mineure, in: TM 4 (1970) 3–67.

Petros v. Alexandreia = Πέτρου χριστιανοῦ καὶ ὀρθοδόξου Ἀλεξανδρέως ἔκθεσις χρόνων ἐν συντόμῳ ἀπὸ Ἀδὰμ ἕως νῦν, ed. Z. G. Samodurova, Chronika Petra Aleksandrijskogo, in: VV 18 (1961) 150–197 (Text: 180–197).

Petros v. Argos, Encomium Anargyrorum (BHG 382) = Petros von Argos, Ἐγκώμιον εἰς τοὺς Ἁγίους ἐνδόξους καὶ θαυματουργοὺς Ἀναργύρους Κοσμᾶν καὶ Δαμιανόν, in: Papaoikonomu, Petros 108–126; ed. K. T. Kyriakopulos, Ἁγίου Πέτρου ἐπισκόπου Ἄργους βίος καὶ λόγοι. Εἰσαγωγή, κείμενον, μετάφρασις, σχόλια, Athen 1976, 82–108.

Petros v. Argos, Encomium Annae (BHG 133) = Petros von Argos, Ἐγκώμιον εἰς τὴν Ἁγίαν Ἄνναν, in: Papaoikonomu, Petros 128–136; ed. K. T. Kyriakopulos, Ἁγίου Πέτρου ἐπισκόπου Ἄργους βίος καὶ λόγοι. Εἰσαγωγή, κείμενον, μετάφρασις, σχόλια, Athen 1976, 116–128.

Petros v. Argos, Logos auf Anna (BHG 132) = Petros von Argos, Λόγος εἰς τὴν σύλληψιν τῆς Ἁγίας Ἄννης, ὅταν συνέλαβε τὴν Ἁγίαν Θεοτόκον, in: Papaoikonomu, Petros 79–89; ed. K. T. Kyriakopulos, Ἁγίου Πέτρου ἐπισκόπου Ἄργους βίος καὶ λόγοι. Εἰσαγωγή, κείμενον, μετάφρασις, σχόλια, Athen 1976, 22–34.

Petrus Damiani, Epp. (MGH Epp. DK IV) = Petrus Damiani, Epistolae, ed. K. Reindel, Die Briefe des Petrus Damiani, Bände I–IV, München 1983–1993 (MGH, Die Briefe der deutschen Kaiserzeit IV). — Frühere Edition in: PL 144/145 (Paris 1853).

PG = J. P. Migne, Patrologiae cursus completus, series graeca, 1–167, Paris 1857–1866.

Philetos Synadenos, Epp. = Philetos Synadenos, Epistulae, ed. J. Darrouzès, in: Épistoliers byzantins 249–259.

Philomathestatos = Philomathestatos. Studies in Greek Patristic and Byzantine Texts Presented to Jacques Noret for his Sixty-Fifth Birthday, ed. by B. Janssens, B. Roosen and P. Van Deun, Leuven – Paris – Dudley, MA, 2004 (Orientalia Lovaniensia Analecta 137).

Philotheos, Kletorologion = Philotheos, Kletorologion — Ἀκριβολογία τῆς τῶν βασιλικῶν κλητορίων καταστάσεως καὶ ἑκάστου τῶν ἀξιωμάτων πρόσκλησις καὶ τιμή, συνταχθεῖσα ἐξ ἀρχαίων κλητορολογίων ἐπὶ Λέοντος τοῦ φιλοχρίστου καὶ σοφωτάτου ἡμῶν βασιλέως, μηνὶ Σεπτεμβρίῳ, ἰνδικτιῶνος γ΄, ἔτους ἀπὸ κτίσεως κόσμου ͵ϛυη΄, ὑπὸ Φιλοθέου βασιλικοῦ πρωτοσπαθαρίου καὶ ἀτρικλίνου, ed. N. Oikonomidès, Le traité de Philothée, in: Oikonomidès, Listes 66–235 (griech. Text: 81–235); alte Edition: Reiske, in: Konst. Porph., De Cerim. II 52–53, p. 702–791.

Photios, Amph. = Photii Patriarchae Constantinopolitani Epistulae et Amphilochia, ed. L. G. Westerink, vol. IV (Amph. 1-45), Leipzig 1986; vol. V (Amph. 46-222), Leipzig 1986; vol. VI,1 (Amph. 223-329), Leipzig 1987 (Bibliotheca Scriptorum Graecorum et Romanorum Teubneriana).

Photios, Bibl. (Henry) = Ἀπογραφὴ καὶ συναρίθμησις τῶν ἀνεγνωσμένων ἡμῖν βιβλίων ὧν εἰς κεφαλαιωδῆ διάγνωσιν ὁ ἠγαπημένος ἡμῶν ἀδελφὸς Ταράσιος ἐξῃτήσατο, ed. R. Henry, Photius, Bibliothèque, I–VIII, Paris 1959–1977 (Collection Byzantine [Budé]) (Ndr. in neun Bdn., Paris 1991).

Photios, Contra Manichaeos = Φωτίου τοῦ ἁγιωτάτου ἀρχιεπισκόπου Κωνσταντινουπόλεως ἐν συνόψει διήγησις τῆς νεοφανοῦς τῶν Μανιχαίων ἀναβλαστήσεως, ed. P. Lemerle, Photius, Récit de la réapparition des Manichéens, in: TM 4 (1970) 99–183 (Text: 121–173); ältere Ausgabe: Τοῦ ... ἁγιωτάτου Φωτίου διήγησις περὶ τῆς τῶν Μανιχαίων ἀναβλαστήσεως, λόγος πρῶτος (Photii patriarchae CP. contra Manichaeos libri, liber I, sermo I), in: PG 102, 15–84. (Zitiert nach den Kapitel-Nrr. bei Lemerle.)

Photios, Epp. (Laourdas–Westerink) = Photii Patriarchae Constantinopolitani Epistulae et Amphilochia, edd. B. Laourdas et L. G. Westerink, vol. I (Epp. 1-144), Leipzig 1983; vol. II (Epp. 145-283), Leipzig 1984; vol. III (Epp. 284-299), Leipzig 1985 (Bibliotheca Scriptorum Graecorum et Romanorum Teubneriana).

Photios, Hom. = Φωτίου Ὁμιλίαι, ed. B. Laourdas, Thessalonike 1959.

Photios, Mystagogia = Photios, De Sancti Spiritus Mystagogia, in: PG 102, 279A–400A.

Pilgrimy = Pilgrimy. Istoriko-kul'turnaja rol' palomničestva. K XX Meždunarodnomy kongressy vizantinistov Pariž, 19–25 avgusta 2001 goda. Sbornik naučnych trudov, St. Petersburg 2001.

Pines, La lettre injurieuse d'un "roi" de Byzance = S. Pines, La collusion entre les byzantins et la subversion islamique et la lettre injurieuse d'un "roi" de Byzance (Deux extraits d'ʿAbd al-Jabbār), in: Studies in Memory of Gaston Wiet, ed. by Myriam Rosen-Ayalon, Jerusalem 1977, 101–116.

Pirivatrić, Duklja = S. Pirivatrić, Duklja, Bugarska i Vizantija na Južnom Jadranu krajem 10. i početkom 11. veka [= Duklja/Diokleia, Bulgarien und Byzanz an der südlichen Adria, Ende 10. und Anfang 11. Jh.], in: Bugarska i Srbija u krugu Vizantijske civilizacije. Zbornik referata iz bugarsko-srpskog simpozijuma 14-16 septembar 2003, Sofija, Sofia 2005, 91–99.

Pirivatrić, Samuilova država = S. Pirivatrić, Samuilova država: obim i charakter [engl. Paralleltitel: Samuilo's State: Its Extent and Character], Belgrad 1997 [1998] (Posebna izdanja / Vizantološki Institut SANU 21).

Pitra, Analecta = J. B. Pitra, Analecta Sacra Spicilegio Solesmensi parata, I–V. VII–VIII, Paris 1876–1888.

Pitra, Monumenta = J. B. Pitra, Iuris ecclesiastici graecorum historia et monumenta, I–II, Rom 1864. 1868 (Ndr. Rom 1963).

Pitra, Spic. Solesmense = J. B. Pitra, Spicilegium Solesmense complectens sanctorum patrum scriptorumque ..., I–IV, Paris 1852–1858 (Ndr. Graz 1962).

Pitsakes, Kolyma gamu = K. Pitsakes, Τὸ *κώλυμα γάμου λόγῳ συγγενείας ἑβδόμου βαθμοῦ ἐξ αἵματος στὸ βυζαντινὸ δίκαιο*, Athen 1985.

PL = J. P. Migne, Patrologiae cursus completus, series latina, 1–217. 218–221 (= Reg.-Bde.), Paris 1844–1864.

PLP = Prosopographisches Lexikon der Palaiologenzeit, erstellt von E. Trapp unter Mitarbeit von R. Walther, H.-V. Beyer, Katja Sturm-Schnabel, E. Kislinger, I. G. Leontiades, S. Kaplaneres u. a., Wien 1976–1996.

PmbZ I = Prosopographie der mittelbyzantinischen Zeit. Erste Abteilung (641–867). Nach Vorarbeiten F. Winkelmanns erstellt von R.-J. Lilie, Claudia Ludwig, T. Pratsch, Ilse Rochow, Beate Zielke u. a., 7 Bde., Berlin – New York 1998–2002.

PNSI = Periodico di numismatica e sfragistica per la storia d'Italia, 1–6, Florenz 1868–1874.

PO = Patrologia Orientalis, hrsg. von R. Graffin – F. Nau, Paris 1903ff.

Pochettino, Langobardi = G. Pochettino, I Langobardi nell'Italia meridionale (570–1080), Caserta 1930.

Podskalsky, Bulgarien und Serbien = G. Podskalsky, Theologische Literatur des Mittelalters in Bulgarien und Serbien 865–1459, München 2000.

Podskalsky, Christianstvo = G. Podskal'ski, Christianstvo i bogoslovskaja literatura v Kievskoj Rusi (988–1237 gg.), [2,. verbesserte u. für die russ. Übers. erw. Aufl.], St. Petersburg 1996 (Subsidia Byzantinorossica 1); im Internet zugänglich unter: http://byzantinorossica.org.ru/ser_sbr_v1.html (russ. Übers. von Podskalsky, Kiever Rus').

Podskalsky, Kiever Rus' = G. Podskalsky, Christentum und theologische Literatur in der Kiever Rus' (988–1237), München 1982.

Polemes, Kanones = I. D. Polemes, Κανόνες εἰς ὅσιον Ἀθανάσιον τὸν Ἀθωνίτην, Athen 1993.

Polemis, Doukai = D. I. Polemis, The Doukai. A Contribution to Byzantine Prosopography, London 1968 (University of London Historical Studies 22).

Polites–Manussakas = L. Polites — M. Manussakas, Συμπληρωματικοὶ κατάλογοι χειρογράφων Ἁγίου Ὄρους, Thessalonike 1973.

Polites, Ethn. Bibl. = L. Polites, Κατάλογος χειρογράφων τῆς Ἐθνικῆς Βιβλιοθήκης τῆς Ἑλλάδος, Ἀρ. 1857-2500, Athen 1991.

Polychronion = Polychronion. Festschrift Franz Dölger zum 75. Geburtstag, hrsg. von P. Wirth, Heidelberg 1966 (Corpus der griechischen Urkunden des Mittelalters und der neueren Zeit, Reihe D: Beihefte. Forschungen zur griechischen Diplomatik und Geschichte 1).

Popkonstantinov–Kronsteiner, Inschriften = K. Popkonstantinov – O. Kronsteiner, Starobălgarski nadpisi. Altbulgarische Inschriften, in: Die slawischen Sprachen 36 (1994) 1–268.

Poppe, Christian Russia in the Making = A. Poppe, Christian Russia in the Making, London 2007 (Variorum Collected Studies Series).

Poppe, in: Acta Poloniae Historica 60 (1989) = Poppe, Words that serve the authority: on the title of "Grand Prince" in Kievan Rus', in: Acta Poloniae Historica 60 (1989) 159–184 (Ndr. mit einem Addendum in: Poppe, Christian Russia in the Making, London 2007 [Variorum Collected Studies Series], Nr. IX)

Pozza–Ravegnani = M. Pozza – G. Ravegnani, I trattati con Bisanzio 992–1198, Venedig 1993 (Pacta Veneta, IV), Nr. 1 (März 992) 21–25.

PPSb = Pravoslavnyj Palestinskij Sbornik, izd. Imp. Pravoslavnago Palestinskago Obščestva, 1-62, Moskau 1881–1916; N. F. 31=94 (1992); (N. F. 1=63 [1954] - 30=93 [1991] und Jahrgänge ab N. F. 32=95 [1993] s. unter PSb = Palestinskij Sbornik).

Pratsch, Alexandros = T. Pratsch, Alexandros, Metropolites von Nikaia und Professor für Rhetorik (10. Jh.) – biographische Präzisierungen, in: Millennium 1 (2004) 243–278.

Pratsch, Grabeskirche = T. Pratsch, Der Platz der Grabeskirche in der christlichen Verehrung im Osten, in: Konflikt und Bewältigung. Die Zerstörung der Grabeskirche zu Jerusalem im Jahre 1009, hrsg. von T. Pratsch, Berlin – New York 2011 (Millennium-Studien 32), 57–66.

Pratsch, Leon = T. Pratsch, Leon (*um 939, † vor 6. April 945): Der zweite Sohn Konstantins VII. Porphyrogennetos, in: BZ 98 (2005) 485–494.

Pratsch, Maria = T. Pratsch, Das Todesdatum der Maria (der Jüngeren) von Bizye (BHG 1164): † 16. Februar 902, in: BZ 97 (2004) 567–569.

Pratsch, Symeon = T. Pratsch, Zum Briefcorpus des Symeon Magistros: Edition, Ordnung, Datierung, in: JÖB 55 (2005) 71–86.

Pratsch, Theodoros = T. Pratsch, Theodoros Studites (759–826) – zwischen Dogma und Pragma, Frankfurt a. M. u. a. 1998 (BBS 4).

Pratsch, Topos = T. Pratsch, Der hagiographische Topos. Griechische Heiligenviten in mittelbyzantinischer Zeit, Berlin – New York 2005 (Millennium-Studien 6).

Preacher and Audience = Preacher and Audience. Studies in Early Christian and Byzantine Homiletics, ed. by Mary B. Cunningham and Pauline Allen, Leiden–Boston–Köln 1998.

Priester von Diokleia (ed. Šišić) = F. Šišić, Letopis Popa Dukljanina, Belgrad–Zagreb 1928 (Srpska Kraljevska Akademija – Filosofski i filološki spisi 18).

Princeton Catalogue = Sofia Kotzabassi – Nancy Patterson-Ševčenko, Greek Manuscripts at Princeton, Sixth to Nineteenth Century: A Descriptive Catalogue, Princeton, NJ, 2010 (Publications of the Department of Art and Archaeology, Princeton).

Prinzing, Berta-Eudokia and Lothair = G. Prinzing, Emperor Constantine VII and Margrave Berengar II of Ivrea under suspicion of murder. Circumstantial evidence of a plot against King Hugh's children, Berta-Eudokia and Lothair, in: N. Gaul (Ed.), Proceedings of the Symposium "Centre and Periphery in the Age of Constantine VII Porphyrogennetos: from De cerimoniis to De administrando imperio" at Budapest (CEU), Nov. 2009, Oxford (im Druck).

Prinzing, Minderheiten in der Mäander-Region = G. Prinzing, Zu den Minderheiten in der Mäander-Region während der Übergangsepoche von der byzantinischen zur seldschukisch-türkischen Herrschaft (11. Jh. – Anfang 14. Jh.), in: P. Herz – J. Kobes (Hrsg.), Ethnische und religiöse Minderheiten in Kleinasien. Von der hellenistischen Antike bis in das byzantinische Mittelalter, Wiesbaden 1998 (Mainzer Veröffentlichungen zur Byzantinistik 2), 152–177.

Prinzing, On Slaves = G. Prinzing, On Slaves and Slavery, in: P. Stephenson (Ed.), The Byzantine World, London – New York 2010, 92–102.

Prinzing, Pliska = G. Prinzing, Pliska in the View of Protobulgarian Inscriptions and Byzantine Written Sources, in: Post-Roman Towns, Trade and Settlement in Europe and Byzantium, ed. by J. Henning, Vol. 2: Byzantium, Pliska and the Balkans, Berlin – New York 2007 (Millennium Studien 5,2), 241–252.

Prinzing, Sklaven = G. Prinzing, Zu einigen speziellen "Sklaven"-Belegen im Geschichtswerk des Byzantiners Ioannes Skylitzes, in: Fünfzig Jahre Forschungen zur antiken Sklaverei an der Mainzer Akademie 1950–2000. Miscellanea zum Jubiläum, hrsg. von H. Bellen und H. Heinen, Stuttgart 2001, 353–362.

Pritsak, Origin = O. Pritsak, The Origin Of Rus', Vol. I: Old Scandinavian Sources older than the Sagas, Cambridge, MA, 1981.

Prolegomena I = Prosopographie der mittelbyzantinischen Zeit. Erste Abteilung (641–867): Prolegomena, nach Vorarbeiten F. Winkelmanns erstellt von R.-J. Lilie, Claudia Ludwig, T. Pratsch, Ilse Rochow u. a., Berlin – New York 1998.

Prolegomena II = Prosopographie der mittelbyzantinischen Zeit. Zweite Abteilung (867–1025). Prolegomena, nach Vorarbeiten F. Winkelmanns erstellt von R.-J. Lilie, Claudia Ludwig, T. Pratsch, Beate Zielke u. a., Berlin – New York 2009.

Pryor–Jeffreys, Dromon = J. H. Pryor and Elizabeth M. Jeffreys, The Age of the ΔΡΟΜΩΝ. The Byzantine Navy ca 500–1204, Leiden–Boston 2006 (The Medieval Mediterranean 62).

Ps.-Symeon = Symeonis magistri ac logothetae annales: Συμεὼν μαγίστρου καὶ λογοθέτου χρονογραφία, ed. I. Bekker, in: Theoph. cont. 603–760 (Teilausgabe der Chronik, Jahre 813–963).

PSb = Palestinskij Sbornik, Rossijskoe Palestinskoe Obščestvo, Leningrad / St. Petersburg, N. S. 1=63 (1954) – 30=93 (1990); 32ff. = 95ff. (1993ff.); s. auch unter PPSb.

Qalqašandī = al-Qalqašandī, Ṣubḥ al-a'šā ["Die Morgenröte des Blinden"], Edition: Kitāb Ṣubḥ al-A'šā ta'līf aš-šayḫ Abī l-'Abbās Aḥmad al-Qalqašandī, Bd. 7, ed. A. Ibrāhīm, Kairo 1915. Auszüge in franz. Übers. in: Canard, Deux documents 65–69.

Qauxč'išvili (Inscr.) = T'inat'in Qauxč'išvili, Sak'art'velos Berdznuli Carcerebis Korpusi [dt. Nebentitel: Tinatin Kauchtschischwili, Korpus der griechischen Inschriften in Georgien], I: Dasavlet'i Sak'art'velo [Westgeorgien], Tiflis 1999; II: Aġmosavlet'i Sak'art'velo [Ostgeorgien], Tiflis 2000; Sadzieblebi [Indices], Tiflis 2000 (mit einer deutschen Zusammenfassung in Bd. II, p. 335–366).

Qays b. al-Ḫaṭīm (Hamadānī) = Qays b. al-Ḫaṭīm, Verse auf die Gefangennahme des Konstantinos Phokas (# 23841), in: Hamadānī.

QFIAB = Quellen und Forschungen aus italienischen Archiven und Bibliotheken, hrsg. vom Deutschen Historischen Institut in Rom, Tübingen 1897/1898ff.

RA = Revue Archéologique, Paris 1 (1844/45) – 16 (1859/60); N. S. 1 (1860) – 44 (1882) = Année 1–23; 3. Sér. 1 (1883) – 41 (1902); 4. Sér. 1 (1903) – 24 (1914); 5. Sér. 1 (1915 [1914]) – 36 (1932); 6. Sér. 1 (1933) – 50 (1957); 1958–1965; [7. Sér.] = N. S. 1966ff.

Racki = Rački, Documenta = F. Rački, Documenta historiae croaticae periodum antiquam illustrantia, Zagreb 1877.

Radulphus Glaber = Rodolfo il Glabro, Cronache dell'anno mille (Storie), a cura di G. Cavallo e G. Orlandi, 3. Auflage, Mailand 1991; Rodulfus Glaber, Opera: 1. Historiarum libri quinque = The five books of history, ed. and transl. by J. France, 2. Vita domni Willelmi abbatis = The live of St. William by the same author, ed. by N. Bulst, transl. by J. France and P. Reynolds, Oxford 1993 (1. Auflage Oxford 1989) (Oxford Medieval Texts). (Zitiert nach Buch und Kapitelzählung, die in beiden Editionen übereinstimmen.)

Ragia, Latros = E. Ragia (Εφη Ράγια), Λάτρος, ένα άγνωστο μοναστικό κέντρο στη δυτική Μικρά Ασία. Με λεπτομερή σχολιασμό των εγγράφων του αρχείου μονής Θεοτόκου του Στύλου [engl. Paralleltitel: Latros, an unknown monastic center in western Asia Minor, with a detailed commentary on the documents of the archive of the monastery of Theotokos of Stylos], Thessalonike 2008 (darin: Προσωπογραφία, p. 115–161).

Rahlfs, Verzeichnis Hss. AT = A. Rahlfs, Verzeichnis der griechischen Handschriften des Alten Testaments, Berlin 1914 (Mitteilungen des Septuaginta-Unternehmens 2; Nachrichten von der Königlichen Gesellschaft der Wiss. zu Göttingen. Phil.-hist. Kl., 1914, Beiheft).

Rapp, Georgian Historiography = S. H. Rapp (Jr.), Studies in Medieval Georgian Historiography: Early Texts and Eurasian Contexts, Louvain 2003 (CSCO 601; Subsidia 113).

Rappmann–Zettler, Reichenauer Mönchsgemeinschaft = R. Rappmann – A. Zettler, Die Reichenauer Mönchsgemeinschaft und ihr Totengedenken im frühen Mittelalter, Sigmaringen 1998 (Archäologie und Geschichte – Freiburger Forschungen zum ersten Jahrtausend in Südwestdeutschland 5).

Raukar, Hrvatsko Srednjovjekovlje = T. Raukar, Hrvatsko Srednjovjekovlje: prostor, ljudi, ideje, Zagreb 1997.

RBK = Reallexikon zur byzantinischen Kunst, unter Mitwirkung von M. Restle hrsg. von K. Wessel, 1ff., Stuttgart 1966ff.

RdIm = J.-M. Martin – E. Cuozzo – S. Gasparri – M. Villani, Regesti dei documenti dell' Italia meridionale, 570–899, Rom 2002 (Sources et documents d'histoire du Moyen Âge, publiés par l'École française de Rome 5).

RE = Paulys Real-Encyclopädie der classischen Altertumswissenschaft. Neue Bearbeitung, begonnen von G. Wissowa, fortgeführt von W. Kroll u. H. Mittelhaus, anschließend hrsg. v. K. Ziegler, Stuttgart 1893ff.

REA = Revue des Études Arméniennes, N. S., Paris 1964ff.

REB = Revue des Études Byzantines, Paris 1946ff.

REG = Revue des Études Grecques, Paris 1888ff.

REGC = Revue des Études géorgiennes et caucasiennes, Paris 1985ff. (Vorgänger-Zeitschrift: Bedi Kartlisa).

Reginonis Chronicon cum continuatione = Reginonis Abbatis Prumiensis Chronicon cum continuatione Treverensi, rec. F. Kurze, Hannover 1890 (MGH SS rer. Germ. in usum scholarum separatim editi 50).

Reinach, Contrat de mariage = T. Reinach, Un contrat de mariage du temps de Basile le Bulgaroctone, in: Mélanges offerts à M. G. Schlumberger, I, Paris 1924, 118–132.

Rentschler, Liudprand = M. Rentschler, Liudprand von Cremona. Eine Studie zum ost-westlichen Kulturgefälle im Mittelalter, Frankfurt a. M. 1981.

Repertorium Hss. byz. Rechts I (weltl. Recht) = L. Burgmann, Repertorium der Handschriften des byzantinischen Rechts, Teil 1: Die Handschriften des weltlichen Rechts (Nr. 1-327), Frankfurt am Main 1995 (Forschungen zur byzantinischen Rechtsgeschichte 20).

RESEE = Revue des études sud-est européennes, Bukarest 1963ff.

Restle, Wandmalerei = M. Restle, Die byzantinische Wandmalerei in Kleinasien, I–III, Recklinghausen 1967.

RGA = Reallexikon der Germanischen Altertumskunde, ed. H. Beck, H. Jankuhn, K. R. Tanke, R. Wenskus, H Steuer, D. Timpe et al., Berlin – New York 1973–2008 (37 Bde.).

RGA-E 15 = Reallexikon der Germanischen Altertumskunde – Ergänzungsband 15: Runeninschriften als Quellen interdisziplinärer Forschung. Abhandlungen des Vierten Internationalen Symposiums über Runen und Runeninschriften in Göttingen vom 4.-9. August 1995 / Proceedings of the Fourth International Symposium on Runes and Runic Inscriptions in Göttingen, 4-9 August 1995, hrsg. von K. Düwel in Zusammenarbeit mit S. Nowak, Berlin – New York 1998.

RhM = Rheinisches Museum für Philologie, Frankfurt a. M. 1 (1832/33) - 6 (1838/39); N. F. 1 (1842) – 92 (1943/44); 93ff. (1950ff.).

RHM = Römische Historische Mitteilungen, Wien 1956/57ff.

Rhoby, Epigramme Fresken = A. Rhoby, Byzantinische Epigramme auf Fresken und Mosaiken, Wien 2009 (Byzantinische Epigramme in inschriftlicher Überlieferung, hrsg. von W. Hörandner, A. Rhoby und Anneliese Paul, Band I; Denkschriften / Österreichische Akademie der Wissenschaften, Phil.-hist. Kl. 374, Veröffentlichungen zur Byzanzforschung 15).

Rhoby, Epigramme Ikonen = A. Rhoby, Byzantinische Epigramme auf Ikonen und Objekten der Kleinkunst, nebst Addenda zu Band 1 "Byzantinische Epigramme auf Fresken und Mosaiken", Wien 2010 (Byzantinische Epigramme in inschriftlicher Überlieferung, hrsg. von W. Hörandner, A. Rhoby und Anneliese Paul, Band II; Denkschriften / Österreichische Akademie der Wissenschaften, Phil.-hist. Kl. 408, Veröffentlichungen zur Byzanzforschung 23).

Riant, Scandinaves = P. Riant, Expéditions et pèlerinages des Scandinaves en Terre Sainte au temps des Croisades, Paris 1865.

Richter, Politische Orientierung Mährens = M. Richter, Die politische Orientierung Mährens zur Zeit von Konstantin und Methodius, in: H. Wolfram und A. Schwarcz (Hrsg.), Die Bayern und ihre Nachbarn, Teil 1, Berichte des Symposions der Kommission für Frühmittelalterforschung 25. bis 28. Oktober 1982, Stift Zwettl, Niederösterreich, Wien 1985 (Österreichische Akademie der Wissenschaften, Philosophisch-Historische Klasse, Denkschriften 179, Veröffentlichungen der Kommission für Frühmittelalterforschung 8), 281–292.

Ringrose, Servant = Kathryn M. Ringrose, The perfect servant. Eunuchs and the social construction of gender in Byzantium, Chicago 2003.

Ripper, Marwāniden = T. Ripper, Die Marwāniden von Diyār Bakr: eine kurdische Dynastie im islamischen Mittelalter (Diss. Mainz 1999), Würzburg 2000 (Mitteilungen zur Sozial- und Kulturgeschichte der islamischen Welt 6).

RN = Revue numismatique, Paris 1836ff.

Robinson, Cartulary Carbone = Gertrude Robinson, History and Cartulary of the Greek Monastery of St Elias and St Anastasius of Carbone, II, 1, in: Orientalia Christiana 15,2 (1929) 119–276, bes. 133–137 (Nr. I–51).

ROC = Revue de l'Orient Chrétien, Paris 1896–1936.

Rocchi, Codices Cryptenses = A. Rocchi, Codices Cryptenses seu Abbatiae Cryptae Ferratae in Tusculano, Tusculani 1883.

Rochow, Kassia = Ilse Rochow, Studien zu der Person, den Werken und dem Nachleben der Dichterin Kassia, Berlin 1967 (BBA 38).

Rochow, Schriften = Ilse Rochow, Antihäretische Schriften byzantinischer Autoren aus der Zeit zwischen 843 und 1025. Ein Überblick, in: Besonderheiten der byzantinischen Feudalentwicklung, hrsg. v. H. Köpstein, Berlin 1983 (BBA 50), 96–118.

Rodriquez, Catalogo SS. Salvatore = Maria Teresa Rodriquez, Catalogo dei manoscritti datati del fondo del SS. Salvatore, Messina 1999 (Sicilia, Biblioteche 50).

Romanos Lakapenos, Epp. = in: Theodoros Daphnopates, Epp. 1–10, p. 31–141 (Darrouzès–Westerink), s. dazu auch Prolegomena II 35f.; ibid. Ep. 15, p 155–157. Ältere (in PmbZ nicht benutzte) Edition: Ῥωμανοῦ βασιλέως τοῦ Λακαπηνοῦ ἐπιστολαί, ed. A. J. Sakkelion, in: Δελτίον τῆς ἱστορικῆς καὶ ἐθνολογικῆς ἑταιρίας τῆς Ἑλλάδος 1 (1883) 657–666; 2 (1885) 38–48. 385–409.

Rosenqvist, Eugenios = J. O. Rosenqvist, The Hagiographic Dossier of St. Eugenios of Trebizond in Codex Athous Dionysiou 154. A Critical Edition with Introduction, Translation, Commentary and Indexes, Uppsala 1996 (Studia Byzantina Upsaliensia 5) (darin Edition von: Miracula Eugenii auctore Ioanne Xiphilino [BHG 609z]: p. 170–203; Oratio auctore Ioseph ep. Trapezuntis [BHG 611]: p. 204–245; Miracula Eugenii auctore Ioanne Lazaropulo [BHG 612]: p. 246–359).

Rosenqvist, Literatur = J. O. Rosenqvist, Die byzantinische Literatur. Vom 6. Jahrhundert bis zum Fall Konstantinopels 1453, übers. von J. O. Rosenqvist und D. R. Reinsch, Berlin – New York 2007.

Rosenthal, Fortleben = F. Rosenthal, Das Fortleben der Antike im Islam, Zürich 1965.

Ross, Catalogue DO II = M. C. Ross, Catalogue of the Byzantine and Early Medieval Antiquities in the Dumbarton Oaks Collection, Vol. 2: Jewelry, Enamels, and Art of the Migration Period, Washington, DC, 1965.

Rossi Taibbi = Rossi Taibbi, in: Vita Eliae iun. (BHG 580).

RRIS = Rerum Italicarum Scriptores, ed. L. A. Muratori, I–XXV, Mailand 1723–1751.

RRIS NS = Rerum Italicarum Scriptores ..., Nuova editione, ed. G. Garducci, V. Fiorini, P. Fedele, Città del Castello – Bologna 1900ff.

RSBN = Rivista di Studi Bizantini e Neoellenici, Rom 1964ff. (Vorgängerzeitschrift: s. SBN).

RSBS = Rivista di studi bizantini e slavi 1–5, Bologna 1981–1985 (1989) (Fortsetzung: Bizantinistica).

RSI = Rivista storica italiana, Neapel 1884ff.

RSO = Rivista degli Studi Orientali, Rom 1907ff.

Rüss, Reich von Kiev = H. Rüss, Das Reich von Kiev, in: M. Hellmann (Hrsg.), Handbuch der Geschichte Rußlands, Band I: Bis 1613. Von der Kiever Reichsbildung bis zum Moskauer Zartum, 1. Halbband, Stuttgart 1981, 199–429.

Runciman, Bulgarian Empire = S. Runciman, A History of the First Bulgarian Empire, London 1930.

Runciman, Romanos = S. Runciman, The Emperor Romanus Lecapenus and his Reign. A Study of Tenth-Century Byzantium, Cambridge 1963 (Ndr. 1988).

Rupprecht, Wikingerzeit = A. Rupprecht, Die ausgehende Wikingerzeit im Lichte der Runeninschriften, Göttingen 1958 (Palaestra 224).

Russkaja pravda = Russkaja pravda, ed. B. D. Grekov, Vol. I–II, Moskau 1940–1947.

Russo, Storia = F. Russo, Storia della Chiesa in Calabria dalle origini al Concilio di Trento, I–II, Messina 1982 (Collana "Quaderni di scienze humane" 5).

Rydén, Basil the Younger = L. Rydén, The Life of St. Basil the Younger and the Date of the Life of St. Andreas Salos, in: OKEANOS. Essays presented to Ihor Ševčenko on his Sixtieth Birthday from his Colleagues and Students = Harvard Ukrainian Studies 7 (1983) 568–586.

Sabatier, Iconographie = Sabatier: Iconographie d'une collection choisie de cinq mille médailles byzantines et celtibériennes, St. Petersburg 1847–1860.

Sabba = Sabba, Ukazatel' Patriarskoj Biblioteki, Moskau 1858.

Sabuni, Arabische Literatur = A. Sabuni, Handbuch der arabischen Literatur. Anthologie der traditionellen Prosa, Hamburg 1983.

Les saints et leur sanctuaire = Les saints et leur sanctuaire à Byzance. Textes, images et monuments, publié par Catherine Jolivet-Lévy, M. Kaplan, J.-P. Sodini, Paris 1993 (Byzantina Sorbonensia XI).

Sakkelion–Sakkelion, Katalogos = I. Sakkelion – A. Sakkelion, Κατάλογος τῶν χειρογράφων τῆς Ἐθνικῆς Βιβλιοθήκης τῆς Ἑλλάδος, Athen 1892.

Sakkelion, Πατμιακὴ Βιβλιοθήκη = I. Sakkelion, Πατμιακὴ Βιβλιοθήκη, Athen 1890.

Saletta = s. Vita Eliae Spelaeotae (Saletta).

Salibi, Syria = K. S. Salibi, Syria under Islam. Empire on Trial, 634–1097, Delmar, NY, 1977.

Salzburg und die Slawenmission = Salzburg und die Slawenmission. Zum 1100. Todestag des hl. Methodius. Beiträge des internationalen Symposions vom 20. bis 22. September 1985 in Salzburg, hrsg. von H. Dopsch, Salzburg 1986.

Samir–Nwyia, Correspondance = Une correspondance islamo-chrétienne entre Ibn al-Munaǧǧim, Ḥunayn Ibn Isḥāq et Qusṭā ibn Lūqā, par K. Samir et P. Nwyia, Turnhout 1981 (PO 40,4 = Nr. 185), p. 519–724.

Samuel von Ani (Brosset) = Samuēl Anec'i, franz. Übers.: Samouel d'Ani, Tables Chronologiques, in: M.-F. Brosset, Collection d'historiens Arméniens. Dix ouvrages sur l'histoire de l'Arménie et des pays adjacents, II, St. Petersburg 1876 (Ndr. Amsterdam 1979), 339–483.

Samuel von Ani (PG) = Samuelis Presbyteri Aniensis temporum usque ad suam aetatem ratio e libris historicorum summatim collecta, lat. Übers. in: PG 19, 601–743.

Šandrovskaja, Katal. = Valentina S. Šandrovskaja, in: Iskusstvo Vizantii v sobranijach SSSR, I-III, Moskau 1977. (Nach Nrr. des Kataloges zitiert.)

Šandrovskaja, Katalog vystavki = Valentina. S. Šandrovskaja (Hrsg.), Iz kollekcij akademika N. P. Lichačeva: Katalog vystavki, St. Petersburg 1993 (Nr. 68–151); Kollekcija muzeja RAIK v Ermitaže: Katalog vystavki, St. Petersburg 1994 (Nr. 266–306). (Zitiert nach Nrr.)

Šandrovskaja, Pečati = Valentina S. Šandrovskaja, Vizantijskie pečati v sobranii Ermitaža, Leningrad 1975.

Šandrovskaja, Pečati s toponimičeskimi ukazanijami = Valentina S. Šandrovskaja, Pečati s toponimičeskimi ukazanijami [Siegel mit geographischen Bezeichnungen], in: Vizantija i vizantijskie tradicii: k XIX Meždunarodnomu Kongressu Vizantinistov, Kopengagen, 18-24 avgusta 1996 goda; sbornik naučnych trudov, Gosudarstvennyj Ėrmitaž, [Naučnyj redaktor V. N. Zalesskaja], St. Petersburg 1996, 53–61.

Sanness Johnsen, Stuttruner = I. Sanness Johnsen, Stuttruner i vikingtidens innskrifter, Oslo 1968.

Sansterre, Moines = J.-M. Sansterre, Les moines grecs et orientaux à Rome aux époques byzantine et carolingienne (milieu du VIe s. – fin du IXe s.), I–II, Vol. I: Texte, Vol. II: Bibliographie, notes, index et cartes, Brüssel 1983 (Académie Royale de Belgique. Mémoires de la Classe des Lettres, 2e série, t. LXVI, fasc. 1[/1-2]).

Saradi, Notariat = Hélène Saradi, Le notariat byzantin du IXe au XIe siècles, Athen 1991.

Satirisches Lied auf Theophano (# 28125) = Satirisches Lied auf Theophano, ed. G. Morgan, A Byzantine Satirical Song?, in: BZ 47 (1954) 292–297 (Text: 292–294).

Savio, Piemonte = S. Savio, Gli antichi vescovi d'Italia, vol. I: Il Piemonte, Turin 1898 (Ndr. 1971).

Savvides I–VI = Εγκυκλοπαιδικό Προσωπογραφικό Λεξικό Βυζαντινής Ιστορίας και Πολιτισμού (Encyclopaedic Prosopographical Lexicon of Byzantine History and Civilisation), Επιμέλεια έκδοσης / editor: A. G. C. Savvides (Σαββίδης), I: ʹΑαμρ – ʹΑλφιος, Athen 1996; II: ʹΑλφιος – Αντιοχεύς, Athen 1997; III: Αντίοχος – Αψίμαρος, Athen 1998; IV: Βαάνης – Βέσσας, Athen 2002; V: Βηρίνα – Γρηγέντιος, Athen 2006; VI: Γρηγοράς – Εφραίμ, Athen 2006.

Sawyer, Viking-Age Rune-stones = B. Sawyer, The Viking-Age Rune-stones. Custom and commemoration in early medieval Scandinavia, Oxford u. a. 2000.

SBN = Studi bizantini e neoellenici, Rom 1924–1963 (Fortsetzung: s. RSBN).

SBS = Studies in Byzantine Sigillography, edited by N. Oikonomides, Dumbarton Oaks, Washington, DC, 1 (1987); 2 (1990); 3 (1993); 4 (1995); 5 (1998); 6 (1999); ed. W. Seibt, Dumbarton Oaks, Washington, DC, 7 (2002); ed. J.-Cl. Cheynet – Claudia Sode, München–Leipzig 8 (2003); 9 (2006); 10 (2010).

Scaduto, Monachesimo Basiliano nella Sicilia = M. Scaduto, Il monachesimo Basiliano nella Sicilia medievale. Rinascita e decadenza sec. XI–XIV, Rom 1947 (Ndr. 1982).

Schieffer, Karolinger = R. Schieffer, Die Karolinger, vierte überarb. und erw. Auflage, Stuttgart 2006 (Urban-Taschenbücher 411).

Schilbach, Metrologie = E. Schilbach, Byzantinische Metrologie, München 1970 (Handbuch der Altertumswissenschaft XII, 4; Byzantinisches Handbuch 4).

Schlumberger, Bulles inédites = G. Schlumberger, Bulles byzantines inédites, in: Musée archéologique 2 (1877) 23–35. 123–132.

Schlumberger, Épopée I–II = G. Schlumberger, L'épopée byzantine à la fin du dixième siècle, Première partie: Guerres contre les Russes, les Arabes, les Allemands, les Bulgares. Luttes civiles contre les deux Bardas. Jean Tzimiscès – Les jeunes années de Basile II le tueur de Bulgares (969–989), Paris 1925 (Erstausgabe 1896; Ndr. Aalen 1969); Deuxième partie: Basile II le tueur de bulgares (989–1025), Paris 1925 (Erstausgabe 1900; Ndr. Aalen 1969). (Zitiert nach den Seitenzahlen der Erstausgabe, die in der zweiten Ausgabe mit Asterisk angegeben werden.)

Schlumberger, Mélanges = G. Schlumberger, Mélanges d'Archéologie Byzantine. Monnaies, Médailles, Méreaux, Jetons, Amulettes, Bulles d'Or et de Plomb, Poids de Verre et de Bronze, Ivoires, Objets d'Orfèvrerie, Bagues, Reliquiaires, etc., Paris 1895.

Schlumberger, Nicéphore Phocas = G. Schlumberger, Un empereur byzantin au dixième siècle, Nicéphore Phocas, Paris 1890.

Schlumberger, Sceaux = G. Schlumberger, Sceaux byzantins inédits: 1) in: Schlumberger, Mélanges 199–274 = in: REG 1889. 1892. 1894, Nrr. 1-145; 2) in: REG 13 (1900) 467–492, Nrr. 146-203; 3) in: RN IV 9 (1905) 321–354, Nrr. 204-295; 4) in: RN IV 20 (1916) 32–45, Nrr. 296-334. (Zitierung nach Nrr.)

Schmid, Zeugnis der Verbrüderungsbücher = K. Schmid, Das Zeugnis der Verbrüderungsbücher zur Slawenmission, in: Salzburg und die Slawenmission 185–205.

Schminck, Eherechtliche Entscheidungen = A. Schminck, Vier eherechtliche Entscheidungen aus dem 11. Jahrhundert, in: FM 3 (1979) 221–279.

Schminck, Rechtsbücher = A. Schminck, Studien zu mittelbyzantinischen Rechtsbüchern, Frankfurt a. M. 1986 (Forschungen zur byzantinischen Rechtsgeschichte 13).

Schneider, Mauern und Tore = A. M. Schneider, Mauern und Tore am Goldenen Horn zu Konstantinopel, in: Nachrichten der Akademie der Wissenschaften in Göttingen, I Phil.-hist. Klasse, Jahrgang 1950, Nr. 5, 65–107.

Scholia in Lucianum = Scholia in Lucianum, ed. H. Rabe, Leipzig 1906.

Scholz, Graecia Sacra = Cordula Scholz, Graecia Sacra. Studien zur Kultur des mittelalterlichen Griechenland im Spiegel hagiographischer Quellen, Frankfurt a. M. et al. 1997 (Studien und Texte zur Byzantinistik 3).

Schramm, Altrussland = G. Schramm, Altrusslands Anfang. Historische Schlüsse aus Namen, Wörtern und Texten zum 9. und 10. Jahrhundert, Freiburg 2002.

Schreckenberg, Adversus Judaeos = H. Schreckenberg, Die christlichen Adversus-Judaeos-Texte und ihr literarisches und historisches Umfeld (1.–11. Jh.), Frankfurt a. M. (u. a.) 1999 (Europäische Hochschulschriften, Reihe 23, Theologie 172).

Schreiner, Geschenke = P. Schreiner, Diplomatische Geschenke zwischen Byzanz und dem Westen ca. 800–1200: Eine Analyse der Texte mit Quellenanhang, in: DOP 58 (2004) 251–282.

Schreiner, Kleinchroniken = s. unter Kleinchroniken.

Schreiner, Kosten = P. Schreiner, Kosten der Handschriftenherstellung in Byzanz, in: Buch und Bibliothekswissenschaften im Informationszeitalter, hrsg. von E. Plassmann u. a., München 1990, 331–344.

Schreiner, Notizie = P. Schreiner, Notizie sulla storia della chiesa greca in Italia in manoscritti greci, in: La chiesa greca in Italia II, p. 883–908.

Schwarz, Amalfi = U. Schwarz, Amalfi im frühen Mittelalter (9.–11. Jahrhundert). Studien zur Amalfitaner Überlieferung, Tübingen 1978 (Bibliothek des Deutschen Historischen Instituts in Rom 49).

Scripta (Allen–Neil) = Scripta saeculi VII vitam Maximi confessoris illustrantia, una cum latina interpretatione Anastasii Bibliothecarii iuxta posita, ediderunt P. Allen et B. Neil, Turnhout/Leuven 1999 (CCSG 39).

Scritture = Scritture, Libri e Testi nelle aree provinciali di Bisanzio. Atti del seminario di Erice (18-25 settembre 1988), a cura di G. Cavallo, G. de Gregorio e M. Maniaci, I–II, Spoleto 1991.

Seibt I = W. Seibt, Die byzantinischen Bleisiegel in Österreich, I: Kaiserhof, Wien 1978 (Veröffentlichungen der Kommission für Byzantinistik II/1). (Zitiert nach Nrr.)

Seibt, Alanen = W. Seibt, Metropoliten und Herrscher der Alanen auf byzantinischen Siegeln des 10.–12. Jahrhunderts, in: Sfragistika i istorija kul'tury. Sbornik naučnych trudov posvjaščennyj jubileju V. S. Šandrovskoj [Festschrift V. S. Šandrovskaja], St. Petersburg 2004, 50–59.

Seibt, Armenika Themata = W. Seibt, Ἀρμενικὰ θέματα als terminus technicus der byzantinischen Verwaltungsgeschichte des 11. Jahrhunderts, in: Bsl 54 (1993) 134–141.

Seibt, Civil Administration of Iberia = W. Seibt, The Civil Administration of Byzantine Iberia According to The Seals, in: Istoriani. [Festschrift für] Roin Metreveli [überwiegend in georg. Sprache], Tiflis 2009, 150–157.

Seibt, Geographie Bulgariens = W. Seibt, Probleme der historischen Geographie Bulgariens im späteren 10. und 11. Jahrhundert – ein sigillographischer Beitrag, in: Numizmatičny i sfragističny prinosi k'm istorijata na zapadnoto Černomorje. Meždunarodnaja konferencija. Varna 12-15 septemvri 2001 g., Varna 2004, 253–264.

Seibt, Integrationspolitik = W. Seibt, Stärken und Schwächen der byzantinischen Integrationspolitik gegenüber den neuen armenischen Staatsbürgern im 11. Jahrhundert, in: Αυτοκρατορία σε κρίση 331–347.

Seibt, Kometopulen = W. Seibt, Untersuchungen zur Vor- und Frühgeschichte der 'bulgarischen' Kometopulen, in: Handes Amsorya 89 (1975) 65–100.

Seibt, Militärkommando "Iberia" = W. Seibt, Das byzantinische Militärkommando "Iberia", in: Samecniero paradigmebi – Scientific Paradigms. Studies in Honour of Prof. Natela Vachnadze, Tbilisi 2009 (erschienen 2010), 146–170 (deutsche Fassung: 146-157; georg. Fassung: 158–170).

Seibt, Nikopolis = Natascha Seibt – W. Seibt, Die sphragistischen Quellen zum byzantinischen Thema Nikopolis, in: Nicopolis I. Proceedings of the First International Symposium on Nicopolis (23-29 September 1984), Preveza 1987, 327–347.

Seibt, Skleroi = W. Seibt, Die Skleroi. Eine prosopographisch-sigillographische Studie, Wien 1976 (Byzantina Vindobonensia IX).

Seibt–Sanikidze = W. Seibt – T. Sanikidze, Schatzkammer Georgien. Mittelalterliche Kunst aus dem Staatlichen Kunstmuseum Tbilisi (Katalog einer Ausstellung im Künstlerhaus Wien vom 18. September bis 15. November 1981), Wien 1981.

Seibt–Wassiliou = Alexandra-Kyriaki Wassiliou – W. Seibt, Die byzantinischen Bleisiegel in Österreich, 2. Teil: Zentral- und Provinzialverwaltung, Wien 2004 (Veröffentlichungen der Kommission für Byzantinistik II/2).

Seibt–Zarnitz = W. Seibt – Marie-Louise Zarnitz, Das byzantinische Bleisiegel als Kunstwerk. Katalog zur Ausstellung, Wien 1997.

Sermo in Theophano (BHG 1795) = Τοῦ σοφωτάτου κυροῦ Νικηφόρου τοῦ Γρηγορᾶ λόγος εἰς τὴν ἁγίαν Θεοφανὼ τὴν βασιλίδα, ed. E. Kurtz, in: Kurtz, Theophano 25–45; ältere Edition in: Monumenta graeca ad Photium ejusque historiam pertinentia, quae ex variis codicibus collegit ediditque J. Hergenröther, Regensburg 1869, 72–83.

Ševčenko, Ideology = I. Ševčenko, Ideology, Letters and Culture in the Byzantine World, London 1982 (Variorum Reprints).

Seyrig = J.-C. Cheynet, Cécile Morrisson, W. Seibt, Les Sceaux Byzantins de la collection Henri Seyrig. Catalogue raisonné, Paris 1991. (Zitiert nach Nrr.)

Shaban, History I. II = M. A. Shaban, Islamic History. A New Interpretation, I: A. D. 600–750 (A. H. 132); II: A. D. 750–1055 (A. H. 132–448), Cambridge 1971. 1976.

Sharf, Donnolo = A. Sharf, The Univers of Shabbetai Donnolo, New York 1976.

Sharf, Jewry = A. Sharf, Byzantine Jewry from Justinian to the Fourth Crusade, London 1971.

Shboul, Attitudes = M. H. A. Shboul, Arab Attitudes towards Byzantium: Official, Learned, Popular, in: Kathegetria 111–128.

Shboul, Byzantium and the Arabs = M. H. A. Shboul, Byzantium and the Arabs, in: Elizabeth Jeffreys – M. Jeffreys – Ann Moffatt (Ed.), Byzantine Papers, Proceedings of the First Australian Byzantine Studies Conference, Canberra, 17-19 May 1978, Canberra 1981.

Shchapov, State and Church = Y. N. Shchapov, State and Church in Early Russia, 10th–13th Centuries, translated by V. Schneierson, New Rochelle, NY, – Athen – Moskau 1993.

Shepard, British Isles = J. Shepard, From the Bosporus to the British Isles: The way from the Greeks to the Varangians, in: T. N. Dzakson (ed.), Drevnejsie gosudarstva vostocnoj Evropy, 2009 god. Transkontinental'nye i lokal'nye puti kak sociokul'turnnyj fenomen, Moskau 2010, 15–42.

Shepard, Bulgaria = J. Shepard, Bulgaria: the other Balkan "empire", in: The New Cambridge Medieval History, Vol. III: c. 900 – c. 1024, ed. by T. Reuter, Cambridge 1999, 567–585.

Shepard, Coming of Christianity = J. Shepard, The coming of Christianity to Rus: Authorized and Unauthorized Versions, in: Conversion to Christianity from Late Antiquity to the Modern Age. Considering the process in Europe, Asia, and the Americas, ed. by C. B. Kendall, O. Nicholson, W. D. Phillips, jr., and M. Ragnow, Minneapolis, MN, 2009, 185–222.

Shepard, Diplomacy = J. Shepard, Byzantine diplomacy, A. D. 800–1204: means and ends, in: Byzantine Diplomacy 41–71.

Shepard, Origins of Rus' = J. Shepard, The origins of Rus' (c. 900–1015), in: M. Perrie (Ed.), The Cambridge History of Russia, Volume I: From Early Rus' to 1689, Cambridge 2006, 47–72.

Shepard, Road to Aleppo = J. Shepard, Constantine VII, Caucasian openings and the road to Aleppo, in: Eastern Approaches 19–40.

Shepard, Ruler as Instructor = J. Shepard, The Ruler as Instructor, Pastor and Wise: Leo VI and Symeon of Bulgaria, in: T. Reuter (Ed.), Alfred the Great. Papers from the Eleventh-Centenary Conferences. Studies in Early Medieval Britain, Aldershot 2003, 339–358.

Shepard, Symeon Peacemaker = J. Shepard, Symeon of Bulgaria – Peacemaker, in: Annuaire de l'université de Sofia "St. Kliment Ohridski" 83 (1989 [erschienen 1994]) 9–48.

Sibṭ b. al-Ǧawzī (Ṣūlī) = bei Sibṭ b. al-Ǧawzī überlieferte Nachrichten von Ṣūlī, in: Sibṭ b. al-Ǧawzī (Brit. Lib. Or. 4619), cf. Dölger–Müller, Regesten Nr. 578. 578a (Beihammer); franz. Übers. in: Vasiliev, Arabes II 2, p. 170f.

Sibṭ b. al-Ǧawzī (Brit. Lib. Or. 4618 bzw. 4619) = Sibṭ Ibn al-Ǧawzī, Kitāb mir'āt az-zamān, [unedierter Teil der Chronik für die Jahre 867–955, der in den Handschriften Brit. Lib. Or. 4618 und Or. 4619 enthalten ist], zitiert nach den Auszügen in franz. Übers. in: Vasiliev, Arabes II 2, p. 163–176, sowie nach den Angaben von A. Beihammer, in: Dölger–Müller, Regesten.

Sibṭ b. al-Ǧawzī (Hamawundī) = Sibṭ Ibn al-Ǧawzī, Kitāb mir'āt az-zamān: al-hiqba 345–447 a. h. (956/57–1055/56), ed. Ǧ. Ǧ. M. Hamawundī, Bagdad 1990. (Benutzt für den Zeitraum 345–447 a. h. [956/57–1055/56].)

Sideras, Grabreden = A. Sideras, Die byzantinischen Grabreden. Prosopographie, Datierung, Überlieferung. 142 Epitaphien und Monodien aus dem byzantinischen Jahrtausend, Wien 1994 (Wiener byzantinistische Studien 29).

Sieben Geschichten von den Ostland-Familien = Sieben Geschichten von den Ostland-Familien, übertragen v. G. Neckel, Jena 1913 (Thule 12).

Sigalas, Archeia = A. Sigalas, Ἀπὸ τὴν πνευματικὴν ζωὴν τῶν Ἑλληνικῶν κοινοτήτων τῆς Μακεδονίας. Α΄. Ἀρχεῖα καὶ βιβλιοθῆκαι Δυτικῆς Μακεδονίας, Thessalonike 1939 (EEPhSPTh, Παράρτημα Δ΄ τόμου), p. 11f.

Signes Codoñer, Bizancio y al-Andalus = J. Signes Codoñer, Bizancio y al-Andalus, en los siglos IX y X, in: I. Pérez Martin – P. Bádenas de la Peña (Ed.), Bizancio y la península ibérica. De la antigüedad tardía a la edad moderna, Madrid 2004 (Nueva Roma 24), 177–245.

Signes Codoñer, Diplomacia del libro = J. Signes Codoñer, La diplomacia del libro en Bizancio. Algunas reflexiones en torno a la posible entrega de libros a los Árabes en los siglos VIII–X, in: Scrittura e civiltà 20 (1996) 153–187.

Signes Codoñer, Die melkitischen Patriarchen = J. Signes Codoñer, Die melkitischen Patriarchen, Konstantinopel und der Bilderkult in der zweiten Hälfte des 9. Jahrhunderts. Mit besonderer Berücksichtigung von Brief 2 des Photios und dem sogenannten Brief der drei Patriarchen an Theophilos, in: M. Grünbart – L. Rickelt – M. M. Vučetić (edd.), Zwei Sonnen am Goldenen Horn? Kaiserliche und patriarchale Macht im byzantinischen Mittelalter. Akten der internat. Tagung vom 3. bis 5. November 2010, 2 Bde. (1. Bd Münster 2011, Byzantinistische Texte und Studien 3), Bd. 2 (in Druck).

Simek–Pálsson, Lexikon = R. Simek – H. Pálsson, Lexikon der altnordischen Literatur. Die mittelalterliche Literatur Norwegens und Islands, 2., wesentlich vermehrte und überarbeitete Auflage, Stuttgart 2007.

Simonsohn, Jews in Sicily 383–1300 = S. Simonsohn, The Jews in Sicily, 1: 383–1300, Leiden 1997 (Studia Post Biblica 48,3; The Jews in Sicily 1).

Šimšātī (Ḏahabī) = ʿAlī b. Muḥammad Šimšātī, überliefert in: Ḏahabī, Taʾrīḫ, in: Canard, Recueil 145–148.

Sīrat al-ustāḏ Ǧawḏar = Sīrat al-ustāḏ Ǧawḏar wa-bihī tawqīʿāt al-aʾimma al-Fāṭimiyīn, taṣnīf Abū ʿAlī Manṣūr al-ʿAzīzī al-Ǧawḏarī, taqdīm wa taḥqīq Muḥammad Kāmil Ḥusayn, Kairo (al-Qāhira) 1954; franz. Übersetzung: Vie de l'Ustadh Jaudhar (contenant sermons, lettres et rescrits des premiers califes fâtimides), écrite par Mansūr le secrétaire à l'époque du calife al-ʿAzīz billāh (365–386/975–966), traduite de l'arabe sur l'édition de M. Kāmil Husainn et M. ʿAbd al-Hādī Chaʾira par M. Canard, Algier 1958.

Šišić, Geschichte = F. Šišić, Geschichte der Kroaten, I, Zagreb 1917.

Sisinnios II., Tomos über die Ehehindernisse = Sisinnios II. Patriarches, Tomos über die Ehehindernisse vom 21.2.997 — Τόμος Σισιννίου πατριάρχου περὶ τοῦ μὴ λαμβάνειν δύο ἀδελφοὺς ἐξαδέλφας δύο, ed. Leonclavius, in: PG 119, 728D–741A = Syntagma Kanon V 11–19.

Sitzmann, Sprachkontakte = A. Sitzmann, Nordgermanisch-ostslavische Sprachkontakte in der Kiever Rus' bis zum Tode Jaroslavs des Weisen, Wien 2003 (Wiener Studien zur Skandinavistik 6).

Skhirtladze, Zacharia of Bana = Z. Skhirtladze, Zacharia, archbishop of Bana, and artistic transmission between Georgia and Byzantium (Panel Paper), in: Proceedings of the 21st International Congress of Byzantine Studies, London 21-26 August 2006, Vol. II, Abstracts of Panel Papers – Theme VII.5 "On the move: portable objects", p. 255f.

Skinner, Gaeta = P. Skinner, Family Power in Southern Italy: The Duchy of Gaeta and Its Neighbours, 850–1139, Cambridge 1995.

SKKDR I = Slovar' knižnikov i knižnosti Drevnej Rusi. Vyp. I (XI—pervaja polovina XIV v.), ed. D. S. Lichačev, Leningrad 1987.

Skylitzes = Σύνοψις ἱστοριῶν ἀρχομένη ἀπὸ τῆς ἀναιρέσεως Νικηφόρου βασιλέως τοῦ ἀπὸ γενικῶν καὶ μέχρι τῆς βασιλείας Ἰσαακίου τοῦ Κομνηνοῦ συγγραφεῖσα παρὰ Ἰωάννου κουροπαλάτου καὶ γεγονότος μεγάλου δρουγγαρίου τῆς βίγλας τοῦ Σκυλίτζη, ed. J. Thurn, in: Ioannis Scylitzae Synopsis historiarum, editio princeps, recensuit I. Thurn, Berlin 1973 (CFHB V, Series Berolinensis).

SLER = Donka Petkanova (Hrsg.), Starobălgarska literatura – Enciklopedičen rečnik., vtoro preraboteno i dopălneno izdanie, Veliko Tărnovo 2003.

Slijepčević, Istorija srpske pravoslavne crkve I = Đ. Slijepčević, Istorija srpske pravoslavne crkve, I. knjiga: Od pokrštavanja Srba do kraja XVIII veka, München 1962.

Snædal, Medan världen vakar = T. Snædal, Medan världen vakar. Studier i de gotländska runinskrifternas språk och kronologi, Uppsala 2002 (Runrön 16).

Sode, Bleisiegel = Byzantinische Bleisiegel in Berlin II, mit Unterstützung durch P. Speck bearbeitet von Claudia Sode, Bonn 1997 (ΠΟΙΚΙΛΑ ΒΥΖΑΝΤΙΝΑ 14). (Zitierung nach Nrr.)

Södermanlands Runinskrifter = E. Brate – E. Wessén (Hrsg.), Södermanlands Runinskrifter, Stockholm 1924–1936 (Sveriges Runinskrifter III).

Sokolova, Monety = Irina V. Sokolova, Monety i pečati vizantijckogo Chersona, Leningrad 1983. (Zitiert nach Nrr.)

Sokolova, Pečati = Irina V. Sokolova, in: Actes du XIVe Congrès International des Études Byzantines, Bucarest, 6-12 septembre 1971, ed. M. Berza – E Stănescu, vol. III, Bukarest 1976, 227–233.

Sophocles = E. A. Sophocles, Greek Lexicon of the Roman and Byzantine Periods (from B. C. 146 to A. D. 1100), Cambridge, Mass., 1914 (Ndr. Hildesheim 1992).

Sourdel, Vizirat = D. Sourdel, Le vizirat abbaside, 749–936, Vol. I–II, Damaskus 1959–1960.

Soustal, Nikopolis = P. Soustal, Nikopolis und Kephallenia, von P. Soustal unter Mitwirkung von J. Koder, Wien 1981 (TIB III = Österr. Akad. der Wiss., phil.-hist. Kl., Denkschriften 150).

Soustal, Thrakien = P. Soustal, Thrakien (Thrakē, Rodope und Haimimontos), Wien 1991 (TIB VI = Österr. Akad. der Wiss., phil.-hist. Kl., Denkschriften 221).

Spatharakis, Corpus = I. Spatharakis, Corpus of Dated Greek Illuminated Manuscripts to the Year 1453, vol. I: Text, vol. II: Ilustrations, Leiden 1981 (Byzantina Neerlandica 8).

Specimina Sinaitica = D. Harlfinger – D. R. Reinsch – J. A. M. Sonderkamp – G. Prato, Specimina Sinaitica. Die datierten griechischen Handschriften des Katharinen-Klosters auf dem Berge Sinai, 9.–12. Jahrhundert, Berlin 1983.

Speck, Bleisiegel = Byzantinische Bleisiegel in Berlin (West), unter Mitarbeit von I. Aslanis, A. Dimitriu, Daniela Lindow, Sophia Sahpekidou und R. Tscharke sowie teilw. nach Vorarb. von V. Elbern, H.-G. Severin und Elke Krengel und mit bes. Unterstützung durch J. W. Nesbitt bearbeitet von P. Speck, Bonn 1986 (ΠΟΙΚΙΛΑ ΒΥΖΑΝΤΙΝΑ 5). (Zitierung nach Nrr.)

Speck, Jamben = P. Speck, Kommentar und Anhänge zur Edition, in: Theod. Stud., Epigr.

Speck, Universität = Speck, Die kaiserliche Universität von Konstantinopel, München 1974 (Byzantinisches Archiv 14).

Spieser = J.-M. Spieser, in: Inscriptions (Spieser).

Spyridon–Eustratiades, Catalogue Laura = Spyridon Lauriotes — S. Eustratiades, Catalogue of the Greek Manuscripts in the Library of the Laura on Mount Athos with Notices from other Libraries, Cambridge, Mass., – Paris 1925 (Harvard Theological Studies 12) = Κατάλογος τῶν κωδίκων τῆς Μεγίστης Λαύρας (τῆς ἐν Ἁγίῳ Ὄρει) (Ἁγιορειτικὴ Βιβλιοθήκη, II–III)(Ndr. New York 1969).

SSig = G. Schlumberger, Sigillographie de l'Empire Byzantin, Paris 1884 (Ndr. Turin 1963.

SSS = Słownik starożytności słowiańskich. Encyklopedyczny zarys kultury słowian od czasów najdawniejszych do schyłku wieku XII (lat. Paralleltitel: Lexicon antiquitatum slavicarum. Summarum historiae cultus humanitatis slavorum inde a temporibus antiquissimis usque ad exitum XII saeculi), erarbeitet von einem Autorenkollektiv, Breslau–Warschau–Krakau 1961–1996.

Stančev–Popov, Kliment Ochridski = K. Stančev — G. Popov, Kliment Ochridski. Život i tvorčestvo, Sofia 1988.

Starr, Jews = J. Starr, The Jews in the Byzantine Empire 641–1204, Athen 1939 (Texte und Forschungen zur byzantinisch-neugriechischen Philologie, Beihefte zu den "Byzantinisch-neugriechischen Jahrbüchern" 30) (Ndr. New York 1970).

Stasola, Gli Arabi = M. G. Stasola, Gli Arabi nella penisola italiana, in: Testimonianze degli Arabi in Italia, Giornata di Studio, Roma, 1 dicembre 1987, Rom 1988, 77–94.

Stauridu-Zaphraka, Συνάντηση = Alkmene Stauridu-Zaphraka, Ἡ συνάντηση Συμεὼν καὶ Νικολάου Μυστικοῦ (Αὔγουστος 913) στὰ πλαίσια τοῦ βυζαντινοβουλγαρικοῦ ἀνταγωνισμοῦ, (Διατριβὴ ἐπὶ διδακτορίᾳ) Thessalonike 1972 (Βυζαντινὰ Κείμενα καὶ Μελέται 3).

Stavrakos, Bleisiegel = C. Stavrakos, Die byzantinischen Bleisiegel mit Familiennamen aus der Sammlung des Numismatischen Museums Athen, Wiesbaden 2000 (Mainzer Veröffentlichungen zur Byzantinistik 4). (Zitiert nach Nrr.)

Stavrakos, Sammlung Kophopoulos = C. Stavrakos, Die byzantinischen Bleisiegel der Sammlung Savvas Kophopoulos. Eine Siegelsammlung auf der Insel Lesbos, I, Turnhout 2010 (ΒΥΖΑΝΤΙΟΣ. Studies in Byzantine History and Civilization 1).

Steiner, Untersuchungen = Astrid Steiner, Untersuchungen zu einem anonymen byzantinischen Briefcorpus des 10. Jahrhunderts, Frankfurt a. M. u. a. 1987 (Peter Lang Verlag, Europäische Hochschulschriften, Reihe XV: Klassische Sprachen und Literaturen, Bd. 37).

Stephan von Taron (Asołik) (Gelzer) bzw. (Macler) = deutsche Übers.: Des Stephanos von Taron armenische Geschichte, aus dem Altarmenischen übers. von H. Gelzer und A. Burckhardt, Leipzig 1907 (Scriptores Sacri et Profani IV); franz. Übers.: Histoire Universelle par Étienne Açogh'ig de Daron [I-II], traduite de l'arménien et annotée par E. Dulaurier, Paris 1883 (Publications de l'École des Langues Orientales Vivantes 18) [bis 888]; Histoire Universelle par Étienne Asołik de Taron [III], traduite de l'arménien et annotée par F. Macler, Paris 1917 [ab 888].

Stephenson, Balkan frontier = P. Stephenson, Byzantium's Balkan frontier. A political study of the northern Balkans 900–1204, Cambridge 2000.

Stephenson, Basil = P. Stephenson, The legend of Basil the Bulgar-slayer, Cambridge 2003.

Stiernon, Constantinople IV = D. Stiernon, Constantinople IV, Paris 1967 (Histoire des conciles œcuméniques 5).

Stille, Runstenar och runristare = P. Stille, Runstenar och runristare i det vikingatida fjärdrundaland, Uppsala 1999 (Runrön 13).

Störmer, Problem der Slawenmission = W. Störmer, Zum Problem der Slawenmission des Bistums Freising im 9. Jahrhundert, in: Salzburg und die Slawenmission 207–220.

Stojkov, Taufe der Kiever Rus' = V. Stojkov, Das historische Ereignis der Taufe der Kiever Rus', in: K. C. Felmy – G. Kretschmar – F. von Lilienfeld – C.-J. Roepke (Hrsg.), Tausend Jahre Christentum in Rußland. Zum Millennium der Taufe der Kiever Rus', Göttingen 1988, 61–83.

Stornajolo, Codices Urbinates = C. Stornajolo, Bibliothecae Apostolicae Vaticanae codices manuscripti recensiti iubente Leone XIII Pontifice Maximo: Codices Urbinates Graecos, Rom 1895.

Strässle, Krieg = P. M. Strässle, Krieg und Kriegführung in Byzanz. Die Kriege Kaiser Basileios' II. gegen die Bulgaren (976–1019), Köln–Weimar–Wien 2006.

Strazzeri = s. unter Vita Eliae Spelaeotae (Strazzeri).

Strid, Thegns and drengs = J. P. Strid, Runic Swedish thegns and drengs, in: Runor och runinskrifter. Föredrag vid Riksantikvarieämbetets och Vitterhetsakademiens symposium 8-11 september 1985, Stockholm 1987 (Kungl. Vitterhets historie och antikvitets akademien. Konferenser 15), 301–316.

Strohmaier, Homer in Bagdad = G. Strohmaier, Homer in Bagdad, in: G. Strohmaier, Von Demokrit bis Dante, die Bewahrung antiken Erbes in der arabischen Kultur, Hildesheim u. a. 1996 (Olms-Studien 43), 222–226 (erste Veröffentlichung in: Bsl 41 [1980] 196–200).

Studien 8. u. 9. Jh. = Studien zum 8. und 9. Jahrhundert in Byzanz, hrsg. v. Helga Köpstein und F. Winkelmann, Berlin 1983 (BBA 51).

Subs. hag. = Subsidia Hagiographica, Brüssel 1886ff.

Suda = Suidae lexicon, ed. A. Adler, I–V, Leipzig 1928–1938 (Lexicographi graeci I).

Ṣūlī = Akhbār ar-Rāḍī wal-Muttaḳī from the Kitāb al-Awrāk by Abū Bakr Muḥammad b. Yaḥyā aṣ-Ṣūlī, ed. J. Heyworth Dunne, London 1935.

Sullivan, Nikon = D. F. Sullivan, The Life of Saint Nikon, Brookline, Mass., 1987.

Sumbat Davit'isdze = s. unter Georgische Chronik (K'art'lis C'xovreba).

Sutherland, Liudprand = J. N. Sutherland, Liudprand of Cremona. Bishop, Diplomat, Historian. Studies of the Man and his Age, Spoleto 1988.

Suyūṭī = Ta'rīḫ al-ḫulafā', ta'līf al-imām Ǧalāladdīn 'Abdarraḥmān b. Abī Bakr as-Suyūṭī, ed. G. M. Muṣṭafā, Kairo 1999.

Svoronos, Études = N. Svoronos, Études sur l'organisation intérieure, la société et l'économie de l'empire byzantin, London 1973 (Variorum Reprints).

Svoronos, Novelles = N. Svoronos, Les novelles des empereurs macédoiniens concernant la terre et les stratiotes. Introduction–Édition–Commentaires, édition posthume et index établis par P. Gounaridis, Athen 1994.

Svoronos, Remarques = N. Svoronos, Remarques sur la tradition du texte de la novelle de Basile II concernant les puissants, in: ZRVI 8.2 (Mélanges G. Ostrogorsky II), Belgrad 1964, 427–434 (Ndr. in: N. Svoronos, Études, Nr. VIII).

Swainson = s. unter Messanensis gr. 177 (Jacob, in: Helikon 22–27).

Sym. Theol., Catech. = Syméon le nouveau théologien, Catéchèses 1–34, ed. B. Krivochéine, I–III, Paris 1963–1965 (Sources chrétiennes 96. 104. 113).

Sym. Theol., Epp. = The Epistles of St Symeon the New Theologian, edited and translated by H. J. M. Turner on the basis of the Greek text established by Joseph Paramelle, Oxford 2009 (Oxford Early Christian Texts).

Sym. Theol., Hymn. = Τῶν θείων ὕμνων οἱ ἔρωτες τοῦ ἁγίου καὶ μεγάλου πατρὸς ἡμῶν Συμεὼν τοῦ νέου ἐν θεολόγοις καὶ πρεσβυτέρου γεγονότος καὶ ἡγουμένου τῆς μονῆς τοῦ ἁγίου Μάμαντος, ed. A. Kambylis, Symeon neos theologos, Hymnen, Berlin – New York 1976 (Supplementa Byzantina. Texte und Untersuchungen 3), 45–462; frühere Edition mit Übersetzung: ed. J. Koder – J. Paramelle, I–III, Paris 1969–1973 (Sources chrétiennes 156. 174. 196).

Sym. Theol., Theologika kai ethika = Symeon Neos Theologos, Theologika kai ethika, ed. J. Darrouzès, I–II, Paris 1966f. (Sources chrétiennes 122. 129).

Symeon log. = Symeon Logothetes, Chronographia (Sammelbegriff für die verschiedenen Redaktionen der sog. "Logothetenchronik", cf.: Prolegomena I 20f.; Prolegomena II 8f. 257f.), s. unter den Abkürzungen der einzelnen Redaktionen: Leon gr., Theod. mel., Symeon sl. etc.

Symeon log. (Cod. Vat. gr. 163) = A. Markopoulos, Le témoignage du Vaticanus gr. 163 pour la période entre 945–963, in: Symmeikta 3 (1979) 83–119 (Ndr. in: A. Markopoulos, History and Literature of Byzantium in the 9th–10th Centuries, Aldershot 2004 [Variorum Reprints], Nr. III).

Symeon log. (Wahlgren) = Symeonis magistri et logothetae chronicon, recensuit S. Wahlgren, Berlin – New York 2006 (CFHB XLIV/1).

Symeon Magistros, Epp. = Symeon Magistros, Epistulae, ed. J. Darrouzès, in: Épistoliers byzantins 96–163.

Symeon sl. = Slavjanskij perevod chroniki Simeona Logotheta, ed. V. I. Sreznevskij, St. Petersburg 1905 (Ndr. London 1971).

Symmeikta = Σύμμεικτα Κέντρου Βυζαντινῶν Ἐρευνῶν Ἐθνικοῦ Ἱδρύματος Ἐρευνῶν, Athen 1966ff.

Symposium Methodianum = Symposium Methodianum. Beiträge der internationalen Tagung in Regensburg (17. bis 24. April 1985) zum Gedenken an den 1100. Todestag des hl. Method, hrsg. von K. Trost, E. Völkl, E. Wedel, Neuried 1988.

Synax. Cpl. = Synaxarium ecclesiae Constantinopolitanae e codice Sirmondiano nunc Berolinensi adiectis synaxariis selectis opera et studio H. Delehaye, Brüssel 1902 (Propylaeum ad Acta Sanctorum Novembris)(Ndr. 1972).

Synax. Iosephi hymnographi (BHG 947b) = Μνήμη τοῦ ὁσίου πατρὸς ἡμῶν Ἰωσὴφ τοῦ ὑμνογράφου, in: Synax. Cpl. 581,19 – 584,20 (3. April).

Synaxaire Arménien X = G. Bayan (Hrsg.), Le Synaxaire Arménien de Ter Israel 10, Mois de Maréri, 2. Aufl., Turnhout 1994 (Nachdruck der Aufl. Paris 1930) (PO 21,4 = Nr. 104).

Synaxarium Arsenii Corcyr. (BHG 2044) = Ἀκολουθία τοῦ ἐν ἁγίοις πατρὸς ἡμῶν Ἀρσενίου ἀρχιεπισκόπου Κερκύρας, (ohne Angabe eines Herausgebers) Korfu 1873, 16–18; ed. S. Nikokabouras, Ἀκολουθία τῶν ἁγίων Ἰάσωνος ..., Korfu 1909, 60–62. (Zitiert nach der Ed. Korfu 1873.)

Synaxarium Athanasii Trapezuntini (BHG 2047t) = Συναξάριον εἰς τὸν ἐν ἁγίοις πατέρα ἡμῶν Ἀθανάσιον τὸν θαυματουργόν, γεγονότα ἀρχιεπίσκοπον τῆς Τραπεζοῦντος, ed. A. Papadopulos-Kerameus, Συμβολαὶ εἰς τὴν ἱστορίαν Τραπεζοῦντος, 2. Ἀθανάσιος ὁ Δαιμονοκαταλύτης, in: VV 12 (1906) 138–141 (Text: 139–141).

Synaxarium de imagine Edessena (BHG 796f) = Synaxarium de imagine Edessena (BHG 796f), in: Synax. Cpl. 897,48 – 901,4; neue Edition: Guscin, Image of Edessa 88–110 (parallele engl. Übers.: 91–111).

Synaxarium Euthymii hiberi = Synaxarnotiz (13. Mai) für den hl. Euthymios im georg. Synaxar (ca. 1042–1044 von Georgios Hagiorites zusammengestellt), ed. Abuladze, Dzveli k'art'uli agiograp'iuli literaturis dzeglebi [Monumente der altgeorgischen hagiographischen Literatur], IV (Synaxar, ed. E. Gabidzašvili), Tiflis 1968, 331–340 (Kommentar: p. 46–96), hier nur benutzt nach der franz. Paraphrase von Tsisana Bibiléichvili, in: Actes d'Iviron, p. 4f.

Synaxarium Ioannis hiberi = Synaxarnotiz (14. Juni) für den hl Ioannes Iber im georg. Synaxar (ca. 1042–1044 von Georgios Hagiorites zusammengestellt), ed. Abuladze, Dzveli k'art'uli agiograp'iuli literaturis dzeglebi [Monumente der altgeorgischen hagiographischen Literatur], IV (Synaxar, ed. E. Gabidzašvili), Tiflis 1968, 54, hier nur benutzt nach der franz. Übers. von Tsisana Bibiléichvili, in: Actes d'Iviron, p. 4.

Synaxarium Theoctistae Lesb. (BHG 1726e) = <Μνήμη> Θεοκτίστης τῆς Λεσβίας, in: Synax. Cpl. 205/206,41 – 207/208,36 (9. November).

Synaxarium Thomae Δεφουρκινοῦ (BHG 2458) = Synaxarium Thomae Δεφουρκινοῦ (BHG 2458), in: Synax. Cpl. 293/294,39 – 297/298,55 (10. Dez.) (aus dem Cod. Bibl. Univ. Bas. A.III.16 [15. Jh.]).

Synodicon vetus = The Synodicon vetus, text, translation, and notes by J. Duffy and J. Parker, Washington, DC, 1979 (CFHB XV, Series Washingtonensis = Dumbarton Oaks Texts 5).

Synodikon der Orthodoxie (BHG 1392) = Τὸ συνοδικὸν ὅπερ ἀναγινώσκεται τῇ κυριακῇ τῆς Ὀρθοδοξίας, ed. J. Gouillard, Le Synodikon de l'Orthodoxie. Édition et commentaire, in: TM 2 (1967) 1–316 (Text: 45–107; Appendices: 108–118).

Synodikon des Iviron-Klosters = Nur nach französischen Zusammenfassungen in: Actes d'Iviron I, p. 7f., benutzt. Die kritische Edition des georgischen Textes aus der Handschrift Tbilisi A-558 durch Hélène Métrévéli, At'onis k'art'velt'a monastris saġape cigni ["Das Buch der Commemorationen des Klosters Iviron auf dem Berg Athos" in georg. Sprache], Tiflis 1998, ist uns nicht zugänglich.

Synodikon georg. = M. van Esbroeck – N. Karadeniz, Das Synodikon von 843 in georgischer Übersetzung, in: AHC 19 (1987) 300–313 (Text in deutscher Übersetzung: 304–313).

Syntagma Kanon. = Σύνταγμα τῶν θείων καὶ ἱερῶν κανόνων τῶν τε ἁγίων καὶ πανευφήμων ἀποστόλων, καὶ τῶν ἱερῶν οἰκουμενικῶν καὶ τοπικῶν συνόδων, καὶ τῶν κατὰ μέρος ἁγίων πατέρων, κτλ., ed. G. A. Rhalles – M. Potles, I–VI, Athen 1852–1859 (Ndr. Athen 1966. 1992).

Syphonius Apollinaris, Letopisetz Mamadrakului = Syphonius Apollinaris, Letopisetz Mamadrakului (unedierte Chronik, hier benutzt nach der Inhaltsangabe bei G. v. Rezzori, Maghrebinische Geschichten, Hamburg 1958; ders., 1001 Jahre Maghrebinien).

Syria = Syria. Revue d'art oriental et d'archéologie, publiée par l'Institut français d'archéologie de Beyrouth, Beirut 1920ff.

Szemioth–Wasilewski = A. Szemioth – T. Wasilewski, Sceaux byzantins du Musée National de Varsovie, in: Studia zródloznawcze 11 (1966) 1–38; 14 (1969) 63–89. (Zitierung nach Nrr.)

Szövérffy = J. Szövérffy, A Guide to Byzantine Hymnography. A Classified Bibliography of Texts and Studies, I–II, Brookline, Mass., – Leyden 1978. 1979 (Medieval Classics: Texts and Studies 11. 12).

T'aqaïšvili, Inscr. = E. T'aqaïšvili, 1917c'lis arxeologiuri ekspedicia Samxret' Sak'art'velosi [= Archäologische Expedition von 1917 in Südgeorgien, in georg. Sprache], Tiflis 1960 (uns nicht zugänglich).

Ṭabarī = Annales, auctore Abu Djafar Mohammed ibn Djarīr at-Tabari, ed. M. J. de Goeje et al., Bd. I–XV, Leiden 1879–1901 (Ndr. Beirut 1965).

aṭ-Ṭabarī (Yar-Shater) = The History of al-Ṭabarī (Ta'rīkh al-rusul wa'l-mulūk), ed. by E. Yar-Shater, I–XL, New York 1985–2007 (SUNY [State University of New York] Series in Near Eastern Studies. Bibliotheca Persica) (E. Yar-Shater ist General Editor der Reihe, die Bearbeiter der Einzelbände werden hier nicht einzeln aufgeführt.)

Tachiaos (Ed.), Legacy of Saints Cyril and Methodius = A.-E. N. Tachiaos (Ed.), The Legacy of Saints Cyril and Methodius to Kiev and Moscow. Proceedings of the International Congress on the Millennium of the Conversion ot Rus' to Christianity, Thessalonike 26–28 November 1988, Thessalonike 1992.

Taktikon Escorial = Taktikon Escorial, in: Oikonomidès, Listes 262–277 (mit franz. Übersetzung).

Talbi, L'Émirat aghlabide = M. Talbi, L'Émirat aghlabide 144–296 / 800–909. Histoire politique, Paris 1966.

Tanūḫī = The Table-Talk of a Mesopotamian Judge, being the first part of the Nishwār al-Muḥāḍarah or Jāmi' al-Tawārīkh of Abu 'Alī al-Muḥassin al-Tanūkhī, ed. et transl. D. S. Margoliouth, Vol. I–II, London 1921–1922 (Oriental Translation Fund, New Series 27-28). Ein Teil der relevanten Informationen ist enthalten in: S. ad-Dahhān (Ed.), Dīwān Abī Firās al-Ḥamdānī, Bd. III, Beirut 1944, 461f.

Tarchnišvili = P. M. Tarchnišvili, Geschichte der kirchlichen georgischen Literatur, auf Grund des ersten Bandes der georgischen Literaturgeschichte von K. Kekelidze bearbeitet von P. M. Tarchnišvili in Verbindung mit J. Assfalg, Vatikanstadt 1955 (Studi e testi 185).

Tarchnišvili, Euthymius = P. M. Tarchnišvili, Die Anfänge der schriftstellerischen Tätigkeit des hl. Euthymius und der Aufstand von Bardas Skleros, in: OC 38 (1954) 113–124.

Tarchnišvili, Soulèvement = P. M. Tarchnichvili (†), Le soulèvement de Bardas Sklèros, in: Bedi Kartlisa 17–18 (1964) 95–97 (p. 96: franz. Übers. der georg. Inschrift von Zarzma).

Tarnanides, Bulg. Ekklesia = I. C. Tarnanides, Ἡ διαμόρφωσις τοῦ αὐτοκεφάλου τῆς Βουλγαρικῆς ἐκκλησίας (864–1234), Thessalonike 1976 (Ἑταιρεία Μακεδονικῶν Σπουδῶν, Ἐπιστημονικαὶ πραγματεῖαι 13).

Taviani-Carozzi, Salerne = Huguette Taviani-Carozzi, La principauté lombarde de Salerne (IXe–XIe siècle): pouvoir et société en Italie Lombarde méridionale, vol. I–II, Rom 1991 (Collection de l'École Française de Rome 152,1-2).

TAVO = Tübinger Atlas des Vorderen Orients, herausgegeben vom Sonderforschungsbereich 19 "Tübinger Atlas des Vorderen Orients (TAVO)" der Universität Tübingen, Wiesbaden 1977–1994, bes. Kartenblätter B VI 8: "Kleinasien. Das Byzantinische Reich (7.–9. Jh. n. Chr.)" von T. Riplinger und H. Benner, 1988; B VI 12: "Kleinasien. Kirchliche Organisation des Byzantinischen Reiches (4.–15. Jh.)" von S. Pirker, 1989; B VII 16 "Armenien und Georgien im 10. und 11. Jahrhundert" von R. H. Hewsen, 1988; B VIII 4 "Armenien und Georgien: Das Christentum im Mittelalter" von R. H. Hewsen, 1989.

Tchouhadjian, Pèlerins d'Arménie = A. Tchouhadjian, Pèlerins d'Arménie – Saints d'Occident. Évêques et prédicateurs venus évangéliser l'Europe aux IIIe–Ve et Xe–XIe siècles, Saint Étienne 2011.

Ter-Ghewondyan, Arab Emirates = A. Ter-Ghewondyan, The Arab Emirates in Bagratid Armenia, translated by Nina G. Garsoïan, Lissabon 1976 (armen. Originalausgabe: Jerewan 1965).

Tesoro San Marco = H. R. Hahnloser (Hrsg.), Il Tesoro di San Marco – Il Tesoro e il Museo, testi di W. F. Volbach – A. Grabar – K. Erdmann – H. R. Hahnloser – E. Steingräber – G. Mariacher – R. Paucchini, Florenz 1971 (Artikel über byzantinische Kunstschätze, wenn nicht anders angegeben, von A. Grabar).

Testamentum Ioannis Xeni (BHG 2196) = N. Tomadakes, Ὁ ἅγιος Ἰωάννης ὁ ξένος καὶ ἡ διαθήκη αὐτοῦ, in: Kretika Chronika 2 (1948) 47–72 (Text 1: Βίος καὶ πολιτεία τοῦ ὁσίου πατρὸς ἡμῶν Ἰωάννου τοῦ ἐρημίτου τοῦ τῇ ἐπωνυμίᾳ Ξένου, 57–61; Text 2: Βίος καὶ πολιτεία τοῦ Ὁσίου καὶ Θεοφόρου Πατρὸς ἡμῶν Κύρ Ἰωάννου τοῦ ἐν τῇ Κρήτῃ, 61–66);

ältere Edition: H. Delehaye, Deux typica byzantins de l'époque des Paléologues, in: Mémoires de l'Académie Royale de Belgique, Lettres 2e série, XIII,4, Brüssel 1921, 191–196.

Testamentum Niconis (BHG 1368) = Διαθήκη Νίκωνος Μοναχοῦ τοῦ Μετανοεῖτε, ed. O. Lampsides, in: Lampsides, Nikon 251–256 (Kommentar: 452–465).

Testamentum Pauli Latrensis (BHG 1474h) = ed. H. Delehaye, Monumenta Latrensia hagiographica, in: T. Wiegand, Der Latmos, Berlin 1913 (Milet, Ergebnisse der Ausgrabungen u. Untersuchungen seit dem Jahre 1899, Königliche Museen zu Berlin, t. III,1), 136–157; darin: Testamentum Pauli Latr. (BHG 1474h): 152,5 – 153,26 (= cap. 46–49 der Laudatio Pauli Latrensis [BHG 1474d]).

The Byzantine Aristocracy = The Byzantine Aristocracy, IX to XIII Centuries, ed. M. Angold, Oxford 1984.

The Sweet Land of Cyprus = The Sweet Land of Cyprus. Papers given at the Twenty-fifth Jubilee Spring Symposium of Byzantine Studies, Birmingham, March 1991, edited by A. A. M. Bryer and G. S. Georghallides, Nikosia 1993.

Theatron = Theatron. Rhetorische Kultur in Spätantike und Mittelalter, hrsg. von M. Grünbart, Berlin – New York 2007 (Millennium-Studien 13).

ThEE = Θρησκευτικὴ καὶ Ἠθικὴ Ἐγκυκλοπαιδεία, I–XII, Athen 1962–68.

Theocharides, Katepanikia = G. Theocharides (Θεοχαρίδης), Κατεπανίκια τῆς Μακεδονίας. Συμβολὴ εἰς τὴν διοικητικὴν ἱστορίαν καὶ γεωγραφίαν τῆς Μακεδονίας κατὰ τοὺς μετὰ τὴν Φραγκοκρατίαν χρόνους, Thessalonike 1954.

Theod. mel. = Theodosii Meliteni qui fertur chronographia, ed. L. F. Tafel, München 1859.

Theod. Skut. = Theodoros Skutariotes, Σύνοψις χρονική, ed. K. N. Sathas, in: Μεσαιωνικὴ Βιβλιοθήκη VII, Venedig–Paris 1894, 1–556.

Theod. Stud., Epigr. = Theodoros Studites, Jamben auf verschiedene Gegenstände, Einleitung, kritischer Text, Übersetzung u. Kommentar besorgt von P. Speck, Berlin 1968 (Supplementa Byzantina 1).

Theodoros Daphnopates, Epp. (Darrouzès-Westerink) = Théodore Daphnopatès, Correspondance, éditée et traduite par J. Darrouzès et L. G. Westerink, Paris 1978.

Theodoros Pediasimos, Logos in Josephum Hymnographum (BHG 947) = Theodoros Pediasimos, Λόγος ἐγκωμιαστικὸς εἰς τὸν ὅσιον Ἰωσὴφ τὸν ὑμνογράφον, in: Theodori Pediasimi eiusque amicorum quae exstant, ed. M. Treu, Programm des Victoria-Gymnasiums, Potsdam 1899, 1–14.

Theodoros Skutariotes, Synopsis = Theodoros Skutariotes, Σύνοψις χρονική, ed. K. N. Sathas, in: Μεσαιωνικὴ Βιβλιοθήκη VII, Venedig–Paris 1894, 1–556.

Theodoros von Kyzikos, Epp. = Theodoros von Kyzikos, Epistulae, ed. J. Darrouzès, in: Épistoliers byzantins 317–341. Ed. aus dem Cod. Vind. Phil. gr. 342 durch S. Lampros, in: NE 19 (1925) 269–296 und 20 (1926) 31–46. 139–157. (Neue, von uns nicht mehr berücksichtigte Edition durch Maria Tziatzi-Papagianni, Theodori Metropolitae Cyziki Epistolae, Berlin – New York 2012).

Theodoros von Nikaia, Epp. = Theodoros von Nikaia, Epistulae, ed. J. Darrouzès, in: Épistoliers byzantins 261–316.

Theodosios Diakonos, De Creta capta = Ἅλωσις Κρήτης πονηθεῖσα παρὰ Θεοδοσίου διακόνου ταπεινοῦ τῷ φιλανθρώπῳ καὶ κραταιῷ βασιλεῖ Ῥωμανῷ —Theodosii Diaconi de Creta capta, ed. H. Criscuolo, Leipzig 1979 (griech. Text: 1–39). Ältere Editionen: N. M. Panagiotakis, Θεοδόσιος ὁ διάκονος καὶ τὸ ποίημα αὐτοῦ ‹Ἅλωσις τῆς Κρήτης›, Herakleion 1960 (Κρητικὴ Ἱστορικὴ Βιβλιοθήκη 2); C. B. Hase, in: Leon Diakonos (CSHB) 263–306.

Theodosios monachos = griech. Teiledition: Θεοδοσίου μοναχοῦ τοῦ καὶ γραμματικοῦ ἐπιστολὴ πρὸς Λέοντα ἀρχιδιάκονον περὶ τῆς ἁλώσεως Συρακούσης, ed. C. O. Zuretti, in: ΙΤΑΛΟΕΛΛΗΝΙΚΑ. Centenario della nascità di Michele Amari, I. (1910), 165–168 (griech. Text), 168–170 (lat. Übersetzung). Vollständige lat. Paraphrase von O. Caetani, Vitae SS. Siculorum II, 272–277, unter dem Titel: *Epistola Theodosii Monachi de Excidio Syracusarum.*

Theognostos, Libellus (BHG 818c) = Λίβελλος περιέχων πάντα τὰ κατὰ τὸν μέγαν Ἰγνάτιον, πεμφθεὶς πρὸς Νικόλαον πάπαν Ῥώμης, προσωποποιηθεὶς ὑπὸ Θεογνώστου μοναχοῦ καὶ ἀρχιμανδρίτου τῆς πρεσβυτέρας Ῥώμης, καὶ ἐχάρχου Κωνσταντινουπόλεως, εἰς ὄνομα Ἰγνατίου τοῦ πατριάρχου, in: PG 105, 856–861 (= Mansi XVI 296–301).

Theologia = Θεολογία. Ἐπιστημονικὸν περιοδικὸν ἐκδιδόμενον κατὰ τριμηνιαίον, Athen 1923ff.

Theoph. cont. = Theophanes Continuatus, in: Theophanes Continuatus, Ioannes Cameniata, Symeon Magister, Georgius Monachus, ex rec. I. Bekkeri, Bonn 1838, 1–481.

Theophylact. Achrid., Hist. mart. (BHG 1199) = Μαρτύριον τῶν ἁγίων ἐνδόξων ἱερομαρτύρων ιε΄ τῶν ἐν Τιβεριουπόλει τῇ Βουλγαρικῶς ἐπονομαζομένῃ Στρουμμίτζῃ μαρτυρησάντων ἐπὶ τῆς βασιλείας τοῦ δυσσεβοῦς Ἰουλιανοῦ τοῦ παραβάτου, συγγραφὲν ὑπὸ Θεοφυλάκτου τοῦ ἁγιωτάτου ἀρχιεπισκόπου πάσης Βουλγαρίας, in: PG 126, 151–222.

Theophylaktos patriarches, Brief = Πέτρῳ Βουλγαρίας βασιλεῖ Θεοφυλάκτου πατριάρχου· συντεθεῖσα παρὰ Ἰωάννου χαρτοφύλακος τῆς μεγάλης ἐκκλησίας, in: Dujčev, Epistola 88–91 (bzw. 311–313 [Ndr.]).

Thierry, Ayvalı Kilise = Nicole Thierry – M. Thierry, Ayvalı Kilise ou pigeonnier de Gülli Dere. Église inédite de Cappadoce, in: CA 15 (1965) 97–154 (Inschriften: 99–101).

Thierry, Églises rupestres = Nicole Thierry – J. M. Thierry, Nouvelles églises rupestres de Cappadoce. Région du Hasan Dağı, Paris 1963.

Thierry, Horomos 1 = J. M. Thierry, Le couvent arménien d'Horomos, Leuven–Paris 1980 (Matériaux pour l'archéologie arménienne 2).

Thietmar von Merseburg = Die Chronik des Bischofs Thietmar von Merseburg und ihre Korveier Überarbeitung (Thietmari Merseburgensis episcopi Chronicon), ed. K. Holtzmann, in: MGH SS, Nova series IX, Berlin 1935 (Ndr. 1996).

Thomas Artsruni = engl. Übers.: Thomas Artsruni, History of the House of the Artsrunik'. Translation and Commentary by R. W. Thomson, Detroit 1985 (Byzantine Texts in Translation); franz. Übers.: Thomas Ardzrouni (Xe s.), Histoire des Ardzrouni, in: M.-F. Brosset, Collection d'historiens Arméniens. Dix ouvrages sur l'histoire de l'Arménie et des pays adjacents, I, St. Petersburg 1874 (Ndr. Amsterdam 1979), 1–266. (Zitiert ausschließlich nach der engl. Übers. von Thomson.)

Thomas, Religious Foundations = J. P. Thomas, Private Religious Foundations in the Byzantine Empire, Washington, DC, 1987 (Dumbarton Oaks Studies 24).

Thompson, Studies = C. W. Thompson, Studies in Upplandic runography, Austin, TX, 1975.

Thomson, Bibliography = R. W. Thomson, A Bibliography of Classical Armenian Literature to 1500 A. D., Turnhout 1995 (Corpus Christianorum).

Thomson, Supplement = R. W. Thomson, Supplement to *A Bibliography of Classical Armenian Literature to 1500 AD*, in: Le Muséon 120 (2007) 163–224.

Thurn, Skylitzes = Byzanz wieder ein Weltreich. Das Zeitalter der Makedonischen Dynastie, I: Ende des Bilderstreites und Makedonische Renaissance (Anfang 9. bis Mitte 10. Jahrhundert). Nach dem Geschichtswerk des Johannes Skylitzes übers., eingeleitet und erklärt von H. Thurn, Graz–Wien–Köln 1983 (Byzantinische Geschichtsschreiber 15).

TIB = Tabula Imperii Byzantini I–VII. IX–X. XII, Wien 1976–2008. S. unter den Verfassern der Einzelbände: J. Koder – F. Hild (TIB I: Hellas und Thessalia); F. Hild – M. Restle (TIB II: Kappadokien); P. Soustal (TIB III: Nikopolis und Kephallenia); K. Belke (TIB IV: Galatien und Lykaonien); F. Hild – H. Hellenkemper (TIB V/1-2: Kilikien und Isaurien); P. Soustal (TIB VI: Thrakien); K. Belke – N. Mersich (TIB VII: Phrygien und Pisidien); H. Hellenkemper – F. Hild (TIB VIII: Lykien und Pamphylien); K. Belke (TIB IX: Paphlagonien und Honorias); J. Koder (TIB X: Aigaion Pelagos); A. Külzer (TIB XII: Ostthrakien [Europe]).

Tibi, Byzantine-Fatimid Relations = A. Tibi, Byzantine-Fatimid Relations in the Reign of Al-Mu'izz Li-Din Allah (R. 953–975 A. D.) as Reflected in Primary Arabic Sources, in: Graeco-Arabica 4 (1991) 91–107.

Tinnefeld, Olga-Diskussion = F. Tinnefeld, Zum Stand der Olga-Diskussion, in: Zwischen Polis, Provinz und Peripherie 531–567.

TM = Travaux et Mémoires, Centre de Recherche d'Histoire et de Civilisation Byzantine, Paris 1965ff.

Tobias, Basil = N. Tobias, Basil I (867–886), the Founder of the Macedonian Dynasty. A Study of the Political and military History of the Byzantine Empire in the Ninth Century, Ann Arbor, Michigan, 1969.

Todt, Antiocheia = K. P. Todt, Region und griechisch-orthodoxes Patriarchat von Antiocheia in mittelbyzantinischer Zeit und im Zeitalter der Kreuzzüge (969–1204), unveröffentlichte Habil.-Schrift, Wiesbaden 2005.

Todt, Deutsche in Byzanz = K.-P. Todt, Deutsche in Byzanz, in: Byzantina Mediterranea 647–658.

Tomadakes, Ἰωσὴφ ὁ ὑμνογράφος = E. I. Tomadakes, Ἰωσὴφ ὁ ὑμνογράφος. Βίος καὶ ἔργον, Athen 1971 (<<ΑΘΗΝΑ>>. Σύγγραμμα περιοδικὸν τῆς ἐν Ἀθήναις ἐπιστημονικῆς ἑταιρείας. Σειρὰ διατριβῶν καὶ μελετημάτων 11).

Tougher (Ed.), Eunuchs in Antiquity and Beyond = S. Tougher (Ed.), Eunuchs in Antiquity and Beyond, London 2002.

Tougher, Eunuch = S. Tougher, The Eunuch in Byzantine History and Society, Abindon – New York 2008.

Tougher, Leon = S. Tougher, The Reign of Leo VI (886–912). Politics and People, Leiden – New York – Köln 1997.

Toumanoff, Bagratids = C. Toumanoff, The Bagratids of Iberia from the Eighth to the Eleventh Century, in: Le Muséon 74 (1961) 5–42 (I. The Stemma); 233–316 (II. The Lands).

Toumanoff, Manuel = C. Toumanoff, Manuel de généalogie et de chronologie pour l'histoire de la Caucasie chrétienne (Arménie – Géorgie – Albanie), Rom 1976.

Toumanoff, Studies = C. Toumanoff, Studies in Christian Caucasian History, Washington, DC, 1963.

Toynbee, Constantine = A. J. Toynbee, Constantine Porphyrogenitus and his World, London 1973.

Tractatus liturgicus de imagine Edessena (BHG 796) = Tractatus liturgicus de imagine Edessena (BHG 796) — Περὶ τῆς ἁγίας καὶ ἀχειροποιήτου θείας εἰκόνος Ἰησοῦ Χριστοῦ τοῦ θεοῦ ἡμῶν, ὅπως ἐτιμᾶτο ἐν Ἐδέσῃ τῇ πόλει παρὰ τῶν ἐν αὐτῇ κατοικούντων, in: Dobschütz, Christusbilder 110**–114**; neue Edition in: Guscin, Image of Edessa 60–68 (als § 31–36 der Narratio de Imagine Edessena B [BHG 794–795]; parallele engl. Übers.: 61–69).

Translatio reliquiarum Clementis = T. Butler, Saint Constantine-Cyril's "Sermon on the Translation of the Relics of Saint Clement of Rome", in: Cyrillomethodianum 17–18 (1993–1994) 15–39.

Translatio S. Dionysii Areopagitae = Translatio S. Dionysii Areopagitae, ed. D. R. Köpke, in: MGH SS XI, Hannover 1854 (Ndr. Stuttgart – New York 1963), 343–375.

Translatio S. Vitalis Abbatis = Translatio S. Vitalis Abbatis, in: Caietani, Vitae SS. Siculorum, p. 93–96 (= AASS Mart. II, Caput V der Vita S. Vitalis, p. 33A–34A).

Translatio sanguinis ex imagine fluentis sub Nicephoro Phoca (BHG 801n) = Translatio sanguinis ex imagine fluentis sub Nicephoro Phoca (BHG 801n) — Περὶ Νικηφόρου τοῦ ἄνακτος καὶ ὅπως παρ' αὐτοῦ ἀνεκομίσθη τὸ ἐκ τῆς πλευρᾶς τῆς ἁγίας εἰκόνος ῥεοῦσαν αἷμα θεῖον τοῦ σωτῆρος ἡμῶν καὶ θεοῦ, ed. F. Halkin, Translation par Nicéphore Phocas de la brique miraculeuse d'Hiérapolis (BHG 801n), in: id., Inédits byzantins d'Ochrida, Candie et Moscou, Brüssel 1968 (Subs. hag. 38), 253–260 (Ed. des griech. Textes: p. 255–260).

Translatio Theodorae Thess. (BHG 1739) = Γρηγορίου τοῦ κληρικοῦ διήγησις περὶ τῆς μεταθέσεως τοῦ τιμίου λειψάνου τῆς ὁσίας μητρὸς ἡμῶν Θεοδώρας, in: Paschalides, Theodora 190–234; ältere Ausgabe in: Kurtz, Theodora von Thessalonike 37–49.

Trapp, Zonaras = Militärs und Höflinge im Ringen um das Kaisertum. Byzantinische Geschichte von 969 bis 1118 nach der Chronik des Johannes Zonaras, übersetzt, eingeleitet und erklärt von E. Trapp, Graz–Wien–Köln 1986 (Byzantinische Geschichtsschreiber 16).

Treadgold, History = W. Treadgold, A History of the Byzantine State and Society, Stanford, Cal., 1997.

Treadgold, Revival = W. Treadgold, The Byzantine Revival, Stanford, Cal., 1978.

Treu, Schreiber = K. Treu, Die Schreiber der datierten byzantinischen Handschriften des 9. und 10. Jahrhunderts, in: Beiträge zur byzantinischen Geschichte im 9.–11. Jahrhundert, hrsg. von V. Vavřinek, Prag 1978, 235–251.

Trinchera = F. Trinchera, Syllabus Graecarum membranarum quae partim Neapoli in maiore tabulario et primaria bibliotheca partim in Casinensi coenobio ac Cavensi et inepiscopali tabulario Neritino tamdiu delitiscentes et a doctis frustra expetitae, nunc tandem adnitente impensius Francisco Trinchera Neapolitanis archivis praefecto in lucem prodeunt ..., Neapel 1865.

Troianos, Νεαρές Λέοντος ς΄ = S. N. Troianos, Οι Νεαρές Λέοντος ς΄ του σοφού, προλεγόμενα, κείμενο, απόδοση στη νεοελληνική, ευρετήρια καὶ επίμετρο, Athen 2007.

Troianos, Πηγές του Βυζαντινού δικαίου = S. N. Troianos, Οι πηγές του Βυζαντινού δικαίου, 2., verbesserte Ausgabe, Athen 1999 (1. Ausgabe, Athen 1974).

Tsougarakis, Crete = D. Tsougarakis, Byzantine Crete. From the 5th Century to the Venetian Conquest, Athen 1988 (Historical Monographs 4).

TU = Texte und Untersuchungen zur Geschichte der altchristlichen Literatur. Archiv für die griechisch-christlichen Schriftsteller der ersten drei Jahrhunderte, Leipzig–Berlin 1882ff.

Tusculum-Lexikon = Tusculum-Lexikon griechischer und lateinischer Autoren des Altertums und des Mittelalters, 3. neu bearbeitete u. erweiterte Aufl. von W. Buchwald, A. Hohlweg, O. Prinz, München–Zürich 1982.

Typicon Mateos = Le Typicon de la Grande Église. Ms. Sainte-Croix no 40, Xe siècle, introduction, texte critique, traduction et notes par J. Mateos, I–II, Rom 1962. 1963 (Orientalia Christiana Analecta 165. 166).

Typicon Messinense = Le Typicon du monastère du Saint-Sauveur à Messine. Codex Messinensis gr. 115 A. D. 1131, introduction, texte critique et notes par M. Arranz, Rom 1969 (Orientalia Christiana Analecta 185).

Typika Dmitrievskij = A. Dmitrievskij, Opisanie liturgičeskich rukopisej, chranjaščichsja v bibliotekach pravoslavnago vostoka, I–II, Kiew 1895. 1901; III, St. Petersburg 1917 (Ndr. unter dem Titel: Opisanie liturgitseskich rukopisej, Hildesheim 1965).

Typikon Nikeph. Erot. = T. Drew-Bear – J. Koder, Ein byzantinisches Kloster am Berg Tmolos, in: JÖB 38 (1988) 197–215 (Text: 203–210); jetzt ergänzt und neu ediert von G. Petzl, Ein Altenheim als Jungbrunnen? – Neues zu einer byzantinischen Inschrift aus Philadelphia in Lydien, in: Chiron 32 (2002) 173–189 (griech. Text: 181).

Tziatzi-Papagianni, Korrespondenz = Maria Tziatzi-Papagianni [Τζιάτζη-Παπαγιάννη], Die Korrespondenz des Theodoros von Kyzikos im Codex Laura Ω 126: Textkritische Beiträge, in: BZ 96 (2003) 223–268.

Ughelli, Italia Sacra = F. Ughelli, Italia Sacra, Venedig 1721–1722 (Ndr. Nendeln, Liechtenstein 1970), I. VII–X.

Ullmann, Die Medizin im Islam = M. Ullmann, Die Medizin im Islam, Leiden–Köln 1970 (Handbuch der Orientalistik, Ergänzungsband VI,1).

Upplands Runinskrifter 1 = E. Wessén – S. B. F. Jansson (Hrsg.), Upplands Runinskrifter. Första delen, Stockholm 1940–1943 (Sveriges Runinskrifter VI).

Upplands Runinskrifter 2 = E. Wessén – S. B. F. Jansson (Hrsg.), Upplands Runinskrifter. Andra delen, Stockholm 1943–1946 (Sveriges Runinskrifter VII).

Upplands Runinskrifter 3 = E. Wessén – S. B. F. Jansson (Hrsg.), Upplands Runinskrifter. Tredje delen, Stockholm 1949–1951 (Sveriges Runinskrifter VIII).

Upplands Runinskrifter 4 = E. Wessén – S. B. F. Jansson (Hrsg.), Upplands Runinskrifter. Fjärde delen, Stockholm 1953–1958 (Sveriges Runinskrifter IX).

Ustav knjazja Vladimira = Ustav knjazja Vladimira, in: J. N. Ščapov (Hrsg.), Drevnerusskie knjažeskie ustavy XI–XV vv., Moskau 1970, 13–84.

Västergötlands Runinskrifter = H. Jungner – E. Svärdström (Hrsg.), Västergötlands Runinskrifter, Stockholm 1940–1958 (Sveriges Runinskrifter V).

Västmanlands Runinskrifter = S. B. F. Jansson (Hrsg.), Västmanlands runinskrifter, Stockholm 1964 (Sveriges runinskrifter XIII).

Van de Vorst – Delehaye, Catal. codd. hagiogr. gr. = C. Van de Vorst – H. Delehaye, Catalogus Codicum hagiographicorum graecorum Germaniae, Belgii, Angliae, Brüssel 1913 (Subs. hag. 13).

van Opstall = in: Ioannes Geometres, ed. van Opstall, bes. Introduction, p. 3–114; Appendice, p. 551–558 (Konkordanz mit neuer Durchnumerierung aller bekannten Gedichte des Ioannes Geometres [# 23092]).

van Reeth, ʿAl Qumāma = J. van Reeth, ʿAl Qumāma et le Qā'im de 40 AH: le trucage de la lampe sur le tombeau du Christ, in: Egypt and Syria in the Fatimid, Ayyubid and Mamluk Eras I–II (Proceedings of the 4th and 5th International Colloquium organized at the Katholieke Universiteit Leuven in May 1995 and 1996), ed. U. Vermeulen and D. de Smet, Leuven 1998 (Orientalia Lovaniensia Analecta 83), vol. II, 171–190.

Vannier, Argyroi = J. F. Vannier, Familles byzantines: Les Argyroi (IXe–XIIe siècles), Paris 1975 (Publications de la Sorbonne, Série Byzantina 1).

Vardan = Vardan Arevelcʿi, Tiezerakan patmutʿyun, engl. Übers.: Robert W. Thomson, The Historical Compilation of Vardan Arewelcʿi, in: DOP 43 (1989) 125–226 (Text: 141–224). (Zitiert nach der engl. Übers. von Thomson).

Varia I. II. III. IV. V. VI = Varia I. Beiträge von R.-J. Lilie und P. Speck, Bonn 1984 (ΠΟΙΚΙΛΑ ΒΥΖΑΝΤΙΝΑ 4); Varia II. Beiträge von A. Berger, L.-A. Hunt, R.-J. Lilie, C. Ludwig und P. Speck, Bonn 1987 (ΠΟΙΚΙΛΑ ΒΥΖΑΝΤΙΝΑ 6); Varia III. Beiträge von W. Brandes, S. Kotzabassi, C. Ludwig und P. Speck, Bonn 1991 (ΠΟΙΚΙΛΑ

ΒΥΖΑΝΤΙΝΑ 11); Varia IV. Beiträge von S. Kotzabassi und P. Speck (ΠΟΙΚΙΛΑ ΒΥΖΑΝΤΙΝΑ 12); Varia V. Beiträge von T. Pratsch, C. Sode, P. Speck und S. Takács, Bonn 1994 (ΠΟΙΚΙΛΑ ΒΥΖΑΝΤΙΝΑ 13); Varia VI. Beiträge zum Thema Byzantinische Feindseligkeit gegen die Juden im frühen siebten Jahrhundert nebst einer Untersuchung zu Anastasios dem Perser von P. Speck, Bonn 1997 (ΠΟΙΚΙΛΑ ΒΥΖΑΝΤΙΝΑ 15).

Vasiliev, Arabes I. II 1. II 2. = A. A. Vasiliev, Byzance et les Arabes, I: La dynastie d'Amorium (820–867), Brüssel 1935; II 1: La dynastie macédonienne (867–959). Les relations politiques de Byzance et des Arabes à l'époque de la dynastie macédonienne, Brüssel 1968; II 2: La dynastie macédonienne (867–959). Extraits des sources arabes, éd. française préparée par H. Grégoire et M. Canard, trad. par M. Canard, Brüssel 1950 (Corpus Bruxellense historiae Byzantinae I; II 1.2).

Vassis, Initia = I. Vassis, Initia Carminum Byzantinorum, Berlin – New York 2005 (Supplementa Byzantina. Texte und Untersuchungen 8).

Vassis, Leon Magistros = I. Vassis, Einleitung, in: Leon Magistros Choirosphaktes, Chiliostichos Theologia, Editio princeps, Einleitung, kritischer Text, Übersetzung, Kommentar, Indices besorgt von I. Vassis, Berlin – New York 2002 (Supplementa Byzantina, Texte und Untersuchungen 6), 1–67 (bes. p. 1–18: Leon Magistros Choirosphaktes' Leben und Werk).

Vaticana (Catal.) I. II. ... = Bibliothecae Apostolicae Vaticanae codices manu scripti recensiti iubente Leone XIII Pont. Max.: Codices Vaticani Graeci, rec. Johannes Mercati et Pius Franchi de Cavalieri: tomus I: Codices 1–329, rec. R. Devreese, Rom 1923 (Ndr. 1980); tomus II: Codices 330–603, rec. R. Devreesse, Rom 1937; tomus III: Codices 604–866, rec. R. Devreesse, Rom 1950; tomus IV: Codices 867–932, rec. P. Schreiner, Rom 1988; tomus VI: Codices 1485–1683, rec. G. Giannelli, Rom 1950; tomus VII: Codices 1684–1744, rec. C. Giannelli, Rom 1961; tomus VIII: Codices 1745–1962, rec. P. Canart, vol. 1: enarrationes, Rom 1970, vol. 2: introductio, addenda, indices, Rom 1973; tomus [IX]: Codices 2162–2254, rec. S. Lilla, Rom 1985; tomus [XII]: Codices 2644–2663, rec. S. Lilla, Rom 1996.

Vatnsdœla saga = Vatnsdœla saga. Hallfreðar saga. Kormáks saga. Hrómundar þáttr halta. Hrafns þáttr Guðrúnarsonar, Einar Ólafur Sveinsson gaf út, Reykjavík 1939 (Íslenzk fornrit 8).

Verbrüderungsbuch der Abtei Reichenau = Das Verbrüderungsbuch der Abtei Reichenau. Einleitung, Register, Faksimile, herausgegeben von Johanne Autenrieth, D. Geuenich und K. Schmid, Hannover 1979 (MGH Libri memoriales et necrologia, Nova Series I).

Vest, Melitene = B. A. Vest, Geschichte der Stadt Melitene und der umliegenden Gebiete. Vom Vorabend der arabischen bis zum Abschluß der türkischen Eroberung (um 600 – 1124), Bde. I–III, Hamburg 2007 (Byzanz, Islam und Christlicher Orient [BICO] 1,1–1,3).

Vier Skaldengeschichten = Vier Skaldengeschichten, übertragen v. F. Niedner, Jena 1923 (Thule 9).

Vikings in Russia = Vikings in Russia. Yngvar's Saga and Eymund's Saga, translated and introduced by H. Pálsson and P. Edwards, Edinburgh 1989.

Vinson = Martha P. Vinson, in: The Correspondence of Leo, Metropolitan of Synada and Syncellus, Greek Text, Translation and Commentary by Martha P. Vinson, Washington, DC, 1985 (CFHB XXIII; Dumbarton Oaks Texts 8).

Visio Cosmae (BHG 2085) = Ὀπτασία Κοσμᾶ μοναχοῦ τοῦ μακαριωτάτου, πρότερον μὲν κοιτωνίτου γεγονότος Ἀλεξάνδρου τοῦ βασιλέως, ἔπειτα δὲ ἀποκειραμένου ἐν τῇ μονῇ τῆς ὑπεραγίας Θεοτόκου τῶν Ὀπτιμάτων, τῆς ἐπονομαζομένης τοῦ Εὐσεβίου, φοβερὰ καὶ ὠφέλιμος πάνυ, ed. Christine Angelidi, La version longue de la vision du moine Cosmas, in: AnBoll 101 (1983) 73–99 (Text: 79–90; franz. Übersetzung: 90–99).

Vision Daniels (Sharf) bzw. (Bonfil) = A. Sharf, A Source for Byzantine Jewry under the Early Macedonians, in: BNJ 20 (1970) 302–318 (engl. Übers. des hebr. Textes: p. 303–306) (Ndr. unter dem Titel "The Vision of Daniel as a Byzantine-Jewish Historical Source", in: A. Sharf, Jews and other Minorities in Byzantium, Jerusalem 1995, 119–135); ital. Übers. von R. Bonfil, La Visione ebraica di Daniele nel contesto bizantino del secolo X, in: RSBN 40 (2003) 25–65 (ital. Übers. 29–31).

Vismara, Bisanzio = G. Vismara, Bisanzio e l'Islam, Mailand 1950.

Vita A Theod. Stud. (BHG 1755) = Vita et Conversatio S. P. N. et confessoris Theodori praepositi Studitarum — Βίος καὶ πολιτεία τοῦ ὁσίου Πατρὸς ἡμῶν καὶ ὁμολογητοῦ τοῦ Θεοδώρου τοῦ τῶν Στουδίων ἡγουμένου, in: PG 99, 113–232.

Vita Adalberti ep. Pragensis auctore Brunone Querfurtensis (BHL 38) = Vita Adalberti ep. Pragensis auctore Brunone Querfurtensis (BHL 38), ed. J. Karwasinska, Św. Wojciecha biskupa i meczennika żywot drugi napisany przez Brunona z Kwerfurtu – Sancti Adalberti Pragensis episcopi et martyris Vita altera auctore Brunone Querfurtensi, Warschau 1969 (Pomniki Dziejowe Polski — Monumenta Poloniae historica IV,2).

Vita Adalberti ep. Pragensis auctore Iohanne Canapario (BHL 37) (MGH) bzw. (Karwasinska) = Vita Adalberti ep. Pragensis [auctore Iohanne Canapario?], Redactio "Imperialis" seu "Ottoniana" (BHL 37), ed. Pertz, in: MGH SS IV 581–595; in: PL 137, col. 863–888; redactio "imperialis seu ottononiana", ed. J. Karwasinska, Sw. Wojciecha biskupa i meczennika zywot pierwszy — S. Adalberti Pragensis episcopi et martyir vita prior,Warschau 1962 (Pomniki Dziejowe Polsi — Monumenta Poloniae historica IV,1), 3–47; redactio "Aventinensis", ed. J. Karwasinska, ibid. 51–67; redactio "Cassinensis", ed. J. Karwasinska, ibid. 71–84.

Vita altera S. Macarii (BHL 5101) = Vita altera S. Macarii episcopi Antiochiae Armeniae, † Gandavi 1012 (BHL 5101), in: AASS April. I, 3. Ed. 868–882 [1. Ed. 877–892]. (Nach der 3. Ed. benutzt.)

Vita Antonii Cauleae (BHG 139b) = Βίος τοῦ ἐν ἁγίοις πατριάρχου Κωνσταντινουπόλεως Ἀντωνίου τοῦ τὴν μονὴν τοῦ Καλέως συστησαμένου, ed. P. M. L. Leone, La Vita Antonii Cauleae di Niceforo Gregora, in: Nicolaus 11 (1983) 3–50 (Text: 19–50).

Vita Athanasii Athon. A (BHG 187) = Διήγησις τοῦ βίου καὶ τῶν διακρίσεων καὶ οἰκονομιῶν καὶ θαυμάτων τοῦ ὁσίου πατρὸς ἡμῶν Ἀθανασίου τοῦ ἐν τῷ Ἄθῳ, ed. J. Noret, Vitae duae antiquae sancti Athanasii Athonitae, Turnhout 1982 (CCSG 9) (Text der Vita A: 3–124).

Vita Athanasii Athon. B (BHG 188) = Βίος καὶ ἀγῶνες καὶ μερικὴ θαυμάτων διήγησις τοῦ ὁσίου πατρὸς ἡμῶν Ἀθανασίου τοῦ ἐν τῷ Ἄθῳ, ed. J. Noret, Vitae duae antiquae sancti Athanasii Athonitae, Turnhout 1982 (CCSG 9) (Text der Vita B: 127–213).

Vita B Theod. Stud. (BHG 1754) = Vita et Conversatio S. P. N. et confessoris Theodori abbatis monasterii Studii a Michaele Monacho conscripta — Βίος καὶ πολιτεία τοῦ ὁσίου Πατρὸς ἡμῶν καὶ ὁμολογητοῦ Θεοδώρου ἡγουμένου μονῆς τῶν Στουδίου συγγραφεὶς παρὰ Μιχαὴλ μοναχοῦ, in: PG 99, 233–328.

Vita Barthol. (BHG 233) = Vita S. Bartholomaei iunioris (BHG 233), ed. Elena Paroli, La Vita di san Bartolomeo di Grottaferrata (BHG e Novum Auctarium 233), Rom 2008 (Text: 106–134).

Vita Basilii iun. (BHG 263) = Βίος καὶ πολιτεία τοῦ ἁγιωτάτου πατρὸς ἡμῶν Βασιλείου τοῦ νέου συγγραφεὶς παρὰ Γρηγορίου ταπεινοῦ καὶ φιλοχρίστου μαθητοῦ αὐτοῦ, in: AASS Martis III 20*–32*; Edition aus dem Cod. Mosqu. gr. 249: A. N. Veselovskij, in: Sbornik otdelenija russkago jazyka ... imp. akad. nauk 46, St. Petersburg 1889–1890, suppl. 3–89 (griech. Text: p. 10–76 = fol. 66–147 des Cod. Mosqu.); 53, St. Petersburg 1891–1892, suppl. 3–174 (= fol. 147v–351 des Cod. Mosqu.), die ergänzt wurde durch die Exzerpte bei S. G. Vilinskij, Žitie sv. Vasilija Novago v' russkoj literaturě II, in: Zapiski imperatorskogo novorossijskogo universiteta, ist.-fil. fakulteta 7, Odessa 1911, 283–326 (Incipit = fol. 2–66 des Cod. Mosqu.) und 326–346 (Desinit = fol. 351–378 des Cod. Mosqu.).

Vita Basilii iun. (BHG 264) = Βίος καὶ πολιτεία καὶ μερικὴ θαυμάτων διήγησις τοῦ ὁσίου πατρὸς ἡμῶν Βασιλείου τοῦ Νέου, συγγραφεὶς παρὰ Γρηγορίου τοῦ μαθητοῦ αὐτοῦ, ed. S. G. Vilinskij, Žitie sv. Vasilija Novago v' russkoj literaturě II, in: Zapiski imp. novorossijskogo universiteta, ist.-fil. fakulteta 7, Odessa 1911, 5–142.

Vita Blasii (BHG 278) = Βίος τοῦ ὁσίου πατρὸς ἡμῶν Βλασίου, ed. H. Delehaye, in: AASS Nov. IV 657–669.

Vita Bononii (BHL 1421–1422) = Vita et Miracula Bononii ab. Lucediensis auctore anonymo (BHL 1421–1422), ed. G. Schwartz – A. Hofmeister, in: MGH SS XXX,2, Leipzig 1934, p. 1023–1033.

Vita Christophori et Macarii (BHG 312) = Ὀρέστου πατριάρχου Ἱεροσολύμων βίος καὶ πολιτεία τῶν ὁσίων πατέρων ἡμῶν Χριστοφόρου καὶ Μακαρίου, ed. Cozza-Luzzi, in: Historia et laudes Sabae et Macarii iuniorum e Sicilia, Rom 1893, 71–96; Adnotationes: 143–144.

Vita Christophori patriarchae = ed. H. Zayāt, La Vie du patriarche Melkite Christophore († 967), in: Proche Orient Chrétien 2 (1952) 11–38. 333–366 (arabischer Text mit paralleler franz. Übers.: 17–38. 333–366).

Vita Clementis (BHG 355) = Βίος καὶ πολιτεία, ὁμολογία τε καὶ μερικὴ θαυμάτων διήγησις τοῦ ἐν ἁγίοις πατρὸς ἡμῶν Κλήμεντος ἐπισκόπου Βουλγάρων, συγγραφεῖσα παρὰ τοῦ ἁγιωτάτου καὶ ἀοιδίμου ἀρχιεπισκόπου τῆς πρώτης Ἰουστινιανῆς καὶ πάσης Βουλγαρίας, κυροῦ Θεοφυλάκτου, χρηματίσαντος ἐν Κωνσταντινουπόλει μαΐστορος τῶν ῥητόρων, ed. I. G. Iliev, The Long Life of Saint Clement of Ohrid. A Critical Edition, in: ByzBulg 9 (1995) 62–

120 (Text: 81–106); ältere Edition: A. Milev, Grăckite žitija na Kliment Ohridski. Uvod, tekst, prevod i objasnitelni beležki, Sofia 1966, 76–146 (bulg. Übers.: 77–147).

Vita Clementis (BHG 356) = Μνήμη τοῦ ἐν ἁγίοις πατρὸς ἡμῶν ἀρχιεπισκόπου καὶ θαυματουργοῦ Κλήμεντος, ἐπισκόπου Βουλγαρίας τοῦ ἐν τῇ Ἀχρίδι, ed. A. Milev, Grăckite žitija na Kliment Ohridski. Uvod, tekst, prevod i objasnitelni beležki, Sofia 1966, 174–183 (mit bulgarischer Übersetzung); ed. M. Georgievski – R. Iljovski, in: Glasnik 18 (1974) (Institut za nacionalna Istorija, Skopje 1974) 239–244.

Vita Constantini et Methodii brevior slav. = Proložnoje žitije Konstantina i Mefodija, in: Magnae Moraviae Fontes Historicae II, Textus biographici, hagiographici, liturgici, ed. Dagmar Bartoňková, L. Havlík, J. Ludvíkovský, Z. Masařík, R. Večerka, Brünn 1967, 164–166 (Edition: 165f.).

Vita Constantini Iudaei (BHG 370) = Βίος τοῦ ὁσίου πατρὸς ἡμῶν Κωνσταντίνου τοῦ ἐξ Ἰουδαίων, in: AASS Nov. IV 627–656 (Text: 628–656).

Vita Constantini Thess. (VC) = Pamet i žitie blaženago učitelja našego Konstan'tina filosofa, prŭvago nastavnika sloven'sku jezyku, ed. F. Tomšič, in: Grivec–Tomšič, Constantinus et Methodius 83–143 (Text: 95ff).; lat. Übers.: Vita Constantini, Mensis Februarii XIV Die memoria et vita beati doctoris nostri Constantini philosophi primi institutoris slovenicae gentis, ibidem 169–213.

Vita Demetriani (BHG 495) = Βίος καὶ πολιτεία τοῦ ἐν ἁγίοις καὶ θαυματουργοῦ πατρὸς ἡμῶν Δημητριανοῦ, ἐπισκόπου Χυτρίδων, μιᾶς τῶν ὑπὸ τὴν Κυπρίων νῆσον <πόλεων>, ed. H. Grégoire, Saint Démétrianos, évêque de Chytri (Île de Chypre), in: BZ 16 (1907) 204–240 (Text: 217–237); neuere Edition: ed. H. Delehaye, in: AASS Nov. III 300–308 (wieder abgedruckt in: P. Stylianos, Ὁ ἅγιος Δημητριανὸς Κυθρέας, Nikosia 1973, 25–33).

Vita Eliae iun. (BHG 580) = Βίος καὶ πολιτεία τοῦ ὁσίου πατρὸς ἡμῶν Ἠλίου τοῦ Νέου, ed. G. Rossi Taibbi, Vita di Sant'Elia il Giovane. Testo inedito con traduzione italiana pubblicato e illustrado, Palermo 1962 (Istituto Siciliano di Studi Bizantini e Neoellenici, Testi e monumenti, Testi 7) (Text von BHG 580: 1–122).

Vita Eliae Spelaeotae (BHG 581) = Vita sancti Eliae auctore discipulo monacho, ed. J. S[tilting], in: AASS Sept. III 848–887 (nach Cod. Messin. S. Salvatoris 42).

Vita Eliae Spelaeotae (Saletta) = V. Saletta, Vita di S. Elia Speleota secondo il Cod./Man. Crypt. B. b. XVII, in: Studi meridionali 3 (1970) 445–453 (ital. Text: 454–451); 4 (1971) 272–315 (ital. Text: 272–300); 5 (1972) 61–96 (ital. Text: 61–89) (ital. Übersetzung der Vita mit Kommentar der Version von Cod. Cryptoferr. B. b. XVII).

Vita Eliae Spelaeotae (Strazzeri) = Una traduzione dal greco ad uso dei Normanni: la vita latina di Sant'Elia lo Speleota, ed. e comm. Maria Vittoria Strazzeri; in: Archivio Storico per la Calabria e la Lucania 59 (1992) 1–108 (lat. Text: 43–86).

Vita et Miracula Davini (BHL 2114) = Vita et Miracula Davini (BHL 2114), in: AASS Iun. I 329–331; 3. Aufl. 322–324.

Vita Euphrosynae iun. (BHG 627) = Βίος καὶ πολιτεία καὶ μερικὴ θαυμάτων διήγησις τῆς ὁσίας μητρὸς ἡμῶν Εὐφροσύνης τῆς νέας, τῆς ἐν Κωνσταντινουπόλει ἀσκησάσης, συγγραφεὶς παρὰ Νικηφόρου Καλλίστου Ξανθοπούλου, in: AASS Nov. III 861–877.

Vita Euphrosyni (BHG 628) = Βίος σύντομος Εὐφροσύνου μαγείρου (BHG 628), ed. L. Clugnet, in: F. Nau – L. Clugnet, Vies et récits d'anachorètes (IVe–VIIe siècles) – Suite 1, in: ROC 10 (1905) 39–56 (Text: 42–45).

Vita Eustratii (BHG 645) = Βίος καὶ θαύματα τοῦ ὁσίου πατρὸς ἡμῶν Εὐστρατίου, in: Papadopulos-Kerameus, Analekta IV 367–400; V 408–410.

Vita Euthymii (BHG 651) = Vita S. Euthymii patriarchae CP, ed. Patricia Karlin-Hayter, Vita Euthymii Patriarchae CP. Text, Translation, Introduction and Commentary, Brüssel 1970 (Bibliothèque de *Byzantion* 3) (Text: 3–147); ältere, hier nicht benutzte Edition: Vita Euthymii. Ein Anecdoton zur Geschichte Leo's des Weisen a. 886–912, hrsg. v. C. de Boor, Berlin 1888 (Text: 1–78). Engl. Übers. von cap. 23, p. 143–147 (Testament des Euthymios): Patricia Karlin-Hayter, in: Byzantine Monastic Foundation Documents, vol. I, p. 120–124 (Text.: 123f.).

Vita Euthymii iun. (BHG 655) = Βίος τοῦ ὁσίου πατρὸς ἡμῶν Εὐθυμίου τοῦ ἐν Θεσσαλονίκης, ed. L. Petit, Vie et office de Saint Euthyme le Jeune, in: ROC 8 (1903) 155–205; 503–536 (griech. Text: 168–205); Ndr. als Monographie: Paris 1904 (Bibliothèque hagiographique orientale 5) (griech. Text: p. 14–51). (Zitiert nach der Ed. in ROC 8.)

Vita Euthymii Madyt. (BHG 654) = Vita Euthymii episcopi Madytorum in Thracia, ed. B. Antoniades, in: Δελτίον τῆς ἱστορικῆς καὶ ἐθνολογικῆς ἑταιρίας τῆς Ἑλλάδος 4 (1894) 392–422; cf. Emendationen von Kurtz, in: BZ 2 (1893) 314f.

Vita Evaristi (BHG 2153) = Βίος καὶ πολιτεία τοῦ ὁσίου πατρὸς ἡμῶν Εὐαρέστου, ed. C. van de Vorst, La Vie de S. Êvariste higoumène à Constantinople, in: AnBoll 41 (1923) 288–325 (Text: 295–325).

Vita Georgii Athonitae hiberica = Vita hiberica Georgii Athonitae, lat. Übers. P. Peeters, Histoires monastiques géorgiennes, II. Vie de S. Georges l'Hagiorite, in: AnBoll 36–37 (1917–1919) 69–159 (lat. Text: 74–159); neue franz. Übers. Bernadette Martin-Hisard, in: REB 64–65 (2006–2007) 5–204 (franz. Übers.: 30–119). (Ausschließlich nach den Übersetzungen zitiert.)

Vita Germani Cosinitzae (BHG 698) = Βίος καὶ πολιτεία πατρὸς ἡμῶν Γερμανοῦ τοῦ συστησαμένου τὴν σεβασμίαν μονὴν τῆς Κοσινίτζης (AASS: Κοσινίτρης), in: AASS Maii III 6*–10* (lat .Übers., ibidem 160–166); neue Edition: Dionysios (Bischof von Drama), Βίος καὶ πολιτεία τοῦ Ὁσίου Πατρὸς ἡμῶν Γερμανοῦ, τοῦ ἱδρυτοῦ τῆς ἱερᾶς Μονῆς εἰκοσιφοινίσσης ἐκ χειρογράφου τῆς Λαυρεντιανῆς Βιβλιοθήκης τῆς Φλωρεντίας, in: Ekklesia 57 (1980) 40–42. 69–71.

Vita Gregorii ep. Nicopolitani in Armenia (BHL 3669) = Vita Gregorii ep. Nicopolitani in Armenia (BHL 3669), in: AASS Mart. II, 462–464; 3. Aufl. 457–459.

Vita Hilarionis = Vita et mores beatique patris nostri Hilarionis Hiberi (lat. Übers. der georg. Vita), trad. P. Peeters, S. Hilarion d'Ibérie, in: AnBoll 32 (1913) 236–269 (Text [lat. Übers.]: 243–269); franz. Übers. von Bernadette Martin-Hisard, La pérégrination du moine géorgien Hilarion au IXe siècle, in: Bedi Kartlisa 39 (1981) 101–138 (Text: 120–138). (Zitiert nach der lat. und franz. Übers.).

Vita Ignatii (BHG 817) = S. P. N. Ignatii archiepiscopi Constantinopolitani vita sive certamen auctore Niceta servo Jesu Christi, cognomento Davide Paphlagone — Τοῦ ἐν ἁγίοις πατρὸς ἡμῶν Ἰγνατίου ἀρχιεπισκόπου Κωνσταντινουπόλεως βίος ἤτοι ἄθλησις, συνεγράφη δὲ παρὰ Νικήτα δούλου Ἰησοῦ Χριστοῦ, τοῦ καὶ Δαυῒδ τοῦ Παφλαγόνος, in: PG 105, 488–574.

Vita Ioannis et Euthymii hiberica (Peeters) bzw. (Martin–Hisard) = Vita beati patris nostri Iohannis atque Euthymii, et oratio de probatis eorum moribus, conscripta a pauperculo Georgio presbytero et monacho, lat. Übers. von P. Peeters, Histoires monastiques géorgiennes, I. Vie des Ss. Jean et Euthyme, in: AnBoll 36-37 (1917–1919) 8–68 (Text der lat. Übers.: 13–68); franz. Übers.: Bernadette Martin–Hisard, La vie de Jean et Euthyme et le statut du monastère des Ibères de l'Athos, in: REB 49 (1991) 67–142 (franz. Übers.: 84–134; in eckigen Klammern Angabe der Seiten in der Ed. des georg. Textes durch I. Abuladze, Dzveli k'art'uli agiograp'iuli literaturis dzeglebi [Monumente der altgeorgischen hagiographischen Literatur], II, Tiflis 1967, 38–100). (Zitiert nach lat. und franz. Übers.)

Vita Iosephi Hymnographi (BHG 944) = Βίος καὶ πολιτεία τοῦ ὁσίου πατρὸς ἡμῶν Ἰωσὴφ τοῦ ὑμνογράφου, in: Papadopulos-Kerameus, Monumenta II 1–14.

Vita Iosephi hymnographi (BHG 945-946) = Ἰωάννου διακόνου τῆς τοῦ Θεοῦ Μεγάλης Ἐκκλησίας καὶ ῥήτορος λόγος εἰς τὸν βίον τοῦ ἐν ἁγίοις πατρὸς ἡμῶν Ἰωσὴφ τοῦ ὑμνογράφου, in: PG 105, 940–976 (= AASS Aprilis I, 3. Ed., p. XXIX–XXXV).

Vita Irenae Chrysobalanton (BHG 952) = Βίος καὶ πολιτεία τῆς ὁσίας μητρὸς ἡμῶν Εἰρήνης ἡγουμένης μονῆς τοῦ Χρυσοβαλάντου, in: J. O. Rosenqvist, The Life of St. Irene abbess of Chrysobalanton, a critical edition with introduction, translation, notes and indices by, Uppsala 1986 (Acta Universitatis Upsaliensis. Studia Byzantina Upsaliensia 1), p. 2–112.

Vita Lazari (BHG 979) = Vita Lazari Galesiotae auctore Gregorio monacho, in: AASS Nov. III 508–588.

Vita Leonis Lucae (BHL 4842) = Vita S. Leonis Lucae Corilionensis abbatis Mulensis in Calabria (lat.), in: AASS Mart. I 99–102; neue Edition: La Vita di san Leone Luca di Corleone, introduzione, testo latino, traduzione, commentario e indici a cura di M. Stelladoro, Grottaferrata 1995 (Text: 70–110).

Vita Lucae iun. (BHG 994) = Βίος καὶ πολιτεία καὶ μερικὴ θαυμάτων διήγησις τοῦ ὁσίου πατρὸς ἡμῶν καὶ θαυματουργοῦ Λουκᾶ τοῦ νέου τοῦ ἐν Ἑλλάδι κειμένου, ed. D. Z. Sophianos, Ὅσιος Λουκᾶς. Ὁ βίος τοῦ ὁσίου Λουκᾶ τοῦ Στειριώτη. Προλεγόμενα, μετάφραση, κριτικὴ ἔκδοση τοῦ κειμένου, Athen 1989 (Ἁγιολογικὴ Βιβλιοθήκη 1) (Text: 159–223); Βίος καὶ πολιτεία καὶ μερικὴ θαυμάτων διήγησις τοῦ ὁσίου πατρὸς ἡμῶν καὶ θαυματουργοῦ Λουκᾶ τοῦ νέου τοῦ ἐν Ἑλλάδι κειμένου, edd. Carolyn L. Connor – W. R. Connor, The Life and Miracles of Saint Luke of Steiris. Text, Translation and Commentary, Brookline, Mass., 1994 (Text [nach Kremos]: 2–142; parallele engl. Übers.: 3–143); ältere Ausgaben: Βίος κατ' ἐκλογὴν τοῦ ὁσίου πατρὸς ἡμῶν καὶ θαυματουργοῦ Λουκᾶ τοῦ Νέου τοῦ ἐν Ἑλλάδι κειμένου, in: PG 111, 441–480 (teilweise angegeben); ältere, für PmbZ II nicht benutzte Editionen: G. P. Kremos, Φωκικά. Προσκυνητάριον τῆς ἐν τῇ Φωκίδι μονῆς τοῦ ὁσίου Λουκᾶ τουπίκλην Στειριώτου, I: Ἐν ᾧ ἡ ᾀσματικὴ ἀκολουθία καὶ ὁ βίος αὐτοῦ, Athen 1874, 25–62 (Paraphrase 131–178); Βίος καὶ μερικὴ θαυμάτων διήγησις τοῦ ὁσίου πατρὸς ἡμῶν καὶ θαυματουργοῦ Λουκᾶ τοῦ Νέου, τοῦ ἐν Ἑλλάδι κειμένου, ed. E. Martini, Supplementum ad Acta S. Lucae Junioris, in: AnBoll 13 (1894) 81–121 (Text: 82–121).

Vita Lucae Styl. (BHG 2239) = Βίος τοῦ ὁσίου πατρὸς ἡμῶν Λουκᾶ τοῦ ἐν τοῖς Εὐτροπίου στυλίτου, ed. H. Delehaye, in: Delehaye, Saints stylites 195–237.

Vita Mariae iun. (BHG 1164) = Βίος καὶ πολιτεία καὶ μερικὴ θαυμάτων διήγησις τῆς ἀοιδίμου καὶ μακαρίας Μαρίας τῆς νέας, in: AASS Nov. IV (1925), 692–705.

Vita Mathildis antiquior (BHL 5683) = Die Lebensbeschreibungen der Königin Mathilde, hrsg. von B. Schütte, Hannover 1994 (MGH SS rer. Germ. in usum scholarum separatim editi 66).

Vita Methodii Thess. (VM) = Měsęca Aprělja v 6. den pamęt i žitie blažennago ot'ca našego i učitelę Metodija archiepiskupa morav'ska, ed. F. Tomšič, in: Grivec–Tomšič, Constantinus et Methodius 145–167 (Text: 147ff.; lat. Übers.: Mensis Aprilis Sexta Die Memoria et Vita beati patris nostri et doctoris Methodii archiepiscopi Moravici: 214–238). (Text zitiert nach dieser Ausgabe nach Kapitel und Satz.)

Vita Mich. Maleïni (BHG 1295) = Βίος τοῦ ὁσίου Μιχαὴλ τοῦ Μαλεΐνου, in: Petit, Michel Maléinos 7–26.

Vita Nahumi (BHG 1316z) (Bărlieva) = Slavija Bărlieva, Prostrannoto grăcko žitie na Naum Ochridski, in: Starobălgarska Literatura 20 (1987) 129–144 (Text: 130–137; bulgarische Übers: 137–144).

Vita Nahumi (BHG 1316z) (Trapp) = Διήγησις μερικὴ τοῦ βίου καὶ πολιτείας τοῦ ὁσίου πατρὸς ἡμῶν Ναούμ, ed. E. Trapp, Die Viten des hl. Naum von Ochrid, in: Bsl 35 (1974) 161–185 (Text von BHG 1316z: 168–180).

Vita Nahumi brevior (BHG 1317) = Die kurze griechische Naum-Vita, ed. E. Trapp, Die Viten des hl. Naum von Ochrid, in: Bsl 35 (1974) 161–185 (Text von BHG 1317: 183–185).

Vita Nahumi slav. 1 = J. Ivanov, Bălgarski starini iz Makedonija, 2. Aufl., Sofia 1931, 305–311 (Text: 306f.); weitere Editionen: Pamet' prěpodobnago ot'ca našego Nauma, ed. P. Lavrov, in: Izvestija Otdelenija russkago jazyka i slovesnosti imp. akademii nauk 12 (1907), Nr. 4, 3–7; P. Lavrov, Materialy po istorii vozniknovenija drevnejšej slavjanskoj pis'mennosti, Leningrad 1930 (Trudy slavjanskoj Komissii AN SSSR I), 181f. (Zitiert nach der Ed. Ivanov.)

Vita Nahumi slav. 2 = Pamet prěpodobnago i bogonos'nago ot'ca našego Nauma, velikago čjudotvor'ca, iže v' Livanïe Děvol'sko, bliz' grada Ochrida, ed. P. Lavrov, Materialy po istorii vozniknovenija drevnejšej slavjanskoj pis'mennosti, Leningrad 1930 (Trudy slavjanskoj Komissii AN SSSR I), 182–184; J. Ivanov, Bălgarski starini iz Makedonija, 2. Aufl., Sofia 1931, 311–313 (Text: 312f.). (Zitiert nach Lavrov.)

Vita Nahumi slav. 3 = ed. P. Lavrov, in: Izvestija Otdelenija russkago jazyka i slovesnosti imp. akademii nauk 12 (1907), Nr. 4, 23–26; hier zitiert nach: P. Lavrov, Materialy po istorii vozniknovenija drevnejšej slavjanskoj pis'mennosti, Leningrad 1930 (Trudy slavjanskoj Komissii AN SSSR I), 184–187.

Vita Nicephori Milesii (BHG 1338) = Βίος τοῦ ὁσίου πατρὸς ἡμῶν Νικηφόρου μοναχοῦ καὶ ἐπισκόπου Μιλήτου, ed. H. Delehaye, in: AnBoll 14 (1895) 133–161; ed. H. Delehaye, Monumenta Latrensia hagiographica, in: T. Wiegand, Der Latmos, Berlin 1913 (Milet, Ergebnisse der Ausgrabungen u. Untersuchungen seit dem Jahre 1899, Königliche Museen zu Berlin, t. III,1), 157–171.

Vita Nicet. Medic. (BHG 1341) = Ἐπιτάφιος εἰς τὸν ὅσιον πατέρα ἡμῶν καὶ ὁμολογητὴν Νικήταν συγγραφεὶς ὑπὸ Θεοστυρίκτου, μαθητοῦ αὐτοῦ μακαριωτάτου, in: AASS Apr. I, Appendix XVIII-XXVIII.

Vita Nicodemi (BHG 2305) = Νείλου ταπεινοῦ μοναχοῦ λόγος εἰς τὸν βίον τοῦ ὁσίου πατρὸς ἡμῶν Νικοδήμου, ed. M. Arco Magri, Vita di S. Nicodemo di Kellarana, Rom 1969 (Testi et studi bizantino-neoellenici 3), 88–134; ältere Edition: V. Saletta, Vita inedita di S. Nicodemo di Calabria, Rom 1964, 65–83.

Vita Nicolai Stud. (BHG 1365) = Βίος τοῦ ὁσίου πατρὸς ἡμῶν καὶ ὁμολογητοῦ Νικολάου, ἡγουμένου τῆς εὐαγεστάτης μονῆς τῶν Στουδίου, in: PG 105, 863–925.

Vita Niconis (BHG 1366. 1367) = Βίος καὶ πολιτεία καὶ μερικὴ θαυμάτων διήγησις τοῦ ἁγίου καὶ θαυματουργοῦ Νίκωνος μυροβλύτου τοῦ Μετανοεῖτε, ed. D. F. Sullivan, The Life of Saint Nikon, Brookline, Massachusetts 1987 (griech. Text: 26–270; parall. engl. Übers.: 27–271); cf. die Konjekturvorschläge zur Ed. von Sullivan durch J. O. Rosenqvist, in ΛΕΙΜΩΝ. Studies Presented to Lennart Rydén on His Sixty-Fifth Birthday, ed. J. O. Rosenqvist, Uppsala 1996 (Acta Universitatis Upsaliensis, Studia Byzantina Upsaliensia 6), 93–111; ältere, für die PmbZ nicht benutzte Edition: Vita Niconis A (BHG 1366), ed. O. Lampsides, Ὁ ἐκ Πόντου ὅσιος Νίκων ..., Athen 1982 (= Archeion Pontou, Supplement 13), 161–240; Vita Niconis B (BHG 1367), ibidem, 14–158.

Vita Nili (BHG 1370) = Vita Nili abb. Cryptae Ferratae, ed. G. Giovanelli, Βίος ... Νείλου τοῦ νέου, Grottaferrata 1972, 47–135; ältere, unbrauchbare Edition: in: PG 120,15–165.

Vita Parasc. iun. (BHG 1420z) = Βίος καὶ πολιτεία καὶ ἀγῶνες καὶ μερικὴ θαυμάτων διήγησις τῆς ὁσίας μητρὸς ἡμων Παρασκευῆς, ed. F. Halkin (†), in: Studies on the Slavo-Byzantine and West-European Middle Ages – in memoriam Ivan Dujčev, ed. Evgenia Yaneva (= Studia slavico-byzantina et medievalia europensia I), Sofia 1988, 281–292.

Vita Pauli Latrensis (BHG 1474) = Βίος καὶ πολιτεία τοῦ ὁσίου πατρὸς ἡμῶν Παύλου τοῦ νέου τοῦ ἐν τῷ Λάτρῳ, ed. H. Delehaye, Vita S. Pauli iunioris in monte Latro cum interpretatione latina I. Sirmondi S. I., in: AnBoll 11 (1892) 1–74. 136–182 (Text: 19–74. 136–181); ed. H. Delehaye, Monumenta Latrensia hagiographica, in: T. Wiegand, Der Latmos, Berlin 1913 (Milet, Ergebnisse der Ausgrabungen u. Untersuchungen seit dem Jahre 1899, Königliche Museen zu Berlin, t. III,1), 105–135.

Vita Petri Argivi (BHG 1504) = Maßgebliche Edition: K. T. Kyriakopulos, Ἁγίου Πέτρου ἐπισκόπου Ἄργους βίος καὶ λόγοι. Εἰσαγωγή, κείμενον, μετάφρασις, σχόλια, Athen 1976, 232–254, auf der Grundlage beider Hss. (Vaticanus und Atheniensis); ältere Edition nur auf der Grundlage des Vaticanus: Βίος καὶ πολιτεία τοῦ ἐν ἁγίοις πατρὸς ἡμῶν Πέτρου ἐπισκόπου γενομένου Ἄργους, in: Papaoikonomu, Petros 59–74.

Vita Petri Athonitae (BHG 1505) = Βίος καὶ πολιτεία τοῦ ὁσίου καὶ θεοφόρου πατρὸς ἡμῶν Πέτρου τοῦ Ἀθωνίτου, in: Lake, Athos 18–39.

Vita Petri Athonitae (BHG 1506) = <Γρηγορίου τοῦ Παλαμας> λόγος εἰς τὸν θαυμαστὸν καὶ ἰσάγγελον βίον τοῦ ὁσίου καὶ θεοφόρου πατρὸς ἡμῶν Πέτρου τοῦ ἐν τῷ ἁγίῳ ὄρει τῷ Ἄθῳ ἀσκήσαντος, P. K. Chrestu, in: Γρηγορίου τοῦ Παλαμᾶ Συγγράμματα, V: Κεφάλαια ἑκατὸν πεντήκοντα, Ἀσκητικὰ συγγράμματα, Εὐχαί, Thessalonike 1992, 126–132 (Einleitung); 161–191 (griech. Text); ältere (hier nicht berücksichtigte) Editionen in: AASS (3. ed.) Iun. III 35–53 (1. ed.: Iun. II [1698] 538–556); PG 150, 996–1040.

Vita Petri Athonitae brevior (BHG 1506e) = Vita Petri Athonitae brevior (BHG 1506e) e codice Athoniensi S. Panteleemonis 478, ed. F. Halkin, Vie brève de S. Pierre l'Athonite, in: AnBoll 106 (1988) 249–255 (Text: 250–255).

Vita Phantini iun. (BHG 2366z) = Βίος καὶ πολιτεία τοῦ ὁσίου καὶ μακαριωτάτου Φαντίνου, ed. E. Follieri, La Vita di San Fantino il Giovane, introduzione, testo greco, traduzione, commentario e indici, Brüssel 1993 (Subs. hag. 77) (Text: 400–471).

Vita posterior Gregorii abbatis Porcetensis (BHL 3672) = Vita posterior Gregorii abbatis Porcetensis (BHL 3672), in: AASS Nov. II, p. 467B–477E. 599; ein Exzerpt daraus, ed. O. Holder-Egger, in: MGH SS XV,2, p. 1191–1199.

Vita prima S. Macarii (BHL 5100) = Vita prima S. Macarii episcopi Antiochiae Armeniae, † Gandavi 1012 (BHL 5100), in: AASS April. I, 3. Ed., 866–868 [1. Ed., 875–877]. (Nach der 3. Ed. benutzt.)

Vita prior Gregorii abbatis Porcetensis (BHL 3671) = Vita prior Gregorii abbatis Porcetensis (BHL 3671), ed. O. Holder-Egger, in: MGH SS XV,2, p. 1187–1190; in: AASS Nov. II,1, p. 463A–466E.

Vita S. Lucae Abbatis (BHL 4978) = Vita S. Lucae Abbatis Auctore anonymo coaevo. Ex editis apud Octavium Cajetanum, in: AASS Oct. VI, 332–342 (Text: 337–341); ältere Publikation: Vita S. Lucae Abbatis, Ab Anonymo eius discipulo scripta, in: Caietani, Vitae SS. Siculorum II, 96–99.

Vita S. Vitalis Abbatis (BHL 8697) = De S. Vitale Siculo, Abbate ordinis S. Basilii, Armenti et Rapollae in Italia, ed. P. Salerno, in: AASS Mart. II, 26C–35E; ältere Edition: Vita S. Vitalis Abbatis Anonymo Scriptore Monacho, in: Caietani, Vitae SS. Siculorum II, p. 86–93.

Vita Sabae iun. (BHG 1611) = Βίος καὶ πολιτεία τοῦ ὁσίου πατρὸς ἡμῶν Σάβα τοῦ νέου, ed. I. Cozza-Luzi, Historia et laudes Ss. Sabae et Macarii iunioris e Sicilia, Rom 1893, 5–70; Adnotationes: 137–142 (variae lectiones).

Vita Sampsonis (BHG 1615a) = Βίος καὶ πολιτεία τοῦ ὁσίου Πατρὸς ἡμῶν Σαμψὼν τοῦ ξενοδόχου, in: Men. (Latyšev) II, p. 105–112.

Vita Sampsonis auctore Symeone Metaphrasta (BHG 1615) = Τοῦ ἐν ἁγίοις Πατρὸς ἡμῶν Σαμσὼν βίος καὶ πολιτεία, in: PG 115, col. 277C–308D.

Vita sancti Symeonis monachi (BHL 7952–7953) = La "Vita" di s. Simeone monaco, ed. P. Golinelli, in: Studi medievali 20 (1979) 709–788 (Ed. der Vita: p. 745–786; Appendice: Epistola Arsen patriarchae Ierosolimitani ..., ibidem, p. 787).

Vita Sym. Novi Theologi (BHG 1692) = Βίος καὶ πολιτεία τοῦ ἐν ἁγίοις πατρὸς ἡμῶν Συμεὼν τοῦ νέου θεολόγου, πρεσβυτέρου καὶ ἡγουμένου μονῆς τοῦ ἁγίου Μάμαντος τῆς Ξηροκέρκου, ed. I. Hausherr, Vie de Syméon le Nouveau Théologien par Nicétas Stéthatos, in: Orientalia Christiana 12 (Rom 1928) 2–228; Emendationen von V. Laurent, in: EO 28 (1929) 436–441.

Vita Symeonis Achivi (BHL 7950) = 1) Excerpt, in: Vita S. Symeonis, ed. D. G. Waitz, in: MGH SS IV 445f.; 2) Vita Symeonis Achivi, ed. T. Klüppel, in: Die Abtei Reichenau, Sigmaringen 1974, 115–124; 3) Vita Symeonis Achivi. Die Lebensbeschreibung des Griechen Symeon, Edition und Übersetzung von T. Klüppel (1994), in: Berschin–Klüppel, Legende 26–41.

Vita Symeonis Treverensis (BHL 7963) = Vita Symeonis Treverensis (BHL 7963), in: AASS Iunii I (3. Aufl., Paris 1867) 86–92.

Vita Theocleti (BHG 2420) = Βίος καὶ πολιτεία καὶ μερικὴ θαυμάτων διήγησις τοῦ ἐν ἁγίοις πατρὸς ἡμῶν Θεοκλήτου ἐπισκόπου Λακεδαιμονίας, ed. A. G. Sguritsas, in: Θεολογία 27 (1956) 572–593; ältere Ausgabe: N. A. Bees, Vie de Saint Theoclète évêque de Lacédémone publié d'après le manuscrit N. 583 de la Bibliothèque Barberine, Jurjev 1916 (Revue byzantine. Vizantiskoe obozrěnie, Suppl. II 1) 1–54 (Text: 27–53).

Vita Theoctistae Lesb. (BHG 1723–1724) = Βίος τῆς ὁσίας μητρὸς ἡμῶν Θεοκτίστης τῆς Λεσβίας τῆς ἀσκησάσης καὶ κοιμηθείσης ἐν νήσῳ τῇ καλουμένῃ Πάρῳ συγγραφεὶς ὑπὸ Νικήτα τοῦ πανευκλεεστάτου μαγίστρου, ed. H. Delehaye, in: AASS Nov. IV (1920) 224–233; ältere Ausgabe in: Joannou, Mnemeia 1–17.

Vita Theoctistae Lesb. (BHG 1725–1726) = Βίος καὶ πολιτεία τῆς ὁσίας καὶ ἀειμνήστου Θεοκτίστης τῆς Λεσβίας, ed. H. Delehaye, in: AASS Nov. IV (1920) 224C–233A (unter dem Text von BHG 1723–1724); ältere Ausgabe in: Joannou, Mnemeia 18–39.

Vita Theod. Cyth. (BHG 2430) = Βίος καὶ πολιτεία τοῦ ὁσίου πατρὸς ἡμῶν Θεοδώρου τοῦ ἐν τῇ νήσῳ Κυθηρίᾳ ἀσκήσαντος. Ποίημα Λέοντος, ed. N. A. Oikonomides, Ὁ Βίος τοῦ ἁγίου Θεοδώρου Κυθήρων (10ος αἰ.) (12 Μαΐου – BHG 3, ἀρ. 2430), in: Πρακτικὰ τρίτου πανιονίου συνεδρίου, 23-29 Σεπτεμβρίου 1965, I, Athen 1967, 264–291 (Text: 281–291).

Vita Theod. Stud. = s. unter Vita A Theod. Stud. (BHG 1755); Vita B Theod. Stud. (BHG 1754).

Vita Theodorae Thess. (BHG 1737) = Βίος καὶ πολιτεία τῆς ὁσίας μητρὸς ἡμῶν Θεοδώρας τῆς ἐν Θεσσαλονίκῃ, ed. S. A. Paschalides, in: Paschalides, Theodora 66–188.

Vita Theodorae Thess. (BHG 1738) = <Γρηγορίου τοῦ κληρικοῦ> Βίο<ς καὶ πολιτεία τῆς ὁσίας> μητρὸς ἡ<μῶν Θεοδώρας τῆς μυροβλύτιδος, τῆς> ἀγωνισ<αμένης ἐν Θεσσαλονίκῃ>, ed. E. Kurtz, in: Kurtz, Theodora von Thessalonike 1–36.

Vita Theophanus (BHG 1794) = Βίος καὶ πολιτεία τῆς ἁγίας καὶ ἐνδόξου θαυματουργοῦ βασιλίδος Θεοφανώ, in: Kurtz, Theophano 1–24.

Vita Thomaïdis Lesb. (BHG 2454) = Vita Thomaïdis Lesb. (BHG 2454), in: AASS Nov. IV 234–242.

Vita Thomaïdis Lesb. (BHG 2455) = Βίος καὶ πολιτεία καὶ μερικὴ θαυμάτων διήγησις τῆς ἁγίας καὶ ἐνδόξου καὶ θαυματουργοῦ Θωμαΐδος, ed. F. Halkin, in: Halkin, Hagiologie 185–219.

Vitae (Leonis Lucae) Compendium = Vitae (Leonis Lucae) compendium, in: AASS Martis I 98E.

Vizantijskaja ideja = Vizantijskaja ideja. Vizantija v epochu Komninov i Paleologov, St. Petersburg 2006.

Vladimir = Archimandrit Vladimir, Sistematičeskoe opisanie rukopisej Moskovskoj Sinodal' noj (Patraršej) Biblioteki, I, Rukopisi Grečeskija, Moskau 1894.

Vlasto, Entry of the Slavs = A. P. Vlasto, The Entry of the Slavs into Christendom. An Introduction to the Medieval History of the Slavs, Cambridge 1970 (Ndr. 2009).

Vogel–Gardthausen = Marie Vogel – V. Gardthausen, Die griechischen Schreiber des Mittelalters und der Renaissance, Leipzig 1909 (33. Beiheft zum Zentralblatt für Bibliothekswesen).

Vogt, Basile = A. Vogt, Basile Ier, Empereur de Byzance (867–886) et la civilisation byzantine à la fin du IXe siècle, Paris 1908 (Ndr. Hildesheim 1973).

Vogt, Comm. = A. Vogt, Constantin VII Porphyrogénète, Le livre des cérémonies, commentaire par A. Vogt, I–II, 2. Auflage, Paris 1967 (1. Auflage, Paris 1935).

Volk, Nahrungsmittelterminologie = R. Volk, Einige Beiträge zur mittelgriechischen Nahrungsmittelterminologie, in: Lexicographica Byzantina, hrsg. von W. Hörandner und E. Trapp, Wien 1991, 293–311.

VV = Vizantijskij Vremennik, 1–25, St. Petersburg/Leningrad 1894–1927, N. S. 1ff., Moskau 1947ff.

Walker, Exploring = P. E. Walker, Exploring an Islamic Empire. Fatimid History and its Sources, London 2002 (Ismaili Heritage Series 7).

Walz, Rhetores Graeci = Rhetores Graeci I–IX, ed. C. Walz, Stuttgart–Tübingen–London–Paris 1832–1836 (Ndr. Osnabrück 1968).

Waßenhoven, Skandinavier unterwegs = D. Waßenhoven, Skandinavier unterwegs in Europa (1000–1250). Untersuchungen zu Mobilität und Kulturtransfer auf prosopographischer Grundlage, Berlin 2006 (Europa im Mittelalter 8).

Wasserstein, Al-Andalus = D. Wasserstein, Byzantium and Al-Andalus, in: Mediterranean Historical Review 2,1 (1987) 76–101.

Wassiliou-Seibt, Metrische Legenden = Alexandra-Kyriaki Wassiliou-Seibt, Corpus der byzantinischen Siegel mit metrischen Legenden, Teil 1: Einleitung, Siegellegenden von Alpha bis inklusive My, Wien 2011 (Wiener Byzantinistische Studien 28,1). (Zitiert nach Nrr.)

Wassiliou, Kibyrraioten = Alexandra-Kyriaki Wassiliou, Beamte des Themas der Kibyrraioten, in: Hellenkemper–Hild, Lykien I 407–413.

Weißbrod, Knecht Gottes = Ursula Weißbrod, "Hier liegt der Knecht Gottes ...". Gräber in byzantinischen Kirchen und ihr Dekor (11. bis 15. Jahrhundert). Unter besonderer

Berücksichtigung der Höhlenklöster Kappadokiens, Wiesbaden 2003 (Mainzer Veröffentlichungen zur Byzantinistik 5).

Weitzmann–Galavaris, Sinai Mss. = K. Weitzmann – G. Galavaris, The Monastery of Saint Catherine at Mount Sinai. The Illuminated Greek Manuscripts, Vol. I: From the 9th to the 10th c., Princeton 1990.

Weitzmann, Byz. Buchmalerei = Kurt Weitzmann, Byzantinische Buchmalerei des 9. und 10. Jahrhunderts, Berlin 1935 (Ndr. Wien 1996).

Wessel, Emailkunst = K. Wessel, Die byzantinische Emailkunst vom 5. bis 13. Jahrhundert, Recklinghausen 1967.

Wessén, Historiska runinskrifter = E. Wessén, Historiska runinskrifter, Stockholm 1960 (Kungl. Vitterhets, Historie och Antikvitets Akademiens handlingar. Filologisk-filosofisk serien 6).

Westerink IV–VI = L. G. Westerink, in: Photios, Amph. IV–VI.

Westerink, Arethas I–II = L. G. Westerink, in: Arethas, Scripta minora.

Westerink, Niketas = L. G. Westerink, in: Niketas Magistros, Epp. (Westerink).

Wharton Epstein, Tokalı Kilise = Ann Wharton Epstein, Tokalı Kilise. Tenth-century metropolitan art in Byzantine Cappadocia, Washington, DC, 1986.

Whittow, Byzantium = M. Whittow, The Making of Orthodox Byzantium, 600–1025, Basingstoke–London 1996.

Widukind von Korvei = Widukindi monachi Corbeiensis rerum gestarum Saxonicarum libri tres, editio quinta post G. Waitz et K. A. Kehr, rec. P. Hirsch, adiuvante H.-E. Lohmann, Hannover 1935 (Scriptores rerum Germanicarum in usum scholarum 60).

Wiegand, Latmos = T. Wiegand, Der Latmos, Berlin 1913 (Milet, Ergebnisse der Ausgrabungen u. Untersuchungen seit dem Jahre 1899, Königliche Museen zu Berlin, t. III,1).

Wilson, Bookhands = N. G. Wilson, Mediaeval Greek Bookhands, Cambridge, Mass., 1972.

Wilson, Scholars = N. G. Wilson, Scholars of Byzantium, London 1983.

Winkelmann I = F. Winkelmann, Byzantinische Rang- und Ämterstruktur im 8. und 9. Jahrhundert. Faktoren und Tendenzen ihrer Entwicklung, Berlin 1985 (BBA 53).

Winkelmann II = F. Winkelmann, Quellenstudien zur herrschenden Klasse von Byzanz im 8. und 9. Jahrhundert, Berlin 1987 (BBA 54).

Winkelmann, Probleme = F. Winkelmann, Probleme einer byzantinischen Prosopographie des 8. und 9. Jahrhunderts, in: Studien 8. u. 9. Jh., 121–129.

Wolf, Kaiserin = G. Wolf (Hrsg.), Kaiserin Theophanu, Prinzessin aus der Fremde – des Westreichs große Kaiserin, Köln–Weimar–Wien 1991.

Wortley, Spiritually beneficial tales = J. Wortley, The spiritually beneficial tales of Paul, Bishop of Monembasia and of other authors, introd., transl. and commentary, Kalamazoo, Mich. (u. a.) 1996 (Cistercian studies series 159).

WSlJ = Wiener Slavistisches Jahrbuch, Wien 1950ff.

Wulf, Fjuckby-Inschrift = F. Wulf, Der Name des zweiten Sohnes in der Fjuckby-Inschrift, in: Blandade runstudier 2, Uppsala 1997 (Runrön 11), 185–199.

Yaḥyā = Histoire de Yahya-ibn-Sa'īd d'Antioche, ed. / transl. I. Kratchkovsky – A. Vasiliev, in: PO 18,5 (1924; Ndr. 1957) 699–834 und PO 23,3 (1932) 345–520 (mit paralleler franz. Übers.); Histoire de Yaḥyā ibn Sa'īd d'Antioche, édition critique du texte arabe préparée par I. Kratchkovsky (†) et traduction française annotée par F. Micheau et G. Troupeau, in: PO 47,4 (Nr. 212) (1997) 371–559 (mit paralleler franz. Übers.); ital. Übers.: Yaḥyā al-Anṭakī, Cronache dell'Egitto fāṭimide e dell'impero bizantino 937–1033, traduzione dall'arabo, introduzione e cura di B. Pirone, Milano 1997 (Patrimonio Culturale Arabo Cristiano diretto da Samir Khalil Samir S. J., Biblioteca del Vicino Oriente 3). (Zitiert nach dem arab. Text, der franz. Übers. [PO] und der ital. Übers. [Pirone].)

Yalaoui, Un poète = M. Yalaoui (Hrsg.), Un poète chiite d'Occident au IVème/Xème siècle: 'Ibn Hāni' al-'Andalusī, Tunis 1976.

Ya'qūbī = s. unter Ibn Wāḍiḥ (Ya'qūbī).

Yāqūt = Yāqūt, in: Canard, Recueil.

Yar-Shater = s. unter aṭ-Ṭabarī (Yar-Shater).

Yngvars saga = Yngvars saga víðfǫrla. Jämte ett bihang om Ingvarsinskrifterna, utg. av E. Olson, Kopenhagen 1912 (Samfund til Udgivelse af Gammel Nordisk Litteratur 39); engl. Übers.: Vikings in Russia. Yngvar's Saga and Eymund's Saga, translated and introduced by H. Pálsson and P. Edwards, Edinburgh 1989.

Yovhannēs Drasx. (B.-Ch.) bzw. (Maksoudian) = franz. Übers.: Yovhannēs Drasxanakertc'i, Histoire d'Arménie, Introduction, traduction et notes par Patricia Boisson-Chenorhokian, Louvain 2004 (CSSO 605; Subsidia 115); engl. Übers.: Yovhannēs Drasxanakertc'i, History of Armenia, Translation and Commentary by Rev. Krikor H. Maksoudian, Atlanta, Georgia 1987 (Scholars Press, Occasional Papers and Proceedings 3).

Yuzbashian, Administration = K. N. Yuzbashian, L'administration byzantine en Arménie aux Xe–XIe siècles, in: REA N. S. 10 (1973–1974) 139–183.

Yuzbashian, Titres = K. Yuzbashian, Les titres byzantins en Arménie, in: L'Arménie et Byzance 213–221.

Zardini, Areta = Eugenia Zardini, Sulla biblioteca dell'arcivescovo Areta di Cesarea, in: Akten des XI. Internationalen Byzantinistenkongresses München 1958, hrsg. von F. Dölger und H.-G. Beck, München 1960, 671–678.

ZDMG = Zeitschrift der Deutschen Morgenländischen Gesellschaft, Wiesbaden 1847ff.

ZDVK = Zeitschrift des Deutschen Vereins für Kunstwissenschaft, Berlin 1934ff.

Zekan, Branimirova Hrvatska = M. Zekan (Hrsg.), Branimirova Hrvatska u pismima pape Ivana VIII. Branimir's Croatia in the Letters of Pope John VIII. Branimir's Kroatien in den Briefen des Papstes Johannes VIII., 2. Aufl., Split 1990.

Zettler, Methodius in Reichenau = A. Zettler, Methodius in Reichenau. Bemerkungen zur Deutung und zum Quellenwert der Einträge im Verbrüderungsbuch, in: Symposium Methodianum 367–379.

Zhishman, Eherecht = J. von Zhishman, Das Eherecht der orientalischen Kirche, Wien 1864.

Ziegler, Methodius in Ellwangen = A. W. Ziegler, Methodius in Ellwangen, in: Land und Reich, Stamm und Nation. Probleme und Perspektiven bayerischer Geschichte. Festgabe für M. Spindler zum 90. Geburtstag, hrsg. von A. Kraus, München 1984 (Forschungsberichte Antike und Mittelalter 1), 305–324.

Zielinski, Weg nach Rom = H. Zielinski, der Weg nach Rom. Otto der Große und die Anfänge der ottonischen Italienpolitik, in: Die Faszination der Papstgeschichte. Neue Zugänge zum frühen und hohen Mittelalter, hrsg. von W. Hartmann und K. Herbers, Köln–Weimar–Wien 2008, 97–107.

Ziemann, Wandervolk = D. Ziemann, Vom Wandervolk zur Großmacht. Die Entstehung Bulgariens im frühen Mittelalter (7.–9. Jh.), Köln–Weimar–Wien 2007 (Kölner Historische Abhandlungen 43).

Zilmer, "He drowned ..." = Kristel Zilmer, "He drowned in Holmr's sea – his cargo-ship drifted to the sea-bottom, only three came out alive". Records and Representations of Baltic traffic in the Viking Age and the Early Middle Ages in early Nordic sources, Tartu 2005 (Dissertationes Philologiae Scandinavicae Universitatis Tartuensis 1 = Nordistica Tartuensia 12).

Zilmer, Kristne runeinnskrifter = Kristel Zilmer, Kristne runeinnskrifter i dynamisk sammenheng. Tekstuelle utviklingslinjer og kulturhistorisk kontekst. En studie med utgangspunkt i bro-innskrifter, Tartu 2002 (Nordistica Tartuensia 6).

Zimmermann, Abt Leo an Hugo Capet = H. Zimmermann, Abt Leo an König Hugo Capet. Ein Beitrag zur Kirchengeschichte des 10. Jahrhunderts, in: Festschrift Karl Pivec. Zum 60. Geburtstag gewidmet von Kollegen, Freunden, Schülern, hrsg. von A. Haidacher und H. E. Mayer, Innsbruck 1966 (Innsbrucker Beiträge zur Kulturwissenschaft 12), 327–343.

Zlatarski, Istorija I/2 = V. Zlatarski, Istorija na bălgarskata dăržava prez srednite vekove, Tom I: Părvo bălgarskoto carstvo, Čast 2: Ot slavjanizacijata na dăržavata do padaneto na părvoto carstvo. Pod redakcijata na doc. P. C. Petrov, Sofia 1971 (Originalausgabe Sofia 1927). (Zitiert nach der Ausg. von 1971.)

ŽMNP = Žurnal Ministerstva Narodnago Prosvěščenija ["Journal des Ministeriums für Volksaufklärung", russ.], St. Petersburg 1834–1917.

ZN = G. Zacos – J. W. Nesbitt, Byzantine Lead Seals II, Bern 1984. (Zitiert nach Nrr.)

Zonaras = Ioannis Zonarae epitome historiarum libri XIII-XVIII, ed. T. Büttner-Wobst, Bonn 1897.

ZRVI = Zbornik radova vizantološkog instituta, Belgrad 1952ff.

ZSSRG rom. Abt. = Zeitschrift der Savigny-Stiftung für Rechtsgeschichte, romanistische Abteilung, 1ff. (=14ff.), Weimar 1880ff.

ZV = G. Zacos – A. Veglery, Byzantine Lead Seals I, Glückstadt 1972.

Zwischen Polis, Provinz und Peripherie = Zwischen Polis, Provinz und Peripherie. Beiträge zur byzantinischen Geschichte und Kultur, herausgegeben von L. M. Hoffmann unter Mitarbeit von Anuscha Monchizadeh, Wiesbaden 2005.

Benutzungshinweise zu den Indices

Die Indices der zweiten Abteilung der PmbZ entsprechen in Aufbau und Methodik mit geringen Abweichungen denjenigen der ersten Abteilung. Insofern sei hier grundsätzlich auf die Benutzungshinweise zu den Indices in PmbZ I, Bd. 6, p. 135–141, verwiesen. In den folgenden Hinweisen werden daher vor allem die Unterschiede zwischen beiden Abteilungen behandelt. Grundsätzlich wurde bei den Indices nicht auf eine Methodik Wert gelegt, die bis in die letzten Einzelheiten in sich folgerichtig ist, sondern das Ziel war vor allem, dem Leser eine möglichst intuitive Benutzung der verschiedenen Indices zu ermöglichen.

Das Material zu den Indices ist von allen Mitarbeitern in der Datenbank der PmbZ gesammelt worden. Für die Druckfassungen der verschiedenen Indices sind trotzdem jeweils einzelne Mitarbeiter verantwortlich gewesen, die dieses Material bearbeitet und in eine benutzbare Druckform gebracht haben und daher im folgenden in Klammern hinter dem jeweiligen Index genannt seien. In dem vorliegenden Band sind sechs Indices enthalten: 1. der Index zu denjenigen Lemmata der Abteilung I der PmbZ, die von Lemmata in Abteilung II ergänzt, korrigiert oder ersetzt werden (R.-J. Lilie); 2. der Index der Namensvarianten, Familiennamen und Beinamen (R.-J. Lilie); 3. der Quellenindex (R.-J. Lilie); 4. der Index der Handschriften, deren Subskriptionen und Notizen für die zweite Abteilung der PmbZ ausgewertet worden sind; dieser Index ist in eine alphabetische und eine chronologische Sektion unterteilt (B. Zielke); 5. der Index der Titel und Berufe (C. Ludwig) sowie 6. der Index der geographischen und topographischen Namen (R.-J. Lilie [mit partieller Vorarbeit von T. Pratsch]).

Etwa gleichzeitig mit der Publikation der zweiten Abteilung der PmbZ in Buchform soll auch eine (zunächst kostenpflichtige) Onlinefassung der PmbZ in Form einer xml-Datenbank erscheinen, deren verschiedene Felder unter Einschließung der Indexfelder dann gleichfalls durchsucht werden können.

1. Korrekturen und Ergänzungen zu PmbZ I

Während der Arbeiten an der zweiten Abteilung der PmbZ ergaben sich naturgemäß auch Änderungen an einigen Lemmata der ersten Abteilung. Zum Teil handelt es sich dabei um die Fortsetzungsartikel zu Personen, deren Lebenszeit über die Grenze von 867 zwischen beiden Abteilungen hinausreicht. Soweit es sich nur um geringfügige Überschneidungen handelte, wurde die gesamte Vita der betreffenden Person in derjenigen Abteilung behandelt, zu der mehr Nachrichten vorhanden waren. In einigen Fällen gab es jedoch so viele Nachrichten, daß ein übergreifender Artikel nicht sinnvoll gewesen wäre. Beispiele hierfür sind die Artikel zu den Patriarchen Ignatios und Photios oder zu Kaiser Basileios I. Insgesamt handelt es sich hier um 21 Lemmata. Diese Artikel sind im Index unter der Sigle "Forts." (= Fortsetzungsartikel) zu finden. Neben diesen Artikeln gibt es solche, in denen Fehler in der ersten Abteilung korrigiert werden. Diese insgesamt 23 Artikel firmieren unter der Sigle "Korr." (= Korrekturartikel). Schließlich gibt es solche, die die entsprechenden Artikel der ersten Abteilung ergänzen und zum Teil auch korrigieren. Diese insgesamt 133 Artikel sind durch die Sigle "Komb." (= Kombinationsartikel) gekennzeichnet. Während die Fortsetzungsartikel die Lektüre beider Artikel erfordern, werden in den beiden anderen Fällen die Artikel der ersten Abteilung durch diejenigen der Abteilung II vollständig ersetzt und sollten daher auch nicht mehr zitiert werden.

2. Namensvarianten, Familiennamen und Beinamen

Im Namensvarianten-Index finden sich im wesentlichen die in den einzelnen Artikeln unter der Rubrik N aufgeführten Namensvarianten, Familiennamen oder Patronyme, Herkunftsbezeichnungen bzw. Toponyme oder Beinamen. Die Bände I–VII der zweiten Abteilung der PmbZ enthalten, im Gegensatz zu dem Verfahren in der ersten Abteilung, keine alleinstehenden Querverweise, Familiennamen u. ä., sondern diese sind nur über den Index zu finden.

Zusätze in Klammern

In vielen Fällen geben Klammern hinter den Namen Hinweise darauf, um welche Art von Namen es sich handelt. Dabei gibt es drei Arten von Hinweisen:

a) Angabe der Sprache, in der die Person genannt wird: (altbulg. = altbulgarisch); (altdän. = altdänisch); (altkirchensl. = altkirchenslawisch); (altnord. = altnordisch); (altruss. = altrussisch); (altslaw. = altslawisch); (arab. = arabisch); (arm. = armenisch); (bulg. = bulgarisch); (georg. = georgisch); (hebr. = hebräisch); (ital. = italienisch); (lat. = lateinisch); (mbulg. = mittelbulgarisch); (slaw. = slawisch); (syr. = syrisch); (türk. = türkisch); (ungar. = ungarisch). Bei Nichtbyzantinern wird ihr griechischer Name häufig mit (griech. = griechisch) gekennzeichnet.

b) Angabe der Art des Namens bzw. eine Charakterisierung des Namens (z. B. als Taufname oder Mönchsname bzw. Bezeichnung der Klosterzugehörigkeit, Familienname, Herkunftsbezeichnung bzw. Toponymikon, Patronym bzw. Metronym, Beiname oder Schimpfname u. ä.).

c) Angabe der Quelle oder Sekundärliteratur, wenn es sich um eine sonst nicht genannte Variante des Namens der in dem Lemma behandelten Person handelt. Diese Angaben sind alphabetisch hinter den anderen Zusatzhinweisen eingeordnet.

Sortierung

Artikel und Präpositionen wie “von” oder das arabische “al” bzw. “ar” oder “at” wurden bei der Sortierung nicht berücksichtigt.

Nicht aufgenommene Namensvarianten

Nicht aufgenommen wurden im allgemeinen die griechischen Formen eines lateinischen Namens und umgekehrt. Ebensowenig wurden die mittelbulgarischen Formen eines griechischen Namens aufgenommen, wenn dieser Name sich problemlos aus der mittelbulgarischen Form erschließen ließ. Ähnliches gilt für armenische Namen wie z. B. Smbat oder Bagrat, für die die griechischen Formen Symbatios bzw. Pankratios üblich waren. Hier wurde auf eine zusätzliche Nennung der armenischen Grundformen verzichtet. Ebenso wurden nicht alle Varianten in der Schreibweise eines Namens aufgenommen, wenn diese Varianten unterschiedlich gebraucht wurden, z. B. Sabas – Sabbas.

3. Quellen

Im Quellenindex wurde darauf verzichtet, die Namen derjenigen Personen anzugeben, auf deren Artikel verwiesen wird. Auch das Nummernzeichen # ist weggelassen worden, so daß der Benutzer im Quellenindex unter einer Quelle nur die bloßen Nummern der Personen findet, in deren Artikel die jeweilige Quelle in der Rubrik Q genannt ist.

Die Quellenbezeichnungen sind im Quellenindex möglichst kurz gehalten und entsprechen nicht immer denjenigen im Abkürzungsverzeichnis. Jedoch sind die Bezeichnungen durchgängig so formuliert worden, daß sie problemlos zu identifizieren sind. Auch sind nicht alle Quellen in das Abkürzungsverzeichnis aufgenommen worden. Die vollständigen Angaben finden sich in einem solchen Fall unter der Rubrik Q in den Artikeln. Der Quellenindex erfaßt aber auch diese Quellen.

4. Handschriften

Der Handschriftenindex führt diejenigen Handschriften auf, deren Subskriptionen, Notizen und Besitzereinträge, zuweilen auch Scholien, Informationen zu Personen des Zeitraumes 867–1025 bieten und für die PmbZ II ausgewertet wurden. Drei Bemerkungen sind vorauszuschicken:

1) Der Handschriftenindex führt nur diejenigen Handschriften auf, die in der PmbZ II Quellenfunktion haben, nicht jedoch alle Handschriften, die in PmbZ II in den Personenartikeln erwähnt werden. Erwähnung finden in der PmbZ II wesentlich mehr Handschriften, zumeist in ihrer Funktion als Textzeugen für einen bestimmten Text.

2) Die Handschriften werden in einer ersten Liste alphabetisch nach ihrer abgekürzten Bezeichnung aufgelistet, nicht nach der alphabetischen Reihenfolge der Städte, in denen sie sich befinden. Dies bedeutet, daß die Handschriften, die sich in Florenz befinden, nicht unter F, sondern unter "Cod. Laurent." zu finden sind, die aus Venedig unter "Cod. Marc." etc.

3) Zusätzlich wird eine weitere Liste derselben Handschriften geboten, in welcher die Handschriften nach ihrer Datierung sortiert sind. Sie ist dazu gedacht, bisherige Listen dieser Art, z. B. Devreesse, Introduction, p. 286–320 (bes. p. 288–295), für die Zeit bis 1025 zu ersetzen, da sie umfangreicher ist als diese. Unsichere Datierungen sind mit "(?)" gekennzeichnet; kopierte Subskriptionen sind in eckige Klammern gesetzt; ungefähre Datierungen wie z. B. "10. Jh." werden erst nach den genauen Datierungen aus demselben Zeitraum aufgeführt. Ungefähre Datierungen, die sich daraus ergeben, daß derselbe Kopist eine andere Handschrift mit Datierung subskribiert hat, erscheinen z. B. in der Form "10. Jh., Anfang (913/14 ± x)", was bedeutet, daß die betreffende Handschrift eine unbekannte Zahl von Jahren vor oder nach der anderen, auf 913/14 datierten Handschrift geschrieben worden sein muß.

5. Titel und Berufe

In diesem Index wurde weitgehend den bereits in der ersten Abteilung angewendeten Prinzipien gefolgt. Es sind also neben den Titeln und Berufen auch einige allgemeinere Begriffe erfaßt, wie etwa "Autor", "Befehlshaber" und andere, die in einem solchen Index erwartet werden könnten. Innerhalb eines Indexeintrags erfolgt die Ordnung vom allgemeinen zu den genaueren Spezifizierungen, letztere in alphabetischer Reihenfolge ohne die Berücksichtigung von Artikeln, Präpositionen und ähnlichem. Eine ganze Reihe von Titeln sind mit mehreren Zuständigkeitsbereichen versehen, beispielsweise Krites (Richter) von Peloponnesos und Hellas. Es wurde darauf verzichtet, all diese Kombinationen mit einem separaten Eintrag zu versehen, man findet diesen Krites also sowohl unter "Krites von Hellas" als auch unter "Krites von Peloponnesos".

Gegenüber Abteilung I ist die Anzahl der Begriffe in anderen Sprachen als Griechisch in signifikantem Maße angestiegen. Das betrifft sowohl Entsprechungen griechischer Titel und Berufe in der jeweiligen Sprache als auch solche, die originär zu einer anderen Sprache gehören. Soweit möglich wurden auch diese Titel in der Originalsprache erfaßt und an der entsprechenden Stelle im Alphabet eingeordnet mit der Angabe in Klammern, um welche Sprache es sich jeweils handelt. Wenn es einen entsprechenden griechischen Titel gibt, ist dieser ebenfalls in dem Eintrag vermerkt. Die Abkürzungen für die einzelnen Sprachen sind in den Hinweisen zum Index der Namensvarianten aufgeschlüsselt.

Auch durch die Zunahme von Titeln in anderen Sprachen als dem Griechischen hat sich die bereits in den Vorbemerkungen zu Abteilung I geschilderte Problematik disparater Ausdrücke für die einzelnen Titel und Berufe noch verschärft. Einen Haupteintrag zu schaffen, in dem sämtliche Träger eines Titels aufgeführt sind, war nicht immer möglich und erschien auch nicht immer sinnvoll. Wenn es möglich und nützlich erschien, wurden Begriffe allerdings standardisiert; z. B. wird die Form *imperiali* durchgehend zu *imperialis* vereinheitlicht, ohne daß dies extra erwähnt wird. Durch Verweise und Zusätze in Klammern sollen die Benutzer gegebenenfalls auf ergänzende Einträge hingewiesen werden.

6. Geographische und topographische Namen

Der Index der geographischen und topographischen Namen verzeichnet grundsätzlich nur diejenigen Regionen, Orte und Bauwerke, die entweder von einer Person tatsächlich aufgesucht wurden und/oder mit denen die Person in einer sehr engen Verbindung stand (beispielsweise der Amtsbereich eines regionalen Würdenträgers u. ä.). Nicht verzeichnet werden dagegen geographische Begriffe, die in einem bestimmten Personenartikel erwähnt werden, jedoch die Person dieses Artikels selbst nicht direkt betreffen, sondern zu einer anderen Person oder anderen Vorgängen gehören (beispielsweise das Bistum eines Bischofs oder der Herkunftsort einer Person, die in einem Artikel einer anderen Person erwähnt werden u. ä.).

Nicht in diesen Index aufgenommen wurden ferner geographische Namen, die so weite geographische Räume bezeichnen oder so häufig vorkommen, daß sie in den Artikeln der PmbZ quasi allgegenwärtig sind. Dies betrifft beispielsweise die Begriffe "Byzanz", "byzantinisches Reich", "Romania", "Konstantinopel" (ohne nähere Spezifizierung), "Kleinasien", "Balkan", "Italien", "Athos", "Kalifat" und ähnliches. Wo dies möglich war, wurde hier allerdings grundsätzlich auf die Provinzen, Orte, Lokalitäten und Bauwerke etc. verwiesen, die zu dem jeweiligen Oberbegriff gehören und in der PmbZ Erwähnung finden. So wird der Benutzer z. B. unter "Athos" zwar keine Personeneinträge finden, wohl aber Verweise auf alle Klöster und Örtlichkeiten, zu denen Personeneinträge vorhanden sind. Entsprechendes gilt für Regionen und Provinzen bei denen allerdings noch eine zusätzliche Unterteilung hinzukommt, da – zumindest bei einigen größeren Provinzeinheiten – einmal die Region als solche genannt wird, dann als Kirchenprovinz und schließlich als Verwaltungseinheit (Thema). So gibt es z. B. die Region Kappadokien, dann die gleichnamige Kirchenprovinz und schließlich das Thema. Unter "Kappadokien" sind alle Artikel aufgeführt, in denen Kappadokien mehr oder weniger unspezifiziert erwähnt wird, also etwa als Durchzugsland bei Reisen oder Feldzügen. In der Kirchenprovinz Kappadokien sind in der Regel die Bistümer oder Klöster verzeichnet, die in Kappadokien liegen, in dem Thema Kappadokien schließlich die weltlichen Würdenträger. Leider sind unter diese Rubriken nicht immer alle Personen aufgenommen worden, die zwar in Kappadokien aktiv waren, aber nur unter einem einzelnen Ort erwähnt werden, da eine solche vollständige Aufnahme den Index in unzumutbarer Weise aufgebläht und seine Benutzbarkeit eher eingeschränkt als gefördert hätte. Dafür sind unter dem Stichwort "Kappadokien" grundsätzlich Verweise zu allen geographischen Orten und Begriffen zu finden, die zu Kappadokien gehören. Dies gilt entsprechend auch für die anderen Regionen und Provinzen. Diese Verweise sind grundsätzlich unter der allgemeinen Bezeichnung einer Region aufgeführt, so daß der Benutzer, auch wenn er etwa nach einem Bistum sucht, immer unter der allgemeinen Bezeichnung der Region suchen muß, in der dieses Bistum liegt. Die sonst notwendigen Mehrfachnennungen würden u. E. zu Verwirrung führen und könnten ihrerseits auch gar nicht immer vollständig sein, da es auch Orte gibt, bei denen eine konkrete Zuordnung nicht möglich ist.

Ebenso mußte darauf verzichtet werden, bei ein- und demselben Ort mehrere Bezugseinheiten zu nennen. So gehörte beispielsweise Attaleia kirchenpolitisch zu Pamphylien, während es als weltliche Verwaltungseinheit zu dem Thema Kibyrrhaioton zu zählen ist. Als Bezugseinheit ist jedoch nur Pamphylien genannt. Hier bei jedem Ort jede mögliche Zugehörigkeit zu nennen, war in der für die Fertigstellung dieses Indexes zur Verfügung stehenden Zeit nicht zu leisten.

Unter den Einträgen einiger größerer Städte, insbesondere Konstantinopels, aber auch anderer, wird auch auf diejenigen Örtlichkeiten dieser Städte (Bauten, Straßen, Plätze, Stadtteile usw.) verwiesen, die in den jeweiligen Personenartikeln genannt werden.

Generell ist der Anteil der Arabica unter den Ortsnamen im Vergleich zur ersten Abteilung der PmbZ sehr stark angewachsen. Daher schien es nicht sinnvoll, "Kalifat" als eigenen Begriff aufzunehmen. Man wird aber unter "Mesopotamien", "Syrien", "Palästina", "Ägypten" usw. sowohl Personenartikel als auch Verweise auf die jeweiligen Ortschaften etc. der jeweiligen Region finden.

Die Bezeichnung von Klöstern kann verschiedenen Mustern folgen. So kann ein Kloster benannt sein nach dem Gründer des Klosters, nach dem Heiligen, dem die Klosterkirche geweiht war, nach der Örtlichkeit (Stadt oder Region, Stadtteil von Konstantinopel), an der sich das Kloster befand, oder nach besonders markanten Merkmalen des Klosters. Daher können für ein und dasselbe Kloster verschiedenen Bezeichnungen nebeneinander existieren. Durch reichliche Verweise wurde versucht, dem Benutzer das Auffinden der verschiedenen Namen ein und desselben Klosters zu erleichtern und die Identität des jeweiligen Klosters zu verdeutlichen.

Bei Bezeichnungen von Kirchen und Klöstern wie z. B. "Hagios-Georgios-Kloster" ist jeweils unter dem Namen des Heiligen, hier also unter "Georgioskloster", nachzusehen. Dies gilt auch für weitere derartige Zusätze wie etwa Hyperhagios, Martys bzw. Megalomartys oder S. bzw. Sanctus. Letztere wurden nur dann in die alphabetische Sortierung einbezogen, wenn sie zu einem Namensbestandteil geworden sind (z. B. "Santa Severina" in Kalabrien).

Ebenso sind im allgemeinen Artikel und/oder Vorsilben nicht in die Sortierung einbezogen worden, wie z. B. ta oder tu oder die arabischen Artikel al, il und so weiter. Auch hier ist nach den jeweiligen "Hauptnamen" zu suchen. So findet der Leser z. B. "ta Amastrianu" unter "Amastrianu" und den arabischen Kalifen al-Ḥākim unter Ḥākim.

Wenn sich in den Artikeln der PmbZ verschiedene Bezeichnungen für ein und dieselbe Örtlichkeit finden, also etwa ein älterer und ein moderner Ortsname (beispielsweise Panormos und Palermo für die Stadt auf Sizilien), wurde versucht, im Index eine gewisse Übersichtlichkeit dadurch herzustellen, daß die Verweise auf die relevanten Artikel alle unter einer Namensform versammelt wurden, während von dem zweiten Namen nur auf den ersten verwiesen wurde.

Die Reihenfolge der jeweils angeführten Personenartikel richtet sich nach der Reihenfolge in der PmbZ. Eine Ausnahme bilden hier nur die Personen mit Beinamen, die im Gegensatz zu der in der PmbZ üblichen Reihenfolge, in der die Beinamen keine Berücksichtigung finden, erst nach den Namen ohne Beinamen angeführt werden. Die Reihenfolge der Beinamen ist dann wiederum alphabetisch.

Wo immer dies möglich war und sinnvoll erschien, wurde den Indexeinträgen eine Erklärung in Klammern nachgestellt, die entweder dem Benutzer eine genauere Vorstellung vom Gegenstand vermitteln soll (etwa "Insel") oder auch der Differenzierung gleicher Namen dient und häufig die Lage der Örtlichkeit näher bezeichnet. Zu diesem Zweck ist des öfteren auch der moderne Name einer Region oder eines Staates benutzt worden (etwa "Italien"), um dem heutigen Benutzer eine eindeutige und leicht verständliche Referenzgröße zu bieten. Auf eine "politisch korrekte" Bezeichnung des Landes, in dem die betreffende Örtlichkeit heute liegt, wurde dabei verzichtet, so daß z. B. unter "Rußland" auch solche Orte verzeichnet sind, die heute in den unabhängigen Nachfolgestaaten der ehemaligen Sowjetunion liegen, etwa Kiew, das daher unter "Rußland" und nicht unter "Ukraine" genannt wird. Da es hier nur um eine ungefähre geographische Einordnung von Orten und Plätzen geht, die vor 1000 Jahren in den Quellen erwähnt worden sind, schien uns dies Verfahren ausreichend zu sein, zumal die sonst notwendige Mehrarbeit aus zeitlichen Gründen nicht mehr hätte geleistet werden können.

Für den geographische Index der PmbZ war ursprünglich Thomas Pratsch verantwortlich, der aber bei seinem Ausscheiden aus der BBAW am Jahresende 2011 wider Erwarten nur etwa ein Drittel des Materials in unzureichender Weise bearbeitet hatte. Die Fertigstellung dieses Indexes mußte daher von Ralph-Johannes Lilie übernommen und in hoher Zeitnot zusätzlich zu anderen Verpflichtungen bewältigt werden. Kleinere Inkonsequenzen und Ungenauigkeiten sind daher nicht völlig auszuschließen.

Korrekturen und Ergänzungen zu PmbZ I

Achillas (# 75) → Achillas (# 20094) (Komb.)..
Agapios (# 122) → Agapetos (# 20161) (Korr.)..
Amphilochios (# 223) → Amphilochios (# 20278) (Komb.)..
Anastasius (# 341) → Anastasius Bibliothecarius (# 20341) (Komb.)..
Andreas (# 412) → Andreas (# 20354) (Komb.).
Andreas (# 414) → Andreas (# 20348) (Korr.).
Andreas (# 420) → Andreas (# 20371) (Korr.).
Anna (# 463) → Anna (# 20427) (Komb.).
Antonios II. Kauleas (# 564) → Antonios II. Kauleas (# 20476) (Komb.).
Apelates (# 576) → Apelates Perses (# 20543) (Komb.).
Arsaber (# 611) → Arsaber (# 20583) (Komb.).
Arsenios (# 626) → Arsenios (# 20603) (Komb.).
Ašot I. Bagratuni (# 652) → Ašot I. "der Große" (von Armenien) (# 20642) (Komb.).
Athanasios (# 683) → Athanasios (# 20663) (Komb.).
Azarias (# 707) → Azarias (# 20709) (Korr.).
Baanes (# 719). → Baanes Angures (# 20716) (Forts.).
Basileios I. (# 832). → Basileios I. (# 20837) (Forts.).
Basileios (# 956) → Basileios (# 20842) (Komb.).
Boris I. Michael (# 1035) → Boris I. Michael (# 21197) (Komb.).
Bran (# 1039) → Bran (# 21203) (Komb.).
Christophoros (# 1135) → Christophoros (# 21265) (Komb.).
Chrysocheir (# 1153) → Chrysocheir (# 21340) (Komb.).
Danelis (# 1215) → Danelis (# 21390) (Komb.).
Demetrianos (# 1276) → Demetrianos (# 21451) (Komb.).
Demetrios (# 1302) → Demetrios (# 21461) (Komb.).
Demetrios (# 1311) → Demetrios (# 21484) (Komb.).
Donatus (# 1390) → Donatus (# 21589) (Komb.).
Drosos (# 1418 und # 1419,1) → Drosos (# 21607) (Komb.).
Eirene (# 1452) → Eirene (von Chrysobalanton) (# 21617) (Komb.).
Elias (# 1497) → Elias der Jüngere (# 21639) (Komb.).
Elias (# 1503) → Elias (# 21640) (Komb.).
Epiphanios (# 1589) → Epiphanios (# 21698) (Komb.).
Euarestos (# 1618) → Euarestos (# 21752) (Komb.).
Eudokia Ingerina (# 1632) → Eudokia Ingerina (# 21754) (Forts.).
Eulampios (# 1672) → Eulampios (# 21776) (Komb.).
Euphemia (# 1689) → Euphemia (# 21786) (Komb.).
Euphrosyne (# 1711) → Euphrosyne (# 21799) (Komb.).
Euphrosyne (# 1712) → Euphrosyne (# 21800) (Komb.).
Eustathios (# 1756) → Eustathios (# 21839) (Komb.).
Eustathios (# 1799) → Eustathios Argyros (# 21828) (Komb.).
Euthymios (# 1851) → Euthymios (# 21912) (Komb.).
Formosus (# 1904) → Formosus (# 22001) (Komb.).
Georgios (# 2237) → Georgios (# 22081) (Korr.).
Georgios (# 2259) → Georgios (# 22083) (Komb.).
Georgios Peganes (# 2263) → Georgios Peganes (# 22082) (Komb.).
Germanos (# 2305) → Germanos von Kosinitza (# 22285) (Komb.).
Goïnik (# 2318) → Goïnik (# 22316) (Komb.).

Gregorios Asbestas (# 2480) → Gregorios Asbestas (# 22348) (Forts.).
Guber (# 2527) → Guber (# 22511) (Komb.).
Helene (# 2548) → Helene (# 22572) (Komb.).
Hilarion (# 2583) → Hilarion (# 22600) (Forts.).
Hvalimir (# 2598) → Hvalimir (# 22646) (Komb.).
Iakobitzes (# 2623) → Iakobitzes (# 22654) (Komb.).
Ignatios (# 2666) → Ignatios (# 22712) (Forts.).
Ignatios (# 2676) → Ignatios (# 22714) (Forts.).
Ioannes (# 3262) → Ioannes Theodorokanos (# 23405) (Korr.).
Ioannes (# 3266) → Ioannes (# 22779) (Komb.).
Ioannes (# 3293) → Ioannes (# 22841) (Komb.).
Ioannes (# 3313) → Ioannes (# 22781) (Komb.).
Ioannes (# 3317) → Ioannes (# 22803) (Komb.).
Ioannes (# 3318) → Ioannes Kolobos (# 22783) (Komb.).
Ioannes Chaldos (# 3320) → Ioannes Chaldos (# 22784) (Forts.).
Ioannes (# 3323) → Ioannes (# 22787) (Komb.).
Ioannes (# 3324) → Ioannes (# 22844) (Komb.).
Ioannes (# 3328) → Ioannes (# 22780) (Komb.).
Ioannes (# 3349) → Ioannes (# 23003) (Korr.).
Ioannes (# 3350) → Ioannes (# 23002) (Korr.).
Ioannikios (# 3393) → Ioannikios (# 23454) (Korr.).
Ioseph (# 3456) → Ioseph (# 23524) (Komb.).
Ioseph (# 3457) → Ioseph (# 23511) (Komb.).
Ioseph (# 3459) → Ioseph (# 23519) (Komb.).
Ioseph Hymnographos (# 3454) → Ioseph Hymnographos (# 23510) (Komb.).
Isaak (# 3465) → Isaak (# 23549) (Komb.).
Kalphus (# 3616) → Kalphus (# 23660) (Komb.).
Klemes (# 3655) → Klemes (# 23704) (Komb.).
Klonimir (# 3661) → Klonimir (# 23719) (Komb.).
Kocel (# 3663) → Kocel (# 23721) (Komb.).
Konstantinos (# 4005) → Konstantinos (# 23742) (Komb.).
Konstantinos Kapnogenes (# 4010): → Konstantinos Kapnogenes (# 23743) (Komb.).
Konstantinos (# 4020) → Konstantinos (# 23786) (Komb.).
Konstantinos (# 4023) → Konstantinos (# 23972) (Komb.).
Konstantinos Iudaios (# 4003) → Konstantinos Iudaios (# 23739) (Komb.).
Konstantinos Toxaras (# 4011) → Konstantinos Toxaras (# 23744) (Komb.).
Kosmas (# 4103) → Kosmas (# 24180) (Korr.).
Leon (# 4440) → Leon Philosophos (# 24313) (Forts.).
Leon (# 4527) → Leon Choirosphaktes (# 24343) (Komb.).
Leon der Assyrer (# 4511) → Leon der Assyrer (# 24316) (Komb.).
Leontios (# 4593) → Leontios (# 24703) (Komb.).
Leontios (# 4594) → Leontios (# 24714) (Korr.).
Leonto (# 4605) → Leonto (# 24733) (Komb.).
Lothar (# 4620) → Lothar II. (# 24751) (Komb.).
Ludwig II. (# 4626) → Ludwig II. (# 24755) (Komb.).
Maria (# 4744) → Maria (# 24913) (Komb.).
Marianos (# 4768) → Marianos (# 24955) (Komb.).
Marianos (# 4769) → Marianos (# 24956) (Forts.).
Marinos (# 4815) → Marinos (# 24975) (Komb.).
Marinus I. (# 4819) → Marinus I. (# 24983) (Komb.).
Meletios (# 4947) → Meletios (# 25035) (Komb.).

Meligalas (# 4950) → Meligalas (# 25045) (Komb.).
Methodios (# 4975) → Methodios (# 25062) (Forts.).
Metrophanes (# 4986) → Metrophanes (# 25088) (Komb.).
Michael (# 5058) → Michael (# 25194) (Korr.).
Michael (# 5118) → Michael I. (von Alexandreia) (# 25098) (Komb.).
Michael (# 5122) → Michael (# 25125) (Komb.).
Michael (# 5127) → Michael (# 25127) (Korr.).
Michael (# 5129) → Michael (# 25128) (Korr.).
Michael (# 5139) → Michael (# 25304) (Komb.).
Michael Monachos (# 5121) → Michael Monachos (# 25099) (Komb.).
Mutimir (# 5207) → Mutimir (# 25465) (Forts.).
Nasar (# 5227) → Nasar (# 25490) (Komb.).
Naum (# 5231) → Naum (# 25501) (Komb.).
Nikephoros (# 5333) → Nikephoros (# 25537) (Komb.).
Niketas (# 5505) → Niketas Byzantios (# 25713) (Komb.).
Niketas (# 5509) → Niketas (# 25719) (Komb.).
Niketas (# 5514) → Niketas (# 25758) (Komb.).
Niketas (# 5516) → Niketas (# 25726) (Komb.).
Niketas Ooryphas (# 5503) → Niketas Ooryphas (# 25696) (Komb.).
Nikolaos (# 5608) → Nikolaos (# 25915) (Korr.).
Nikolaos (# 5615) → Nikolaos (# 25976) (Korr.).
Nikolaos Androsalites (# 5590) → Nikolaos Androsalites (# 25886) (Komb.).
Noë (# 5633) → Noë (# 26172) (Korr.).
Pantoleon (# 5708) → Pantoleon (# 26251) (Komb.).
Paulos (# 5864) → Paulos (# 26292) (Komb.).
Paulos (# 5867) → Paulos (# 26293) (Komb.).
Petar (# 5907) → Petar Gojniković (# 26408) (Komb.).
Petros (# 6077) → Petros Thaumaturgos (# 26426) (Komb.).
Petros (# 6080) → Petros (# 26427) (Forts.).
Petros (# 6082) → Petros (# 26453) (Korr.).
Petros (# 6093) → Petros (# 26446) (Forts.).
Petros von Argos (# 6072) → Petros (von Argos) (# 26428) (Komb.).
Photios (# 6253) → Photios (# 26667) (Forts.).
Pribislav (# 6347) → Pribislav (# 26754) (Komb.).
Prokopios (# 6378) → Prokopios (# 26762) (Komb.).
Sabas (# 6453) → Sabas (# 26915) (Komb.).
Ṣâḥib al-Usûl (# 6482) → Anonymus (# 30625) (Korr.).
Samuel (# 6503) → Samuel (# 26978) (Komb.).
Sergios (# 6681) → Sergios (# 27014) (Komb.).
Soldanos (# 6833) → Sawdān (# 26997) (Komb.).
Stephanos (# 7088) → Stephanos (# 27207) (Komb.).
Stephanos (# 7093) → Stephanos (# 27231) (Komb.).
Stephanos Neolampes (# 7052) → Stephanos Neolampes (# 27206) (Komb.).
Stroimir (# 7149) → Stroïmir (# 27401) (Komb.).
Šuʿayb (# 7154) → Šuʿayb (# 27429) (Komb.).
Symbatios (# 7169) → Symbatios (# 27445) (Forts.).
Symeon (# 7187) → Symeon (# 27522) (Korr.).
Symeon (# 7202) → Symeon (# 27466) (Komb.).
Symeon (# 7206. # 7207) → Symeon (# 27464) (Komb.).
Tarasios (# 7237) → Tarasios (# 27559) (Forts.).
Thekla (# 7261) → Thekla (# 27583) (Forts.).
Theodora (# 7285) → Theodora (von Thessalonike) (# 27598) (Komb.).
Theodoros (# 5867) → Theodoros (# 27620) (Komb.).

Theodoros (# 7438,1) → Theodoros (# 27640) (Korr.).
Theodoros (# 7678) → Theodoros (# 27628) (Korr.).
Theodoros (# 7727) → Theodoros (# 27618) (Komb.).
Theodoros Santabarenos (# 7729) → Theodoros Santabarenos (# 27619) (Komb.).
Theodulos (# 7990) → Theodulos (# 27989) (Komb.).
Theognostos (# 8018) → Theognostos (# 28010) (Komb.).
Theoktiste (# 8027) → Theoktiste (# 28039) (Komb.).
Theophano (# 8165) → Theophano (# 28122) (Komb.).
Theophilos (# 8228) → Theophilos (# 28136) (Komb.).
Theophilos (# 8229) → Theophilos (# 28143) (Komb.).
Theophilos (# 8236) → Theophilos (# 28149) (Komb.).
Theophylaktos (# 8367) → Theophylaktos (# 28236) (Komb.).
Theopiste (# 8377) → Theopiste (# 28267) (Komb.).
Thomas (# 8476) → Thomas (# 28290) (Komb.).
Vladimir (# 8589) → Vladimir (# 28432) (Forts.).
Zacharias (# 8634) → Zak'aria (# 28496) (Komb.).
Zacharias (# 8635) → Zacharias Kophos (# 28476) (Komb.).
Zacharias (# 8636) → Zacharias (von Anagni) (# 28477) (Komb.).
Zosimas (# 8667) → Zosimas (# 28515) (Forts.).
Anonymus (# 11808) → Anonymus (# 30626) (Komb.).
Anonymus (# 11836) → Anonymus (# 30762) (Forts.).
Anonymus (# 11861) → Anonymus (# 30773) (Komb.).
Anonymus (# 11914) → Ioannes (# 22895) (Komb.).
Anonymus (# 12073) → Anonymus (# 30773) (Komb.).
Anonymus (# 12082) → Anonymus (# 30699) (Komb.).
Anonymus (# 12087) → Anonymus (# 30776) (Komb.).
Anonymus (# 12145) → Anonymus (# 31386) (Komb.).

Namensvarianten, Familiennamen und Beinamen

A...as → Anonymus (# 31807).
Aaron → Aronios (# 20580). – Kalokyros (# 23642).
Aaron bzw. Hārūn → Ivan Vladislav (# 23582).
Abadion (Beiname) → Theodoros Santabarenos (# 27619).
Abalantes (Familienname) → Abalanti (# 20005). – Leon Balantes (# 24516). – Niketas (# 25784).
Abalbakes (griech.) → Abū ʿUmayr ʿAdī b. Aḥmad b. ʿAbdalbāqī al-Aḏanī (# 20086).
Abara (griech.) → Aloara (# 20261).
Abasgos (Familienname oder Ethnikon) → Theodoros (# 27879).
Abastaktos (Bei- oder Familienname) → Romanos I. Lakapenos (# 26833). – Theophylaktos (# 28180. – # 28204. – # 28205).
ʿAbdalbāqī → Abū ʿUmayr ʿAdī b. Aḥmad b. ʿAbdalbāqī al-Aḏanī (# 20086).
ʿAbdalḥamīd (arab.) → Abū Sālim (# 20076).
ʿAbdallāh al-Mahdī → al-Mahdī (# 24814).
ʿAbdarraḥīm (arab.) → ʿAbdarraḥmān (# 20019).
ʿAbdarraḥmān (arab.) → ʿAbdarraḥmān (# 20019).
Abdelomel bzw. Abdelomeler (griech.) → ʿAbdalmalik (# 20016).
Abdelomelech (griech.) → ʿAbdalmalik (# 20017).
Abederacheim (griech.) → ʿAbdarraḥmān (# 20019).
Abelbakes (griech.) → Abū ʿUmayr ʿAdī b. Aḥmad b. ʿAbdalbāqī al-Aḏanī (# 20086).
Abelchamit (griech.) → ʿAbdalḥamīd (# 20012).
Abestaktos s. unter Abastaktos
Abidelas (Bei- oder Familienname) → Leon Katakalon (# 24329). – Michael (# 25255).
Ablepes (Beiname) → Theodulos (# 27996).
Abraam (Theodoros von Nikaia, Ep. 14) → Anonymus (# 31194).
Abraamios (Taufname) → Athanasios Athonites (# 20670).
Abrachem bzw. Abrachen (griech.) → Ibrāhīm (II.) b. Aḥmad al-Aġlab (# 22708).
Abraham (Fedalto, Runciman) → Abramios (# 20025).
Abrām → Afrām (# 20154).
Abramios (Familienname) → Damianos (# 21382).
Abū ʿAlī b. Durays (Kamāladdīn) → Malkūṯa (# 24852).
Abū Bakr Muḥammad ... → Ibn al-Bāqillānī (# 22689).
Abū Ġānim (arab.) → Apoganem (# 20545).
Abū Isḥāq b. Šahrām (Ibn an-Nadīm) → Ibn Šahrām (# 22703).
Abū l-ʿAšāʾir (arab.) → Abū l-ʿAšāʾir b. al-Ḥasan b. ʿAlī b. al-Ḥusayn b. Ḥamdān (# 20040).
Abū l-Faraǧ Yaḥyā b. Saʿīd b. Yaḥyā → Yaḥyā b. Saʿīd al-Anṭākī (# 28459).
Abū l-Fawāris b. ʿAḍudaddawla → Šarafaddawla (# 26993).
Abū l-Ḥaǧar Aḥmad b. aḍ-Daḥḥāk as-Salīl → Aḥmad b. aḍ-Daḥḥāk (# 20187).
Abū l-Ḥasan ʿAlī → aẓ-Ẓāhir (# 28495).
Abū l-Ḥasan ʿAlī b. ʿAbdallāh b. Ḥamdān → Sayfaddawla Abū l-Ḥasan ʿAlī b. ʿAbdallāh b. Ḥamdān (# 26998).
Abū l-Ḥasan Ibn Yazīd bzw. Abū l-Ḥusayn → Abū ʿAlī (# 20036).
Abū l-Maʿālī (arab.) → Saʿdaddawla Abū l-Maʿālī (# 26954).
Abū l-Muʿizz as-Sulmī (arab.) → Aḥmad b. ʿAbdarraḥmān Abū l-Muʿizz (# 20186).
Abū Sahl (arab.) → Christodulos II. (von Jerusalem) (# 21248).
Abū Taġlib b. Ḥamdān → Abū Taġlib al-Ġaḍanfar b. Nāṣiraddawla (b. Ḥamdān) (# 20081).

Abudios → Euodios (# 21784).
Abuharb (georg.) → Tzurbaneles (# 28390).
Abukaras → Paulos (# 26348).
Abukes (Familienname) → Abukes (# 20091). – Theodosios (# 27907).
Abulchare (griech.) → al-Ḥasan b. ʿAlī b. Abī l-Ḥusayn al-Kalbī (# 22558). – al-Manṣūr bi-Naṣr Allāh (# 24863). – al-Qāʾim bi-Amr Allāh (# 26784).
Abulherit' (georg.) → Ioannes Athonites Iber (# 22942).
Abułanam (arm.) → Apoganem (# 20545).
Abut'alhap (Stephan von Taron) → Abū Taġlib al-Ġaḍanfar b. Nāṣiraddawla (b. Ḥamdān) (# 20081).
Abutlup' (arm.) → Abū Dulaf (# 20045).
Abydenos bzw. Abydinos und Abydinos (Beiname bzw. Herkunftsbezeichnung) → Leon (# 24524. – # 24648).
Achamet bzw. Achmet (griech.) → Aḥmad b. ʿAbdarraḥmān Abū l-Muʿizz (# 20186).
Achridios (Beiname bzw. Herkunftsbezeichnung) → Arsenios (# 20623).
Adalgisus → Adelchis (# 20103).
Adelaide → Adelheid (# 20109).
Adelbertos (griech.) → Adalbert (# 20096).
Adelesa (griech.) → Adelheid (# 20109).
Adhemar → Ademar (# 20113).
Adralestos bzw. Adralistus (lat.) oder Adraletos (Familienname) → Adralestos (# 20115. – # 20117). – Adralestos Diogenes (# 20118). – Polyeuktos Adralestos (# 26717).
Adranase bzw. Adranaser (griech.) → Adarnase II. (# 20099). – Adarnase (# 20100). – Adarnase III. (# 20101).
Adrelastos → Adralestos (# 20115).
Adrian → Hadrianus II. (# 22537).
Adroniki Cap (lat.) → Tornikios Kontoleon (# 28366).
ʿAḍudaddawla → ʿAḍudaddawla Abū Šuǧāʿ Fannā Ḫusrau (# 20131).
Aeidelas → Michael Abidelas (# 25255).
Aġābiyūs → Agapios II. (von Antiocheia) (# 20165).
Aġābiyūs b. al-Qaʿbarūn → Agapios I. (von Antiocheia) (# 20164).
al-ʿAǧāʾibī (arab.) → Symeon (# 27505).
Aganatus (lat.) → Ignatios (# 22728).
Agape (Taufname) → Theodora (von Thessalonike) (# 27598).
Agapios (Laurent, Corpus V 1736) → Agapetos (# 20161).
Agarenos bzw. Agarěnin (Beiname, mbulg.) → Damianos (# 21365).
Aġāṯūn (arab.) → Agathon (# 20178).
Agelastos (Bei- oder Familienname) → Leon (# 24413. – # 24473).
Aggelar bzw. Aggelarie (altkirchensl.) → Angelarios (# 20422).
Aggores (Bei- oder Familienname) → Baanes Angures (# 20716).
Agion (Skylitzes) bzw. Agion' (Symeon sl.) → Ajo (# 20197).
Agiopolitěnin (mbulg.) → Ioannes Hagiopolites (# 22825).
Aglaf → Ēlēfr (# 21633).
Agrikolaos (Schimpfname) → Nikolaos I. Mystikos (# 25885).
Agrites (Beiname) → Michael (# 25096).
Agura (Bei- oder Familienname bzw. Spitzname) → Moše Agura (# 25423).
aḥad walad al-Fuqās → Bardas Phokas (# 20806).
Aḫlaf al-Farġānī → Ḫalaf al-Farġānī (# 22545).
Ahmad b. al-Hasan → Aḥmad b. al-Ḥasan b. ʿAlī al-Kalbī (# 20188).
Aḥmad b. Karam → Aḥmad al-Yunānī (# 20183).
Aḥmad b. Kayġalaġ → Aḥmad b. Kayġalaġ (# 20189).
Aichmalotos (Bei- oder Familienname) → Leon (# 24347). – Michael (# 25286). – Orestes (# 26199). – Pothetos (# 26727).
Ailafus → Ēlēfr (# 21633).
Aio → Ajo (# 20197).

Aithiops (Schimpfname) → Stylianos Zautzes (# 27406).
Akakeos → Akakios (# 20201. –# 20203).
Akakios (Mönchsname) → Bardas (# 20788).
Akampses (Familienname) → Akampses (# 20205). – Aka.p... (# 20198).
Akapnes (Familienname) → Aka.p... (# 20198). – Pothos (# 26737. – # 26746). – Theodoros (# 27807).
Akim (altruss.) → Ioachim (# 22768).
Aktares (Familienname) → Nikephoros (# 25654).
Alakareas (Familienname) → Theodoros (# 27840).
Alakas bzw. Alakasseus (Bei- oder Familienname) → Ioannes Alakas (# 23107).
Alanos (Ethnikon bzw. Herkunftsbezeichnung) → David (# 21431). – Gregorios (# 22424).
Ale ho hyios tu Chambda (griech.) → Sayfaddawla Abū l-Ḥasan ʿAlī b. ʿAbdallāh b. Ḥamdān (# 26998).
Aleksandr (arm. bzw. mbulg.) → Alexandros (# 20228).
Alferana (Metronym) → Byzantios (# 21219). – Ioannes (von Alpharana) (# 23366).
ʿAlī b. Ǧaʿfar ad-Daylamī → Delemikes (# 21448).
Aliksīs (arab.) → Alexios Studites (# 20247).
Almānūs (arab.) → Romanos I. Lakapenos (# 26833).
Almutzes (griech.) → Almos (# 20260).
Alpapher (Variante) → Apulpher (# 20548).
Alpherana (Metronym oder Beiname) → Byzantios (# 21219). – Ioannes (# 23366).
Alptekīn (türk.) → Alftikīn (# 20253).
*Alwaðr (altnord.) → Alvad (# 20264).
Alyates (Familienname) → Anthes (# 20452). – Michael (# 25331).
Ałam bzw. Ałan (arm.) → Achanus (# 20092).
Am... (Bei- oder Familienname) → Michael (# 25191).
Amalfitanus (lat. Herkunftsbezeichnung oder Bezeichnung der Klosterzugehörigkeit) → Iohannes (# 23491).
Amasianos → Georgios (# 22085).
Ameiras (Familienname) → Ameiras (# 20273).
Aminod → Amind (# 20274).
Am(m)iropulos (Familienname) → Ioannes Am(m)iropulos (# 23162).
Amittai (Familienname) → Ḥananel ben Amittai (# 22552). – Šefatiah (# 27000).
Amorianos (Familienname bzw. Toponymikon) → Amorianos (# 20276).
Ampelas (Beiname) → Symeon Ampelas (# 27506).
ʿAmr b. ʿUbaydallāh al-Aqṭāʿ (alternative Umschrift) → Abū ʿAbdallāh b. ʿAmr b. ʿUbaydallāh al-Aqṭāʿ (# 20034).
Anastasia bzw. Anastaso (Taufname) → Theophano (# 28125).
Anastasia → Anastaso (# 20344).
Anastasios (griech.) → Anastas (von Cherson) (# 20322).
Anastasios (Mansi XVI 18D) → Athanasios (# 20660).
Andraias → Andreas (# 20390).
Andralestos → Adralestos Diogenes (# 20118).
Andraliscus bzw. Andralistus (lat.) → Adralestos (# 20117).
Andrea ʾEstaphrîkî → Andreas "der Skythe" (# 20351).
Andreas (Laurent Corpus V 1754) → Thomas (# 28289).
Andrian (mbulg.) → Adrianos (# 20123).
Andrian bzw. Andrijan (Variante altkirchenslaw.) → Hadrianus II. (# 22537).
Andriyās (arab.) → Andreas "der Skythe" (# 20351). – Kesta Stypiotes (# 23699).
Andronikos (Bompaire, in: Actes de Xèropotamou, p. 16) → Antonios (# 20521).
Androsalites (Familienname) → Ioannes (# 22840). – Ioannes Salos (# 23300 [Laurent, Corpus II 452]) – Konstantinos (# 23785). – Nikolaos (# 25886). – Paulos (?) (# 26320).

Androsylites → Petros (# 26471).
Andrūniqus bzw. Anḏūq.s (arab.) → Andronikos Dukas (# 20405).
Anemas (Familienname) → Anemas (# 20421). – Konstantinos (# 24007).
Angantýr (altnord.) → Aktevu (# 20218).
Angures (Familienname) → Baanes (# 20716). – Nikolaos (# 25998). – Angurine (# 20424).
Anna (Klostername) → Zoe Karbonopsina (# 28506).
*Annvindr (altnord.) → Amind (# 20274).
Antich... (Bei- oder Familienname?) → Antonios (# 20518).
Anṭīmūs (arab.) → Euthymios (# 21913).
Antiochites (Familienname bzw. Toponymikon) → David (# 21435).
Antiochos (Familienname) → Nikolaos (# 26144).
Antonios (Michael syr.) → Theodoros II. (von Antiocheia) (# 27759).
Anṭūniyūs (arab.) → Antonios III. Studites (# 20499).
Anundr (von Friesen, in: Fornvännen 5, 199f.) → Anonymus (# 32057).
Ap'šin (arm.) → Afšīn (Muḥammad b. Abī s-Sāǧ) (# 20156).
Apabbas (Beiname) → Marianos Argyros (# 24962).
Apabdele (griech.) → Abū 'Abdallāh b. 'Amr b. 'Ubaydallāh al-Aqṭā' (# 20034).
Apambas (Beiname) → Marianos Argyros (# 24962).
Apasakios (griech.) → Abas I. (von Armenien) (# 20006).
Apelat (mbulg.) bzw. Apelatis → Apelates Perses (# 20543).
Apelbart (griech.) → Abū l-Ward I. (# 20087). – Abū l-Ward II. (# 20088).
Apelmuze (griech.) → Abū l-Mu'izz (# 20069).
Apembasan (griech.) → Abū l-Ḥasan (# 20058).
Aphthanaseos → Athanasios (# 20693).
Apikurēš (arm. Beiname) → Sahak (# 26959).
Aplbaṙ Kaysik (arm.) → Abū l-Ward I. (# 20087).
Apochabda (griech.) → Sayfaddawla Abū l-Ḥasan 'Alī b. 'Abdallāh b. Ḥamdān (# 26998).
Apochap' (mbulg.) bzw. Apochaps (griech.) → Abū Ḥafṣ b. 'Amr (# 20055).
Apocharpes (Familienname) → Tzurbaneles (# 28390).
Apokap... bzw. Apokapes (Bei- oder Familienname) → Basileios (# 21006). – Gregoras (# 22343). – Gregorios (# 22487). – Michael (# 25392).
Apokauchos bzw. Apokaukos (Bei- oder Familienname) → Basileios (# 21006). – Gregoras (# 22343). – Gregorios (# 22487). – Michael (# 25392).
Apokolazis (Beiname oder Patronym) → Sironas (# 27094).
Apolasaeir (griech.) → Abū l-'Ašā'ir b. al-Ḥasan b. 'Alī b. al-Ḥusayn b. Ḥamdān (# 20040).
Apolesphuet (griech.) → Abū l-Aswad (# 20041).
Aposalaf (mbulg.) bzw. Aposalath (griech.) → Abū ṣ-Ṣalṭ (# 20078).
Aposatai (griech.) → Yūsuf b. Abī s-Sāǧ (Abū l-Qāsim) (# 28472).
Aposebatas (griech.) → Abū Sawāda (# 20079).
Aposelmes (griech.) → Abū Sālim (# 20076).
Aposkepos (Bei- oder Familienname) → Sabbas (# 26947).
Apostupes bzw. Apostyppes (Bei- oder Familienname) → Leon Apostyppes (# 24341).
Apotagle (griech.) → Abū Taġlib al-Ġaḍanfar b. Nāṣiraddawla (b. Ḥamdān) (# 20081).
Apotulph (griech.) → Abū Dulaf (# 20045).
Apubkar (altruss.) → Kar (# 23672). – Apub (# 20547).
Apuharp (arm.) → Abuharb (I.) (# 20090).
Apulw (altdän.) → Apub (# 20547).
Apusač bzw. Apusič → Yūsuf b. Abī s-Sāǧ (Abū l-Qāsim) (# 28472).

Aput'alhap (Stephan von Taron) → Abū Taġlib al-Ġaḍanfar b. Nāṣiraddawla (b. Ḥamdān) (# 20081).
Aputlup' (arm.) → Abū Dulaf (# 20045).
al-Aqrīṭišī (arab.) → Naṣr al-Iqrīṭišī (# 25495).
Arabandenos bzw. Arabantinos (Familienname) → Leon (# 24691). – Nikolaos (# 26086).
Arabenikiotes (Beiname bzw. Toponymikon) → Phsezelis (# 26689). – Stephanos (# 27361).
Aratos (Bei- oder Schimpfname) → Ioannes Aratos (# 23105).
Arbantenos (Familienname) → Leon (# 24691). – Nikolaos (# 26086).
Arcruni (Familienname) → David (# 21441). – Derenik (# 21536). – Gagik II. (# 22052). – Gurgēn (# 22530). – Senek'erim-Yovhannēs (# 27008).
Ardabasdos bzw. Ardanasthos → Artabasdos (# 20627).
Ardomios → Harmodios (# 22554).
Areianites (Bei- oder Familienname) → David (# 21438).
Arekoleon → Arkoleon (# 20575).
Areobandenos bzw. Areobindenos (Familienname) → Leon (# 24691). – Nikolaos (# 26086).
Arġawān b. Uluġ Ṭarḫān (Ibn Sa'īd) → Urḫuz (# 28403).
Argiro (lat.) → Argyros (# 20561).
Argiropolus (lat.) → Maria Argyropulaina (# 24937).
al-Arğūrub(u)lūs bzw. (arab.) → Romanos III. Argyros (# 26835). – Romanos Argyros (# 26839).
Argyromytes (Bei- oder Familienname) → Michael (# 25382).
Argyropolos bzw. Argyropulos (Familienname) → Romanos III. Argyros (# 26835).
Argyropulina (Familienname) → Maria Argyropulaina (# 24937).
Argyros (Familienname) → Argyros (# 20559). – Basileios Mesardonites (# 21090). – Eustathios (# 21828. – # 21849). – Leon (# 24399. – # 24657). – Maria Argyropulaina (# 24937). – Marianos (# 24962). – Pothos (# 26730. – # 26742). – Romanos III. (# 26835). – Romanos (# 26838. – # 26839. – # 26846). – Petros (# 26526). – Eustathios (# 21855).
Arkaikas (DAI) → Ašot II. Arkaïkas (von Taron) (# 20644).
Armānūs (arab.) → Romanos I. Lakapenos (# 26833). – Romanos II. (# 26834).
Armānūs b. Wardas b. Munīr (arab.) → Romanos Skleros (# 26854).
Armenes (Beiname) → Leon der Armenier (# 24390).
Arnfastr (altnord.) → Arfast (# 20556).
Aron (altbulg.) → Aaron Kometopulos (# 20003). – Aaron (# 20004).
Arotras (Familienname) → Krinites (# 24199). – Krenites (# 24194).
Arqatāš (arab.) → Qaṭās (# 26787).
Arrabonites (Beiname) → Ioannes (# 22970).
Arsaber → Arseber (# 20593).
Arsakes (Konstantopulos [JIAN 9] 155 α) → Arsaber (# 20588).
Arsāniūs (arab.) → Arsenios (# 20621).
Aršaruni (arm. Beiname) → Xač'ik Aršaruni (# 28445).
Arseni (georg. Mönchsname) → Gvirpel (# 22534).
Arsenios (griech.) → Arseni (# 20595). – Arseni (# 20596). – Arseni (# 20597).
Arsenius (lat.) → Arsen (# 20594). – Arsenios (# 20614). – Gvirpel (# 22534).
Artabaneios (Familienname) → Thomas (# 28328).
Artabasdos → Ardabastos (# 20550). – Artabastos (# 20634).
Artabasina (Beiname) → Helene (# 22570).
Artakas (Bei- oder Familienname) → Nikolaos (# 26150).
Artanudželi (georg. Beiname, Toponymikon). → Smbat I. (von Klardžet'i) (# 27140).

Artauasdina (Beiname) → Helene (# 22570).
Artsruni (Familienname) s. Arcruni
Asapios → Arsapios (# 20592).
Asbestas (Bei- oder Schimpfname) → Gregorios (# 22348).
Aschot bzw. Ashot → Ašot I. "der Große" (von Armenien) (# 20642). – Ašot III. (von Taron) (# 20645). – Ašot II. "der Eiserne" (von Armenien) (# 20646). – Ašot II. "Kiskases" (von Klardžet'i) (# 20648). – Ašot III. "der Barmherzige" (von Armenien) (# 20649). – s. auch Ašot.
Ashot Yerkat → Ašot II. "der Eiserne" (von Armenien) (# 20646).
Asianos (Herkunftsname) → Leon (Diakonos) (# 24547).
Asilei (mbulg.) → Leon der Assyrer (# 24316).
Askas (Bei- bzw. Familienname) → Eustathios (# 21858).
Asketes (Beiname) → Ioannes (# 22779).
Asmold (altruss.) → Asmud (# 20639).
Asmund → Asmud (# 20639).
Ašot (arm.) → Ašot (# 20650). – Asotes (# 20652); s. auch unter Aschot und Ashot
Ašot' (georg.) → Ašot II. (Kuropalates Iberias) (# 20647).
Asotikios (griech.) → Ašot II. "der Eiserne" (von Armenien) (# 20646).
Asotios (griech.) → Ašot I. "der Große" (von Armenien) (# 20642). – Ašot III. (von Taron) (# 20645). – Ašot II. "der Eiserne" (von Armenien) (# 20646). – Ašot II. (Kuropalates Iberias) (# 20647). – Ašot II. "Kiskases" (von Klardžet'i) (# 20648).
Assot (griech.) → Ašot I. "der Große" (von Armenien) (# 20642).
Assyrios (Beiname) → Leon (# 24316).
Ašūṭ b. Ǧarǧūr (arab.) → Ašot III. (von Taron) (# 20645).
Asylaion bzw. Asyleon (Beiname) → Leon der Assyrer (# 24316).
Asyleon (Georg. mon. con. [Muralt] 1100B) → Leon Theodotakes (# 24345).
Atenolf bzw. Atenolph und Atenulf → Atenolfus (# 20655). – Atenulph I. (# 20656). – Atenulph II. (# 20657). – Atenulph III. (# 20658).
Athanasios (Actes de Lavra, p. 158. 377) → Antonios (# 20528).
Athanasios (Vogel–Gardthausen) → Anastasios (# 20288).
Athonites (Beiname, z. T. später oder modern) → Athanasios (# 20670). – Petros (# 26427). – Euthymios Iber (# 21960). – Georgios III. (von Iviron) (# 22259). – Ioannes Iber (# 22942).
Atikūs (Nasrallah Histoire III,1 305) → Eutychios (# 21979).
al-Aṭrabazī (arab., nach seinem byz. Titel) → Petros (# 26496).
Atrnersēh (arm.) → Adarnase II. (# 20099).
Attaleus (Beiname bzw. Toponymikon] → Leon (von Tripolis bzw. Tripolites) (# 24397).
Atticos (Nasrallah Histoire III,1 305) → Eutychios (# 21979).
Atzigiannes bzw. Atziioannes (Beiname) → Ioannes (# 23159).
Auđmundr (altnord.) → Chrysocheir (# 21341).
Auðulfr (altnord.) → Adulb (# 20132).
Auðunn (altnord.) → Adun (# 20133).
Autoreianos (Familienname) → Niketas (# 25860).
Auxentios (Patronym) → Nikephoros (# 25665).
A'war.ḥ.r.m (arab.) → Theodulos Parsakutenos (# 27993).
Awšin (arm.) → Afšīn (Muḥammad b. Abī s-Sāǧ) (# 20156).
Awtīkiyūs (arab.) → Eutychios (# 21978).
Ayyūb (arab.) → Iob (# 23466). – Iube (# 23571).
Azat (arm.) bzw. Azatos (griech.) → Ašot Makrocheir (# 20643).
Azaz (arm.) → al-'Azīz billāh (# 20711).

Azer → Anonymus (# 30879).
azerch... (Fragment eines Familiennamens) → Melibes (# 25044).
Azizes → al-Ḥākim (# 22544).
Azizios (griech.) → al-ʿAzīz billāh (# 20711). – al-Ḥākim (# 22544).
Azotos (griech.) → Ašot Makrocheir (# 20643).

Baanissa (Beiname) → Marina (# 24973).
Babdel (griech.) → Abū ʿAbdallāh ʿUmar II. b. Šuʿayb (# 20032).
Babutzikos (Familienname) → Babutzikos (# 20726).
Bagarat (arm.) → Bagrat (# 20736). – Bagrat III. (von Georgien) (# 20740). – Bagrat (# 20741).
Bagas (Bei- oder Familienname, Variante) → Ioannes Bogas (# 22911).
Baggi → Banki (# 20753).
Bagratiden (armenische Familie) → Abas I. (von Armenien) (# 20006). – Abas (# 20007). – Ašot I. "der Große" (von Armenien) (# 20642). – Ašot III. (von Taron) (# 20645). – Ašot II. "der Eiserne" (von Armenien) (# 20646). – Ašot IV. "der Tapfere" (von Armenien) (# 20651). – Bagrat II. (von Taron) (# 20733). – Gagik I. Bagratuni (# 22053). – Grigor I. (von Taron) (# 22497). – Mušeł (# 25457). – Smbat I. "der Märtyrer" (von Armenien) (# 27141). – Smbat II. (von Armenien) (# 27144). – Smbat-Yovhannēs (von Armenien) (# 27146).
Bagratiden (iberische Familie) → Adarnase II. (# 20099). – Ašot II. (Kuropalates Iberias) (# 20647). – Ašot II. "Kiskases" (von Klardžetʿi) (# 20648). – Bagrat (# 20730. – # 20734. – # 20742). – Bagrat I. (Eristav) (# 20735). – David Mampʿali (# 21413). – David (# 21415). – David II. (# 21423). – David III. (von Tao) (# 21432). – Demetre (# 21450). – Gurgen I. (von Tao) (# 22527). – Gurgen II. (von Tao) (# 22529). – Gurgen (von Kʿartʿli) (# 22531). – Nasra (# 25496). – Smbat I. (von Klardžetʿi) (# 27140). – Smbat I. (Kuropalates Iberias) (# 27142). – Smbat II. (von Klardžetʿi) (# 27143). – Adarnase III. (# 20101).
Bagratuni (Familienname) → Abas I. (von Armenien) (# 20006). – Abas (# 20007). – Ašot I. "der Große" (von Armenien) (# 20642). – Ašot III. (von Taron) (# 20645). – Ašot II. "der Eiserne" (von Armenien) (# 20646). – Ašot IV. "der Tapfere" (von Armenien) (# 20651). – Bagrat (# 20730. # 20742). – Bagrat II. (von Taron) (# 20733). – David (# 21415). – Demetre (# 21450). – Gagik I. Bagratuni (# 22053). – Grigor I. (von Taron) (# 22497). – Gurgen (von Kʿartʿli) (# 22531). – Mušeł (# 25457). – Nasra (# 25496). – Smbat I. (von Klardžetʿi) (# 27140). – Smbat I. "der Märtyrer" (von Armenien) (# 27141). – Smbat II. (von Armenien) (# 27144). – Smbat-Yovhannēs (von Armenien) (# 27146).
Bahanes (lat.) → Baanes Angures (# 20716).
b. Bahrām (arab.) → Sachakios Brachamios (# 26952).
al-Baḥrī (arab.) → Symeon (# 27505).
Baianus (lat.) → Beniamin (# 21144).
Baica (türk.) → Baïtzas (# 20746).
Bakuran (Stephan von Taron) → Bakur (# 20748).
Balaeis (Beiname) → Ioannes (# 23114).
Balambes (griech.) → Abū l-ʿAbbās ʿAbdallāh b. Ibrāhīm (# 20031).
Balanṭas bzw. al-Balanṭas oder Balanṭis (arab. Familienname; griech. Formen: Balantes bzw. Balantios oder Ballantios) → Abalanti (# 20005). – Balantios (# 20750. # 20751). – Ibn al-Balanṭis (# 22687). – Leon (# 24516). – Romanos (# 26851).
Balelias (Bei- oder Familienname) s. unter Malelias

Balsamos (Bei- oder Familienname) → Ioannes Balsamos (# 23372).
Baneli (= "von Bana" [georg. Toponymikon]) → Zak'aria (# 28497).
Banǧūtakīn (arab.) → Manǧūtakīn (# 24858).
Baqrāṭ (arab.) → Bagrat IV. (von Georgien) (# 20743).
bar 'Abdūn (syr.) → Ioannes bar 'Abdûn (# 23438).
Bar Aṯōnōs (syr.) → Ignatios (# 22750).
Bar Ioannes (syr.) → Barioannes (# 20811).
Bar-Zaiath (syr.) → Abū Bakr b. az-Zayyāt (# 20043).
Barachalles (Familienname) → Konstantinos (# 23993).
Barade (Bei- oder Familienname) → Konstantinos (# 23966).
Baragis (Beiname) → Christophoros (# 21328).
barākamūs bzw. al-bārākimūns (arab.) → Basileios Lakapenos (# 20925).
Barasbatze (griech., Beiname) → Georgios I. (von Iviron) (# 22180). – Iovane Varazvač'e (# 23544). – T'ornik (II.) (Varazvač'e) (# 28365).
Barbaros (Beiname) → Konstantinos (# 23820).
Bardanes bzw. tu Bardane (Bei- oder Familienname bzw. Patronym) → Ioannes (# 23172). – Nikolaos (# 26108). – Stephanos (# 27307).
Bardanopulos (Familienname) → Stephanos (# 27259).
Barḏas bzw. Bārdīs (arab.) → Bardas Phokas (der Jüngere) (# 20784).
Bardas (Familienname) → Georgios (# 22215).
Bardas (Seibt, Militärkommando "Iberia") → Anonymus (# 31338).
Barḏas Saqlārus (arab.) → Bardas Skleros (# 20785).
Bardo (Taufnahme) → Symeon (# 27475).
Bardos → Bardas (# 20795).
Bardwīl (Ibn al-Aṯīr, Ibn Ḫaldūn) → Otto II. (# 26212).
Barkalas (Bei- oder Familienname) → Michael (# 25147).
Barnabas (Pseudonym) → Athanasios Athonites (# 20670).
Barsakes (Familienname) → Manuel (# 24893).
Barsamios (syr.) → Barsakios (# 20819).
Barseł (Yovhannēs Drasx.) → Leon VI. (# 24311).
Barsianos (Bei- oder Familienname) → Ioannes (# 23341).
Bartholomaios (Actes de Lavra, Nr. 12) → Bartholomeon (# 20833).
Barules → Marules (# 25010).
Barymichael → Michael Barys (# 25170).
Barys (Bei- bzw. Familienname) → Basileios (# 21114). – Michael (# 25170. – # 25400).
Barytrachelos (Beiname) → Nikephoros Phokas (# 25675).
Bāsēl (syr.) bzw. Basīl (arab.) → Basileios (# 20917).
Basia (Beiname) → Anne Basilike (# 20445).
Basīl (arab.) → Basileios II. (# 20838). – Basileios I. Skamandrenos (# 20983).
Basīl aṣ-Ṣaqlabī → Basileios I. (# 20837).
Basilakes → Basilianes (# 21125).
Basileios (Fedalto) → Michael (# 25201).
Basileios (griech. Taufname) → Vladimir I. (von Kiew) (# 28433).
Basileios (griech. Mönchsname) → Adarnase (# 20100).
Basileios (Seibt, in: Dobrudja 12, Nr. 1) → Basilianes (# 21125).
Basileios (Taufname) → Blasios (# 21177). – Nasar (# 25490).
Basileios (Theod. mel. 200,19) → Basilitzes (# 21126).
Basileios (Zweitname?) → Leon (# 24517).
Basileios von Herakleia (Phantom) → Ioannes (# 23175).
Basiles → Anna (# 20440). – Basileios (# 21042).
Basili (georg.) → Basileios (# 20928).
Basilike (Beiname) → Anne Basilike (# 20445).
Basilikos (Familienname ?) → Demetrios (# 21532).

Bāsīluh (arab.) → Basileios (# 20975).
Baskinos (Familienname) → Gregorios (# 22445).
Bassiotes (Beiname) → Athanasios (# 20683). – Basileios (# 20955).
Batatzes (Familienname) → Batatzes (# 21134).
Batenos (Toponymikon) → Ioannes Tzurillas (# 23401). – Racheas (# 26792).
Bathybados (Familienname) → Bathybados (# 21135).
Bathyrhytes (Beiname bzw. Toponymikon) → Kosmas (# 24157).
Batonites (Beiname bzw. Toponymikon) → Georgios (# 22182).
Bāz.mār (arab.) → Yāzamān (# 28463).
Bazīl (arab.) → Basileios II. (# 20838).
Bazuni (arm.) → Pazunes (# 26400).
Bāzyār (arab.) → Yāzamān (# 28463).
kyr Bel bzw. kyr Belos (griech.) → Gvirpel (# 22534).
Belari(s) → Abellari(s) (# 20020).
Belbuchos (Beiname oder Patronym) → Stephanos (# 27308).
Belonas (Bei- oder Familienname) → Theodoros (# 27707).
Beneventanus (Toponymikon) → Iohannes (# 23490).
Berberis (Bei- oder Familienname) → Ioannes (# 23198).
Beriggeres bzw. Beringeres oder Beringerios (griech.) → Berengar I. (# 21146). – Berengar II. (# 21147). –
Beriotes (Familienname) → Konstantinos (# 24017).
Bertha → Berta (# 21154. – # 21155). – Berta-Eudokia (# 21156).
Besdeados (Patronym) → Georgios (# 22173).
Bichnikos (griech.) → Wiching (# 28443).
Bīġās (arab.) → Pegasios (# 26402).
Bimbilides (Beiname) → Theophylaktos (# 28202).
Biskases (griech. Beiname) → Ašot II. "Kiskases" (von Klardžet'i) (# 20648).
Bitilianos (Toponym?) → Orgios (# 26202). – Ursos (# 28409).
Bitinios (Familienname) → Bitinioi (# 21174).
Biṭrīq (arab.) → Petros (# 26496).
Bizalon → Ioannes Byzalon (# 22934).
Bizantios bzw. Byzantius → Byzantios (# 21220).
Bjarnason (Patronym) → Eyvindr (# 21983).
Björn (skand.) → Bern (# 21150).
Blabenterios (Beiname) → Ioannes (# 23103).
von Blachernai (Beiname) → Pantoleon (# 26258). – Symeon (# 27543). – Michael (# 25374).
Bladimeros (griech.) → Vladimir (# 28432. – # 28433. – # 28434).
Bladisthlabos (griech.) → Ivan Vladislav (# 23582).
Blakos (Bei- oder Herkunftsname) → Demetrios (# 21492).
Blaseba(s) (Metronym) → Dobrotas (# 21575).
Blemmydes (Familienname) → Basileios (# 20960).
Bobos (Bei- oder Familienname) → Paulos (# 26374).
Bochomakes (Bei- oder Familienname) → Christophoros (# 21304).
BǫðulfR → BāulfR (# 21136).
Boeanes (Bei- oder Familienname) → Basileios Boioannes (# 21094).
Boelas (Familienname) → Bardas Boïlas (# 20771).
Bogaris (Variante) → Boris I. Michael (# 21197).
Bogas (Bei- oder Familienname) → Ioannes Bogas (# 22911).
Bogonemil (Beiname) → Bogomilos (# 21187).
Bogoris (Variante) → Boris I. Michael (# 21197).
Boiano (lat.) → Basileios Boioannes (# 21094).
Boïlas bzw. Boilos (Familiename) → Bardas (# 20771). – Boïlas (# 21188). – Eudokia (# 21757). – Konstantinos (# 23835). – Petronas (# 26421).

Boioannes (Bei- oder Familienname) → Basileios Boioannes (# 21094).
BǫlfR → BāulfR (# 21136).
Bolkasimos (griech.) → Abū l-Qāsim 'Alī b. al-Ḥasan al-Kalbī (# 20072).
Bolontimeros (griech.) → Vladimir I. (von Kiew) (# 28433).
Borenas (griech.) → Bran (# 21203).
Borič (altruss. Patronym) → Sinko (# 27089).
Borises → Boris I. Michael (# 21197).
Boroskopos (Beiname bzw. Bezeichnung der Klosterzugehörigkeit) → Theoktistos (# 28061).
Borys (altkirchensl.) → Boris I. Michael (# 21197). – Boris II. (# 21198).
Botaneiates (Familienname) → Michael (# 25357). – Theophylaktos (# 28251).
BōtgæiRR → UddgæiRR (# 28393).
Botherites bzw. Bothyrites (Bei- oder Familienname) → Niketas (# 25715).
Bozos (griech.) → Boso (# 21200).
Brachames (Bei- oder Familienname) → Elpidios (# 21683).
Brachamios (Bei- oder Familienname) → Brachamios (# 21202). – Sachakios (# 26952).
Brachemos (griech.) → Ibrāhīm (II.) b. Aḥmad al-Aġlab (# 22708).
Bracheon (Bei- oder Familienname) → Philaretos (# 26589).
Braditzis (Bei- oder Familienname) → Ioannes (# 23143).
Bran(n)imerus → Branimir (# 21204).
Branović (Beiname) → Pavle (# 26399).
Bratkos (Patronym) → Konstantinos (# 23935).
B.r.d.līs bzw. B.r.dālīs (arab.) → Nikephoros Pastilas (# 25606).
Brenamir (lat.) → Branimir (# 21204).
Brephos (Beiname) → Theodoros (# 27710).
B.r.f.l.q.ṭa. (arab.) → Theophylaktos (# 28192).
Briggas bzw. Bringas (griech.) → Ioseph Bringas (# 23529).
B.rṣās (arab.) → Barsakios (# 20819).
B.r.ṭ.sīs (arab.) → Michael Burtzes (# 25253).
Bruchos (Beiname) → Andreas (# 20385).
Brúni (altnord.) → Bruny (# 21205).
B.ṭ.q.r: (arab.) → Biktor (# 21159).
Buamdelle (griech.) → Abū 'Abdallāh al-Ḥusayn b. Aḥmad aš-Šī'ī (# 20033).
Bugianus (lat.) → Basileios Boioannes (# 21094).
Bukellarios (Beiname bzw. Berufsbezeichnung) → Konstantinos (# 23925).
Bulambes (griech.) → Abū l-'Abbās 'Abdallāh b. Ibrāhīm (# 20031).
Bulchasen bzw. Bulchasenes (griech.) → Abū 'Alī (# 20036). – # al-Ḥasan b. 'Alī b. Abī l-Ḥusayn al-Kalbī (# 22558).
Bulgaroktonos (Beiname) → Basileios II. (# 20838).
Bulgaros (Ethnikon) → Basileios (# 21007).
Būlīfkṭis (arab.) → Polyeuktos (# 26715).
al-Būlītī (arab.) → Polites (# 26710).
Bulkasim (arm.) → Yūsuf b. Abī s-Sāǧ (Abū l-Qāsim) (# 28472).
Bulosudes bzw. Bulšudi oder Bultzus (griech.) → Bulču (# 21211).
Buřčn (arm.) → Michael Burtzes (# 25253).
Burgaris (Beiname) → Christophoros (# 21328).
al-Burǧī (arab.) → Michael Burtzes (# 25253).
Burtzes (Familienname) → Konstantinos (# 23930). – Michael (# 25253).
Busa → Abū Isḥāq (# 20067).
Busak (griech.) → Abū Isḥāq (# 20067).
Busebutzes (griech.) → Vyšebuđ (# 28440).
Bušrā (arab.) → Bašīr aṯ-Ṯamalī (# 21132).
Butos (Bei- oder Familienname) → Basileios Gutos (# 21082).
Buṭrus (arab.) → Petros (# 26496).
B.w.d.r.s (arab.) → Theodoros Parsakutenos (# 27758).
Bylizon (Beiname bzw. Bezeichnung der Klosterzugehörigkeit) → Leontios (# 24726).
B.y.n.y.r → Munīr (# 25448).
Byzalon (Bei- oder Familienname) → Ioannes (# 22934).
Byzantios (Beiname) → Niketas (# 25713).

Byzantius (Liudprand, Legatio 37) → Anonymus (# 31485).

č'ala-mep'e (georg.) → Bagrat (# 20737).
Calabritanus (Herkunftsbezeichnung) → Iohannes XVI. Philagathos (# 23486).
Calochirus (lat.) → Kalokyres Delphinas (# 23632).
Can'zo (mbulg.) → Christophoros Tzantzes (# 21261). – Leon Zautzes (# 24344).
Candianus (Familienname) → Petrus II. (# 26560). – Petrus III. (# 26561).
Cannatus (Bei- oder Familienname) → Leo (# 24303).
Capet (franz. Dynastie) → Hugo Capet (# 22638).
Capigrassa (Herkunfts- oder Familienname) → Ioannes (# 23358). – Konstantinos (# 24047). – Paschalios (# 26285).
Capodiferro bzw. Caput ferreum (Beiname) → Pandulph I. "Eisenkopf" (# 26228).
Carvezi (georg.) → Nikephoros Phokas Barytrachelos (# 25675).
Casinensis (Bezeichnung der Klosterzugehörigkeit) → Iohannes (# 23490). – Manso (# 24862).
Čějeslav (altserb.) → Časlav (# 21225).
Cěmskij (altruss.) → Ioannes I. Tzimiskes (# 22778).
Cericus (lat.) → Kerikos (# 23696).
Cernoglav → Ioannes (# 23173).
Ch.d...kos (Beiname) → Demetrios (# 21503).
Chachmanztur (Toponym?) → Theodoros (# 27724).
von Chachuli (Beiname bzw. Herkunftsbezeichnung) → Ioannes (# 23384).
Chaganos (irrtümlich) → Kaukanos (# 23693).
Chageb bzw. Chagebis (falsche lat. Namensform) → Ǧa'far b. Muḥammad (# 22050).
Chaldos (Bei- bzw. Familienname oder Herkunftsbezeichnung) → Chaldos (# 21228). – Ioannes (# 22784. – # 23166). –Krinites (# 24201). – Sabas (# 26937).
Chalim (griech.) → Ḫalīl b. Isḥāq (# 22549).
tu Chalka (Beiname bzw. Patronym) → Paschales tu Chalka (# 26277).
Chalkeos (Bei- bzw. Familienname) → Andreas (# 20383). – Ioannes (# 23153).
Chalkutzes (Bei- oder Familienname) → Basileios (# 21065). – Niketas (# 25778). – Nikolaos (# 26007).
Chamaretos (Familienname) → Chamaretos (# 21231). – Georgios (# 22273). – Nikephoros (# 25689).
Chambadas bzw. Chambdan oder Chambdas (griech.) → Sayfaddawla Abū l-Ḥasan 'Alī b. 'Abdallāh b. Ḥamdān (# 26998).
Chanas (Beiname bzw. Bezeichnung der Klosterzugehörigkeit) → Kyrillos (# 24255). – Paulos (# 26389).
Chanioti (Variante) → Gregorios Tarchaneiotes (# 22438).
Chantzariotes (Bei- oder Herkunftsname) → Michael (# 25389).
Charaktos (Bei- oder Familienname) → Michael (# 25161).
Charon (Bei- oder Familienname) → Alexios (# 20250). – Konstantinos (# 23922).
Charon (metaphor. Benennung) → 'Abdal'azīz b. Šu'ayb b. 'Umar al-Qurṭubī (# 20009).
Charsianites (Bei- oder Herkunftsname) → Orestes (# 26193).
Charzanas (Beiname) → Georgios (# 22256). – Ignatios (# 22737). – Kyrillos (# 24252).
Chasdai (Variante) → Ḥasdāy b. Šaprūṭ (# 22564).
Chassan (griech.) → al-Ḥasan (# 22557).
Chatzilakios bzw. Chatzilikios (Beiname) → Leon Chitzilakes (# 24398).
Chaudas (griech.) → Sayfaddawla Abū l-Ḥasan 'Alī b. 'Abdallāh b. Ḥamdān (# 26998).
Chelandaris bzw. Chelantaris oder Chilandaris (Beiname bzw. Bezeichnung der Klosterzugehörigkeit) → Georgios (# 22164). – Eustathios (# 21875).
Chersonites bzw. Chersonitis (Bei- oder Familienname bzw. Herkunftsbezeich-

nung) → Michael (# 25150. – # 25252. – # 25345).
Chezilo (lat.) → Kocel (# 23721).
Chisdai (Variante) → Ḥasdāy b. Šaprūṭ (# 22564).
Chitzilakes (Beiname) → Leon (# 24398).
Chloneas (Bei- oder Familienname) → Nikolaos (# 26041).
Choinos (Beiname) → Ioannes Choirinas (# 23090).
Choirinas/os (Beiname) → Ioannes (# 23090). – Theophanes (# 28088).
Choiropaphlagon (Bei- bzw. Schimpfname) → Theodoros (# 27710).
Choirosphageus (Beiname) → Leon Choirosphaktes (# 24343).
Choirosphaktes bzw. Choirosphaktria (Bei- oder Familienname bzw. Schimpfname) → Leon (# 24343). – Maria (# 24930. – # 24949). – Michael (# 25381). – Niketas (# 25821). – Palatinos (# 26221). – Theoktiste (# 28040).
Choranzanus (lat.) → Gorasdos (# 22319).
Choriates (Familienname) → Michael (# 25341). – Niketas (# 25809).
Chorikos (Bei- bzw. Familienname oder Berufsbezeichnung) → Ioannes (# 23150).
Chosroes (griech.) → ʿAḍudaddawla Abū Šuǧāʿ Fannā Ḫusrau (# 20131). – Ṣamṣāmaddawla (# 26976).
Chozil bzw. *Chozilo* (lat.) → Kocel (# 23721).
tu Chr...malt.. (Bei- bzw. Familienname) → Anna (# 20441).
Christophoros (Fedalto 1002) → Christodulos (# 21244).
Christophoros (Patronym) → Nikolaos (# 26029). – Nikolaos (# 26029).
Chryselios (Familienname) → Chryselios (# 21338). – Ioannes (# 23183).
Chrysepsites (Familienname) → Basileios (# 21066).
Chrysobalantes (Bei- oder Familienname) → Theophanes (# 28094).
Chrysobalanton (Beiname) → Eirene (# 21617).
Chrysoberges (Bei- oder Familienname) → Nikolaos (# 26145). – Nikolaos II. (# 26019). – Petros (# 26518).
Chrysoberges (Digenis Akritas) → Chrysocheir (# 21340).
Chrysoch... (Bei- oder Familienname) → Pothetos (# 26727).
Chrysocheir bzw. Chrysocheiros oder Chrysocheres (Bei- oder Familienname) → Chrysocheir (# 21340). – Pothetos (# 26727).
Chrysochos (Bei- oder Familienname) → Nikolaos (# 26107).
Chrysopolites (Beiname) → Andreas (# 20384).
Chrysos (Bei- oder Familienname) → Ioannes (# 23239).
Chrysostomos (griech.) → Okʿropiri (# 26179).
Chrysoepsetes (Familienname) → Basileios (# 21066).
Chusin → Chosnis (# 21240).
Chutros → Hutros (# 22645).
Chydaios (Bei- oder Familienname) → Georgios (# 22181).
Chydele (Beiname bzw. Metronym) → Petros (# 26504).
Čʿmškik (arm.) → Ioannes I. Tzimiskes (# 22778). – Theophilos Kurkuas (# 28152).
confessor (Beiname) → Gregorius (# 22492).
Conradus (lat.) → Gorasdos (# 22319).
Čʿordvanel → Čʿordvaneli (# 21349. – # 21350). – Tzorbaneles (# 28387). – Tzurbaneles (# 28390).
Cossara (lat.) → Kosara (# 24095).
Cřaviz (arm.) → Nikephoros Phokas Barytrachelos (# 25675).
Crescimir(us) (lat.) → Krasimer (# 24190).
Cretis bzw. Criti(s) (Bei- oder Herkunftsname) → Nicolaus Critis (# 25527).
Cřviz (arm.) → Nikephoros Phokas Barytrachelos (# 25675).
Cursilius (lat.) → Ioannes Chryselios (# 23183).

Dabatenos (Familienname) → Ioannes (# 23306).
Dablinos (Beiname) → Stephanos (# 27237).
Dactus → Dattus (# 21407).
Dadas (Familienname) → Theognostos (# 28015).
Dademuslos → Deadomuslos (# 21446). – Malkos (# 24851).
Daikos → Dakos Kotertzes (# 21358).
Daimonios (Bei- oder Familienname) → Theodoros (# 27863).
Daimonokatalytes (Beiname) → Athanasios (# 20659).
Dalanos (arm.) → Damianos Dalassenos (# 21379).
Dalasinos (Variante) s. Dalassenos
ad-Dalāsinūs bzw. b. ad-Dalāsiqūs (arab.) → Damianos Dalassenos (# 21379). – Konstantinos Dalassenos (# 23940). – Theophylaktos Dalassenos (# 28254).
Dalassenos (Familienname) → Damianos (# 21379). – Ioannes (# 23261). – Konstantinos (# 23940). – Romanos (# 26881). – Theophylaktos (# 28254). – mögliche Lesung: Euphrosynos (# 21803).
Dalfina (lat.) → Kalokyres Delphinas (# 23632).
Damiane (Metronym) → Basileios (# 21000).
ad-Damiyāṭī (arab.) bzw. Damiatensis (lat.) → Biktor (# 21159).
Damokranites (Herkunftsbezeichnung) → Leon (# 24552).
Damyāna bzw. Ḏamyānūs (arab.) → Damianos (# 21365). – Damianos Dalassenos (# 21379).
Dandulphos (griech.) → Landulph I. (# 24272).
Danielis → Danelis (# 21390).
Daphereras (Bei- oder Familienname) → Leon (# 24665).
Daphnomeles (Bei- oder Familienname) → Eustathios (# 21864).
Daphnopates (Bei- oder Familienname) → Theodoros (# 27694).
Daqtāš (arab.) → Qaṭās (# 26787).
Datr... (Beiname) → Kyriakos (# 24231).
Daueth (griech.) → David (# 21420).
Daukos → Dakos Kotertzes (# 21358).
David (griech.) → Tautukas (# 27573).
David (möglicher Doppelname) → Ioannes (# 23365).
David (Mönchsname) → Niketas David Paphlagon (# 25712).
Davit' (georg. und arm.) s. unter David.
Dawit' (arm.) s. unter David.
Dāwud (arab.) → David III. (von Tao) (# 21432).
Dazimos (Jordanov, Corpus III 749) → Maximos (# 25026).
Deadikos (Patronym) → Nikolaos (# 26032).
Deadomuslos (Beiname bzw. Patronymikon) → Malkos (# 24851).
Deadukas bzw. tu Deatku (Beiname bzw. Patronym) → Nikolaos (# 26032). – Maldotas (# 24848).
Deares (Beiname oder Patronym) → Ioannes (# 23346).
Deatkos (Patronym) → Nikolaos (# 26032).
Dekapolites (Beiname) → Theodoros (# 27708).
Delphinas (Bei- oder Familienname) → Kalokyres (# 23632).
Demetrales (Beiname oder Patronym) → Ioannes (# 23145).
Demetras (Actes de Lavra, Nr. 1) → Demitras (# 21533).
Demokranites (Herkunftsbezeichnung) → Leon Damokranites (# 24552).
Dephurkinos (Bei- oder Familienname) → Thomas (# 28286).
Desdados (Beiname oder Patronym) → Ioannes (# 23119).
Detos (Bei- oder Familienname) → Antonios (# 20520).
Diabolinos bzw. Diavolinos (Beiname) → Michael (# 25183).
Diakonos (Beiname in der modernen Forschung) → Leon (# 24547).

tu Dielizontos (Beiname bzw. Bezeichnung der Klosterzugehörigkeit) → Leontios (# 24726).
Dikeseon (möglicher Familienname) → Lykastos (# 24802).
Diogenes (Familienname) → Adralestos (# 20118. – # 20120). – Baasakios (# 20724). – Diogenes (# 21542). – Konstantinos (# 24045).
Distros (Theophylact. Achrid.) → Dristăr (# 21606).
Djodjik → Džodžik (# 21612).
Dobeta → Dometas (# 21579).
Dobromiros (Familienname) → Damianos (# 21386).
Docheiarios (Beiname oder Klosteramt) → Ioannes (# 23360).
Dokeianos bzw. Dokianos (Familien- oder Herkunftsname) → Romanos (# 26883).
Domenikos bzw. Domenikov (Patronym) → Theophylaktos (# 28193).
Domnulos (Beiname) → Šabbetai Donnolo (# 26949).
Donalai bzw. Donale → Dunale (# 21610).
Donnolo (Beiname) → Šabbetai Donnolo (# 26949).
Doveta → Dometas (# 21579).
Doxas (Familienname) → Bardas (# 20796). – Ioannes (# 23309).
Dragoj (slaw.) → Dragaïs (# 21602).
Drakon (metaphor. Benennung) → ʿAbdalʿazīz b. Šuʿayb b. ʿUmar al-Qurṭubī (# 20009).
Drasxanakertcʿi (arm. Beiname bzw. Herkunftsbezeichnung) → Yovhannēs (# 28467).
Drosos (Bei- oder Familienname) → Konstantinos (# 24083).
Duchs bzw. Duks (altkirchenslaw.) → Dox (# 21601).
Dukas (Familienname) → Andronikos (# 20405). – Gregoras Iberitzes (# 22328). – Gregoras (# 22329). – Konstantinos (# 23817). – Nikolaos (# 25947). – Stephanos Dukas (# 27243).
Dumitiyūs (arab.) → Romanos I. Lakapenos (# 26833).
Dux (Familienname, Variante von Dukas) → Andronikos Dukas (# 20405). – Konstantinos Dukas (# 23817).
Džagecʿi (arm. Beiname) → Zakʿaria (# 28496).
Dzmosel → Saba (# 26914).
Džodžik (georg.) → Tzotzikios (# 28388).

Eakobos → Iakobos (# 22668).
Edesenos (Herkunftsname) → Bartholomaios (# 20825).
Eeoanes → Ioannes (# 23346).
Eerotheos → Hierotheos (# 22596).
Egida (mbulg.) → Aigides (# 20195).
Egillaf → Ēlēfr (# 21633).
Egion (Theoph. cont.) → Ajo (# 20197).
Eglaf → Ēlēfr (# 21633).
Eilaf bzw. Eilífr → Ēlēfr (# 21633).
Eirene (Taufname ?) → Maria (# 24911).
Eirene (Name als bulg. Zarin) → Maria Lakapene (# 24919).
Eisenkopf (Beiname) → Pandulph I. “Eisenkopf” (# 26228).
der Eiserne (Beiname) → Ašot II. “der Eiserne” (von Armenien) (# 20646).
Elachistos (Beiname) → Basileios II. (von Kaisareia) (# 20933).
Eladas (Beiname) → Ioannes (# 22909).
Eladikos (Bei- oder Familienname bzw. Toponymikon) s. unter Helladikos
Elaf → Ēlēfr (# 21633).
Elatites (Beiname) → Ioannes (# 22907).
Elga (griech.) → Olga (# 26186).
Elias (Bryer-Winfield, Pontos 318) → Anonymus (# 31888).
Elias (griech.) → Ilues (# 22755).
Ëlig → Ielech (# 22710).
Elinag bzw. Elinagos → Elemagos (# 21634).
Elkades (griech.) → Anonymus (# 30880).
Leukas (en Leukate, Toponymikon) → Anna (# 20426).
Engonos (Bei- oder Familienname) → Michael (# 25265).

Eoanes bzw. Eoanis s. unter Ioannes
Eoanikeos → Ioannikios (# 23461).
Ep'tʻime bzw. Ep'tʻwime (georg.) → Euthymios Athonites Iber (# 21960).
Epeiktes (möglicher Beiname) → Christophoros (# 21303).
Ephesios (Beiname bzw. Toponymikon) → Symeon (# 27489).
Epigingles (Bei- oder Familienname, lat. Picingli) → Nikolaos (# 25945).
Ěṙat (arm.) → Rat (Horatios Liparites) (# 26805).
Erkatʻ (Beiname) → Ašot II. "der Eiserne" (von Armenien) (# 20646).
Ermengard → Irmengard (# 23548).
Ermisko (altruss.) → Isko (# 23564).
Ernesis (Beiname, SSig 282,1) → Georgios Eunesis (# 22270).
Erotikos (Bei- oder Familienname) → Manuel Erotikos bzw. Komnenos (# 24885). – Nikephoros (# 25583. – # 25632). – Theophilos (# 28154).
Eschatzes (griech.) → Eschač (# 21748).
Esman (griech.) → Yāzamān (# 28463).
Esphagmenos (Beiname bzw. Bezeichnung der Klosterzugehörigkeit) → Theoktistos (# 28057).
*Etunn (urnord.) → Eton (# 21749).
Eudokia (griech.) → Berta-Eudokia (# 21156).
Eugenios (Laurent, Corpus V 1640) → Sisinnios (# 27121).
Eugenios (Schlumberger, Sceaux 261) → Eusebios (# 21819).
Eulabes (Beiname) → Symeon (# 27479).
Eunesis (Beiname) → Georgios (# 22270).
Euoranites (Bei- oder Familienname) → Konstantinos Euoranites (# 23891).
Euphyes (Beiname) → Konstantinos (# 24003).
Eupraxes (Beiname oder Patronym) → Nikephoros (# 25575).
Eupraxia (Klostername) → Eirene (# 21628).
Eustratios → Eustathios (# 21876).
Euthymianos (Namensvariante) → Euphemianos (# 21788).
Euthymios → Euphemianos (# 21788).
Euthymios (Dauvillier) → Eutychios (# 21978).
Euthymios (Peira) → Euphemios (# 21798).
Evlisko (altruss.) → Isko (# 23564).
Evtʻwime (georg.) → Euthymios Athonites Iber (# 21960).
Exabulites (Bei- oder Familienname) → Michael (# 25202).
Exaconta (lat.) → Nikephoros Hexakionites (# 25608).
Eylaf → Ēlēfr (# 21633).

Faḍlallāh Abū Taġlib al-Ġaḍanfar → Abū Taġlib al-Ġaḍanfar b. Nāṣiraddawla (b. Ḥamdān) (# 20081).
Falcon → Falcus (# 21988).
Fannā Ḫusrau s. unter ʻAḍudaddawla → ʻAḍudaddawla Abū Šuǧāʻ Fannā Ḫusrau (# 20131).
Fār.s (arab.) → Himerios (# 22624).
Farağ bzw. Faraḥ → Farağ al-Muḥaddad (# 21991).
al-Farġānī (Beiname) → Ḫalaf al-Farġānī (# 22545). – Rustam b. Baradū al-Farġānī (# 26909).
Farḥat (arab.) → Euphrosyne (# 21802).
Farmus (altkirchensl.) → Formosus (# 22001).
Farulfr (altnord.) → Farlof (# 21992).
Fasi → Lukas (# 24780).
Fastr (altnord.) → Fost (# 22002).
Fedor (altruss.) s. Theodoros.
Firmos (Variante altkirchensl.) → Formosus (# 22001).
Foka (mbulg.; altruss.) → Bardas Phokas (der Ältere) (# 20769).
Foka (mbulg.) → Leon Phokas (# 24408). – Nikephoros Phokas ("der Ältere") (# 25545).
Freysteinn (altnord.) → Fras'těn (# 22003).
Friðleifr (altnord.) → Frelav (# 22005).
Fróði (altnord.) → Frudi (# 22010).
Fudri (altruss.) → Frudi (# 22010).
Fulco (lat.) → Fulk Nerra (# 22013).

al-Fuqās (arab.) → Konstantinos Phokas (# 23841).
Furmos bzw. Fumus (altkirchensl.) → Formosus (# 22001).
Fusilis (Beiname) → Manso (# 24860).

Gabras (mögl. Familienname) → Gabras (# 22019). – Konstantinos (# 23931).
Gabriel (Zweitname) → Germanos-Gabriel (# 22299).
Gabrielios → Gabalas (# 22018).
Gabrilopulos → Gabrielopulos (# 22045).
GagR → KāgR (# 23597).
Galaton (Beiname) → Basileios (# 20936). – Theophano (# 28124).
Galenos (Beiname) → Konstantinos (# 24064).
Galesiotes (Toponymikon) → Lazaros vom Galesionberg (# 24285).
Galikes (Bei- oder Familienname) → Demetrios (# 21524).
Gallus (Johannes Diaconus) → Michael Diabolinos (# 25183).
Gamalas → Gabalas (# 22018).
Gamall (altnord.) → Gomol (# 22317).
Garasdos (Beiname) → Basileios (# 20932).
Garðaketill (Beiname) → Ketill (# 23700).
Garidas (Bei- oder Familienname) → Ioannes (# 22900).
Ğarmarākil (arab.) → K.r.m.rūk (?) (# 23592).
Gaṙnecʻi (arm. Toponymikon). → Gēorg II. (# 22078).
Garzaniti (Variante) → Charzianites (# 21236).
Gauaniates (Beiname) → Theodoros Guniatzitzes (# 27650).
Gauras bzw. Gavras (Familienname) → Konstantinos Gabras (# 23931).
Gematos (Beiname oder Bezeichnung der Klosterzugehörigkeit) → Eustratios (# 21904).
Genesios (Familienname bzw. Patronym) → Ioseph (# 23526). – Romanos (# 26856 – # 26880). – Thomas (# 28303).
Geometres (Beiname) → Ioannes (# 23092).
Georganos (Beševliev) → Georganes (# 22079).
Georges → Georgios (# 22232).
Gēorgi (arm.) → Giorgi I. (von Georgien) (# 22309).
Georgios (Beševliev) → Georganes (# 22079).
Georgios (griech.) → Giorgi II. (von Abchasien) (# 22307). – Giorgi I. (von Georgien = Sakʻartʻvelo) (# 22309). – Gurgen (von Kʻartʻli) (# 22531).
Georgios (Kravari) → Gabriel (# 22043).
Georgios → Germanos (# 22287. – # 22288. – # 22289. – # 22290. – # 22292).
Georgios Pais (irrtüml.) → Anthimos (# 20460).
Georgis → Georgios Syleotes (# 22278).
Gerbert (von Aurillac) → Silvester II. (# 27075).
Geron (Beiname) → Gregorios (# 22387). – Michael (# 25146).
Getadardz bzw. Getadarj (arm. Beiname) → Petros (# 26538).
Ğirğis (arab.) → Georgios II. (von Alexandreia) (# 22258). – Giorgi I. (von Georgien) (# 22309).
Ğirğis Ibn Daʻǧān (arab.) → Sergios II. (# 27021).
Glabas (Bei- oder Familienname) → Basileios (# 21027).
Glegorios (Jordanov, Preslav 426) → Gregorios (# 22385).
Goaemares bzw. Goaemeros (griech.) → Guaimar III. bzw. IV. (# 22509).
Godrich (altkirchenslaw.) → Gauderichos (# 22063).
Góði (altnord.) → Gud (# 22512). – Gudy (# 22518).
Goemaris (griech.) → Guaimar (II.) (# 22508).
Goepheris (griech.) → Guaiphar (II.) (# 22510).
Goggyles bzw. Goggylios (Familienname) → Anastasios Gongylios (# 20298). – Konstantinos Gongylios (# 23823).
Ğoğik → Džodžik (# 21612).
Goïnikos (griech.) → Goïnik (# 22316).
Gomates bzw. Gomatos (Beiname bzw. Bezeichnung der Klosterzugehörigkeit)

→ Eustratios (# 21904). – Gregorios (# 22399).
Gondrich bzw. Gondruch oder Gonrdich (altkirchenslaw.) → Gauderichos (# 22063).
Gongyles bzw. Gongylios (Familienname) → Anastasios (# 20298). – Konstantinos (# 23823).
Gonitziates (Familienname) → Georgios (# 22248).
Gorasdes → Gorasdos (# 22319).
Gorazd (slaw.) → Basileios (# 20932). – Gorasdos (# 22319).
Gordich (altkirchenslaw.) → Gauderichos (# 22063).
Gorg (arm.) → Corcus (# 21348).
Gorgi (arm.) → Giorgi I. (von Georgien) (# 22309).
Gozenos (Beiname bzw. Herkunftsbezeichnung) → Guzenos (# 22533).
Gozilus (lat.) → Kocel (# 23721).
Grammatikos (Beiname bzw. Berufsbezeichnung) → Konstantinos Sikelos (# 23741). – Leon (# 24651).
Grapson (Bei- oder Familienname) → Ioannes (# 22915).
Grdzelisdze (georg. Beiname) → Iovane (# 23545).
Grecus (Bei- bzw. Herkunftsname) → Andreas (# 20400).
Gregoras (ZN 159 bis) → Gregorios (# 22375).
Gregoras → Gregorios (# 22440).
Gregorios (griech.) → Grigor I. (von Taron) (# 22497).
Gregorios → Georgios (# 22091).
Gremedulos (Bei- oder Familienname) → Ioannes (# 23195).
Grigol (georg.) → Gregor (# 22323).
Grigor (arm.; Lemerle, Kékauménos 31–36) → Kekaumenos (# 23694).
Grigor (arm.) → Gregorios Taronites (# 22428). – Grigor I. (von Taron) (# 22497).
Grigor (Stephan von Taron) → Gēorg II. Gaṙnecʻi (# 22078).
Grigor(is) (arm.) → Cricori (# 21353. – # 21354. – # 21355).
Grigorik (arm.) → Krikorikes (# 24198).
Ġriġūriyūs al-Kabīr al-Fāḍil → Gregorios (# 22427).
Grikkfari (Beiname) → Viðbiǫrn (# 28424).
Grilesis bzw. Grilezis (Beiname oder Patronym) → Philippos (# 26614).
Grimaldus → Grimualdus (# 22503).
Grīmmōðr → Grīmmundr (# 22499).
Grimoaldo → Grimoalt (# 22502).
Grut... (Patronym) → Ioannes (# 23123).
Gu... (Familienname) → Petros (# 26492).
Guberios bzw. Gumerios (Familienname) → Eirene (von Chrysobalanton) (# 21617).
Gud (altruss.) → Gudy (# 22518).
Gudeles (Variante) → Gudelios (# 22514).
Guði (altnord.) → Gud (# 22512). – Gudy (# 22518).
Guido → Wido II. (# 28444).
Ġulām Yazamān (arab.) → Damianos (# 21365).
Ġulām Zurāfa (arab.) → Leon (von Tripolis bzw. Tripolites) (# 24397).
GullæifR → GuðlæifR (# 22515). – ŌlæifR (# 26181).
Gumer → Guber (# 22511).
Gumerios bzw. Guberios (Familienname) → Eirene (von Chrysobalanton) (# 21617).
Guniatzitzes (Beiname) → Theodoros (# 27650).
Ǧurǧā al-Kabīr (arab.) → Georgios (# 22157).
Gurgēn (arm.) → Gurgen II. (von Tao) (# 22529). – Gurgen (von Kʻartʻli) (# 22531).
Gurgēn (arm.) → Ioannes Kurkuas (# 22917).
Gurnakes (Bei- oder Familienname) → Leon (# 24654).
Gurnos (Bei- oder Familienname) → Basileios (# 21030).
Gurzubathenos (Bei- oder Familienname) → Gurzubathenos (# 22532).
Guzenos (Beiname bzw. Herkunftsbezeichnung) → Guzenos (# 22533).

Guzuniates (Beiname) → Theodoros Guniatzitzes (# 27650).
gvrpel (georg.) → Gvirpel (# 22534).
Gylas → Anonymus (# 31391).
Gymnos (Beiname) → Nikephoros (# 25610).
Gypsokopos (Familienname) → Niketas (# 25856).
Gyreutes (Beiname) → Theodoros (# 27701).

Habraam (griech.) → Ibrāhīm (II.) b. Aḥmad al-Aġlab (# 22708).
Habraamios (Taufname) → Athanasios Athonites (# 20670).
Ḫač'ik → Xač'ik Aršaruni (# 28445).
Hadawiga bzw. Hadewiga → Hadwig (# 22539).
ḫādim Ibn Abī Sāǧ → Bišr al-Afšīnī (# 21166).
Hadrianus → Adrianus (# 20130).
Haftikīn (arab.) → Alftikīn (# 20253).
Hagioeleites bzw. Hagioelites (Beiname bzw. Bezeichnung der Klosterzugehörigkeit) → Nikolaos (# 26122). – Nikon (# 26163).
Hagion (Georg. mon. cont. [Bonn]) → Ajo (# 20197).
Hagiopolites (Beiname bzw. Herkunftsbezeichnung) → Elias (# 21676). – Ioannes (# 22825).
Hagiorites (griech.) → Euthymios Athonites Iber (# 21960). – Georgios III. (von Iviron) (# 22259).
Hagiozacharites (Familienname) → Hagiozacharites (# 22542). – Niketas (# 25788. – # 25807). – Theodoros (# 27764).
Hákunn (altnord.) → Akun (# 20219).
Halfdann (altnord.) → Aldan (# 20224. – # 20225).
Ḫalfūn (arab.) → Kalphus (# 23660).
Hallvarðr (altnord.) → Alvad (# 20264).
Ham... (Bei- oder Familienname) → Michael (# 25191).
Hamazaspes → Amazaspos (# 20269).
Hamdun (arm.) → Sayfaddawla Abū l-Ḥasan ʿAlī b. ʿAbdallāh b. Ḥamdān (# 26998).
Haplorabdes (Familienname) → Theodoros (# 27878).
Ḫārīṭun aṯ-Ṯānī → Chariton (# 21233).
Hārūn b. Ḫumārawayh (arab.) → Ǧayš b. Ḫumārawayh (# 22068).
Hārūn (arab.) → Ivan Vladislav (# 23582).
Ḥasan b. Ayyūb (arab.) → Chase (# 21238).
al-Ḥasan b. Aḥmad b. Nāfid → Abū ʿAlī (# 20036).
al-Ḥasan b. Riyāḥ (Ibn ʿIḏārī) → al-Ḥusayn b. Rabāḥ (# 22641).
Haykazni "der Armenier" (Beiname) → Ašot I. "der Große" (von Armenien) (# 20642).
Hebdomarios (Darrouzès–Westerink 196f.) → Anonymus (# 31458).
Hedwig → Hadwig (# 22539).
Heðinn → Hiðinn (# 22590).
Hegri (altnord.) → Egri (# 21614).
Hegumenos (Beiname) → Petros Sikeliotes (# 26431).
Heladas bzw. Helladas (Beiname) → Ioannes Eladas (# 22909).
Heladikos s. unter Helladikos
Helena (Taufname) → Olga (# 26186).
Helga (griech.) → Olga (# 26186).
Helgi (nordisch) → Oleg (# 26185).
Helias (lat.) → Elias Spelaiotes (# 21646).
Helinagos (Variante) → Elemagos (# 21634).
Helladikos (Beiname bzw. Toponymikon) → Bardas (# 20804). – Basileios (# 21081). – Blasios (# 21180). – Konstantinos (# 23822).– Malakenos (# 24844). – Niketas (# 25714. – # 25740). – Rentakios (# 26814). – Theodoros (# 27862).
Helyas (lat.) → Elias Spelaiotes (# 21646).
Hemingr (altnord.) (?) → Emig (# 21684).
Henricus (lat.) → Heinrich II. (# 22567).
Heptapsychos (Bei- oder Familienname) → Gregorios (# 22425). – Ioannes (# 23223).
Hesychastes (Beiname) → Nikolaos (# 26066).
Hetaireiotes bzw. Hetairiotes (Beiname) → Ioannes (# 23091).
Hetaireiotissa (Beiname) → Eudokia (# 21760).
Hettelaos (Schimpfname) → Nikolaos I. Mystikos (# 25885).

Hexakionites (Bei- oder Familienname) → Nikephoros (# 25608). – Sisinnios (# 27112).
Hexamilites (Familienname) → Basileios (# 20972). – Georgios (# 22187). – Konstantinos (# 23958). – Michael (# 25397).
Hexapterygos (Beiname) → Ioannes (# 22997).
Hierosolymites (Beiname bzw. Toponymikon) → Ioannes (# 22963).
Hikanos (Bei- oder Familienname) → Niketas (# 25750).
Hilāna (arab.) → Helene (# 22577).
Hilarion (Vita Lazari) → Hilario (# 22599).
Hilarios → Hilarion (# 22603). – Hilario (# 22599).
Hioakeim (Actes de Lavra, Nr. 12) → Ioannes (# 23158).
Hisdai (Golb, Khazarian Hebrew documents) → Ḥasdāy b. Šaprūṭ (# 22564).
Hizāmird (arab.) → Hezarmerd (# 22589).
Hludowicus (Variante) → Ludwig "der Deutsche" (# 24754).
Horatios (griech.) → Rat (Horatios Liparites) (# 26805).
Horestus (lat.) → Orestes (# 26197).
Hovhannes s. Yovhannēs
Hrat → Rat (Horatios Liparites) (# 26805).
Hripsime (Sekundärliteratur) → Hṙip'simē (# 22633).
Ḫrīsāf (arab.) → Chrysaphios (# 21337).
Ḫrisṭūḏulā (arab.) → Christodulos II. (von Jerusalem) (# 21248). – Christodulos (# 21253).
Ḫrisṭūḏulā b. Bahrām (arab.) → Christodulos (# 21244).
Hróaldr (altnord.) → Roald (# 26821). – Ruald (# 26901. – # 26902). –
Hróarr (altnord.) → Ruar (# 26903).
Hróðleifr (altnord.) → Rulav (# 26905).
Ḫ.r.s.ḫār.s (arab.) → Chrysocheir (# 21340).
Hugo von Arles bzw. von Viennes → Hugo von der Provence (# 22637).
Hunol (Patronym) → Alexius (# 20251).
Húnrǫðarson (Patronym) → Márr Húnrǫðarson (# 25004).
Ḥusayn → Chosnis (# 21240). – al-Ḥasan b. al-'Abbās (# 22556). – al-Ḥusayn b. Rabāḥ (# 22641).
Huwaristus (arab.) → Euarestos (# 21753).
Hylizon → Leontios (# 24726).
Hymnographos (Beiname) → Ioseph Hymnographos (# 23510).
Hypomonos (möglicher Bei- oder Familienname) → Ioannes (# 23116).

Iakobos (Beiname oder Patronym) → Paulos (# 26362).
Iannicius (lat.) → Ioannikios (# 23451).
Iannos (Orlandos–Branuses) → Ioannes (# 23002).
Iarlabanki (Pritsak, Origin 395) → Anonymus (# 32061).
Iber bzw. Iberos (Beiname bzw. Ethnikon) → Ašot II. (Kuropalates Iberias) (# 20647). – Euthymios Athonites Iber (# 21960). – Georgios (# 22178). – Georgios I. (von Iviron) (# 22180). – Georgios III. (von Iviron) (# 22259). – Ioannes Athonites Iber (# 22942). – Isaakios (# 23557). – Symbatios (# 27450). – Theudatos (# 28276). – Zak'aria (# 28498).
Iberitzes (Beiname bzw. Ethnikon) → Gregoras (# 22328).
Ibīfāniyūs (arab.) → Epiphanios (# 21714).
Ibn 'Abdalbāqī → Abū 'Umayr 'Adī b. Aḥmad b. 'Abdalbāqī al-Aḏanī (# 20086).
Ibn 'Abdalḥamīd (arab.) → Abū Sālim (# 20076).
Ibn 'Ammār → al-Ḥasan b. 'Ammār al-Kalbī (# 22562).
Ibn Abī Ḫinzīr → al-Ḥasan b. Aḥmad b. Abī Ḫinzīr (# 22559).
Ibn ad-Dayrānī (arab.) → Derenik (# 21536).
Ibn ad-dumustuq Qusṭanṭīn (arab.) → Konstantinos Phokas (# 23841).
Ibn al-Fuqās (arab.) → Bardas Phokas (der Ältere) (# 20769).

Ibn al-Ǧarrāḥ(arab.) → Mufarriǧ b. Daġfal b. al-Ǧarrāḥ aṭ-Ṭā'ī (# 25433).
Ibn al-Ḥammār (arab.) → 'Alī b. Suwwār (# 20256).
Ibn al-Malā'ini (arab.) → Leon Maleïnos (# 24509).
Ibn an-Naḫīlī (arab.) → Michael (# 25179).
Ibn aš-Šaqī (arab.) → Theophilos (# 28153).
Ibn aṣ-Ṣaqlabīya → Basileios I. (# 20837).
Ibn aš-Šumušqīq (arab.) → Ioannes I. Tzimiskes (# 22778).
Ibn A'war (arab.) → Theodoros Parsakutenos (# 27758).
Ibn az-Zayyāt → Abū Bakr b. az-Zayyāt (# 20043).
b. Bahrām (arab. Beiname) → Sachakios Brachamios (# 26952).
Ibn Balanṭis → Leon Balantes (# 24516).
Ibn Baradū (arab. Patronymikon) → Rustam b. Baradū al-Farġānī (# 26909).
Ibn Farǧūs (Patronymikon) → Eutychios (# 21979).
Ibn Fuqās (arab.) → Leon Phokas (# 24423).
Ibn Ǧāǧīq ad-Dīrānī (arab.) → Gagik II. Arcruni (# 22052).
Ibn Ḥamdān (arab.) → Abū 'Abdallāh al-Ḥusayn b. Nāṣiraddawla b. Ḥamdān (# 20035).
Ibn Kaṯīr → Rustam b. Baradū al-Farġānī (# 26909).
Ibn Kunis → Ibn Qūnus (# 22702).
Ibn Maslama (Variante) → Abū l-Yaqẓān al-'Alā b. Maslama as-Sulamī (# 20089).
Ibn Muḥammad (Yaḥyā) → Ibn Maḥmūd (# 22698).
Ibn Niqfūr ad-dumustuq (arab.) → Bardas Phokas (der Ältere) (# 20769). – Konstantinos Phokas (# 23841).
Ibn Qurhub → Aḥmad b. Ziyādatallāh b. Qurhub (# 20191).
Ibn Sahrā (Yaḥyā) → Ibn Šahrām (# 22703).
Ibn Ṭurnīq (arab.) → Ašot III. (von Taron) (# 20645).
Ibn Xosrovu (arm.) → 'Aḍudaddawla Abū Šuǧā' Fannā Ḫusrau (# 20131).
Icannato (Bei- oder Familienname) → Leo Cannatus (# 24303).
Ieremias → Hieremias (# 22591).
Iesus (Taufname) → Christophoros (von Antiocheia) (# 21277).
Iftīkiyūs bzw. Iftīšiyūs (arab.) → Eutychios (# 21979).
Ignaros (griech.) → Šarafaddawla (# 26993).
Ignatios (Vogel–Gardthausen 159) → Michael (# 25356).
Igulbioern bzw. Īgulbiǫrn → Iuli (# 23573).
Iḫrisṭūfūr(us) (arab.) → Christophoros Lakapenos (# 21275). – Christophoros (von Antiocheia) (# 21277).
Ilareon bzw. Ilarion → Hilarion (# 22614. – # 22615. – # 22616. – # 22620).
Ilig (Variante) → Ielech (# 22710).
Īliyā bzw. Ilyā (arab.) → Elias (# 21655. – # 21674).
Īliyā b. Manṣūr (arab.) → Elias III. (# 21642).
imastasērn (arm. Beiname) → Lewon (# 24737).
Imerie (mbulg.) → Himerios (# 22624).
Imnik → Hemnekos (# 22585).
Imo Galactus (lat.) → Imogalapto (# 22756).
Inargos bzw. Inaros (griech.) → Šarafaddawla (# 26993).
Inger (lat.) → Igor (# 22751).
Ingerina (Beiname) → Eudokia (# 21754).
Ingivaldr (altnord.) → Iggivlad (# 22711).
Ingjaldr (altnord.) → Inegeld (# 22758).
Ingmar → Ikmor (# 22753).
Ingor (griech.) → Igor (# 22751).
Ioachim (Verbrüderungsbuch, lat.) → Ioakin (# 22774).
Ioakeim (Actes de Lavra, Nr. 12) → Ioannes (# 23158).
Ioannes (griech.) → Ǧakrūs (# 22057). – Ioane (# 22775). – Iovane Varazvač'e (# 23544). – Iovane Grdzelisdze (# 23545).
Ioannes → Ionas (# 23506). – Iobanesios (# 23468).

Ioannes (Beševliev, ... Inschriften, p. 93) → Ioaines (# 22769).
Ioannes (Bryer–Winfield, Pontos 145 Anm. 2) → Anonymus (# 30627).
Ioannes (Cod. Petropol. gr. 71) → Basileios Boioannes (# 21094).
Ioannes (Hunger, in: SBS 5, 13f.) → Georgios (# 22214).
Ioannes (Konstantopulos, in: JIAN 5, 108) → Anonymus (# 31343).
Ioannes (Wasiutynski) → Konstantinos (# 23915).
Ioannes (Seibt, Armeniaka Themata Nr. 19) → Theodoros (# 27822).
Ioannes (Taufname) → Elias der Jüngere (# 21639).
Ioannes (Vita Euphrosynae iun.) → Euphrosyne (# 21800).
Ioannes (zweiter Name) → Ivan Vladislav (# 23582).
Ioannes V. Katholikos von Armenien → Yovhannēs Drasxanakertc‘i (# 28467).
Ioannikios (Encomium Euphrosynae iun.) → Euphrosyne (# 21800).
Ioannikios (Seibt I 70) → Ioannes (# 22976).
Ioannikiu (Beiname) → Leon (# 24637).
Iobanesikes (griech.) → Smbat-Yovhannēs (von Armenien) (# 27146).
Iohannes (lat.) → Ioannikios (# 23451).
Iohannes II. Crescentius Nomentanus → Crescentius (# 21352).
Ioseph → Husep (# 22644).
Iovane (georg.) → Ioannes Athonites Iber (# 22942). – Ioannes (# 23384).
Iovi (mbulg.) → Iube (# 23571).
Ipn Xosrov (arm.) → ‘Aḍudaddawla Abū Šuǧā‘ Fannā Ḫusrau (# 20131).
Ipsantus (lat.) → Ipsantos (# 23547).
al-Iqrītišī → Ioannes Kretikos (# 22821).
Irimīyas (arab.) → Orestes (# 26197).
Irmīya (arab.) → Hieremias (# 22591).
‘Isā (Taufname) → Christophoros (von Antiocheia) (# 21277).
Isaak (Papadopulos–Kerameus) → Sahak (# 26959).
Isaakios (griech.) → Sachakios Brachamios (# 26952). – Sachakios (# 26953).
Isahak (arm.) → Sahak (# 26959).
Isaia → Hesaias (# 22587).
Isak (georg.) → Isaak (# 23549).
Isḥāq (arab.) → Isaakios (# 23554).
Īsḥāq (syr.) → Zachakios (# 28475).
Isḥāq b. Bahrām (arab.) → Sachakios Brachamios (# 26952).
al-Iskandar bzw. al-Iskandrūs (arab.) → Alexandros (# 20228).
Ismael bzw. Ismahel → Meles (# 25033).
Ismayēl (arm.) → Ismael (# 23566).
Ispo (Annales Barenses 53) → Orestes Aichmalotos (# 26199).
Isṭānah (arab.) → Stephanos (# 27241).
Isṭāṯ (arab.) → Eustathios (# 21876).
Istifān bzw. Istifānūs (arab.) → Theodosios II. (von Antiocheia) (# 27908). – Stephanos Lakapenos (# 27251). – Stephanos II. (# 27245).
*Ístrr (altnord.) → Istr (# 23568).
István (ungar.) → Stephan I. (von Ungarn) (# 27204).
Italos (Herkunftsbezeichnung bzw. Familienname) → Nikolaos I. Mystikos (# 25885).
Itzboklias (Variante) → Etzboklias (# 21750).

Iubes (Bei- oder Schimpfname) → Ioannes (# 22944).
Iudaios (Beiname oder Ethnikon) → Konstantinos (# 23739).
Iulianos (Orlandos–Branuses) → Ioannes (# 23002).
Iutotzas (griech.) → Iutoča (# 23581).
Ivanē bzw. Iwanē (georg.) → Ivane (# 23583).
Ivanes → Ibanes (# 22677. – # 22678)
Ívarr (altnord.) → Ivor (# 23584).
Iver' (mbulg.) → Ašot II. (Kuropalates Iberias) (# 20647).
Īwānnīs (syr.) → Ioannes (# 23377. – # 23378).

Jabtvjag (altruss.) → Jatvjag (# 23586).
Jakim (altruss.) → Ioachim (# 22768).
Jerusalem → Hierusalem (# 22598).
Jesaja → Hesaias (# 22587).
Joannacius → Ioannikios (# 23451).
Joannatios bzw. Joannatius → Ioannakios (# 22777).
Joannicius (Devreesse, Manuscrits 29) → Basileios Boioannes (# 21094).
Johannacius → Ioannakios (# 22777). – Ioannikios (# 23451).
Jojik → Džodžik (# 21612).

Kabalos (Bei- oder Familienname) → Ioannes (# 22898).
Kabasilas (Familienname) → Nikephoros (# 25677).
Kaimaros (Patronymikon) → Ioannes (# 23426).
Kakikios (griech.) → Gagik II. Arcruni (# 22052).
Kakodekes bzw. Kakodikes (Beiname) → Blasios (# 21182).
KākR → KāgR (# 23597).
Kalabros (Beiname bzw. Toponymikon) → Ioannes (# 23382). – Elias Spelaiotes (# 21646).
Kalamites (Beiname oder Bezeichnung der Klosterzugehörigkeit) → Georgios (# 22247).
Kale (griech.) → Kali (# 23611).
Kaleas → Antonios II. Kauleas (# 20476).
Kalekas (Bei- oder Familienname bzw. Patronym) → Stephanos (# 27356).
Kalemeris bzw. Kalimeris (Beiname) → Nikolaos (# 26033).
Kalemero bzw. Kalimero (Beiname) → Anastasia (# 20283).
Kalenekos → Kallinikos (# 23616).
Kalestos → Kallistos (# 23625).
Kalfon (arab.) → Kalphus (# 23660).
Kali → Kale (# 23606).
tes Kalistas bzw. tes Kalitzas (Beiname bzw. Metronymikon) → Petros (# 26501).
Kaliukas (Beiname) → Petros (# 26500).
Kalkatanes (Beiname) → Theophylaktos (# 28199).
Kalligraphos (Beiname) → Ioseph Hymnographos (# 23510).
Kallonas (Beiname bei Theoph. cont.) → Nikephoros Kaminas (# 25573).
Kaloioannes (SSig 218,5) → Anonymus (# 31917).
tu Kalonkar...anu (Beiname oder Patronymikon) → Michael (# 25361).
Kalos Kairos (Bei- oder Familienname) → Basileios (# 21101).
Kaludes (Familienname oder Toponymikon) → Theodoros (# 27880).
Kaluterkanos (Beiname oder bulg. Titel) → Symeon (# 27484).
Kamateros (Familienname) → Basileios (# 20912).
Kaminas (Beiname) → Nikephoros (# 25573).
Kaminiates (Beiname) → Ioannes (# 22904).
Kampsakes (Beiname [Kominis]) → Anastasios (# 20297).
Kampsakos (Beiname) → Anastasios (# 20297).
Kampseus bzw. Kampsikos (Beiname bzw. Toponymikon) → Gregorios (# 22372).
Kamulianos (Familienname oder Toponymikon) → David (# 21421). – Michael (# 25171).
Kamytzes (Beiname bei Ps.-Symeon) → Nikephoros Kaminas (# 25573).
Kanabudios → Euodios (# 21784).
Kanecar (altruss. Variante) → Kanicar (# 23667).
Kanikl (arm.) → Nikephoros Uranos (# 25617).
Kanites (Familie) → Kanitissa (# 23669).
Kannakes (Familienname) → Niketas (# 25744).
Kapegrasas (mögl. Familienname) → Ioannes (# 23358). – Konstantinos (# 24047). – Paschalios (# 26285).
Kapestris (Bei- oder Familienname) → Leon (# 24671).

Kapnogenes (Beiname) → Konstantinos (# 23743).
Kapules (Bei- bzw. Familienname) → Euthymios Kapules (# 21968).
Kar... (Familienname) → Leon (# 24612).
Karabitiotes bzw. Karabitziotes (Familienname) → Theodoros (# 27751).
Karamallos bzw. Karamalos (Bei- oder Familienname) → Konstantinos (# 23816. – # 23918). – Nikephoros (# 25688).
Karamites (griech.) → Abū Ṭāhir b. Abī Sa'īd al-Ǧannābī al-Qarmāṭī (# 20082).
Karandenos bzw. Karantenos → Konstantinos (# 24061). – Theodoros (# 27765).
Karas (Bei- oder Familienname) → Ioannes tes Karas (# 23340).
Karbonopsina/Karbunopsina bzw. Karbonopsis (Beiname) → Zoe (# 28506).
Karbunes (Beiname) → Lukas (# 24776).
Kardames (mögl. Familienname) → Konstantinos Karantenos (# 24061).
Kardamopulos (Familienname) → Ioannes (# 23260).
Kardanos (Familienname) → Michael (# 25361).
Kári (altnord.) → Kary (# 23683).
Karli bzw. Karly (altnord.) → Karl (# 23676).
Karmalikes bzw. Karmalikios (Familienname) → Ioannes (# 23264). – Theodoros (# 27864).
Karsi (altnord.) → Karšev (# 23681).
Kasianos (Davidson, Corinth) → Basileios Apokaukos (# 21006).
Kasnes (Bei- oder Familienname) → Euthymios (# 21935).
Kasnitzes (Familienname) → Theodoros (# 27837).
Kaspax (Beiname bzw. Bezeichnung der Klosterzugehörigkeit) → Nikolaos (# 26118). – Theoktistos (# 28062).
Katabas (Bei- oder Familienname) → Kyriakos (# 24233).
Katakalites (Bei- oder Familienname) → Leon Katakalon (# 24329). – Leon Katakalites (# 24404).
Katakalo bzw. Katakalon (Bei- oder Familienname) → Basileios (# 21023). – Christophoros (# 21321). – Katakalon (# 23685). – Leon (# 24329. – # 23687).
Katakalos (ZN 996) → Katakalos (# 23689).
Katakoilas bzw. Katakylas (Bei- oder Familienname) → Katakylas (# 23690). – Leon Katakalon (# 24329).
Kataphloron bzw. Kataphloros (Familienname) → Basileios (# 20888). – Kataphloron (# 23691). – Michael (# 25214). – Stephanos (# 27268). – Theodoros (# 27716).
Katudares (Bei- oder Familienname) → Michael (# 25123).
Katzator (Bei- oder Familienname) → Stephanos Katzator (# 27272).
Katzilakios (Beiname) → Leon Chitzilakes (# 24398).
Kauchanos bzw. Kaukanos (Beiname, wohl bulg. Titel) → Dometianos (# 21580). – Theodoros (# 27855).
Kauleas → Antonios II. Kauleas (# 20476).
Kav'chan bzw. Kaphkan (mbulg. Titel) s. Kauchanos bzw. Kaukanos
Kazzones (Familienname) → Konstantinos (# 23912).
Kechatzes bzw. Kechkatzes (Beiname) → Symbatios (# 27450).
Kekaumenos (Familienname) → Adralestos (# 20119). – Gregorios (# 22469). – Kekaumenos (# 23694). – Symbatios (# 27450).
Keklasmenos (Bei- oder Familienname) → Michael (# 25266).
Kellos (Bei- oder Familienname) → Ioannes (# 23423).
Kendystinos (Bei- oder Familienname) → Niketas (# 25734).

Kephalas (Bei- oder Familienname) → Basileios I. (# 20837). – Konstantinos (# 23824. – # 23790).
Kersatos (Bei- oder Familienname bzw. Bezeichnung der Klosterzugehörigkeit) → Nikephoros (# 25669).
Kerularios (Familienname) → Kerularios (# 23697).
Ketrenos (Bei- oder Familienname) → Ioannes Ketrenos (# 23444).
Khalfun (arab.) → Kalphus (# 23660).
Kichatzes bzw. Kichkatzis → Symbatios (# 27450).
Kilimutzes (Bei- oder Familienname) → Nikephoros (# 25629).
Kilkisas (Beiname oder Patronym) → Nikolaos (# 26030).
Kinnamos (Familienname) → Petros (# 26549).
Kirelos → Kyrillos (# 24253).
kišac (arm.) → Symbatios (# 27450).
kiskas (georg.) bzw. Kiskases (griech.) → Ašot II. "Kiskases" (von Klardžet'i) (# 20648).
Kitrinites (griech. Namensform zu al-Aṣfar) → Aḥmad b. al-Ḥusayn al-Aṣfar Taġlib (# 20184).
kiur bel (arm.) → Gvirpel (# 22534).
Kiuř Žan bzw. Kiwržan (arm.) → Ioannes I. Tzimiskes (# 22778).
Kivrike → Kwirike (# 24220).
kizac (arm.) → Symbatios (# 27450).
Kladon (Familienname) → Basileios (# 20926). – Leon (# 24422). – Theodoros (# 27763. – # 27828). – Romanos (# 26865).
Kladon (Inscriptions [Guillou] 189) → Romanos (# 26865).
Klakki (altnord.) → Klek (# 23703).
Klametes (Beiname oder Bezeichnung der Klosterzugehörigkeit) → Georgios (# 22247).
Klasmatas (Bei- oder Familienname) → Ioannes (# 23376).
Klazomenites (Toponymikon) → Konstantinos (# 23995).
Kleronomos (Familienname) → Michael (# 25204).
Klibanas (Familienname) → Gregorios (# 22461).
Kliment (altslaw.) → Klemes (# 23704).
Klonimeros (griech.) → Klonimir (# 23719).
Klostoneb bzw. Klostonev (Beiname) → Romanos (# 26865).
Koitonites (Beiname) → Michael (# 25354).
Kokinos (Familiennname) → Georgios (# 22121).
Kokkalas (Bei oder Familienname) → Ioannes Kokkalas (# 23443).
Kolakinas (Beiname oder Patronym) → Paulos (# 26363).
Kollr (altnord.) → Kol (# 23723).
Kolobos (Beiname) → Ioannes (# 22783).
Kombos (Beiname) → Konstantinos (# 23840).
Komes bzw. tu Komitos (Patronym oder Titel des Vaters) → Anastasios (# 20320). – Ioannes (# 23135).
Kometas → Kometos (# 23727).
Kometopolos bzw. Kometopulos (Beiname) → Aaron (# 20003). – David (# 21433). – Moses (# 25425). – Samuel (# 26983).
Komianos (arm.) → Nikephoros Komnenos (# 25676).
Komnenos (Familienname) → Manuel Erotikos bzw. Komnenos (# 24885). – Nikephoros (# 25676).
Komsadzag (arm.) s. Kometopolos.
Kondoleon (Beiname) → Tornikios Kontoleon (# 28366).
Kondos (Bei- oder Familienname); s. auch unter Kontos → Kondoi (# 23728). – Nikodemos (# 25882). – Petros (# 26514).
Konon (griech.) → Cono (# 21346).
Konstans (Laurent, Corpus V 748) → Konstantinos (# 23980).
Konstantinakis bzw. Konstantiniakes → Konstantinakios (# 23732).
Konstantinos (griech.) → Kostanti III. (von Abchasien) (# 24184). – Qusṭā b. Lūqā (# 26789).

Konstantinos (Mansi XVI 144B) → Theophanes (# 28077).
Konstantinos (SSig. 188; Mordtmann) → Eustathios (# 21878).
Konstantinos (SSig 652,2) → Baasakios Diogenes (# 20724).
Kontoleon (Beiname) → Tornikios (# 28366).
Kontos (Bei- oder Familienname); s. auch unter Kondos → Ioannes Kontos (# 23194). – Konstantinos tu Kontu (# 24040).
Kontostephanos (Familienname) → Stephanos (# 27313).
Kopsochilos (Beiname) → Strates (# 27397).
Korike → Kwirike (# 24220).
Korinthios (Toponymikon) → Symeon (# 27529).
Kornibaskelos (Familienname) → Kornibaskeloi (# 24093).
Korones (mögl. Bei- oder Familienname) → Ioannes (# 23275).
Korsunjanin (altruss.) → Anastas (von Cherson) (# 20322). – Ioachim (# 22768).
Kortikes → Kurtike(s) (# 24214). – Kurtikios (# 24215).
Kosmas (Mönchsname) → Tornikios Kontoleon (# 28366).
Kostandin (arm.) bzw. K'ost'ant'i (Martin-Hisard) → Kostanti III. (von Abchasien) (# 24184).
Kostas (griech.) → Qusṭā b. Lūqā (# 26789).
Kotertzes (Bei- oder Familienname) → Dakos (# 21358).
Kotzeles bzw. Kotzilis (griech.) → Kocel (# 23721).
Koxes (Familienname) → Staurakios Koxes (# 27185).
Koyrikē (arm.) → Kwirike (# 24220).
Kpachanes (Skylitzes 353,53-56) → Theodoros Kaukanos (# 27855).
ho en Kraneais (Beiname bzw. Toponymikon) → Antonios (# 20486).
Krasemeres (griech.) → Krasimer (# 24190).
Krateros (Familienname) → Konstantinos (# 24086). – Krateros (# 24191). – Leon (# 24317). – Niketas (# 25799).
Krenetes bzw. Krenites (Familienname) → Georgios Krenites (# 22127). – Krenites (# 24194). – Krinites (# 24200. – # 24202). – Krinites Arotras (# 24199). – Krinites Chaldos (# 24201). – Prokopios Krenites (# 26760).
Kresimir → Krasimer (# 24190).
Kretikos (Beiname bzw. Toponymikon) → Ioannes (# 22821).
Krikor (Lemerle, Kékauménos 31–36) → Kekaumenos (# 23694).
Krikor (arm.) → Cricori (# 21353. – # 21354. – # 21355).
Krikorikios bzw. Krikorikos (griech.) → Grigor I. (von Taron) (# 22497).
Krinites (Familienname) → s. unter Krenites
tu Kritu (Beiname) → Ibanes (# 22677).
Krokoas (Familienname) s. unter Kurkuas
Krokos (Patronym) → Romanos (# 26871).
Kronos (mögl. Beiname) → Magotinos (# 24813).
Krysobourgios (syr.) → Ioannes Chrysoberges (# 23380).
Křziwousty ("Schiefmaul") (Bei- oder Schimpfname) → Přzibislav (# 26776).
K'sip'e (georg.) → Nikephoros Xiphias (# 25661).
Ktemateros bzw. Ktematinos (Bei- oder Familienname) → Konstantinos Ktematinos (# 23827).
Ktenas (Bei- oder Familienname) → Leon (# 24560).
Kubatzes (Bei- oder Familienname) → Nikolaos (# 25950).
Kulkas (Familienname) → Leon (# 24314).
Kuluterkanos (Beiname oder bulg. Titel) → Symeon Kaluterkanos (# 27484).
Kuphos (Bei- oder Familienname) → Kosmas (# 24150).

Kur'tik (mbulg.) → Kurtikios (# 24215. – # 24216).; s. auch unter Kurtikes/Kurtikios
Kurelos → Kyrillos (# 24253).
Kurkenes bzw. Kurkenios (griech.) → Gurgen I. (von Klardžet'i) (# 22528). – Gurgen II. (von Tao) (# 22529).
Kurkuas (Familienname) → Ioannes (# 22824. – # 22917. – # 23108. – # 23352). – Romanos (# 26836. – # 26852. – # 26878). – Theophilos Kurkuas (# 28152).
Kuropalates (griech. Titel) → 'Abdal'azīz b. Šu'ayb b. 'Umar al-Qurṭubī (# 20009).
Kurtikes bzw. Kurtikios (Bei- oder Familienname) → Kurtikios (# 24215. – # 24216).). – Manuel Kurtikes (# 24878). – Michael Kurtikios (# 25261).
Kurtoi (Ethnikon: Kurden) → Anonymi (# 30172).
Kurupas (griech.) → 'Abdal'azīz b. Šu'ayb b. 'Umar al-Qurṭubī (# 20009).
Kussi (altnord.) → Kuci (# 24206).
Kuti → Saba (# 26914).
Kutros → Hutros (# 22645).
Kvirike → Kwirike (# 24220).
kvrpeli (georg.) → Gvirpel (# 22534).
Kyminates (Beiname bzw. Bezeichnung früherer Klosterzugehörigkeit) → Antonios (# 20508).
Kyon (Schimpfname) → Psenas (# 26777).
kyr Bel → Gvirpel (# 22534).
Kyriakos (griech.) → Kirakos (# 23701).
Kyrikon bzw. Kyrikos (griech.) → Kwirike (# 24220).
Kyriotes (Beiname bzw. Bezeichnung der Klosterzugehörigkeit) → Ioannes Geometres (# 23092). – Ioannes (# 23310).

La (Schimpfname) → Psenas (# 26777).
Labrent (Mönchsname) → Leon (# 24652).
Lagubardos (Beiname oder Ethnikon) → Ioannes (# 23197).
Lagudes bzw. Lagudia (Bei- oder Familienname) → Konstantinos (# 24046). – Maria (# 24940).
Laikastria (Beiname) → Angurine (# 20424).
Lakapene bzw. Lakapenos (Familienname) → Agathe (# 20168). – Basileios (# 20925). – Christophoros (# 21275). – Helene (# 22574. – # 22579). – Konstantinos (# 23831). – Leon (# 24532). – Maria (# 24919). – Michael Porphyrogennetos (# 25174). – Romanos I. (# 26833). – Romanos (# 26840. – # 26841. – # 26842). – Sophia (# 27155). – Stephanos (# 27251). – Theophylaktos (# 28192).
Lakrabenos (Familienname) → Theodoros (# 27846).
Lalakon (Familienname) → Lalakon (# 24265). – Leon (# 24456). – Theodoros (# 27760). – Theophanios (# 28118).
Lalumas (Bei- oder Familienname) → Ioannes (# 23146). – Konstantinos (# 23837).
Lamares bzw. Lamaris (Beiname) → Demetrios (# 21497).
Lampades bzw. Lampados, Lampodes oder Lampydes → Lampudes (# 24267).
Lampardopulos (Bei- oder Familienname) → Ioannes (# 23100).
Lampsakenos (Beiname bzw. Toponymikon) → Markos (# 24999).
Landolf bzw. Landulf → Landulph I. (# 24272). – Landulph II. (# 24273).
Laodimir (lat.) → Vladimir (# 28432).
Laparis (Bei- oder Familienname) → Mitzos (# 25413).
Larissaios (Beiname bzw. Toponymikon) → Nikolaos (# 26016). – Paulos (# 26355).
Lat... (unvollständiger Namensteil) → Leon tu lat... (# 24662).
Laukokomites (Familienname) → Konstantinos (# 24080).
Laurentios (Mönchsname) → Leon (# 24652).
Lautokomites (Familienname) → Theodoros (# 27789).

Lāwī (arab.) → Leon VI. (# 24311).
Lāwī Abū l-Ḥāriṯ ġulām Zurāfa bzw. Lāwī ġulām Zurāfa (arab.) → Leon (von Tripolis) bzw. Leon Tripolites (# 24397).
Lāwun (arab.) s. unter Leon und Leontios
Lāwun aḫ Niqfūr → Leon Phokas (# 24423).
Lāwun al-Malasinūn (arab.) → Leon Melissenos (# 24531).
Lāwun b. al-Malā'inī → Leon Maleïnos (# 24509).
Lāwun b. Bardas aḏ-ḏumustuq (arab.) → Leon Phokas (# 24423).
Lāwun yuqālu lahū aṣābi' aḏ-ḏahab (arab.) → Leon Melissenos (# 24531).
Lazanes bzw. Lazares (Beiname) → Ioannes Lazanes (# 22906).
Lazar' (mbulg.) → Ioannes Lazanes (# 22906).
Leichenares (Bei- oder Familienname) → Konstantinos (# 24084).
Lekapenos s. unter Lakapenos
Lenton (lat.) → Leonto (# 24733).
Leon → Georgios (# 22098). – Leontios I. (von Jerusalem) (# 24708).
Leon (Anonymus [C], Ep. 24,18) → Anonymus (# 31732).
Leon (Taufname) → Lazaros vom Galesionberg (# 24285). – Petros Thaumaturgos (# 26426).
Leon von Kaisareia → Gregorios (# 22432).
Leonta bzw. Leontia (lat.) → Leonto (# 24733).
Leontij (Ustav knjazja Vladimira, p. 15) → Michail (# 25404).
Leontios (Bees, in: VV 21 Nr. 17; Schlumberger, Sceaux 38) → Leon (# 24455).
Leontios (Laurent, Lacédémon 216) → Leon (# 24449).
Leontios (Mansi XVI 82B. 192C) → Leon (# 24318).
von Lesbos (Beiname bzw. Toponymikon) → Theoktiste (# 28039).
Lewon (arm.) → s. unter Leon
Libellisios (Bei- oder Familienname) → Ioannes (# 23253).
Liðulfr (altnord.) → Lidul (# 24741).
Lim (mbulg.) → Konstantinos Lips (# 23815).
Limnogalaktos (Familienname) → Imogalapto (# 22756). – Limnogalaktos (# 24743). – Theognostos (# 28019).
Linas (Beiname oder Patronym) → Ioannes (# 23148).
Liparit(es) (Patronym) → Rat (# 26805).
Liparitisdze (georg. Patronymikon) → Rat (# 26805).
Lips (Bei- und Familienname) → Konstantinos (# 23815).
Liudprandus bzw. Liuprandus → Liudprand (von Cremona) (# 24745).
Liutio bzw. Liutprand → Liudprand (von Cremona) (# 24745).
Lodoïkos (griech.) → Ludwig III. von der Provence (# 24756).
Logothetes (Beiname bzw. Funktionstitel) → Symeon (# 27504).
Loibaianos bzw. Loibeanos → Lybeanos (# 24798).
Lolenos (Beiname) → Georgios (# 22197).
Lorikatos (Bei- oder Familienname) → Konstantinos (# 23832).
tu Losota (Beiname oder Patronymikon) → Ioannes (# 23144).
Lotrakenos (Beiname bzw. Bezeichnung der Klosterzugehörigkeit) → Symeon (# 27530).
Lozikiotes (Beiname bzw. Toponymikon) → Abramios (# 20027).
Lucas (lat.) → Karpos (# 23679).
Ludovicus → Ludwig "der Deutsche" (# 24754).
al-luġuṯīṯ (arab.) (= "der Logothetes") → Symeon (# 27504).
Lukas (Mönchsname) → Leon (# 24442).
Lukas (Pančenko 365) → Anonymus (# 31851).
Lukas (Patronym) → Qusṭā b. Lūqā (# 26789).
Lulianos (mögl. Toponymikon) → Phlulianos (# 26648).
Lulos (Familienname) → Leon (# 24568). – Theodosios (# 27954).
Lupo bzw. Lupus (Patronym) → Arsenios (# 20614).

Lutianos (Bei- oder Familienname) → Leon (# 24557).
Lutrakenos bzw. Lutrakinos (Beiname bzw. Bezeichnung der Klosterzugehörigkeit) → Symeon (# 27530).
Lybeanu (Beiname) → Nikolaos (# 26028).
tu Lybilu (Beiname oder Patronymikon) → Theodoros (# 27770).
Lydenos (Toponymikon) → Ioannes (# 23337).
Lydiates (Beiname bzw. Toponymikon) → Theophilos (# 28135).
Lydos (Bei- oder Familienname bzw. Toponymikon) → Andronikos (# 20410). – Ioannes (# 23337).
Lyteras (Beiname, Patronym oder Toponym) → Basileios (# 20988).

Machetar(is) (Adontz, in: Byz 9) → Mxit'ar (# 25472).
Machitarios (griech.) → Mxit'ar (# 25473).
Macro Theodoro (Anonymus Barensis 148) → Theodorus (# 27884).
Madytenos (Beiname oder Toponymikon) → Konstantinos (# 23987).
*Magan-þórr (altnord.) → Mutur (# 25468).
Magentinos (Beiname) → Ignatios (# 22733).
Magistros (Beiname bzw. Titel) → Symeon (# 27504).
Magnios (Familienname) → Leon (# 24613).
Magulas (Beiname) bzw. tu Magula (Patronymikon) → Paulos (# 26371).
Mahmēt (arm.) → Muḥammad (# 25436).
Makedon (Bei- bzw. Familienname) → Basileios I. (# 20837). – Gregorios (# 22405). – Konstantinos VII. (# 23734). – N... (# 25484).
Makelares/Makellares bzw. Makelaris (Beiname) → Georgios (# 22175).
Makella... (Metronym) → Niketas (# 25787).
Makrembolites (Familienname) → Georgios (# 22214).
Makrocheir (Beiname) → Ašot (# 20643).
Makropoderes (Bei- oder Familienname) → Kosmas (# 24153).
Makros (Beiname) → Antonios (# 20525).
Malachiano (lat.) → Malakenos (# 24842).
Malağān (arab.) → Malakenos (# 24842).
Malakeinos bzw. Malakenos oder Malakianos (Bei- oder Familienname) → Ioannes (# 23106). – Malacenus (# 24838). – Malakenos (# 24842. – # 24843. – # 24844).
al-Malasinūn (arab.) → Leon Melissenos (# 24531).
al-Malayni (arab.) → Eustathios Maleïnos (# 21861).
Maleas (Familienname) → Ioannes (# 23433).
Maleïnos (Bei- bzw. Familienname) → Eudokimos (# 21764). – Eustathios (# 21861). – Gregorios (# 22426). – Konstantinos (# 23862). – Leon (# 24509). – Maleïnos (# 24849. – # 24850). – Michael (# 25124).
Maleleïnos (mögl. Familienname) → Maleïnos (# 24849).
Malelias (Familienname) → Konstantinos (# 23818). – Leon (# 24480).
Maleses (Familienname) → Leon (# 24693).
Malīḥ al-Armanī (arab.) → Melias (# 25041).
Malkūnā an-Naṣrānī (Kamāladdīn) → Malkūṯa (# 24852).
Malkūnā as-Sayrāfī → Malkūṯa (# 24852).
Mampalis (Beiname bzw. Titel) → David Mamp'ali (# 21413).
Mamunes (Bei- oder Familienname) → Ioannes (# 23448).
Mangu Tekin (türk.) → Manǧūtakīn (# 24858).
Maniakes (Bei- oder Familienname) → Georgios (# 22262).
Manni (altnord.) → Mony (# 25419).
Manolimites (Beiname) → Ioannes (# 22908).
Mansone → Manso (# 24862).
Mantinaios (Familienname oder Toponymikon) → Basileios (# 21104).
Mantules (Familienname) → Leon (# 24676).
Manuel (Taufname) → Michael Maleïnos (# 25124).

Manuel (Catalogue II 2.3) → Michael (# 25215).
Manuwīl bzw. Manwāl (arab.) → Manuel Phokas (# 24884).
Manuyli (lat.) → Manuel Phokas (# 24884).
Mapas bzw. Mappas (Beiname) → Stylianos (# 27409).
Maracdo (lat.) → Smaragdus (# 27138).
Maraios (unsichere Lesung) → Makroioannes (# 24837).
Maraldus (lat.) → Maragdos (# 24900). – Smaragdus (# 27138).
Marchapsabos (Familienname) → Ioannes (# 23437).
Marco Theodoro (Anonymus Barensis 148) → Theodorus (# 27884).
Maria (Cod. Athous Laur. K 81) → Marina (# 24974).
Maria (Klostername) → Helene (# 22582).
Mariam (georg.) → Maria (# 24943).
Marian (mbulg.) → Marianos (# 24956). – Marianos Argyros (# 24962).
Marianos (Jordanov, Corpus I 35.3) → Ioannes (# 22894).
Marianos (Laurent, Corpus II 716) → Marinos (# 24980).
Marin (mbulg.) → Marianos (# 24955).
Marina (Klostername) → Maria (# 24918).
Marinos (arm.) → Marianos Argyros (# 24962).
Marinos (Jordanov, Preslav 139) → Marianos (# 24967).
Marinos (Koltsida-Makre 179) → Marianos (# 24965).
Marinos (Mönchsname) → Baanes (# 20719).
Mariyān (arab.) → Marianos Argyros (# 24962).
Markoba (Metronym) → Basileios (# 21001).
Marmaras (Bei- oder Familienname) → Ioannes (# 22959).
Marsedonici (lat.) → Basileios Mesardonites Argyros (# 21090).
Marules (Patronym) → Olbianos (# 26184).
Marzapulos (Beiname) → Adrianos (# 20128).
mašenebeli (georg. Beiname) → Georgios I. (von Iviron) (# 22180).
Mastulistiakes (Bei- oder Familienname) → Basileios (# 21019).
Matzilas (Bei- oder Familienname) → Leon (# 24558).
Matzitzikos (Bei- oder Familienname) → Theophylaktos (# 28224).
Matzukes (Bei- oder Familienname) → Theodoros (# 27683).
Maurianos → Marianos (# 24955).
Maurikios → Mabrikios (# 24805).
Mauroleon (Familienname) → Leon (# 24694).
Mauros (Beiname) → Antonios (# 20485).
Mauros (Familienname oder Ethnikon) → Mauroi (# 25022).
Maurutzones (Familienname) → Maurutzones (# 25025).
Maxentios (Beiname) → Stephanos (# 27223).
Maximos (Mönchsname) → Michael (# 25356).
Mc'iray bzw. Mc'ire (georg. Beiname) → T'ornik (II.) (Varazvač'e) (# 28365).
Mesaonyktes (Bei- oder Familienname) → Theodosios Mesonyktes (# 27929).
mec (arm. Beiname) → Mxit'ar (# 25472).
Mechedi (griech.) → al-Mahdī (# 24814).
meclitanus (lat. Variante) → Melisiano (# 25046).
Megas (Beiname) → David Mamp'ali (# 21413). – Konstantinos Maleïnos (# 23862). – Leon Philosophos (# 24313). – Michael Maleïnos (# 25124). – Smbat I. (von Klardžet'i) (# 27140).
Meizoteros (Beiname oder Patronym) → Inarios (# 22757).
Meleton bzw. Meliton (Beiname) → Kosmas (# 24158).
Meletos → Ioannes (von Melitene) (# 23161).
Melias (Familienname) → Konstantinos (# 24076).
Melias (griech.) → Mele (# 25031).
Meligalanos (Variante) → Meligalas (# 25045).
Meligalas (Familienname) → Gregorios (# 22467). – Meligalas (# 25045).

Melissenos (Familienname) → Leon (# 24531). – Melisiano (# 25046). – Theognostos (# 28026). – Theophilos (# 28135).
Melitenes bzw. von Melitene (Beiname bzw. Toponymikon) → Ioannes (von Melitene) (# 23161). – Disinios (# 21570).
Melo bzw. Melus → Meles (# 25033).
Mensa (lat., Toponymikon) → Mesa (# 25060).
Mentika (Beiname) → Maria (# 24931).
Mepsales (Beiname oder Patronym) → Ioannes (# 23351).
Mesanyktes (Bei- oder Familienname) → Theodosios (# 27929).
mesardonia (lat.) → Basileios Mesardonites Argyros (# 21090).
Mesardonites (Beiname) → Basileios Mesardonites Argyros (# 21090).
Mesonyktes (Bei- oder Familienname) → Theodosios (# 27929).
Metanoeite (Beiname) → Nikon (# 26155).
Metaphrastes (Beiname) → Symeon (# 27504).
M.h.fūr (arab.) → Nikephoros Phokas ("der Ältere") (# 25545).
Michael (Beiname bzw. Patronym) → Ioannes (# 23139).
Michael (Taufname) → Boris I. Michael (# 21197).
Michael (Seibt–Wassiliou 163) → Nikolaos (# 26049).
Michael (Synodicon vetus, cap. 162,8) → Ioseph (# 23512).
Michael (Vita Clementis (BHG 356) → Symeon (von Bulgarien) (# 27467).
Michaelitzes → Michael (# 25126).
Mīḫā'īl, Ibn B.kām (arab.) → Michael I. (von Alexandreia) (# 25098).
Mikilas (Beiname) → Demetrios (# 21494).
Mikros (Beiname) → Michael (# 25375).
Minikas (Skylitzes, p. 215) → Menikos (# 25056).
Mirdatisdze (georg. Familienname oder Patronymikon) → Arseni (# 20597). – Zak'aria (# 28498).
Miros (Beiname oder Patronym) → Strategios (# 27393).
Mirosthlabos (griech.) → Miroslav (# 25407).
Mitylenaios (Familienname bzw. Toponymikon) → Anastaso (# 20345). – Christophoros (# 21324. – # 21332). – Ioannes (# 23297. – # 23304). – Mitylenaios (# 25410). – Zoe (# 28511).
Mizoteros (Beiname oder Patronym) → Inarios (# 22757).
Mleah bzw. Mleh (arm.) → Mele (# 25031). – Meles (# 25033). – Melias (# 25041. – # 25042. – # 25043).
al-M.l.qī (arab. Beiname) → Konstantin (# 23731).
Mnyr. (arab.) → Munīr (# 25448).
Mo...ros bzw. Moro... (fragmentarisch erhaltener Bei- oder Familienname) → Basileios (# 21120).
Moirokubulos bzw. Moirokumulos (Familienname) → Thomas (# 28296).
Moïse (syr.) bzw. Moises (griech.) → Moyses (# 25431).
Moïse (Transkription Reinach) → Moses (# 25427. – # 25428).
Mon... (Bei- oder Familienname) → Niketas Monomachos (# 25739).
Mongos (Beiname) → Bardas Mungos (# 20787).
Monocharites bzw. Monokarites (Familienname) → Michael Monokarites (# 25319).
Monocheir (Beiname) → Elias Spelaiotes (# 21646).
Monomachos (Bei- oder Familienname) → Konstantinos IX. (# 23736). – Konstantinos (# 24004). – Monomachos (# 25418. – # 26744). – Niketas (# 25739). – Paulos (# 26349). – Pothos (# 26744).
Monos (arm.) → Mu'nis al-Muẓaffar (# 25449).
Morapas bzw. Morapios (Familienname) → Michael (# 25328).
Morenitos (Beiname) → Eustathios (# 21867).

Morogeorgios (Spottname) → Georgios (# 22260).
Morokubulos bzw. Morokumulos (Familienname) → Thomas (# 28296).
Morole bzw. Moroleon (Spitzname) → Moroleon (# 25420).
Moscatus (lat.) bzw. Moschatos (griech.) → Muscatus (# 25456).
Mosele bzw. Moselles (Familienname) → Alexios (# 20241). – Romanos (# 26844).
Mouses → Moses Kometopulos (# 25425).
Movsēs (arm.) → Moiseo Pascike (# 25415). – Moses (# 25426). – Moses(es) (# 25429).
M.r.d.y.s (arab.) → Theodulos Parsakutenos (# 27993).
Mṙut (arm. Beiname) → Sahak (# 26959).
Mt'acmideli oder Mt'acmindeli (georg. Beiname) → Euthymios Athonites Iber (# 21960). – Georgios III. (von Iviron) (# 22259).
Mudāfar (arab.) → Mudaphar (# 25432).
Muḥammad b. ʿAlī b. Ḥāmid (arab.) → Muḥammad b. Ḫalīd b. al-Bahrānī (# 25439).
Muḥammad b. Abī s-Sāǧ (arab.) → Afšīn (Muḥammad b. Abī s-Sāǧ) (# 20156).
Muḥammad b. al-Ḥasan → Aḥmad b. al-Ḥasan b. ʿAlī al-Kalbī (# 20188).
Mukates (Familienname) → Leon (# 24615).
Muncimyr (Inschrift) → Mutimir (# 25466).
Mungos (Beiname) → Bardas (# 20787).
Munir (arab.) → Munīr (# 25448).
Munsuris (Bei- oder Familienname) → Nikolaos (# 26034).
Muntimeros (griech.) → Mutimir (# 25465).
Murutzes (Bei- bzw. Familiennamen) → Leon (# 24527).
Muschegh bzw. Muschel → Mušeł (# 25457).
Mūšē (syr.) → Mose (# 25424). – Moyses (# 25431).
Musel bzw. Musele (Familienname) → Alexios Mosele (# 20241). – Romanos Musele (# 26844).
Musilikes → Mosilikes (# 25430).
Musonios → Kusonios (# 24219).
Mussilikes bzw. Musulikes → Mosilikes (# 25430).
al-muʿwaǧǧ (arab. Beiname) → Nikephoros Phokas Barytrachelos (# 25675).
al-Muẓaffar (arab.) → Mudaphar (# 25432).
Muzalon (Bei- oder Familienname) → Ioannes Byzalon (# 22934).
Mylonas (Beiname oder Berufsbezeichnung) → Sabas (# 26935).
Myroblytes (Beiname) → Nikolaos (# 26017).
Mystikos (Beiname → Nikolaos I. (# 25885).
Mystoxides → Mustoxides (# 25459).
al-M.y.s.ṭ.r.nāt.s (arab.) → Monasteriotes (# 25416).
Mytilenaios s. unter Mitylenaios
Myxares bzw. Myxiarches (Familienname) → Myxares (# 25483).

N... (Bei- bzw. Familienname) → Demetrios (# 21525).
Nabuchodonosor (metaphorische Bezeichnung) → al-Ḥākim (# 22544).
Nabudios (Variante) → Euodios (# 21784).
Nadulfus bzw. Nandolfus (Lupus protospatarius) → Landulph I. (# 24272).
Narbeotes (Familienname) → David (# 21444).
Nasir → ʿAbdarraḥmān III. b. Muḥammad an-Nāṣir (# 20018).
Nāṣir bzw. Naṣr (arab.) → Nuṣayr (# 26173).
Nasites (Familienname) → Leon (# 24661). – Nikolaos (# 26129).
Naṣr (arab.) → Nasra (# 25496). – Nuṣayr (# 26173).
Naṣr b. Aḥmad (arab.) → Leon (von Tripolis) bzw. Tripolites (# 24397).
an-Naṣrānī → Kulayb an-Naṣrānī (# 24209). – Malkūṯa (# 24852).
Nastas (altruss.) → Anastas (von Cherson) (# 20322).
Nea (Beiname) → Euphrosyne (# 21800).
Neatokometes bzw. Neatokomites (Beiname) → Ioannes Neatokomites (# 22838).

Nebukadnezar (metaphorische Bezeichnung) → al-Ḥākim (# 22544).
Nekolas → Nikolaos (# 26112).
Nelos (Akrostichis) → Neilos (von Rossano) (# 25503).
Neolampes (Beiname) → Stephanos Neolampes (# 27206).
neos ("der Jüngere") → Basileios (# 20881). – Elias (# 21639). – Euthymios (# 21912). – Leon VI. (# 24311). – Lukas (# 24762). – Neilos (von Rossano) (# 25503). – Sabas (# 26929). – Theodosios (# 27910).
Neos Eleemon (Beiname) → Nikolaos (# 26017).
neos theologos (Beiname) → Symeon (# 27488).
Nephonas → Niphon (# 26169).
Nepribados (Familienname) → Demetrios (# 21473). – Nepribados (# 25517).
Nera bzw. Nerra (Beiname) → Fulk Nerra (# 22013).
Neraidas (Bei- oder Familienname) → Basileios (# 21009).
Neroalos (Familienname) → Basileios (# 20970).
Nestoritzes (Bei- oder Familienname) → David Nestoritzes (# 21439).
Niǧifūr (arab.) → Nikephoros Phokas ("der Ältere") (# 25545).
Nikephoros (griech.) → Sigewold (# 27069).
Nikephoros (Taufname) → Symeon (# 27531).
Nikephoros (Actes de Lavra, Nr. 12) → Nikolaos (# 26036).
Nikephoros (Laurent, Orghidan 98) → Ioseph (# 23537).
Niketas (Taufname) → Euthymios (# 21912). – Nikon "Metanoeite" (# 26155).
Niketas (Actes de Lavra, Nr. 6) → Damianos (# 21376).
Niketas (Dölger, Hl. Berg, Nr. 103) → Nikolaos (# 26114).
Niketas (Konstantopulos, Stamules 68) → Michael (# 25152).
Niketas (Mansi XVIIA 373B [Sonderlesung]) → Nikolaos (# 25895).
Niketes (Beiname) → Nikephoros II. Phokas (# 25535).
Nikifawr (arm.) → Nikephoros II. Phokas (# 25535).
Nikit (arm.; Stephan von Taron) → Niketas (# 25703).
Nikit (arm.) → Niketas (# 25857).
Nikit (varia lectio in Hss.) → Niketas (# 25703).
Nikodemos (Greenwood) → Niketas (# 25703).
Nikolitzas (Beiname) → Nikolaos (# 26037).
Nikomidos (Cod. Matenadaran 993) → Niketas (# 25703).
Nilus (lat.) → Neilos (von Rossano) (# 25503).
Niphon (griech.) → Nifus (# 25529).
Niqfūr al-Iksifāws (arab.) → Nikephoros Xiphias (# 25661).
Niqfūr al-Kāniklī (arab.) → Nikephoros Uranos (# 25617).
Niqfūr al-mu'awaǧǧ (arab.) → Nikephoros Phokas Barytrachelos (# 25675).
Niqfūr al-Ūrānūn (arab.) → Nikephoros Uranos (# 25617).
Niqfūr b. Bardas al-Fuqās bzw. Niqfūr b.Fuqās (arab.) → Nikephoros II. Phokas (# 25535).
Nīqīpōr (Michael syr. 140) → Ioannes (# 23377).
Nīqīṭā (arab.) s. unter Niketas.
Niqūlā bzw. Nīqūlā'us (arab.) s. unter Nikolaos.
Nīqūlāwus al-Iḫrisūbirǧis (arab.) → Nikolaos II. Chrysoberges (# 26019).
Nomentanus (Beiname) → Crescentius (# 21352).
Nonnos → Theophanes Chrysobalantes (# 28094).
Nothos (Beiname) → Basileios Lakapenos (# 20925).
Nsr (arm.) → Naṣr as-Subkī (# 25493).
an-Nu'mān (arab.) → Anemas (# 20421).
Nuser (arm.) → Nuṣayr (# 26173).

Ochotes[a bzw. Ochotissa → Nespella Ochotissa (# 25518).
Octavianus (Geburtsname) → Iohannes XII. (# 23483).
Ǫnundr (Variante) → Anundr (# 20541).
Ok'ropiri (georg.) → Ioane I. (# 22776). – Ok'ropiri (# 26179).
Olěb (altruss.) → Ulěb (# 28395).
Oleksandr (altruss.) → Alexandros (# 20228).
Olena (russ. Taufname, Nestorchronik) → Olga (# 26186).
Olympites (Beiname) → Nikolaos II. Chrysoberges (# 26019).
Omogalaktos (griech.) → Imogalapto (# 22756).
Oniates bzw. Oniatos (Variante) → Oiniates (# 26178. – # 26178).
Ooryphas (Bei- oder Familienname) → Niketas (# 25696).
Opos (Bei- oder Familienname) → Andronikos (# 20419).
Oratios (griech.) → Rat (# 26805).
Orbelian (georg. Familienname) → Rat (# 26805).
Orphanotrophos (Beiname bzw. Titel) → Ioannes (# 23371).
Orseolus (Familienname) → Iohannes (# 23495). – Otto (# 26214). – Petrus I. (# 26563). – Petrus II. (# 26566).
Orso (ital.) s. unter Ursus
Oryphas (Bei- oder Familienname) → Niketas Ooryphas (# 25696).
...osiate... (Namensrest) → Maria (# 24935).
Otos (griech.) → Otto I. (# 26211).
ŌtryggR (alternative Namensform) → Oddlaug (# 26174).
Otto (deutsch) → Oton (# 26209).
Oxeidas bzw. Oxidas (Bei- oder Familienname) → Basileios (# 21096). – Georgios (# 22171). – Ioannes (# 23447).

Paciano (Bei- oder Familienname) → Leo Patiano (# 24308).
Padulfus → Pandulph I. "Eisenkopf" (# 26228).
paidion (Beiname) → Romanos II. (# 26834).
Paidopulites (Familienname) → Eulampios (# 21779).
Pakolazis → Sironas (# 27094).
Pakurianos (griech.) → Bakur (# 20748).
Paldolfus bzw. Paldolph → Pandulph I. "Eisenkopf" (# 26228).
Palikanti.. (Bei- bzw. Familienname) → Andreas Palikanti(os) (# 20397).
Pamfir (altruss.) → Pantherios (# 26243).
Pan'krutuk (mbulg.) → Pankratukas (# 26237).
Panāh-Chosrau 'Aḍud-'d daula (Markwart) → 'Aḍudaddawla Abū Šuǧā' Fannā Ḫusrau (# 20131).
Pandealewon (arm.) → Lewon (# 24737).
Pandolfo/Pandolfus bzw. Pandolphus/Pandolphos s. unter Pandolfus bzw. Pandulph
Paneus (Beiname) → Gregorios Romaios (# 22421).
Panfir (altruss.) → Pantherios (# 26243).
Pankrates → Bagrat (# 20736). – Theodoros (# 27676).
Pankratios (griech.) s. unter Bagrat
Pankrutukas (Leon gr.) → Pankratukas (# 26237).
Pantaleon → Pantoleon (# 26252).
Pantherios (Familienname) → Ioannes (# 23070). – Pantherios (# 26248).
Pantherios (mögl. Namensform) → Munīr (# 25448). – Pantheres (# 26242. – # 26241).
Papadopulos (Bei- bzw. Familienname) → Andreas (# 20395).
Papezes (Patronym) → Georgios (# 22169).
Paphlagon (Beiname bzw. Toponymikon) → Niketas David (# 25712). – Paphlagon (# 26260). – Theodoros (# 27710).
Parakoimomenos (Beiname bzw. Titel) → Basileios Lakapenos (# 20925).
Pardos (Bei- oder Familienname) → Bardas (# 20795). – Demetrios (# 21466). – Pardos (# 26269).
Parsakuntenos bzw. Parsakutenos (Familienname) → Anna (# 20439). – Bardas

(# 20786). – Ioannes (# 23257). – Konstantinos (# 24051). – Nikephoros (# 25611). – Theodoros (# 27758). – Theodulos (# 27993). – Theophano (# 28131).
Parteciacus (Familienname) → Petrus (# 26559). – Ursus I. (# 28413). – Ursus II. (# 28414).
Pascike (Bei- oder Familienname) → Moiseo (# 25415).
Pasiano (Bei- oder Familienname) → Leo Patiano (# 24308).
Pasinakes bzw. Pasinaki (Bei- oder Patronym) → Leon (# 24534).
Paskala (mbulg.) → Konstantinos Paspalas (# 23781).
Paspalas (Bei- oder Familienname) → Konstantinos (# 23781). – Paspalas (# 26286).
Passer (Codice dipl. Pugliese II Nr. 1) → Passari(s) (# 26287).
Pastilas (Beiname) → Leon (# 24409). – Nikephoros (# 25606).
Patiano (Bei- oder Familienname) → Leo (# 24308).
Patreus (Toponymikon) → Arethas (# 20554).
Patrianus (Beiname) → Ioannes (# 22801).
Patrik (arm. Beiname) → Ǧakrūs (# 22057).
Patzas (Beiname) → Basileios (# 20990).
Patzates → Tačat (# 27553).
Paulos (Patronym) → Dragases (# 21603).
Pediasimos (Bei- oder Familienname) → Leon (# 24515).
Peganes (Beiname) → Georgios (# 22082).
Pegonites (Bei- oder Familienname) → Niketas (# 25851).
Pekules (Grumel–Darrouzès) → Euthymios Kapules (# 21968).
Pekulina (Familienname) → Kostantina (# 24185).
Pelakan (irrtümlich angenommener Beiname) → Nikolaos (# 26015).
Peloponnesites (Beiname bzw. Toponymikon) → Sisinnios (# 27101).
Pentepulc (lat. Variante) → Svatopluk I. (# 27437).
Peperis (Beiname) → Ioannes (# 22967).
Peratikos (Familienname) → Ioannes (# 23208).
P'eris (georg.) → Phers (# 26581).
Peris (Martin-Hisard) bzw. Perisi (Thierry) → Phers (# 26581).
Peritureli (georg. Beiname bzw. Toponymikon) → Athanasios (# 20681).
Persěnin (Beiname mbulg.) → Eulogios (# 21780).
Perses (Beiname) → Apelates (# 20543). – Eulogios (# 21780).
Pestares bzw. Pestaris (Bei- oder Familienname) → Stephanos (# 27358).
Petares (Familienname) → Petares (# 26410).
Peteinakes bzw. Peteinos (Bei- oder Familienname) → Basileios Peteinos (# 20934).
Pętel (mbulg.) →Basileios Peteinos (# 20934).
al-pethgân (syr.) → Alftikīn (# 20253).
Petka (slaw.) → Paraskeue (# 26262).
Petrella (Beiname) → Iohannes I. (# 23487).
Petres (Patronym) → Basileios (# 21008).
Petros (griech.) → Petar Gojniković (# 26408). – Petăr (# 26409).
Petros (Mansi XVI 144C) → Damianos (# 21362).
Petros (Mönchsname) → Pardos (# 26269).
Petros (Zweitname oder Familienname) → Konstantinos (# 24021).
Phaezelis (Dölger, Hl. Berg Nr. 109) → Phsezelis (# 26689).
Phag... (Familienname) → Leon (# 24622).
Phagura (Bei- oder Familienname) → Christophoros (# 21327).
Phakenos bzw. Phakinos (Beiname) → Ioannes Phakenos (# 23134).
Phalakros (Beiname bzw. Bezeichnung der Klosterzugehörigkeit) → Lukas (# 24764). – Michael (# 25359). – Nikephoros (# 25622).
Phalembertos (griech.) → Flambert (# 21999).
Phales (Beiname) → Georgios (# 22254).
Phalimeres (griech.) → Hvalimir (# 22646).

Phalitzis (griech.) → Falič (# 21989).
Phatlum bzw. Phatlun (griech.) → al-Mahdī (# 24814).
Phebdatos (Skylitzes 340,81) → Theudatos (# 28276).
Pherses (griech.) → Phers (# 26581).
Philagathos (Beiname) → Iohannes XVI. (# 23486).
Philetas (Beiname) → Theodoros (# 27718).
Philetas (Anonymi Professoris Ep. 7 → Philetos (# 26593).
Philippos (Mansi XVI 144C) → Philetos (# 26591).
Philokales (Familienname) → Philokales (# 26625. – # 26626).
Philokales (SSig 196f.,2) → Kalos (# 23654).
Philomas (Beiname) → Konstantinos Diogenes (# 24045).
Philosophos (Beiname) → Konstantinos Sikelos (# 23741). – Leon Iatrosophistes (# 24312). – Leon VI. (# 24311). – Leon (# 24313). – Smbat T'oṙnec'i (# 27145).
Phokas (Familienname) → Bardas (#20769. – # 20780. – # 20784. – # 20806). – Sophia (# 27154). – Konstantinos (# 23841). – Leon (# 24408. – # 24423. – # 24519). – Manuel (# 24884). – Nikephoros (# 25545. – # 25609). – Nikephoros II. (# 25535). – – Nikephoros Barytrachelos (# 25675). – Phokas (# 26651). – Sophia (# 27154).
Phokas (Scylitzes Matritensis, Cod. Matrit. Vitr. 26-2) → Bardas (# 20781).
Photeianos bzw. Photianos (Familienname) → Theodoros (# 27834).
Photeinos (griech.) → Munīr (# 25448).
Phrantzes bzw. Phranzes (Bei- oder Familienname) → Elemagos (# 21634).
Phrenodaimon (Beiname) → Theophanes Sphenodaimon (# 28076).
Phryx (Beiname oder Toponymikon) → Nikephoros (# 25589).
Phurnares (Beiname oder Berufsbezeichnung) → Demetrios (# 21505).
Phuskulos (Familienname) → Gregorios (# 22400).
Phylax (mögl. Familienname) → Anastasios (# 20314).
Phytianos (Familienname) → Michael (# 25332).
Picingli (Bei- oder Familienname, griech. Epigingles) → Nikolaos (# 25945).
Pilatos (Beiname) → Ioannes (# 23084).
P'ilipos (arm.) → Philippos (# 26622).
Pinakas (Bei- oder Familienname) → Basileios (# 20843).
Pindaros (Patronym) → Leon (# 24529).
Pinfir (altruss.) → Pantherios (# 26243).
Pipiklos (Bei- oder Familienname) → Demetrios (# 21507).
Pisota (Variante) → Pesota (# 26407).
Pitares bzw. Pitharas (Bei- oder Familienname oder Bezeichnung der Klosterzugehörigkeit) → Georgios (# 22191). – Kyrillos (# 24252). – Thomas Pitharas (# 28316).
Plabetzes bzw. Plabetzis/Plabitzes (Bei- oder Familienname) → Paulos Plabetzes (# 26383).
Placypodi (lat.) → Platypodes (# 26696).
Plakenos (Darrouzès) → Ioannes Phakenos (# 23134).
Platopodi (lat.) → Platypodes (# 26696).
Platypodes (Bei- oder Familienname) → Bardas (# 20772). – Platypodes (# 26696).
Platys (Familienname) → Niketas (# 25868). – Staurakios (# 27181).
Pleuses bzw. Pleustes (Familienname) → Nikephoros (# 25691). – Pleustes (# 26699. – # 26700).
Podaron → Pardos (# 26265).
Poetikos (Beiname) → Leon Philosophos (# 24313).
P'okas (arm.) s. unter Phokas
Polemarches bzw. Polemarchios → Demetrios Polemarchios (# 21511).
Polites (Beiname bzw. Toponymikon) → Ioannes III. (von Antiocheia) (# 23167). – Symeon (# 27530).

Pophyrogennetos (Beiname) → Alexandros (# 20228). – Anna (# 20436). – Basileios II. (# 20838). – Konstantinos VII. (# 23734). – Konstantinos VIII. (# 23735). – Leon VI. (# 24311). – Michael (# 25174). – Romanos II. (# 26834).
Porfirogenitus bzw. Porfirogenita (lat.) s. unter Porphyrogennetos
Poṙtez bzw. Poṙtiz (Beiname, arm.) → Ǧakrūs (# 22057).
Posdabogatos (Beiname oder Patronym) → Demetrios (# 21501).
P'ot (arm.) → Photios (# 26667).
Pothos (Beiname bzw. Patronym) → Anastasios (# 20318).
Prastitzes oder Prastitzisunas (griech.) → Prastit (# 26751).
Preasianos (Variante) → Prusianos (# 26775).
prěmǫdryi (mbulg.: "der überaus Weise") → Leon VI. (# 24311).
Pribesthlabos (griech.) → Pribislav (# 26754).
Pribunias (griech.) → Pribina (# 26753).
Proteuon (Bei- oder Familienname) → Ioannes (# 22983. – # 22931). – Theodoros (# 27874. – # 27874).
Psareutes (Beiname oder Berufsbezeichnung) → Ioannes (# 23367).
Pselakis (Beiname) → Ioannes (# 23363).
Pseles (Familienname) → Ioannes (# 23054).
Psenas (mögl. Familienname) → Psenas (# 26777. – # 26778).
Psyrmyttes (Bei- oder Familienname) → Ioannes Psareutes (# 23367).
Pteleotes (Familienname) → Demetrios (# 21481). – Ioannes (# 22985).
Pubksar (altruss.) → Apub (# 20547). – Kar (# 23672).
P'uk'rik (arm.) → Pukrikas (# 26779).
Pyrukianos (Bei- oder Familienname) → Theodoros (# 27783).
Qaramāni (arab.) → Karamones (# 23673).
al-Qarāmiṭa (arab. Toponymikon) → Karamuntes (# 23674).
Qlārūs al-man'ūt bi-Ward (arab.) → Bardas Skleros (# 20785).
Quiriacus (lat.) → Kyriakos (# 24236).
al-Qumiṭūfilis (arab.) → Samuel Kometopulos (# 26983).
al-Qumṭūriyās (arab.) → Gabriel-Radomir-Romanos (# 22032).
Qurquwās bzw. Q.r.qāš (arab.) → Ioannes Kurkuas (# 22917).
Qustantin bzw. Qusṭanṭīn (arab.) s. unter Konstantin(os).
Qusṭanṭīn b. ad-Dalāsiqūs (arab.) → Konstantinos Dalassenos (# 23940).
Qusṭanṭīn b. Bardas al-Fuqās (arab.) → Konstantinos Phokas (# 23841).
Qusṭanṭīn b. Munīr (arab.) → Konstantinos Skleros (# 23921).

R... Der griechische Buchstabe Ρ, ρ wird in der PmbZ sowohl durch R, r als auch durch Rh, rh wiedergegeben. Es ist also unter beiden Namensformen zu suchen.
Rabāḥ → al-Ḥusayn b. Rabāḥ (# 22641).
Rabdas (Beiname bzw. Bezeichnung der Klosterzugehörigkeit). → Michael (# 25355).
Rabduchos (Bei- oder Familienname) → Ioannes (# 22902). – Leon (# 24400). – R... (# 26790).
Rabī' b. Zayd (arab.) → Recemundus (# 26810).
Rachites (Familienname) → Elias der Jüngere (# 21639).
Radenos bzw. Radinos (Familienname) → Anna (# 20439). – Demetrios (# 21527). – Ioannes (# 22914. – # 23075. – # 23431). – Konstantinos (# 23961). – Michael (# 25269). – Nikolaos (# 26087). – Sophia (# 27155). – Theodoros (# 27786. – # 27810).
Radomeros bzw. Radomi → Gabriel-Radomir-Romanos (# 22032).
Radotas (Beiname oder Patronym) → Paulos (# 26361).
Radulfus bzw. Radulphus → Rodulfus (# 26831).

Rainulfo Drengot (Cavallo–Orlandi) → Rodulfus (# 26831).
Raoul → Rodulfus (# 26831).
Raphes (Beiname) → Petros (# 26449).
Raptokelles (Bei- oder Familienname) → Ioannes (# 23196).
Raqṭāš (arab.) → Qaṭās (# 26787).
Rašīq al-Wardāmī (arab.) → Leon (von Tripolis) bzw. Tripolites (# 24397).
Razes (Beiname) → Georgios (# 22233).
Rendakios bzw. Rentakios (Familienname) → Rendakios (# 26811. – # 26812. – # 26813. – # 26814. – # 26816. – # 26816).
R... Der griechische Buchstabe P, ρ wird in der PmbZ sowohl durch R, r als auch durch Rh, rh wiedergegeben. Es ist also unter beiden Namensformen zu suchen.
Rhodios bzw. Rodios (Beiname bzw. Toponymikon) → Basileios (# 20937). – Konstantinos (# 23819). – Leon (# 24512). – Rhodios (# 26818).
Rhodophyllios bzw. Rhodophyllos → Rodophyles (# 26828).
Rhodulphos (griech.) → Rudolph II. (# 26904).
Rhomaios bzw. Romaios (Beiname) → Eustathios (# 21870). – Gregorios (# 22394. – # 22421). – Petros (# 26523).
Rhos (griech.) → Rjurik (# 26820).
ar-Rīdānī (arab.) → Gagik II. Arcruni (# 22052).
Ripsime bzw. Rhipsime (griech.) → Hṙip'simē (# 22633).
Riyāḥ → al-Ḥusayn b. Rabāḥ (# 22641).
Roczio → Roccio (# 26822).
Rodinos (Variante) → Ioannes Radenos (# 22914).
Rodomeros bzw. Rodomir → Gabriel-Radomir-Romanos (# 22032).
Rodulf von Tosny (H. Hoffmann) → Rodulfus (# 26831).
Rodulphus → Rodulfus (# 26831).
Romaios s. unter Rhomaios
Romanakes (Familienname) → Ioannes (# 23044).
Romanos (griech.) → Gabriel-Radomir-Romanos (# 22032).
apo Romes (Toponymikon) → Anonymus (# 31181).
Romoalt bzw. Romualt u. ä. s. unter Romoald(us), Romoald u. ä.
Ronkabeinas (Bei- oder Familienname) → Demetrios (# 21502).
Rontakios s. unter Rendakios
Rophes (Beiname) → Petros (# 26449).
Rosene (Beiname) → Olga (# 26186).
von Rossano (Toponymikon) → Neilos (# 25503).
Rotri (lat.) bzw. Rotros (griech.) → Rotari (# 26898).
ar-R.s.t. b. al-Balanṭis (arab,) → Ibn al-Balanṭis (# 22687).
Rual (altruss.) → Ruar (# 26903).
Rubinos (Beiname) → Stephanos (# 27299).
Rūmānus (arab.) s. unter Romanos
Rūmānūs al-Arǧūrubulūs (arab.) → Romanos III. Argyros (# 26835).
Rūmānūs b. al-Balanṭis (arab.) → Romanos Balantes (# 26851).
ho en Rouphinianais (Beiname) → Ioannes (# 22779).
Rurik (Variante) → Rjurik (# 26820).
Rustum b. Bardū (arab.) → Rustam b. Baradū al-Farġānī (# 26909).

Sabbatichi bzw. Sabbaticius (lat.) → Symbatikios (# 27443).
Sabbatios → Symbatios (# 27445).
Sac → Yūsuf b. Abī s-Sāǧ (Abū l-Qāsim) (# 28472).
Sæmingsson (Patronym) → Gríss (# 22505).
Saet (griech.) → Šu'ayb (# 27429).
Ṣafī (arab.) → Sap'i (# 26991).
Sagdan (lat.) → Sawdān (# 26997).
Sagopulos (Familienname) → Leon (# 24596).

Sahak (arm.) → Sachakios Brachamios (# 26952). – Sachakios (# 26953). – Sahak (# 26959). – Zachakios (# 28475).
Ṣāḥib ʿAlī b. al-Ahwal → Ibn al-Ḥūsayn (# 22694).
Ṣāḥib al-Usūl (Titel) → Anonymus (# 30625).
Said (griech.) bzw. Saʿīd (arab.) → Šuʿayb (# 27429).
Saʿīd b. Biṭrīq (arab.) → Eutychios (# 21977).
Saif-ad-Daulach → Sayfaddawla Abū l-Ḥasan ʿAlī b. ʿAbdallāh b. Ḥamdān (# 26998).
Saipes (griech. Variante) → Šuʿayb (# 27429).
Saktekes bzw. Saktikios → Saktikes (# 26964).
Sakules (Bei- oder Familienname) → Georgios (# 22255). – Helene (# 22581). – Petros (# 26502). – Sakules (# 26965).
Saldanos (griech.) → Sawdān (# 26997).
Salemon (lat.) → Salomon (# 26971).
Salibaras (Familienname) → Leon (# 24342).
in Salinis (Toponymikon) → Elias der Jüngere (# 21639).
Salos (Bei- oder Familienname) → Ioannes (# 23300).
Samayēl (arm.) → Samuel Kometopulos (# 26983).
Sambas (griech.) → Anonymus (# 30625).
Ṣamuwīl (arab.) → Samuel Kometopulos (# 26983). – Samuel (# 26984).
Sandabarenos bzw. Santabarenos (Beiname) → Santabarenos (# 26990). – Theodoros Santabarenos (# 27619).
Senekʿarim (arm.) → David Arcruni (# 21441). – Senekʿerim-Yovhannēs Arcruni (# 27008).
Saphi bzw. Sapi (Variante) → Lukas (# 24780).
as-Saqlārus (arab.) → Bardas Skleros (# 20785).
Sarabares (Beiname bzw. Bezeichnung der Klosterzugehörigkeit) → Georgios (# 22245).
Sarakenopulos (Familienname) → Kalokyros (# 23651). – Leon (# 24520).
Sarakostenos (Bei- bzw. Familienname). → Leon (# 24655).
Sarantapechys (Familienname) → Phloros (# 26645).
Sardontis (lat.) → Basileios Mesardonites Argyros (# 21090).
Sarǧis (arab.) → Sergios II. (# 27044).
Sarīgtah (syr. Toponymikon) → Ioannes VII. von Sarug (# 23101).
Saronites (Familienname) → Eirene (# 21626). – Romanos (# 26843. – # 26863). – Stephanos (# 27331). – Theophano (# 28131). – Theophylaktos (# 28255).
Satanonymos (Beiname) → Theodoros Santabarenos (# 27619).
Satik (mbulg.) → Saktikes (# 26964).
Saudan bzw. Saugdan (lat.) → Sawdān (# 26997).
Sawdān al-Mawāri → Sawdān (# 26997).
Ṣāyn (arab.) → Ṣābir (# 26951).
Sbesditzis bzw. Sphesditzes (Bei- oder Familienname) → Ioannes Sphesditzes (# 23348).
tu Sbeto.. (Beiname oder Patronym) → Ioannes (# 23347).
Sbuk (arm.) → Naṣr as-Subkī (# 25493). – Subukī (# 27431).
Schabtai → Šabbetai Donnolo (# 26949).
Schal... (Familienname) → Leon (# 24503).
Schiniza (Beiname) → Maria (# 24917).
Scholarios (Beiname bzw. Berufsbezeichnung) → Petros (# 26427).
der Schwarze (Beiname) → Gregorios (# 22478).
Seberitianos (Bei- bzw. Herkunftsname) → Philotheos (# 26638).
Sedesclavus (lat.) → Zdeslav (# 28502).
Semas (griech.) → Sīmā aṭ-Ṭawīl (# 27079).
Semevon bzw. Semion (altruss.) → Symeon (von Bulgarien) (# 27467).
Semidalis (Bei- oder Familienname) → Symeon (# 27538).
Semranes (Patronymikon) → Tzorbaneles (# 28387).

Senacherim bzw. Senachyreim (griech.) → Senek'erim-Yovhannēs Arcruni (# 27008).
Senek'arim (arm.) → Senek'erim-Yovhannēs Arcruni (# 27008).
Senek'erim (Aristakēs Lastivertc'i) → David Arcruni (# 21441).
Sergios (Taufname) → Euarestos (# 21752).
Sguros (Familienname) → Symeon (# 27522). – Theophanes (# 28105).
Sibbaticius (lat.) → Symbatikios (# 27443).
Sicandus (lat.) → Sekando (# 27001).
Siculus (Beiname bzw. Toponymikon) → Elias der Jüngere (# 21639).
Sideriotes (Familienname) → Michael (# 25403).
Siderokausites (Beiname bzw. Toponymikon) → Niketas (# 25803).
Siderokaustes bzw. Sidirokausites (Toponymikon) → Niketas (# 25803). – Theodosios (# 27937).
Sigbjǫrn (altnord.) → Šichbern (# 27065).
Sigfriðr (altnord.) → Šibrid (# 27064).
Šigobern (altruss.) → Šichbern (# 27065).
Sigritzes (Bei- oder Familienname) → Theodoros (# 27681).
ho ek Sikelias (Toponymikon) → Metrophanes (# 25089).
Sikeliotes bzw. Sikelos oder Sikellos (Beiname bzw. Toponymikon) → Elias der Jüngere (# 21639). – Elias (# 21669). – Ioannes Sikeliotes (# 23413). – Konstantinos Sikelos (# 23741). – Lukas (# 24774). – Petros Sikeliotes (# 26431). – Phloros Sikellos (# 26646).
Siklaros (arm.) s. auch unter Skleros
Sim'ān b. Zarnāq (arab.) → Symeon I. (von Antiocheia) (# 27478).
Simbatjcio (lat.) → Symbatikios (# 27443).
Simeon (lat.) → Symeon (von Bulgarien) (# 27467).
Simēon (arm.) → Simagon (# 27078).
Similchi (lat.) → Ioannes I. Tzimiskes (# 22778).
Simon (lat.) und Simyūn (arab.) s. auch unter Symeon
Sinpatios → Symbatios (# 27448).
Siphea (lat.) → Alexios Xiphias (# 20246).
Sipiotes (Beiname) → Damianos (# 21376).
Sisinios (griech.) und Sīsīniyus (arab.) s. auch unter Sisinnios
Skamandrenos (Beiname oder Toponymikon) → Basileios I. (# 20983).
Skandales bzw. Skandalios (Beiname oder Patronym) → Basileios Skandales (# 21056). – Antonios III. Studites (# 20499).
Skephakas (Bei- oder Familienname) → Leontios (# 24715).
Skeulinos (Familienname) → Leon (# 24488).
S.kīlūn (Elias von Nisibis) → Anonymus (# 30865).
Skleraina (Familienname) → Gregoria (# 22345). – Maria (# 24924).
Skleros (Familienname) → Bardas (# 20785). – Basileios (# 21113). – Gregoria (# 22345). – Ikanatisse tu Skleru (# 22752). – Konstantinos (# 23921). – Maria (# 24924). – Munīr (# 25448). – Niketas (# 25717). – Pantheres (# 26241). – Petros (# 26498). – Romanos Skleros (# 26854). –
Skliaros (georg.) → Bardas Skleros (# 20785).
Skordeas (Beiname oder Bezeichnung der Klosterzugehörigkeit) → Niketas (# 25846).
Skriniares (Beiname) → Basileios (# 20931).
der Skythe → Andreas (# 20351).
Slenas (Bei- bzw. Familienname) → Christilos (# 21242). – Ioannes (# 23148).
Slóđi (altnord.) → Sludy (# 27136).
Slug (Nestorchronik) → Sludy (# 27136).
Smbat (arm.) s. auch unter Symbatios
S.n.w.l bzw. S.nwāl oder Š.n.wān (arab.) → Manuel Phokas (# 24884).
Soldanos (griech.) → Sawdān (# 26997).
Solṭān (ungar.) → Solt (# 27149).
Sophos bzw. Sophotatos (Beiname) → Leon VI. (# 24311).

Sophronios (angeblich Archiepiskopos von Syrakus 878) → Anonymus (# 30676).
Sophronios (Fedalto 96) → Basileios (# 20866).
Sosanne (Variante) → Anna (von Leukate) (# 20426).
Spadiates → Padiates (# 26219).
Spaspalas → Paspalas (# 26286).
Spathiates → Padiates (# 26219).
Spelaiotes (Beiname bzw. Bezeichnung der Klosterzugehörigkeit) → Elias (# 21646. – # 21673).
Sphageus Choiron (Schimpfname) → Leon Choirosphaktes (# 24343).
Sphangelos (griech.) → Svenald (# 27439).
Spheisditzis (Bei- oder Familienname, Variante) → Ioannes Sphesditzes (# 23348).
Sphendoplektos bzw. Sphendoplokos (griech.) → Svatopluk I. (# 27437).
Sphendosthlabos (griech.) → Ivan Vladislav (# 23582). – Svjatoslav (von Kiew) (# 27440).
Sphenkelos (griech.) → Svenald (# 27439).
Sphenodaimon (Beiname) → Theophanes (# 28076).
Sphentoplikos (griech.) bzw. Sphentopulch (lat.) → Svatopluk I. (# 27437).
Sphesditzes bzw. Sbesditzis (Bei- oder Familienname) → Ioannes Sphesditzes (# 23348).
Spileotes → Elias (# 21673).
Spk'i (arm.) → Naṣr as-Subkī (# 25493).
Spondyles (Familienname) → Leon (# 24688). – Michael (# 25363).
Spongarios (Bei- bzw. Familienname) → Theodoros (# 27700).
ṢRP' (syr. Beiname) → Petrus Čeraphī (# 26574).
St...akes (mögl. Familienname) → Christophoros (# 21321).
Stantos (Beiname bzw. Patronym) → Dobrukos (# 21576).
Steingeirr (altnord.) → Steggi (# 27202).
Steinviðr (altnord.) → Stemid (# 27203).
Steiriotes (Beiname) → Euthymios (# 21957). – Lukas der Jüngere (# 24762).
Stemnitziotes (Familienname) → Stephanos (# 27342).
Stephanos (Mönchsname) → Dunale (# 21610).
Stethatos (Beiname) → Niketas (# 25842).
Stogenas bzw. Stoginas (Beiname) → Ioannes Stoginas (# 23349).
tu Stogoretzi (Beiname oder Patronymikon) → Paulos (# 26360).
Straboniketas (Beiname bzw. Bezeichnung der Klosterzugehörigkeit) → Nikephoros (# 25667).
Straboprokopios (Beiname oder Spottname) → Prokopios (# 26771).
Straboskeles (Bei- oder Familienname) → Georgios (# 22190).
Streblocheilos (Schimpfname) → Ignatios Magentinos (# 22733).
Stroemiros bzw. Stroemiruas oder Stroimir u. ä. (Beiname) → Basileios Stroimiros (# 20999). – Stroïmir (# 27401).
Stromilos (Bei- oder Familienname) → Nikolaos (# 26031).
Struthopolites bzw. Strutopolites (Beiname) → Struthopolites (# 27402).
Strymonites (Beiname bzw. Toponymikon) → Theodoros (# 27720).
Studiotes bzw. Studites (Beiname bzw. Bezeichnung der Klosterzugehörigkeit) → Alexios Studites (# 20247). – Antonios III. Studites (# 20499). – Euthymios Studites (# 21945). – Nikolaos II. (von Antiocheia) (# 26124). – Symeon Eulabes (# 27479).
Studko (altruss.) → Tudko (# 28376).
Stupiotes s. Stypeiotes
Stylianos (Mansi XVI 191B) → Theophylaktos (# 28176).
Stypeiotes bzw. Styppeiotes oder Styppiotes (Familienname) → Kesta (# 23699). – Michael (# 25177. – # 25300). – Stypeiotes (# 27427).
Styrr (altnord.) → Stir (# 27387).

Su... (Namensfragment) → Anonymus (# 32062).
tis Subigubas (Beiname bzw. Metronymikon) → Pothos (# 26736).
Subletzes bzw. Subletzis/Sublitzes (Beiname, Variante) → Konstantinos (# 23926).
Sula → Ivane (# 23583).
Sulṭān (ungar.) → Solt (# 27149).
Sumbat (georg.) s. unter Smbat
Ibn aš-Šumušqīq (arab.) → Ioannes I. Tzimiskes (# 22778).
Surbules bzw. Sursubules oder Sursubulos → Georgios (# 22137).
Svan- (altnord.) → Sfandr (# 27060). – Sfandra (# 27061).
Sveinaldr (altnord.) → Svenald (# 27439).
Sveinki → Sphengos (# 27172).
Sveinn (altnord.) → Sven (# 27438).
Svěndel bzw. Svěnld (altruss.) → Svenald (# 27439).
Sverkir (altnord.) → Sfirko (# 27062. – # 27063).
Svetopelek (lat.) bzw. Svętopŭlkŭ (altksl.) → Svatopluk I. (# 27437).
Svingelozi (georg. Beiname bzw. Amtsbezeichnung) → Zak'aria (# 28497).
Svjatopluk (Variante) → Svatopluk I. (# 27437).
Svjatoslav → Ivan Vladislav (# 23582).
Sybbaticius (lat.) → Symbatikios (# 27443).
Sygeduuoldus (lat.) → Sigewold (# 27069).
Sykotas (Patronym) → Paschales (# 26276).
Syleotes (Bei- oder Familienname bzw. Toponymikon) → Georgios Syleotes (# 22278).
Symbatikes (Patronym) → Leon (# 24401).
Symbatios (griech.) s. auch unter Smbat
Symeon (Zweitname) → Romanos (# 26847).
Symeones (Nikephoros Kallistos) → Symeon (# 27464).
Sympates bzw. Sympatios oder Sympatis → Symbatios (# 27450).
syn Dučin (mbulg.) → Nikolaos (# 25947).
Synadenos (Beiname bzw. Toponymikon) → Philetos (# 26597).
Synephiotes (Familienname) → Ioannes (# 23336).
Synetos (Beiname) → Michael Barkalas (# 25147).
Syropulos (Familienname) → Konstantinos (# 24018).
Sytlalios → Stylianos (# 27426).

Tabtūg (syr.) → Tautukas (# 27573).
Taliaphernos (griech.) → Hugo (von Tagliaferro) (# 22636).
Talp'enos (arm.) → Kalokyres Delphinas (# 23632).
Tamiatheos (Toponymikon) → Biktor (# 21159).
Tapeiganos (Svoronos) → Bardas (# 20791). – Tepeiganos (# 27579).
Tappas (Beiname) → Euthymios (# 21936).
Tarasios (Laurent, Corpus V 1667) → Eustratios (# 21893).
Tarchaneiotes (Familienname) → Gregorios (# 22438).
Tarkatzus (griech.) → Tarkaču (# 27566).
Taronites (Bei- bzw. Familienname) → Ašot III. (von Taron) (# 20645). – Ašot (# 20650). – Bagrat II. (von Taron) (# 20733). – Bagrat (# 20736). – Eirene (# 21626). – Gregorios (# 22428). – Grigor I. (von Taron) (# 22497). – Helene (# 22579). – Romanos (# 26855. – # 26863 [?]).
Taronites (Laurent, in: EO 37, p. 130f.) → Romanos (# 26863).
aṭ-Ṭārūnī (arab.) → Gregorios Taronites (# 22428).
Taselgardo → Tasselgardos (# 27569).
Tases (griech.) → Taši (# 27568).
Tasraes (Beiname oder Patronym) → Basileios (# 21088).
Tatukas (Familienname) → Tautukas (# 27573). – Theodoros (# 27829).
Tatzakes bzw. Tatzates (griech.) → Tačat (# 27553).
Tautzes s. unter Zautzes

Ṯāwdūlus (arab.) → Theodulos (# 27995).
Tāwdūrus (arab.) → Theodoros II. (von Antiocheia) (# 27759). – Theodoros (# 27861).
Tāwḏūsiyus (arab.) → Theodosios II. (von Antiocheia) (# 27908).
Ṯāwfānus (arab.) → Theophanes (# 28087).
Ṯāwfānwā (arab.) → Theophano (# 28125).
Tāwḫārīsṭūs (arab.) → Theocharistos (von Antiocheia) (# 27588).
Ṭawīl (Variante) → Tael (# 27554).
Tawit' bzw. Tawt'uk (arm.) → Tautukas (# 27573).
Ṯāwuḏūra (arab.) → Theodora (# 27604).
Ṯāwufīlaqṭus (arab.) → Theophylaktos (# 28192).
Ṯāwufīlis (arab.) → Theophilos I. (von Jerusalem) (# 28168).
Taxis (griech.) → Tokšin (# 28362).
T.dūs (arab.) → Theodosios (von Antiocheia) (# 27890).
Tebeles (griech.) → Tevel (# 27581).
tu Teicheotu (Beiname) → Georgios (# 22172). – Ibanes (# 22678).
Teichonas (Bei- oder Familienname) → Demetrios (# 21523).
Tempinas bzw. Tempunas (Bei- bzw. Familienname) → Ioannes (# 23147).
Teodora Kosara → Kosara (# 24095).
T'ēodoros → Theodoros (# 27679).
Tepeiganos (Familienname) → Bardas (# 20791). – Tepeiganos (# 27579).
Teranik (arm.) → T'ornik (# 28364).
Termatzus (griech.) → Termaču (# 27580).
Teselodimus bzw. Teselothemos (Codex diplomaticus Cavensis) → Nikodemos (# 25877).
Tessarakontapechys (Beiname) → Konstantinos (# 23793).
Tevdat (arm.) → Theudatos (# 28276).
T'ewtas (arm.) → T'eodos (# 27577).
Thalasson (Beiname) → Ioannes (# 22850).
Thaumastorites → Anṭūnī (# 20540).
Thaumastos (Beiname) → Petros (# 26475).
Thaumaturgos (Beiname oder Attribut) → Lukas der Jüngere (# 24762). – Petros (# 26426. – # 26475). – Petros (von Argos) (# 26428).
Thebaios (Beiname oder Toponymikon) → Ioseph (# 23520).
Theodora (Fehllesung Prokić) → Kosara (# 24095).
Theodorokanos (Familienname) → Georgios (# 22261). – Ioannes (# 23405). – Theodorokanos (# 27615).
Theodoros bzw. Theodorus (Leonis abbatis et legati epistola) → Elias (# 21655).
Theodoros (Lichačev, Molivdovuly LX 10) → Georgios (# 22143).
Theodoros (Mansi XVI 75C. 82B. 135A) → Theokletos (# 28035).
Theodoros (Ps.-Symeon 702) → Theodosios (# 27898).
Theodoros (SSig 184,2.3) → Theodoretos (# 27608).
Theodoros (Vita Theodorae Thess. (BHG 1738) → Dorotheos (# 21590).
Theodoros (Zonaras, p. 518,1) → Atzypotheodoros (# 20699).
Theodoros, Archiepiskopos von Syrakus 878 (unsichere Zuschreibung) → Anonymus (# 30676).
Theodosios (Laurent, Corpus V 660. 661) → Theodoros (# 27722).
Theodosios (Schlumberger, Mélanges) → Eustathios (# 21880).
Theodosios (Seyrig 100) → Anonymus (# 31806).
Theodotakes bzw. Theodotakios (Beiname) → Leon (# 24345).
Theodotos (Barnea) → Bardas Skleros (# 20785).
Theodulos (Seibt, in: JÖB 22, p. 108f.) → Theodosios (# 27916).
Theognistus (Liber Pont. II 108) → Theognostos (# 28010).
Theognostos (Bei- oder Doppelname) → Michael (# 25365).

Theokletos (Beiname od. Patronym) → Anastasios (# 20321). – Demetrios (# 21500).
Theologos (Oikonomides, in: REB 44, p. 265) → Theophilos (# 28145).
Theophana (lat.) → Theophano (# 28125).
Theophanes Nonnos → Theophanes Chrysobalantes (# 28094).
Theophanu (lat.) → Theophano (# 28127).
Theophilos (Georg. mon. cont. [Bonn] 867) → Philotheos (# 26634).
Theophilos (Peri Metatheseon Nr. 32) → Eustathios (# 21835).
Theophilos (Skylitzes 310,49) → Philotheos (# 26636).
Theophylactus (Taufname) → Benedictus VIII. (# 21143).
Thes(s)alonikaios bzw. Thessalonikeus (Beiname bzw. Toponymikon) → Ioannes (# 23251). – Kostatas (# 24187). – Paulos (# 26372).
von Thessalonike (Beiname) → Theodora (# 27598).
Thetis (metaphorische Benennung oder Kosename) → Theoktiste (# 28040).
Theudates (Skylitzes 372,90) → Theudatos (# 28276).
Þorgestr → Gestr Þórhallason (# 22303).
Þorgilsson (Patronym) → Stefnir Þorgilsson (# 27201).
Þórhallason (Patronym) → Gestr Þórhallason (# 22303).
Þórsteinn (altnord.) → Fur'stěn (# 22014).
Thothorakan (arm.) → Theodorokanos (# 27615).
Thrakes (Beiname bzw. Toponymikon) → Gelasios (# 22071).
*Þróandr (altnord.) → Truan (# 28372).
Thylakas (Familienname) → Ioannes Thylakas (# 23422).
Thymoleon → Moroleon (# 25420).
tu Tichota (Beiname) → Georgios (# 22172). – Ibanes (# 22678).
Tiezerakal (arm. Beiname) → Smbat II. (von Armenien) (# 27144).
Tifānū bzw. Tifānwā (arab.) → Theophano (# 28125).
Tilei bzw. Tilena (altruss.) → Tilen (# 28348).
Timonites (Bei- oder Familienname) → Christophoros (# 21335).
Tirei (altruss.) → Tilen (# 28348).
Tiridates (griech.) → Trdat (# 28370).
Titigyos (Bei- oder Familienname) → Elias (# 21660).
Ṯiyūḫārīṭūs (arab.) → Theocharistos (von Antiocheia) (# 27588).
Tlp'inas (arm.) → Kalokyres Delphinas (# 23632).
Todinensis (Beiname bei Leo Ostiensis) → Rodulfus (# 26831).
Tolmatzes (Beiname bzw. Bezeichnung der Klosterzugehörigkeit) → Georgios (# 22246).
Tornares/Tornaris bzw. Tornatites (Beiname) → Kosmas (# 24168).
T'ornik (arm.) bzw. Toṙnik (georg.) → Ioannes Tornikios (# 22926). – Turnīq (# 28383).
Tornikes bzw. Tornikios (Familienname) → Ioannes (# 22926). – Leon (# 24424). – Nikolaos (# 25961. – # 25999). – T'ornik (# 28364). – T'ornik (II.) (Varazvač'e) (# 28365). – Turnīq (# 28383).
T'ot'orakan (arm.) → Theodorokanos (# 27615).
Toxaras (Familienname) → Konstantinos (# 23744). – Michael (# 25167).
Toxeas (Bei- oder Spitzname) → Leon (# 24377).
aṭ-Ṭrabāzī (arab.) → Petros (# 26496).
Trachamo(n)ti (lat.) → Gregorios Tarchaneiotes (# 22438).
Trachaneotes bzw. Trachaniotes/ Trachaniotus (lat.) → Gregorios Tarchaneiotes (# 22438).
T.rān.fīnūs (arab.) → Tryphon (# 28374).
Traulos (Beiname) → Anastasios (# 20297).
Trellos (Familienname) → Nikolaos (# 26082).

Triaditziotes (Familienname) → Romanos (# 26868).
Triakontaphyllos (Familienname) → Nikolaos (# 26146).
Tribunus (Familienname) → Petrus (# 26557).
Trikionites (Familienname) → Ioannes (# 23058. – # 23079).
Triphyllios (Familienname) → Petronas (# 26419). – Trifilius (# 28371).
Tripolites (Beiname bzw. Toponymikon) → Leon (# 24397).
Trochalas (Bezeichnung der Klosterzugehörigkeit) → Petros (# 26535).
Trofilius (Falkenhausen, Dominazione 188) → Trifilius (# 28371).
Trulles (Bei- oder Familienname) → Konstantinos (# 24042).
Tryggvason (Patronym) → Óláfr Tryggvason (# 26182).
Tsagastes bzw. Tzagastes (Bei- bzw. Familienname) → David (# 21414). – Demetrios (# 21455). – Georgia (# 22080). – Ioannes (# 22835. – # 22837). – Maria (# 24911). – Niketas (# 25718). – Nikolaos (# 25911). – Theodoros (# 27643).
Tuad (altruss.) → Tulb (# 28379).
Tubakes (Bei- oder Familienname) → Ioannes (# 22918).
Tubali → Bubali (# 21208).
Tudor (altruss.) → Turd (# 28382).
Tūdurus (arab.) → Theodoros II. (von Antiocheia) (# 27759).
Ṯūfīlā (arab.) → Theophilos (# 28153).
Tūfīlaqṭus (arab.) → Theophylaktos (# 28192).
Ṯūḫāristwā (arab.) → Theocharistos (von Antiocheia) (# 27588).
Tulmatzes (Beiname bzw. Bezeichnung der Klosterzugehörigkeit) → Georgios (# 22246).
Tūmā (arab.) → Thomas II. (von Jerusalem) (# 28321).
Turbid (altruss.) → Turbrid (# 28381).
Turkopulos (Bei- oder Familienname) → Michael (# 25390).
Turkoturios → Torkotorios (# 28363).
Turnichi (lat.) → Tornikios Kontoleon (# 28366).
Turobrid (altruss.) → Turbrid (# 28381).
T.w.d.r.s (arab.) → Theodoros Parsakutenos (# 27758).
T.w.d.s al-Aʿwar (arab.) → Theodulos Parsakutenos (# 27993).
Tzagastes s. unter Tsagastes
Tzantzanelos (Bei- oder Familienname) → Konstantinos (# 23864).
Tzantzes (Bei- oder Familienname) → Christophoros (# 21261). – Tačat (# 27553). – Theodoros (# 27833).
Tzarbomias (Beiname bzw. Patronymikon) → Nikolaos (# 26115).
Tzbrineos (Bei- oder Familienname) → Konstantinos (# 23890).
Tzeesthlabos (griech.) → Časlav (# 21225).
Tzekantetes (Bei- oder Familienname) → Leon (# 24695).
Tzerithon bzw. Tzirethon (Bei- oder Familienname) → Michael (# 25163).
Tzernoglabos (Bei- oder Familienname) → Ioannes (# 23173).
Tzetas (Familienname) → Michael (# 25395).
Tzetireleachas bzw.Tzetirileachas (Bei- oder Familienname) → Georgios (# 22234). – Nikephoros (# 25636). – Nikolaos (# 26026).
Tzikanes (Bei- oder Familienname) → Leon (# 24370).
Tzimisches bzw. Tzimiskes u. ä. (Bei- oder Familienname, Toponymikon) → Ioannes I. Tzimiskes (# 22778). – Theophilos Kurkuas (# 28152).
Tzines (Familienname) → Ioannes (# 23082).
Tzirethon bzw. Tzerithon (Bei- oder Familienname) → Michael (# 25163).
Tzitas (Familienname) → Michael (# 25395).
Tzitzicius (lat.) bzw. Tzitzikios (griech.) → Džodžik (# 21612).
Tzitzikios (Skylitzes 355f.) → Tzotzikios (# 28388).

Tzotzikios (griech.) → Džodžik (# 21612).
Tzulas bzw. Tzules (Familienname) → Georgios (# 22221. – # 22253). – Ignatios (# 22742). – Leon (# 24566). – Michael (# 25373). – Theophylaktos (# 28217). – Thomas (# 28297).
Tzurakes (Familienname) → Katakalon (# 23688). – Nikephoros (# 25601).
Tzurbaleles bzw. Tzurbaneles (griech.) → Č'ordvaneli (# 21350).
Tzuril(l)as bzw. Tzuril(l)os (Variante) → Ioannes (# 23401).
Tzuzemeris (griech.) → Čuzimir (# 21357).

'Ubaydallāh al-Aḥwal → 'Abdallāh al-Malaṭī (# 20013).
'Ubaydallāh al-Mahdī → al-Mahdī (# 24814).
tis Ubugobas (Beiname bzw. Metronymikon) → Pothos (# 26736).
Ugon (griech.) → Hugo (von Tagliaferro) (# 22636).
Ulfviðr → UlfR (# 28398).
Umayi (arm.) → Umayya (# 28400).
Uni bzw. Unni (Brate–Bugge, Runverser 208) → Anonymus (# 32044).
Uonos (griech.) → Bonos (# 21194).
Uranos (Familienname) → Basileios (# 20976). – Michael (# 25186. – # 25271). – Nikephoros (# 25617).
al-Ūrānūn (arab.) → Nikephoros Uranos (# 25617).
Urḫuz b. Yūluġ (Ibn al-Aṯīr) → Urḫuz (# 28403).
Urisṭis (arab.) → Orestes (# 26197).
Urseleon → Ursoleon (# 28406).
Ursileo (Lupus Protospatarius 53) → Ursoleon (# 28407).
Ursus (Bischof von Amalfi) → Anonymus (# 30850).
'Uṯmān (irrige arab. Etymologie) → Yāzamān (# 28463).
Uzer (griech.) → Anonymus (# 30879).

Vahram (arm.–pers.) → Brachamios (# 21202). – Sachakios Brachamios (# 26952).
Valantie (mbulg.) → Balantios (# 20750).
Valvakie (mbulg.) → Abū 'Umayr 'Adī b. Aḥmad b. 'Abdalbāqī al-Aḏanī (# 20086).
Vałaškerteli (georg. Toponymikon) → Zak'aria (# 28497).
Varazvač'e (georg. Beiname) → Georgios I. (von Iviron) (# 22180). – Iovane (# 23544). – Iovane (# 23544).
Vard bzw. Varda (arm.) s. unter Bardas
Vareov (mbulg. Patronym) → Michael Barys (# 25170).
Vasak (arm.) → Baasakios (# 20723).
Vasil (arm.) → Basileios I. (# 20837). – Basileios II. (# 20838).
Vasilej (altruss. Taufname) → Vladimir I. (von Kiew) (# 28433).
Vasilic' (mbulg.) → Basilitzes (# 21126).
Vasilie (mbulg.) s. unter Basileios
Vaslikos (arm.) → Theodoros (# 27679).
Vean (mbulg.) → Baanes Angures (# 20716).
Velmud (altruss.) → Veremud (# 28423).
Viglisko (altkirchenslaw.) → Wiching (# 28443).
Vitale (ital.) bzw. Vitalios oder Vitalis/Vitalius (lat.) s. unter Bitalios
Vixkac'i (arm.) → Ašot II. "Kiskases" (von Klardžet'i) (# 20648).
Vladimirus (lat.) → Vladimir.
Vladislavus (lat.) → Ivan Vladislav (# 23582).
Vlaseva (Metronym) → Dobrotas (# 21575).
Voga (mbulg.) → Ioannes Bogas (# 22911).
Voila (mbulg.) → Konstantinos Boïlas (# 23835). – Bardas Boïlas (# 20771).
Volga (Nestorchronik, Variante) → Olga (# 26186).
Volodim'r bzw. Volodimer/Volodimir (altruss.) → Vladimir I. (von Kiew) (# 28433).
Vrachamios → Brachamios (# 21202). – Sachakios Brachamios (# 26952).
Vulcano (lat.) → Basileios Boioannes (# 21094).

Waifar bzw. Waifer s. unter Guaiphar
Waimar s. unter Guaimar
Ward ar-Rūmī bzw. Ward b. Munīr (arab.) → Bardas Skleros (# 20785).
Wardīs b. Lāwun (arab.) → Bardas Phokas (der Jüngere) (# 20784).
Waṣīf (arab.) → Yovsēp' (# 28469).
*Wermundr (altnord.) → Veremud (# 28423).
Wlademirus bzw. Wlodemirus oder Wlodomerus (lat.) → Vladimir I. (von Kiew) (# 28433).

Xač'ik → Gurgēn (# 22530).
Xač'ik Gagik (arm.) → Gagik II. Arcruni (# 22052).
von Xaxuli (Beiname bzw. Toponymikon) → Ioannes (# 23384).
Xedas (Beiname bzw. Patronym) → Basileios (# 21096). – Georgios (# 22171).
Xenos (Bei- oder Familienname) → Ioannes (# 23109. – # 23293).
Xeropotamites (Beiname bzw. Bezeichnung der Klosterzugehörigkeit) → Paulos I. (# 26352). – Paulos II. (# 26353).
Xeros (Familienname) → Ioannes (# 23293). – Niketas (# 25825).
Xifea (lat.) → Alexios Xiphias (# 20246).
Xiphias (Familienname) → Alexios (# 20246). – Nikephoros (# 25661).
Xiphilinos (Familienname) → Leon (# 24617).
Xoranš → Xosrovanuš (# 28454).
Xylanthropos (Bei- oder Familienname) → Theodoros (# 27776).
Xylinites (Familienname) → Niketas (# 25697).
Xylokodon (Beiname) → Leon (# 24572).
Xylokrambes (Bei- oder Familienname) → Ioannes (# 23222).
Xylomachaires bzw. Xylomachairios (Bei- bzw. Familienname) → Nikolaos Xylomachairios (# 25937).

Yaḥyā al-Anṭākī → Yaḥyā b. Sa'īd al-Anṭākī (# 28459).
Yaḥyā aṣ-Ṣafwānī → Ǧinnī aṣ-Ṣafwānī (# 22306).
Yānis b. aš-Šumušqīq (arab.) → Ioannes I. Tzimiskes (# 22778).
Yataganides (Familienname) → Chuzpephoros (# 21345).
Yazīd (arab.) → Izeth (# 23585).
Yāzmān (arab.) → Yāzamān (# 28463).
Yešū' (syr.) → Iosua (# 23543).
Yezīd (arab.) → Izeth (# 23585).
Ylizon → Leontios (# 24726).
yoronetos (griech.) → Boronitus (# 21199).
Y.ḥ.n.s b. (arab.) → Ioannes (# 23157).
Yovanēs bzw. Yovhannēs (arm.) → Smbat-Yovhannēs (von Armenien) (# 27146).
Yovhannēs → Senek'erim-Yovhannēs Arcruni (# 27008).
Yovhannēs-Gurgēn (arm.) → Ioannes Kurkuas (# 22917).
Yovsēp (arm.) → Husep (# 22644).
Yuḥannā (arab.) → Ioannes (# 22998. – # 23126). – Ioannes III. (von Antiocheia) (# 23167).
Yuḥannā al-'Aǧīb (arab.) → Ioannes (# 23184).
Yūḥannā b. 'Abdūn (arab.) → Ioannes bar 'Abdûn (# 23438).
Yūḥannā b. Ǧamī' (arab.) → Ioannes VII. (von Jerusalem) (# 23099).
Yūḥannān (VII.) Sarīgtah → Ioannes VII. von Sarug (# 23101).
Yûḥannôn VIII. bar 'Abdūn → Ioannes bar 'Abdûn (# 23438).
Yusip' bzw. Yus(u)p' (arm.) → Yūsuf b. Abī s-Sāǧ (Abū l-Qāsim) (# 28472).
Yuwānis (arab.) s. unter Ioannes

Zacharias → Aëtios Zacharias (# 20143).
Zacharias (griech.) → Zak'aria (# 28497. – # 28498).
Zacharopulos (Familienname) → Ioannes (# 23149). – Kalokyros (# 23643). – Stephanos (# 27309). – Zacharopulos (# 28494).

tu Zaidadu (Beiname oder Patronymikon) → Paulos (# 26351).
Zaltas (griech.) → Solt (# 27149).
Žan (arm.) → Ǧakrūs (# 22057). – Ioannes I. Tzimiskes (# 22778).
Zantzes s. unter Zautzes
Zap'ranik bzw. Zaphranikas (Patronym) → Georgios (# 22275).
Zapon (Bei- oder Familienname) → Theopemptos (# 28072).
Zaupas bzw. Zautsas oder Zautses s. unter Zautzes
Zautzes bzw. Zautzina (Familienname) → Basileios (# 20911). – Christophoros Tzantzes (# 21261). – Ioannes (# 22901). – Leon (# 24344). – Nikolaos (# 25910). – Pardos (# 26265). – Stylianos (# 27406. – # 27408). – Zoe (# 28505).
Zephinazer/Zephinezer (Bei- oder Familienname) → Theodoros Zephinezer (# 27682).
Zerbe (Beiname) → Drosyne (# 21609).
Zerkunes (griech.) → Muḥammad b. Šu'ayb (# 25437).
Zeugites (Bei- oder Familienname) → Leon Zeugites (# 24528).
Zochar (griech.) → Ǧawhar (# 22066).
Zolṭān (ungar.) → Solt (# 27149).
Zonaras (Bei- oder Familienname) → Zonaras (# 28514).
Zuendibolch (lat.) → Svatopluk I. (# 27437).
Zu'ī (arab.) → Zoe (# 28506. – # 28508).
Zumas (Beiname) → Ioannes (# 23121).
Zuphinezer (Bei- oder Familienname) → Theodoros Zephinezer (# 27682).
Zurbaneles (griech.) → Č'ordvaneli (# 21349).
Zventopolcus bzw. Zvuentapu oder Zwentibulchus (lat.) → Svatopluk I. (# 27437).

Quellen

Aachener Reliquiar
21861.

'Abdalǧabbār
20082, 20254, 26833.

Abdul Alhazred, Kitāb al-Azif
27718.

Abschwörungsformeln
21340.

Abū l-Fidā'
20051, 20072, 20074, 20081, 20131, 20188, 20253, 20254, 20712, 20747, 20838, 21995, 22549, 22556, 22558, 22559, 22562, 22689, 22708, 22914, 22917, 23596, 24865, 24884, 25042, 25167, 25444, 25451, 25467, 25535, 26212, 26496, 26784, 26785, 26787, 26804, 26808, 26954, 26966, 26967, 26993, 26998, 27993, 28457, 28461, 30459.

Abū Firās
20040, 20750, 20751, 22687, 22778, 24509, 24516, 24884, 25253, 25416, 25535, 25606, 26851, 26952, 27758, 27993, 28152.

Abū Firās (Ḫalawayh)
20051, 20076, 20089, 20186, 20769, 20786, 20925, 22917, 23841, 24511, 25611, 26998, 27758, 27993, 30444, 31149.

Abū l-Maḥāsin
20014, 20194, 20254, 20711, 20769, 20838, 22544, 22914, 22917, 23841, 24793, 24852, 24858, 24864, 24865, 25167, 25253, 25449, 25451, 25467, 25535, 26799, 26962, 26998, 27079, 31587, 31698.

Abū Šuǧa'
20037, 20038, 20081, 20131, 20187, 20259, 20436, 20747, 20784, 20785, 20810, 20838, 20925, 21379, 22069, 22544, 22689, 22700, 22702, 22703, 22778, 23921, 23940, 24209, 24423, 24793, 24852, 24858, 25253, 25617, 26197, 26954, 26962, 26976, 28125, 28254, 28433, 30542, 31723, 31724.

Acta Latrensia
20827, 21003, 21004, 21943, 22030, 22431, 22739, 24284, 25079, 25264, 25265, 25789, 26019, 26337, 27314, 27504, 28192, 30517, 30518, 31393.

Acta X mart. Cpl. (BHG 1195)
23510, 24319.

Actes de Chilandar (Nr. 1)
20688, 21669, 21904, 24252, 24717, 24726, 26353, 27364, 27530, 28451.

Actes de Chilandar (Nr. 2)
20685.

Actes de Dionysiou (Nr. 1)
25091.

Actes d'Esphigmenou (Nr. 1)
21735, 26169, 28057.

Actes d'Esphigmenou (Nr. 2)
25662, 27778, 28057.

Actes d'Esphigmenou (Nr. 3)
20690, 27540.

Actes d'Iviron (Nr. 1)
26974.

Actes d'Iviron (Nr. 2)
22778, 23734, 26834, 27763.

Actes d'Iviron (Nr. 3)
20505, 20613, 20670, 21401, 21950, 22164,

22926, 22942, 23134, 26500, 26707, 27769, 28314.

Actes d'Iviron (Nr. 4)

20027, 20318, 20319, 20321, 20382, 20670, 20705, 20706, 20838, 20997, 20999, 21000, 21001, 21180, 21188, 21401, 21497, 21498, 21500, 21501, 21502, 21576, 21594, 21603, 22029, 22165, 22166, 22167, 22171, 22172, 22173, 22926, 22942, 23135, 23136, 23137, 23138, 23139, 23140, 23141, 23145, 23146, 23147, 23148, 23149, 23150, 23153, 23734, 23735, 23918, 23933, 23935, 23936, 24110, 24233, 24252, 24534, 24798, 24848, 24851, 24886, 25262, 25517, 25618, 26023, 26024, 26027, 26028, 26029, 26030, 26031, 26032, 26033, 26273, 26276, 26359, 26360, 26361, 26362, 26363, 26500, 26501, 26502, 26614, 26736, 27094, 27306, 27307, 27308, 27309, 27393, 27519, 27770, 27980, 28074, 28487.

Actes d'Iviron (Nr. 5)

20318, 20320, 20383, 20670, 20705, 20998, 20999, 21173, 21188, 21242, 21377, 21446, 21499, 21575, 21576, 21896, 22029, 22168, 22169, 22170, 22174, 22175, 22596, 22677, 22678, 22926, 22942, 23135, 23137, 23139, 23140, 23142, 23143, 23144, 23146, 23147, 23148, 23150, 23151, 23152, 23659, 23934, 24233, 24798, 24851, 25618, 26025, 26026, 26032, 26363, 26712, 26736, 27307, 27422, 27771, 27980, 28038, 31666.

Actes d'Iviron (Nr. 6)

20271, 20498, 20563, 20613, 20614, 20670, 20838, 21554, 21694, 21863, 22778, 22942, 23154, 23155, 23491, 24140, 24252, 25535, 26261, 26364, 26582, 28054, 28100, 28101, 28318, 28352.

Actes d'Iviron (Nr. 7)

20613, 20614, 20670, 20838, 20925, 21401, 21555, 21595, 21945, 21960, 22164, 22177, 22614, 22778, 22942, 23134, 23158, 23159, 23491, 24141, 24252, 24772, 24774, 25510, 25618, 25619, 25620, 26036, 26365, 26577, 26582, 26935, 27297, 27311, 27312, 27769, 28314, 28316.

Actes d'Iviron (Nr. 8)

20838, 21960, 22942, 23166, 23735.

Actes d'Iviron (Nr. 9)

21960, 22180, 22942, 23918, 25608, 25618, 25924, 26039, 27306.

Actes d'Iviron (Nr. 10)

20838, 21007, 21008, 21009, 21481, 21503, 21504, 21505, 21506, 21960, 22180, 22181, 22182, 22942, 22985, 23171, 23172, 23173, 23174, 23653, 23734, 24538, 24540, 25272, 26039, 26041, 26225, 26372, 26504, 26685, 26999, 27059, 27131, 27189, 27316, 27775, 27934, 30426.

Actes d'Iviron (Nr. 11)

20788, 21659, 22942, 23170, 25270, 25276, 26158, 28103, 28228, 28353, 28488.

Actes d'Iviron (Nr. 12)

20388, 21081, 21734, 22180, 22224, 22225, 22228, 22942, 23342, 23344, 24039, 24158, 24643, 25618, 27306, 27355.

Actes d'Iviron (Nr. 13)

20390, 21081, 21086, 21524, 22224, 22228, 23606, 24039, 24798, 24938, 25803, 25845, 26107, 26108, 26501, 27094, 27306, 27356, 27357, 27404.

Actes d'Iviron (Nr. 14)

20389, 21085, 21563, 21960, 22229, 22230, 25663, 26353, 26371, 27323, 27530, 28331, 28353, 28451.

Actes d'Iviron (Nr. 15)

20385, 20390, 21081, 21182, 21960, 22224, 22228, 22233, 22234, 22942, 23348, 23349, 24039, 24646, 25618, 25636, 26383, 26384, 26687, 26689, 26738, 27093, 27358, 27359,

28129.

Actes d'Iviron (Nr. 16)
20789, 21081, 21089, 21662, 21960, 22224, 22228, 22942, 23353, 23612, 24039, 24647, 24648, 25665, 26115, 27306, 27361, 28509.

Actes d'Iviron (Nr. 17)
20179, 21387, 21903, 21960, 22942, 23354, 25286, 25663, 27362.

Actes d'Iviron (Nr. 18)
20166, 20688, 21401, 21960, 22236, 22243, 22244, 22472, 23134, 24162, 24164, 24226, 24252, 24255, 24717, 24726, 25355, 25663, 25846, 26118, 26940, 27083, 27530, 28000, 28451.

Actes d'Iviron (Nr. 19)
20332, 21960, 25513, 25846, 26353, 26947, 27530, 28000.

Actes d'Iviron (Nr. 20)
20166, 20521, 20564, 20688, 20689, 21183, 21563, 21668, 21735, 21875, 21904, 21960, 22243, 22245, 22246, 22247, 22942, 23357, 23715, 24165, 24166, 24167, 24226, 24252, 24253, 24726, 25355, 25663, 25667, 25669, 25670, 26114, 26120, 26159, 26169, 26353, 26386, 26387, 26535, 26579, 26639, 27530, 27533, 27612, 28000, 28057, 28061, 28451.

Actes d'Iviron (Nr. 21)
20166, 20521, 20564, 20688, 20689, 21183, 21563, 21668, 21735, 21875, 21904, 21960, 22243, 22245, 22246, 22247, 22942, 23356, 23357, 23715, 24166, 24167, 24226, 24252, 24253, 24726, 25355, 25663, 25667, 25670, 26114, 26120, 26159, 26169, 26353, 26386, 26387, 26579, 26639, 27530, 27533, 28057, 28061.

Actes d'Iviron (Nr. 22)
20829, 21960, 22236, 22246, 22251, 23716, 25054, 25663, 25849, 26537, 26941, 27530, 28451.

Actes d'Iviron (Nr. 23)
21081, 22180, 22233, 23344, 24656, 25640, 25664, 26119, 26687, 27306, 27363, 27947.

Actes d'Iviron (Nr. 24)
20686, 20690, 20831, 20838, 21735, 21902, 21967, 22180, 22246, 22256, 22474, 22672, 22926, 22942, 23356, 24727, 24728, 24730, 25671, 25673, 25853, 26122, 26169, 26391, 27530, 28000, 28057, 28061.

Actes d'Iviron (Nr. 25)
21908, 23170, 23620, 24728, 24786, 25362, 26160, 27540, 28498.

Actes d'Iviron (Nr. 27)
20283, 21096.

Actes d'Iviron (Nr. 31)
20690, 21904, 24727, 25091, 28366.

Actes d'Iviron (Nr. 32)
20158, 20838, 22926, 23652, 23734, 25960, 26834.

Actes d'Iviron (Nr. 33)
20214, 23119, 23121, 23122, 23123, 23860, 24529, 25049, 25191, 27303, 27720, 27763.

Actes d'Iviron (Nr. 42)
22926 (Siegel).

Actes d'Iviron II
26016.

Actes de Kastamonitou (Nr. 1)
22672, 27540.

Actes de Kutlumus (Nr. 1)
22229, 22437, 24162, 24163, 24252, 25355, 25663, 26036, 26381, 27854, 28451.

Actes de Kutlumus (Nr. 5)

20394, 21787, 21904, 22241, 22242, 22470, 23355, 23607, 24044, 24187, 24649, 24650, 24939, 25034.

Actes de Lavra (Nr. 1)

20882, 21414, 21455, 21489, 21533, 21574, 21609, 21721, 21912, 22059, 22080, 22104, 22835, 22837, 24911, 25718, 25911, 26006, 27643.

Actes de Lavra (Nr. 2)

21932, 28296.

Actes de Lavra (Nr. 3)

20177, 23831, 25954, 27251, 28296.

Actes de Lavra (Nr. 4)

21422, 22936, 23601, 23730, 26974, 27249, 27601, 30296.

Actes de Lavra (Nr. 5)

20670, 25535.

Actes de Lavra (Nr. 6)

20670, 20713, 20989, 20990, 20991, 21376, 21406, 21493, 21494, 21495, 21496, 21862, 22162, 22778, 23114, 23115, 23643, 23658, 23924, 23925, 23926, 24092, 24211, 24231, 24249, 24524, 24525, 24771, 24835, 24847, 25258, 25259, 25414, 25535, 25787, 26013, 26206, 26260, 26281, 26358, 26405, 26834, 27299, 27300, 27301, 27397, 27510, 27762, 28274, 28384, 28494.

Actes de Lavra (Nr. 7)

20670, 20838.

Actes de Lavra (Nr. 8)

20670, 26019.

Actes de Lavra (Nr. 9)

20507, 20615, 20670, 20833, 21005, 21378, 21556, 21557, 21596, 21658, 23134, 23158, 23164, 23491, 25621, 25622, 26157, 26352, 27515, 28450.

Actes de Lavra (Nr. 10)

20670, 20984, 21694, 21897, 21953, 22298, 24143, 24144, 24145, 24278, 24537, 24773, 24832, 25267, 26286, 26936, 28100, 28227, 30528, 31692.

Actes de Lavra (Nr. 11)

20984, 24537, 26936, 27033, 30534.

Actes de Lavra (Nr. 12)

20463, 20507, 20615, 20670, 20833, 21005, 21556, 21596, 21954, 22942, 23134, 23158, 23169, 23460, 23469, 25623, 26036, 26157, 26352, 27517, 27933, 28450.

Actes de Lavra (Nr. 13)

20978, 21524, 21564, 21667, 22224, 22228, 22231, 25664, 27356, 27426.

Actes de Lavra (Nr. 14)

20212, 20391, 20574, 20575, 21088, 21138, 21326, 21571, 21572, 22232, 22318, 22757, 23346, 23347, 23350, 23351, 24645, 25353, 25484, 26112, 26113, 26283, 26284, 26809, 27853, 27939, 30581, 31946, 31947.

Actes de Lavra (Nr. 15)

20523, 21565, 21566, 21745, 22229, 22236, 22237, 24255, 25092, 25663, 26114, 26161, 26706, 27533, 27534, 28451.

Actes de Lavra (Nr. 16)

20203, 20524, 20525, 20686, 20687, 21821, 21902, 21964, 22239, 22313, 22746, 23165, 24161, 25000, 25666, 26117, 27612, 28060, 28356, 28453, 31601, 31958, 31959.

Actes de Lavra (Nr. 17)

20166, 20526, 20564, 21903, 21960, 22240, 23134, 23354, 23491, 24162, 25355, 25624, 25663, 25667, 26118, 26353, 26381, 27082, 27530, 27533, 28250.

Actes de Lavra (Nr. 18)

21081, 22224, 22228, 22233, 23222, 23251, 23344, 24039, 24046, 24240, 24646, 24931, 24932, 24940, 25618, 25668, 26069, 26119, 27306, 27806.

Actes de Lavra (Nr. 19)

20166, 20527, 20564, 21905, 21960, 22180, 22250, 22282, 22472, 23359, 23360, 23491, 24168, 25355, 25663, 25667, 25848, 26122, 26386, 26536, 26579, 27533, 27612, 28250.

Actes de Lavra (Nr. 20)

20395, 20528, 21093, 21902, 22017, 22313, 23165, 23361, 23362, 23363, 23952, 24048, 24049, 24050, 24260, 24654, 24655, 25413, 26019, 28072, 28252, 28253, 28332, 30504, 30591, 31601, 31602, 31604, 31959, 31963, 31964, 31965, 31966.

Actes de Lavra (Nr. 21)

21670, 21903, 21960, 22043, 22180, 22243, 22473, 22748, 23491, 23540, 24168, 25355, 25520, 25663, 25667, 26163, 28062.

Actes de Lavra (Nr. 22)

21081, 23344, 24647, 24942, 25665, 26119, 26687, 26965, 27306, 27356, 27947.

Actes de Lavra (Nr. 23)

22180, 22671, 23541, 24162, 25504, 25514, 25663, 25881, 26170, 26942, 27084, 28001, 28063.

Actes de Lavra (Nr. 24)

20707, 21096, 21902, 22224, 22228, 22233, 22254, 22255, 22581, 24647, 24658, 26119, 26501, 26965, 27860, 27947.

Actes de Lavra (Nr. 25)

20690, 20691, 20838, 21497, 21746, 21969, 22256, 22942, 24252, 24280, 24728, 24730, 25362, 25671, 26169, 27530, 28003, 28057, 28061, 28172, 28316, 28366, 28492.

Actes de Lavra (Nr. 26)

20686, 21902.

Actes de Lavra (Nr. 27)

20686, 21902.

Actes de Lavra (Nr. 28)

21735, 26066.

Actes de Lavra (Nr. 29)

20690, 21735, 22672, 23491, 26169, 27859, 28057.

Actes de Lavra (Nr. 30)

24728, 28057.

Actes de Lavra (Nr. 31)

20670, 20838, 25617.

Actes de Lavra (Nr. 33)

23734.

Actes de Lavra (Nr. 40)

20416, 24046, 24940.

Actes de Pantéléèmôn (Nr. 1)

20690, 20831, 21735, 22043, 27530, 28003, 28057.

Actes de Pantéléèmôn (Nr. 2)

21969.

Actes de Pantéléèmôn (Nr. 4)

20690, 21735, 27540.

Actes de Pantéléèmôn (Nr. 5)

21735, 22672, 25091.

Actes de Philothée (Nr. 1)

25663, 26381, 26937.

Actes du Prôtaton (Nr. 1)

20837, 22783.

Actes du Prôtaton (Nr. 2)

20363, 20669, 20837, 20918, 22783, 23818, 24311, 25575, 26216, 27224, 30885.

Actes du Prôtaton (Nr. 3)

22783, 23734, 23831, 24311, 26833, 27251.

Actes du Prôtaton (Nr. 4)

20367, 20773, 20931, 20932, 21472, 21473, 22398, 22399, 22400, 22948, 22949, 23685, 23837, 25074, 25181, 25182, 26334, 27701, 28296, 28297, 28298, 28513.

Actes du Prôtaton (Nr. 5)

20837, 22398, 23685, 28296, 28297.

Actes du Prôtaton (Nr. 6)

20303, 20367, 20368, 21474, 21932, 22398, 22399, 22950, 23685, 23838, 24110, 25956, 26273, 27258, 27259, 27702, 28296, 28513.

Actes du Prôtaton (Nr. 7)

20380, 20381, 20462, 20500, 20501, 20611, 20612, 20670, 20679, 20985, 20986, 21249, 21374, 21400, 21490, 21552, 21656, 21945, 21946, 22027, 22160, 22161, 22612, 22666, 22738, 22778, 23110, 23111, 23112, 23616, 24132, 24133, 24134, 24135, 24286, 24769, 24770, 24997, 25078, 25256, 25257, 25612, 25613, 25614, 25876, 26012, 26352, 26357, 26934, 27032, 27295, 27507, 27508, 27930, 27996, 27997, 28163, 28313, 28314, 28486.

Actes du Prôtaton (Nr. 8)

20690, 20838, 21945, 23134, 24730, 25624, 25663, 26381, 27540, 28314.

Actes de Vatopédi (Nr. 1)

22425, 23918.

Actes de Vatopédi (Nr. 2)

20509, 21005, 21380, 21696, 22184, 22437, 22668, 22669, 22942, 23158, 23461, 23532, 24146, 24147, 24148, 24243, 24252, 24253, 24717, 25273, 25617, 25624, 25625, 25626, 26036, 26159, 26368, 26506, 26507, 26508, 27778, 28230, 28451, 28516.

Actes de Vatopédi (Nr. 3)

20521, 20564, 20622, 20838, 21555, 22226, 22227, 22437, 23343, 23532, 24243, 24252, 24255, 24724, 25350, 25617, 25620, 26036, 26381, 27044, 27530, 28230, 28353, 28451, 28516.

Actes de Vatopédi (Nr. 4)

20529, 20530, 20531, 20688, 20830, 21668, 21875, 21904, 21960, 22180, 22243, 22246, 22283, 22472, 23491, 23619, 24169, 24226, 24280, 24728, 24729, 25515, 25663, 25850, 26114, 26164, 26169, 26353, 26388, 26389, 26535, 26639, 26943, 27530, 28057, 28061.

Actes de Vatopédi (Nr. 5)

20532, 20564, 20688, 20831, 21095, 21183, 21404, 21567, 21671, 21735, 21875, 21903, 21904, 21960, 21966, 22180, 22243, 22245, 22246, 22472, 22620, 23360, 24162, 24165, 24168, 24170, 24226, 24252, 24726, 24727, 25355, 25359, 25516, 25663, 25667, 26114, 26118, 26122, 26169, 26353, 26386, 26390, 26535, 26579, 26639, 26943, 27085, 27530, 27536, 27612, 27858, 27859, 27948, 28057, 28061, 28169, 28451.

Actes de Vatopédi (Nr. 6)

21668, 23223, 26688.

Actes de Vatopédi (Nr. 7)

20685.

Actes de Vatopédi (Nr. 8)

20685, 20690, 22672.

Actes de Xénophon (Nr. 1)

20838, 28451.

Actes de Xéropotamou (Nr. 1)

20213, 21209, 21446, 21447, 22130, 23086, 23087, 23630, 23917, 24851, 24926, 26351,

26413, 27400, 28099, 28296, 28358, 30448.

Actes de Xéropotamou (Nr. 2)
20686, 21902, 21960, 25663, 26706, 27612, 28451.

Actes de Xéropotamou (Nr. 3)
20686, 21669, 21902, 21904, 22243, 22246, 22252, 24165, 24168, 24252, 25092, 25355, 25663, 25667, 25671, 25672, 25850, 26114, 26123, 26159, 26169, 26256, 26353, 26706, 27530, 27536, 28057.

Actes de Xéropotamou (Nr. 4)
22224, 22228, 27947.

Actes de Xéropotamou (Nr. 5)
27540.

Actes de Zographou (Nr. 1)
20504, 20510, 20680, 21657, 21949, 24137, 24251, 26020, 26188, 26352, 27511, 27767, 28314, 28317.

Actes de Zographou (Nr. 2)
20204, 20416 (Siegel), 20522, 21036, 21087, 22042, 22235, 22597, 22670, 22744, 24789, 25352, 26111.

Actes de Zographou (Nr. 3)
22672.

Ademar von Chabannes, Historiae
20003, 20838, 21094, 21143, 22544, 23735, 25535, 26197, 26831, 26983, 28125, 31949, 32015.

Ademar von Chabannes, in: Mansi XIX
21351, 27542.

Adler, Jewish travellers
22564, 23551.

Agati, Minuscola "bouletée"
20460, 20610, 21705, 21922, 22338, 22772, 23080, 23094, 23520, 23525, 24245, 25581, 25951, 26333, 27039, 27298, 27413, 28201, 28350.

Ágrip af Nóregskonungasǫgum
26182.

Akoluthie auf Klemes
23704.

Akoluthie auf Michael Maleïnos
25124.

Akoluthie auf Nikolaos von Bunaine
20196, 20210, 21269, 21477, 21622, 21784, 21790, 22380, 22554, 22869, 25148, 25964, 26232, 26253, 26404, 27663.

Akoluthie auf Paulos neos
22373.

Alekseenko, Chersonskogo archiva
20963.

Alekseenko, Činovniki
21460, 22983, 24508.

Alekseenko, in: ADSV 29
27291.

Alekseenko, in: ADSV 31
25725.

Alekseenko, in: ADSV 34
21613, 24507, 25736, 25777.

Alekseenko, in: Drevnosti
23334, 23986, 31311.

Alekseenko, in: MAIET
25150.

Alekseenko, in: REB 54
24590.

Alekseenko, in: Sacrum et profanum
23210

Alekseenko, in: SBS 7
22996

Alekseenko, in: SBS 8
22874.

Alekseenko, Stratigi Hersona
21725, 23209, 23219, 23650, 23956, 25347, 25565, 27025, 27755, 27794, 27940, 28084.

Alekseenko, Tzula
22742, 25373, 28217.

Aletta, in: BollBadGr 56–57
24245, 25946, 28448.

Alexandros von Nikaia, Epp.
20231, 20301, 20554, 20933, 21475, 21544, 21818, 21844, 21933, 22133, 22398, 22403, 22733, 22734, 22938, 22951, 23734, 23839, 23980, 24283, 24421, 25582, 25957, 26471, 26584, 26677, 26766, 26833, 26843, 27260, 27697, 27704, 27706, 28192, 28199, 30350, 30351, 30352, 30353, 30354, 30359, 31173, 31178, 31185, 31186, 31187, 31188.

Alexeenko–Romančuk–Sokolova, in: SBS 4
20586, 21724, 22995, 23861, 24767, 25810.

Alexios Studites, Antwort an Theophanes von Thessalonike
20247, 21101, 21228, 27864, 28111.

Alexios Studites, Eherechtliche Entscheidung
20247, 22192, 22583, 24065, 26070, 27961.

Alexios Studites, Synodalakt über die Häresie des Eleutherios
20247, 21638, 26657, 26715.

Alexios Studites, Synodalerlasse
20247, 21527, 23377, 24054, 24065, 24241, 25364, 27367, 27813.

Amato di Montecassino
26227.

Anakreontisches Gedicht auf die Augusta Helene Lakapene
22574, 23734.

Analecta Hymnica Graeca
20297, 21639, 21646, 22380, 22554, 22869, 23510, 24236, 25148, 25872, 27504.

Anastasios Protasekretis, Enkomion auf die hl. Katharina v. Alexandreia (BHG 32b)
20296, 30228.

Anastasios Traulos, Grabepigramm auf Metrophanes von Smyrna
20297.

Anastasius Bibliothecarius, in: MGH Epp. VIII
28136.

Anna Komnene
20785, 24885.

Annales Barenses
21090, 21094, 22708, 23352, 24308, 24780, 25033, 26199, 26566, 26696.

Annales S. Bavonis Gandensis
24806.

Annales Bertiniani
20103, 20341, 20837, 21589, 22093, 22357, 22537, 22712, 23548, 23742, 24755, 24983, 25696, 26667, 27381, 27437.

Annales Fuldenses
20174, 20289, 20578, 20837, 21197, 23471, 24282, 24754, 27437, 27467, 28432, 30161.

Annales Hildesheimenses
21151, 21352, 23486, 26213, 26971, 28127, 30366.

Annales Lamberti
21352, 26971, 28127, 30366.

Annales Quedlinburgenses
21151, 21352, 23486, 24416, 26211, 26213, 26971, 28127, 30366.

Annales regii
22766.

Annales Sangallenses Maiores
26212, 26564, 28127.

Annales Weissemburgenses
26971, 28127, 30366.

Anonymer Italiener, Gedichte
20813, 20898, 26922, 30803.

Anonymer Patrikios, Gedichte
20769, 21156, 23521, 23685, 23734, 26834, 26846, 27493, 27721, 28093, 31326.

Anonymi Professoris Epp.
20231, 20301, 20606, 20607, 20770, 20922, 20923, 21276, 21370, 21689, 21690, 21708, 21847, 21929, 21930, 22391, 22392, 22403, 22919, 22920, 22921, 22922, 22923, 22925, 22927, 22928, 22929, 22930, 23452, 23613, 23829, 24411, 24419, 24421, 24877, 25172, 25173, 25577, 25578, 25949, 26195, 26275, 26329, 26330, 26464, 26465, 26466, 26583, 26593, 26928, 27152, 27246, 27247, 27248, 27483, 27686, 27687, 27688, 27689, 27690, 27691, 27692, 27693, 27905, 27968, 28047, 28085, 28151, 28192, 28295, 30284, 30287, 31019, 31020, 31021, 31022, 31023, 31024, 31025, 31026, 31027, 31028, 31032, 31033, 31034, 31035, 31036, 31037, 31038, 31039, 31040, 31041, 31042, 31043, 31044, 31045, 31046, 31049, 31051, 31052, 31053, 31054, 31055, 31056, 31057, 31058, 31097.

Anonymus (C), Epp.
20752, 22186, 23647, 24825, 25281, 26058, 26667, 26816, 27782, 27931, 28354, 30549, 31584, 31586, 31732, 31733, 31734, 31735, 31736, 31737, 31738, 31767, 31768, 31769, 31770, 31771, 31772, 31773, 31809, 31810, 31811, 31812, 31813, 31814.

Anonymus (D), Epp.
22187, 26698, 30550, 31739, 31740, 31741, 31774, 31775, 31776, 31777, 31778, 31779, 31780, 31815, 31816, 31817, 31818.

Anonymus Barensis
20005, 20246, 21090, 21094, 21164, 21208, 21328, 21407, 22032, 22357, 22438, 22777, 23162, 23352, 23504, 24197, 24303, 24780, 25033, 25527, 26199, 26565, 26566, 26567, 26721, 26742, 26807, 26887, 26983, 27054, 27138, 27884, 28006, 28366.

Anonymus Cassinensis
21407, 26227.

Anonymus, Ep. (ed. Lampros)
22421, 31367.

Anonymus, Lists (Downey)
20228, 20281, 20430, 20837, 21754, 21759, 23734, 23735, 23742, 24311, 27583, 28122, 28505.

Anonymus, Naumachika
20925, 26998, 31417.

Anonymus (ed. Sola)
22582, 26019, 26019, 28066, 31693.

Anthologia Graeca
20228, 20231, 20290, 20297, 20428, 20554, 20837, 21756, 21997, 22372, 22389, 22729, 22846, 23734, 23741, 23742, 23790, 23819, 24311, 25135, 25885, 28287.

Antonios Patriarches, Ep.
20499, 20838, 31594.

Apocalypsis Anastasiae
22778, 25535, 26515.

Arethas, Brief an den Emir von Damaskus (Förstel)
20082, 20254, 20405, 20554, 22624, 26833.

Arethas, Scholia in Lucianum
20554, 24311, 27406.

Arethas, Scripta minora
20082, 20146, 20228, 20254, 20297, 20405, 20428, 20554, 20837, 21126, 21274, 21461, 21461, 21707, 21844, 21846, 21913, 21931, 21997, 22021, 22389, 22624, 22712, 22902, 22933, 23734, 24110, 24311, 24343, 24919, 25574, 25712, 25885, 25937, 25938, 25948, 26154, 26194, 26459, 26460, 26667, 26703, 26833, 26926, 26973, 27240, 27245, 27250, 27447, 27467, 28150, 28292, 28294, 28374, 30035, 30230, 30237, 30248, 30255, 30884, 30998, 31009, 31082.

ʿArīb
20062, 20086, 21365, 22914, 25041, 25167, 25446, 25451, 25488, 26909, 27241, 30279, 30985.

Aristakēs Lastivertcʿi
20403, 20649, 20651, 20740, 20784, 20785, 20838, 21432, 21441, 22053, 22309, 22531, 25675, 25676, 25857, 26538, 26581, 26805, 27008, 27146, 28460, 28497, 31971, 31993.

Armenische Redaktion der Georgischen Chronik
20740, 20743, 20838, 21432, 22053, 22307, 22309, 22531, 24184, 24220, 26538, 26805, 27141, 27577, 28472.

Arne, in: Fornvännen
22320, 23677.

Arnulfi gesta
20579, 23486, 26213.

Athanasios Athonites, Diatyposis (BHG 191)
20498, 20508, 20670, 20838, 21597, 22178, 22434, 22778, 22942, 23154, 25268, 25535, 25617, 27038, 27160, 28102.

Athanasios Athonites, Hypotyposis (BHG 190b)
20670.

Athanasios Athonites, Typikon (BHG 190)
20670, 22778, 22942, 23734, 25077, 25124, 25535, 26834, 27292, 27296, 28125.

Auktion Sternberg
28232.

Auktionskatalog Münz Zentrum, Sale 81
26241.

ʿAynī
20086, 20711, 20769, 21132, 22705, 22917, 25449, 25451, 25464, 25467, 25535, 26349, 26799, 26833, 31478, 31587.

ʿAẓīmī
20039, 20075, 20088, 20351, 20405, 20711, 20838, 20917, 20937, 21365, 21536, 21828, 21861, 21995, 22309, 22544, 22565, 22699, 23699, 23841, 23940, 24343, 24509, 24865, 25041, 25253, 25446, 25451, 25487, 25535, 25611, 25661, 25674, 25675, 25676, 26349, 26785, 26799, 26804, 26909, 26911, 26954, 26966, 26998, 27008, 27087, 27127, 27241, 27758, 28463, 30706, 30707, 31400, 31587, 31723, 31724.

Bandini, Catalogus
20816, 20979, 23113, 23456, 23563, 23870, 24712, 25737, 25798, 25983, 26078, 28201, 28238.

Bănescu, in: Byz 7
20795.

Bănescu, Colecţie
20569, 20749, 20754, 26487, 28414.

Bănescu–Papahagi
26223.

Bar Hebraeus
20014, 20038, 20043, 20047, 20131, 20228, 20253, 20785, 20786, 20837, 20838, 20917, 20972, 21277, 21365, 21379, 21759, 22640, 22778, 22914, 23438, 23699, 23734, 23735, 23921, 23940, 24311, 24793, 24852, 24858, 24927, 25041, 25042, 25167, 25446, 25451, 25467, 25535, 26496, 26833, 26834, 26835, 26909, 26954, 26962, 27467, 27758, 28122, 28125, 28254, 28505, 28506, 30459, 30500, 30542, 30678, 30679, 30680, 30681, 30682, 31475, 31476.

Bar Hebr., Muḫtaṣar
20038, 20062, 20074, 20081, 20083, 20131, 20193, 20721, 20769, 20786, 21553, 21723, 22068, 22589, 22640, 22689, 22778, 22914, 23841, 24311, 25041, 25042, 25167, 25449, 25467, 25497, 25535, 25611, 26998, 27993.

Barbour
20288, 21396, 21691, 22374, 22587, 22833, 22913, 22940, 23937, 24235, 24245, 24544, 24763, 24783, 25503, 25953, 27238, 27412, 28103.

Bardas Monachos, Epp.
20774, 22958, 22959, 22960, 25189, 26336, 27024, 27711, 30075, 31266, 31267, 31276, 31277.

Barnea, Dobrudja
22481.

Barnea, Dorostolon
27347.

Barnea, Durustorum
21385, 26094.

Barnea, in: Pontica
24007, 25241.

Barnea, in: SBS
20785, 21907, 25394, 25837, 25838.

Barnea, Sigilii
25833, 25926, 27234.

Barnea, in: Studii
22022, 22223, 22466, 22467, 22895, 26105, 27848.

Barnea–Seibt (JÖB 49)
28015, 28033.

Bartholomaios von Edessa, in: PG 104
20825.

Bartikian, Ἔγγραφα
30500.

Basileios, Kommentar zum AT
20953.

Bees, Χειρόγραφα Μετεώρων
21399, 27917.

Bees, Inschriften
22108, 26335, 27608.

Bees, in: JIAN 2
24766.

Bees, in: VV 21
23026, 24328, 24382, 24455, 27815.

Bees, in: Vita Theocleti
28035.

Belting–Cavallo, Bibel des Niketas
25798.

Beltrani, Documenti
21142, 21344, 22438, 26830.

Beneševič, Catalogus codd. Sinait.
21860, 24644, 27319.

Berthelot, Collection des anciens alchimistes grecs
27734.

Beševliev, Părvobălgarski nadpisi
20233, 21606, 27467, 27674.

Beševliev, Prot. Inschriften
21197, 21606, 25893, 26409, 27467, 27674.

Beševliev, Spätgriechische und spätlateinische Inschriften
20227, 20228, 20837, 21197, 22079, 22769, 23045, 23890, 24311, 25014, 25893.

BIARC
23966.

Bitolski nadpis
20003, 23582.

Blake, Georgian Old Testament
22926.

Blake, Manuscrits géorgiens d'Iviron
20090, 20595, 20596, 20738, 20739, 20748, 20785, 21349, 21350, 21612, 21960, 22308, 22926, 22942, 23544, 23545, 25406, 26179, 26913, 27010, 27575, 27576, 28365.

Blanchet, in: Byz 1 (1924)
24721, 25770.

Bleisiegel Eremitage
20120, 20724, 21114, 21676, 22270, 22445, 25389, 25807, 26717, 26883.

Boge socken
28426.

Bon, Péloponnèse
21028, 24700, 25216, 28114.

Borsari, in: RSI 62
26728, 27031.

Braun, in: Izvestija
22320, 23677.

Braunlin–Nesbitt, in: Byz 68
20234, 23407, 28154.

Briefwechsel Berta – al-Muktafi
21154, 25446.

Bryer–Winfield, Pontos
20239, 22879.

Bulgakova, Bleisiegel in Osteuropa
21736, 22143, 22982, 24429, 24679, 25204, 26655, 28203.

Bulgakova, in: Sugdejskij sbornik
20971, 24254, 26424, 27927.

Bulgurlu–Ilasli, in: SBS 8
23814, 25240.

Bura, Reliquiary Cross of Leo
24552.

Bura, Stauros tes Adrianopoleos
25912, 27470.

Carmen in Arsenium … (BHG 2045)
20603-

Carmen Vercellense in Petrum …
26564.

Carmina ad Romanum
21849, 23734, 24311, 24418, 24423, 26834, 26998.

Cartulaire de Saint-Aubin d'Angers

22013.

Catal. patriarch. (Fischer)

20247, 20476, 20499, 20983, 21876, 22712, 24311, 25885, 26019, 26667, 26715, 27044, 27118, 27208, 27245, 28192, 28374.

Cataldi Palau, Catalogo Biblioteca Franzoniana (Genova)

23522, 23525.

Catálogo El Escorial

21962, 22987, 23864, 24781, 26742.

Catalogue I

20120, 20127, 20152, 20211, 20301, 20309, 20328, 20348, 20425, 20629, 20819, 20841, 20893, 21241, 21272, 21291, 21338, 21372, 21461, 21486, 21514, 21665, 21729, 21810, 21842, 21923, 22081, 22113, 22144, 22145, 22146, 22211, 22377, 22381, 22382, 22398, 22413, 22414, 22415, 22416, 22438, 22828, 22877, 22882, 22883, 22884, 22905, 23017, 23018, 23019, 23020, 23021, 23022, 23023, 23285, 23288, 23289, 23290, 23291, 23441, 23534, 23614, 23709, 23740, 23805, 23806, 23807, 23808, 23809, 23810, 23849, 23878, 23879, 24045, 24175, 24376, 24439, 24457, 24458, 24459, 24460, 24461, 24462, 24573, 24601, 24602, 24603, 24842, 24873, 24891, 24975, 25045, 25207, 25208, 25209, 25210, 25211, 25212, 25213, 25214, 25306, 25307, 25319, 25506, 25567, 25568, 25593, 25763, 25796, 25820, 25945, 25985, 25986, 25987, 26201, 26264, 26267, 26268, 26270, 26423, 26447, 26481, 26662, 26664, 26728, 26848, 27014, 27019, 27028, 27184, 27279, 27280, 27332, 27380, 27442, 27444, 27446, 27498, 27499, 27524, 27591, 27592, 27819, 27820, 27903, 27919, 27973, 27974, 27975, 27994, 28049, 28120, 28134, 28209, 28210, 28240, 28325, 30822, 31348, 31349, 31350, 31878, 31879, 32067.

Catalogue II

20307, 20310, 20329, 20440, 20446, 20490, 20619, 20777, 20778, 20794, 20822, 20823, 20838, 20943, 20958, 20959, 21042, 21058, 21059, 21317, 21428, 21464, 21487, 21515, 21534, 21716, 21717, 21718, 21791, 21803, 21878, 22117, 22136, 22201, 22202, 22203, 22208, 22212, 22213, 22606, 22885, 23024, 23025, 23026, 23027, 23028, 23267, 23292, 23293, 23294, 23295, 23519, 23524, 23804, 23811, 23863, 23880, 23997, 23998, 24121, 24194, 24374, 24375, 24377, 24445, 24463, 24464, 24465, 24466, 24604, 24605, 24893, 24954, 25127, 25154, 25155, 25195, 25215, 25216, 25217, 25308, 25309, 25364, 25498, 25569, 25570, 25594, 25641, 25727, 25728, 25743, 25759, 25764, 25821, 25822, 25988, 25989, 25990, 26072, 26082, 26326, 26342, 26455, 26482, 26483, 26656, 26729, 26769, 26834, 26915, 26923, 26986, 27020, 27041, 27112, 27235, 27275, 27281, 27608, 27731, 27732, 27811, 27874, 27902, 27920, 27982, 28022, 28050, 28070, 28159, 28188, 28211, 28273, 28289, 28323, 30823, 31351, 31352, 31353, 31354, 31880, 31881, 31882.

Catalogue III

20161, 20200, 20242, 20277, 20311, 20359, 20360, 20407, 20413, 20899, 20902, 20904, 20944, 21046, 21286, 21292, 21314, 21420, 21478, 21527, 21548, 21562, 21701, 21715, 21730, 21938, 21939, 22016, 22204, 22205, 22206, 22297, 22334, 22358, 22383, 22417, 22418, 22453, 22457, 22458, 22733, 22787, 22878, 22886, 22962, 22999, 23000, 23029, 23030, 23031, 23032, 23033, 23162, 23296, 23297, 23298, 23299, 23623, 23711, 23712, 23881, 23882, 23989, 23999, 24000, 24001, 24002, 24003, 24104, 24105, 24129, 24378, 24467, 24468, 24469, 24593, 24606, 24607, 24843, 25045, 25069, 25153, 25156, 25196, 25218, 25320, 25377, 25595, 25596, 25617, 25729, 25761, 25811, 25819, 25915, 25930, 25931, 25974, 25991, 25992, 26083, 26084,

26085, 26242, 26244, 26376, 26394, 26410, 26484, 26524, 26609, 26649, 27040, 27042, 27043, 27159, 27161, 27282, 27315, 27342, 27500, 27590, 27667, 27705, 27733, 27812, 27813, 27821, 27913, 27992, 28236, 28306, 28326, 30824, 31355, 31356, 31883, 31884, 31885.

Catalogue IV

20091, 20095, 20145, 20207, 20229, 20245, 20312, 20313, 20357, 20404, 20408, 20626, 20751, 20779, 20905, 20906, 20922, 20945, 20946, 20960, 21010, 21060, 21061, 21062, 21063, 21117, 21293, 21294, 21315, 21316, 21382, 21763, 21788, 21794, 22118, 22119, 22147, 22148, 22214, 22215, 22326, 22335, 22336, 22419, 22454, 22743, 22849, 23034, 23035, 23036, 23037, 23038, 23039, 23268, 23269, 23270, 23286, 23297, 23300, 23301, 23377, 23422, 23556, 23622, 23656, 23784, 23883, 23884, 23885, 23886, 23887, 23888, 24004, 24005, 24006, 24007, 24008, 24009, 24094, 24126, 24338, 24369, 24379, 24380, 24381, 24382, 24470, 24471, 24472, 24473, 24474, 24475, 24476, 24477, 24478, 24608, 24609, 24702, 24707, 24722, 25128, 25219, 25220, 25221, 25222, 25223, 25278, 25304, 25310, 25319, 25321, 25322, 25430, 25450, 25571, 25588, 25597, 25598, 25645, 25646, 25647, 25720, 25730, 25765, 25812, 25818, 25823, 25824, 25932, 25975, 25993, 25994, 26073, 26086, 26087, 26116, 26142, 26222, 26282, 26377, 26485, 26525, 26526, 26584, 26627, 26636, 26682, 26744, 26867, 27046, 27105, 27148, 27283, 27333, 27334, 27343, 27376, 27494, 27501, 27587, 27593, 27722, 27822, 27874, 27942, 27965, 27971, 27976, 28023, 28042, 28068, 28098, 28104, 28119, 28307, 30627, 30825, 31340, 31357, 31358, 31886, 31887, 31888, 31889.

Catalogue V

20284, 20314, 20386, 20587, 21047, 21137, 21245, 21485, 21530, 21728, 21731, 21856, 21910, 22123, 22139, 22140, 22207, 22446, 22459, 22891, 23046, 23047, 23054, 23081, 23167, 23275, 23303, 23657, 23786, 23990, 24392, 24393, 24595, 24610, 24961, 25198, 25280, 25282, 25312, 25313, 25314, 25536, 25766, 25767, 25825, 25826, 25857, 25919, 25978, 26088, 26266, 26344, 26588, 26596, 26985, 27121, 27344, 27523, 27610, 27661, 27736, 27816, 27943, 27986, 30776, 31366, 31872, 31873, 31874, 31890, 31891, 31892.

Catalogue of the Additions (London)

26156, 27305.

Catalogue, Byzantine Coins

25535.

Catalogus comitum Capuae

20197, 28407.

Catalogus imperatorum

28127.

Catalogus regum Langobardorum

20819, 22103, 27443, 27642.

Cavallera, S. Eustathii Episcopi Antiocheni ... homilia

20604, 25088.

Cereteli–Sobolevski

20666, 20667, 21325, 23154, 23368, 24644, 25263, 25360, 25946, 26015, 26018, 26333, 27319, 27412, 27537, 28448.

Chapot, in: REA 6 (1904)

27615.

Cherubini, Pergamene

21808.

Cheynet, Collection Zacos

22740, 24691, 28254.

Cheynet, in: REB (49. 54. 56)
22193, 23265, 23450, 23987, 26531, 27967.

Cheynet, in: RN (155. 159)
23408, 25192, 25396, 25757, 25776, 27403, 27779.

Cheynet, in: SBS (7. 8. 9)
21465, 23333, 24591, 24635, 24692, 26549, 27878, 31338.

Cheynet (kleinere Publikationen)
20147, 23465, 24010, 25799, 27666, 28107.

Cheynet–Morrisson
20925.

Cheynet–Theodoridis
22273, 22487, 23437, 24080, 24693, 24694, 24695, 25345, 25392, 25689, 25691, 25860, 26144, 26145, 26146.

Cheynet–Vannier
21090, 24399.

Chron. Amalfitanum
23487, 24860, 24861, 25012, 27053, 27055.

Chron. Cambr. arab.
20031, 20036, 20155, 20188, 20191, 20275, 20654, 20819, 20975, 21337, 21991, 22051, 22549, 22556, 22558, 22562, 22690, 22708, 24414, 24814, 24842, 24962, 25444, 25490, 25535, 26710, 26784, 26949, 26951, 26967, 27147, 31080, 31084.

Chron. Cambr. gr.
20072, 20191, 22556, 22562, 22708, 24814, 24842, 24962, 25490, 25535, 26212, 30880, 30984.

Chron. Salernitanum
20122, 20197, 20228, 20300, 20696, 20701, 20837, 21772, 22054, 22093, 22103, 22357, 22507, 22508, 22712, 22778, 22798, 23470, 23548, 23780, 24270, 24755, 24861, 24984, 25255, 25535, 25696, 26228, 26667, 26895, 26997, 27208, 27443, 28125, 28184, 28444, 31095, 31096, 31508, 31509.

Chronicon S. Andreae Castri Cameracesii
22567.

Chronica Sancti Benedicti
20197, 23780, 24272, 26227.

Chronica S. Benedicti Casinensis
27443.

Chronica Sancti Benedicti (Continuatio codicis Cavensis)
24273.

Chronicon turonense magnum
22013.

Chronicon Vulturnense
20657, 20819, 21275, 22103, 22314, 22357, 22708, 23831, 24272, 24292, 24296, 26793, 27251, 27443, 28127, 28444, 30190.

Chronik v. 1234
20228, 20837, 20838, 20925, 22262, 22778, 23734, 23735, 24311, 26833, 26834, 26835, 28125.

CIArm I
20642, 20649, 22053, 26538, 27146.

Ciccolella (verschiedene Publikationen)
20837, 21257, 24311, 26667.

CIG IV
22325, 23367, 28127, 28197.

Clark, A Descriptive Catalogue
25533, 26938, 27727.

Codex diplomaticus Cajetanus
20228.

Codex diplomaticus Cavensis II
24142, 25877, 26929.

Codice diplomatico Amalfitano
23480, 24295, 24860, 24861, 25012, 27053.

Codice diplomatico Barese
20092, 20267, 20268, 20392, 20549, 20552, 20834, 21128, 21161, 21162, 21163, 21164, 21185, 21223, 21348, 21353, 21354, 21355, 22006, 22007, 22055, 22347, 22496, 22501, 22504, 22507, 22592, 22644, 22653, 23162, 23493, 23497, 23499, 23501, 23502, 23503, 23504, 24298, 24300, 24305, 24309, 24797, 24807, 24808, 24817, 24818, 24819, 24821, 24823, 24902, 24970, 24985, 24986, 25023, 25031, 25032, 25415, 25429, 25452, 25454, 25524, 25529, 26271, 26274, 26414, 26509, 26539, 26540, 26550, 26570, 26774, 26825, 26858, 26891, 26893, 26894, 26996, 27001, 27066, 27074, 27076, 27078, 27080, 27092, 27139, 27199, 28007, 28405, 28415, 30522, 31408, 31987.

Codice diplomatico Brindisino
20246, 21090, 22491, 23352, 23500, 27385.

Codice diplomatico del monastero di S. Maria di Tremiti
20252, 24266, 24269, 24310, 26572, 26822, 28430, 28431.

Codice diplomatico Pugliese
20104, 20105, 20107, 20108, 20110, 20111, 20236, 21130, 21160, 21219, 21220, 21236, 21356, 21359, 21360, 21408, 21588, 21741, 21742, 21990, 21994, 22011, 22302, 22500, 22502, 22519, 22632, 22675, 22767, 23366, 23476, 23482, 23494, 24261, 24293, 24294, 24299, 24306, 24659, 24747, 24748, 24796, 24816, 24820, 24822, 24900, 24904, 24905, 25009, 25013, 25523, 25791, 26259, 26287, 26414, 26573, 26722, 26723, 26794, 26795, 26796, 26797, 26798, 26806, 26888, 26889, 26892, 27067, 27137, 27171, 27365, 27567, 27569, 27570, 31942.

Codice diplomatico del regno di Carlo I e II d'Angiò
20246, 21094, 21328, 23352.

Collección de documentos
20393, 22495.

Coulie–Nesbitt, in: DOP 43
25473, 26622.

Coxe, Bodleian Catalogue
20460, 20883, 21936, 22138, 23388, 24245, 26235, 27932.

Cozza-Luzi, Cronaca Sicula-Saracena
21328, 26199.

Cumont, in: Catalogus cod. astrol. graecorum
31937.

Ḏahabī, ʿIbār
20014, 20050, 20051, 20086, 20190, 20837, 22545, 23841, 24397, 24423, 25167, 25449, 25451, 25487, 25494, 25495, 25535, 26998.

Ḏahabī, Duwal
20051, 20769, 22914, 23841, 25167, 25451, 25487, 25535, 26998.

Ḏahabī, Ta'rīḫ
20050, 20051, 20065, 20071, 20769, 21861, 21996, 22917, 23099, 23596, 23734, 23841, 25487, 25492, 25535, 26799, 26804, 26998, 27574.

Dalton, Catalogue ...
27232.

Dandolo, Chron. Venet.
20228, 20837, 20838, 21129, 21275, 21589, 21775, 22438, 22574, 22712, 22778, 23470,

23486, 23495, 23734, 23735, 23831, 24311, 24754, 24937, 25535, 26214, 26397, 26554, 26557, 26559, 26560, 26561, 26566, 26667, 26833, 26834, 26997, 27251, 27467, 28125, 28413, 28508, 30174.

Danmarks Runeindskrifter

22004, 22008, 28360.

Davidson, Corinth

21006, 24550, 26060, 26350, 27126, 27324, 31291.

Dawādārī

20043, 20253, 20255, 20712, 20747, 20784, 20810, 20838, 22015, 22049, 22778, 24531, 24858, 25253, 25433, 25535, 26173, 26496, 26785, 26787, 26808, 26954, 26998, 31588, 31669.

Delonga, Spomenici

21204, 25466.

Demetrios Chomatenos

21870.

Demetrios von Kyzikos

20173, 21527, 21529, 22077, 23394, 24951, 24952, 26136, 26704, 26880, 27044, 27315, 31843.

Demophilos, Horoscope of Constantinople

21535.

Devreesse, Fonds Coislin

23187.

Dialogi de miraculis sancti Benedicti ... (BHL 1141)

23490, 31696, 31711, 31712.

Diplomata Hungariae

27204.

Djobadze, Monasteries

20099, 20647, 20734, 20735, 20838, 20928, 21423, 21432, 22531, 23735, 27142, 28388.

Drew-Bear–Foss, in: Byz 39

28278.

Dunn, Seals

20645, 21704.

Ebersolt, Musées

20838, 25045, 26067, 28506.

Ebersolt, Sceaux

20841, 22852, 23048, 23893, 24358, 24483, 25772, 27970, 28047, 28207, 20841

Ehrhard, in: BZ 30

21014.

Ehrhard, Überlieferung

20288, 20883, 23388, 23508, 24718, 24996, 25909, 26165, 28103, 28351.

Ekkehard, Casus sancti Galli

22539, 30443, 31392.

Ekthesis (Sadnik)

21601, 22782.

Elfenbeintafel (Cabinet des Medailles, Paris)

21156, 26834.

Elfenbeintafel (Cluny Nr. 392)

23486, 26212, 28127.

Elias von Nisibis

20769, 20838, 22914, 25167, 25446, 25447, 25451, 25467, 30279, 30864, 30865, 31172.

Encomium Antonii Cauleae (BHG 139)

20476, 24311, 24428, 25544, 30031, 30032, 31281.

Encomium Demetrii (BHG 534)
26703.

Encomium Euphrosynae iun. (BHG 627b)
21800, 23734, 24311, 30640, 30708.

Encomium Georgii (BHG 684d)
27730.

Encomium Ignatii (BHG 818)
22712, 25099, 25099.

Encomium Theodorae Thess. (BHG 1740)
20209, 20488, 20702, 21454, 21645, 22102, 22829, 22830, 27598, 27599, 27639, 27962, 28267, 28268, 30010, 30013, 30030, 30805, 30820.

Encomium Theodorae Thess. (BHG 1741)
27598, 28267.

Enkomion auf alle Heiligen (BHG 127)
25099.

Enkomion auf Isaakios und Dalmatos (BHG 956d)
25099.

Enkomion auf die Translation der Maria (BHG 1147)
25099.

Enkomion auf Mokios (BHG 1298h)
25099.

Enkomion auf die Martyrer Kerykos und Iulitta (BHG 318b)
27118.

Enkomion auf Erzengel Michael (BHG 1283)
27118.

Enkomion auf die Erzengel Michael und Gabriel (BHG 1294a)
25099.

Enkomion Ἐπὶ τῇ τῶν Βουλγάρων συμβάσει
26409, 26833, 26833, 27467, 27467, 27694, 27694.

Enkomion auf Zacharias (BHG 1881n)
25099.

Enkomion auf den Zaren Symeon
27467.

Ep. Asotii
20642, 26667, 26959.

Ep'rem Mcire
26197.

Eparchikon Biblion
23734, 24311, 26634.

EPhS 6
26768.

Epigramm zu den Naumachika
31417.

Epigramm Skripu
24350.

Epistola (Arsen)
20594, 27518.

Epistula Benedicti IX
20826, 24250.

Epistula Lazari
22093.

Epitaph, ed. Mango
20584.

Epitaphios auf Basileios II.
20838.

Epitome legum, Prooimion
27446*.

Erchempert, Hist. Lang.

20197, 20228, 20696, 21237, 22054, 22357, 22507, 22712, 23451, 23470, 23780, 25545, 26667, 27208, 28184, 28444.

Euangelatu-Notara, Semeiomata

20028, 20288, 20333, 20375, 20554, 20624, 20666, 20667, 20678, 20690, 20692, 20721, 20814, 20815, 20840, 20880, 20979, 20981, 21002, 21083, 21097, 21325, 21375, 21396, 21398, 21399, 21547, 21553, 21592, 21654, 21672, 21673, 21691, 21723, 21760, 21817, 21858, 21942, 21962, 21963, 22132, 22200, 22374, 22433, 22436, 22452, 22471, 22509, 22611, 22833, 22913, 22940, 22945, 23085, 23088, 23091, 23094, 23097, 23113, 23154, 23368, 23388, 23456, 23508, 23520, 23527, 23563, 23638, 23831, 23864, 23870, 23937, 24043, 24103, 24159, 24235, 24245, 24246, 24248, 24346, 24510, 24512, 24521, 24544, 24651, 24712, 24763, 24768, 24781, 24783, 24812, 24964, 24991, 24996, 25001, 25245, 25249, 25263, 25356, 25360, 25499, 25503, 25509, 25511, 25533, 25535, 25559, 25581, 25604, 25784, 25852, 25946, 25951, 25953, 25983, 26015, 26018, 26044, 26061, 26078, 26156, 26165, 26172, 26235, 26333, 26354, 26480, 26503, 26558, 26938, 26973, 27039, 27108, 27153, 27238, 27251, 27273, 27298, 27305, 27412, 27413, 27473, 27512, 27537, 27548, 27628, 27698, 27727, 27773, 27857, 27917, 27932, 28018, 28025, 28165, 28201, 28223, 28350, 28448, 30841.

Euaristos, Ep. arab.

21753, 23734.

Eustathios Patriarches, Zur Ehe des Euthymios Kapules

20804, 20805, 21100, 21876, 21968, 23374, 24663, 24844, 24945, 26542, 26741, 26877, 27862, 27949, 31998, 31999, 32000, 32001, 32002, 32003.

Eustathios Romaios (allg.)

20172, 20437, 20438, 20439, 20645, 20736, 21107, 21526, 21626, 21627, 21632, 21762, 21798, 21870, 22071, 22198, 22257, 22428, 22579, 23257, 23258, 23376, 23414, 23605, 23961, 24179, 24844, 24941, 24946, 24948, 24950, 24953, 25174, 25364, 25411, 25854, 25855, 25856, 26130, 26542, 26547, 26771, 26863, 27118, 27155, 27538, 27863, 27959, 27960, 28064, 28065, 28112, 28130, 28131, 28255, 30141.

Eustathios Romaios, Entscheidung über die Ehen zweier Cousins 2. Grades

21798, 21870, 22071, 22257, 23258, 23376, 24844, 24941, 25364, 25854, 26771, 27538, 27863, 27959, 28064.

Eustathios Romaios (?), Fragment Εἴλετό τις νόμῳ γάμου

21632, 21870, 24953, 26547, 27118, 27960, 28112.

Eustathios Romaios, Hypomnema über die Ehen von zwei Cousins mit zwei Cousinen

20437, 20438, 21762, 21870, 23605, 24179, 24948, 25411, 25855, 26130, 27118.

Eustathios von Thessalonike, Laudatio Philothei (BHG 1535)

26637, 28132, 30441.

Eustratiades, Semeiomata Athos

22747, 24768.

Eustratiades–Arcadios, Catalogue Vatopedi

20840, 21097, 21691, 24246, 26061.

Euthymii epistula contra Phundagiagitas

20818, 21974, 22533, 23401, 24064, 26792, 26835, 27402, 27541, 30120, 30611, 32030, 32040.

Euthymios Steiriotes, Kanones

21957, 24762.

Eutych. Alex.

21243, 21244, 21275, 21365, 21642, 21648, 21913, 21977, 22574, 23734, 24708, 25098, 25109, 25885, 26799, 27021, 27051, 27245, 27468, 27478, 27890, 27908, 28374, 28374, 28506, 30242, 31134.

Facsimile (der Beischrift in: Istorija na Bălgarija II 275)

28377.

Falkenhausen, Lucera

20102, 20112, 20222, 20423, 22493, 22754, 23182, 23587, 26190, 26568, 26708, 27073, 27884.

Falkenhausen, Sigillion

21090, 23162, 26209.

Feissel, Sceau de Jean Kabalos

22898, 23637, 27018.

Ficker, Epiphanios-Kloster

20838, 21876, 26042, 26127, 27118, 30603.

Ficker, Erlasse

20247, 21527, 21870, 22750, 23377, 23438, 23735, 24065, 24241, 25269, 25431, 25681, 26542, 27367, 27813, 28475.

Ficoroni, Piombi

25885.

Finnboga saga ramma

21153, 21998.

Flateyjarannáll

22766.

Flateyjarbók

21633, 21740, 25004, 28346.

Flusin, Fragment

20228, 20358, 21913, 22624, 23734, 25712, 25885, 26462, 26790, 27677, 28506.

Follieri, in: Archeologia classica 25–26

20554, 20721.

Follieri, in: BollBadGr 39

25610.

Follieri, Cod. Vat.

20347, 20838, 20981, 21553, 21592, 21691, 21723, 22374, 22433, 22913, 24235, 24346, 25185, 26124, 26125, 26212, 26366, 27512, 28103, 28351.

Follieri–Perria, in: BollBadGr 40

25874, 25882, 26129.

Fonkič, in: RSBN 17–19

20554.

Fonkič–Poljakov

20377, 20554, 20690, 21325, 22859, 22860, 22987, 23154, 23368, 25946, 26015, 26018, 27412, 28103, 28448.

Gabriel, Hymnen und Kanones

22036.

Galavaris

23578, 24035, 26682.

Gallavotti, in: RSBN 24

20405, 20554, 23741, 24311, 24313, 24343, 24357, 26221, 26667, 28040.

Gardthausen, Catalogus Codd. Sin.

24644, 24987, 26079, 27336.

Gassisi, Poesie

25503, 26366.

Gästriklands runinskrifter

20134, 21206, 22008, 27435.

Geel, Catalogus

25228.

23744, 23780, 23781, 23785, 23815, 23817, 23818, 23819, 23820, 23821, 23822, 23823, 23824, 23826, 23827, 23831, 23835, 24102, 24110, 24112, 24191, 24204, 24215, 24216, 24267, 24297, 24311, 24313, 24316, 24329, 24341, 24342, 24343, 24345, 24397, 24398, 24399, 24404, 24408, 24409, 24412, 24813, 24854, 24857, 24878, 24919, 24955, 24956, 24962, 24995, 25010, 25030, 25041, 25056, 25123, 25151, 25163, 25164, 25165, 25167, 25168, 25170, 25174, 25175, 25177, 25183, 25420, 25446, 25458, 25483, 25545, 25573, 25696, 25697, 25714, 25717, 25740, 25745, 25885, 25886, 25910, 25944, 25950, 25950, 26184, 26237, 26243, 26252, 26265, 26279, 26320, 26331, 26332, 26409, 26420, 26468, 26562, 26634, 26651, 26663, 26667, 26697, 26715, 26730, 26758, 26760, 26780, 26814, 26828, 26833, 26834, 26838, 26841, 26847, 26964, 26973, 27023, 27052, 27088, 27152, 27179, 27208, 27224, 27243, 27245, 27251, 27253, 27254, 27406, 27408, 27410, 27427, 27467, 27469, 27480, 27481, 27482, 27484, 27485, 27553, 27583, 27602, 27607, 27619, 27641, 27650, 27678, 27682, 27683, 27684, 27898, 27907, 27909, 27969, 28036, 28037, 28076, 28086, 28087, 28122, 28123, 28180, 28192, 28193, 28194, 28291, 28299, 28374, 28416, 28444, 28505, 28506, 30147, 30157, 30183, 30193, 30194, 30233, 30261, 30270, 30311, 30358, 30645, 30646, 30717, 30718, 30775, 30878, 30879, 30883, 30948, 31068.

Georg. mon. cont. (Muralt)

20009, 20022, 20055, 20078, 20086, 20115, 20123, 20124, 20169, 20195, 20197, 20228, 20241, 20298, 20299, 20351, 20365, 20405, 20430, 20431, 20435, 20445, 20476, 20543, 20581, 20582, 20608, 20627, 20646, 20647, 20716, 20726, 20750, 20769, 20771, 20837, 20838, 20886, 20911, 20912, 20913, 20914, 20920, 20925, 20927, 20934, 21126, 21144, 21156, 21197, 21198, 21238, 21258, 21261, 21262, 21273, 21275, 21365, 21369, 21421, 21470, 21635, 21754, 21759, 21777, 21780, 21801, 21805, 21828, 21836, 21913, 21927, 22018, 22045, 22082, 22127, 22134, 22137, 22328, 22329, 22511, 22574, 22575, 22624, 22637, 22654, 22712, 22784, 22824, 22825, 22836, 22838, 22840, 22900, 22901, 22903, 22906, 22909, 22911, 22914, 22915, 22916, 22917, 22918, 22937, 22938, 23506, 23529, 23571, 23629, 23634, 23690, 23692, 23693, 23699, 23734, 23735, 23742, 23744, 23780, 23781, 23785, 23815, 23816, 23817, 23818, 23819, 23820, 23821, 23822, 23823, 23824, 23826, 23827, 23831, 23835, 24102, 24112, 24191, 24213, 24215, 24216, 24267, 24297, 24311, 24313, 24316, 24329, 24341, 24342, 24343, 24344, 24345, 24397, 24398, 24399, 24404, 24408, 24409, 24412, 24423, 24424, 24854, 24857, 24878, 24919, 24955, 24956, 24962, 24995, 25010, 25041, 25056, 25123, 25151, 25161, 25163, 25164, 25165, 25167, 25168, 25170, 25171, 25174, 25175, 25177, 25183, 25420, 25430, 25446, 25458, 25483, 25490, 25535, 25545, 25573, 25696, 25697, 25714, 25717, 25740, 25742, 25885, 25886, 25910, 25947, 25950, 25961, 26178, 26184, 26237, 26243, 26252, 26265, 26279, 26320, 26331, 26332, 26409, 26420, 26468, 26562, 26634, 26651, 26663, 26667, 26697, 26715, 26730, 26758, 26760, 26791, 26814, 26828, 26833, 26834, 26838, 26841, 26847, 26964, 26973, 26998, 27023, 27052, 27088, 27152, 27179, 27208, 27224, 27243, 27245, 27251, 27253, 27406, 27408, 27410, 27427, 27467, 27468, 27469, 27480, 27481, 27482, 27553, 27583, 27602, 27604, 27607, 27619, 27641, 27650, 27678, 27682, 27683, 27684, 27898, 27907, 27969, 28036, 28037, 28076, 28086, 28087, 28122, 28123, 28126, 28180, 28192, 28193, 28194, 28291, 28299, 28374, 28505, 28506, 28507, 30147, 30157, 30183, 30193, 30194, 30217, 30233, 30261, 30270, 30311, 30358, 30713, 30717, 30718, 30740, 30775, 30878, 30879, 30883, 30948, 31068, 31414, 31415, 31416.

Georg. mon. cont., in: VV 4
22824.

Georgiev, in: Palaeobulgarica 2/3
24275.

Georgische Chronik (K'art'lis C'xovreba), Chronik von K'art'li
20099, 20226, 20730, 20731, 20737, 20740, 20743, 20838, 21415, 21432, 21612, 22053, 22307, 22309, 22527, 22529, 22531, 24184, 24220, 25496, 25661, 25675, 26581, 26805, 27141, 27577, 27577.

Georgische Chronik (K'art'lis C'xovreba), Sumbat D.
20099, 20100, 20101, 20647, 20648, 20730, 20731, 20732, 20734, 20735, 20740, 20742, 20743, 20838, 21413, 21415, 21423, 21432, 21450, 21612, 22309, 22527, 22528, 22529, 22531, 24943, 25496, 25661, 25675, 26131, 26581, 26805, 27140, 27142, 27143.

Gerasimov, in: BIAB 8
22210.

Gerbert von Reims, Briefe
20436, 22638, 28508.

Gesta consulum Andegavorum
22013.

Gesta episc. Neapol.
20696, 24755, 26997.

Giannelli, Nuovo codice
21039, 27039, 28165.

Girk' T'łt'oc' (Buch der Briefe)
27772, 28445, 31926.

Glory of Byzantium (Ausstellungskatalog)
23016, 23213, 24667, 24721, 25095, 27095.

Golb–Pritsak ...
22564, 23551, 23551.

Gotlands runinskrifter
20135, 22541, 26175, 26801, 26823, 26832, 28393, 28426.

Grabinschrift des Papsts Benedictus VII.
21142.

Grabinschrift des Sergius
21142, 27036.

Graf, Arab. Lit. II
20540.

Graffiti (Orlandos–Branuses)
20344, 20947, 21120, 21471, 21484, 21737, 22128, 22277, 22278, 22294, 22295, 22649, 23001, 23002, 23003, 23004, 23381, 23443, 23444, 23445, 23446, 23447, 23448, 23454, 23593, 23929, 24083, 24084, 24122, 24402, 24697, 25133, 25364, 25698, 25743, 25976, 26608, 26613, 26724, 26725, 26726, 26727, 26732, 26743, 26915, 27596, 27597, 27703, 27723, 27881, 27883, 28266, 28304, 30014, 30689, 31085, 31386.

Graffito, ed. Jacob
20215, 31682.

Granstrem, in: VV (16. 18)
20880, 21002, 25263, 25935, 26172, 27628.

Gray Birch
23067, 23805, 24604, 25159, 27811, 27941.

Grierson, Coins
25535.

Guillou, Brébion
20030, 20093, 20106, 20170, 20266, 20464, 20470, 20502, 20551, 20555, 20562, 20573, 20576, 20590, 20641, 20725, 20755, 20756, 20757, 20809, 20836, 20987, 20988, 20992,

20993, 21015, 21018, 21019, 21020, 21021, 21022, 21131, 21148, 21152, 21167, 21174, 21190, 21195, 21196, 21213, 21214, 21215, 21216, 21217, 21229, 21230, 21239, 21308, 21342, 21491, 21492, 21507, 21611, 21660, 21739, 21778, 21779, 21783, 21793, 21809, 21865, 21867, 21947, 22062, 22190, 22191, 22312, 22321, 22506, 22598, 22631, 22651, 22674, 23116, 23117, 23118, 23193, 23194, 23195, 23196, 23197, 23198, 23199, 23204, 23423, 23449, 23510, 23594, 23599, 23661, 23662, 23665, 23670, 23671, 23675, 23718, 23722, 23726, 23727, 23728, 23729, 23923, 23927, 23928, 23947, 23948, 24087, 24088, 24089, 24091, 24093, 24136, 24150, 24183, 24193, 24196, 24208, 24262, 24264, 24331, 24522, 24523, 24526, 24527, 24528, 24554, 24555, 24556, 24557, 24558, 24559, 24560, 24561, 24562, 24686, 24687, 24715, 24736, 24738, 24744, 24788, 24795, 24803, 24804, 24805, 24859, 24907, 24908, 24909, 25006, 25007, 25015, 25025, 25057, 25061, 25412, 25417, 25459, 25469, 25474, 25490, 25491, 25615, 25616, 25629, 25630, 25631, 25786, 26014, 26053, 26054, 26089, 26202, 26224, 26238, 26239, 26272, 26289, 26290, 26369, 26411, 26412, 26497, 26514, 26516, 26551, 26576, 26617, 26638, 26646, 26658, 26684, 26690, 26691, 26693, 26718, 26719, 26735, 26752, 26783, 26819, 26899, 26900, 26908, 26958, 26963, 26969, 26994, 27005, 27034, 27035, 27047, 27081, 27129, 27133, 27150, 27173, 27302, 27551, 27552, 27783, 27784, 28105, 28128, 28225, 28237, 28261, 28391, 28404, 28409, 28410, 28411, 30555, 31760, 31797.

Guillou, Saint-Élie

20533, 20693, 21106, 21397, 22265, 22266, 23387, 23395, 24058, 24174, 24176, 24177, 24178, 24670, 24671, 24672, 24673, 24731, 24735, 25534, 25683, 26132, 26543, 26544, 26578, 27004, 27327, 28041, 28334, 28369, 30567, 32023.

Guillou, Saint-Nicodème de Kellarana

24661, 25874, 25882, 26129.

Guillou–Holtzmann

20246, 20560, 20636, 20698, 21094, 21235, 22284, 22315, 22438, 23340, 23341, 23352, 23372, 23373, 23507, 24040, 24052, 24053, 24139, 24660, 24662, 24780, 25481, 25500, 26128, 26236, 26580, 26647, 26827, 26876, 26896, 27003, 27071, 27366.

Hajdú, Katalog München III

21965, 22471.

Halkin, in: AnBoll 88

21817, 30841.

Hallfreðar saga

22505.

Hamadānī

20050, 20051, 20064, 20074, 20074, 20081, 20254, 20769, 20769, 20769, 20786, 22589, 22778, 23841, 23841, 23841, 24209, 25041, 25042, 25253, 25449, 25467, 25486, 25487, 25535, 25611, 26799, 26833, 26998, 27758, 27993, 31475.

Hamelian, Les manuscrits grecs

22200, 22452.

Harlfinger, in: Parekbolai 1 (2011)

25509.

Ḥasdāy b. Šaprūṭ, Epp.

22574, 23551, 23734.

Ḫaṭīb al-Bagdādī

20086, 22914, 25167, 25451, 30279.

Heiðarvíga saga

22303, 28345.

Hilāl aṣ-Ṣābī'

20228, 20254, 21648, 24708, 31069, 31070,

31071, 31072.

Historia Sancti Florentii Salmurensis
22013.

Historia Norwegie
26182.

History ... of the relics of Saint Grigor
20642, 25703, 26667.

Hörandner, in: Κωνσταντῖνος Ζ´
27938.

Holo, Correspondence
25423.

Horoscope of Constantine VII
23734.

Horoscope of Constantinople
21535.

Hrafnkels saga Freysgoða
21983, 28342.

Hs. ÖNB A. F. 435 (Grünebaum)
25464, 25535, 31478.

Hunger (verschiedene Publikationen)
20122, 20230, 21972, 22214, 26866.

Hutter, Corpus byz. Miniaturhss.
20460, 21936, 22138, 23388, 26235, 27932.

Hutter, in: RSBN 46
21024, 25909.

Iashvili–Seibt, in: SBS 9
20008, 20125, 24881, 27879.

Ibn Abī Dinār
20072, 20188, 22558, 25444, 25535, 26008.

Ibn Abī Uṣaybiʿa
20018, 21977, 22564, 22626, 22640, 25962, 26789, 26971, 28459, 28474, 30384.

Ibn al-Aṯir
20014, 20031, 20035, 20038, 20039, 20046, 20050, 20051, 20055, 20060, 20061, 20062, 20064, 20065, 20072, 20073, 20074, 20075, 20078, 20080, 20081, 20083, 20084, 20085, 20086, 20122, 20131, 20187, 20188, 20189, 20190, 20191, 20193, 20194, 20254, 20259, 20405, 20784, 20785, 20786, 20810, 20837, 20838, 20917, 20972, 21132, 21166, 21212, 21365, 21379, 21828, 21991, 22050, 22052, 22068, 22069, 22306, 22328, 22544, 22545, 22549, 22556, 22558, 22559, 22562, 22589, 22639, 22641, 22642, 22685, 22686, 22689, 22696, 22705, 22708, 22778, 22821, 22914, 23084, 23702, 23841, 23921, 23940, 24343, 24397, 24423, 24793, 24837, 24842, 24852, 24858, 24884, 25041, 25042, 25167, 25253, 25435, 25442, 25443, 25444, 25446, 25448, 25449, 25451, 25467, 25487, 25490, 25493, 25494, 25495, 25535, 25545, 25611, 26008, 26197, 26212, 26279, 26496, 26710, 26784, 26785, 26787, 26799, 26802, 26804, 26808, 26833, 26834, 26909, 26951, 26954, 26961, 26962, 26967, 26976, 26998, 27079, 27241, 27468, 27555, 27558, 27758, 27993, 28125, 28254, 28403, 28433, 28457, 28461, 28463, 28470, 28522, 30458, 30459, 30542, 30637, 30678, 30679, 30680, 30681, 30682, 30985, 31081, 31124, 31234, 31474, 31511, 31512, 31723, 31724.

Ibn al-Azraq
20006, 20013, 20038, 20076, 20083, 20186, 20645, 20838, 22052, 25447, 25497, 26995, 26998, 31960.

Ibn al-Ǧawzī
20051, 20062, 20064, 20086, 20131, 20193, 20254, 20837, 20925, 21132, 21166, 21648, 22068, 22544, 22689, 22778, 22914, 22917,

23699, 24708, 25041, 25042, 25167, 25434, 25440, 25446, 25449, 25451, 25464, 25467, 25535, 26786, 26799, 26909, 26998, 27241, 27468, 27468, 27758, 28462, 28463, 30279, 30493, 31069, 31070, 31071, 31072.

Ibn Ḫaldūn

20014, 20018, 20031, 20039, 20072, 20073, 20086, 20122, 20188, 20189, 20191, 20194, 20254, 20351, 20405, 20837, 21132, 21166, 21212, 21365, 21828, 21991, 22050, 22052, 22306, 22545, 22549, 22558, 22559, 22562, 22642, 22685, 22705, 22708, 22914, 22917, 23699, 24397, 24842, 24884, 25041, 25167, 25435, 25442, 25444, 25446, 25449, 25451, 25493, 26212, 26784, 26786, 26799, 26909, 26951, 26961, 26967, 27077, 27079, 27241, 27558, 28403, 28457, 28461, 28463, 30458, 30637, 30678, 30679, 30680, 30681, 30682, 30706, 30707, 30882, 31124, 31234.

Ibn Hani

24884, 25535.

Ibn al-Ḫāṭīb

20031, 20036, 20122, 22050, 22549, 22558, 22708, 25444, 26197, 26784, 28461.

Ibn Ḥayyān

22543, 22778, 23731.

Ibn ʿIḏārī

20018, 20031, 20036, 20072, 20122, 20191, 21337, 22050, 22051, 22535, 22543, 22549, 22556, 22641, 22680, 22681, 22708, 22821, 25490, 25545, 26212, 26784, 26949, 26951, 26967, 26971, 28461, 28504, 30384, 30637, 30881, 31080, 31098, 31473.

Ibn Kaṯīr

20014, 20131, 20194, 21132, 21212, 22052, 22705, 22914, 25167, 25435, 25446, 25449, 25451, 25464, 26496, 26785, 26799, 26804, 26833, 26961, 27558, 31478.

Ibn an-Nadīm

22640, 22703, 26789.

Ibn al-Qalānisī

20035, 20043, 20047, 20187, 20253, 20259, 20621, 20728, 20747, 20810, 20838, 20925, 21379, 21986, 22069, 22544, 22778, 23940, 24209, 24793, 24852, 24858, 24864, 25027, 25253, 25433, 26173, 26197, 26808, 26954, 26962, 28254, 28441, 28462, 30500, 30542, 31698, 31938.

Ibn al-Qifṭī

26789.

Ibn Rusta

22555.

Ibn Šaddād

20014, 20039, 20051, 20073, 20080, 20086, 20189, 20193, 20254, 20405, 20747, 20769, 20837, 20838, 20917, 21166, 21365, 22306, 22328, 22545, 22642, 22686, 22696, 22778, 22917, 23699, 23734, 23841, 24343, 24397, 24858, 25041, 25253, 25442, 25446, 25449, 25451, 25467, 25486, 25487, 25494, 25495, 25535, 26171, 26496, 26785, 26787, 26802, 26804, 26833, 26834, 26909, 26954, 26961, 26998, 27079, 27558, 27758, 27993, 28378, 28463, 30444, 30678, 30680, 30681, 30682, 30882, 31081, 31400.

Ibn Saʿīd

20194, 22068, 22639, 23554, 25443, 25952, 26799, 26833, 27468, 27557, 28403, 28458.

Ibn Šahrām

20131, 20784, 20838, 20925, 22689, 22700, 22702, 22703, 22707, 23921, 24423, 25617, 26976.

Ibn Wāḍiḥ (Yaʿqūbī)

26957.

Ibn Ẓāfir

20013, 20051, 20074, 20080, 20081, 20082, 20088, 20089, 20131, 20188, 20645, 20747, 20769, 20784, 20785, 20838, 22544, 22561, 22589, 22696, 22778, 22917, 23596, 23841, 24423, 24531, 24793, 24852, 24858, 24864, 25042, 25247, 25253, 25433, 25464, 25487, 25492, 25535, 25611, 26496, 26785, 26787, 26954, 26962, 26998, 27430, 27758, 27993, 28383, 28401, 30322, 30444, 30535, 31400, 31698.

Ibrāhīm aṣ-Ṣābī'

20074, 20081, 22778, 25042, 30493.

Ibrāhīm aṣ-Ṣābī' (Qalqašandī)

20049, 20744, 20785, 23921, 25448, 26854, 26976.

'Imādaddīn Idrīs

20015, 20018, 20051, 20275, 21991, 22015, 22049, 22066, 22558, 22559, 23734, 24814, 24863, 24962, 25444, 25535, 26834, 26951, 26998, 28461, 30304, 30447, 31226, 31389.

Inschrift (Béthune)

22568, 23588, 27386.

Inschrift (Christupolis)

20926, 21275, 23734, 23831, 26833, 27251, 27252.

Inschrift (Direkli Kilise)

23552.

Inschrift (Eğri Taş)

21275, 23734, 26219, 26833.

Inschrift (Ekrek)

22469, 27450.

Inschrift (bei German)

21433, 22633, 26038, 26983.

Inschrift (Limburger Staurothek)

20925, 23734, 26834.

Inschrift (Lipskloster)

23815.

Inschrift (Marke)

24975.

Inschrift (Mylobos)

24045.

Inschrift (Philippi)

20838, 23735, 24513, 25535, 26853.

Inschrift (Symeonkloster)

21277.

Inschrift (Tahtalı Kilise)

21084.

Inschrift (Taubenschlag-Kirche)

20769, 22778, 24423, 25042, 25535, 28125.

Inschrift (Theodosiupolis)

26881.

Inschrift (Zarzma)

20785, 21432, 23583.

Inschriften (Bees)

22108, 26335, 27608.

Inschriften (Getakos)

31062.

Inschriften (Hosios Lukas)

22439.

Inschriften (MAMA VII)

23124, 27765.

Inscription (Galakrenai)

25178, 25885.

Inscription (Papacostas)
20785, 20838, 21625, 21722, 21948, 22667, 23735.

Inscriptions (Asdracha)
20129, 20838, 20982, 21082, 21683, 23102, 23608, 23625, 23735, 24910, 25535, 26017, 26625, 27048, 28116, 28265, 30703.

Inscriptions (Dagron–Feissel)
23256, 31855.

Inscriptions (Grégoire I)
20151, 20201, 20465, 20546, 20784, 20838, 21092, 21751, 21792, 22179, 22249, 23040, 23364, 23734, 23735, 24237, 24311, 24394, 24407, 24936, 26367, 26382, 27044, 27242, 27774, 28359, 28506, 30100.

Inscriptions (Guillou)
20221, 20469, 20925, 20925, 20957, 21090, 21289, 21449, 22304, 22322, 22412, 22537, 22799, 22832, 22986, 23043, 23302, 23426, 23734, 23816, 23889, 24311, 24437, 24479, 24914, 24933, 24935, 25518, 25535, 25607, 26138, 26207, 26541, 26575, 26833, 26834, 26862, 26865, 26970, 26972, 27056, 27115, 27162, 27205, 27293, 27360, 27406, 27640, 27987, 28071, 28363, 28402, 28484, 28497, 32014, 32068.

Inscriptions (Kent)
31854.

Inscriptions (Spieser)
20228, 20443, 21328, 22905, 23684, 24311, 24398, 24947, 25679, 25885, 26314.

Ioannes Geometres
21023, 21661, 22345, 22574, 22578, 22778, 23092, 23697, 23734, 23951, 24563, 25124, 25283, 25284, 25535, 25587, 26403, 26715, 26777, 26983, 26998, 27424, 27708, 28125, 28233, 30521, 31336, 31802.

Ioannes Lazaropulos, Miracula Eugenii (BHG 612)
20739, 20784, 20785, 21350, 23632.

Ioannes Oxeites
27118.

Ioannes Sikeliotes
23413.

Ioannes Tzetzes
20241.

Ioannes vom Latros, Epp.
20838, 23246, 30571, 31921, 31922, 31927, 31928, 31929, 31930, 31931.

Ioannes von Melitene
20781, 22778, 23161, 25535, 28125.

Iocundi Translatio S. Servatii (BHL 7626–7632)
20220.

Iohannes Diaconus, Martyrium Procopii
20031, 20036, 22708, 26764, 30845.

Iohannes Diaconus, Translatio Severini (BHL 7658)
20031, 20036, 22708, 26764, 30845.

Ioseph Hymnographos, Kanones
22779, 23510, 27598.

Ioseph Lazaropulos, Oratio de Eugenio martyre (BHG 611)
20659.

Italo Vecchi, Sale 17 (Anzeige in: SBS 8)
27925.

Ius (Zepos)
20769, 20784, 20791, 20838, 20925, 20980, 21798, 21861, 21870, 22257, 23365, 23734, 23862, 24110, 24423, 24519, 24941, 24963,

25535, 25675, 26019, 26626, 26833, 26834, 26835, 26844, 27504, 27579, 27708, 27959, 28154, 30804, 30818, 31442, 31466.

Jakob, in: Helikon 22–27

20165, 20671, 21142, 21655, 23531, 24708, 26019, 26197.

Janashian

23701, 27615, 28468.

Jansson, in: Fornvännen

22046, 32059, 32065.

Jansson, in: Nordisk Tidskrift

30624.

Jenkins–Mango, Synodicon

20165, 20887, 21277, 21754, 21850, 22574, 22961, 23167, 24449, 25939, 26124, 27602, 27759, 27950, 28035, 28070, 28122, 28125, 28508.

Joannis Presbyteri Epistola

22843, 24331.

Johannes Diaconus, Cronaca Veneziana

20837, 20838, 21129, 21204, 21275, 21577, 22438, 22574, 23486, 23495, 23734, 23735, 23742, 23831, 24311, 24416, 24937, 25183, 25745, 26212, 26214, 26557, 26559, 26560, 26561, 26563, 26566, 26833, 27251, 27467, 28413, 28414, 28502, 30174, 30512.

Jordanov, in: Archeologija 3

21607.

Jordanov, in: ByzBulg 8

24531.

Jordanov, Corpus I

20116, 20118, 20152, 20243, 20409, 20411, 20412, 20570, 20749, 20909, 21070, 21090, 21125, 21251, 21384, 21386, 21417, 21424, 21436, 21437, 21907, 22113, 22124, 22455, 22481, 22513, 22851, 22894, 23317, 23318, 23433, 23559, 23560, 23685, 23686, 23687, 23906, 23963, 23991, 24007, 24007, 24007, 24018, 24019, 24021, 24061, 24396, 24500, 24520, 24531, 24569, 24619, 24801, 25234, 25661, 25851, 25913, 26017, 26234, 26512, 26517, 26529, 26612, 26636, 26850, 27122, 27163, 27191, 27196, 27313, 27320, 27322, 27337, 27414, 27615, 27826, 28106, 28240, 28243, 31847, 31903.

Jordanov, Corpus II

20796, 21090, 21386, 22445, 22467, 23306, 23310, 23651, 24018, 24021, 24520, 24531, 24613, 24615, 25261, 25331, 25332, 25390, 25601, 25661, 25851, 25998, 25999, 26349, 26870, 27786, 27828, 27829, 27833, 28390.

Jordanov, Corpus III

20116, 20118, 20152, 20181, 20182, 20243, 20315, 20327, 20330, 20361, 20362, 20378, 20409, 20411, 20412, 20414, 20415, 20453, 20489, 20558, 20568, 20569, 20570, 20571, 20620, 20749, 20754, 20795, 20796, 20803, 20890, 20900, 20903, 20909, 20910, 20925, 20962, 20963, 21043, 21050, 21051, 21052, 21064, 21065, 21066, 21067, 21068, 21070, 21090, 21121, 21125, 21157, 21201, 21251, 21296, 21297, 21298, 21309, 21318, 21319, 21320, 21321, 21383, 21384, 21385, 21386, 21416, 21417, 21424, 21431, 21435, 21436, 21437, 21516, 21517, 21518, 21522, 21607, 21640, 21678, 21697, 21733, 21774, 21789, 21795, 21796, 21797, 21839, 21869, 21871, 21872, 21907, 21961, 22022, 22113, 22124, 22216, 22217, 22223, 22271, 22293, 22341, 22385, 22386, 22422, 22424, 22444, 22445, 22455, 22456, 22460, 22461, 22467, 22513, 22655, 22851, 22864, 22893, 22894, 22895, 23060, 23067, 23218, 23278, 23305, 23306, 23307, 23308, 23309, 23310, 23311, 23312, 23313, 23314, 23315, 23316, 23317, 23318, 23319, 23389, 23391, 23433, 23536, 23558, 23559, 23560, 23569, 23633, 23651, 23685,

23686, 23687, 23688, 23733, 23738, 23898, 23899, 23900, 23901, 23902, 23903, 23904, 23906, 23907, 23914, 23943, 23963, 23991, 23992, 24012, 24013, 24014, 24015, 24016, 24017, 24018, 24019, 24021, 24038, 24061, 24217, 24238, 24356, 24359, 24361, 24395, 24396, 24423, 24485, 24486, 24487, 24489, 24490, 24491, 24500, 24520, 24531, 24569, 24598, 24613, 24614, 24615, 24616, 24618, 24619, 24621, 24622, 24639, 24640, 24641, 24683, 24800, 24801, 24855, 24894, 24895, 24899, 24966, 24967, 24968, 24973, 25026, 25083, 25226, 25227, 25229, 25230, 25231, 25234, 25235, 25261, 25327, 25328, 25329, 25330, 25331, 25332, 25333, 25334, 25335, 25390, 25409, 25475, 25480, 25586, 25600, 25601, 25643, 25648, 25649, 25650, 25661, 25771, 25813, 25814, 25815, 25827, 25828, 25829, 25830, 25831, 25832, 25833, 25851, 25913, 25928, 25984, 25996, 25997, 25998, 25999, 26017, 26063, 26080, 26092, 26094, 26095, 26096, 26097, 26223, 26231, 26234, 26345, 26346, 26349, 26378, 26407, 26488, 26489, 26512, 26517, 26528, 26529, 26594, 26596, 26612, 26628, 26634, 26636, 26673, 26675, 26701, 26849, 26850, 26868, 26869, 26870, 27114, 27115, 27120, 27122, 27163, 27191, 27196, 27286, 27313, 27320, 27322, 27337, 27338, 27345, 27346, 27347, 27348, 27349, 27414, 27504, 27525, 27572, 27653, 27738, 27739, 27741, 27786, 27793, 27824, 27825, 27826, 27827, 27828, 27829, 27830, 27831, 27832, 27833, 27834, 27835, 27836, 27837, 27899, 27922, 27963, 28029, 28030, 28051, 28055, 28087, 28106, 28175, 28189, 28213, 28240, 28241, 28242, 28243, 28309, 28324, 28390, 28414, 30838, 30839, 30840, 31373, 31374, 31375, 31377, 31378, 31847, 31895, 31897, 31898, 31899, 31900, 31901, 31902, 31903.

Jordanov, Develt

21416, 21417, 21640, 21907, 22124, 22422, 22481, 22851, 23044, 23060, 23738, 23902, 24359, 24361, 24396, 24486, 26673, 26675, 27653.

Jordanov, Korpus

22113, 25913.

Jordanov, Melnitsa

20181, 20900.

Jordanov, Pečat

26636.

Jordanov, Pisota Vardarij

26407.

Jordanov, Pliska

20569, 20963, 21384, 21417, 21437, 23651, 23903, 25226, 27320, 27826, 27899.

Jordanov, in: Pliska–Preslav

24356.

Jordanov, Preslav

20116, 20118, 20243, 20315, 20411, 20412, 20453, 20558, 20568, 20569, 20570, 20571, 20796, 20803, 20925, 21043, 21066, 21070, 21090, 21201, 21251, 21309, 21318, 21320, 21383, 21386, 21516, 21678, 21733, 21795, 21871, 21872, 22216, 22385, 22444, 22445, 22455, 22456, 23306, 23308, 23314, 23317, 23318, 23433, 23558, 23559, 23560, 23686, 23687, 23904, 23963, 23992, 24019, 24061, 24238, 24520, 24531, 24569, 24615, 24619, 24639, 24855, 24895, 24966, 24967, 24968, 25230, 25327, 25330, 25331, 25335, 25586, 25601, 25649, 25650, 25661, 25771, 25827, 25831, 25851, 25999, 26234, 26349, 26407, 26488, 26512, 26517, 26528, 26529, 26594, 26596, 26628, 26869, 27120, 27122, 27191, 27286, 27313, 27320, 27345, 27504, 27572, 27738, 27741, 27824, 27828, 27829, 27831, 27833, 27835, 27837, 28087, 28106, 28242, 28390, 31895, 31899, 31900, 31902.

Jordanov, in: SBS 2

25586.

Jordanov, in: SBS 3

21796.

Jordanov, in: SBS 7

27341.

Jordanov, in: SBS 9

20963, 23060, 23389, 23903, 24359, 24361, 25226, 25227, 25600, 25998, 26488, 26594, 26673, 26675, 27115, 27653, 30838.

Jordanov, Silistra

21319, 21437, 21797, 22217, 22271, 22455, 23307, 24598, 25586, 25814, 25829, 25997, 26080, 26223, 26378, 27337, 27825, 27832.

Jordanov–Zhekova

20118, 20181, 20315, 20362, 20411, 20571, 20910, 20963, 21043, 21065, 21068, 21157, 21383, 21384, 21607, 21907, 22113, 22460, 22461, 22893, 22894, 23569, 23633, 24017, 24359, 24485, 24486, 24531, 24615, 24641, 24894, 25026, 25231, 25234, 25235, 25409, 25600, 25830, 26096, 26345, 26407, 26488, 26489, 26512, 26634, 26673, 26675, 27313, 27504, 27525, 28051, 28175, 28241, 28390, 30838, 30839, 30840, 31374, 31375, 31377, 31901.

Jotov–Atanasov

24636.

Kadas, Semeiomata

25604.

Källström, in: Fornvännen

26906.

Kaiser Heinrich II. (Katalog)

25033.

Kamāladdīn

20040, 20044, 20046, 20050, 20051, 20053, 20054, 20060, 20061, 20063, 20064, 20066, 20068, 20071, 20077, 20084, 20184, 20712, 20714, 20747, 20769, 20784, 20838, 20925, 21165, 21995, 22544, 22550, 22683, 22687, 22692, 22693, 22778, 22970, 23702, 23841, 24423, 24509, 24511, 24793, 24852, 24858, 24865, 25011, 25253, 25405, 25447, 25487, 25535, 25611, 26496, 26785, 26787, 26788, 26804, 26851, 26954, 26962, 26966, 26998, 27555, 27758, 27993, 28470, 28522, 30535, 31263, 31264, 31407, 31511, 31512, 31695, 31969.

Kaminiates

22387, 22904, 24397, 24398, 25738, 26417, 26828, 27468, 30238, 30866, 30867, 30868, 30869, 30870, 30871, 30872, 30873, 30874, 30875, 30876.

Kanon auf Demetrios

20248.

Kanon auf Harmodios

22380.

Kanon auf Stephanos neos

22373.

Kanones (Paulos)

26322, 26322.

Kanones Deusdedit

20228, 20278, 20837, 21197, 21583, 21643, 21775, 22063, 22489, 23470, 24289, 24290, 24311, 25008, 26397, 26554, 26555, 26556, 26644, 26667, 27381, 27382, 27620, 28476, 28477.

Karagiorgou, in: SBS 9

24430.

Kavrus, in: VV 47

21922, 21705.

Kedrenos

23526, 24547, 24880, 25589, 27694, 27796, 27814.

Kekaumenos

20838, 21511, 23694, 24810, 26167, 26499, 26983, 27008, 27467, 30527, 31678, 31798.

Kekelidze, Simeon

27504.

Kirakos

20156, 20642, 20646, 22052, 22053, 22078, 22778, 26538, 26959, 27144, 27146, 28370, 28467, 28472.

Kislinger, in: JÖB 57

25939.

Kissas, in: SBS 2

21652, 21854, 23332, 23538, 23910, 24439, 25817, 26681, 27290, 27731, 27754, 28216.

Kitāb at-Tuḥaf

20039, 20062, 20086, 20156, 22544, 22914, 25167, 25444, 25446, 25449, 25451, 26799, 31577, 31938.

Kitāb al-ʿuyūn

20062, 20086, 20275, 22558, 22708, 22914, 23554, 24863, 25167, 25443, 25444, 25451, 25952, 26833, 26951, 26967, 26997, 30279, 31389.

Kleinchroniken

20031, 20033, 20036, 20072, 20188, 20191, 20228, 20557, 20819, 20837, 20838, 20925, 21197, 21328, 21337, 22549, 22556, 22558, 22562, 22641, 22708, 22778, 22934, 23529, 23734, 23735, 23831, 24311, 24814, 24814, 24842, 24884, 24962, 25444, 25490, 25535, 25608, 26211, 26212, 26428, 26710, 26715, 26833, 26834, 26835, 26951, 26967, 27251, 27605, 27708, 27910, 28125, 28180, 28433, 28505, 28506, 28508, 30880, 30984.

Klimanov

24107.

Koltsida-Makre

20961, 21049, 21373, 21647, 21874, 22070, 22150, 22209, 22222, 23011, 23055, 23056, 23057, 23058, 23079, 23205, 23618, 23624, 24011, 24125, 24127, 24156, 24596, 24611, 24612, 24619, 24965, 25225, 25325, 25326, 25479, 25735, 25840, 26091, 26255, 26348, 26770, 27271, 27528, 27716, 27737, 27823, 27921, 27946, 28024, 28485, 30836, 30837, 31345, 31369, 31370, 31371, 31372, 31893, 31894.

Koltsida-Makre, in: Deltion ... 23

27186.

Koltsida-Makre, in: SBS 9

28365.

Komines, Patmiake Bibliotheke

20610, 21375, 21396, 25953.

Konst. Porph., DAI

20006, 20012, 20019, 20021, 20041, 20069, 20076, 20079, 20087, 20088, 20096, 20099, 20100, 20101, 20109, 20163, 20186, 20260, 20262, 20545, 20582, 20608, 20642, 20644, 20645, 20646, 20647, 20648, 20723, 20732, 20733, 20734, 20746, 20759, 20772, 20837, 20925, 21133, 21146, 21147, 21154, 21155, 21156, 21197, 21200, 21203, 21211, 21225, 21238, 21275, 21349, 21357, 21413, 21423, 21750, 21754, 21755, 21828, 21836, 21843, 21984, 21989, 21999, 22024, 22052, 22305, 22307, 22316, 22330, 22497, 22528, 22529, 22537, 22585, 22624, 22636, 22637, 22646, 22652, 22710, 22751, 22850, 22899, 22909, 22917, 22931, 22937, 22970, 23546, 23566, 23581, 23598, 23611, 23660, 23719, 23720, 23721, 23734, 23734, 23815, 23817, 23820, 23832, 23833, 24186, 24190, 24198, 24199, 24200, 24205, 24207, 24212, 24213, 24265,

24311, 24329, 24370, 24390, 24399, 24400, 24413, 24746, 24751, 24752, 24755, 24756, 24875, 24919, 25002, 25041, 25146, 25147, 25166, 25176, 25407, 25432, 25445, 25460, 25464, 25465, 25490, 25696, 25741, 26193, 26211, 26237, 26399, 26400, 26408, 26409, 26421, 26705, 26753, 26754, 26786, 26833, 26834, 26904, 26973, 26997, 27090, 27140, 27141, 27142, 27143, 27149, 27181, 27207, 27401, 27437, 27440, 27467, 27468, 27553, 27566, 27568, 27580, 27581, 27644, 27681, 27969, 28087, 28152, 28195, 28196, 28202, 28362, 28364, 28432, 28440, 28454, 28472, 28480, 28506, 30146, 30151, 30152, 30192, 30302, 30303, 30625, 30636, 30643, 30644, 30847, 30848, 31074, 31297.

Konst. Porph., DAI (Marginalnotiz im Cod. Paris. gr. 2009)

21349, 22926, 25961, 28364.

Konst. Porph., De cerim.

20018, 20086, 20169, 20223, 20228, 20280, 20281, 20427, 20430, 20435, 20657, 20716, 20765, 20769, 20837, 20838, 20914, 20925, 20926, 20934, 21156, 21448, 21710, 21754, 21759, 21843, 22052, 22404, 22497, 22508, 22510, 22572, 22574, 22624, 22637, 22771, 22955, 23096, 23474, 23529, 23734, 23735, 23742, 23823, 24110, 24111, 24202, 24272, 24311, 24317, 24329, 24401, 24423, 24743, 24955, 24962, 25186, 25187, 25443, 25525, 25535, 25961, 26186, 26280, 26667, 26715, 26833, 26834, 26841, 26998, 27181, 27251, 27263, 27440, 27583, 27604, 27606, 27676, 28087, 28122, 28125, 28126, 28154, 28192, 28505, 28506, 28507, 30133, 30134, 30257, 30314, 30315, 30370, 30371, 30372, 30373, 30374, 30375, 30376, 30377, 30378, 30379, 30382, 30387, 30388, 30389, 30390, 30391, 30392, 30393, 30394, 30395, 30396, 30397, 30398, 30399, 30400, 30401, 30402, 30403, 30404, 30405, 30406, 30684, 30685, 30688, 30778, 30893, 30894, 30895, 30896, 30897, 30898, 30899, 30900, 30901, 30902, 30903, 30904, 30905, 31210, 31211, 31212, 31213, 31214, 31215, 31216, 31217, 31218, 31219, 31220, 31221, 31222, 31223, 31224, 31238, 31239, 31240, 31241, 31242, 31243, 31244, 31245, 31246, 31247, 31248, 31249, 31250, 31251, 31252, 31253, 31254, 31255, 31256, 31257, 31258, 31259, 31260, 31261, 31262.

Konst. Porph., Demegoria

20925, 23734, 25535, 26998.

Konst. Porph., De them.

20238, 20424, 20643, 20837, 21275, 21340, 21792, 22537, 23660, 23734, 24311, 24755, 25041, 25696, 25740, 26237, 26779, 26833, 26997, 27152, 27573, 27898, 30625.

Konstantinos VII., Brief an al-Ḥakam II. (Stern)

22543, 23734.

Konstantopulos

20001, 20205, 20276, 20295, 20419, 20420, 20491, 20496, 20517, 20572, 20588, 20751, 20797, 20798, 20799, 20907, 20908, 20938, 20973, 21006, 21038, 21041, 21053, 21069, 21072, 21073, 21105, 21119, 21121, 21122, 21123, 21124, 21179, 21181, 21335, 21443, 21463, 21466, 21467, 21531, 21532, 21600, 21615, 21706, 21732, 21981, 22038, 22040, 22041, 22044, 22120, 22121, 22219, 22384, 22463, 22464, 22488, 22605, 22648, 22673, 22731, 22734, 22887, 22888, 22889, 22890, 22892, 22897, 22968, 22969, 23015, 23026, 23042, 23221, 23284, 23320, 23322, 23323, 23442, 23578, 23626, 23742, 23812, 23813, 23941, 23949, 23965, 23972, 24020, 24022, 24023, 24028, 24029, 24030, 24031, 24032, 24076, 24085, 24086, 24090, 24106, 24123, 24124, 24151, 24152, 24153, 24154, 24173, 24242, 24338, 24383, 24384, 24385, 24386, 24387, 24388, 24389, 24393, 24439, 24444, 24454, 24455, 24459, 24464, 24484, 24568, 24594, 24599, 24600, 24625, 24626, 24627,

24628, 24698, 24699, 24766, 24883, 24934, 24972, 25053, 25094, 25157, 25158, 25275, 25288, 25300, 25304, 25310, 25317, 25336, 25339, 25340, 25341, 25367, 25378, 25400, 25401, 25402, 25403, 25572, 25644, 25652, 25653, 25654, 25655, 25658, 25692, 25693, 25698, 25726, 25731, 25732, 25733, 25772, 25808, 25809, 25816, 25818, 25834, 25885, 25933, 25934, 26081, 26098, 26099, 26100, 26101, 26102, 26135, 26147, 26148, 26149, 26150, 26151, 26291, 26335, 26375, 26428, 26456, 26457, 26548, 26619, 26633, 26641, 26643, 26653, 26716, 26773, 26812, 26915, 26924, 26992, 27106, 27109, 27119, 27168, 27186, 27236, 27237, 27284, 27289, 27340, 27351, 27352, 27396, 27464, 27476, 27477, 27522, 27585, 27595, 27608, 27615, 27664, 27668, 27669, 27670, 27671, 27673, 27791, 27811, 27815, 27817, 27838, 27839, 27868, 27882, 27904, 27951, 28016, 28022, 28034, 28067, 28070, 28109, 28115, 28117, 28190, 28236, 28239, 28244, 28245, 28246, 28264, 28320, 28328, 28499, 30826, 30827, 30828, 30829, 30830, 30831, 30832, 30833, 30834, 31341, 31343, 31876, 31877, 31905, 31909, 31910, 31911, 31912, 31913, 31914, 31915, 32016.

Konstantopulos, in: Archeion Thrakes

31850.

Konstantopulos, Diorthoseis

23228.

Konstantopulos, in: JIAN (2. 16)

25743, 27791.

Konstantopulos, Stamules

20518, 22113, 22346, 22660, 23070, 23283, 23555, 24007, 24128, 25152, 25216, 26648, 27748, 31380.

Konstantopulos, in: Thrakika

22660.

Kosmas, Gegen die Bogomilen

21187.

Kotzabase, Cheirographa Mikras Asias

22987, 25203, 25581, 25951, 26015, 27857, 28350.

Kouroupou-Géhin, Catalogue Patriarcat

25581, 25951, 28350.

Kristni saga

27201, 28347.

Kurtz, Mitylenaios

20345, 21324, 23297, 28511.

Lake, Dated Mss.

20028, 20288, 20375, 20666, 20667, 20678, 20692, 20721, 20814, 20815, 20916, 20981, 21002, 21083, 21094, 21097, 21325, 21375, 21396, 21398, 21399, 21553, 21592, 21672, 21673, 21691, 21723, 21963, 22132, 22374, 22433, 22436, 22471, 22509, 22587, 22611, 22833, 22913, 22940, 23085, 23094, 23097, 23113, 23154, 23368, 23375, 23508, 23520, 23638, 23655, 23831, 24043, 24159, 24235, 24245, 24248, 24346, 24521, 24544, 24763, 24768, 24783, 24991, 24996, 25001, 25203, 25249, 25263, 25360, 25499, 25503, 25511, 25604, 25784, 25946, 26015, 26125, 26156, 26165, 26235, 26333, 26354, 26366, 26503, 27108, 27238, 27251, 27298, 27305, 27412, 27413, 27473, 27512, 27537, 27773, 27857, 27932, 28025, 28103, 28201, 28351, 28448, 30862.

Lamberz, in: Scritture

20690, 25356, 27612, 28103.

Lampros, Catalogue Athos

22945, 25604, 26503, 27698.

Lampros, Monodia

21156, 26834.

Landulphi Historia
20579, 26213, 27605, 28508, 31939.

de Lange, Greek Jewish Texts
21221, 21222, 21681, 21982, 23589, 23590, 24585, 25427, 25428, 25485, 25489, 26950, 27002.

Larsson, in: Fornvännen
20577.

Laudatio Bartholomaei apostoli (BHG 232c)
26761.

Laudatio Cosmae et Damiani (BHG 383)
26761.

Laudatio Ioannae Evangelistae (BHG 932d)
26761.

Laudatio Marci Evangelistae (BHG 1037)
26761

Laudatio Marciani et Martyrii (BHG 1029c)
26761.

Laudatio Matthaei Evangelistae (BHG 1228d)
26761.

Laudatio Michaeli et Gabrieli archangelorum (BHG 1294b)
26761.

Laudatio Nicolai Myrensis (BHG 1352z)
20887.

Laudatio Procopii (BHG 1582b)
26761.

Laudatio Thomaïdis Lesb. (BHG 2457)
21976, 22954, 23602, 23836, 25162, 27255, 27487, 28277, 30058, 30059, 30060, 30070, 30071, 30135, 31121, 31122, 31228, 31230.

Laurent, in: Archeion Pontu
27722.

Laurent, Bulles métriques
25818, 26142.

Laurent, in: Byzantino-Sicula
24499, 24842, 25945, 28019.

Laurent, in: BZ (49. 33)
22210, 22327, 24801, 25128.

Laurent, Corpus II
20002, 20029, 20122, 20157, 20244, 20293, 20297, 20305, 20316, 20336, 20337, 20338, 20339, 20418, 20544, 20632, 20633, 20668, 20710, 20764, 20793, 20896, 20938, 20939, 20964, 20965, 20984, 21003, 21025, 21040, 21043, 21044, 21056, 21060, 21066, 21108, 21115, 21116, 21118, 21268, 21270, 21271, 21292, 21295, 21299, 21311, 21312, 21330, 21333, 21429, 21434, 21443, 21486, 21488, 21541, 21543, 21640, 21647, 21653, 21719, 21819, 21840, 21868, 21877, 21879, 21899, 21911, 21973, 22060, 22111, 22149, 22151, 22152, 22272, 22337, 22339, 22379, 22420, 22486, 22532, 22610, 22624, 22625, 22864, 22865, 22868, 22870, 22871, 22872, 22873, 22968, 22993, 22994, 23032, 23042, 23048, 23049, 23050, 23051, 23052, 23053, 23061, 23062, 23063, 23064, 23065, 23066, 23068, 23069, 23192, 23253, 23254, 23255, 23262, 23263, 23299, 23300, 23303, 23389, 23391, 23392, 23396, 23410, 23411, 23412, 23424, 23425, 23429, 23430, 23431, 23432, 23434, 23708, 23785, 23788, 23794, 23799, 23800, 23891, 23892, 23893, 23894, 23895, 23905, 23908, 23918, 23945, 23949, 23953, 23981, 23982, 23983, 23984, 23985, 24073, 24074, 24075, 24116, 24128, 24180, 24238, 24358, 24359, 24371, 24392, 24419, 24481, 24482, 24483, 24492, 24493, 24494, 24495, 24496, 24497, 24498, 24501, 24520, 24550, 24564, 24570, 24587, 24588, 24589, 24620, 24674,

24675, 24688, 24689, 24690, 24711, 24833, 24890, 24955, 24961, 24980, 25045, 25051, 25086, 25131, 25132, 25140, 25144, 25149, 25194, 25206, 25224, 25229, 25232, 25233, 25275, 25282, 25297, 25298, 25299, 25301, 25302, 25303, 25383, 25384, 25391, 25478, 25479, 25512, 25564, 25599, 25617, 25633, 25638, 25639, 25688, 25768, 25769, 25772, 25773, 25808, 25859, 25864, 25869, 25870, 25871, 25923, 25969, 25972, 25995, 25998, 26000, 26001, 26071, 26134, 26135, 26141, 26168, 26230, 26245, 26247, 26249, 26254, 26325, 26345, 26347, 26375, 26396, 26453, 26479, 26486, 26487, 26490, 26491, 26523, 26542, 26587, 26621, 26648, 26673, 26744, 26842, 26885, 26933, 27007, 27029, 27072, 27119, 27124, 27164, 27183, 27186, 27187, 27188, 27190, 27192, 27195, 27228, 27269, 27274, 27284, 27285, 27329, 27330, 27377, 27379, 27391, 27471, 27492, 27504, 27658, 27662, 27735, 27742, 27743, 27744, 27745, 27746, 27787, 27788, 27809, 27810, 27867, 27868, 27869, 27874, 27953, 27970, 27973, 27977, 27978, 27985, 27991, 28047, 28097, 28154, 28161, 28187, 28206, 28213, 28214, 28215, 28235, 28256, 28260, 28263, 28302, 28308, 28327, 28490, 31376, 31807, 31869, 31870, 32024.

Laurent, Corpus V

20126, 20150, 20161, 20211, 20235, 20247, 20301, 20307, 20324, 20325, 20356, 20357, 20371, 20399, 20413, 20417, 20447, 20465, 20476, 20490, 20492, 20496, 20515, 20516, 20517, 20518, 20519, 20520, 20554, 20617, 20618, 20619, 20675, 20677, 20683, 20792, 20899, 20922, 20943, 20944, 20948, 20949, 20950, 20951, 20952, 20955, 20973, 20983, 21010, 21030, 21031, 21032, 21033, 21034, 21035, 21037, 21038, 21046, 21047, 21048, 21103, 21104, 21105, 21164, 21245, 21246, 21247, 21286, 21288, 21310, 21313, 21329, 21336, 21395, 21418, 21461, 21478, 21514, 21527, 21528, 21551, 21559, 21562, 21582, 21616, 21637, 21650, 21651, 21663, 21665, 21675, 21701, 21704, 21715, 21726, 21728, 21747, 21773, 21788, 21853, 21892, 21893, 21909, 21910, 21938, 21940, 21941, 21956, 21958, 21959, 21970, 22026, 22076, 22107, 22108, 22113, 22141, 22194, 22195, 22196, 22201, 22202, 22203, 22204, 22205, 22206, 22208, 22264, 22280, 22346, 22358, 22398, 22447, 22448, 22449, 22450, 22453, 22660, 22662, 22663, 22673, 22731, 22733, 22734, 22735, 22741, 22787, 22828, 22844, 22845, 22854, 22855, 22856, 22857, 22858, 22877, 22878, 22905, 22924, 22926, 22956, 22962, 22999, 23000, 23005, 23006, 23007, 23008, 23009, 23167, 23185, 23186, 23221, 23224, 23225, 23226, 23227, 23228, 23229, 23230, 23231, 23232, 23233, 23234, 23235, 23236, 23237, 23238, 23239, 23240, 23241, 23242, 23243, 23244, 23245, 23267, 23269, 23271, 23272, 23273, 23274, 23275, 23276, 23277, 23287, 23377, 23383, 23385, 23386, 23400, 23403, 23404, 23405, 23406, 23439, 23455, 23462, 23463, 23523, 23578, 23710, 23711, 23712, 23802, 23863, 23865, 23866, 23867, 23869, 23875, 23929, 23941, 23960, 23965, 23966, 23967, 23968, 23969, 23970, 23971, 23972, 23973, 23974, 23975, 23976, 23977, 23978, 23979, 23988, 23990, 24054, 24055, 24056, 24057, 24063, 24065, 24066, 24121, 24123, 24124, 24151, 24152, 24173, 24230, 24259, 24279, 24331, 24338, 24432, 24445, 24446, 24447, 24448, 24541, 24548, 24573, 24574, 24575, 24576, 24577, 24578, 24579, 24580, 24581, 24582, 24583, 24593, 24594, 24595, 24666, 24668, 24677, 24703, 24710, 24714, 24766, 24779, 24784, 24836, 24891, 24930, 24949, 24993, 24995, 25038, 25059, 25069, 25082, 25090, 25134, 25152, 25195, 25196, 25197, 25198, 25199, 25200, 25201, 25287, 25288, 25289, 25290, 25291, 25292, 25293, 25294, 25304, 25305, 25307, 25309, 25310, 25311, 25312, 25314, 25315, 25364, 25367, 25368, 25377, 25378, 25379, 25380, 25398, 25506, 25508, 25588, 25591, 25634,

25635, 25642, 25680, 25681, 25682, 25686, 25692, 25698, 25726, 25743, 25758, 25759, 25760, 25767, 25792, 25804, 25805, 25811, 25863, 25879, 25883, 25885, 25919, 25922, 25963, 25975, 25977, 25979, 25980, 25981, 25982, 26017, 26060, 26067, 26068, 26072, 26073, 26074, 26075, 26076, 26140, 26195, 26335, 26342, 26343, 26344, 26350, 26393, 26425, 26428, 26454, 26455, 26524, 26584, 26586, 26588, 26611, 26619, 26636, 26640, 26641, 26643, 26667, 26680, 26686, 26714, 26733, 26762, 26768, 26769, 26915, 26924, 26931, 26946, 26975, 26985, 27040, 27042, 27044, 27121, 27126, 27159, 27161, 27208, 27245, 27264, 27275, 27276, 27277, 27278, 27315, 27324, 27325, 27326, 27333, 27334, 27335, 27367, 27368, 27369, 27371, 27372, 27373, 27398, 27417, 27418, 27464, 27494, 27495, 27520, 27521, 27523, 27586, 27589, 27591, 27595, 27597, 27608, 27665, 27705, 27709, 27722, 27724, 27725, 27726, 27791, 27797, 27798, 27799, 27800, 27801, 27802, 27803, 27811, 27812, 27815, 27816, 27817, 27866, 27870, 27913, 27914, 27915, 27916, 27941, 27944, 27951, 27971, 27972, 27981, 27992, 27999, 28020, 28031, 28069, 28070, 28095, 28166, 28170, 28207, 28208, 28236, 28258, 28259, 28264, 28289, 28300, 28319, 28323, 28333, 28355, 28483, 30806, 31291, 31341, 31343, 31836, 31850, 31851, 31852, 31853, 31871, 31873, 31874, 31892, 32016.

Laurent, in: EO 31

24637, 25923, 28520.

Laurent, in: EO 32

20379, 23737, 24315, 25400, 27549.

Laurent, Lacédémone

20887, 21850, 22961, 24449, 25939, 27950, 28035, 28070.

Laurent, Orghidan

20216, 20387, 20399, 20492, 20520, 20580, 20634, 20782, 20838, 20888, 20925, 20966, 20967, 20968, 21056, 21074, 21077, 21078, 21108, 21135, 21322, 21331, 21372, 21666, 21804, 21857, 21900, 22039, 22076, 22081, 22218, 22297, 22462, 22865, 23014, 23065, 23071, 23082, 23083, 23231, 23234, 23279, 23280, 23321, 23337, 23338, 23397, 23398, 23457, 23537, 23539, 23609, 23632, 23685, 23713, 23735, 23742, 23872, 23905, 23912, 23913, 23969, 23989, 23994, 23995, 24024, 24025, 24026, 24027, 24037, 24062, 24447, 24450, 24502, 24623, 24624, 24676, 24713, 24896, 24897, 24971, 24982, 25044, 25093, 25236, 25237, 25319, 25337, 25338, 25349, 25372, 25638, 25642, 25659, 25684, 25774, 25841, 26002, 26532, 26621, 26817, 26871, 26872, 26875, 27014, 27019, 27188, 27228, 27284, 27287, 27288, 27339, 27350, 27353, 27354, 27406, 27474, 27502, 27526, 27658, 27735, 27800, 27818, 27840, 27877, 27966, 27983, 28008, 28053, 28056, 28108, 28214, 31346, 31347, 31906, 31907, 31908.

Laurent, in: REB 22

27256.

Laurent, Réponses canoniques

21080, 21876, 26126, 27044, 27118, 31973, 31974, 31975, 31976, 31977, 31978, 31979, 31980, 31981.

Laurent, Turcs

20121, 20127, 24106.

Laurent, Vatic.

21054, 21071, 21300, 22924, 23708, 23993, 24577, 24592, 25084, 25291, 25316, 25651, 25885, 25918, 25923, 26074, 26667, 26818, 27407, 27728, 27747, 28020, 28021, 28052, 31379, 31904.

Laxdœla saga

21189.

Lebedeva

24106.

Leccisotti, colonie cassinesi

22438, 25024, 26533.

Leo Ostiensis

20258, 20561, 20655, 20656, 21090, 21094, 21099, 22103, 22262, 22490, 22508, 22712, 23477, 23478, 23490, 24272, 24901, 24962, 25033, 25503, 25945, 26212, 26227, 26667, 26831, 27208, 27443, 28127, 28184, 28444, 31696.

Leon VI., Grabrede auf Basileios I.

20837, 21754, 22712, 24311, 26667, 27208.

Leon VI., Homilien (Antonopoulou)

20837, 21754, 22712, 24311, 26667, 27208, 27406.

Leon VI., Novellen

24311, 27208, 27406.

Leon VI., Tactica

20548, 24329, 25545.

Leon Diakonos, Enkomion auf Kaiser Basileios II.

20838, 24547.

Leon Diakonos, Historia

20009, 20118, 20253, 20421, 20499, 20699, 20769, 20780, 20784, 20785, 20786, 20925, 20942, 20983, 21198, 21277, 22701, 22751, 22753, 22778, 23107, 23108, 23529, 23631, 23632, 23823, 23921, 23922, 24408, 24423, 24424, 24515, 24516, 24519, 24531, 24532, 24547, 24884, 24924, 24962, 25124, 25249, 25253, 25444, 25535, 25583, 25606, 25609, 25611, 25675, 25784, 25785, 25961, 26011, 26017, 26280, 26409, 26496, 26636, 26699, 26700, 26715, 26804, 26833, 26834, 26842, 27294, 27315, 27421, 27439, 27440, 27467, 27504, 27506, 27604, 27758, 27759, 27760, 27929, 27993, 28125, 28370, 30086, 30087, 30095, 30138, 30139, 30461, 30481, 30482, 30485, 30486, 30488, 30489, 30551, 30842, 31328, 31368, 31444, 31480, 31491, 31502, 31503, 31505, 31507, 31514, 31529, 31530, 31531, 31533, 31540, 31542, 31543, 31544, 31545, 31546, 31547, 31548, 31549, 31589, 31730.

Leon gr.

20022, 20055, 20078, 20086, 20115, 20122, 20123, 20195, 20197, 20228, 20298, 20299, 20351, 20365, 20405, 20430, 20431, 20445, 20476, 20543, 20581, 20582, 20608, 20627, 20646, 20647, 20697, 20716, 20726, 20750, 20769, 20771, 20837, 20911, 20912, 20913, 20914, 20920, 20927, 20934, 21126, 21156, 21197, 21238, 21258, 21261, 21262, 21273, 21275, 21365, 21369, 21421, 21470, 21635, 21754, 21759, 21777, 21780, 21801, 21805, 21828, 21836, 21836, 21913, 21927, 22018, 22045, 22082, 22127, 22134, 22137, 22328, 22329, 22511, 22574, 22624, 22654, 22712, 22784, 22824, 22825, 22836, 22838, 22840, 22900, 22901, 22903, 22906, 22909, 22911, 22914, 22915, 22916, 22917, 22918, 22937, 22938, 23506, 23571, 23629, 23634, 23690, 23692, 23693, 23699, 23732, 23734, 23742, 23744, 23780, 23781, 23785, 23815, 23816, 23817, 23818, 23819, 23820, 23821, 23822, 23823, 23824, 23826, 23827, 23831, 23835, 24102, 24110, 24112, 24191, 24213, 24215, 24216, 24267, 24297, 24311, 24313, 24316, 24329, 24341, 24342, 24343, 24344, 24345, 24397, 24398, 24399, 24404, 24408, 24409, 24412, 24424, 24651, 24854, 24857, 24878, 24919, 24955, 24956, 24962, 24995, 25010, 25041, 25123, 25151, 25161, 25163, 25164, 25165, 25167, 25168, 25170, 25171, 25174, 25175, 25177, 25183, 25420, 25430, 25446, 25451, 25458, 25483, 25490, 25545, 25573, 25697, 25714, 25717, 25740, 25742, 25885, 25886, 25910, 25947, 25950, 25961, 26178, 26184, 26237, 26243, 26252, 26265, 26279, 26320, 26331, 26332, 26409, 26420, 26468, 26562, 26634, 26663, 26667, 26697, 26715,

26730, 26758, 26760, 26791, 26828, 26833, 26834, 26838, 26841, 26964, 26973, 27052, 27088, 27141, 27152, 27179, 27208, 27224, 27243, 27245, 27251, 27253, 27406, 27408, 27410, 27427, 27467, 27468, 27469, 27480, 27481, 27482, 27553, 27583, 27602, 27607, 27619, 27641, 27650, 27678, 27682, 27683, 27684, 27898, 27907, 28036, 28037, 28076, 28086, 28087, 28122, 28123, 28180, 28192, 28193, 28194, 28291, 28299, 28374, 28444, 28505, 28506, 30147, 30157, 30183, 30193, 30194, 30217, 30233, 30261, 30270, 30311, 30358, 30713, 30717, 30718, 30740, 30775, 30878, 30879, 30883, 30948, 31068.

Leon Magistros, Chil. Theologia

23734, 24343..

Leon Magistros, Epp.

20017, 20058, 20297, 20917, 21469, 22072, 24311, 24343, 24400, 25446, 25739, 26765, 26786, 26909, 27224, 27467, 28293, 30196, 30197, 30239, 30242, 30245, 30249, 30250, 30251, 30252.

Leon Magistros, Gedichte

24311, 24313, 24343, 25088, 26221, 26667, 27208, 28040, 28505.

Leon Magistros, De thermis

23734, 24311, 24343.

Leon von Sardeis, Ep.

24421, 26833, 28192, 30355, 31174, 31175, 31179, 31180.

Leon von Synada, Epp.

20579, 20616, 20838, 21352, 21513, 21561, 22279, 22435, 22542, 23163, 23167, 23486, 23646, 23735, 24416, 24532, 24539, 24542, 24841, 25080, 25269, 25274, 25410, 25477, 25617, 25790, 26040, 26213, 27118, 27315, 27318, 27597, 27774, 30537, 31699, 31700, 31701, 31702, 31703, 31704, 31705, 31706, 31707, 31708, 31709, 31714, 31715, 31719, 31720, 31721, 31722, 31725, 31726, 31727, 31728.

Leonis abbatis et legati epistola, in: MGH SS

21655, 24304, 26197, 30533.

Leontiades (SBS 9)

27115, 27124.

Libellus Aedelwoldi (Æthelwoldi)

27069.

Liber Eliensis

27069.

Liber miraculorum sanctae Fidis ... (BHL 2942)

20098, 26571.

Liber Pont.

20341, 20837, 20843, 20856, 21192, 21197, 21577, 21583, 21589, 21641, 21825, 22001, 22503, 22537, 22712, 22785, 22796, 23486, 23510, 23512, 24983, 25063, 26294, 26433, 26667, 27099, 27381, 27384, 27395, 27891, 28010, 28136, 28279, 30156.

Liber Vitae (Winchester)

20400.

Lichačev, Bogomateri

20247, 22108, 22845, 22856, 23578, 25871, 25885, 26915, 27874, 27944, 28263.

Lichačev, in: Byz 11

23578, 25885.

Lichačev, Molivdovuly

20119, 20294, 20677, 20760, 20956, 20970, 22143, 22982, 23076, 23206, 23557, 23797, 23909, 23945, 24106, 24714, 24872, 25239, 25835, 25923, 26064, 26104, 26453, 27016, 27017, 27192, 27617, 27648, 27654, 27789, 27846.

Lichačev, Nekotorye
20838, 23742.

Lichačev, Pečati
23578, 25885.

Lichačev, Trudy
20247, 23578, 25885.

Lichačev, vinzantijskach pečatijach
27231.

Lied auf Theophano
20925, 22778, 27604, 28125.

Lightfoot–Ivison
30457.

Liudprand, Antapodosis
20018, 20370, 20837, 21144, 21147, 21156, 21275, 21785, 22626, 22637, 22751, 23485, 23734, 23820, 23831, 24111, 24272, 24311, 24408, 24745, 24749, 24752, 24814, 24919, 25183, 26279, 26409, 26833, 26834, 26886, 26971, 27068, 27251, 27467, 28087, 30226, 30326, 30384, 30407, 30408, 30409, 30814, 31236, 31237, 31278, 31484, 31485, 31488.

Liudprand, Legatio
20097, 20223, 20436, 20769, 20838, 20925, 21275, 21302, 21585, 23484, 23735, 24423, 24514, 24745, 24884, 24919, 25249, 25250, 25251, 25252, 25608, 25609, 25784, 26211, 26715, 26895, 27504, 28125, 28192, 30463, 30464, 30465, 30466, 30467, 30468, 30469, 30470, 30471, 31481, 31482, 31483, 31489, 31490, 31491, 31492, 31493, 31494, 31495, 31496, 31497, 31498, 31500.

Lobrede Ilarions
28433.

Lögmansannáll
22766.

Lucà, Manoscritti 'Rossanesi'
20375, 20815, 24763, 24884, 24991, 25499, 25503, 25511, 25610, 26356, 26366, 28018.

Lucà, in: Scritture I
21091, 22475.

Lupus Protospatarius
20005, 20117, 20197, 20246, 20837, 21090, 21094, 21208, 21328, 21407, 22032, 22357, 22438, 22708, 22756, 22777, 22778, 23162, 23352, 23582, 23632, 23780, 24197, 24272, 24303, 24308, 24657, 24780, 24842, 24884, 24962, 25033, 25046, 25527, 26199, 26288, 26565, 26566, 26567, 26696, 26720, 26721, 26742, 26807, 26835, 26858, 26887, 26983, 27037, 27054, 27138, 27443, 27850, 27884, 28073, 28366, 28407, 28508.

Mabillon, Acta sanctorum
20817.

Mabillon, Vetera Analecta
21141, 21642, 24838, 30218, 30793.

Mailfert, Saint-Nicolas
22013.

Makīn
20040, 20050, 20621, 20711, 20769, 20784, 22778, 24423, 24929, 26197, 26998, 27127.

Maksimović–Popović, in: SBS 3
21323, 22342, 24592.

Mango, in: Arch. Anzeiger 81
24400, 25851.

Mann, Texts and Studies
22564, 22574, 23734.

Manns
23078.

Mansi (869/70)

20251, 20279, 20285, 20341, 20448, 20477, 20583, 20592, 20599, 20660, 20716, 20758, 20812, 20845, 20846, 20847, 20848, 20849, 20850, 20851, 20852, 20853, 20854, 20855, 20857, 21254, 21255, 21256, 21257, 21361, 21362, 21452, 21589, 21641, 21699, 21700, 21788, 21811, 21823, 21824, 21826, 21914, 21916, 21917, 21918, 21975, 22086, 22087, 22088, 22089, 22090, 22091, 22092, 22286, 22348, 22349, 22350, 22351, 22352, 22353, 22354, 22355, 22356, 22603, 22623, 22647, 22656, 22712, 22714, 22715, 22716, 22717, 22718, 22755, 22770, 22781, 22785, 22787, 22788, 22789, 22790, 22791, 22792, 22794, 22795, 22797, 23512, 23513, 23514, 23515, 23516, 23696, 23746, 23747, 23748, 23749, 23750, 23751, 23752, 23753, 23754, 23755, 23756, 24096, 24097, 24225, 24227, 24288, 24318, 24320, 24321, 24322, 24323, 24324, 24325, 24326, 24327, 24703, 24704, 24757, 24826, 24867, 24868, 24958, 24975, 24976, 24977, 24983, 24988, 24989, 25029, 25036, 25088, 25098, 25101, 25102, 25103, 25104, 25105, 25106, 25107, 25108, 25522, 25537, 25538, 25539, 25540, 25541, 25542, 25543, 25698, 25699, 25700, 25701, 25887, 25888, 25889, 25890, 25891, 25892, 26191, 26220, 26226, 26240, 26295, 26296, 26297, 26298, 26299, 26300, 26301, 26302, 26303, 26415, 26430, 26432, 26552, 26591, 26650, 26659, 26668, 26669, 26670, 26751, 26977, 27013, 27096, 27097, 27098, 27100, 27156, 27177, 27209, 27210, 27211, 27212, 27213, 27214, 27215, 27228, 27381, 27405, 27560, 27561, 27562, 27618, 27620, 27621, 27622, 27623, 27624, 27625, 27626, 27887, 27888, 27889, 27989, 28011, 28035, 28076, 28077, 28078, 28079, 28080, 28136, 28137, 28139, 28140, 28176, 28177, 28178, 28179, 28279, 28280, 28281, 28282, 28446, 28476, 28477, 30155.

Mansi (879/80)

20024, 20094, 20141, 20175, 20176, 20286, 20349, 20350, 20352, 20455, 20456, 20457, 20471, 20479, 20480, 20481, 20482, 20483, 20484, 20600, 20601, 20661, 20662, 20663, 20664, 20665, 20717, 20762, 20848, 20854, 20859, 20860, 20861, 20862, 20863, 20864, 20865, 20866, 20867, 20868, 20869, 20870, 20871, 20872, 20873, 20874, 20875, 20876, 20877, 20878, 20879, 21158, 21260, 21363, 21364, 21391, 21392, 21411, 21453, 21641, 21643, 21679, 21688, 21701, 21702, 21703, 21763, 21768, 21775, 21788, 21812, 21813, 21814, 21815, 21829, 21830, 21831, 21832, 21833, 21834, 21881, 21883, 21884, 21885, 21886, 21887, 21888, 21919, 22020, 22083, 22095, 22096, 22097, 22098, 22099, 22100, 22286, 22287, 22288, 22289, 22290, 22291, 22292, 22348, 22358, 22359, 22360, 22361, 22362, 22363, 22364, 22365, 22366, 22367, 22368, 22369, 22657, 22714, 22721, 22722, 22723, 22724, 22725, 22725*, 22726, 22781, 22790, 22803, 22805, 22806, 22807, 22808, 22809, 22810, 22811, 22812, 22813, 22814, 22815, 22816, 22817, 22818, 22819, 22820, 23468, 23518, 23550, 23567, 23574, 23575, 23698, 23706, 23707, 23747, 23759, 23760, 23761, 23762, 23763, 23764, 23765, 23766, 23767, 23768, 23769, 23770, 23771, 23772, 23773, 23774, 23775, 23776, 23777, 23778, 23779, 24098, 24099, 24100, 24225, 24244, 24318, 24322, 24331, 24332, 24333, 24334, 24335, 24336, 24337, 24338, 24340, 24705, 24706, 24757, 24760, 24761, 24787, 24827, 24828, 24870, 24978, 24993, 24994, 25036, 25052, 25064, 25065, 25066, 25067, 25068, 25069, 25070, 25071, 25110, 25111, 25112, 25113, 25114, 25115, 25116, 25117, 25118, 25119, 25120, 25121, 25122, 25506, 25540, 25546, 25547, 25548, 25549, 25550, 25551, 25552, 25553, 25554, 25555, 25556, 25557, 25705, 25706, 25707, 25708, 25709, 25710, 25711, 25891, 25894, 25895, 25896, 25897, 25898, 25899, 25900, 25901, 25902, 25903, 25904, 25905, 25906, 25907, 25908, 26293, 26304, 26305, 26306, 26307, 26308, 26309,

26310, 26311, 26312, 26313, 26314, 26397, 26436, 26437, 26438, 26439, 26440, 26441, 26442, 26443, 26554, 26598, 26599, 26600, 26601, 26602, 26603, 26604, 26605, 26631, 26660, 26672, 26694, 26757, 26915, 26916, 26917, 26918, 26919, 26920, 26921, 26978, 26979, 26980, 26981, 27097, 27102, 27103, 27157, 27158, 27210, 27211, 27216, 27217, 27218, 27219, 27220, 27221, 27222, 27388, 27389, 27453, 27454, 27455, 27456, 27457, 27458, 27459, 27460, 27461, 27462, 27463, 27464, 27563, 27594, 27618, 27630, 27631, 27632, 27633, 27634, 27635, 27636, 27637, 27638, 27893, 27894, 27895, 27896, 27897, 27990, 28012, 28043, 28044, 28081, 28082, 28083, 28141, 28142, 28143, 28181, 28182, 28269, 28270, 28272, 28283, 28284, 28285, 28349, 28373, 28447, 28476, 28478, 28479.

Mansi XVI

20194, 24869, 28010.

Maqqarī

20183, 22626, 26810, 26971, 30384.

Maqrīzī, Ḫiṭaṭ

20042, 20057, 20070, 20086, 20193, 20621, 21985, 22068, 22551, 22639, 22705, 22938, 24311, 25434, 25438, 25443, 25446, 25449, 25451, 25461, 25463, 25494, 26799, 26909, 26957, 27241, 27432, 31133.

Maqrīzī, Itti‘aẓ

20011, 20253, 20255, 20259, 20711, 20838, 22015, 22049, 22544, 22550, 22778, 24793, 24852, 24858, 25433, 25444, 25447, 25470, 26008, 26173, 26784, 26785, 26808, 26954, 26962, 27127, 28461, 28462, 28500, 30535, 31577, 31588, 31697, 31938, 31961, 31962.

Maqrīzī, Kitāb al-muqaffā

20072, 20082, 20188, 20253, 20275, 20711, 20838, 21379, 21991, 22069, 22549, 22558, 22562, 22778, 24793, 24858, 24863, 24884, 25444, 26808, 26962, 26998, 28457, 31226, 31389.

Marava-Chatzinicolaou–Toufexi-Paschou

22987, 23154, 23214, 24352, 24669, 25509, 26057, 27857.

Martin-Hisard, in: Vita Ioannis et Euthymii hiberica

23509.

Martini–Bassi

20506, 22338, 26866.

Marx, Verzeichnis …

23010.

Mas‘ūdī, Murūǧ

20086, 20193, 20194, 20228, 20837, 21340, 21365, 22574, 22624, 22682, 22938, 23734, 24311, 24397, 25443, 25446, 26833, 26909, 27079, 27241, 27251, 27558, 28192, 28378, 28463, 28469.

Mas‘ūdī, Tanbīh

20039, 20086, 20193, 20228, 20405, 21132, 21166, 21275, 21985, 22068, 22574, 22639, 22705, 22938, 23734, 23817, 23831, 24311, 25434, 25438, 25443, 25446, 25449, 25451, 25461, 25463, 25494, 26799, 26833, 26834, 26909, 26957, 26998, 27241, 27251, 27432, 27468, 27558, 28192, 28458.

Mat‘evosean, Kolophone (arm.)

20642, 20838, 21432, 22052, 22053, 22078, 25535, 27008, 27141, 27144.

Matranga, Anecdota Graeca

20603, 21257, 22574, 23734, 23741, 23819, 24311, 24343, 27710, 28040.

Matthäus von Edessa

20007, 20047, 20253, 20649, 20651, 20838, 20925, 21432, 21441, 22053, 22309, 22530, 22619, 22778, 23735, 24530, 24737, 25042, 25426, 25464, 25472, 25535, 25675, 26173,

26538, 26834, 26998, 27008, 27145, 27146, 27176, 28125, 28445, 30097, 30491, 30492, 30493, 30494, 30497, 30500.

Medici byzantini (verschiedene Autoren)

24059, 24312, 25035, 25737, 26590, 26866, 28094, 28149.

Megillat Ahimaaz

20837, 21754, 22552, 24311, 27000, 30757.

Men. (Latyšev)

20025, 26833, 28192, 31172, 31176, 31182.

Men. Basilii

20476, 21171, 21207, 22125, 22712, 22779, 23510, 24311, 25610, 26428, 26576, 26637, 27208, 28122.

Mercati, in: AnBoll 69

25617, 27425, 27504, 31866.

Mercati, in: BollBadGr 8

20444, 26494.

Mercati, in: Byz 29-30

21325.

Mercati, Collectanea Byzantina II

24311.

Mersich, in: JÖB 37

27765.

Metanoia Leontos basileos

24311, 25885.

Metrophanes von Smyrna

25088.

Metropolites von Chonai, Epp.

20499, 26715, 30490, 31553, 31554, 31555, 31556, 31557, 31558, 31559, 31560, 31561, 31562, 31563, 31564, 31565, 31566, 31567, 31568, 31569, 31570, 31571, 31572.

Meyer–Burckhardt (Hss. Basel)

27096.

MGH Diplomata

28127.

MGH Epp.

20122, 20130, 20228, 20287, 20341, 20701, 20837, 20842, 20843, 21127, 21139, 21140, 21191, 21197, 21204, 21227, 21410, 21538, 21540, 21577, 21583, 21584, 21589, 21601, 21775, 21776, 21816, 21915, 22001, 22063, 22094, 22101, 22103, 22301, 22348, 22357, 22489, 22537, 22538, 22712, 22785, 22797, 22798, 22804, 22826, 22827, 23470, 23471, 23472, 23473, 23475, 23548, 23742, 24289, 24290, 24291, 24311, 24339, 24755, 24983, 25008, 25062, 25088, 25109, 25696, 26302, 26316, 26397, 26398, 26553, 26554, 26555, 26556, 26644, 26667, 26912, 26990, 27049, 27208, 27381, 27382, 27383, 27384, 27409, 27433, 27437, 27452, 27578, 27619, 27887, 27890, 27955, 27956, 28010, 28136, 28183, 28422, 28427, 28477, 28502, 28515.

Michael Psellos, Akoluthia (BHG 1675a)

27504.

Michael Psellos, Chronographia

20131, 20247, 20263, 20265, 20784, 20785, 20838, 20925, 21761, 22578, 22582, 23371, 23735, 23736, 23940, 24423, 25609, 26781, 26835, 26976, 27514, 27605, 28125, 28508.

Michael Psellos, Encomium in Matrem

27958.

Michael Psellos, Enkomion Symeonis Metaphr. (BHG 1675)

27504.

Michael Psellos, Hypomnema

30580.

Michael Psellos, Laudatio Nicolai (BHG 2313)
20247, 20434, 20838, 26077, 30607, 31594.

Michael Psellos, Theologica
23092, 23413, 27935.

(Pseudo-)Michael Psellos, Historia Syntomos
20228, 20699, 20769, 20784, 20785, 20837, 20838, 20925, 21275, 21754, 22574, 22778, 23734, 23735, 23742, 23831, 24311, 24313, 24423, 25535, 26833, 26834, 26840, 27208, 27251, 27619, 28125, 28180, 30718.

Michael syr.
20165, 20228, 20642, 20837, 20838, 20925, 21102, 21442, 21568, 21674, 21759, 22750, 22778, 22917, 23101, 23167, 23377, 23378, 23379, 23380, 23438, 23542, 23543, 23734, 23735, 24311, 25424, 25431, 25467, 25535, 25617, 25885, 26124, 26574, 26833, 26834, 26835, 27245, 27467, 27605, 27759, 27865, 28122, 28125, 28152, 28192, 28475, 28505, 28506, 28508, 30217, 31172.

Mihaljčić–Steindorff, Steininschriften
21204, 25466, 28431.

Miklosich–Müller
20827, 21003, 21004, 21943, 22030, 22431, 22739, 23100, 24284, 25079, 25264, 25265, 25789, 26019, 26337, 26715, 27314, 27504, 28192, 30517, 30518, 31393.

Millet–Pargoire, Inscriptions
22180.

Mioni, in: Byz 19
24343.

Mioni, Catalogo ... biblioteche italiane
20624, 21547, 22200, 22452, 22772, 22987.

Mioni, Catalogus Neapol.
23375.

Mioni, Codd. gr. Bibl. Marc.
20678, 20828, 20839, 20916, 21558, 24998, 26062, 26187, 27918.

Miracula S. Marci (BHL 5285)
23845, 27491.

Miracula Sancti Nicholai ... (BHL 6177)
22013.

Miskawayh
20051, 20062, 20074, 20081, 20086, 20131, 20254, 20785, 22686, 22914, 23921, 25042, 25167, 25449, 25451, 25487, 25535, 25611, 25617, 26804, 26833, 26998, 27558, 27758, 30459, 31081, 31091, 31092, 31474, 31475, 31476.

Mititelu–Barnea
24487.

Mjatev
22113.

Montfaucon, Palaeographia Graeca
20748, 28201, 28238, 28276.

Mordtmann (diverse kleinere Siegelpublikationen)
21265, 21418, 21640, 21878, 21907, 22155, 22375, 22481, 22841, 22989, 23192, 23400, 23708, 23796, 23945, 24106, 24194, 24328, 24382, 24399, 24439, 24443, 24700, 24801, 24955, 24975, 24979, 25130, 25216, 25378, 25383, 25754, 25819, 26251, 26609, 27184, 27190, 27192, 27406, 27573, 28114, 28160, 31850.

Morkinskinna
21740, 25004.

Morrisson
25535.

Mosaikinschrift (griech.-syr.) im Symeonkloster

27550.

Movsēs Dasxuranc'i (Kałankatuac'i)

20642, 27141, 28472.

Muccioli, Catalogus Cesena

22772.

Mušmov

20838, 21197, 24638, 27786, 27981, 28249.

Mutanabbī

20769, 20786, 20937, 22692, 23841, 24423, 25462, 25611, 26349, 26851, 26998, 26998, 27993, 31400, 31407.

Muthesius, Silk

20838, 21275, 23735, 25323, 26527, 26833.

Mxit'ar Ayrivanec'i

20006, 20646, 22052, 26538, 27144, 28472.

Nadpisi (Antonin)

20397, 20441, 21525, 22058, 22158, 23367, 23382, 24928, 25361, 26277, 26392, 26695, 26813, 28212, 30082.

Nadpisi (Latyšev)

24846, 24874, 25695, 25942, 30427.

Nāmī (Hamadānī bzw. Ibn Ẓāfir)

20769, 23841, 26998.

Narratio de Imagine Edessena A. B (BHG 793. 794. 795)

20025, 20369, 23734, 23831, 26833, 26834, 27251, 28087, 28192, 30356, 31172, 31176, 31177, 31181, 31182.

Nesbitt

21076, 21292, 21443, 23610, 24036, 24802, 25195, 25324, 27331, 27420, 28221, 31920.

Nestorchronik

20132, 20133, 20218, 20219, 20224, 20225, 20228, 20264, 20274, 20322, 20436, 20547, 20556, 20639, 20769, 20837, 21150, 21205, 21614, 21684, 21749, 21992, 22002, 22003, 22005, 22010, 22012, 22014, 22317, 22498, 22512, 22518, 22520, 22711, 22751, 22758, 22778, 22917, 23564, 23565, 23568, 23584, 23586, 23667, 23672, 23676, 23678, 23681, 23683, 23703, 23721, 23723, 24206, 24311, 24739, 24741, 25062, 25419, 25468, 26185, 26186, 26243, 26406, 26636, 26748, 26749, 26750, 26820, 26821, 26833, 26901, 26902, 26903, 26905, 27060, 27061, 27062, 27063, 27064, 27065, 27089, 27136, 27202, 27203, 27387, 27437, 27438, 27439, 27440, 27467, 27699, 28087, 28162, 28348, 28372, 28376, 28379, 28380, 28381, 28382, 28394, 28395, 28417, 28423, 28433, 28435, 28436, 28437, 28438, 28439, 30254, 30357, 30515, 30523, 30524, 30525, 30526, 30530, 30532, 31676, 31681.

Nicephorus Phocas, De velitatione

20040, 20769, 23734, 23862, 24311, 24423, 25535, 25545, 26834, 26998, 30741, 30742, 31330, 31331.

Nikephoros, Chron. synt.

20837, 21754, 22712, 24311, 26667, 27208, 28122.

Nikephoros Bryennios

20250, 20785, 24885, 24944, 26983, 28254.

Nikephoros Kallistos (PG)

22823, 27464, 28226.

Nikephoros Kallistos, Catal. patriarch.

20247, 20476, 20499, 20983, 21876, 21913, 22712, 25885, 26019, 26667, 26715, 27044, 27118, 27208, 27245, 28192, 28374.

Nikephoros Kallistos Xanthopulos, Diegesis (BHG 1361)

23510.

Nikephoros Uranos, Epp.

20323, 20466, 20838, 21432, 21560, 21952, 22199, 22432, 23160, 23163, 23168, 23247, 24532, 24584, 24642, 24841, 24887, 24888, 25266, 25271, 25295, 25296, 25617, 25790, 25806, 26040, 26373, 26522, 26692, 26739, 26864, 27315, 27328, 27516, 27804, 27805, 30114, 30569, 31679, 31680, 31684, 31685, 31686, 31687, 31688, 31689, 31690, 31691, 31710, 31848, 31856, 31857, 31858, 31859, 31860, 31861, 31862, 31863, 31864.

Niketas Byzantios, Werke

20642, 25713.

Niketas klerikos, Historia

20671, 21244, 25746, 30385, 30386, 31231, 31232, 31233.

Niketas Magistros, Epp.

20231, 20703, 20925, 22393, 22394, 22395, 22398, 22938, 22953, 23682, 23734, 23840, 24110, 24417, 25740, 26472, 26829, 26833, 27023, 27152, 27262, 27697, 28087, 31088, 31125, 31209.

Niketas Paphlagon, Enkomion auf den Propheten Daniel (BHG 488b)

25712.

Niketas Paphlagon, Epp.

20554, 20605, 21913, 24311, 25885, 25941, 25945, 26328.

Niketas Paphlagon, Laudatio Andreae (BHG 100)

25712, 27900.

Nikolaos Mystikos, Epp.

20114, 20122, 20231, 20254, 20270, 20342, 20364, 20430, 20473, 20492, 20554, 20605, 20646, 20647, 20658, 20919, 20924, 21154, 21224, 21365, 21421, 21461, 21478, 21712, 21781, 21913, 21926, 21928, 22023, 22052, 22056, 22307, 22314, 22328, 22388, 22389, 22390, 22607, 22608, 22624, 22658, 22659, 22731, 22732, 22734, 22909, 22910, 22911, 22912, 22924, 22939, 23477, 23691, 23704, 23818, 23820, 23825, 23828, 24108, 24184, 24272, 24273, 24311, 24397, 24403, 24405, 24406, 24756, 24845, 24860, 25012, 25087, 25169, 25188, 25418, 25451, 25743, 25885, 25945, 26339, 26418, 26463, 26467, 26474, 26592, 26607, 26635, 26667, 26676, 26833, 26915, 26927, 27224, 27245, 27411, 27467, 27906, 28046, 28174, 28271, 28374, 28407, 28467, 28473, 28506, 30047, 30131, 30258, 30259, 30260, 30264, 30265, 30271, 30272, 30273, 30278, 30280, 30281, 30282, 30283, 30294, 30298, 30300, 30410, 30843, 30908, 30909, 30910, 30911, 30912, 30913, 30914, 30915, 30916, 30917, 30918, 30919, 30921, 30922, 30923, 30929, 30930, 30931, 30932, 30933, 30934, 30935, 30936, 30937, 30938, 30939, 30940, 30941, 30942, 30943, 30944, 30945, 30946, 30947, 30951, 30952, 30953, 30954, 30955, 30956, 30957, 30958, 30959, 30960, 30961, 30962, 30963, 30964, 30965, 30966, 30967, 30968, 30969, 30970, 30971, 30972, 30973, 30974, 30975, 30976, 30977, 30978, 30979, 30980, 30981, 30983, 30986, 30987, 30988, 30989, 30991, 30994, 30995, 30996, 30997, 30999, 31000, 31001, 31002, 31003, 31004, 31005, 31006, 31007, 31008, 31010, 31011, 31012, 31014, 31015, 31016, 31029, 31030, 31031, 31059, 31060, 31061, 31063, 31064, 31065, 31066, 31073, 31076, 31077, 31083.

Nikolaos Mystikos, Opuscula (Westerink)

20099, 22574, 24184, 25174, 25885, 28467, 28472.

Nikolaos Skribas, Logos Antirrhetikos

27118.

Nikomedes, Kommentar zu Apokalypse
26153.

Nikon vom Schwarzen Berg, Taktikon
20165, 22778, 23167, 26715, 27759.

Njáls saga
23724.

Norges Innskrifter
28336.

Notitiae Episcopatuum (Darrouzès)
20231, 24311, 25885.

Notiz (Kosinitza)
20704, 21593, 23530.

Notizen im Cod. Patm. 171 (ed. Oikonomides)
21654, 21760, 21858, 23088, 23091, 23527, 24512, 24964, 25245, 27153, 27548, 28223.

Novgorodskaja pervaja letopis'
22751, 22768, 25404, 26185, 28433.

Nu'mān, Iftitāḥ
22558, 22708, 24863, 24962, 25444.

Nu'mān, mağālis
20018, 20275, 21991, 22066, 22558, 23734, 24962, 25444, 25535, 26834, 30447.

Nuwayrī
20009, 20031, 20046, 20059, 20060, 20061, 20063, 20072, 20074, 20081, 20084, 20122, 20188, 20191, 20747, 20769, 20784, 20785, 20838, 22050, 22549, 22558, 22559, 22562, 22589, 22708, 22821, 22914, 22917, 23702, 24531, 24793, 24852, 24858, 24884, 25042, 25167, 25253, 25433, 25444, 25446, 25449, 25451, 25462, 25492, 25494, 25535, 25611, 25784, 26008, 26212, 26496, 26784, 26785, 26787, 26833, 26909, 26951, 26954, 26962, 26967, 26998, 27241, 27555, 28401, 28457, 28461, 28470, 30322, 30459, 31400, 31474, 31511, 31512.

Oddr Snorrason, Óláfs saga Tryggvasonar
26182, 30579, 32050.

Oikonomides, Dated Seals
20247, 21876, 22398, 22438, 22926, 23685, 24927, 25260, 25364, 26039, 26667, 26915, 26974, 27044, 27406, 27406, 27763, 28087, 28296, 28513.

Oikonomidès, in: DOP 27
27504.

Oikonomides, in: Peace and War in Byzantium
23734, 27293.

Oikonomidu
28218.

Óláfs saga hins helga
22584.

Óláfs saga Tryggvasonar
32050.

Óláfs saga Tryggvasonar en mesta
26182, 28338, 30579.

Oratio de imagine Edessena ... (BHG 796g)
22401, 26833, 28192.

Oratio de indictionis principio (BHG 822f)
26761.

Oratio de Orthodoxiae festo (BHG 1394q)
26761.

Oratio de translatione Gregorii theologi (BHG 728)
23734, 28192, 30368.

Oratio de translatione manus Ioannis Baptistae (BHG 849)

23467, 23734, 26834, 28192, 31397.

Östergötlands runinskrifter

20136, 20653, 22065, 22765, 22766, 26174, 26177, 28418, 28419, 32051, 32060.

Otloh von St. Emmeram, Liber visionum

28127.

Otto III. (Privileg vom 6. Februar 1000)

22492.

Pančenko

20269, 20324, 20458, 20838, 21030, 21367, 22122, 23067, 23276, 23794, 23945, 23960, 23966, 23968, 24081, 24391, 24469, 24575, 24668, 24890, 25134, 25275, 25298, 25384, 25734, 25751, 26076, 27407, 27826, 27925, 27926, 28121, 31365, 31851.

Papadopulos-Kerameus, Hierosol. Bibl.

20983, 22142, 22611, 23012, 23655, 24103, 24837, 25535, 26279, 26333, 26354, 26715, 27245, 27537, 27756, 27773, 28192, 28374.

Papazoglu, Cheirographa Eikosiphoinisses

22197.

Papsturkunden (Zimmermann)

21141, 21164, 21642, 23503, 24838, 30218.

Passio Nicolai Bunensis (BHG 2308. 2309)

20196, 20210, 20228, 21269, 21477, 21622, 21784, 21790, 22380, 22554, 22630, 22869, 24311, 25148, 25921, 25964, 26232, 26253, 26404, 26607, 27663, 30227.

Passio Pauli Caïumensis (BHG 1471)

20476.

Patria

20241, 20837, 20838, 21752, 22328, 22752, 22918, 23744, 23815, 24480, 25885, 26090, 26833, 27406, 27707, 28122, 28123, 28505, 30817.

Patriarchengeschichte

20194, 20228, 20621, 20711, 20810, 21102, 21442, 21568, 21674, 22544, 22750, 23377, 23378, 23379, 23438, 23542, 23543, 23596, 24311, 24929, 25424, 25431, 26574, 27127, 27865, 28462, 28475, 28495.

Patriarchenliste des Cod. Athen. 1429

20476, 20499, 20785, 20983, 22712, 25885, 26019, 26667, 26715, 27118.

Patriarchenliste des Cod. Guelf. Helmst. 63 (PG 119)

20247, 20476, 20499, 20983, 21876, 21913, 22712, 25885, 26019, 26667, 26715, 27044, 27118, 27208, 27245, 28192, 28374.

Paulos von Monembasia

21714, 21802, 22577, 22998, 25716, 26269, 26350, 26475, 30223.

Paulos-Kloster, Liste der Hegumenoi

21381, 21509, 22030, 24775, 25366, 26521, 27486.

Peeters, Colophon

21349, 22926, 22942, 23544, 28365.

Peira

20791, 20838, 21798, 21870, 22257, 24941, 24963, 26019, 26542, 26778, 26833, 26835, 27504, 27579, 27708, 27959, 30804, 30818, 31867, 31868.

Pennas

23077, 25936.

Peri Metatheseon (Darrouzès. Rhalles-Potles)

20165, 20278, 20621, 20785, 21451, 21835, 21894, 22348, 22823, 24416, 26019, 27464, 27620, 27796, 28144, 28226, 31849.

Perria–Iacobini, Vangelo di Dionisio
21547.

Petros v. Alexandreia
20228, 20837, 24311.

Petros Heg.
26431.

Petros Patrikios, Epigramm
24311, 26450.

Petros Sikeliotes
21340, 25893, 26431.

Petrus Damiani
21142, 23495, 27036.

Philetos Synadenos, Epp.
23167, 25617, 25660, 26597, 28330, 31945.

Philotheos, Kletorologion
20228, 23474, 24311, 25525, 26634, 28505.

Photios, Amph.
20278.

Photios, Anacreontische Gedichte
20837, 26667.

Photios, Contra Manichaeos
21340.

Photios, Epp.
20199, 20278, 20341, 20346, 20598, 20642, 21197, 21591, 21640, 21686, 21775, 21776, 21914, 22063, 22078, 22083, 22084, 22085, 22348, 22713, 22786, 22800, 22825, 23470, 23745, 23757, 23758, 24331, 24867, 24955, 25088, 25089, 25097, 25098, 25100, 25544, 25702, 26293, 26314, 26397, 26433, 26554, 26959, 27101, 27132, 27178, 27559, 27619, 27620, 27886, 28076, 28138, 28455, 28476, 28477, 28479, 28496, 28515, 30001, 30153, 30159, 30162, 30163, 30164, 30165, 30167, 30168, 30177, 30631, 30634, 30635, 30648, 30652, 30653, 30654, 30655, 30656, 30657, 30658, 30659, 30660, 30661, 30662, 30663, 30664, 30665, 30666, 30667, 30668, 30670, 30671, 30690, 30693, 30704, 30705.

Photios, Mystagogia
21775, 22538, 23470, 26397, 26554.

Photios, Enkomion auf den Evangelisten Lukas (BHG 993f)
26674.

Photios, Enkomion auf den Martyrer Lukillianos (BHG 999)
26674.

Pitra, Monumenta
20278, 28477.

Polites, Ethn. Bibl.
27857.

Pozza–Ravegnani
20838, 23735, 26566.

Preger, in: BZ 21
20228, 20427, 20430, 22572, 22576, 23734, 24311, 24913, 24921.

Priester von Diokleia (ed. Šišić)
22032, 23582, 24095, 26409, 26983, 27437, 28434.

Princeton Catalogue
23915, 25603.

Ps.-Symeon
20009, 20055, 20078, 20086, 20115, 20123, 20124, 20169, 20197, 20228, 20241, 20298, 20299, 20351, 20365, 20405, 20430, 20431, 20435, 20445, 20476, 20543, 20608, 20627, 20646, 20647, 20697, 20726, 20750, 20769, 20771, 20837, 20838, 20911, 20913, 20914, 20920, 20925, 20927, 20934, 21144, 21156,

21197, 21238, 21261, 21275, 21365, 21369, 21421, 21470, 21754, 21759, 21780, 21913, 22018, 22082, 22134, 22328, 22329, 22574, 22575, 22624, 22637, 22654, 22712, 22784, 22824, 22840, 22900, 22903, 22906, 22909, 22911, 22914, 22915, 22917, 22917, 22918, 22937, 22938, 22941, 23090, 23529, 23571, 23634, 23692, 23693, 23734, 23735, 23742, 23744, 23780, 23781, 23785, 23815, 23817, 23818, 23819, 23820, 23822, 23823, 23826, 23827, 23831, 23835, 24110, 24216, 24297, 24311, 24313, 24316, 24329, 24342, 24343, 24344, 24397, 24399, 24408, 24409, 24423, 24755, 24854, 24857, 24876, 24878, 24919, 24955, 24956, 24962, 24995, 25010, 25041, 25056, 25087, 25123, 25126, 25151, 25163, 25164, 25165, 25167, 25168, 25170, 25171, 25174, 25175, 25177, 25183, 25420, 25451, 25483, 25490, 25535, 25573, 25696, 25697, 25740, 25742, 25885, 25886, 25944, 25947, 26184, 26237, 26279, 26320, 26331, 26332, 26409, 26562, 26663, 26667, 26697, 26715, 26730, 26814, 26820, 26828, 26833, 26834, 26838, 26964, 26973, 26997, 26998, 27023, 27052, 27088, 27115, 27141, 27152, 27208, 27224, 27224, 27243, 27245, 27251, 27406, 27410, 27467, 27468, 27469, 27480, 27481, 27482, 27553, 27602, 27604, 27607, 27619, 27682, 27684, 28076, 28086, 28087, 28122, 28123, 28125, 28126, 28180, 28192, 28193, 28194, 28290, 28291, 28299, 28505, 28506, 28507, 30147, 30157, 30183, 30217, 30233, 30261, 30270, 30311, 30358, 30644, 30713, 30718, 30821, 30878, 30879, 30920, 30948, 31068, 31414, 31415, 31416.

Qauxčʻišvili (Inscr.)

21848, 24220.

Qays b. al-Ḫaṭīm (Hamadānī)

20769, 23841.

Rački, Documenta

21601.

Radulfus de Diceto

22013.

Radulphus Glaber

20711, 20838, 21094, 21143, 21352, 21876, 22013, 22544, 22567, 23486, 24929, 26831.

Reginonis Chronicon

20103, 20436, 21197, 21585, 24755, 25535, 26186, 27437, 27467, 28432, 30462.

Regling

22107.

Rhoby, Epigramme (Fresken. Ikonen)

20925, 23734, 23803, 23896, 24479, 24552, 26834, 26862, 27546, 30835.

Robinson, Cartulary Carbone

20331, 20468, 20550, 21145, 23345, 24160, 24776, 25844, 26109, 26110, 26623, 26624, 26929, 27851.

Rocchi, Codides Cryptenses

23617, 24248.

Rodriquez, Catalogo SS. Salvatore

20814, 21398, 23097, 27857.

Rom und Byzanz (Ausstellungskatalog)

28220.

Romuald von Salerno

24272, 28407.

Ross, Two Byzantine Niello Rings

20889, 25095.

Ruperti Chronicon sancti Laurentii Leodiensis

24302.

Rupprecht, Wikingerzeit

20134, 20135, 20136, 20137, 20138, 20139, 20140, 20208, 20542, 20637, 20638, 20640,

20653, 21136, 21206, 21993, 22000, 22004, 22008, 22009, 22046, 22047, 22310, 22320, 22515, 22516, 22517, 22521, 22522, 22525, 22540, 22541, 22547, 22566, 22590, 22628, 22760, 22761, 22762, 22763, 22765, 23573, 23595, 23597, 23677, 24210, 24750, 26174, 26175, 26177, 26180, 26181, 26203, 26205, 26210, 26801, 26803, 26823, 26832, 26910, 27070, 27134, 27174, 27428, 27434, 27435, 27436, 28339, 28340, 28341, 28344, 28360, 28361, 28393, 28418, 28419, 28424, 28425, 28426, 30620, 30621, 32041, 32042, 32055, 32056, 32057, 32059, 32060, 32061, 32062, 32063, 32065.

Sabatier, Iconographie

25885.

Den store saga om Olav den hellige

22584.

Sakkelion, Πατμιακὴ Βιβλιοθήκη

20676, 27923, 27924.

Sakkelion–Sakkelion, Katalogos

22987, 23214, 24352, 24669, 25509.

Salinas (PNSI 4. Notizie scavi)

22844, 25531.

Samnordisk Runtextdatabas

22709.

Samuel von Ani

20006, 20099, 20156, 20642, 20646, 20649, 20651, 22052, 22053, 22778, 25493, 27008, 27144, 27431, 28370, 28467, 28472, 28496.

Šandrovskaja, in: ADSV

20198, 23044, 23911, 23945, 23957, 25242, 25275, 27190, 27370, 28028.

Šandrovskaja, Develta

24018.

Šandrovskaja, in: Festschrift Lebedeva

31385.

Šandrovskaja, Katal.

20119, 21840, 22156, 22468, 23336, 23798, 24106, 26005, 26667, 26932, 27192, 27617, 27648, 28365.

Šandrovskaja, Katalog vystavki

22423, 23266, 23960, 24453, 24506, 25096, 25346, 25535, 28219, 31384.

Šandrovskaja, in: MAIET 7

21727, 24566.

Šandrovskaja, Pečati

28222.

Šandrovskaja, Pečati s toponimičeskimi

20807.

Šandrovskaja, in: Pilgrimy

21388, 25348, 25839.

Šandrovskaja, in: Sfragistika

27190, 27192.

Šandrovskaja, in: Vestnik

28254.

Šandrovskaja, in VV 38

24469, 27925, 27926.

Šandrovskaja–Mochov

24925.

Schlumberger, Mélanges

21880, 23578, 24892, 25885, 27186, 28070.

Schlumberger, in: REG 4

24338.

Schlumberger, Sceaux

20496, 20792, 20838, 20951, 20973, 21105, 21121, 21663, 21770, 22605, 22735, 23235,

23847, 24124, 24343, 24383, 24432, 24454, 24455, 24464, 24594, 25094, 25128, 25207, 25367, 25963, 26075, 26327, 26335, 26428, 26456, 26653, 27072, 27746.

Schlumberger, Sigillographie

s. SSig

Schminck, Eherechtliche Entscheidungen

20172, 20439, 20645, 20736, 21107, 21202, 21526, 21626, 21627, 21870, 22198, 22428, 22579, 23257, 23414, 23961, 24946, 24950, 25174, 25856, 26542, 26863, 27155, 28065, 28130, 28131, 28255, 30141.

Schneider, Mauern und Tore

20228, 20427, 20430, 22572, 22576, 23734, 24311, 24913, 24921.

Scholia in Lucianum (Alexandros von Nikaia)

20231, 22658, 22932, 27685.

Scholia in Lucianum (anonym)

24311, 27135, 28122.

Scholion (ed. Manfredini)

25945.

Schreiner, Notizie

20375, 20815, 23563, 24235, 24763, 24783, 24812, 24991, 25001, 25499, 25511, 26558, 27473, 28018.

Schreiner, Testament

20838, 23735.

Seibt I

20306, 20402, 20838, 20938, 20940, 20941, 21358, 21546, 21852, 21972, 22357, 22408, 22661, 22973, 22974, 22976, 22990, 23216, 23453, 23708, 24218, 24567, 24850, 24955, 25754, 25920, 26051, 26052, 26422, 26811, 26812, 26824, 27027, 27111, 27185, 27200, 28014, 28118, 28322, 28375.

Seibt, Armeniaka Themata

22215, 26087, 22215.

Seibt, in: Byzantios

24552.

Seibt, in: Dobrudja 12

21125.

Seibt, Geographie Bulgariens

20409, 26065.

Seibt, in: JÖB (24. 33)

22112, 22210, 32025.

Seibt, Nikopolis

20374, 21428, 22852, 23524, 24081, 24377, 24440, 25215, 26326, 27719, 31339, 31880, 31881.

Seibt, in: SBS 7

27708.

Seibt, Skleroi

20785.

Seibt–Sanikidze

20732, 20740, 21413, 22307, 27140, 28454.

Seibt–Wassiliou

20122, 20144, 20148, 20180, 20354, 20360, 20418, 20776, 20784, 20819, 20888, 21003, 21265, 21268, 21332, 21443, 21482, 21510, 21541, 21550, 21797, 21840, 21843, 21845, 21878, 21907, 22106, 22147, 22188, 22268, 22269, 22375, 22419, 22481, 22482, 22841, 22884, 22917, 22989, 23192, 23215, 23252, 23299, 23393, 23639, 23640, 23641, 23648, 23649, 23654, 23708, 23787, 23789, 23791, 23796, 23858, 23945, 24051, 24070, 24071, 24106, 24107, 24382, 24427, 24438, 24439, 24440, 24443, 24462, 24553, 24586, 24668, 24801, 24979, 25130, 25216, 25275, 25388, 25532, 25563, 25592, 25628, 25721, 25724, 25799, 25819, 25867, 25868, 25972, 26049,

26050, 26143, 26251, 26321, 26324, 26609, 26737, 26744, 26746, 26767, 26852, 26879, 27014, 27046, 27184, 27190, 27231, 27268, 27271, 27376, 27471, 27474, 27647, 27652, 27719, 27807, 27808, 27874, 27875, 28019, 28045, 28048, 28114, 28232, 28335, 31782, 32046.

Seibt–Zarnitz

20128, 20534, 21444, 21744, 22480, 23304, 23399, 23435, 23843, 24078, 24079, 24565, 25393, 25637, 25966, 27571, 27764, 27880, 27954, 28005.

Sermo in Theophano (BHG 1795)

20837, 21754, 21755, 23742, 24311, 27504, 27619, 28122, 28505.

Ševčenko, in: DOP 23/24

23734, 24311, 27504.

Seyrig

20418, 20720, 21016, 21117, 21324, 22333, 22443, 22828, 22992, 23167, 23188, 23259, 23260, 23261, 23377, 23428, 23648, 23871, 24060, 24180, 24185, 24372, 24975, 24980, 25370, 25371, 25755, 25756, 25792, 26047, 26377, 27379, 27394, 27449, 27874, 27876, 28027, 28254, 28275, 28319, 31806, 32053, 32054.

Sibṭ b. al-Ǧawzī

20046, 20051, 20056, 20060, 20061, 20084, 20086, 20193, 20254, 20972, 22778, 22917, 23702, 23734, 24423, 25253, 25446, 25449, 25451, 25467, 25535, 26496, 26785, 26799, 26834, 26954, 26998, 27555, 28125, 28458, 28470, 30459, 31475, 31476, 31511, 31512.

Sibṭ b. al-Ǧawzī (Hamawundī)

20064, 27758.

Sigalas, Archeia

20333, 25852.

Šimšātī (Ḏahabī)

20068, 20786, 22778, 25487, 25535, 25611, 27758.

Sīrat al-ustāḏ Ǧawḏar

20072, 22558, 24863, 24962, 25444, 31389.

Sisinnios II., Tomos über die Ehehindernisse

20593, 21010, 21011, 21012, 21402, 21955, 22183, 23175, 23176, 23177, 23178, 23179, 23180, 23181, 23938, 23939, 24541, 24542, 24543, 24716, 26043, 26505, 26615, 27118, 27315, 27317, 27423, 27597, 27772, 27777, 28229.

Skinner, Gaeta

23478.

Skylitzes

20003, 20004, 20009, 20014, 20015, 20016, 20022, 20034, 20040, 20045, 20055, 20078, 20081, 20086, 20115, 20118, 20122, 20123, 20124, 20131, 20168, 20169, 20171, 20184, 20191, 20195, 20197, 20223, 20226, 20228, 20241, 20247, 20263, 20265, 20280, 20298, 20299, 20301, 20351, 20376, 20405, 20410, 20421, 20427, 20430, 20431, 20435, 20436, 20445, 20452, 20476, 20499, 20581, 20582, 20608, 20630, 20645, 20646, 20647, 20650, 20697, 20699, 20700, 20711, 20736, 20740, 20743, 20745, 20748, 20750, 20767, 20769, 20771, 20780, 20783, 20784, 20785, 20787, 20806, 20835, 20837, 20838, 20844, 20911, 20912, 20914, 20925, 20927, 20933, 20934, 20983, 20984, 21027, 21090, 21094, 21113, 21126, 21134, 21149, 21156, 21186, 21197, 21198, 21211, 21258, 21261, 21273, 21275, 21277, 21303, 21340, 21341, 21365, 21369, 21379, 21386, 21390, 21409, 21412, 21421, 21432, 21433, 21438, 21439, 21440, 21523, 21527, 21539, 21573, 21580, 21604, 21605, 21629, 21634, 21635, 21680, 21738, 21754, 21759, 21761, 21777, 21801, 21836, 21845, 21861, 21864, 21876, 21906, 21913, 21935,

21996, 22015, 22018, 22019, 22032, 22045, 22049, 22066, 22082, 22127, 22137, 22180, 22248, 22253, 22260, 22261, 22262, 22309, 22328, 22329, 22343, 22405, 22428, 22511, 22514, 22531, 22537, 22544, 22549, 22558, 22572, 22574, 22575, 22578, 22582, 22594, 22624, 22633, 22637, 22641, 22679, 22708, 22712, 22751, 22753, 22778, 22780, 22781, 22803, 22824, 22825, 22836, 22900, 22903, 22906, 22909, 22911, 22914, 22915, 22917, 22918, 22934, 22937, 22938, 22941, 23084, 23089, 23094, 23099, 23106, 23107, 23108, 23125, 23161, 23166, 23183, 23371, 23458, 23467, 23483, 23484, 23495, 23526, 23529, 23582, 23585, 23629, 23631, 23632, 23634, 23660, 23673, 23693, 23699, 23717, 23732, 23734, 23735, 23742, 23780, 23781, 23815, 23817, 23818, 23819, 23820, 23821, 23822, 23823, 23824, 23826, 23827, 23831, 23841, 23921, 23922, 23930, 23931, 23940, 24045, 24095, 24102, 24111, 24112, 24188, 24189, 24191, 24192, 24201, 24213, 24215, 24216, 24234, 24272, 24281, 24311, 24329, 24341, 24343, 24344, 24345, 24397, 24398, 24399, 24404, 24408, 24408, 24409, 24422, 24423, 24424, 24516, 24531, 24532, 24533, 24547, 24666, 24755, 24814, 24837, 24842, 24854, 24863, 24876, 24878, 24880, 24884, 24885, 24913, 24919, 24927, 24937, 24943, 24944, 24962, 24995, 25010, 25021, 25030, 25033, 25041, 25050, 25056, 25124, 25151, 25163, 25164, 25165, 25167, 25168, 25170, 25171, 25174, 25175, 25177, 25248, 25249, 25253, 25261, 25269, 25357, 25363, 25365, 25408, 25416, 25420, 25421, 25425, 25446, 25451, 25458, 25490, 25519, 25530, 25535, 25545, 25573, 25589, 25605, 25609, 25611, 25617, 25661, 25675, 25676, 25677, 25678, 25696, 25712, 25714, 25717, 25740, 25742, 25778, 25780, 25784, 25788, 25851, 25857, 25885, 25886, 25910, 25944, 25947, 25961, 26007, 26011, 26019, 26037, 26038, 26131, 26152, 26178, 26184, 26186, 26199, 26200, 26211, 26237, 26243, 26252, 26265, 26279, 26280, 26331, 26332, 26349, 26374, 26402, 26409, 26426, 26496, 26566, 26581, 26618, 26630, 26634, 26636, 26651, 26663, 26667, 26671, 26697, 26699, 26700, 26715, 26730, 26742, 26758, 26760, 26775, 26780, 26781, 26804, 26805, 26814, 26826, 26828, 26833, 26834, 26835, 26838, 26839, 26841, 26842, 26844, 26847, 26852, 26854, 26855, 26878, 26881, 26907, 26952, 26964, 26973, 26976, 26983, 26987, 26993, 26997, 26998, 27008, 27023, 27044, 27045, 27058, 27079, 27088, 27115, 27118, 27146, 27152, 27154, 27172, 27179, 27204, 27208, 27223, 27224, 27243, 27245, 27251, 27253, 27294, 27313, 27315, 27406, 27410, 27421, 27427, 27429, 27439, 27440, 27445, 27467, 27467, 27468, 27480, 27481, 27482, 27506, 27514, 27539, 27553, 27554, 27584, 27602, 27604, 27605, 27613, 27615, 27619, 27641, 27650, 27678, 27682, 27684, 27694, 27697, 27758, 27759, 27761, 27764, 27765, 27796, 27814, 27855, 27898, 27907, 27909, 27929, 27993, 28026, 28076, 28086, 28087, 28088, 28122, 28123, 28125, 28126, 28152, 28192, 28193, 28194, 28251, 28254, 28276, 28290, 28291, 28366, 28368, 28370, 28374, 28388, 28433, 28434, 28444, 28463, 28493, 28505, 28506, 28507, 28508, 30095, 30146, 30152, 30160, 30166, 30171, 30172, 30175, 30193, 30194, 30209, 30210, 30211, 30217, 30233, 30261, 30270, 30311, 30358, 30473, 30487, 30570, 30592, 30593, 30594, 30595, 30596, 30599, 30600, 30601, 30602, 30604, 30625, 30626, 30643, 30644, 30645, 30646, 30647, 30649, 30650, 30675, 30677, 30683, 30691, 30692, 30714, 30772, 30777, 30878, 30879, 30883, 30920, 30948, 31068, 31300, 31315, 31391, 31445, 31449, 31487, 31503, 31506, 31514, 31530, 31532, 31533, 31540, 31549, 31550, 31551, 31589, 31590, 31592, 31593, 31781, 31941, 31967, 31968, 31972, 31984, 31994, 31996, 31997, 32004, 32006, 32008.

Smålands Runinskrifter
27434.

Smyčkov, in: VV 50
23955.

Snædal, in: Fornvännen
22766, 28343.

Sneglu-Halla þáttr
21189,

Sode, Bleisiegel
21111, 21301, 21820, 22154, 22274, 23075, 24077, 24981, 26103, 27123, 27845, 28248, 28387, 31383.

Södermanlands Runinskrifter
20140, 20542, 21136, 21175, 21578, 21993, 22009, 22046, 22515, 22524, 22546, 22553, 22590, 22629, 22634, 22635, 22759, 22766, 24221, 26180, 26181, 26208, 26910, 27070, 27128, 27130, 27175, 27428, 28337, 28341, 28344, 28367, 28396, 28397, 28398, 28399, 30620, 30621, 32042, 32043, 32044.

Sokolova, in: Palestinskij Sbornik 23
22221, 25212, 28389.

Sokolova, Monety
20890, 21368, 22884, 23023, 23067, 25212, 25214, 26664, 27014, 27019.

Sokolova, Pečati
21368, 22884.

Sokolova, in: SBS 3
22884, 25972.

Sokolova, in: VV 47
20626, 21284, 21806, 24373, 24460, 25160, 31310.

Sokolova, in: ZRVI 18
28146.

Sorlin-Dorigny, in: RA 33
23052.

Spadaro, in: Siculorum Gymnasium 24
23741, 24313.

Specimina Sinaitica
21159, 21250, 21860, 23157, 24644.

Speck, Bleisiegel
20534, 20652, 20802, 21720, 23642, 23664, 24419, 24488, 24597, 24617, 24882, 25238, 25243, 26278, 27111, 27672, 27740, 27764, 31896, 32069.

Spyridon–Eustratiades, Catalogue Laura
21942, 23154, 24159, 24768.

SSig
20120, 20147, 20181, 20206, 20217, 20247, 20284, 20461, 20467, 20554, 20677, 20724, 20751, 20800, 20801, 20838, 20938, 20969, 21047, 21055, 21075, 21119, 21265, 21268, 21313, 21336, 21418, 21430, 21443, 21519, 21520, 21521, 21640, 21676, 21852, 21873, 21878, 21892, 21901, 21907, 21959, 22037, 22040, 22108, 22153, 22155, 22203, 22220, 22270, 22280, 22375, 22413, 22438, 22465, 22481, 22618, 22648, 22663, 22664, 22825, 22828, 22844, 22845, 22849, 22905, 22989, 22990, 23006, 23026, 23041, 23044, 23052, 23072, 23073, 23074, 23192, 23228, 23273, 23281, 23282, 23285, 23324, 23325, 23326, 23327, 23328, 23329, 23386, 23392, 23393, 23396, 23405, 23411, 23524, 23535, 23615, 23708, 23714, 23742, 23794, 23796, 23805, 23815, 23874, 23875, 23941, 23945, 23954, 23965, 24033, 24034, 24069, 24106, 24107, 24152, 24155, 24157, 24173, 24230, 24239, 24314, 24363, 24382, 24393, 24399, 24439, 24444, 24451, 24452, 24456, 24473, 24499, 24503, 24504, 24505, 24541, 24629, 24630, 24631, 24632, 24633, 24634, 24710, 24801, 24892, 24969, 25041, 25042, 25152, 25205,

25216, 25260, 25261, 25275, 25300, 25311, 25321, 25342, 25343, 25344, 25378, 25379, 25383, 25399, 25400, 25458, 25602, 25656, 25754, 25759, 25762, 25775, 25804, 25819, 25857, 25858, 25863, 25871, 25885, 26003, 26086, 26196, 26251, 26375, 26379, 26380, 26492, 26518, 26530, 26609, 26662, 26702, 26734, 26740, 26744, 26768, 26873, 26874, 26915, 26924, 27019, 27030, 27046, 27113, 27169, 27187, 27190, 27192, 27197, 27198, 27284, 27289, 27325, 27367, 27392, 27396, 27398, 27406, 27419, 27497, 27503, 27527, 27608, 27648, 27668, 27729, 27749, 27750, 27751, 27752, 27753, 27809, 27811, 27841, 27842, 27843, 27844, 27866, 27868, 27870, 27944, 27945, 27951, 27984, 28096, 28114, 28159, 28160, 28167, 28171, 28247, 28310, 28320, 28323, 28389, 31381, 31382, 31850, 31916, 31917, 31918, 31919, 32071.

Starr, Jews

21221, 21222, 21681, 21982, 22552, 22564, 23551, 23589, 23590, 24585, 25427, 25428, 25485, 25489, 26949, 26950, 27000, 27002, 30757.

Stavrakos, Bleisiegel

21006, 24076, 24153, 24568, 25300, 25400, 25809, 27522.

Stavrakos, Sammlung Kophopoulos

20273, 21252, 23059, 23207, 23208, 23264, 23436, 23801, 25395, 25690, 25925, 26989, 27193, 27441.

Stavrakos, in: SBS 4

22275.

Stefnis þáttr Þorgilssonar

27201, 28347.

Stepanova, in: ADSV 29

21845, 22875, 24571, 31282.

Stepanova, in: SBS 6

25802, 26510.

Stepanova, in: Sfragistika ... 104

27194.

Stepanova, in: Vizantijskaja ideja

20497, 22896, 23873, 24195, 26476, 28305.

Stephan von Taron (Asołik)

20003, 20006, 20007, 20045, 20081, 20090, 20099, 20131, 20156, 20228, 20642, 20645, 20646, 20649, 20650, 20711, 20736, 20740, 20741, 20748, 20784, 20785, 20785, 20837, 20838, 21198, 21350, 21379, 21432, 21433, 21612, 22031, 22052, 22053, 22057, 22078, 22428, 22530, 22531, 22778, 22917, 22926, 23632, 23734, 24184, 24311, 24962, 25042, 25253, 25425, 25447, 25457, 25493, 25535, 25617, 26581, 26667, 26833, 26847, 26854, 26959, 26960, 26983, 27008, 27091, 27141, 27144, 27577, 28152, 28226, 28276, 28370, 28433, 28445, 28464, 28465, 28466, 28467, 28472, 28501, 30574, 30576, 31926.

Sternbach, in: Eos 5

21275, 28087.

Stichera, ed. Eustratiades

22779.

Stichera (Paulos)

26322.

Stornajolo, Codices Urbinati

22374, 22433.

Strid–Åhlén, in: Fornvännen ...

22499.

Ṣūlī

21985, 26799.

Suyūṭī

22914, 22917, 23699, 24397, 25041, 25167,

25449, 25451.

Svärdström, in: Fornvännen ...

22548.

Svoronos, Novelles

20769, 20784, 20838, 20925, 20980, 21861, 23734, 23831, 23862, 23862, 24110, 24311, 24423, 24519, 25535, 25675, 26626, 26833, 26834, 26844, 27251, 27504, 27708, 28154, 31442, 31466.

Sym. Theol., Catech.

20514, 27479, 27488, 28200, 31504.

Sym. Theol., Hymn.

27479, 27488, 31600.

Sym. Theol., Theologika kai ethika

27479, 27488.

Symeon log.

20022, 20055, 20078, 20086, 20115, 20122, 20123, 20195, 20197, 20228, 20298, 20299, 20351, 20365, 20405, 20430, 20431, 20445, 20476, 20543, 20581, 20582, 20608, 20627, 20646, 20647, 20697, 20716, 20726, 20750, 20769, 20771, 20837, 20886, 20911, 20912, 20913, 20914, 20920, 20927, 20934, 21126, 21156, 21197, 21197, 21238, 21258, 21261, 21262, 21273, 21275, 21365, 21369, 21421, 21470, 21635, 21754, 21759, 21777, 21780, 21801, 21805, 21828, 21836, 21913, 21927, 22018, 22045, 22082, 22127, 22134, 22137, 22328, 22329, 22511, 22574, 22575, 22624, 22654, 22712, 22784, 22824, 22825, 22836, 22838, 22840, 22900, 22901, 22903, 22906, 22909, 22911, 22914, 22915, 22916, 22917, 22918, 22937, 22938, 23506, 23571, 23629, 23634, 23690, 23692, 23693, 23699, 23732, 23734, 23742, 23744, 23780, 23781, 23785, 23815, 23816, 23817, 23818, 23819, 23820, 23821, 23822, 23823, 23824, 23826, 23827, 23831, 23835, 24102, 24110, 24112, 24191, 24213, 24215, 24216, 24267, 24297, 24311, 24313, 24316, 24329, 24341, 24342, 24343, 24344, 24345, 24397, 24398, 24399, 24404, 24408, 24409, 24412, 24424, 24854, 24857, 24878, 24919, 24955, 24956, 24962, 24995, 25010, 25041, 25123, 25151, 25161, 25163, 25164, 25165, 25167, 25168, 25170, 25171, 25174, 25175, 25177, 25183, 25420, 25430, 25446, 25458, 25483, 25490, 25545, 25573, 25697, 25714, 25717, 25740, 25742, 25885, 25886, 25910, 25947, 25950, 25961, 26178, 26184, 26237, 26243, 26252, 26265, 26265, 26279, 26320, 26331, 26332, 26409, 26420, 26468, 26562, 26634, 26663, 26667, 26697, 26715, 26730, 26758, 26760, 26791, 26828, 26833, 26834, 26838, 26841, 26964, 26973, 27023, 27052, 27088, 27141, 27152, 27179, 27208, 27224, 27243, 27245, 27251, 27253, 27406, 27408, 27410, 27427, 27467, 27468, 27469, 27480, 27481, 27482, 27553, 27583, 27602, 27607, 27619, 27641, 27650, 27678, 27682, 27683, 27684, 27898, 27907, 28036, 28037, 28076, 28086, 28087, 28122, 28123, 28180, 28192, 28193, 28194, 28291, 28299, 28374, 28444, 28505, 28506, 30147, 30157, 30183, 30193, 30194, 30217, 30233, 30261, 30270, 30311, 30358, 30440, 30713, 30717, 30718, 30740, 30775, 30878, 30879, 30883, 30948, 31068.

Symeon log. (Cod. Vat. gr. 163)

20009, 20169, 20231, 20421, 20435, 20769, 20838, 20925, 20934, 21218, 21542, 22411, 22574, 22778, 22917, 23529, 23734, 23735, 23862, 23916, 24110, 24192, 24413, 24422, 24423, 24849, 24878, 24962, 25174, 25246, 25535, 25583, 25608, 26458, 26678, 26715, 26730, 26833, 26834, 26843, 26844, 26852, 26998, 27115, 27152, 27504, 27604, 27694, 27707, 28125, 28126, 28154, 28507, 30087, 30440, 31411, 31412.

Symeon log. (Wahlgren)

20022, 20055, 20078, 20086, 20115, 20122, 20123, 20195, 20197, 20228, 20298, 20299,

Symeon Magistros, Epp.

Symeon sl.

23818, 23819, 23820, 23821, 23822, 23823, 23824, 23826, 23827, 23831, 23835, 24102, 24110, 24112, 24191, 24213, 24215, 24216, 24267, 24297, 24311, 24311, 24313, 24316, 24329, 24341, 24342, 24343, 24344, 24345, 24397, 24398, 24399, 24404, 24408, 24409, 24412, 24424, 24651, 24854, 24857, 24878, 24919, 24955, 24956, 24962, 24995, 25010, 25041, 25123, 25151, 25161, 25163, 25164, 25165, 25167, 25168, 25170, 25171, 25174, 25175, 25177, 25183, 25420, 25430, 25446, 25458, 25483, 25490, 25545, 25573, 25697, 25714, 25717, 25740, 25742, 25885, 25886, 25910, 25947, 25950, 25961, 26037, 26178, 26184, 26237, 26243, 26252, 26265, 26279, 26320, 26331, 26332, 26409, 26420, 26468, 26562, 26634, 26663, 26667, 26697, 26715, 26730, 26758, 26760, 26791, 26828, 26833, 26834, 26838, 26841, 26964, 26973, 27052, 27088, 27141, 27152, 27179, 27208, 27224, 27243, 27245, 27251, 27253, 27406, 27408, 27410, 27427, 27467, 27468, 27469, 27480, 27481, 27482, 27553, 27583, 27602, 27607, 27619, 27641, 27650, 27678, 27682, 27683, 27684, 27898, 27907, 28036, 28037, 28076, 28086, 28087, 28122, 28123, 28180, 28192, 28193, 28194, 28291, 28299, 28374, 28444, 28505, 28506, 30147, 30157, 30183, 30193, 30194, 30217, 30233, 30261, 30270, 30311, 30358, 30713, 30717, 30718, 30740, 30775, 30878, 30879, 30883, 30948, 31068.

Synax. Cpl.

20025, 20159, 20223, 20353, 20426, 20476, 20478, 20670, 20672, 20684, 20837, 21171, 21177, 21207, 21244, 21259, 21451, 21610, 21951, 22061, 22083, 22125, 22708, 22779, 22802, 22839, 23510, 23596, 23600, 23704, 23734, 23742, 23820, 23831, 24311, 24758, 24957, 25087, 25180, 25610, 25801, 25885, 26292, 26426, 26428, 26435, 26445, 26629, 26637, 26833, 27206, 27208, 27251, 27598, 27619, 28039, 28122, 28132, 28192, 28267, 28277, 28286, 28506, 30150, 30158, 30205, 30369, 30380, 30441, 30641, 30699, 30722, 30723, 30766, 30767, 30768, 30771, 30809, 30821, 31172, 31176, 31182, 31225.

Synax. Iosephi hymnographi (BHG 947b)

23510, 30722, 30723.

Synaxaire Arménien

27141.

Synaxarium Arsenii Corcyr. (BHG 2044)

20406, 20603, 28192, 28374, 30076, 30077, 31303, 31731, 31822.

Synaxarium Athanasii Trapezuntini (BHG 2047t)

20659.

Synaxarium Euthymii hiberi

20090, 20670, 20838, 21960, 22180, 22942, 25535, 31865, 32009, 32013, 32018, 32019, 32020.

Synaxarium Ioannis hiberi

22942.

Synodicon vetus

20228, 20837, 21589, 21641, 21775, 22537, 22712, 23470, 23512, 23742, 24311, 24983, 25098, 26397, 26554, 26667, 27208, 27381, 27619, 27620, 27887, 28279, 28476, 28477.

Synodikon georg.

20228, 20476, 20499, 20837, 20838, 21913, 22712, 22778, 23734, 23735, 24311, 25535, 25885, 26019, 26667, 26715, 26833, 26834, 26835, 27208, 27245, 28192, 28374.

Synodikon des Iviron-Klosters

20090, 20597, 20743, 21960, 22180, 22259, 22478, 22926, 22942, 24943, 28498.

Synodikon der Orthodoxie (BHG 1392)

20476, 20887, 21029, 21187, 21290, 21471, 21850, 22108, 22128, 22398, 22649, 22673,

22712, 22828, 22905, 22961, 22998, 23834, 23868, 23929, 24762, 25072, 25364, 25505, 25716, 25743, 25817, 25885, 25939, 26017, 26337, 26350, 26667, 26915, 27012, 27208, 27618, 27950, 28035, 28070.

Syntagma Kanon.
20173, 20228, 20247, 20437, 20438, 20593, 20804, 20805, 21010, 21011, 21012, 21100, 21275, 21402, 21527, 21529, 21762, 21798, 21870, 21876, 21955, 21968, 22071, 22077, 22183, 22192, 22257, 22583, 23175, 23176, 23177, 23178, 23179, 23180, 23181, 23258, 23365, 23374, 23376, 23377, 23394, 23605, 23734, 23938, 23939, 24054, 24065, 24179, 24241, 24311, 24541, 24542, 24543, 24663, 24716, 24844, 24941, 24945, 24948, 24951, 24952, 25364, 25411, 25535, 25580, 25681, 25854, 25855, 26043, 26070, 26130, 26136, 26505, 26542, 26615, 26704, 26715, 26741, 26771, 26833, 26877, 26880, 27044, 27118, 27315, 27317, 27367, 27423, 27538, 27597, 27772, 27777, 27813, 27862, 27863, 27949, 27959, 27961, 28064, 28192, 28229, 31843, 31998, 31999, 32000, 32001, 32002, 32003.

Syphonius Apollinaris, Letopisetz Mamadrakului
21345, 21619, 21827, 26776

Szemioth–Wasilewski
24441, 27231.

Ṭabarī
20014, 20039, 20075, 20080, 20086, 20156, 20185, 20189, 20190, 20193, 20194, 20254, 20351, 20405, 20729, 20837, 20917, 21166, 21340, 21365, 21828, 22068, 22328, 22545, 22560, 22639, 22642, 22696, 22697, 23699, 24311, 24343, 24397, 25041, 25446, 25449, 25495, 26171, 26786, 26802, 26909, 27077, 27079, 27241, 27468, 28378, 28403, 28458, 28463, 28469, 28506, 30252, 30678, 30679, 30680, 30681, 30682, 30706, 30707, 30864, 30865, 30882.

Tanūḫī
20050, 20051, 20064, 20228, 20254, 20769, 21648, 24708, 26787, 26998, 27993, 28522, 31069, 31070, 31071, 31072.

De templo B. M. V. τῆς Πηγῆς et miraculis (BHG 1072)
20431, 20837, 21937, 22025, 22570, 22574, 22793, 22917, 22967, 22980, 22991, 23635, 24311, 24344, 24916, 24917, 24923, 25016, 25037, 25076, 25971, 26833, 26852, 27208, 27251, 27272, 27406, 27564, 28158, 28204, 28205, 28506, 30020, 30225, 30638, 30764, 30765, 30789, 30801, 31292, 31337, 31808.

Tesoro San Marco (Ausstellungskatalog)
20925, 24311, 26833, 26834, 27115, 28497.

Testamentum Ioannis Xeni (BHG 2196)
20247, 21782, 21980, 23109, 24256, 24665, 24777, 25422, 25878, 26589, 26835, 30614, 31841.

Testamentum Niconis (BHG 1368)
20838, 21006, 21512, 22033, 22615, 23105, 23106, 26009, 26155, 26815, 27776, 30476, 30478, 30479, 30480, 30538, 30541, 31515, 31518, 31527, 31528, 31716, 31717, 31718.

Testamentum Pauli Latrensis (BHG 1474h)
26337.

Theod. mel.
20022, 20055, 20078, 20086, 20115, 20122, 20123, 20195, 20197, 20228, 20298, 20299, 20351, 20365, 20405, 20430, 20431, 20445, 20476, 20543, 20581, 20582, 20608, 20627, 20646, 20647, 20697, 20716, 20726, 20750, 20769, 20771, 20837, 20886, 20911, 20912, 20913, 20914, 20920, 20927, 20934, 21126, 21156, 21197, 21238, 21258, 21261, 21262, 21273, 21275, 21365, 21369, 21421, 21470, 21635, 21754, 21759, 21777, 21780, 21801,

21805, 21828, 21836, 21913, 21927, 22018, 22045, 22082, 22127, 22134, 22137, 22328, 22329, 22511, 22574, 22624, 22654, 22712, 22784, 22824, 22825, 22836, 22838, 22840, 22900, 22901, 22903, 22906, 22909, 22911, 22914, 22915, 22916, 22917, 22918, 22937, 22938, 23506, 23571, 23629, 23634, 23690, 23692, 23693, 23699, 23732, 23734, 23742, 23744, 23780, 23781, 23785, 23815, 23816, 23817, 23818, 23819, 23820, 23821, 23822, 23823, 23824, 23826, 23827, 23831, 23835, 24102, 24110, 24112, 24191, 24213, 24215, 24216, 24267, 24297, 24311, 24313, 24316, 24329, 24341, 24342, 24343, 24344, 24345, 24397, 24398, 24399, 24404, 24408, 24409, 24412, 24424, 24854, 24857, 24878, 24919, 24955, 24956, 24962, 24995, 25010, 25041, 25123, 25151, 25161, 25163, 25164, 25165, 25167, 25168, 25170, 25171, 25174, 25175, 25177, 25183, 25420, 25430, 25446, 25458, 25483, 25490, 25545, 25573, 25697, 25714, 25717, 25740, 25742, 25885, 25886, 25910, 25947, 25950, 25961, 26178, 26184, 26237, 26243, 26252, 26265, 26279, 26320, 26331, 26332, 26409, 26420, 26468, 26562, 26634, 26663, 26667, 26697, 26715, 26730, 26758, 26760, 26791, 26828, 26833, 26834, 26838, 26841, 26964, 26973, 27052, 27088, 27141, 27152, 27179, 27208, 27224, 27243, 27245, 27251, 27253, 27406, 27408, 27410, 27427, 27467, 27468, 27469, 27480, 27481, 27482, 27553, 27583, 27602, 27607, 27619, 27641, 27650, 27678, 27682, 27683, 27684, 27898, 27907, 28036, 28037, 28076, 28086, 28087, 28122, 28123, 28180, 28192, 28193, 28194, 28291, 28299, 28374, 28444, 28505, 28506, 30147, 30157, 30183, 30193, 30194, 30217, 30233, 30261, 30270, 30311, 30358, 30713, 30717, 30718, 30740, 30775, 30878, 30879, 30883, 30948, 31068.

Theod. Stud., Epigr.

20347, 21545.

Theodoros Daphnopates, Epp.

20006, 20301, 20302, 20976, 21144, 21771, 21859, 22052, 22903, 23095, 23098, 23479, 23734, 23830, 23920, 24297, 24857, 25003, 25151, 25579, 25781, 25782, 26195, 26409, 26493, 26562, 26595, 26833, 26834, 27052, 27115, 27208, 27251, 27467, 27694, 27707, 28192, 28312, 28374, 30288, 30312, 30445, 30452, 30456, 31047, 31087, 31094, 31119, 31235, 31399, 31436, 31437, 31438, 31440, 31441, 31458, 31459.

Theodoros von Kyzikos, Epp.

20567, 23734, 24311, 24418, 25244, 26834, 27697, 30450, 31153, 31159, 31419, 31420, 31421, 31422, 31423, 31424, 31425, 31426, 31427, 31428, 31429, 31430.

Theodoros von Nikaia, Epp.

20164, 20317, 20775, 20933, 20935, 20973, 20974, 21278, 21483, 21549, 21891, 21913, 22574, 22952, 23734, 23916, 24425, 25184, 25530, 25779, 25958, 25959, 26428, 26636, 26654, 26715, 26834, 27261, 27697, 27705, 27707, 27757, 28192, 28482, 30360, 30361, 30362, 30363, 30364, 31189, 31190, 31191, 31192, 31193, 31194, 31195, 31196, 31197, 31198, 31199, 31200, 31203, 31204, 31205, 31206, 31208, 31401, 31402, 31403, 31404, 31405, 31406.

Theodoros Pediasimos, Logos in Josephum Hymnographum (BHG 947)

23510, 30722, 30723.

Theodoros Philetas, Nekronomikon

27718.

Theodoros Prodromos (PG 133)

24995.

Theodoros Skutariotes, Synopsis

20247, 20768, 20785, 20838, 20886, 20925, 21913, 22345, 22778, 23921, 24311, 25174,

26019, 26715, 26833, 26834, 27023, 27619, 28122, 28192.

Theodorus syncellus, Inventio et depositio vestis in Blachernis (BHG 1058)

27616.

Theodorus syncellus (?), Narratio antiquior miraculi in obsidione CPolis (BHG 1061)

27616.

Theodosios Diakonos, Akoluthie auf Nikephoros Phokas

25535.

Theodosios Diakonos, De Creta capta

20009, 23674, 25535, 25606, 26834, 26998, 27928.

Theodosios monachos

20067, 22050, 22708, 22801, 24330, 25704, 27006, 27892, 30170, 30173, 30639, 30676, 30683, 30686, 30687.

Theognosti monachi encomium ... (BHG 1139k)

28010.

Theognostos, Libellus (BHG 818c)

27620, 28010, 28476.

Theoph. cont. 4

21197, 28477.

Theoph. cont. 5

20014, 20016, 20034, 20122, 20228, 20280, 20351, 20427, 20745, 20767, 20835, 20837, 20844, 21231, 21258, 21340, 21390, 21394, 21412, 21539, 21754, 22082, 22537, 22572, 22708, 22712, 22780, 22821, 22824, 23660, 23699, 23734, 23734, 23742, 23743, 24215, 24311, 24341, 24755, 24871, 24913, 25490, 25545, 25696, 25886, 26178, 26426, 26651, 26667, 26671, 26758, 26780, 26997, 27079, 27208, 27223, 27429, 27445, 27554, 27619, 28463, 28503, 30127, 30146, 30151, 30152, 30160, 30166, 30171, 30172, 30175, 30209, 30210, 30211, 30216, 30221, 30625, 30626, 30636, 30643, 30644, 30645, 30646, 30647, 30649, 30650, 30675, 30677, 30683, 30691, 30692, 30772.

Theoph. cont. 6

23734, 20009, 20022, 20055, 20078, 20086, 20115, 20123, 20124, 20168, 20169, 20195, 20197, 20228, 20231, 20241, 20298, 20299, 20301, 20351, 20376, 20405, 20430, 20431, 20435, 20445, 20476, 20581, 20582, 20608, 20630, 20646, 20647, 20697, 20750, 20769, 20771, 20838, 20911, 20912, 20913, 20914, 20920, 20925, 20927, 20934, 20972, 21126, 21144, 21156, 21198, 21238, 21261, 21262, 21266, 21273, 21275, 21365, 21369, 21421, 21470, 21537, 21542, 21635, 21759, 21777, 21801, 21828, 21836, 21913, 21927, 22018, 22045, 22127, 22134, 22137, 22328, 22329, 22405, 22411, 22511, 22574, 22575, 22624, 22637, 22824, 22825, 22836, 22900, 22903, 22906, 22909, 22911, 22914, 22915, 22916, 22917, 22918, 22937, 22938, 22941, 23090, 23093, 23506, 23528, 23529, 23571, 23629, 23634, 23690, 23693, 23732, 23734, 23735, 23780, 23781, 23815, 23817, 23818, 23819, 23820, 23821, 23822, 23823, 23824, 23826, 23827, 23831, 23835, 23862, 23916, 24102, 24110, 24112, 24191, 24192, 24204, 24213, 24215, 24216, 24267, 24297, 24311, 24329, 24343, 24344, 24345, 24397, 24398, 24399, 24404, 24408, 24409, 24412, 24413, 24422, 24423, 24424, 24813, 24849, 24854, 24857, 24876, 24878, 24880, 24919, 24962, 24995, 25010, 25030, 25041, 25056, 25151, 25163, 25164, 25165, 25167, 25168, 25170, 25171, 25174, 25175, 25177, 25183, 25246, 25420, 25444, 25445, 25446, 25451, 25458, 25535, 25545, 25573, 25583, 25714, 25717, 25740, 25742, 25745, 25885, 25910, 25944, 25947, 25950, 25961, 26184, 26237, 26243, 26252, 26265, 26279, 26331, 26332, 26409, 26420,

26458, 26468, 26562, 26618, 26634, 26663, 26667, 26678, 26697, 26715, 26730, 26760, 26814, 26828, 26833, 26834, 26836, 26838, 26839, 26841, 26843, 26844, 26847, 26852, 26964, 26973, 26998, 27023, 27052, 27088, 27115, 27141, 27152, 27179, 27208, 27224, 27243, 27245, 27251, 27253, 27254, 27406, 27410, 27427, 27468, 27469, 27480, 27481, 27482, 27484, 27485, 27553, 27602, 27604, 27607, 27619, 27641, 27650, 27678, 27682, 27683, 27684, 27694, 27707, 27898, 27907, 27909, 27969, 28036, 28037, 28076, 28086, 28087, 28122, 28123, 28125, 28126, 28152, 28154, 28192, 28193, 28194, 28224, 28290, 28291, 28299, 28374, 28416, 28444, 28463, 28505, 28506, 28507, 28514, 30087, 30193, 30194, 30217, 30233, 30261, 30270, 30311, 30358, 30440, 30878, 30879, 30883, 30891, 30920, 30948, 31068, 31207, 31411, 31412, 31414, 31415, 31416, 31418, 31443.

Theophylact. Achrid., Hist. mart.

21197, 21606, 27467, 27565, 28432, 30008, 30083, 30084, 30085, 30442, 30727, 30728, 30729, 30730, 30731, 30732, 31359, 31360, 31361, 31362, 31363, 31364.

Theophylaktos patriarches, Brief

22984, 26409, 28192.

Thierry, in: CA 24

23220, 24720, 27936, 27988, 28004.

Thietmar von Merseburg

20436, 21151, 21585, 22778, 25535, 26211, 26212, 26971, 28125, 28127, 28433, 30366, 30462, 30512, 31667, 31668.

Thomas Artsruni

20087, 20156, 20642, 20644, 22052, 22497, 26991, 27008, 27141, 28469, 28472, 28496.

Þórarins þáttr Nefjólfssonar

28346.

Þorvalds þáttr víðfǫrla

28347.

Totev

22113.

Touratsoglou, in: Byzantina 5

28121.

Tractatus liturgicus de imagine Edessena (BHG 796)

23734.

Translatio S. Dionysii Areopagitae

20578.

Translatio sanguinis ex imagine fluentis ... (BHG 801n)

25535, 26715.

Translatio Theodorae Thess. (BHG 1739)

20209, 20476, 22370, 22828, 22831, 25005, 27598, 27599, 27962, 28267, 28268, 30013, 30030, 30189, 30736, 30737, 30738, 30739, 30805, 30819, 30820.

Translatio S. Vitalis Abbatis

21677, 28428.

Treu, Die griech. Handschriften des NT

26044.

Trinchera

20020, 20113, 20246, 20258, 20396, 20553, 20559, 20635, 20655, 20832, 21090, 21094, 21098, 21194, 21199, 21219, 21220, 21263, 21304, 21569, 21587, 21599, 21766, 21987, 21988, 22054, 22073, 22176, 22357, 22430, 22438, 22676, 23120, 23130, 23132, 23133, 23156, 23162, 23358, 23366, 23451, 23496, 23547, 23632, 23636, 23644, 23645, 23663, 23666, 23695, 23734, 23734, 23859, 23932, 24041, 24042, 24047, 24203, 24214, 24307, 24347, 24535, 24536, 24653, 24659, 24664, 24782, 24900, 24903, 24905, 24906, 24962,

25024, 25028, 25058, 25255, 25260, 25358, 25453, 25455, 25456, 25843, 25847, 25873, 25880, 26034, 26035, 26121, 26162, 26257, 26285, 26287, 26533, 26569, 26742, 26857, 26858, 26890, 26897, 26898, 27044, 27226, 27310, 27365, 27443, 27513, 27849, 27856, 28164, 28366, 28371, 28406, 28408, 28412, 28491, 30597, 30606.

Tsougarakis, in: SBS 2

21045, 22155, 23330, 23579, 25836, 27847, 28110.

Typicon Mateos

20353, 20476, 20478, 21752, 22083, 22802, 23742, 25885, 26426, 26435, 27206, 27208.

Typicon Messinense

22779.

Typika Dmitrievskij

22083.

Typikon Nikeph. Erot.

25632.

Ughelli, Italia Sacra

20657, 20926, 21094, 21710, 23481, 24111, 24272, 25033, 25526, 26228, 26755, 27766, 28366.

Upplands runinskrifter

20137, 20208, 20541, 20637, 20638, 20753, 22000, 22008, 22047, 22310, 22517, 22521, 22522, 22523, 22526, 22540, 22547, 22566, 22628, 22709, 22760, 22761, 22762, 22763, 22764, 22766, 23595, 23597, 23680, 24222, 24223, 24224, 24750, 26176, 26203, 26205, 26210, 26803, 26906, 26956, 27174, 27435, 27436, 28339, 28340, 28361, 28424, 28425, 32055, 32056, 32057, 32058, 32061, 32062, 32063, 32064, 32066.

Ustav knjazja Vladimira

25404, 28433.

Van de Vorst – Delehaye, Catal. codd. hagiogr. gr.

20883, 21965, 22471, 23388.

Vardan

20006, 20007, 20228, 20642, 20646, 20649, 20651, 20740, 20837, 20838, 21432, 21441, 21536, 22052, 22053, 22309, 22530, 22531, 22778, 23734, 23735, 24311, 25535, 25675, 25703, 26667, 26833, 26834, 26959, 26998, 27008, 27141, 27144, 27146, 27577, 28420, 28445, 28467, 28472, 28496.

Vasil'evskij, in: VV 3 (1896)

21570, 27251, 27504.

Västergötlands runinskrifter

20136, 20138, 20139, 20640, 23573, 24210, 32041.

Västmanlands runinskrifter

22516, 22525, 22766, 26204, 27134.

Vaticana (Catal.)

20692, 21592, 21672, 22451, 23427, 23508, 24510, 24652, 26125, 26165, 30862.

Vatnsdœla saga

22505.

Vehse

25945, 28173.

Verbrüderungsbuch der Abtei Reichenau

21602, 22319, 22730, 22774, 23845, 24287, 24353, 25062, 26176, 27472, 27475, 27491.

Vicario, in: Oriente cristiano e santità

22587.

Visio Cosmae (BHG 2085)

20228, 20672, 24109, 26833, 30313, 31120.

Vision Daniels

20228, 20837, 26973, 27406.

Višnjakova
21368, 23335, 28329.

Vita Adalberti ep. Pragensis (BHL 37. 38)
22492, 24304, 24304, 25503, 25503.

Vita Andreae sali (BHG 115z)
25590.

Vita Antonii Cauleae (BHG 139b)
20476.

Vita Athanasii Athon. A (BHG 187)
20202, 20272, 20384, 20498, 20670, 20673, 20682, 20694, 20811, 20838, 21079, 21234, 21403, 21898, 21944, 21945, 22263, 22586, 22778, 22997, 23099, 23134, 23154, 23212, 23464, 23669, 23734, 23735, 24172, 24423, 24792, 25019, 25077, 25124, 25535, 25610, 26019, 26258, 26352, 26353, 26355, 26520, 26576, 26833, 26834, 27292, 27529, 27682, 27790, 27792, 27979, 28234, 28315, 28353, 28452, 30453, 30529, 30531, 30558, 30559, 30560, 30561, 30562, 30566, 30572, 30577, 30608, 30609, 31152, 31275, 31409, 31413, 31446, 31462, 31552, 31824, 31825, 31826, 31827, 31828, 31829, 31830, 31831, 31832, 31923, 31932, 32010, 32011.

Vita Athanasii Athon. B (BHG 188)
20202, 20272, 20384, 20498, 20670, 20673, 20682, 20695, 20811, 20838, 21079, 21234, 21403, 21898, 21944, 22263, 22281, 22586, 22778, 23134, 23154, 23212, 23464, 23669, 23734, 23735, 24172, 24423, 24792, 24999, 25018, 25019, 25077, 25124, 25535, 25610, 26019, 26106, 26258, 26352, 26355, 26370, 26520, 26576, 26833, 26834, 27292, 27529, 27614, 27682, 27790, 27792, 27979, 28059, 28234, 28315, 28353, 30074, 30329, 30453, 30529, 30531, 30558, 30559, 30560, 30561, 30562, 30566, 30572, 30608, 30609, 30612, 31152, 31275, 31388, 31409, 31413, 31446, 31461, 31462, 31552, 31824, 31825, 31826, 31827, 31828, 31829, 31830, 31831, 31832, 31833, 31834, 31932, 32010, 32011, 32031, 32032, 32045, 32052.

Vita Barthol. (BHG 233)
20826, 24250, 25503, 26366, 30507, 31944.

Vita Basilii iun. (BHG 263)
20228, 20232, 20282, 20769, 20837, 20881, 21275, 21621, 21709, 21913, 22329, 22402, 22571, 22574, 22834, 22900, 22917, 22943, 22947, 23576, 23734, 23742, 23817, 23831, 24113, 24311, 24415, 25047, 25174, 25885, 25885, 26243, 26634, 26833, 26843, 26973, 27152, 27182, 27208, 27251, 27600, 27602, 27696, 27700, 27957, 28089, 28192, 28506, 30024, 30053, 30054, 30055, 30056, 30057, 30065, 30066, 30067, 30068, 30132, 30191, 30199, 30200, 30213, 30299, 30305, 30306, 30307, 30308, 30309, 30310, 30331, 30332, 30333, 30334, 30335, 30336, 30337, 30338, 30746, 30949, 30950, 31075, 31100, 31101, 31102, 31103, 31104, 31105, 31106, 31107, 31108, 31109, 31110, 31111, 31112, 31113, 31114, 31115, 31116, 31117, 31118, 31123, 31154, 31155, 31156, 31157, 31158, 31183, 31184.

Vita Blasii (BHG 278)
20347, 20476, 21177, 21882, 21883, 22001, 23517, 24311, 24759, 26606, 27547, 30148, 30149, 30195, 30224, 30256, 30414, 30632, 30633, 30669, 30695, 30696, 30744, 30745, 30755, 31283.

Vita Bononii (BHL 1421-1422)
20711, 20838, 21193, 26212, 26564, 30513, 30514.

Vita Christophori et Macarii (BHG 312)
21287, 23604, 24778, 24830, 25585, 26197, 26929, 30432, 30439, 31335.

Vita Clementis (BHG 355)
20422, 21197, 21579, 21748, 22319, 22537,

22645, 23704, 23721, 24276, 25062, 25501, 26800, 26944, 27437, 27467, 28386, 28432, 28443, 30182, 30711, 30800, 30807, 30808, 30990.

Vita Clementis (BHG 356)

20422, 21197, 22319, 22537, 23704, 25062, 25501, 27467.

Vita Christophori patriarchae (arab.)

20154, 20164, 21233, 21277, 21861, 21978, 21979, 22157, 22427, 22591, 22691, 22698, 22701, 22706, 22778, 23184, 24811, 25253, 25440, 25535, 26124, 26496, 26785, 26804, 26998, 27505, 27759, 27995, 28456, 30449, 31410, 31431, 31432, 31479, 31499.

Vita Constantini cum translatione Clementis (BHL 2073)

30154.

Vita Constantini et Methodii brevior slav.

21197, 22537, 23704, 25062.

Vita Constantini Iudaei (BHG 370)

20427, 20837, 23739, 24311, 27466, 30007, 30715, 30719, 30720, 30721.

Vita Constantini Thess. (VC)

20341, 20625, 22001, 22063, 22537, 23704, 23721, 25062, 25501, 30154.

Vita et Miracula Davini (BHL 2114)

21445.

Vita Demetriani (BHG 495)

21451, 21835, 24834, 25451, 26315, 30029, 30709, 30710, 30759, 30815, 30816.

Vita Eliae iun. (BHG 580)

20031, 20536, 20819, 20915, 21170, 21307, 21339, 21393, 21459, 21636, 21639, 21642, 21743, 22126, 22185, 22189, 22311, 22641, 22665, 22708, 23505, 23679, 23725, 23792, 23816, 24219, 24734, 24742, 24809, 24839, 24860, 25060, 25161, 25490, 25793, 26215, 26449, 26925, 27208, 27384, 27785, 30004, 30103, 30128, 30140, 30176, 30178, 30220, 30222, 30694, 30700, 30701, 30702, 30845, 30849, 30850, 30859, 30860, 30861, 30863, 30877, 31433, 31742, 31743, 31783.

Vita Eliae Spelaeotae (BHG 581)

20602, 21168, 21169, 21346, 21639, 21646, 21649, 21713, 22064, 22406, 22617, 22728, 22934, 22963, 22964, 22965, 22979, 23211, 24114, 24115, 24236, 24277, 24733, 24764, 24791, 25715, 26263, 26446, 26478, 26679, 26945, 28429, 30079, 30104, 30105, 30219, 30411, 30415, 30422, 30543, 30552, 30556, 30557, 30724, 30758, 30779, 30780, 30791, 30792, 30796, 30797, 30798, 30799, 31265, 31284, 31285, 31286, 31301, 31342, 31764, 31784.

Vita Euphrosynae iun. (BHG 627)

20228, 21800, 22574, 23734, 24311, 25940, 27602, 28506, 30046, 30130, 30240, 30640, 30708.

Vita Eustratii (BHG 645)

31269.

Vita Euthymii (BHG 651)

20228, 20347, 20405, 20476, 20476, 20554, 20565, 20718, 20837, 20914, 20921, 21232, 21461, 21642, 21698, 21707, 21755, 21759, 21913, 21927, 22023, 22329, 22388, 22593, 22607, 22624, 22712, 22900, 22906, 22908, 22909, 23734, 23817, 24268, 24311, 24329, 24343, 24397, 25109, 25712, 25885, 25943, 26328, 26419, 26460, 26667, 26759, 26973, 27051, 27208, 27224, 27406, 27409, 27410, 27468, 27478, 27619, 27650, 28122, 28191, 28290, 28291, 28357, 28505, 28506, 30184, 30185, 30186, 30201, 30231, 30233, 30234, 30241, 30242, 30243, 30244, 30246, 30247, 30248, 30262, 30263, 30266, 30267, 30268, 30269, 30276, 30277, 30718, 30726, 30749, 30750, 30751, 30752, 30753, 30844, 30846,

30886, 30887, 30888, 30889, 30890, 30907, 30924, 30925, 30926.

Vita Euthymii iun. (BHG 655)

20486, 20487, 20858, 21178, 21687, 21786, 21912, 22105, 22604, 22719, 22783, 22835, 23511, 25072, 25073, 26189, 26317, 27451, 27618, 30144, 30628, 30629, 30630, 30642.

Vita Euthymii Madyt. (BHG 654)

20784, 20838, 21951, 25801.

Vita Evaristi (BHG 2153)

20449, 21456, 21458, 21618, 21752, 22712, 22842, 23580, 23705, 24912, 25129, 26661, 27011, 27125, 28009, 30022, 30023, 30027, 30033, 30747, 30748, 30786, 31287.

Vita Georgii Athonitae hiberica

20596, 21612, 21960, 22180, 22259, 22309, 22942, 23545, 26581, 28276.

Vita Germani Cosinitzae (BHG 698)

22285, 25507, 25917, 30204, 30214, 30215, 30787, 31344.

Vita Gregorii Decapol. (BHG 711)

23510.

Vita Gregorii ep. Nicopolitani in Armenia (BHL 3669)

22479, 30613, 31821.

Vita prior Gregorii abbatis Porcetensis (BHL 3671)

20373, 20433, 20591, 21425, 22492, 24740, 26218, 26930, 27057, 31788.

Vita posterior Gregorii abbatis Porcetensis (BHL 3672)

22492.

Vita Hilarionis

20228, 20837, 20901, 21920, 22600, 22712, 23549, 24311, 26763, 27618, 30021, 30026, 30202, 30203, 30208, 30212, 30761, 30762.

Vita Ignatii (BHG 817)

20194, 20228, 20278, 20716, 20837, 20843, 21589, 21640, 21641, 21754, 21776, 21788, 22348, 22537, 22712, 22720, 22785, 23470, 23512, 23742, 24311, 24329, 24329, 24755, 24799, 24983, 25098, 25430, 25537, 25696, 25712, 26434, 26667, 27208, 27381, 27619, 27620, 27629, 27887, 28076, 28279, 28422, 28476, 28477, 30002, 30003, 30124, 30145, 30153, 30169, 30672, 30673, 30674.

Vita Ioannis Ascetae (georg.)

20837, 22779, 23510.

Vita Ioannis Damasceni (BHG 884)

23099.

Vita Ioannis et Euthymii hiberica

20090, 20596, 20597, 20670, 20681, 20785, 20838, 20925, 21432, 21612, 21960, 22034, 22180, 22478, 22534, 22613, 22778, 22926, 22942, 23384, 23491, 23545, 23735, 24301, 25535, 26179, 28103, 28125, 28498, 30503, 30578, 31595, 31673, 31729, 31820, 31823, 31865, 32009, 32012, 32013, 32018, 32019, 32020, 32021, 32022.

Vita Iosephi hymnographi

22712, 22822, 23510, 26667, 28075, 30716, 30722, 30723.

Vita Irenae Chrysobalanton (BHG 952)

20837, 21264, 21617, 21767, 22712, 24922, 25916, 30015, 30016, 30017, 30018, 30019, 30126, 30760, 30781, 30782, 30783, 30784, 30785.

Vita Lazari (BHG 979)

20535, 21628, 21631, 21664, 22163, 22238, 22544, 22599, 22745, 23440, 23572, 24181, 24285, 24723, 24725, 24790, 25433, 25794, 26021, 26197, 26385, 27545, 27774, 28462, 30098, 30099, 30112, 30117, 30142, 30516,

30519, 30564, 30565, 30568, 30582, 30586, 30587, 30589, 30598, 30622, 31670, 31671, 31672, 31674, 31675, 31837, 31838, 31839, 31840, 31844, 31845, 31846, 31950, 31951, 31952, 31953, 31954, 31970, 31982, 31983, 31985, 31986, 32048, 32049, 32070.

Vita Leonis Lucae (BHL 4842), Vitae (Leonis Lucae) compendium

21925, 27675, 31274.

Vita S. Lucae Abbatis (BHL 4978)

20539, 21226, 21646, 22621, 22981, 24273, 24753, 25528, 26211, 26929, 27582, 27885, 28428, 31325, 31762.

Vita Lucae iun. (BHG 994)

20494, 21285, 21479, 21508, 21711, 21799, 21957, 22296, 22410, 23200, 23201, 23202, 23603, 23734, 23950, 24130, 24202, 24762, 24915, 25884, 26046, 26055, 26056, 26233, 26409, 26610, 26731, 26833, 26834, 27467, 27651, 27912, 28198, 30081, 30108, 30109, 30111, 30136, 30137, 30349, 30412, 30413, 30418, 30419, 30420, 30421, 30992, 30993, 31093, 31150, 31227, 31270, 31271, 31272, 31273, 31280, 31293, 31294, 31295, 31296, 31307, 31308, 31309, 31334, 31387, 31761, 31763, 31799, 31800, 31801.

Vita Lucae Styl. (BHG 2239)

20366, 20432, 20566, 20934, 21259, 21623, 21934, 22129, 22944, 23600, 24257, 24258, 24709, 24758, 24920, 25180, 26461, 26469, 26645, 27022, 27026, 27107, 27152, 27304, 28192, 30061, 30062, 30143, 30198, 30316, 30317, 30318, 30319, 30320, 30321, 30365, 30367, 30502, 30743, 30906, 31126, 31127, 31128, 31129, 31130, 31131, 31132, 31202, 31390.

Vita di S. Luca, vescovo di Isola Capo Rizzuto

21646.

Vita prima S. Macarii (BHL 5100)

24806, 30590.

Vita altera S. Macarii (BHL 5100)

24806.

Vita Mariae iun. (BHG 1164)

20167, 20228, 20240, 20459, 20719, 20761, 20766, 20837, 21210, 21426, 21468, 21608, 21924, 22573, 23553, 24311, 24910, 24974, 25558, 25744, 26192, 26409, 26833, 27009, 27151, 27225, 27239, 27390, 27467, 27695, 28510, 30034, 30036, 30037, 30038, 30039, 30040, 30041, 30042, 30043, 30044, 30045, 30050, 30051, 30052, 30129, 30229, 30232, 30235, 30236, 30725, 30851, 30852, 30853, 30854, 30855, 30856, 30857, 30858, 31078, 31079, 31086, 31089, 31090.

Vita gr. Maximi (BHG 1234)

25202.

Vita Mathildis antiquior

28127.

Vita Methodii Thess. (VM)

20341, 20625, 20837, 21602, 22063, 22319, 22537, 22730, 22774, 23704, 23721, 24287, 24353, 25062, 27437, 27472, 30697, 30698.

Vita. Mich. Maleïni (BHG 1295)

20162, 20343, 20769, 21275, 21764, 22588, 22907, 23831, 23846, 23862, 24229, 24423, 24431, 25075, 25124, 25535, 26833, 27251, 28091, 28192, 30416, 30927, 30928, 31013, 31279, 31302, 31312.

Vita Nahumi (BHG 1316z) – Vita Nahumi brevior (BHG 1317)

21197, 22537, 23704, 25501.

Vita Nahumi slav. 1

21197, 24992, 25501, 27467, 30712.

Vita Nahumi slav. 2

20341, 20422, 20625, 21197, 22001, 22063, 22319, 22537, 23704, 25062, 25501, 26800, 27467, 28443, 30711.

Vita Nahumi slav. 3

20625, 21197, 22537, 23704, 25062, 25501.

Vita Nicephori Milesii (BHG 1338)

20398, 21695, 21851, 22778, 24918, 25249, 25535, 25576, 25784, 26059, 26337, 26620, 26747, 26844, 26953, 27486, 27506, 27998, 28517, 30295, 30472, 31067, 31464, 31747, 31835.

Vita Nicet. Medic. (BHG 1341)

20347, 22913.

Vita Nicodemi (BHG 2305)

21026, 21639, 21646, 24701, 25874, 26576, 30110, 30545, 30610, 31758, 31759, 31795, 31796, 31804, 31805.

Vita Nicolai Stud. (BHG 1365)

20094, 20347, 20485, 20837, 21752, 21754, 22569, 22601, 23705, 24866, 27619, 28135, 30982.

Vita Niconis (BHG 1366. 1367)

20474, 20784, 20785, 20838, 21006, 21172, 22267, 22429, 22477, 22485, 22778, 23103, 23105, 23106, 23339, 23409, 24785, 24898, 25381, 25382, 25535, 26155, 26166, 26772, 26834, 26948, 27374, 28070, 28518, 28519, 30072, 30115, 30116, 30121, 30122, 30123, 30381, 30451, 30475, 30476, 30498, 30499, 30539, 30540, 30548, 30615, 30616, 30617, 30618, 30619, 30623, 31201, 31471, 31486, 31501, 31522, 31523, 31585, 31924, 31925, 31933, 31934, 31935, 32026, 32027, 32028, 32029, 32036, 32037, 32038, 32039.

Vita Nili (BHG 1370)

20258, 20261, 20495, 20929, 20977, 21184, 21685, 21807, 22131, 22324, 22396, 22397, 22426, 22494, 22783, 22946, 23486, 23492, 23668, 24263, 24271, 24274, 24420, 24763, 24862, 25351, 25444, 25503, 25535, 25608, 25955, 26213, 26228, 26229, 26366, 26470, 26576, 26713, 26756, 26949, 27256, 27257, 27603, 28225, 28481, 30063, 30064, 30069, 30073, 30078, 30101, 30274, 30327, 30328, 30330, 30339, 30340, 30341, 30342, 30343, 30344, 30345, 30346, 30347, 30348, 30460, 30474, 30477, 30505, 30506, 30507, 30511, 30520, 31137, 31138, 31139, 31140, 31141, 31142, 31143, 31144, 31145, 31146, 31147, 31148, 31151, 31160, 31161, 31162, 31163, 31164, 31165, 31166, 31167, 31168, 31169, 31170, 31171, 31435, 31468, 31469, 31470, 31472, 31477, 31516, 31517, 31524, 31525, 31526, 31605, 31606, 31645, 31646, 31677, 31713, 31936, 31940, 31943.

Vita Parasc. iun. (BHG 1420z)

21951, 25801, 26262.

Vita Pauli Latrensis (BHG 1474)

20472, 20674, 20722, 20891, 20930, 20937, 21476, 21581, 21692, 21757, 22030, 22035, 22300, 22616, 22736, 22737, 22773, 22966, 23248, 23734, 23946, 24119, 24131, 24284, 24433, 24442, 24765, 25017, 25022, 25193, 25535, 25750, 25875, 26217, 26337, 26338, 26350, 26409, 26475, 26665, 26678, 26998, 27486, 28092, 28311, 30080, 30106, 30417, 30423, 30424, 30425, 30428, 30433, 30434, 30435, 30436, 30437, 30446, 30553, 30554, 31268, 31288, 31289, 31290, 31304, 31305, 31306, 31314, 31316, 31317, 31318, 31319, 31320, 31321, 31329, 31393, 31394, 31395, 31396, 31434, 31439, 31744, 31745, 31746, 31785, 31786, 31787.

Vita Petri Argivi (BHG 1504)

20257, 22935, 25885, 26292, 26428, 26429, 27680, 30048, 30049, 30285, 30289, 30290, 30291, 30292, 31048.

Vita Petri Athonitae (BHG 1505. 1506)

26139, 26427, 26427, 30206, 30206, 30207, 30754, 30763, 30769, 30770, 30790, 30790.

Vita Petri Athonitae brevior (BHG 1506e)

26427, 30206, 30754, 30790.

Vita Phantini iun. (BHG 2366z)

20475, 20670, 21171, 21207, 21646, 22125, 24120, 24228, 24763, 25503, 25610, 26352, 26401, 26498, 26576, 26683, 27509, 30089, 30090, 30091, 30092, 30093, 30094, 30096, 30323, 30324, 30325, 30483, 30484, 30495, 30496, 30892, 31099, 31135, 31136, 31519, 31520, 31521, 31534, 31535, 31536, 31537, 31538, 31539, 31541, 31573, 31574, 31575, 31576, 31578, 31579, 31580, 31581, 31582, 31583.

Vita Sabae iun. (BHG 1611)

20160, 21287, 21598, 23486, 23604, 24149, 24829, 24830, 24831, 24842, 24842, 24861, 25585, 25752, 26197, 26212, 26513, 26857, 26858, 26929, 27717, 28127, 30102, 30107, 30429, 30430, 30431, 30438, 30544, 31313, 31322, 31323, 31324, 31327, 31332, 31333, 31748, 31749, 31750, 31751, 31752, 31753, 31754, 31755, 31756, 31757, 31789, 31790, 31791, 31792, 31793, 31794, 31803, 31819.

Vita Sampsonis (BHG 1615. 1615a)

20790, 21624, 21693, 21895, 22074, 22159, 22778, 23104, 23734, 24517, 24518, 25254, 26010, 26834, 27609, 30088, 30546, 30547, 31513.

Vita Sisinnii episcopi (Tii) et confessoris (unediert)

27117, 27774.

Vita Symeonis Achivi

27475.

Vita sancti Symeonis monachi (BHL 7952. 7953)

20594, 27518, 31644.

Vita Symeonis Novi Theologi (BHG 1692)

20237, 20442, 20454, 20503, 20512, 20609, 20838, 20936, 20994, 21142, 21192, 21327, 21389, 22075, 22324, 22595, 22749, 23128, 23129, 23369, 23370, 23459, 23486, 23488, 23489, 23498, 23735, 24171, 24572, 24856, 25040, 25085, 25842, 26019, 26198, 26473, 26642, 27044, 27075, 27118, 27165, 27315, 27479, 27488, 27489, 27490, 27531, 27535, 28002, 28124, 30118, 30119, 30501, 30536, 30573, 30575, 30583, 30584, 30585, 30588, 30605, 31398, 31596, 31597, 31598, 31599, 31603, 31948, 31955, 31956, 31957, 31989, 31990, 31991, 31995.

Vita Symeonis Treverensis (BHL 7963)

20537, 21351, 21586, 22622, 26124, 27542, 32005, 32007, 32017, 32033, 32034, 32035, 32047.

Vita Theocleti (BHG 2420)

27608, 28035, 30025, 30788, 31875.

Vita Theoctistae Lesb. (BHG 1723-1724)

25740, 27465, 30158, 30699.

Vita Theodorae Thess. (BHG 1737. 1738)

20488, 20702, 21454, 21590, 21645, 21921, 22102, 22370, 22602, 22828, 22829, 22830, 24101, 25072, 27104, 27598, 27618, 27639, 27962, 28267, 30009, 30010, 30011, 30012, 30187, 30188, 30733, 30734, 30735.

Vita Theodori Cyth. (BHG 2430)

20493, 24410, 25048, 26833, 27627, 27680, 30275, 30286, 30293, 30297, 30301, 30651, 30756, 31017, 31018, 31050.

Vita Theodori grapti (BHG 1746)

25126

Vita Theod. Stud. (BHG 1754. 1755)
25099, 27694.

Vita Theodosios' des Jüngeren
27910.

Vita Theophanus (BHG 1794)
20228, 20837, 21620, 21754, 21755, 24311, 25145, 25476, 27208, 27208, 27406, 27619, 28122, 30005, 30006, 30028, 30125, 30179, 30180, 30181, 30802, 30813.

Vita Thomaïdis Lesb. (BHG 2454. 2455)
21976, 22954, 23602, 23836, 25162, 26834, 27255, 27487, 28277, 30058, 30059, 30060, 30070, 30071, 30135, 30383, 31121, 31122, 31228, 31229, 31230.

Vita S. Vitalis Abbatis (BHL 8697)
20538, 21057, 21343, 21646, 21677, 22621, 24732, 24753, 27050, 28428, 31325.

Vogel–Gardthausen
20377, 20513, 20623, 20676, 21024, 21405, 21462, 22197, 22476, 22859, 22860, 23012, 23013, 23094, 23127, 23456, 23508, 23655, 24812, 24987, 25039, 25228, 25360, 25953, 25983, 26015, 26079, 26093, 26165, 26558, 27233, 27298, 27336, 27473, 27496, 27512, 27773, 27918, 27923.

Wassiliou, in: Hellenika 52
23958, 25397.

Wassiliou, in: SBS 9
23627, 24794.

Wassiliou-Seibt, Metrische Legenden
22135, 23844, 23942, 25081, 26137.

Wassiliou-Seibt, in: Realia Byzantina
25851.

Weitzmann, Byz. Buchmalerei
20667, 20916, 20925, 21002, 21083, 21325, 21963, 22132, 23085, 23368, 23937, 24346, 24544, 25263, 25604, 25946, 26156, 26235, 27108, 27305, 27537, 27932, 28201, 28448.

Weitzmann–Galavaris, Sinai Mss.
21860.

Widrici Vita S. Gerardi episcopi Tullensis (BHL 3431)
30563

Widukind von Korvei
20436, 22778, 25535, 26211, 26212, 28125, 28127, 30462.

William of Malmesbury
21347.

Xanthudides
23330, 23579, 27847.

Yaḥyā
20010, 20035, 20037, 20038, 20040, 20043, 20044, 20048, 20050, 20051, 20052, 20053, 20054, 20059, 20063, 20064, 20066, 20071, 20074, 20077, 20081, 20088, 20131, 20164, 20165, 20178, 20184, 20187, 20192, 20228, 20247, 20253, 20254, 20256, 20259, 20436, 20499, 20621, 20708, 20711, 20712, 20727, 20739, 20743, 20747, 20748, 20769, 20784, 20785, 20806, 20810, 20838, 20925, 20983, 21090, 21132, 21198, 21244, 21248, 21253, 21275, 21277, 21350, 21379, 21432, 21438, 21536, 21568, 21655, 21674, 21761, 21861, 21876, 21977, 21986, 21995, 22015, 22032, 22048, 22049, 22057, 22067, 22069, 22258, 22309, 22428, 22544, 22550, 22563, 22565, 22582, 22643, 22684, 22687, 22688, 22691, 22694, 22695, 22698, 22701, 22703, 22704, 22705, 22750, 22776, 22778, 22970, 23099, 23126, 23167, 23378, 23438, 23466, 23561, 23562, 23582, 23591, 23592, 23596, 23717, 23734, 23735, 23831, 23841, 23921, 23930, 23940, 24209, 24423, 24509, 24519, 24531, 24793, 24815, 24840, 24858, 24863, 24865,

24943, 24944, 25042, 25174, 25179, 25253, 25354, 25431, 25433, 25439, 25440, 25441, 25443, 25444, 25447, 25464, 25467, 25470, 25487, 25502, 25617, 25661, 25674, 25675, 25676, 26019, 26124, 26131, 26173, 26197, 26402, 26496, 26715, 26785, 26787, 26799, 26804, 26808, 26826, 26833, 26835, 26839, 26847, 26854, 26952, 26954, 26955, 26962, 26966, 26968, 26976, 26983, 26984, 26988, 26993, 26998, 27008, 27044, 27087, 27118, 27127, 27251, 27440, 27504, 27556, 27588, 27604, 27758, 27759, 27861, 27908, 27993, 28087, 28125, 28152, 28153, 28168, 28192, 28254, 28321, 28368, 28370, 28392, 28433, 28442, 28459, 28462, 28471, 28474, 28475, 28495, 28506, 28508, 28521, 28522, 30459, 31133, 31134, 31467, 31475, 31476, 31499, 31510, 31588, 31591, 31683, 31694, 31723, 31724, 31969, 31988, 31992.

Ya'qūbī

25438, 25461, 25463, 25471, 26957, 27432.

Yāqūt

22686, 25535, 26804.

Yngvars saga

22627, 22766, 23700, 27170, 28421.

Young–Aitken, Catalogue Glasgow

22727.

Yovhannēs Drasx.

20006, 20099, 20156, 20228, 20642, 20646, 20649, 20837, 22052, 22078, 22307, 22497, 22529, 22917, 23734, 24184, 24311, 25436, 25449, 25493, 25885, 27141, 27431, 27679, 28400, 28467, 28469, 28472, 28496, 30253.

Zacos (Seibt)

26248.

Zekos, in: Archaiologikon Deltion 32

28050.

Zekos, in: SBS 2

23331, 26004.

Zilmer, "He drowned ..."

21578.

ZN

20023, 20026, 20142, 20143, 20147, 20149, 20153, 20247, 20249, 20269, 20291, 20292, 20304, 20308, 20326, 20334, 20335, 20336, 20340, 20347, 20355, 20359, 20371, 20372, 20401, 20418, 20450, 20451, 20476, 20511, 20585, 20589, 20628, 20631, 20709, 20716, 20720, 20763, 20769, 20808, 20820, 20821, 20824, 20884, 20885, 20892, 20893, 20894, 20895, 20922, 20925, 20939, 20983, 20984, 21010, 21013, 21017, 21109, 21110, 21112, 21176, 21240, 21257, 21267, 21279, 21280, 21281, 21282, 21283, 21305, 21306, 21309, 21334, 21419, 21424, 21427, 21457, 21478, 21480, 21562, 21630, 21644, 21665, 21682, 21758, 21765, 21769, 21810, 21822, 21836, 21837, 21838, 21840, 21855, 21866, 21876, 21880, 21889, 21890, 21909, 21910, 21971, 22023, 22076, 22109, 22110, 22114, 22115, 22116, 22136, 22139, 22331, 22332, 22340, 22344, 22371, 22375, 22376, 22398, 22407, 22409, 22440, 22441, 22442, 22483, 22484, 22536, 22557, 22580, 22609, 22624, 22650, 22673, 22847, 22848, 22853, 22861, 22862, 22863, 22864, 22865, 22866, 22876, 22880, 22881, 22917, 22957, 22971, 22972, 22973, 22974, 22975, 22976, 22977, 22978, 22988, 22999, 23047, 23189, 23190, 23191, 23203, 23217, 23249, 23250, 23389, 23390, 23391, 23392, 23402, 23415, 23416, 23417, 23418, 23419, 23420, 23421, 23519, 23533, 23570, 23577, 23578, 23628, 23685, 23689, 23708, 23733, 23782, 23783, 23784, 23794, 23795, 23842, 23848, 23849, 23850, 23851, 23852, 23853, 23854, 23855, 23856, 23876, 23877, 23886, 23897, 23918, 23944, 23959, 23962, 23964, 23988, 23996, 24016, 24054, 24067, 24068, 24069, 24082, 24117, 24118, 24182,

24247, 24267, 24348, 24349, 24351, 24354, 24355, 24358, 24359, 24360, 24361, 24362, 24363, 24364, 24365, 24366, 24367, 24368, 24419, 24426, 24434, 24435, 24436, 24439, 24545, 24546, 24549, 24550, 24551, 24678, 24680, 24681, 24682, 24683, 24684, 24685, 24696, 24719, 24853, 24879, 24889, 24955, 24959, 24960, 24990, 25020, 25043, 25125, 25127, 25136, 25137, 25138, 25139, 25140, 25141, 25142, 25143, 25190, 25206, 25277, 25278, 25279, 25280, 25285, 25318, 25369, 25376, 25377, 25385, 25386, 25387, 25482, 25560, 25561, 25562, 25566, 25584, 25586, 25592, 25627, 25633, 25637, 25657, 25685, 25687, 25694, 25722, 25723, 25724, 25747, 25748, 25749, 25753, 25795, 25796, 25797, 25800, 25857, 25858, 25861, 25862, 25865, 25866, 25885, 25914, 25927, 25929, 25965, 25967, 25968, 25969, 25970, 25972, 25973, 26045, 26048, 26133, 26141, 26142, 26183, 26246, 26250, 26265, 26318, 26319, 26340, 26341, 26376, 26394, 26395, 26444, 26447, 26448, 26451, 26452, 26477, 26511, 26545, 26546, 26584, 26585, 26632, 26634, 26652, 26666, 26667, 26703, 26709, 26711, 26745, 26782, 26811, 26837, 26845, 26859, 26860, 26861, 26881, 26882, 26884, 26915, 26982, 27014, 27015, 27019, 27044, 27046, 27110, 27111, 27166, 27167, 27180, 27208, 27224, 27227, 27228, 27229, 27230, 27244, 27265, 27266, 27267, 27270, 27321, 27375, 27378, 27379, 27399, 27406, 27415, 27416, 27448, 27464, 27474, 27645, 27646, 27649, 27655, 27656, 27657, 27658, 27659, 27660, 27712, 27713, 27714, 27715, 27774, 27780, 27781, 27795, 27871, 27872, 27873, 27901, 27911, 27952, 27964, 28013, 28017, 28022, 28032, 28047, 28087, 28090, 28104, 28113, 28133, 28143, 28145, 28147, 28148, 28154, 28155, 28156, 28157, 28185, 28186, 28231, 28257, 28258, 28288, 28301, 28385, 28449, 28489, 28512, 30794, 30795, 30810, 31298, 31299, 31765, 31766, 31842.

Zonaras

20003, 20004, 20009, 20014, 20045, 20081, 20122, 20197, 20228, 20247, 20263, 20265, 20280, 20298, 20299, 20351, 20405, 20421, 20427, 20436, 20445, 20452, 20476, 20499, 20699, 20740, 20743, 20769, 20780, 20784, 20785, 20837, 20838, 20911, 20914, 20925, 20934, 20983, 21126, 21197, 21198, 21211, 21258, 21275, 21340, 21386, 21390, 21432, 21433, 21440, 21738, 21759, 21761, 21876, 21913, 22032, 22045, 22082, 22261, 22262, 22309, 22328, 22329, 22428, 22531, 22544, 22572, 22574, 22578, 22582, 22594, 22624, 22637, 22708, 22712, 22751, 22778, 22780, 22824, 22900, 22903, 22906, 22909, 22911, 22917, 22941, 23371, 23529, 23582, 23631, 23632, 23699, 23717, 23732, 23734, 23735, 23742, 23780, 23817, 23820, 23823, 23831, 23921, 23922, 23940, 24045, 24188, 24192, 24216, 24311, 24329, 24343, 24397, 24408, 24423, 24516, 24531, 24532, 24547, 24755, 24884, 24885, 24913, 24919, 24944, 24995, 25151, 25163, 25165, 25174, 25253, 25363, 25425, 25451, 25490, 25535, 25545, 25609, 25617, 25661, 25675, 25696, 25717, 25745, 25885, 25886, 25944, 26019, 26037, 26038, 26186, 26252, 26409, 26496, 26667, 26671, 26700, 26715, 26760, 26775, 26826, 26833, 26834, 26835, 26840, 26842, 26847, 26852, 26854, 26855, 26973, 26976, 26983, 26993, 26997, 26998, 27044, 27118, 27152, 27208, 27224, 27243, 27245, 27251, 27294, 27313, 27315, 27406, 27410, 27421, 27429, 27440, 27445, 27467, 27514, 27602, 27604, 27605, 27619, 27684, 27697, 27759, 27929, 28076, 28087, 28088, 28122, 28125, 28152, 28180, 28192, 28290, 28368, 28374, 28433, 28444, 28463, 28477, 28505, 28506, 28508, 30095, 30146, 30152, 30175, 30193, 30233, 30261, 30358, 30473, 30487, 30595, 30626, 30643, 30644, 30645, 30646, 30649, 30650, 30677, 30714, 30718, 30777, 30878, 30879, 30948, 31300, 31391, 31445, 31487, 31530, 31532, 31540, 31549, 31589, 31590, 31781, 31941.

ZV

20348, 20429, 20715, 20838, 20896, 20897, 20902, 21275, 21366, 21839, 21841, 22081, 22377, 22378, 22379, 22778, 22849, 22867, 23524, 23734, 23742, 23786, 24369, 24927, 25045, 25128, 25144, 25719, 25720, 25915, 26323, 26416, 26453, 26833, 26834, 27251, 27406, 27604, 27661, 28125, 28506, 30776, 30811, 30812.

Handschriften (alphabetische Ordnung)

Cod. Athen. Bibl. Nat. 1 → Ephraim (# 21691).

Cod. Athen. Bibl. Nat. 56 → Ioannes (# 22987).

Cod. Athen. Bibl. Nat. 59 → Nikolaos (# 26057).

Cod. Athen. Bibl. Nat. 74 → Leon (# 24669).

Cod. Athen. Bibl. Nat. 105 → Ioannes (# 23214).

Cod. Athen. Bibl. Nat. 204 → Neophytos (# 25509).

Cod. Athen. Bibl. Nat. 212 → Leon (# 24352).

Cod. Athen. Bibl. Nat. 263 → Ioannes (# 23154.

Cod. Athen. Bibl. Nat. 304 → Petros (# 26480).

Cod. Athen. Bibl. Nat. 2209 → Theodoros (# 27857).

Cod. Athen. Bibl. Nat. 2641 → Ioseph (# 23520).

Cod. Athen. Bibl. Nat. 2651 → Nikolaos (# 25946).

Cod. Athous Dion. 70 → Basileios Lakapenos (# 20925). – Nikephoros (# 25604).

Cod. Athous Esphig. 13 → Ioannes (# 22945).

Cod. Athous Iber. gr. 46 → Theophanes (# 28103).

Cod. Athous Iber. gr. 415 → Petros (# 26503).

Cod. Athous Iber. hib. 1 → Č'ordvaneli (# 21349). – Ioannes Tornikios (# 22926).

Cod. Athous Iber. hib. 3 → Ioannes Tornikios (# 22926). – Iovane Varazvač'e (# 23544). – T'ornik (II.) (Varazvač'e) (# 28365).

Cod. Athous Iber. hib. 4 → Arseni (# 20596). – Euthymios Athonites Iber (# 21960). – Ioannes Athonites Iber (# 22942). – Iovane Grdzelisdze (# 23545). – Ok'ropiri (# 26179). – Serapion (# 27010).

Cod. Athous Iber. hib. 5 → Euthymios Athonites Iber (# 21960). – Ioannes Tornikios (# 22926). – Ioannes Athonites Iber (# 22942). – Saba (# 26913).

Cod. Athous Iber. hib. 9 → Abuharb (I.) (# 20090). – Bagrat (# 20738). – Bagrat (# 20739). – Bardas Skleros (# 20785). – Č'ordvaneli (# 21349). – Č'ordvaneli (# 21350). – David III. (von Tao) (# 21432). – Ioannes Tornikios (# 22926). – Iovane Varazvač'e (# 23544). – T'ornik (II.) (Varazvač'e) (# 28365).

Cod. Athous Iber. hib. 10 → Euthymios Athonites Iber (# 21960). – Ioannes Athonites Iber (# 22942). – Iovane Grdzelisdze (# 23545).

Cod. Athous Iber. hib. 13 → Arseni (# 20596). – Bakur (# 20748). – Euthymios Athonites Iber (# 21960). – Ioannes Athonites Iber (# 22942). – Iovane Grdzelisdze (# 23545). – Mik'ael (# 25406). – Ok'ropiri (# 26179). – Serapion (# 27010). – T'eodore (# 27576).

Cod. Athous Iber. hib. 32 → Arseni (# 20595). – Euthymios Athonites Iber (# 21960). – Giorgi (# 22308). – Ioannes Tornikios (# 22926). – Ioannes Athonites Iber (# 22942). – Saba (# 26913). – T'eodore (# 27575).

Cod. Athous Iber. hib. 85 → Džodžik (# 21612).

Cod. Athous Kutlumusiu 25 → Theophanes (# 28103).

Cod. Athous Laur. A 19 → Ioannes (# 23154).

Cod. Athous Laur. B 37 → Lukas (# 24159).

Cod. Athous Laur. B 64 → Ephraim (# 21691).

Cod. Athous Laur. B 72 → Kosmas (# 24159).

Cod. Athous Laur. Γ 112 → Ignatios (# 22747). – Michael (# 25356). – Theodoretos (# 27612).

Cod. Athous Laur. Γ 119 → Euthymios (# 21942).

Cod. Athous Laur. Γ 131 → Ioannes (# 23154).

Cod. Athous Laur. Γ 133 → Ioannes (# 23154).

Cod. Athous Laur. Δ 70 → Ioannes (# 23154).

Cod. Athous Laur. Δ 75 → Ioannes (# 23154).

Cod. Athous Laur. Δ 76 → Ioannes (# 23154).

Cod. Athous Vatoped. 127 → Kyrillos (# 24246).

Cod. Athous Vatoped. 376 → Basileios (# 20840).

Cod. Athous Vatoped. 600 → Basileios (# 21097).

Cod. Athous Vatoped. 949 → Ephraim (# 21691).

Cod. Athous Vatoped. 1041 → Nikolaos (# 26061).

Cod. Baltimore → s. unter Walters Art Gallery (Baltimore)

Cod. Basil. B.II.15 → Sisinnios (# 27096).

Cod. Basil. O.II.27 → Michael (# 25203).

Cod. Berol. Hamilton 552 → Magnus (# 24812). – Petrus (# 26558). – Symeon (# 27473).

Cod. Bruxell. II 2404 (olim Kosinitza 16) → Basileios (# 20979).

Cod. Casin. gr. 431 → Arsenios (# 20624).

Cod. Casin. gr. 432 → Kyriakos (# 24235).

Cod. Cesena, Bibl. Malatestiana D XXIX 1 → Ioakeim (# 22772).

Cod. Chalkes, M. Panagias 4 (Istanbul, Patriarchat) → Nikephoros (# 25581). – Nikolaos (# 25951). – Timotheos (# 28350).

Cod. Crypt. A. δ. 2 → Kallinikos (# 23617).

Cod. Crypt. B. α. 1 → Neilos (von Rossano) (# 25503). – Paulos (# 26366).

Cod. Crypt. B. α. 4 → Andreas (# 20375). – Barnabas (# 20815). – Lukas (# 24763). – Markianos (# 24991). – Naukratios (# 25499). – Neophytos (# 25511). – Paulos (# 26366). – Theognostos (# 28018).

Cod. Crypt. B. α. 19 → Neilos (von Rossano) (# 25503). – Paulos (# 26366).

Cod. Crypt. B. α. 20 → Manuel Phokas (# 24884). – Neilos (von Rossano) (# 25503).

Cod. Crypt. B. β. 1 → Neilos (von Rossano) (# 25503). – Nikephoros (# 25610).

Cod. Crypt. Γ. β. 41 → cf. unter "Rotulus Cryptensis".

Cod. Crypt. Δ. γ. 12 → Kyrillos (# 24248).

Cod. Cues, Hospital-Bibliothek 9 → Ioannes (# 23010).

Cod. Dresd. Da 12 → Arethas (# 20554). – Stylianos (# 27412).

Cod. Escorial. gr. 328 (Υ.III.5) → Lukas (# 24781).

Cod. Escorial. gr. 390 (X.III.13) → Konstantinos (# 23864).

Cod. Escorial. gr. 431 (Ψ.I.11) → Ioannes (# 22987).

Cod. Escorial. gr. 476 (Ψ.IV.2) → Euthymios (# 21962).

Cod. Escorial. gr. 584 (Ω.IV.32) → Pothos Argyros (# 26742).

Cod. Genov. Urbani 11 → Ioseph (# 23522).

Cod. Genov. Urbani 17 → Ioseph (# 23525).

Cod. Glasg. Hunt. V.3.5.6 → Ignatios (# 22727).

Cod. Göttingen, theol. gr. 28 → Christophoros (# 21325).

Cod. Haun. GKS 6 → Niketas (# 25798).

Cod. Heidelberg Palat. gr. 23 (Anthologia Palatina) → Konstantinos Rhodios (# 23819).

Cod. Hieros. S. Crucis 25 → Kosmas (# 24103).

Cod. Hieros. S. Crucis 55 → Paulos (# 26333).

Cod. Hieros. Saba 25 → Georgios (# 22142). – Kalos (# 23655).

Cod. Hieros. Saba 144 → Symeon (# 27537).

Cod. Hieros. Saba 157 → Ioannes (# 23012).

Cod. Hieros. Saba 172 → Theodoros (# 27773).

Cod. Hieros. Sancti Sepulcri 24 → Basileios Lakapenos (# 20925). – Basileios I. Skamandrenos (# 20983). – Ioannes Kaminiates (# 22904). – Nikephoros II. Phokas (# 25535). – Polyeuktos (# 26715). – Stephanos II. (# 27245). – Theophylaktos (# 28192). – Tryphon (# 28374).

Cod. Kosinitza 10 (olim) → s. unter Cod. Sofia, Dujčev D. gr. 221.

Cod. Kosinitza 16 (olim) → s. unter Cod. Bruxell. II 2404.

Cod. Kosinitza 32 (olim) → s. unter Cod. Princeton Garrett 14.

Cod. Kosinitza 124 (olim) → s. unter Theological Seminary of the Evangelical Lutheran Church (Maywood, Illinois), Cod. 152.

Cod. Kosinitza ? (nicht identifizierte Hs.) → Auxentios (# 20704). – Dorotheos (# 21593). – Ioseph (# 23530).

Cod. Kozane, Demot. Bibl. 2 → Anastasios (# 20333). – Niketas (# 25852).

Cod. Laurent. 5,9 (Bibel des Niketas) → Niketas (# 25798).

Cod. Laurent. 6,18 → Leontios (# 24712).

Cod. Laurent. 6,21 → Demetrios (# 21462).

Cod. Laurent. 7,8 → Nikolaos (# 26078).

Cod. Laurent. 8,28 → Ioannes (# 23113). – Leon (# 24521).

Cod. Laurent. 9,15 → Annalis (# 20444). – Petros (# 26494).

Cod. Laurent. 9,22 → Basileios (# 20979).

Cod. Laurent. 9,23 → Sisinnios (# 27096).

Cod. Laurent. 10,6 → Theophylaktos (# 28201).

Cod. Laurent. 11,9 → Hesaias (# 22587). – Isidoros (# 23563). – Lukas (# 24783).

Cod. Laurent. 60,3 → Arethas (# 20554). – Ioannes (# 22833).

Cod. Laurent. 69,6 → Gregorios (# 22436).

Cod. Laurent. 74,7 → Niketas (# 25737).

Cod. Laurent. 89,22 → Konstantinos (# 23870).

Cod. Laurent. Ashburnham 99 → Barnabas (# 20816).

Cod. Laurent. Conv. Soppr. 36 → Ioannikios (# 23456). – Nikolaos (# 25983).

Cod. Laurent. Conv. Soppr. 177 → Theophylaktos (# 28238).

Cod. Laurent. Conv. Soppr. 191 → Theophylaktos (# 28201).

Cod. Laurent. San Marco 687 → Georgios (# 22132). – Sisinnios (# 27108).

Cod. Laurent. San Marco 304 → Trdat (# 28370).

Cod. Lesb. Mone Leimonos 27 → Nikolaos (# 26093).

Cod. Lips. UB Rep. 1 → Basileios Lakapenos (# 20925).

Cod. Lond. Add. 17471 → Gregoras (# 22338).

Cod. Lond. Add. 18231 → Paulos (# 26366).

Cod. Lond. Add. 36751 → Theophanes (# 28103).

Cod. Lond. Add. 39602 → Nikon (# 26156). – Stephanos (# 27305).

Cod. Lond. Arund. 532 → Nikephoros (# 25559).

Cod. Lond. Harl. 5598 → Konstantinos (# 23937).

Cod. Lond. Harl. 5694 → Arethas (# 20554). – Baanes (# 20721).

Cod. Lugd. Batav. Gronovianus 12 → Arsenios (# 20604).

Cod. Lugd. Batav. gr. 64 (XVIII 78) → Michael (# 25228) und Sohn (# 25228A).

Cod. Marc. gr. 1 → Basileios (# 20839). – Onesimos (# 26187).

Cod. Marc. gr. 17 (Psalter des Basileios II.) → Pantoleon (# 26258).

Cod. Marc. gr. 27 → Ioannes (# 23127).

Cod. Marc. gr. 53 → Athanasios (# 20678).

Cod. Marc gr. 118 → Theodosios (# 27928).

Cod. Marc. gr. 201 → Ephraim (# 21691).

Cod. Marc. gr. 346 → Markos (# 24998).

Cod. Marc. gr. 447 → Ioannes (# 22833).

Cod. Marc. gr. 538 → Basileios (# 20916).

Cod. Marc. gr. 567 → Ioannes (# 22987).

Cod. Marc. gr. 583 → Basileios (# 21014).

Cod. Marc. Append. gr. I 31 → Bartholomaios (# 20828).

Cod. Marc. Append. gr. IV 1 → Ephraim (# 21691).

Cod. Marc. gr. II 25 (olim Nanianus 46) → Dionysios (# 21558). – Nikolaos (# 26062).

Cod. Maywood, Illinois → siehe unter Theological Seminary of the Evangelical Lutheran Church

Cod. Mediol. Ambros H 13 sup. (423) → Antonios (# 20506).

Cod. Mediol. Ambros. + 24 sup. (783) → Gregoras (# 22338).

Cod. Mediol. Ambros. B 119 sup. (139) → Basileios Lakapenos (# 20925).

Cod. Messan. gr. 14 → Theodoros (# 27857).

Cod. Messan. gr. 45 → Barnabas (# 20814).

Cod. Messan. gr. 133 → Daniel (# 21398). – Ioannes (# 23097).

Cod. Messan. gr. 177 → Agapios II. (von Antiocheia) (# 20165). – Athanasios I. (von Jerusalem) (# 20671). – Benedictus VII. (# 21142). – Elias (# 21655). – Leontios I. (von Jerusalem) (# 24708). – Nikolaos II. Chrysoberges (# 26019). – Orestes (# 26197).

Cod. Messan. F. V. 18 → Dionysios (# 21547).

Cod. Meteoron Metamorphosis 565 → Daniel (# 21399).

Cod. Meteoron Metamorphosis 573 → Theodosios (# 27917).

Cod. Monac. gr. 146 → Euthymios (# 21965). – Gregorios (# 22471).

Cod. Monac. gr. 208 → Ioannes (# 23127).

Cod. Monac. gr. 498 → Ioannes (# 23013).

Cod. Mosqu. GIM 31 (Vladimir) → Theophanes (# 28103).

Cod. Mosqu. GIM 45 → Michael vom Styloskloster (# 25203).

Cod. Mosqu. GIM 62 (Vladimir) → Theophanes (# 28103).

Cod. Mosqu. GIM 74 (Vladimir) → Theophanes (# 28103).

Cod. Mosqu. GIM 78 (Vladimir) → Basileios (# 20979).

Cod. Mosqu. GIM 98 (Vladimir) → Nikolaos (# 25946). – Xenophon (# 28448).

Cod. Mosqu. GIM 100 (Vladimir) → Epiphanios (# 21705). – Euthymios (# 21922).

Cod. Mosqu. GIM 101 (Vladimir) → Ioannes (# 23154).

Cod. Mosqu. GIM 108 (Vladimir) → Ioannes (# 23154).

Cod. Mosqu. GIM 117 (Vladimir) → Athanasios (# 20666).

Cod. Mosqu. GIM 118 (Vladimir) → Ioannes (# 22859). – Ioannes (# 22860).

Cod. Mosqu. GIM 125 (Vladimir) → Nikolaos (# 26018).

Cod. Mosqu. GIM 128 (Vladimir) → Ioannes (# 22987).

Cod. Mosqu. GIM 140 (Vladimir) → Nikolaos (# 26015).

Cod. Mosqu. GIM 164 (Vladimir) → Andreas (# 20377).

Cod. Mosqu. GIM 184 (Vladimir) → Athanasios (# 20667).
Cod. Mosqu. GIM 185 (Vladimir) → Christophoros (# 21325).
Cod. Mosqu. GIM 231 (Vladimir) → Arethas (# 20554) – Stylianos (# 27412).
Cod. Mosqu. GIM 299 (Vladimir) → Athanasios (# 20690). – Ioannes (# 23368).
Cod. Mosqu. GIM 362 (Vladimir) → Theophanes (# 28103).
Cod. Mosqu. GIM 380 (Vladimir) → Theophanes (# 28103).
Cod. Mosqu. GIM 381 (Vladimir) → Theophanes (# 28103).
Cod. Mosqu. GIM 388 (Vladimir) → Theophanes (# 28103).
Cod. Mosqu. GIM 3644 → Nikolaos (# 26044).
Cod. Neap. B II 20 → Ioannes (# 23375).
Cod. Oxon. Auct. D.4.1 → Anthimos (# 20460).
Cod. Oxon. Auct. V.1.51 → Gregorios (# 22436).
Cod. Oxon. Barocc. 134 → Kyrillos (# 24245).
Cod. Oxon. Christ Church 57 → Michael (# 25203).
Cod. Oxon. Clarke 39 → Arethas (# 20554). – Ioannes (# 22833).
Cod. Oxon. d'Orv. 301 → Arethas (# 20554). – Stephanos (# 27238).
Cod. Oxon. Laud. 68 → Ioannes (# 23388).
Cod. Oxon. Laud. 75 → Pankratios (# 26235). – Theodosios (# 27932).
Cod. Oxon. Linc. C. 34 → Kosmas (# 24175).
Cod. Paris. arab. 276 → Anṭūnī (# 20540). – Šimūn (# 27086).
Cod. Paris. Coisl. 44 → Michael (# 25203).
Cod. Paris. Coisl. 246 → Ioannes (# 23187).
Cod. Paris. Coisl. 260 → Meletios (# 25039). – Symeon (# 27496).
Cod. Paris. Coisl. 269 → Athanasios (# 20666). Cf. PmbZ I: Nikolaos Studites (# 5576).
Cod. Paris. Coisl. 283 → Gregorios (# 22476).
Cod. Paris. Coisl. 370 → Ioannes (# 23080).
Cod. Paris. gr. 53 → Daniel (# 21405).
Cod. Paris. gr. 63 → Basileios (# 20954).
Cod. Paris. gr. 375 → Elias (# 21673).
Cod. Paris. gr. 438 → Theophanes (# 28103).
Cod. Paris. gr. 451 → Arethas (# 20554). – Baanes (# 20721).
Cod. Paris. gr. 497 → Niketas (# 25784).
Cod. Paris. gr. 515 → Nikolaos (# 25953).
Cod. Paris. gr. 519 → Euthymios (# 21963).
Cod. Paris. gr. 529 → Theophanes (# 28103).
Cod. Paris. gr. 598 → Michael (# 25203).
Cod. Paris. gr. 668 → Ioannes (# 23085).
Cod. Paris. gr. 724 → Ioannes (# 23094). – Stephanos (# 27298).
Cod. Paris. gr. 781 → Kalokyros (# 23638). – Stylianos (# 27413).
Cod. Paris. gr. 784 → Basileios (# 21083).
Cod. Paris. gr. 911 → Stephanos (# 27233).
Cod. Paris. gr. 1053 → Gregorios (# 22475).
Cod. Paris. gr. 1062 A → Antonios (# 20513).
Cod. Paris. gr. 1085 → Leon (# 24544).
Cod. Paris. gr. 1089 → Abramios (# 20028).
Cod. Paris. gr. 1431 → Basileios (#21039). – Sergios (# 27039).
Cod. Paris. gr. 1470 → Anastasios (# 20288). – Nikolaos (# 25909).
Cod. Paris. gr. 1476 → Anastasios (# 20288). – Nikolaos (# 25909).
Cod. Paris. gr. 1711 → Leon (# 24651).
Cod. Paris. gr. 2951 → Arethas (# 20554). – Ioannes (# 22833).
Cod. Paris. Suppl. gr. 211 → Bakur (# 20748). – Theudatos (# 28276).

Cod. Paris. Suppl. gr. 241 → Stephanos (# 27273).

Cod. Paris. Suppl. gr. 384 → Konstantinos Rhodios (# 23819).

Cod. Paris. Suppl. gr. 622 → Ioseph (# 23520).

Cod. Paris. Suppl. gr. 1274 → Petros (# 26480).

Cod. Patm. 24 → Arsenios (# 20610).

Cod. Patm. 33 → Daniel (# 21396). – Nikolaos (# 25953).

Cod. Patm. 39 → Damianos (# 21375).

Cod. Patm. 112 → Athanasios (# 20676)-

Cod. Patm. 114 → Theodosios (# 27923). – Theodosios (# 27924).

Cod. Patm. 136 → Hilarion (# 22611). – Paulos (# 26354).

Cod. Patm. 171 → Elias (# 21654). – Eudokia Hetaireiotissa (# 21760). – Eustathios (# 21858). – Ioannes (# 23088). – Ioannes Hetaireiotes (# 23091). – Ioseph (# 23527). – Leon Rhodios (# 24512). – Marianos (# 24964). – Michael (# 25245). – Sophia (# 27153). – Synesia (# 27548). – Theophylaktos (# 28223).

Cod. Petropol. Bibl. publ. B 1/5 → Basileios (# 21002). – Michael (# 25263).

Cod. Petropol. Bibl. publ. gr. 71 → Basileios Boioannes (# 21094). – Guaimar III. bzw. IV (# 22509). – Michael (# 25360).

Cod. Petropol. gr. 55 → Basileios Lakapenos (# 20925).

Cod. Petropol. gr. 74 → Basileios (# 20880).

Cod. Petropol. gr. 216 ("Uspenskij-Psalter") → Noë (# 26172). – Theodoros (# 27628).

Cod. Petropol. gr. 226 → Nikolaos (# 25935).

Cod. Petropol. gr. 283 → Eustathios (# 21860).

Cod. Petropol. gr. 287 → Symeon (# 27537).

Cod. Petropol. gr. 337 → Theodoros (# 27773).

Cod. Petropol. gr. 339 → Paulos (# 26333).

Cod. Petropol. gr. 362 → Stephanos (# 27319).

Cod. Petropol. gr. 381 → Leon (# 24644).

Cod. Petropol. gr. 383 → Theodosios (# 27917).

Cod. Philadelphia, Free Library, Fragment Lewis E 251 → Ioseph (# 23520).

Cod. Princeton Garrett 14 → Konstantinos (# 23915). – Nikephoros (# 25603).

Cod. Rom. Angel. gr. 41 → Paulos (# 26366).

Cod. Rom. Vallicell. D 43 (lat. 60) → Paulos (# 26366 = ABC 53911).

Cod. Rom. Vallicell. F 10 → Arethas (# 20554).

Cod. San Lazzaro arm. 887/116 → Kirakos (# 23701). – Theodorokanos (# 27615). – Yovhannēs (# 28468).

Cod. Sin. arab. 116 → Biktor (# 21159). – Ioannes (# 23157).

Cod. Sin. gr. 213 → Eustathios (# 21860).

Cod. Sin. gr. 272 → Stephanos (# 27319).

Cod. Sin. gr. 448 (425 Beneševič) → Leon (# 24644).

Cod. Sin. gr. 507 → Markellos (# 24987).

Cod. Sin. gr. 778 → Nikolaos (# 26079). – Stephanos (# 27336).

Cod. Sin. gr. 794 → Christodulos (# 21250).

Cod. Sofia, Dujčev D. gr. 221 (olim Kosinitza 10) → Georgios (# 22197).

Cod. Taurinensis B.I.2 → Niketas (# 25798).

Cod. Taurinensis gr. 25 (B.V.5), verbrannt → Theophanes (# 28103).

Cod. Tbilisi hist.-ethnograph. Soc. 1346 → siehe unter Cod. T'bilisi H–1346

Cod. T'bilisi A–92 → Arseni (# 20597). – Zak'aria Mirdatisdze (# 28498).

Cod. T'bilisi A-648 → Bakur (# 20748). – Zak'aria (# 28497).

Cod. T'bilisi A–1103 → Arseni (# 20596). – Iovane Grdzelisdze (# 23545). – Ok'ropiri (# 26179).

Cod. T'bilisi H–1346 → Antonios II. Kauleas (# 20476). – Bardas Skleros (# 20785).

– Euthymios Athonites Iber (# 21960). – Gregor (# 22323). – Ioane (# 22775). – Saba (# 26914).

Cod. T'bilisi H–2251 → David III. (von Tao) (# 21432). – Iordanes (# 23509).

Cod. Vat. arab. 436 → Anṭūnī (# 20540).

Cod. Vat. gr. 90 → Alexandros (# 20231).

Cod. Vat. gr. 124 → Ephraim (# 21691).

Cod. Vat. gr. 354 → Michael (# 25185).

Cod. Vat. gr. 414 → Elias (# 21672).

Cod. Vat. gr. 560 → Michael (# 25203).

Cod. Vat. gr. 619 → Leon (# 24652).

Cod. Vat. gr. 1260 → Konstantinos (# 24072).

Cod. Vat. gr. 1506 → Athanasios (# 20692).

Cod. Vat. gr. 1591 → Basileios (# 20981).

Cod. Vat. gr. 1613 (Men. Basilii) → Basileios II. (# 20838). – Georgios (# 22276). – Menas (# 25055). – Michael (# 25374). – Michael (# 25375). – Nestor (# 25521). – Pantoleon (# 26258). – Symeon (# 27543). – Symeon (# 27544).

Cod. Vat. gr. 1633 → Gregorios (# 22451).

Cod. Vat. gr. 1658 → Paulos (# 26366).

Cod. Vat. gr. 1660 → Anatolios (# 20347). – Ioannes (# 22913).

Cod. Vat. gr. 1669 → Ioannes (# 22913).

Cod. Vat. gr. 1671 → Dorotheos (# 21592). – Timotheos (# 28351).

Cod. Vat. gr. 1673 → Anonymus (# 30862).

Cod. Vat. gr. 1675 → Nikolaos II. (von Antiocheia) (# 26124). – Nikolaos (# 26125).

Cod. Vat. gr. 1680 → Michael (# 25203).

Cod. Vat. gr. 1809 → Paulos (# 26366).

Cod. Vat. gr. 1810 → Leon (# 24510).

Cod. Vat. gr. 1815 → Ionas (# 23508). – Nikon (# 26165).

Cod. Vat. gr. 1920 → Michael (# 25203).

Cod. Vat. gr. 1970 (Euchologion von Patir, s. XII) Ioseph (# 23531). – Orestes (# 26197)

Cod. Vat. gr. 1971 → Theophylaktos (# 28262).

Cod. Vat. gr. 2000 → Leontios (# 24718).

Cod. Vat. gr. 2020 → Kyriakos (# 24235).

Cod. Vat. gr. 2022 → Markos (# 24996).

Cod. Vat. gr. 2027 → Theognostos (# 28025).

Cod. Vat. gr. 2030 → Markos (# 25001).

Cod. Vat. gr. 2061 → Basileios (# 21024).

Cod. Vat. gr. 2106 → Basileios (# 20839).

Cod. Vat. gr. 2138 → Kyriakos (# 24235).

Cod. Vat. gr. 2155 → Dionysios (# 21553). – Epiphanios (# 21723).

Cod. Vat. gr. 2564 → Sergios (# 27039). – Theophilos (# 28165).

Cod. Vat. gr. 2647 → Konstantinos (# 24043).

Cod. Vat. Ottob. gr. 250 → Arsenios (# 20624).

Cod. Vat. Ottob. gr. 251 → Arsenios (# 20624).

Cod. Vat. Ottob. gr. 422 → Theophanes (# 28103).

Cod. Vat. Ottob. gr. 428 → Theophanes (# 28103).

Cod. Vat. Palat. gr. 44 → Leon (# 24346).

Cod. Vat. Reg. gr. 1 (Bibel des Leon Sakellarios) → Konstantinos (# 23857). – Leon (# 24419). – Makar (# 24824).

Cod. Vat. Reg. gr. 75 → Otto II. (# 26212). – Symeon (# 27512).

Cod. Vat. Reg. Pii II 21 → Basileios (# 21091). – Konstantinos (# 24043).

Cod. Vat. Reg. Pii II 22 → Konstantinos (# 24043).

Cod. Vat. Ross. 169 → Basileios Lakapenos (# 20925). – Basileios (# 20979).

Cod. Vat. Urb. gr. 20 → Gregorios (# 22433).

Cod. Vat. Urb. gr. 35 → Arethas (# 20554). – Gregorios (# 22374).

Cod. Vat. Urb. gr. 97 → Ephraim (# 21691).

Cod. Vat. Urb. gr. 130 → Ephraim (# 21691).

Cod. Venetus, Bibl. Marciana → siehe unter Cod. Marc.

Cod. Venetus, Bibl. Monasterii S. Lazari 304 → Gregorios (# 22452)

Cod. Venetus, Bibl. Monasterii S. Lazari arm. 887/116 → siehe unter Cod. San Lazzaro arm. 887/116

Cod. Vindob. phil. gr. 314 → Ioannes (# 22940).

Rotulus Cryptensis (Rotulus Crypt. Γ. β. 41 ?) → Arsenios (# 20623).

Theological Seminary of the Evangelical Lutheran Church (Maywood, Illinois), Cod. 152 → Nikandros (# 25533). – Sabas (# 26938).

Walters Art Gallery (Baltimore), Cod. 520 → Theodoros (# 27727).

Handschriften (chronologische Ordnung)

Griechische Handschriften

8.–9. Jh. = Cod. Marc. gr. 1 und Cod. Vat. gr. 2106 → Basileios (# 20839). – Onesimos (# 26187).

9. Jh, Mitte = Cod. Paris. Coisl. 269 → Athanasios (# 20666). Cf. PmbZ I: Nikolaos Studites (# 5576).

877/78 (?) = Cod. Petropol. gr. 216 ("Uspenskij-Psalter") → Noë (# 26172). – Theodoros (# 27628).

879 (oder 894?), 13. November = Cod. Mosqu. GIM 118 (Vladimir) → Ioannes (# 22859). – Ioannes (# 22860).

880, 1. August = Cod. Mosqu. GIM 117 (Vladimir) → Athanasios (# 20666).

888, September = Cod. Oxon. d'Orv. 301 → Arethas (# 20554). – Stephanos (# 27238).

890, April = Cod. Paris. gr. 1470 und Cod. Paris. gr. 1476 → Anastasios (# 20288). – Nikolaos (# 25909).

891, November = Cod. Petropol. gr. 74 → Basileios (# 20880).

895, November = Cod. Oxon. Clarke 39 → Arethas (# 20554). – Ioannes (# 22833).

898, 28. August = Cod. Vat. Palat. gr. 44 → Leon (# 24346).

899, 24. Mai = Cod. Mosqu. GIM 184 (Vladimir) → Athanasios (# 20667).

899, 16. Juli = Cod. Glasg. Hunt. V.3.5.6 → Ignatios (# 22727).

9. Jh. = Cod. Athous Vatoped. 376 → Basileios (# 20840).

9. Jh., 2. Hälfte (869/70 ± x) = Cod. Basil. B.II.15 → Sisinnios (# 27096).

9. Jh., 2. Hälfte (856–897) = Cod. Berol. Hamilton 552 → Magnus (# 24812). – Petrus (# 26558). – Symeon (# 27473).

9. Jh., 2. Hälfte = Cod. Athen. Bibl. Nat. 212 → Leon (# 24352).

9. Jh., Ende = Cod. Lond. Arund. 532 → Nikephoros (# 25559).

9. Jh., Ende = Cod. Paris. gr. 911 → Stephanos (# 27233).

9. Jh., Ende = Cod. Petropol. gr. 383 → Theodosios (# 27917).

ca. 896–917 = Cod. Marc. gr. 447 → Ioannes (# 22833).

9./10. Jh., Wende = Cod. Laurent. 9,23 → Sisinnios (# 27096).

9./10. Jh., Wende = Cod. Messan. F. V. 18 → Dionysios (# 21547).

9./10. Jh., Wende = Cod. Mosqu. GIM 100 (Vladimir) → Epiphanios (# 21705). – Euthymios (# 21922).

9.–10. Jh. = Cod. Cues, Hospital-Bibliothek 9 → Ioannes (# 23010).

9.–10. Jh. = Cod. Hieros. S. Crucis 25 → Kosmas (# 24103).

9.–10. Jh. = Cod. Laurent. 6,21 → Demetrios (# 21462).

9.–10. Jh. = Cod. Petropol. gr. 226 → Nikolaos (# 25935).

9.–10. Jh. = Theological Seminary of the Evangelical Lutheran Church (Maywood, Illinois), Cod. 152 → Nikandros (# 25533). – Sabas (# 26938).

ca. 900 = Cod. Laurent. 74,7→ Niketas (# 25737).

vor ca. 902/03 = Cod. Vat. Urb. gr. 35 → Arethas (# 20554). – Gregorios (# 22374).

902 (?) = Cod. Vat. gr. 1673 → Anonymus (# 30862).

904/05 = Cod. Marc. gr. 538 → Basileios (# 20916).

ca. 908–912 (?) = Cod. Paris. Suppl. gr. 622 → Ioseph (# 23520).

[912, Oktober] = Vorlage des Cod. Lugd. Batav. Gronovianus 12 (kopierte Subskription) → Arsenios (# 20604).

913/14 = Cod. Athen. Bibl. Nat. 2641 und Cod. Philadelphia, Free Library, Fragment Lewis E 251 → Ioseph (# 23520).

913/14 = Cod. Paris. gr. 451 → Arethas (# 20554). – Baanes (# 20721).

10. Jh., Anfang (913/14 ± x) = Cod. Lond. Harl. 5694 → Arethas (# 20554). – Baanes (# 20721).

916, 21. März = Cod. Vat. gr. 1660 → Anatolios (# 20347). – Ioannes (# 22913).

ca. 916 = Cod. Vat. gr. 1669 → Ioannes (# 22913).

917, Juni = Cod. Mosqu. GIM 98 (Vladimir) → Nikolaos (# 25946). – Xenophon (# 28448).

10. Jh., Anfang (917 ± x) = Cod. Athen. Bibl. Nat. 2651 → Nikolaos (# 25946).

ca. 917–927 (?) = Cod. Laurent. 60,3 → Arethas (# 20554). – Ioannes (# 22833).

ca. 917–927 (?) = Cod. Paris. gr. 2951 → Arethas (# 20554). – Ioannes (# 22833).

925, 28. Juli = Cod. Vindob. phil. gr. 314 → Ioannes (# 22940).

927, 14. April = Cod. Hieros. S. Crucis 55 → Paulos (# 26333).

927, 14. April = Cod. Petropol. gr. 339 → Paulos (# 26333).

10. Jh., 1. Drittel = Cod. Rom. Vallicell. F 10 → Arethas (# 20554).

932, April = Cod. Mosqu. GIM 231 (Vladimir) und Cod. Dresd. Da 12 → Arethas (# 20554). – Stylianos (# 27412).

932, November = Cod. Chalkes, M. Panagias 4 (Istanbul, Patriarchat) → Nikephoros (# 25581). – Nikolaos (# 25951). – Timotheos (# 28350).

937, 8. März = Cod. Athous Esphig. 13 → Ioannes (# 22945).

939, Januar = Cod. Paris. gr. 781 → Kalokyros (# 23638). – Stylianos (# 27413).

ca. 920–940 = Cod. Vat. gr. 90 → Alexandros (# 20231).

ca. 930–940 = Cod. Heidelberg Palat. gr. 23 (Anthologia Palatina) und Cod. Paris. Suppl. gr. 384 → Konstantinos Rhodios (# 23819).

941, 24. Oktober = Cod. Patm. 33 → Daniel (# 21396). – Nikolaos (# 25953).

nach 941 = Cod. Vat. gr. 2061 → Basileios (# 21024).

nach 941 = Cod. Paris. gr. 515 → Nikolaos (# 25953).

943, 15. April = Cod. Laurent. San Marco 687 → Georgios (# 22132). – Sisinnios (# 27108).

943, November (?) = Cod. Paris. gr. 598 → Michael (# 25203).

947/48 = Cod. Oxon. Barocc. 134 → Kyrillos (# 24245).

vor 948 = Cod. Athous Laur. B 64 → Ephraim (# 21691).

[948/49] = Vorlage des Cod. Athous Vatoped. 949 (kopierte Subskription) → Ephraim (# 21691).

949, 1. März = Cod. Vat. gr. 354 → Michael (# 25185).

ca. 940–950 = Cod. Vat. Reg. gr. 1 (Bibel des Leon Sakellarios) → Konstantinos (# 23857). – Leon (# 24419). – Makar (# 24824).

10. Jh., 1. Hälfte (nach 916?) = Cod. Vat. gr. 1671 → Dorotheos (# 21592). – Timotheos (# 28351).

951–956 = Cod. Oxon. Auct. D.4.1 → Anthimos (# 20460).

953, 4. September = Cod. Vat. gr. 1810 (untere Schrift) → Leon (# 24510).

953/54 = Cod. Vat. gr. 2022 → Markos (# 24996).

954, 27. Oktober = Cod. Paris. gr. 668 → Ioannes (# 23085).

954, November = Cod. Marc. gr. 201 → Ephraim (# 21691).

955, 3. Mai = Cod. Princeton Garrett 14 → Konstantinos (# 23915). – Nikephoros (# 25603).

955, Juli = Cod. Athous Dion. 70 → Basileios Lakapenos (# 20925). – Nikephoros (# 25604).

nach 958 = Cod. Mediol. Ambros. B 119 sup. (139) → Basileios Lakapenos (# 20925).

959, 17. Juli = Cod. Vat. gr. 2027 → Theognostos (# 28025).

nach 959, Juni = Cod. Patm. 171 → Elias (# 21654). – Eudokia Hetaireiotissa (# 21760). – Eustathios (# 21858). – Ioannes (# 23088). – Ioannes Hetaireiotes (# 23091). – Ioseph (# 23527). – Leon Rhodios (# 24512). – Marianos (# 24964). – Michael (# 25245). – Sophia (# 27153). – Synesia (# 27548). – Theophylaktos (# 28223).

961, 3. August = Cod. Messan. gr. 45 → Barnabas (# 20814).

961, 30. September = Cod. Vat. Ross. 169 (5) → Basileios Lakapenos (# 20925). – Basileios (# 20979).

962, 5. April = Cod. Vat. gr. 124 → Ephraim (# 21691).

962, 18. April = Cod. Patm. 136 → Hilarion (# 22611). – Paulos (# 26354).

962/63 = Cod. Messan. gr. 133 → Daniel (# 21398). – Ioannes (# 23097).

954–962 = Cod. Athen. Bibl. Nat. 1 → Ephraim (# 21691).

10. Jh., Mitte (943 [?] ± 15) = Cod. Basil. O.II.27; Cod. Mosqu. GIM 45; Cod. Paris. Coisl. 44; Cod. Oxon. Christ Church 57; Cod. Vat. gr. 560; Cod. Vat. gr. 1680; Cod. Vat. gr. 1920 → Michael vom Styloskloster (# 25203).

10. Jh., Mitte (950 ± 15) = Cod. Marc. gr. IV 1 → Ephraim (# 21691).

10. Jh., Mitte (950 ± 15) = Cod. Vat. Urb. 130 → Ephraim (# 21691).

10. Jh., Mitte (950 ± 15) = Cod. Istanbul, Sarayi G. I. 1 → Ephraim (# 21691).

10. Jh., Mitte = Cod. Vat. Urb. gr. 97 → Ephraim (# 21691).

10. Jh., Mitte = Cod. Paris. Suppl. gr. 241 → Stephanos (# 27273).

963/64 = Cod. Laurent. 9,15 → Annalis (# 20444). – Petros (# 26494).

ca. 963–969 = Cod. Lips. UB Rep. 1 → Basileios Lakapenos (# 20925).

964, 24. Dezember = Cod. Vat. gr. 1591 → Basileios (# 20981).

964/65 = Cod. Crypt. B. α. 20 → Manuel Phokas (# 24884). – Neilos (von Rossano) (# 25503).

964/65 (?) = Cod. Crypt. B. β. 1 → Neilos (von Rossano) (# 25503). – Nikephoros (# 25610).

nach 964/65 (?) = Cod. Crypt. B. α. 19 → Neilos (von Rossano) (# 25503). – Paulos (# 26366).

966, September = Cod. Paris. gr. 497 → Niketas (# 25784).

967, 30. Januar = Cod. Petropol. gr. 283 und Cod. Sin. gr. 213 → Eustathios (# 21860).

968, 4. August = Cod. Marc. gr. 53 → Athanasios (# 20678).

969, 1. Juni = Cod. Meteoron Metamorphosis 565 → Daniel (# 21399).

969/70 = Cod. Crypt. Δ. γ. 12 → Kyrillos (# 24248).

970, 8. August = Cod. Athous Laur. B 37 → Lukas (# 24768).

971/72 = Cod. Lond. Add. 18231 → Paulos (# 26366).

972, 15. August = Cod. Patm. 39 → Damianos (# 21375).

972, 13. November = Cod. Laurent. 8,28 → Ioannes (# 23113). – Leon (# 24521).

974, 13. Mai = Cod. Laurent. 9,22 → Basileios (# 20979).

974, 18. Juli = Cod. Paris. gr. 724 → Ioannes (# 23094). – Stephanos (# 27298).

10. Jh., 3. Viertel (961–976) = Cod. Mosqu. GIM 78 (Vladimir) → Basileios (# 20979).

975, 5. Juni = Cod. Mosqu. GIM 140 (Vladimir) → Nikolaos (# 26015).

976, Dezember = Cod. Bruxell. II 2404 (olim Kosinitza 16) → Basileios (# 20979).

976/77 = Cod. Mosqu. GIM 125 (Vladimir) → Nikolaos (# 26018).

976, 977 oder 993, Sept. = Cod. Oxon. Laud. 75 → Pankratios (# 26235). – Theodosios (# 27932).

978, 20. Juni = Cod. Monac. gr. 208 → Ioannes (# 23127).

980, Juni = Cod. Lond. Add. 39602 → Nikon (# 26156). – Stephanos (# 27305).

981, April = Cod. Vat. gr. 2155 → Dionysios (# 21553). – Epiphanios (# 21723).

982, nach 13./15. Juli = Cod. Vat. Reg. gr. 75 → Otto II. (# 26212). – Symeon (# 27512).

983/84 = Cod. Laurent. Conv. Soppr. 191 → Theophylaktos (# 28201).

984, Ende August = Cod. Athous Laur. Δ 70 → Ioannes (# 23154).

985, 31. Januar = Cod. Athous Iber. gr. 415 → Petros (# 26503).

985, 27. Juli = Cod. Petropol. Bibl. publ. B 1/5 → Basileios (# 21002). – Michael (# 25263).

985, 27. November = Cod. Crypt. B. α. 1 → Neilos (von Rossano) (# 25503). – Paulos (# 26366).

vor 986, September = Cod. Athous Laur. Δ 76 → Ioannes (# 23154).

986, 6. September = Cod. Athous Laur. Δ 75 → Ioannes (# 23154).

987, 27. Januar = Cod. Hieros. Saba 172 und Cod. Petropol. gr. 337 → Theodoros (# 27773).

989 (?), 1. September = Cod. Mediol. Ambros H 13 sup. (423) → Antonios (# 20506).

989 (?), 17. Dezember = Cod. Vat. gr. 2564 → Sergios (# 27039). – Theophilos (# 28165).

989/90 = Cod. Paris. gr. 1089 → Abramios (# 20028).

990, 9. April = Cod. Mosqu. GIM 101 (Vladimir) → Ioannes (# 23154).

vor 991, 21. November = Cod. Crypt. B. α. 4 → Andreas (# 20375). – Barnabas (# 20815). – Lukas (# 24763). – Markianos (# 24991). – Naukratios (# 25499). – Neophytos (# 25511). – Paulos (# 26366). – Theognostos (# 28018).

991, 3. Februar = Cod. Athen. Bibl. Nat. 263 → Ioannes (# 23154).

991, 12. Juni = Cod. Vat. gr. 2138 → Kyriakos (# 24235).

991/92 = Cod. Marc. gr. 346 → Markos (# 24998).

991/92 = Cod. Mosqu. GIM 185 (Vladimir) → Christophoros (# 21325).

991/92 = Cod. Paris. gr. 438 → Anonymus ≠ Theophanes (# 28103).

992, 8. März = Cod. Athous Laur. A 19 → Ioannes (# 23154).

992, 20. Juli = Cod. Sin. gr. 794 → Christodulos (# 21250).

992, 12. August = Cod. Vat. Urb. gr. 20 → Gregorios (# 22433).

993, 7. April = Cod. Mosqu. GIM 108 (Vladimir) → Ioannes (# 23154).

993, 30. Juni = Cod. Vat. gr. 2020 → Kyriakos (# 24235).

994, 28. Januar = Cod. Vat. gr. 2020 → Kyriakos (# 24235).

994, 13. Mai (?) = Cod. Laurent. San Marco 304 → Trdat (# 28370).

995, 12. März = Cod. Athous Laur. Γ 131 → Ioannes (# 23154).

995, 27. Mai = Cod. Lond. Harl. 5598 → Konstantinos (# 23937).

997, Juni, oder [997] = Vorlage (?) des Cod. Laurent. 69,6 (kopierte Subskription?) → Gregorios (# 22436).

999, März = Cod. Sin. gr. 272 und Cod. Petropol. gr. 362 → Stephanos (# 27319).

999, 14. Oktober = Cod. Mosqu. GIM 3644 → Nikolaos (# 26044).

999/1000 = Cod. Paris. gr. 1085 → Leon (# 24544).

10. Jh., Ende (984–995 ± x) = Cod. Athous Laur. Γ 133 → Ioannes (# 23154).

10. Jh., Ende (991–994 ± x) = Cod. Casin. gr. 432 → Kyriakos (# 24235).

10. Jh. = Cod. Athous Laur. Γ 119 → Euthymios (# 21942).

10. Jh. = Cod. Athous Vatoped. 127 → Kyrillos (# 24246).

10. Jh. = Cod. Cesena, Bibl. Malatestiana D XXIX 1 → Ioakeim (# 22772).

10. Jh. = Cod. Crypt. A. δ. 2 → Kallinikos (# 23617).

10. Jh. = Cod. Escorial. gr. 390 (X.III.13) → Konstantinos (# 23864).

10. Jh. = Cod. Genov. Urbani 11 → Ioseph (# 23522).

10. Jh. = Cod. Genov. Urbani 17 → Ioseph (# 23525).

10. Jh. = Cod. Hieros. Saba 25 → Georgios (# 22142). – Kalos (# 23655).

10. Jh. = Cod. Hieros. Saba 157 → Ioannes (# 23012).

10. Jh. = Cod. Laurent. 6,18 → Leontios (# 24712).

10. Jh. = Cod. Laurent. 89,22 → Konstantinos (# 23870).

10. Jh. = Cod. Laurent. Conv. Soppr. 36 → Ioannikios (# 23456). – Nikolaos (# 25983).

10. Jh. = Cod. Lond. Add. 17471 → Gregoras (# 22338).

10. Jh. = Cod. Lugd. Batav. gr. 64 (XVIII 78) → Michael (# 25228) und Sohn (# 25228A).

10. Jh. = Cod. Mediol. Ambros. + 24 sup. (783) → Gregoras (# 22338).

10. Jh. = Cod. Meteoron Metamorphosis 573 → Theodosios (# 27917).

10. Jh. = Cod. Monac. gr. 498 → Ioannes (# 23013).

10. Jh. = Cod. Mosqu. GIM 164 (Vladimir) → Andreas (# 20377).

10. Jh. = Cod. Paris. Coisl. 260 → Meletios (# 25039). – Symeon (# 27496).

10. Jh. = Cod. Paris. Coisl. 370 → Ioannes (# 23080).

10. Jh. = Cod. Paris. gr. 63 → Basileios (# 20954).

10. Jh. = Cod. Patm. 24 → Arsenios (# 20610).

10. Jh. = Cod. Patm. 112 → Athanasios (# 20676).

10. Jh. = Cod. Patm. 114 → Theodosios (# 27923). – Theodosios (# 27924).

10. Jh. (?) = Walters Art Gallery (Baltimore), Cod. 520 → Theodoros (# 27727).

10. Jh., 2. Hälfte = Cod. Athen. Bibl. Nat. 59 → Nikolaos (# 26057).

10. Jh., 2. Hälfte = Cod. Athen. Bibl. Nat. 304 und Cod. Paris. Suppl. gr. 1274 → Petros (# 26480).

10. Jh., 2. Hälfte = Cod. Hieros. Sancti Sepulcri 24 → Basileios Lakapenos (# 20925). – Basileios I. Skamandrenos (# 20983). – Ioannes Kaminiates (# 22904). – Nikephoros II. Phokas (# 25535). – Polyeuktos (# 26715). – Stephanos II. (# 27245). – Theophylaktos (# 28192). – Tryphon (# 28374).

10. Jh., 2. Hälfte = Cod. Haun. GKS 6 und Cod. Laurent. 5,9 sowie Cod. Taurinensis B.I.2 (Bibel des Niketas) → Niketas (# 25798).

10. Jh., 2. Hälfte (953, 959, 964 oder 980) = Cod. Marc. gr. 583 → Basileios (# 21014).

10. Jh., 2. Hälfte = Cod. Paris. Coisl. 246 → Ioannes (# 23187).

10. Jh., 2. Hälfte = Cod. Paris. gr. 1431 → Basileios (#21039). – Sergios (# 27039).

10. Jh., 2. Hälfte = Cod. Petropol. gr. 55 → Basileios Lakapenos (# 20925).

10. Jh., 2. Hälfte = Cod. Vat. gr. 2000 → Leontios (# 24718).

10. Jh., Ende = Cod. Athen. Bibl. Nat. 105 → Ioannes (# 23214).
10. Jh., Ende = Cod. Athous Vatoped. 1041 → Nikolaos (# 26061).
10. Jh., Ende = Cod. Marc. gr. II 25 (olim Nanianus 46) → Dionysios (# 21558). – Nikolaos (# 26062).
10. Jh., Ende = Cod. Paris. gr. 1062 A → Antonios (# 20513).
10. Jh., Ende = Cod. Rom. Angel. gr. 41 → Paulos (# 26366).
10. Jh., Ende = Cod. Rom. Vallicell. D 43 (lat. 60) → Paulos (# 26366).
10. Jh., Ende = Cod. Vat. gr. 1658 → Paulos (# 26366).
10. Jh., Ende = Cod. Vat. gr. 1809 → Paulos (# 26366).
10. Jh., Ende = Cod. Vat. Ottob. gr. 250 → Arsenios (# 20624).
10. Jh., Ende (oder um 1022?) = Cod. Vat. Ottob. gr. 251 → Arsenios (# 20624).
10./11. Jh., Wende = Cod. Athen. Bibl. Nat. 56 → Ioannes (# 22987).
10./11. Jh., Wende = Cod. Athen. Bibl. Nat. 204 → Neophytos (# 25509).
10./11. Jh., Wende = Cod. Escorial. gr. 431 (Ϋ.I.11) → Ioannes (# 22987).
10./11. Jh., Wende = Cod. Hamburg. 50a in scrinio; → Theophylaktos (# 28238).
10./11. Jh., Wende = Cod. Laurent. 7,8 → Nikolaos (# 26078).
10./11. Jh., Wende = Cod. Laurent. Conv. Soppr. 177 → Theophylaktos (# 28238).
10./11. Jh., Wende = Cod. Vat. gr. 1633 → Gregorios (# 22451).
10.–11. Jh. = Cod. Laurent. Ashburnham 99 → Barnabas (# 20816).
10.–11. Jh. = Cod. Lesb. Mone Leimonos 27 → Nikolaos (# 26093).
10.–11. Jh. = Cod. Marc. Append. gr. I 31 → Bartholomaios (# 20828).
10.–11. Jh. = Cod. Sin. gr. 507 → Markellos (# 24987).
10.–11. Jh. = Cod. Sin. gr. 778 → Nikolaos (# 26079). – Stephanos (# 27336).
10.–11. Jh. = Cod. Venetus, Bibl. Monasterii S. Lazari 304 → Gregorios (# 22452)
1000, 28. Mai = Cod. Escorial. gr. 476 (Ϋ.IV.2) → Euthymios (# 21962).
1001, 15. November = Rotulus Cryptensis (Rotulus Crypt. Γ. β. 41 ?) → Arsenios (# 20623).
1003, 15. April = Cod. Paris. gr. 784 → Basileios (# 21083).
1004, 19. Juni = Cod. Sin. gr. 448 (425 Beneševič) und Cod. Petropol. gr. 381 → Leon (# 24644).
1004/05 = Cod. Athous Laur. B 72 → Kosmas (# 24159).
1005/06 = Cod. Göttingen, theol. gr. 28 → Christophoros (# 21325).
1006, April = Cod. Mosqu. GIM 62 (Vladimir) → Theophanes (# 28103).
ca. 1006 = Cod. Messan. gr. 177 → Agapios II. (von Antiocheia) (# 20165). – Athanasios I. (von Jerusalem) (# 20671). – Benedictus VII. (# 21142). – Elias (# 21655). – Leontios I. (von Jerusalem) (# 24708). – Nikolaos II. Chrysoberges (# 26019). – Orestes (# 26197).

1007, Februar = Cod. Athous Iber. gr. 46 → Theophanes (# 28103).

1007, Mai = Cod. Paris. gr. 519 → Euthymios (# 21963).

1008, Juni = Cod. Lond. Add. 36751 → Theophanes (# 28103).

1011, Oktober = Cod. Athous Kutlumusiu 25 → Theophanes (# 28103).

1012, 23. Juni = Cod. Monac. gr. 146 → Euthymios (# 21965). – 1013, Juni = Cod. Athous Laur. Γ 112 → Ignatios (# 22747). – Michael (# 25356). – Theodoretos (# 27612).

1012/13 = Cod. Vat. Reg. Pii II 21 und Cod. Vat. Reg. Pii II 22 → Basileios (# 21091). – Konstantinos (# 24043).

1013, 8. Juli = Cod. Paris. gr. 1711 → Leon (# 24651).

1013, 29. Oktober = Cod. Escorial. gr. 328 (Υ.III.5) → Lukas (# 24781).

1014/15 = Cod. Vat. gr. 619 → Leon (# 24652).

ca. 1000–1016 = Cod. Vat. gr. 1613 (Men. Basilii) → Basileios II. (# 20838). – Georgios (# 22276). – Menas (# 25055). – Michael (# 25374). – Michael (# 25375). – Nestor (# 25521). – Pantoleon (# 26258). – Symeon (# 27543). – Symeon (# 27544).

1017, 5. April = Cod. Messan. gr. 14 → Theodoros (# 27857).

1018, 22. Februar = Cod. Athen. Bibl. Nat. 2209 → Theodoros (# 27857).

1018, März = Cod. Vat. gr. 1675 → Nikolaos II. (von Antiocheia) (# 26124). – Nikolaos (# 26125).

nach 1018 = Cod. Marc. gr. 17 (Psalter des Basileios II.) → Pantoleon (# 26258).

1019, 1. August, oder 1022, 1. o. 28. August = Cod. Kozane, Demot. Bibl. 2 → Anastasios (# 20333). – Niketas (# 25852).

1019, 29. September = Cod. Hieros. Saba 144 und Cod. Petropol. gr. 287 → Symeon (# 27537).

1019/20 = Cod. Petropol. Bibl. publ. gr. 71 → Basileios Boioannes (# 21094). – Guaimar III. bzw. IV (# 22509). – Michael (# 25360).

vor 1020 = Cod. Mosqu. GIM 74 (Vladimir) → Theophanes (# 28103).

1020, 10. April = Cod. Vat. gr. 414 → Elias (# 21672).

1020, 24. September = Cod. Vat. gr. 2030 → Markos (# 25001).

1020/21 = Cod. Athous Vatoped. 600 → Basileios (# 21097).

nach 1020 = Cod. Mosqu. GIM 388 (Vladimir) → Theophanes (# 28103).

nach 1020 = Cod. Mosqu. GIM 31 (Vladimir) → Theophanes (# 28103).

1021, 26. November = Cod. Paris. gr. 375 → Elias (# 21673).

1021/22 = Cod. Mosqu. GIM 299 (Vladimir) → Athanasios (# 20690). – Ioannes (# 23368).

1022, 25. Februar = Cod. Mosqu. GIM 380 (Vladimir) → Theophanes (# 28103).

ca. 1022 = Cod. Casin. gr. 431 → Arsenios (# 20624).

1022/23 = Cod. Vat. gr. 1815 → Ionas (# 23508). – Nikon (# 26165).

1023, 19. Juni = Cod. Mosqu. GIM 381 (Vladimir) → Theophanes (# 28103).

1024, 25. März = Cod. Vat. gr. 1506 → Athanasios (# 20692).
1025/26 = Cod. Neap. B II 20 → Ioannes (# 23375).
11. Jh., Anfang = Cod. Athen. Bibl. Nat. 74 → Leon (# 24669).
11. Jh., Anfang = Cod. Marc. gr. 567 → Ioannes (# 22987).
11. Jh., Anfang = Cod. Mosqu. GIM 128 (Vladimir) → Ioannes (# 22987).
11. Jh., Anfang = Cod. Oxon. Laud. 68 → Ioannes (# 23388).
11. Jh., Anfang = Cod. Oxon. Linc. C. 34 → Kosmas (# 24175).
11. Jh., Anfang = Cod. Paris. Coisl. 283 → Gregorios (# 22476).
11. Jh., Anfang = Cod. Paris. gr. 53 → Daniel (# 21405).
11. Jh., Anfang = Cod. Paris. gr. 1053 → Gregorios (# 22475).
11. Jh., 1. Viertel (1002–1025) = Cod. Paris. Suppl. gr. 211 → Bakur (# 20748). – Theudatos (# 28276).
11. Jh., 1. Viertel = Cod. Mosqu. GIM 362 (Vladimir) → Theophanes (# 28103).
11. Jh., 1. Viertel = Cod. Taurinensis gr. 25 (B.V.5), verbrannt → Theophanes (# 28103).
11. Jh., 1. Drittel (1012/13 ± 15) = Cod. Vat. gr. 2647 → Konstantinos (# 24043).
1033/34 oder 1034/35 = Cod. Escorial. gr. 584 (Ω.IV.32) → Pothos Argyros (# 26742).
11. Jh., 1. Hälfte = Cod. Vat. gr. 1260 → Konstantinos (# 24072).
11. Jh., 1. Hälfte = Cod. Vat. gr. 1971 → Theophylaktos (# 28262).
9.–11. Jh. = Cod. Sofia, Dujčev D. gr. 221 (olim Kosinitza 10) → Georgios (# 22197).

Arabische Handschriften

989/90 = Cod. Vat. arab. 436 → Anṭūnī (# 20540).
995/96 = Cod. Sin. arab. 116 → Biktor (# 21159). – Ioannes (# 23157).
11. Jh. = Cod. Paris. arab. 276 → Šim'ūn (# 27086)

Armenische Handschriften

1007 = Cod. San Lazzaro arm. 887/116 → Kirakos (# 23701). – Theodorokanos (# 27615). – Yovhannēs (# 28468).

Georgische Handschriften

976/77 = Cod. Athous Iber. hib. 32 → Arseni (# 20595). – Euthymios Athonites Iber (# 21960). – Giorgi (# 22308). – Ioannes Tornikios (# 22926). – Ioannes Athonites Iber (# 22942). – Saba (# 26913). – T'eodore (# 27575).
977, evtl. [977] = Cod. Athous Iber. hib. 9 (kopierte Subskription?) → Abuharb (I.) (# 20090). – Bagrat (# 20738). – Bagrat (# 20739). – Bardas Skleros (# 20785). – Č'ordvaneli (# 21349). – Č'ordvaneli (# 21350). – David III. (von Tao) (# 21432). – Ioannes Tornikios (# 22926). – Iovane Varazvač'e (# 23544). – T'ornik (II.) (Varazvač'e) (# 28365).
978 = Cod. Athous Iber. hib. 1 → Č'ordvaneli (# 21349). – Ioannes Tornikios (# 22926).

978 = Cod. T'bilisi H–1346 → Antonios II. Kauleas (# 20476). – Bardas Skleros (# 20785). – Euthymios Athonites Iber (# 21960). – Gregor (# 22323). – Ioane (# 22775). – Saba (# 26914).

979/80 (?) = Cod. Athous Iber. hib. 3 → Ioannes Tornikios (# 22926). – Iovane Varazvač'e (# 23544). – T'ornik (II.) (Varazvač'e) (# 28365).

982 o. 983 = Cod. Athous Iber. hib. 5 →Euthymios Athonites Iber (# 21960). – Ioannes Tornikios (# 22926). – Ioannes Athonites Iber (# 22942). – Saba (# 26913).

10. Jh., Ende = Cod. Athous Iber. hib. 10 → Euthymios Athonites Iber (# 21960). – Ioannes Athonites Iber (# 22942). – Iovane Grdzelisdze (# 23545).

1008 = Cod. Athous Iber. hib. 4 → Arseni (# 20596). – Euthymios Athonites Iber (# 21960). – Ioannes Athonites Iber (# 22942). – Iovane Grdzelisdze (# 23545). – Ok'ropiri (# 26179). – Serapion (# 27010).

1008 = Cod. Athous Iber. hib. 13 → Arseni (# 20596). – Bakur (# 20748). – Euthymios Athonites Iber (# 21960). – Ioannes Athonites Iber (# 22942). – Iovane Grdzelisdze (# 23545). – Mik'ael (# 25406). – Ok'ropiri (# 26179). – Serapion (# 27010). – T'eodore (# 27576).

1011 oder 1019 = Cod. T'bilisi A–1103 → Arseni (# 20596). – Iovane Grdzelisdze (# 23545). – Ok'ropiri (# 26179).

1030 = Cod. T'bilisi A–648 → Bakur (# 20748). – Zak'aria (# 28497).

11. Jh., 1. Hälfte = Cod. T'bilisi A–92 → Arseni (# 20597). – Zak'aria Mirdatisdze (# 28498).

11. Jh. = Cod. Athous Iber. hib. 85 → Džodžik (# 21612).

Titel und Berufe

Abadion (Mönch) → Theodoros Santabarenos (# 27619).

Abbas → Antonius (# 20538). – Atenolfus (# 20655). – Athanasios (# 20692). – Basileios (# 21099). – Georgios (# 22131). – Gregorios (# 22451). – Gregorius (# 22492). – Hilarion (# 22615). – Ioannes Tzurillas (# 23401). – Iohannes (# 23491). – Leo (# 24304). – Mele (# 25032). – Neilos (von Rossano) (# 25503). – Nikodemos (# 25877). – Pachomios (# 26218). – Petros (# 26475). – Sabas neos (# 26929). – Sergios (# 27036). – Vitalis (# 28428). – Zosimas (# 28517).— Anonymus (# 31137. – # 31325. – # 31696).

— der Kirche von Bari → Madelmus (# 24808).

— des Benediktklosters in Polignano → Petrus (# 26573).

— in oder von Cannae, Apulien → Gregorii (# 22347).

— des Katharinenklosters (Sinai) → Anonymus (# 31949. – # 32033).

— von Montecassino → Iohannes (# 23476. – # 23490).

— von San Nicola di Gallucanta → Eupraxios (# 21808).

— des Sophienklosters in Benevent → Gregorius (# 22493).

— von SS. Michele e Genuario (Piemont) → Bononius (# 21193).

Abgesandter (nach Tarsos) → Philetos (von Synada) (# 26597).

abrūṭusbaṭāriya/al-abrutusbatiyār (arab. = Protospatharios) → Ibrāhīm b. Yūḥannā (# 22706). – Romanos III. Argyros (# 26835).

Abt → Adalgesius (# 20098). – Agapios (# 20162). – Athanasios (# 20693). – Daniel (# 21397). – Elias (# 21677). – Eustratios (# 21882). – Georgios (# 22265). – Gregorios (# 22477). – Gregorius (# 22492). – Hilarion (# 22601). – Iakobos (# 22662). – Ioannes (# 22854). – Lazaros vom Galesionberg (# 24285). – Leo (# 24304). – Lucas (von Demenna) (# 24753). – Lukas der Jüngere (# 24762). – Lukas (# 24777). – Makarios (# 24830). – Mele (# 25032). – Neilos (von Rossano) (# 25503). – Nikodemos (von Kellarana) (# 25874). – Nikolaos (# 26077). – Pachomios (# 26218). – Sergios (# 27036). – Symeon (# 27475). – Theophanes (# 28075). – Vitalis (# 28428). – Anonymi (# 30256). – Anonymus (# 30640. – # 30910. – # 30911. – # 31201. – # 31270. – # 31272. – # 31325. – # 31629. – # 31672. – # 31696. – # 32027). S. auch unter Hegumenos.

— des Agrosklosters → Christophoros (# 21286).

— des Ananiasklosters bei Salerno → Lukas (# 24782).

— des Andreasklosters Peristerai → Methodios (# 25073).

— des Antoniosklosters auf Zypern → Anonymus (# 30759).

— des Bema-Klosters → Anonymus (# 30944).

— des Benediktklosters in Polignano → Petrus (# 26573).

— des Benediktklosters in Salerno → Basileios (# 21099).

— von Burtscheid bei Aachen → Gregorius (# 22492).

— von Cella Salvatoris in Rom → Gregorius (# 22492).

— in Chrysopolis → Leon (# 24448).

— des Exabuliosklosters → Demetrios (# 21456).
— des Hoṙomos-Klosters in Ayrarat → Yovhannēs (# 28465).
— des Iacobusklosters auf Tremiti → Roccio (# 26822).
— eines Höhlenklosters in Kalabrien → Elias Spelaiotes (# 21646). – Kyriakos (# 24236). – Laurentios (# 24277).
— in Kamia → Stephanos (# 27334).
— des Kamrdžadzor-Klosters (Aršarunik') → Yovhannēs (# 28466).
— des Katharinenklosters (Sinai) → Anonymus (# 31949. – # 32033).
— des Kauleasklosters → Antonios II. Kauleas (# 20476).
— des Klosters Bomoi tu Eliu → Anonymus (# 30909).
— des Klosters des Athenogenes Olymp → Petros (# 26458). – Anonymus (# 31411).
— des Klosters tu Akonitu → Leon (# 24580).
— des Kokorobionklosters → Euarestos (# 21752).
— des Marienkloster auf Tremiti → Roccio (# 26822).
— eines Marienklosters in Rom → Anastasius Bibliothecarius (# 20341).
— von Montecassino → Aligernus (# 20258). – Atenolfus (# 20655). – Basileios (# 21099). – Iohannes (# 23476. – # 23490). – Manso (# 24862).
— des Mulaklosters in Kalabrien → Theodoros (# 27675).
— von Nonantola → Iohannes XVI. Philagathos (# 23486).
— des Pegeklosters → Matthaios (# 25016).
— des Petrosklosters in Tarent → Bartholomaios (# 20832). – Symeon (# 27513).
— des Philipposklosters bei Argyron → Nikephoros (# 25585).
— von S. Andrea in Cerchiara → Gregorius (# 22492).
— von San Nicola di Gallucanta → Eupraxios (# 21808).
— von San Vincenzo am Volturno → Leo (# 24296).
— des Sophienklosters in Benevent → Gregorius (# 22493).
— von SS. Michele e Genuario (Piemont) → Bononius (# 21193).
— des Studiosklosters → Arkadios (# 20565).
— eines Klosters bei Theben → Antonios (# 20494).
— des Theokletosklosters in Lakedaimon → Anonymus (# 31875).
— des Theophanes-Klosters → Anonymus (# 32016).
— von Turri in Apulien → Nifus (# 25529).
— des Zachariasklosters → Petros (# 26461).

Abydarios (= Abydikos) → Theodoros (# 27657).

Abydikos → Ioannes (# 22841). – Ioseph (# 23519). – Leon (# 24648). – Stephanos (# 27288).
— von Thessalonike → Meligalas (# 25045).

Acolitus s. unter Akoluthos (Kerzenleuchterträger/Meßdiener).

Adelphe (Nonne) → Anonyma (# 30018. – # 30019). – Anonymae (2) (# 30126). S. auch unter Nonne.
Adelphos (Mönch) → Kosmas (# 24181).— Anonymus (# 31273). S. auch unter Mönch, Monachos.

prokritos Adelphos (führender Mönch) → Akakios (# 20203). – Antonios (# 20524. – # 20525). – Eusebios (# 21821). – Eustratios (# 21902). – Euthymios (# 21964). – Georgios (# 22239). – Kosmas (# 24161). – Markos (# 25000). – Nikephoros (# 25666). – Nikolaos (# 26117). – Timotheos (# 28356). – Xenophon (# 28453). – Anonymus (# 31958).

Adliger (Georgien) → Anonymi (# 30576).

Admiral → Adrianos (# 20122). – Alexios Mosele (# 20241). – Georgios (# 22093). – Himerios (# 22624). – Konstantinos Gongylios (# 23823). – Lukas (# 24780). – Makroioannes (# 24837). – Nasar (# 25490). – Photios (# 26671). – Theodoros Karantenos (# 27765).
— der Fāṭimiden → 'Ammār b. 'Alī b. Abī l-Ḥusayn (# 20275).
— der Flotte (= Nauarchos tu ploïmu = Strategos tu ploïmu) → Niketas Ooryphas (# 25696).

Admiratus (lat., wohl entstellt für Emir) → al-Ḥākim (# 22544).

Admissionalios/Admisunalios (?) → Michael (# 25336).

Advocator/Advocatus (Rechtsbeistand) → Gaideris (# 22055). – Iohannes (# 23497). – Niciforo (# 25523). – Porfiro (# 26723). – Silvester (# 27076).

Äbtissin → Eirene (von Chrysobalanton) (# 21617). – Euphemia (# 21786). – Gregoria (# 22346). – Maria (# 24922). – Theodora (# 27603). – Theopiste (# 28267).

Aerarius → Grauso (# 22322).

Agon → Bardas Parsakutenos (# 20786).

Agonistes (Eremit, Asket) → Ioseph (# 23511).

Agos der Skythen (Anführer der Russen) → Anonymus (# 31529).

Agroikos/Agrotes (Bauer) → Demetrios Kalonas (# 21508). – Stephanos (# 27257). – Anonymi (# 30548). – Anonymus (# 31013. – # 31126. – # 31302. – # 31501).

aḥad qawwād al-muġāraba (arab. Statthalter, Befehlshaber) → Manṣūr b. Karādis (# 24864).

Aichmalotos (Kriegsgefangener) → Pothetos (# 26727). – Anonymi (700) (# 30402). – Anonymi (# 30460). – Anonymus (# 31078).

Aidesimotatos → Michael (# 25142).

Akoluthos (Diener) → Konstantinos (# 24016). – Symbatios (# 27449). – Anonymus (# 31295).

Akoluthos (Kerzenleuchterträger/Meßdiener) → Gregorius (# 22492). – Iakobos (# 22664).

Aktuarios → Arkadios (# 20568).

Aletor (Umherirrender) → Markos (# 24996).

Altenpfleger → Ioannes (# 22958).

Ameraios (Emir) von Jerusalem → Anonymus (# 31232).
— von Palästina → Anonymus (# 31232).

Ameralmumeni s. unter Amermumnes.

Ameras (Emir) → Abū 'Alī (# 20036). – Abū Isḥāq (# 20067). – Apulpher (# 20548). – al-Ḥasan b. 'Alī b. Abī l-Ḥusayn al-Kalbī (# 22558). S. auch unter amīr und Emir.
— von Abnikon → Anonymus (# 31297).
— Aigyptu (= fāṭimidischer Kalif) → al-Mu'izz (# 25444).
— Aphrikes (von Nordafrika) → Sawdān (# 26997).
— von Bagdad → Anonymus (# 31231).
— von Damaskus → 'Alī b. 'Īsā (# 20254).
— von Edessa → Anonymus (# 31172).
— apo Karchedonos (von Karthago) → Sawdān (# 26997).
— von Kreta → 'Abdal'azīz b. Šu'ayb b. 'Umar al-Qurṭubī (# 20009). – Karamuntes (# 23674). – al-Muqtadir (# 25451).

— von Manzikiert → ʿAbdarraḥmān (# 20019). – Abū Sawāda (# 20079). – Abū l-Ward II. (# 20088).
— von Martyropolis → Abū Taġlib al-Ġaḍanfar b. Nāṣiraddawla (b. Ḥamdān) (# 20081).
— von Melitene → Abū Ḥafṣ b. ʿAmr (# 20055).
— von Miepherkeim → Abū Taġlib al-Ġaḍanfar b. Nāṣiraddawla (b. Ḥamdān) (# 20081).
— von Persien → Muʿizzaddawla (# 25445).
— von Sizilien → Ǧaʿfar b. Muḥammad (# 22050).
— von Tarsos → ʿAbdallāh b. Rāšid b. Kāwus (# 20014). – Yāzamān (# 28463).
— von Tyros → Damianos (# 21365).

megas Ameras (Emir von Nordafrika) → Ibrāhīm (II.) b. Aḥmad al-Aġlab (# 22708).

Amerimnes (Emir) von Ägpyten → Muḥammad b. Ṭuġǧ al-Iḫšīd (# 25443).

Amermumnes (Emir; = arab. amīr al-muʾminīn oder amīr al-umarāʾ) → Muʿizzaddawla (# 25445). – al-Muktafī (# 25446). – al-Muʿtaḍid (# 25460). – al-Muṭīʿ (# 25464).
— tes Aphrikes → Ibrāhīm (II.) b. Aḥmad al-Aġlab (# 22708).
— von Babylon (= Emir von Bagdad) → ʿAḍudaddawla Abū Šuǧāʿ Fannā Ḫusrau (# 20131).

Ami... → Michael (# 25184).

ʿāmil (Präfekt, Verwalter, Statthalter) → Ḫalaf al-Farġānī (# 22545). – Nizār b. Muḥammad (# 26171). – Sīmā (# 27077).

amīr (Emir; Anführer) → Abū ʿAlī (# 20036). – Abū l-Qāsim ʿAlī b. al-Ḥasan al-Kalbī (# 20072). – Bād b. Dūstuk (# 20727). – Ḫumārawayh (# 22639). – Melias (# 25042). – Muḥammad b. Ṭuġǧ al-Iḫšīd (# 25443). – aṣ-Ṣanhāǧī (# 26988). – Themel (# 27584).
— al-akrād (der Kurden) → Mumahhidaddawla Abū Manṣūr Saʿīd b. Marwān (# 25447).
— (von Aleppo) → Abū l-Fawāris Muḥammad b. Nāṣiraddawla (# 20050). – Manṣūr b. Luʾluʾ (# 24865). – Saʿdaddawla Abū l-Maʿālī (# 26954).
— von Āmid (Amida) → Abū Ṭāhir Yūsuf b. Damna (# 20083).
— von Anṭākiya (Antiocheia) → Aḥmad b. Tuġān al-ʿUǧayfī (# 20193).
— von Dimašq (Damaskus) → Alftikīn (# 20253).
— al-ǧuyūš al-manṣūr (Befehlshaber der siegreichen Armee) → Manǧūtakīn (# 24858).
— al-Ifranǧa (des Frankenlandes) → Sawdān (# 26997).
— von Ifrīqiya (Nordafrika) → Abū l-ʿAbbās ʿAbdallāh b. Ibrāhīm (# 20031). – Ibrāhīm (II.) b. Aḥmad al-Aġlab (# 22708).
— al-Kalbiyīn (des Stammes der Kalb) → Sinān b. ʿUlyān (# 27087).
— al-Kilābiyīn (der Banū Kilāb) → Ṣāliḥ b. Mirdās (# 26966).
— al-Lāḏiqīya (von Laodikeia) → Abū l-Ḥusayn ʿAlī b. Ibrāhīm b. Yūsuf al-Fuṣayṣ (# 20066).
— von Malaṭya (Melitene) → ʿAbdallāh al-Malaṭī (# 20013). – al-Qāsim b. Sīmā (# 26786).
— von Mayyāfāriqīn (Martyropolis) → Abū ʿAlī al-Ḥasan b. Marwān (# 20038). – Mumahhidaddawla Abū Manṣūr Saʿīd b. Marwān (# 25447). – Naṣraddawla b. Marwān (# 25497). – Saʿdaddawla Abū l-Maʿālī (# 26954).
— al-Mawṣil (von Mossul) → Abū Taġlib al-Ġaḍanfar b. Nāṣiraddawla (b. Ḥamdān) (# 20081).

— von Miṣr (Ägypten) → Aḥmad b. Ṭūlūn (# 20194). – Takīn b. ʿAbdallāh al-Ḥarbī (# 27557).
— ar-Raqqa (Zivilverwalter von ar-Raqqa) → Naǧm (# 25488).
— von Ṣaydā (Sidon) → Abū l-Fatḥ aš-Šayḫ (# 20047).
— von Ṣiqilliya (Sizilien) → al-Ḥasan b. ʿAlī b. Abī l-Ḥusayn al-Kalbī (# 22558).
— von Ṭarābulus (Tripolis) → Abū l-Ḥasan Aḥmad b. Naḥrīr al-Arǧālī (# 20059). – Nazzāl (# 25502).
— von Ṭarasūs (Tarsos) → Abū l-ʿAšāʾir Aḥmad b. Naṣr (# 20039). – Abū Bakr b. az-Zayyāt (# 20043). – Abū Ṯābit (# 20080). – Damianos (# 21365). – Ibn az-Zayyāt (# 22686). – Ibn al-Iḫšād (# 22696). – Naṣr aṯ-Ṯamalī (# 25494). – Rašīq an-Nasīmī (# 26804). – Rustam b. Baradū al-Farġānī (# 26909). – Ṯamal ad-Dulafī (# 27558). – Yāzamān (# 28463).
— aṭ-Ṭāyyiʾīn (des Beduinenstammes der Ṭāyyiʾ) → Ḥassān b. al-Mufarriǧ b. al-Ǧarrāḥ (# 22565).
— aṯ-ṯuġūr (aš-šaʾmiyya) (der syrischen Grenzgebiete) → ʿAbdallāh b. Rāšid b. Kāwus (# 20014). – Aḥmad b. Tuġān al-ʿUǧayfī (# 20193). – Bašīr aṯ-Ṯamalī (# 21132). – Naṣr aṯ-Ṯamalī (# 25494). – Anonymus (# 31069).

amīr al-muʾminīn (Herrscher der Rechtgläubigen = Kalif) → ʿAbdarraḥmān III. b. Muḥammad an-Nāṣir (# 20018). – al-Ḥakam [II.] al-Mustanṣir billāh (# 22543). – al-Mahdī (# 24814). – al-Muktafī (# 25446). – al-Muqtadir (# 25451). – al-Muʿtaḍid (# 25460). – al-Muṭīʿ (# 25464).

amīr as-sulṭān → Ibn Abī ʿĪsā (# 22682).

amīr al-umarā (Großemir in Bagdad) → ʿAḍudaddawla Abū Šuǧāʿ Fannā Ḫusrau (# 20131). – Azīzaddawla Abū Šuǧāʿ Fātik (# 20712). – Bahāʾaddawla (# 20744). – Muʿizzaddawla (# 25445). – ʿṢamṣāmaddawla (# 26976). – Šarafaddawla (# 26993).

Amira (mbulg. = Emir) → al-Muktafī (# 25446).

Amiray Parsicʿ ew Atrpatakani (arm. = Emir von Persien und Aserbaidschan) → Yūsuf b. Abī s-Sāǧ (Abū l-Qāsim) (# 28472).

Amireuon tes nesu (sc. Kretes) = Emir von Kreta → Šuʿayb (# 27429).

Anachoret → Hesaïas (# 22586). – Ioannes (# 23384). – Nikephoros (# 25610). – Petros (# 26427). – Phantinos (# 26576). – Anonymus (# 31409).

Anagnostes → Andreas (# 20382). – Auxentios (# 20706). – Basileios (# 21097). – Georgios (# 22232). – Ioannes (# 23141. – # 23342). – Ioannes Kaminiates (# 22904). – Kalotas (# 23659). – Leon (# 24643). – Anonymus (# 30727).
— der Megale Ekklesia (Athen) → Thomas (# 28304).

Anagrapheus → Eustathios Romaios (# 21870). – Georgios (# 22144). – Ioannes (# 23292. – # 23441). – Pardos (# 26270). – Anonymus (# 32054).
— der Anatolikoi → Ioannes (# 23031). – Konstantinos (# 24003). – Petares (# 26410).
— von Armeniakon → Basileios (# 20960). – Christophoros (# 21315). – Symeon (# 27501). – Theod... (# 27593). – Theophanes (# 28104).
— der Armenika Themata → Theodoros (# 27822).
— von Bukellarion → Ioannes (# 23249). – Theodosios (# 27911).
— von Chaldia → Niketas (# 25835). – Anonymus (# 31888).

— von Charsianon → Abukes (# 20091). – Nikolaos (# 25993). – Anonymus (# 32054).
— von Dodekanesos → Christophoros (# 21265).
— von Drugubiteia → Konstantinos (# 24019).
— von Hellas → Anastasios (# 20310).
— von Kappadokien → Barsakis (# 20824).
— von Makedonien → Georgios (# 22146).
— von Melitene → Ioannes Chrysoberges (# 23380).
— von Opsikion → Leon (# 24467). – Niketas (# 25867).
— von Paphlagonien → Eustathios (# 21855). – Kallistos (# 23622). – Michael (# 25279).
— von Peloponnesos → Niketas (# 25764).
— von Thessalonike → Thomas (# 28296).
— von Thrakesion → Ioannes (# 23322). – Konstantinos (# 23854). – Petros (# 26511). – Stephanos (# 27271).
— von Thrakien → Georgios (# 22146. – # 22146).

Andrapodon (Sklave) → Anonymi (# 30239. – # 30569). – Anonymi (3.000) (# 30221). – Anonymus (# 31689. – # 31860).

Aner emporikos (Kaufmann) → Kosmas (# 24102). – Staurakios (# 27179).

anfipat (mbulg.) s. unter Anthypatos.

Anführer bzw. Generalstabsoffizier (= arab. mudabbir) → Melias (# 25042).
— in Antiocheia (= arab. muqaddam) → Rašīq an-Nasīmī (# 26804).
— der Banū Ḥabīb → Maḥfūẓ b. Ḥabīb b. al-Baǧīl (# 24815).
— der Fāṭimiden (= arab. muqaddam) → Rayyān (# 26808).
— der Kurden (= arab. ra'īs al-akrād) → Ibn ad-Daḥḥāk (# 22685).
— der Landtruppen (= arab. qā'id 'askar al-barr) → Manuel Phokas (# 24884).
— der Mahdi-Bewegung → Aḥmad b. al-Ḥusayn al-Aṣfar Taġlib (# 20184).
— der Muslime → Rayca (# 26807).
— der Normannen → Rodulfus (# 26831).
— der Paulikianer → Kallistos (# 23621).
— der Qarmaten → Abū Ṭāhir b. Abī Sa'īd al-Ǧannābī al-Qarmāṭī (# 20082).
— der Rhomäer (= arab. muqaddam ar-Rūm) → Manuel Phokas (# 24884).
— der Rhos/Russen → Ikmor (# 22753). – Anonymus (# 31529).
— der Sklabenoi in Thessalonike → Anonymi (# 30238).
— der Ṭayyi'-Beduinen → Mufarriǧ b. Daġfal b. al-Ǧarrāḥ aṭ-Ṭā'ī (# 25433).
— in Tephrike → Chrysocheir (# 21340).
— der Ungarn → Arpad (# 20582). – Kursan (# 24213).

Angelos → Anonymi (# 30385. – # 30290). – Anonymus (# 30668. – # 30719. – # 30809).
— von Capua und Benevent → Anonymus (# 30643).

Ankläger → Anonymi (# 30284). – Anonymus (# 31206).

Annonarios → Michael (# 25194).
— der Nea Ekklesia → Basileios (# 21109). – Pardos (# 26266).

basilikos Annonarios → Elias (# 21647).

ansībaṭūs (arab.) s. unter Anthypatos.

anthipatos imperialis (lat.) → Marianos Argyros (# 24962).

Anthrakeus → Anonymus (# 31127).

Anthropos (Diener, Untergebener) → Anonymi (# 30299). – Anonymi (100) (# 30478). – Anonymus (# 30928. – # 31436. – # 31815).
— des Andreas → Leon (# 24649).

— des Arsenios → Leon (# 24412).
— des Basileus → Ioannes (# 23415).
— eines Dux → Gregorios (# 22483).
— des Eustathios Argyros → Anonymus (# 30891).
— der Gesandten der Rus → Anonymi (6) (# 30379).
— des patriarchikon Kubukleision → G... (# 22016).
— des Patriarchen → Euthymios (# 21943). – Petros (# 26467).
— des Sayfaddawla → Ioannes (# 23093).
— des Svjatoslav von Kiew → Anonymi (10) (# 30378).
— der Thekla → Anonymus (# 30775).

basilikos Anthropos → Anonymus (# 30636. – # 31781).

protos Anthropos (griech. für unbekannt. georg. Rang oder Titel) → Anonymus (# 31074).
— des Symeon → Anonymus (# 31008).

Anthypatos → Andronikos (# 20419). – Baasakios Diogenes (# 20724). – Bardas (# 20782. – # 20796). – Bardas Skleros (# 20785). – Barsakios (# 20820. – # 20821). – Basileios (# 20938. – # 20966. – # 20970. – # 20984. – # 21044. – # 21124). – Basileios Boioannes (# 21094). – Christophoros (# 21281). – Christophoros Mitylenaios (# 21324). – Damianos (# 21386). – Elisaios (# 21678). – Eustathios Romaios (# 21870). – Euthymios (# 21952. – # 21973). – Genesios (# 22072). – Gregorios (# 22443. – # 22484). – Himerios (# 22623). – Ioannes (# 22874. – # 22938. – # 22971. – # 23060. – # 23189. – # 23207. – # 23215. – # 23309. – # 23389. – # 23434). – Ioannes Kurkuas (# 22917). – Isaakios (# 23558). – Kalokyres Delphinas (# 23632). – Konstantinos (# 23808. – # 23910. – # 23996. – # 24000. – # 24026. – # 24036. – # 24075. – # 24086). – Kosmas (# 24111. – # 24116). – Landulph I. (# 24272). – Leon (# 24324. – # 24326. – # 24359. – # 24466. – # 24489. – # 24490. – # 24492. – # 24493. – # 24504. – # 24504. – # 24570. – # 24591. – # 24591. – # 24605. – # 24642. – # 24680). – Leon Choirosphaktes (# 24343). – Leon Melissenos (# 24531). – Malakenos (# 24842). – Manso I. (# 24861). – Manuel (# 24872). – Manuel Erotikos bzw. Komnenos (# 24885). – Marianos (# 24955. – # 24960). – Marianos Argyros (# 24962). – Marinos (# 24977). – Michael (# 25108. – # 25229. – # 25234. – # 25301. – # 25385. – # 25392. – # 25402). – Nikephoros (# 25599. – # 25633. – # 25688). – Niketas (# 25740. – # 25771. – # 25802. – # 25859). – Niketas Hagiozacharites (# 25807). – Nikolaos (# 25923. – # 25972. – # 26005. – # 26134). – Paulos (# 26345). – Petros (# 26488. – # 26490). – Prokopios (# 26763). – Romanos (# 26848. – # 26850. – # 26859. – # 26860). – Sachakios Brachamios (# 26952). – Smbat I. (von Klardžet'i) (# 27140). – Staurakios (# 27188). – Stephanos (# 27224. – # 27228. – # 27290). – Stephanos Kontostephanos (# 27313). – Stylianos Zautzes (# 27406). – Tarasios (# 27562). – Theod... (# 27592). – Theodoros (# 27623. – # 27739. – # 27745. – # 27810. – # 27843). – Theodotos (# 27985). – Theoktistos (# 28047). – Theophilos (# 28139). – Theophilos Erotikos (# 28154). – Theophylaktos (# 28232. – # 28240). – Theophylaktos Dalassenos (# 28254). – Tzaptzes (# 28385). – Anonymus (# 30824. – # 30839. – # 30840. – # 31355. – # 31356. – # 31881. – # 31890. – # 31892. – # 31906. – # 31907).

Anthypatos Patrikios → Ameiras (# 20273). – Anastasios (# 20334). – Baasakios Diogenes (# 20724). – Bardas (# 20793. – # 20796). – Basileios (# 20966. – # 20970. – # 21044). – Elisaios (# 21678). – Eustathios Maleïnos (# 21861). – Euthymios (# 21952. – # 21973). – Gregorios (# 22443). – Ioannes (# 22874. – # 23060. – # 23309. – # 23389. – # 23434). – Ioannes Am(m)iropulos (# 23162). – Ioannes Kurkuas (# 22917. – # 23352). – Isaakios (# 23558). – Konstantinos (# 23910. – # 24026. – # 24036. – # 24075). – Konstantinos Lips (# 23815). – Kosmas (# 24116). – Leon (# 24489. – # 24490. – # 24492. – # 24493. – # 24570. – # 24642). – Manuel (# 24872). – Michael (# 25229. – # 25234. – # 25260. – # 25301). – Michael Abidelas (# 25255). – Michael Stypeiotes (# 25300). – Nikephoros (# 25688). – Nikephoros Hexakionites (# 25608). – Niketas (# 25736. – # 25771. – # 25802). – Paulos (# 26345. – # 26349). – Petros (# 26488. – # 26490). – Romanos (# 26850. – # 26858). – Sachakios Brachamios (# 26952). – Smbat I. (von Klardžet'i) (# 27140). – Smbat I. (Kuropalates Iberias) (# 27142). – Staurakios (# 27188). – Stephanos (# 27290). – Stephanos Kontostephanos (# 27313). – Theodoros (# 27739. – # 27745. – # 27810. – # 27843). – Theodotos (# 27985). – Theophylaktos Dalassenos (# 28254). – Anonymus (# 30839. – # 31890. – # 31892. – # 31906. – # 31907).

anthypatus patricius → Marinus II. (von Neapel) (# 24984).

Antigrapheus → Bardas (# 20770). – Ioannes (# 23260). – Nikephoros (# 25627). – Romanos (# 26873).

ant'ipatriki → Smbat I. (Kuropalates Iberias) (# 27142).

Antipatrikios (georg. = Anthypatos Patrikios) → Smbat I. (von Klardžet'i) (# 27140). – Smbat I. (Kuropalates Iberias) (# 27142).

antipatus (lat. = Anthypatos) → Marianos Argyros (# 24962).

antistes Romanae sedis (Papst) (Petrus Damiani) → Benedictus VII. (# 21142).

Apaitetes (Steuereinnehmer) → Anonymi (# 30262).

Apelates (Räuber) → Melias (# 25041). – Anonymi (# 30489).

Aphegumenos des Karya-Klosters (Latros) → Paulos (# 26338).

apo drungarion → Basileios Eladikos (# 21081). – Ioannes (# 22936).

apo eparchon → Anthimos (# 20458). – Theodoros (# 27640).

apo hypaton → Ašot I. "der Große" (von Armenien) (# 20642). – Damianos (# 21373).

apo kentarchon → Konstantinos (# 23917). – Michael (# 25182).

apo magistron → Sisinnios II. (# 27118).

apo monachon → Marianos Argyros (# 24962).

apo sakelliu → Sisinnios (# 27115).

apo strategon → Bardas Phokas (der Ältere) (# 20769). – Paschalios (# 26280).

apo tes synkletu → Himerios (# 22624).

Apocrisiarius s. unter Apokrisiarios.

Apodotes → Demetrios (# 21503).

Apodrungarios s. unter apo drungarion.

Apodulos (freigelassener Sklave) → Georgios (# 22104).

Apokomistes (Briefbote) → Anonymus (# 31719).

Apokrisiarios (Gesandter) → Eurardus (# 21811). – Ioannes (# 22785). – Leon Choirosphaktes (# 24343). – Orestes (# 26195). – Theodoros Santabarenos (# 27619). – Zacharias (von Anagni) (# 28477). – Anonymi (16) (# 30278). – Anonymus (# 30908. – # 31059. – # 31720).
— des Papstes → Leo (# 24289).
— (serb.) → Anonymi (# 30528).

Apomoneus → Baanes Angures (# 20716).

Apostaleis/Apostalmenos/Apostellomenos (Bote) → Anonymi (# 30201. – # 30267). – Anonymus (# 31018).

Apostolus (bulg. Gesandter) → Anonymus (# 31490).

Apothekarios → Athanasios (# 20682). – Leon (# 24632). – Anonymus (# 31826).

apuhiupat (arm.) s. unter apo hypaton.

Arbeiter → Anonymi (# 30415). – Anonymi (100) (# 30478). – Anonymi (15) (# 30479).

Archegetes → Basileios Gutos (# 21082).

Archegos (Anführer) → Anonymus (# 30774).
— von Kreta (= Emir von Kreta) → Šu'ayb (# 27429).
— ton Manichaion (der Paulikianer) → Chrysocheir (# 21340).
— ton Sarakenon (= Emir von Edessa) → Anonymus (# 31172).
— ton Sarakenon (= Kalif) → al-Muqtadir (# 25451).
— tu stolu (Flottenadmiral) → Himerios (# 22624).
— tu kat' Aigypton stolu (Flottenkommandant des ägyptischen Flottenkontingents) → Anonymus (# 30874).
— (ungar.) → Bulču (# 21211).

Archepiscopus → s. unter Archiepiscopus, Archiepiskopos.

Archiatros (Arzt) → Theodosios (# 27923). – Theophilos (# 28149).

basilikos Archiatros → Konstantinos (# 23737).

Archidiaconus/Archidiakonos → Ioannes (# 23362). – Iohannes (# 23490). – Ioseph (# 23512). – Konstantinos (# 24039). – Leon (# 24319. – # 24330. – # 24426). – Madelmus (# 24808). – Niketas (# 25847). – Polyeuktos (# 26714). – Anonymus (# 31558).
— von Akmoneia → Konstantinos Galenos (# 24064).
— der Anastasiskirche in Jerusalem → Anonymus (# 31838).
— von Benevent → Iohannes (# 23490).
— der Megale Ekklesia → Gregorios (# 22401).

basilikos Archidiakonos → Leon (# 24348).

archiepiscopus → Constantinus (# 21347).
— von Bari (Apulien) → Bisantius (# 21164). – Iohannes (# 23504).
— von Benevent → Iohannes (# 23481).
— von Brindisi und Oria → Iohannes (# 23500).
— von Brindisi, Monopoli und Ostuni → Gregorius (# 22491).
— von Damaskus → Sergios (# 27036).
— von Lesina (Apulien) → Landenolfus (# 24269).
— von Mailand → Arnulf II. (# 20579).
— von Minoris Orie → Iohannes (# 23500).
— von Moravia und Pannonien → Methodios (# 25062).

— von Piacenza → Iohannes XVI. Philagathos (# 23486).
— von Ragusa → Vitalis (# 28431).
— Salonitanus (von Salona/Split) → Theodosius (# 27956).

Archiepiskopos → Anastasios (# 20287). – Bisantius (# 21164). – Constantinus (# 21347). – Konstantinos (# 23871). – Kosmas (# 24154). – Metrophanes (# 25093). – Paulos (# 26316). – Anonymi (# 30283). – Anonymus (# 30970. – # 31001. – # 31060. – # 31341. – # 31516. – # 31713).
— von Ainos → Michael (# 25307).
— von Alania → Petros (# 26463).
— von Amastris → Eudokimos (# 21763). – Stephanos (# 27212).
— von Ankara/Ankyra → Theodulos (# 27989). – Theophilos (# 28170).
— von Antiocheia (Armenien) → Macarius (von Gent) (# 24806).
— von Antiocheia (Syrien) → Macarius (von Gent) (# 24806).
— von Apameia (Bithynien) → Basileios (# 20944). – Eulampios (# 21776). – Paulos (# 26295). – Sophronios (# 27157).
— von Apros → Sabas (# 26917). – Anonymus (# 31981).
— von Aquileia → Anonymus (# 30704).
— von Arabize → Kosmas (# 24124).
— von Arkadiupolis → Stephanos (# 27337).
— von Athen → Demetrios (# 21471). – Georgios (# 22128). – Hypatios (# 22649). – Konstantinos (# 23929). – Niketas (# 25698. – # 25743). – Sabas (# 26915). – Anonymus (# 30689).
— von Aureliupolis → Arsenios (# 20599).
— von Bari und Trani → Chrysostomos (# 21344).
— von Bizye → Euthymios (# 21924). – Michael (# 25103).
— von Brindisi und Oria → Iohannes (# 23500).
— von Brysis → Nikephoros (# 25643).
— von Bulgarien → Damianos (# 21371). – David (# 21440). – Georgios (# 22113. – # 22094). – Germanos-Gabriel (# 22299). – Ioannes (# 23365). – Klemes (# 23704). – Leon (# 24666). – Nikolaos (# 25893). – Philippos (# 26616). – Anonymus (# 30997).
— von Cherson → Lukas (# 24767). – Paulos (# 26304). – Anonymus (# 31006).
— von Chonai → Samuel (# 26978).
— von Damaskus → Sergios (# 27036).
— von Derkos → Ioannes (# 23180). – Makarios (# 24828). – Neophytos (# 25506).
— von Dyrrhachion → Anonymus (# 31343).
— von Ephesos → Basileios (# 20846). – Gregorios (# 22369. – # 22389). – Ioannes (# 22924). – Konstantinos (# 23828. – # 23871). – Kyriakos (# 24241). – Stephanos (# 27260). – Theodoros (# 27774. – # 27779). – Anonymus (# 30954. – # 31187. – # 31423).
— von Euchaita → Euphemianos (# 21788). – Philaretos (# 26584). – Theodoros Santabarenos (# 27619).
— von Euripos → Georgios (# 22201. – # 22132).
— von Garichela → Hypatios (# 22647).
— von Georgien → Zak'aria (# 28497).
— von Germe → Stephanos (# 27216).
— von Germia → Konstantinos (# 23865). – Niketas (# 25707).
— von Gotthia → Ioannes (# 23277).
— von Herakleia (Thrakien) → Anonymus (# 30714).
— von Hydrus/Idrus (Otranto) → Blatton (# 21184). – Markos (# 24993). – Philaretos (# 26585). – Anonymus (# 31063. – # 31481).
— von Kaisareia → Arethas (# 20554). – Prokopios (# 26757). – Stylianos (# 27418). – Theophanes Choirinos (# 28088). – Theophanes Sphenodaimon (# 28076).

— von Kalabrien → Ioannes (# 22844). – Leon (# 24331). – Leontios (# 24703).
— von Karabize/Karabizya → Kosmas (# 24124).
— von Karpathos → Philippos (# 26600).
— von Keltzene → Georgios (# 22096).
— von Kerkyra → Arsenios (# 20603). – Ioannes (# 23386). – Kosmas (# 24151).
— von Kios → Epiphanios (# 21701). – Ioannes (# 22787). – Konstantinos (# 23939). – Michael (# 25305). – Nikephoros (# 25681).
— von Koloneia → Konstantinos (# 23759).
— von Komana → Ioannes (# 22826).
— von Korinth → Athanasios (# 20684). – Basileios (# 20973). – Niketas (# 25863). – Nikodemos (# 25879). – Paulos (# 26292. – # 26335. – # 26342). – Anonymus (# 31294).
— (= Patriarch) von Kpl. → Alexios Studites (# 20247). – Antonios II. Kauleas (# 20476). – Basileios I. Skamandrenos (# 20983). – Eustathios (# 21876). – Nikolaos I. Mystikos (# 25885). – Sergios II. (# 27044). – Sisinnios II. (# 27118). – Stephanos I. (# 27208).
— von Kypros bzw. Zypern → Anonymus (# 32013).
— von Kypsel(l)a → Leon (# 24541). – Nikolaos (# 25973). – Stephanos (# 27210).
— von Larissa → Philippos (# 26607). – Anonymus (# 30943).
— von Lemnos → Arsenios (# 20600). – Stephanos (# 27275).
— von Leontopolis → Athanasios (# 20661). – Ioannes (# 22827).
— von Leukas → Ioannes (# 23181). – Sabas (# 26924).
— von Mähren → Gorasdos (# 22319). – Wiching (# 28443).
— von Mailand → Arnulf II. (# 20579).
— von Maroneia → Niketas (# 25708).
— von Mesembria → David (# 21418). – Timotheos (# 28349).
— von Messene → Philippos (# 26599).
— von Methymna → Iakobos (# 22656).
— von Miletos → Sophronios (# 27161).
— von Misthia → Basileios (# 20848).
— von Moravia → Gorasdos (# 22319). – Wiching (# 28443).
— von Nakoleia → Achillas (# 20094). – Photios (# 26668).
— von Naupaktos → Anonymus (# 32006).
— von Neai Patrai → Basileios (# 20953). – Anonymus (# 31851).
— von Neapolis → Leon (# 24318). – Anonymus (# 30938).
— von Neapolis (Pisidien) → Stephanos (# 27264). – Anonymus (# 30939).
— von Nike → Theodoros (# 27630).
— von Nikopolis (Chaldia) → Gregorios (# 22479). – Anonymus (# 31821).
— von Nikopolis (Epirus) → Antonios (# 20490).
— von Nikopolis (Thrakien) → Nikolaos (# 25896. – # 25908).
— von Nisa → Ioannes (# 22789).
— von Novgorod → Ioachim (# 22768).
— von Otranto (Hydrus; Idrus) → Markos (# 24993. – # 24995). – Philaretos (# 26585). – Anonymus (# 31063. – # 31481).
— von Parion → Gregorios (# 22351). – Philippos (# 26615).
— von Philippoi → Basileios (# 20883).
— von Pompeiupolis → Ioannes (# 22791). – Theodosios (# 27894).
— von Proikonnesos → Ignatios (# 22721).
— von Pyrgion → Basileios (# 20852).
— von Rhegion → Leon (# 24331).
— von Rhizaion → Ioannes (# 22807). – Nikephoros (# 25588).
— von Rhoinoi → Theodoros (# 27777).
— der Rhos (Russen) → Anonymus (# 30649).
— von Rhusion → Basileios (# 20853). – Ioannes (# 22792). – Tryphon (# 28373).
— von Rom → Hadrianus II. (# 22537).

— von Salamis (Zypern) → Eustathios (# 21835). – Anonymus (# 30709).
— von Santa Severina → Ioannes (# 22832).
— von Seleukeia Pieria (wohl irrtümlich) → Agapios II. (von Antiocheia) (# 20165).
— von Selge → Basileios (# 20943). – Gregorios (# 22359). – Matthaios (# 25020). – Theophanes (# 28078). – Anonymus (# 31025).
— von Selymbria → Iakobos (# 22660). – Symeon (# 27453).
— von Sizilien → Nikolaos (# 25963).
— von Sozopolis → Agelastos (# 20182).
— von Sugdaia → Konstantinos (# 23938). – Petros (# 26510).
— von Syrakus (Sizilien) → Gregorios Asbestas (# 22348). – Anonymus (# 30676).
— von Thebai → Markianos (# 24989). – Anonymus (# 30947).
— von Thessalonike → Basileios (# 20858). – Gregorios (# 22398). – Iakobos (# 22673). – Ioannes (# 22828. – # 22905). – Methodios (# 25072). – Neophytos (# 25505). – Niketas (# 25817). – Paulos (# 26314). – Plotinos (# 26703). – Sergios (# 27012). – Theodoros (# 27618). – Theophanes (# 28111). – Anonymus (# 31519. – # 32012).
— von Trapezunt → Athanasios Daimonokatalytes (# 20659).
— von Zekchia → Anonymus (# 32001).
— von Zypern → Epiphanios III. (von Zypern) (# 21700). – Epiphanios (# 21704. – # 21722). – Eustathios (# 21835). – Iakobos (# 22667). – Theophilos (# 28144).

Archiereus → Basileios (# 20858). – Carus (# 21224). – Euthymios (# 21924). – Ioannes (# 22998). – Nikephoros (# 25576). – Paulos (# 26292). – Theophylactus (# 28174). – Anonymi (# 30242). – Anonymi (6) (# 30351). – Anonymus (# 30705. – # 31519).
— (= Episkopos) → Anonymi (# 30359). – Anonymus (# 31822).
— von Euripos → Georgios (# 22132).
— von Kalabrien → Anonymus (# 31742).
— von Korone (= arab. qusūs madīna Qurūna) → Niketas (# 25716).
— von Monembasia → Paulos (# 26350).
— von Patras → Anonymus (# 30724).
— von Rhegion (Kalabrien) → Anonymus (# 30845).
— von Ungarn → Hierotheos (# 22594).

Archigetes tes Anatoles (des Ostens) → Theodorokanos (# 27615).

Archimandrit(es) → Chariton (# 21233). – Dorotheos (# 21590). – Hilarion (# 22602). – Symeon (# 27523). – Theognostos (# 28010).
— von Bar Gàgai → Iosua (# 23542).
— von Metropolsk → Eustachios (# 21827.
— des Sabasklosters → Chariton (# 21233).
— des Symeonklosters (Wunderbarer Berg) → Chariton (# 21233).

Archipresbyteros/Archipresbyter(us)/Archipresbiter → Christophoros (# 21289). – Ioannes (# 22799. – # 22986). – Theopemptos (# 28071).
— von Acena bei Bari → Fridericus (# 22007).
— von Edessa (Dobschütz) → Anonymus (# 31177).
— von Salona → Iohannes (# 23472).

Archistrategos → Struthopolites (# 27402).
— (= georg. erist'av) → Rat (Horatios Liparites) (# 26805).

Architekt → Daniel (# 21403). – Trdat (# 28370).

Architekton (Bauherr) → Nikephoros (# 25607).

Archon → Anastasios (# 20331). – Gabras (# 22019). – Ǧa'far b. Falāḥ (# 22049). – Galolektes (# 22061). – Gaudiosos

(# 22064). – Godinus (# 22314). – Gregorios Heptapsychos (# 22425). – Ioannes (# 23398). – Kalonas (# 23653). – Konstantinos (# 24023. – # 24030. – # 24050). – Leon (# 24563). – Niketas (# 25756). – Sawdān (# 26997). – Stephanos (# 27307). – Symeon Ampelas (# 27506). – Theophylaktos (# 28253). – Ursinianos (# 28404). – Anonymi (# 30148). – Anonymi (66 bzw. 60) (# 30183). – Anonymi (# 30233. – # 30345). – Anonymi (40) (# 30493). – Anonymi (# 30584). – Anonymus (# 31094. – # 31646. – # 31765. – # 31795).
— von Abasgia (griech. = Herrscher von Abchasien) → Giorgi I. (# 22309).
— von Abydos → Anonymus (# 31673).
— ton Agarenon (Anführer der Araber) → al-Ḥusayn b. Rabāḥ (# 22641). – Ibrāhīm (II.) b. Aḥmad al-Aġlab (# 22708).
— von Alanien → Anonymus (# 30983).
— von Amalfi → Manso Fusilis (# 24860).
— von Ani (griech. für Armenier) → Smbat-Yovhannēs (von Armenien) (# 27146).
— von Athen → Demetrios (# 21464). – Niketas (# 25732).
— von Babylon (Emir von Bagdad) → ʿAḍudaddawla Abū Šuǧāʿ Fannā Ḫusrau (# 20131).
— von Baginitia → Hilarion (# 22605).
— der Barbaroi (bulg. oder slaw.) → Anonymi (# 30609).
— von Belegrada (Berat) → Elemagos (# 21634).
— ton Bicheton → Leon (# 24328).
— von Boleron → Paulos (# 26324).
— von Bothrotos → Anonymus (# 30702).
— der Bulgaren → Bulias (# 21210). – Anonymi (# 30593). – Anonymi (35) (# 30595).
— von Bulgarien → Boris I. Michael (# 21197). – Symeon (von Bulgarien) (# 27467).
— von Capua → Anonymi (# 30511).
— von Chazaria bzw. Cherson → Georgios Tzules (# 22253).
— von Chios → Georgios (# 22117. – # 22136).
— von Chrepos → Anonymus (# 30897).
— von Christupolis → Andreas (# 20348). – Basileios (# 20841). – Ioannes (# 23072). – Niketas (# 25763).
— von Chrosocheston → Anastasios (# 20299).
— von Chrysocheion/Chrysochoeion → Anastasios (# 20299. – # 20316). – Nikolaos (# 26125).
— tu chrysoklabu → Senacherim (# 27007).
— von Demetrias → Epiphanios (# 21716).
— von Erythrai → Georgios (# 22114).
— von Euboia → Anonymus (# 30897).
— der Exkubitoi → Saktikes (# 26964).
— von Gaeta → Iohannes III. (von Gaeta) (# 23492).
— von Gerane/Geraneia → Leon (# 24630).
— von Hagios Stauros → Anonymus (# 31381).
— von Hellas → Leon (# 24328).
— von Herakleia → Gregorios (# 22377).
— der Hetaireia → Bartzapedon (# 20835).
— der Hikanatoi → Konstantinos (# 23826).
— tes endotero Iberias (Georgien) → Gurgen (von Kʻartʻli) (# 22531).
—ton Iberon (Georgien) → David III. (von Tao) (# 21432).
— der Inseln von Diokleia → Niketas (# 25826).
—der Karthager → Ǧawhar (# 22066).
— von Kerminitza → Michael (# 25154).
— von Klaudiupolis → Konstantinos (# 24067).
— von Krateia → Konstantinos (# 24067).
— von Kriotabros → Strategos (# 27396).
— von Kroatien → Krasimer (# 24190). – Leon (# 24603). – Miroslav (# 25407). – Anonymi (2) (# 30601).
— von Lakedaimon → Anonymi (# 30480).

— von Manipulien → Přzibislav (# 26776).
— von Megale Armenia (griech. für arm. König) → Smbat-Yovhannēs (von Armenien) (# 27146).
— von Moglena → Elitzes (# 21680).
— von Moravia → Svatopluk I. (# 27437).
— von Nikaia → Theophylaktos Kalkatanes (# 28199).
— von Nordafrika → Abū l-ʿAbbās ʿAbdallāh b. Ibrāhīm (# 20031).
— von Ochrid/Ohrid → Eustathios Daphnomeles (# 21864).
— von Pannonien → Kocel (# 23721).
— pases dyseos (des ganzen Westens) → Nikephoros Uranos (# 25617).
— von Patras → Anonymus (# 30799).
— von Phrangia (Franken) → Ludwig II. (# 24755).
— von Rhaidestos → Ioannes (# 23020).
— der Rhos/Rus → Igor (# 22751). – Svjatoslav (von Kiew) (# 27440). – Vladimir I. (von Kiew) (# 28433). – Anonymus (# 30650).
— von Sardinien → Salusios (# 26972). – Torkotorios (# 28363).
— der Serben → Časlav (# 21225). – Goïnik (# 22316). – Mutimir (# 25465). – Pavle Branović (# 26399). – Petar Gojniković (# 26408). – Pribislav (# 26754). – Stroïmir (# 27401). – Zacharias (# 28480).
— von Sirmion → Konstantinos Diogenes (# 24045).
— von Skyros → Ioannes (# 23363). – Niketas (# 25727).
— von Smyrna → Theodoros (# 27652).
— tu pantos stolu (= Flottenadmiral) → Himerios (# 22624). – Michael Charaktos (# 25161).
— der Tagmata von Makedonia → Anonymi (376) (# 30404).
— der Tagmata von Thrake → Anonymi (493) (# 30403).
— von Taron → Grigor I. (von Taron) (# 22497).
— von Terbunia → Čuzimir (# 21357). – Hvalimir (# 22646).
— von Thebaikon → Leon (# 24328).
— von Theben → Kallonas (# 23626). – Anonymus (# 31908).
— von Thessalonike → Basileios (# 20893). – Basileios (# 20903). – Konstantinos (# 23796. – # 23879).
— von Tusculum → Gregorius I. (# 22494).
— von Ungarn → Almos (# 20260). – Bulču (# 21211). – Falič (# 21989). – Liuntika (# 24746). – Tarkaču (# 27566). – Termaču (# 27580). – Tevel (# 27581). – Anonymus (# 31391).
— von Vaspurakan → Gagik II. Arcruni (# 22052).
— von Venedig → Petrus II. Orseolus (# 26566).
— der Vlachen → Nikulitzas (# 26167).
— der Zachlumoi → Michael (# 25166). – Vyšebuđ (# 28440).
— von Zeuxippos → Petros (# 26527).
— von Zypern → Leon (# 24401). – Michael (# 25127). – Theodosios (# 27920).

megas Archon
— von Moravia → Svatopluk I. (# 27437).
— der Petschenegen → Baïtzas (# 20746). – Batas (# 21133). – Giazes (# 22305). – Ipaos (# 23546). – Kaïdum (# 23598). – Kostas (# 24186). – Kuel (# 24207). – Kurkutai (# 24212).

politikos Archon → Basileios (# 21100). – Ioannes (# 23374). – Leon (# 24663). – Pothos (# 26741). – Romanos (# 26877). – Theodosios (# 27949).

Archon ton archonton → Abas I. (# 20006). – Ašot I. "der Große" (# 20642). – Ašot II. "der Eiserne" (# 20646). – Gagik II. Arcruni (# 22052). – Smbat I. "der Märtyrer" (# 27141). – Anonymus (# 31094).

Archontissa
— von Manipulien → Eirene (# 21619).
— der Rus → Olga (# 26186). – Anonymae (16) (# 30133).

Archontopulos von Serbien → Pavle Branović (# 26399). – Zacharias (# 28480).

Areter (Priester) → Leon (# 24669). – Nikolaos (# 26078).

arḫun (arab.) = Archon = ṭarḫān (arab.) → Anonymi (40) (# 30493).

Arkarios → Leon (# 24682).
— Tameion → Agathonikos (# 20180).

ark'ay (arm. = König) → Senek'erim-Yovhannēs Arcruni (# 27008). – Gagik I. Bagratuni (# 22053).
— Hayoc' (der Armenier) → Smbat II. (von Armenien) (# 27144).
— Parsic' (der Perser) → Yūsuf b. Abī s-Sāǧ (Abū l-Qāsim) (# 28472).
— Yunac' (der Griechen) → Basileios II. (# 20838).

ark'ayic' ark'ay (arm. = König der Könige) → Ašot III. "der Barmherzige" (von Armenien) (# 20649).

Armer (Penes) → Anonymi (# 30466). – Anonymus (# 31067).

armiger (Waffenträger) → Anonymus (# 31489).

aršimandrītīs (arab. = Archimandrites) → Chariton (# 21233).

Artist → Anonymi (3) (# 30409).

Artokopos (Bäcker) → Gerasimos (# 22281).

Arzt → Abū l-Fatḥ Sahlān b. Muqaššir (# 20048). – Akakios (# 20199). – Antonios (# 20498). – Disinios (# 21570). – Ḥasdāy b. Šaprūṭ (# 22564). – Kalokyris (# 23635). – Konstantinos (# 23737. – # 24059). – Laidulph (# 24263). – Leon Iatrosophistes (# 24312). – Meletios (# 25035). – Michael (# 25351). – Niketas (# 25737). – Nikolaos (# 26010). – Philaretos (# 26590). – Qusṭā b. Lūqā (# 26789). – Romanos (# 26866). – Šabbetai Donnolo (# 26949). – Sisinnios II. (# 27118). – Stephanos (# 27304). – Theophanes Chrysobalantes (# 28094). – Theophilos (# 28149). – Timotheos (# 28353). – Yaḥyā b. Sa'īd al-Anṭākī (# 28459). – Yūsuf II. (# 28474). – Anonymi (# 30159. – # 30169. – # 30191. – # 30305. – # 30317. – # 30319. – # 30320. – # 30321. – # 30365. – # 30499. – # 30546. – # 30605). – Anonymus (# 30780. – # 31104. – # 31130. – # 31431. – # 31513. – # 31779).

asat (georg. = arm. azat) → Č'ordvaneli (# 21349).

Asekretis → Akatios (# 20206). – Anastasios (# 20302. – # 20330. – # 20336). – Arsaber (# 20588). – Baanes (# 20722). – Basileios (# 20901. – # 21043. – # 21062. – # 21063. – # 21076. – # 21112. – # 21115. – # 21116. – # 21117). – Basileios Uranos (# 20976). – Christophoros (# 21291. – # 21295. – # 21317). – David (# 21428. – # 21429. – # 21434). – Demetrios (# 21480). – Eustathios (# 21843. – # 21856. – # 21878). – Gabriel (# 22021). – Georgios (# 22149). – Gregorios (# 22376. – # 22395. – # 22411). – Gurzubathenos (# 22532). – Himerios (# 22624). – Ioannes (# 22796. – # 22930. – # 22955. – # 22988. – # 23048. – # 23049. – # 23050. – # 23059. – # 23205. – # 23253. – # 23254. – # 23292. – # 23296. – # 23311. – # 23318. – # 23432. – # 23442). – Ioannes Pilatos (# 23084). – Ioannes Thylakas (# 23422). – Ioseph (# 23527). – Konstantinos (# 23754. – # 23892. – # 23893. – # 23981. – # 23982. – # 23987.

– # 23998. – # 24012. – # 24015. – # 24028. – # 24075. – # 24078). – Konstantinos Euoranites (# 23891). – Konstantinos Rhodios (# 23819). – Kosmas (# 24180). – Kyriakos (# 24239). – Leon (# 24482. – # 24503. – # 24587. – # 24588. – # 24616. – # 24619. – # 24620. – # 24624. – # 24663. – # 24664. – # 24691. – # 24700). – Manuel (# 24895). – Michael (# 25131. – # 25245. – # 25297. – # 25298. – # 25321. – # 25322. – # 25329. – # 25386. – # 25387. – # 25393). – Myron (# 25478. – # 25479. – # 25480). – Nik… (# 25530). – Nikephoros (# 25638). – Niketas (# 25742. – # 25768. – # 25769. – # 25824. – # 25859). – Nikolaos (# 25938. – # 25969. – # 26104. – # 26127. – # 26137. – # 26143). – Pantherios (# 26249). – Pantoleon (# 26254). – Parthenios (# 26275). – Paulos (# 26303). – Petros (# 26465. – # 26479. – # 26486. – # 26523. – # 26545). – Philippos (# 26621). – Romanos (# 26861. – # 26877. – # 26879). – Sabas (# 26933). – Samonas (# 26974). – Stephanos (# 27234. – # 27247. – # 27284. – # 27328. – # 27329. – # 27347. – # 27348. – # 27376). – Strategios (# 27391). – Stylianos (# 27420). – Symeon (# 27468. – # 27483. – # 27504). – Theodoros (# 27624. – # 27662. – # 27821. – # 27832. – # 27873). – Theodosios (# 27934). – Theophanes (# 28097. – # 28110. – # 28114). – Theophilos (# 28151). – Theophylaktos Matzitzikos (# 28224). – Theophylaktos (# 28260). – Thomas (# 28293. – # 28296. – # 28302). – Anonymus (# 31648. – # 31721. – # 31880).

— von Aigaion Pelagos → Anonymus (# 31777).

— von Kerde/Nerde → Ioannes (# 22887).

— von Pe… → Leon (# 24358).

basilikos Asekretis → Abasios (# 20008). – Kosmas (# 24123).

asin'krit (mbulg.) s. unter Asekretis.

Asket(es) → Antonios (# 20488). – Basileios ho Neos (# 20881). – Epiphanios (# 21709). – Ioannes Kolobos (# 22783). – Isḥaq (# 23561). – Lazaros vom Galesionberg (# 24285). – Matthaios (# 25017). – Nikodemos (von Kellarana) (# 25874). – Nikolaos (# 26066). – Onuphrios (# 26189). – Petros (# 26427. – # 26429). – Polyeuktos (# 26715). – Symeon (# 27451). – Theodoros (# 27618). – Ya'īš (# 28456). – Anonymi (# 30188). – Anonymus (# 30708. – # 31272. – # 31412. – # 31632. – # 31970).

Asketria → Anonymae (# 30132).

assecula (Begleiter) → Anonymus (# 31278).

Assistent des Eparchen (Bullotes) → Paulos (# 26346).

Astrologe → Demophilos (# 21535). – Nikolaos (# 25944). – Pantoleon (# 26252).

Astronom(os) → Demophilos (# 21535). – Gregorios (# 22411). – Ioannes (# 22941). – Nikolaos (# 25944). – Pantoleon (# 26252). – Šabbetai Donnolo (# 26949).

Atriklines → Philotheos (# 26634).

— tu despotu (des Kaisers) → Euphemios (# 21795).

Attentäter → Stylianos (# 27410).

Atzupas/Atzypas (Leibwächter) → Atzypotheodoros (# 20699). – Anonymi (2) (# 30440).

Aufseher (bei Gefangenenaustausch = arab. qā'im/qayyim) → Abū Bakr Muḥammad b. 'Alī al-Mārdānī (# 20042). – Bašīr aṯ-Ṯamalī (# 21132). – Ibn Warqā' aš-

Šaybānī al-Barīdī (# 22705). – Mu'nis al-Muẓaffar (# 25449). – Mufliḥ (# 25434). – Muḥammad b. 'Alī b. Yaḥyā al-Armanī (# 25438). – Rustam b. Baradū al-Farġānī (# 26909). – Šunayf (# 27432).
— (bei Tisch im Kloster) → Georgios (# 22239). – Anonymus (# 31829).

Augusta → Alexandros (# 20228A). – Anna (# 20430. – # 20431). – Eudokia Ingerina (# 21754). – Eudokia Baïane (# 21759). – Helene (# 22578). – Helene Lakapene (# 22574). – Sophia (# 27152). – Theodora (# 27602. – # 27604. – # 27605). – Theophano (# 28122. – # 28125. – # 28127). – Zoe Zautzina (# 28505). – Zoe Karbonopsina (# 28506). – Zoe (# 28508).

Augustalios → Paulos (# 26395). – Stephanos (# 27375).

gegonos (ehemaliger) Augustalios → Pothos (# 26739).

Augustus → Arnulf (von Kärnten) (# 20578). – Konstantinos VII. (# 23734). – Otto II. (# 26212).

Authentes → Anonymus (# 31769. – # 31771. – # 31927).

Autokrator s. unter Basileus.

Autor → Alexandros (# 20231). – Alexios (# 20248). – Alexios Studites (# 20247). – Anastasios (# 20296. – # 20297). – Antonios (# 20486). – Arethas (# 20554). – Arsenios (# 20603). – Athanasios (# 20684. – # 20694). – Athanasios Athonites (# 20670). – Bartholomaios (# 20825). – Basileios (# 20858. – # 20883. – # 20901. – # 20953. – # 21029). – Basileios II. (von Kaisareia) (# 20933). – Christophoros Mitylenaios (# 21324). – Demetrios (# 21478. – # 21527). – Demophilos (# 21535). – Eirene (# 21620B). – Elias der Jüngere (# 21639). – Euphemios (# 21792). – Eusebios (# 21817). – Eustathios (# 21876). – Eustathios (Argyros) (# 21849). – Euthymios (# 21930. – # 21957. – # 21965. – # 21974). – Gabriel (# 22036). – Georgios (# 22138. – # 22142). – Gregorios (# 22370. – # 22372. – # 22373. – # 22401. – # 22402). – Ḥunayn b. Isḥāq (# 22640). – Iakobos (# 22658). – Ignatios (# 22712). – Ioannes (# 22822. – # 22932. – # 23170). – Ioannes (von Melitene) (# 23161). – Ioannes III. (von Antiocheia) (# 23167). – Ioannes VII. (von Jerusalem) (# 23099). – Ioannes Geometres (# 23092). – Ioannes Kaminiates (# 22904). – Ioannes Kolobos (# 22783). – Ioannes Sikeliotes (# 23413). – Ioannes Xenos (# 23109). – Ionas (# 23508). – Ioseph (# 23525). – Ioseph Genesios (# 23526). – Ioseph Hymnographos (# 23510). – Klemes (# 23704). – Konstantinos (# 24059). – Konstantinos VII. (# 23734). – Konstantinos Kephalas (# 23790). – Konstantinos Rhodios (# 23819). – Konstantinos Sikelos (# 23741). – Kyriakos (# 24235. – # 24236). – Leon (# 24416. – # 24651. – # 24666). – Leon Choirosphaktes (# 24343). – Leon (Diakonos) (# 24547). – Leon Katakalon (# 24329). – Leon Philosophos (# 24313). – Manuel (# 24880). – Meletios (# 25035). – Metrophanes (# 25088). – Michael (# 25135). – Michael Exabulites (# 25202). – Michael Monachos (# 25099). – Neophytos (# 25509). – Nikephoros (# 25544. – # 25590). – Nikephoros der Phrygier (# 25589). – Nikephoros Uranos (# 25617). – Niketas (# 25740. – # 25872). – Niketas Byzantios (# 25713). – Niketas David Paphlagon (# 25712). – Nikolaos (# 25921. – # 26078. – # 26139). – Nikomedes (# 26153). – Nikon "Metanoeite"

(# 26155). – Orestes (# 26197). – Paulos (# 26322. – # 26350. – # 26366). – Paulos I. Xeropotamites (# 26352). – Petros (# 26450). – Petros Sikeliotes (# 26431). – Philaretos (# 26590). – Philotheos (# 26634). – Photios (# 26674). – Plotinos (# 26703). – Prokopios (# 26761). – Qusṭā b. Lūqā (# 26789). – Romanos (# 26866). – Romanos Genesios (# 26856). – Šabbetai Donnolo (# 26949). – Sergios II. (# 27044). – Stephanos (# 27315). – Stylianos (# 27424). – Stylianos Mappas (# 27409). – Symeon (# 27504). – Symeon Eulabes (# 27479). – Symeon Neos Theologos (# 27488). – Theodoros (# 27616. – # 27685. – # 27710. – # 27730. – # 27768. – # 27796. – # 27814). – Theodoros Daphnopates (# 27694). – Theodosios (# 27892. – # 27935. – # 27938). – Theodosios Diakonos (# 27928). – Theophanes (# 28091). – Theophanes Chrysobalantes (# 28094). – Theophilos (# 28149). – Zacharias Kophos (# 28476). – Anonymus (# 30803. – # 30982. – # 31283. – # 31287. – # 31326. – # 31344. – # 31390. – # 31417. – # 31464. – # 31553. – # 31574. – # 31608. – # 31624. – # 31647. – # 31652. – # 31654. – # 31693. – # 31746. – # 31761. – # 31762. – # 31808. – # 31875). – Anonymus Professor (# 31049).

— (altkirchenslaw.) → Ioannes Exarchos (# 22782).

— (arab.) → Eutychios (# 21977). – Hārūn b. Yaḥyā (# 22555). – Ibrāhīm b. Yūḥannā (# 22706). – Yaḥyā b. Saʿīd al-Anṭākī (# 28459). – Anonymus (# 31478).

— (arm.) → Xačʿik Aršaruni (# 28445). – Yovhannēs Drasxanakertcʿi (# 28467). – Zakʿaria (# 28496).

— (georg.) → Euthymios Athonites Iber (# 21960). – Georgios III. (von Iviron) (# 22259).

— (hebr.) → Ḥasdāy b. Šaprūṭ (# 22564). – Šefatiah (# 27000).

awag Abʿcazacʿ (arm. = Herrscher von Abchasien) → Kostanti III. (von Abchasien) (# 24184).

Axiarchos von Ikonion → Anonymus (# 32053).

azat (arm.) → Ašot Makrocheir (# 20643). – Čʿordvaneli (# 21349).

aznaur (georg.) → Čʿordvaneli (# 21349).

Azygos (Mönch) → Hesaias (# 22587). – Symeon (# 27487).

Bäcker → Demetrios (# 21505). – Gerasimos (# 22281). – Symeon (# 27502). – Anonymus (# 31827).

Bäckergehilfe → Anonymi (# 30561).

Bagatur (protobulg. Titel) → Nesundicus (# 25522).

Baïlos → Anastasios Gongylios (# 20298). – Konstantinos Gongylios (# 23823). – Sergios (# 27016).

Baïulos tu despotu → Gregorios (# 22357). – Sergios (# 27016).

megas Baiulos → Basileios Lakapenos (# 20925). – Gregorios (# 22357).

baiulus → Gregorios (# 22357). – Leon (# 24659).

basilikos Balnitor → Ioseph (# 23519).

Ban (Kroatien) → Pribina (# 26753).

Banausos (Handwerker) → Anonymus (# 31546).

bārakimūmins/bārākimūnus/barākimūs/barākūmunūs (arab. = Parakoimomenos)

→ Basileios Lakapenos (# 20925). – Nikolaos (# 26131). – Theophanes (# 28087).

Bardarios → Kosmas (# 24106). – Pesota (# 26407).

Basileia s. unter Basilissa.

Basileopator → Romanos I. Lakapenos (# 26833). – Stylianos Zautzes (# 27406).

Basileus → Alexandros (# 20228). – Basileios I. (# 20837). – Basileios II. (# 20838). – Ioannes I. Tzimiskes (# 22778). – Konstantinos VII. (# 23734). – Konstantinos VIII. (# 23735). – Konstantinos IX. Monomachos (# 23736). – Leon VI. (# 24311). – Nikephoros II. Phokas (# 25535). – Romanos II. (# 26834). – Romanos III. Argyros (# 26835). – Romanos I. Lakapenos (# 26833).
— (bulg.) → Symeon (von Bulgarien) (# 27467).
— (būyidischer Großemir in Bagdad) → Ṣamṣāmaddawla (# 26976).
— (Mitkaiser) → Christophoros Lakapenos (# 21275). – Konstantinos (# 23742). – Konstantinos Lakapenos (# 23831). – Romanos Lakapenos (# 26840). – Stephanos Lakapenos (# 27251).
— Romaion (angemaßter Titel) → Symeon (von Bulgarien) (# 27467).
— Sarakinon (der Sarazenen = fāṭimidischer Kalif) → al-Mu'izz (# 25444).
— (Westen) → Otto I. (# 26211).

Basilikos (kaiserlicher Beauftragter) → Basileios Lakapenos (# 20925). – Demetrios (# 21532). – Konstantinos Lips (# 23815). – Kusonios (# 24219). – Theodoros (# 27679). – Anonymus (# 30865. – # 31307).
— von Aigaion Pelagos → Leon (# 24611).
— von Antiocheia → Kulayb an-Naṣrānī (# 24209). – K.n.t.tīš (# 23591).
— im Thema Anatolikon → Anonymus (# 30900).
— von Arkadiupolis → Leon (# 24569).
— der Armenika Themata → Ioannes (# 23301).
— von Chaldia → Ioannes (# 23036).
— der Dioikesis von Amastris → Anastasios (# 20326).
— von Hellas → Anonymus (# 31351).
— von Kroatien → Leon (# 24603).
— von Melitene → Ioannes (# 23301). – Kulayb an-Naṣrānī (# 24209). – Solomonakes (# 27148). – Anonymus (# 31591).
— von Optimaton → Michael (# 25320).
— von Rhaidestos → David (# 21424).
— im Sekreton des Sakellarios → Konstantinos (# 24068).
— von Tarsos → Chosnis (# 21240).
— von Zypern → Bardas (# 20794).

bāsilīq (arab. = Basilikos) → Anonymus (# 31591).
—Anṭākiya (von Antiocheia) → Kulayb an-Naṣrānī (# 24209). – K.n.t.tīš (# 23591).
—Malaṭya (von Melitene) → Kulayb an-Naṣrānī (# 24209).

Basilis(sa) (Kaiserin) → Eudokia Ingerina (# 21754). – Helene Lakapene (# 22574). – Helene (# 22578). – Sophia (# 27152). – Theodora (# 27602). – Zoe Karbonopsina (# 28506). – Zoe Zautzina (# 28505). S. auch unter Augusta bzw. Kaiserin.

baslīqōs/baslīqūs (arab. = Basilikos) → Anonymus (# 30865).

Bastazon (Sänftenträger) → Anonymi (300) (# 30209).

baṭārīq (arab. Plural von biṭrīq = Patrikioi bzw. Befehlshaber → Anonymi (# 30444). – Anonymi (40) (# 30493). – Anonymi (# 30458). S. auch unter biṭrīq.

baṭrak (arab.) = Patriarch (Antiocheia) → Elias I. (von Antiocheia) (# 21648).

baṭrīq al-baṭārīqa (arab. für armenischen Großfürsten) → Ašot I. "der Große" (von Armenien) (# 20642).

baṭrīqūs (arab. = Patrikios) → Ioannes (# 22938).

baṭriyark (arab. = Patriarch) → Ioannes bar ʿAbdûn (# 23438). – Eustathios (# 21876). – Nikolaos II. Chrysoberges (# 26019). – Polyeuktos (# 26715). – Sergios II. (# 27044). – Stephanos II. (# 27245). – Theophylaktos (# 28192).
— (= Patriarch von Alexandreia) → Georgios II. (# 22258).
— (= Patriarch von Jerusalem) → Sergios II. (# 27021). – Thomas II. (# 28321).
— (= Patriarch von Kpl.) → Alexios Studites (# 20247). – Tryphon (# 28374).
— Anṭākiya (von Antiocheia) → Agapios I. (# 20164). – Ioannes III. (# 23167). – Nikolaos II. (# 26124). – Symeon I. (# 27478). – Theocharistos (# 27588). – Theodosios (# 27890). – Theodosios II. (# 27908).
— (ʿalā) Bayt al-Maqdis (von Jerusalem) → Agathon (# 20178). —Christodulos (# 21244). – Christodulos II. (# 21248). – Elias III. (# 21642). – Ioannes VII. (# 23099). – Leontios I. (# 24708). – Nikephoros [I.] (# 25674). – Orestes (# 26197). – Theophilos I. (# 28168). – Yūsuf II. (# 28474).
— al-Iskandarīya bzw. li-l-Iskandarīya (von Alexandreia) → Arsenios (# 20621). – Christodulos (# 21243). – Elias (# 21655). – Eutychios (# 21977). – Iob (# 23466). – Isḥaq (# 23561). – Michael I. (# 25098). – Michael II. (# 25109).
— al-Quds (von Jerusalem) → Nikephoros [I.] (# 25674).
— ʿalā l-Qusṭanṭīnīya (von Kpl.) → Antonios III. Studites (# 20499). – Basileios I. Skamandrenos (# 20983). – Sisinnios II. (# 27118).
— Rūmīya (arab. = Papst) → Sergius III. (# 27051).

Bauarbeiter → Demitras (# 21533). – Eustathios (# 21862). – Anonymi (# 30453. – # 30476. – # 30577). – Anonymus (# 30642).

Bauer → Akindynos (# 20214). – Basileios (# 20989. – # 20990. – # 20991). – Christophoros (# 21259). – Damianos (# 21376). – Datekos (# 21406). – Demetrios (# 21493. – # 21494. – # 21495. – # 21496. – # 21505. – # 21506). – Demetrios Kalonas (# 21508). – Dometios (# 21581). – Eustathios (# 21862). – Georgios (# 22162. – # 22182). – Ioannes (# 22949. – # 23114. – # 23115. – # 23119. – # 23121. – # 23122) – # 23123. – # 23171. – # 23174). – Kalokyros (# 23643). – Kalotas (# 23658). – Konstantinos Barbaros (# 23820). – Konstantinos (# 23924. – # 23925. – # 23926) – # 23946). – Kyriakos (# 24231). – Kyrillos (# 24249). – Leon (# 24433. – # 24524. – # 24525. – # 24529). – Meliton (# 25049). – Metrios (# 25087). – Michael (# 25258. – # 25259. – # 25272). – Niketas (# 25750. – # 25787. – # 25801). – Nikolaos (# 26013. – # 26041). – Paschalios (# 26281). – Perdanos (# 26405). – Petros (# 26504). – Philotheos (# 26637). – Sebedragos (# 26999). – Serotas (# 27059). – Stephanos (# 27257. – # 27299. – # 27300. – # 27303). – Strates (# 27397). – Theodoros (# 27762). – Anonymi (# 30259. – # 30343. – # 30518. – # 30541. – # 30548. – # 30616). – Anonymus (# 30786. – # 30788. – # 30815. – # 30816. – # 30860. – # 31013. – # 31099. – # 31126. – # 31302. – # 31501).

Bauer (fraglich) → Antilia (# 20470). – Bitalianos (# 21167). – Ioannes (# 23248). – Ioannes Kellos (# 23423). – Kontos (# 24089). – Kosmas (# 24183). – Krepatunes (# 24196). – Leon (# 24686). – Margarites (# 24909). – Patrikas (# 26289). – Phurkas (# 26691). – Ru.. ios (# 26900. – # 30417). – Anonymi (2) (# 30554).

Bauhandwerker → Demetrios N... (# 21525). – Anonymi (# 30577).

Bauherr → Demetrios N... (# 21525).

Baumeister → Daniel (# 21403). – Demitras (# 21533). – Eustathios (# 21862). – Anonymi (# 30532). – Anonymus (# 31985. – # 32070).

oberster Baumeister (= arm. čartarapet) → Trdat (# 28370).

bazzāz (arab. = Tuchhändler) → Malkūṯa (# 24852).

Beamter → Leon (# 24563).
— am Bischofspalast in Capua → Basileios (# 21099).
— der byz. Finanzverwaltung (= arab. S.kīlūn) → Anonymus (# 30865).
— in Hellas → Chase (# 21238).
— (byz.) in Italien → Genesios (# 22073).

Beauftragter → Anonymus (# 30636).

Befehlshaber → Ioannes Alakas (# 23107). – Leon (von Tripolis) bzw. Tripolites (# 24397). – Makroioannes (# 24837). – Takīn (# 27556). – Anonymus (# 31500).
— der ʿAbbāsiden → Ǧinnī aṣ-Ṣafwānī (# 22306). – al-Ḥusayn b. Ḥamdān b. Ḥamdūn (# 22642). – Ibn Abī ʿĪsā (# 22682). – Ibn Kallūb (# 22697). – Muʾnis al-Muẓaffar (# 25449). – Muzāḥim b. Ḫāqān (# 25471). – al-Qāsim b. Sīmā (# 26786). – Rāġib (# 26802).
— der Aġlabiden → Abū Ṯawr (# 20085).
— an der Stadtmauer von Antiocheia → Aulax (# 20700).
— der Araber → Abū Isḥāq (# 20067). – Badr al-Ḥammāmī (# 20729).
— arabischer Truppen → Aḥmad b. Kayġalaġ (# 20189). – Aḥmad b. Muḥammad al-Qābūs (# 20190).
— von Truppen aus Tarsos → Abū l-Ḥusayn (# 20065).
— (arab.) von Tripolis → Izeth (# 23585).
— der Armenier → David Arcruni (# 21441).
— der Bulgaren → Aaron Kometopulos (# 20003). – Kaukanos (# 23693). – Menikos (# 25056). – Nikolitzas (# 26152). – Samuel Kometopulos (# 26983). – Anonymi (35) (# 30595). – Anonymus (# 30873).
— der Būyiden → Abū l-Fawāris Ḫutūr at-Turkī al-Muʿizzī (# 20049).
— der Byzantiner →Afrīna (?) (# 20155). – Ǧakrūs (# 22057). – Naṣr al-Iqrīṭišī (# 25495). – Romualt (# 26895).
— in byz. Diensten → ʿAyšalš (# 20708).
— (byz.) von Anatolikon → Anonymus (# 30707).
— (byz.) an der Stadtmauer von Syrakus → Ioannes Patrianus (# 22801).
— der Daylamiten → Badr al-ʿAṭṭār (# 20728).
— der Fāṭimiden → ʿAbdallāh b. ʿUbaydallāh al-Ḥusaynī (# 20015). – Abū ʿAbdallāh al-Ḥusayn b. Nāṣiraddawla b. Ḥamdān (# 20035). – Badr al-ʿAṭṭār (# 20728). – Bišāra al-Qalʿī (# 21165). – Fāʾiq al-Barrāz (# 21986). – Futūḥ (# 22015). – Ǧaʿfar b. Falāḥ (# 22049). – Ǧaʿfar b. ʿUbayd (# 22051). – Ǧawhar (# 22066). – Ǧayš b. Muḥammad b. aṣ-Ṣamṣāma (# 22069). – Ḫalīl b. Isḥāq (# 22549). – al-Ḥasan b. ʿAmmār al-Kalbī (# 22562). – Ibn Abī Ramāda (# 22683). – Ibn Šākir

(# 22704). – Manğūtakīn (# 24858). – Manṣūr b. Karādis (# 24864). – Nuṣayr (# 26173). – Rayyān (# 26808). – Ṣābir (# 26951). – aṣ-Ṣanhāǧī (# 26988). – Waḥīd al-Hilālī (# 28441). – Yūnus (# 28471). – Ẓālim b. Mawhūb (# 28500).
— der Gardetruppen → Michael Diabolinos (# 25183).
— der Ḥamdāniden → Abū l-Qāsim Hibatallāh b. Nāṣiraddawla (# 20074). – Naǧā al-Kāsakī (# 25487). – Ṯawāb b. ʿUqaylī (# 27574).
— der Iḫšīdiden → Ibn al-Ḥūsayn (# 22694).
— (Muslim) → Anonymus (# 30872).
— (Perser) → Muḥammad b. ʿIsā (# 25440). – Anonymus (# 31499).
— der Sthlabesianoi im Thema Opsikion → Anonymi (3) (# 30387).
— der Ṭulūniden → Aḥmad b. Abbā (# 20185).
— in Unteritalien → Adralestos (# 20117). – Chasanus (# 21237).
— des David von Tao → Bagrat (# 20739). – Č'ordvaneli (# 21350). – Ioannes Tornikios (# 22926). – Anonymus (# 31683).
— des Ḫūmārawayh → Tuǧǧ b. Ǧuff (# 28378).
— des Manǧūtakīn → Miʿḍād b. Ẓālim (# 25405).
— des Sayfaddawla →Abū Ḥafṣ Badr b. al-Hayṯam (# 20056). —Ḥasan b. ʿAlī al-Qawwās (# 22561).

Befehlshaber (bzw. Patrikios = arab. biṭrīq) → Gregoras Iberitzes (# 22328). – Ibn al-Balanṭis (# 22687). – Ioannes I. Tzimiskes (# 22778). – Leon Maleïnos (# 24509). – Leon (# 24511). – Malakenos (# 24842). – Michael (# 25247. – # 25354). – Theodoros Parsakutenos (# 27758). – Anonymi (70) (# 30322). – Anonymi (# 30444. – # 30458). – Anonymi (3) (# 30459). – Anonymi (40) (# 30493). – Anonymus (# 31149. – # 31475. – # 31476. – # 30637. – # 30678. – # 30679. – # 30680. – # 30681. – # 30682. – # 30706. – # 30707. – # 30882).
— (= arab. biṭrīq min al-baṭāriqa) → Anonymus (# 31124).
—des ägyptischen Flottenkontingents → Anonymus (# 30874).
— der siegreichen Armee (= arab. amīr al-ǧuyūš al-manṣūr) → Manǧūtakīn (# 24858).
— von Chanzit (= arab. biṭrīq Hanzīṭ) → Michael (# 25247).
— von Kappadokien (= arab. biṭrīq al-Qabāḏīq) → Anonymus (# 30706).
—der Landtruppen (= arab. qāʾid ʿaskar al-barr) → Manuel Phokas (# 24884).
— der Normannen → Rodulfus (# 26831).
— von Pernikon → Krakras (# 24188).
— von Strumitza → Dragomuž (# 21604).
— von Taron → Leon (# 24530).
— von Tauromenion → Chrysaphios (# 21337). – Konstantinos Karamallos (# 23816).
— von Tzamandos und Lykandos (= arab. biṭrīq Samandū wa-Laqandū) → Theodulos Parsakutenos (# 27993).

oberster Befehlshaber (der Georgier) → Rat (Horatios Liparites) (# 26805).

untergeordneter Befehlshaber (= arab. zirwār) → Anonymi (# 30444). – Anonymi (40) (# 30493).

Befehlshaber der Befehlshaber (= arab. amīr al-umarāʾ) → ʿAḍudaddawla Abū Šuǧāʿ Fannā Ḫusrau (# 20131).

Begleiter (assecula) → Anonymus (# 31278).

Belonrichter → Bardas (# 20798). – Basileios (# 21069). – Christophoros Mitylenaios (# 21324). – Christophoros (# 21333). – Konstantinos (# 23943. – # 23954. – # 24020. – # 24069. – # 24075). – Leon (# 24674. – # 24681). – Michael (# 25383. – # 25395). – Niketas (# 25820. – # 25871). – Petros (# 26518. – # 26548). – Theophilos (# 28171).

Berater (= arm. xorhrdacow) → Mu'nis al-Muẓaffar (# 25449).

beri (georg. = Geron, Mönch) → Iovane Grdzelisdze (# 23545).

Bestarches → Andronikos (# 20419). – Eustathios (# 21879). – Ioannes (# 23264. – # 23399). – Konstantinos (# 24029). – Michael (# 25402). – Nikephoros (# 25654). – Stephanos (# 27352). – Anonymus (# 31384).

Bestarches (Fehllesung für bas. Bestitor) → Michael (# 25128).

Bestes → Anastasios (# 20338). – Argyros (# 20561). – Bardas (# 20791). – Basileios (# 21044). – Eustathios Romaios (# 21870). – Ioannes (# 23326. – # 23434). – Konstantinos (# 23995. – # 24020). – Leon (# 24488. – # 24605. – # 24626. – # 24680. – # 24683. – # 24689). – Manuel Erotikos bzw. Komnenos (# 24885). – Manuel (# 24888). – Michael (# 25249. – # 25385. – # 25402). – Nikephoros Phokas (# 25609). – Nikephoros Uranos (# 25617). – Nikephoros (# 25653). – Niketas Hagiozacharites (# 25807). – Niketas (# 25820. – # 25869). – Nikolaos (# 26134). – Pantherios (# 26248). – Paulos (# 26379). – Petros (# 26548). – Romanos (# 26858). – Theoktistos (# 28066). – Theophylaktos (# 28240). – Theophylaktos Dalassenos (# 28254). – Theudatos (# 28276). – Anonymus (# 31870).

Bestiarios → Euthymios (# 21952). – Georgios (# 22272). – Ioannes (# 23279). – Konstantinos (# 24074). – Leon (# 24613). – Niketas (# 25870). – Theo... (# 27585). – Anonymus (# 31221).

Bestitor → Ioannes (# 23279). – Ioseph (# 23524). – Konstantinos (# 23788. – # 23829). – Marianos (# 24958). – Menas (# 25053).

basilikos Bestitor → Alexandros (# 20229). – Basileios (# 20894. – # 21122). – Christophoros (# 21265) – # 21270). – Damianos (# 21384). – Ioannes (# 22867. – # 23280). – Ioseph (# 23519). – Kosmas (# 24104). – Michael (# 25128. – # 25225). – Nikolaos (# 25932. – # 25970). – Sergios (# 27028). – Thomas (# 28288). – Anonymus (# 31880).

Bettelmönch → Anonymus (# 31319. – # 31828).

Bettler → Anonymus (# 31067. – # 31169. – # 31359).

Bibliophylax → Blasios (# 21177). – Euarestos (# 21753). – Paulos (# 26294).

Bibliothekarios/Bibliothecarius → Anastasius Bibliothecarius (# 20341).
— des Papstes → Zacharias (von Anagni) (# 28477).

Bigarios (Wagenlenker) → Anonymi (4) (# 30373).

Bikarios von Abydos → Kalokyros (# 23641).

Bischof (s. auch unter Episcopus und Episkopos.) → Leo (# 24297). – Mandelbert (# 24857). – Petronas (# 26418). – Petrus (# 26562). – Sergius (# 27052). – Anonymi (# 30312. – # 30491). – Anonymus (# 31448. – # 31608. – # 31609. – # 31612. – # 31613. – # 31614. – # 31615. – # 31616. – # 31620. – # 31622. – # 31623. – # 31624. – # 31625. – # 31626. – # 31627. – # 31628. – # 31629. – # 31631.

– # 31633. – # 31634. – # 31635. – # 31636. – # 31637. – # 31642. – # 31643. – # 31658. – # 31664).
— von Bulgarien → Anonymus (# 31087).
— von Cassano (Kalabrien) → David (# 21425).
— von Cherson → Anonymus (# 31681).
— von Cordoba → Hišām b. Huḏayl (# 22626).
— von Diabolis → Marko (# 24992).
— von Neutra/Nitra → Wiching (# 28443).
— von Orte → Arsenius (# 20625).
— von Passau → Wiching (# 28443).
— von Siwnik‘ → Anonymus (# 31119).
— von Tinnīs → Christodulos (# 21253).
— von Vercelli (Piemont) → Petrus (# 26564).

biṭrik ʿalā Anṭākya (arab. = Patriarch von Antiocheia) → Agapios II. (von Antiocheia) (# 20165).

biṭrīq (arab. = Patrikios bzw. Befehlshaber, Strategos) → Andronikos Dukas (# 20405). – Bagrat (# 20739). – B.r.kīl (# 20714). – Chrysaphios (# 21337). – Č‘ordvaneli (# 21350). – Damianos Dalassenos (# 21379). – Ǧakrūs (# 22057). – Gregoras Iberitzes (# 22328). – Ibn al-Balanṭis (# 22687). – Ioannes I. Tzimiskes (# 22778). – Kulayb an-Naṣrānī (# 24209). – Leon Maleïnos (# 24509). – Leon (# 24511). – Malakenos (# 24842). – Marianos Argyros (# 24962). – Michael (# 25247. – # 25354). – Nikephoros Phokas (“der Ältere”) (# 25545). – Nikephoros Xiphias (# 25661). – Pegasios (# 26402). – Petros (# 26496). – Romanos III. Argyros (# 26835). – Romanos Balantes (# 26851). – Theodoros Parsakutenos (# 27758). – Theophanes (# 28087). – ʿUbaydallāh (# 28392). – Anonymi (70) (# 30322). – Anonymi (# 30444. – # 30458). – Anonymi (3) (# 30459). – Anonymi (40) (# 30493). – Anonymus (# 30678. – # 30679. – # 30680. – # 30681. – # 30682. – # 30706. – # 30707. – # 30882. – # 31080.–# 31149. – # 31475. – # 31476. – # 30637).
— ʿalā bzw. bi-Anṭākya (von Antiocheia) → Michael Burtzes (# 25253).
— al-baḥr (Flottenkommandant) → Romanos I. Lakapenos (# 26833).
— Fīzīdiya (von Pisidien) → Anonymus (# 30679).
— al-Ḫāldiyāt (von Chaldia) → B.r.kīl (# 20714).
— Hanzīṭ (von Chanzit) → Michael (# 25247).
— Ḫaršana (von Charsianon) → Anonymus (# 30682).
— Kawkab (von Kawkab) → Anonymus (# 30681).
— Maqidūnīya (von Makedonien) → Ibn Ġudāl (# 22693).
— an-Nāṭuliq (von Anatolikon) → Anonymus (# 30707).
— al-Qabāḏīq (von Kappadokien) → Anonymus (# 30706).
— Qaḏayḏiya (= Fīzīdiya) (von Pisidien) → Anonymus (# 30679).
— Qurra (von Koron) → Anonymus (# 30680).
— Salūqiya (von Seleukeia in Kilikien) → Anonymus (# 30678).
— Samandū wa-Laqandū (von Tzamandos und Lykandos) → Theodulos Parsakutenos (# 27993).

biṭrīq al-baṭāriqa (arab. = Patrikios der Patrikioi bzw. Oberbefehlshaber) → Kesta Stypiotes (# 23699). – Naṣr al-Iqrīṭišī (# 25495).
— (bi-Armīnīya) (Großfürst von Armenien) →Abas I. (von Armenien) (# 20006). – Ašot III. (von Taron) (# 20645).

al-biṭrīq isṭrātīġūs al-Kabādūk (Patrikios und Strategos von Kappadokien) → Eustathios Maleïnos (# 21861).

biṭrīq min (al-)baṭāriqa (arab. = Oberbefehlshaber) → Andreas "der Skythe" (# 20351). – Anonymus (# 30882. – # 31124. – # 31475).

biṭrīrk (arab. = Patriarch von Antiocheia) → Elias I. (von Antiocheia) (# 21648).

boeanos (Kroatien) → Pribina (# 26753).

Bogenschütze → Anonymus (# 30950. – # 31444).

Bogotor (protobulg. Titel) → Nesundicus (# 25522).

bolěr' (mbulg. = Archon) → Anonymi (66 bzw. 60) (# 30183).

Bori Tarkan von Belgrad → Radislav (# 26800).

Bote → Leo (# 24289). – Anonymi (# 30201. – # 30267. – # 30290. – # 30385. – # 30467). – Anonymi (2) (# 30468). – Anonymus (# 30719. – # 30809. – # 30888. – # 31018. – # 31043. – # 31436. – # 31438. – # 31456. – # 31495. – # 31496. – # 31497. – # 31763 – # 31994. – # 32008).
— aus Capua u. Benevent → Anonymus (# 30643).

b.rāk.mūn.s bzw. barākimūnus (arab. = Parakoimomenos) → Theophanes (# 28087).

Briefbote → Agapios II. (von Antiocheia) (# 20165). – Arkadios (# 20566). – Euthymios (# 21926. – # 21944). – Ioannes (# 22966. – # 23126. – # 23165). – Kalokyros (# 23647). – Rodophylles (# 26829). – Symeon (# 27486. – # 30265). – Anonymi (# 30571). – Anonymus (# 30668. – # 30735. – # 30749. – # 30878. – # 30908. – # 30921. – # 30922. – # 30951. – # 31022. – # 31033. – # 31034. – # 31044. – # 31045. – # 31046. – # 31051. – # 31055. – # 31059. – # 31061. – # 31097. – # 31125. – # 31267. – # 31277. – # 31424. – # 31452. – # 31595. – # 31679. – # 31726. – # 31727. – # 31728).

bṙnawor Apahuneacʿ (arm. = Herrscher von Apahunik) → Abū l-Ward I. (# 20087).

Bronzegießer → Grauso (# 22322). – Petrus (# 26575). – Sergius (# 27056).

brūṭūqārabūs (arab. = Protokarabos) → Basileios (# 20975).

brūṭūsbāṭār (arab. = Protospatharios) → Theophylaktos Dalassenos (# 28254).

Buchbinder → Serapion (# 27010).

Büttel, kaiserlicher (despotikos Mastigophoros) → Anonymi (# 30353).

Bukellarios → Konstantinos (# 23925).

Bukolos → Anonymi (# 30414).

Bullotes tu Eparchu → Paulos (# 26346).

caitus (lat., wohl für arab. qā'id) → Lukas (# 24780).

Candidatus → Leo (# 24300).

cannataban (protobulg. Titel) → Ilues (# 22755).

c<a>r' (mbulg. = Kaiser) → Romanos I. Lakapenos (# 26833). – Romanos II. (# 26834).

car i samodr'ž"c/samodrăžec (altbulg. = Autokrator) → Ivan Vladislav (# 23582).

carica (mbulg. = Kaiserin) → Zoe Karbonopsina (# 28506).

carica (Zarin, Kaiserin von Kiew) → Anna (# 20436).

carica Bl'garom' (Zarin der Bulgaren) → Maria Lakapene (# 24919).

čartarapet (arm. = Architekt) → Trdat (# 28370).

čartasan (arm. = Rhetor) → Yovhannēs Drasxanakertc'i (# 28467).

Castaldeus von Lucera → Ilduinus (# 22754). – Johannes (# 23587). – Optabiano (# 26190). – Polcari (# 26708).

catapamnus (lat. für Katepano) → Anonymus (# 31788).

Catapanus Italie et Sardinie (Katepano von Italien und Sardinien) → Basileios Mesardonites Argyros (# 21090).

Caytus (lat., wohl für arab. qā'id) → Lukas (# 24780).

cellarius → Anonymus (# 31138).

č(e)l(ově)k (mbulg.) → Anonymus (# 30775).

cerk' k'ałak'i (arm. = Stadtälteste, Stadtväter) → Anonymi (# 30500).

Chaganos (bulg.) → Kaukanos (# 23693). – Menikos (# 25056).

chagebos (= arab. hāgib = Kämmerer) → Ğa'far b. Muḥammad (# 22050).

Chalkas/Chalkeus (Schmied, Kupferschmied) → Ioannes (# 23115). – Mat thaios (# 25019). – Paschales tu Chalka (# 26277).

Chartophylax → Athanasios Daimonokatalytes (# 20659). – Ioannes (# 23168. – # 23439). – Leon (# 24548). – Michael (# 25135). – Orestes (# 26195). – Paulos (# 26300). – Photeinos (# 26660). – Photios (# 26674. – # 26681). – Stephanos (# 27314. – # 27324). – Theodegios (# 27596). – Theodoros (# 27757. – # 27870). – Anonymus (# 30923. – # 31619. – # 31855).

— des Patriarchen v. Alexandreia → Ioseph (# 23512).

— der Hagia Sophia in Kpl. → Georgios (# 22083). – Ioannes (# 22984). – Ioannes III. (von Antiocheia) (# 23167). – Leon (# 24666). – Prokopios (# 26761). – Anonymus (# 31611. – # 31640).

— der megale Ekklesia → Ioannes (# 22984).

— des Patriarcheion → Theodoros (# 27705).

Chartularios → Bardas (# 20778). – Bes.bout.o (# 21157). – Christophoros (# 21309). – David (# 21444). – Demetrios (# 21517). – Eustathios (# 21872). – Euthymios (# 21971). – Gabriel (# 22039). – Georgios (# 22085). – Ioannes (# 22919. – # 23067). – Ioannes Balsamos (# 23372). – Ioseph (# 23538). – Iulianos (# 23579). – Konstantinos (# 23755. – # 24009. – # 24015. – # 24063). – Leon (# 24682. – # 24698). – Manuel (# 24877). – Michael (# 25190. – # 25254. – # 25345. – # 25370). – Nikephoros (# 25628). – Niketas (# 25839). – Paulos (# 26329. – # 26377. – # 26396). – Petros (# 26548). – Pothetos (# 26726). – Sergios (# 27031). – Sisinnios (# 27115). – Soterios (# 27169). – Stephanos (# 27279. – # 27365). – Symeon (# 27521). – Theodoros (# 27687). – Theodoros Karmalikios (# 27864). – Theodosios (# 27925. – # 27926). – Theodotos (# 27983). – Tzaptzes (# 28385). – Zotikos (# 28520). – Anonymi (# 30547). – Anonymus (# 31558. – # 31855. – # 31893. – # 32054. – # 31085).

— von Aigaion Pelagos → Orestes (# 26196). – Petros (# 26482). – Theophylaktos (# 28211).

— von Anatolikon → Leon (# 24607). – Nikephoros (# 25596). – Theodoros (# 27823).

— der Arkla der Anatolikoi → Germanos (# 22297).

— des basilikon Armamenton → Ioannes (# 22865). – Ioannes (# 23065).
— des Bestiarion → Elias (# 21653).
— von Bukellarion → Nikephoros (# 25645).
— der Bulgaren → Symeon (# 27524).
— des Dromos → Niketas (# 25831). – Theophiletos (# 28133). – Theophylaktos (# 28222).
— des Dromos von Anatolikon → Gregorios (# 22418). – Hilarion (# 22609). – Ioannes (# 23032. – # 23033). – Konstantinos (# 23814). – Niketas (# 25799). – Theophylaktos (# 28231).
— des Dromos der Armeniakoi → Basileios (# 20939. – # 21060).
— des Dromos von Charsianon → Ioannes Salos (# 23300). – Anonymus (# 32046).
— des Dromos von Thrake → Ioannes (# 22993).
— des Dromos von Thrakesion → Gregorios (# 22418). – Ioannes (# 23029).
— des Dromos des Westens (Dysis) → Christophoros (# 21319). – Demetrios (# 21486). – Ioannes (# 23441). – Klemes (# 23708). – Manuel (# 24896). – Theodotos (# 27973. – # 27977).
— des oxys Dromos → Gregorios (# 22484). – Sinutes (# 27090).
— des oxys Dromos von Armeniakon → Gregoras (# 22336).
— des oxys Dromos des Westens → Anonymus (# 31348).
— der Dysis (des Westens) → Bardas (# 20801). – Ioannes (# 23415). – Stephanos (# 27380).
— der Finanzverwaltung → Anonymus (# 31768).
— des Genikon → Ioannes (# 23374). – Konstantinos (# 23799). – Nikolaos (# 26048). – Pothos (# 26741).
— von Hellas → Demochares (# 21534). – Euphemianos (# 21791).
— von Kibyrrhaioton → Konstantinos (# 23804). – Nikolaos (# 26050).
— tu stratiotiku logu → Ioannes (# 23063).
— des genikon Logothesion → Epiphanios (# 21719). – Ioannes (# 22868. – # 23291. – # 23410. – # 23411). – Konstantinos Karamallos (# 23918). – Leon (# 24371). – Leontios (# 24719). – Meligalas (# 25045). – Petros (# 26487). – Stephanos (# 27285. – # 27377. – # 27379). – Anonymus (# 31884).
— des genikon Logothesion des Archivs von Thrakien → Ioannes (# 23291).
— des stratiotikon Logothesion → Ioannes (# 23250). – Memnon (# 25051). – Thomas (# 28327).
— der Megale Ekklesia → Epiphanios (# 21728).
— der Nea Ekklesia → Christophoros (# 21276). – Paulos (# 26344).
— des Oikistikon → Ioannes (# 23052).
— des Oikonomos der Megale Ekklesia → Alexandros (# 20235). – Michael (# 25198). – Nikolaos (# 25970).
— des Oikonomos der Nea Ekklesia → Nikolaos (# 25970).
— von Opsikion → Nikolaos (# 25915).
— von Optimaton → Nikolaos (# 25930).
— von Paphlagonien → Michael (# 25143).
— des Ploïmon → Theophylaktos (# 28187).
— des bas. Ploïmos/Ploimon → Leon (# 24564). – Nikolaos (# 25929).
— des basilikos Plus (= Ploïmos) → Georgios (# 22188).
— der Porphyropoloi (Purpurverkäufer) → Leon (# 24497).
— tu Psomatheias → Leon (# 24491).
— des Sakellion → Theodotos (# 27978).
— der Scholen → Myron (# 25481).
— der Scholen des Westens (Dysis) → Niketas (# 25796).
— des Stablos → Anonymus (# 31807).
— des Stablos von Anatolikon → Theodoros (# 27809. – # 27842).
— des basilikos Stablos → Nikulitzes (# 26168). – Sergios (# 27017).

— tu theophylaktu basiliku stablu → Sergios (# 27017).
— des Stratiotikon → Aaron (# 20002). – Ioannes (# 23262). – Klemes (# 23708). – Konstantinos (# 24003). – Leon (# 24495). – Niketas (# 25772). – Theophylaktos (# 28215. – # 28263).
— von Thessalonike → Andreas (# 20368).
— von Thrakesion → Konstantinos (# 23999). – Konstantinos (# 24011).
— von Thrakien → Ioannes (# 23290).

megas Chartularios → Euphemios (# 21797). – Ioannes (# 23206. – # 23206. – # 23252. – # 23412. – # 23412). – Konstantinos Karamallos (# 23918). – Konstantinos (# 24069). – Leon (# 24618). – Niketas (# 25832. – # 25832). – Solomonakes (# 27148). – Theodoros (# 27868. – # 27868). – Anonymi (# 30534).
— des Genikon → Basileios (# 21108). – Himerios (# 22625). – Ioannes (# 23053). – Pantoleon (# 26255). – Theodoros (# 27822).
— des genikon Logothesion → Basileios (# 21075). – Eustratios (# 21899). – Ioannes (# 23086. – # 23424. – # 23425). – Konstantinos Karamallos (# 23918). – Konstantinos (# 23983). – Theodoros (# 27715). – Anonymus (# 31884).
— des stratiotikon Logothesion → Symeon (# 27504).
— des genikos Logothetes → Anonymus (# 31891).

Cheiromachos → Anonymus (# 31114).

Cheironomos (Kyroskloster in Kpl.) → Anonymus (# 31686).

Chirurg → Anonymus (# 31130).

Chorepiskopos → Ignatios (# 22750). – Moyses (# 25431). – Zachakios (# 28475).

Choriates (Dorfbewohner, Bauer) → Ioannes (# 22949).

Chorites (Bauer) → Demetrios (# 21505. – # 21506). – Georgios (# 22182). – Ioannes (# 23171. – # 23174). – Michael (# 25272). – Nikolaos (# 26041). – Petros (# 26504). – Sebedragos (# 26999). – Serotas (# 27059).

Chorites (Dorfbewohner) → Ioannes (# 23248). – Philokales (# 26626). – Anonymi (2) (# 30554).

Chorleiter → Euthymios Kasnes (# 21935).

Chrysepsetes s. unter Chrysoepsetos.

Chrysochoos (Goldschmied) → Gregorios (# 22412). – Leon (# 24670). – Nikolaos (# 26107). – Pothetos (# 26727). – Anonymus (# 31009).

Chrysoepilektes → Anonymus (# 31765).

Chrysoepsetos (Goldschmied) → Ioannes (# 22841). – Leon (# 24458. – # 24498). – Pantherios (# 26245).

Chrysohyspetos s. unter Chrysoepsetos.

Chrysoteles → Christophoros (# 21312).
— von Koloneia → Michael (# 25371).
— von Thrakesion → Nikolaos (# 26083).

Chytes (Metallgießer) → Michael (# 25187).

clericus (Kleriker) →Alagrecus (# 20220). – Mele (# 25032). – Petrus (# 26571). – Anonymi (# 30154). – Anonymi (2) (# 30170).
— in Bari → Amatus (# 20268). – Bisantius (# 21162). – Caloiohannes (# 21223). – Maio (# 24816. – # 24818). – Mele (# 25031). – Romualdus (# 26893).
— in Lucera → Adelvertus (# 20112). – Alaricus (# 20222). – Angelo (# 20423). – Ioannes (# 23182).
— in Monopoli → Martinus (# 25009).

armenus clericus in Bari → Moses(es) (# 25429).

regius clericus → Damianos (# 21361).

cocus → Anonymus (# 31494).

comes → Branimir (# 21204). – Diogenes (# 21540). – Anonymus (# 31146).
— von Acena bei Bari → Lupo (# 24797).
— von Bulgarien → Petros (# 26433).
— von Capua) → Landon III. (# 24270).
— Andecavorum → Fulk Nerra (# 22013).

comes cortis (Bari) → Gaideris (# 22055).

comes curtis → Andreas (# 20370).

comes Sclavorum → Zdeslav (# 28502).

comes stabuli → Andreas (# 20370).

compilator → Eusebios (# 21817). – Gregorios (# 22372). – Theodoros (# 27734).

comte d'Anjou → Fulk Nerra (# 22013).

consul (Gaeta) → Iohannes III. (von Gaeta) (# 23492).

črnorizc (altbulg. = Mönch) → Dox (# 21601). – Tudor Doxov (# 28377).

imperiali criti → Cutuneo (# 21356).

imperialis critis de civitate Vari → Musandus (# 25454).

curopalata (Kuropalates) → David III. (von Tao) (# 21432).

custos (Wächter) → Michael (# 25250). – Anonymi (# 30156). – Anonymi (5) (# 30463).
— carceris (Gefängnis) → Anonymus (# 30814).
— librorum (Bücher) → Paulos (# 26294).
— navium (Schiffe) → Anonymi (# 30513).
— vasorum (Skeuophylax) → Ioseph Hymnographos (# 23510).

dapifer provincie → Maragdos (# 24900).

de ipso chrusotriclino (= epi tu chrysotriklinu) → Grimoald (# 22500). – Romoaldus (# 26889).

Dekan → Adalgesius (# 20098).

Delongares/delongaris/delongarius tes ploos → Romanos I. Lakapenos (# 26833). – Anonymus (# 31491).

Demarchos → Galenos (# 22060).
— der Blauen → Anonymus (# 31219).
— der Grünen → Anonymus (# 31220).

demesticus (= Domestikos) → Basilius (# 21128).

demestik otborom (mbulg. = Domestikos der Scholen) → Konstantinos Dukas (# 23817).

demestik (altruss. = Domestikos) → Pantherios (# 26243).

Demios → Anonymi (# 30200).

Depotatos der Megale Ekklesia (Athen) → Ioannes (# 23003).

Depotatos im Pegekloster → Romanos Kurkuas (# 26852).

Desmios (arab.) → Anonymi (40) (# 30374).

Despoina (Kaiserin) → Helene Lakapene (# 22574). – Sophia (# 27152).

Despotes → Konstantinos (# 23758). – Anonymus (# 31564. – # 31608. – # 31609. – # 31612. – # 31613. – # 31620. – # 31622. – # 31623. – # 31703. – # 31732. – # 31733. – # 31734. – # 31769. – # 31860. – # 32038).

Despotes (Kaiser) → Basileios II. (# 20838). – Christophoros Lakapenos (# 21275). – Konstantinos VIII. (# 23735). – Leon VI. (# 24311). – Romanos I. Lakapenos (# 26833). – Romanos II. (# 26834).

Despotis (Kaiserin) → Zoe Karbonopsina (# 28506).

Deutereuon → Andreas (# 20390). – Euarestos (# 21752). – Ioannes (# 23137). – Photios (# 26687). – Sisinnios (# 27108). – Anonymus (# 32026).
— der Megale Ekklesia → Basileios (# 21047).

Deuteroelates → Michael Geron (# 25146).
— der kaiserlichen Dromone → Michael Barkalas (# 25147).

diaconus → Disilus (# 21569). – Liudprand (von Cremona) (# 24745). – Sabas (# 26930). —Symeon (von Polirone) (# 27518). – Symeon (von Trier) (# 27542). – Theodosius (# 27956).
— in Bari → Iacobus (# 22653). – Marius (# 24985. – # 24986). – Urso (# 28405).
— in Castellana (Apulien) → Ermecausus (# 21741).
— in Conversano (Apulien) → Alexandrus (# 20236). – Radelgari (# 26798).
— in Monopolis (Apulien) → Iohannes (# 23482).
— in Rom (Italien) → Leo (# 24291). – Paulus (# 26398).

Diaitarios → Leon (# 24412).

basilikos Diaitarios → Leon (# 24508).

Diaitetes (Anatolikon) → Gregorios Romaios (# 22421).

Diakomistes → Anonymi (# 30571). – Anonymus (# 31452. – # 31456. – # 31727. – # 31728).

Diakon s.unter diaconus und Diakonos.

Diakonetes → Anonymus (# 30768).

Diakonissa → Anonyma (# 30073).

Diakonos → Anastasios (# 20285. – # 20319. – # 20320.–# 20333). – Antonios (# 20524). – Arethas (# 20554). – Arkoleon (# 20574). – Basileios (# 20882. – # 20982. – # 20996. – # 21092). – Christodulos (# 21246). – Christophoros (# 21254. – # 21325). – Demetrios (# 21454). – Dionysios (# 21559). – Dorotheos (# 21592). – Eirene (# 21624). – Elias (# 21652). – Epiphanios (# 21708. – # 21737). – Eustathios (# 21854). – Eustratios (# 21889. – # 21893. – # 21900). – Euthymios (# 21912). – Gabriel (# 22029). – Georgios (# 22083. – # 22084. – # 22085). – Gregorios (# 22401). – Ioannes (# 22794. – # 22858. – # 23009. – # 23139. –# 23214. – # 23222. – # 23239. – # 23272. – # 23439). – Ioannes III. (von Antiocheia) (# 23167). – Iob (# 23467). – Ioseph (# 23512). – Kalos (# 23655). – Konstantinos (# 23751. – # 23866. – # 24063). – Kosmas (# 24140). – Lazaros vom Galesionberg (# 24285). – Leon (# 24323. – # 24357. – # 24546. –# 24600). – Leon (Diakonos) (# 24547). – Michael (# 25107. – # 25134. – # 25264. – # 25294). – Moschos (# 25422). – Nikephoros (# 25665). – Nikephoros der Phrygier (# 25589). – Nikolaos (# 25892. – # 25965. – # 25976). – Paphnutios (# 26261). – Paulos (# 26329. – # 26333). – Petros (# 26443). – Philetos (# 26593). – Photios (# 26681). – Pothetos (# 26724). – Sophronios (# 27156). – Stephanos I. (# 27208). – Stephanos (# 27214. – # 27215). – Stylianos (# 27412). – Theo... (# 27586). – Theodoros (# 27627. – # 27685. – # 27703. – # 27725. – # 27870). – Theodosios (# 27889). – Theodosios Diakonos (# 27928). – Theodotos (# 27971). – Theognostos (# 28031). – Theophilos (# 28166). – Theophylaktos (# 28178). – Thomas (# 28318). – Tryphon (# 28374). – Anonyma (# 30073). – Anonymus (# 30698. – # 30715. – # 30768. – # 31320. – # 31347).
— der Anastasiskirche (Jerusalem) → Hilarion (# 22613). – Theodoros (# 27628).

— der Apostelkirche (Kpl.) → Photios (# 26674).
— der Hagia Sophia (Kpl.) → Blasios (# 21177). –Ioannes (# 22822). – Prokopios (# 26761). – Stylianos (# 27411). – Theodoros (# 27705).
— des Iviron-Klosters → Anonymi (2) (# 30578).
— der Megale Ekklesia (Athen) → Demetrios (# 21484). – Ioannes (# 23002. – # 23003. – # 23004). – Ioannikios (# 23454).
— der Megale Ekklesia (Kpl.) →Basileios (# 21053). – Eustathios (# 21837). – Ioannes (# 22822. – # 23407). – Konstantinos (# 23990). – Leon (# 24629). – Michael (# 25152). – Theophanes (# 28113). – Anonymus (# 31872).
— der Nea Ekklesia → Paulos (# 26344).— des (Papst) → Marinus I. (# 24983).
— in Thessalonike → Anonymus (# 30761).
— (= arab. šammās) → Euarestos (# 21753). – Michael Porphyrogennetos (# 25174). – Anonymi (3) (# 30449).
— (Diener) → Anonymi (# 30356). – Anonymus (# 31300).

basilikos Diakonos → Georgios (# 22116).

protos Diakonos → Lazaros vom Galesionberg (# 24285).

diakonumenos (Diener) → Anonymus (# 31334).

diasostes → Michael (# 25251).

Diatrechon → Ioannes (# 23098).

Dichter (s. auch unter Autor) → Alexandros (# 20231). – Anastasios (# 20297). – Arethas (# 20554). – Arsenios (# 20603). – Christophoros Mitylenaios (# 21324). – Euphemios (# 21792). – Eustathios (Argyros) (# 21849). – Euthymios (# 21965). – Georgios (# 22138. – # 22142 – # 22372). – Ioannes Geometres (# 23092). – Ioannes (von Melitene) (# 23161). – Ionas (# 23508). – Ioseph (# 23525). – Konstantinos Kephalas (# 23790). – Konstantinos Rhodios (# 23819). – Konstantinos Sikelos (# 23741). – Kyriakos (# 24235). – Leon Choirosphaktes (# 24343). – Leon Philosophos (# 24313). – Metrophanes (# 25088). – Michael (# 25135). – al-Mutanabbī (# 25462). – Neilos (von Rossano) (# 25503). – Neophytos (# 25509). – Nikephoros Uranos (# 25617). – Nikolaos (# 26078). – Petros (# 26450). – Stylianos (# 27424). – Symeon (# 27504). – Theodoros (# 27692. – # 27710). – Theodosios (# 27892.– # 27938). – Theodosios Diakonos (# 27928). – Thomas (# 28287). – Anonymus (# 30803. – # 31326. – # 31478. – # 31693).

Didaskalos (Lehrer) → Athanasios (# 20673). – Athanasios Athonites (# 20670). – Eustratios (# 21882). – Gregorios (# 22372). – Kaniskas (# 23668). – Niketas Byzantios (# 25713). – Photios (# 26667). – Theophylaktos (# 28198). – Anonymi (# 30274. – # 30295. – # 30327. – # 30892. – # 31032. – # 31039. – # 31194).

koinos Didaskalos → Athanasios (# 20673).

Dieb → Anonymus (# 31524).

Diener → Andreas (# 20366). – Arkadios (# 20566). – Demetrios (# 21468). – Diakonitzes (# 21539). – Georgios (# 22159). – Gregorios (# 22485). – Ioannes (# 22943. – # 22958). – Nikephoros (# 25574). – Petros (# 26469. – # 26496). – Symeon (# 27514). – Theodora (# 27600). – Theodoros (# 27696). – Anonymi (# 30145. – # 30200. – # 30230. – # 30251. – # 30299. – # 30308. – # 30328). – Anonymi (2) (# 30329). – Anonymi (3)

(# 30335). – Anonymi (2) (# 30336). – Anonymi (# 30337. – # 30338. – # 30361). – Anonymi (50) (# 30380). – Anonymi (# 30451. – # 30465). – Anonymi (100) (# 30478). – Anonymi (# 30509). – Anonymi (3) (# 30567). – Anonymi (# 30569. – # 30615. – # 30618. – # 30619). – Anonymus (# 30723. – # 30735. – # 30800. – # 31034. – # 31097. – # 31110. – # 31112. – # 31113. – # 31115. – # 31117. – # 31151. – # 31158. – # 31192. – # 31202. – # 31205. – # 31333. – # 31436. – # 31452. – # 31561. – # 31568. – # 31603. – # 31781. – # 31815. – # 31991. – # 32037).
— der Gesandten der Rus (946 a. d. → Anonymi (6) (# 30379).
— im Kloster → Anonymus (# 31745. – # 32011).
— des Nikephoros II. Phokas → Michael (# 25248). – Anonymus (# 31445).
— des Svjatoslav von Kiew → Anonymi (10) (# 30378).
— der Thekla → Anonymus (# 30775).
— (Akoluthos) → Anonymus (# 31295).
— (anthropos) → Anonymus (# 30928).
— (bulg.) → Anonymus (# 31968).
— (Diakonos) → Anonymi (# 30356). – Anonymus (# 31300).
— (diakonumenos) → Anonymus (# 31334).
— (dulos) → Anonymi (# 30147).
— (Eunuch) → Anonymus (# 31589).
— (arab. ġulām) → Anonymus (# 31510. – # 31992). – Leon (von Tripolis) bzw. Tripolites (# 24397). – Qarġūyah (# 26785). – Anonymus (# 31683).
— des Ibn Šakīr (# 22704) → Yūnus (# 28471).
— des Manǧūtakīn → ʿAzīzaddawla Abū Šuǧāʿ Fātik (# 20712).
— des Qarġūyah → Yumn (# 28470).
— des Samuel (wohl irrtüml.) → Gabriel-Radomir-Romanos (# 22032).
— des Sayfaddawla → Nādir (# 25486). – Naǧā al-Kāsakī (# 25487). – Qaṭās (# 26787). – Zuhayr (# 28522).
— (arab. al-ẖādim) → Faraǧ al-Muḥaddad (# 21991). – Nikephoros [I.] (von Jerusalem) (# 25674).
— (Hyperetes/Hypereton) → Anonymus (# 31312. – # 31757).
— (Hypurgos) im Kloster → Anastasios (# 20332). – Neophytos (# 25513).
— (leiturgos) → Anonymi (# 30239).
— (arab. mamlūk) → Naǧā al-Kāsakī (# 25487). – Qarġūyah (# 26785).
— (oiketes) → Anonymi (# 30215). – Anonymi (2) (# 30225).
— (therapeutes/therapon) → Anonymi (# 30239).
— der Kaiserin → Anonymus (# 30889).
— des Patriarcheion → Anonymus (# 31199).
schwarzer Diener des Michael Burtzes → Anonymus (# 31510).

Dienerin → Agathe (# 20167). – Andreas (# 20398). – Maria (# 24920). – Marina (# 24974). – Theodora (# 27600). – Anonyma (# 30012. – # 30034. – # 30065. – # 30067. – # 30076. – # 30090). – Anonymae (# 30140). – Anonymi (# 30337. – # 30338).

Dihermeneutes → Theodoros Daphnopates (# 27694).

djakon (altkirchenslaw. = Diakonos) → Anonymus (# 30698).

Dikaiodotes von Anatolikon → Gregorios Romaios (# 22421).

Dikaspolos (Richter) → Gregorios (# 22488). – Romanos Argyros (# 26846).

Dikastes (Richter) → Eustathios Romaios (# 21870). – Konstantinos Karamallos (# 23918). – Nikephoros Hexakionites

(# 25608). – Paulos (# 26373). – Romanos (# 26872). – Anonymus ((# 31276. – # 31455. – # 31775. – # 31787. – # 31858).
— von Chaldia → Nikolaos (# 26142).
— von Thrakesion → Basileios (# 21003).

eparchikos Dikastes (Provinz-Richter) → Nikephoros Hexakionites (# 25608).

Dikazon (Richter) → Disinios (# 21570). – Anonymus (# 31787).
— von Thrakesion → Basileios (# 21003).

dimesdikos (arm. = Domestikos) → Melias (# 25042).

Dioiketes → Andreas (# 20387). – Andronikos (# 20411). – Bardas (# 20800). – Dometas (# 21579). – Eugenios (# 21769). – Hutros (# 22645). – Ioannes (# 23328). – Kaleotes (# 23610). – Konstantinos (# 23801. – # 23850. – # 23911). – Leon (# 24354. – # 24360). – Nikephoros (# 25560). – Petros (# 26477). – Soterios (# 27169). – Theodoros (# 27655. – # 27659. – # 27672. – # 27843). – Anonymi (# 30454). – Anonymus (# 30725. – # 31867).
— von Achaia → Nikolaos (# 25988).
— von Amastris → Niketas (# 25725).
— von Amisos → Alexandros (# 20229).
— von Amorion → Leon (# 24378).
— von Bana → Nikolaos (# 26065).
— von Boiotien → Theodoros (# 27656).
— von Chaldia → Theophanios (# 28119).
— von Chios → Michael (# 25399). – Niketas (# 25735).
— von Dekapolis → Epiphanios (# 21731).
— von Hexapolis → Leon (# 24477).
— von Mitylene → Demetrios (# 21460).
— von Myra → Konstantinos (# 23847).
— von Nakoleia → Theodoros (# 27667).
— von Nikomedeia → Kosmas (# 24104).
— von Peloponnesos → Ioannes (# 22989. – # 23325). – Kaleogeros (# 23609).
— von Pompeiupolis → Nikephoros (# 25597).
— von Rhaidestos → Epiphanios (# 21729). – Georgios (# 22081). – Manuel (# 24873).
— von Sardeis → Basileios (# 20904).
— von Stauropolis → Anthemios (# 20446).
— von Stratonikeia → Michael (# 25156).
— von Thynia → Paulos (# 26323).
— von Tios → Leon (# 24315. – # 24472). – Petros (# 26485).

basilikos Dioiketes von Thynia → Michael (# 25238).

Dirne → Anonyma (# 30086).

ḏirwār (arab. = Kommandant) → Anonymus (# 31588).

discipulus (des Andreas) → Gregorius (# 22495).

dizdār qal'at Ḥalab (arab. = Gouverneur der Zitadelle von Aleppo) → Fatḥ (# 21995).

Docheiarios → Ioannes (# 23212). – Ioannes (# 23360).

doctor Armeniorum (lat. = arm. Vardapet) → Sahak (# 26959).

Doge (dux) von Venedig → Otto Orseolus (# 26214). – Petrus (# 26557). – Petrus Parteciacus (# 26559). – Petrus II. Candianus (# 26560). – Petrus III. Candianus (# 26561). – Petrus I. Orseolus (# 26563). – Petrus II. Orseolus (# 26566).— Ursus I. Parteciacus (# 28413). – Ursus II. Parteciacus (# 28414).

Dolmetscher (s. auch Hermeneus, Interpres, Übersetzer) → Damianos (# 21361). – Euodisius (# 21785). – Ioannes (# 22994). – Iohannes (# 23485). – Petrus (# 26571). – Romanus (# 26886).

– Anonymi (2) (# 30377). – Anonymi (# 30197). – Anonymus (# 30686. – # 30875. – # 31236. – # 31385. – # 31484. – # 31488. – # 31493. – # 31939).
— (arab. tarǧamān) → Abū ʿUmayr ʿAdī b. Aḥmad b. ʿAbdalbāqī al-Aḏanī (# 20086). – Petrus Čeraphī (# 26574). – Theodoros (# 27865). – Anonymus (# 31071).
— (bulg.) → Christophoros (# 21311).
— (griech.-arm.) → Krinites (# 24200). – Theodoros (# 27644).
— (Rus) → Anonymus (# 31224).

domesticus → Thomas (# 28281). – s. auch unter Domestikos.

domestik (mbulg. = Domestikos) → Leon Phokas (# 24408). – Pantherios (# 26243).
— ikanatom (der Hikanatoi) → Ioannes Kurkuas (# 22824).
— otborom (der Scholen) → Andreas "der Skythe" (# 20351). – Ioannes Kurkuas (# 22917). – Gregoras Iberitzes (# 22328). – Kesta Stypiotes (# 23699). – Leon Katakalon (# 24329). – Pothos Argyros (# 26730).

Domestikos → Basileios (# 21084). – Basilius (# 21128). – Georgios (# 22196). – Konstantinos (# 23936. – # 24031). – Leon (# 24420). – Melias (# 25042). – Petronas (# 26425). – Stephanos (# 27319). – Symeon (# 27477). – Thomas (# 28281).
— tes Anatoles (des Ostens) → Adralestos (# 20116). – Bardas Skleros (# 20785). – Ioannes I. Tzimiskes (# 22778). – Nikolaos (# 26090).
— (= arab. dumustuq und dumustīq) → Bardas Phokas (der Ältere) (# 20769).
— (arab. dumustuq ʿalā l-mašriq) → Melias (# 25042). – Nikephoros II. Phokas (# 25535).
— (Ephoros und Epistates ton heoon tagmaton) → Petros (# 26496).
— von Anatolikon → Ioannes (# 23299).
— tes basilikes annonas → Christophoros (# 21271).
— der basilikoi Anthropoi → Christophoros (# 21280).
— ton basilikon → Konstantinos (# 24017).
— ton bestiariton → Demetrios (# 21474).
— von Chaldia → Theophanes (# 28098).
— von Charpezikion → Anonymus (# 31240).
— D...d → Basileios (# 21070).
— des Dux von Bulgarien → Basileios (# 21070).
— tes Dyseos (des Westens) → Leon Sarakenopulos (# 24520). – Leon Damokranites (# 24552).
— der Exkubitoi → Adralestos (# 20116). – Aëtios (# 20144). – Ioannes Grapson (# 22915). – Leon (# 24325). – Palatinos (# 26220). – Pothos Argyros (# 26730). – Anonymus (# 31259. – # 31902. – # 31918).
— der Exkubitoi von Hellas → Nikulitzas (# 26167). – Petros (# 26499).
— der Hikanatoi → Ioannes Kurkuas (# 22824). – Konstantinos (# 23904). – Leon (# 24364). – Leon Sarakenopulos (# 24520). – Nikephoros (# 25601). – Orestes (# 26191). – Theodoros (# 27741). – Anonymus (# 31261).
— tes hypurgias → Konstantinos Lips (# 23815). – Konstantinos (# 24016).
— tes hypurgias tu philochristu despotu → Andreas (# 20379).
— tu thematos (Langobardia) → Maragdos (# 24900).
— der Mauern → Romanos (# 26837).
— ton numeron → Michael (# 25330). – Orestes (# 26194). – Anonymus (# 31217).
— von Opsikion → Ioannes (# 23299).
— der Optimatoi → Eustathios (# 21841). – Gregoras (# 22332). – Christophoros (# 21292). – Ioannes (# 22886.

– # 23215). – Konstantinos (# 23882). – Leon (# 24468). – Nikolaos (# 25992). – Petros (# 26484). – Anonymus (# 31885).
— des Ostens (arab. dumustuq ʿalā l-mašriq) → Melias (# 25042). – Nikephoros II. Phokas (# 25535).
— von Peloponnesos → Anonymus (# 30795).
— von Samos → Alexios (# 20245).
— der Scholen → Adralestos (# 20115). – Aëtios (# 20148). – Andreas "der Skythe" (# 20351). – Andronikos Dukas (# 20405). – Bardas Phokas (der Ältere) (# 20769). – Bardas Phokas (der Jüngere) (# 20784). – Basileios (# 20966). – Christophoros (# 21258). – Gregoras Iberitzes (# 22328). – Ioannes Garidas (# 22900). – Ioannes Kurkuas (# 22917). – Ioannes (# 23076). – Kesta Stypiotes (# 23699). – Konstantinos Dukas (# 23817). – Leon Katakalon (# 24329). – Leon Argyros (# 24399). – Leon Phokas (# 24408). – Manuel (# 24883). – Marianos (# 24955). – Nikephoros II. Phokas (# 25535). – Nikephoros Phokas ("der Ältere") (# 25545). – Nikephoros (# 25586). – Nikolaos (# 26131). – Pantherios (# 26243). – Pothos Argyros (# 26730). – Symeon (# 27477). – Theophilos Kurkuas (# 28152). – Anonymus (# 31911).
— Scholai tes Anatoles (des Ostens) → Bardas Phokas (der Ältere) (# 20769). – Ioannes I. Tzimiskes (# 22778). – Leon Phokas (# 24408. – # 24423). – Nikephoros II. Phokas (# 25535). – Nikolaos (# 26131).
— ton basilikon scholon → Manuel (# 24883).
— Scholai tes Dyseos (des Westens) → David Areianites (# 21438). – Ioannes (# 23102). – Leon Phokas (# 24423). – Leon Melissenos (# 24531). – Leon Damokranites (# 24552). – Marianos Argyros (# 24962). – Nikephoros Uranos (# 25617). – Petros (# 26512). —Romanos Kurkuas (# 26852). – Stephanos Kontostephanos (# 27313). – Theod... (# 27592). – Theod... (# 27592).
— tu Teichus → Romanos (# 26869). – Anonymus (# 31218).
— der Theodosiakoi von Thrakesion → Anonymus (# 31251).
— ton thyron → Basileios (# 21084).
— des Westens (arab. dumustuq ʿalā l-maġrib) → Nikephoros II. Phokas (# 25535).
— (Befehlshaber = arab. dumustuq) → Nikephoros II. Phokas (# 25535).
— (ekkles. Titel) → Theodosios (# 27947).
— der ekklesia → Euthymios Kasnes (# 21935).
— der Kirche von Hagia Severine (Kalabrien) → Euthymios (# 21947).
— des Marienklosters → Anonymus (# 31853).
— der Nea Ekklesia → Ktenas (# 24205).

megas Domestikos → Marianos (# 24955).
— der Scholai tes Anatoles (anachronistisch) → Manuel Erotikos bzw. Komnenos (# 24885).

Dometor → Anonymi (# 30476).

dom(i)nus (Herr) → Branimir (# 21204). – Leo (# 24304). – Neilos (von Rossano) (# 25503). – Nikodemos (# 25877).

Dorfbewohner → Ioannes (# 23248). – Anonymi (# 30417). – Anonymi (40) (# 30425). – Anonymi (# 30434). – Anonymi (2) (# 30554).

Doryphoros der Danelis → Anonymi (500) (# 30216).

Dran (arm. = Episkopos) → Yovhannēs Drasxanakertcʿi (# 28467).

Dromokeryx → Anonymi (# 30352).

drun'gar'/drungarie (mbulg.) s. unter Drungarios).

Drungarios → Baanes (# 20719). – Basileios (# 21008). – Basileios Eladikos (# 21081). – Gregoras (# 22325). – Ioannes (# 22936. – # 23173. – # 23207). – Leon (# 24645). – Nikephoros (# 25558). – Nikephoros Kaminas (Kallonas) (# 25573). – Niketas (# 25734). – Pardos (# 26265). – Romanos I. Lakapenos (# 26833). – Theoktistos (# 28066). – Theophylaktos Dalassenos (# 28254).
— des Arithmos → Petronas (# 26416).
— der Bigla → Aëtios (# 20147). – Damianos (# 21369). – Eustathios (# 21836). – Eustathios Argyros (# 21828). – Ioannes (# 22836. – # 22840. – # 22847. – # 22912). – Ioannes Kurkuas (# 22917). – Kyriakos (# 24238). – Leon Katakalon (# 24329). – Manuel Kurtikes (# 24878). – Pardos (# 26265). – Symeon (# 27539). – Theophylaktos (# 28256). – Anonymus (# 30692. – # 31507).
— von Charpezikion → Anonymi (205) (# 30391).
— von Charsianon → Nikephoros Kaminas (Kallonas) (# 25573).
— von Hierissos → Blasios (# 21182).
— von Kibyrrhaioton → Stephanos (# 27242).
— von Koloneia → Ioannes (# 22879).
— des Ploimos → Adrianos (# 20122). – Alexios Mosele (# 20241). – Andronikos (# 20418). – Alexios (# 20244). – Bardas Parsakutenos (# 20786). – Christophoros (# 21298). – Elias (# 21640). – Eustathios (# 21836). – Himerios (# 22624). – Ioannes Radenos (# 22914). – Ioseph Bringas (# 23529). – Kandidos (# 23664). – Konstantinos (# 23833). – Konstantinos Gongylios (# 23823). – Konstantinos Lips (# 23815). – Kyriakos (# 24234). – Leon (# 24518. – # 24532. – # 24683). – Michael (# 25303). – Nasar (# 25490). – Niketas (# 25751. – # 25773. – # 25784). – Niketas Ooryphas (# 25696). – Romanos I. Lakapenos (# 26833). – Anonymus (# 31491).
— des basilikos Ploïmos → Barsakios (# 20821). – Elias (# 21640). – Hilarion (# 22610). – Theodoros (# 27810).
— des theophylaktos ploïmos → Kandidos (# 23664). – Michael (# 25303).
— von Samos → Pollyphuskes (# 26711).
— tu basiliku stolu (der kaiserlichen Flotte) → Elias (# 21640).
— (ab 1028 Titel für den vorsitzenden Richter des Hippodromgerichtes) → Eustathios Romaios (# 21870).

Drungarokomes (des Themas Thrakesion) → Anonymi (64) (# 30394).

drunkār (arab.) s. unter Drungarios.

ductor → Michael (# 25251).
— peregrinorum → Symeon (von Trier) (# 27542).
— peregrinorum (Jerusalem) → Hilarius (# 22622).

duka (mbulg. = Dux) → Ajo (# 20197).

Dule/Dulis (Dienerin, Sklavin) → Agathe (# 20167). – Basileios Lakapenos (# 20925A). – Maria (# 24920). – Theodora (# 27600). – Anonyma (# 30065).
— (Rus) → Anonymae (18) (# 30134).

Dulos (Diener, Sklave) → Demetrios (# 21483). – Petros (# 26496). – Theodoros (# 27696). – Anonymi (3) (# 30335). – Anonymi (2) (# 30336). – Anonymi (# 30361). – Anonymus (# 30723. – # 31110. – # 31117. – # 31158. – # 31568. – # 31603. – # 31991).
— (Diener) → Anonymi (# 30147). – Anonymi (2) (# 30329).
— (Sklave) → Chase (# 21238). – Anonymi (# 30251).

— (= mbulg. rab) → Musikos (# 25458).

patriarchikos Dulos → Photios (# 26677).

dumustīq/dumustuq (arab. = Domestikos) → Bardas Phokas (der Ältere) (# 20769). – Bardas Phokas (der Jüngere) (# 20784). – Ioannes Kurkuas (# 22917). – Leon Phokas (# 24423). – Melias (# 25042). – Nikephoros Uranos (# 25617).
— ʿalā l-maġrib (des Westens) → Nikephoros II. Phokas (# 25535).
— ʿalā l-mašriq (des Ostens) → Melias (# 25042). – Nikephoros II. Phokas (# 25535).

dumustuq (arab. = Domestikos bzw. Befehlshaber) → Bardas Skleros (# 20785). – Marianos Argyros (# 24962). – Nikephoros II. Phokas (# 25535).

dūq(a)s (arab.) → s. unter Dux.
— ʿalā l-mašriq/al-mašriq (des Ostens) → Bardas Phokas (der Jüngere) (# 20784). – Mumahhidaddawla Abū Manṣūr Saʿīd b. Marwān (# 25447).

Dux → Andronikos Dukas (# 20405). – Andronikos Lydos (# 20410). – Damianos Dalassenos (# 21379). – Konstantinos (# 23757). – Theodorokanos (# 27615). – Anonymus (# 32038).
— von Adrianupolis (Thrakien) → Theodorokanos (# 27615). – Theophylaktos (# 28240).
— von Amalfi → Iohannes I. Petrella (# 23487). – Manso I. (# 24861). – Sergius I. (# 27053). – Sergius III. (# 27055).
— von Antiocheia → Damianos Dalassenos (# 21379). – Leon Melissenos (# 24531). – Michael (# 25354). – Michael Burtzes (# 25253). – Michael Spondyles (# 25363). – Nikephoros Uranos (# 25617). – Theophylaktos Dalassenos (# 28254).
— von Apulien → Meles (# 25033).
— von Armeniakon → Ioannes Chaldos (# 23166). – Leon Lalakon (# 24456).
— von Benevent → Adelchis (# 20103).
— von Bolisos → Nathanael (# 25498).
— von Bukellarion → Ioannes Chaldos (# 23166).
— von Bulgarien → Konstantinos Diogenes (# 24045).
— von Capua → Landulph II. (# 24273).
— von Chaldia → Bardas Phokas (der Jüngere) (# 20784).
— von Dalmatien → Euthymios (# 21923).
— der Ethnikoi → Antiochos (# 20474).
— von Gaeta → Iohannes I. (# 23478). – Iohannes III. (# 23492).
— von Hellas → Nikulitzas (# 26167).
— von Iberia → Niketas (# 25857).
— von Italien → Argyros (# 20561).
— von Kalabrien → Argyros (# 20561). – Christophoros (# 21272). – Leon (# 24601). – Niketas (# 25721). – Petros (# 26447).
— von Koloneia → Bardas Phokas (der Jüngere) (# 20784).
— von Kroatien → Branimir (# 21204). – Mutimir (# 25466).
— von Makedonien → Georgios (# 22269).
— von Mesopotamien → Bardas Skleros (# 20785).
— von Neapel → Athanasius II. (# 20696). – Gregorius IV. (# 22490). – Marinus II. (# 24984).
— Nortmannorum → Rodulfus (# 26831).
— Oriens (des Ostens = arab. dūqs al-mašriq) → Bardas Phokas (der Jüngere) (# 20784). – Mumahhidaddawla Abū Manṣūr Saʿīd b. Marwān (# 25447).
— von Paphlagonien → Argyros (# 20561).
— der Scholai → Ioannes Kurkuas (# 22917).
— sclavorum → Branimir (# 21204).
— von Sizilien → Argyros (# 20561).
— von Thessalonike → Euphemianos (# 21790). – Gregorios Taronites (# 22428). – Ioannes Chaldos (# 23166).

– Konstantinos Diogenes (# 24045). – Leon Melissenos (# 24531). – Nikephoros Kabasilas (# 25677). – Paulos Bobos (# 26374). – Pediasimos (# 26401). – Theophylaktos Botaneiates (# 28251).
— (Doge) von Venedig → Petrus (# 26557). – Petrus Parteciacus (# 26559). – Petrus II. Candianus (# 26560). – Petrus III. Candianus (# 26561). – Ursus I. Parteciacus (# 28413). – Ursus II. Parteciacus (# 28414). – Symeon (# 27475).
— (langobardisch) → Ajo (# 20197).

megas Dux (= arm. duk'c mec) → Bardas Phokas (der Jüngere) (# 20784).

Dynastes → Romanos (# 26864).
— (bulg.) → Dometianos (# 21580).
— (Dyrrhachion) → Ioannes Chryselios (# 23183).

Dynatos → Anonymi (# 30296).

ecprosopo → Silvester (# 27076). – s. auch unter ek prosopu.

Eidikos → Abramios (# 20029). – Eustathios (# 21879). – Ioannes (# 23064). – Leon (# 24539. – # 24626. – # 24689). – Michael (# 25323. – # 25384). – Niketas (# 25869). – Theodoros (# 27787). – Anonymus (# 31222. – # 31376).

Eilbote → Petronas (# 26417). – Anonymus (# 30691).

Einbrecher → Anonymi (# 30550).

Einsiedler (s. auch Eremit) → Agapios (# 20162). – Athanasios (# 20674). – Basileios I. Skamandrenos (# 20983). – Bononius (# 21193). – Gabriel (# 22035). – Lazaros (# 24284). – Nikephoros (# 25576). – Niketas David Paphlagon (# 25712). – Nikolaos (# 26066). – Onuphrios (# 26189). – Phantinos (# 26576). – Symeon (# 27465. – # 27546). – Zosimas (# 28517). – Anonymi (# 30224). – Anonymus (# 32017).

Eispraktor → Gregorios Romaios (# 22394). – Anonymus (# 31767. – # 32036).

ek prosopu → Bathybados (# 21135). – Georgios (# 22193). – Konstantinos (# 23962). – Michael (# 25393). – Nikolaos (# 25936. – # 25999. – # 26085). – Nikolaos Tornikios (# 25961). – Silvester (# 27076). – Spararo (# 27171). – Sy meon (# 27476. – # 27527). – Theodoros (# 27844). – Theophiletos (# 28133). – Anonymus (# 31900. – # 31901).
— der Agelai → Michael (# 25386).
— von Aigaion Pelagos → Leon (# 24463).
— von Antiocheia → Nikolaos (# 26145).
— von Arkadiupolis → Andronikos (# 20411).
— von Athen → Ioannes (# 23071).
— von Bari → Maio (# 24817).
— tu bestiariu → Michael (# 25232).
— von Cherson → Sergios (# 27014).
— des Dromos von Thrakien → Ioannes (# 23192).
— von Dyrrachion → Leon (# 24376).
— von Hellas → Stephanos (# 27281).
— von Ioannupolis → Adralestos (# 20116).
— des Kaisers → Baanes Angures (# 20716).
— der Kibyrrhaiotai → Eustathios (# 21843). – Iubas (# 23570).
— von Kreta → Niketas (# 25836).
— des Lamponiu-Klosters → Bartholomaios (# 20827).
— von Langobardia → Romoaldus (# 26889).
— des Logothetes der Agelai → Basileios (# 21043).
— von Makedonien → Ioannes (# 22851).
— von Mesembria → Andronikos (# 20411). – Ioannes (# 23428). – Theodoros (# 27820).
— der Optimatoi → Nikolaos (# 26085).
— ton oxeon → Konstantinos (# 24073).

— von Paphlagonien → Konstantinos (# 24071).
— von Pylai → Gregorios (# 22383).
— von Samos → Hilarion (# 22606).
— der basilikoi Stabloi → Nikulitzes (# 26168).
— von Strymon → Symeon (# 27510). – Theodoros Kladon (# 27763).
— von Thessalonike → Kosmas (# 24107). – Symeon (# 27510). – Theodoros Kladon (# 27763). – Anonymus (# 31878).
— von Thrakien → Adralestos (# 20116). – Theophylaktos (# 28210). – Anonymus (# 31350).

Ekdikos → Basileios (# 21047). – Ioakeim (# 22770). – Kosmas (# 24097).
— von Cherson → Nikephoros (# 25565).
— der Megale Ekklesia → Ioannes (# 23127).

Ekklesiarches → Blasios (# 21177). – Kosmas (# 24133). – Neophytos (# 25508). – Phantinos (# 26576).
— des Iviron-Klosters (Athos) → Georgios III. (von Iviron) (# 22259).
— des Kyminas-Klosters → Anonymus (# 31388).
— der Megale Laura (Athos) → Antonios (# 20528). – Euthymios (# 21964). – Kosmas (# 24172). – Michael (# 25268).
— des Studiosklosters → Alexios Studites (# 20247).

Ekklesiekdikos → Thomas (# 28300).

Ekkritos tes scholes → Anonymi (# 30287).

Ekprosopon der Turma von Aineia → Theodoros (# 27775).

Ekprosopos (= ek prosopu) → Nikolaos (# 26085).

electus von Nona (Dalmatien) → Theodosius (# 27956).
— von Polignano → Iohannes (# 23494).

eleophytion → Michael (# 25401).

Elkades (= arab. qāḍī) → Anonymus (# 30880).

Emir (Ameras; amīr) → ʿAbdalmalik (# 20017). – Abū Dulaf (# 20045). – Abū l-Ḥasan (# 20058). – Abū Isḥāq (# 20067). – Abū l-Qāsim ʿAlī b. al-Ḥasan al-Kalbī (# 20072). – Aḥmad b. Tuġān al-ʿUǧayfī (# 20193). – Melias (# 25042). – aṣ-Ṣanhāǧī (# 26988). – Themel (# 27584).
— von Ägypten (Ameras tes Aigyptu; amīr Miṣr) → Aḥmad b. Ṭūlūn (# 20194). – Ǧayš b. Ḫumārawayh (# 22068). – Ḫumārawayh (# 22639). – Kāfūr al-Iḫšīdī (# 23596). – Muḥammad b. Ṭuġǧ al-Iḫšīd (# 25443). – Takīn b. ʿAbdallāh al-Ḥarbī (# 27557).
— von Aleppo → Abū l-Fawāris Muḥammad b. Nāṣiraddawla (# 20050). – Manṣūr b. Luʾluʾ (# 24865). – Qarġūyah (# 26785). – Saʿdaddawla Abū l-Maʿālī (# 26954). – Saʿīdaddawla Abū l-Faḍāʾil (# 26962). – Sayfaddawla Abū l-Ḥasan ʿAlī b. ʿAbdallāh b. Ḥamdān (# 26998).
— von Amida → Abū Ṭāhir Yūsuf b. Damna (# 20083).
— von Anazarba/Anazarbos → Abū ʿAbdallāh b. ʿAmr b. ʿUbaydallāh al-Aqṭaʿ (# 20034).
— von Antiocheia → Aḥmad b. Tuġān al-ʿUǧayfī (# 20193).
— von Aserbaidschan → Afšīn (Muḥammad b. Abī s-Sāǧ) (# 20156). – Yūsuf b. Abī s-Sāǧ (Abū l-Qāsim) (# 28472).
— von Avnik → Anonymus (# 31297).
— von Bagdad → ʿAḍudaddawla Abū Šuǧāʿ Fannā Ḫusrau (# 20131). – Ṣamṣāmaddawla (# 26976). – Šarafaddawla (# 26993). – Anonymus (# 31231. – # 31232).
— der Banū Kilāb → Ṣāliḥ b. Mirdās (# 26966).
— von Bargerī → Aḥmad b. ʿAbdarraḥmān Abū l-Muʿizz (# 20186).

— von Bari → Kalphus (# 23660). – Sawdān (# 26997).
— von Damaskus → ʿAlī b. ʿĪsā (# 20254). – Alftikīn (# 20253).
— von Diyār Bakr → Bād b. Dūstuk (# 20727).
— von Diyār Muḍar → Ǧayš b. Ḫumārawayh (# 22068). – Ḫumārawayh (# 22639).
— von Edessa → Anonymus (# 31172).
— des Frankenlandes → Sawdān (# 26997).
— von Ḫlaṭ, Arǧīš und Ḏāt al-Ǧawz → Abū l-Aswad (# 20041). – Aḥmad b. ʿAbdarraḥmān Abū l-Muʿizz (# 20186).
— von Jerusalem → Anonymus (# 31232).
— des Stammes der Kalb → Sinān b. ʿUlyān (# 27087).
— von Karthago → Sawdān (# 26997).
— von Kreta → ʿAbdalʿazīz b. Šuʿayb b. ʿUmar al-Qurṭubī (# 20009). – Abū ʿAbdallāh ʿUmar II. b. Šuʿayb (# 20032). – ʿAlī b. Yūsuf II. (# 20257). – Anemas (# 20421). – Muḥammad b. Šuʿayb (# 25437). – al-Muqtadir (# 25451). – Šuʿayb (# 27429). – Yūsuf b. ʿUmar II. (# 28473).
— der Kurden → Mumahhidaddawla Abū Manṣūr Saʿīd b. Marwān (# 25447).
— von Laodikeia → Abū l-Ḥusayn ʿAlī b. Ibrāhīm b. Yūsuf al-Fuṣayṣ (# 20066).
— von Manzikert → ʿAbdalḥamīd (# 20012). – ʿAbdarraḥmān (# 20019). – Abū l-Aswad (# 20041). – Abū Sālim (# 20076). – Abū Sawāda (# 20079). – Abū l-Ward I. (# 20087). – Abū l-Ward II. (# 20088).
— von Martyropolis → Abū ʿAlī al-Ḥasan b. Marwān (# 20038). – Abū Taġlib al-Ġaḍanfar b. Nāṣiraddawla (b. Ḥamdān) (# 20081). – Mumahhidaddawla Abū Manṣūr Saʿīd b. Marwān (# 25447). – Naṣraddawla b. Marwān (# 25497). – Saʿdaddawla Abū l-Maʿālī (# 26954).
— von Melitene → ʿAbdallāh al-Malaṭī (# 20013). – Abū Ḥafṣ b. ʿAmr (# 20055). – Manṣūr b. Luʾluʾ (# 24865). – al-Qāsim b. Sīmā (# 26786).
— von Miepherkeim s. Martyropolis.
— von Mosul → Abū Taġlib al-Ġaḍanfar b. Nāṣiraddawla (b. Ḥamdān) (# 20081).
— von Nordafrika → Abū l-ʿAbbās ʿAbdallāh b. Ibrāhīm (# 20031). – Ibrāhīm (II.) b. Aḥmad al-Aġlab (# 22708). – Sawdān (# 26997). – Ziyādatallāh III. (# 28504).
— von Persien → Muʿizzaddawla (# 25445). – Yūsuf b. Abī s-Sāǧ (Abū l-Qāsim) (# 28472).
— von Ramla (Iḫšīdīden) → al-Ḥasan b. ʿUbaydallāh b. Ṭuġǧ (# 22563).
— von Sidon → Abū l-Fatḥ aš-Šayḫ (# 20047).
— von Sizilien → Abū ʿAlī (# 20036). – Aḥmad b. al-Ḥasan b. ʿAlī al-Kalbī (# 20188). – Ǧaʿfar b. Muḥammad (# 22050). – al-Ḥasan b. ʿAlī b. Abī l-Ḥusayn al-Kalbī (# 22558).
— von Syrien → Ǧayš b. Ḫumārawayh (# 22068). – Ḫumārawayh (# 22639). – Muḥammad b. Ṭuġǧ al-Iḫšīd (# 25443).
— der syrischen Grenzgebiete → Aḥmad b. Tuġān al-ʿUǧayfī (# 20193). – Bašīr aṯ-Ṯamalī (# 21132). – Naṣr aṯ-Ṯamalī (# 25494).
— von Tarent → Anonymus (# 30625).
— von Tarsos → ʿAbdallāh b. Rāšid b. Kāwus (# 20014). – Abū l-ʿAšāʾir Aḥmad b. Naṣr (# 20039). – Abū Bakr b. az-Zayyāt (# 20043). – Abū Ṯābit (# 20080). – Apulpher (# 20548). – Damianos (# 21365). – Ibn az-Zayyāt (# 22686). – Ibn al-Iḫšād (# 22696). – Karamones (# 23673). – Naṣr aṯ-Ṯamalī (# 25494). – Rašīq an-Nasīmī (# 26804). – Rustam b. Baradū al-Farġānī (# 26909). – Ṯamal ad-Dulafī (# 27558). – Yāzamān (# 28463).
— im Tauros → ʿAbdalmalik (# 20016).
— der Ṭayyiʾ (Beduinenstamm) → Ḥassān b. al-Mufarriǧ b. al-Ǧarrāḥ (# 22565).
— von Tripolis → Abū l-Ḥasan Aḥmad b. Naḥrīr al-Arġālī (# 20059). – Izeth (# 23585).

— von Tyros → Damianos (# 21365).
— von Tzermatzu → Abū Sālim (# 20076).

Emir der Emire (arab. amīr al-umarā') → Mu'izzaddawla (# 25445).

Emir (= Kalif) → Ibn Abī 'Īsā (# 22682).

untergeordneter Emir von Kreta → Karamuntes (# 23674).

Empfänger eines Legats (Legatarios) → Anonymi (# 30364).

Emporos (Kaufmann) → Bitalios (# 21172). – Orestes (# 26198). – Anonymi (# 30143. – # 30332. – # 30549). – Anonymus (# 30798).

biotikos Emporos (Lebensmittelhändler) → Anonymus (# 30720).

Enchorios (Dorfbewohner) → Anonymi (# 30417).

Engistiarios → Niketas (# 25747).

basilikos Engistiarios → Stephanos (# 27258).

Enkleistos (Rekluse) → Afrām (# 20154). – Antonios (# 20493). – Lukas Stylites (# 24758). – Philotheos (# 26642). – Ya'īš (# 28456). – Anonymus (# 30851. – # 31670).
— in Blachernai → Anonymus (# 30713).

Enkomiast → Niketas David Paphlagon (# 25712).

eparch (mbulg.) → Petros (# 26468).

Eparchos → Anastasios (# 20339). – Basileios (# 21044). – Ioannes (# 23206. – # 23391). – Leon (# 24675). – Niketas Ooryphas (# 25696). – Niketas (# 25797. – # 25865). – Nikolaos (# 26004). – Petros (# 26468. – # 26491. – # 26542). – Philotheos (# 26634). – Stephanos (# 27352). – Theodoros (# 27746). – Anonymus (# 30831).
— von Kpl. → Konstantinos Kapnogenes (# 23743). – Konstantinos (# 23786). – Leon (# 24392). – Marianos (# 24961. – # 24956). – Michael (# 25282). – Niketas (# 25766). – Romanos III. Argyros (# 26835).
— (tes) poleos (Kpl.) → Ioannes (# 22848). – Konstantinos (# 23910. – # 23916. – # 23920). – Leon (# 24392). – Marianos (# 24961). – Michael (# 25136. – # 25282). – Niketas (# 25766). – Sisinnios (# 27115). – Theodoros Belonas (# 27707). – Theodoros Daphnopates (# 27694). – Theophilos Erotikos (# 28154). – Anonymus (# 30685. – # 31155. – # 31399. – # 31690. – # 31780).
— tu praitoriu → Paulos (# 26302).
— von Thessalonike → Prokopios (# 26763).
— von Zypern → Staurakios (# 27178).

Epeiktes → Basileios (# 20911). – Christophoros (# 21303).
— von Abydos → Stephanos (# 27282).
— der Konchyle von Thrakesion → Michael (# 25218).
— von Lemnos → Andreas (# 20395).
— des basilikos Stablos → Tzaptzes (# 28385).
— von Thessalonike → Artabasdos (# 20628).

Ephoros ton heoon tagmaton (der Tagmata des Ostens) → Petros (# 26496).

epi ... → Basileios (# 20960). – Konstantinos (# 23886).

epi gonaton → Gregorios (# 22452). – Nikolaos (# 26022).

epi sakras → Anonymi (# 30455).

epi t... → Epiphanios (# 21736). – Michael (# 25192). – Basileios (# 20965).

epi tes hetaireias → Andreas (# 20361). – Demetrios (# 21457). – Ioannes (# 23055). – Nikephoros (# 25561). – Petronas

(# 26422). – Theodoros (# 27666). – Theognostos (# 28030).

epi tes megales hetaireias → Adrianos (# 20125). – Basileios (# 20962. – # 21064. – # 21074). – Christophoros (# 21283. – # 21311). – Dakos Koter tzes (# 21358). – Demetrios (# 21516). – Elpidios (# 21682). – Eustathios (# 21852). – Gregorios (# 22409. – # 22442). – Ioannes (# 23308). – Kalokyros (# 23639. – # 23648. – # 23649). – Konstantinos (# 23944). – Leon (# 24565). – Manasses (# 24855). – Manuel (# 24889). – Michael (# 25279. – # 25342). – Nikephoros (# 25656). – Niketas (# 25749). – Pankratios (# 26234). – Rodolaos (# 26824). – Sergios (# 27015). – Sisinnios (# 27111). – Staurakios (# 27197). – Stephanos (# 27283. – # 27331). – Theod... (# 27593). – Theognostos (# 28014). – Theudates (# 28275). – Anonymus (# 31373).
— tu Romanu → Theodoros (# 27713).

epi tes katastaseos → Anonymus (# 30688).

epi tes megales ekklesias → Konstantinos (# 23875).

epi tes sakelles → Leon (# 24642). – Michael (# 25144). – Nikolaos (# 25971). – Anonymus (# 31687).

epi tes basilikes sakelles → Euthymios (# 21973). – Ioannes (# 23068). – Nikephoros (# 25688). – Paulos Androsalites (?) (# 26320). – Theodulos (# 27991).

epi tes trapezes → Ioannes (# 22947. – # 22990. – # 23266. – # 23399). – Konstantinos (# 23780). – Konstantinos Boïlas (# 23835). – Konstantinos (# 23898. – # 23951). – Niketas Xylinites (# 25697). – Niketas (# 25780). – Petros (# 26496). – Anonymus (# 31216. – # 31223).

epi tes trapezes tes Augustas → Niketas Xylinites (# 25697). – Niketas (# 25754). – Romanos (# 26882). – Theodosios (# 27901). – Theophylaktos (# 28195). – Thomas (# 28301).

epi tes trapezes tu philochristu despotu → Ioannes (# 22974). – Theophylaktos (# 28216).

epi tes basilikes trapezes → Ioannes (# 22992). – Stephanos (# 27345). – Theodoros (# 27738).

epi tes oikeiakes trapezes → Demetrios (# 21480). – Konstantinos (# 23876). – Manuel (# 24881). – Marianos (# 24964). – Michael (# 25277). – Nikolaos (# 25996). – Stephanos (# 27267).

epi tes oikeiakes basilikes trapezes → Stephanos (# 27258).

epi thyron → Basileios (# 21084).

epi ton ... → Anonymus (# 30828).

epi ton aga... → Theodoros (# 27839).

epi ton barbaron → Apelates (# 20544). – Christophoros (# 21268. – # 21296). – Demetrios (# 21488). – Konstantinos (# 23905. – # 23945). – Michael (# 25275). – Nikephoros (# 25564). – Nikolaos (# 26000). – Petros (# 26453). – Staurakios (# 27186. – # 27187. – # 27190. – # 27192). – Theodoros (# 27789).

epi ton barbaru → Konstantinos (# 23905).

epi ton deeseon → Basileios (# 20918. – # 20980. – # 21040). – Eustathios (# 21840). – Ioannes (# 23129. – # 23374. – # 23412). – Konstantinos (# 23794). – Leon (# 24550. – # 24592). – Michael (# 25235). – Nikolaos (# 26141). – Theodoros (# 27867. – # 27868). – Theodotos (# 27970). – Theophilos (# 28156).

epi ton gonaton → Gregorios (# 22452).

epi ton ktematon → Niketas (# 25753).

epi ton oikeiakon → Akepsimas (# 20207). – Anastasios (# 20291. – # 20292. – # 20308. – # 20312. – # 20314. – # 20326). – Anthimos (# 20461. – # 20467). – Basileios (# 20885. – # 20958). – Christophoros (# 21282. – # 21331). – David (# 21416). – Dionysios (# 21548). – Elias (# 21644). – Georgios (# 22112). – Hadrianos (# 22536). – Ioannes (# 22861. – # 22862. – # 22863. – # 22890. – # 22982. – # 22989. – # 23031. – # 23037. – # 23042. – # 23249. – # 23329. – # 23330. – # 23418. – # 23430. – # 23851. – # 23852. – # 23877. – # 23900. – # 23901. – # 24022. – # 24024. – # 24034. – # 24085). – Kosmas (# 24127). – Leon (# 24328. – # 24350. – # 24356. – # 24435. – # 24438. – # 24467. – # 24549. – # 24569. – # 24609). – Marianos (# 24969. – # 24972). – Michael (# 25153. – # 25157. – # 25212. – # 25230. – # 25341). – Nikephoros (# 25562. – # 25572. – # 25584). – Nikephoros Erotikos (# 25632). – Nikephoros (# 25651. – # 25693). – Niketas (# 25748. – # 25757. – # 25774. – # 25799. – # 25800. – # 25809). – Nikolaos (# 25993. – # 26049. – # 26050). – Parilos (# 26273). – Paulos (# 26321. – # 26380). – Petros (# 26511. – # 26530). – Photios (# 26682). – Rendakios (# 26811). – Sanianos (# 26989). – Soterichos (# 27168). – Staurakios (# 27186. – # 27190. – # 27192). – Stephanos (# 27265). – Stephanos Kataphloros (# 27268). – Stephanos (# 27282. – # 27287). – Symeon (# 27474. – # 27525. – # 27526). – Theodoros (# 27649. – # 27668). – Theodoros Akapnes (# 27807). – Theodosios (# 27899. – # 27921). – Theognostos Limnogalaktos (# 28019). – Theoktistos (# 28056. – # 28067). – Theoleptos (# 28068). – Theophanes (# 28115). – Theophilos (# 28147). – Theophylaktos (# 28186. – # 28247). – Zoetos (# 28513). – Anonymus (# 31372. – # 31806. – # 31888. – # 31895).

epi ton oikeiakon tu esoteriku → Hilarion (# 22618).

epi ton oxeon → Theodoros (# 27742).

epi tu ... → Basileios (# 20961). – Epiphanios (# 21706). – Leon (# 24698). – Anonymus (# 31371).

epi tu bestiariu → Basileios (# 20964. – # 21118). – Christophoros (# 21333). – Euthymios (# 21952. – # 21971). – Ioannes (# 23066. – # 23263). – Konstantinos (# 24075). – Leon (# 24690). – Anonymus (# 30794).

epi tu basiliku bestiariu → Theodoros (# 27743). – Theodoros (# 27744).

epi tu oikeiaku bestiariu → Ioannes (# 22976). – Ioannikios (# 23453). – Konstantinos (# 24002). – Marinos (# 24981). – Theodoros (# 27660).

epi tu chrysotriklinu → Abramios (# 20026). – Aëtios (# 20153). – Anastasios (# 20328. – # 20339). – Anthes (# 20451). – Apelates (# 20544). – Arkadios (# 20569). – Asotes (# 20652). – Bardanios (# 20763). – Bardas (# 20794. – # 20798. – # 20808). – Basileios (# 20924. – # 20940. – # 21003. – # 21025. – # 21040. – # 21041. – # 21066. – # 21073. – # 21108. – # 21118). – Christophoros (# 21271. – # 21280. – # 21292). – Christophoros Mitylenaios (# 21324). – Demetrios (# 21530). – Epi.gais (# 21697).

– Epiphanios (# 21727). – Eusebios (# 21820). – Eustathios (# 21868. – # 21873). – Euthymios (# 21972). – Galenos (# 22060). – Georgios (# 22139. – # 22140. – # 22271). – Gregoras (# 22332. – # 22341). – Gregorios (# 22408. – # 22418. – # 22420. – # 22462. – # 22482). – Grimoald (# 22500). – Hilarion (# 22610). – Himerios (# 22625). – Ioannes (# 22996. – # 23023. – # 23029. – # 23036. – # 23069. – # 23078. – # 23086. – # 23206. – # 23219. – # 23250. – # 23283. – # 23284. – # 23312. – # 23331. – # 23334. – # 23389. – # 23391. – # 23432. – # 23437). – Ioannikios (# 23457). – Ioseph (# 23534). – Konstantinos (# 23842. – # 23848. – # 23856. – # 23859. – # 23882. – # 23883. – # 24019. – # 24036). – Konstantinos Karamallos (# 23918). – Konstantinos Karantenos (# 24061). – Kosmas (# 24117). – Leon (# 24349. – # 24355. – # 24468. – # 24505. – # 24550. – # 24586. – # 24675. – # 24690. – # 24694). – Leon Choirosphaktes (# 24343). – Leontios (# 24719). – Marianos (# 24959). – Michael (# 25215. – # 25217. – # 25227. – # 25235. – # 25240. – # 25241. – # 25320. – # 25328. – # 25330. – # 25343. – # 25347. – # 25383. – # 25392). – Nikephoros (# 25648). – Niketas (# 25755. – # 25764. – # 25808. – # 25810. – # 25831. – # 25867. – # 25871). – Nikolaos (# 25994. – # 25998. – # 26000. – # 26071. – # 26141). – Paulos (# 26375. – # 26394). – Petros (# 26488. – # 26490. – # 26499). – Philaretos (# 26587). – Philetos (# 26594. – # 26596). – Pothos Akapnes (# 26737). – Romanos (# 26859). – Romoaldus (# 26889). – Silbestros (# 27072). – Staurakios (# 27188). – Stephanos (# 27271. – # 27342. – # 27349). – Symbatios (# 27448). – Synkletikos (# 27549). – Theo... (# 27587). – Theodoretos (# 27610). – Theodorokanos (# 27615). – Theodoros (# 27731. – # 27754. – # 27766. – # 27781. – # 27789. – # 27794. – # 27830. – # 27845. – # 27867. – # 27876). – Theodosios (# 27904. – # 27940). – Theophanes (# 28104). – Theophilos (# 28149. – # 28171). – Theophylaktos (# 28222. – # 28260). – Thomas (# 28310). – Tryphon (# 28375). – Anonymus (# 30832. – # 31355. – # 31366. – # 31374. – # 31377. – # 31378. – # 31893. – # 31899. – # 32024. – # 32053).

— des Domestikos der Scholen → Romanos (# 26849).

epi tu eidiku → Gregorios (# 22486). – Ioannes (# 22870. – # 23431). – Konstantinos (# 23953). – Leon (# 24539). – Niketas (# 25702). – Paulos (# 26325). – Staurakios (# 27183).

epi tu eidiku logu → Ioannes (# 22871. – # 22872). – Nikephoros (# 25600). – Petros (# 26489). – Philetos (# 26594). – Romanos (# 26885). – Stratonikos (# 27399). – Symeon (# 27471). – Theodoros (# 27788).

epi tu hippodromu → Konstantinos (# 24025).

epi tu kanikleiu → Basileios (# 20913. – # 20920. – # 20938). – Christophoros (# 21257). – Eustathios (# 21859). – Leon Choirosphaktes (# 24343). – Nikephoros Uranos (# 25617). – Nikephoros (# 25633). – Stephanos (# 27229. – # 27240. – # 27262). – Symeon (# 27481).

epi tu kimeliu → Theodoros (# 27753).

epi tu koitonos → Basileios (# 21123). – Christophoros (# 21315. – # 21328). – Eustathios (# 21879). – Gregorios (# 22486). – Ioannes (# 22978. – # 23305. – # 23306. – # 23392. – # 23399. – # 23415. – # 23429). – Leon (# 24628). – Marinos (# 24980). – Michael (# 25323. – # 25384. – # 25391). – Nikephoros (# 25685). – Niketas (# 25797. – # 25798. – # 25866). – Nikolaos (# 26135). – Pothos (# 26745). – Stephanos (# 27380). – Theodosios (# 27927. – # 27953). – Theognostos (# 28013). – Anonymus (# 31384).

epi tu ma..anu → Michael (# 25239).

epi tu maglabiu → Basileios (# 20969). – Euphemianos (# 21789). – Gregorios (# 22460). – Katakalon (# 23688). – Leon (# 24517. – # 24614. – # 24615. – # 24633. – # 24636). – Marianos (# 24966). – Michael (# 25327). – Nikolaos (# 26002. – # 26092). – Petros (# 26528). – Philomatios (# 26628). – Romanos (# 26874). – Theodoros (# 27786). – Anonymus (# 31382). – s. auch unter epi tu manglabiu.

epi tu manganu → Michael (# 25239).

epi tu manglabiu → Amazaspos (# 20269). – Basileios (# 20969. – # 21017). – Euphemianos (# 21789). – Gregorios (# 22460). – al-Ḥasan (# 22557). – Katakalon (# 23688). – Kosmas (# 24118). – Leon (# 24436. – # 24517. – # 24567. – # 24614. – # 24615. – # 24633. – # 24636). – Marianos (# 24966). – Michael (# 25327). – Nikolaos (# 26002. – # 26092). – Petros (# 26452. – # 26528). – Philomatios (# 26628). – Phokas (# 26652). – Romanos (# 26874). – Theodoros Kladon (# 27763). – Theodoros (# 27786). – Anonymus (# 31382). – s. auch unter epi tu maglabiu.

epi tu mystiku → Leon Choirosphaktes (# 24343).

epi tu oikistiku → Manuel (# 24890).

epi tu pantheu → Adralestos (# 20119).

epi tu patriarchiku sekretu → Michael (# 25398).

epi tu sakelliu → Nikolaos (# 26001). – Anonymus (# 31687).

epi tu sekretu → Gregorios (# 22371). – Nikolaos (# 26074).

epi tu theophylaktou koitonos → Anthes (# 20453). – Bardas (# 20795). – Niketas (# 25864). – Romanos (# 26885). – Theodosios (# 27954).

epi tu triklinu → Bardas (# 20798).

epi tu trikonchu → Nikolaos (# 25920).

Epikraton → Anonymus (# 31143).

episcopus (s. auch Bischof, Episkopos) → Andreas (# 20393). – Konstantinos (# 23845). – Leo (# 24302). – Sigewold (# 27069). – Anonymi (# 31482). – Anonymus (# 31949). – s. auch Episkopos.
— von Amalfi → Anonymus (# 30850).
— von Armenia → Anonymus (# 31644).
— von Besti (Apulien) → Alfanus (# 20252).
— von Bieda (Italien) → Bonifatius (# 21191).
— von Bomarzo (Italien) → Grimualdus (# 22503).
— von Brindisi → Gregorius (# 22491). – Paone (# 26259).
— von Canosa → Paone (# 26259).
— von Cassano → David (# 21425).
— von Cremona (Italien) → Liudprand (von Cremona) (# 24745).
— von Ferentino (Italien) → Stephanus (# 27382).
— von Fondi (Italien) → Symeon (# 27452).
— von Fossombrone (Italien) → Petrus (# 26555).

— von Gabii (Italien) → Leo (# 24289).
— von Griechenland → Barnabas (# 20817).
— von Iadera → Dominicus (# 21584). – Vitalis (# 28427).
— von Lesina → Christophorus (# 21336).
— Militensis (von Malta) → Anonymus (# 30639).
— von Monopoli→ Gregorius (# 22491).
— von Narni (Italien) → Martinus (# 25008).
— von Neapel → Athanasius II. (von Neapel) (# 20696).
— von Nepi → Stephanus (# 27381).
— von Nona (Dalmatien) → Theodosius (# 27956).
— von Oria → Teodosius (# 27578).
— von Ostia → Donatus (# 21589).
— von Ostuni → Gregorius (# 22491).
— von Parma → Sigefredus (# 27068).
— von Perugia (Italien) → Benedictus (# 21139).
— von Porto → Formosus (# 22001). – Valpertus (# 28422).
— von Rom → Nicolaus (# 25525).
— Russiae → Anonymus (# 32015).
— von Segni (Italien) → Iohannes (# 23473).
— von Selvacandida (Italien) → Gregorius (# 22489).
— von Tauromenion (Sizilien) → Prokopios (# 26764).
— von Trevi (Italien) → Dominicus (# 21583).
— von Trivento (Italien) → Phloros (# 26644).
— von Velletri (Italien) → Gauderichos (# 22063).
— von Vercelli (Piemont) → Petrus (# 26564).
— von Würzburg → Bernward (# 21151).

Episkeptites → Christophoros (# 21318). – Ioannes (# 23074. – # 23124. – # 23315). – Kallistos (# 23624). – Konstantinos (# 24044). – Leon (# 24668). – Michael (# 25346). – Niketas (# 25776). – Theodotos (# 27966).
— von Anthia → Theodoros (# 27878).
— von Armeniakon → Konstantinos (# 24007).
— von Boleron → Demetrios (# 21465).
— von Choirobachoi/Choirobakchoi → Leon (# 24635).
— von Derxene → Ioannes (# 23333).
— von Hieron → Leon (# 24508).
— der basilika Ktemata → Michael (# 25193). – Photios (# 26685). – Stephanos (# 27316).
— tes Lampru → Basileios (# 21067). – Ioseph (# 23535).
— ton Mesanykton → Leon (# 24692).
— ton basilikon ktematon ton Mesanykton → Petros (# 26549).
— von Mesonakta → Leon (# 24606).
— der Optimatoi → Theophilos (# 28157).
— von Peloponnesos → Ioseph (# 23524).
— von Podandos → Damianos (# 21382).
— von Rhodandos → Damianos (# 21382).
— von Seleukeia → Theodoros (# 27712. – # 27877).
— von Trani (Unteritalien) → Falcus (# 21988).
— ton Zelminon → Leon (# 24635).

basilikos Episkeptites → Konstantinos (# 24076). – Nikolaos (# 25919). – Stephanos (# 27316).
— von Seleukeia → Demetrios (# 21519).

Episkopos → Ambrosios (# 20270). – Anastasios (# 20287). – Andreas (# 20393). – Arsenios (# 20606). – Athanasios (# 20660). – Basileios (# 20858). – Carus (# 21224). – Christophoros (# 21310). – David (# 21425). – Euthymios (# 21929). – Georgios (# 22088). – Gerasimos (# 22279). – Gregorios (# 22435). – Hierotheos (# 22595). – Iakobos (# 22659). – Ioannes (# 22820). – Ioannes III. (von Antiocheia) (# 23167). – Konstantinos (# 23845. – # 23867. – # 23975. – # 23976. – # 24057). –

Lazaros (# 24282). – Leo (# 24297. – # 24302). – Leon (# 24416A. – # 24542. – # 24582. – # 24667). – Leontios (# 24703). – Mandelbert (# 24857). – Michael (# 25199. – # 25244. – # 25269). – Niketas (# 25790). – Nikolaos (# 25909. – # 25958. – # 25959. – # 25984). – Paulos (# 26316). – Petronas (# 26418). – Petros (# 26454). – Petrus (# 26562). – Sergius (# 27052). – Stephanos (# 27332. – # 27371). – Strategios (# 27388). – Teodosius (# 27578). – Theodegios (# 27597). – Anonymi (# 30242. – # 30312. – # 30490. – # 30491. – # 30505). – Anonymus (# 30654. – # 30659. – # 30662. – # 30664. – # 30705. – # 30755. – # 30754. – # 30766. – # 30843. – # 30806. – # 30916. – # 30940. – # 30942. – # 30946. – # 30956. – # 30958. – # 31020. – # 31024. – # 31027. – # 31031. – # 31082. – # 31320. – # 31346. – # 31404. – # 31420. – # 31422. – # 31427. – # 31428. – # 31448. – # 31555. – # 31557. – # 31564. – # 31567. – # 31614. – # 31615. – # 31625. – # 31626. – # 31629. – # 31643. – # 31703. – # 31732. – # 31733. – # 31734. – # 31736. – # 31741).
— (jakobitischer Bischof = arab. usquf) → Ignatios (# 22750).
— (nicht genanntes Bistum in Phrygien, Suffragan von Laodikeia) → Anonymus (# 31076. – # 31077).
— von Abydos → Stephanos (# 27294). – Theodosios (# 27915).
— von Achrida (= Ochrid/Ohrid) → Gabriel (# 22020). – Klemes (# 23704).
— von Achridos → Eustathios (# 21869). – Thomas (# 28324).
— von Adada/Adadoi → Basileios (# 20854).
— von Adata und Rhobam (jakobitischer Bischof = arab. usquf) → Ioannes (# 23378).
— von Adramyttion → Michael (# 25104). – Sergios (# 27042).
— von Adran(e)ia/Adranion → Basileios (# 20851). – Georgios (# 22087). – Ioannes (# 22853). – Konstantinos (# 23964). – Methodios (# 25081). – Nikolaos (# 25891). – Theophylaktos (# 28236).
— von Adrianupolis (Haimimontos) → Kosmas (# 24096). – Nikolaos (# 26017).
— von Adrianupolis (Honorias) → Sophronios (# 27158).
— von Adrianupolis (Pisidien) → Georgios (# 22205). – Nikolaos (# 25974). – Sophronios (# 27158).
— von Adrianutherai → Gregorios (# 22368).
— von Agrai → Leon (# 24321).
— von Agrion → Stephanos (# 27219).
— von Aigina → Thomas (# 28285).
— von Akmoneia → Agapetos (# 20161). – Barnakumeon (?) (# 20818). – Eustachios (# 21823). – Eustathios (# 21831).
— von Akrassos → Konstantinos (# 23765).
— von Akroinos → Theoktistos (# 28044).
— von Alabanda → Sabas (# 26923).
— von Alabardos → Ioannes (# 22813).
— von Alandos → Eustathios (# 21832).
— von Aldilon → Eustolios (# 21881).
— von Aleos → Georgios (# 22098).
— von Aleppo → Agapios II. (von Antiocheia) (# 20165).
— von Alindos → Theophilos (# 28141).
— von Amalfi → Anonymus (# 30850).
— von Amaseia → Malacenus (# 24838).
— von Amazon → Anonymus (# 31316).
— von Amblada → Ioannes (# 22811).
— von Amisos → Basileios (# 20871). – Ioannes (# 22910). – Konstantinos (# 24056). – Nikephoros (# 25680).
— von Amorion → Paulos (# 26322).
— von Amphipolis → Ioseph (# 23530).

— von Anagni (Bithynien) → Zacharias (von Anagni) (# 28477).
— von Anaia → Theophylaktos (# 28257). – Theophylaktos (# 28258).
— von Anastasiupolis → Marinos (# 24978).
— von Anatron → Michael (# 25114).
— von Anchialos → Nikolaos (# 25900).
— von Ancona → Paulus (# 26397).
— von Andida → Thomas (# 28323).
— von Andrapa → Antonios (# 20480). – Leon (# 24597).
— von Andros → Leon (# 24432). – Philippos (# 26605).
— von Anea → Athanasios (# 20665). – Ioseph (# 23515). – Anonymus (# 31747).
— von Ankyra → Ioannes (# 23000). – Michael (# 25115).
— von Ankyrosynaon → Michael (# 25121).
— von Antiocheia → Theophanes (# 28081). – Thomas (# 28323).
— von Antri → Samuel (# 26977).
— von Apameia (Pisidien) → Basileios (# 20950). – Euthymios (# 21938). – Theodoros (# 27633). – Theognostos (# 28012).
— von Apollonias → Michael (# 25119).
— von Appia → Basileios (# 20865).
— von Ardamaria → Elias (# 21650).
— von Argos → Christophoros (# 21278). – Nikolaos (# 26060). – Petros (von Argos) (# 26428). – Theodoros (# 27680. – # 27791). – Theotimos (# 28272). – Anonymus (# 31291).
— von Argos–Nauplion → Christophoros (# 21278). – Konstantinos (# 23834). – Petros (von Argos) (# 26428). – Theodoros (# 27680).
— von Arkadia → Georgios (# 22203).
— von Arkadiupolis → Ioannes (# 23228). – Petros (# 26524). – Symeon (# 27454).
— von Arke (jakobitischer Bischof) → Zachakios (# 28475).
— von Armenia → Georgios (# 22099). – Anonymus (# 31644).
— von Aršarunik‘ (arm. monoph.) → Xač‘ik Aršaruni (# 28445).
— von Arykanda → Theodoros (# 27631).
— von Askalon → Anonymus (# 31133).
— von Aspina/Aspone → Nikephoros (# 25540).
— von Ašunk‘ (arm.) → Sahak (# 26959).
— von Atandra → Konstantinos (# 23776).
— von Athanassos → Philotheos (# 26631).
— von Attaleia → Gregorios (# 22480). – Symeon (# 27458). – Anonymus (# 31852).
— von Attuda → Arsenios (# 20601). – Niketas (# 25709).
— von Augustopolis → Konstantinos (# 23746).
— von Aureliupolis → Arsenios (# 20599).
— von Axana → Theophanes (# 28079).
— von Azanoi → Theophanes (# 28079).
— von Azara → Lukas (# 24761).
— von Baë → Klemes (# 23706).
— von Bage → Basileios (# 20864).
— von Bagoneiteia → Stephanos (# 27218).
— von Bana → Zak‘aria (# 28497).
— von Baratas → Georgios (# 22100).
— von Barbula → Ioannes (# 22817).
— von Bareta → Theodosios (# 27913).
— von Bargyra = Bargylion → Ioannes (# 22814).
— von Barnakumis → Barnakumeon (?) (# 20818).
— von Barys → Paulos (# 26297). – Stephanos (# 27222).
— von Basada → Nikephoros (# 25551). – Theodulos (# 28005).
— von Basilaion/Basileiopolis → Ignatios (# 22715). – Ioannes (# 23271). – Kosmas (# 24123). – Leon (# 24335).
— von Basinupolis → Anthimos (# 20456). – Michael (# 25201).
— von Bathia → Ignatios (# 22743).
— von Bela → Konstantinos (# 23863).
— von Belgrad → Sergius (# 27049).
— von Belikia → Basileios (# 21050).

— von Berinopolis/Berinupolis → Andronikos (# 20413). – Sisinnios (# 27097).
— von Betunion → Sabas (# 26920).
— von Bieda (Italien) → Bonifatius (# 21191).
— von Bindaios → Paulos (# 26310). – Stephanos (# 27221).
— von Bindios → Anonymus (# 30969).
— von Bitinopolis → Sisinnios (# 27097).
— von Bizye → Euthymios (# 21924).
— von Brysis → Niketas (# 25706). – Stephanos (# 27239).
— von Bukel(l)on → Ioannes (# 22815). – Theodoros (# 27801).
— von Bukubas → Theodoros (# 27632).
— von Bulgarien → Georgios (# 22094). – Nikolaos (# 25893). – Anonymus (# 31087).
— von Bulgarophyge → Konstantinos (# 23761).
— von Caera → Marinus I. (# 24983).
— von Castella → Marinus I. (# 24983).
— von Chachmanztur → Theodoros (# 27724).
— von Chairetopoi → Symeon (# 27461).
— von Chalkis → Theodoros (# 27815).
— von Chariupolis → Kosmas (# 24099).
— von Charpete (jakobitischer Bischof = arab. usquf Ḥiṣn Ziyād) → Moyses (# 25431).
— von Cherson → Anonymus (# 31006).
— von Chios → Konstantinos (# 23965). – Nikolaos (# 26081).
— von Choma → Nikolaos (# 25901).
— von Christupolis (Kavala) → Dorotheos (# 21593).
— von Chrysopolis → Ioseph (# 23530). – Philippos (# 26602).
— von Chytroi (Zypern) → Eustathios (# 21835).
— von Cordoba → Hišām b. Huḏayl (# 22626).
— von Dadaleia → Methodios (# 25068).
— von Dadybra → Christophoros (# 21260). – Ioannes (# 23269). – Niketas David Paphlagon (# 25712). – Nikolaos (# 25982).
— von Dalde → Epiphanios (# 21702). – Leon (# 24593).
— von Dalisantos → Leon (# 24594).
— von Daonia → Klemes (# 23707).
— von Daphnudion → Damianos (# 21364).
— von Daphnusia → Antonios (# 20479). – Leon (# 24320).
— von Dardanon → Ioannes (# 22818).
— von Dasbentos → Xyraphios (# 28455).
— von Daskylion → Georgios (# 22090). – Germanos (# 22290). – Ioannes (# 23273). – Sergios (# 27040).
— von Debeltos → Konstantinos (# 23973). – Symeon (# 27459).
— von Demetrias → Leon (# 24445). – Xenophon (# 28447).
— von Dermocholcha → Eustathios (# 21834).
— von Diauleia (Hellas) → Basileios (# 21048). – Germanos (# 22295).
— von Didymoteichon → Nikephoros (# 25547).
— von Dokimion → Nikolaos (# 25888).
— von Dometiupolis → Paulos (# 26306).
— von Domna → Aëtios (# 20141).
— von Dorylaion → Ignatios (# 22718). – Paulos (# 26309). – Sabas (# 26932).
— von Drugobiteia → Petros (# 26440).
— von Ebaë → Basileios (# 20877).
— von Edessa → Anonymus (# 31176).
— von Eirenupolis → Euschemon (# 21812).
— von Eleutheropolis → Theodosios (# 27895).
— von Eluza → Eustratios (# 21885).
— von Elvira (Spanien) → Recemundus (# 26810).
— von Elysomane → Makarios (# 24826).
— von Erissos → Basileios (# 21105).
— von Eriste → Tarasios (# 27563).
— von Erymna → Methodios (# 25064).

— von Erythra → Arsapios (# 20592). – Michael (# 25367). – Studios (# 27403).
— von Esbai → Platon (# 26694).
— von Etainos → Petros (# 26439).
— von Etenna → Petros (# 26439).
— von Euaissa → Platon (# 26694).
— von Euchaïta → Philotheos (# 26636).
— von Eukarpia → Konstantinos (# 23774).
— von Eumeneia → Epiphanios (# 21703). – Ioannikios (# 23455). – Paulos (# 26308). – Stylianos (# 27415). – Anonymus (# 31642).
— von Euripos → Georgios (# 22132). – Lukas (# 24766). – Theodoros (# 27622. – # 27654). – Theophylaktos (# 28182). – Anonymus (# 31937. – # 32003).
— von Ezeros → Damianos (# 21363).
— von al-Farama (orth. = melk.) → Ibn Balīḥa (# 22688).
— von Ferentino (Italien) → Stephanus (# 27382).
— von Fondi (Italien) → Symeon (# 27452).
— von Fossombrone (Italien) → Petrus (# 26555).
— von Gabii (Italien) → Leo (# 24289).
— von Garella (Fehllesung) → Leon (# 24595).
— von Gargara → Ephraim (# 21688).
— von Georgien → Malacenus (# 24838).
— von Germanikopolis/Germanikupolis → Basileios (# 20872). – Nikolaos (# 25966).
— von Glavinitza → Michael (# 25306).
— von Gordorinia → Kerikos (# 23696).
— von Gordos → Leon (# 24336).
— von Gordoserba → Stephanos (# 27211).
— von Gortyne → Ioannes (# 23276).
— von Griechenland → Barnabas (# 20817).
— von Hadriana → Basileios (# 20866).
— von Hadrianothera → Basileios (# 21110).
— von Hagios Agapetos → Michael (# 25122).
— von Hagios Dulas → Symeon (# 27463).
— von Hagios Kornelios → Samuel (# 26979).
— von Hagiupolis → Menas (# 25052). – Michael (# 25120).
— von Halia → Antonios (# 20477). – Theognostos (# 28032).
— von Halikarnassos → Kyriakos (# 24237).
— von Hark' (Armenien) → Yakobos (# 28460).
— von Harpasa → Leon (# 24337).
— von Helenopolis → Leon (# 24333).
— von Heliodoris → Nikolaos (# 25902).
— von Heliupolis (statt Iliopolis) → Georgios (# 22089).
— von Herakleia (Honorias) → Meletios (# 25036).
— von Herakleia (Kappadokien) → Anonymus (# 31315).
— von Herakleia (Latmos) → Gregorios (# 22362). – Ignatios (# 22739).
— von Herakleia Salbake → Basileios (# 20867)
— von Herakleia (Thrakien) → Nikolaos (# 25922).
— von Herakleia (unklar) → Akakios (# 20200). – Ioannes (# 22962). – Michael (# 25377).
— von Herkula → Ioannes (# 22950).
— von Hermokapon → Nikephoros (# 25553).
— von Hexamilion → Ioannes (# 23241). – Methodios (# 25066).
— von Hibāl → Theophilos I. (von Jerusalem) (# 28168).
— von Hierissos → Elias (# 21665). – Georgios (# 22224). – Nikephoros (# 25668). – Theodotos (# 27980).
— von Hierokaisareia → Theodoros (# 27638).
— von Himyopolis → Anthes (# 20448).
— von Honorias → Niketas (# 25816).
— von Hyberoi → Paulos (# 26296).
— von Hydrus s. Otranto.

— von Hyllarima → Leon (# 24447). – Paulos (# 26318).
— von Hypaipa → Andreas (# 20399). – Gregorios (# 22365). – Nikolaos (# 26140).
— von Hypsos → Thomas (# 28284).
— von Iassa → Gregorios (# 22367).
— von Ibora → Nikolaos (# 25904).
— von Iktroi → Methodios (# 25071).
— von Iliopolis → Georgios (# 22089).
— von Ioannina → Zacharias (# 28478).
— von Ioannitza → Iobanesios (# 23468).
— von Ionopolis → Anthes (# 20448). – Anonymus (# 31340).
— von Ipsos → Photios (# 26669).
— von Isindos → Ignatios (# 22724).
— von Italien → Anonymi (6) (# 30314).
— von Itea → Theodoros (# 27636).
— von Iuliopolis → Ignatios (# 22715). – Leon (# 24335).
— von Iunopolis → Gregorios (# 22366).
— von Kabba → Konstantinos (# 23779).
— von Kaborkion → Theodoros (# 27635).
— von Kadara → Nikephoros (# 25549).
— von Kadibos = Kandyba → Basileios (# 20873).
— von Kados → Konstantinos (# 23760).
— von Kadosia → Petros (# 26524).
— von Kairo → Arsenios (# 20621).
— von Kaisareia (Bithynien) → Gregorios (# 22454). – Theopistos (# 28270).
— von Kaisaropolis → Methodios (# 25067).
— von Kallipolis (Apulien) → Anonymus (# 31682).
— von Kalymne → Nikolaos (# 25905).
— von Kamuliana → Gregorios (# 22363). – Michael (# 25310).
— von Kappadokien → Anonymus (# 30690. – # 30704).
— von Karea (Kairo) → Arsenios (# 20621).
— von Kassandreia → Ignatios (# 22723). – Leon (# 24538).
— von Kastoria → Ioannes (# 23400).
— von Kedisos → Thomas (# 28283).
— von Kedramos → Symeon (# 27460).
— von Kenea → Daniel (# 21392).
— von Kephallenia → Antonios (# 20481).
— von Kephaludion → Niketas (# 25700).
— von Keramos → Symeon (# 27456).
— von Kerasa → Agathon (# 20176).
— von Kerasus → Gregorios (# 22450). – Symeon (# 27455).
— von Kerkyra → Demetrios (# 21459). – Ioannes (# 23386). – Michael (# 25101). – Pachomios (# 26215).
— von Kernitza → Paulos (# 26341).
— von Kibyrra → Prokopios (# 26769). – Stephanos (# 27209).
— von Kindramos → Symeon (# 27460).
— von Kinepolis → Sabas (# 26918).
— von Kinna → Antonios (# 20483). – Tarasios (# 27561).
— von Kiskissa → Stephanos (# 27305).
— von Kitros → Germanos (# 22286). – Methodios (# 25071). – Panaretos (# 26225).
— von Klazomenai → Makarios (# 24826).
— von Klepai → Methodios (# 25070).
— von Kleroi → Nikephoros (# 25554). – Photios (# 26672).
— von Knossos → Konstantinos (# 23960). – Nikephoros (# 25686).
— von Kodadeia → Gregorios (# 22364).
— von Koloneia → Nikephoros (# 25591).
— von Kolophon → Eu... (# 21751).
— von Komana → Ioannes (# 22826). – Theodosios (# 27945).
— von Komba → Konstantinos (# 23772).
— von Konane → Theodosios (# 27944).
— von Konstanteia → Methodios (# 25083).
— von Korinth → Athanasios (# 20684).
— von Korone (Peloponnesos) → Georgios (# 22202). – Gerasimos (# 22280). – Ioannes (# 23221. – # 23275). – Prokopios (# 26762). – Stephanos (# 27325). – Theodosios (# 27951). – Anonymus (# 30651. – # 31684).
— von Korydala → Eustratios (# 21884).
— von Kos → Konstantinos (# 23762).

— von Kotene → Makarios (# 24827).
— von Koutziagroi → Stylianos (# 27414).
— von Kpl. (= Patriarch) → Nikolaos II. Chrysoberges (# 26019).
— von Krateia → Basileios (# 20847). – Sabbas (# 26946).
— von Kroia → David (# 21411).
— von Krotone → Nikephoros (# 25541).
— von Kyme → Philotheos (# 26640).
— von Kythrea → Demetrianos (# 21451).
— von Lagina → Basileios (# 20876). – Elissaios (# 21679).
— von Lakedaimon → Antonios (# 20484). – Basileios (# 20887). – Eustathios (# 21850). – Ioannes (# 22961). – Leon (# 24449). – Leontios (# 24710). – Nikolaos (# 25939). – Theodoretos (# 27608). – Theodosios (# 27950). – Theokletos (# 28035). – Theopemptos (# 28070).
— von Lampsakos → Niketas (# 25811). – Anonymus (# 31174).
— von Laodikeia (Phrygien) → Epiphanios (# 21707).
— von Laodikeia (Pisidien) → Epiphanios (# 21707). – Konstantinos (# 23777).
— von Laranda → Sabas (# 26921).
— von Larissa → Stephanos (# 27368).
— von Larissa (arm. monoph.) → Yōhannēs (# 28464).
— von Laryma → Leon (# 24447).
— von Leontopolis → Christophoros (# 21313). – Ioannes (# 22827). – Michael (# 25105). – Stephanos (# 27333).
— von Leria → Ioseph (# 23514).
— von Lesina → Christophorus (# 21336).
— von Leuka/Leuke → Germanos (# 22291). – Symeon (# 27457).
— von Leukas → Anonymi (# 31482).
— von Limyra → Nikephoros (# 25546).
— von Linoë → Basileios (# 20870). – Kyrillos (# 24244).
— von Lipara → Samuel (# 26981).
— von Lizikon → Germanos (# 22289).
— von Lulon → Philippos (# 26601).
— von Lunda → Eustathios (# 21830).
— von Lurnaia → Eusebios (# 21814).
— von Lysias → Konstantinos (# 23768).
— von Lystra → Basileios (# 20878).
— von Madyta → Euthymios (# 21951). – Konstantinos (# 23763).
— von Magnesia → Basileios (# 21051). – Nikolaos (# 26047). – Philoxenos (# 26643). – Theophilos (# 28142).
— von Magnesia am Sipylos → Basileios (# 21119). – Lukas (# 24757).
— von Magnesia Anelios → Basileios (# 21119). – Lukas (# 24757).
— von Maiumas → Ioannes (# 22823).
— von Makre → Antiochos (# 20471). – Basileios (# 21055). – Ioannes (# 23081). – Nikolaos (# 25899).
— von Makrokome → Theophanes (# 28082).
— von Malta → Anonymus (# 30639).
— von Mananalis → Michael (# 25289).
— von Mastraba = Mastaura → Baanes (# 20717).
— von Maurige → Nikolaos (# 25979).
— von Medaion → Methodios (# 25065).
— von Meizon → Iulianos (# 23575).
— von Mela → Paulos (# 26298).
— von Melitupolis → Damianos (# 21362). – Michael (# 25106). – Theophanes (# 28083).
— von Meloë → Nikephoros (# 25635). – Petros (# 26442).
— von Meloïtoi → Sisoes (# 27126).
— von Messene → Philippos (# 26599).
— von Messina → Gregorios (# 22350).
— von Metellupolis → Michael (# 25106). – Michael (# 25113).
— von Methone → Athanasios (# 20663). – Niketas (# 25759). – Theodoros (# 27811). – Anonymus (# 31836).
— von Metrai → Gregorios (# 22360).
— von Metropolis → Ioannes (# 22809).
— von Miletos → Nikephoros (# 25576).

— von Monembasia → Athanasios (# 20677). – Basileios (# 21029). – Christophoros (# 21290). – Georgios (# 22108). – Ioannes (# 22998). – Konstantinos (# 23868). – Niketas (# 25716). – Paulos (# 26350). – Anonymus (# 31017).
— von Morka → Michael (# 25118).
— von Mosyna → Euthymios (# 21916). – Konstantinos (# 23773).
— von Mosynopolis → Paulos (# 26307).
— von Mukon → Eustratios (# 21888).
— von Musbada → Germanos (# 22288).
— von Mylasa/Mylasos → Ioannes (# 23267). – Philippos (# 26604). – Xenophon (# 28446).
— von Myloma/Mylomnai → Theodoros (# 27637).
— von Narni (Italien) → Martinus (# 25008).
— von Nauplion → Andreas (# 20352).
— von Nazianz → Eusebios (# 21816). – Ioannes (# 22819).
— von Neai Patrai → Leon (# 24332). – Symeon (# 27464).
— von Neapolis (Italien) → Athanasius II. (von Neapel) (# 20696).
— von Neapolis (Karien) → Kerykos (# 23698). – Konstantinos (# 23769).
— von Neapolis (Pisidien) → Leon (# 24318).
— von Neapolis (unklar) → Nikephoros (# 25542).
— von Neokaisareia → Stylianos Mappas (# 27409).
— von Nepi → Stephanus (# 27381).
— von Nikopolis → Markianos (# 24988). – Nikolaos (# 25896). – Tarasios (# 27560).
— von Nyssa → Basileios (# 20946). – Ignatios (# 22725). – Michael (# 25117). – Nikolaos (# 25889). – Stephanos (# 27369).
— von Oiniandos → Nikolaos (# 25903).
— von Oke → Strategios (# 27389).
— von Olenos → Petros (# 26455).
— von Onumerica oder Enumerika → Konstantinos (# 23749).
— von Orakon → Nikephoros (# 25552).
— von Oreos → Basileios (# 20875). – Konstantinos (# 23941).
— von Oria → Anonymus (# 30757).
— von Oški (in Tao) → Sahak (# 26959).
— von Ostia → Donatus (# 21589). – Eugenius (# 21775).
— von Otranto (Hydrus) → Markos (# 24995). – Anonymus (# 31063. – # 31481).
— von Otroi → Michael (# 25112).
— von Palaiopolis → Ioseph (# 23513). – Petros (# 26430). – Theodulos (# 27992).
— von Palia → Iulianos (# 23574).
— von Pamphilon → Petros (# 26441).
— von Panidos → Akindynos (# 20211).
— von Panion → Akindynos (# 20211). – Michael (# 25378). – Paulos (# 26393).
— von Paphos → Arsenios (# 20619).
— von Pappoi → Nikolaos (# 25907).
— von Parlaos → Anthimos (# 20457).
— von Parnassos → Theognostos (# 28011).
— von Paros → Konstantinos (# 23972).
— von Parsakute → Samuel (# 26980).
— von Patara → Theodulos (# 27990).
— von Patras → Anonymus (# 30724).
— von Peira → Nikephoros (# 25557).
— von Perbaina → Nikolaos (# 26072).
— von Pergamon → Andreas (# 20356). – Georgios (# 22107). – Leon (# 24453. – # 24578). – Methodios (# 25069). – Pothos (# 26733).
— von Peritheorion → Iakobos (# 22657).
— von Perugia (Italien) → Benedictus (# 21139).
— von Pharsalos → Stephanos (# 27217).
— von Phellos → Konstantinos (# 23766).
— von Philadelpheia → Michael (# 25116).
— von Philetos → Anonymi (# 31837).
— von Philippi → Nikolaos (# 25894).
— von Philita → Germanos (# 22287).
— von Philomelon → Euthymios (# 21919).

— von Phlabias → Eustratios (# 21894).
— von Phlogai → Eustathios (# 21833).
— von Phoba → Eustratios (# 21886).
— von Phoke → Paulos (# 26313).
— von Photia → Niketas (# 25699).
— von Phyteia → Theodegetos (# 27594).
— von Pinara → Athanasios (# 20664).
— von Pisie → Michael (# 25110).
— von Pitane → Leon (# 24577).
— von Podaleia → Ioannes (# 22808).
— von Poimaninos → Nikephoros (# 25548).
— von Polemonion → Andreas (# 20357). – Ioannes (# 22790). – Photeinos (# 26666).
— von Polignano → Iohannes (# 23494).
— von Polimartiensis (Italien) → Grimualdus (# 22503).
— von Polog (Bulgarien) → Ioannes Pseles (# 23054).
— von Polystolos → Demetrios (# 21453).
— von Poroi → Nikephoros (# 25550).
— von Porto (Italien) → Valpertus (# 28422).
— von Prainetos → Eugenios (# 21768). – Ioannes (# 22878). – Leon (# 24677).
— von Priene → Ioannes (# 23408).
— von Probanda → Leon (# 24334).
— von Probaton → Konstantinos (# 23974). – Leon (# 24334). – Manuel (# 24870).
— von Prusa → Kosmas (# 24155). – Niketas (# 25710). – Stephanos (# 27335).
— von Prusias → Basileios (# 21038). – Konstantinos (# 23750). – Leon (# 24338).
— von Pyrgion → Basileios (# 20852). – Stephanos (# 27220).
— von Pyrgoi → Stephanos (# 27213). – Theodoros (# 27777).
— von al-Qulzum (von Ägypten) → Isḥāq (# 23562).
— von Rhaidestos → Nikolaos (# 25897). – Theod... (# 27591). – Anonymus (# 31700).
— von Rhegion (Kalabrien) → Anonymus (# 30845).
— von Rhodopolis → Ioannes (# 23229).
— von Rhusion → Euthymios (# 21931).
— von Rom (Papst) → Nicolaus I. (# 25525).
— von Rossano → Anonymus (# 31164. – # 31470).
— von Rurreppi → S. unter Euripos.
— von Rußland → Anonymus (# 32015).
— von Rykanda → Theodoros (# 27631).
— von Sagalassos → Euthymios (# 21939). – Georgios (# 22204). – Leon (# 24322).
— von Samos → Michael (# 25317). – Sergios (# 27041).
— von Samosata → Abramios (# 20025).
— von Sanaos (Fehllesung) → Basileios (# 21046).
— von Satala → Philippos (# 26603).
— von Sebaste → Euthymios (# 21917). – Konstantinos (# 23778).
— von Sebasteia (arm. Monophysit) → Siōn (# 27091).
— von Seberias → Gregorios (# 22455).
— von Segni (Italien) → Iohannes (# 23473).
— von Seleukeia → Leon (# 24321).
— von Seleukeia Pieria → Theodulos (# 27995). – Anonymus (# 31822).
— von Selinus → Athanasios (# 20662).
— von Selvacandida (Italien) → Gregorius (# 22489).
— von Sennea → Ignatios (# 22717).
— von Serbia (Makedonien) → Ioannes (# 22877).
— von Sergentzion → Ioannes (# 22816).
— von Silandos → Eustathios (# 21832). – Kallistos (# 23623).
— vom Sinai → Anonymus (# 31949). – Jorius (# 23588).
— von Sindos → Nikephoros (# 25641).
— von Siniandos → Basileios (# 20874).
— von Sinope → Ioannes (# 23007). – Michael (# 25311. – # 25376). – Theodoros (# 27621). – Theodosios (# 27897. – # 27924). – Theophylaktos (# 28264).
— von Siwnik‘ → Anonymus (# 31119).
— von Sizilien → Leon (# 24414).

— von Skamandros/Hagios Kornelios → Anthimos (# 20465).
— von Skopelos → Bardanios (# 20762). – Anonymus (# 31602).
— von Skyllation → Demetrios (# 21452).
— von Skyros → Michael (# 25309). – Anonymus (# 31601. – # 31616. – # 31959).
— von Smyrna (# 25806A) → Niketas (# 25806).
— von Sora → Konstantinos (# 23775). – Leontios (# 24722). – Phokas (# 26650). – Symeon (# 27494).
— von Sozopolis (Haimimontos) → Germanos (# 22293). – Ignatios (# 22725*).
— von Sozopolis (Pisidien) → Ignatios (# 22725*). – Nikolaos (# 25898).
— von Spore → Theodoros (# 27634).
— von St. Nino (Georgien, vermutl. Tao) → Arseni (# 20596).
— von Stabarotos → Isaak (# 23550).
— von Stektorion → Germanos (# 22292).
— von Stephaniakos → Kosmas (# 24098).
— von Stratonikeia → Dionysios (# 21562). – Georgios (# 22206). – Ioannes (# 23188).
— von Strumitza → Demetrios (# 21528).
— von Strymon → Paulos (# 26312).
— von Syblaia → Nikephoros (# 25556).
— von Sykai → Ignatios (# 22726).
— von Symeonion → Nikephoros (# 25555).
— von Synada (jakobitisch) → Elias (# 21674).
— von Synaos → Basileios (# 20869. – # 21037). – Basileios (# 21046). – Eusebios (# 21815). – Konstantinos (# 23748). – Sisinnios (# 27102).
— von Tabia → Philetos (# 26591). – Theophylaktos (# 28207).
— von Tall Biṭrīq (jakobitisch) → Dionysius (# 21568).
— von Tampsi → Ioannes (# 22788).
— von Tanis (Ägypten) (orth. = melk.) → Michael (# 25179). – Theophilos (# 28153).
— von Taron → Vahan (# 28420).
— von Tarsos → Anonymus (# 31873).
— von Tauriana → Paulos (# 26299). – Bitalios (# 21170).
— von Tauromenion → Prokopios (# 26764).
— von Teputze → Nikolaos (# 25906).
— von Tergastos → Sabas (# 26919).
— von Thampsiupolis → Ioannes (# 22788).
— von Thebai → Markianos (# 24989).
— von Theobuleia → Nikolaos (# 25913).
— von Theodorupolis → Ioannes (# 22810).
— von Thyateira → Basileios (# 20868). – Leon (# 24678).
— von Tiberias → Nikephoros (# 25682). – Noë (# 26172).
— von Tiberiupolis → Theoktistos (# 28043). – Klemes (# 23704).
— von Timbrias → Theodosios (# 27896).
— von Timon → Ignatios (# 22716).
— von Tios → Basileios (# 20945). – Konstantinos (# 23747). – Michael (# 25315). – Sisinnios (# 27117).
— von Tityos → Euschemon (# 21813).
— von Tlos → Andreas (# 20349). – Theodoros (# 27866).
— von Traianupolis → Eustratios (# 21887).
— von Trakula → Konstantinos (# 23767).
— von Tralleis → Theophanes (# 28077). – Theophylaktos (# 28239). – Theopistos (# 28269).
— von Trani (Apulien) → Rodostamos (# 26830).
— von Trapezunt → Theodoros (# 27722). – Athanasios Daimonokatalytes (# 20659).
— von Trapobizye → Konstantinos (# 23770). – Manuel (# 24891).
— von Triaditza → Demetrios (# 21514).
— von Tribenas → Symeon (# 27462).
— von Trimithus (Zypern) → Theophilos (# 28144).

— von Tripolis → Gregorios (# 22352). – Sisinnios (# 27103).
— von Trivento (Italien) → Dominicus (# 21583). – Phloros (# 26644).
— von Troas → Michael (# 25111). – Petros (# 26432).
— von Troknada → Konstantinos (# 23764).
— von Tsokon → Israel (# 23567).
— von Turitunion → Georgios (# 22091).
— von Turkia → Hierotheos (# 22594).
— von Turkon → Theophylaktos (# 28259).
— von Tyana → Eustathios (# 21853).
— von Tychos → Eustathios (# 21829).
— von Tymbriada → Nikephoros (# 25566).
— von Tyraion → Anastasios (# 20286). – Ioseph (# 23518). – Konstantinos (# 23771).
— von Tzamandos → Niketas (# 25792).
— von Tzurulon → Basileios (# 20855).
— von Vałaršakert → Zak'aria (# 28497).
— von Velletri (Italien) → Gauderichos (# 22063).
— von vicus Fantini → Bitalios (# 21170).
— von Würzburg → Bernward (# 21151).
— von Xantheia → Georgios (# 22097).
— von Zakynthos → Nikephoros (# 25539).
— von Zalichos → Ioannes (# 22812).
— von Zarzela → Leon (# 24595).
— von Zela → Basileios (# 20956). – Paulos (# 26305). – Anonymus (# 30655).
— von Zenopon → Niketas (# 25711).
— von Zetunion → Georgios (# 22091). – Gregorios (# 22361).
— von Zikchia → Paulos (# 26311).

Epistates (Vorsteher)
— von Bauarbeiten → Euphemios (# 21792).
— des Myrelaionklosters → Anonymi (# 30472).
— tes scholes → Anonymi (# 30287).
— der Seidenmanufaktur → Anonymus (# 31281).
— ton heoon tagmaton (Tagmata des Ostens) → Petros (# 26496).
— (= Oikonomos eines Metochion) → Ioannikios (# 23464).

Epistolograph (s. auch Autor) → Alexandros (# 20231). – Anastasios (# 20297). – Konstantinos VII. (# 23734). – Leon Choirosphaktes (# 24343). – Niketas David Paphlagon (# 25712). – Niketas (# 25740). – Stylianos Mappas (# 27409). – Sy-meon (# 27504). – Anonymus Professor (# 31049). – Anonymus (# 31553).

Epiteretes (Aufseher bei Tisch) → Georgios (# 22239). – Anonymus (# 31829).

Epitomator → Symeon (# 27504).

epitrapez/epitrapeza (mbulg.) s. unter epi tes trapezes.

Epitropos (Testamentsvollstrecker) → Elias (# 21668). – Psenas (# 26778). – Stephanos (# 27306). – Zak'aria (# 28498). – Anonymi (# 30364).

Epitropos (Verwalter) → Anonymi (# 30364).
— des Ioannes-Prodromos-Klosters von Galeagra (Athos) → Zak'aria (# 28498).
— der Megale Laura (Athos) → Euthymios Athonites Iber (# 21960). – Ioannes Athonites Iber (# 22942). – Nikephoros Uranos (# 25617). – Anonymus (# 31106. – # 31157. – # 31171).
— des Meleai-Klosters (Athos) → Elias (# 21668).

Epitropos (Vormund) → Euthymios (# 21927). – Gabrielopulos (# 22045). – Ioannes Eladas (# 22909). – Ioannes Lazanes (# 22906). – Nikolaos I. Mystikos (# 25885). – Stephanos (# 27224).

Epoptes → Marianos (# 24958). – Niketas (# 25867). – Nikolaos (# 25924). – Anonymi (# 30210).
— von Anatolikon → Anonymus (# 32025).
— von Armeniakon → Anthes (# 20450).

— von Bukellarion → Akepsimas (# 20207).
— tu dromu → Kyros (# 24258).
— von Nikopolis → Ioseph (# 23524).
— von Opsikion → Leon (# 24467).
— von Paphlagonien → Stephanos (# 27283. - # 27343).
— von Peloponnesos → Bardas (# 20778). - Basileios (# 20958). - Ioseph (# 23524).
— von Strymon → Thomas (# 28296).
— von Thessalonike → Konstantinos (# 23795). - Nikolaos (# 25924). - Thomas (# 28296).
— von Thrakesion → Michael (# 25153). - Sanianos (# 26989). - Stephanos (# 27342).

erēc' (arm. = Presbyteros) → Husep (# 22644).

Eremit (s. auch Einsiedler) → Athanasios (# 20674). - Bitalios (# 21168). - Euthymios (# 21920). - Gabriel (# 22035). - Gregorios (# 22479). - Hilarion (# 22600). - Ioannes (# 22779). - Ioannes Xenos (# 23109). - Ioseph (# 23511). - Kosmas (# 24114). - Lucas (von Demenna) (# 24753). - Matthaios (# 25017). - Nikephoros (# 25576. - # 25610). - Paulos (# 26337). - Petros (# 26427). - Symeon (von Polirone) (# 27518). - Vitalis (# 28428). - Zosimas (# 28517). - Anonymus (# 31711).

Ergasteriakos/Ergastikos (Unternehmer) → Anonymus (# 31109. - # 31111).

Ergates (Handwerker) → Anonymi (# 30415. - # 30476). - Anonymus (# 32048).

erist'av (georg. = Fürst) → Gurgen I. (von Klardžet'i) (# 22528). - Rat (Horatios Liparites) (# 26805).

Eristav der Eristaven (georg. Erist'avt'a-erist'avi = Fürst der Fürsten) → Bagrat I. (Eristav) (# 20735). - Džodžik (# 21612). - Gurgen II. (von Tao) (# 22529). - Phers (# 26581). - Smbat II. (von Klardžet'i) (# 27143).

Erster der Brüder der presbeia des Pegeklosters → Stephanos Katzator (# 27272).

Erzbischof von Georgien → Hilarion (# 22619). - s. auch unter Archiepiskopos.

Erzdiakon → Konstantinos Galenos (# 24064). - s. auch unter Archidiakonos.

Erzieher → Iohannes XVI. Philagathos (# 23486). - Photios (# 26667).

et prosopo → s. unter ek prosopu.

eteriarch (mbulg.)s. unter Hetaireiarches.

— malyi (mbulg.) s. unter mikros Hetaireiarches).

Ethnarches → Antiochos (# 20474). - Anonymi (# 30148). - Anonymus (# 31538).

Exaktor → Basileios (# 21123). - Epiphanios (# 21730). - Eustathios Romaios (# 21870). - Eustratios (# 21911). - Ioannes (# 23284). - Leon (# 24674). - Stephanos (# 27349). - Anonymus (# 31899).

exarch lagovardiiskii (mbulg.) s. unter Exarchos (langob.).

Exarchos → Andreas (# 20385). - Basileios (# 21016). - Diakonitzes (# 21539). - Georgios (# 22143). - Iakobos (# 22662). - Ioannes Exarchos (# 22782). - Ioannes (# 23136). - Ioannes Stoginas (# 23349). - Niketas (# 25758). - Nikolaos (# 26045). - Theognostos (# 28010). - Anonymus (# 30936).
— von Anatolikon → Christophoros (# 21279).

— der Exkubiten → Ašot Makrocheir (# 20643).
— der Flotte → Bardas Mungos (# 20787).
— von Hellas → Ioannes Kaminiates (# 22904).
— (kirchl.) von Hellas → Kosmas (# 24121).
— von Kephallenia → Andreas (# 20371). – Konstantinos (# 24055).
— von Kibyrrhaioton → Christophoros (# 21279).
— (langob.) → Ajo (# 20197).
— von Paphlagonien → Ioannes (# 22876). – Theodotos (# 27971).
— des Patriarchats → Anonymus (# 30915).
— stratias → Monasteriotes (# 25416).
— der Tabullarioi → Michael (# 25265).

Exartistes → Eustratios (# 21890). – Michael (# 25267).
— von Naupaktos → Prokopios (# 26767).

exceptor → Anonymi (# 30514).

excubitus → s. unter Exkubitos.

Exegumenos tes Tephrikes → Chrysocheir (# 21340).

Exisotes → Anonymi (# 30210).

Exkubitor → Konstantinos (# 24033). – Petrus (# 26570). – Anonymus (# 31259).

Exkubitos → Leo Patiano (# 24308). – Nikephoros (# 25650). – Petrus (# 26565). – Theodorus (# 27884).

Exoraizon (Schmücker, Verzierer) → Ioseph (# 23522).

exubitus/exsubitus → s. unter Exkubitos.

imperialis exubitus → Theodorus (# 27884).

Exusiastes von Abasgia/Abchasien → Giorgi II. (von Abchasien) (# 22307). – Kostanti III. (von Abchasien) (# 24184).
— der Bulgaren → Symeon (von Bulgarien) (# 27467).

Exusiokrator von Alanien → Gabriel (# 22037).

Exyperetumenos → Anonymi (# 30361).

Faber (Schmied) → Petrus (# 26575). – Sergius (# 27056).

Feldherr (s. auch Befehlshaber, Strategos) → Afrīna (?) (# 20155).
— der ʿAbbāsiden → Muʾnis al-Muẓaffar (# 25449). – Muzāḥim b. Ḫāqān (# 25471).
— der Bulgaren → Alogobotur (# 20262). – Demetrios Polemarchios (# 21511). – Marmaen (# 25002). – Theodoros Sigritzes (# 27681).
— des David von Tao → Bagrat (# 20739). – Čʿordvaneli (# 21350). – Ioannes Tornikios (# 22926). – Anonymus (# 31683).
— der Fāṭimiden → Bišāra al-Qalʿī (# 21165). – Futūḥ (# 22015).
— der Ḥamdāniden → Naǧā al-Kāsakī (# 25487). – Abū l-Qāsim Hibatallāh b. Nāṣiraddawla (# 20074).
— der Russen → Svenald (# 27439).
— in Unteritalien → Georgios Maniakes (# 22262).

Festungskommandant (Belgrad) → Radislav (# 26800).

Finanzbeamter → Antonios (# 20478). – Petros (# 26435). – Anonymus (# 31010. – # 31705).
— (Erster Aufseher über die Staatskasse [in Georgien]) → Gvirpel (# 22534).

Fischer → Demetrios (# 21479). – Ioannes Psareutes (# 23367). – Anonymi (# 30316. – # 30421. – # 30559). – Anonymus (# 31230. – # 31956).

Fischhändler → Ioannes Psareutes (# 23367).

Fleischer/Metzger → Georgios (# 22175). – Leon (# 24502. – # 24551).

Flottenadmiral/-befehlshaber/-kommandant → Alexios Mosele (# 20241). – Damianos (# 21365). – Ǧawhar (# 22066). – Himerios (# 22624). – Ioannes (# 22955). – Krambeas (# 24189). – Makroioannes (# 24837). – Marianos Argyros (# 24962). – Michael Charaktos (# 25161). – Moroleon (# 25421). – Nasar (# 25490). – Niketas Ooryphas (# 25696). – Romanos I. Lakapenos (# 26833). – Anonymus (# 30625).
— des ägyptischen Flottenkontingents → Anonymus (# 30874).
— der Araber → Leon (von Tripolis) bzw. Tripolites (# 24397).
— der Fāṭimiden → ʻAmmār b. ʻAlī b. Abī l-Ḥusayn (# 20275). – Faraǧ al-Muḥaddad (# 21991). – Ṣābir (# 26951). – Yaʻqūb b. Isḥāq (# 28461).
— der Iḫšīdiden → Fatḥ aṯ-Ṯamalī (# 21996).

frater (Mönch) → Symeon (# 27491). – Anonymi (2) (# 30613). – Anonymus (# 31712. – # 32005).
— im Katharinenkloster (Sinai) → Anonymus (# 32034).

Freigelassener s. unter freigelassener Sklave.

Fremdenführer (ductor peregrinorum) → Symeon (von Trier) (# 27542).
— in Jerusalem → Hilarius (# 22622).

Fünftherr (= arab. ṣāḥib al-ḫums, fāṭimidischer Verwaltungstitel) → Anonymus (# 30984).

Fürst → Lewon (# 24737). – Nasra (# 25496).
— von Abchasien → Giorgi II. (von Abchasien) (# 22307). – Kostanti III. (von Abchasien) (# 24184). – Tʻeodos (# 27577).
— von Ačara → Ašot II. "Kiskases" (von Klardžetʻi) (# 20648). – Gurgen II. (von Tao) (# 22529).
— von Ačara und Nigali (georg.) → David Mampʻali (# 21413). – Smbat II. (von Klardžetʻi) (# 27143).
— von Alanien → Gabriel (# 22037). – Anonymus (# 30983).
— von Andzewacʻikʻ (Armenien) → Derenik (# 21536).
— (= arm. išxan) → Rat (Horatios Liparites) (# 26805). – Anonymi (# 30497).
— (arm.) → Anonymus (# 31094).
— von Artanudž → Smbat II. (von Klardžetʻi) (# 27143).
— (lang.) von Benevent → Gaideris (# 22054). – Pandulph I. "Eisenkopf" (# 26228).
— von Capua → Landonulph (# 24271).
— (Ḥamdānide) → Abū Firās al-Ḥāriṯ b. Saʻīd b. Ḥamdān (# 20051).
— von Kiew → Igor (# 22751). – Oleg (# 26185).
— von Klardžetʻi → Smbat II. (von Klardžetʻi) (# 27143).
— Maghrebinien (Balkan) → Přzibislav (# 26776).
— von Novgorod → Oleg (# 26185).
— von Pannonien → Kocel (# 23721).
— der Rusʼ → Volodislav (# 28437).
— (ungar.) → Ezelech (# 21984).
— (kroat.) Zeta → Vladimir (# 28434).

Fürst bzw. Adliger (in Georgien) (= georg. mtavar) → Ioannes Athonites Iber (# 22942).

Fürst bzw. Herr (= arab. ṣāḥib) → Čʻordvaneli (# 21350).
— von Capua → Pandolfus IV. (# 26227).
— von Capua und Benevent → Atenulph I. (# 20656). – Atenulph II. (# 20657). – Atenulph III. (# 20658). – Landulph I. (# 24272). – Landulph II. (# 24273). – Landulph IV. (# 24274).
— von al-Ḫaldyāt → Bagrat (# 20739). – Čʻordvaneli (# 21350).

Fürst der Armenier → Ašot I. "der Große" (von Armenien) (# 20642).

Fürst der Fürsten (= arm. išxan išxanac') → Abas I. (von Armenien) (# 20006). – Bakur (# 20748). – Gurgen II. (von Tao) (# 22529). – Phers (# 26581).
— (= georg. Eristav der Eristaven) → Bagrat I. (Eristav) (# 20735). – Džodžik (# 21612). – Phers (# 26581). – Smbat II. (von Klardžet'i) (# 27143).
— von Armenien (= arab. biṭrīq al-baṭāriqa bi-Irmīnīya) → Ašot III. (von Taron) (# 20645).
— von Džavaxet'i → Adarnase II. (# 20099). – Smbat I. (Kuropalates Iberias) (# 27142).
— von Her (arm.) → Anonymus (# 31993).
— von Iberien (arm. für Georgier) → Gurgen II. (von Tao) (# 22529).
— von Kiew → Svjatoslav (von Kiew) (# 27440). – Vladimir I. (von Kiew) (# 28433).
— von Klardžet'i bzw. Artanudž → Ašot II. "Kiskases" (# 20648). – Bagrat I. (# 20732). – Gurgen I. (# 22528). – Gurgen II. (von Tao) (# 22529). – Smbat I. (# 27140).
— der Kroaten → Branimir (# 21204). – Domagoj (# 21577). – Mutimir (# 25466). – Zdeslav (# 28502).
— von Lokana (arm.) → Kurtikios (# 24215).
— von Mokk' → Zap'ranik (# 28501).
— von Novgorod → Svjatoslav (von Kiew) (# 27440).
— der Rhos/Russen → Svjatoslav (von Kiew) (# 27440).
— von Salerno → Guaimar I. (# 22507). – Guaimar (II.) (# 22508). – Guaimar III. bzw. IV. (# 22509). – Guaiphar (II.) (# 22510). – Pandulph II. (# 26229).
— von Slaven → Zdeslav (# 28502).
— von T'oṙn(i) = išxan T'orn(i) (arm.) → Smbat T'oṙnec'i (# 27145).
— von Tao → Ašot II. (Kuropalates Iberias) (# 20647). – Bagrat I. (Eristav) (# 20735). – Gurgen I. (von Tao) (# 22527). – Gurgen II. (von Tao) (# 22529). – Smbat I. (Kuropalates Iberias) (# 27142).
— vom unteren Tao → Adarnase II. (# 20099).
— von Taron → Ašot II. Arkaïkas (von Taron) (# 20644). – Ašot III. (von Taron) (# 20645). – Bagrat II. (von Taron) (# 20733). – Grigor I. (von Taron) (# 22497).
— von Tauros (arab.) → 'Abdalmalik (# 20016).
— von Tekes → Manuel (# 24875).
— von Vaspurakan → Gagik II. Arcruni (# 22052).

lokaler Fürst (= arm. naxarar) → Anonymi (# 30253).

Fürstin
— von Maghrebinien [Balkan]) → Eirene (# 21619).
— der Rus' → Anna (# 20436). – Olga (# 26186). – Peredslava (# 26406). – Uta (# 28417).

Fußsoldat → Anonymi (100) (# 30397). – Anonymi (2) (# 30594).

Gärtner → Anonymus (# 32020).

Gastaldus/Gastalde von Bari → Romualdo (# 26892).
— von Cannae → Siconus (# 27066).
— von Conversano → Romoaldo (# 26888).
— von Lucera → Ilduinus (# 22754). – Johannes (# 23587). – Optabiano (# 26190). – Polcari (# 26708).

ǧāsūs (arab. = Spion) der Byzantiner → Anonymi (2) (# 30535).

ǧāṯulīq (arab. = Katholikos) → Leontios I. (von Jerusalem) (# 24708).

— (Patriarch der Christen in Andalusien) → Hišām b. Hudayl (# 22626).
— (der für die Christen zuständige Herrscher) → Nikephoros II. Phokas (# 25535).

Geeponos (Bauer) → Niketas (# 25801).

Gefängniswächter (custos carceris) → Anonymus (# 30814).

Gefolge → Ioseph (# 23516). – Kyriakos (# 24227). – Leo (# 24288).

Gefolgschaftsherr/Adliger (Rhos) → Akun (# 20219). – Aldan (# 20224). – Aldan (# 20225). – Amind (# 20274). – Arfast (# 20556). – Bern (# 21150). – Eton (# 21749). – Gud (# 22512). – Gunar (# 22520). – Isko (# 23564). – Klek (# 23703). – Sfirko (# 27062). – Tudko (# 28376). – Tulb (# 28379). – Turd (# 28382). – Voiko (# 28435).

Gefolgsmann → Alexandros (# 20232). – Anastasia (# 20282). – Eirene (# 21621). – Epiphanios (# 21709). – Ioannes (# 22943). – Iulianos (# 23576). – Kosmas (# 24113). – Leon (# 24415). – Nikolaos (# 26010). – Staurakios (# 27182). – Theodora (# 27600). – Theodoros (# 27696). – Theodoros Spongarios (# 27700). – Theodote (# 27957). – Theophanes (# 28089). – Anonyma (# 30024. – # 30053. – # 30054. – # 30055. – # 30056. – # 30057. – # 30065. – # 30066). – Anonymae (# 30132). – Anonymi (# 30213. – # 30299. – # 30305. – # 30306. – # 30307. – # 30308. – # 30309. – # 30310. – # 30332. – # 30333. – # 30334. – # 30337). – Anonymus (# 31100. – # 31101. – # 31102. – # 31103. – # 31104. – # 31105. – # 31106. – # 31107. – # 31108. – # 31109. – # 31110. – # 31111. – # 31112. – # 31113. – # 31114. – # 31115. – # 31116. – # 31117. – # 31118. – # 31123. – # 31154. – # 31158. – # 31183. – # 31184).

Geisel → Abū l-Farağ al-ʿAṭṭār (# 20046). – Abū l-Ḥasan b. Abī Ṭālib (# 20060). – Abū l-Ḥasan b. Abī Usāma (# 20061). – Abū Ṭālib al-Hāšimī (# 20084). – Kisrā b. Kasūr (# 23702). – Romualt (# 26895). – Yumn (# 28470). – Anonymi (# 30194. – # 30248).— Anonymus (# 31511. – # 31512).

Gelehrter → Theodoros (# 27734. – # 27805).

Geloiastes (Komödiant) → Anonymus (# 31129).

General (s. auch Befehlshaber, Feldherr, Heerführer, Kommandant, Strategos) → Konstantinos (# 23780).
— des Heeres des David von Tao → Džodžik (# 21612). – Ioannes Tornikios (# 22926).

Genikos → Antonios (# 20478). – Paulos (# 26349). – Anonymus (# 30772).

Gennematas/Gennematikos von Chrysopolis und Poroi → Ioannes (# 23067).

Georgos (Bauer, s. auch dort) → Christophoros (# 21259). – Dometios (# 21581). – Konstantinos Barbaros (# 23820). – Konstantinos (# 23946). – Leon (# 24433). – Anonymus (# 30786. – # 30788. – # 30815. – # 30860).

Georgos ampelon (Winzer, Weinbauer) → Symeon Ampelas (# 27506).

Gerichtsschreiber → Anonymus (# 31185).

Gerokomos → Ioannes (# 22958). – Leon (# 24348). – Petros (# 26453). – Theognostos (# 28024). – Theophanios (# 28117).
— ton Eugeniu → Anastasios (# 20284).
— von Nikaia → Niketas (# 25723).

— Takas... → Theophilos (# 28155).

Geron (alter, ehrwürdiger Mönch) → Athanasios (# 20690). – Dionysios (# 21563). – Eustratios (# 21908). – Ioannes (# 23170). – Kallinikos (# 23620). – Matthaios (# 25017). – Nikephoros (# 25663). – Nikon (# 26160). – Petros (# 26475). – Zosimas (# 28517). – Anonymus (# 31194. – # 31922).

Geron (= Scheich = arab. šayḫ) → Abū ʿUmayr ʿAdī b. Aḥmad b. ʿAbdalbāqī al-Adanī (# 20086).

Gesandter → Adulb (# 20132). – Adun (# 20133). – Aḥmad al-Yunānī (# 20183). – Aktevu (# 20218). – Alexius (# 20251). – Alvad (# 20264). – Andreas (# 20370). – Apub (# 20547). – Basileios (# 21099). – Bruny (# 21205). – Egri (# 21614). – Emig (# 21684). – Epiphanios (# 21710). – Euthymios (# 21926). – Farlof (# 21992). – Fost (# 22002). – Fras'těn (# 22003). – Frelav (# 22005). – Frudi (# 22010). – Frutan (# 22012). – Fur'stěn (# 22014). – Gomol (# 22317). – Grim (# 22498). – Gudy (# 22518). – Iggivlad (# 22711). – Ilues (# 22755). – Inegeld (# 22758). – Ioannes (# 22798. – # 22938. – # 22955). – Isku (# 23565). – Istr (# 23568). – Ivor (# 23584). – Jatvjag (# 23586). – Kanicar (# 23667). – Kar (# 23672). – Karl (# 23676). – Karn (# 23678). – Karšev (# 23681). – Kary (# 23683). – Kol (# 23723). – Konstantinakios (# 23732). – Konstantinos Lips (# 23815). – Konstantinos Rhodios (# 23819). – Konstantinos (# 23830). – Kosmas (# 24110. – # 24111). – Kuci (# 24206). – Leon Choirosphaktes (# 24343). – Leon (# 24416). – Lewon (# 24737). – Libi (# 24739). – Lidul (# 24741). – Liudprand (von Cremona) (# 24745). – Manuel Erotikos bzw. Komnenos (# 24885). – Mony (# 25419). – Mutur (# 25468). – Nesundicus (# 25522). – Nikephoros Erotikos (# 25583). – Niketas Ooryphas (# 25696). – Niketas (# 25703). – Niketas Chalkutzes (# 25778). – Orestes (# 26197). – Paschalios (# 26279). – Petros (# 26538). – Philotheos (# 26636). – Polites (# 26710). – Prastěn (# 26748. – # 26749. – # 26750). – Prastit (# 26751). – Roald (# 26821). – Ruald (# 26901. – # 26902). – Ruar (# 26903). – Rulav (# 26905). – Sfandr (# 27060). – Sfirko (# 27063). – Šibrid (# 27064). – Šichbern (# 27065). – Sinko (# 27089). – Sinutes (# 27090). – Sludy (# 27136). – Stasis (# 27177). – Steggi (# 27202). – Stemid (# 27203). – Stir (# 27387). – Sven (# 27438). – Theodoros Santabarenos (# 27619). – Theodoros (# 27679). – Theodosios Abukes (# 27907). – Tilen (# 28348). – Truan (# 28372). – Turbern (# 28380). – Turbrid (# 28381). – Ulěb (# 28394. – # 28395). – Veremud (# 28423). – Voist (# 28436). – Vuefast (# 28438). – Vuzlěv (# 28439). – Zak'aria (# 28497). – Anonymi (# 30239. – # 30248. – # 30261. – # 30326. – # 30357. – # 30366. – # 30443. – # 30462. – # 30481. – # 30494. – # 30497. – # 30533). – Anonymus (# 30712. – # 31307. – # 31392. – # 31725. – # 31971. – # 31972).

— (apocrisiarius/apokrisiarios) → Leo (# 24289).

— (legatus) → Anonymi (# 30161).

— (missus) → Anastasios (# 20289). – Lazaros (# 24282).

— (nuntius) → Dominicus (# 21585). – Anonymi (# 30174. – # 30471).

— (Presbys) → Neophytos (# 25507). – Nikolaos (# 25917).

— (rasūl) → ʿAbdalġānī b. Saʿīd (# 20011). – Abū l-Qāsim al-Ḥusayn b. ʿAlī al-Maġribī (# 20071). – Abū ʿUmayr ʿAdī b. Aḥmad

b. ʿAbdalbāqī al-Aḏanī (# 20086). – Basileios (# 20917. – # 20937). – Ibn Šahrām (# 22703). – Yaḥyā b. ʿAbdalbāqī (# 28458). – Anonymi (# 30242). – Anonymi (2) (# 30535). – Anonymus (# 31070. – # 31072. – # 31669. – # 31694).
— der Aġlabiden → Ḥabaši (# 22535). – Ibn ʿAbbās (# 22680). – Ibn Abī Ḥağr (# 22681).
— der Araber → Delemikes (# 21448). – Hišām b. Huḏayl (# 22626). – Ibn ʿAbbās (# 22680). – Ibn Abī Ḥağr (# 22681). – Ibn al-Bāqillānī (# 22689). – Anonymi (# 30171. – # 30252). – Anonymi (2) (# 30370).
— der arab. Städte Mopsuestia und Tarsos → Anonymus (# 31474).
— der Armenier → Smbat Tʿoṙnecʿi (# 27145).
— nach Bagdad → Nikephoros Uranos (# 25617).
— des Bardas Phokas → Anonymus (# 31669).
— des Bardas Phokas aus Antiocheia → Ibn Māmak (# 22700).
— (bulg.) → Kalokyris (# 23634). – Marmaen (# 25002). – Stephanos (# 27253). – Theodoros (# 27641). – Theodoros Sigritzes (# 27681). – Anonymi (# 30237. – # 30461). – Anonymus (# 30774. – # 31490).
— zu den Bulgaren → Carus (# 21224). – Theophylactus (# 28174). – Anonymi (# 30265). – Anonymi (2) (# 30294). – Anonymus (# 31060. – # 31066).
— (Byzantiner) → Assyropulos (?) (# 20654). – Ioannes Pilatos (# 23084). – Ibn Qūnus (# 22702). – Ibrahīm (# 22707). – Ioannes Radenos (# 22914). – Michael Toxaras (# 25167). – Anonymi (# 30304).
— des byz. Kaisers → Anastasios (# 20302). – Isaakios (# 23554). – Konstantin al-M.l.qī (# 23731). – Marianos Argyros (# 24962). – Nikolaos (# 25952. – # 25962. – # 26008). – Paulos (# 26349). – Salomon (# 26971). – S.q.rīt (# 27147). – Symeon (# 27468). – Anonymi (20) (# 30279). – Anonymi (# 30384. – # 30447. – # 30494). – Anonymi (2) (# 30535). – Anonymus (# 30864. – # 30865. – # 30881. – # 31081. – # 31092. – # 31226. – # 31263. – # 31389. – # 31400. – # 31467. – # 31577). – Anonymus bzw. Anonymi (# 31587). – Anonymus (# 31697. – # 31723. – # 31724. – # 31938. – # 31960. – # 31961. – # 31962. – # 31960. – # 31961).
— nach Capua u. Benevent → Anonymus (# 30644).
— (langob.) von Capua u. Benevent → Anonymus (# 30643).
— (Chazarien) nach Kpl. (Patriarch) → Anonymi (# 30282).
— (deutsch) → Liutfrid (# 24749).
— (georg.) → Čʿordvaneli (# 21349).
— des georgischen Königs Giorgi → Anonymus (# 31988).
— der Ḥamdāniden → Malkūṯa (# 24852).
— des Patriarchen von Jerusalem → David (# 21410). – Saba (# 26912). – Theodosius (# 27955).
— nach Kpl. → Carus (# 21224). – Donatus (# 21589). – Iakobos (# 22659). – Marinus I. (# 24983). – Stephanus (# 27381). – Theophylactus (# 28174). – Anonymi (# 30282).
— von Kpl. (Kaiser) nach Rom (Papst) → Basileios (# 20924).
— von Kpl. (Patriarch) nach Rom (Papst) → Eulogios (# 21781).
— (kroat.) → Anonymi (# 30152).
— (lat.) nach Bulgarien → Carus (# 21224). – Theophylactus (# 28174).
— (lat.) nach Kpl. → Carus (# 21224). – Theophylactus (# 28174).

— zum Latros → Anonymus (# 31314).
— Ludwigs II. → Auprandus (# 20701).
— aus Melitene → Samonas (# 26973).
— der Orientpatriarchate → Anonymi (# 30242).
— (Papst) → Eugenius (# 21775). – Leo (# 24297). – Mandelbert (# 24857). – Paulus (# 26397). – Petrus (# 26554. – # 26562). – Sergius (# 27052). – Zacharias (von Anagni) (# 28477). – Anonymi (# 30243).
— an Papst Hadrianus II. → Euthymios (# 21915).
— an Papst Iohannes VIII. → Theodoros (# 27629).
— des Patriarchen von Kpl. → Orestes (# 26195). – Anonymus (# 31134).
— (Petschenegen) → Anonymi (16) (# 30278).
— von Ragusa → Anonymi (# 30146).
— nach Rom → Basileios Pinakas (# 20843). – Basileios (# 20924). – Eulogios (# 21781). – Ioannes (# 22785). – Theodoros (# 27620). – Zacharias Kophos (# 28476).
— des melkitischen Katholikats Romagyris→ Anonymi (3) (# 30449).
— (russ.) → Anonymi (2) (# 30487). – Anonymi (# 30488).
— an die Russen → Kalokyres (# 23631).
— (Serb.) → Anonymi (# 30152. – # 30528).
— nach Serbien → Leon Rabduchos (# 24400). – Stephanos (# 27263).
— von Spanien → Isaak b. Natan (# 23551. – # 30382).
— (Taranton) → Anonymi (# 30160).
— des umayyadischen Kalifen → Recemundus (# 26810).
— (Ungarn) → Gabriel (# 22024).

glxawor ew gaherēc‘ išxan (arm. Haupt- und älterer Fürst) → Gagik II. Arcruni (# 22052).

Goldschmied (Chrysochoos) → Gregorios (# 22412). – Leon (# 24498. – # 24670). – Nikolaos (# 26107). – Pantherios (# 26245). – Pothetos (# 26727). – Anonymus (# 31009).

Gouverneur → Melias (# 25042).
— von Aleppo → Lu’lu al-Ǧarrāḥī (# 24793).
— von Armenien → Naṣr as-Subkī (# 25493). – Subukī (# 27431). – Yūsuf b. Abī s-Sāǧ (Abū l-Qāsim) (# 28472).
— von Aserbaidschan → Afšīn (Muḥammad b. Abī s-Sāǧ) (# 20156). – Yūsuf b. Abī s-Sāǧ (Abū l-Qāsim) (# 28472).
— von Antiocheia → Sīmā aṭ-Ṭawīl (# 27079).
— von Belgrad → Anonymus (# 32007).
— von Dyrrhachion → Eustathios Daphnomeles (# 21864).
— von Diyār Muḍar (Grenze) → Naǧm (# 25488).
— der Grenzgebiete → Rustam b. Baradū al-Farġānī (# 26909).
— von Kilikien → Eustathios Maleïnos (# 21861).
— von Partaw → Yovsēp‘ (# 28469).
— von Rhobam → Ibn Ibrāhīm (# 22695).
— von Sizilien (der Aġlabiden) = ṣāḥib Ṣiqilliya (arab.) → al-Ḥasan b. al-‘Abbās (# 22556).
— von Sizilien (der Fāṭimiden) → Sālim b. Abī Rāšid (# 26967).
— von Theben → Anonymus (# 31309).
— von Thessalonike → Paulos Bobos (# 26374).
— von Van → Sap‘i (# 26991).

Grabräuber → Anonymi (# 30168).

Grabwächter → Gabriel (# 22030).

Graf von Anjou → Fulk Nerra (# 22013).
— von Arles (Provence) → Hugo von der Provence (# 22637).
— von Aversa → Rodulfus (# 26831).
— von Capua → Landon III. (# 24270).

— von Italien → Anonymi (7) (# 30315).
— von Terracina → Crescentius (# 21352).
— von Tusculum → Gregorius I. (# 22494). – Theophylactus (# 28173).
— von Vienne → Hugo von der Provence (# 22637).

Grammatephoros (Briefbote, s. auch dort → Kalokyros (# 23647). – Anonymus (# 31125. – # 31267. – # 31277. – # 31424. – # 31679).

grammateus (Sekretär) (bulg.) → Anonymi (# 30196).

Grammatikos (s. auch Gelehrter) → Euphemios (# 21792). – Georgios (# 22277). – Ioannes (# 22940. – # 23356). – Leon (# 24331. – # 24651). – Michael (# 25189. – # 25287). – Nikephoros (# 25655. – # 25666). – Theodosios (# 27892). – Theophylaktos (# 28235).
— (Lehrer) → Ignatios (# 22729). – Konstantinos Sikelos (# 23741).
— tu basileos → Konstantinos (# 23994).

Grammatistes (Elementarlehrer) → Anonymus (# 31275. – # 31398).

Grapheus (Schreiber einer Urkunde) → Antonios (# 20528). – Christophoros (# 21326). – Georgios (# 22228). – Kyrillos (# 24246). – Neophytos (# 25509). – Symeon (# 27511). – Xenophon (# 28451). – Anonymi (# 30386). – Anonymus (# 31058). – Anonymus (# 31699).

nomikos grapheus (Schreiber) → Moschos (# 25422).

Großemir (= Emir der Emire = arab. amīr al-umarā') → 'Azīzaddawla Abū Šuǧā' Fātik (# 20712). – Bahā'addawla (# 20744). – Ṣamṣāmaddawla (# 26976). – Šarafaddawla (# 26993).

Būyidischer Großemir → 'Aḍudaddawla Abū Šuǧā' Fannā Ḫusrau (# 20131). – Mu'izz-addawla (# 25445). – Ṣamṣāmaddawla (# 26976). – Šarafaddawla (# 26993).

Großfürst von Armenien (Fürst der Fürsten von Armenien = arab. biṭrīq al-baṭāriqa bi-Irmīnīya = arm. mec išxan = Archon ton archonton) → Ašot I. "der Große" (# 20642). – Ašot III. (von Taron) (# 20645). – Ašot III. "der Barmherzige" (# 20649). – Ašot IV. "der Tapfere" (# 20651). – Gagik II. Arcruni (# 22052). – Gagik I. Bagratuni (# 22053). – Smbat I. "der Märtyrer" (# 27141). – Smbat II. (# 27144). – Smbat-Yovhannēs (# 27146). – Abas I. (# 20006).
— von Kiew → Igor (# 22751). – Oleg (# 26185). – Vladimir I. (# 28433).
— von Nowgorod → Oleg (# 26185).

Großgrundbesitzer → Bardas Phokas (der Ältere) (# 20769). – Bardas Phokas (der Jüngere) (# 20784). – David Arcruni (# 21441). – Eustathios Maleïnos (# 21861). – Gregoras (# 22330). – Konstantinos Maleïnos (# 23862). – Leon Phokas (# 24423. – # 24519). – Manuel Erotikos bzw. Komnenos (# 24885). – Michael Choirosphaktes (# 25381). – Nikephoros Phokas Barytrachelos (# 25675). – Philokales (# 26626). – Romanos Musele (# 26844). – Tačat (# 27553).

Grundbesitzer → Abramios (# 20027). – Akindynos (# 20213). – Amantine (# 20266). – Anastasios (# 20318. – # 20319. – # 20320. – # 20321). – Andreas (# 20382. – # 20383. – # 20389). – Antonios (# 20510). – Auxentios (# 20705. – # 20706). – Bardas (# 20789). – Bardas Phokas (der Ältere) (# 20769). – Bardas Phokas (der Jüngere) (# 20784). – Basileios (# 20997.

– # 21000. – # 21001. – # 21036). – Basileios Stroimiros (# 20999). – Blasios (# 21180). – Boilas (# 21188). – Bud... (# 21209). – Christilos (# 21242). – Damianos (# 21377. – # 21387). – David (# 21422). – David Arcruni (# 21441). – Deadomuslos (# 21446). – Deadukas (# 21447). – Demetrios (# 21497. – # 21498. – # 21499. – # 21500. – # 21501. – # 21502). – Demetrios Pteleotes (# 21481). – Demetrios Tzagastes (# 21455). – Dobrotas (# 21575). – Dobrukos (# 21576). – Dragases (# 21603). – Elias (# 21662). – Erimititzes (# 21739). – Euphemia (# 21787). – Eustathios Maleïnos (# 21861). – Gabriel (# 22029). – Georgios (# 22130. – # 22165. – # 22166. – # 22167. – # 22168. – # 22169. – # 22170. – # 22171. – # 22172. – # 22173. – # 22174. – # 22175. – # 22246. – # 22255). – Georgios Chelandaris (# 22164). – Gregorios Heptapsychos (# 22425). – Ibanes (# 22677. – # 22678). – Ioannes (# 22899. – # 23087. – # 23135. – # 23136. – # 23137. – # 23138. – # 23139. – # 23140. – # 23141. – # 23142. – # 23143. – # 23144. – # 23145. – # 23146. – # 23147. – # 23148. – # 23149. – # 23150. – # 23151. – # 23152. – # 23153. – # 23165. – # 23222. – # 23344. – # 23355). – Ioannes Heptapsychos (# 23223). – Kallinikos (# 23620). – Kalokyres (# 23630). – Kalotas (# 23659). – Konstantinos (# 23917. – # 23933. – # 23935. – # 23936. – # 24046). – Konstantinos Barbaros (# 23820). – Konstantinos Maleïnos (# 23862). – Kyrikos (# 24243). – Kyrillos (# 24252). – Leon (# 24534). – Leon Phokas (# 24423. – # 24519). – Lukas (# 24786). – Lybeanos (# 24798). – Maldotas (# 24848). – Malkos (# 24851). – Manuel (# 24886). – Maria (# 24926). – Marianos (# 24963). – Mauroi (# 25022). – Metrios (# 25087). – Michael (# 25262). – Michael Aichmalotos (# 25286). – Mudaphar (# 25432). – Nepribados (# 25517). – Nikephoros (# 25618). – Nikephoros Phokas Barytrachelos (# 25675). – Niketas (# 25718. – # 25846). – Nikolaos (# 25954. – # 26024. – # 26025. – # 26026. – # 26028. – # 26029. – # 26030. – # 26031. – # 26032. – # 26033. – # 26069). – Onesiphoros (# 26188). – Parilos (# 26273). – Paschales (# 26276). – Paulos (# 26351. – # 26360. – # 26361. – # 26362. – # 26363. – # 26372). – Paulos Magulas (# 26371). – Petrilos (# 26413). – Petros (# 26501. – # 26502. – # 26537). – Philippos (# 26614). – Philokales (# 26626). – Phsezelis (# 26689). – Polychrones (# 26712). – Pothos (# 26736). – Sabas (# 26939). – Sakules (# 26965). – Serotas (# 27059). – Sironas (# 27094). – Sklabotheodoroi (# 27131). – Stephanos (# 27306. – # 27307. – # 27308. – # 27309. – # 27323). – Strategios (# 27393). – Striegoes (# 27400). – Stylianos (# 27422). – Symeon (# 27540). – Theodoros (# 27643. – # 27770. – # 27771. – # 27778. – # 27852). – Theodosios Siderokaustes (# 27937). – Theokletos (# 28038). – Theophanes (# 28099). – Thomas (# 28317). – Thomas Pitharas (# 28316). – Tlerneas (# 28358). – Tornikios Kontoleon (# 28366). – Zacharias (# 28488). – Anonymi (# 30249. – # 30296. – # 30426). – Anonymus (# 30804. – # 30818. – # 31666).

Grundbesitzerin → Anastasia Kalemero (# 20283). – Drosyne (# 21609). – Galatissa (# 22059). – Georgia (# 22080). – Glykeria (# 22313). – Helene (# 22581). – Kale (# 23601). – Kalida (# 23612).

– Maria Mentika (# 24931). – Maria (# 24932. – # 24938. – # 24940. – # 24942). – Sira (# 27093). – Theodora (# 27601). – Theophano (# 28129). – Zoe (# 28509).

ġulām (arab. = Diener, Sklave) → Hezarmerd (# 22589). – Leon (von Tripolis) (# 24397). – Mufliḥ as-Sāǧī (# 25435). – Nādir (# 25486). – Naǧā al-Kāsakī (# 25487). – Qarġūyah (# 26785). – Yumn (# 28470). – Yūnus (# 28471). – Zuhayr (# 28522). – Anonymi (10) (# 30542). – Anonymus (# 31510. – # 31683. – # 31992).
— des Manǧūtakīn → ʿAzīzaddawla Abū Šuǧāʿ Fātik (# 20712).
— des Samuel (irrtüml.) → Gabriel-Radomir-Romanos (# 22032).
— des Sayfaddawla → Qaṭās (# 26787).
— (Untergebener, Leibwächter) → Anonymi (10) (# 30542).
— aswad li-l-Burǧī (schwarzer Diener des Michael Burtzes) → Anonymus (# 31510).

Gylas (ungar.) → Anonymus (# 31391).

gynaion hetairikon (Hetäre) → Anonyma (# 30086).

gyne skiastria (Seidenstickerin) → Anonymae (100) (# 30127).

Gyreutes (Vagantenmönch?) → Theodoros (# 27701).

al-ḫādim (Diener, Sklave) → Faraǧ al-Muḥaddad (# 21991). – Nikephoros [I.] (von Jerusalem) (# 25674).
— al-qusūr (Palasteunuch) → Barǧawān (# 20810).

Händler s. unter Kaufmann.

Häscher (des Krites des Themas Thrakesion) → Anonymi (# 30553).

Hafenbeamter → Anonymi (# 30513).

ḥāǧib (arab. = Kämmerer = griech. chagebos) → Faraǧ al-Muḥaddad (# 21991). – Ǧaʿfar b. Muḥammad (# 22050). – Ǧaʿfar b. ʿUbayd (# 22051). – Luʾlu al-Ǧarrāḥī (# 24793). – Muʾnis al-Muẓaffar (# 25449).

Hagiograph (s. auch Autor) → Anastasios (# 20296. – # 20297). – Arsenios (# 20603). – Athanasios (# 20694). – Basileios (# 20858. – # 20883. – # 21029). – Eirene (# 21620). – Eusebios (# 21817). – Euthymios (# 21930). – Georgios III. (von Iviron) (# 22259). – Gregorios (# 22401). – Ibrāhīm b. Yūḥannā (# 22706). – Ioannes Kolobos (# 22783). – Ioannes (# 22822). – Ioannes Geometres (# 23092). – Ioannes VII. (von Jerusalem) (# 23099). – Metrophanes (# 25088). – Nikephoros (# 25590). – Nikephoros Uranos (# 25617). – Niketas David Paphlagon (# 25712). – Niketas (# 25740). – Nikolaos (# 26139). – Orestes (# 26197). – Paulos (# 26350). – Photios (# 26674). – Plotinos (# 26703). – Prokopios (# 26761). – Symeon Neos Theologos (# 27488). – Symeon (# 27504). – Theodoros (# 27616). – Theophanes (# 28091). – Anonymus (# 30722. – # 30723. – # 30982. – # 31464. – # 31574. – # 31746).

Halieus (Fischer, s. auch dort) → Anonymi (# 30316. – # 30559). – Anonymus (# 31230. – # 31956).

ḫalīfa (arab. = Kalif) → al-Muqtadir (# 25451). – al-Muttaqī (# 25467).

ḫalīfa ʿalā ṯ-ṯuġūr aš-šāmīya (Stellvertreter des Kalifen in den syrischen Grenzgebieten) → Bašīr aṯ-Ṯamalī (# 21132).

Handwerker (Ergates; Technites; arab. ṣāniʿ) → Grauso (# 22322). – Petrus

(# 26575). – Sergius (# 27056). – Anonymi (# 30214). – Anonymus (# 30642. – # 31114. – # 31473. – # 31546. – # 32048).

Handwerksmeister für Mosaikarbeiten → Anonymus (# 31473).

ḫarṭūfīlaks fī bīy'at Aǧiya Ṣūfiyā (arab. = Chartophylax der Hagia Sophia) → Ioannes III. (von Antiocheia) (# 23167).

Haussklave der Danelis s. unter Sklave.

hayocʻ ark'ay/tʻagawor (arm. = König der Armenier) → Smbat II. (von Armenien) (# 27144).

hayocʻ Mecacʻ arkʻay (arm. = König von Großarmenien) → Gagik I. Bagratuni (# 22053).

hayrapet (arm. = Patriarch) → Petros (# 26538).

ḫāzin (arab. = Schatzmeister) → Anonymus (# 31479).

Hebamme (Maia) → Leontios (# 24723).

Hebdomadarios → Leon (# 24412). – Philokales (# 26626). – Anonymus (# 31458).

Hebdomarios → Konstantinos (# 23987). – Leon (# 24637). – Nikolaos (# 26003. – # 26099). – Philokales (# 26626). – Theodoros (# 27823).

hecprosopo s. unter ek prosopu.

Heereskommandeur s. unter Heerführer.

Heerführer (Kathegumenos tu stratu; arab. biṭrīq, qā'id 'askarihī, sallār; s. auch unter Feldherr, General, Strategos) → Afrīna (?) (# 20155). – Leon (von Tripolis) bzw. Tripolites (# 24397). – Marianos Argyros (# 24962). – Anonymi (70) (# 30322).
— der Araber → Aḥmad b. Kayġalaġ (# 20189). – Aḥmad b. Muḥammad al-Qābūs (# 20190).
— der 'Abbāsiden → Ǧinnī aṣ-Ṣafwānī (# 22306). – al-Ḥusayn b. Ḥamdān b. Ḥamdūn (# 22642). – Ibn Abī 'Īsā (# 22682). – Ibn Kallūb (# 22697). – Mu'nis al-Muẓaffar (# 25449). – Muzāḥim b. Ḫāqān (# 25471). – al-Qāsim b. Sīmā (# 26786). – Rāġib (# 26802).
— der Aġlabiden → Abū Ṯawr (# 20085).
— der Araber → Aḥmad b. Kayġalaġ (# 20189). – Aḥmad b. Muḥammad al-Qābūs (# 20190). – Badr al-Ḥammāmī (# 20729).
— der Armenier → David Arcruni (# 21441).
— der Bulgaren → Etzboklias (# 21750). – Hemnekos (# 22585). – Knenos (# 23720). – Samuel Kometopulos (# 26983).
— der Būyiden → Abū l-Fawāris Ḫutūr at-Turkī al-Mu'izzī (# 20049).
— der Byzantiner → 'Ayšalš (# 20708). – Leon (# 24511). – Melias (# 25042). – Michael (# 25247). – Turnīq (# 28383). – Anonymi (# 30444. – # 30458). – Anonymi (3) (# 30459). – Anonymi (40) (# 30493).
— der Fāṭimiden → 'Abdallāh b. 'Ubaydallāh al-Ḥusaynī (# 20015). – Abū 'Abdallāh al-Ḥusayn b. Nāṣiraddawla b. Ḥamdān (# 20035). – Bišāra al-Qal'ī (# 21165). – Fā'iq al-Barrāz (# 21986). – Futūḥ (# 22015). – Ǧa'far b. Falāḥ (# 22049). – Ǧa'far b. 'Ubayd (# 22051). – Ǧayš b. Muḥammad b. aṣ-Ṣamṣāma (# 22069). – al-Ḥasan b. 'Ammār al-Kalbī (# 22562). – Ibn Abī Ramāda (# 22683). – Ibn Šākir (# 22704). – Manǧūtakīn (# 24858). – Manṣūr b. Karādis (# 24864). – Nuṣayr (# 26173). – Rayyān (# 26808). – aṣ-Ṣanhāǧī (# 26988). – Waḥīd al-Hilālī (# 28441). – Yūnus (# 28471). – Ẓālim b. Mawhūb (# 28500).
— der Ḥamdāniden → Naǧā al-Kāsakī (# 25487). – Ṯawāb b. 'Uqaylī

(# 27574). – Abū l-Qāsim Hibatallāh b. Nāṣiraddawla (# 20074).
— der Iḫšīdiden (= arab. qā'id min al-quwwād) → Ibn al-Ḥūsayn (# 22694).
— der Perser → Muḥammad b. 'Isā (# 25440). – Anonymus (# 31499).
— von Truppen aus Tarsos → Abū l-Ḥusayn (# 20065).
— der Ṭulūniden → Aḥmad b. Abbā (# 20185).
— der Zentralmacht des Kalifen (= arab. amīr as-sulṭān) → Aḥmad b. Tuġān al-'Uğayfī (# 20193).
— des Kalifen al-'Azīz (= arab. qā'id al-Azīz) → Manğūtakīn (# 24858).
— des Kalifen al-Ḥākim (= arab. qā'id al-Ḥākim) → Manğūtakīn (# 24858).
— des Ḫūmārawayh → Tuġğ b. Ğuff (# 28378).
— des Manğūtakīn → Mi'ḍād b. Ẓālim (# 25405).
— des Sayfaddawla → Abū l-'Ašā'ir b. al-Ḥasan b. 'Alī b. al-Ḥusayn b. Ḥamdān (# 20040). – Abū Ḥafṣ Badr b. al-Hayṯam (# 20056). – Ḥasan b. 'Alī al-Qawwās (# 22561).

großer Heerführer (= arab. ra'īs 'aẓīm) → Leon Melissenos (# 24531).

oberster Heerführer (der Georgier) → Rat (Horatios Liparites) (# 26805).

Hegemon (Anführer) → Pediasimos (# 26401).
— tes Aphrikes (Fürst von Afrika) → al-Ḥusayn b. Rabāḥ (# 22641).
— von Alanien → Anonymus (# 30983).
— tes megales Armenias (von Großarmenien) → Ašot I. "der Große" (von Armenien) (# 20642).
— von Kreta → Karamuntes (# 23674).
— des Kyrosklosters in Kpl. → Anonymus (# 31686).
— ton nautikon (Admiral bzw. Flottenkommandant) → Nasar (# 25490).
— der Rus → Olga (# 26186).
— des Tagma der Scholen des Westens und von Thessalonike → Konstantinos Diogenes (# 24045).

Hegetor naumachias → Konstantinos Gongylios (# 23823).

Hegumene (Äbtissin) → Anna (# 20442). – Eirene (von Chrysobalanton) (# 21617). – Euphemia (# 21786). – Glykeria (# 22313). – Theodora (# 27603). – Anonyma (# 30047. – # 30073. – # 30078).
— des Kachlakineklosters → Anonyma (# 30037).
— des Stephanosklosters → Theopiste (# 28267).

Hegumenos (Abt) → Agathangelos (# 20166). – Andreas (# 20380. – # 20381). – Anthimos (# 20462). – Antonios (# 20500. – # 20501. – # 20505. – # 20523. – # 20529. – # 20534). – Arsenios (# 20604. – # 20605. – # 20611. – # 20612). – Atenolfus (# 20655). – Athanasios (# 20667). – Barnabas (# 20815). – Bartholomaios (# 20826). – Basileios (# 20839. – # 20900. – # 20985. – # 20986. – # 21002. – # 21031. – # 21106. – # 21111). – Blasios (# 21177). – Christodulos (# 21252). – Damianos (# 21374. – # 21378. – # 21380). – Daniel (# 21400. – # 21401). – Demetrianos (# 21451). – Demetrios (# 21490. – # 21497). – Dionysios (# 21552). – Dorotheos (# 21593. – # 21595). – Elias (# 21656. – # 21657. – # 21677). – Ephymes (# 21696). – Eustratios (# 21882). – Euthymios (# 21926. – # 21946. – # 21956. – # 21966). – Gabriel (# 22027). – Georgios (# 22161. – # 22177. – # 22184. – # 22230. – # 22244. – # 22247). – Gerasimos (# 22283). – Gregorios (# 22390. – # 22451. – # 22477).

– Gregorius (# 22492). – Hilarion (# 22611. – # 22612. – # 22614. – # 22620). – Iakobos (# 22662. – # 22666. – # 22668. – # 22669). – Ignatios (# 22745. – # 22748). – Ioannes (# 22839. – # 22854. – # 22946). – Ioannes Xenos (# 23109). – Ioannes (# 23111. – # 23112. – # 23359. – # 23365). – Ioannikios (# 23461). – Ioseph (# 23522. – # 23540). – Isidoros (# 23563). – Kallinikos (# 23616. – # 23619). – Klemes (# 23715). – Kosmas (# 24120. – # 24121. – # 24132. – # 24134. – # 24141. – # 24146. – # 24147. – # 24148. – # 24167. – # 24171). – Kyprianos (# 24226). – Kyrikos (# 24243). – Kyrillos (# 24250). – Lazaros vom Galesionberg (# 24285). – Lazaros (# 24286). – Leo (# 24301). – Leon (# 24581. – # 24660). – Lukas (# 24763. – # 24772. – # 24778). – Markos (# 24997). – Methodios (# 25078). – Michael (# 25256. – # 25257. – # 25273). – Naukratios (# 25500). – Neilos (von Rossano) (# 25503). – Neophytos (# 25510). – Nikephoros (# 25612. – # 25613. – # 25619. – # 25620. – # 25621. – # 25626. – # 25669). – Niketas (# 25695. – # 25848). – Nikodemos (# 25876. – # 25877). – Nikolaos (# 26012. – # 26066). – Nikon (# 26161. – # 26164. – # 26165). – Onesiphoros (# 26188). – Pachomios (# 26218). – Pankratios (# 26235). – Paulos (# 26292. – # 26354. – # 26365. – # 26368. – # 26388. – # 26392). – Petros (# 26429). – Petros Sikeliotes (# 26431). – Petros (# 26448. – # 26500. – # 26506. – # 26507. – # 26508). – Philadelphos (# 26582). – Poimen (# 26707). – Proklos (# 26756). – Rodon (# 26827). – Sabas neos (# 26929). – Sabas (# 26934. – # 26939). – Sergios (# 27032). – Simon (# 27083). – Stephanos (# 27311. – # 27312. – # 27326. – # 27338). – Symeon (# 27473. – # 27496. – # 27497. – # 27507. – # 27508. – # 27520). – Theodoros (# 27698. – # 27717. – # 27769. – # 27854). – Theodosios (# 27930. – (# 27932). – Theodotos (# 27963). – Theodulos (# 27996. – # 27997). – Theognostos (# 28010. – # 28020. – # 28021). – Theophilos (# 28163. – # 28169). – Theophylaktos (# 28250). – Thomas Dephurkinos (# 28286). – Thomas (# 28313. – # 28314). – Timotheos (# 28352). – Zacharias (# 28481. – # 28486). – Zosimas (# 28516). – Zosimos (# 28519). – Anonymi (# 30256). – Anonymus (# 30767. – # 30910. – # 30911. – # 30917. – # 30955. – # 30956. – # 31003. – # 31023. – # 31062. – # 31100. – # 31137. – # 31201. – # 31346. – # 31629. – # 31731. – # 31741. – # 31820. – # 31954).

— (= Proestos) → Anonymus (# 31672).

— (= arab. ra'īs) → Chariton (# 21233). – Gregorios (# 22427). – Hieremias (# 22591).

— des Abramitai-Klosters (Kpl.) → Epiphanios (# 21723).

— des Agrosklosters → Christophoros (# 21286). – Klemes (# 23711).

— des Akepsimas-Klosters (Chalke) → Xenophon (# 28448).

— des Akindynos-Klosters → Ioannes (# 23169).

— des Akoimetoi-Klosters → Leon (# 24545).

— des Klosters tu Akonitu → Leon (# 24580).

— des Alethine-Philosophia-Klosters in Lakedaimon → Anonymus (# 32028).

— des Amalfitanerklosters (Athos) → Iohannes (# 23491).

— des Ambrosios-Klosters in Mailand → Petrus (# 26558).

— des Ananias-Klosters bei Salerno → Lukas (# 24782).
— des Anastasios-Klosters in Carbone → Lukas (# 24776).
— des Andraktos-Klosters → Samuel (# 26985).
— des Andreas-Klosters (Athos) → Aristobulos (# 20564).
— des Andreas-Klosters Peristerai → Euthymios (# 21912. – # 21932). – Methodios (# 25073). – Stephanos (# 27249. – # 27296).
— des Antonios-Klosters im Armeniakon → Theodoros II. (von Antiocheia) (# 27759).
— des Klosters des Kyr Antonios → Thomas (# 28317).
— des Apostoloi-Klosters (Athos) → Anthimos (# 20463). – Michael (# 25362). – Sabbas (# 26947).
— des Apothekon-Klosters (Athos) → Iohannes (# 23491).
— des Araia-Klosters in Kalabrien → Kosmas (# 24174).
— des Archistrategos-Klosters (Athos) → Ioannes (# 23356).
— bei Argos–Nauplion → Dionysios (# 21549). – Eustratios (# 21891).
— des Arkos-Klosters (Athos) → Kosmas (# 24137).
— des Armamentaria-Klosters → Kosmas (# 24131).
— des Armenion-Klosters (Athos) → Niketas (# 25853).
— des Armeniu-Klosters (Athos) → Theodosios Siderokaustes (# 27937).
— des Athenogenes-Klosters Olymp → Petros (# 26458).
— des Athos → Ioannes (# 22948).
— eines Klosters auf dem Athos →Theodosios (# 27948). – Xenophon (# 28452). – Anonymi (# 30529).
— des Atraktoi-Klosters → Samuel (# 26985).
— des Atziioannu-Klosters → Ioannes (# 23159). – Nikolaos (# 26122). – Symeon (# 27533).
— des Banitza-Klosters (Athos) → Sabas (# 26943).
— des Bartholomaios-Klosters → Theophanes (# 28075).
— des Basileios-Klosters (Basilicata) → Beniamin (# 21145). – Kosmas (# 24160). – Niketas (# 25844). – Sabas neos (# 26929). – Theodoros (# 27851).
— des Bema-Klosters → Anonymus (# 30944).
— des Benedikt-Klosters (Polignano) → Petrus (# 26573).
— des Beriotos-Klosters → Symeon (# 27517).
— des Klosters tes Binas → Antonios (# 20533).
— des Bischofs (Kalabrien) → Leontios (# 24731).
— eines Klosters auf dem bithynischen Olymp → Ioannes Hexapterygos (# 22997).
— des Blitzios-Klosters → Nikephoros (# 25673).
— des Klosters Bomoi tu Eliu → Anonymus (# 30909). S. auch Elaiobomoi-Kloster.
— des Bonifatius-und-Alexius-Klosters (Rom) → Leo (# 24304). – Sergios (# 27036).
— des Boroskopu-Klosters (Athos) → Theoktistos (# 28061).
— des Buleuteria-Klosters (Athos) → Athanasios (# 20686). – Poimen (# 26706).
— des Bylizon-Klosters (Athos) → Leontios (# 24726).
— des Chairon-Klosters (Athos) → Nikodemos (# 25881).
— des Chanas-Klosters (Athos) → Kyrillos (# 24255). – Paulos (# 26389).
— des Chariton-Klosters (Palästina) → Elias (# 21655).

— des Charon-Klosters (Athos) → Paulos (# 26391).
— des Cheiliadus-Klosters (Athos) → Phantinos (# 26579).
— des Chelandaris-Klosters (Athos) → Eustathios (# 21875).
— des Chremitzene/Chromitissu-Klosters (Athos) → Nikolaos (# 26020). – Stephanos (# 27364).
— des Christine-Klosters → Methodios (# 25074).
— von Chrysopolis → Leon (# 24448).
— des Daphne-Klosters (Athos) → Theodulos (# 28000).
— des Demetrios-Klosters (Athos) → Leontios (# 24728). – Nikephoros (# 25625). – Simon (# 27084).
— des Diomedes-Klosters (Kpl.) → Nikolaos Androsalites (# 25886). – Anonymus (# 30844).
— des Diunkios-Klosters (Lampe) → Anonymus (# 31461).
— des Docheiariu-Klosters (Athos) → Ioannes (# 23360). – Theodulos (# 28000).
— des Dorotheos-Klosters (Athos) → Antonios (# 20532).
— des Eikosiphoinissa-Klosters → Germanos von Kosinitza (# 22285).
— des Elaiobomoi/Elegmoi-Klosters → Klemes (# 23712). – Theodoros (# 27812).
— des Elias-Klosters (Athos) → Nikolaos (# 26122). – Simon (# 27085). – Nikon (# 26163).
— des Elias-Klosters (bithynischer Olymp) → Basileios (# 20891).
— des Elias-Klosters (Carbone) → Lukas (# 24776).
— des Elias-Klosters (Kalabrien) → Daniel (# 21397).
— tes episkopes/tu episkopu (Kalabrien) → Leontios (# 24731).
— des Erebinthos-Klosters → Andreas (# 20398).
— des Esphigmenu-Klosters (Athos) → Theodoros (# 27778). – Theoktistos (# 28057).
— des Eustathios-Klosters → Plegatos (# 26698). – Anonymus (# 31739).
— des Exabulios-Klosters → Demetrios (# 21456).
— des Berges Ganos (Thrakien) → Theodoros (# 27729).
— des Georgios-Klosters (Athos) → Antonios (# 20530). – Theodoros (# 27859). – Xenophon (# 28451).
— des Klosters tu Kyr Georgiu (Athos) → Georgios (# 22240).
— des Glossion-Klosters (Athos) →Kosmas (# 24162). – Paulos (# 26386).
— des Gomatu-Klosters (Athos) → Eustratios (# 21904).
— des Gregorius-Klosters → Zacharias (von Anagni) (# 28477).
— von Grottaferrata → Paulos (# 26366).
— des Gymnopelagesion-Klosters → Kosmas (# 24143). – Sabas (# 26936). – Sergios (# 27033).
— des Gyreutes-Klosters (Athos) → Kyrillos (# 24253).
— des Heliubomoi-Klosters (s. auch Elaiobomoi-Kloster) → Klemes (# 23712).
— des Klosters ton Hieron → Arsenios (# 20598).
— des Hiereis-Klosters (Zypern) → Anonymus (# 31446).
— des Homologetes-Klosters (Athos) → Niphon (# 26170).
— des Hoṙomos-Klosters (Ayrarat) → Yovhannēs (# 28465).
— des Hypatios-Klosters (Athos) → Iakobos (# 22672).
— des Ioannes-Prodromos-Klosters (Athos) → Eustratios (# 21908). – Ioannes (# 23170). – Kallinikos (# 23620). – Kosmas (# 24170). – Lukas (# 24786). – Neophytos (# 25516). – Nikon (# 26160). – Symeon (# 27540).

— des Ioannes-Theologos-Klosters (Athos) → Bartholomaios (# 20831). – Petros (# 26537).
— des Iviron-Klosters (Athos) → Euthymios Athonites Iber (# 21960). – Georgios I. (von Iviron) (# 22180). – Georgios III. (von Iviron) (# 22259). – Gregorios (# 22478). – Ioannes Athonites Iber (# 22942).
— des Kallinikos-Klosters (Athos) → Gregorios (# 22473).
— des Kaloi-Gerontes-Klosters (Athos) → Gregorios (# 22472). – Kosmas (# 24163).
— des Kalykas-Klosters (Athos) → Leontios (# 24727). – Xenophon (# 28450).
— des Kamelauka-Klosters → Theodosios (# 27933).
— des Kamia → Stephanos (# 27334).
— des Kamrdžadzor-Klosters (Aršarunik') → Yovhannēs (# 28466).
— des Karya-Klosters (Latros) → Demetrios (# 21476). – Paulos (# 26338). – Petros (# 26475).
— des Kaspakos-Klosters (Athos) → Kosmas (# 24165). – Nikolaos (# 26118). – Theoktistos (# 28062).
— des Katadaimonon-Klosters (Athos) → Paulos (# 26387).
— des Katharinen-Klosters (Sinai) → Salmūn (# 26968). – Anonymus (# 31949).
— des Katzari-Klosters → Antonios (# 20507).
— des Kauleas-Klosters → Antonios II. Kauleas (# 20476).
— des Kedrona-Klosters → Dorotheos (# 21591).
— des Klemes-Klosters (Athos) → Anonymus (# 30763).
— des kaiserlichen Klosters → Theodosios (# 27943).
— des Kochliaras-Klosters (Athos) → Nikephoros (# 25670).
— des Kolobu-Klosters → Ioannes Kolobos (# 22783). – Stephanos (# 27297). – Symeon (# 27519). – Anonymus (# 30885).
— des Konstantinos-Klosters → Christodulos (# 21245).
— des Kyminas-Klosters → Methodios (# 25077). – Michael Maleïnos (# 25124).
— des Kyros-Klosters in Kpl. → Anonymus (# 31686).
— des Lamponiu-Klosters (Latros) → Methodios (# 25079).
— des Larnakia-Klosters (Athos) → Laurentios (# 24280).
— des Latros → Leon (# 24579).
— des Laurentios-Klosters (Latinianon) → Sabas neos (# 26929).
— des Lazaros-Klosters → Hierotheos (# 22593).
— des Limnai-Klosters → Euthymios (# 21941).
— des Klosters von Lokne → Anonymus (# 31874).
— des Lukas-Sikelos-Klosters → Phantinos (# 26577).
— des Lukitzes-Klosters (Athos) → Ioannes (# 23357).
— des Lutrakiu-Klosters (Athos) → Dorotheos (# 21596). – Ioannes (# 23164. – # 23343). – Symeon (# 27530).
— des Magulas-Klosters (Athos) → Eustratios (# 21903).
— der basilike Maleïnos-Laura → Gregorios (# 22453).
— des Mamas-Klosters → Antonios (# 20503). – Arsenios (# 20609). – Sy meon Neos Theologos (# 27488).
— des Manuel-Klosters → Sergios II. (# 27044). – Sergios (# 27023).
— des Maximos-Klosters (Athos) → Athanasios (# 20689).
— der Megale Laura (Athos) → Antonios (# 20498). – Athanasios Athonites (# 20670). – Eustratios (# 21898.

– # 21902). – Michael (# 25352). – Theodoretos (# 27612). – Theoktistos (# 28059).
— des Meleai-Klosters (Athos) → Elias (# 21668). – Ioannes Heptapsychos (# 23223).
— des Michaelitzes-Klosters (Chalkedon) → Michael (# 25126).
— des Klosters ton Monobaton → Anonymus (# 31026).
— des Monoxylitu-Klosters (Athos) → Kosmas (# 24164).
— von Montecassino → Aligernus (# 20258). – Iohannes (# 23476). – Manso (# 24862).
— des Morokampos-Klosters (Lykaonien) → Eleutherios (# 21638).
— des Mylonas-Klosters (Athos) → Athanasios (# 20688).
— tes Neas → Eutychios (# 21981).
— des Neakitos-Klosters → Ioannikios (# 23460).
— des Neoi-Klosters (Metochion der Megale Laura, Athos) → Eustratios (# 21898).
— des Nikephoros-Klosters (Athos) → Antonios (# 20521).
— des Nikolaos-Klosters (unbekannter Lage) → Makar (# 24824).
— des Nikolaos-Klosters (Athos) → Kosmas (# 24166. – # 24168). – Leontios (# 24724). – Theodoros (# 27858). – Theodulos (# 28003).
— des Nikolaos-Klosters (Lakedaimon) → Anonymus (# 32027).
— des Nikolaos-Myroblytos-Klosters (Athos) → Gregorios (# 22474).
— des Nikon-Klosters (Athos) → Euthymios (# 21967).
— des Oroboi-Klosters → Elias (# 21664).
— des Orphanos-Klosters → Gregorios (# 22399).
— des Panagios-Klosters (Kpl.) → Antonios (# 20498).
— des Pankratios-Klosters (Athos) → Nikolaos (# 26120).
— des Panteleemon-Klosters → Leontios (# 24717). – Metrophanes (# 25091).
— des Paphlagon-Klosters (Athos) → Nikon (# 26159).
— des Paulos-Klosters (Latros) → Damianos (# 21381). – Demetrios (# 21509). – Gabriel (# 22030). – Lukas (# 24775). – Michael (# 25366). – Petros (# 26521).
— des Pege-Klosters → Matthaios (# 25016). – Anonymus (# 30765).
— des Petros-Klosters (Athos) → Michael (# 25362).
— des Petros-Klosters (Tarent) → Symeon (# 27513).
— des Phakenu-Klosters → Ioannes Phakenos (# 23134).
— des Phalakros-Klosters (Athos) → Bartholomeon (# 20833). – Michael (# 25359). – Neophytos (# 25514). – Nikephoros (# 25622).
— des Phantinos-Klosters → Athanasios (# 20693). – Georgios (# 22265).
— des Philadelphos-Klosters (Athos) → Ioseph (# 23532). – Nestor (# 25520).
— des Philippikos-Klosters → Andreas (# 20384).
— des Philippos-Klosters bei Argyron → Nikephoros (# 25585).
— des Philotheu-Klosters → Gabriel (# 22043).
— des Phokas-Klosters → Athanasios Daimonokatalytes (# 20659). – Paulos (# 26328).
— des Pithara-Klosters (Athos) → Georgios (# 22256). – Kyrillos (# 24252).
— des Prodromos-Klosters (Athos) → Neophytos (# 25516).
— tu Proedru → Nikolaos (# 25980). – Philaretos (# 26588).
— des Protos (Athos) → Christodulos (# 21249).

— des Psamathia-Klosters → Euthymios (# 21913).
— des Ptere-Klosters (Athos) → Gabriel (# 22043). – Georgios (# 22243).
— des Rabda-Klosters (Athos) → Gregorios (# 22437). – Michael (# 25355).
— des Rhos-Klosters (Athos) → Gerasimos (# 22282).
— des Roda-Klosters (Athos) → Daniel (# 21404).
— des Sabas-Klosters bei Jerusalem → Anonymus (# 31839).
— tu Sakelariu → Michael (# 25314).
— des Sarabares/Sarabareus-Klosters (Athos) → Elias (# 21670). – Georgios (# 22245). – Ioseph (# 23541).
— des Sergios-und-Bakchos-Klosters (Kpl.) → Ioannes (# 22779).
— des Siderokastron-Klosters → Georgios (# 22252).
— des Sikelos-Klosters (Athos) → Elias (# 21669). – Nikephoros (# 25623).
— des Skamandrenos-Klosters (Athos) → Epiphanios (# 21735).
— des Skathe-Klosters → Dionysios (# 21567).
— der Sklabenoi in Thessalonike → Anonymi (# 30238).
— des Skoroda-Klosters → Niketas (# 25846).
— des Soter-Klosters (Athos) → Dionysios (# 21555). – Georgios (# 22236). – Leontios (# 24729). – Sabas (# 26940).
— des Soter-Klosters (Latros) → Athanasios (# 20674).
— des Spelaiotes-Klosters → Andreas (# 20367).
— des Stauroniketa-Klosters → Nikephoros (# 25667). – Sabas (# 26942).
— des Strobelaia-Klosters (Athos) → Euthymios (# 21954).
— des Studios-Klosters → Achillas (# 20094). – Alexios Studites (# 20247). – Anatolios (# 20347). – Arkadios (# 20565). – Basileios (# 21039). – Eustratios (# 21910). – Hilarion (# 22601). – Ioannes (# 23094). – Klemes (# 23705). – Niketas Stethatos (# 25842). – Nikolaos II. (von Antiocheia) (# 26124). – Petros (# 26473). – Theophilos (# 28165). – Timotheos (# 28351). – Anonymus (# 31594).
— des Stylos-Klosters (Latros) → Damianos (# 21381). – Demetrios (# 21509). – Gabriel (# 22030). – Lukas (# 24775). – Michael (# 25366). – Paulos (# 26337). – Petros (# 26521). – Symeon (# 27486). – Anonymus (# 31876).
— des Symeon-Klosters bei Aleppo → Georgios (# 22157). – T... (# 27550).
— des Symeon-Klosters bei Antiocheia → Anṭūnī (# 20540).
— des Symeon-Klosters (Athos) → Theoktistos (# 28061).
— des Tarasios-Klosters → Anonymus (# 31685).
— eines Klosters bei Theben → Antonios (# 20494).
— des Theodosios-Klosters (Athos) → Basileios (# 21005). – Theoktistos (# 28063).
— des Theokletos-Klosters in Lakedaimon → Anonymus (# 31875).
— des Theoktistos-Klosters, Athos → Kosmas (# 24135).
— des Theologos-Klosters (Athos) → Elias (# 21669).
— des Theophanes-Klosters → Anonymus (# 32016).
— des Theotokos-Klosters (Athos) → Petros (# 26536).
— des Theotokos-Klosters Daqnūna → Gregorios (# 22427).
— des Theotokos-Klosters tu Rebukiu bei Tricarico → Kosmas (# 24139). – Nikolaos (# 26128).
— der Sklabenoi in Thessalonike → Anonymi (# 30238).
— des Tolmatzes-Klosters (Athos) → Georgios (# 22246).

— des Trochalas-Klosters (Athos) → Petros (# 26535).
— des Trogalas-Klosters → Ioël (# 23469).
— des Tryphon-Klosters (Athos) → Euthymios (# 21969). – Nikolaos (# 26114). – Theodulos (# 28001).
— des Tzekudbames-Klosters → Esaïa (# 21747).
— des Vatopedi-Klosters (Athos) → Athanasios (# 20690). – Iakobos (# 22671). – Nikolaos (# 26036). – Symeon (# 27536).
— von Xerokastron (Athos) → Blasios (# 21183). – Ioannes (# 23158). – Theodoros (# 27767).
— des Xeron-Choraphion-Klosters → Andreas (# 20398).
— des Xeropotamu-Klosters (= H.-Paulos-Kloster) → Neilos (# 25504). – Paulos I. Xeropotamites (# 26352). – Paulos II. Xeropotamites (# 26353).
— des Zygos-Klosters → Nikon (# 26157). – Niphon (# 26169).

Heniochos (Wagenlenker) → Anastasios (# 20290). – Anonymi (# 30334). – Anonymi (4) (# 30372).

Henker → Anonymi (# 30200).

heremi cultor → Symeon (von Polirone) (# 27518).

heremita (lat.; s. auch Einsiedler, Eremit) → Anonymus (# 31711).

Hermeneus/Hermeneutes (s. auch unter Dolmetscher, Übersetzer) → Christophoros (# 21311). – Ioannes (# 22994). – Krinites (# 24200). – Manuel (# 24876). – Theodoros (# 27644). – Anonymi (# 30197). – Anonymi (2) (# 30377). – Anonymus (# 30875. – # 31224. – # 31385).

Herold → Anonymi (# 30352).

Herr → Bunayy b. Nafīs (# 21212). – Anonymus (# 31582).
— von Ägypten, den syrischen Provinzen, Diyār Muḍar → Ḫumārawayh (# 22639).
— von Antiocheia → Kulayb an-Naṣrānī (# 24209). – Michael Burtzes (# 25253). – Sīmā aṭ-Ṭawīl (# 27079).
— von al-Ǧazīra → Waṯṯāb b. Ǧaʿfar (# 28442).
— der Landtruppen → Manuel Phokas (# 24884).
— von mega Lulon → Munsur (# 25450).
— von Melitene → Kulayb an-Naṣrānī (# 24209).
— der Pässe zwischen Plasta/Elbistan und Melitene (= arab. ad-durūb) → Melias (# 25041).
— von Rhobam → Ibn Ibrāhīm (# 22695).
— von Sarūǧ → Waṯṯāb b. Ǧaʿfar (# 28442).
— von Sizilien → al-Ḥasan b. al-ʿAbbās (# 22556).
— von Tarsos → Ibn az-Zayyāt (# 22686).
— der Festung Tekes (Armenier) → Mudaphar (# 25432). – Pukrikas (# 26779). – Tautukas (# 27573).
— von Tripolis → Abū l-Ḥasan Aḥmad b. Naḥrīr al-Arġālī (# 20059). – Leon (von Tripolis) bzw. Tripolites (# 24397).
— von ta Trypia → Melias (# 25041).
— von Tyrokastron → Ašot II. "Kiskases" (von Klardžetʿi) (# 20648).
— von Vasakawan → Mxitʿar (# 25472).

Herrin bzw. Fürstin von Vasakawan → Spramik (# 27176).

Herrscher von Abchasien → Giorgi I. (von Georgien) (# 22309). – Giorgi II. (# 22307). – Tʿeodos (# 27577). – Kostanti III. (von Abchasien) (# 24184).
— von Ägypten → Ǧayš b. Ḫumārawayh (# 22068).
— von Alanien → Gabriel (# 22037). – Anonymus (# 30983).

— von Aleppo → ʿAzīzaddawla Abū Šuǧāʿ Fātik (# 20712).
— von Antiocheia → Sīmā aṭ-Ṭawīl (# 27079).
— von Apahunik → Abū l-Ward I. (# 20087).
— von Bagdad → Muʿizzaddawla (# 25445). – Šarafaddawla (# 26993).
— von Bari → Sawdān (# 26997).
— von Bulgarien → Boris II. (# 21198). – Gabriel-Radomir-Romanos (# 22032). – Ivan Vladislav (# 23582). – Samuel Kometopulos (# 26983). – Symeon (von Bulgarien) (# 27467).
— von Diyār Bakr → Mumahhidaddawla Abū Manṣūr Saʿīd b. Marwān (# 25447).
— von Diyār Muḍar → Ǧayš b. Ḫumārawayh (# 22068).
— von al-Ǧazīra → Waṯṯāb b. Ǧaʿfar (# 28442).
— von Ḫlaṭ → Aḥmad b. ʿAbdarraḥmān Abū l-Muʿizz (# 20186).
— von Kreta → ʿAbdalʿazīz b. Šuʿayb b. ʿUmar al-Qurṭubī (# 20009).
— der Kurden → Mumahhidaddawla Abū Manṣūr Saʿīd b. Marwān (# 25447).
— von Manzikert, Dašt al-Warak und al-Hark → Abū Sālim (# 20076).
— (König) der Perser → Yūsuf b. Abī s-Sāǧ (Abū l-Qāsim) (# 28472).
— der Rechtgläubigen (Kalifentitel) → al-Mahdī (# 24814). – al-Muktafī (# 25446). – al-Muqtadir (# 25451). – al-Muʿtaḍid (# 25460). – al-Muṭīʿ (# 25464).
— der Sarazenen → al-Muʿtaḍid (# 25460).
— von Sarūǧ → Waṯṯāb b. Ǧaʿfar (# 28442).
— der Serben → Časlav (# 21225). – Goïnik (# 22316). – Mutimir (# 25465). – Pavle Branović (# 26399). – Petar Gojniković (# 26408). – Pribislav (# 26754). – Stroïmir (# 27401). – Zacharias (# 28480).
— von Sizilien → al-Ḥusayn b. Rabāḥ (# 22641).
— von Syrien → Aḥmad b. Ṭūlūn (# 20194). – Ǧayš b. Ḫumārawayh (# 22068).
— von Tripolis → Abū l-Ḥasan Aḥmad b. Naḥrīr al-Arġālī (# 20059).
— von Vaspurakan → Senekʿerim-Yovhannēs Arcruni (# 27008). – Vyšebuđ (# 28440).
— von Zachlumi → Michael (# 25166). – Vyšebuđ (# 28440).

Herzog (dux) → Symeon (# 27475).
— (langob.) → Ajo (# 20197).
— von Apulien → Meles (# 25033).
— von Benevent → Adelchis (# 20103).
— von Kärnten → Arnulf (von Kärnten) (# 20578).

Herzogin von Schwaben → Hadwig (# 22539).

Hesychastes → Andreas (# 20363). – Arsenios (# 20598). – Metrophanes (# 25089). – Nikolaos (# 26066). – Symeon (# 27466). – Theodosios (# 27886).

Hetairearches → s. unter Hetaireiarches.

Hetaireia des Kaisers → Anonymi (# 30193).

Hetaireiarches → Artabasdos (# 20627). – Basileios Kamateros (# 20912). – Christophoros Lakapenos (# 21275). – Ioannes Garidas (# 22900). – Ioannes (# 23335). – Michael (# 25123). – Niketas (# 25857). – Nikolaos (# 25910). – Stylianos Zautzes (# 27406). – Theophylaktos Dominikos (# 28193).
— des Bardas Skleros → Anonymus (# 31592).

megas Hetaireiarches →Basileios Peteinos (# 20934). – Eustratios (# 21906). – Ioannes Choirinas (# 23090). – Konstantinos Lips (# 23815). – Romanos I. Lakapenos (# 26833).

mikros Hetaireiarches → Stylianos Zautzes (# 27406).

Hetaireiotes → Gregorios (# 22465).

Hetairis → Anonyma (# 30060).

hexprosopo s. unter ek prosopu.

Hierarches → Michael (# 25180).

Hiereus (Priester) → Arsenios (# 20602). – Athanasios (# 20672). – Demetrios (# 21462). – Ephraim (# 21693). – Epiphanios (# 21713). – Eutychios (# 21980). – Georgios (# 22194). – Ioannes (# 22831. – # 23132. – # 23211). – Ioannes Psareutes (# 23367). – Konstantinos (# 23870. – # 23988). – Lazaros vom Galesionberg (# 24285). – Lukas (# 24785). – Lukios (# 24791). – Methodios (# 25075). – Michael (# 25200. – # 25360). – Niketas Kannakes (# 25744). – Nikodemos (# 25878). – Petros (# 26449). – Philaretos (# 26583). – Philotheos (# 26637). – Sisinnios (# 27104). – Stephanos (# 27225. – # 27360). – Symeon (# 27465. – # 27531). – Theodosios (# 27910). – Theophanes (# 28089. – # 28103). – Thomas Dephurkinos (# 28286). – Anonymi (# 30151). – Anonymi (7) (# 30187. – # 30189. # 30241). – Anonymi (# 30242. – # 30285. – # 30312. – # 30339. – # 30360). – Anonymi (2) (# 30369. – # 30441). – Anonymus (# 30760. – # 30853. – # 30856. – # 31086. – # 31102. – # 31162. – # 31163. – # 31165. – # 31288. – # 31585. – # 31753. – # 31754. – # 31819. – # 31989).
— des Kyrosklosters in Kpl. → Anonymus (# 31686).
— des Lateinerklosters → Adrianos (# 20126).
— der Metropolis in Rhegion → Anonymus (# 30791).

Hieromnemon → Leon (# 24647).

Hieromonachos (Priestermönch) → Barnabas (# 20816). – Dionysios (# 21558). – Kosmas (# 24125. – # 24159). – Lukas (# 24777). – Methodios (# 25079). – Nikodemos (# 25878). – Stephanos (# 27314).

higuminos (= Hegumenos, Abt) → Iohannes (# 23491).

Hikanatos → Ikanatisse tu Skleru (# 22752). – Pankratukas (# 26237). – Philommates (# 26629). – Anonymus (# 31261).

Hippeus (Reiter) → Anonymus (# 31145).

Hippodromrichter (s. auch Krites epi tu hippodromu) → Bardas (# 20779. – # 20791). – Basileios (# 21003. – # 21025). – Chryselios (# 21338). – Eustathios (# 21855. – # 21868. – # 21873). – Georgios (# 22147). – Gregorios (# 22482). – Ioannes (# 23289. – # 23301. – # 23312. – # 23319). – Konstantinos (# 23954. – # 24008. – # 24017). – Leon (# 24609). – Marianos (# 24967). – Michael (# 25396). – Michael Monokarites (# 25319). – Niketas (# 25823. – # 25871). – Nikolaos (# 26135). – Pantherios (# 26247). – Paulos (# 26375. – # 26394. – # 26395). – Petros (# 26546). – Philaretos (# 26587). – Pothos Monomachos (# 26744). – Romanos III. Argyros (# 26835). – Sergios (# 27030. – # 27043). – Symeon (# 27504). – Tepeiganos (# 27579). – Theodoros (# 27751. – # 27780. – # 27868. – # 27871). – Theodoros Dekapolites (# 27708). – Theophanes (# 28114). – Anonymus (# 31887. – # 31893. – # 31899).

Hippokomos (Stallmeister) → Ioannes (# 23409). – Menikos (# 25056). – Theodosios (# 27909). – Anonymus (# 30948).

Hippotes (Reitersoldat) → Anonymi (# 30442).

Hirte (Nomeus; Poimen) → Ioannes (# 22779). – Makedonios (# 24834). – Anonymi (# 30219. – # 30414. – # 30552). – Anonymus (# 30816. – # 31764. – # 31784. – # 31932. – # 31986).

Historiograph (s. auch Autor) → Demetrios (# 21527). – Konstantinos VII. (# 23734). – Leon (# 24651). – Leon (Diakonos) (# 24547). – Theodoros (# 27796). – Yaḥyā b. Sa'īd al-Anṭākī (# 28459). – Yovhannēs Drasxanakertc'i (# 28467).

Hithotis (Verballhornung eines Titels) → Epiphanios (# 21710).

ho tes katastaseos (Zeremonienmeister) → Anonymus (# 30688. – # 31418).

ho tes trapezes → Konstantinos (# 23780. – # 23951). – Konstantinos Boïlas (# 23835). – Anonymus (# 31216. – # 31223).

ho tu domestiku → Gregorios (# 22463).

ho tu Tsimiske → Anonymus (# 31506).

Holzhändler (Xylemporos) → Demetrios (# 21456).

Homiletes → Anonymus (# 31034).

Homologetes → Dunale (# 21610).

Horreiarios → Michael (# 25318).
— von Amastris → Ioannes (# 23034).
— von Amisos → Paulos (# 26377).
— von Chios → Michael (# 25308).
— des Eusebiosklosters → Konstantinos (# 23989).
— von Herakleia → Thomas (# 28325).
— von Myrn... → Michael (# 25277).
— von Nikomedeia → Gregorios (# 22458).
— von Panormos → Nikephoros (# 25657). – Nikolaos (# 26084).
— von Paphos → Basileios (# 21058).
— von Philippopolis → Leon (# 24434).
— von Smyrna → Ioannes (# 23030). – Kosmas (# 24129). – Michael (# 25277).

hreštakk' t'agaworin Hoṙomoc' (arm. = Gesandte des Königs der Rhomäer; s. auch dort) → Anonymi (# 30494).

Hüter der Zitadelle von Aleppo (= arab. muqīm al-qal'ah) → Fatḥ (# 21995).

Hymnograph(os)/Hymnendichter (s. auch Autor) → Anastasios (# 20297). – Arsenios (# 20603). – Elias der Jüngere (# 21639). – Euthymios (# 21930). – Gabriel (# 22036). – Ioannes Geometres (# 23092). – Ioseph Hymnographos (# 23510). – Metropha-nes (# 25088). – Neilos (von Rossano) (# 25503). – Paulos (# 26366). – Paulos I. Xeropotamites (# 26352). – Symeon (# 27504). – Symeon Neos Theologos (# 27488). – Theodosios Diakonos (# 27928).

Hyparchos (von Kpl.) → Konstantinos Kapnogenes (# 23743). – Niketas Ooryphas (# 25696). – Petros (# 26491). – Philotheos (# 26634). – Theophilos Erotikos (# 28154). – Anonymus (# 31155).
— himatin exoprakteikon → Philotheos (# 26634).

Hypaspistes des Nikephoros II. Phokas → Anonymus (# 31445).

Hypatikos → Horation (# 22630).

Hypatos → Aaron (# 20002). – Alexios (# 20244). – Anastasios (# 20284). – Artabanes (# 20626). – Bardas (# 20798. – # 20808). – Basileios (# 21054). – Christophoros (# 21270). – Georgios (# 22153). – Gregoras (# 22337). – Gregorios (# 22376. – # 22379). – Ioannes (# 22883. – # 23038. – # 23289). – Klemes (# 23713). – Konstantinos (# 24068). – Kosmas (# 24156). – Leon (# 24327. – # 24369. – # 24441. – # 24474. – # 24623). – Leontios

(# 24707). – Meligalas (# 25045). – Michael (# 25222. – # 25395). – Nikandros (# 25532). – Nikephoros (# 25570. – # 25602). – Nikolaos (# 26004). – Pantoleon (# 26251). – Pardos (# 26267). – Petros (# 26453). – Stephanos (# 27231. – # 27290). – Theodoros (# 27648. – # 27657. – # 27667. – # 27846). – Theophilos (# 28161). – Zacharias (# 28489. – # 28490).
— in Gaeta → Iohannes I. (von Gaeta) (# 23478). – Iohannes III. (von Gaeta) (# 23492).

basilikos Hypatos → Ioseph (# 23537).

Hypekoos → Anonymi (# 30299).

Hyperaspistes des Romanos Mosele → Philoraios (# 26630).

Hyperetes (Diener) → Andreas (# 20366). – Arkadios (# 20566). – Eirene (# 21624A). – Genesios (# 22074). – Gregorios (# 22485). – Ioannes (# 22943). – Leon (# 24517). – Nikolaos (# 26010). – Petros (# 26469). – Symeon (# 27531). – Theodoretos (# 27609). – Anonymi (# 30200. – # 30299. – # 30619). – Anonymus (# 31312. – # 32037).
— des Chrysocheir → Diakonitzes (# 21539).
— des Emirs von Edessa → Anonymus (# 31181).
— im Kloster → Anonymus (# 31395. – # 32011).
— des Nikephoros II. Phokas → Michael (# 25248).
— ton asthenon (Krankenpfleger) → Anonymi (# 30331).

basilikos Hyperetes → Anonymus (# 31781).

Hyperetis (Dienerin) → Anonyma (# 30088).

Hypereton (Diener) → Anonymus (# 31757).

Hypo... der Megale Ekklesia → Michael (# 25287).

Hypodiakonos (Subdiakon) → Blasios (# 21177). – Epiphanios (# 21734). – Eustachios (# 21824). – Gregorios (# 22374). – Ignatios (# 22750). – Ioannes (# 22795. – # 23185). – Moyses (# 25431). – Niketas (# 25762). – Paulos (# 26301. – # 26336). – Photeinos (# 26659). – Theophylaktos (# 28192). – Thomas (# 28281. – # 28282). – Zachakios (# 28475).
— der Hagia Sophia → Sergios (# 27022).
— der Megale Ekklesia → Basileios (# 21013). – Michael (# 25287).

basilikos Hypodiakonos → Nikolaos (# 25978).

Hypographeus (Schreiber) → Niketas (# 25785). – Anonymus (# 31190).
— tu Basileos (des Kaisers) → Christophoros Mitylenaios (# 21324).
— des Samonas → Konstantinos Rhodios (# 23819).

basilikos Hypographeus ton aporrheton → Stephanos (# 27240).

Hypoktites → Symeon (# 27511).

Hypologios → Ioannes Pseles (# 23054).
— von Abydos → Niketas (# 25724).
— von Hypselos → Ioannes Pseles (# 23054).

Hypomnematographos → Leon (# 24600).
— des Patriarcheion → Anonymus (# 31200).

Hypostrategos des Anatolikon → Eustathios Argyros (# 21828).
— von Belgrad → Radislav (# 26800).
— des Opsikion → Andreas "der Skythe" (# 20351).

Hypurgos (Diener/Dienerin) → Anastasios (# 20332). – Andreas (# 20398).
— im Kloster → Lukitzes (# 24792). – Neophytos (# 25513).

Iatros (Arzt) → Akakios (# 20199). – Antonios (# 20498). – Kalokyris (# 23635). – Laidulph (# 24263). – Meletios (# 25035). – Michael (# 25351). – Niketas (# 25737). – Nikolaos (# 26010). – Šabbetai Donnolo (# 26949). – Stephanos (# 27304). – Theophilos (# 28149). – Timotheos (# 28353). – Anonymi (# 30159. – # 30169. – # 30191. – # 30305. – # 30317. – # 30319. – # 30320. – # 30321. – # 30365. – # 30499. – # 30546. – # 30605). – Anonymus (# 30780. – # 31104. – # 31130. – # 31513. – # 31779).

Iatrosophistes → Leon Iatrosophistes (# 24312).

ībarḫus al-Qusṭanṭinīya (arab. = Eparchos von Kpl.) → Romanos III. Argyros (# 26835).

ičirgü boila (protobulg. Titel) → Bogdanos (# 21186). – Stasis (# 27177).

patriarchalis igumenus (= Hegumenos, Abt) → Theognostos (# 28010).

Ikonenmaler → Ioannes (# 22830). – Pantoleon (# 26258). – Anonymi (# 30495). – Anonymus (# 30851. – # 31580. – # 31924).

ikonom veličěi cr'kvi bzw. ikonom velikyę cr'kvy (mbulg. = Oikonomos der megale Ekklesia) → Ioannes Neatokomites (# 22838). – Niketas Xylinites (# 25697).

Illuminator/Illustrator → Georgios (# 22276). – Ioseph (# 23522). – Menas (# 25055). – Michael (# 25374. – # 25375). – Nestor (# 25521). – Pantoleon (# 26258). – Symeon (# 27543. – # 27544). —> s. auch Miniaturmaler

Illustrios → Euthymios (# 21937). – Georgios (# 22154). – Gregorios (# 22488). – Ioannes Iubes (# 22944). – Nikolaos (# 26093). – Theodosios (# 27900). – Anonymus (# 30817. – # 31335).
— von Adrianupolis → Basileios Glabas (# 21027). – Batatzes (# 21134). – Anonymi (# 30570).

imastasērn (arm.) = Philosoph → Lewon (# 24737).

Imperator (ital.) → Ludwig III. (von der Provence) "der Blinde" (# 24756).
— (Priester von Diokleia) → Ivan Vladislav (# 23582).
— (Westen) → Otto I. (# 26211). – Otto II. (# 26212). – Otto III. (# 26213).

imperator augustus Romanorum (Westen) → Heinrich II. (# 22567).

imperator Bulgarinorum/Bulgarorum (lat.) → Petăr (# 26409). – Samuel Kometopulos (# 26983).

Imperatrix (Westen) → Theophano (# 28127).

ink'nakal (arm. = Autokrator) → Konstantinos VII. (# 23734).

Inspektor (= arab. mukaššif) → al-Faḍl b. Ǧa'far b. al-Furāt (# 21985).

interpres (Dolmetscher) → Damianos (# 21361). – Euodisius (# 21785). – Iohannes (# 23485). – Romanus (# 26886). – Anonymus (# 31236. – # 31484. – # 31488. – # 31939).
— (arab.) → Anonymus (# 30686).

ipodiakon (mbulg.) = Hypodiakonos → Theophylaktos (# 28192).

isṭirāṭūbadarḫ (arab.) = Stratopedarches → Petros (# 26496).

išxan (arm. für Georgier) → Rat (Horatios Liparites) (# 26805). – Anonymi (# 30497).
— von Her → Anonymus (# 31993).

— von Horomoc (arm. = "Fürst" bzw. Befehlshaber, Offizier der Rhomäer) → Anonymi (40) (# 30493).
— von Mokk' → Grigor I. (von Taron) (# 22497).
— von Nikomedeia → Anonymus (# 31971).
— von T'orn(i) → Smbat T'ořnec'i (# 27145).
— Tarōnoy (arm. = Fürst von Taron) → Ašot III. (von Taron) (# 20645).
— von Vaspowrakan (arm. = Fürst von Vaspurakan) → Gagik II. Arcruni (# 22052).
— von Vrac' (arm. = Fürst der Georgier) → Gurgen II. (von Tao) (# 22529).

išxan išxanac' (arm. Fürst der Fürsten) →Abas I. (von Armenien) (# 20006). – Bakur (# 20748). – Gurgen II. (von Tao) (# 22529). – Phers (# 26581).
— Gamrac' ašxarhin (von Gamirk'/Kappadokien) → Ioannes Kurkuas (# 22917).

išxanac' išxan → s. unter išxan išxanac'.

išxank (Plural) → s. unter išxan.

išxann → s. unter išxan.

iudex (Richter) → Dalfio (# 21359). – Maraldus (# 24903). – Musandus (# 25453). – Nicolaus (# 25526). – Prunelgotri (# 26774). – Sillicto (# 27074).
— von Bari → Iohannes (# 23499). – Romualdus (# 26893). – Siphandus (# 27092).
— von Castellana → Liusprando (# 24748).
— von Conversano (Apulien) → Adelgrimo (# 20108).
— von Iubenacium (Apulien) → Leo (# 24300).
— von Lucera → Silittus (# 27073).

Jäger (kynegetes; thereutes) → Demetrios (# 21473). – Theodoros (# 27792). – Anonymi (# 30158. – # 30184. – # 30301. – # 30419). – Anonymus (# 30699. – # 30790).

Jarl → Egri (# 21614). – Ēlēfr (# 21633).

Jünger s. unter Schüler.

Jurist → Eustathios Romaios (# 21870). – Kosmas (# 24110). – Leon Choirosphaktes (# 24343). – Symeon (# 27504). – Theodoros Dekapolites (# 27708). – Theophilos Erotikos (# 28154).

Justizbeamter → Anonymus (# 31777).

K'aragorc (arm. = Steinmetz) → Trdat (# 28370).

Kaballarios → Anonymi (10) (# 30347).

Kämmerer (Thalamepolos; arab. ḥāǧib = griech. chagebos) → Eustathios (# 21845). – Eustratios (# 21906). – Ǧa'far b. Muḥammad (# 22050). – Nikolaos (# 26131). – Sergios (# 27045). – Anonymus (# 31997).
— des Kalifen → Faraǧ al-Muḥaddad (# 21991). – Ǧa'far b. 'Ubayd (# 22051). – Lu'lu al-Ǧarrāḥī (# 24793). – Mu'nis al-Muẓaffar (# 25449).

königlicher Kämmerer von Pavia → Iohannes XVI. Philagathos (# 23486).

zweiter Kämmerer → Nikephoros (# 25678). – Symeon (# 27539).

kāhin (arab. = Presbyteros) → Anonymi (# 30223).

Kaisar → Alexandros (# 20228). – Bardas Phokas (der Ältere) (# 20769). – Romanos I. Lakapenos (# 26833).

Kaiser → Alexandros (# 20228). – Konstantinos VII. (# 23734). – Konstantinos VIII. (# 23735). – Leon VI. (# 24311). – Romanos III. Argyros (# 26835). – Romanos II. (# 26834).
— (bulg.) → Symeon (von Bulgarien) (# 27467).

— (Franken) → Arnulf (von Kärnten) (# 20578). – Berengar I. (# 21146). – Ludwig II. (# 24755). – Wido II. (# 28444).
— (Westen) → Heinrich II. (# 22567). – Otto I. (# 26211). – Otto II. (# 26212). – Otto III. (# 26213).

Kaiserin → Alexandros (# 20228A). – Eudokia Ingerina (# 21754). – Helene Lakapene (# 22574). – Sophia (# 27152). – Theodora (# 27602. – # 27604. – # 27605). – Theophano (# 28122. – # 28125). – Zoe (# 28508). – Zoe Karbonopsina (# 28506). – Zoe Zautzina (# 28505).
— (= mbulg. carica) → Eudokia Baïane (# 21759).
— (Westen) → Adelheid (# 20109). – Theophano (# 28127).

Kalafates (Kalfaterer) → Basileios (# 21020).

Kalegraphos → s. unter Kalligraphos.

Kalif
— (ʿAbbāside) → ar-Rāḍī (# 26799). – al-Muqtadir (# 25451). – al-Muʿtaḍid (# 25460). – al-Muʿtamid (# 25461). – al-Muʿtazz (# 25463). – al-Muṭīʿ (# 25464). – al-Muttaqī (# 25467).
— von Ägypten (Fāṭimide) → al-ʿAzīz billāh (# 20711). – al-Ḥākim (# 22544). – al-Muʿizz (# 25444). – aẓ-Ẓāhir (# 28495).
— von Bagdad (ʿAbbāside) → al-Muktafī (# 25446).
— von Cordoba → ʿAbdarraḥmān III. b. Muḥammad an-Nāṣir (# 20018). – al-Ḥakam [II.] al-Mustanṣir billāh (# 22543).
— von Nordafrika (Fāṭimide) → al-Mahdī (# 24814). – al-Qāʾim bi-Amr Allāh (# 26784). – al-Manṣūr bi-Naṣr Allāh (# 24863). – al-Muʿizz (# 25444).

Kalkbrenner → Anonymus (# 31527).

Kalligraphos (Kopist; s. auch dort) → Anthimos (# 20460). – Athanasios (# 20672). – Athanasios Athonites (# 20670). – Basileios (# 20979. – # 21083). – Blasios (# 21177). – Elias Spelaiotes (# 21646). – Euthymios (# 21963). – Gregorius (# 22492). – Ioannes (# 22833. – # 23154). – Ioseph Hymnographos (# 23510). – Kosmas (# 24103). – Leon (# 24479). – Leontios (# 24712). – Neophytos (# 25511). – Nikolaos (# 26012). – Onesimos (# 26187). – Phantinos (# 26576).

Kallographos → s. unter Kalligraphos.

Kalogeros (Mönch; s. auch dort bzw. unter Monachos) → Georgios I. (von Iviron) (# 22180). – Kyriakos (# 24235). – Laurentios (# 24278). – Makarios (# 24832). – Zakʿaria (# 28497). – Anonymus (# 31692).

Kaluterkanos (Titel oder Beiname) → Symeon Kaluterkanos (# 27484).

Kamelarios (Kameltreiber) → Anonymi (3) (# 30582).

Kammerdiener (Thalamepolos) → Eustathios (# 21845). – Eustratios (# 21906). – Ioannes (# 23089). – Nikephoros (# 25678). – Nikolaos (# 26131). – Sergios (# 27045). – Symeon (# 27539). – Anonymus (# 31997).

Kammerfrau → Anonyma (# 30068).

kanatikin (protobulg. Titel) → Ilues (# 22755).

Kandidatos → Anthimos (# 20467). – Arsaber (# 20583). – Ioannes (# 23071. – # 23072). – Ioannikios (# 23451). – Leo (# 24300). – Leon (# 24627. – # 24698). – Myron (# 25476). – Phloros Sarantapechys (# 26645). – Prunelgotri (# 26774).

– Stefanus (# 27199). – Stephanus (# 27383). – Theodotos (# 27969).

basilikos Kandidatos → Andreas (# 20355). – Basileios (# 20904). – Basileios Skriniares (# 20931). – Demetrios (# 21457. – # 21460. – # 21464). – Eugenios (# 21769). – Georgios (# 22081. – # 22211. – # 22218). – Gregorios (# 22383. – # 22464.) – Ioannes (# 22880. – # 22882. – # 22891). – Kaleogeros (# 23609). – Kallinikos (# 23614). – Kalos (# 23654). – Leon (# 24354. – # 24356. – # 24360. – # 24496). – Luludios (# 24794). – Marinos (# 24981). – Michael (# 25094. – # 25401). – Nikephoros (# 25560. – # 25565. – # 25595). – Niketas (# 25729. – # 25735. – # 25763. – # 25775). – Nikolaos (# 25931. – # 25991). – Pankrates (# 26231). – Paulos (# 26323. – # 26324). – Petronas (# 26416). – Symeon (# 27500). – Theodoros (# 27655. – # 27656. – # 27748. – # 27882). – Theodosios (# 27927). – Theodotos (# 27974). – Theognostos (# 28016). – Anonymus (# 30812. – # 30827. – # 30812).

Kanikleios (= mbulg. kaniklie; arab. al-kāniklī) → Basileios (# 20913. – # 20920). – Eustathios (# 21859). – Nikephoros Uranos (# 25617). – Stephanos (# 27240. – # 27262). – Symeon (# 27481).

Kanonarches (Vorsänger) → Blasios (# 21177). – Georgios III. (von Iviron) (# 22259). – Hilarion (# 22613).
— im Sabaskloster bei Jerusalem → Anonymus (# 31840).

Kanonike → Anonyma (# 30079).

Kanonist (Autor kanonistischer Schriften) → Demetrios (# 21527).

Kanstrisios → Theophilos (# 28166). – Anonymus (# 31019. – # 31701).

Kanzleischreiber → Anonymus (# 31478).

Kanzler, kaiserlicher (Italien) → Iohannes XVI. Philagathos (# 23486).

Kapelos → Krateros (# 24192).

Kaphiros (arab.) → Lukas (# 24780).

Kapitän (Naukleros; senior bzw. provisor navis) → Basileios (# 20975). – Demetrios (# 21479). – Dominicus (# 21586). – Anonymus (# 31498. – # 31667. – # 31674).

Kaphkan (bulg.) → Dometianos (# 21580). – Kaukanos (# 23693). – Meliton (# 25050). – Menikos (# 25056). – Theodoros Kaukanos (# 27855).

Karchas (ungar.) → Bulču (# 21211). – Kali (# 23611).

Kardinal (Rom) → Iohannes (# 23474).

Kardinalios → Petrus (# 26554).

k'art'velt'a mep'e (georg.) = König von K'art'li → Adarnase II. (# 20099). – David II. (# 21423).

Katarchon (Herr, Herrscher, Statthalter)
— von Ägypten = Kalif von Ägypten → al-ʿAzīz billāh (# 20711). – al-Ḥākim (# 22544).
— von Antiocheia → Ibn Mānik (# 22701).
— ton Aphron (der Afrikaner) = fāṭimidischer Kalif → al-Muʿizz (# 25444).
— von Berroia → Damianos (# 21386). – Draxanos (# 21605).
— des Koiton → Michael (# 25249).
— ton Sarakenon = Herrscher der Sarazenen → al-Muʿtaḍid (# 25460).
— vom Tauros = arabischer Emir im Tauros → ʿAbdalmalik (# 20016).

Kataskopos (Spion) → Anonymi (# 30482). – Anonymus (# 30675).

Katechetes → Neophytos (# 25509).

Kategoros (Ankläger) → Anonymi (# 30284). – Anonymus (# 31173. – # 31206).

Katepano → Alexios Charon (# 20250). – Eupraxios (# 21806). – Nikephoros (# 25652). – Philotheos (# 26632). – Anonymus (# 31846).
— der basilikoi Anthropoi → Theoktistos (# 28045).
— von Antiocheia → Konstantinos Dalassenos (# 23940). – Anonymus (# 31969).
— von Asprakania → Basileios Mesardonites Argyros (# 21090).
— der Basilikoi → Anonymus (# 31213).
— von Bukellarion → Anonymus (# 31298. – # 31298).
— von Bulgarien → Christophoros (# 21328).
— von Chaldia → Nikolaos (# 26116). – Nikolaos (# 26116).
— tu chartulariu tu oxeu dromu → Stephanos (# 27331).
— von Edessa → Michael (# 25392).
— von Iberia → Bardas (# 20807). – Niketas (# 25857). – Romanos Dalassenos (# 26881). – Theophylaktos Dalassenos (# 28254).
— von Italien → Alexios Xiphias (# 20246). – Argyros (# 20561). – Basileios (# 21057). – Basileios Boioannes (# 21094). – Basileios Mesardonites Argyros (# 21090). – Eugenios (# 21772). – Gregorios Tarchaneiotes (# 22438). – Ioannes Am(m)iropulos (# 23162). – Ioannes Kurkuas (# 23352). – Kalokyres Delphinas (# 23632). – Michael (# 25234. – # 25260). – Michael Abidelas (# 25255). – Pothos Argyros (# 26742). – Romanos (# 26857). – Theodoros (# 27819). – Tornikios Kontoleon (# 28366). – Anonymus (# 31788).
— von Kalabrien → Basileios Boioannes (# 21094).
— von Kato Media → Georgios Maniakes (# 22262).
— der Ktemata = epi ton ktematon → Niketas (# 25753).
— von Longibardia → Christophoros (# 21328).
— der Makedonen → Marianos (# 24955).
— der Mardaïten → Aberkios (# 20021). – Leon (# 24605). – Staurakios Platys (# 27181). – Theodosios (# 27902). – Theophilos (# 28145).
— von Medien → Paulinos (# 26291).
— von Megale Antiocheia (Syrien) → Niketas (# 25857).
— von Mesembria → Bladtzertes (# 21176).
— von Mesopotamia → Adrianos Marzapulos (# 20128). – Konstantinos Parsakutenos (# 24051). – Nikolaos (# 26116).
— von Nikopolis → Petronas Boïlas (# 26421). – Iachnukas (# 22652).
— von Paphlagonien → Aëtios (# 20153). – Christophoros (# 21305). – Michael (# 25219). – Nikolaos (# 25932). – Anonymus (# 31298).
— der Ploïmoi (Flotte) → Niketas (# 25751).
— von Ras → Ioannes (# 23018).
— von Samosata → Tautukas (# 27573).
— von Sardinien = Catapanus Sardinie (lat.) → Basileios Mesardonites Argyros (# 21090).
— des basilikos Stablos → Georgios (# 22110).
— von Theodorupolis → Sisinnios (# 27122).
— von Thessalonike → Anthimos (# 20458). – Baasakios Diogenes (# 20724). – Christophoros (# 21328). – Konstantinos Diogenes (# 24045).
— von Vaspurakan → Basileios Mesardonites Argyros (# 21090). – Nikephoros Komnenos (# 25676). – Theophylaktos Dalassenos (# 28254).
— des Westens (Dysis) → Marianos Argyros (# 24962).

Katepanos Italias (Variante) → s. unter Katepano von Italien.

Katepitropos → Gregorios (# 22430).

Katharopoles → Anonymus (# 31107. – # 31107).

Kathegemon (Abt; s. auch dort bzw. unter Hegumenos) → Niketas Ooryphas (# 25696). – Theoktistos (# 28059). – Anonymus (# 30640).
— des Panagiosklosters (Kpl.) → Antonios (# 20498).
— des Studiosklosters (Kpl.) → Ioannes (# 23094).

Kathegetes (Abt; s. auch dort bzw. unter Hegumenos) → Euthymios Athonites Iber (# 21960). – Michael Maleïnos (# 25124). – Anonymus (# 32027).
— des Iviron-Klosters (Athos) → Georgios I. (von Iviron) (# 22180).

Kathegumeneuon (Abt) des Athenogenesklosters (Olymp) → Anonymus (# 31411).

Kathegumenos (Abt; s. auch dort bzw. unter Hegumenos) → Athanasios Athonites (# 20670). – Basileios (# 20900). – Eustratios (# 21882). – Euthymios (# 21926). – Euthymios Athonites Iber (# 21960). – Iakobos (# 22672). – Ioannes (# 23232. – # 23356). – Ioannes Heptapsychos (# 23223). – Isidoros (# 23563). – Kosmas (# 24171). – Makar (# 24824). – Michael Maleïnos (# 25124). – Nikolaos (# 26077). – Nikolaos Androsalites (# 25886). – Pankratios (# 26235). – Petros (# 26473). – Phantinos (# 26579). – Sabas (# 26936). – Theodoros (# 27726). – Theodosios (# 27932). – Theoktistos (# 28059). – Anonymus (# 31173. – # 31270. – # 31346. – # 31594).
— des Bema-Klosters → Athanasios (# 20686). – Anonymus (# 30944).
— des Buleuteria-Klosters (Athos) → Athanasios (# 20686). – Poimen (# 26706).
— von Chrysopolis → Anonymus (# 30764).
— der Megale Laura (Athos) → Eustratios (# 21902).
— eines Klosters in Nea Kome → Euthymios (# 21970).
— des Panteleemon-Klosters → Metrophanes (# 25091).
— des Petrosklosters in Tarent → Bartholomaios (# 20832).
— des Studiosklosters → Alexios Studites (# 20247). – Euthymios Studites (# 21945).
— des Vatopedi-Klosters (Athos) → Athanasios (# 20690).
— des Zygos-Klosters (Athos) → Niphon (# 26169).

Kathegumenos tu stratu (Befehlshaber, Feldherr, Heerführer) → Leon (von Tripolis) bzw. Tripolites (# 24397).

Katholikos (= arab. ǧāṯulīq/kāṯūlīk) → Eutychios (# 21978). – Leontios I. (von Jerusalem) (# 24708).
— von Armenien (= arm. kat‘ołikos; surb hayrapet) → Gēorg II. Gaṙnec‘i (# 22078). – Petros (# 26538). – Xač‘ik Aršaruni (# 28445). – Yovhannēs Drasxanakertc‘i (# 28467). – Zak‘aria (# 28496).
— (der Christen in Andalusien) → Hišām b. Huḏayl (# 22626).
— von Georgien → Ioane I. Ok‘ropiri (# 22776). – Zak‘aria (# 28497).
— (orth. = melk.) von Bagdad → Ioannes (# 23184).
— von Eirenupolis (= Bagdad) (= arab. kāṯūlīk ‘alā Madīnat as-Salām) → Māǧid (# 24811).
— des Ostens (arab. kāṯūlīk ‘alā bilād al-mašriq) → Ioannes (# 23184).

— von Romagyris (= arab. kāṯūlīk ʿalā Rūmağird) → Eutychios (# 21978). – Anonymus (# 31410).
— von Šaš (= arab. kāṯūlīkus fī Šaš) → Eutychios (# 21978). – Ioannes (# 23184).
— (= Metropolites) von Thessalonike → Anonymus (# 32012).
— von Zypern → Anonymus (# 32013).

kātib (arab. = Sekretär, Schreiber) → Abū Muḥammad ʿAbdallāh b. Muḥammad al-Fayyāḍī (# 20068). – Abū l-Qāsim al-Ḥusayn b. ʿAlī al-Maġribī (# 20071). – ʿAlī b. Suwwār (# 20256). – Christophoros (von Antiocheia) (# 21277). – Elias I. (von Antiocheia) (# 21648). – Kulayb an-Naṣrānī (# 24209). – Nikephoros Uranos (# 25617). – Symeon (# 27504). – Theodosios II. (von Antiocheia) (# 27908). – Anonymus (# 31478).

katʿołikos (arm.) = Hayocʿ katʿołikos (arm.) = Katholikos von Armenien → Gēorg II. Gaṙnecʿi (# 22078). – Petros (# 26538). – Yovhannēs Drasxanakertcʿi (# 28467).

kāṯūlīk (arab. Katholikos) → Eutychios (# 21978). – Māğid (# 24811).

kāṯūlīk ʿalā bilād al-mašriq (arab. Katholikos des Ostens) → Ioannes (# 23184).

kāṯūlīkus fī Šaš (arab. = Katholikos von Romagyris bzw. Šaš) → Anonymus (# 31410).

Kaufmann (lat. istitor; mbulg. kupec'; arab. tāğir)→ Adun (# 20133). – Bitalios (# 21172). – Kosmas (# 24102). – Liutfrid (# 24749). – Malkūṯa (# 24852). – Moše Agura (# 25423). – Orestes (# 26198). – Staurakios (# 27179). – Anonymi (# 30143. – # 30332. – # 30549). – Anonymus (# 30821).
— von Sagoi (groben Mänteln) → Philippos (# 26620).

kavkhan (bulg.) → Dometianos (# 21580). – Hemnekos (# 22585). – Kaukanos (# 23693). – Knenos (# 23720). – Meliton (# 25050). – Menikos (# 25056). – Theodoros Kaukanos (# 27855). – s. auch Kapkhan.

kayser Hoṙomocʿ/kaysr Hṙovmayecʿwocʿ (arm. = Kaiser der Römer) → Konstantinos VII. (# 23734). – Leon VI. (# 24311).

kaysr Yunacʿ (arm. = Kaiser der Griechen) → Nikephoros II. Phokas (# 25535).

Kedemon → Anonymus (# 31769).

kefalie (mbulg.) → Arpad (# 20582).

Keimeliarches → Anonymus (# 31479).

Kellarios/Kellarites (Kellermeister) → Arsenios (# 20609). – Ephraim (# 21695). – Ioannes (# 22963). – Lukas Stylites (# 24758). – Paulos (# 26370). – Anonymus (# 31138. – # 31161. – # 31599. – # 31756. – # 31835).

Kensor → Ioannes (# 23322). – Konstantinos (# 24008). – Nikolaos (# 26133. – # 26145). – Romanos Argyros (# 26846).

Kentarchos → Michael (# 25182).
— tu basiliku ploïmu → Christophoros (# 21299).
— (ehemaliger) → Konstantinos (# 23917).

Kephale (ungar. Anführer) → Arpad (# 20582). – Kursan (# 24213).

Kerameus (Töpfer) → Anonymus (# 31583).

Keropoles (Wachshändler) → Kerularios (# 23697).

Khan von Bulgarien → Boris I. Michael (# 21197). – Vladimir (# 28432).

Kiestor (mbulg.) s. unter Quaestor.

Kirchendienerin → Anonyma (# 30017).

Kitharistes → Anonymus (# 31677).

kitonita (lat. = Koitonites) → Leon (# 24514). – Salomon (# 26971).

kiwrapałat (arm. = Kuropalates) → Bagrat III. (von Georgien) (# 20740).
— Tayoc' (von Tao) → David III. (# 21432).

Kleiduchos (Schlüsselbewahrer) → Anonymus (# 31545).

Kleisur(i)arches → Kalokyros (# 23651).
— von Basilias → David (# 21427).
— von Larissa (Kappadokien) → Baasakios (# 20723).
— von Lykandos → Melias (# 25041).
— von Mesembria → Alexios (# 20243). – Basileios (# 20909). – Georgios (# 22124). – Nikolaos (# 26063). – Pankratios (# 26234).
— von Seleukeia → Arsaber (# 20587). – Ioannes (# 23046). – Konstantinos (# 23843). – Theodoros (# 27661). – Anonymus (# 30776).
— von Soterupolis → Anonymus (# 31299).
— von Strymon → Theodotos (# 27964).
— von Symposion → Ismael (# 23566).
— von Taron → Euphemios (# 21794).
— von Tezerbule → Tatikios (# 27571).
— von Tziliapert → Anonymus (# 31338).

Kleptes (Dieb) → Anonymi (# 30550).

Kleriker/Klerikos → Alagrecus (# 20220). – Ananias (# 20279). – Anastasios (# 20317). – Anastas (von Cherson) (# 20322). – Andreas (# 20388). – Andronikos (# 20406). – Apostolios (# 20546). – Athanasios Daimonokatalytes (# 20659). – Bardas Phokas (der Jüngere) (# 20784). – Basileios (# 20979. – # 21109). – Christophoros (# 21263). – David (# 21422). – Demetrios (# 21454). – Diomedes (# 21544). – Emmanuel (# 21686). – Gabriel (# 22024). – Genesios (# 22074). – Gregorios (# 22370. – # 22387). – Ioannes (# 22876). – Ioannes Kaminiates (# 22904). – Ioannes (# 22923A. – # 22937. – # 23089. – # 23131. – # 23135. – # 23140. – # 23142. – # 23143. – # 23144. – # 23342). – – Ioannes (# 23445. – # 23446). – Ioannes Stoginas (# 23349). Ioseph (# 23520). – Kalokyros (# 23636. – # 23644). – Konstantinos (# 23839. – # 23934. —# 23979). – Kosmas (# 24138). – Ktenas (# 24205). – Kyros (# 24257). – Leon (# 24415). – # 24536. – # 24544. – # 24643. – # 24649). – Makar (# 24825). – Markos (# 25001). – Mele (# 25031. – # 25032). – Michael (# 25168. – # 25244. – # 25318). – Michael Porphyrogennetos (# 25174). – Monomachos (# 25418). – Nikephoros (# 25642). – Niketas (# 25701. – # 25746. – # 25758). – Nikolaos (# 26074). – Nikomedes (# 26153). – Orestes (# 26195). – Pancratius (# 26226). – Petros (# 26494. – # 26495. – # 26519). – Petrus (# 26571). – Sabas (# 26927). – Sergios (# 27022). – Sisinnios (# 27120). – Stephanos (# 27238. – # 27355). – Stephanos I. (# 27208). – Theocharistos (# 27589). – Theodoros (# 27756). – Theodosios (# 27947). – Theognostos (# 28017). – Thomas (# 28278). – Timotheos (# 28354). – Anonymi (2) (# 30170). – Anonymi (# 30178. – # 30272. – # 30284. – # 30368. – # 30428. – # 30450. – # 30508. – # 30509. – # 30510. – # 30603). – Anonymus (# 30631. – # 30635. – # 30652. – # 30668. – # 30805. – # 30854. – # 30884. – # 30920. – # 30956. – # 30957. – # 30961. – # 31000. – # 31023. – # 31153. – # 31190. – # 31192. – # 31193. – # 31197. – # 31199. – # 31203. – # 31404. – # 31420. – # 31421. – # 31422. – # 31426.

- # 31427. - # 31428. - # 31463. - # 31479. - # 31554. - # 31555. - # 31557. - # 31559. - # 31560. - # 31562. - # 31563. - # 31564. - # 31568. - # 31584. - # 31607. - # 31615. - # 31617. - # 31618. - # 31619. - # 31629. - # 31630. - # 31631. - # 31632. - # 31633. - # 31639. - # 31641. - # 31658. - # 31699. - # 31732. - # 31734. - # 31735. - # 31736. - # 31737. - # 31738. - # 31739. - # 31741. - # 31877. - # 31921. - # 31924).
— der Agathonkirche bei Kpl. → Ioannes (# 22793).
— in Bari → Amatus (# 20268). - Bisantius (# 21162). - Maio (# 24816). - Maio (# 24818). - Moses(es) (# 25429). - Romualdus (# 26893).
— der Hagia Sophia (Kpl.) → Anonyma (# 30027A).
— der Hagia Sophia (Thessalonike) → Leon (# 24649). - Michael (# 25181).
— der Megale Ekklesia → Ioannes (# 23385). - Leon (# 24629). - Nikephoros (# 25644). - Theodoros (# 27664. - # 27749).
— der Megale Ekklesia (Athen) → Ioannes (# 23001).
— in Monopoli → Martinus (# 25009).
— der Nea Ekklesia → Euthymios (# 21934). - Leon (# 24451). - Theophanes (# 28096).
— des Palastes → Sinapes (# 27088). - Anonymus (# 31503).
— des Patriarcheion → Nikolaos (# 26022). - Anonymus (# 31628).
— in Thessalonike → Konstantinos (# 23838). - Plotinos (# 26703). - Theodoros (# 27702).
— in Trapezunt → Niketas (# 25804).

basilikos Klerikos → Arsenios (# 20620). - Azarias (# 20709). - Christophoros (# 21276. - # 21279. - # 21309. - # 21329). - Damianos (# 21361). - Gregorios (# 22456). - Ioannes (# 22920. - # 23224. - # 23439). - Ioannes III. (von Antiocheia) (# 23167). - Iulianos (# 23577). - Konstantinos (# 23872. - # 23971). - Konstantinos Rhodios (# 23819). - Leon (# 24450. - # 24666). - Michael (# 25198. - # 25308. - # 25312. - # 25398). - Nikephoros (# 25576. - # 25578. - # 25685). - Niketas (# 25862). - Nikolaos (# 26067). - Petronas (# 26425). - Petros (# 26464). - Photios (# 26686). - Stephanos (# 27244. - # 27276. - # 27340). - Theo... (# 27586). - Theodoros (# 27686. - # 27800. - # 27803. - # 27870). - Theophanes Sphenodaimon (# 28076). - Theophanes (# 28113). - Theophilos (# 28166).
— im Großen Palast → Stylianos (# 27416).

Kleryx → Areskes (# 20553).

klirik (mbulg.) s. unter Klerikos.

knęz' (mbulg. = Fürst) → Smbat I. "der Märtyrer" (von Armenien) (# 27141).
— Blgar'skyi (von Bulgarien) → Boris I. Michael (# 21197).

kněz (altkirchenslaw. = Fürst von Belgrad) → Radislav (# 26800).

knez panonskyj (altkirchenslaw. = Fürst von Pannonien) → Kocel (# 23721).

knjaginja (altruss. = Fürstin) → Olga (# 26186).

knjaz (altruss. = Fürst) → Igor (# 22751). - Oleg (# 26185). - Svjatoslav (von Kiew) (# 27440). - Vladimir I. (von Kiew) (# 28433).

knjaz velikyj (altruss. = Großfürst) → Igor (# 22751). - Oleg (# 26185). - Vladimir I. (von Kiew) (# 28433).

Koch → Nikolaos (# 26106). – Phantinos (# 26576). – Anonymi (# 30452). – Anonymus (# 31273. – # 31296. – # 31494).
— im Kloster → Paulos (# 26337).

Köhler → Anonymus (# 31127).

König (arm. mep‘e; s. auch unter Herrscher) → David III. (von Tao) (# 21432).
— von Abchasien (Westgeorgien) → Bagrat (# 20731). – Bagrat III. (von Georgien) (# 20740). – Kostanti III. (# 24184). – T‘eodos (# 27577).
— von Armenien → Abas I. (# 20006). – Ašot I. "der Große" (# 20642). – Ašot III. (von Taron) (# 20645). – Ašot II. "der Eiserne" (# 20646). – Ašot III. "der Barmherzige" (# 20649). – Ašot IV. "der Tapfere" (# 20651). – Gagik I. Bagratuni (# 22053). – Gagik II. Arcruni (# 22052). – Smbat I. "der Märtyrer" (# 27141). – Smbat II. (# 27144). – Smbat-Yovhannēs (# 27146).
— von Bulgarien (arab. malik al-Bulġar; lat. rex Bulgarorum) → Romanos (# 26847). – Samuel Kometopulos (# 26983).
— von Burgund → Rudolph II. (# 26904).
— von Egrisi (arm. Bezeichnung für den Herrscher über Abchasien) → Kostanti III. (von Abchasien) (# 24184).
— der Franken → Lothar II. (# 24751). – Otto II. (# 26212). – Wido II. (# 28444).
— von Frankreich → Hugo Capet (# 22638).
— der Ǧaḥḥāfiten (= arab. malik banī l-Ǧaḥḥāfī) → Abū l-Yaqẓān al-'Alā b. Maslama as-Sulamī (# 20089).
— von Gallien → Ludwig III. (von der Provence) "der Blinde" (# 24756).
— von Georgien → Ašot III. (von Taron) (# 20645). – Bagrat III. (von Georgien = Sak‘art‘velo) (# 20740). – Bagrat IV. (von Georgien = Sak‘art‘velo) (# 20743). – David II. (# 21423). – David III. (von Tao) (# 21432). – Gurgen (von K‘art‘li) (# 22531). – Giorgi I. (von Georgien = Sak‘art‘velo) (# 22309).
— der Griechen (arm. ark‘ay Yunac‘) → Basileios II. (# 20838).
— von Iberia → Adarnase II. (# 20099). – Smbat I. (Kuropalates Iberias) (# 27142).
— von Italien → Adalbert (# 20097). – Berengar I. (# 21146). – Berengar II. (# 21147). – Hugo von der Provence (# 22637). – Lothar II. (von Italien) (# 24752). – Ludwig III. (von der Provence) "der Blinde" (# 24756).
— von K‘art‘li (Ostgeorgien) → Bagrat III. (von Georgien = Sak‘art‘velo) (# 20740). – David II. (# 21423). – Gurgen (von K‘art‘li) (# 22531).
— von Kachetien → Kwirike (# 24220).
— von Kars → Abas (# 20007). – Mušeł (# 25457).
— von Kroatien → Krešimir III. (# 24197).
— von Norwegen → Óláfr Tryggvason (# 26182).
— des Ostfrankenreiches → Arnulf (von Kärnten) (# 20578). – Ludwig "der Deutsche" (# 24754).
— der Rhos (arab. malik ar-Rūs; Archon Rhosias; lat. rex Ruscorum; arm. t‘agawor Ṙuzac‘) → Svjatoslav (von Kiew) (# 27440). – Vladimir I. (von Kiew) (# 28433).
— von Sak‘art‘velo (vereinigtes Georgien) → Bagrat III. (von Georgien) (# 20740). – Bagrat IV. (von Georgien) (# 20743). – Giorgi I. (von Georgien) (# 22309).
— von Tao → Bagrat I. (Eristav) (# 20735).
— von Taron → Ašot II. Arkaïkas (# 20644).
— von Ungarn → Stephan I. (# 27204).
— von Vanand (arm.) → Abas (# 20007).
— von Vaspurakan (= arab. malik Asfaraǧān/Isfaraǧān) → Gurgēn (# 22530). – Senek‘erim-Yovhannēs Arcruni (# 27008).

— (Westen) → Heinrich II. (# 22567). – Otto II. (# 26212). – Otto III. (# 26213).

König der Könige von Armenien (arm. ark'ayic' ark'ay; šahanšah) → Ašot III. "der Barmherzige" (von Armenien) (# 20649).

Königin von Georgien → Alde (# 20226). – Maria (# 24943).
— von Italien → Adelheid (# 20109). – Berta (# 21155).

Koiaistor → Anastasios (# 20297). – Basileios (# 21066). – Ioannes (# 23069). – Konstantinos (# 23908). – Leon (# 24501). – Michael (# 25231. – # 25237). – Petros (# 26542). – Romanos III. Argyros (# 26835). – Theophilos (# 28150). – Zacharias (# 28485). – s. auch unter Quaestor.

Koiaistorianos → Michael (# 25132).

Koiranos ton Bulgaron (Herrscher bzw. Oberhaupt der Bulgaren) → Boris II. (# 21198).

Koitonites → Basileios (# 20935. – # 21097). – Christophoros (# 21262). – Gabriel (# 22025). – Ioannes (# 23095. – # 23255). – Kalokyres (# 23629). – Kosmas (# 24109). – Leon (# 24514). – Megistos (# 25030). – Michael (# 25246. – # 25249. – # 25323. – # 25354). – Michael Tzirethon (Tzerithon) (# 25163). – Niketas (# 25779. – # 25782. – # 25798). – Orestes Aichmalotos (# 26199). – Philokales (# 26626). – Romanos (# 26884). – Salomon (# 26971). – Staurakios (# 27186). – Symeon Neos Theologos (# 27488C). – Theodoretos (# 27606. – # 27607). – Theophylaktos (# 28191). – Anonymi (# 30244. – # 30244. – # 30269. – # 30269). – Anonymus (# 30924. – # 31215. – # 31477).

basilikos Koitonites → Eustathios (# 21871).

megistos Koitonites → Michael Tzirethon (Tzerithon) (# 25163).

Komastes → Anonymus (# 31129).

Komes → Diogenes (# 21540). – Kyros (# 24258). – Leon (# 24568). – Philippos (# 26623). – Taridenas (# 27565). – Anonymus (# 30827. – # 31146).
— von Abydos → Anonymus (# 31673).
— von Acena bei Bari → Lupo (# 24797).
— der Agelai → Leon (# 24496).
— von Bulgarien → Nikolaos (# 26038).
— der Exkubitoi/Exkubitoroi → Petros Thaumaturgos (# 26426). – Saktikes (# 26964).
— der Hetaireia → Diogenes (# 21541).
— von Hieron Pontos → Michael (# 25130).
— von Italien → Anonymi (7) (# 30315).
— von Opsikion → Andreas (# 20360). – Georgios Peganes (# 22082). – Leontios (# 24721). – Philotheos (# 26635).
— von Paphlagonien → Konstantinos (# 24005).
— des Ploimos (Flotte) → Antiochos (# 20472).
— von Spoleto → Alberich II. (# 20223).
— des Stablos/Staulos → Andreas (# 20370). – Isaakios (# 23558). – Leon Sarakenopulos (# 24520). – Marianos (# 24960). – Marianos Argyros (# 24962). – Romanos (# 26859). – Theophylaktos (# 28194). – Tzaptzes (# 28385). – Anonymus (# 31214).
— der basilikoi Stabloi → Leon (# 24570).
— des Stolos (Flotte) → Konstantinos (# 24016).
— der Theodosiakoi von Thrakesion → Anonymus (# 31249).

Komes tes kortes → Andreas (# 20370). – Byzantios (# 21220). – Eudokimos (# 21766). – Eugenios (# 21774). – Gaideris (# 22055). – Passari(s) (# 26287).

– Theodoros (# 27670). – Anonymus (# 31666. – # 31912).
— von Armeniakon → Ioannes (# 23035).
— von Bari → Romuald (# 26891).
— von Bukellarion → Nikephoros (# 25646).
— von Chaldia → Ioannes (# 22849).
— von Charpezikion → Anonymus (# 31239).
— des Katepano Gregorios Tarchaneiotes → Petros (# 26533).
— von Kibyrrhaioton → Anonymus (# 31353).
— von Paphlagonien → Ioannes (# 23286).
— von Peloponnesos → Markianos (# 24990).
— tes taxeos → Petros (# 26533).
— von Thessalonike → Anastasios (# 20303).

Komes tes lamias → Ioannes (# 22968). – Ioannes (# 22977). – Ioannes (# 23042). – Stephanos (# 27230). – Stephanos Kataphloros (# 27268). – Theophylaktos (# 28213).

Kommandant (s. auch unter Admiral, Befehlshaber, General, Heerführer, Strategos) → Nuṣayr (# 26173).
— von Abydos → Anonymus (# 31673).
— von Adrianupolis → Moroleon (# 25420). – Pankratukas (# 26237).
— von Antiocheia → Konstantinos Burtzes (# 23930).
— von Beirut (arab. ḏirwār) → Anonymus (# 31588).
— (byz.) von Charsianon (= arab. biṭrīq Ḫaršana) → Anonymus (# 30682).
— (arab.) von Dvin → Muḥammad (# 25436). – Naṣr as-Subkī (# 25493). – Umayya (# 28400).
— (byz.) von Dvin (Toparches Tibion) → Kekaumenos (# 23694).
— einer Festung → Anonymus (# 31798).
— (byz.) von Kawkab (arab. biṭrīq Kawkab) → Anonymus (# 30681).
— (byz.) von Keltzene und Erzinğān (arab. zirwār Marğ Qilliz wa-zirwār Ḫūzān) → Anonymus (# 31407).
— (byz.) von Koron (arab. biṭrīq Qurra) → Anonymus (# 30680).
— (arab.) von Melitene → Abū ṣ-Ṣalṭ (# 20078).
— (byz.) von Pisidien (= arab. biṭrīq Qaḏayḏiya bzw. Fīzīdiya → Anonymus (# 30679).
— (byz.) von Seleukeia in Kilikien (arab. biṭrīq Salūqiya) → Anonymus (# 30678).
— (byz.) auf der Stadtmauer von Syrakus → Ioannes Patrianus (# 22801).
— von Tauromenion → Chrysaphios (# 21337). – Konstantinos Karamallos (# 23816).
— von Theben → Anonymus (# 31309).

Kommandeur (s. auch unter Admiral, Befehlshaber, General, Heerführer, Strategos) → Afrīna (?) (# 20155). – Anonymus (# 30934. – # 30979).
— der Araber → Badr al-Ḥammāmī (# 20729).
— der Daylamiten → Badr al-ʿAṭṭār (# 20728).
— der Fāṭimiden → Badr al-ʿAṭṭār (# 20728). – aṣ-Ṣanhāğī (# 26988).
— des Manğūtakīn → Miʿḍād b. Ẓālim (# 25405).
— der Garnison von Mastaton → Petronas Boïlas (# 26421).

Kommentator → Ioannes Sikeliotes (# 23413). – Konstantinos Rhodios (# 23819). – Neilos (von Rossano) (# 25503). – Ioannes Geometres (# 23092).

Kommerkiarios → Agathonikos (# 20181). – Basileios (# 20968). – Christophoros (# 21285). – Kalokyres (# 23633). – Konstantinos (# 23907. – # 24030. – # 24062). – Leon (# 24389). – Theodoros (# 27617). – Anonymus (# 31152).

— von Abydos → Christophoros (# 21314). – Kalos (# 23654). – Konstantinos (# 23881. – # 23986. – # 24001). – Leon (# 24685). – Michael (# 25388). – Niketas (# 25819). – Philippos (# 26609). – Thomas (# 28306).
— des Abydos von Thessalonike → Damianos (# 21372).
— von Amisos → Kyrillos (# 24247).
— von Anatolikon → Christophoros (# 21284).
— von Attaleia → Basileios (# 20959). – Ioannes (# 23295).
— der Bulgaren → Anthes (# 20451).
— von Chaldia → Anastasios (# 20312). – Georgios (# 22148). – Ioannes (# 23038. – # 23252). – Leon (# 24369. – # 24384. – # 24474. – # 24631). – Leontios (# 24707). – Michael (# 25176). – Niketas (# 25720). – Nikolaos (# 26049). – Photios (# 26682). – Theodoros (# 27645). – Theoleptos (# 28068). – Anonymus (# 31357).
— von Cherson → Damianos (# 21368). – Georgios (# 22218). – Ioannes (# 22895). – Konstantinos (# 23861). – Photeinos (# 26664). – Sergios (# 27014. – # 27019). – Anonymus (# 31910).
— von Christupolis → Leon (# 24362). – Michael (# 25205). – Niketas (# 25775).
— von Debeltos → Aka.p... (# 20198). – David (# 21417). – Eustratios (# 21907). – Gregorios (# 22375). – Ioannes (# 23044). – Konstantinos (# 23957. – # 24018). – Michael (# 25242). – Theognostos (# 28028). – Anonymus (# 30822. – # 32071).
— der Dekapolis → Nikolaos (# 26149).
— von Dyrrachion → Leon (# 24458).
— von Hellas → Ioseph (# 23519).
— von Hieron → Ioannes (# 23298).
— von Kallipolis → Thomas (# 28310).
— von Kephallenia → Ioseph (# 23519).
— von Kreta → Georgios (# 22155).
— von Longibardia/Lugibardaia → Anonymus (# 31894).
— der Optimaten → Romanos (# 26872).
— von Pontos → Ioannes (# 23298). – Nikandros (# 25532).
— von Psychron → Nikephoros (# 25594).
— von Seleukeia → Akindynos (# 20217). – Demetrios (# 21485).
— von Sizilien → Leon (# 24457).
— von Thessalonike → Damianos (# 21372). – Ioannes (# 22841). – Ioseph (# 23519). – Kalokyros (# 23640). – Klemes (# 23709). – Konstantinos (# 23783). – Kosmas (# 24106). – Leon (# 24385. – # 24443. – # 24459). – Mamalos (# 24853). – Meligalas (# 25045). – Pardoleon (# 26264). – Pardos (# 26267). – Sergios (# 27028). – Sisinnios (# 27110). – Staurakios (# 27184. – # 27186. – # 27194). – Theodotos (# 27974). – Theoktistos (# 28049). – Theophylaktos (# 28209). – Anonymus (# 31349).
— des Westens (Dysis) → Gregorios (# 22464). – Ioannes (# 22882). – Ioseph (# 23519). – Kallinikos (# 23614). – Konstantinos (# 23878). – Leon (# 24458). – Michael (# 25094. – # 25207). – Nikolaos (# 25985). – Pankrates (# 26231). – Anonymus (# 31914. – # 31914).
— von Zypern → Ioannes (# 23295).

basilikos Kommerkiarios → Christophoros (# 21306). – Meligalas (# 25045).
— der Dekapolis → Theodoros (# 27808).
— von Hellas → Konstantinos (# 23880).
— von Seleukeia → Nikolaos (# 26088).
— von Thessalonike → Theodoros (# 27648).

genikos Kommerkiarios → Theophanios (# 28117).

megas Kommerkiarios der Dysis (des Westens) → Euprepios (# 21810).

Komödiant (s. auch Schauspieler) → Anonymus (# 31129).

Kompilator → Konstantinos Kephalas (# 23790). – Meletios (# 25035). – Niketas (# 25737). – Symeon (# 27504).

Konkubine (byz. Herkunft = arab. surīya rūmīya) → Maria (# 24929).

Konsul (Rom) → Crescentius (# 21352). – Theophylactus (# 28173).

Kopist → Abramios (# 20028). – Anastasios (# 20288. – # 20333). – Andreas (# 20377). – Anthimos (# 20460). – Antonios (# 20506. – # 20513). – Arethas (# 20554). – Arsenios (# 20610. – # 20623. – # 20624). – Athanasios (# 20666. – # 20667. – # 20672. – # 20676. – # 20678. – # 20692). – Athanasios Athonites (# 20670). – Baanes (# 20721). – Barnabas (# 20814. – # 20816). – Bartholomaios (# 20828). – Basileios (# 20839. – # 20840. – # 20880. – # 20916. – # 20954. – # 20979. – # 20981. – # 21014. – # 21024. – # 21083. – # 21091. – # 21097). – Christodulos (# 21250). – Christophoros (# 21325). – Damianos (# 21375). – Daniel (# 21396. – # 21398. – # 21399. – # 21405). – Demetrios (# 21462). – Dionysios (# 21553). – Dorotheos (# 21592). – Elias (# 21672. – # 21673). – Elias Spelaiotes (# 21646). – Ephraim (# 21691). – Epiphanios (# 21705). – Eusebios (# 21817). – Eustathios (# 21860). – Euthymios (# 21942. – # 21962. – # 21963). – Georgios (# 22197). – Gregoras (# 22338). – Gregorios (# 22374. – # 22433. – # 22436. – # 22452. – # 22471. – # 22475. – # 22476). – Gregorius (# 22492). – Hesaias (# 22587). – Hilarion (# 22611). – Ignatios (# 22727). – Ioakeim (# 22772). – Ioannes (# 22833. – # 22860. – # 22913. – # 22940. – # 22945. – # 23012. – # 23013. – # 23080. – # 23085. – # 23113. – # 23127. – # 23154. – # 23157. – # 23187. – # 23214. – # 23368. – # 23375. – # 23388. – # 23427). – Ioannikios (# 23456). – Ionas (# 23508). – Ioseph (# 23520. – # 23525). – Kallinikos (# 23617). – Kalos (# 23655). – Konstantinos (# 23864. – # 23870. – # 23937. – # 24043. – # 24072). – Konstantinos Rhodios (# 23819). – Kosmas (# 24103. – # 24120. – # 24159. – # 24175). – Kyriakos (# 24235). – Kyrillos (# 24245. – # 24246. – # 24248). – Leon (# 24346. – # 24510. – # 24544. – # 24644. – # 24651. – # 24669). – Leontios (# 24712. – # 24718). – Lukas (# 24763. – # 24768. – # 24781. – # 24783). – Magnus (# 24812). – Markellos (# 24987). – Markos (# 24996. – # 24998. – # 25001). – Meletios (# 25039). – Michael (# 25135. – # 25185. – # 25203. – # 25228. – # 25263. – # 25356. – # 25360). – Neilos (von Rossano) (# 25503). – Neophytos (# 25509. – # 25511). – Nikephoros (# 25559. – # 25603. – # 25604). – Niketas (# 25784). – Nikolaos (# 25935. – # 25946. – # 25953. – # 25983. – # 26012. – # 26015. – # 26018. – # 26044. – # 26061. – # 26078. – # 26079). – Nikon (# 26156). – Onesimos (# 26187). – Paulos (# 26333. – # 26356. – # 26366). – Petros (# 26480. – # 26494. – # 26503). – Phantinos (# 26576). – Sabas (# 26938). – Sergios (# 27039). – Šimʿūn (# 27086). – Sisinnios (# 27108). – Stephanos (# 27233. – # 27238. – # 27273. – # 27298. – # 27319. – # 27336). – Stylianos (# 27412. – # 27413). – Symeon (# 27512. – # 27537). – Theodoros (# 27628. – # 27727. – # 27773. –

27857). – Theodosios (# 27917. – # 27918. – # 27923). – Theognostos (# 28025). – Theophanes (# 28091. – # 28103). – Theophylaktos (# 28201. – # 28238. – # 28262). – Timotheos (# 28350). – Anonymus (# 30862). – Anonymus Professor (# 31049).
— (arab. Handschriften) → Ioannes (# 23157).
— (arm. Handschriften) → Kirakos (# 23701).
— (der Vorlage des Cod. Monac. gr. 146) → Euthymios (# 21965).
— (georg. Handschriften) → Arseni (# 20596. – # 20597). – Euthymios Athonites Iber (# 21960). – Gregorios (# 22478). – Iordanes (# 23509). – Iovane Grdzelisdze (# 23545). – Ok'ropiri (# 26179). – Saba (# 26913. – # 26914). – Zak'aria (# 28498).
— (sl.) → Tudor Doxov (# 28377).

Kopist (Gehilfe) → Lukitzes (# 24792).

kormilec (altruss. = Pfleger) → Asmud (# 20639).

Kosmikos → Theophilos (# 28137).

kowrapalati (georg. = Kuropalates) → Ašot II. (Kuropalates Iberias) (# 20647).

Krämer (s. auch Kaufmann) → Krateros (# 24192).

Kral(es) (Ungarn) → Stephan I. (von Ungarn) (# 27204).

Krankenpfleger(in) → Ambrosios (# 20272). – Eirene (# 21624A). – Symeon (# 27540). – Anonyma (# 30088). – Anonymi (# 30331). – Anonymus (# 31830. – # 31831).

Kraton (s. auch unter Herrscher) von Anatole → Nikephoros Uranos (# 25617).
— von Rom → Crescentius (# 21352).
— von Sirmium (kroat.) → Sermon (# 27058).

Krieger (s. auch unter Soldat) → Ægill (# 20134). – Ǣsbiǫrn (# 20139). – Ǣskæll (# 20140). – ĀsgæiRR (# 20637). – Assurr (# 20653). – Fraþi (# 22004). – Iuli (# 23573). – Øyvindr (# 26177). – Svæinn (# 27435). – Anonymi (# 30489).

Kriegsgefangener → Pothetos (# 26727). – Anonymi (700) (# 30402). – Anonymi (# 30460). – Anonymus (# 31078).
— (arab.) → Anonymi (40) (# 30374).
— (Tulmatzoi) → Anonymi (368) (# 30401).

Krites (Richter) → Anastasios (# 20291). – Anthimos (# 20466). – Bardas (# 20798). – Basileios (# 21117). – Bisantius (# 21161). – Eustratios (# 21911). – Gabriel (# 22028). – Ibanes (# 22677). – Ioannes (# 23331. – # 23396). – Ioseph (# 23528). – Kallistos (# 23622). – Leon Choirosphaktes (# 24343). – Malakeinos (# 24841). – Manuel (# 24880). – Michael (# 25281). – Mitylenaios (# 25410). – Nicolaus Critis (# 25527). – Paulos (# 26373). – Pegasios (# 26403). – Petros (# 26522). – Philetos (von Synada) (# 26597). – Pothos Akapnes (# 26746). – Rodolfo (# 26825). – Staurakios (# 27198). – Stephanos (# 27224). – Symeon (# 27504). – Theodoros (# 27693). – Theognostos (# 28016). – Anonymi (# 30333. – # 30342). – Anonymus (# 31534. – # 31650. – # 31919. – # 31442).
— von Aigaion Pelagos → Basileios (# 21059). – Demetrios (# 21515). – Petros (# 26483). – Theodoros (# 27780). – Anonymus (# 31775).
— von Anatolikon → Euthymios (# 21971). – Gregorios Romaios (# 22421). – Ioannes (# 23160). – Konstantinos (# 24069). – Leon (# 24584. – # 24592). – Malakenos (# 24843). – Phlulis (# 26649).

– Theodoros (# 27841). – Anonymus (# 31707).
— der Armenika (Themata) → Nikolaos Radenos (# 26087). – Pothos Monomachos (# 26744).
— von Armeniakon → Christophoros Mitylenaios (# 21324). – Ioannes (# 23217). – Michael (# 25395). – Niketas (# 25823). – Theodoros (# 27871). – Anonymus (# 31887).
— von Bari → Smaragdus (# 27139).
— tu belu → Bardas (# 20798). – Basileios (# 21069). – Christophoros Mitylenaios (# 21324). – Christophoros (# 21333). – Christophoros Timonites (# 21335). – Konstantinos (# 23943. – # 23954. – # 24020. – # 24069. – # 24075). – Leon (# 24674. – # 24681). – Michael (# 25383. – # 25395). – Niketas (# 25820). – Petros (# 26518. – # 26548). – Theophilos (# 28171).
— von Boleron → Andronikos (# 20416). – Symeon (# 27525).
— von Bukellarion → Leon (# 24379). – Petros (# 26525. – # 26546). – Theodoros (# 27873).
— von Chaldia → Georgios (# 22214). – Gregorios (# 22419). – Ioannes (# 23037). – Konstantinos (# 23858. – # 24008). – Leon (# 24691). – Nikolaos (# 26127. – # 26142).
— von Charsianon → Abukes (# 20091). – Arsaber (# 20588). – Bardas (# 20779). – Basileios (# 21062. – # 21112). – Eustathios (# 21855). – Ioannes (# 23416). – Konstantinos (# 24020). – Petros (# 26518).
— von Derxene → Leon (# 24691).
— von Drugubiteia → Chryselios (# 21338). – Leon (# 24619). – Nikolaos (# 26039).
— epi tu Aigaiu Pelagu → Theodoros (# 27780). – s. auch unter Krites von Aigaion Pelagos.
— epi tu hippodromu → Bardas (# 20791. – # 20779). – Basileios (# 21003. – # 21025). – Chryselios (# 21338). – Eusebios (# 21820). – Eustathios (# 21855. – # 21868.). – Eustathios Romaios (# 21870). – Georgios (# 22147). – Gregorios (# 22457. – # 22482). – Ioannes (# 23289. – # 23301. – # 23303. – # 23312. – # 23319. – # 23411). – Konstantinos (# 23954. – # 24008. – # 24017. – # 24079). – Leon (# 24609). – Marianos (# 24967). – Michael (# 25396). – Michael Monokarites (# 25319). – Niketas (# 25823). – Nikolaos (# 26135). – Pantherios (# 26247). – Paulos (# 26376. – # 26394. – # 26395). – Petros (# 26542. – # 26546). – Philaretos (# 26587). – Pothos Monomachos (# 26744). – Romanos III. Argyros (# 26835). – Sergios (# 27030. – # 27043). – Symeon (# 27504). – Tepeiganos (# 27579). – Theodoros (# 27751. – # 27780. – # 27868. – # 27871). – Theodoros Dekapolites (# 27708). – Theophanes (# 28114). – Anonymus (# 31893. – # 31899). S. auch unter tu hippodromu.
— von Hellas → Abasios (# 20008). – Anastasios (# 20310. – # 20335). – Christophoros (# 21317). – Eustathios (# 21873. – # 21878). – Gabriel (# 22040). – Ioannes (# 23293). – Konstantinos (# 24079). – Michael (# 25339). – Samuel (# 26986). – Sergios (# 27030). – Theodoros (# 27868). – Theophanes (# 28114). – Anonymus (# 30896).
— tu hippodromu → Paulos (# 26375). – Anonymus (# 31887). – s. auch unter Krites epi tu hippodromu.
— von Iberia → Basileios (# 21117). – Ioannes (# 23442).
— von Kalabrien → Leon (# 24664). – Niketas Botherites (# 25715).

— von Kappadokien → Akatios (# 20206). – Konstantinos (# 23954. – # 23987). – Michael (# 25321. – # 25387). – Theodoros (# 27751).
— von Kibyrrhaioton → Basileios (# 21069). – Nikolaos (# 26050). – Sergios (# 27046). – Theodoros Proteuon (# 27874). – Anonymus (# 31882).
— von Koloneia → Konstantinos (# 24008). – Leon (# 24623). – Niketas (# 25824). – Anonymus (# 31857).
— von Kreta → Theophanes (# 28110).
— der Kykladen → Konstantinos (# 23998). – Nikolaos (# 26104). – Theophanes (# 28110).
— von Langobardia → Leon (# 24664).
— von Lykandos → Ioannes Thylakas (# 23422). – Konstantinos (# 23853). – Michael (# 25396). – Nikolaos Radenos (# 26087). – Petros (# 26492). – Stephanos (# 27376). – Anonymus (# 31466).
— von Makedonien → Christophoros (# 21291). – Ioannes (# 23289). – Michael (# 25285). – Michael Monokarites (# 25319).
— von Melitene → Andreas (# 20401). – Ioannes Chrysoberges (# 23380). – Sergios (# 27046).
— von Mesopotamia → Christophoros Mitylenaios (# 21332). – Leon (# 24586. – # 24609). – Niketas (# 25818).
— von Nikopolis → David (# 21428). – Michael (# 25215). – Anonymus (# 31880).
— von Opsikion → Dionysios (# 21548). – Epiphanios (# 21730). – Ioannes (# 23296). – Romanos III. Argyros (# 26835). – Sergios (# 27043). – Stephanos (# 27375).
— von Optimaton → Ioannes Mitylenaios (# 23297).
— von Paphlagonien → Christophoros Mitylenaios (# 21324). – Georgios (# 22147). – Ioannes Mitylenaios (# 23297). – Kallistos (# 23622). – Konstantinos (# 23883). – Leon (# 24405). – Theo... (# 27587).
— der Peloponnes → Abasios (# 20008). – Anastasios (# 20335). – Christophoros (# 21317). – Eustathios (# 21873. – # 21878). – Gregorios (# 22482). – Nikolaos (# 26009). – Theodoros (# 27868). – Theophanes (# 28114). – Anonymus (# 31718).
— von Samos → Leon (# 24375).
— von Sebasteia → Anonymus (# 31893). – Konstantinos (# 23853).
— von Seleukeia → Demetrios (# 21530). – Eustathios (# 21856). – Ioannes (# 23318). – Leon (# 24368). – Romanos (# 26879).
— von Strymon → Andronikos (# 20416). – Nikolaos (# 26039). – Symeon (# 27525). – Theophilos (# 28171).
— von Stylo (Kalabrien) → Nikolaos (# 26089).
— von Tarsos → Eustathios (# 21856).
— von Thessalonike → Andronikos (# 20416). – Nikolaos (# 26039). – Samonas (# 26974). – Zoetos (# 28513). – Anonymus (# 31413).
— von Thrakesion → Basileios (# 21003). – Gregorios (# 22457). – Niketas (# 25858). – Paulos (# 26376. – # 26394). – Theodoros (# 27821). – Anonymus (# 30930. – # 31862. – # 31883. – # 31884. – # 31787).
— von Thrakien → Christophoros (# 21291). – Konstantinos (# 24022). – Michael Monokarites (# 25319). – Romanos (# 26879).

basilikos/imperialis Krites → Bisantius (# 21161). – Cutuneo (# 21356). – Musandus (# 25454).
— von Bari → Smaragdus (# 27139).
— von Italien → Eupraxios (# 21807). – Iohannes (# 23501).
— von Kalabrien → Eupraxios (# 21807).

litos Krites ("einfacher Richter") → Eustathios Romaios (# 21870).

thematikos Krites → Anonymus (# 31442).

Ktematinos → Georgios (# 22268).

Ktetor (Stifter) → Romanos Musele (# 26844).

Ktistes → Anonymi (# 30476).

Kuaistor s. unter Koiaistor bzw. Quaestor

Kubikularia → Anonyma (# 30068).

Kubikularios → Basileios (# 20923). – Chamaretos (# 21231). – Eugenios (# 21771). – Georgios (# 22220). – Ioannes (# 23057). – Konstantinos (# 23909). – Niketas (# 25757. – # 25798). – Rodophyles (# 26828). – Samonas (# 26973). – Theodotos (# 27968). – Zotikos (# 28520). – Anonymus (# 32036).

basilikos Kubikularios → Christophoros (# 21267). – Eugenios (# 21770). – Eusebios (# 21819). – Hilarion (# 22618). – Konstantinos (# 23876). – Stephanos (# 27267). – Theodotos (# 27966). – Theognostos (# 28013). – Theophilos (# 28155).

Kubukleisios → Aëtios (# 20150). – Andronikos (# 20417). – Azarias (# 20709). – Bardas (# 20792). – Basileios (# 20882. – # 20900. – # 21030. – # 21034. – # 21053. – # 21103. – # 21104). – Christophoros (# 21279. – # 21329). – Damianos (# 21382). – Elias (# 21652). – Esaias (# 21744). – Eudokimos (# 21766). – Eulogios (# 21781). – Eustratios (# 21893). – Euthymios (# 21958). – Georgios (# 22084. – # 22143. – # 22196. – # 22209). – Gregorios (# 22436). – Ignatios (# 22741). – Ioannes (# 22919. – # 23005. – # 23006. – # 23044. – # 23165. – # 23224. – # 23225. – # 23226. – # 23227. – # 23237. – # 23240. – # 23278. – # 23361. – # 23407. – # 23439). – Ioannes III. (von Antiocheia) (# 23167). – Ioannes Kaminiates (# 22904). – Konstantinos (# 23838. – # 23866. – # 23872. – # 23966. – # 23967. – # 23968. – # 23969. – # 23970. – # 23971. – # 24066). – Kosmas (# 24125). – Kyros (# 24257). – Leon (# 24446. – # 24548. – # 24574. – # 24575. – # 24576. – # 24596. – # 24598. – # 24668). – Manuel (# 24877). – Michael (# 25125. – # 25197. – # 25288. – # 25318). – Nikephoros (# 25578). – Niketas (# 25760. – # 25776. – # 25813. – # 25814. – # 25815). – Nikolaos (# 25965. – # 25977. – # 25980. – # 26023. – # 26045. – # 26067. – # 26068). – Paulos (# 26343). – Philetos (# 26593). – Photios (# 26680. – # 26686). – Romanos (# 26866). – Sabas (# 26934). – Samonas (# 26975). – Sisinnios (# 27120). – Stephanos (# 27276. – # 27278. – # 27306. – # 27324. – # 27341). – Straton (# 27398). – Symeon (# 27495. – # 27521). – Theodegios (# 27595). – Theodoros (# 27686. – # 27687. – # 27709. – # 27712. – # 27726. – # 27797. – # 27798. – # 27799. – # 27800. – # 27803. – # 27869. – # 27870). – Theodosios (# 27906). – Theognostos (# 28031). – Theophanes (# 28113). – Zacharias (# 28482). – Anonymus (# 30919. – # 31702. – # 31872).
— der Metropolis → Euthymios (# 21970).
— der Nea Ekklesia → Nikolaos (# 25949).
— im Patriarchat von Kpl. → Euthymios (# 21943).
— der Metropolis von Rhegion (Dalmatien) → Leon (# 24523).

basilikos Kubukleisios → Theodotos (# 27972).

klerikos Kubukleisios → Demetrios (# 21472).

Künstler bzw. Handwerker (arab. ṣāniʿ) → Anonymus (# 31473).

Küstenwächter → Anonymus (# 31093).

Küster → Anonymus (# 30855).

Kuestor s. unter Koiaistor bzw. Quaestor.

Kundschafter → Ioannes Alakas (# 23107). – Anonymi (# 30482. – # 30592).

kupec' (mbulg.) → Kosmas (# 24102).

Kupferschmied → Grauso (# 22322). – Petrus (# 26575). – Sergius (# 27056).

Kupplerin → Anonyma (# 30093).

Kurator → Akindynos (# 20216). – Arsabir (# 20589). – Bathybados (# 21135). – Konstantinos (# 24014). – Michael (# 25198). – Nikolaos (# 26105. – # 26150). – Prokopios (# 26773). – Anonymus (# 30828).
— von Antiocheia → Ioannes (# 23047).
— des Apokrisiarion → Michael (# 25250).
— des Basileopator → Stephanos (# 27244).
— des oxys Dromos → Theodoros (# 27737).
— des Eleutherion → Philetos (# 26596).
— der Ergodosia → Michael (# 25140).
— von Kappadokien → Anonymi (4) (# 30602).
— der Ktema(ta) → Ioannes (# 22862). – Leon (# 24367). – Staurakios (# 27180).
— tu neu ktematos → Ioannes (# 22863).
— tu Magistru → Christophoros (# 21322). – Theophylaktos (# 28189).
— der Mangana → Ioannes (# 23303). – Michael (# 25171). – Romanos (# 26884). – Anonymus (# 31891).
— der Megale Ekklesia → Ioannes (# 23238). – Niketas (# 25767). – Nikolaos (# 25919).
— von Melitene → Ioannes (# 23303). – Ioannes Chrysoberges (# 23380).
— von Mesopotamia → Achilleios (# 20095). – Theodoros (# 27876).
— tes metaxeos → Pankalos (# 26230). – Theophilos (# 28161).
— ton oxeon → Leon (# 24688). – Zacharias (# 28489. – # 28490). – Anonymus (# 31869).
— des Patriarcheion → Nikolaos (# 26068).
— tu Petriu → Theophylaktos (# 28242).
— ton basilikon oikon tu Petriu → Ioannes (# 23314).
— von Strongylizon → Anonymus (# 30975).

basilikos Kurator → Theognostos (# 28017). – Theoktistos (# 28053).
— von Artze → Konstantinos (# 24009).
— tes theias chrysoteleias → Theodoros (# 27869).

megas Kurator → Bardanios (# 20763). – Basileios (# 21066). – Michael (# 25172. – # 25193). – Myron (# 25475). – Nikolaos (# 26148). – Theodoros (# 27823).
— von ta Antiochu → Georgios (# 22139).
— von ta Eleutheriu → Nikolaos (# 26133). – Theodoretos (# 27610).
— des Kanikleion → Konstantinos (# 23897).
— des kaiserlichen Klosters → Georgios (# 22139. – # 22140).
— der Ktemata ton augustiakon → Iakobos (# 22661).
— der Mangana → Georgios (# 22106). – Theodotos (# 27986).
— tu (basiliku) oiku ton Manganon (des [kaiserl.] Hauses der Mangana → Leon (# 24393. – # 24427). – Anonymus (# 31366).
— von Mitylene → Nikephoros (# 25687).
— des Myrelaion → Konstantinos (# 23842).
— tu augustiaku oiku → Konstantinos (# 24077).
— ton oxeon → Leon (# 24674).

Kurier → Ioannes (# 23098).

Kuropalates → Bagrat (# 20730). – Bagrat III. (von Georgien) (# 20740). – Bagrat IV. (von Georgien) (# 20743). – Bardas Skleros (# 20785). – David (# 21415). – David III. (von Tao) (# 21432). – Leon Lalakon (# 24456). – Leon Phokas (# 24423).
— von Iberia → Adarnase II. (# 20099). – Adarnase III. (# 20101). – Ašot II. (Kuropalates Iberias) (# 20647). – Gurgen I. (von Tao) (# 22527). – Smbat I. (Kuropalates Iberias) (# 27142).
— von Tao (= arm. kiwrapałat Tayoc‘) → David III. (von Tao) (# 21432).

kuropalatie Iver' (mbulg.) → s. unter Kuropalates von Iberia.

kuvikularie (mbulg.) → Samonas (# 26973). – s. auch unter Kubikularios.

Kybernetes (Hegumenos) des Ananiasklosters bei Salerno → Lukas (# 24782).

Kykleutes (Wandermönch, Pilger) → Anonymi (# 30586).

Kynegos/Kynegetes (Jäger) → Demetrios (# 21473). – Theodoros (# 27792). – Anonymi (# 30158. – # 30184). – Anonymus (# 30699. – # 30790).

Kyr (Herr) → Antonios (# 20510. – # 20532). – Athanasios (# 20685. – # 20686. – # 20688. – # 20690). – Basileios II. (# 20838). – Basileios (# 21036). – Blasios (# 21183). – Daniel (# 21404). – Demetrios (# 21469. – # 21512). – Elias (# 21669. – # 21671). – Eustathios Romaios (# 21870). – Eustathios (# 21876. – # 21902. – # 21904). – Euthymios (# 21926. – # 21933). – Euthymios Athonites Iber (# 21960). – Euthymios (# 21969). – Gabriel (# 22028. – # 22043). – Georgios I. (von Iviron) (# 22180). – Georgios Hexamilites (# 22187). – Georgios (# 22243. – # 22245. – # 22246). – Gregorios (# 22437). – Iakobos (# 22672). – Ioannes Athonites Iber (# 22942). – Ioannes (# 22987). – Ioannes Phakenos (# 23134). – Ioseph (# 23521). – Kalokyros (# 23646. – # 23647). – Konstantinos Romaios (# 23919). – Kosmas (# 24162. – # 24163. – # 24165). – Kyprianos (# 24226). – Kyrillos (# 24252). – Leon Rhodios (# 24512). – Leontios (# 24717. – # 24726. – # 24727). – Manuel (# 24888). – Michael (# 25295. – # 25352. – # 25355. – # 25359). – Myron (# 25477). – Nikephoros (# 25618. – # 25624. – # 25662. – # 25663. – # 25667. – # 25671). – Niketas (# 25846. – # 25849. – # 25850). – Nikolaos II. Chrysoberges (# 26019). – Nikolaos (# 26066. – # 26118). – Nikon (# 26159). – Niphon (# 26169). – Onesiphoros (# 26188). – Paulos II. Xeropotamites (# 26353). – Paulos (# 26381). – Petros (# 26535). – Phantinos (# 26579). – Philotheos (# 26639). – Poimen (# 26706). – Polyeuktos (# 26715). – Pothos (# 26735). – Prokopios (# 26765). – Romanos III. Argyros (# 26835). – Romanos Genesios (# 26856). – Romanos (# 26864). – Sabas (# 26943). – Sergios (# 27024). – Sergios II. (# 27044). – Stephanos (# 27318. – # 27363. – # 27364). – Symeon (# 27493. – # 27530. – # 27533. – # 27536). – Theodoros (# 27692. – # 27778. – # 27782). – Theodosios Siderokaustes (# 27937). – Theodosios (# 27948). – Theoktistos (# 28057). – Theophanes (# 28085). – Theophylaktos (# 28230. – # 28250). – Thomas Genesios (# 28303). – Timotheos (# 28354). – Xenophon (# 28451). – Zacharias (# 28491). – Anonymus (# 31649. – # 31966).

Kyria (Äbtissin) → Gregoria (# 22346).

Kyria (höhergestellte Person) → Nikephoros Uranos (# 25617A).

Kyr(i)os/Kyris (Herr; s. auch dort bzw. unter Kyr) → Antonios (# 20514). – Basileios (# 20917. – # 20996). – Georgios (# 22199). – Ioannes Athonites Iber (# 22942). – Nikasi (# 25534). – Nikolaos (# 26009). – Paulos (# 26337). – Rentakios (# 26815). – Sisinnios II. (# 27118). – Theophylaktos (# 28200). – Anonymus (# 31429. – # 31430. – # 31442. – # 31582. – # 31638. – # 31664. – # 31722. – # 31772. – # 31774. – # 31927. – # 31930).

Kyros (Herr) s. unter Kyrios.

Kythropoios → Anonymus (# 31539).

Landarbeiter → Alexandros (# 20232).

Latomos → Anonymi (# 30498).

Latro (Räuber) → Anonymi (# 30219).

Lautenspieler → Anonymus (# 31677).

Lebensmittelhändler → Anonymus (# 30720).

Legat/legatus (Gesandter) → Anonymi (# 30366. – # 30161).
— der Orientpatriarchate → Anonymi (# 30242).
— des Papstes → Anastasius Bibliothecarius (# 20341). – Dominicus (# 21583). – Eugenius (# 21775). – Grimualdus (# 22503). – Iohannes (# 23471). – Marinus I. (# 24983). – Paulus (# 26397). – Petrus (# 26554). – Stephanus (# 27381). – Zacharias (von Anagni) (# 28477). – Anonymi (# 30243).
— des Patriarchen von Alexandreia → Anonymi (# 30533).
— des Patriarchats von Antiocheia → Thomas (# 28279).
— des Patriarchen von Jerusalem → Anonymi (# 30533).

Legatarios (Empfänger eines Legats) → Anonymi (# 30364).

Lehrer (Didaskalos, Grammatikos, Maistor) → Alexandros (# 20231). – Argyros (# 20560). – Athanasios (# 20673). – Athanasios Athonites (# 20670). – Gregorios (# 22372. – # 22411. – # 22434). – Ignatios (# 22729). – Ioannes (# 22940). – Konstantinos Kephalas (# 23790). – Konstantinos Sikelos (# 23741). – Michael (# 25173. – # 25356). – Nikephoros (# 25587). – Petros (# 26465). – Philaretos (# 26583). – Photios (# 26667). – Theodoros (# 27684). – Theophylaktos (# 28198). – Anonymi (# 30274. – # 30295. – # 30327. – # 30443). – Anonymus (# 30892. – # 31032. – # 31039. – # 31275. – # 31398). – Anonymus Professor (# 31049).
— für Geometrie → Nikephoros Erotikos (# 25583).
— für Philosophie → Konstantinos (# 23916).

Leibgarde → Ioannes (# 22991).

Leibwächter (Atzupas; Doryphoros; Somatophylax) → Anemas (# 20421). – Atzypotheodoros (# 20699). – Chantaris (# 21232). – Ioannes (# 22991). – Stylianos Zautzes (# 27406). – Anonymi (# 30185). – Anonymi (6) (# 30234). – Anonymi (# 30363). – Anonymi (2) (# 30440). – Anonymus (# 30718).
— des Damianos Dalassenos → Anonymi (10) (# 30542).
— der Danelis → Anonymi (500) (# 30216).
— des Kaisers → Anonymi (# 30193).
— des Nikephoros II. Phokas → Anonymus (# 31445).

— des Romanos Mosele → Philoraios (# 26630).

Leiturgos (Diener) → Anonymi (# 30251).

Leiturgos (Priester, Hausgeistlicher) → Philaretos (# 26583). – Symeon (# 27465). – Anonymus (# 30802).
— der Megale Ekklesia in Athen → Demetrios (# 21484).

Lestes (Räuber) → Anonymi (# 30149. – # 30548).

Leutnant (arab. nā'ib) → Rayyān (# 26808).

Levites (Diakon?) → Christophoros (# 21325).

Libellisios von Thessalonike → Nikolaos (# 26023).

klerikos Libellisios → Nikolaos (# 26006).

Lithoxoos → Anonymus (# 30736).

Logariastes → Michael (# 25372).
— des Mega Kuratorikion → Andreas (# 20394).

logofet (mbulg.) s. unter Logothetes.
— pǫtnyi s. unter Logothetes des Dromos.
— velikyi (Großlogothetes für genikos Logothetes, s. dort).

Logographos → Anonymus (# 31185).

Logothetes → Leon (# 24352. – # 24428). – Theodoros (# 27706). – Thomas Genesios (# 28303). – Anonymus (# 30985. – # 31091. – # 31211. – # 31856).
— ton agelon → Anastasios (# 20293). – Bardas (# 20793). – Gregoras (# 22339). – Marianos (# 24955). – Michael (# 25301). – Anonymus (# 30976).
— des Dromos → Anastasios (# 20338). – Eustathios Romaios (# 21870). – Himerios (# 22624). – Ioannes (# 22797. – # 22952. – # 22987). – Ioannes Hagiopolites (# 22825). – Kalokyros (# 23646). – Kosmas (# 24112). – Leon (# 24490. – # 24493. – # 24518). – Leon Phokas (# 24423). – Leon Rabduchos (# 24400). – Manuel (# 24869). – Michael Porphyrogennetos (# 25174). – Paulos (# 26345). – Stylianos Zautzes (# 27406). – Symeon (# 27504). – Theoktistos (# 28047. – # 28051). – Thomas (# 28287. – # 28290. – # 28309. – # 28312). – Anonymus (# 31091. – # 31211. – # 31237. – # 31451).
— des oxys Dromos → Ioannes (# 22797).
— tu geniku → Leon (# 24359). – Sisinnios (# 27115). – Theodoros (# 27653. – # 27658). – Theodosios (# 27927). – Anonymus (# 30772. – # 31714).
— ton oxeon → Leon (# 24492).
— ton ploïmon → Himerios (# 22624).
— des Praitorion → Ioseph (# 23528). – Leon (# 24484. – # 24663). – Michael (# 25141). – Stephanos (# 27274). – Anonymus (# 31156. – # 31375. – # 31778).
— des Stratiotikon → Bardanios (# 20764). – Georgios (# 22111). – Ioannes (# 23062). – Konstantinos (# 23800). – Leon (# 24494). – Marinos (# 24976). – Symeon (# 27504). – Theodoros Daphnopates (# 27694). – Theophylaktos (# 28214). – Anonymus (# 31907).

genikos Logothetes → Anastasios (# 20334. – # 20337). – Antonios (# 20478). – Basileios (# 20963. – # 20984). – E... (# 21613). – Elisaios (# 21678). – Gregorios (# 22420. – # 22462). – Ioannes (# 22874. – # 23060). – Konstantinos (# 23785. – # 23895. – # 23949). – Leon (# 24359. – # 24361. – # 24395. – # 24429. – # 24483. – # 24489. – # 24507. – # 24537. – # 24591). – Leontios (# 24711). – Michael (# 25224. – # 25226. – # 25227. – # 25236). – Nikephoros (# 25599). – Niketas (# 25736. – # 25777. – # 25802. – # 25864). – Nikolaos (# 25923. – # 25972). – Olbianos (# 26183). – Photios (# 26673. – # 26675). – Sisinnios (# 27115). – Theodoros (# 27653. – # 27658). – Anonymus (# 30838. – # 30839. – # 30840. – # 31714. – # 31906).

stratiotikos Logothetes → Michael (# 25402). – Niketas (# 25771). – Paulos (# 26375).

Lohnarbeiter → Alexandros (# 20232).

Lorikatos → Basileios (# 21098).

ložničar' (mbulg.) s. unter = Koitonites.

luġuṯīṭ/iluġuṯīṭ (arab. = Logothetes) → Anonymus (# 30985. – # 31091).

Mätresse (Pallake) → Basileios Lakapenos (# 20925A).

Magd (s. auch unter Dienerin, Sklavin) → Eutheia (# 21767). – Anonyma (# 30026).

Mageiros (Koch) → Nikolaos (# 26106). – Paulos (# 26337). – Anonymi (# 30452).

Magierin s. unter Zauberin.

Magister/Magistor (Lehrer)→ Grauso (# 22322). – Gregorios (# 22372).— Nikephoros Hexakionites (# 25608). —ton grammatikon → Ignatios (# 22729).

magistr (mbulg. = Magistros; s. auch dort) → Andreas "der Skythe" (# 20351). – Gregoras Iberitzes (# 22328). – Ioannes Kurkuas (# 22917). – Leon Phokas (# 24408). – Romanos I. Lakapenos (# 26833). – Stephanos (# 27224). – Stylianos Zautzes (# 27406).

Magistrianos → Anonymi (# 30199).

Magistrissa → Eudokia (# 21758). – Helene (# 22570). – Maria (# 24916).

Magistros (auch arm. mažistros bzw. arab. māǧisṭrus) → Abas I. (von Armenien) (# 20006). – Abū l-Hayǧā' b. Sa'daddawla (# 20063). – Adarnase III. (# 20101). – Alusianos (# 20263). – Anastasios (# 20338). – Argyros (# 20561). – Ašot (# 20650). – Bagrat (# 20734. – # 20738. – # 20741). – Bagrat IV. (von Georgien) (# 20743). – Bardas Parsakutenos (# 20786). – Bardas Phokas (der Ältere) (# 20769). – Bardas Phokas (der Jüngere) (# 20784). – Bardas Skleros (# 20785). – Basileios (# 20886. – # 20913. – # 20984). – Basileios Peteinos (# 20934). – Basileios Skleros (# 21113). – Bladtzertes (# 21176). – Boris II. (# 21198). – Christophoros (# 21255. – # 21333). – Č'ordvaneli (# 21350). – Damianos Dalassenos (# 21379). – David II. (# 21423). – Disinios (# 21570). – Eugenios (# 21773). – Eustathios Argyros (# 21828). – Eustathios Maleïnos (# 21861). – Eustathios Romaios (# 21870). – Ǧakrūs (# 22057). – Genesios (# 22072). – Georgios (# 22120). – Giorgi II. (von Abchasien) (# 22307). – Gregoras Iberitzes (# 22328). – Gregorios Taronites (# 22428). – Grigor I. (von Taron) (# 22497). – Gurgen II. (von Tao) (# 22529). – Gurgen (von K'art'li) (# 22531). – Ignatios (# 22732). – Ioannes (# 22971. – # 23076. – # 23102. – # 23324). – Ioannes Eladas (# 22909). – Ioannes Garidas (# 22900). – Ioannes Hagiopolites (# 22825). – Ioannes Kurkuas (# 22917. – # 23108). – Ioannes I. Tzimiskes (# 22778). – Konstantinos (# 24020). – Kosmas (# 24110). – Kwirike (# 24220). – Leon (# 24492). – Leon Argyros (# 24399). – Leon Choiro-sphaktes (# 24343). – Leon Katakalon (# 24329). – Leon Melissenos (# 24531). – Leon Phokas (# 24423). – Leon Rabduchos (# 24400). – Leon Theodotakes (# 24345). – Manuel (# 24871. – # 24872). – Marianos (# 24955). – Melias (# 25041.

– # 25042). – Michael (# 25233. – # 25237. – # 25274). – Michael Burtzes (# 25253). – Michael Porphyrogennetos (# 25174). – Mumahhidaddawla Abū Manṣūr Saʿīd b. Marwān (# 25447). – Nikephoros (# 25586). – Nikephoros Hexakionites (# 25608). – Nikephoros II. Phokas (# 25535). – Nikephoros Uranos (# 25617). – Niketas (# 25740. – # 25751. – # 25820). – Nikolaos (# 25972. – # 26098). – Nikolaos Tornikios (# 25961). – Pantherios (# 26248). – Paulos (# 26331. – # 26349). – Paulos Bobos (# 26374). – Prusianos (# 26775). – Romanos (# 26860). – Romanos Kurkuas (# 26852). – Romanos I. Lakapenos (# 26833). – Romanos Musele (# 26844). – Romanos Saronites (# 26843). – Romanos Skleros (# 26854). – Senekʿerim-Yovhannēs Arcruni (# 27008). – Sisinnios (# 27115. – # 27121. – # 27123). – Sisinnios II. (# 27118). – Slokakas (# 27135). – Smbat II. (von Klardžetʿi) (# 27143). – Smbat-Yovhannēs (von Armenien) (# 27146). – Stylianos Zautzes (# 27406). – Symeon (# 27504). – Tačat (# 27553). – Theodoros (# 27623. – # 27678). – Theodoros Daphnopates (# 27694). – Theodoros Dekapolites (# 27708). – Theoktistos (# 28047). – Theophanes (# 28109). – Theophilos Kurkuas (# 28152). – Theophylaktos (# 28196. – # 28205. – # 28221). – Theophylaktos Dalassenos (# 28254). – ʿUbaydallāh (# 28392). – Anonymi (2) (# 30464). – Anonymus (# 30684. – # 31088. – # 31453. – # 31715).
— in Bari → Argyros (# 20560).
— tes politeias (des Staates) → Anonymi (2) (# 30211).

māǧisṭrūs (arab. = Magistros; s. auch dort) → Abū l-Hayǧāʾ b. Saʿdaddawla (# 20063). – Bardas Phokas (der Ältere) (# 20769). – Gregorios Taronites (# 22428). – Manṣūr b. Luʾluʾ (# 24865). – Mumahhidaddawla Abū Manṣūr Saʿīd b. Marwān (# 25447). – Michael Burtzes (# 25253). – Nikephoros Uranos (# 25617). – Sisinnios II. (# 27118). – ʿUbaydallāh (# 28392).

Maglabitessa → Maria (# 24914).

maglavit (mbulg.) s. unter Manglabites.

Mahdī (arab. der Rechtgeleitete, Erlöser) → al-Mahdī (# 24814).

maḫistrūs (arab. = Magistros) s. unter māǧisṭrūs.

Maia (Hebamme) → Leontios (# 24723).

Maistor (Lehrer) → Gregorios (# 22434). – Michael (# 25173. – # 25356). – Petros (# 26465). – Philaretos (# 26583).

Makellares/Makellarios (Fleischer) → Georgios (# 22175). – Leon (# 24502. – # 24551).

Maler (arab. muṣawwir; lat. pictor; Zographos) → Andreas (# 20376). – Georgios (# 22160. – # 22276). – Ioannes (# 22998). – Konstantinos (# 23896). – Leontios (# 24720). – Menas (# 25055). – Michael (# 25348. – # 25374. – # 25375). – Nestor (# 25521). – Pantoleon (# 26258). – Symeon (# 27543. – # 27544). – Anonymus (# 30785. – # 30835. – # 31392).
— von Handschriftenornamenten → Ioseph (# 23522).

Malik (arab. = König)
— al-Abḫāz (von Abchasien) → Giorgi I. (von Georgien = Sakʿartʿvelo) (# 22309).
— Asfaraǧān (von Vaspurakan)→ Senekʿerim-Yovhannēs Arcruni (# 27008).
— banī l-Ǧaḥḥāfī (der Ǧaḥḥāfiten) → Abū l-Yaqẓān al-ʿAlā b. Maslama as-Sulamī (# 20089).

— al-Bulġar (der Bulgaren) → Samuel Kometopulos (# 26983).
— Isfaraǧān (von Vaspurakan) → Senek'erim-Yovhannēs Arcruni (# 27008).
— ar-Rūm (der Rhomäer) → Bardas Phokas (der Jüngere) (# 20784). – Bardas Skleros (# 20785).
— ar-Rūs (der Rhos / der Russen) → Svjatoslav (von Kiew) (# 27440). – Vladimir I. (von Kiew) (# 28433).

al-malika (arab. = Königin) → Theophano (# 28125).

mamlūk (arab. = Diener, Sklave) → Naǧā al-Kāsakī (# 25487). – Qarġūyah (# 26785).
— (arab. = Militärsklave) → Bakǧūr (# 20747).

mamp'al (georg. = Herrscher) → Bagrat I. (von Klardžet'i) (# 20732). – David Mamp'ali (# 21413). – Smbat I. (von Klardžet'i) (# 27140).

mampalis (griech. für georg. mamp'al) → David Mamp'ali (# 21413).

mancipium (Sklave; s. auch dort) → Anonymi (4) (# 30408). – Anonymus (# 31500).

Mandator → Basileios (# 20857). – Michael (# 25095). – Anonymi (2) (# 30468). – Anonymus (# 31570).
— des Logothetes tu dromu → Konstantinos (# 23985).

basilikos Mandator → Georgios (# 22114). – Michael (# 25095).

gegonos (ehemaliger) Mandator → Zacharias (# 28488).

Manglabites → Arsenios (# 20608). – Bartzapedon (# 20835). – Ioannes (# 23436). – Konstantinos Toxaras (# 23744). – Konstantinos (# 23833). – Nikephoros Phokas ("der Ältere") (# 25545). – Paulos (# 26332). – Pothos Argyros (# 26730). – Tačat (# 27553).

gegonos (ehemaliger) Manglabites → Nikolaos (# 26117).

basilikos Mankips (Bäcker) → Symeon (# 27502).

Marineoffizier → Anonymus (# 31304).

Marinesoldat → Anonymi (10) (# 30424).

Markesios (griech. = Markgraf) → Hugo von der Provence (# 22637).
— von Bergonia (von Burgund) → Boso (# 21200). – Hugo (von Tagliaferro) (# 22636).
— von Spoleto → Alberich II. (# 20223).

Markgräfin von Toscana/Tuscien → Berta (# 21154).

Markgraf → Hugo von der Provence (# 22637).
— von Burgund → Boso (# 21200). – Hugo (von Tagliaferro) (# 22636).
— von Friaul → Berengar I. (# 21146).
— von Ivrea → Adalbert (# 20097). – Berengar II. (# 21147).
— von Spoleto → Alberich II. (# 20223).
— von der Toscana → Adalbert (# 20096).

Marmararios/Marmaras → Ioannes (# 23040).

despotikos Mastigophoros (kaiserlicher Büttel) → Anonymi (# 30353).

Mastropeuusa → Anonyma (# 30093).

Mathetes → Antonios (# 20512). – Basileios (# 20994). – Gregorios (# 22392). – Hierotheos (# 22595). – Ioannes (# 22923. – # 22935. – # 23369). – Ioannikios (# 23459). – Leon Xylokodon (# 24572). – Meletios (# 25040). – Niketas David Paphlagon (# 25712). – Paulos (# 26330). – Sabas (# 26928). – Soterichos (# 27165). – Stephanos (# 27248). – Symeon (# 27489. – # 27490. – # 27535). – Theodulos (# 28002). – Anonymus (# 31038. – # 31041).

— epistaton → Ioannikios (# 23452).

Matrose → Anonymi (2) (# 30192). – Anonymi (# 30291. – # 30435. – # 30437. – # 30469. – # 30496). – Anonymus (# 30859. – # 30876).

Maultierführer bzw. -treiber → Nikolaos (# 26059). – Anonymus (# 31598).

mawlā (arab. = [freigelassener] Sklave) → Ǧawhar (# 22066). – Nādir (# 25486). – Rāġib (# 26802). – Takīn b. ʿAbdallāh al-Ḥarbī (# 27557). – Yaʿīš (# 28457).

mažistros (arm. = Magistros) → Bagrat (# 20741). – Čʻordvaneli (# 21350). – Ǧakrūs (# 22057).

mec išxan (arm. = Großfürst) → Gagik II. Arcruni (# 22052).

Mechedi (griech. = Mahdī) → al-Mahdī (# 24814).

Mediziner (s. auch unter Arzt) → Eutychios (# 21977). – Yūsuf II. (# 28474). – Anonymus (# 31431).

Medizinschriftsteller (s. auch unter Autor) → Ḥunayn b. Isḥāq (# 22640). – Konstantinos (# 24059). – Leon Iatrosophistes (# 24312). – Meletios (# 25035). – Philaretos (# 26590). – Qusṭā b. Lūqā (# 26789). – Romanos (# 26866). – Theophanes Chrysobalantes (# 28094). – Theophilos (# 28149).

Megistana → Eleuthera (# 21636).

Megistanes/os → Anastasios Gongylios (# 20298). – David Nestoritzes (# 21439). – Dobromir (# 21573). – Galolektes (# 22061). – Konstantinos Gongylios (# 23823). – Lazaritzes (# 24281). – Anonymus (# 30949. – # 31984).

Meizoteros → Dobrelos (# 21571). – Inarios (# 22757). – Leon (# 24402. – Leon (# 24554). – Mizoteros (# 25414). – Serotas (# 27059).

Meledonos histurgias bas. → Anonymus (# 31549).

Mensurator → Diakonitzes (# 21539).

mepʻe (georg. = König von Georgien) → Adarnase II. (# 20099). – Bagrat III. (von Georgien = Sakʻartʻvelo) (# 20740). – David II. (# 21423). – Kwirike (# 24220).

Mer(i)arches von Charpezikion → Anonymus (# 31238).
— von Hellas → Sergios (# 27020).
— von Thrakesion → Anonymus (# 31244).

Mesites (Gesandter, Diplomat) → Leon Choirosphaktes (# 24343).

Mesos (Bote; s. auch dort) → Leo (# 24289).

Meßdiener → Gregorius (# 22492). – Iakobos (# 22664).

Metallgießer (Chytes) → Michael (# 25187).

Metaxoprates (Seidenhändler) → Elias (# 21654).

Meteorologos (Astronom, Sternenkundiger, Himmelskundiger) → Leon VI. (# 24311).

Meter basileos (Mutter des Kaisers; Ehrentitel) → Danelis (# 21390).

Meter pneumatike (Äbtissin) → Maria (# 24922).

Metretes → Ioannes (# 23419).

basilikos Metretes → Leon (# 24682).

metropolita → s. unter Metropolites.

Metropolites → Agathon (# 20174). – Aniketos (# 20425). – Blatton (# 21184). – Isaakios (# 23555). – Konstantinos (# 23992). – Kosmas (# 24108). – Michael (# 25169. – # 25380). – Nikolaos (# 25941. – # 25958. – # 25959. – # 26080). – Stephanos (# 27339). – Theopemptos (# 28069). – Anonymi (3) (# 30273). – Anonymi (# 30283. – # 30490). – Anonymus (# 30658. – # 30660. – # 30663. – # 30665. – # 30956. – # 30959. – # 30963. – # 30967. – # 30968. – # 30970. – # 31001. – # 31030. – # 31082. – # 31196. – # 31404. – # 31419. – # 31420. – # 31422. – # 31427. – # 31428. – # 31448. – # 31555. – # 31557. – # 31564. – # 31567. – # 31621. – # 31624. – # 31625. – # 31626. – # 31627. – # 31631. – # 31633. – # 31634. – # 31635. – # 31636. – # 31637. – # 31643. – # 31658. – # 31703. – # 31733. – # 31734. – # 31736. – # 31741).

— von Adrianupolis → Nikolaos (# 26017). – Philippos (# 26598). – Stephanos (# 27250).

— von Ainos → Ioannes (# 22805). – Ioannes (# 23282).

— von Alania → Eustratios (# 21909). – Ignatios (# 22740). – Nikolaos (# 26042).

— von Amaseia → Meletios (# 25038). – Nikephoros (# 25538). – Niketas (# 25790). – Stephanos II. (# 27245). – Anonymus (# 30656).

— von Amastris → Alexandros (# 20234). – Ioannes (# 23268).

— von Amida und Samosata → Abramios (# 20024).

— von Amorion → Besarion (# 21158). – Konstantinos (# 23980). – Theodoros (# 27704). – Theophilos (# 28136).

— von Ankyra → Daniel (# 21391). – Gabriel (# 22023). – Gregorios (# 22403). – Ioannes (# 23176). – Michael (# 25368). – Theodulos (# 27989). – Theophilos (# 28170).

— von Antiocheia (Pisidien) → Basileios (# 20845. – # 20899. – # 20949). – Euthymios (# 21928). – Georgios (# 22095). – Theophylaktos (# 28229). – Zacharias (# 28479).

— von Aphrodisias → Ioannes (# 23178). – Theodoros (# 27620). – Anonymus (# 31186).

— von Argos–Nauplion → Nikolaos (# 26060). – Theodoros (# 27791). – Anonymus (# 31291. – # 31405).

— von Arkadiupolis → Basileios (# 20862).

— von Arke (jakobitischer Bischof = arab. miṭrān ʻArqa) → Zachakios (# 28475).

— von Athen → Demetrios (# 21471). – Georgios (# 22128). – Hypatios (# 22649). – Konstantinos (# 23929). – Michael (# 25364). – Niketas (# 25698. – # 25743). – Philippos (# 26613). – Sabas (# 26915). – Theodegios (# 27597). – Anonymus (# 30689).

— von Baysān (= arab. miṭrān Baysān) → Theodoros (# 27861).

— von Bizye → Petros (# 26438).

— von Bosporos → Lukas (# 24760).

— von Chaldia → Basileios (# 20919).

— von Chalkedon → Basileios (# 20850). – Daniel (# 21402). – Dometios (# 21582). – Ioannes (# 23186. – # 23274). – Michael (# 25180. – # 25196). – Theodoros (# 27813). – Zacharias Kophos (# 28476).

— von Charpete (jakobit. = arab. miṭrān Ḥiṣn Ziyād) → Moyses (# 25431).

— von Chonai → Prokopios (# 26766). – Anonymus (# 31553. – # 32000).

— von Damaskus → Sergios (# 27036).

— von Dyrrachion → Lukianos (# 24787). – Theodosios (# 27938). —Anonymus (# 30962).

— von Edessa → Anonymus (# 31176).

— von Emesa → Ioannes (# 23245).

— von Ephesos → Basileios (# 20846). – Gregorios (# 22369. – # 22389). – Ioannes (# 22924). – Konstantinos (# 23828). – Kyriakos (# 24241). – Stephanos

(# 27260). – Theodoros (# 27774. – # 27779). – Anonymus (# 30954. – # 31187. – # 31423).
— von Euchaita → Manuel (# 24882). – Michael (# 25269. – # 25304). – Philaretos (# 26584. – # 26586). – Philotheos (# 26636). – Symeon (# 27516). – Theodoros Santabarenos (# 27619). – Anonymus (# 31732).
— von Gangra → Basileios (# 20849). – Christophoros (# 21266). – Nikolaos (# 25895. – # 25951. – # 25975). – Petros (# 26505).
— von Garella → Basileios (# 20863).
— von Gortyne → Ioannes (# 23276).
— von Hagia Seberina s. unter Santa Severina.
— von Heliupolis → Anastasios (# 20324).
— von Hellas → Nikolaos Xylomachairios (# 25937).
— von Herakleia → Anastasios (# 20301). – Arsenios (# 20616). – Demetrios (# 21461). – Ioannes (# 22781. – # 22803. – # 23175). – Nikephoros (# 25605). – Nikolaos (# 25922). – Photios (# 26676).
— von Hierapolis → Anastasios (# 20324). – Arseber (# 20593). – Georgios (# 22133). – Hilarion (# 22607). – Ignatios (# 22714).
— von Hydrus (Otranto) → Anonymus (# 31481).
— von Ikonion → Basileios (# 21011). – Phokas (# 26657). – Theophilos (# 28143). – Theophylaktos (# 28176). – Anonymus (# 30988).
— von Ilion → Petros (# 26437).
— von Ioannupolis → Stephanos (# 27320).
— von Iperii → Gregorios (# 22349).
— von Kairo (= arab. miṭrān al-Qāhira) → Arsenios (# 20621). – Theodoros (# 27861).
— von Kaisareia → Arethas (# 20554). – Basileios II. (von Kaisareia) (# 20933). – Gregorios (# 22432. – # 22454). – Prokopios (# 26757). – Theophanes Sphenodaimon (# 28076). – Theophanes Choirinos (# 28088).
— von Kalabrien → Leon (# 24331). – Theophylaktos (# 28225. – # 28237). – Anonymus (# 30845).
— von Kamachos → Theodosios (# 27942).
— von Karia → Ioannes (# 23178). – Ioseph (# 23523). – Michael (# 25195). – Theodoros (# 27620). – Anonymus (# 31186).
— von Katane → Leon (# 24543).
— von Keltzene → Michael (# 25379). – Anonymus (# 31979).
— von Kerkyra → Arsenios (# 20603). – Demetrios (# 21459). – Michael (# 25101). – Pachomios (# 26215).
— von Kiew → Michail (# 25404). – Ioannes (# 23404). – Theophylaktos (# 28226).
— von Klaudiupolis → Ignatios (# 22713). – Kyprianos (# 24225). – Niketas (# 25812). – Theoktistos (# 28046).
— von Koloneia → Thomas (# 28333).
— von Konstantia → Eustathios (# 21835). – Anonymus (# 30709).
— von Korinth → Athanasios (# 20684). – Basileios (# 20973). – Hilarion (# 22603). – Ioannes (# 22806). – Niketas (# 25863). – Nikodemos (# 25879). – Paulos (# 26292. – # 26335. – # 26342).— Anonymus (# 31294. – # 31849).
— von Kotyaeion → Anthimos (# 20455). – Epiphanios (# 21715). – Nikolaos (# 25957). – Stephanos (# 27317).
— von Kreta → Basileios (# 20879). – Stephanos (# 27367).
— von Krotone → Nikephoros (# 25541).
— von Kyzikos → Amphilochios (# 20278). – Barnabas (# 20812). – Christophoros (# 21274). – Daniel (# 21395). – Demetrios (# 21463. – # 21478. – # 21527). – Gregorios (# 22358). – Ignatios

(# 22731). – Theodoros (# 27697). – Anonymus (# 30994. – # 31345. – # 31447. – # 31740. – # 31974).
— von Lakedaimon → Theopemptos (# 28070).
— von Laodikeia (Phrygien) → Anastasios (# 20323). – Elias (# 21663). – Epiphanios (# 21707). – Ioannes (# 22845). – Konstantinos (# 23825). – Leon (# 24679). – Paulos (# 26293). – Petros (# 26495). – Sisinnios (# 27096). – Symeon (# 27464). – Theodoros (# 27620). – Anonymus (# 31403. – # 31976).
— von Laodikeia (Syrien) → Theodoros (# 27816. – # 27817).
— von Larissa → Basileios (# 20861). – Euthymios (# 21918). – Iakobos (# 22658). – Philippos (# 26607). – Stephanos (# 27368). – Stylianos (# 27423).
— von Martyropolis → Basileios (# 20859).
— von Melitene → Ioannes (von Melitene) (# 23161). – Ioannes (# 23377). – Theodoros (# 27772). – Theodosios (# 27935). – Anonymus (# 31175. – # 31402. – # 31556).
— von Melitene (jakobitisch = arab. miṭrān Malaṭya) → Ignatios (# 22750).
— von Milet → Ignatios (# 22722).
— von Mitylene → Basileios (# 20860). – Elias (# 21675). – Michael (# 25097). – Thomas (# 28319).
— von Moraboi → Agathon (# 20175).
— von Myra → Georgios (# 22208). – Ignatios (# 22735). – Nikolaos (# 25890). – Theodosios (# 27893). – Timotheos (# 28355). – Anonymus (# 31188. – # 31975).
— von Naupaktos → Antonios (# 20482). – Eustratios (# 21892). – Anonymus (# 32006).
— von Neai Patrai (Thessalien) → Basileios (# 20953). – Kosmas (# 24173). – Nikolaos (# 26043). – Anonymus (# 31320).
— von Neokaisareia → Basileios (# 20922). – Leontios (# 24714). – Nikephoros (# 25580). – Nikolaos (# 26040. – # 26073). – Stylianos (# 27405). – Zacharias (# 28483). – Anonymus (# 31871. – # 31998).
— von Nikaia → Alexandros (# 20231). – Alexios (# 20248). – Amphilochios (# 20278). – Gregorios Asbestas (# 22348). – Gregorios (# 22435). – Ignatios Magentinos (# 22733). – Lazaros (# 24283). – Nikephoros (# 25537). – Theodoros (# 27705).
— von Nikomedeia → Georgios (# 22083). – Gregorios (# 22388). – Ignatios (# 22734). – Stephanos (# 27315).
— von Patras → Andreas (# 20364). – Gregorios (# 22447). – Ioannes (# 23403). – Konstantinos (# 24065). – Philippos (# 26619). – Sabas (# 26916). – Theodoros (# 27629). – Thomas (# 28289). – Anonymus (# 30724. – # 30998. – # 31566. – # 31609. – # 31849. – # 31977).
— von Perge → Euthymios (# 21940). – Ioannes (# 22785. – # 23179).
— von Pessinus → Eusebios (# 21818). – Eustratios (# 21883). – Genesios (# 22076). – Anonymus (# 30999).
— von Philippi → Auxentios (# 20704). – Euthymios (# 21955). – Nikephoros (# 25582). – Nikolaos (# 25894). – Photios (# 26688).
— von Philippopolis → Ioannes (# 23281). – Nikephoros (# 25577). – Theognostos (# 28029). – Anonymus (# 31850).
— von Pompeiupolis → Basileios (# 21010).
— von Rhegion → Leon (# 24331). – Theophylaktos (# 28225. – # 28237). – Anonymus (# 30845).
— von Rhodos → Ioannes (# 22856). – Leontios (# 24705). – Michael (# 25102). – Theodoros (# 27777).

— von Rosia/Rußland → Ioannes (# 23404). – Michail (# 25404). – Theophylaktos (# 28226).
— von Samosata → Ioannes (# 23402).
— von Santa Severina (Hagia Seberine) → Basileios (# 21012). – Ioannes (# 22832). – Stephanos (# 27256). – Anonymus (# 31999).
— von Sardeis → Antonios (# 20492). – Ioannes (# 22999). – Leon (# 24421. – # 24542). – Petros (# 26434. – # 26444. – # 26460). – Stylianos (# 27417). – Theophylaktos (# 28181).
— von Sebasteia → Demetrios (# 21475). – Eleutherios (# 21637). – Theodoros (# 27796). – Theodotos (# 27981). – Theophylaktos (# 28226). – Anonymus (# 30653. – # 31848. – # 31926. – # 31973).
— von Seleukeia → Iulianos (# 23578). – Anonymus (# 31401. – # 31945).
— von Selge → Gregorios (# 22359).
— von Serrai → Konstantinos (# 23991). – Leontios (# 24716). – Anonymus (# 31980).
— von Side → Anastasios (# 20307). – Eustathios (# 21844). – Markos (# 24994). – Theodoros (# 27814).
— von Sizilien → Leon (# 24543. – # 24573).
— von Smyrna → Antonios (# 20496). – Ioannes (# 22999). – Metrophanes (# 25088). – Niketas (# 25705. – # 25783. – # 25806). —Sophronios (# 27159). – Anonymus (# 31978).
— von Staurupolis → Ioannes (# 23178).
— von Sylaion → Ioannes (# 22785. – # 23179). – Leon (# 24403).
— von Synada → Leon (# 24416). – Nikolaos (# 25887). – Pantoleon (# 26252). – Petros (# 26436).— Philetos (# 26595). – Anonymus (# 31083).
— von Synada (jakobitisch = arab. miṭrān) → Elias (# 21674).
— von Syrakus → Gregorios Asbestas (# 22348).
— von Tall Bitriq (jakobitisch = arab. miṭrān Tall Biṭrīq) → Dionysius (# 21568).
— von Tarsos → Georgios (# 22200). – Kosmas (# 24152).
— von Theben → Anonymus (# 32002).
— von Thessalonike → Basileios (# 20858). – Georgios (# 22264). – Gregorios (# 22398). – Niketas (# 25817). – Plotinos (# 26703). – Theodoros (# 27618). – Theophanes (# 28111).
— von Traianupolis → Georgios (# 22183).
— von Trapezunt → Basileios (# 20919. – # 20928). – Georgios (# 22195). – Konstantinos (# 24054). – Theodoros (# 27722).
— von Tyana → Eustathios (# 21853). – Ioannes (# 23177). – Leon (# 24452). – Leontios (# 24706).
— von Tyros → Thomas (# 28279).
— von Zypern → Eustathios (# 21835). – Anonymus (# 30709. – # 32013).

Miaiphonos (Mörder) → Anonymi (# 30548).

Militär → Bardas (# 20781). – Ioannes Geometres (# 23092). – Anonymus (# 30935).

Militärbefehlshaber (der Fāṭimiden = arab. qā'id) → Ǧawhar (# 22066).

Militärgeistlicher → Lukas Stylites (# 24758).

Militärsklave (arab. mamlūk) → Bakǧūr (# 20747).

militaturus → Antonius (# 20537).

Mimos (Schauspieler, s. auch dort) → Anonymus (# 31129).

Miniaturmaler → Georgios (# 22276). – Ioseph (# 23522). – Menas (# 25055). – Michael (# 25374. – # 25375). – Nestor

(# 25521). – Pantoleon (# 26258). – Symeon (# 27543. – # 27544).

Minister des byzantinischen Kaisers (arab. = wazīr al-malik) → Anonymus (# 31091).

Minister (Wesir; s. auch dort) des Sayfaddawla (= arab.wazīr) → Abū l-Qāsim al-Ḥusayn b. ʿAlī al-Maġribī (# 20071).

Ministerialis am Bischofspalast in Capua → Basileios (# 21099).

Minsurator → Diakonitzes (# 21539).

misdiqūs (arab.) s. unter Mystikos).

Missionar → Euthymios (# 21926). – Anonymi (# 30258).
— (Fāṭimide, Ismāʿīlit) → Abū ʿAbdallāh al-Ḥusayn b. Aḥmad aš-Šīʿī (# 20033).
— (Slawen) → Klemes (# 23704).

missus (Bote; s. auch dort) → Leo (# 24289).

missus (Gesandter; s. auch dort) → Anastasios (# 20289). – Lazaros (# 24282).

Misthios → Alexandros (# 20232).

mistik (mbulg.) s. unter Mystikos.
— c<a>rev (mbulg. = Mystikos des Kaisers) → Antonios II. Kauleas (# 20476).

Mitdoge (Venedig) → Iohannes Orseolus (# 23495).

Mitglied der megale hetaireia → Basileios Peteinos (# 20934).

Mitkaiser → Alexandros (# 20228). – Christophoros Lakapenos (# 21275). – Konstantinos VII. (# 23734). – Konstantinos VIII. (# 23735). – Konstantinos (# 23742). – Konstantinos Lakapenos (# 23831). – Leon VI. (# 24311). – Michael Porphyrogennetos (# 25174). – Romanos Lakapenos (# 26840). – Stephanos Lakapenos (# 27251).

Mitkönig Berengars II. (von Italien) → Adalbert (# 20097).

miṭrān (arab. = Metropolites) → Dionysius (# 21568). – Elias (# 21674).
— ʿArqa (von Arke) → Zachakios (# 28475).
— Baysān (von Baysān) → Theodoros (# 27861).
— Ḥiṣn Ziyād (von Harpete) → Moyses (# 25431).
— ʿalā l-Qāhira (wa-Miṣr) (von Kairo) → Arsenios (# 20621). – Theodoros (# 27861).
— Malaṭya (von Melitene) → Ignatios (# 22750).
— Tall Biṭrīq (von Tall Biṭrīq) → Dionysius (# 21568).

mitropolit (mbulg. = Metropolites) → Pantoleon (# 26252).

Moderatos → Konstantinos (# 24069).

Mönch (s. auch unter Monachos) → Adalgesius (# 20098). – Antonios (# 20488. – # 20495. – # 20512. – # 20514. – # 20539). – Arkadios (# 20566). – Arsenios (# 20609). – Athanasios (# 20672). – Basileios ho Neos (# 20881). – Basileios (# 20929. – # 20952. – # 20994. – # 21032. – # 21033. – # 21091). – Bitalios (# 21171). – Blasios (# 21177). – Christophoros (# 21288). – Cosmas (# 21351). – Dionysios (# 21551). – Dox (# 21601). – Dunale (# 21610). – Eirene (# 21620B). – Elias (# 21651. – # 21677). – Ephraim (# 21693). – Epiphanios (# 21705. – # 21709. – # 21711. – # 21726). – Euthymios (# 21926. – # 21948. – # 21965). – Eutychios (# 21980). – Georgios (# 22125. – # 22131). – Germanos von Kosinitza (# 22285). – Gregorios (# 22396. – # 22397. – # 22410. – # 22433. – # 22439). – Hierotheos (# 22595). – Hilarion (# 22601. – # 22608). – Hilarius (# 22621). – Ignatios (# 22741. – # 22749). – Ioannes (# 22800. – # 22839. – # 22854. – # 22935. – # 22937.

– # 22946. – # 23008. – # 23233. – # 23234. – # 23235. – # 23236. – # 23243. – # 23244. – # 23369. – # 23370. – # 23406). – Ioannes bar 'Abdûn (# 23438). – Ioannes Orphanotrophos (# 23371). – Ioannes Theodorokanos (# 23405). – Ioannikios (# 23459. – # 23463). – Ioseph (# 23517). – Isaak (# 23549). – Kallistos (# 23625). – Klemes (# 23704). – Kosmas (# 24109. – # 24113. – # 24120. – # 24171. – # 24181). – Kyriakos (# 24228). – Kyrillos (# 24256). – Kyros (# 24259). – Laurentios (# 24276. – # 24279). – Leon Xylokodon (# 24572). – Leontios (# 24709). – Leontius (# 24732). – Lucas (von Demenna) (# 24753). – Lukas Stylites (# 24758). – Lukas (# 24759). – Lukas der Jüngere (# 24762). – Lukas (# 24763. – # 24779). – Manasses (# 24856). – Matthaios (# 25016). – Meletios (# 25040). – Merkurios (# 25059). – Methodios (# 25085). – Michael (# 25290. – # 25291. – # 25292. – # 25293). – Naum (# 25501). – Neophytos (# 25507). – Nicolaus (# 25528). – Nikodemos (# 25878. – # 25883). – Nikolaos (# 25917. – # 25940. – # 25981. – # 26075. – # 26076. – # 26077). – Petros (# 26429. – # 26445. – # 26470). – Petros Skleros (# 26498). – Petrus (# 26572). – Philippos (# 26606). – Philotheos (# 26641. – # 26642). – Photios (# 26683). – Proklos (# 26756). – Sabas (# 26927. – # 26931). – Soterichos (# 27165). – Stephanos (# 27257. – # 27372. – # 27373). – Stephanos Neolampes (# 27206). – Symeon (# 27465. – # 27489. – # 27490. – # 27491. – # 27509. – # 27531. – # 27535. – # 27537). – Symeon Neos Theologos (# 27488). – Symeon (von Polirone) (# 27518). – Symeones (# 27547). – Theodoretos (# 27608). – Theodoros (# 27802). – Theodorus (# 27885). – Theodosios (# 27914). – Theodosios Abukes (# 27907). – Theodulos (# 28002). – Theophanes (# 28075. – # 28095). – Theophylaktos (# 28200). – Thomas Dephurkinos (# 28286). – Timotheos (# 28354). – Zacharias (# 28481). – Anonymi (# 30188. – # 30195. – # 30202). – Anonymi (3) (# 30203). – Anonymi (# 30204. – # 30205). – Anonymi (50) (# 30218). – Anonymi (# 30224. – # 30232. – # 30256. – # 30260. – # 30300). – Anonymi (2) (# 30313). – Anonymi (# 30323. – # 30324). – Anonymi (2) (# 30325). – Anonymi (3) (# 30340). – Anonymi (# 30381). – Anonymi (2) (# 30412. – # 30413). – Anonymi (3) (# 30474). – Anonymi (2) (# 30506). – Anonymi (über 60) (# 30507). – Anonymi (# 30516). – Anonymi (30) (# 30536). – Anonymi (# 30545. – # 30573). – Anonymi (2) (# 30583). – Anonymi (3) (# 30598). – Anonymi (# 30606. – # 30607). – Anonymi (2) (# 30613). – Anonymi (12) (# 30614). – Anonymus (# 30632. – # 30638. – # 30641. – # 30669. – # 30708. – # 30715. – # 30743. – # 30744. – # 30767. – # 30768. – # 30793. – # 30800. – # 30801. – # 30843. – # 30892. – # 30913. – # 30914. – # 30918. – # 30945. – # 30966. – # 31100. – # 31101. – # 31120. – # 31135. – # 31136. – # 31138. – # 31139. – # 31140. – # 31141. – # 31142. – # 31151. – # 31160. – # 31161. – # 31269. – # 31271. – # 31272. – # 31273. – # 31283. – # 31344. – # 31390. – # 31468. – # 31469. – # 31517. – # 31521. – # 31573. – # 31574. – # 31575. – # 31576. – # 31596. – # 31597. – # 31598. – # 31599. – # 31606. – # 31808.

– # 31841. – # 31940. – # 31943. – # 31948. – # 31982. – # 31989. – # 31990. – # 32005).
— (ehemalig) → Anonymus (# 31004).
— des Agrosklosters → Christophoros (# 21286).
— des Anguriosklosters → Konstantinos (# 23836).
— des Bassos-Klosters → Basileios (# 20955).
— des Benediktklosters in Polignano → Petrus (# 26573).
— in Chrysopolis → Leon (# 24448).
— des Ioannes-Prodromos-Klosters → Georganes (# 22079).
— in Kalabrien → Anonymus (# 31274).
— in Kamia → Stephanos (# 27334).
— des Katharinenklosters (Sinai) → Anonymus (# 32034. – # 32035).
— der Megale Laura → Anonymus (# 30728).
— des Mulaklosters (Kalabrien) → Euthymios (# 21925). – Theodoros (# 27675).

Mörder → Anonymi (# 30548).

Monache (Nonne; s. auch dort) → Agathe (# 20169). – Bardas (# 20774A). – Domnella (# 21587). – Eirene (# 21628. – # 21631). – Febronia (# 21997). – Glykeria (# 22313). – Gregoria (# 22346). – Kandida (# 23663). – Kosmas (# 24101). – Makrina (# 24836). – Maria (# 24918. – # 24938. – # 24942. – # 24949). – Maria Choirosphaktria (# 24930). – Muscatus (# 25455A). – Synesia (# 27548). – Theophano (# 28128). – Anonyma (# 30020. – # 30066. – # 30070. – # 30095. – # 30098. – # 30100. – # 30117).
— in Armentum → Catharina (# 21226).

Monachos (s. auch unter Mönch) → Abramios (# 20028). – Achillas (# 20094). – Adarnase (# 20100). – Adarnase III. (# 20101). – Afrām (# 20154). – Agapios (# 20162. – # 20163). – Agathangelos (# 20166). – Agathon (# 20179). – Akakios (# 20199. – # 20202. – # 20203. – # 20204). – Ambrosios (# 20271. – # 20272). – Anastasios (# 20327. – # 20332). – Andreas (# 20350. – # 20363. – # 20372. – # 20373. – # 20375. – # 20380. – # 20381. – # 20389. – # 20400). – An-thimos (# 20462. – # 20463). – Antiochos (# 20473). – Antonios II. Kauleas (# 20476). – Antonios (Mauros) (# 20485). – Antonios (# 20486. – # 20487. – # 20488. – # 20489. – # 20493. – # 20495. – # 20498). – Antonios III. Studites (# 20499). – Antonios (# 20500. – # 20501. – # 20504. – # 20505. – # 20506. – # 20507. – # 20508. – # 20509. – # 20510. – # 20512. – # 20513. – # 20514. – # 20515. – # 20516. – # 20517. – # 20518. – # 20519. – # 20520. – # 20521. – # 20522. – # 20523. – # 20524. – # 20525. – # 20526. – # 20527. – # 20528. – # 20529. – # 20530. – # 20531. – # 20535). – Antonis (# 20536). – Argentios (# 20557). – Aristobulos (# 20563. – # 20564). – Arkadios (# 20566). – Arseni (# 20595. – # 20596. – # 20597). – Arsenios (# 20598. – # 20602. – # 20603. – # 20604. – # 20605. – # 20609. – # 20611. – # 20612. – # 20613. – # 20614. – # 20615. – # 20617. – # 20618. – # 20620. – # 20622. – # 20623. – # 20624). – Athanasios (# 20666. – # 20667. – # 20669. – # 20672. – # 20674. – # 20675. – # 20676. – # 20678. – # 20679. – # 20680. – # 20681. – # 20682. – # 20685. – # 20686. – # 20687. – # 20688. – # 20689. – # 20690. – # 20691. – # 20693. – # 20694). – Athanasios Athonites (# 20670). – Athanasios Daimonokatalytes (# 20659). – Atzupes (# 20698). – Auxentios (# 20707). – Baanes (# 20719). – Bardas Boïlas (# 20771). – Bardas (# 20773. – # 20774. – # 20788). – Barioannes (# 20811). – Barnabas (# 20813. – # 20814. – # 20816). – Bartholomaios (# 20825. – # 20826. – # 20827. – # 20828. – # 20829. – # 20830. – # 20831. – # 20832). – Bartholomeon (# 20833). – Basileios (# 20839. – # 20840. – # 20842. – # 20858. – # 20880). – Basileios ho Neos (# 20881). – Basileios (# 20891. – # 20901. – # 20929. – # 20930. – # 20951. – # 20952. – # 20974. – # 20979. – # 20981). – Basileios I. Skamandrenos (# 20983). – Basileios (# 20985. – # 20986. – # 20994. – # 21002. – # 21004. – # 21005. – # 21014. – # 21016. – # 21030. – # 21031. – # 21032. – # 21033. – # 21036. – # 21079. – # 21085. – # 21087. – # 21095. – # 21104. – # 21106). – Beniamin (# 21145). – Bitalios (# 21168. – # 21169. – # 21171). – Blasios (# 21177. – # 21178. – # 21183). – Bononius (# 21193). – Charonites (# 21234). – Christodulos (# 21247. – # 21249. – # 21250). – Christophoros (# 21287. – # 21288. – # 21325). – Cono (# 21346). – Constantinus (# 21347). – Damianos (# 21374. – # 21375. – # 21378. – # 21380. – # 21387). – Daniel (# 21393. – # 21396. – # 21397. – # 21398. – # 21399. – # 21400. – # 21401. – # 21403. – # 21404). – David (# 21410. – # 21414). – David Mamp'ali (# 21413). – Demetrios (# 21476. – # 21490. – # 21497). – Dermokaïtes (# 21537). – Dionysios (# 21545. – # 21551. – # 21552. – # 21553. – # 21554. – # 21555. – # 21556. – # 21557. – # 21558. – # 21562. – # 21563. – # 21564. – # 21565. – # 21566. – # 21567). – Dorotheos (# 21592. – # 21594. – # 21595. – # 21596. – # 21597). – Dox (# 21601). – Dunale (# 21610). – Eirenarchos (# 21616). – Eirene (# 21620). – Eleutherios (# 21638). – Elias (# 21649. – # 21651. – # 21656. – # 21657. – # 21658. – # 21659. – # 21662. – # 21668. – # 21669. – # 21670. – # 21671. – # 21673. – # 21677). – Elias der Jüngere (# 21639). – Elias Spelaiotes (# 21646). – Emmanuel (# 21686). – Ephraim (# 21687. – # 21689. – # 21691. – # 21692. – # 21693. – # 21694. – # 21695). – Ephymes (# 21696). – Epiphanios (# 21698. – # 21709. – # 21711. – # 21712. – # 21723. – # 21726. – # 21735). – Esaias (# 21744. – # 21745. – # 21746). – Euarestos (# 21752). – Eusebios (# 21817. – # 21821). – Eustathios (# 21839. – # 21863. – # 21875). – Eustratios (# 21896. – # 21897. – # 21902. – # 21903. – # 21904. – # 21905. – # 21908. – # 21909. – # 21910). – Euthymios (# 21912. – # 21913. – # 21920. – # 21926. – # 21932. – # 21942. – # 21944). – Euthymios (# 21946. – # 21948. – # 21949. – # 21950. – # 21953. – # 21954. – # 21956. – # 21957. – # 21959. – # 21963. – # 21964. – # 21965. – # 21966. – # 21967. – # 21969. – # 21970. – # 21974). – Euthymios Athonites Iber (# 21960). – Euthymios Studites (# 21945). – Eutychios (# 21979. – # 21980). – G... (# 22016). – Gabriel (# 22022. – # 22026. – # 22027. – # 22030. – # 22034. – # 22035. – # 22038. – # 22042). – Georganes (# 22079). – Georgios (# 22105. – # 22125. – # 22131. – # 22142. – # 22143. – # 22160. – # 22161. – # 22177. – # 22178. – # 22184. – # 22185. – # 22210. – # 22226. – # 22227. – # 22229. – # 22230. –

22231. – # 22235. – # 22236. – # 22237. – # 22239. – # 22240. – # 22243. – # 22244. – # 22245. – # 22246. – # 22247. – # 22250. – # 22251. – # 22252. – # 22256. – # 22263. – # 22265). – Georgios Chelandaris (# 22164). – Georgios I. (von Iviron) (# 22180). – Georgios III. (von Iviron) (# 22259). – Gerasimos (# 22281. – # 22282. – # 22283). – Germanos (# 22296. – # 22298. – # 22300). – Germanos von Kosinitza (# 22285). – Giorgi (# 22308). – Gregor (# 22323). – Gregorios (# 22373. – # 22390. – # 22396. – # 22397. – # 22399. – # 22407. – # 22410. – # 22431. – # 22433. – # 22434. – # 22437. – # 22439. – # 22449. – # 22451. – # 22471. – # 22472. – # 22473. – # 22474. – # 22475. – # 22476. – # 22478). – Gregorios Burtuanites (# 22406). – Gregorius (# 22492). – Guzenos (# 22533). – Gvirpel (# 22534). – Hesaïas (# 22586. – # 22587). – Hesychios (# 22588). – Hierotheos (# 22594. – # 22595. – # 22596. – # 22597). – Hilario (# 22599). – Hilarion (# 22601. – # 22604. – # 22608. – # 22611. – # 22612. – # 22613. – # 22614. – # 22615. – # 22616. – # 22617. – # 22620). – Hilarius (# 22621). – Iakobos (# 22663. – # 22665. – # 22666. – # 22668. – # 22669. – # 22670. – # 22671. – # 22672). – Ignatios (# 22719. – # 22727. – # 22728. – # 22736. – # 22738. – # 22740. – # 22741. – # 22744. – # 22745. – # 22746. – # 22747. – # 22748. – # 22749). – Ignatios Charzanas (# 22737). – Ioakeim (# 22773). – Ioane (# 22775). – Ioannes (# 22800. – # 22839. – # 22854. – # 22857. – # 22859. – # 22860. – # 22935. – # 22937. – # 22938. – # 22945. – # 22946. – # 22948. – # 22963. – # 22965. – # 22966. – # 22987. – # 23008. – # 23010. – # 23012. – # 23013. – # 23080. – # 23089. – # 23110. – # 23111. – # 23112. – # 23154. – # 23155. – # 23157. – # 23158. – # 23159. – # 23164. – # 23169. – # 23170. – # 23187. – # 23212. – # 23214. – # 23233. – # 23234. – # 23235. – # 23236. – # 23243. – # 23244. – # 23246. – # 23343. – # 23354. – # 23356. – # 23357. – # 23359. – # 23360. – # 23365. – # 23368. – # 23369. – # 23370. – # 23375. – # 23384. – # 23387. – # 23388. – # 23406. – # 23440). – Ioannes Athonites Iber (# 22942). – Ioannes Elatites (# 22907. – # 22913). – Ioannes Hexapterygos (# 22997). – Ioannes Kolobos (# 22783). – Ioannes Neatokomites (# 22838). – Ioannes Orphanotrophos (# 23371). – Ioannes Phakenos (# 23134). – Ioannes Theodorokanos (# 23405). – Ioannes Tornikios (# 22926). – Ioannes Tsagastes (# 22835). – Ioannes Tzurillas (# 23401). – Ioannes Xenos (# 23109). – Ioannikios (# 23455. – # 23456. – # 23460. – # 23461. – # 23462. – # 23463. – # 23464). – Ioël (# 23469). – Iohannes (# 23490. – # 23491. – # 23491). – Iohannes XVI. Philagathos (# 23486). – Ionas (# 23508). – Ioseph (# 23511. – # 23517. – # 23532. – # 23540. – # 23541). – Ioseph Hymnographos (# 23510). – Iovane Grdzelisdze (# 23545). – Isaak (# 23549). – Kallinikos (# 23616. – # 23617. – # 23618. – # 23619. – # 23620). – Kallistos (# 23625). – Kalokyris (# 23634). – Karpos (# 23679). – Klemes (# 23704. – # 23705. – # 23710. – # 23715. – # 23716). – Konstantinos (# 23836. – # 23846. – # 23873. – # 23915. –

24103. – # 24109. – # 24113. – # 24114. – # 24115. – # 24119. – # 24120. – # 24125. – # 24130. – # 24131. – # 24132. – # 24133. – # 24134. – # 24135. – # 24137. – # 24140. – # 24141. – # 24143. – # 24144. – # 24145. – # 24146. – # 24147. – # 24148. – # 24149. – # 24159. – # 24160. – # 24161. – # 24162. – # 24163. – # 24165. – # 24166. – # 24167. – # 24168. – # 24169. – # 24170. – # 24171. – # 24172. – # 24175. – # 24181). – Konstantinos Helladikos (# 23822). – Konstantinos Iudaios (# 23739). – Kyprianos (# 24226). – Kyriakos (# 24229. – # 24230. – # 24235. – # 24236). – Kyrikos (# 24243). – Kyrillos (# 24245. – # 24246. – # 24248. – # 24250. – # 24251. – # 24252. – # 24253. – # 24255. – # 24256). – Kyros (# 24259). – Laurentios (# 24276. – # 24277. – # 24278. – # 24279. – # 24280). – Lazaros (# 24284. – # 24286). – Lazaros vom Galesionberg (# 24285). – Leo (# 24301). – Leon (# 24410. – # 24431. – # 24442. – # 24453. – # 24510. – # 24548. – # 24581. – # 24644. – # 24649. – # 24652). – Leon Choirosphaktes (# 24343). – Leon Katakalon (# 24329). – Leon Xylokodon (# 24572). – Leonas (# 24701). – Leontios (# 24709. – # 24717. – # 24723. – # 24724. – # 24725. – # 24726. – # 24727. – # 24728. – # 24729. – # 24730). – Leontius (# 24732). – Lukas (# 24759. – # 24763. – # 24764. – # 24765. – # 24768. – # 24769. – # 24770. – # 24772. – # 24773. – # 24774. – # 24776. – # 24777. – # 24778. – # 24779. – # 24781. – # 24783. – # 24785. – # 24786). – Lukianos (# 24789). – Lukas der Jüngere (# 24762). – Lukas Stylites (# 24758). – Lukitzes (# 24792). – Magnus (# 24812). – Makarios (# 24829. – # 24830. – # 24832). – Manasses (# 24856). – Marianos Argyros (# 24962). – Markellos (# 24987). – Markianos (# 24991). – Markos (# 24995. – # 24997. – # 24998. – # 24999. – # 25000. – # 25001). – Matthaios (# 25016. – # 25017. – # 25018. – # 25019). – Meletios (# 25035. – # 25037. – # 25039. – # 25040). – Menas (# 25054). – Methodios (# 25063. – # 25077. – # 25078. – # 25079. – # 25085). – Metrophanes (# 25089. – # 25090. – # 25091. – # 25092). – Michael (# 25125. – # 25185. – # 25203. – # 25256. – # 25263. – # 25268. – # 25270. – # 25273. – # 25290. – # 25291. – # 25292. – # 25293. – # 25314. – # 25316. – # 25350. – # 25352. – # 25355. – # 25356. – # 25360. – # 25362). – Michael Aichmalotos (# 25286). – Michael Exabulites (# 25202). – Michael Maleïnos (# 25124). – Mik'ael (# 25406). – Naukratios (# 25499). – Naum (# 25501). – Neilos (# 25504). – Neilos (von Rossano) (# 25503). – Neophytos (# 25507. – # 25508. – # 25509. – # 25510. – # 25513. – # 25514. – # 25515. – # 25516). – Nestor (# 25520). – Nicolaus (# 25528). – Nikandros (# 25533). – Nikephoros (# 25537. – # 25544. – # 25574. – # 25576. – # 25581. – # 25610. – # 25612. – # 25613. – # 25614. – # 25619. – # 25620. – # 25621. – # 25622. – # 25623. – # 25625. – # 25626. – # 25662. – # 25663. – # 25666. – # 25667. – # 25669. – # 25670. – # 25671. – # 25672. – # 25673). – Nikephoros Tzetirileachas (# 25636). – Niketas (# 25695. – # 25726. – # 25740. – # 25752. – # 25781. – # 25789. –

25815. – # 25844. – # 25846. – # 25848. – # 25849. – # 25850. – # 25852. – # 25853). – Niketas David Paphlagon (# 25712). – Niketas Stethatos (# 25842). – Nikodemos (von Kellarana) (# 25874). – Nikodemos (# 25875. – # 25876. – # 25877. – # 25878. – # 25881. – # 25883). – Nikolaos (# 25917. – # 25921. – # 25928. – # 25940. – # 25942. – # 25946. – # 25953. – # 25960. – # 25980. – # 25981. – # 25983. – # 26012. – # 26015. – # 26020. – # 26036. – # 26044. – # 26059. – # 26061. – # 26075. – # 26076. – # 26077. – # 26079. – # 26106. – # 26111. – # 26114. – # 26117. – # 26118. – # 26120. – # 26122. – # 26132. – # 26139). – Nikolaos Androsalites (# 25886). – Nikolaos II. (von Antiocheia) (# 26124). – Nikolaos II. Chrysoberges (# 26019). – Nikolaos I. Mystikos (# 25885). – Nikon (# 26157. – # 26158. – # 26159. – # 26160. – # 26161. – # 26162. – # 26163. – # 26164. – # 26166). – Nikon "Metanoeite" (# 26155). – Niphon (# 26169. – # 26170). – Ok'ropiri (# 26179). – Onesimos (# 26187). – Onesiphoros (# 26188). – Onuphrios (# 26189). – Orestes (# 26195). – Pachomios (# 26216. – # 26217). – Pankratios (# 26233). – Pantoleon (# 26256). – Paphnutios (# 26261). – Pardos (# 26269). – Paulos (# 26317. – # 26333. – # 26334. – # 26337. – # 26339. – # 26343. – # 26354. – # 26355. – # 26356. – # 26357. – # 26364. – # 26365. – # 26368. – # 26370. – # 26381. – # 26382. – # 26384. – # 26385. – # 26386. – # 26387. – # 26388. – # 26389. – # 26390. – # 26391. – # 26392). – Paulos Magulas (# 26371). – Paulos I. Xeropotamites (# 26352). – Paulos II. Xeropotamites (# 26353). – Petros (# 26429. – # 26445. – # 26448. – # 26470. – # 26474. – # 26475. – # 26476. – # 26480. – # 26494. – # 26500. – # 26503. – # 26506. – # 26507. – # 26508. – # 26520. – # 26534. – # 26535. – # 26536. – # 26537). – Petros Sikeliotes (# 26431). – Petros Skleros (# 26498). – Petros Thaumaturgos (# 26426). – Petrus (# 26552). – Phantinos (# 26576. – # 26577. – # 26579. – # 26580). – Philadelphos (# 26582). – Philaretos (# 26588). – Philetos (# 26592). – Philippos (# 26606. – # 26611). – Philotheos (# 26641. – # 26642). – Photeinos (# 26665). – Photios (# 26680. – # 26683. – # 26685). – Poimen (# 26706. – # 26707). – Polyeuktos (# 26715). – Prasinakios (# 26747). – Proklos (# 26756). – Prokopios (# 26772). – Saba (# 26912. – # 26913. – # 26914). – Sabas (# 26923. – # 26925. – # 26927. – # 26930. – # 26931. – # 26934. – # 26936. – # 26938. – # 26939. – # 26940. – # 26941. – # 26942. – # 26943). – Sabas Mylonas (# 26935). – Sabas neos (# 26929). – Sabbas (# 26945). – Samuel (# 26985). – Serapion (# 27010). – Sergios (# 27023. – # 27032. – # 27033. – # 27038. – # 27039). – Serius (# 27057). – Silvester II. (# 27075). – Simon (# 27082. – # 27083. – # 27084. – # 27085). – Šim'ūn (# 27086). – Sophronios (# 27160). – Soterichos (# 27165). – Stephanos (# 27225. – # 27233. – # 27257. – # 27277. – # 27293. – # 27295. – # 27297. – # 27298. – # 27311. – # 27312. – # 27314. – # 27318. – # 27323. – # 27326. – # 27336. – # 27362. – # 27364. – # 27372. – # 27373. – # 27374). – Stephanos Neolampes (# 27206). –

Symeon (# 27451. – # 27465. – # 27466. – # 27470. – # 27473. – # 27475. – # 27486. – # 27487. – # 27489. – # 27490. – # 27495. – # 27505. – # 27507. – # 27508. – # 27509. – # 27511. – # 27515. – # 27517. – # 27519. – # 27520. – # 27523. – # 27529. – # 27530. – # 27531. – # 27532. – # 27533. – # 27534. – # 27535. – # 27536. – # 27540. – # 27541. – # 27545. – # 27546). – Symeon Neos Theologos (# 27488). – Symeones (# 27547). – T'eodore (# 27575. – # 27576). – Theodoretos (# 27608. – # 27611. – # 27612). – Theodoritos (# 27614). – Theodoros (# 27701. – # 27717. – # 27727. – # 27767. – # 27769. – # 27773. – # 27778. – # 27790. – # 27798. – # 27801. – # 27802. – # 27818. – # 27851. – # 27852. – # 27854. – # 27857. – # 27858. – # 27859). – Theodoros Santabarenos (# 27619). – Theodoros Xylanthropos (# 27776). – Theodosios (# 27886. – # 27892. – # 27905. – # 27906. – # 27912. – # 27914. – # 27916. – # 27917. – # 27918. – # 27930. – # 27933. – # 27941. – # 27943). – Theodosios Abukes (# 27907). – Theodosios Siderokaustes (# 27937). – Theodosius (# 27955). – Theodotos (# 27979). – Theodulos (# 27996. – # 27997. – # 27998. – # 27999. – # 28000. – # 28001. – # 28002. – # 28003). – Theognostos (# 28010. – # 28018). – Theoktistos (# 28054. – # 28055. – # 28057. – # 28058. – # 28060. – # 28061. – # 28062. – # 28063). – Theophanes (# 28075. – # 28091. – # 28095. – # 28100. – # 28101. – # 28102. – # 28103). – Theophilos (# 28149. – # 28163. – # 28164. – # 28169). – Theophoros (# 28172). – Theophylaktos (# 28200. – # 28227. – # 28228. – # 28230. – # 28234. – # 28238. – # 28250). – Thomas (# 28305. – # 28311. – # 28313. – # 28314. – # 28315. – # 28317. – # 28318. – # 28331). – Thomas Dephurkinos (# 28286). – Thomas Pitharas (# 28316). – Timotheos (# 28350. – # 28352. – # 28353. – # 28356). – Tornikios Kontoleon (# 28366). – Tryphon (# 28374). – Vitalis (# 28429). – Xenophon (# 28450. – # 28451. – # 28453). – Ya'īš (# 28456). – Zacharias (# 28481. – # 28486. – # 28492. – # 28493). – Zak'aria (# 28497. – # 28498). – Zosimas (# 28515. – # 28516. – # 28517. – # 28518). – Zosimos (# 28519). – Anonymi (# 30144. – # 30188. – # 30195. – # 30202). – Anonymi (3) (# 30203). – Anonymi (# 30204. – # 30205). – Anonymi (2) (# 30206). – Anonymi (# 30207. – # 30224. – # 30228). – Anonymi (6) (# 30231). – Anonymi (# 30232. – # 30245. – # 30256. – # 30260). – Anonymi (24) (# 30276). – Anonymi (12) (# 30277). – Anonymi (# 30280. – # 30284. – # 30300). – Anonymi (2) (# 30313). – Anonymi (# 30323. – # 30324). – Anonymi (2) (# 30325). – Anonymi (3) (# 30340). – Anonymi (# 30381. – # 30410). – Anonymi (2) (# 30412). – Anonymi (2) (# 30413). – Anonymi (# 30423). – Anonymi (2) (# 30429). – Anonymi (# 30432. – # 30445). – Anonymi (2) (# 30446). – Anonymi (# 30448. – # 30450. – # 30453). – Anonymi (3) (# 30474). – Anonymi (# 30475). – Anonymi (2) (# 30506). – Anonymi (über 60) (# 30507). – Anonymi (# 30516. – # 30517. – # 30520). – Anonymi (30) (# 30536). – Anonymi (4) (# 30538). – Anonymi (# 30543. – # 30544. – # 30545. – # 30558. – # 30559. –

30560. – # 30561. – # 30562. – # 30563. – # 30565). – Anonymi (5) (# 30572). – Anonymi (# 30573). – Anonymi (2) (# 30578). – Anonymi (# 30581). – Anonymi (2) (# 30583). – Anonymi (# 30587. – # 30591). – Anonymi (3) (# 30598). – Anonymi (# 30606. – # 30607). – Anonymi (4) (# 30611). – Anonymi (# 30612). – Anonymi (12) (# 30614). – Anonymus (# 30632. – # 30635. – # 30638. – # 30641. – # 30652. – # 30657. – # 30668. – # 30669. – # 30703. – # 30708. – # 30715. – # 30726. – # 30728. – # 30743. – # 30744. – # 30747. – # 30749. – # 30750. – # 30751. – # 30752. – # 30758. – # 30767. – # 30768. – # 30793. – # 30800. – # 30801. – # 30803. – # 30804. – # 30843. – # 30863. – # 30884. – # 30892. – # 30913. – # 30914. – # 30918. – # 30919. – # 30922. – # 30945. – # 30953. – # 30966. – # 30982. – # 31004. – # 31022. – # 31023. – # 31059. – # 31060. – # 31100. – # 31101. – # 31120. – # 31135. – # 31136. – # 31138. – # 31139. – # 31140. – # 31141. – # 31142. – # 31151. – # 31160. – # 31161. – # 31189. – # 31192. – # 31193. – # 31194. – # 31265. – # 31268. – # 31269. – # 31271. – # 31272. – # 31273. – # 31283. – # 31284. – # 31286. – # 31287. – # 31289. – # 31290. – # 31296. – # 31313. – # 31314. – # 31317. – # 31318. – # 31319. – # 31321. – # 31324. – # 31326. – # 31342. – # 31344. – # 31388. – # 31390. – # 31393. – # 31394. – # 31395. – # 31396. – # 31409. – # 31425. – # 31433. – # 31434. – # 31462. – # 31464. – # 31468. – # 31469. – # 31471. – # 31502. – # 31517. – # 31521. – # 31552. – # 31573. – # 31574. – # 31575. – # 31576. – # 31590. – # 31596. – # 31597. – # 31598. – # 31599. – # 31600. – # 31606. – # 31610. – # 31670. – # 31671. – # 31672. – # 31692. – # 31699. – # 31712. – # 31729. – # 31730. – # 31743. – # 31744. – # 31745. – # 31746. – # 31748. – # 31749. – # 31750. – # 31751. – # 31752. – # 31754. – # 31755. – # 31758. – # 31759. – # 31761. – # 31762. – # 31762. – # 31808. – # 31815. – # 31823. – # 31824. – # 31825. – # 31826. – # 31827. – # 31828. – # 31829. – # 31830. – # 31831. – # 31832. – # 31833. – # 31834. – # 31835. – # 31841. – # 31922. – # 31923. – # 31924. – # 31925. – # 31940. – # 31943. – # 31944. – # 31948. – # 31958. – # 31982. – # 31983. – # 31989. – # 31990. – # 32009. – # 32010. – # 32011. – # 32014. – # 32018. – # 32019. – # 32020. – # 32026. – # 32029. – # 32030. – # 32031. – # 32032).

— (arab. = rāhib) → Assyropulos (?) (# 20654). – Basileios (# 21102). – Elias (# 21655). – Ioannes (# 23126). – Iosua (# 23542). – Isḥaq (# 23561). – Nikephoros Xiphias (# 25661). – Nikolaos (# 25962). – Orestes (# 26197). – Theodoros II. (von Antiocheia) (# 27759). – Anonymus (# 31234. – # 31389).

— von Megas Agros → Ignatios (# 22732).

— des Agrosklosters → Christophoros (# 21286).

— des Akoimetoiklosters → Leon (# 24545).

— des Akonitu-Klosters → Leon (# 24580).

— der Andreaskirche in Patras → Anonymus (# 30626).

— des Antonios-Klosters → Demetrianos (# 21451).
— von Atraktoi → Ioannes (# 23231).
— des Bassos-Klosters → Athanasios (# 20683). – Basileios (# 20955).
— eines Klosters in Chaldia → Ioannes Peperis (# 22967). – Anonymus (# 31292).
— in Chrysopolis → Leon (# 24448).
— des Elaiobomoiklosters → Klemes (# 23712).
— in Georgien → Anonymi (50) (# 30218).
— des Kalathai-Klosters → Elias (# 21664).
— in Kamia → Stephanos (# 27334).
— des Katharinenklosters auf dem Sinai (= arab. rāhib) → Georgios II. (von Alexandreia) (# 22258).
— des Laurentiosklosters in Latinianon → Makarios (# 24831). – Anonymi (2) (# 30430). – Anonymi (25) (# 30431). – Anonymus (# 31322. – # 31327).
— des Limnai-Klosters → Euthymios (# 21941).
— der basilike Maleïnoslaura → Gregorios (# 22453).
— der basilike Mone → Merkurios (# 25059).
— des Monobatoi-Klosters → Arsenios (# 20607).
— des Prokopios-Klosters → Methodios (# 25082).
— des Sabasklosters in Jerusalem → Anonymus (# 31840).
— des Steiriu-Klosters → Lukas (# 24784).
— des Studiosklosters (Kpl.) → Michael Monachos (# 25099). – Symeon Eulabes (# 27479).
— des Theotokosklosters tu Rebukiu bei Tricarico → Ionas (# 23507).

Monachus (Mönch; s. auch dort und unter Monachos) → Andreas (# 20373. – # 20396. – # 20400). – Antonius (# 20539). – Basileios (# 20842. – # 21099). – Constantinus (# 21347). – Cosmas (# 21351). – Falcon (# 21987). – Gregorii (# 22347). – Gregorius (# 22492). – Iohannes (# 23491). – Macarius (von Gent) (# 24806). – Petrus (# 26572). – Sabas (# 26930). – Serius (# 27057). – Silvester II. (# 27075). – Symeon (# 27475. – # 27491). – Symeon (von Trier) (# 27542). – Theodorus (# 27885). – Zosimas (# 28515). – Anonymus (# 30793. – # 32005). – Arsenios (# 20614).
— des Amalfitanerklosters → Anonymi (6) (# 30503).
— des Benediktklosters in Polignano → Petrus (# 26573).
— in Kalabrien → Anonymus (# 31274).
— in Montecassino → Maurus (# 25024).
— des Mulaklosters in Kalabrien → Euthymios (# 21925). – Theodoros (# 27675).
— des Polirone-Klosters → Symeon (von Polirone) (# 27518).

Monastes/Monastos (Mönch; s. auch dort und unter Monachos) → Epiphanios (# 21726). – Neophytos (# 25509). – Anonymus (# 31730).

Monastria (Nonne; s. auch dort) → Anonyma (# 30053).

Monazon (Mönch; s. auch dort und unter Monachos) → Euthymios (# 21926). – Ignatios (# 22728). – Leontios (# 24709). – Anonymus (# 30747. – # 30801).

Monazusa (Nonne; s. auch dort) → Anonyma (# 30036). – Anonymae (# 30131).

Monoamartolos → Gabriel (# 22022).

Monostrategos → Stephanos Maxentios (# 27223).
— von Chaldia → Theophilos Kurkuas (# 28152).
— der westlichen Themen → Nikephoros Phokas ("der Ältere") (# 25545).
— von Makedonia → Marianos Argyros (# 24962).

Monotropos → Elias (# 21651). – Ioannes (# 23235).

Mosaizist → Anonymus (# 31473).

Mt'avar (georg. = Adliger bzw. Fürst) → Ioannes Athonites Iber (# 22942). – Nasra (# 25496). – Prokopios (# 26763).

mudabbir (arab. = Anführer bzw. Generalstabsoffizier) → Melias (# 25042).

Müller (Mylonas) → Mylonas (# 25474). – Sabas Mylonas (# 26935).

mugdim (arab. = Heerführer, Kommandeur, Befehlshaber) → Abū Ṯawr (# 20085).

Mundschenk (Oinochoos, Pinkernes) → Symeon (# 27514). – Anonymus (# 30752. – # 30846).
— des Kaisers → Anonymus (# 31589).

muqaddam (arab. = Anführer, Befehlshaber, Feldherr) → Naṣr al-Iqrīṭišī (# 25495). – Rayyān (# 26808).
— der Bevölkerung in Antiocheia → Rašīq an-Nasīmī (# 26804).
— ar-Rūm (der Rhomäer) → Manuel Phokas (# 24884).

muqīm al-qal'ah (arab. = Hüter der Zitadelle von Aleppo) → Fatḥ (# 21995).

muqīm Afāmiya (arab. = Statthalter von Apameia) → al-Malā'iṭī (# 24840).

murattib (arab. = Gouverneur) → Melias (# 25042).

muṣawwir (arab. = Maler) → Ioannes (# 22998).

mutaġallib (arab. = Usurpator) → Romanos I. Lakapenos (# 26833).

mutaqallid (arab. = Würdenträger) → Abū Firās al-Ḥāriṯ b. Sa'īd b. Ḥamdān (# 20051).

mutarahhib (arab. = Mönch) → Ioannes (# 22938).

mutawassiṭ (arab. = Vermittler bzw. Unterhändler) → Ṭāhir (# 27555).

Mutter des Kaisers (Ehrentitel) → Danelis (# 21390).

Mylonas (Müller) → Sabas Mylonas (# 26935).

Mystagogos → Symeon (# 27465).

Mystagogos semnon gynaikon → Neophytos (# 25509).

Mystikos → Antonios II. Kauleas (# 20476). – Basileios (# 21003). – Demetrios Polemarchios (# 21511). – Eustathios Romaios (# 21870). – Euthymios (# 21933). – Ioannes (# 22938). – Ioannes Marmaras (# 22959). – Konstantinos (# 23894. – # 23916). – Leon Choirosphaktes (# 24343). – Nikolaos I. Mystikos (# 25885). – Nikolaos (# 26134). – Petros (# 26466). – Stephanos (# 27229. – # 27262. – # 27269). – Theodoros (# 27690. – # 27692). – Anonymus (# 31898).
— des Despotes → Himerios (# 22624).

Mystographos → Eustathios (# 21873). – Georgios (# 22147). – Ioannes (# 23312. – # 23416). – Michael (# 25383). – Nikolaos (# 26135). – Petros (# 26434). – Silbestros (# 27072). – Theodoros (# 27871).
— tu kratus → Euphemios (# 21792).

Mystolektes → Ioannes (# 23255). – Konstantinos (# 23954). – Theodoros (# 27841).

naǧǧār (arab. = Tischler) → Nikephoros [I.] (von Jerusalem) (# 25674).

nā'ib (arab. = Statthalter)
— Ḥalab (von Aleppo) → Qarġūyah (# 26785).
— 'alā Anṭākiya (von Antiocheia) → Michael Burtzes (# 25253).

— ʿalā Mayyāfāriqīn (von Martyropolis) → Naǧā al-Kāsakī (# 25487). – Umm Ḥasan (# 28401).
— Ṭarābulus (von Tripolis) → Rayyān (# 26808).

nā'ib (arab. = Leutnant) → Rayyān (# 26808).

nā'ib (arab.= Stellvertreter) → Ḫalaf al-Farġānī (# 22545).
— Ḥalab (des Kalifen in Aleppo) → ʿAzīzaddawla Abū Šuǧāʿ Fātik (# 20712).
— al-Mawṣil wa-Diyār Rabīʿa (des ʿabbāsidischen Kalifen in Mosul und der Provinz Diyār Rabīʿa → Saʿīd b. Ḥamdān (# 26961).

Nauarchos → Adrianos (# 20122). – Himerios (# 22624). – Theodoros Karantenos (# 27765).
— in Attaleia → Anonymus (# 31593).
— tu ploïmu → Niketas Ooryphas (# 25696).

Nauclerus/Naukleros (Kapitän) → Demetrios (# 21479). – Anonymus (# 30745. – # 30781. – # 31131. – # 31498. – # 31674).

Nauta/Nautes/Nautikos (Seemann; s. auch dort und unter Matrose) → Dominicus (# 21586). – Stephanos (# 27255). – Anonymi (# 30288. – # 30349. – # 30421. – # 30422. – # 30435. – # 30439. – # 30469. – # 30496. – # 30502. – # 30608). – Anonymus (# 30859. – # 31150. – # 31675).

naxarar (arm.) → Anonymi (# 30253).

Nazeraios/Naziraios (Mönch; s. auch dort und unter Monachos) → Christophoros (# 21325). – Gregorios (# 22475). – Theophylaktos (# 28238).

Neokoros → Anonymus (# 30855).

Neos, Neoteros (Novize; s. auch dort) → Anonymi (# 30562).

Nikomitacʿi išxan (arm.) → Anonymus (# 31971).

Nipsistiarios → Stephanos (# 27263).
— tu despotu (des Kaisers) → Niketas (# 25827).
— des Stylianos Zautzes → Samonas (# 26973).

Nobelissimos → Bagrat IV. (von Georgien = Sakʿartʿvelo) (# 20743).

Nomeus (Hirte) → Makedonios (# 24834).
— aigon (Ziegenhirt) → Leon (# 24433).

Nomikos → Gregorios (# 22444). – Theodosios (# 27947). – Theophanes (# 28080). – Theophylaktos (# 28201).
— von Hierissos → Konstantinos (# 24039).

Nomodidaskalos → Theophylaktos (# 28201).

Nonne → Agathe (# 20169). – Anastasia (# 20280). – Anastaso (# 20343). – Anna (# 20427. – # 20435). – Bardas (# 20774A). – Bryaina (# 21207). – Domnella (# 21587). – Eirene (von Chrysobalanton) (# 21617). – Eirene (# 21628. – # 21631). – Eudokia (# 21761). – Euphrosyne (# 21800). – Febronia (# 21997). – Glykeria (# 22313). – Gregoria (# 22346). – Helene (# 22572. – # 22582). – Iulitta (# 23580). – Kale (# 23602. – # 23604). – Kandida (# 23663). – Kosmas (# 24101). – Makrina (# 24836). – Maria (# 24911. – # 24913. – # 24918. – # 24922). – Maria Choirosphaktria (# 24930). – Maria (# 24938. – # 24942. – # 24945. – # 24949). – Muscatus (# 25455). – Paraskeue (# 26262). – Synesia (# 27548). – Thekla (# 27583). – Theodora (von Thessalonike) (# 27598). – Theodora (# 27603). – Theodora (# 27604). – Theoktiste (# 28039). – Theophano (# 28126. – # 28128).

– Theopiste (# 28267. – # 28268).
– Zoe (# 28507). – Zoe Karbonopsina (# 28506). – Anonyma (# 30009. – # 30010. – # 30011. – # 30016. – # 30017. – # 30018. – # 30019. – # 30020. – # 30036. – # 30047. – # 30053. – # 30066. – # 30070. – # 30073. – # 30074. – # 30078. – # 30089. – # 30095. – # 30098. – # 30100. – # 30117). – Anonymae (2) (# 30126). – Anonymae (12) (# 30130). – Anonymae (# 30131. – # 30132. – # 30135).
— in Armentum → Catharina (# 21226).
— im Chrysobalantonkloster → Anonyma (# 30015).
— im Kachlakinekloster → Anonymae (2) (# 30129).

Notar s. unter Notarios und notarius.

notar' bzw. notarie (mbulg.) s. unter Notarios.

Notarios → Baanes (# 20721). – Basileios (# 20971). – Eustathios (# 21858). – Georgios (# 22163. – # 22186). – Gregorios (# 22356. – # 22371). – Ioannes (# 22953. – # 23191. – # 23278. – # 23287. – # 23333. – # 23385). – Ioseph (# 23533). – Kalos (# 23655). – Konstantinos (# 24013. – # 24027). – Kosmas (# 24157). – Leon (# 24583). – Michael (# 25372. – # 25384). – Nikephoros (# 25603. – # 25649). – Niketas (# 25830). – Nikolaos (# 26100. – # 26101). – Petros (# 26466). – Stephanos (# 27215). – Theokletos (# 28036). – Theophylaktos (# 28245). – Thomas (# 28335). – Anonymi (# 30537). – Anonymus (# 31371. – # 31526. – # 31766). – Nikephoros (# 25604).
— (fraglich) → Bardas (# 20798). – Ioannes (# 23070).
— (Fehllesung) → Georgios (# 22106).
— des Andronikos Dukas → Anonymus (# 30887).
— Basilidos tes Augustes (der Kaiserin) → Nikolaos (# 26051).
— tu bestiariu → Christophoros (# 21270). – Ioannes (# 23432). – Konstantinos (# 24078). – Leon (# 24620). – Staurakios (# 27195).
— des Chartophylax → Anonymi (# 30508).
— tu philochristu despotu → Niketas (# 25808).
— tu eidiku → Ioannes (# 23428).
— im Eusebioskloster → Konstantinos (# 23989).
— tes basilikes exusias → Leon Daphereras (# 24665).
— des Genikon → Konstantinos (# 23984).
— tes hypurgias → Theokletos (# 28037).
— des Kensor → Romanos (# 26845).
— eines Koitonites → Anonymus (# 30904).
— tu kommerkiu → Thomas (# 28298).
— tu eidiku Logu → Athanasios (# 20668). – Ioannes (# 23429).
— der megale Ekklesia → Konstantinos (# 23802).
— in Nikomedeia → Gregorios (# 22458).
— tu oikistiku → Anonymus (# 31920).
— des Patriarcheion → Konstantinos (# 23745). – Michael (# 25264). – Theodoros (# 27705).
— tes sakelles → Leon (# 24611).
— des Samonas → Konstantinos Rhodios (# 23819).
— in Urtzuli → Leon (# 24653).

basilikos Notarios → Andreas (# 20401). – Artabasdos (# 20632. – # 20633). – Azarias (# 20710). – Basileios Skandales (# 21056). – Basileios (# 21065. – # 21076). – Eustathios (# 21878). – Gregoras (# 22337). – Ioannes (# 23059. – # 23205. – # 23279. – # 23289. – # 23312). – Konstantinos (# 23788). – Michael (# 25232. – # 25384). – Neophytos (# 25512). – Nikephoros

(# 25639). – Niketas (# 25829). – Petros (# 26482. – # 26486. – # 26546). – Sisinnios (# 27119). – Stephanos (# 27349). – Theodoros (# 27735). – Theodosios (# 27946. – # 27954). – Theophilos (# 28171).
— ton asekreteion → Nikolaos (# 25995).
— tu bestiariu → Christophoros (# 21297). – Ioannes (# 23190). – Theodoros (# 27873).
— ton deeseon → Michael (# 25299).
— des Dromos → Leon (# 24681).
— tu eidiku → Demetrios (# 21470). – Ioannes (# 23430). – Michael (# 25383).
— des Kommerkion von Thessalonike → Ioannes (# 22972).
— der megale Kuratoria → Ioannes (# 23313).
— des eidikos Logos/tu eidiku logu → Eustathios (# 21877). – Michael (# 25387). – Nikolaos (# 25914). – Sergios (# 27029). – Theodoros (# 27872). – Anonymus (# 32024).
— des genikon Logothesion → Gregorios (# 22379). – Sisinnios (# 27124).
— tes metaxeos → Pantherios (# 26247).
— tu oikistiku → David (# 21443).
— von Paphlagonien → Konstantinos (# 24006).
— tes Sakelles → Konstantinos (# 23943). – Kosmas (# 24128). – Methodios (# 25086). – Stephanos (# 27329).

patriarchikos Notarios → Eustathios (# 21854). – Ioannes (# 23185. – # 23239. – # 23272). – Michael (# 25152. – # 25264). – Theo... (# 27586). – Theodoros (# 27705. – # 27725).

Notarius → Disilus (# 21569).
— in Acena bei Bari → Fridericus (# 22007). – Sekando (# 27001).
— in Bari → Bisantius (# 21162). – Hieronimus (# 22592). – Iacobus (# 22653). – Madelfrid (# 24807). – Maio (# 24816). – Maio (# 24818). – Marius (# 24985). – Marius (# 24986). – Urso (# 28405). – Ursus (# 28415).
— in Castellana (Apulien) → Ermecausus (# 21741).
— in Conversano (Apulien) → Alexandrus (# 20236). – Maio (# 24816). – Radelgari (# 26798).
— in Lucera → Alaricus (# 20222).
— in Monopoli (Apulien) → Iohannes (# 23482). – Martinus (# 25009).

Novize → Anthes (# 20454). – Damianos (# 21389). – Georgios (# 22138). – Ignatios (# 22749). – Ioannes (# 23369. – # 23370). – Kosmas (# 24171). – Lukas (# 24785). – Manasses (# 24856). – Methodios (# 25085). – Orestes (# 26198). – Philotheos (# 26642). – Symeon (# 27531). – Theodulos (# 28002). – Anonyma (# 30118. – # 30119). – Anonymi (# 30562). – Anonymus (# 30669. – # 31002. – # 31956. – # 31957. – # 31989. – # 31990. – # 31991. – # 31995).

Numerios → Marianos (# 24957).

Numeros → Anonymus (# 31217).

nuncius bzw. nuntius (Gesandter; s. auch dort) → Dominicus (# 21585). – Anonymi (# 30174. – # 30326. – # 30462. – # 30467. – # 30471). – Anonymus (# 31490. – # 31495. – # 31496. – # 31497).

Nykteparchos → Anonymus (# 31507).

Oberbefehlshaber (arab. biṭrīq (min) al-baṭāriqa = Patrikios der Patrikioi) → Andreas "der Skythe" (# 20351). – Naṣr al-Iqrīṭišī (# 25495). – Anonymus (# 30882. – # 31124. – # 31475).

— (Monostrategos) einer Expedition nach Unteritalien → Nikephoros Phokas ("der Ältere") (# 25545).
— der Flotte → Konstantinos Gongylios (# 23823).
— des gesamten Heeres (arab. zaḥafa ... bi-ǧamīʿ ʿaskarihī) → Manuel Phokas (# 24884).
— von Kappadokien = išxan išxanacʿ Gamracʿ ašxarhin (arm.: "Fürst der Fürsten von Gamirkʿ/Kappadokien") → Ioannes Kurkuas (# 22917).

Oberhaupt (arm.) der Bischöfe von Neu-Rom → Photios (# 26667).
— der Kurden (arab. raʾīs al-akrād) → Ibn ad-Daḥḥāk (# 22685).
— der russischen Streitmacht (Katarchon tes rhosikes panoplias) → Svjatoslav (von Kiew) (# 27440).
— der Ṭayyiʾ-Beduinen → Mufarriǧ b. Daġfal b. al-Ǧarrāḥ aṭ-Ṭāʾī (# 25433).

Oberkommandierender (arab. qāʾid min al-quwwād) → Ibn al-Ḥūsayn (# 22694).

Oberrichter (arab. qaḍī al-quḍā) → Romanos III. Argyros (# 26835).

Oberstallmeister → Menikos (# 25056). – Anonymus (# 30948).

Oeconomus eines Klosters in Armentum → Antonius (# 20539).

Offizier (unklaren Ranges) → Kurtikios (# 24215).
— (arab. qāʾid, ṣāḥib) → Bunayy b. Nafīs (# 21212). – Takīn (# 27556).
— der Byzantiner (arm. isxan Horomoc) → Anonymi (40) (# 30493).
— der Flotte/Marine → Anonymi (# 30513).
— bzw. untergeordneter Befehlshaber (arab. zirwār) → Anonymi (# 30444). – Anonymi (40) (# 30493).

Oikeiakos → Staurakios (# 27186). – Anonymi (# 30361).

protos Oikeiakos des Leon Apostyppes → Chamaretos (# 21231).

Oikeios → Nikephoros Phokas ("der Ältere") (# 25545). – Nikephoros (# 25574). – Anonymus (# 31202).

Oiketes (Diener, Haussklave) → Demetrios (# 21468). – Georgios (# 22159). – Ioannes (# 22958). – Theodora (# 27600A). – Theodoros (# 27696). – Anonymi (300) (# 30209). – Anonymi (# 30215). – Anonymi (2) (# 30225). – Anonymi (# 30230. – # 30308. – # 30337). – Anonymi (50) (# 30380). – Anonymi (# 30569. – # 30615). – Anonymus (# 30723. – # 30735. – # 30813. – # 31112. – # 31205. – # 31561. – # 31603).

oiketis (Dienerin) → Anonymae (# 30140).

Oiketor (Bauarbeiter) → Demetrios (# 21505. – # 21506). – Georgios (# 22182). – Ioannes (# 23171. – # 23174). – Michael (# 25272). – Nikolaos (# 26041). – Petros (# 26504). – Sebedragos (# 26999). – Serotas (# 27059). – Anonymi (# 30345). – Anonymus (# 30642).

Oikistikos → Konstantinos (# 24036).

basilikos Oikistikos → Nikolaos (# 25997).

Oikodespotes → Andreas (# 20395). – Arkoleon (# 20575). – Dobrelos (# 21571). – Ioannes Sphesditzes (# 23348). – Leon (# 24654). – Lybeanos (# 24798). – Malkos (# 24851). – Mitzos (# 25413). – Paschalios (# 26283). – Stylianos (# 27422). – Anonymus (# 31946).

Oikodomos (Bauarbeiter bzw. Baumeister) → Daniel (# 21403). – Demetrios N... (# 21525). – Demitras (# 21533). – Eustathios (# 21862). – Anonymi

(# 30453). – Anonymus (# 31985. – # 32070).

Oikonomos → Eustratios (# 21889. – # 21900). – Ioannes (# 22938. – # 23073. – # 23370). – Ioannikios (# 23464). – Klemes (# 23705). – Lukas (# 24763). – Markos (# 24995). – Nikephoros (# 25581). – Pothetos (# 26724). – Pothos (# 26732. – # 26743). – Sachakios (# 26953). – Theodoros (# 27709). – Theodosios (# 27916). – Zacharias (# 28482). – Anonymus (# 31101. – # 31135. – # 31191. – # 31347. – # 31936. – # 32026).
— von Akmoneia → Konstantinos Galenos (# 24064).
— des Klosters in Armentum → Antonius (# 20539).
— von Atraktoi → Ioannes (# 23231).
— des Benediktklosters in Capua → Basileios (# 21099).
— von Bizye → Anthimos (# 20459).
— der Blachernenkirche → Konstantinos (# 23869).
— des Klosters in Chrysopolis → Matthaios (# 25016).
— des Bistums Chytroi → Demetrianos (# 21451).
— ton euagon oikon → Michael (# 25193). – Theodosios (# 27949). – Anonymus (# 31843).
— der Hagia Sophia → Demetrios (# 21527). – Ioannes Neatokomites (# 22838). – Niketas Xylinites (# 25697). – Romanos III. Argyros (# 26835). – Anonymus (# 30952. – # 31016).
— von Hierissos (Metochion der Megale Laura) → Auxentios (# 20707).
— des Iviron-Klosters → Euthymios Athonites Iber (# 21960). – Hilarion (# 22613). – Stephanos (# 27363).
— des Kolobu-Klosters → Stephanos (# 27363).
— des Kyrosklosters in Kpl. → Anonymus (# 31686).
— des kaiserlichen Lakapa-Klosters → Petros (# 26476).
— des Laurentiosklosters in Latinianon → Makarios (# 24831).
— der Megale Ekklesia → Anastasios (# 20301). – Basileios (# 20948). – Demetrios (# 21527). – Eugenios (# 21773). – Ioannes Neatokomites (# 22838). – Michael (# 25125). – Niketas Xylinites (# 25697). – Nikolaos (# 25919). – Pothos (# 26741). – Sisinnios (# 27121). – Anonymus (# 30634. – # 31892).
— der Megale Ekklesia in Athen → Ioannes (# 23002. – # 23004). – Dionysios (# 21564).
— der Megale Laura (Athos) → Dionysios (# 21564). – Euthymios (# 21949).
— von Mese (= Oikonomos des Klosters Protaton [Athos]) → Bartholomaios (# 20830). – Kosmas (# 24169).
— von Montecassino → Maurus (# 25024).
— der Nea Ekklesia → Basileios (# 20910). – Ioannes (# 23319). – Konstantinos (# 23856).
— des Pegeklosters → Matthaios (# 25016).
— von Phirmupolis → Anonymus (# 30744).
— eines Privathaushaltes → Nikephoros (# 25576).
— des Klosters Protaton (Athos) → Arsenios (# 20613. – # 20615). – Bartholomaios (# 20830). – Elias (# 21671). – Georgios (# 22229). – Kosmas (# 24169). – Kyrillos (# 24252). – Lukas (# 24769). – Michael (# 25350). – Nikephoros (# 25667). – Sabas (# 26941).
— der Metropolis von Rhegion → Anonymus (# 31760).
— des Stylos-Klosters (Latros) → Lukas (# 24765).
— von Thessalonike (Erzbistum) → Theodoros (# 27702).

— von Trapezunt → Ioannes (# 23270). – Niketas (# 25804).
— von Valleluce → Basileios (# 21099).

gegonos (ehemaliger) Oikonomos von Protaton → Arsenios (# 20613).

megas Oikonomos → Pothos (# 26741).
— ton euagon (oikon) → Nikephoros (# 25653).

Oinochoeuon/Oinochoos (Mundschenk) → Symeon (# 27514).

Opseis → Anonymi (# 30248).

Orphanotrophos → Damianos (# 21366). – Demetrios (# 21472). – Georgios (# 22086). – Ioannes (# 23160. – # 23217). – Ioannes Orphanotrophos (# 23371). – Leon (# 24680). – Paulos (# 26331). – Pothos Monomachos (# 26744). – Anonymus (# 31209. – # 31649).
— der Megale Ekklesia (Athen) → Demetrios (# 21484).

megas Orphanotrophos → Basileios (# 20897). – Nikephoros (# 25537).

Ortsvorsteher (proteueon) → Anonymus (# 32049).

Ostiarios → Christophoros (# 21318). – Eustathios (# 21872). – Euthymios (# 21922). – Gregorios (# 22441). – Ioannes (# 23124. – # 23163). – Ioseph (# 23537). – Kallistos (# 23624). – Konstantinos (# 23853). – Leon (# 24485. – # 24508). – Michael (# 25254). – Nikolaos (# 26057). – Stephanos (# 27263). – Anonymi (# 30350). – Anonymus (# 31075. – # 31103. – # 31116. – # 31198).
— des Psamathiaklosters → Anonymus (# 30751).

basilikos Ostiarios → Anastasios (# 20315). – Bardas (# 20801). – Basileios (# 20890. – # 21043). – Eustathios (# 21857). – Euthymios (# 21922). – Georgios (# 22106. – # 22109. – # 22193). – Hilarion (# 22609). – Ioannes (# 23307. – # 23314). – Ioseph (# 23537). – Konstantinos (# 23949. – # 24034). – Leon (# 24328). – Maleïnos (# 24850). – Manuel (# 24881). – Michael (# 25339). – Niketas (# 25753). – Petros (# 26456). – Prokopios (# 26773). – Staurakios (# 27193). – Stephanos (# 27321). – Theodoros (# 27824). – Thomas (# 28322). – Anonymus (# 31895).

Ostikan (arm. für arab. Gouverneur) → Yūsuf b. Abī s-Sāǧ (Abū l-Qāsim) (# 28472).
— von Armenien → Naṣr as-Subkī (# 25493). – Subukī (# 27431).
— von Atrpatakan (von Aserbaidschan) → Afšīn (Muḥammad b. Abī s-Sāǧ) (# 20156). – Yūsuf b. Abī s-Sāǧ (Abū l-Qāsim) (# 28472).

imperialis paedagogus/pedagogus → Gregorios (# 22357).

Paidagogos (Lehrer; s. auch dort) → Theodoros (# 27684).

Paidarion (Diener; s. auch dort) → Anonymus (# 31113).

Paideutes (Lehrer; s. auch dort) → Alexandros (# 20231). – Athanasios Athonites (# 20670). – Athanasios (# 20673). – Gregorios (# 22411). – Konstantinos (# 23916). – Nikephoros Erotikos (# 25583). – Photios (# 26667).

koinos Paideutes → Athanasios (# 20673).

Paidiske (Magd, Dienerin; s. auch dort) → Agathe (# 20167). – Euetheia (# 21767). – Marina (# 24974). – Anonyma (# 30012. – # 30076. – # 30090). – Anonymi (# 30338).

Pais (Diener, Sklave; s. auch dort) → Anonymi (# 30338). – Anonymus (# 31115. – # 31581).
— oiketes (Sklave) → Anonymus (# 31783).

Palaistrikos (Ringer) → Anonymus (# 30773).

Palastdiener → Anonymi (2) (# 30407).

Palasteunuch → Barǧawān (# 20810). – Eustratios (# 21906). – Konstantinos Gongylios (# 23823). – Nikephoros (# 25678). – Nikolaos (# 26131). – Symeon (# 27539).

Palastwachen (praesidia) → Anonymi (12) (# 30226).

Palatinos → Palatinos (# 26221). – Romanos Kurkuas (# 26836).

Pallake (Mätresse) → Basileios Lakapenos (# 20925A).

megas Pamphylos → Anonymus (# 31212).

Papas → Andreas (# 20385). – Basileios (# 20987). – Ioannes Lazanes (# 22906). – Ioannes Sphesditzes (# 23348). – Konstantinos (# 24058). – Leon Daphereras (# 24665). – Niketas (# 25803). – Nikolaos (# 26114). – Theodoros Xylanthropos (# 27776). – Anonymi (4) (# 30538). – Anonymus (# 31266).
— (Priester) → Basileios (# 20998). – Bogomilos (# 21187). – Ioannes Tzurillas (# 23401).
— (= Patriarch) von Alexandreia → Michael I. (von Alexandreia) (# 25098).
— der Rus → Gregorios (# 22404).

Papia(s) → Niketas Helladikos (# 25714).

megas Papias → Georgios (# 22216). – Nikephoros (# 25685). – Paulos (# 26378).

Papst → Agapet II. (# 20159). – Anastasius III. (# 20342). – Benedictus IV. (# 21141). – Benedictus VII. (# 21142). – Benedictus VIII. (# 21143). – Bonifatius VII. (# 21192). – Formosus (# 22001). – Gregor V. (# 22324). – Hadrianus II. (# 22537). – Hadrianus III. (# 22538). – Iohannes VIII. (# 23470). – Iohannes IX. (# 23475). – Iohannes X. (# 23477). – Iohannes XI. (# 23479). – Iohannes XII. (# 23483). – Iohannes XIII. (# 23484). – Iohannes XIV. (# 23488). – Iohannes XV. (# 23489). – Iohannes XVI. Philagathos (# 23486). – Iohannes XVII. (# 23498). – Iohannes XIX. (# 23503). – Marinus I. (# 24983). – Sergius III. (# 27051). – Silvester II. (# 27075). – Stephanus V. (# 27384).

Paradynasteuon → Ioannes (# 22937. – # 22938). – Ioseph Bringas (# 23529). – Stylianos Zautzes (# 27406). – Theophanes (# 28087).

Paradynasteuon Synkletos → Basileios Lakapenos (# 20925).

parakimumen (mbulg. = Parakoimomenos) → Konstantinos Barbaros (# 23820).

Parakoimomenos → Barbatos (# 20759). – Basileios Lakapenos (# 20925). – Ioseph Bringas (# 23529). – Konstantinos Barbaros (# 23820). – Michael (# 25249). – Nikolaos (# 26131). – Samonas (# 26973). – Theophanes (# 28087). – Anonymus (# 30782. – # 31688).

Paraphylax → Ioannes (# 22841).
— von Abydos → Ioannes (# 22841). – Meligalas (# 25045).
— von Amisos → Christophoros (# 21316).
— von Koloneia → Anonymus (# 30627).
— von Nikaia → Symeon (# 27500).

Parathalassites → Ioannes (# 23434). – Theodosios (# 27953). – Anonymus (# 30905).

Paroikos (abhängiger Bauer) → Akindynos (# 20214). – Basileios (# 20989. – # 20990. – # 20991). – Damianos

(# 21376). – Datekos (# 21406). – Demetrios (# 21493. – # 21494. – # 21495. – # 21496). – Eustathios (# 21862). – Georgios (# 22162). – Ioannes (# 23114. – # 23115. – # 23119. – # 23121. – # 23122. – # 23123). – Kalokyros (# 23643). – Kalotas (# 23658). – Konstantinos (# 23924. – # 23925. – # 23926). – Kyriakos (# 24231). – Kyrillos (# 24249). – Leon (# 24524. – # 24525. – # 24529). – Meliton (# 25049A). – Michael (# 25258. – # 25259). – Niketas (# 25787). – Nikolaos (# 26013). – Paschalios (# 26281). – Perdanos (# 26405). – Stephanos (# 27299. – # 27300. – # 27303). – Strates (# 27397). – Theodoros (# 27762). – Anonymi (# 30518. – # 30616).

Parthenos → Anonyma (# 30089).

Pater (Vater, Priester, Mönch) → Hilarius (# 22621). – Leontius (# 24732). – Anonymi (# 30245). – Anonymi (4) (# 30611). – Anonymus (# 30703. – # 31567).

Pater poleos von Cherson → Sergios (# 27025).

patmagir (arm. = Historiker, Historiograph) → Yovhannēs Drasxanakertc'i (# 28467).

patrekii/patrekĕi (altruss. = Patrikios) → Bardas Phokas (der Ältere) (# 20769).

Patriarch → Arsenios (# 20621). – Eustathios (# 21876). – Euthymios (# 21913). – Georgios II. (von Alexandreia) (# 22258). – Anonymus (# 31703).

— von Alexandreia → Arsenios (# 20621). – Christodulos (# 21243). – Elias (# 21655). – Eutychios (# 21977). – Georgios II. (# 22258). – Ioannes (# 22823). – Iob (# 23466). – Isḥaq (# 23561). – Michael I. (# 25098). – Michael II. (# 25109). – Anonymus (# 31029).

— von Antiocheia → Agapios I. (# 20164). – Agapios II. (# 20165). – Christophoros (# 21277). – Elias I. (# 21648). – Ioannes III. (# 23167). – Macarius (von Gent) (# 24806). – Nikolaos II. (# 26124). – Symeon I. (# 27478). – Theocharistos (# 27588). – Theodoros II. (# 27759). – Theodosios (# 27890). – Theodosios II. (# 27908). – Anonymus (# 31029).

— von Antiocheia (jakobit. = monophys.) → Ioannes VII. von Sarug (# 23101). – Ioannes bar 'Abdûn (# 23438).

— der Griechen (arm.) → Photios (# 26667).

— von Jerusalem → Agapios II. (von Antiocheia) (# 20165). – Agathon (# 20178). – Arsen (# 20594). – Athanasios I. (# 20671). – Christodulos (# 21244). – Christodulos II. (# 21248). – Elias III. (# 21642). – Ioannes VII. (# 23099). – Ioseph (# 23531). – Leontios I. (# 24708). – Nikephoros [I.] (# 25674). – Orestes (# 26197). – Sergios II. (# 27021). – Theodosios (# 27887). – Theophilos I. (# 28168). – Thomas II. (# 28321). – Yūsuf II. (# 28474). – Anonymus (# 31029).

— von Kpl. → Alexios Studites (# 20247). – Antonios II. Kauleas (# 20476). – Antonios III. Studites (# 20499). – Basileios I. Skamandrenos (# 20983). – Eustathios (# 21876). – Euthymios (# 21913). – Ignatios (# 22712). – Nikolaos I. Mystikos (# 25885). – Nikolaos II. Chrysoberges (# 26019). – Photios (# 26667). – Polyeuktos (# 26715). – Sergios II. (# 27044). – Sisinnios II. (# 27118). – Stephanos I. (# 27208). – Stephanos II. (# 27245). – Theophylaktos (# 28192). – Tryphon (# 28374).

— von Trapezunt (georg. = Metropolites) → Basileios (# 20928).

patriarcha Jherosolimorum (Patriarch von Jerusalem) → Orestes (# 26197).

designatus patriarcha von Antiocheia → Eustratios (# 21894).

Patriarchatskleriker → Anonymi (# 30145). – Anonymus (# 30941).

Patriarches von Bulgarien → Damianos (# 21371). – David (# 21440). – Germanos-Gabriel (# 22299). – Philippos (# 26616).

oikumenikos Patriarches (= Patriarch von Kpl.) → Sisinnios II. (# 27118).

Patriarchikos von Seleukeia → Stephanos (# 27227).

Patricia → Marozia (# 25003).

Patricissa (Anonymus Barensis) → Krešimir III. (# 24197).

patricius → Barsakios (# 20819). – Gregorius IV. (von Neapel) (# 22490). – Guaimar I. (# 22507). – Iohannes I. Petrella (# 23487). – Marinus II. (von Neapel) (# 24984).

imperialis patricius → Guaimar I. (# 22507). – Iohannes (# 23480). – Mastalus I. (# 25012). – Sergius I. (von Amalfi) (# 27053). – Sergius III. (von Amalfi) (# 27055).

patrik (arm./georg.) s. unter Patrikios.

patrikěi (altruss.) s. unter Patrikios.

Patrikia → Anastasia (# 20282). – Anna (# 20429). – Bagrat II. (von Taron) (# 20733A). – Eirene (# 21621). – Maria (# 24954). – Sophia (# 27153).

patrikie/patrikii (mbulg.) s. unter Patrikios.

Patrikios → Aaron (# 20004). – Abalanti (# 20005). – Abessalom (# 20022). – Adralestos (# 20116). – Adralestos Diogenes (# 20120). – Adrianos (# 20124). – Aëtios (# 20148). – Alexios Mosele (# 20241). – Alexios Xiphias (# 20246). – Alusianos (# 20263). – Amorianos (# 20276). – Anastasios (# 20295. – # 20334. – # 20337). – Andreas "der Skythe" (# 20351). – Andronikos (# 20418. – # 20419. – # 20420). – Andronikos Lydos (# 20410). – Anthes Alyates (# 20452). – Antonios (# 20511). – Apoganem (# 20545). – Arsenios (# 20608). – Ašot III. (von Taron) (# 20645). – Ašot II. "Kiskases" (von Klardžet'i) (# 20648). – Atenulph II. (# 20657). – Baanes Angures (# 20716). – Baasakios Diogenes (# 20724). – Bagrat II. (von Taron) (# 20733). – Bagrat (# 20736. – # 20739). – Bakur (# 20748). – Barbatios (# 20758). – Barbatos (# 20759). – Bardas (# 20783. – # 20796. – # 20807). – Bardas Parsakutenos (# 20786). – Bardas Phokas (# 20806). – Bardas Phokas (der Ältere) (# 20769). – Bardas Phokas (der Jüngere) (# 20784). – Bardas Skleros (# 20785). – Barsakios (# 20819. – # 20820. – # 20821). – Basileios (# 20920. – # 20938. – # 20940. – # 20941. – # 20966. – # 20970. – # 20984. – # 21044. – # 21045. – # 21124). – Basileios Hexamilites (# 20972). – Basileios Lakapenos (# 20925). – Basileios Mesardonites Argyros (# 21090). – Basileios Peteinos (# 20934). – Basileios Skleros (# 21113). – Basilitzes (# 21126). – Bogdanos (# 21186). – Bulču (# 21211). – Chaldos (# 21228). – Christophoros (# 21255. – # 21281. – # 21298. – # 21302). – Christophoros Mitylenaios (# 21324). – Č'ordvaneli (# 21350). – Damianos (# 21386). – Damianos Dalassenos (# 21379). – David Areianites (# 21438). – Demetrios (# 21469. – # 21530). – Demetrios Polemarchios (# 21511). – Elemagos (# 21634). – Elias

(# 21661). – Elisaios (# 21678). – Eudokimos Maleïnos (# 21764). – Eugenios (# 21772). – Eustathios (# 21836). – Eustathios Argyros (# 21828). – Eustathios Daphnomeles (# 21864). – Eustathios Romaios (# 21870). – Euthymios (# 21952. – # 21973). – Gabrielopulos (# 22045). – Ǧakrūs (# 22057). – Genesios (# 22072. – # 22075. – # 22077). – Georgios (# 22093. – # 22101. – # 22103. – # 22120). – Georgios Peganes (# 22082). – Gregoras (# 22335). – Gregorios (# 22381. – # 22382. – # 22408. – # 22413. – # 22443. – # 22469. – # 22484). – Gregorios Romaios (# 22394). – Gregorios Taronites (# 22428). – Gregorius IV. (von Neapel) (# 22490). – Grigor I. (von Taron) (# 22497). – Guaimar I. (# 22507). – Guber (# 22511). – Himerios (# 22623. – # 22624). – Ioannes (# 22797. – # 22798. – # 22874. – # 22894. – # 22912. – # 22938. – # 22969. – # 22971. – # 22973. – # 23015. – # 23017. – # 23060. – # 23104. – # 23125. – # 23189. – # 23215. – # 23289. – # 23309. – # 23324. – # 23326. – # 23389. – # 23399. – # 23434. – # 23441). – Ioannes Am(m)iropulos (# 23162). – Ioannes Bogas (# 22911). – Ioannes Byzalon (# 22934). – Ioannes Chaldos (# 23166). – Ioannes Choirinas (# 23090). – Ioannes Chryselios (# 23183). – Ioannes Eladas (# 22909). – Ioannes Garidas (# 22900). – Ioannes Kurkuas (# 22824. – # 22917. – # 23352). – Ioannes Radenos (# 22914). – Ioannes Tornikios (# 22926). – Iohannes I. (von Gaeta) (# 23478). – Iohannes Orseolus (# 23495). – Iohannes I. Petrella (# 23487). – Ioseph Bringas (# 23529). – Isaakios (# 23558). – Kalokyres (# 23631). – Kalokyres Delphinas (# 23632). – Kalokyros (# 23650). – Kalonas (# 23652). – Kandidos (# 23664). – Katakalos (# 23689). – Klemes (# 23713). – Konstantinos (# 23752. – # 23780. – # 23786. – # 23807. – # 23808. – # 23813. – # 23833. – # 23856. – # 23889. – # 23895. – # 23898. – # 23903. – # 23910. – # 23916. – # 23951. – # 23963. – # 23996. – # 24000. – # 24026. – # 24031. – # 24036. – # 24075. – # 24081. – # 24086). – Konstantinos Barbaros (# 23820). – Konstantinos Burtzes (# 23930). – Konstantinos Dalassenos (# 23940). – Konstantinos Diogenes (# 24045). – Konstantinos Gongylios (# 23823). – Konstantinos Helladikos (# 23822). – Konstantinos Karamallos (# 23816). – Konstantinos Maleïnos (# 23862). – Konstantinos Paspalas (# 23781). – Konstantinos Skleros (# 23921). – Kosmas (# 24111. – # 24112. – # 24116). – Krakras (# 24188). – Krateros (# 24191). – Krinites (# 24202). – Kulayb an-Naṣrānī (# 24209). – Kyriakos (# 24238). – Landulph I. (# 24272). – Leon (# 24324. – # 24325. – # 24326. – # 24339. – # 24352. – # 24359. – # 24406. – # 24419. – # 24428. – # 24437. – # 24466. – # 24476. – # 24483. – # 24486. – # 24489. – # 24490. – # 24492. – # 24493. – # 24499. – # 24504. – # 24518. – # 24532. – # 24537. – # 24570. – # 24591. – # 24605. – # 24634. – # 24642. – # 24680. – # 24681. – # 24683. – # 24684). – Leon Choirosphaktes (# 24343). – Leon Damokranites (# 24552). – Leon Katakalites (# 24404). – Leon Krateros (# 24317). – Leon Melissenos (# 24531). – Leon Phokas (# 24423). – Leon Sarakenopulos (# 24520). – Leon Tornikios bzw. Tornikes (# 24424). – Leontios (# 24721). – Makroioannes (# 24837). – Malakenos (# 24842). – Malakinos (# 24845). – Manso I. (# 24861). – Manuel (# 24866. – # 24867. – # 24868. – # 24869. – # 24872. – # 24879. – # 24883. – # 24887). – Manuel Erotikos bzw. Komnenos (# 24885). – Manuel Kurtikes (# 24878). – Manuel Phokas (# 24884). – Maria Argyropulaina (# 24937A). – Marianos (# 24955. – # 24960. – # 24965) – Marianos Argyros (# 24962). – Marinos (# 24975. – # 24976. – # 24977). – Melias (# 25041). – Methodios (# 25080). – Michael (# 25108. – # 25150. – # 25158. – # 25188. – # 25210. – # 25229. – # 25234. – # 25249. – # 25282. – # 25301. – # 25385. – # 25390. – # 25392. – # 25402). – Michael Abidelas (# 25255). – Michael Burtzes (# 25253). – Michael Stypeiotes (# 25177). – Michael Uranos (# 25186). – Moroleon (# 25420). – Nikephoros (# 25592. – # 25599. – # 25633. – # 25688. – # 25690). – Nikephoros Balanites (# 25660). – Nikephoros Erotikos (# 25583). – Nikephoros Hexakionites (# 25608). – Nikephoros Parsakutenos (# 25611). – Nikephoros Phokas (# 25609). – Nikephoros II. Phokas (# 25535). – Nikephoros Phokas ("der Ältere") (# 25545). – Nikephoros Phokas Barytrachelos (# 25675). – Nikephoros Uranos (# 25617). – Nikephoros Xiphias (# 25661). – Niketas (# 25736. – # 25740. – # 25771. – # 25777. – # 25784. – # 25802. – # 25822. – # 25857. – # 25859. – # 25865). – Niketas Byzantios (# 25713). – Niketas Chalkutzes (# 25778). – Niketas Hagiozacharites (# 25807). – Niketas Monomachos (# 25739). – Niketas Ooryphas (# 25696). – Niketas Pegonites (# 25851). – Niketas Skleros (# 25717). – Nikolaos (# 25923. – # 25943. – # 25945. – # 25972. – # 26005. – # 26011. – # 26090. – # 26102. – # 26134. – # 26135). – Nikolaos Nikolitzas (# 26037). – Nikolaos Tornikios (# 25961). – Palatinos (# 26220). – Paschalios (# 26280). – Paulos (# 26302. – # 26345. – # 26349. – # 26379). – Petronas (# 26415). – Petros (# 26450. – # 26451. – # 26488. – # 26490. – # 26512. – # 26518. – # 26526. – # 26531. – # 26542). – Phers (# 26581). – Philomates (# 26627). – Philotheos (# 26635). – Photeinos (# 26663). – Photios (# 26678). – Polites (# 26710). – Pothos (# 26728. – # 26745). – Pothos Argyros (# 26730). – Prokopios (# 26763). – Romanos (# 26847. – # 26848. – # 26850. – # 26855. – # 26857. – # 26858. – # 26859. – # 26860. – # 26863. – # 26871). – Romanos III. Argyros (# 26835). – Romanos Genesios (# 26856). – Romanos Kurkuas (# 26852). – Romanos Lakapenos (# 26841). – Romanos I. Lakapenos (# 26833). – Sachakios Brachamios (# 26952). – Samonas (# 26973). – Senek'erim-Yovhannēs Arcruni (# 27008). – Sergius III. (von Amalfi) (# 27055). – Sisinnios (# 27109. – # 27115). – Smbat I. (von Klardžet'i) (# 27140). – Soterichos (# 27163). – Staurakios (# 27182. – # 27188). – Stephanos (# 27224. – # 27228. – # 27290. – # 27344. – # 27351). – Stephanos Kontostephanos (# 27313). – Stylianos Zautzes (# 27406). – Symbatios (# 27447. – # 27450). – Symeon (# 27468. – # 27504). – Symeon Ampelas (# 27506). – Tarasios (# 27562. – # 27564). – Theod... (# 27592). – Theodorokanos (# 27615). – Theodoros (# 27623. – # 27625. – # 27653. – # 27665. – # 27739. – # 27745. –

#27810. – #27819. – #27843). – Theodoros Belonas (#27707). – Theodoros Daphnopates (#27694). – Theodoros Dekapolites (#27708). – Theodoros Guniatzitzes (#27650). – Theodosios (#27898. – #27904). – Theodotos (#27976. – #27985). – Theoktistos (#28047. – #28051. – #28066). – Theophanes (#28087). – Theophilos (#28139). – Theophilos Erotikos (#28154). – Theophilos Kurkuas (#28152). – Theophylaktos (#28179. – #28194. – #28204. – #28206. – #28222. – #28232. – #28240. – #28243. – #28249. – #28256. – #28265). – Theophylaktos Dalassenos (#28254). – Theudatos (#28276). – Thomas (#28287. – #28290. – #28292. – #28293. – #28309. – #28312). – T'ornik (#28364). – Tzaptzes (#28385). – Tzorbaneles (#28387). – Tzotzikios (#28388). – 'Ubaydallāh (#28392). – Ursoleon (#28407). – Anonymi (#30249). – Anonymus (#30683. – #30824. – #30832. – #30839. – #30840. – #30972. – #30974. – #31080. – #31326. – #31337. – #31355. – #31356. – #31391. – #31490. – #31504. – #31680. – #31870. – #31881. – #31890. – #31892. – #31906. – #31907. – #31915. – #31917. – #31918. – #31957. – #32072).

— (= Anthypatos Patrikios) → Eustathios Maleïnos (#21861).

Patrikios (Befehlshaber = arab. biṭrīq) → Andronikos Dukas (#20405). – B.r.kīl (#20714). – Chrysaphios (#21337). – Č'ordvaneli (#21350). – Gregoras Iberitzes (#22328). – Ibn al-Balanṭis (#22687). – Ioannes I. Tzimiskes (#22778). – Kulayb an-Naṣrānī (#24209). – Leon (#24511). – Leon Maleïnos (#24509). – Malakenos (#24842). – Michael (#25247. – #25354). – Nikephoros Xiphias (#25661). – Pegasios (#26402). – Petros (#26496). – Romanos Balantes (#26851). – Theodoros Parsakutenos (#27758). – Anonymi (70) (#30322). – Anonymi (#30444. – #30458). – Anonymi (3) (#30459). – Anonymi (40) (#30493). – Anonymus (#30678. – #30679. – #30680. – #30681. – #30682. – #30706. – #30707. – #30882. – #31149. – #31475. – #31476. – #30637. – #31124).

— von Antiocheia → Michael Burtzes (#25253).

— von Chaldia → B.r.kīl (#20714).

— von Makedonien → Ibn Ġudāl (#22693).

— von Tzamandos und Lykandos → Theodulos Parsakutenos (#27993).

Patrikios (Oberbefehlshaber = arab. biṭrīq al-baṭāriqa: Patrikios der Patrikioi) → Kesta Stypiotes (#23699). – Naṣr al-Iqrīṭišī (#25495).

— von Armenien → Abas I. (#20006).

patritius s. unter Patrikios.

Patrocissa → Krešimir III. (#24197).

Paulikianerführer → Chrysocheir (#21340). – Kallistos (#23621).

Peirates (Pirat) → Anonymi (#30149. – #30289).

Pelates → Anonymi (#30489).

Pemphtheis (Bote; s. auch dort) → Anonymus (#31763).

Periphanes (Mächtiger) → Anonymus (#31303).

pěstun (mbulg.) → Georgios Sursubules (#22137).

Pezos (Fußsoldat) → Anonymi (2) (#30594).

Pferdeknecht → Anonymus (#30948).

Pferdetrainer → Ioannes (# 23409).

Pfleger → Asmud (# 20639). – Anonymi (# 30618).

Pförtner → Anonymus (# 31075. – # 31103. – # 31116).

Pharmakos → Anonyma (# 30051).

Philologe → Alexandros (# 20231).

Philosophos → Ioannes Lampardopulos (# 23100). – Ioannes Sikeliotes (# 23413). – Konstantinos Sikelos (# 23741). – Leon Iatrosophistes (# 24312). – Lewon (# 24737). – Meletios (# 25035). – Nikephoros (# 25544). – Niketas Byzantios (# 25713). – Symeon (# 27511). – Theophilos (# 28149). – Anonymus (# 31676. – # 31866).

Philosophos (Theologe) → Niketas David Paphlagon (# 25712).

Phoitetes (Schüler; s. auch dort) → Antonis (# 20536). – Anonymus (# 30890. – # 31271. – # 31284. – # 31433).

Phorologos von Abydos → Nikolaos (# 25991).

despotikos Phrurarchos (Festungskommandant, hier übertragen auf einen Abt) → Anonymus (# 31178).

Phruros (Wächter) → Anonymi (# 30250. – # 30486).

Phurnares (Bäcker) → Demetrios (# 21505).

Phylarchos → ʿAlī b. Yūsuf II. (# 20257).
— von Nordafrika → Abū l-ʿAbbās ʿAbdallāh b. Ibrāhīm (# 20031).

Phylatton (Statthalter) → Demetrios Teichonas (# 21523).

Phylax (Wächter) → Christophoros (# 21315). – Anonymi (# 30229).
— des Kyrosklosters in Kpl. → Anonymus (# 31686).

pictor (Maler) → Anonymus (# 31392).

Pigkernes → s. unter Pinkernes

Pilger (kykleutes) → Anonymi (# 30586).

Pinkernes (Mundschenk) → Andronikos (# 20418). – Georgios (# 22134). – Anonymus (# 30846).
— des Patriarchen → Ioannes (# 22921).
— Romanu tu philochristu Despotu → Marinos (# 24980).

despotikos Pinkernes → Ioannes (# 23043).

Pirat → Anonymi (# 30289). – Anonymus (# 30629. – # 30630).

Pistikos ton oxeon → Ioannes (# 23061).

basilikos Pistikos → Basileios (# 20895).

Pleustikos (Seemann) → Anonymi (# 30297).

Ploïmos (Seemann) → Anonymi (2) (# 30192).

Poetikos (Dichter; s. auch dort) → Leon Philosophos (# 24313).

Poietes (kein Dichter!) → Anonymus (# 31009).

Poimen → Eustratios (# 21882). – Anonymi (# 30219. – # 30552). – Anonymus (# 31764. – # 31784. – # 31932. – # 32027).
— von Adraneia → Methodios (# 25081).
— des Theophanes-Klosters → Anonymus (# 32016).

Polites → Anonymus (# 30777).
— von Unteritalien → Theodoros (# 27856).

Pop (altbulg./altkirchenslaw.: Priester) → Bogomilos (# 21187). – Georgios (# 22167). – Anonymus (# 30697).

portarius (Torwächter) → Anonymus (# 32047).

Porthmeus → Rodophylles (# 26829).

postel'ščak (mbulg.) s. unter Koitonites.

praefecturus (Amalfi) → Iohannes (# 23480). – Leo (# 24295). – Manso Fusilis (# 24860). – Mastalus I. (# 25012).

Präfekt (= arab. ʿāmil) → Ḫalaf al-Farġānī (# 22545). – Nizār b. Muḥammad (# 26171).
— des Aḥmad b. Ṭūlūn → Sīmā (# 27077).

Praelatus → Lucas (von Demenna) (# 24753).

Praepositos → Anastasios Gongylios (# 20298). – Konstantinos Gongylios (# 23823). – Theodoros (# 27623). – Theoktistos (# 28066). – s. auch unter Praipositos.

praepositus (Prior bzw. Oikonomos)
— des Benediktklosters von Capua → Basileios (# 21099).
— des Klosters von Montecassino → Ademar (# 20113). – Maurus (# 25024). – Muscatus (# 25455).
— von Valleluce → Basileios (# 21099).

praepositus mensae → Eurardus (# 21811).

praeses von Ragusa → Lampredius (# 24266).

praesidia → Anonymi (12) (# 30226).

praesul (Papst) (Grabinschrift des Metropoliten Sergios) → Benedictus VII. (# 21142).

Pragmateutes (Kaufmann) → Andreas (# 20378). – Christophoros (# 21300). – Georgios (# 22121). – Leon (# 24363). – Niketas (# 25722). – Plotinios (# 26701). – Rhodios (# 26818). – Stephanos (# 27236). – Theophylaktos (# 28246). – Anonymus (# 30821).

Praipositos → Baanes Angures (# 20716). – Ioannes (# 23056. – # 23096. – # 23323. – # 23399). – Ioannes Orphanotrophos (# 23371). – Ioseph Bringas (# 23529). – Konstantinos (# 23856). – Leon (# 24419. – # 24518. – # 24683). – Michael (# 25249. – # 25303). – Nikephoros (# 25653). – Niketas (# 25866). – Pothos (# 26745). – Romanos (# 26847). – Romanos Lakapenos (# 26841). – Theodoros (# 27740). – Theoktistos (# 28066). – Theophilos (# 28138. – # 28140). – Thomas (# 28309). – Anonymus (# 31370. – # 31384. – # 31870).

Praitor → Arsabir (# 20589). – Anonymus (# 31480).
— von Adrianopel → Niketas (# 25820).
— von Isthmos → Basileios Apokaukos (# 21006).
— von Korinth → Basileios Apokaukos (# 21006).
— von Kpl. → Stephanos (# 27344).
— von Makedonien → Niketas (# 25820).

Praktor (Steuereinnehmer) → Gregorios Maleïnos (# 22426). – Anonymus (# 31152).

Pratton → Gregorios Maleïnos (# 22426).

Prenkeps von Salerno → Guaimar III. bzw. IV. (# 22509). – s. auch unter princeps.

prepositus → s. unter praepositus.

Presbeutes (Gesandter; s. auch dort) → Leon Choirosphaktes (# 24343). – Anonymi (2) (# 30487). – Anonymus (# 31972).
— von Benevent nach Capua → Anonymus (# 30644).

presbiter(us) (s. auch unter Presbyteros bzw. Priester) →Andreas (# 20373). – Gregorius (# 22492). – Kosmas (# 24142). – Sabas neos (# 26929). – Simagon (# 27078).
— von Lucera → Adelbertus (# 20102).

Presbys (Gesandter; s. auch dort) → Neophytos (# 25507). – Nikolaos (# 25917). – Anonymi (# 30152. – # 30152. – # 30171. – # 30248. – # 30261. – # 30481).

— von Ägypten → Anonymi (2) (# 30370).
— Araps (der Araber) → Anonymi (# 30252).
— von Ragusa → Anonymi (# 30146).
— aus Spanien → Anonymi (# 30382).
— (Paulikianer) von Taranta → Anonymi (# 30160).

Presbyter(os/us) (s. auch unter Priester) → Agathangelos (# 20166). – Akindynos (# 20215). – Anastasios (# 20318. – # 20325). – Anastasius Bibliothecarius (# 20341). – Andreas (# 20371. – # 20373. – # 20385. – # 20390). – Annalis (# 20444). – Antonios (# 20489. – # 20506. – # 20515. – # 20517. – # 20518. – # 20531. – # 20534). – Antonios II. Kauleas (# 20476). – Arsenios (# 20598. – # 20603). – Athanasios (# 20692). – Auxentios (# 20705). – Bardas (# 20789). – Barnabas (# 20816). – Bartholomaios (# 20829). – Bartholomeon (# 20833). – Basileios (# 20842. – # 20954. – # 20974. – # 20978. – # 20979. – # 20995. – # 20997. – # 21002. – # 21015. – # 21024. – # 21026. – # 21035. – # 21049. – # 21052. – # 21080. – # 21083). – Basileios I. Skamandrenos (# 20983). – Beniamin (# 21145). – Blasios (# 21177). – Bogomilos (# 21187). – Christophoros (# 21287). – Demetrianos (# 21451). – Demetrios (# 21462. – # 21489. – # 21492. – # 21498. – # 21499). – Dionysios (# 21552. – # 21558. – # 21566). – Dorotheos (# 21595. – # 21596). – Eirenarchos (# 21616). – Elias (# 21641. – # 21643. – # 21656. – # 21658. – # 21667. – # 21669. – # 21672. – # 21673). – Ephraim (# 21694). – Epiphanios (# 21699. – # 21721. – # 21735). – Eulogios (# 21781). – Eupraxios (# 21808). – Eustathios (# 21848. – # 21860. – # 21863. – # 21865. – # 21876). – Eustratios (# 21897). – Euthymios (# 21912. – # 21958. – # 21959. – # 21962. – # 21963. – # 21974). – Euthymios Athonites Iber (# 21960). – Eutychios (# 21980). – Gabriel (# 22033. – # 22034). – Georgios (# 22083. – # 22141. – # 22165. – # 22166. – # 22167. – # 22168. – # 22169. – # 22170. – # 22179. – # 22197. – # 22227. – # 22229. – # 22233. – # 22237. – # 22238. – # 22240. – # 22246. – # 22249. – # 22251. – # 22254. – # 22277). – Georgios III. (von Iviron) (# 22259). – Georgios Tzetirileachas (# 22234). – Gerasimos (# 22282). – Germanos (# 22298). – Gon... (# 22318). – Gregorios (# 22353. – # 22399. – # 22451. – # 22470). – Gregorius (# 22492). – Guzenos (# 22533). – Hilarion (# 22600. – # 22616). – Husep (# 22644). – Iakobos (# 22666). – Ignatios (# 22741). – Ioakeim (# 22770). – Ioannes (# 22859. – # 22916. – # 22937. – # 22946. – # 22956. – # 22964. – # 22966. – # 23011. – # 23085. – # 23110. – # 23113. – # 23127. – # 23130. – # 23137. – # 23138. – # 23157. – # 23158. – # 23170. – # 23171. – # 23213. – # 23220. – # 23230. – # 23346. – # 23347. – # 23353. – # 23354. – # 23356). – Ioannes Exarchos (# 22782). – Ioannes Ketrenos (# 23444). – Ioannes Pteleotes (# 22985). – Ioannes Sphesditzes (# 23348). – Ioannes Tzurillas (# 23401). – Ioannikios (# 23462). – Iohannes (# 23471). – Ioseph (# 23511). – Ioseph Hymnographos (# 23510). – Isidoros (# 23563). – Kallinikos (# 23616. – # 23617). – Kalognomos (# 23628). – Klemes (# 23704. – # 23716). – Konstantinos (# 23803. – # 23870. – # 23932. – # 23933. – # 23937. – # 23966. – # 23977. – # 24043. – # 24048. – # 24049. – # 24055).

– Konstantinos Drosos (# 24083). – Konstantinos Iudaios (# 23739). – Kosmas (# 24097. – # 24101. – # 24125. – # 24142. – # 24143. – # 24145. – # 24159). – Kyprianos (# 24226). – Kyriakos (# 24235). – Kyrillos (# 24248). – Leo (# 24310). – Leon (# 24535. – # 24647. – # 24669. – # 24697). – Leon Nasites (# 24661). – Leonas (# 24701). – Leontios (# 24718. – # 24727). – Lukas (# 24781. – # 24785). – Lukas Stylites (# 24758). – Lukios (# 24791). – Malachias (# 24839). – Manuel (# 24886). – Markos (# 24996. – # 24997). – Megistos (# 25029). – Methodios (# 25079). – Michael (# 25125. – # 25257. – # 25262. – # 25360). – Michael Maleïnos (# 25124). – Michael Monachos (# 25099). – Naum (# 25501). – Neophytos (# 25509. – # 25515). – Nikephoros (# 25543. – # 25576. – # 25590. – # 25614. – # 25619. – # 25620. – # 25621. – # 25622. – # 25665). – Nikephoros Tzetirileachas (# 25636). – Niketas (# 25716. – # 25762. – # 25803. – # 25805. – # 25844. – # 25848. – # 25850. – # 25853). – Niketas Stethatos (# 25842). – Nikodemos (# 25878). – Nikolaos (# 25942. – # 26015. – # 26024. – # 26025. – # 26026. – # 26078. – # 26079. – # 26114. – # 26115. – # 26123). – Nikolaos II. (von Antiocheia) (# 26124). – Nikolaos Hagiomokites (# 26126). – Nikon (# 26157. – # 26158. – # 26159. – # 26161). – Pantaleon (# 26240). – Pardos (# 26269). – Paulos (# 26357). – Paulos Plabetzes (# 26383). – Petros (# 26503. – # 26536. – # 26541). – Petrus (# 26554. – # 26572). – Phantinos (# 26579). – Philadelphos (# 26582). – Philippos (# 26611. – # 26617). – Philotheos (# 26637). – Photios (# 26687). – Pothos (# 26738). – Sabas neos (# 26929). – Samonas (# 26975). – Simagon (# 27078). – Šimʿūn (# 27086). – Sisinnios (# 27098. – # 27108). – Stephanos (# 27233. – # 27314. – # 27327. – # 27340. – # 27357. – # 27361. – # 27372). – Stephanos Kalekas (# 27356). – Stephanos Neolampes (# 27206). – Symeon (# 27470. – # 27473. – # 27497. – # 27512. – # 27540). – Symeon Neos Theologos (# 27488). – T... (# 27550). – Themel (# 27584). – Theodoros (# 27616. – # 27705. – # 27798. – # 27851. – # 27881). – Theodoros Xylanthropos (# 27776). – Theodosios (# 27888). – Theodulos (# 28003). – Theognostos (# 28020. – # 28021). – Theophanes (# 28075. – # 28100. – # 28101. – # 28102. – # 28103). – Theophylaktos (# 28177. – # 28201. – # 28227. – # 28228). – Thomas (# 28291. – # 28314). – Timotheos (# 28350). – Tryphon (# 28374). – Xenophon (# 28450. – # 28452). – Zosimas (# 28515). – Anonymi (# 30163. – # 30164). – Anonymi (4) (# 30165). – Anonymi (# 30242). – Anonymi (2) (# 30441). – Anonymi (# 30492. – # 30504). – Anonymi (4) (# 30538). – Anonymi (# 30563). – Anonymi (2) (# 30564). – Anonymi (# 30574). – Anonymus (# 30657. – # 30661. – # 30666. – # 30667. – # 30690. – # 30697. – # 30736. – # 31102. – # 31177. – # 31285. – # 31288. – # 31318. – # 31435. – # 31605. – # 31819. – # 31854. – # 31989. – # 32030).

— (jakobit.) → Basileios (# 21102). – Iosua (# 23542).

— (= arab. kāhin) → Anonymi (# 30223).

— (= arab. qasīs/qass/qissīs) → Nikephoros [I.] (von Jerusalem) (# 25674). – Anonymus (# 31432).

— (= Thytes) → Christophoros (# 21310).

— (= arm. Vardapet) → Lewon (# 24737). – Sahak (# 26959). – Anonymi (# 30497).
— von Aleppo → Anonymus (# 31431).
— von Alexandreia → Kosmas (# 24100).
— der St.-Balbina-Kirche (Rom, Italien) → Benedictus (# 21140).
— der St.-Caecilia-Kirche (Rom, Italien) → Ioannes (# 22804).
— der Chrysogonos-Kirche (Rom, Italien) → Petrus (# 26556).
— der Demetrios-Kirche in Thessalonike → Paulos (# 26339).
— der Georgios-Megalomartys-Kirche in Nea Ephesos → Ioannes (# 23364).
— der Hagia Sophia (Kpl.) → Eustratios (# 21883).
— aus Italien → Deusdona (# 21538).
— aus Kalabrien → Ioannes (# 22843).
— von St. Laurentius in Rom (Italien) → Adrianus (# 20130).
— des Limnai-Klosters → Euthymios (# 21941).
— von Lucera → Adelbertus (# 20102). – Petrus (# 26568).
— der Megale Ekklesia → Ioannes (# 23383). – Konstantinos (# 23869. – # 23978). – Michael (# 25312). – Niketas (# 25862).
— der Megale Ekklesia (Athen) → Basileios (# 20947). – Kosmas (# 24122). – Theodoros (# 27723).
— der basilike Mone → Merkurios (# 25059).
— der Nea Ekklesia → Gregoras (# 22331).
— des Nikolaosklosters in Cava (Italien) → Konstantinos (# 24041).
— von Patras → Anonymus (# 30792).
— der Paulus-und-Iohannes-Kirche (Italien) → Germanus (# 22301).
— von tu Phrontenu → Paulos (# 26382).
— des Protos (Athos) → Niketas (# 25850).
— des Protos der Demetrioskirche (Thessalonike) → Draxanos (# 21605).
— von Rhegion → Demetrios (# 21459).
— von Trapezunt → Ioannes (# 23270).

basilikos Presbyteros → Strategios (# 27394).

prokritos Presbyteros von Rhegion → Demetrios (# 21459).

Presbytes → Ioannes (# 22916). – Ioseph (# 23511).

preses von Ragusa → Lampredius (# 24266).

presul Constantinopolitanus (lat. = Patriarch Kpl.) → Eustathios (# 21876).

prezviter (altkirchensl./mbulg. s. unter Presbyteros.

Priester → Akindynos (# 20215). – Anastasios (# 20325). – Andreas (# 20358). – Areskes (# 20553). – Artabasdos (# 20630). – Athanasios (# 20672). – Basileios (# 20947. – # 20995. – # 21035). – Christophoros (# 21310). – Eirenarchos (# 21616). – Ephraim (# 21693). – Epiphanios (# 21713). – Euthymios (# 21958). – Georgios (# 22141. – # 22194. – # 22277). – Gregorius (# 22492). – Ignatios (# 22741). – Ioannes (# 22831. – # 22946. – # 22956. – # 23130. – # 23132. – # 23230. – # 23381). – Ioannes Ketrenos (# 23444). – Ioannes Psareutes (# 23367). – Ioseph Hymnographos (# 23510). – Kalokyros (# 23647A). – Konstantinos (# 23932. – # 23977. – # 23978). – Konstantinos Drosos (# 24083). – Kosmas (# 24122. – # 24142). – Leon (# 24697). – Lukas Stylites (# 24758). – Lukios (# 24791). – Merkurios (# 25059). – Michael (# 25200). – Niketas (# 25805). – Niketas Kannakes (# 25744). – Philaretos (# 26583). – Samonas (# 26975). – Sisinnios (# 27104). – Stephanos (# 27225. – # 27360. – # 27372). – Stephanos Neolampes (# 27206). – Symeon (# 27531). – Theodoros (# 27705. – # 27881). – Theodoros Santabarenos (# 27619). – Theodoros Xylanthropos (# 27776). – Theodosios (# 27910). – Theophanes (# 28089). – Thomas Dephurkinos

(# 28286). – Tryphon (# 28374). – Anonymi (# 30151. – # 30163). – Anonymi (4) (# 30165). – Anonymi (7) (# 30187). – Anonymi (7) (# 30189. – # 30241). – Anonymi (# 30285. – # 30312. – # 30339. – # 30360). – Anonymi (2) (# 30369). – Anonymi (# 30525. – # 30526. – # 30530). – Anonymi (4) (# 30538). – Anonymi (# 30574). – Anonymus (# 30703. – # 30853. – # 30856. – # 31086. – # 31102. – # 31162. – # 31163. – # 31165. – # 31266. – # 31567. – # 31585. – # 31753. – # 31854. – # 31989).
— (hiereus) → Adelbertus (# 20102). – Eutychios (# 21980). – Ioannes (# 23211). – Konstantinos (# 23988). – Lazaros vom Galesionberg (# 24285). – Mesa (# 25060). – Methodios (# 25075). – Nikodemos (# 25878). – Petros (# 26449). – Anonymus (# 30760. – # 31754).
— (papas) → Konstantinos (# 24058).
— (= arab. qasīs)→ Anonymi (3) (# 30449).
— der Hagia Sophia → Ioannes (# 23383). – Konstantinos (# 23869).
— des Lateinerklosters → Adrianos (# 20126).
— in Lucera → Adelbertus (# 20102). – Adelvertus (# 20112). – Alaricus (# 20222). – Angelo (# 20423). – Ioannes (# 23182). – Petrus (# 26568).
— der Metropolis in Rhegion → Anonymus (# 30791).
— des Mulaklosters in Kalabrien → Euthymios (# 21925).

Primikerios → Anthes (# 20453). – Christophoros (# 21308. – # 21315. – # 21319). – Epiphanios (# 21706. – # 21728). – Eusebios (# 21822). – Eustathios (# 21845). – Gregorios (# 22357. – # 22486). – Hilarion (# 22610). – Ioannes (# 22892. – # 22978. – # 23046. – # 23255. – # 23305. – # 23306. – # 23327). – Konstantinos Barbaros (# 23820). – Konstantinos (# 23856. – # 23899. – # 23949. – # 24032). – Leon (# 24361. – # 24395. – # 24429. – # 24607. – # 24637). – Michael (# 25323. – # 25326. – # 25384). – Niketas (# 25797. – # 25827). – Nikolaos (# 26003. – # 26094. – # 26099. – # 26125). – Petros (# 26451). – Romanos (# 26882). – Romanos (# 26884). – Romanos (# 26885). – Sergios (# 27016). – Staurakios (# 27180). – Stephanos (# 27321). – Theodoros (# 27743. – # 27825. – # 27826). – Theodosios (# 27901. – # 27904). – Theophanes (# 28087). – Theophylaktos (# 28242. – # 28249). – Thomas (# 28299. – # 28328). – Anonymus (# 31919).
— des Bestiarion → Eusebios (# 21819).
— des basilikon Bestiarion → Andreas (# 20365). – Eugenios (# 21770). – Marinos (# 24980).
— der Grammatikoi tu basileos → Konstantinos (# 23994).
— der Notarioi → Maleïnos (# 24850).
— des basilikon Ostiarion → Marinos (# 24980).
— des Rapheion → Leon (# 24497).

basilikos Primikerios → Anastasios (# 20293). – Konstantinos (# 23902). – Thomas (# 28301).

princeps → Atenulph II. (# 20657). – Guaimar (II.) (# 22508). – Guaiphar (II.) (# 22510). – Landulph I. (# 24272). – Mutimir (# 25466).
— Aegyptiae (lat. für arab. Kalifen). – → al-'Azīz billāh (# 20711).
— Babilonis (lat. für den Kalifen in Kairo) → al-Ḥākim (# 22544).
— von Belgrad → Anonymus (# 32007).
— (lang.) von Benevent → Pandulph I. "Eisenkopf" (# 26228).

— von Capua → Landonulph (# 24271). – Pandolfus IV. (# 26227). – Pandulph I. "Eisenkopf" (# 26228).
— von Salerno → Guaimar I. (# 22507). – Guaimar III. bzw. IV. (# 22509).

princeps et senator omnium Romanorum → Alberich II. (# 20223).

princeps praefectorum aerario (lat. Übers. Peeters für georgischen Titel) → Gvirpel (# 22534).

princeps principum → Ašot I. "der Große" (von Armenien) (# 20642).

Prinkips → s. unter princeps.

Prinz → Leon (# 24418).
— von Bulgarien → Romanos (# 26847).

Prinz bzw. Thronfolger (= arab. amīr) → al-Ḥakam [II.] al-Mustanṣir billāh (# 22543).

Prinzessin → Anastasia (# 20280). – Anastasia (# 20281). – Anna (# 20427. – # 20430). – Eudokia (# 21755). – Helene (# 22572. – # 22576). – Maria (# 24913. – # 24921). – Thekla (# 27583).
— von Bulgarien → Anonymae (2) (# 30139).

Prinzessin bzw. Tochter des Königs (= arab. Bint malik) → S.n.ǧār (# 26911).

Prior des Benediktklosters von Capua → Basileios (# 21099).
— von Montecassino → Ademar (# 20113). – Maurus (# 25024). – Muscatus (# 25455).
— von Valleluce → Basileios (# 21099).

Proagetes der Theodosiakoi von Thrakesion → Anonymi (4) (# 30399).

Proechon von Rom → Crescentius (# 21352).

Proedros (Abt oder Metropolit) → Anthimos (# 20465). – Ioannes (# 23266). – Ioseph (# 23522). – Nikephoros (# 25678). – Nikolaos (# 26131. – # 26151). – Theodoros (# 27840). – Anonymus (# 30660. – # 30664).
— von Adrianupolis → Nikolaos (# 26017).
— von Amisos → Nikephoros (# 25680).
— von Ankyra → Gabriel (# 22023).
— von Argos → Theodoros (# 27680).
— von Hierissos → Georgios (# 22224).
— von Kerkyra → Ioannes (# 23386).
— von Meloë → Nikephoros (# 25635).
— von Nikomedeia → Stephanos (# 27315).
— von Patras → Konstantinos (# 24065).
— von Philippoi → Photios (# 26688).
— von Samosata → Tautukas (# 27573).
— von Side → Theodoros (# 27814).
— von Smyrna → Sophronios (# 27159).
— von Tarsos → Georgios (# 22200).
— von Thessalien → Philippos (# 26607).
— von Tyana → Leon (# 24452).

basilikos Proedros von Athen → Sisinnios (# 27106).
— der Notarioi des Kaisers → Thomas (# 28302).

endoxotatos Proedros der Synkletos (des Senats) → Basileios Lakapenos (# 20925).

Proeleusimaios pezos (Thrakesion) → Anonymi (100) (# 30397).

Proestos (Abt oder stellvertretender Abt; s. auch dort bzw. unter Hegumenos) → Eustratios (# 21898). – Gabriel (# 22030). – Gregorios (# 22453. – # 22477). – Lukas (# 24777). – Makarios (# 24830). – Michael (# 25180). – Nikolaos Androsalites (# 25886). – Paulos (# 26292). – Petros (# 26473). – Anonymus (# 30640. – # 30763. – # 31201. – # 31225. – # 31270. – # 31672. – # 31731).
— der Megale Laura (Athos) → Eustratios (# 21902). – Euthymios (# 21944). – Michael (# 25352). – Theodoretos (# 27612).
— des Oroboi-Klosters → Elias (# 21664).

— des Philipposklosters bei Argyron → Nikephoros (# 25585).
— des Sabasklosters bei Jerusalem → Anonymus (# 31839).
— des Zachariaskloster → Petros (# 26461).
— (Verwalter) der Ktemata der Megale Ekklesia (Kpl.) in Strongylizon → Anonymus (# 30975).
— (Vorsteher) ton chrysochoon (der Goldschmiede) → Nikolaos (# 26125).

Proistamenos (Vorsteher) des Stylos-Klosters (Latros) → Symeon (# 27486).

Prokathemenos (Vorsitzender) der Ekdikoi → Nikolaos (# 25965).
— ton paideuterion (der Schulen) → Athanasios (# 20673).

Prokoites → Kalokyres (# 23629).

Pronoetes der basilika ktemata → Michael (# 25193).

Propompos → Anonymus (# 31501).

Prosmonarios → Kaniskas (# 23668). – Nikolaos Androsalites (# 25886).
— der Grabkapelle des hl. Paulos im Stylos-Kloster (Latros) → Gabriel (# 22030).
— der Theotokos-Kirche in Terea → Antonios (# 20493).

prosopo (Langobardia) → Romoaldus (# 26889).

prosopon oiketikon (Haussklave) → Anonymi (500) (# 30216).

Prostates (Abt; s. auch dort bzw. unter Hegumenos) → Athanasios (# 20674). – Gregorios (# 22477). – Leon (# 24518). – Paulos (# 26373).
— des Erebinthos-Klosters → Andreas (# 20398).
— des Mosele-Klosters → Anonymi (# 30295).
— des Xenon des hl. Sampson → Leon (# 24517).
— des Xeron-Choraphion-Klosters → Andreas (# 20398).

Prostituierte → Anne Basilike (# 20445). – Anonyma (# 30059. – # 30060).

Protagonistes → Anonymus (# 31328).

Protarches der Makedonen → Leon Damokranites (# 24552).

Protasekretis → Anastasios (# 20296. – # 20297). – Christophoros (# 21257). – Euthymios (# 21930). – Gregorios (# 22393). – Himerios (# 22624). – Ioannes (# 22864). – Ioannes Lampardopulos (# 23100). – Konstantinos (# 23902). – Konstantinos Kombos (# 23840). – Konstantinos Malelias (# 23818). – Leon (# 24481). – Leon Choirosphaktes (# 24343). – Leon Malelias (# 24480). – Marinos (# 24977). – Petros (# 26542). – Stylianos (# 27425). – Symeon (# 27468. – # 27504). – Theodoros Daphnopates (# 27694). – Anonymus (# 31037).

protasikrit/protasin'kritie (mbulg.) s. unter Protasekretis.

Protekdikos → Polyeuktos (# 26714).

Protelates → Michael Geron (# 25146). – Theodotos (# 27969). – Anonymi (2) (# 30371).
— des basilikon Agragion → Leon der Armenier (# 24390). – Podaron (# 26705).
— des Eustathios → Michael Barkalas (# 25147).
— des Drungarios Nasar → Leon der Armenier (# 24390). – Podaron (# 26705).

Protepiskopos von Euripos → Georgios (# 22132).

Proteuon → Ioannes (# 22983).

Proteuon (Ortsvorsteher) → Anonymus (# 32049).
— von Cherson → Ioannes (# 22996). – Kalokyros (# 23650). – Michael (# 25212).

— von Dyrrhachion → Ioannes Chryselios (# 23183).

Prothospatharius → s. unter Protospatarius.

Protistos kriterion politikon → Kosmas (# 24110).

Protoasekretes/Protoasekretis s. unter Protasekretis.

Protobandophoros → Demetrios (# 21482).
— von Thrakesion → Anonymus (# 31248).

Protobestarches → Basileios (# 21069).

Protobestarchissa → Maria (# 24949).

Protobestes (Fehllesung) → Leon (# 24488).

Protobestes des Kaisers → Petros (# 26456).

Protobestiarios → Christophoros (# 21273). – Georgios (# 22199A). – Leon (# 24532). – Marianos (# 24963). – Michael (# 25164. – # 25249). – Nikephoros (# 25678). – Paulos (# 26327). – Philokales (# 26626). – Prokopios (# 26758. – # 26759). – Theodosios (# 27898). – Theophanes (# 28087). – Anonymus (# 30753. – # 30783).
— des Despotes → Theophanes (# 28087).
— des Ioannes Kurkuas → Anonymus (# 30717).
— des Konstantinos Despotes → Anastasios (# 20304).
— des Konstantinos VII. → Basileios Lakapenos (# 20925).
— Leons VI. → Niketas Helladikos (# 25714).
— des Patriarchen → Ioannes (# 22922).
— (Fehllesung für basilikos Bestitor) → Michael (# 25128).

Protodomestikos von Thrakesion → Anonymi (6) (# 30395).

Protoelates → Anonymi (2) (# 30371). – s. auch unter Protelates.

Protokankellarios des Eparchos von Kpl. → Anonymus (# 31207).
— tu geniku → Ioannes Chrysoberges (# 23380).
— des Katepano der Mardaïten von Attaleia → Anonymus (# 30903).
— von Thrakesion → Anonymus (# 31247).

Protokarabos → Basileios (# 20975). – Romanos I. Lakapenos (# 26833).
— der basilike Dromone → Konstantinos Lorikatos (# 23832). – Leon der Armenier (# 24390). – Michael Geron (# 25146). – Michael Barkalas (# 25147). – Podaron (# 26705). – Theodotos (# 27969).

protos Protokarabos der basilike Dromone → Konstantinos Lorikatos (# 23832).

Protokentarches/Protokentarchos → Georgios (# 22219). – Konstantinos (# 24070). – Strategios (# 27392).
— von Aigaion Pelagos → Konstantinos (# 23997).
— von Hellas → Sisinnios (# 27113).
— von Thrakesion → Anonymi (6) (# 30396).

Protokollführer → Anonymi (# 30514).

Protomandator → Basileios (# 21098). – Leon (# 24522). – Nikolaos (# 25956). – Anonymus (# 31068. – # 31068).
— des Bestiarion → Leon (# 24685).
— der Exkubiten → Eutychianos (# 21975).
— der Hikanatoi → Georgios (# 22092).
— der Theodosiakoi von Thrakesion → Anonymus (# 31250).
— von Thrakesion → Anonymus (# 31246).

Protomenytes (ungefähr: Chef der [diagnosestellenden] Ärzte) → Romanos (# 26866).

protonotarie (mbulg.) s. unter Protonotarios.

Protonotarios → Abasios (# 20008). – Alexandros (# 20230). – Blasios (# 21181).

– Drosos (# 21607). – Gabriel (# 22041). – Georgios (# 22123). – Ioannes Orphanotrophos (# 23371). – Konstantinos (# 23954). – Lykastos (# 24802). – Maximos (# 25026). – Michael (# 25383. – # 25388). – Niketas (# 25742. – # 25795). – Nikolaos (# 25988). – Petros (# 26443). – Sergios (# 27028. – # 27030). – Stephanos (# 27286). – Theodoros (# 27691). – Theodosios (# 27922. – # 27946). – Theodulos (# 27991). – Anonymus (# 31709).
— von Aigaion Pelagos → Theophylaktos (# 28188).
— von Anatolikon → Ioannes (# 23326). – Leon (# 24469. – # 24693). – Nikolaos (# 26143). – Theodoros (# 27590. – # 27646). – Theophilos (# 28148). – Anonymus (# 31706).
— von Armeniakon → Gregoras (# 22327). – Konstantinos (# 23784. – # 23886). – Michael (# 25222). – Paschalios (# 26282). – Theodoros (# 27714).
— der Armenika Themata → Georgios (# 22215). – Michael (# 25322).
— von Bukellarion → Kalos (# 23656). – Konstantinos Monomachos (# 24004). – Petros (# 26530). – Thomas (# 28307).
— von Chaldia → Anastasios (# 20313). – Anthimos (# 20467). – Artabanes (# 20626). – Basileios (# 21061). – Leon (# 24382). – Nikolaos (# 26086).
— von Charsianon → Basileios (# 21063).
— von Cherson → Stephanos (# 27291).
— des Dromos → Basileios (# 20896). – Ioannes (# 22864. – # 22987. – # 23128). – Anonymus (# 31374).
— des Eidikon → Demetrios (# 21470).
— von Hellas → Ioannes (# 23024. – # 23025). – Pantoleon (# 26251). – Theophilos (# 28159. – # 28160).
— von Kappadokien → Konstantinos (# 23855).
— der Kibyrrhaiotai → Ioannes (# 23294). – Nikephoros (# 25570). – Stephanos (# 27266). – Anonymus (# 30901).
— von Koloneia → Stephanos (# 27231).
— des genikon Logothesion → Agallianos (# 20157).
— des stratiotikon Logothesion → Christophoros (# 21330).
— des genikos Logothetes → Symeon (# 27492).
— des stratiotikos Logothetes → Paulos (# 26396). – Pothos (# 26745).
— von Lykandos → Anthimos (# 20461). – David (# 21430).
— von Makedonien → David (# 21419). – Georgios (# 22211). – Ioannes (# 23285). – Konstantinos (# 23809). – Stephanos (# 27270). – Anonymus (# 31310).
— der Mangana → Gregorios (# 22446. – # 22459). – Ioannes (# 23393). – Kyriakos (# 24239). – Stephanos (# 27291).
— tu basiliku oiku der Mangana → Michael (# 25230).
— von Mesopotamia → Leon (# 24503).
— der Metata von Asia und Phrygien → Konstantinos (# 23791).
— von Nikopolis → Leon Toxeas (# 24377). – Anonymus (# 31339).
— des Oikos Augustiakos → Gregorios (# 22441).
— von Opsikion → David (# 21420).
— von Optimaton → Konstantinos (# 24002). – Nikephoros (# 25595). – Niketas (# 25729). – Nikolaos (# 25931).
— von Paphlagonien → Isaakios (# 23556. – # 24126). – Michael (# 25128. – # 25190). – Symeon (# 27503).
— des Patriarchats → Orestes (# 26195).
— von Peloponnesos → Ioannes (# 23027). – Konstantinos (# 23798. – # 23811). – Leon (# 24700). – Phokas (# 26653).
— von Petrion → Ioannes (# 23397).

— tes sakelles → Anastasios (# 20305). – Georgios (# 22152).
— von Seleukeia → Ioannes (# 22891).
— von Sizilien → Ioannes (# 22866). – Nik... (# 25531).
— von Thessalonike → Eustathios (# 21838). – Georgios (# 22156). – Ioannes (# 22880. – # 22883). – Kosmas (# 24106). – Leon (# 24460). – Niketas (# 25747). – Staurakios (# 27186). – Stephanos (# 27279).
— von Thrakesion → Ampelios (# 20277). – Ioannes (# 22975). – Nikephoros (# 25563). – Anonymus (# 30893).
— von Thrakien → Kosmas (# 24105). – Stephanos (# 27270). – Theodulos (# 27994).

basilikos Protonotarios → Ioannes (# 23051). – Thomas (# 28308).
— von Makedonien → Ioannes (# 23041).
— von Paphlagonien → Konstantinos (# 24006).
— tu stolu (der Flotte) → Ioannes (# 23396).

Protonotarius → Bisantius (# 21162). – s. auch unter Protonotarios.
— von Bari → Amatus (# 20268).

Protopap(p)as → Andreas (# 20391). – Artabasdos (# 20630). – Artikos (# 20635). – Basileios (# 21083). – Demetrios (# 21489). – Georgios (# 22225). – Gregoras (# 22331). – Ioannes (# 23381). – Kurtike(s) (# 24214). – Nikephoros (# 25618). – Nikolaos (# 26119). – Ursos (# 28410). – Xenophon (# 28449).
— der Demetrioskirche, Thessalonike → Draxanos (# 21605).
— des Kaiserpalastes → Konstantinos Kephalas (# 23824).
— von Lakedaimon → Anonymus (# 31515).
— von Nauplion → Anonymus (# 30756).
— der Nea Ekklesia → Eustathios (# 21846).
— des Großen Palastes → Stylianos (# 27421).

Protopatrikios → Kosmas (# 24111).

Protopresbyteros → Artabasdos (# 20630). – Gabriēl (# 22031). – Nikephoros (# 25618). – Theodoros (# 27798). – Thomas (# 28280. – # 28300). – Anonymus (# 31855).
— von Edessa → Anonymus (# 31177).
— von Nauplion → Anonymus (# 30756).

Protoproedrissa → Eirene (# 21630).

Protopsaltes → Michael (# 25133). – Philippos (# 26608). – Pothetos (# 26725).

Protos → Ioannes (# 22839. – # 23014. – # 23242). – Michael (# 25293). – Petros (# 26445).
— adelphon tes presbeias (des Pegeklosters) → Stephanos Katzator (# 27272).
— des Athos → Andreas (# 20363). – Athanasios (# 20679). – Ioannes Phakenos (# 23134). – Leontios (# 24730). – Nikephoros (# 25624. – # 25663). – Paulos (# 26381). – Stephanos (# 27292). – Theoktistos (# 28057). – Thomas (# 28314).
— episkopon (des Papstes) → Theophylactus (# 28174).
— des Berges Ganos → Theodoros (# 27729).
— von Hierissos → Boilas (# 21188).
— hippokomon → Menikos (# 25056). – Theodosios (# 27909). – Anonymus (# 30948).
— des Klerus der Hagia Sophia → Artabasdos (# 20630).
— kriterion → Kosmas (# 24110).
— oikeiakon (des Leon Apostyppes) → Chamaretos (# 21231).
— Presbyteron der Palastkirche = Protopresbyteros → Eustathios (# 21876).
— von Rom → Anonymus (# 30696).
— von Samos (kein offizieller Titel) → Theophanes (# 28092).

— tes synkletu bules (des Senats) → Ioannes Malakenos (# 23106). – Anonymus (# 31718).

basilikos Protoskriniares → Basileios Skriniares (# 20931).

protospaŕarie (mbulg.) s. unter Protospatharios.

přōtōspat'ar Derdžnay (arm. = Protospatharios von Derdžan) → Leon (# 24530).

Protospatarius → s. unter Protospatharius und Protospatharios.

imperiali protospat(h)arius kandidatus → Ratelhisi (# 26806).

imperialis protospat(h)arius → Basileios Mesardonites Argyros (# 21090). – Bisantius (# 21160). – Godinus (# 22314). – Grimoald (# 22500). – Ioannikios (# 23451). – Leo (# 24295). – Radelgaizo (# 26794). – Romoaldus (# 26889). – Smaragdus (# 27137).

Protospatharea/Protospatharia → Kostantina (# 24185). – Maria (# 24912. – # 24934). – Politeia (# 26709). – Pulcheria (# 26782).

Protospatharios → Adelgardus (# 20105). – Adralestos Diogenes (# 20118). – Adrianos Marzapulos (# 20128). – Aëtios (# 20152). – Agallianos (# 20157). – Alexios (# 20239). – Anastasios (# 20293. – # 20297. – # 20302. – # 20339). – Andreas (# 20394). – Andronikos (# 20412. – # 20416). – Anthimos (# 20466). – Apoganem (# 20545). – Arkadios (# 20569. – # 20572). – Aronios (# 20580). – Arsenios (# 20608). – Aruballos (# 20636). – Ašot III. (von Taron) (# 20645). – Bardas (# 20779. – # 20790. – # 20794. – # 20798. – # 20799. – # 20802. – # 20804. – # 20805). – Bardas Platypodes (# 20772). – Basileios (# 20844. – # 20884. – # 20924. – # 20967. – # 20980. – # 21003. – # 21028. – # 21041. – # 21059. – # 21066. – # 21108. – # 21123). – Basileios Barys (# 21114). – Basileios Boioannes (# 21094). – Basileios Kataphloros (# 20888). – Basileios Kladon (# 20926). – Basileios Mesardonites Argyros (# 21090). – Basileios Uranos (# 20976). – Beken (# 21137). – Chase (# 21238). – Christophoros (# 21328. – # 21330). – Christophoros Mitylenaios (# 21324). – Č'ordvaneli (# 21349). – David (# 21435. – # 21437). – David Kamulianos (# 21421). – Demetrios (# 21503. – # 21504. – # 21512. – # 21515. – # 21519. – # 21530. – # 21530). – Demetrios Pteleotes (# 21481). – Domnico (# 21588). – Epiphanios (# 21710. – # 21730). – Eumathios (# 21782). – Euphemios (# 21797). – Eustathios (# 21843. – # 21847. – # 21855. – # 21859. – # 21866. – # 21878). – Eustathios Romaios (# 21870). – Eustratios (# 21895. – # 21899). – Euthymios (# 21971. – # 21972). – Gaidon (# 22056). – Galenos (# 22060). – Georgios (# 22134. – # 22140. – # 22147. – # 22150. – # 22153. – # 22221. – # 22271. – # 22274). – Georgios Eunesis (# 22270). – Gregorios (# 22459. – # 22460). – Gregorios Maleïnos (# 22426). – Grimoald (# 22501). – Himerios (# 22624. – # 22625). – Ibrāhīm b. Yūḥannā (# 22706). – Ioakeim (# 22771). – Ioannakios (# 22777). – Ioannes (# 22780. – # 22797. – # 22861. – # 22871. – # 22890. – # 22955. – # 22980. – # 22987. – # 23018. – # 23036. – # 23053. – # 23062. – # 23066. – # 23078. – # 23206. – # 23210. – # 23217. – # 23301. – # 23303. – # 23308. – # 23312. – # 23319. – # 23320. – # 23330.

– # 23355. – # 23374. – # 23392. – # 23411. – # 23412. – # 23415. – # 23416. – # 23417. – # 23420. – # 23424. – # 23431. – # 23432. – # 23433. – # 23437. – # 23441). – Ioannes (von Alpharana) (# 23366). – Ioannes Arrabonites (# 22970). – Ioannes Choirinas (# 23090). – Ioannes Geometres (# 23092). – Ioannes Malakenos (# 23106). – Ioannes Mitylenaios (# 23297. – # 23304). – Ioannes Parsakutenos (# 23257. – # 23258. – # 23261. – # 23293). – Ioannes Proteuon (# 22931). – Ioannes Salos (# 23300). – Ioannes Thalasson (# 22850). – Ioannikios (# 23457). – Iohannes (# 23502). – Kalokyros (# 23637. – # 23638. – (# 23651). – Klemes (# 23713). – Konstantinos (# 23756. – # 23786. – # 23833. – # 23842. – # 23857. – # 23885. – # 23888. – # 23894. – # 23899. – # 23916. – # 23920. – # 23943. – # 23999. – # 24006. – # 24008. – # 24016. – # 24017. – # 24069. – # 24079). – Diogenes (# 24045). – Konstantinos Karamallos (# 23918). – Konstantinos Karantenos (# 24061). – Konstantinos Lips (# 23815). – Konstantinos Lorikatos (# 23832). – Konstantinos Malelias (# 23818). – Konstantinos Monomachos (# 24004). – Konstantinos Parsakutenos (# 24051). – Konstantinos Radenos (# 23961). – Kosmas (# 24106. – # 24182). – Krinites (# 24200). – Krinites Arotras (# 24199). – Ktenas (# 24205). – Kurtos (# 24217). – Kyriakos (# 24242). – Leo (# 24295). – Leon (# 24340. – # 24381. – # 24382. – # 24401. – # 24405. – # 24419. – # 24425. – # 24443. – # 24478. – # 24517. – # 24567. – # 24584. – # 24592. – # 24610. – # 24611. – # 24636. – # 24638. – # 24674. – # 24688. – # 24693. – # 24694. – # 24695). – Leon Agelastos (# 24413). – Leon der Armenier (# 24390). – Leon Rabduchos (# 24400). – Makarios (# 24833). – Malakeinos (# 24841). – Malakenos (# 24843. – # 24844). – Manuel (# 24875. – # 24880. – # 24896). – Marianos (# 24968. – # 24970. – # 24971). – Maximos (# 25026). – Melibes (# 25044). – Methodios (# 25086). – Michael (# 25100. – # 25145. – # 25172. – # 25176. – # 25193. – # 25226. – # 25232. – # 25239. – # 25266. – # 25267. – # 25275. – # 25285. – # 25328. – # 25330. – # 25331. – # 25332. – # 25383. – # 25392. – # 25400). – Michael Geron (# 25146). – Michael Kurtikios (# 25261). – Myron (# 25478). – Nicolaus (# 25526). – Nikephoros (# 25602). – Nikephoros tu Eupraxe (# 25575). – Nikephoros Komnenos (# 25676). – Nikephoros Xiphias (# 25661). – Niketas (# 25702. – # 25733. – # 25745. – # 25764. – # 25768. – # 25774. – # 25779. – # 25784. – # 25810. – # 25823. – # 25835. – # 25858. – # 25866. – # 25867. – # 25871). – Niketas Choirosphaktes (# 25821). – Niketas Helladikos (# 25714). – Nikolaos (# 25948. – # 25955. – # 25989. – # 25999. – # 26064. – # 26089. – # 26116. – # 26137. – # 26144). – Nikolaos Radenos (# 26087). – Nikolaos Tornikios (# 25961). – Nikolitzas (# 26152). – Orestes (# 26191). – Orestes Aichmalotos (# 26199). – Pantherios (# 26247). – Pantoleon (# 26255). – Pardus (# 26271). – Paschalios (# 26279). – Passarus (# 26288). – Paulos (# 26375. – # 26376. – # 26394. – # 26395). – Petares (# 26410). – Petronas (# 26424). – Petronas Boïlas (# 26421). – Petros (# 26488. – # 26515. – # 26522. – # 26530. – # 26542. – # 26546). – Petrus (# 26557). – Petrus Parteciacus (# 26559). – Petrus II. Candianus (# 26560). – Petrus III. Candianus (# 26561). – Philaretos (# 26587). – Philaretos Bracheon (# 26589). – Philetos (# 26594). – Phokas (# 26655). – Photios (# 26673). – Podaron (# 26705). – Porfirius (# 26720). – Pothos (# 26728. – # 26739. – # 26741). – Pothos Akapnes (# 26746). – Pothos Argyros (# 26742). – Pothos Monomachos (# 26744). – Radelchis (# 26793). – Romanos III. Argyros (# 26835). – Romanos Dalassenos (# 26881). – Samonas (# 26973). – Samuel (# 26986). – Sergios (# 27030. – # 27046). – Sergius (# 27054). – Silbestros (# 27072). – Sisinnios (# 27100. – # 27115). – Solomonakes (# 27148). – Staurakios (# 27184. – # 27188. – # 27189). – Stephanos (# 27246. – # 27287. – # 27316. – # 27328. – # 27348. – # 27349. – # 27375. – # 27380). – Stylianos Zautzes (# 27406). – Symeon (# 27503. – # 27504. – # 27510. – # 27524). – Theodorokanos (# 27615). – Theodoros (# 27626. – # 27676. – # 27688. – # 27690. – # 27693. – # 27733. – # 27750. – # 27766. – # 27780. – # 27789. – # 27820. – # 27828. – # 27830. – # 27835. – # 27837. – # 27838. – # 27845. – # 27846. – # 27862. – # 27868. – # 27871. – # 27872. – # 27876). – Theodoros Kladon (# 27763). – Theodoros Proteuon (# 27874. – # 27875). – Theodosios (# 27949. – # 27953). – Theodotos (# 27969). – Theognostos (# 28015. – # 28033). – Theophanes (# 28108). – Theophilos (# 28135. – # 28140. – # 28149. – # 28158. – # 28171). – Theophylaktos (# 28195. – # 28244. – # 28248. – # 28260). – Theophylaktos Bimbilides (# 28202). – Theophylaktos Dalassenos (# 28254). – Thomas (# 28294. – # 28296. – # 28306. – # 28308. – # 28320. – # 28329). – T'ornik (II.) (Varazvač'e) (# 28365). – Tornikios Kontoleon (# 28366). – Tzurbaneles (# 28390). – Ursus I. Parteciacus (# 28413). – Ursus II. Parteciacus (# 28414). – Yovhannēs (# 28468). – Zacharias (# 28489. – # 28490). – Zakustos (# 28499). – Zenobios (# 28503). – Anonymi (9) (# 30247). – Anonymus (# 30811. – # 30825. – # 30832. – # 30949. – # 31338. – # 31376. – # 31378. – # 31382. – # 31383. – # 31489. – # 31797. – # 31847. – # 31886. – # 31893. – # 31898. – # 31899. – # 31917. – # 31919. – # 32024. – # 32046. – # 32053. – # 32054. – # 32069).

— von Bari → Romuald (# 26891).

— tes phiales → Ioannes Thalasson (# 22850). – Konstantinos Lorikatos (# 23832). – Leon der Armenier (# 24390). – Michael Geron (# 25146). – Podaron (# 26705). – Theodotos (# 27969). – Theophylaktos Bimbilides (# 28202).

— von Derdžan → Leon (# 24530).

basilikos Protospatharios → A..i (# 20001). – Abessalom (# 20023). – Abramios (# 20026. – # 20029). – Achilleios (# 20095). – Adralestos (# 20116). – Adralestos Diogenes (# 20120). – Adrianos (# 20125. – # 20129). – Aëtios (# 20142. – # 20144. – # 20147. – # 20148. – # 20153). – Alexandros (# 20235). – Alexios (# 20242. – # 20244. – # 20249). – Ameiras (# 20273). – Anastasios (# 20291. – # 20295. – # 20304. – # 20306. – # 20308. – # 20309. – # 20310. – # 20312. – # 20314. – # 20316. – # 20328). – Andreas (# 20354. – # 20359. – # 20360. – # 20374). – Andronikos (# 20404. – # 20407. –

20408). – Anthes (# 20451). – Anthimos (# 20467). – Apelates (# 20544). – Arkadios (# 20568. – # 20570. – # 20571). – Arsaber (# 20585. – # 20587. – # 20588). – Artabasdos (# 20629. – # 20631). – Asotes (# 20652). – Baanes (# 20720). – Balantios (# 20749. – # 20751.) – Bardanios (# 20763. – # 20764). – Bardas (# 20777. – # 20793. – # 20795. – # 20808). – Barsakios (# 20819. – # 20820. – # 20821. – # 20822. – # 20823). – Barsakis (# 20824). – Basileios (# 20892. – # 20906. – # 20907. – # 20908. – # 20918. – # 20938. – # 20939. – # 20940. – # 20958. – # 20960. – # 20961. – # 20963. – # 20964. – # 20965. – # 20966. – # 20969. – # 21003. – # 21017. – # 21040. – # 21060. – # 21062. – # 21068. – # 21073. – # 21118. – # 21124). – Basileios Mesardonites Argyros (# 21090). – Basilianes (# 21125). – Bes.bout.o (# 21157). – Bisantius (# 21160). – Christodulos (# 21251). – Christophoros (# 21257. – # 21271. – # 21280. – # 21281. – # 21292. – # 21293. – # 21294. – # 21305. – # 21323. – # 21328. – # 21331). – Christophoros Mitylenaios (# 21332). – Chryselios (# 21338). – Dakos Kotertzes (# 21358). – Damianos (# 21366). – David (# 21416. – # 21419. – # 21424. – # 21427. – # 21436). – Demetrios (# 21480. – # 21487. – # 21488. – # 21518. – # 21531). – Dionysios (# 21548). – E... (# 21613). – Elias (# 21644. – # 21666). – Elisaios (# 21678). – Epi.gais (# 21697). – Epiphanios (# 21717. – # 21718. – # 21724. – # 21725. – # 21727. – # 21736). – Eudokimos (# 21765). – Euphemios (# 21795). – Euphrosynos (# 21803). – Eusebios (# 21820). – Eustathios (# 21836. – # 21840. – # 21841. – # 21842. – # 21843. – # 21845. – # 21868. – # 21873). – Euphymios (# 21961). – Gabriel (# 22040). – Gaidon (# 22056). – Georgios (# 22103. – # 22111. – # 22112. – # 22115. – # 22118. – # 22119. – # 22122. – # 22136. – # 22139. – # 22145. – # 22151. – # 22213. – # 22216. – # 22217). – Godinus (# 22314). – Gregoras (# 22326. – # 22332. – # 22333. – # 22334. – # 22335. – # 22336. – # 22339. – # 22340. – # 22341. – # 22342). – Gregorios (# 22357. – # 22375. – # 22381. – # 22382. – # 22408. – # 22413. – # 22415. – # 22416. – # 22417. – # 22418. – # 22419. – # 22420. – # 22457. – # 22461. – # 22462. – # 22482). – Gregorios Tarchaneiotes (# 22438). – Grimoald (# 22500). – Gudelios (# 22513). – Hadrianos (# 22536). – al-Ḥasan (# 22557). – Hilarion (# 22605. – # 22606. – # 22610). – Himerios (# 22624). – Ioannes (# 22847. – # 22848. – # 22852. – # 22862. – # 22863. – # 22864. – # 22870. – # 22872. – # 22874. – # 22875. – # 22884. – # 22885. – # 22886. – # 22894. – # 22957. – # 22969. – # 22971. – # 22973. – # 22974. – # 22975. – # 22982. – # 22995. – # 22996. – # 23015. – # 23016. – # 23017. – # 23021. – # 23022. – # 23023. – # 23026. – # 23028. – # 23029. – # 23031. – # 23035. – # 23037. – # 23039. – # 23041. – # 23049. – # 23060. – # 23066. – # 23068. – # 23069. – # 23075. – # 23086. – # 23189. – # 23209. – # 23215. – # 23219. – # 23249. – # 23250. – # 23252. – # 23259. – # 23283. – # 23292. – # 23296. – # 23310. – # 23317. – # 23329. –

23331. – # 23334. – # 23335. – # 23389. – # 23391. – # 23425. – # 23430. – # 23436). – Ioannes Kurkuas (# 22917). – Ioannes Mitylenaios (# 23297). – Ioannikios (# 23451). – Ioseph (# 23534). – Ioseph Bringas (# 23529). – Isaakios (# 23557. – # 23559. – # 23560). – Iubas (# 23570). – Kallinikos (# 23615). – Kallistos (# 23622). – Kalokyros (# 23648). – Kandidos (# 23664). – Katakalon (# 23685. – # 23686. – # 23688). – Klemes (# 23708. – # 23714). – Konstantinakos (# 23733). – Konstantinos (# 23737. – # 23740. – # 23782. – # 23787. – # 23794. – # 23797. – # 23800. – # 23805. – # 23806. – # 23807. – # 23808. – # 23813. – # 23814. – # 23843. – # 23848. – # 23849. – # 23854. – # 23855. – # 23856. – # 23858. – # 23859. – # 23875. – # 23881. – # 23882. – # 23883. – # 23884. – # 23886. – # 23887. – # 23900. – # 23901. – # 23903. – # 23904. – # 23905. – # 23906. – # 23908. – # 23945. – # 23953. – # 23955. – # 23956. – # 23958. – # 23983. – # 23996. – # 24010. – # 24011. – # 24012. – # 24019. – # 24021. – # 24022. – # 24024. – # 24035. – # 24036. – # 24077. – # 24085). – Konstantinos Karamallos (# 23918). – Kontos (# 24090). – Koropalates (# 24094). – Kosmas (# 24107. – # 24116. – # 24117. – # 24118). – Krenites (# 24194. —# 24195). – Leon (# 24328. – # 24349. – # 24350. – # 24355. – # 24358. – # 24359. – # 24361. – # 24364. – # 24365. – # 24366. – # 24373. – # 24379. – # 24380. – # 24383. – # 24392. – # 24395. – # 24396. – # 24419. – # 24429. – # 24430. – # 24435. – # 24436. – # 24439. – # 24440. – # 24444. – # 24454. – # 24455. – # 24458. – # 24461. – # 24462. – # 24463. – # 24464. – # 24465. – # 24467. – # 24468. – # 24470. – # 24471. – # 24473. – # 24475. – # 24476. – # 24482. – # 24486. – # 24492. – # 24493. – # 24494. – # 24499. – # 24501. – # 24505. – # 24507. – # 24549. – # 24550. – # 24553. – # 24565. – # 24566. – # 24571. – # 24586. – # 24602. – # 24604. – # 24608. – # 24612. – # 24614. – # 24615. – # 24616. – # 24618. – # 24621. – # 24634. – # 24675. – # 24684. – # 24690. – # 24698). – Leon Chitzilakes (# 24398). – Leon Sarakenopulos (# 24520). – Leontios (# 24702. – # 24711. – # 24713. – # 24719). – Lykastos (# 24801). – Malakenos (# 24842). – Manasses (# 24855). – Manuel (# 24872. – # 24879. – # 24890. – # 24892. – # 24894. – # 24897). – Manuel Barsakes (# 24893). – Maraldus (# 24904). – Marianos (# 24955. – # 24959. – # 24961. – # 24966. – # 24967. – # 24970. – # 24972). – Marinos (# 24975. – # 24979). – Michael (# 25136. – # 25137. – # 25138. – # 25140. – # 25144. – # 25153. – # 25155. – # 25159. – # 25160. – # 25206. – # 25208. – # 25209. – # 25210. – # 25211. – # 25213. – # 25215. – # 25216. – # 25217. – # 25219. – # 25220. – # 25221. – # 25223. – # 25224. – # 25227. – # 25229. – # 25231. – # 25235. – # 25236. – # 25240. – # 25241. – # 25275. – # 25278. – # 25301. – # 25324. – # 25327. – # 25334. – # 25335. – # 25341. – # 25343. – # 25347. – # 25391. – # 25395). – Michael Stypeiotes (# 25300). – Myron (# 25475. – # 25479. – # 25480). – Nike-

phoros (# 25569. – # 25572. – # 25584. – # 25592. – # 25593. – # 25598. – # 25600. – # 25601. – # 25647. – # 25648. – # 25650. – # 25651. – # 25684. – # 25693. – # 25694.). – Nikephoros Erotikos (# 25632). – Nikephoros Xiphias (# 25661). – Niketas (# 25728. – # 25730. – # 25731. – # 25736. – # 25748. – # 25749. – # 25755. – # 25765. – # 25766. – # 25770. – # 25771. – # 25777. – # 25799. – # 25802. – # 25809. – # 25828. – # 25831. – # 25859. – # 25864). – Nikolaos (# 25945. – # 25967. – # 25968. – # 25972. – # 25986. – # 25987. – # 25992. – # 25993. – # 25994. – # 25998. – # 26000. – # 26001. – # 26002. – # 26039. – # 26049. – # 26050. – # 26063. – # 26071. – # 26092. – # 26095. – # 26096. – # 26105. – # 26141. – # 26147. – # 26148). – Nikolaos Radenos (# 26087). – Nikolaos Trellos (# 26082). – Olbianos (# 26183). – Orestios (# 26201). – Palatinos (# 26222). – Pankalos (# 26230). – Pankratios (# 26234). – Pantheres (# 26241. – # 26242). – Pantherios (# 26244. – # 26246). – Pardos (# 26265. – # 26268). – Paschalios (# 26282). – Paulos (# 26326. – # 26349. – # 26378). – Petronas (# 26423). – Petros (# 26447. – # 26451. – # 26453. – # 26481. – # 26484. – # 26489. – # 26490. – # 26491. – # 26512. – # 26517. – # 26525. – # 26528. – # 26529). – Philetos (# 26596). – Philippos (# 26612). – Philomates (# 26627). – Philomatios (# 26628). – Philotheos (# 26632. – # 26634). – Phlulis (# 26649). – Photeinos (# 26662. – # 26664). – Photios (# 26675. – # 26682). – Plotinos (# 26702). – Pothos (# 26729. – # 26740). – Pothos Akapnes (# 26737). – Prokopios (# 26770). – Radelgaizo (# 26794). – Rendakios (# 26811). – Rentakios (# 26817). – Romanos (# 26837. – # 26849. – # 26853. – # 26859. – # 26860. – # 26867. – # 26868. – # 26869. – # 26870. – # 26874. – # 26882. – # 26884. – # 26885). – Romanos I. Lakapenos (# 26833). – Romoaldus (# 26889). – Samonas (# 26974). – Sapuas (# 26992). – Sergios (# 27015. – # 27016. – # 27017. – # 27027. – # 27031. – # 27043). – Sisinnios (# 27099. – # 27105. – # 27111. – # 27122). – Sisinnios Hexakionites (# 27112). – Smaragdus (# 27137). – Soterichos (# 27164. – # 27166. – # 27168). – Staurakios (# 27183. – # 27186. – # 27187. – # 27188. – # 27190. – # 27191. – # 27192. – # 27195. – # 27196. – # 27198). – Stephanos (# 27224. – # 27228. – # 27235. – # 27265. – # 27269. – # 27270. – # 27271. – # 27280. – # 27281. – # 27283. – # 27289. – # 27291. – # 27322. – # 27342). – Stephanos Kataphloros (# 27268). – Stylianos (# 27407. – # 27419). – Stylianos Zautzes (# 27406). – Symbatikes (# 27442). – Symbatikios (# 27443. – # 27444). – Symbatios (# 27446. – # 27448). – Symeon (# 27471. – # 27474. – # 27477. – # 27498. – # 27501. – # 27522. – # 27525). – Synkletikos (# 27549). – Tatikios (# 27571). – Taurinos (# 27572). – Theo... (# 27587). – Theod... (# 27593). – Theodoretos (# 27610). – Theodoros (# 27645. – # 27647. – # 27653. – # 27658. – # 27668. – # 27669. – # 27689. – # 27713. – # 27719. – # 27731. – # 27732. – # 27733. – # 27737. – # 27741. – # 27742. – # 27743. – # 27746. – # 27752. – # 27754. – # 27781. – # 27786. – # 27787. – # 27788. –

27794. – # 27810. – # 27822. – # 27827. – # 27829. – # 27867). – Theodoros Akapnes (# 27807). – Theodoros Hagiozacharites (# 27764). – Theodosios (# 27899. – # 27901. – # 27902. – # 27903. – # 27904. – # 27911. – # 27919. – # 27921. – # 27922. – # 27940). – Theodotos (# 27965. – # 27967. – # 27970. – # 27973. – # 27975. – # 27976. – # 27977. – # 27978. – # 27982. – # 27985. – # 27986). – Theognios (# 28008). – Theognostos (# 28014. – # 28022. – # 28023. – # 28028). – Theognostos Limnogalaktos (# 28019). – Theoktistos (# 28045. – # 28047. – # 28048. – # 28050. – # 28056. – # 28067). – Theoleptos (# 28068). – Theophanes (# 28084. – # 28087. – # 28090. – # 28104. – # 28106). – Theophanios (# 28117. – # 28120). – Theophiletos (# 28134). – Theophilos (# 28145. – # 28146. – # 28147. – # 28149. – # 28149. – # 28156). – Theophilos Erotikos (# 28154). – Theophylaktos (# 28186. – # 28188. – # 28203. – # 28206. – # 28210. – # 28214. – # 28216. – # 28218. – # 28222. – # 28231. – # 28232. – # 28247. – # 28256). – Theotimos (# 28273). – Thomas (# 28296. – # 28298. – # 28309). – Thomas Tzulas (# 28297). – Torkotorios (# 28363). – Tryphon (# 28375). – Tzaptzes (# 28385). – Zoëtios (# 28512). – Zoetos (# 28513). – Anonymus (# 30794. – # 30823. – # 30824. – # 30828. – # 30838. – # 31282. – # 31298. – # 31299. – # 31311. – # 31350. – # 31354. – # 31355. – # 31358. – # 31365. – # 31366. – # 31369. – # 31372. – # 31377. – # 31379. – # 31380. – # 31716. – # 31782. – # 31807. – # 31842. – # 31869. – # 31878. – # 31879. – # 31882. – # 31883. – # 31884. – # 31885. – # 31887. – # 31889. – # 31891. – # 31899. – # 31902. – # 31903. – # 31906. – # 31907. – # 31909. – # 31918. – # 32067. – # 32072).

gegonos (ehemaliger) Protospatharios → Konstantinos (# 23857).

Protospatharissa → Maria (# 24925). – s. auch Protospatharea.

Protospatharius → Basileios Mesardonites Argyros (# 21090). – Domnico (# 21588). – Iohannes (# 23502). – Radelchis (# 26793).

basilikos Protospatharokandidatos → Ratelhisi (# 26806).

Protostrator → Eustathios Argyros (# 21828). – Leon Sarakenopulos (# 24520). – Nikephoros Phokas ("der Ältere") (# 25545). – Anonymus (# 30948).
— des Komes des Stablos → Phlulianos (# 26648).
— des Konstantinos Despotes → Kosmas (# 24182).
— des Leon Apostyppes → Baïanos (# 20745).
— des Opsikion → Anonymus (# 30829).

Protosykretes s. unter Protasekretis → Ioannes Lampardopulos (# 23100).

Protosymbulos von Syrien → Anonymus (# 31233).

Protosynkellos → Georgios (# 22155).

Protothronos → Arethas (# 20554). – Basileios II. (von Kaisareia) (# 20933). – Theophanes Choirinos (# 28088).
— von Bulgarien → Ioannes (# 23400).

protovistiar' (mbulg.) s. unter Protobestiarios).

Proximos → Konstantinos (# 23830). – Michael (# 25333).
— des Dux T'ot'orakan / Theodorokanos → Yovhannēs (# 28468).
— des Katepano Italias → Romanos (# 26876).

prozvyteri (altruss.) s. unter Presbyteros bzw. Priester.

pr'voprěstol'nik (mbulg. = protothronos archiereus) → Theophanes Sphenodaimon (# 28076).

Psaltes (Sänger) → Epiphanios (# 21737). – Ioannes Kokkalas (# 23443). – Konstantinos (# 23846).

Psareutes (Fischer) → Ioannes Psareutes (# 23367).

Psuniator → Michael (# 25194).

Ptochotrophos → Anonymus (# 31649).

Pyloros (Türwächter) → Anonymus (# 31075. – # 31596. – # 31802).

q.r.b.lāṭ (arab. = qurubalāṭ = Kuropalates) → David III. (von Tao) (# 21432).

qāḍī (arab. = Richter) → Abū Ḥafṣ Badr b. al-Hayṯam (# 20056). – Abū Ḥafs 'Umar b. al-Ḥusayn al-'Abbāsī (# 20057). – Abū l-Hayṯam 'Abdarraḥman b. al-Qāḍī Abī l-Ḥusayn (# 20064). – Abū l-Ḥusayn (# 20065). – Ibn al-Bāqillānī (# 22689). – Ibn Makram (# 22699). – Anonymus (# 30880).

qaḍī al-quḍā (Oberrichter) → Romanos III. Argyros (# 26835).

qā'id (arab. = Befehlshaber, Offizier, Heerführer, Feldherr, Flottenkommandant) → Abū l-'Ašā'ir b. al-Ḥasan b. 'Alī b. al-Ḥusayn b. Ḥamdān (# 20040). – Abū l-Fawāris Ḫutūr at-Turkī al-Mu'izzī (# 20049). – Abū Ḥafṣ Badr b. al-Hayṯam (# 20056). – 'Ammār b. 'Alī b. Abī l-Ḥusayn (# 20275). – Ǧawhar (# 22066). – al-Ḥasan b. 'Ammār al-Kalbī (# 22562). – Leon (von Tripolis) bzw. Tripolites (# 24397). – Lukas (# 24780). – Takīn (# 27556).
— 'askarihī (Heerführer, Befehlshaber, Kommandeur) → Marianos Argyros (# 24962). – Melias (# 25042).
— al-Azīz bzw. al-Ḥākim (der Kalifen al-'Azīz und al-Ḥākim) → Manǧūtakīn (# 24858).
— 'askar al-barr (der Landtruppen) → Manuel Phokas (# 24884).
— min al-quwwād (Oberkommandierender) → Ibn al-Ḥūsayn (# 22694).

qā'im (arab. = Aufseher bei Gefangenenaustausch) → Abū Bakr Muḥammad b. 'Alī al-Mārdānī (# 20042). – Bašīr aṯ-Ṯamalī (# 21132). – Ibn Warqā' aš-Šaybānī al-Barīdī (# 22705). – Mufliḥ (# 25434). – Mu'nis al-Muẓaffar (# 25449). – Rustam b. Baradū al-Farġānī (# 26909).

qasīs, qass, qissīs (arab. = Presbyteros, Priester) → Georgios II. (von Alexandreia) (# 22258). – Nikephoros [I.] (von Jerusalem) (# 25674). – Theodoros (# 27861). – Anonymi (3) (# 30449). – Anonymus (# 31431. – # 31432).

qaṭ(i)bān Anṭākiya (arab. = Katepano von Antiocheia) → Konstantinos Dalassenos (# 23940). – Anonymus (# 31969).

qaṭbān Asfaraǧān (arab. = Katepano von Vaspurakan) → Nikephoros Komnenos (# 25676).

qayṣar (arab. = Kaisar) → Bardas Phokas (der Ältere) (# 20769).

qayyim (arab. = Aufseher bei Gefangenenaustausch) → Mufliḥ (# 25434). – s. auch unter qā'im.

qissīs (arab. = Presbyteros, Priester) → Georgios II. (von Alexandreia) (# 22258). – s. auch unter qasīs.

q.ṭāniyūs (arab. = Koitonites) → Michael (# 25354).

Quaestor → Anastasios (# 20297). – Basileios (# 21066). – Ioannes (# 23069). – Konstantinakios (# 23732). – Konstantinos (# 23908). – Leon (# 24417. – # 24501. – # 24684). – Michael (# 25206. – # 25231. – # 25237). – Petros (# 26542). – Romanos III. Argyros (# 26835). – Theodoros Dekapolites (# 27708). – Theodoros (# 27730). – Theophilos (# 28150). – Theophilos Erotikos (# 28154). – Zacharias (# 28485). – Anonymus (# 31455).

Quaestur-Mitarbeiter → Michael (# 25132).

qurubalāṭ (arab. = Kuropalates) → Bardas Skleros (# 20785). – David III. (von Tao) (# 21432). – Leon Phokas (# 24423).

qusūs madīna Qurūna (arab. = Archiereus von Korone) → Niketas (# 25716).

rab (mbulg. = Diener) → Anonymi (# 30147).

Rabbi (jüd.) → Šabbetaï (# 26950). – Šefatiah (# 27000). – Anonymus (# 31865. – # 32022).

Räuber (Apelates; latro) → Melias (# 25041). – Anonymi (# 30219. – # 30531. – # 30548). – Anonymus (# 31439).

raǧul mallāḥ (arab. = Seemann) → ʻAllāqa (# 20259). S. auch unter Seemann, Matrose.

raǧulun min aṣḥābi r-rasūl (arab. = Gefährte des byzantinischen Gesandten) → Anonymus (# 31264).

raǧul zāhid (arab. = Asket) → Isḥaq (# 23561).

rāhib (arab. = Mönch, Monachos) → Assyropulos (?) (# 20654). – Basileios (# 21102). – Elias (# 21655). – Georgios II. (von Alexandreia) (# 22258). – Ioannes (# 23126). – Ioannes bar ʻAbdûn (# 23438). – Iosua (# 23542). – Isḥaq (# 23561). – Nikephoros Xiphias (# 25661). – Nikolaos (# 25962). – Orestes (# 26197). – Theodoros II. (von Antiocheia) (# 27759). – Anonymus (# 31234. – # 31389).

rāhiba (arab. = Nonne) → Eudokia (# 21761). – Helene (# 22582).

rahīn (arab. = Geisel) → Abū l-Faraǧ al-ʻAṭṭār (# 20046). – Abū l-Ḥasan b. Abī Ṭālib (# 20060). – Abū l-Ḥasan b. Abī Usāma (# 20061). – Abū Ṭālib al-Hāšimī (# 20084). – Kisrā b. Kasūr (# 23702). – Yumn (# 28470). – Anonymus (# 31511. – # 31512).

Raipherendarios → Gregorios (# 22401).

ra'īs (arab. = Hegumenos) → Chariton (# 21233). – Gregorios (# 22427). – Hieremias (# 22591).
— ʻalā s-sīq al-maʻrūf bi-sīq Ḫarīṭun (des Charitonklosters) → Elias (# 21655).
— Dayr Ṭūr Sīnā (des Katharinenklosters, Sinai) → Salmūn (# 26968).
— Dayr al-Isṭūdiyūn (des Studiosklosters) → Nikolaos II. (von Antiocheia) (# 26124).
— Dayr as-Sayyida wālida llāh al-maʻrūf bi-Daqnūna (des Theotokosklosters mit dem Beinamen Daqnūna) → Gregorios (# 22427).

ra'īs (arab. = Oberhaupt) al-Bulġar (der Bulgaren) → Ivan Vladislav (# 23582).
— al-marākib (der Flotte) → Damianos (# 21365).

— al-akrād (der Kurden) → Ibn ad-Daḥḥāk (# 22685).
— Ṭarasūs (von Tarsos) → Ibn az-Zayyāt (# 22686).

ra'īs 'aẓīm (großer Heerführer) → Leon Melissenos (# 24531).

ra'īs (Würdenträger) aṯ-ṯuġūr aš-šāmīya (syr. Grenzgebiet) → Abū 'Umayr 'Adī b. Aḥmad b. 'Abdalbāqī al-Aḏanī (# 20086).

pedilon rapheus → Demetrios (# 21458).

ra's 'alā Dayr Mār Sim'ān (arab. = Hegumenos des Symeonklosters bei Aleppo) → Georgios (# 22157). – s. auch unter ra'īs.

rasūl (arab. = Gesandter; s. auch dort) → 'Abdalġānī b. Sa'īd (# 20011). – Abū l-Qāsim al-Ḥusayn b. 'Alī al-Maġribī (# 20071). – Abū 'Umayr 'Adī b. Aḥmad b. 'Abdalbāqī al-Aḏanī (# 20086). – Basileios (# 20917. – # 20937). – Ḥabašī (# 22535). – Hišām b. Huḏayl (# 22626). – Ibn al-Bāqillānī (# 22689). – Ibn Šahrām (# 22703). – Ioannes Radenos (# 22914). – Leon Choirosphaktes (# 24343). – Malkūṯa (# 24852). – Michael Toxaras (# 25167). – Nikolaos (# 26008). – Paulos (# 26349). – Yaḥyā b. 'Abdalbāqī (# 28458). – Anonymi (# 30242). – Anonymi (20) (# 30279). – Anonymi (# 30304. – # 30384. – # 30447). – Anonymi (3) (# 30449). – Anonymi (2) (# 30535). – Anonymus bzw. Anonymi (# 31587). – Anonymus (# 30864. – # 30865. – # 30881. – # 31070. – # 31072. – # 31134. – # 31263. – # 31389. – # 31669. – # 31694. – # 31988. – # 31474).
— Anṭākiya (von Antiocheia) → Ibn Māmak (# 22700).
— (der Araber) → Anonymi (# 30252).
— (byz. Gesandter) → Ibrahīm (# 22707). – Ibn Qūnus (# 22702). – Nikephoros Uranos (# 25617). – Anonymi (# 30304).
— (des byz. Kaisers) → Marianos Argyros (# 24962). – Salomon (# 26971). – Symeon (# 27468).
— (min) malik ar-Rūm (des Königs von Rūm = des byzantinischen Kaisers) → Isaakios (# 23554). – Nikolaos (# 25952). – Anonymus (# 31092. – # 31226. – # 31400. – # 31467. – # 31577). – Anonymus bzw. Anonymi (# 31587). – Anonymus (# 31697. – # 31723. – # 31724. – # 31938. – # 31960. – # 31962).
— mutamallik ar-Rūm (des byzantinischen Kaisers) → Anonymus (# 31961).
— ṣāḥib al-Qusṭanṭīnīya (des Herrschers von Konstantinopel = des byzantinischen Kaisers) → Konstantin al-M.l.qī (# 23731). – Anonymus (# 30881).

Rechnungsprüfer (Logariastes) → Andreas (# 20394).

Rechtsbeistand (advocator) → Niciforo (# 25523).

Rechtsgelehrter → Eustathios Romaios (# 21870). – Kosmas (# 24110). – Theophilos Erotikos (# 28154).

jüdischer Rechtsgelehrter → Anonymus (# 31865. – # 32022).

Rechtspfleger (Anatolikon) → Gregorios Romaios (# 22421).

Rector → Lucas (von Demenna) (# 24753). – Michael Porphyrogennetos (# 25174). – s. auch unter Rhaiktor.
— von S. Gregorius in Bari → Mele (# 25032).

Redaktor → Eusebios (# 21817). – Konstantinos Kephalas (# 23790). – Konstantinos Rhodios (# 23819). – Michael (# 25135). – Anonymus Professor (# 31049).
— von Gesetzen → Leon Choirosphaktes (# 24343).

— kaiserlicher Novellen → Eustathios Romaios (# 21870). – Kosmas (# 24110). – Symeon (# 27504). – Theodoros Dekapolites (# 27708). – Theophilos Erotikos (# 28154).

Regent/in (Fāṭimiden) → Barǧawān (# 20810). – Sitt al-Mulk (# 27127).

regina Rugorum → Olga (# 26186).

Reiseführer → Petrus (# 26571).

Reiter → Anonymi (10) (# 30347). – Anonymus (# 31145).

Rekluse → Afrām (# 20154). – Lazaros (# 24284). – Pachomios (# 26217). – Paulos (# 26337). – Symeon (von Trier) (# 27542). – Symeon (# 27546).

rektor' (mbulg.) s. unter Rhaiktor.

Renegat (byz. zu Arabern) → Lukas (# 24780).

Repherendarios → Phokas (# 26654).
— der Megale Ekklesia → Gregorios (# 22401).
— des Patriarchen → Anonymus (# 30926).

Repräsentant des Herrschers (= arab. ṣāḥib as-sulṭān) → Abū 'Umayr 'Adī b. Aḥmad b. 'Abdalbāqī al-Aḏanī (# 20086).

rex → Ašot I. "der Große" (von Armenien) (# 20642). – Dunale (# 21610). – Vladimir (# 28434).
— africanus → al-Mahdī (# 24814).
— Babilonius/Babyloniorum (lat. für arab. Kalifen) → al-'Azīz billāh (# 20711). – al-Ḥākim (# 22544).
— Bulgarorum → Samuel Kometopulos (# 26983).
— (deutsch) → Heinrich II. (# 22567). – Otto III. (# 26213).
— der Franken → Lothar II. (# 24751). – Wido II. (# 28444).
— von Frankreich → Hugo Capet (# 22638).
— Gallias → Ludwig III. (von der Provence) "der Blinde" (# 24756).
— von Italien → Ludwig III. (von der Provence) "der Blinde" (# 24756). – Hugo von der Provence (# 22637).
— (langob.) → Ludwig II. (# 24755).
— von Longibardia → Landulph I. (# 24272).
— von Norwegen → Óláfr Tryggvason (# 26182).
— von Phrangia → Hugo von der Provence (# 22637). – Ludwig II. (# 24755). – Otto II. (# 26212).
— Romanorum → Otto II. (# 26212).
— Ruscorum → Vladimir I. (von Kiew) (# 28433).
— Saracenorum → Ibrāhīm (II.) b. Aḥmad al-Aġlab (# 22708).

Rhaiktor → Basileios (# 20886. – # 20910. – # 20948. – # 20984. – # 21121). – Ioannes Lazanes (# 22906). – Ioannes (# 22937). – Leon (# 24620). – Michael Porphyrogennetos (# 25174). – Michael (# 25233). – Niketas (# 25857).

basilikos Rhaptes (Schneider) → Anastasios (# 20306).

Rhetor (Redner, Gesandter) → Ioannes (# 22822). – Ioannes Sikeliotes (# 23413). – Leon Choirosphaktes (# 24343). – Nikephoros (# 25544). – Niketas David Paphlagon (# 25712). – Theodosios (# 27935).

Richter → Abasios (# 20008). – Abū Ḥafṣ Badr b. al-Hayṯam (# 20056). – Abū Ḥafs 'Umar b. al-Ḥusayn al-'Abbāsī (# 20057). – Abū l-Hayṯam 'Abdarraḥman b. al-Qāḍī Abī l-Ḥusayn (# 20064). – Abū l-Ḥusayn (# 20065). – Abukes (# 20091). – Akatios (# 20206). – Anastasios (# 20291. – # 20310. – # 20335). – Andreas (# 20401). – Andronikos (# 20416). – Anthimos (# 20466). – Arsaber (# 20588). – Bardas (# 20779. – # 20791). – Basileios (# 20913. – # 21003. – # 21059. – # 21062. – # 21069. – # 21112). – Bisantius (# 21161). – Christophoros (# 21291. – # 21317). – Christophoros Mitylenaios (# 21324. – # 21332). – Christophoros Timonites (# 21335). – Chryselios (# 21338). – Dalfio (# 21359). – David (# 21428). – Demetrios (# 21515. – # 21530). – Dionysios (# 21548). – Disinios (# 21570). – Epiphanios (# 21730). – Eupraxios (# 21807). – Eusebios (# 21820). – Eustathios (# 21855. – # 21856. – # 21868. – # 21873. – # 21878). – Eustathios Romaios (# 21870). – Eustratios (# 21911). – Euthymios (# 21971). – Gabriel (# 22028. – # 22040). – Georgios (# 22147. – # 22214). – Gregorios (# 22419. – # 22457. – # 22482). – Ibanes (# 22677). – Ibn al-Bāqillānī (# 22689). – Ibn Makram (# 22699). – Ioannes (# 23037. – # 23160. – # 23217. – # 23289. – # 23293. – # 23296. – # 23301. – # 23303. – # 23312. – # 23319. – # 23331. – # 23396. – # 23411. – # 23416. – # 23442). – Ioannes Chrysoberges (# 23380). – Ioannes Mitylenaios (# 23297). – Ioannes Thylakas (# 23422). – Ioseph (# 23528). – Kallistos (# 23622). – Konstantinos (# 23853. – # 23858. – # 23883. – # 23954. – # 23998. – # 24008. – # 24017. – # 24020. – # 24069. – # 24079). – Konstantinos Karamallos (# 23918). – Kosmas (# 24110). – Leo (# 24300). – Leon (# 24368. – # 24375. – # 24379. – # 24405. – # 24584. – # 24586. – # 24592. – # 24609. – # 24623. – # 24681). – Leon Choirosphaktes (# 24343). – Liusprando (# 24748). – Malakeinos (# 24841). – Malakenos (# 24843). – Manuel (# 24871. – # 24880). – Maraldus (# 24903). – Marianos (# 24967). – Michael (# 25215. – # 25281. – # 25285. – # 25321. – # 25396). – Michael Monokarites (# 25319). – Mitylenaios (# 25410). – Musandus (# 25453). – Nikephoros Hexakionites (# 25608). – Niketas (# 25818. – # 25820. – # 25823. – # 25824. – # 25858. – # 25871). – Niketas Botherites (# 25715). – Nikolaos (# 26009. – # 26039. – # 26050. – # 26127. – # 26135. – # 26142). – Nikolaos Radenos (# 26087). – Pantherios (# 26247). – Paulos (# 26373. – # 26375. – # 26376. – # 26394. – # 26395). – Pegasios (# 26403). – Petros (# 26483. – # 26492. – # 26518. – # 26522. – # 26525. – # 26542. – # 26546. – # 26548). – Philaretos (# 26587). – Philetos (von Synada) (# 26597). – Phlulis (# 26649). – Pothos Akapnes (# 26746). – Pothos Monomachos (# 26744). – Prunelgotri (# 26774). – Rodolfo (# 26825). – Romanos (# 26872. – # 26879). – Romanos Argyros (# 26846). – Romanos III. Argyros (# 26835). – Samonas (# 26974). – Samuel (# 26986). – Sergios (# 27030. – # 27043. – # 27046). – Sillicto (# 27074). – Sisinnios (# 27115). – Staurakios (# 27198). – Stephanos (# 27224. – # 27375. – # 27376). – Symeon (# 27504. – # 27525). – Tepeiganos (# 27579). – Theo... (# 27587). – Theodoros (# 27693. – # 27751. – # 27780. – # 27821. – # 27868. – # 27871. – # 27873). – Theodoros Dekapolites (# 27708). – Theodoros Proteuon (# 27874). – Theognostos (# 28016). – Theophanes (# 28114). – Theophilos (# 28171). – Zoetos (# 28513). – Anonymi (# 30333. – # 30342). – Anonymus (# 30880. – # 30896. – # 31276. – # 31379. – # 31413. – # 31442. – # 31455. – # 31534. – # 31650. – # 31707. – # 31718. – # 31775.

– # 31787. – # 31857. – # 31858. – # 31859. – # 31862. – # 31880. – # 31882. – # 31883. – # 31884. – # 31887. – # 31893. – # 31899).
— von Bari → Iohannes (# 23499). – Romuald (# 26891). – Romualdus (# 26893). – Smaragdus (# 27139).
— von Conversano, Apulien → Adelgrimo (# 20108).
— am Hippodromgericht → Petros (# 26542). S. auch unter Hippodromrichter bzw. Krites epi tu hippodromu.
— von Italien → Iohannes (# 23501).
— von Lucera → Silittus (# 27073).
— von Thrakesion → Anonymus (# 30930).

riga frǫž'skyi (mbulg. = König der Franken) → Wido II. (# 28444).

Rinderhalter → Konstantinos (# 23946).

Rinderhirt → Anonymi (# 30414).

Ringer → Anonymus (# 30773).

rofeh (hebr. = Arzt) → Šabbetai Donnolo (# 26949).

Runenritzer → Svæinn (# 27435).

S.kīlūn (arab. = Beamter aus der byz. Finanzverwaltung = Sakellion) → Anonymus (# 30865).

šā'ir (arab. = Dichter) → al-Mutanabbī (# 25462).

Sacerdos (Priester) → Elias (# 21677). – Gabriel (# 22034).
— des Mulaklosters in Kalabrien → Euthymios (# 21925).

Sachaubelchum (= arab. ṣāḥib al-ḫums) → Anonymus (# 30984).

Sänftenträger der Danelis → Anonymi (300) (# 30209).

Sänger → Konstantinos (# 23846). – Ktenas (# 24205).

Sagopoles (Verkäufer von Sagoi, groben Mänteln) → Philippos (# 26620).

Šāhanšah (König der Könige) → Ašot II. "der Eiserne" (von Armenien) (# 20646). – Ašot III. "der Barmherzige" (von Armenien) (# 20649). – Gagik I. Bagratuni (# 22053). – Smbat II. (von Armenien) (# 27144).

ṣāḥib (Herr, Offizier, Kommandeur, Fürst) → Bunayy b. Nafīs (# 21212). – Č'ordvaneli (# 21350). – Ibn al-Ḥūsayn (# 22694).
— 'alā Anṭākya (von Antiocheia) → Michael Burtzes (# 25253). – Kulayb an-Naṣrānī (# 24209). – Kulayb an-Naṣrānī (# 24209). – Sīmā aṭ-Ṭawīl (# 27079). – Michael Burtzes (# 25253).
— Bāra (von Bari) → Sawdān (# 26997).
— von Diyār Bakr → Mumahhidaddawla Abū Manṣūr Sa'īd b. Marwān (# 25447).
— von Diyār Muḍar (Miṣr wa-ağnād aš-Šām wa-Diyār Muḍar wa-ġayrihā = über Ägypten, die syrischen Provinzen, die Region und andere Gebiete) → Ğayš b. Ḫumārawayh (# 22068). – Ḫumārawayh (# 22639). – Ḫumārawayh (# 22639).
— ad-durūb (der Pässe) → Melias (# 25041).
— al-Ğazīra (von Ğazīra) → Waṯṯāb b. Ğa'far (# 28442).
— von ğuyūš → Samuel Kometopulos (# 26983).
— Ḥalab (von Aleppo) → 'Azīzaddawla Abū Šuğā' Fātik (# 20712).
— al-Ḫaldyāt (von Ḫaldyāt) → Bagrat (# 20739).
— von ḥarbihī → Romanos I. Lakapenos (# 26833).
— al-Ḫilāṭ (von Hilat) → Aḥmad b. 'Abdarraḥmān Abū l-Mu'izz (# 20186).
— madīna Aḏana (von Adana) → Abū 'Umayr 'Adī b. Aḥmad b. 'Abdalbāqī al-Aḏanī (# 20086).

— Miṣr (von Ägypten) → Ǧayš b. Ḫumārawayh (# 22068). – Ḫumārawayh (# 22639).
— al-usṭūl (der Flotte) → Anonymus (# 30625). – Himerios (# 22624). – Marianos Argyros (# 24962).

ṣāḥib al-ḫums (Fünfherr) → Anonymus (# 30984).
— Iqrīṭiš (von Kreta) → ʿAbdalʿazīz b. Šuʿayb b. ʿUmar al-Qurṭubī (# 20009).
— ʿaskar al-barr (von Landtruppen) → Manuel Phokas (# 24884).
— ǧayš al-Liyūn malik ar-Rūm (des Leon, Königs von Rom) → Andronikos Dukas (# 20405).
— von maġāzīhi → Romanos I. Lakapenos (# 26833).
— Manazǧird, Dašt al-Warak wa-l-Hark (von Mantzikert) → Abū Sālim (# 20076).
— Malaṭya (von Melitene) → Kulayb an-Naṣrānī (# 24209). – Kulayb an-Naṣrānī (# 24209).
— Raʿbān (von Rhobam) → Ibn Ibrāhīm (# 22695).
— Sarūǧ (von Sarug) → Waṯṯāb b. Ǧaʿfar (# 28442).
— Siqillīya (von Sizilien) → Ǧaʿfar b. Muḥammad (# 22050). – al-Ḥasan b. al-ʿAbbās (# 22556). – al-Ḥusayn b. Rabāḥ (# 22641).
— as-sulṭān (des Herrschers) → Abū ʿUmayr ʿAdī b. Aḥmad b. ʿAbdalbāqī al-Aḏanī (# 20086).
— aǧnād aš-Šām (Provinzen von Syrien) → Ǧayš b. Ḫumārawayh (# 22068).
— Ṭarasūs (von Tarsos) → Ibn az-Zayyāt (# 22686).
— Ṭarābulus (von Tripolis) → Abū l-Ḥasan Aḥmad b. Naḥrīr al-Arġālī (# 20059). – Leon (von Tripolis) bzw. Tripolites (# 24397).

Sakellarios → Anastasios (# 20299). – Basileios (# 20856). – Georgios (# 22151). – Germanos (# 22294). – Ioseph Bringas (# 23529). – Konstantinos (# 23903). – Kosmas (# 24116). – Leon (# 24357. – # 24419). – Lydos (# 24799). – Michael (# 25233. – # 25237. – # 25302). – Nikolaos (# 25971). – Paulos Androsalites (?) (# 26320). – Petros (# 26435. – # 26490). – Sisinnios (# 27115). – Staurakios (# 27188). – Stephanos (# 27228). – Theodoros (# 27745). – Theophylaktos (# 28206). – Anonymus (# 30784. – # 31210. – # 31715. – # 31870).
— ton despoton → Theodoros (# 27848).
— der Kirche von Antiocheia → Anthemios (# 20447).
— des Patriarchen → Anonymus (# 30907).
— des Patriarcheion → Petros (# 26495).
— des Phokasklosters → Paulos (# 26328).

basilikos Sakellarios → Georgios (# 22122. – # 22151). – Ioannes (# 23389. – # 23392). – Ioseph Bringas (# 23529). – Leon (# 24419. – # 24441. – # 24642). – Michael (# 25229. – # 25391). – Nikolaos (# 25998). – Paulos (# 26349). – Petros (# 26488). – Staurakios (# 27188). – Theodoros (# 27745). – Theodotos (# 27985). – Anonymus (# 31370. – # 31371. – # 31687).
— der basilika Himatia → Baanes Angures (# 20716).

megas Sakellarios → Staurakios (# 27182).

Sak(k)opoles → Philippos (# 26620).

sallār (al-ʿaskar) (arab. = Heerführer, Befehlshaber) → Muḥammad b. ʿIsā (# 25440). – Anonymus (# 31499).

šammās (arab. = Diakon) → Michael Porphyrogennetos (# 25174). – Anonymi (3) (# 30449).

Sampses/sampsi (protobulg. Titel) → Alexius (# 20251). – Eschač (# 21748). – Prastit (# 26751).

ṣāniʿ (arab. = Künstler bzw. Handwerksmeister) → Anonymus (# 31473).

sardiġūs (arab. = Strategos) → Marianos Argyros (# 24962). – Paschalios (# 26279). – Anonymus (# 31098).
— al-Lāḏiqīya (von Laodikeia) → Abū l-Ḥusayn ʿAlī b. Ibrāhīm b. Yūsuf al-Fuṣayṣ (# 20066).

šarīf → Ḥamza b. Muḥammad al-Kattānī (# 22551).

Satrap → Anonymi (2) (# 30539).

šayḫ (arab. = Scheich) → Abū ʿUmayr ʿAdī b. Aḥmad b. ʿAbdalbāqī al-Aḏanī (# 20086).
— aṯ-ṯuġūr aš-šāmīya (des syrischen Grenzlandes) → Abū ʿUmayr ʿAdī b. Aḥmad b. ʿAbdalbāqī al-Aḏanī (# 20086).

Schafhirte/Schafzüchter → Niketas (# 25750).

Schankwirt → Krateros (# 24192).

Schatzmeister des Patriarchats von Antiocheia (= arab. ḫāzin) → Anonymus (# 31479).

Schatzsucher → Anonymi (# 30168).

Schauspieler → Baanes (# 20718). – Lampudios (# 24268). – Titlebakios (# 28357). – Anonymus (# 31129).

Scheich (= arab. šayḫ = griech. Geron) → Abū ʿUmayr ʿAdī b. Aḥmad b. ʿAbdalbāqī al-Aḏanī (# 20086).

Schiedsmann (Anatolikon) → Gregorios Romaios (# 22421).

Schiffsausrüster (Exartistes) → Michael (# 25267).

Schlüsselbewahrer → Anonymus (# 31545).

Schmied → Ioannes (# 23115). – Matthaios (# 25019). – Paschales tu Chalka (# 26277). – Sergius (# 27056).

Schneider (kaiserl.) → Anastasios (# 20306).

Schoinostrophos → Eirene (# 21623).

Scholarios → Petros (# 26427).
— der Tagmata von Makedonia → Anonymi (376) (# 30404).
— der Tagmata von Thrake → Alexandros (# 20231). – Anonymi (493) (# 30403).

Scholastikos → Niketas David Paphlagon (# 25712).

Scholiast, Kommentator → Alexandros (# 20231). – Arethas (# 20554). – Iakobos (# 22658). – Ioannes (# 22932). – Ioannes Geometres (# 23092). – Ioannes Sikeliotes (# 23413). – Meletios (# 25035). – Neilos (von Rossano) (# 25503). – Theodoros (# 27685).

Schreiber → Leon (# 24479). – Moschos (# 25422). – Niketas (# 25785). – Niketas Stethatos (# 25842). – Niketas (# 25843). – Nikolaos (# 26109). – Anonymi (# 30196. – # 30386). – Anonymus (# 31058. – # 31478).

Schreiber (einer Inschrift) → Eustathios (# 21848).

Schreiber (einer Urkunde) → Alaricus (# 20222). – Alexandrus (# 20236). – Andreas (# 20390). – Antonios (# 20509. – # 20527. – # 20528). – Aristobulos (# 20564). – Athanasios (# 20687. – # 20691). – Auxentios (# 20705). – Bartholomaios (# 20830). – Basileios (# 21085). – Bisantius (# 21162). – Christophoros (# 21326). – Demetrios (# 21472). – Disilus (# 21569). – Ermecausus (# 21741). – Euthymios (# 21950. – # 21953). – Euthymios Athonites Iber (# 21960). – Fridericus (# 22007). – Georgios (# 22228. – # 22243). – Hieronimus (# 22592). – Iacobus (# 22653). – Ignatios (# 22744). – Ioannes (# 23154. – # 23354.

– # 23356). – Iohannes (# 23482). – Konstantinos (# 24039). – Kurtike(s) (# 24214). – Leon (# 24649. – # 24653. – # 24656). – Leon Nasites (# 24661). – Madelfrid (# 24807). – Maio (# 24816). – Maio (# 24818). – Marius (# 24985). – Marius (# 24986). – Martinus (# 25009). – Michael (# 25265). – Niketas (# 25843). – Nikolaos (# 26006. – # 26023). – Nikon (# 26158). – Phantinos (# 26577). – Radelgari (# 26798). – Sabas (# 26940). – Symeon (# 27511. – # 27515). – Theodosios (# 27947). – Theodulos (# 28000). – Urso (# 28405). – Ursus (# 28415). – Xenophon (# 28451).

Schüler → David (# 21442). – Gregorios (# 22392). – Ioannes (# 22923. – # 22935. – # 23379). – Ioannikios (# 23452). – Iosua (# 23543). – Mose (# 25424). – Niketas David Paphlagon (# 25712). – Paulos (# 26330). – Sabas (# 26928). – Stephanos (# 27248). – Anonymus (# 30890. – # 31034. – # 31038. – # 31041. – # 31043. – # 31056. – # 31271).
— des Symeon Neos Theologos → Antonios (# 20512). – Basileios (# 20994). – Hierotheos (# 22595). – Ioannikios (# 23459). – Leon Xylokodon (# 24572). – Meletios (# 25040). – Soterichos (# 27165). – Symeon (# 27489. – # 27490. – # 27535). – Theodulos (# 28002).

Schuhmacher → Demetrios (# 21458).

Schweinehirt → Paulos (# 26337).

Sebastophoros → Georgios (# 22272). – Niketas (# 25773). – Romanos Lakapenos (# 26842). – Anonymus (# 31595).

Sebastos → Bagrat IV. (von Georgien = Sak'art'velo) (# 20743).

Seemann (Nautes, Nautikos) → ʿAllāqa (# 20259). – Stephanos (# 27255). – Anonymi (2) (# 30192). – Anonymi (# 30288. – # 30291. – # 30297. – # 30318. – # 30349. – # 30421. – # 30422. – # 30435. – # 30437. – # 30439. – # 30496. – # 30502. – # 30512. – # 30512. – # 30608). – Anonymus (# 31131. – # 31150. – # 31675).

Seidenhändler → Elias (# 21654).

Seidenstickerin (der Danelis) → Anonymae (100) (# 30127).

Seilmacherin → Eirene (# 21623).

Sekretär → Christophoros Mitylenaios (# 21324). – Isaak b. Natan (# 23551). – Niketas Stethatos (# 25842). – Anonymi (# 30386. – # 30514).
— des jakob. Patriarchen von Antiocheia → Zachakios (# 28475).

Sekretär (= arab. kātib) → Abū Muḥammad ʿAbdallāh b. Muḥammad al-Fayyāḍī (# 20068). – Abū l-Qāsim al-Ḥusayn b. ʿAlī al-Maġribī (# 20071). – ʿAlī b. Suwwār (# 20256). – Christophoros (von Antiocheia) (# 21277). – Elias I. (von Antiocheia) (# 21648). – Kulayb an-Naṣrānī (# 24209). – Nikephoros Uranos (# 25617). – Symeon (# 27504). – Anonymus (# 31478).
— des ʿabbāsidischen Kalifenhofs → Theodosios II. (von Antiocheia) (# 27908).

Sekretikos → Leon (# 24589).

basilikos Semeiophoros → Ioannes (# 23295).

Senator → Anastasios (# 20302). – Basilitzes (# 21126). – Himerios (# 22624). – Ioannes (# 22842). –Konstantinos Maleïnos (# 23862). – Sergia (# 27011). – Symeon Neos Theologos (# 27488). – Anonymi (66 bzw. 60) (# 30183). – Anonymi (# 30233. – # 30246. – # 30249.– # 30501. – # 30585). – Anonymus (# 30641. – # 31550. – # 31770).

Senator (Rom) → Crescentius (# 21352).

ehemaliger Senator (apo tes synkletu) → Himerios (# 22624).

Senatrix → Marozia (# 25003).

Senatsmitglied (Synkletikos) s. unter Senator.

senior navis (Kapitän) → Anonymus (# 31667).

senior Ruzorum (der Russen) → Vladimir I. (von Kiew) (# 28433).

servus (Sklave) → Anonymi (# 30465).

Silentiarios → Michael (# 25207).

sin'gel (mbulg. = Synkellos) → Euthymios (# 21913). – Stephanos I. (# 27208).

sinkel (altruss. = Synkellos) → Theophilos (# 28162).

sinklitik' (mbulg. = Synkletikos) → Anonymi (66 bzw. 60) (# 30183).

sinqil ʿalā l-Qiyāma (arab. = Synkellos der Anastasiskirche in Jerusalem) → Ṣadaqa b. Bišr (# 26955).

Skalde → Þorðr Sjáreksson (# 28338).

Skenikos → Baanes (# 20718). – Lampudios (# 24268). – Titlebakios (# 28357).

Skeuophylax → Epiphanios (# 21737). – Gregorios (# 22448). – Leon (# 24426). – Michael (# 25133). – Nikephoros (# 25634). – Nikolaos (# 25976). – Theodoros (# 27703). – Anonymus (# 31397. – # 31479).
— der Apostelkirche → Photios (# 26674).
— der Blachernenkirche in Kpl. → Anonymus (# 31066).
— der Demetrios-Kirche → Georgios (# 22207). – Michael (# 25313).
— der Hagia Sophia in Kpl. → Ioseph Hymnographos (# 23510). – Stephanos (# 27293).
— tu hagiu Thoma → Nikolaos (# 25978).
— von Lakedaimon → Anonymus (# 31518).
— der Megale Ekklesia → Eulampios (# 21776). – Ioannes (# 23439). – Theophylaktos (# 28208).
— der Megale Ekklesia in Athen → Ioannes (# 23004). – Ioannikios (# 23454). – Theodoros (# 27723).
— tu megalu palatiu (des großen Palastes) → Georgios (# 22116).
— der Nea Ekklesia → Nikolaos (# 25949).
— von Patras → Anonymus (# 30792).

basilikos Skeuophylax → Konstantinos (# 23738).

Sklave → Chase (# 21238). – Demetrios (# 21483). – Futūḥ (# 22015). – Hezarmerd (# 22589). – Kāfūr al-Iḫšīdī (# 23596). – Musikos (# 25458). – Naǧā al-Kāsakī (# 25487). – Petros (# 26496). – Sasso (# 26996). – Anonymi (# 30239. – # 30239. – # 30251). – Anonymi (2) (# 30329). – Anonymi (4) (# 30408). – Anonymi (# 30465). – Anonymi (3) (# 30567). – Anonymi (# 30569). – Anonymus (# 30723. – # 31179. – # 31500. – # 31581. – # 31689. – # 31783. – # 31860).
— der Danelis → Anonymi (300) (# 30209). – Anonymi (500) (# 30216). – Anonymi (3.000) (# 30221).
— des Stylianos Zautzes → Samonas (# 26973).
— des Yūsuf b. Abī s-Sāǧ → Mufliḥ as-Sāǧī (# 25435).

Sklave bzw. Diener (= arab. ġulām, mamlūk) → Qarġūyah (# 26785). – Anonymus (# 31683).
— des Ibn Šakīr → Yūnus (# 28471).
— des Qarġūyah → Yumn (# 28470).

— des Sayfaddawla →Qaṭās (# 26787). – Zuhayr (# 28522).

freigelassener Sklave (Apodulos) → Georgios (# 22104).

freigelassener Sklave (= arab. mawlā) → Ǧawhar (# 22066). – Nādir (# 25486). – Rāġib (# 26802). – Takīn b. ʿAbdallāh al-Ḥarbī (# 27557). – Yaʿīš (# 28457).

Sklavenhändler → Anonymus (# 30798).

Sklavin → Basileios Lakapenos (# 20925A). – Anonyma (# 30067). – Anonymae (100) (# 30127).

Skopos (Spion) → Anonymi (# 30592). – Anonymus (# 30675).

Skribas/Skribon (Schreiber) → Nikolaos (# 25932. – # 26109). – Romanos (# 26861). – Romanos (# 26877).

Skytokomos → Demetrios (# 21458).

Söldner
— (Rhos/Rus) → Anonymi (700) (# 30257). – Anonymi (629) (# 30400).
— (Tulmatzoi) → Anonymi (368) (# 30401).
— (Waräger) → Bersi (# 21153). – Erlendr (# 21740). – Eyvindr Bjarnason (# 21983). – Márr Húnrǫðarson (# 25004). – ŌlæifR (# 26181). – Þorkell leppr Þjóstarson (# 28342). – Anonymi (# 30624). – Anonymus (# 32065).

Sohn eines Märtyrers (Ehrentitel durch byz. Kaiser) → Ašot II. "der Eiserne" (von Armenien) (# 20646).

Soldat → Aimilianos (# 20196). – Akindynos (# 20210). – Antonius (# 20537). – Baanes (# 20719). – Christophoros (# 21269). – Demetrios (# 21477). – Eudios (# 21784). – Gregorios (# 22380). – Harmodios (# 22554). – Ioannes (# 22869). – Konstantinos Charon (# 23922). – Lukas Stylites (# 24758). – Michael (# 25148). – Michael Argyromytes (# 25382). – Nikephoros (# 25558). – Niketas (# 25704). – Pankratios (# 26232). – Pantoleon (# 26253). – Pulades (# 26780). – Theodoros (# 27663). – Theodoros Lalakon (# 27760). – Theodosios Mesonyktes (# 27929). – Anonymi (# 30150. – # 30153. – # 30182). – Anonymi (2) (# 30198). – Anonymi (# 30227. – # 30418. – # 30442. – # 30568). – Anonymus (# 30821. – # 30987. – # 31079. – # 31095. – # 31096. – # 31525. – # 31543. – # 31941).
— Äthiopier → Anonymus (# 30869. – # 30871).
— Araber → Anonymus (# 30867. – # 30870).
— Armeniakon → Anonymus (# 30647).
— von Charpezikion → Anonymi (428) (# 30392).
— (byz.) des Damianos Dalassenos → Anonymi (10) (# 30542).
— Mardaïten → Anonymi (3.000) (# 30406).
— Marine → Anonymi (10) (# 30424).
— Reiter → Anonymus (# 31508. – # 31509).
— Sklabenoi in Thessalonike → Anonymus (# 30868).
— der Tagmata → Anonymi (1.000) (# 30405).
— Thrakesion → Anonymi (7) (# 30398).

Soldatenbauer → Christophoros (# 21259).

Somatophylax (Leibwächter) → Anemas (# 20421). – Ioannes (# 22991). – Stylianos Zautzes (# 27406).

Sophistes → Theodoros (# 27805).

Sparapet (arm.) → Ašot I. "der Große" (von Armenien) (# 20642).

spatarius → s. unter spatharius.

Spatharea → Barbara (# 20754). – Anonyma (# 30014).

Spatharios → Bardas (# 20797). – Basileios (# 20923. – # 20968. – # 21071. – # 21075). – Basileios Pinakas (# 20843). – Christophoros (# 21256). – Euthymios (# 21915). – Georgios (# 22140). – Gregorios (# 22357. – # 22384). – Ioannes (# 22786. – # 23260. – # 23284. – # 23293). – Konstantinos (# 23753. – # 23758. – # 24007). – Kosmas (# 24156). – Leon (# 24375. – # 24389. – # 24441). – Michael (# 25337. – # 25403). – Michael Geron (# 25146). – Misael (# 25409). – Nikolaos (# 25915). – Petros (# 26499). – Philippos (# 26610). – Photios (# 26670). – Prokopios (# 26765). – Prunelgotri (# 26774). – Romanos (# 26873). – Sisinnios (# 27124). – Staurakios (# 27197). – Stefanus (# 27199). – Symeon (# 27477). – Theodoros (# 27755. – # 27831. – # 27841. – # 27842). – Theodosios (# 27891). – Theodotos (# 27969). – Anonymus (# 31310. – # 31348. – # 32025).

basilikos Spatharios → Adrianos (# 20122). – Aëtios (# 20145). – Anastasios (# 20295). – Andreas (# 20348. – # 20361). – Athanasios (# 20668). – Basileios (# 20902. – # 20908. – # 21072. – # 21074). – Basileios Pinakas (# 20843). – Chotemir (# 21241). – Christophoros (# 21270. – # 21299. – # 21301. – # 21322). – Dalfio (# 21359). – Dalfius (# 21360). – Damianos (# 21372). – David (# 21417. – # 21420). – Demochares (# 21534). – Dionysios (# 21546). – Epiphanios (# 21706). – Euphemianos (# 21789). – Eustratios (# 21890). – Georgios (# 22124. – # 22148. – # 22152. – # 22156). – Germanos (# 22297). – Gregorios (# 22377). – Gregorios Phuskulos (# 22400). – Iakobos (# 22661). – Ioannes (# 22849. – # 22865. – # 22868. – # 22888. – # 22889. – # 22893. – # 22968. – # 22977. – # 22993. – # 23020. – # 23027. – # 23052. – # 23061. – # 23063. – # 23065. – # 23192. – # 23285. – # 23286. – # 23322). – Kaleotes (# 23610). – Kalokyros (# 23639. – # 23641). – Klemes (# 23709). – Konstantinos (# 23783. – # 23784. – # 23791. – # 23798. – # 23799. – # 23804. – # 23809. – # 23811. – # 23812. – # 23850. – # 23859. – # 23881. – # 23886. – # 23909. – # 23911. – # 23944. – # 23945. – # 23986. – # 23999. – # 24006. – # 24025). – Leo (# 24293). – Leon (# 24374. – # 24382. – # 24384. – # 24385. – # 24386. – # 24438. – # 24443. – # 24459. – # 24460. – # 24469. – # 24495. – # 24590. – # 24631. – # 24699). – Leon Toxeas (# 24377). – Marianos (# 24969). – Memnon (# 25051). – Michael (# 25131. – # 25132. – # 25139. – # 25140. – # 25141. – # 25154. – # 25156. – # 25212. – # 25218. – # 25275. – # 25280. – # 25332. – # 25344. – # 25373). – Michael Monokarites (# 25319). – Nik... (# 25531). – Nikephoros (# 25536. – # 25561. – # 25562. – # 25596. – # 25597. – # 25627. – # 25646). – Niketas (# 25725. – # 25767. – # 25772. – # 25835). – Nikolaos (# 25918. – # 25925. – # 25926. – # 25929. – # 25930. – # 25933. – # 25985. – # 25993. – # 26048. – # 26065. – # 26149). – Paulos (# 26319). – Petronas (# 26422). – Petros (# 26452. – # 26453. – # 26477. – # 26485). – Prunelgotri (# 26774). – Samuel (# 26982). – Sanianos (# 26989). – Siphandus (# 27092). – Staurakios (# 27184). – Staurakios Koxes (# 27185). – Stefanus (# 27199). – Stephanos (# 27230. – # 27252. – # 27259). – Stephanus (# 27385). – Symeon (# 27526). – Tassilo (# 27570). – Theodoros (# 27646. – # 27649. – # 27652. – # 27666. – # 27669. – # 27670. – # 27744. – # 27753. – # 27809. – # 27833). – Theodoros Kataphloros (# 27716). – Theodulos (# 27994). – Theognostos (# 28034). – Theoktistos (# 28042). – Theophanios (# 28118. – # 28121). – Theophiletos (# 28133). – Theophilos (# 28159. – # 28160). – Theophylaktos (# 28185. – # 28187. – # 28209. – # 28215. – # 28248. – # 28263). – Theudates (# 28275). – Thomas (# 28310). – Tzulas (# 28389). – Anonymus (# 30810. – # 30829. – # 30836. – # 31349. – # 31374. – # 31385. – # 31910. – # 32069).

imperialis/regius spatharius → Basileios Pinakas (# 20843). – Dalfio (# 21359). – Dalfius (# 21360). – Leo (# 24293). – Siphandus (# 27092). – Stephanus (# 27385). – Tassilo (# 27570).

spatharius candidatus → Eustachios (# 21825). – Leo (# 24299). – Anonymus (# 31408).

imperialis spatharius candidatus → Adelgardo (# 20104). – Adelgrimo (# 20107). – Adelperto (# 20110). – Basilius (# 21128). – Dauferi (# 21408). – Ermenando (# 21742). – Fridelchis (# 22006). – Frumelghisi (# 22011). – Geronimo (# 22302). – Grimoalt (# 22502). – Guiselprandus (# 22519). – Iannipertus (# 22675). – Leo (# 24294. – # 24306). – Liuprando (# 24747). – Liusprando (# 24748). – Lupo (# 24796). – Maio (# 24817). – Medalspus (# 25028). – Prunelgotri (# 26774). – Radelgardo (# 26795). – Radelgardus (# 26796). – Romoaldo (# 26888). – Stefanus (# 27199). – Anonymus (# 31408).

Spatharokandidatos → Abukes (# 20091). – Adralestos (# 20119). – Agathonikos (# 20180. – # 20181). – Akatios (# 20206). – Anastasios (# 20336). – Andreas (# 20402). – Anthemios (# 20446). – Azarias (# 20710). – Basileios (# 21009. – # 21025. – # 21093. – # 21100. – # 21117). – Chosnis (# 21240). – Christophoros Bochomakes (# 21304). – Damianos (# 21370). – David (# 21428. – # 21444). – Eirenaios (# 21615). – Epiphanios (# 21719. – # 21732). – Euprepios (# 21810). – Eustachios (# 21825. – # 21826). – Georgios (# 22181. – # 22212. – # 22214. – # 22268. – # 22275). – Gregorios (# 22444. – # 22483). – Grimoald (# 22501). – Grimoalt (# 22502). – Ioannes (# 22796. – # 22796. – # 22928. – # 23047. – # 23051. – # 23172. – # 23190. – # 23218. – # 23253. – # 23294. – # 23298. – # 23315. – # 23333. – # 23336. – # 23410. – # 23428. – # 23429. – # 23442). – Ioannes Chrysoberges (# 23380). – Ioannes Thylakas (# 23422). – Ioseph (# 23528. – # 23536). – Isaakios (# 23556). – Katakalon (# 23687). – Konstantinos (# 23830. – # 23892. – # 23893. – # 23998. – # 24018. – # 24023. – # 24073. – # 24078). – Konstantinos Euoranites (# 23891). – Konstantinos Lorikatos (# 23832). – Kosmas (# 24127. – # 24128). – Kyriakos (# 24233). – Leo (# 24299). – Leon (# 24371. – # 24601. – # 24606. – # 24609. – # 24622. – # 24633. – # 24664. – # 24672. – # 24682. – # 24691. – # 24692). – Lykandos (# 24800). – Manso Fusilis (# 24860). – Michael (# 25214. – # 25242. – # 25297. – # 25320. – # 25321. – # 25333. – # 25336. – # 25342. – # 25388. – # 25393. – # 25396). – Michael Geron (# 25146).

– Michael Maleïnos (# 25124). – Nikephoros (# 25564. – # 25639). – Niketas (# 25808. – # 25834. – # 25837). – Niketas Xeros (# 25825). – Nikolaos (# 25924. – # 25934. – # 26083. – # 26086. – # 26108. – # 26112. – # 26146). – Orestes (# 26196). – Padiates (# 26219). – Palatinos (# 26223). – Paulinos (# 26291). – Paulos (# 26340. – # 26347). – Petros (# 26457. – # 26487. – # 26493). – Phokas (# 26653). – Polyeuktos (# 26716). – Polyeuktos Adralestos (# 26717). – Romanos Dokianos (# 26883). – Sabas (# 26933). – Samonas (# 26974). – Sisinnios (# 27110). – Sisinnios Peloponnesites (# 27101). – Soterichos (# 27167). – Stephanos (# 27234. – # 27285. – # 27331. – # 27346). – Strategis (# 27395). – Theodoros (# 27671. – # 27714. – # 27793. – # 27821. – # 27836. – # 27839. – # 27844. – # 27847. – # 27873. – # 27880). – Theodotos (# 27969). – Theophanes (# 28114. – # 28116). – Thomas (# 28332). – Anonymus (# 30776. – # 30812. – # 30822. – # 30833. – # 30834. – # 31339. – # 31351. – # 31897. – # 31901. – # 31905. – # 31908. – # 31912. – # 31913).

basilikos Spatharokandidatos → Adelgardo (# 20104). – Adelgrimo (# 20107. – # 20108). – Adelperto (# 20110). – Adrianos (# 20121. – # 20122). – Aëtios Zacharias (# 20143). – Akepsimas (# 20207). – Alexios (# 20243). – Amazaspos (# 20269). – Ampelios (# 20277). – Anastasios (# 20292. – # 20294. – # 20303. – # 20305. – # 20311. – # 20313. – # 20326). – Andreas (# 20362. – # 20368. – # 20379. – # 20386. – # 20387). – Anthimos (# 20461). – Antonios (# 20491). – Argyros (# 20558). – Arsaber (# 20586). – Artabastos (# 20634). – Ba...nos (# 20715). – Bardales (# 20760). – Bardas (# 20776. – # 20778). – Basileios (# 20885. – # 20896. – # 20905. – # 20909. – # 20962). – Basilius (# 21128). – Chotemir (# 21241). – Christophoros (# 21268. – # 21272. – # 21282. – # 21283. – # 21295. – # 21296. – # 21297. – # 21311. – # 21320. – # 21321). – Damianos (# 21367. – # 21383). – Dauferi (# 21408). – Demetrios (# 21485. – # 21486. – # 21510. – # 21516). – Diogenes (# 21543). – Dionysios (# 21550). – Dorotheos (# 21600). – Elpidios (# 21682). – Epiphanios (# 21731). – Ermenando (# 21742). – Eupraxios (# 21806). – Eustratios (# 21901). – Euthymios (# 21923). – Fridelchis (# 22006). – Frumelghisi (# 22011). – Georgios (# 22110. – # 22117. – # 22144. – # 22146. – # 22188). – Geronimo (# 22302). – Gregoras (# 22327). – Gregorios (# 22378. – # 22409. – # 22414. – # 22422. – # 22440. – # 22442). – Grimoalt (# 22502). – Guiselprandus (# 22519). – Iakobos (# 22655). – Iannipertus (# 22675). – Ioannes (# 22851. – # 22866. – # 22881. – # 22976. – # 22989. – # 23019. – # 23024. – # 23032. – # 23033. – # 23042. – # 23048. – # 23216. – # 23262. – # 23290. – # 23298. – # 23393. – # 23397. – # 23398. – # 23418). – Ioannikios (# 23453). – Ioseph (# 23538). – Kalokyros (# 23640. – # 23648. – # 23649). – Kalos (# 23656. – # 23657). – Konstantinos (# 23789. – # 23795. – # 23851. – # 23861. – # 23877. – # 23944. – # 23945. – # 24002. – # 24013). – Kosmas (# 24106. – # 24153). – Kusanios (# 24218). – Kyriakos (# 24233). – Leo (# 24294. – # 24306). – Leon Choirosphaktes (# 24343). – Leon (# 24351.

– # 24367. – # 24368. – # 24372. – # 24376. – # 24387. – # 24391. – # 24393. – # 24427. – # 24500. – # 24564. – # 24568. – # 24569. – # 24603). – Liuprando (# 24747). – Liusprando (# 24748). – Lupo (# 24796). – Maio (# 24817). – Manuel (# 24889). – Markianos (# 24990). – Medalspus (# 25028). – Meligalas (# 25045). – Michael (# 25127. – # 25130. – # 25142. – # 25143. – # 25149. – # 25157. – # 25192. – # 25230. – # 25275. – # 25279. – # 25369). – Mosilikes (# 25430). – Nikephoros (# 25563. – # 25567. – # 25568. – # 25571. – # 25645). – Niketas (# 25719. – # 25721. – # 25756. – # 25772. – # 25826. – # 25833). – Nikolaos (# 25914. – # 25920. – # 25969. – # 25990. – # 26000. – # 26004. – # 26027). – Pantoleon (# 26254). – Pardos (# 26270). – Parilos (# 26273). – Paulos (# 26321. – # 26325. – # 26380). – Petros (# 26479. – # 26482. – # 26483. – # 26511). – Phokas (# 26652. – # 26656). – Prunelgotri (# 26774). – Radelgardo (# 26795). – Radelgardus (# 26796). – Rendakios (# 26812). – Rodolaos (# 26824). – Romoaldo (# 26888). – Sergios (# 27014. – # 27019. – # 27029. – # 27048). – Staurakios (# 27186). – Stephanos (# 27266. – # 27274. – # 27282. – # 27350. – # 27377. – # 27379). – Stratonikos (# 27399). – Stylianos (# 27420). – Symbates (# 27441). – Symbatios (# 27449). – Theo... (# 27585). – Theodoros (# 27590. – # 27661. – # 27662. – # 27669. – # 27715. – # 27744. – # 27747). – Theodosios (# 27920. – # 27925. – # 27926). – Theodotos (# 27964). – Theognostos (# 28027. – # 28030). – Theoktistos (# 28052). – Theophanes (# 28098. – # 28115). – Theophilos (# 28148. – # 28157. – # 28167). – Theophylaktos (# 28211. – # 28220. – # 28241). – Thomas (# 28307. – # 28327). – Anonymus (# 30837. – # 31357. – # 31373. – # 31375. – # 31408. – # 31806. – # 31904).

Spatharokubikularios → Basileios (# 21067). – Christophoros (# 21317). – Gregorios (# 22355). – Ioannes (# 23332). – Ioseph (# 23535). – Konstantinos (# 23987. – # 24060. – # 24080). – Manuel (# 24895). – Michael (# 25298. – # 25338). – Niketas (# 25839). – Nikolaos (# 26091). – Staurakios (# 27186). – Stephanos (# 27378). – Symeon Neos Theologos (# 27488). – Theodoretos (# 27609). – Theodoros (# 27736). – Anonymus (# 31900).

Spatharokubikularios, basilikos → Aëtios (# 20149). – Anthes (# 20450). – Antonios (# 20497). – Arsaber (# 20584). – Basileios (# 20939. – # 21066). – Konstantinos (# 23897. – # 23962. – # 24014). – Niketas (# 25800). – Stefanus (# 27200). – Theognostos (# 28024).

Spion → Anonymus (# 30675).
— der Byzantiner (= arab. ǧāsūs) → Anonymi (2) (# 30535).

Stadtältester (von Sidon) → Anonymi (# 30500).

Stadteparch (Kpl.) → Anastasios (# 20339). – Basileios (# 21044). – Konstantinos (# 23910. – # 23916. – # 23920). – Leon (# 24392. – # 24675). – Marianos (# 24961). – Michael (# 25282). – Niketas (# 25766). – Petros (# 26491). – Romanos III. Argyros (# 26835). – Sisinnios (# 27115). – Stephanos (# 27352). – Theodoros Daphnopates (# 27694). – Theodoros Belonas (# 27707). – Theodoros (# 27746). – Anonymi (# 30500). – Anonymus (# 31155. – # 31690).

Stadtvater von Cherson → Sergios (# 27025).

Stadtvater von Lakedaimon → Stephanos (# 27374).

Stallmeister → Anonymus (# 30948).

Stammesführer/ Stammesoberhaupt
— der Banū ʿUqayl → Ẓālim b. Mawhūb (# 28500).
— der Banū Ḥabīb → Maḥfūẓ b. Ḥabīb b. al-Baǧīl (# 24815).
— der Banū Kilāb → Ṣāliḥ b. Mirdās (# 26966).
— der Ṭayyiʾ-Beduinen → Mufarriǧ b. Daġfal b. al-Ǧarrāḥ aṭ-Ṭāʾī (# 25433).

kurdischer Stammesfürst → Ibn ad-Daḥḥāk (# 22685).

Statthalter → Abū l-Barakāt b. Manṣūr (# 20044). – Abū l-Ġanāʾim b. Manṣūr (# 20053). – Abū l-Ǧayš b. Luʾlu (# 20054). – Abū Sālim b. Luʾlu (# 20077). – Themel (# 27584). – Anonymus (# 31225). S. auch Gouverneur.
— von Adana → Abū ʿUmayr ʿAdī b. Aḥmad b. ʿAbdalbāqī al-Aḏanī (# 20086).
— von Ägypten → Aḥmad b. Ṭūlūn (# 20194). – al-Faḍl b. Ǧaʿfar b. al-Furāt (# 21985). – Ḫumārawayh (# 22639). – Ḫumārawayh (# 22639). – Takīn b. ʿAbdallāh al-Ḥarbī (# 27557).
— von Aleppo → ʿAzīzaddawla Abū Šuǧāʿ Fātik (# 20712). – Bakǧūr (# 20747). – Fatḥ (# 21995). – Luʾlu al-Ǧarrāḥī (# 24793). – Qarġūyah (# 26785). – Abū l-Fawāris Muḥammad b. Nāṣiraddawla (# 20050).
— der Küstengebiete des Emirats Aleppo → Marwān al-ʿUqaylī al-Qarāmaṭa (# 25011).
— von Anatolikon → Theophylaktos Dalassenos (# 28254).
— von Antiocheia → Bardas Phokas (der Jüngere) (# 20784). – Konstantinos Burtzes (# 23930). – Kulayb an-Naṣrānī (# 24209). – Michael Burtzes (# 25253). – Michael (# 25354). – Nikephoros Uranos (# 25617). – ʿUbaydallāh (# 28392).
— von Antiocheia (des Gegenkaisers Bardas Phokas) → Leon Phokas (# 24519).
— von Apameia → al-Malāʾiṭī (# 24840).
— von Aserbaidschan → Afšīn (Muḥammad b. Abī s-Sāǧ) (# 20156). – Mufliḥ as-Sāǧī (# 25435). – Subukī (# 27431). – Yūsuf b. Abī s-Sāǧ (Abū l-Qāsim) (# 28472).
— von Beirut → Nuṣayr (# 26173). – Anonymus (# 31588).
— von Borzo (Barzūyah) → Qaṭās (# 26787).
— von Charsianon (byz.) → Anonymus (# 30682).
— von Damaskus → ʿAbdalʿazīz b. ʿAbdarraḥīm (# 20010). – Bakǧūr (# 20747). – Ǧayš b. Muḥammad b. aṣ-Ṣamṣāma (# 22069). – Tuǧǧ b. Ǧuff (# 28378). – Yārūḫ (# 28462). – Ẓālim b. Mawhūb (# 28500).
— von Damaskus (Fāṭimiden) → Manǧūtakīn (# 24858).
— von Diyār Muḍar → Ḫumārawayh (# 22639).
— von Diyār Rabīʿa → al-Ḥusayn b. Ḥamdān b. Ḥamdūn (# 22642). – Saʿīd b. Ḥamdān (# 26961).
— von Dvin → Muḥammad (# 25436).
— von Emesa → Bakǧūr (# 20747).
— der Grenzgebiete (Syrien) → ʿAbdallāh b. Rāšid b. Kāwus (# 20014). – al-Ḥasan b. ʿAlī Kūrah (# 22560). – Urḫuz (# 28403). – Anonymus (# 31069).
— von Heliupolis → Ẓālim b. Mawhūb (# 28500).
— von Hierapolis → Abū Firās al-Ḥāriṯ b. Saʿīd b. Ḥamdān (# 20051).
— von Imma (Syrien) → Anonymus (# 31695).
— von Jerusalem → Muḥammad b. Ismaʿīl aṣ-Ṣanāǧī (# 25441). – Yārūḫ (# 28462).
— von Kairuan → al-Ḥasan b. Aḥmad b. Abī Ḫinzīr (# 22559).

— von Kalabrien → Anonymus (# 31084).
— von Kawkab (byz.) → Anonymus (# 30681).
— von Kolydros → Demetrios Teichonas (# 21523).
— von Koron (byz.) → Anonymus (# 30680).
— von Laodikeia → K.r.m.rūk (?) (# 23592).
— von Maʿarrat an-Nuʿmān (Syrien) → Zuhayr (# 28522).
— von Martyropolis → Abū ʿAlī al-Ḥasan b. ʿAlī at-Tamīmī (# 20037). – Hezarmerd (# 22589). – Naǧā al-Kāsakī (# 25487). – Subuk (# 27430).
— von Melitene → Kulayb an-Naṣrānī (# 24209).
— von Mopsuestia (byz.) → Anonymus (# 31476).
— von Mosul → Muḥammad b. Naṣr (# 25442). – Nāṣiraddawla (# 25492). – Saʿīd b. Ḥamdān (# 26961).
— von Palästina → Mufarriǧ b. Daġfal b. al-Ǧarrāḥ aṭ-Ṭāʾī (# 25433). – Yārūḫ (# 28462).
— der phönizischen Küste im Gebiet der Fāṭimiden → Muḥammad b. Ḫalīd b. al-Bahrānī (# 25439).
— von Ramla → al-Ḥasan b. ʿUbaydallāh b. Ṭuġǧ (# 22563). – Yārūḫ (# 28462).
— von Rhobam → Ibn Ibrāhīm (# 22695).
— von Šayzar → Ḥalmān b. Karādīs (# 22550). – Manṣūr b. Karādis (# 24864).
— von Seleukeia (Kilikien) (byz.) → Anonymus (# 30678. – # 30679).
— von Sizilien (Aġlabiden) → Abū ʿAlī (# 20036). – Aḥmad b. Ziyādatallāh b. Qurhub (# 20191). – Ǧaʿfar b. Muḥammad (# 22050). – al-Ḥasan b. al-ʿAbbās (# 22556). – al-Ḥusayn b. Rabāḥ (# 22641).
— von Sizilien (Fāṭimiden) → Aḥmad b. al-Ḥasan b. ʿAlī al-Kalbī (# 20188). – al-Ḥasan b. ʿAlī b. Abī l-Ḥusayn al-Kalbī (# 22558). – al-Ḥasan b. Aḥmad b. Abī Ḫinzīr (# 22559). – Sālim b. Abī Rāšid (# 26967). – Yaʿīš (# 28457).
— von Syrien → Abū l-Qāsim ʿAlī b. Aḥmad b. Bisṭām (# 20073). – al-Faḍl b. Ǧaʿfar b. al-Furāt (# 21985). – al-Ḥasan b. ʿUbaydallāh b. Ṭuġǧ (# 22563). – Ḫumārawayh (# 22639).
— von Tarsos → Abū l-ʿAšāʾir Aḥmad b. Naṣr (# 20039). – Aḥmad b. Tuġān al-ʿUǧayfī (# 20193). – Bišr al-Afšīnī (# 21166). – Eustathios Maleïnos (# 21861). – Ibn az-Zayyāt (# 22686). – Rašīq an-Nasīmī (# 26804). – Ṭamal ad-Dulafī (# 27558). – Urḫuz (# 28403). – Anonymus (# 31475).
— von Tripolis → Leon (von Tripolis) bzw. Tripolites (# 24397). – Maysūr (# 25027). – Muẓahhar b. Nazzāl (# 25470). – Nazzāl (# 25502). – Rayyān (# 26808).
— von Tyros → Abū ʿAbdallāh al-Ḥusayn b. Nāṣiraddawla b. Ḥamdān (# 20035).

Statthalterin von Amida → Anonyma (# 30097).
— von Martyropolis (= arab. nāʾiba Mayyāfāriqīn) → Umm Ḥasan (# 28401).

Steinmetz → Ioannes (# 23040). – Trdat (# 28370). – Anonymi (# 30498). – Anonymus (# 30736).

Stellvertreter s. auch unter Statthalter.
— des Aḥmad b. Ṭulūn → Ḫalaf al-Farġānī (# 22545).
— des Kaisers → Christophoros (# 21302).
— des Kalifen in Aleppo (arab. nāʾib Ḥalab) → ʿAzīzaddawla Abū Šuǧāʿ Fātik (# 20712).
— in den syrischen Grenzgebieten (arab. ḫalīfa ʿalā ṯ-ṯuġūr aš-šāmīya) → Bašīr aṯ-Ṯamalī (# 21132).
— des ʿabbāsidischen Kalifen in Mosul und der Provinz Diyār Rabīʿa (= arab. nāʾib al-Mawṣil wa-Diyār Rabīʿa) → Saʿīd b. Ḥamdān (# 26961).

— des Sayfaddawla in Martyropolis (= arab. nā'ib 'alā Mayyāfāriqīn) → Nağā al-Kāsakī (# 25487).
— des Strategos von Epiros → Anonymus (# 30700).

Steuereinnehmer/Steuerbeamter → Gregorios Romaios (# 22394). – Gregorios Maleïnos (# 22426). – Konstantinos Kombos (# 23840). – Anonymi (# 30262). – Anonymus (# 30912. – # 31010. – # 31152. – # 31767. – # 31867).
— von Chaldia → Nikolaos (# 25944).

erster Steuermann → Basileios (# 20975).

Steuerprüfer → Anonymi (# 30262).

stolnik (mbulg.) → Konstantinos Boïlas (# 23835).

Stratarches Persarmenias → Bagrat (# 20739).

basilikos Strategarches von Thessalonike → Konstantinos (# 23874).

Strategetes → Euthymios (# 21921). – Kerularios (# 23697). – Nikephoros Pastilas (# 25606).
— des Opsikion → Georgios Peganes (# 22082).
— von Strymon → Basileios Kladon (# 20926).

Strategissa → Helene (# 22580). – Hypomone (# 22650). – Maria (# 24934). – Pulcheria (# 26782).

Strategon von Adrianupolis → Moroleon (# 25420).

Strategos → Andronikos (# 20411). – Apulpher (# 20548). – Arkadios (# 20571). – Bardas (# 20799). – Basileios Gutos (# 21082). – Chuzpephoros (# 21345) – Dermokaïtes (# 21537). – Diogenes (# 21542). – Georgios (# 22093). – Georgios Gonitziates (# 22248). – Ibatzes (# 22679). – Ibn al-Balanṭis (# 22687). – Ioannes (# 23261). – Ioannes Arrabonites (# 22970). – Kerularios (# 23697). – Konstantinos (# 23958). – Leon (# 24638). – Leon Tzikanes (# 24370). – Marianos (# 24968. – # 24971). – Michael (# 25334. – # 25335). – Michael Kurtikios (# 25261). – Nikephoros (# 25684). – Nikephoros Uranos (# 25617). – Niketas (# 25733. – # 25738). – Niketas Platys (# 25868). – Nikolaos (# 25945. – # 26011. – # 26095. – # 26096). – Nikolitzas (# 26152). – Orestes Aichmalotos (# 26199). – Paschalios (# 26280). – Phokas (# 26655). – Stephanos (# 27351). – Svenald (# 27439). – Taurinos (# 27572). – Theodoros (# 27665. – # 27761. – # 27835. – # 27836. – # 27837. – # 27846). – Theodoros Parsakutenos (# 27758). – Theognostos (# 28015. – # 28033). – Theognostos Limnogalaktos (# 28019). – Tzurbaneles (# 28390). – Zakustos (# 28499). – Anonymi (9) (# 30247). – Anonymus (# 30979. – # 30986. – # 31098. – # 31330. – # 31798. – # 31896).
— von Abydos → Romanos (# 26847). – Anonymus (# 32004).
— von Aetos → Anonymus (# 31842).
— von Aigaion Pelagos → Demetrios (# 21487). – Konstantinos (# 23782). – Leon (# 24454. – # 24464. – # 24465). – Michael (# 25137. – # 25217). – Nikolaos (# 25967. – # 25989). – Philippos (# 26612). – Stylianos (# 27419). – Theodoros Zephinezer (# 27682). – Theoktistos (# 28050). – Anonymus (# 30894. – # 31253). – Aëtios (# 20142).
— von Anatolikon → Adralestos Diogenes (# 20118). – Aëtios (# 20142). – Alexios (# 20242). – Andreas (# 20359). – Andronikos (# 20407). – Balantios (# 20749). – Bardas Phokas (der Ältere) (# 20769). – Basileios (# 20908).

– Eustathios Argyros (# 21828). – Gregoras (# 22334). – Ioannes I. Tzimiskes (# 22778). – Lalakon (# 24265). – Leon Krateros (# 24317). – Leon (# 24365. – # 24406). – Leon Phokas (# 24423). – Leon (# 24430). – Leon Melissenos (# 24531). – Nikephoros (# 25592. – # 25690). – Nikephoros II. Phokas (# 25535). – Nikephoros Xiphias (# 25661). – Theophylaktos Dalassenos (# 28254). – Anonymus (# 30741. – # 30974. – # 31355. – # 31356. – # 30707).
— von Anchialos → Anastasios (# 20328).
— von Antiocheia → Eustathios Maleïnos (# 21861).
— von Armeniakon → Aëtios (# 20145). – Leon (# 24381. – # 24473). – Philomates (# 26627). – Romanos Kurkuas (# 26852). – Theodotos (# 27976). – Theognostos (# 28023). – Anonymus (# 30646. – # 31586).
— der Armenika Themata → Michael (# 25385).
— von Artze → Theodorokanos (# 27615).
— von Asprakania (Vaspurakan) → Nikephoros Komnenos (# 25676).
— von Attaleia → Michael Kurtikios (# 25261).
— von Balaneos → Beken (# 21137).
— von Belgrad → Anonymus (# 32007).
— von Belikia → Anonymus (# 31847).
— von Beroë → Andronikos (# 20412). – Ioseph (# 23534).
— von Bosporos → Arkadios (# 20572).
— von Bukellarion → Andronikos (# 20408). – Ba...nos (# 20715). – Christophoros (# 21293). – Eudokimos (# 21765). – Gregoras (# 22335). – Leon (# 24470. – # 24471). – Nasar (# 25490). – Pankratukas (# 26237). – Theodoros Hagiozacharites (# 27764). – Anonymus (# 30825. – # 31369. – # 31414. – # 31886).
— von Chaldia → Alexios (# 20239). – Andronikos (# 20404). – Bardas Boïlas (# 20771). – Basileios (# 20906). – B.r.kīl (# 20714). – Bagrat (# 20739). – Georgios (# 22115). – Gregoras (# 22333). – Ioannes Chaldos (# 22784). – Ioannes (# 23039). – Konstantinos (# 23887). – Leon (# 24475). – Leontios (# 24702). – Michael (# 25138). – Petros (# 26526). – Pothos (# 26740). – Sachakios Brachamios (# 26952). – Theophilos Kurkuas (# 28152). – Anonymus (# 30848. – # 30973).
— von Charpezikion (Thema) → Anonymus (# 31245).
— von Charsianon → Alexios (# 20249). – Eustathios Argyros (# 21828). – Konstantinos Dukas (# 23817). – Leon (# 24476. – # 24608). – Leontios (# 24702). – Nikephoros Phokas (“der Ältere”) (# 25545). – Nikephoros (# 25571. – # 25598). – Niketas (# 25730). – Orestes (# 26193). – Theodoros (# 27752). – Anonymus (# 30645. – # 30682. – # 30693).
— von Chasanara → Anonymus (# 31358).
— von Cherson → Arsaber (# 20586). – Epiphanios (# 21724. – # 21725. – # 21727). – Gregorios (# 22416). – Ioannes (# 22881. – # 22884. – # 22995. – # 23021. – # 23022. – # 23023. – # 23209. – # 23210. – # 23219). – Ioannes Bogas (# 22911). – Konstantinos (# 23955. – # 23956). – Leon (# 24383. – # 24566. – # 24621). – Michael (# 25150. – # 25213. – # 25214. – # 25347). – Nikephoros (# 25568. – # 25593). – Niketas (# 25810). – Sergios (# 27014). – Symeon (# 27469). – Theodoros (# 27794). – Theodosios (# 27940). – Theophanes (# 28084). – Theophanios (# 28120). – Thomas (# 28329). – Anonymus (# 31012. – # 31154).

— von Chios → Beriboes (# 21149).
— von Chortzine → Melias (# 25043). – Theophanes (# 28090).
— von Chozanon → Nikephoros (# 25647).
— von Chrysaba → Nikolaos (# 25987).
— von Dalmatien → Eustathios (# 21842).
— von Dorostolon/Dorostolos/Dorystolos → Arkadios (# 20570). – Leon Sarakenopulos (# 24520). – Tzotzikios (# 28388).
— von Dristra → Basilianes (# 21125). – David (# 21437). – Petros (# 26529). – Theodoros (# 27826. – # 27827).
— von Drugubiteia → Isaakios (# 23559).
— von Dyrrachion/Dyrrhachion → Anastasios (# 20309). – Eustathios Daphnomeles (# 21864). – Leon Rabduchos (# 24400). – Leon (# 24695). – Michael (# 25208). – Niketas Pegonites (# 25851). – Petros (# 26481). – Rabduchos (# 26791). – Theodosios (# 27903). – Anonymus (# 32067).
— der dytika themata/dytikoi → Prokopios (# 26758).
— von Edessa → T'ornik (II.) (Varazvač'e) (# 28365).
— von Euxeinos Pontos → Ioannes Am(m)iropulos (# 23162).
— der nach 964 nach Sizilien geschickten Flotte → Niketas (# 25784).
— von Germanikeia → Pantherios (# 26246).
— von Hellas → Bardas (# 20777). – Barsakios (# 20822). – Euthymios (# 21921). – Georgios (# 22260). – Gregoras (# 22342). – Gregorios (# 22469). – Ioannes (# 22983. – # 23026). – Ioannes Malakenos (# 23106). – Ioannes (# 23324). – Kekaumenos (# 23694). – Konstantinos (# 23797). – Krinites (# 24202). – Leon (# 24366. – # 24455). – Manuel Barsakes (# 24893). – Niketas (# 25728. – # 25731. – # 25755). – Niketas Choirosphaktes (# 25821). – Oiniates (# 26178). – Plotinos (# 26702). – Pothos (# 26728. – # 26729. – # 26731). – Stephanos (# 27289). – Theodoros (# 27731. – # 27750. – # 27838). – Tornikios Kontoleon (# 28366). – Anonymus (# 31007. – # 31311. – # 31678).
— von Hexakomia → Koropalates (# 24094).
— tes hippikes parataxeos (Kavallerie) → Manuel Phokas (# 24884).
— von Iericho → Leon (# 24602). – Michael (# 25324). – Thomas (# 28320).
— der Inseln → Artabasdos (# 20631).
— von Ioannupolis → Katakalon (# 23686). – Leon Sarakenopulos (# 24520). – Nikephoros Xiphias (# 25661). – Petros (# 26517). – Staurakios (# 27191). – Theophanes (# 28106).
— von Istrino → Leon (# 24487).
— von Italien → Konstantinos (# 23780).
— von Kalabrien → Basileios (# 20977). – Eustathios (# 21845). – Ioannes Byzalon (# 22934). – Krinites Chaldos (# 24201). – Marianos Argyros (# 24962). – Michael Charaktos (# 25161). – Nikephoros Hexakionites (# 25608). – Niketas Botherites (# 25715). – Paschalios (# 26279). – Anonymus (# 31084). – Anonymus (# 31143).
— von Kappadokien → Balantios (# 20751). – Bardas Phokas (der Ältere) (# 20769). – Eustathios Maleïnos (# 21861). – Konstantinos Maleïnos (# 23862). – Konstantinos (# 23888. – # 23963. – # 23996). – Leon Phokas (# 24423). – Michael (# 25159. – # 25278). – Niketas (# 25755). – Senek'erim-Yovhannēs Arcruni (# 27008). – Theodotos (# 27967). – Anonymus (# 30706. – # 30778).
— der Kavallerie (tes hippikes parataxeos) → Manuel Phokas (# 24884).
— von Kephallenia/Kephallonia → Andreas (# 20374). – Georgios (# 22103). – Leon (# 24499). – Michael (# 25324). – Mosilikes (# 25430). – Symbatikios (# 27443). – Symeon (# 27498). – Theodosios (# 27919). – Theodotos (# 27982). –

Theoktistos (# 28048). – Tornikios Kontoleon (# 28366).
— von Kerkyra (Korfu) → Michael Chersonites (# 25252).
— von Kibyrraioton → Antonios (# 20511). – Basileios Hexamilites (# 20972). – Epiphanios (# 21718). – Eustathios (# 21843). – Ioannes (# 22885). – Leon (# 24407. – # 24604). – Michael (# 25155. – # 25160). – Michael Kurtikios (# 25261). – Niketas (# 25741). – Podaron (# 26705). – Romanos (# 26865). – Stephanos (# 27235). – Stylianos (# 27407). – Theodoros (# 27647). – Anonymus (# 30823. – # 31255. – # 31305. – # 31354. – # 31365. – # 31782).
— von Koloneia → Christophoros (# 21294). – Gregoras (# 22326). – Konstantinos (# 23787). – Michael (# 25223). – Anonymus (# 30847).
— von Kreta → Basileios (# 21045). – Eumathios (# 21782). – Philaretos Bracheon (# 26589).
— der Kykladen → Ioannes (# 22957). – Soterichos (# 27166).
— von Langobardia → Basileios Kladon (# 20926). – Ioannikios (# 23451). – Konstantinos (# 23859). – Leon (# 24499). – Marianos Argyros (# 24962). – Melisiano (# 25046). – Nikephoros Phokas ("der Ältere") (# 25545). – Prokopios (# 26758. – # 26770). – Selantzianos (# 27003). – Stephanos Maxentios (# 27223). – Anonymus (# 31917. – # 32072). – s. auch unter Longibardia.
— von Laodikeia → Abū l-Ḥusayn ʿAlī b. Ibrāhīm b. Yūsuf al-Fuṣayṣ (# 20066). – Ioannes (# 23078). – Isaakios (# 23557).
— von Larissa → Gregorios (# 22469). – Anonymus (# 31678).
— von Leontokome → Gregoras (# 22340).
— von Longibardia → Anastasios (# 20300). – Barsakios (# 20819). – Georgios (# 22103). – Imogalapto (# 22756). – Ioannes (# 23015). – Landulph I. (# 24272). – Leon (# 24499). – Malakenos (# 24842). – Nikephoros Hexakionites (# 25608). – Nikolaos (# 25945). – Paschalios (# 26279). – Prokopios (# 26770). – Symbatikios (# 27443). – Symeon (# 27498). – Theodosios (# 27919). – Theognostos Limnogalaktos (# 28019). – Theoktistos (# 28048). – Ursoleon (# 28407). – s. auch unter Langobardia.
— von Lykandos → Eustathios Maleïnos (# 21861). – Georgios Eunesis (# 22270). – Katakalos (# 23689). – Melias (# 25041). – Pantheres (# 26241). – Sisinnios (# 27109). – Anonymus (# 31466).
— von Makedonien → Abessalom (# 20023). – Gregorios (# 22413. – # 22469). – Gudelios (# 22513). – Konstantinos (# 23906). – Leon Apostyppes (# 24341). – Leon (# 24396). – Lykastos (# 24801). – Malakenos (# 24842). – Marianos Argyros (# 24962). – Nikolaos (# 26064). – Orestios (# 26201). – Photeinos (# 26662). – Romanos (# 26850. – # 26853). – Soterichos (# 27163). – Symbatikios (# 27443. – # 27444). – Theophylaktos (# 28243). – Anonymus (# 30740. – # 30995. – # 31123. – # 31377. – # 31378. – # 31903).
— von Makedonien (= arab. biṭrīq Maqidūnīya) → Ibn Ġudāl (# 22693).
— von Mamistra → Leon (# 24610).
— von Mauron oros → Michael Burtzes (# 25253).
— von Melitene → Abū ṣ-Ṣalṭ (# 20078). – Leon (# 24478). – Nikephoros Balanites (# 25660).
— von Mesopotamia → Achilleios (# 20095). – Leon (# 24504). – Nikolaos (# 25994).

– Orestes (# 26193). – Romanos (# 26867). – Anonymus (# 31532. – # 31889).
— von Morava → Adralestos Diogenes (# 20120).
— von Neos Strymon → Stephanos (# 27322).
— der Nesoi (Inseln) → Artabasdos (# 20631).
— von Nikaia → Pegasios (# 26402).
— von Nikopolis → Andreas (# 20374). – Georgios (# 22274). – Iachnukas (# 22652). – Ioannes (# 22852). – Konstantinos (# 24081). – Leon (# 24391. – # 24440). – Nikephoros (# 25694). – Paulos (# 26326). – Theodoros (# 27719). – Theophylaktos (# 28203). – Anonymus (# 30701. – # 30836. – # 30898. – # 30899. – # 31881).
— von Opsikion → Andreas (# 20354). – Gregorios (# 22443). – Konstantinos (# 24000). – Theudatos (# 28276). – Thomas (# 28326). – Anonymus (# 30742. – # 31415).
— von Paphlagonien → Georgios (# 22118. – # 22119). – Konstantinos (# 23884. – # 23885. – # 24026). – Leon (# 24380). – Michael (# 25220. – # 25221). – Niketas (# 25765). – Sisinnios (# 27105). – Theodotos (# 27965).
— von Peloponnesos → Bardas Platypodes (# 20772). – Barsakios (# 20823). – Basileios (# 21028). – Basileios Apokaukos (# 21006). – Euphrosynos (# 21803). – Georgios (# 22150). – Gregorios (# 22429). – Ioannes (# 23028). – Ioannes Kretikos (# 22821). – Ioannes Malakenos (# 23106). – Ioannes Proteuon (# 22931). – Konstantinos (# 23793). – Krenites (# 24194). – Krinites Arotras (# 24199). – Krinites (# 24202). – Leon (# 24444). – Michael (# 25216). – Michael Choirosphaktes (# 25381). – Niketas (# 25822). – Nikolaos Trellos (# 26082). – Oiniates (# 26178). – Paulos (# 26379). – Romanos Genesios (# 26856). – Sisinnios Hexakionites (# 27112). – Symbatios (# 27447). – Theodoros (# 27838). – Theoktistos (# 28050). – Anonymus (# 31048. – # 31073. – # 31352. – # 31717. – # 31909).
— von Persklaba/Persthlaba/Perdslaba (Preslav) → Aëtios (# 20152). – Ioannes (# 23317. – # 23433). – Konstantinos Karantenos (# 24061).
— von Persthlabitza → Aëtios (# 20152). – Ioannes (# 23433).
— von Philippupolis → Demetrios (# 21518). – Ioannes (# 23317). – Konstantinos (# 24021). – Nikephoros Xiphias (# 25661). – Theodorokanos (# 27615).
— tu ploïmu (der Flotte) → Niketas Ooryphas (# 25696).
— von Preslav s. unter Persklaba/Persthlaba/Perdslaba.
— der Reiterei (tes hippikes parataxeos) → Manuel Phokas (# 24884).
— von Samos → Bakur (# 20748). – Basileios Mesardonites Argyros (# 21090). – Christodulos (# 21251). – David (von Achrid) (# 21409). – Epiphanios (# 21717). – Georgios (# 22213). – Georgios Theodorokanos (# 22261). – Konstantinos Paspalas (# 23781). – Leon (# 24466). – Nikephoros (# 25569). – Nikolaos (# 25990). – Romanos I. Lakapenos (# 26833). – Theodoros (# 27732). – Theognostos (# 28022). – Theophanes (# 28092). – Theotimos (# 28273). – Anonymus (# 31254. – # 31384).
— von Sebasteia → Aronios (# 20580). – Leon Argyros (# 24399).
— von Seleukeia → Basileios (# 20941). – Konstantinos Phokas (# 23841). – Theodoros (# 27736). – Anonymus (# 31890).

— von Serbeia (Serbien) → Konstantinos Diogenes (# 24045). – Magerinos (# 24810).
— von Sizilien → Barsakios (# 20819). – Basileios Kladon (# 20926). – Eupraxios (# 21805). – Eustathios (# 21845). – Ioannes (# 22875. – # 23017). – Kallinikos (# 23615). – Konstantinos (# 23740. – # 23805. – # 23806. – # 23807. – # 23808). – Konstantinos Karamallos (# 23816). – Leon (# 24571). – Mosilikes (# 25430). – Mosilikes (# 25430). – Nikolaos (# 25968). – Polites (# 26710). – Pothos (# 26728. – # 26734). – Romanos (# 26848). – Anonymus (# 30683. – # 31282).
— der Sklabenoi → Prokopios (# 26758).
— von Strymon → Basileios Kladon (# 20926). – Krenites (# 24195). – Leon (# 24553). – Lykastos (# 24801). – Stephanos (# 27280). – Symbatios (# 27446). – Theodotos (# 27975). – Theophiletos (# 28134). – Anonymus (# 30866. – # 30972).
— von Taranta → Palatinos (# 26222).
— von Taron → Bagrat II. (von Taron) (# 20733). – Grigor I. (von Taron) (# 22497). – Leon (# 24530).
— von Tarsos → Eustathios Maleïnos (# 21861).
— von Teluch → Georgios Maniakes (# 22262).
— verschiedener Themen → Romanos Kurkuas (# 26852).
— von Theodosiupolis → Alusianos (# 20263). – Theophilos Kurkuas (# 28152).
— von Thessalonike → Artabasdos (# 20629). – Basileios (# 20892). – David (# 21436). – David Areianites (# 21438). – Georgios (# 22145). – Ioannes (# 23334). – Katakalon (# 23685). – Konstantinos (# 23849). – Konstantinos Diogenes (# 24045). – Kosmas (# 24107). – Leon Chitzilakes (# 24398). – Leon (# 24439). – Marinos (# 24975. – # 24979). – Michael (# 25188. – # 25209. – # 25210). – Nikephoros Hexakionites (# 25608). – Niketas (# 25719). – Nikolaos (# 25986). – Paulos Bobos (# 26374). – Petronas (# 26417. – # 26423). – Staurakios (# 27196). – Theophilos (# 28146). – Anonymus (# 30861. – # 30895).
— von Thrakesion → Gregorios (# 22417). – Ioannes (# 22894. – # 23075). – Konstantinos (# 23847). – Konstantinos Diogenes (# 24045). – Leon (# 24373). – Manuel (# 24879). – Michael (# 25211). – Nikephoros Phokas (“der Ältere”) (# 25545). – Nikephoros Pastilas (# 25606). – Nikolaos (# 26098). – Pantheres (# 26242). – Pantherios (# 26244). – Pardos (# 26268). – Symbatios (# 27445). – Theodoros Spongarios (# 27700). – Theodoros (# 27733). – Theophylaktos (# 28232). – Anonymus (# 30824. – # 30929. – # 30931. – # 31241. – # 31416).
— von Thrakien → Baanes (# 20720). – Basileios (# 20884). – Basileios Mesardonites Argyros (# 21090). – David (# 21437). – Gregorios (# 22381. – # 22382. – # 22415). – Isaakios (# 23560). – Leon Apostyppes (# 24341). – Leon (# 24461. – # 24462). – Leon Sarakenopulos (# 24520). – Marianos Argyros (# 24962). – Michael (# 25211). – Nikephoros Xiphias (# 25661). – Pankratukas (# 26237). – Pardos (# 26268). – Staurakios (# 27191). – Symbatikes (# 27442). – Symbatikios (# 27443). – Theophanes (# 28106). – Theophylaktos (# 28218. – # 28232). – Anonymus (# 30886. – # 30996. – # 31380. – # 31879).
— von Tziliapert → Konstantinos (# 24010).
— von Unteritalien → Georgios (# 22101). – Gregorios (# 22357). – Platypodes (# 26696). – Theophylaktos (# 28184).

— von Vaspurakan → Nikephoros Komnenos (# 25676).
— von Zypern → Alexios (# 20238).

Strategos (= Archistrategos) → Struthopolites (# 27402).

Strategos (vermutlich irrtümliche Interpretation) → Basileios (# 21097).

Strategos Autokrator → Nikephoros II. Phokas (# 25535).
— tes eoas (des Ostens) → Manuel Erotikos bzw. Komnenos (# 24885).

Stratelates → Aleates (# 20227). – Andreas "der Skythe" (# 20351). – Kalokyros (# 23650). – Leon (# 24638). – Polyeuktos (# 26713). – Prokopios Krenites (# 26760). – Theodoros (# 27699). – Theodoros Spongarios (# 27700). – Anonymus (# 31154). – Barsakios (# 20819).

Stratelates (= Strategos) → Katakalon (# 23685).
— der Anatole → Bardas Skleros (# 20785).
— von Bukellarion → Nasar (# 25490).
— von Chaldia → Ioannes Chaldos (# 22784).
— von Dyrrhachion → Rabduchos (# 26791).
— von Kephallenia → Mosilikes (# 25430).
— von Nikopolis → Anonymus (# 30701).
— von Opsikion → Georgios Peganes (# 22082).
— von Peloponnesos → Oiniates (# 26178).
— von Sizilien → Eupraxios (# 21805).

Stratiarches → Nasar (# 25490).

stratigo augustalis → Theophylaktos (# 28184).

stratigus Calabrie et Langobardie → Marianos Argyros (# 24962).

sṭrāṭīġūs (arab. = Strategos) → Ibn al-Balanṭis (# 22687). – Theodoros Parsakutenos (# 27758).

Stratiotes (Soldat) → Aimilianos (# 20196). – Akindynos (# 20210). – Christophoros (# 21269). – Demetrios (# 21477). – Eudios (# 21784). – Gregorios (# 22380). – Harmodios (# 22554). – Ioannes (# 22869). – Lukas Stylites (# 24758). – Michael (# 25148). – Michael Argyromytes (# 25382). – Pankratios (# 26232). – Pantoleon (# 26253). – Theodoros (# 27663). – Anonymi (# 30150. – # 30153. – # 30182). – Anonymi (2) (# 30198). – Anonymi (# 30227). – Anonymi (428) (# 30392). – Anonymi (# 30418. – # 30442). – Anonymus (# 30821. – # 31079. – # 31525. – # 31941).
— des Anatolikon → Theodosios Mesonyktes (# 27929).
— des Armeniakon → Anonymus (# 30647).
— von Charpezikion → Anonymi (428) (# 30392).

Stratiotes des ploïmos (Marinesoldat) → Anonymi (10) (# 30424).

Stratiotikos → Symeon (# 27504).

Stratopedarches → Mosilikes (# 25430).
— von Kilikien → Petros (# 26496).

Strator → Ioannes (# 22879). – Leon (# 24487). – Michael (# 25325). – Stephanos (# 27370). – Theodotos (# 27969). – Nasar (# 25490).

basilikos/imperialis Strator → Alexandros (# 20230). – Artabasdos (# 20628). – Basileios (# 20841. – # 20893. – # 20903). – Demetrios (# 21465. – # 21520. – # 21521). – Diogenes (# 21541). – Euphemianos (# 21791). – Eustathios (# 21838. – # 21852). – Gregoras (# 22325). – Hypatios (# 22648).

– Ioannes (# 22879. – # 22896. – # 23025. – # 23263). – Konstantinos (# 23796. – # 23809. – # 23847. – # 23852. – # 23878. – # 23879). – Kosmas (# 24105. – # 24126). – Leo (# 24292). – Leon (# 24378. – # 24388. – # 24477). – Manuel (# 24873). – Niketas (# 25732). – Nikolaos (# 25995). – Pantoleon (# 26250). – Phlulianos (# 26648). – Prokopios (# 26767). – Stephanos (# 27284. – # 27288). – Theodoros (# 27659. – # 27660). – Theodotos (# 27984). – Theophanios (# 28119). – Theophylaktos (# 28175. – # 28213). – Anonymus (# 30627. – # 30795. – # 30830).

Stylit(es) → Euthymios (# 21912). – Lazaros vom Galesionberg (# 24285). – Lukas Stylites (# 24758). – Pachomios (# 26217). – Paulos (# 26337). – Yaʿīš (# 28456). – Anonymus (# 30743. – # 30992. – # 30993. – # 31293. – # 31670. – # 31730. – # 31970).

— (auf natürlicher Felsnadel statt Säule) →

Subdiakon/subdiaconus → Eustachios (# 21824. – # 22795). – Gregorios (# 22374). – Ignatios (# 22750). – Ioannes (# 23185). – Moyses (# 25431. – # 28192). – Musando (# 25452). – Paulos (# 26301). – Photeinos (# 26659). – Thomas (# 28281. – # 28282). – Zachakios (# 28475).

— von Bari → Hieronimus (# 22592). – Madelfrid (# 24807). – Ursus (# 28415).

— von Conversano → Maio (# 24816).

Suldan → Sawdān (# 26997).

surīya rūmīya (arab. = Konkubine byzantinischer Herkunft) → Maria (# 24929).

Svingeloz/swngeloz (georg. = Synkellos) → Ioannes Tornikios (# 22926). – Zakʿaria (# 28497).

Sylleiturgos → Anonymus (# 31082).

Symbolaiographos (Notar) von Hierissos → Konstantinos (# 24039).

— von Thessalonike → Nikolaos (# 26006).

Symponos → Basileios (# 21100). – Eustratios (# 21911). – Galenos (# 22060). – Ioannes (# 22873. – # 23321. – # 23390. – # 23421). – Leon (# 24506). – Makarios (# 24833). – Nikolaos (# 26071). – Paulos (# 26340. – # 26347). – Soterichos (# 27164).

— Poleos → Christodulos (# 21252).

Syndulos → Anonymus (# 31235. – # 31441).

Synkellos → Antonios III. Studites (# 20499). – Christophoros (# 21274). – Demetrios (# 21527). – Euthymios (# 21913). – Georgios (# 22200). – Gregorios (# 22432). – Ioannes (# 22987. – # 23094. – # 23282. – # 23377). – Ioannes Orphanotrophos (# 23371). – Ioannes Tornikios (# 22926). – Konstantinos (# 23802). – Kyriakos (# 24241). – Leon (# 24416. – # 24599). – Michael (# 25178. – # 25269). – Michael Monachos (# 25099). – Niketas (# 25726). – Nikolaos Androsalites (# 25886). – Philaretos (# 26584). – Philotheos (# 26636). – Polyeuktos (# 26714). – Stephanos I. (# 27208). – Stephanos (# 27315). – Stylianos (# 27418). – Theodoros (# 27616. – # 27768). – Theodosios (# 27916. – # 27952). – Theophilos (# 28162). – Theophylaktos (# 28192). – Zakʿaria (# 28497). – Anonymus (# 31341. – # 31565).

— der Auferstehungskirche (Grabeskirche) = sinqil ʿalā l-Qiyāma (arab.) → Ṣadaqa b. Bišr (# 26955).

— des Patriarchen v. Alexandreia → Ioseph (# 23512).

— des Patriarchen v. Jerusalem → Elias (# 21641. – # 21643).

bulgarikos Synkellos (Synkellos des Erzbischofs von Bulgarien) → Georgios (# 22210).

protos Synkellos → Ioseph Bringas (# 23529).

Synkletikos (Senator) → Anastasios Gongylios (# 20298). – Anastasios (# 20302). – Basilitzes (# 21126). – Disinios (# 21570). – Gabrielopulos (# 22045). – Himerios (# 22624). – Ioannes (# 22842). – Konstantinos Gongylios (# 23823). – Konstantinos Maleïnos (# 23862). – Michael (# 25129). – Nikolaos (# 25943). – Symeon Neos Theologos (# 27488). – Theognis (# 28009). – Anonymi (66 bzw. 60) (# 30183). – Anonymi (# 30233. – # 30249. – # 30501. – # 30585). – Anonymus (# 30641. – # 31550).

Syzogos zoste → Miroslava (# 25408).

ṭabīb (arab. = Arzt) → Abū l-Fatḥ Sahlān b. Muqaššir (# 20048). – Ḥasdāy b. Šaprūṭ (# 22564). – Yaḥyā b. Sa'īd al-Anṭākī (# 28459). – Yūsuf II. (# 28474). – Anonymus (# 31431).

Tabularios → Michael (# 25265). – Leon (# 24346).
— von Hagios Petros (Kalabrien) → Leon (# 24522).
— des Kastron von Tarent → Kurtike(s) (# 24214).
— von Monembasia → Leon (# 24346).

Tachydromos (angelos) (Eilbote) →Petronas (# 26417). – Anonymi (# 30354). – Anonymus (# 30691).

basilikos Tachydromos → Anonymus (# 30732).

Tachygraphos → Arsenios (# 20609). – Myron (# 25476).

t'agawor (König) → Abas I. (von Armenien) (# 20006). – Mušeł (# 25457). – Nikephoros II. Phokas (# 25535). – Romanos II. (# 26834). – Senek'erim-Yovhannēs Arcruni (# 27008).
— Ap'xazac' (von Abchasien) → Bagrat III. (von Georgien = Sak'art'velo) (# 20740).
— Egerac'woc' (von Egrisi) → Kostanti III. (von Abchasien) (# 24184).
— Hayoc' (der Armenier) → Smbat II. (von Armenien) (# 27144). – Ašot II. "der Eiserne" (von Armenien) (# 20646). – Gagik II. Arcruni (# 22052). – Smbat I. "der Märtyrer" (von Armenien) (# 27141).
— Hoṙomoc' (der Rhomäer = byz. Kaiser) → Ioannes I. Tzimiskes (# 22778). – Konstantinos VII. (# 23734). – Leon VI. (# 24311).
— Ṙuzac' (der Russen) → Vladimir I. (von Kiew) (# 28433).
— Vananday (von Vanand) → Abas (# 20007).
— Vrac' (der Georgier) → Adarnase II. (# 20099). – David III. (von Tao) (# 21432).
— Yunac' (der Griechen = byz. Kaiser) → Ioannes I. Tzimiskes (# 22778).

tāǧir (arab. = Kaufmann) → Malkūṯa (# 24852).

aṭ-ṭāǧiya dūnihā (Würdenträger) → Marianos Argyros (# 24962).

Tagmatarches → Michael (# 25175).

Tagmatophylax → Theodoros (# 27834).

t'aguhi (arm. = Königin) → Theophano (# 28125).

talmīḏ (syr. = Schüler) → David (# 21442). – Ioannes (# 23379). – Iosua (# 23543). – Mose (# 25424).

Tamias eines Privathaushaltes → Nikephoros (# 25576).

Tamias im Kloster → Anonymus (# 31835).

tarǧamān (arab. = Dolmetscher) → Abū ʻUmayr ʻAdī b. Aḥmad b. ʻAbdalbāqī al-Aḏanī (# 20086). – Petrus Čeraphī (# 26574). – Theodoros (# 27865). – Anonymi (40) (# 30493). – Anonymus (# 31071).

targmānā (syr. = Dolmetscher) → Petrus Čeraphī (# 26574). – Theodoros (# 27865).

Taxiarches/Taxiarchos → Bardas (# 20805). – Elpidios Brachames (# 21683). – Ioannes (# 23316). – Ioseph (# 23536). – Konstantinos tu Kontu (# 24040). – Kurtos (# 24217). – Leon Balantes (# 24516). – Michael Burtzes (# 25253). – Michael (# 25331. – # 25332). – Nikephoros (# 25691). – Romanos (# 26870). – Theodoros (# 27793). – Theodoros (# 27879). – Anonymi (2) (# 30527). – Anonymus (# 31710).
— von Capigrassa → Ioannes (# 23358).
— von Kalabria → Michael Charaktos (# 25161).
— von Larissa → Nikolaos (# 25964).
— von Paches → Michael (# 25400).
— von Pharos → Michael (# 25400).

Technites (Bauarbeiter, Handwerker) → Anonymi (# 30214. – # 30453. – # 30498. – # 30577). – Anonymus (# 30642).
— (Sänger) → Ktenas (# 24205).

Teichiotes → Basileios Barys (# 21114). – Theophanes (# 28086). – Anonymus (# 31218).

tepoteriti = Topoteretes → Marianos (# 24970).

tepoteriti tonscolon → Smaragdus (# 27137).

imperialis tepoteriti → Faraco (# 21990).

Tēr (arm. = Herr) → Gēorg II. Gaṙnecʻi (# 22078). – Petros (# 26538). – Xačʻik Aršaruni (# 28445).

Thalamepolos (Kämmerer, Palasteunuch) → Eustathios (# 21845). – Eustratios (# 21906). – Ioannes (# 23089). – Konstantinos Gongylios (# 23823). – Sergios (# 27045).

basilikos Thalamepolos → Anonymus (# 31997).

deuteros Thalamepolos → Nikephoros (# 25678).

protos Thalamepolos → Nikolaos (# 26131).

tritos Thalamepolos → Symeon (# 27539).

Theologe → Eutychios (# 21977). – Niketas David Paphlagon (# 25712). – Niketas Byzantios (# 25713). – Stephanos (# 27315).
— der armenischen Kirche → Xačʻik Aršaruni (# 28445). – Zakʻaria (# 28496).

Theologos → Niketas Stethatos (# 25842).

Therapaina/Therapainis (Dienerin) → Agathe (# 20167). – Anonyma (# 30012. – # 30034. – # 30067). – Anonymae (18) (# 30134). – Anonymi (# 30337).

Therapeutes → Anonymi (# 30145. – # 30239). – Anonymus (# 30715. – # 30800).

Therapon (Diener) → Petros (# 26496). – Symeon (# 27514). – Anonymi (# 30239). – Anonymi (50) (# 30380). – Anonymi (# 30451). – Anonymus (# 31968).
— Basileios' II. → Orestes (# 26200).
— Nikephoros' II. Phokas → Anonymus (# 31445).

Thereutes (Jäger) → Anonymi (# 30419). – Anonymus (# 30790).

Theriotrophos → Anonymus (# 30746).

Thesmophylax → Anonymus (# 31883).

Thuepolos (Priester) → Isidoros (# 23563).

Thyroros (Pförtner) → Anonymus (# 31449).

Thytes (= Presbyteros oder Episkopos) → Christophoros (# 21310). – Ioannes (# 23113). – Stephanos (# 27332).

Tierwärter → Anonymus (# 30746).

tilmīḏ (arab. = Schüler) → David (# 21442). – Mose (# 25424). – Ioannes (# 23379). – Iosua (# 23543).

Tischler (= arab. naǧǧār) → Nikephoros [I.] (von Jerusalem) (# 25674).

Töpfer → Anonymus (# 31539. – # 31583).

Toichopoios → Nikephoros (# 25607).

Toichoryktes → Anonymi (# 30550).

Toparches (bulg.) → Bogdanos (# 21186).
— von Nauplion → Anonymus (# 31048).
— von Tibion → Kekaumenos (# 23694).

Topoteretes (Vertreter) → Basileios (# 21068). – Byzantios (# 21219). – Dorotheos (# 21600). – Michael (# 25175). – Paspalas (# 26286). – Theodoros (# 27834). – Zacharias (von Anagni) (# 28477). – Anonymi (# 30242. – # 30243). – Anonymus (# 30826. – # 31913).
— von Antiocheia → Basileios (# 20859).
— der Arithmoi → Theodoros (# 27833).
— von Capigrassa → Konstantinos (# 24047). – Paschalios (# 26285).
— der Exkubitoi → Anonymus (# 31260).
— der Hikanatoi → Anonymus (# 31262).
— von Makedonia → Leon Damokranites (# 24552). – Anonymus (# 31258).
— der Optimatoi → Gregorios (# 22440).
— von Paphlagonien → Anonymus (# 31383).
— des Papstes → Donatus (# 21589). – Eugenius (# 21775). – Marinus I. (# 24983). – Paulus (# 26397). – Petrus (# 26554). – Stephanus (# 27381).
— des Patriarchats von Alexandreia → Ioseph (# 23512).
— des Patriarchats von Antiocheia → Thomas (# 28279).
— des Patriarchats von Jerusalem → Arsenios (# 20621). – Elias (# 21641. – # 21643).
— des Ploïmos (Flotte) → Adrianos (# 20122). – Konstantinos (# 24035). – Leon der Armenier (# 24390). – Podaron (# 26705).
— des basilikos Ploïmos → Adrianos (# 20122). – Diogenes (# 21543). – Konstantinos (# 24035). – Michael (# 25149. – # 25149).
— von Puliniano → Maraldus (# 24904).
— der Scholen → Smaragdus (# 27137).
— von Thrakien → Michael Kurtikios (# 25261). – Anonymus (# 31256).

basilikos Topoteretes → Bisantius (# 21163). – Faraco (# 21990). – Trifilius (# 28371).

Topoteretissa von Kibyrrhaioton → Kostantina (# 24185).

imperialis topoteritis → Bisantius (# 21163). – s. auch unter Topoteretes.

Torwächter s. unter Türhüter.

Torwächterin → Anonyma (# 30016).

Toxotes → Anonymus (# 30950. – # 31444).

Trapezarios (Refektoriumsmeister) → Kosmas (# 24161).

Trapezites → Michael Maleïnos (# 25124). – Petros (# 26496).

Trechon (Kurier) → Anonymus (# 30902).

Tribunos → Anonyma (# 30006A).

Trierarches → Konstantinos (# 23889).

Tuchhändler (= arab. bazzāz) → Malkūṯa (# 24852).

Türhüter/Türwächter → Anonymus (# 31449. – # 31802. – # 32047).

Turmarches/Turmarcha → Anthimos (# 20468). – Argyros (# 20559). – Artabastos (# 20634). – Atzmoros (# 20697). – Balantios (# 20750). – Bardales (# 20760). – Basileios (# 20987). – Christophoros (# 21316. – # 21320. – # 21321). – Epiphanios (# 21732). – Euphemios (# 21794). – Grisantio (# 22504). – Hosylo (# 22632). – Ioannes (# 23345). – Konstantinos (# 23826. – # 23907. – # 24001). – Leo (# 24307). – Leon (# 24386. – # 24513. – # 24540. – # 24622. – # 24625). – Lykandos (# 24800). – Maio (# 24822). – Michael (# 25340). – Niketas (# 25833). – Nikolaos (# 26027. – # 26097. – # 26110. – # 26112). – Padiates (# 26219). – Petros (# 26497). – Philippos (# 26624). – Phokas (# 26651). – Porfiro (# 26722. – # 26723). – Procopius (# 26755). – Radelgardus (# 26797). – Romanos Dokianos (# 26883). – Sifado (# 27067). – Theognostos (# 28027). – Theophylaktos (# 28183). – Ursulos (# 28412). – Vitalis (# 28430). – Anonymus (# 31331. – # 31904).
— von Abydos → Konstantinos (# 24001).
— von Acena bei Bari → Lupo (# 24797).
— von Adramyttion → Anastasios (# 20311).
— von Adrianupolis → Chotemir (# 21241). – Gregorios (# 22414).
— von Aigaion Pelagos → Konstantinos (# 24001).
— von Arachilabe → Andronikos (# 20409).
— von Arkadiupolis → Katakalon (# 23687).
— von Bari → Gaideris (# 22055). – Grimoald (# 22501). – Maio (# 24821). – Gaideris (# 22055).
— von Benevent → Theodoros (# 27642).
— von Berrhoia → Bardas (# 20802). – Michael (# 25369).
— der Biktoroi → Bardas (# 20776). – Demetrios (# 21510). – Dionysios (# 21550). – Konstantinos (# 23789).
— der Biktoroi von Thrakesion → Anonymus (# 31252).
— von Bizye → Nikephoros (# 25558). – Nikephoros (# 25567). – Theodoros (# 27695).
— von Bukellarion → Basileios (# 20905).
— der Bulgaren → Basileios (# 21007).
— von Conversano → Anonymus (# 31942. – # 31942).
— von Dyrrachion → Leon (# 24351).
— von Euphrateia → Melias (# 25041).
— von Gotthia → Leon (# 24590).
— der Hikanatoi → Olbianos (# 26184).
— von Kalabria → Pothos (# 26734).
— von Keltzene → Anonymus (# 31407).
— von Kephallenia → Anonymus (# 31916).
— von Korykos/Kurikos → Kalos (# 23657). – Michael (# 25280).
— von Larissa → Theoktistos (# 28042).
— von Marmaritzion → Hypatios (# 22648).
— von Mesopotamia → Leon (# 24500). – Mosilikes (# 25430).
— von Mesothynia → Nikephoros (# 25536).
— von Mezon → Leon (# 24374).
— von Nikopolis → Anonymus (# 30812).
— von Opsikion → Elephantinos (# 21635).
— von Paltos → Andreas (# 20386). – Eustratios (# 21901).
— von Paphlagonia → Anonymus (# 31118).
— von Pates → Padiates (# 26219).
— von Peloponnesos → Meliton (# 25048). – Phokas (# 26656).
— tes paraliu (der Küste) von Peloponnesos → Anonymus (# 31257).
— des Ploïmos (Flotte) → Stephanos (# 27330).
— des Ploïmos von Kephallenia → Nikolaos (# 25918).
— von Rhaidestos → David (# 21424).
— von Samos → Anastasios (# 20311).
— von Seleukeia → Niketas Xeros (# 25825).

— von Sipontus (Apulien) → Maio (# 24819).
— von Spadiata → Padiates (# 26219).
— von Spartari → Georgios (# 22212).
— von Syllaion → Anonymus (# 30810).
— der Theodosiakoi von Thrakesion → Anonymus (# 31242).
— tes paraliu (der Küste) von Thrakesion → Anonymus (# 31243).
— von Thrakien → Anonymus (# 30811).
— von Trani Unteritalien → Delterios (# 21449). – Falcus (# 21988).
— von ta Trypia → Melias (# 25041).
— von Unteritalien → Theodoros (# 27856).
— von Zygos → Aëtios Zacharias (# 20143).

elatton Turmarches von Charpezikion → Anonymi (47) (# 30389).

gegonos (ehemaliger) Turmarches → Leon (# 24540). – Nikolaos (# 26027).

megas Turmarches von Charpezikion → Anonymi (22) (# 30390).

mikros Turmarches von Charpezikion → Anonymi (47) (# 30389).

prokriteros Turmarches von Charpezikion → Anonymi (22) (# 30390).

turmarho von Acena bei Bari → s. unter Turmarches.

Übersetzer → Manuel (# 24876). – Nikolaos (# 25962). – Petrus Čeraphī (# 26574). – Theodoros Philetas (# 27718). – Tudor Doxov (# 28377). – Anonymus (# 31071). S. auch unter Dolmetscher.
— (arab.–>griech.) (griech.–>arab.) → Abū ʿUmayr ʿAdī b. Aḥmad b. ʿAbdalbāqī al-Aḏanī (# 20086). – Anṭūnī (# 20540). – Ḥunayn b. Isḥāq (# 22640). – Ibrāhīm b. Yūḥannā (# 22706). – Konstantinos (# 24059). – Qusṭā b. Lūqā (# 26789).
— (arm. –> gr.) → Theodoros Daphnopates (# 27694).
— (griech. –> altkirchenslaw.) → Ioannes Exarchos (# 22782).
— (griech. – arm.) → Krinites (# 24200). – Theodoros (# 27644).
— (griech. –> bulg.) → Anonymi (# 30196).
— (griech. –> georg.) → Euthymios Athonites Iber (# 21960). – Georgios III. (von Iviron) (# 22259).
— (griech. –> syr.) → Ḥunayn b. Isḥāq (# 22640).

Uizer (griech. für arab. wazīr) → ʿAlī b. ʿĪsā (# 20254).

Untergebener der Hafenbeamten → Anonymi (# 30514).

Unterhändler (= arab. mutawassiṭ) → Ṭāhir (# 27555).

Unternehmer → Anonymus (# 31109. – # 31111).

Uqunūm Aǧiyā Ṣūfiyā (arab. = Oikonomos der Hagia Sophia) → Romanos III. Argyros (# 26835).

usquf (arab. = Bischof, Episkopos) → Dionysius (# 21568). – Elias (# 21674). – Ignatios (# 22750). – Ioannes (# 22998. – # 23377. – # 23378). – Recemundus (# 26810).
— von Aleppo (wa-kāna bi-Ḥalab) → Agapios II. (von Antiocheia) (# 20165).
— von ʿArqa → Zachakios (# 28475).
— von Askalon (ʿAsqalān) → Anonymus (# 31133).
— von Charpete (Ḥiṣn Ziyād) → Moyses (# 25431).
— von Faramā → Ibn Balīḥa (# 22688).
— von Hibāl → Theophilos I. (von Jerusalem) (# 28168).
— von Monembasia (madīna Mūnūfāsiya) → Niketas (# 25716).
— von Qulzum → Isḥāq (# 23562).

— von Seleukeia Pieria (Silūkiya) → Theodulos (# 27995).
— von Sizilien (Ṣiqillīya) → Leon (# 24414).
— von Tall Biṭrīq → Dionysius (# 21568).
— von Tinnīs → Christodulos (# 21253). – Michael (# 25179). – Theophilos (# 28153).

Uzir (mbulg. = griech. Uzer = Wesir = arab. wazīr) → Anonymus (# 30879).

Vagantenmönch → Theodoros (# 27701). – Anonymus (# 31319. – # 31828). S. auch unter Wandermönch.

Vardapet (arm. = Priester, geistlicher Lehrer) → Lewon (# 24737). – Anonymi (# 30492. – # 30497).
— hayocʻ (der Armenier) → Sahak (# 26959).

Vermittler (= arab. mutawassiṭ) → Ṭāhir (# 27555).

Verwalter → Drosos (# 21608). – Anonymi (# 30364). – Anonymus (# 31106. – # 31157. – # 31450).
— von Kutmičiinica → Hutros (# 22645). – Dometas (# 21579).
— eines Landguts bzw. Metochion → Sachakios (# 26953).
— des Besitzes der Hagia Sophia (Kpl.) in Strongylizon → Anonymus (# 30975).
— der kaiserlichen Weberei → Anonymus (# 31549).

vicarius → Thomas (# 28279).
— des Patriarchen von Alexandreia → Ioseph (# 23512).

vicarius sedis apostolicae → Zacharias (von Anagni) (# 28477).

Vizeherrscher von Ägypten → Ǧawhar (# 22066).

voevoda (altruss./mbulg. = Strategos) → Andreas "der Skythe" (# 20351). – Konstantinos Paspalas (# 23781). – Leon Chitzilakes (# 24398). – Prokopios Krenites (# 26760). – Svenald (# 27439).
— von Drači → Rabduchos (# 26791).
— v Kefalinii (von Kephallenia) → Mosilikes (# 25430).
— makedon'skyi (von Makedonien) → Anonymus (# 30740).
— von Odrin → Moroleon (# 25420).
— vŭ Samosě (von Samos) → Romanos I. Lakapenos (# 26833).
— Sikelii (von Sizilien) → Eupraxios (# 21805).

voevodstvujǫštyi Chaldii (mbulg. = Strategos von Chaldia) → Bardas Boïlas (# 20771).

Vojevode (ungar.) → Almos (# 20260). – Falič (# 21989).

Vormund (Epitropos) → Euthymios (# 21927). – Gabrielopulos (# 22045). – Ioannes Lazanes (# 22906). – Ioannes Eladas (# 22909). – Nikolaos I. Mystikos (# 25885). – Stephanos (# 27224).

Vorsänger → Euthymios Kasnes (# 21935). – Hilarion (# 22613).
— der Gerichtshöfe → Kosmas (# 24110).
— der Schulen (Kpl.) → Athanasios (# 20673).

Vorsteher → Ioannikios (# 23452).
— beim Gefangenenaustausch s. unter Aufseher.
— von Ragusa → Lampredius (# 24266).
— einer Seidenmanufaktur → Anonymus (# 31281).

Wache → Anonymi (# 30229. – # 30250).

Wachshändler → Kerularios (# 23697).

Wächter → Michael (# 25250). – Anonymi (# 30156. – # 30250). – Anonymi (5) (# 30463). – Anonymi (# 30486).
— der Schiffe → Anonymi (# 30513).

— des Weinbergs → Anthes (# 20449).

Waffenträger des Kaisers → Anonymus (# 31489).

Wagenlenker (Bigarios; Heniochos) → Anastasios (# 20290). – Anonymi (# 30334). – Anonymi (4) (# 30372. – # 30373).

wālī (Statthalter, Strategos) → Abū ʻAlī (# 20036). – Abū l-Barakāt b. Manṣūr (# 20044). – Abū l-Ġanāʼim b. Manṣūr (# 20053). – Abū l-Ǧayš b. Luʼlu (# 20054). – Abū Sālim b. Luʼlu (# 20077). – Bakǧūr (# 20747). – Ḥalmān b. Karādīs (# 22550). – Themel (# 27584). – Anonymus (# 31588).
— von Aḏarbayǧān (Aserbaidschan) → Afšīn (Muḥammad b. Abī s-Sāǧ) (# 20156). – Mufliḥ as-Sāǧī (# 25435).
— (von Aleppo) s. unter Ḥalab.
— (von Anatolikon) s. unter n-Nāṭulīq.
— ʻalā Anṭākiya (von Antiocheia) → Bardas Phokas (der Jüngere) (# 20784). – Nikephoros Uranos (# 25617). – Michael (# 25354). – Michael Burtzes (# 25253). – ʻUbaydallāh (# 28392).
— von Bayt al-Maqdis (Jerusalem) → Muḥammad b. Ismaʻīl aṣ-Ṣanāǧī (# 25441). – Yārūḫ (# 28462).
— von Dimašq (Damaskus) → Ǧayš b. Muḥammad b. aṣ-Ṣamṣāma (# 22069). – Yārūḫ (# 28462).
— von Diyār Rabīʻa → al-Ḥusayn b. Ḥamdān b. Ḥamdūn (# 22642). – Saʻīd b. Ḥamdān (# 26961).
— al-Falasṭīn (von Palästina) → Mufarriǧ b. Daġfal b. al-Ǧarrāḥ aṭ-Ṭāʼī (# 25433).
— von Ḥalab (Aleppo) → ʻAzīzaddawla Abū Šuǧāʻ Fātik (# 20712). – Fatḥ (# 21995). – Qarġūyah (# 26785).
— l-ḥisn ʻImm (von Imma) → Anonymus (# 31695).
— (von Jerusalem) s. unter Bayt al-Maqdis.
— von Lāḏiqīya (Laodikeia) → K.r.m.rūk (?) (# 23592).
— von Maʻarrat an-Nuʻmān → Zuhayr (# 28522).
— von Manbiǧ (Hierapolis) → Abū Firās al-Ḥāriṯ b. Saʻīd b. Ḥamdān (# 20051).
— von Mayyāfāriqīn (Martyropolis) → Abū ʻAlī al-Ḥasan b. ʻAlī at-Tamīmī (# 20037). – Hezarmerd (# 22589). – Subuk (# 27430).
— li-l-Maṣṣīṣa (von Mopsuestia) → Anonymus (# 31476).
— von Mawṣil (Mossul) → Nāṣiraddawla (# 25492). – Saʻīd b. Ḥamdān (# 26961).
— n-Nāṭulīq (von Anatolikon) →Nikephoros Xiphias (# 25661). – Theophylaktos Dalassenos (# 28254).
— (von Palästina) s. unter al-Falasṭīn
— von Qalawrīya (Kalabrien) → Anonymus (# 31084).
— r-Ramla (von Ramla) → Yārūḫ (# 28462).
— sawāḥil (der Küstengebiete des Emirats Aleppo) → Marwān al-ʻUqaylī al-Qarāmaṭa (# 25011).
— Siqilliya (von Sizilien) → Yaʻīš (# 28457).
— von Ṭarābulus (Tripolis) → Maysūr (# 25027). – Muẓahhar b. Nazzāl (# 25470).
— li-Ṭarasūs (von Tarsos) → Anonymus (# 31475). – Abū l-ʻAšāʼir Aḥmad b. Naṣr (# 20039). – Aḥmad b. Tuġān al-ʻUǧayfī (# 20193). – Bišr al-Afšīnī (# 21166). – Rašīq an-Nasīmī (# 26804). – Ṯamal ad-Dulafī (# 27558).
— aṯ-ṯuġūr (aš-šāmīya) (syrische Grenzgebiete) → al-Ḥasan b. ʻAlī Kūrah (# 22560). – Rustam b. Baradū al-Farġānī (# 26909). – Urḫuz (# 28403).

wālī balad an-Nāṭulīq (Statthalter der Provinz Anatolien, Strategos von Anatolikon) → Nikephoros Xiphias (# 25661).

wālī al-maʻāwin Diyār Muḍar (Grenzgouverneur von Diyar Mudar) → Naǧm (# 25488).

Wandermönch (kykleutes) → Anonymi (# 30586). S. auch unter Vagantenmönch.

Wardapet s. unter Vardapet.

Wasserträger (im Kloster) → Anonymi (# 30423).

wazīr (arab.) s. unter Wesir.

Weinhändler → Anonymus (# 31107).

Wesir → Abū l-Ḥasan ʿAlī b. Muḥammad b. al-Furāt (# 20062). – Abū l-Qāsim al-Ḥusayn b. ʿAlī al-Maġribī (# 20071). – ʿAlī b. ʿĪsā (# 20254). – al-Faḍl b. Ǧaʿfar b. al-Furāt (# 21985). – Šarwa (# 26995). – Anonymus (# 30879).
— von Bagdad → ʿAlī b. ʿĪsā (# 20254).
— der Inspektion (al-kašf) → al-Faḍl b. Ǧaʿfar b. al-Furāt (# 21985).
— des byzantinischen Kaisers (al-malik) → Anonymus (# 31091).
— des Mumahhidaddawla → Šarwa (# 26995).
— des Sayfaddawla → Abū l-Qāsim al-Ḥusayn b. ʿAlī al-Maġribī (# 20071).

Winzer → Nikolaos (# 25916). – Symeon Ampelas (# 27506). – Anonymus (# 30761).

Wissenschaftler → Theodoros Philetas (# 27718).

Würdenträger → Abū Firās al-Ḥāriṯ b. Saʿīd b. Ḥamdān (# 20051). – Christophoros Phagura (# 21327). – Eutychianos (# 21976). – Georgios (# 22131. – # 22199). – Georgios Hexamilites (# 22187). – Hagiozacharites (# 22542). – Ibn Abī ʿUmar (# 22684). – Ioannes (# 22927). – Ioannes Polys (# 22951). – Kalokyros (# 23646. – # 23647). – Konstantinos Romaios (# 23919). – Kosmas (# 24113). – Leon (# 24563). – Manuel (# 24888). – Michael (# 25184. – # 25295). – Michael Choirosphaktes (# 25381). – Myron (# 25477). – Petros Androsylites (# 26471). – Plegatos (# 26698). – Rodophylles (# 26829). – Sergios (# 27024). – Sisinnios (# 27116). – Stephanos (# 27318). – Symeon Ampelas (# 27506). – Theodoros (# 27782). – Theophanes (# 28085). – Anonymi (3) (# 30470). – Anonymi (# 30523). – Anonymi (2) (# 30539. – # 30540). – Anonymi (# 30575. – # 30584). – Anonymus (# 30648. – # 31204. – # 31206. – # 31235. – # 31429. – # 31430. – # 31437. – # 31441. – # 31457. – # 31459. – # 31465. – # 31571. – # 31638. – # 31649. – # 31664. – # 31689. – # 31691. – # 31722. – # 31769. – # 31770. – # 31771. – # 31772. – # 31774. – # 31927. – # 31930).
— der Araber → Abū Ǧaʿfar b. al-Ḥusayn (# 20052). – Abū l-Qāsim (# 20070).
— in Bulgarien → Cerbula (# 21227). – Sundica (# 27433).
— der Fāṭimiden → Ǧaʿfar b. al-Ḥusayn (# 22048).
— im Grenzgebiet = raʾīs aṯ-ṯuġūr aš-šāmīya (arab.) bzw. šayḫ aṯ-ṯuġūr aš-šāmīya (arab.) → Abū ʿUmayr ʿAdī b. Aḥmad b. ʿAbdalbāqī al-Aḏanī (# 20086).
— von Hierapolis und Harran → Abū Firās al-Ḥāriṯ b. Saʿīd b. Ḥamdān (# 20051).
— der Iḫšīdiden → Ḥamza b. Muḥammad al-Kattānī (# 22551).
— von Nikomedeia → Anonymus (# 31971).
— von Smyrna (# 25806A) → Niketas (# 25806A).

wuǧūh al-muslimīn (arab. = muslimischer Würdenträger) → Ibn Abī ʿUmar (# 22684).

Xenodochos → Bardas (# 20790). – Damianos (# 21384).

— von Lupadion → Basileios (# 20902). – Christophoros (# 21267). – Pantoleon (# 26250).
— von Nikaia → G... (# 22016). – Manuel (# 24892).
— von Pylai → Damianos (# 21384). – Ioannes (# 23331). – Nikephoros (# 25579).
— von Sampson → Georgios (# 22123). – Konstantinos (# 23738).

basilikos Xenodochos → Niketas (# 25723).

xorhrdacow (arm. = Berater) → Mu'nis al-Muẓaffar (# 25449).

Xylemporos (Holzhändler) → Demetrios (# 21456).

Xystes (Kopist) → Kyrillos (# 24248).

zaḥafa ... bi-ǧamīʿ ʿaskarihī (arab. = Oberbefehlshaber des gesamten Heeres) → Manuel Phokas (# 24884).

Zar von Bulgarien → Boris I. Michael (# 21197). – Boris II. (# 21198). – Gabriel-Radomir-Romanos (# 22032). – Ivan Vladislav (# 23582). – Petăr (# 26409). – Samuel Kometopulos (# 26983). – Symeon (# 27467). – Vladimir (# 28432).

zarāwir (arab. = Plural von zirwār) s. dort.

Zarin von Bulgarien → Maria Lakapene (# 24919).

Zauberin → Anonyma (# 30051. – # 30055).

zawravar Hayocʿ (arm. = Heerführer der Armenier) → Gagik II. Arcruni (# 22052).

Zeremonienmeister → Anonymus (# 30688. – # 31418).

Ziegenhirt/Ziegenzüchter → Leon (# 24433). – Niketas (# 25750).

zirwār (arab. = Offizier bzw. untergeordneter Befehlshaber) → Anonymi (# 30444). – Anonymi (40) (# 30493).

zirwār Marǧ Q.l.zūn wa-Arǧūzān (Kommandant von Q.l.zūn und Erzinǧān) bzw. zirwār Marǧ Qilliz wa-zirwār Ḫūzān (Kommandant von Qiliz und Ḫūzān) → Anonymus (# 31407).

Zivilbeamter → Anonymus (# 30935).

Zivilverwalter von ar-Raqqa (= arab. ʿāmil ar-Raqqa) → Naǧm (# 25488).

Zographos (Maler) → Andreas (# 20376). – Georgios (# 22160. – # 22276). – Ioannes (# 22830). – Menas (# 25055). – Michael (# 25348. – # 25374. – # 25375). – Nestor (# 25521). – Pantoleon (# 26258). – Symeon (# 27543. – # 27544). – Anonymi (# 30495). – Anonymus (# 30785. – # 30835. – # 30851. – # 31580. – # 31924).

zōravar (arm. = militärischer Befehlshaber) → Leon (# 24530). – s. auch unter zawravar.
— Tarōnoy (von Taron) → Leon (# 24530).

Zoste → Anastasia (# 20282).

Zoste Patrikia → Maria (# 24944). – Miroslava (# 25408). – Olga (# 26186).

Geographische und topographische Namen

Aachen (Deutschland) → Gregorius (# 22492). – Leo (# 24304). – Otto II. (# 26212). – Salomon (# 26971).

Abara (Kappadokien) → Senek'erim-Yovhannēs Arcruni (# 27008). – Romanos I. Lakapenos (# 26833).

Abāriya (arab., in Makedonien) → Romanos (# 26847). – Samuel Kometopulos (# 26983).

Abasgia/Abchasien (Kaukasus) → Ašot II. "Kiskases" (# 20648). – Bagrat (# 20731. – Bagrat (# 20737). – Bagrat III. (# 20740). – Eustathios (# 21848). – Giorgi I. (# 22309). – Giorgi II. (# 22307). – Gurgen (# 22531). – Gurgen II. (# 22529). – Kostanti III. (# 24184). – Maria (# 24943). – Nasra (# 25496). – Petros (# 26463). – T'eodos (# 27577). – Yovhannēs (# 28466). – Anonymus (# 31988). — s. auch Ačara, Anakop'ia/Anakuphia, Neu-Athos, Sebastopolis, Westgeorgien

Abnikion (Festung) s. Avnik

Abramitai-Kloster (Kpl.) → Dionysios (# 21553). – Epiphanios (# 21723).

Absarensum/Absor (Dalmatien) → Dominicus (# 21584). – Iohannes (# 23471. – 23472). – Iohannes VIII. (# 23470). – Vitalis (# 28427).

Abū Ğabala (arab., Ägypten) → Eutychios (# 21977). – Ibn al-Ḥūsayn (# 22694). – Theophilos (# 28153).

Abydos (Hellespontos) → Akakios (# 20201). – Athanasios Athonites (# 20670). – Atzypotheodoros (# 20699). – Bardas Parsakutenos (# 20786). – Bardas Phokas der Jüngere (# 20784). – Bardas Skleros (# 20785). – Basileios II. (# 20838). – Christophoros (# 21314). – Chrysocheir (# 21341). – David von Achrida (# 21409). – Eustathios (# 21836). – Euthymios (# 21944). – Himerios (# 22624). – Ioannes (# 22841). – Ioannes Athonites Iber (# 22942). – Kalokyros (# 23641). – Kalos (# 23654). – Konstantinos (# 23881. – # 23986. – # 24001). – Konstantinos VIII. (# 23735). – Kyriakos (# 24234). – Leon (# 24685). – Leon Melissenos (# 24531). – Leon von Tripolis (# 24397). – Meligalas (# 25045). – Michael (# 25388). – Michael Kurtikios (# 25261). – Nikephoros Kabasilas (# 25677). – Niketas (# 25724. – 25819). – Nikolaos (# 25991). – Paulos (# 26367). – Philippos (# 26609). – Romanos (# 26847). – Stephanos (# 27282. – # 27294). – Symeon (# 27514). – Theodoros Karantenos (# 27765). – Theodosios (# 27915). – Theognostos Melissenos (# 28026). – Thomas (# 28306). – Tobias (# 28359). – Anonymus (# 3167. – # 32004).

Ačara (Georgien) → Ašot II. "Kiskases" (# 20648). – David Mamp'ali (# 21413). – Giorgi II. (# 22307). – Gurgen II. (# 22529). – Smbat I. (# 27140). – Smbat II. (# 27143).

Acena (Apulien) → Fridericus (# 22007). – Lupo (# 24797). – Sekando (# 27001).

Acerenza/Acirentila (Basilicata) → Argyros (# 20560). – Charzanites (# 21235). – Goïnandos (# 22315). – Gregorios Tarchaneiotes (# 22438). – Ioannes (# 23341). – Ioannes tes Karas (# 23340). – Konstantinos tu Kontu (# 24040). – Lukas (# 24780). – Myron (# 25481). – Romanos (# 26876). – Selantzianos

(# 27003). – Sikenulphos (# 27071). – Anonymus (# 31481).

Achaia → Nikolaos (# 25988). – Symeon (# 27475). – Anonymus (# 30992).

Acheiropoietoskirche (Thessalonike) → Basileios (# 20882). – Demetrios (# 21489). – Epiphanios (# 21721).

Acheloos (Fluß) → Bardas Phokas der Ältere (# 20769). – Ioannes Grapson (# 22915). – Konstantinos Lips (# 23815). – Leon Argyros (# 24399). – Leon Phokas (# 24408). – Marules (# 25010). – Melias (# 25041). – Nikolaos (# 25945). – Olbianos (# 26184). – Romanos Argyros (# 26838). – Symeon von Bulgarien (# 27467). – Anonymi (# 30416).

Hagios-Achilleios-Kirche (im Prespasee) → Samuel Kometopulos (# 26983).

Achrida s. Ochrid

Achridos (Rhodopen) → Eustathios (# 21869). – Thomas (# 28324).

Aci (Sizilien) → Ibrāhīm II. b. Aḥmad al-Aġlab (# 22708).

Acirentila → Acerenza

Adada/Adadoi (Pisidien) → Basileios (# 20854).

Adana (Kilikien) → Abū ʿUmayr ʿAdī b. Aḥmad b. ʿAbdalbāqī al-Aḏanī (# 20086). – Apulpher (# 20548). – Ibn az-Zayyāt (# 22686). – Ioannes (# 23256). – Ioannes I. Tzimiskes (# 22778). – Nikephoros II. Phokas (# 25535). – Nikephoros Phokas "der Ältere" (# 25545). – Sayfaddawla (# 26998). – Urḫuz (# 28403). – Anonymus (30678. – # 30679. – # 30680. – # 30681. – # 30682. – # 31400).

Aḏarbayǧān s. Aserbaidschan

Adata (Kilikien) → ʿAbdalmalik (# 20016). – Bardas Parsakutenos (# 20786). – Bardas Phokas der Ältere (# 20769). – Ioannes (# 23378). – Konstantinos (# 23742). – Leon Phokas (# 24423). – Nikephoros II. Phokas (# 25535). – Nikephoros Parsakutenos (# 25611). – Sayfaddawla (# 26998). – Theodulos Parsakutenos (# 27993). – Anonymi (# 30171. – # 30172). – Anonymus (# 30677).

Adramyttion (Asia) → Anastasios (# 20311). – Michael (# 25104). – Sergios (# 27042).

Adraneia/Adrania (Hellespontos) → Basileios (# 20851). – Georgios (# 22087). – Ioannes (# 22853). – Konstantinos (# 23964). – Methodios (# 25081). – Nikolaos (# 25891). – Theophylaktos (# 28236).

Adrassos s. Andrassos

Adria (Meer) → Domagoj (# 21577). – Theodosios (# 27891).

Hagios-Adrianos-Kirche bzw. -Kloster (bei Rossano, Kalabrien) → Basileios (# 20977). – Georgios (# 22131). – Leon (# 24420). – Neilos von Rossano (# 25503). – Nikolaos (# 25955). – Polyeuktos (# 26713). – Proklos (# 26756). – Theophylaktos (# 28225). – Anonyma (# 30069. – # 30101). – Anonymi (# 30340. – # 30343. – # 30348. – # 30345. – # 30474. – # 30477. – # 30507. – # 31162). – Anonymus (# 31161. – # 31165. – # 31168. – # 31169. – # 31468. – # 31469. – # 31477. – # 31517. – # 31525).

Adrianupolis/Adrianopel (Thrakien) → Basileios (# 20913. – 20920). – Basileios Glabas (# 21027). – Batatzes (# 21134). – Chotemir (# 21241). – Gregorios (# 22414). – Kirakos (# 23701). – Kosmas (# 24096). – Krakras (# 24188). – Melias (# 25041). – Moroleon (# 25420).

– Niketas (# 25820). – Niketas Helladikos (# 25714). – Nikolaos (# 26017). – Pankratukas (# 26237). – Philippos (# 26598). – Samuel Kometopulos (# 26983). – Sophronios (# 27158). – Stephanos (# 27250). – Symeon von Bulgarien (# 27467). – Theodorokanos (# 27615). – Theophylaktos (# 28240). – Yovhannēs (# 28468). – Anonymi (# 30570).

Adrianupolis (Pisidien) → Georgios (# 22205). – Ioannes (# 23124). – Nikolaos (# 25974). – Theodoros Karantenos (# 27765).

Adrianutherai (Hellespontos) → Gregorios (# 22368).

A.d̲.r.līya (arab., Lage unklar) → Leon Phokas (# 24519).

ta Aerobindu (Kpl.) → Anonymus (# 31102).

Aetos (Thema) → Anonymus (# 31842).

Afamiya s. Apameia (Syrien).

Africo (Kalabrien) → Annalis (# 20444). – Niketas (# 25784). – Petros (# 26494).

Afrika → Andreas (# 20353). – Antonios (# 20478). – Basileios (# 20915). – Blatton (# 21184). – Christophoros (# 21258). – Elias der Jüngere (# 21639). – Ibrāhīm II. (# 22708). – Ioannes (# 22802. – # 22955). – Petros (# 26435). – Sawdān (# 26997). – Anonymi (# 30460). – Anonymus (# 31307).

Ägäis → Antiochos (# 20472). – Athanasios Athonites (# 20670). – Basileios I. (# 20837). – Eustathios (# 21836). – Himerios (# 22624). – Leon von Tripolis (# 24397). – Theodoros (# 27627). – Theodoros Zephinezer (# 27682). – Theoktiste (# 28039).

Hagios Agapetos (Galatien I) → Michael (# 25122).

Sancta Agata an der Via Latina bzw. Hagia-Agathe-Kloster (Tusculum) → Gregorius I. (# 22494). – Michael (# 25351). – Neilos von Rossano (# 25503). – Paulos (# 26366). – Anonymus (# 31943).

St. Agatha (arab. Qalʿat Iġāt̲a, Kalabrien) → Abū l-Qāsim ʿAlī b. al-Ḥasan al-Kalbī (# 20072).

Hagios-Agathon-Kirche (Pegekloster) → Ioannes (# 22793).

ta Agathu (Metochion des Psamathiaklosters) → Euthymios (# 21913). – Leon Katakalon (# 24329). – Niketas David Paphlagon (# 25712). – Anonymi (# 30231. – # 30267. – # 30277).

Agauronkloster (Bithynien) → Anonymus (# 31269).

Ageira/Agira (Sizilien) → Christophoros (# 21287). – Nikephoros (# 25585). – Sabas neos (# 26929). – Anonymus (# 31325). — s. auch Hagios-Philippos-Kloster

Agnoandnike s. Hagnoandnike

Agora (Kpl.) → Ašot II. (# 20647). – Ioannes (# 23163). – Anonymus (# 31686. – # 31689. – # 31690. – # 31691).

Agora (Lakedaimon) → Gregorios (# 22429). – Nikon “Metanoeite” (# 26155). – Theopemptos (# 28070).

Agrai (Pisidien) → Leon (# 24321).

Agraulon-Kloster (Latros) s. Soter-Kloster (Latros)

Agrigent (Sizilien) → Ḫalīl b. Isḥāq (# 22549). – al-Qā'im bi-Amr Allāh (# 26784). – Sālim b. Abī Rāšid (# 26967).

Agrion (Kreta) → Stephanos (# 27219).

Agroskloster (Bithynien) → Christophoros (# 21286). – Klemes (# 23711). — s. auch Megas-Agros-Kloster

Ägypten → ʿAbdalġānī b. Saʿīd (# 20011). – Abū Bakr Muḥammad b. ʿAlī al-Mārdānī (# 20042). – Abū l-Fatḥ Sahlān b. Muqaššir (# 20048). – Abū Ḥafs ʿUmar b. al-Ḥusayn al-ʿAbbāsī (# 20057). – Aḥmad b. Ṭūlūn (# 20194). – al-ʿAzīz billāh (# 20711). – Barǧawān (# 20810). – Bononius (# 21193). – Christodulos (# 21253). – Christodulos II. von Jerusalem (# 21248). – Dominicus (# 21586). – Dunale (# 21610). – Elias der Jüngere (# 21639). – Elias (# 21655). – Ǧaʿfar b. al-Ḥusayn (# 22048). – Ǧawhar (# 22066). – Ǧayš b. Ḫumārawayh (# 22068). – al-Ḥākim (# 22544). – al-Ḥasan b. ʿUbaydallāh b. Ṭuġǧ (# 22563). – Ḫumārawayh (# 22639). – Ibn Balīḥa (# 22688). – Ibrāhīm II. (# 22708). – Ioseph (# 23512). – Isaakios (# 23554). – Kāfūr al-Iḫšīdī (# 23596). – Leon (# 24544). – Maria (# 24929). – Michael I. von Alexandreia (# 25098). – Michael II. von Alexandreia (# 25109). – Moše Agura (# 25423). – Muḥammad b. Ṭuġǧ al-Iḫšīd (# 25443). – al-Muʿizz (# 25444). – al-Mutanabbī (# 25462). – Nikephoros I. von Jerusalem (# 25674). – Nikolaos (# 25952. – # 26008). – Orestes (# 26197). – Petrus (# 26564). – Sitt al-Mulk (# 27127). – Symeon (# 27468). – Symeon von Trier (# 27542). – Takīn b. ʿAbdallāh al-Ḥarbī (# 27557). – Yaḥyā b. ʿAbdalbāqī (# 28458). – Yaḥyā b. Saʿīd al-Anṭākī (# 28459). – aẓ-Ẓāhir (# 28495). – az-Zuġaylī (# 28521). – Anonymi (# 30369. – # 30370. – # 30374. – # 30533). – Anonymus (# 30694. – # 30874. – # 31225. – # 31231. – # 31233. – # 31577. – # 31587. – # 31697. – # 31723. – # 31724. – # 31961. – # 31962. – # 31307. – # 32005). — s. auch Abū Ǧabala, Alexandreia, Alt-Kairo, Babylon, Damiette, al-Faramā, Kairo, Kyprianos, Maiumas, Misr, Muqaṭṭam, Nil, al-Qulzum, Tabaria, Tanis

Aḫlāṭ (arab.) s. Chaliat

al-Aḥsāʾ (Arabien) → Abū Ṭāhir b. Abī Saʿīd al-Ǧannābī al-Qarmāṭī (# 20082).

Aigaion Pelagos (Thema) → Athanasios Athonites (# 20670). – Basileios (# 21059). – Demetrios (# 21515. – # 21487). – Georgios Hexamilites (# 22187). – Konstantinos (# 23782. – # 23997. – # 24001). – Leon (# 24454. – # 24463. – # 24464. – # 24465. – # 24611). – Michael (# 25137. – # 25217). – Nikolaos (# 25967. – # 25989). – Orestes (# 26196). – Petros (# 26482. – # 26483). – Philippos (# 26612). – Stylianos (# 27419). – Theodoros (# 27780). – Theodoros Zephinezer (# 27682). – Theoktiste (# 28039). – Theoktistos (# 28050). – Theophylaktos (# 28188. – # 28211). – Anonymus (# 30894. – # 31253. – # 31739. – # 31775. – # 31777).

Aigina (Insel) → Gregorios (# 22370). – Theodora von Thessalonike (# 27598). – Thomas (# 28285).

Hagios-Martys-Aimilianos-Kloster (Rhabdo am Bosporos) → Eustathios (# 21846). – Euthymios (# 21913).

Ainaia/Aineia (Turma bei der Chalkidike) → Theodoros (# 27775).

Ainos (Thrakien) → Ioannes (# 22805. – # 23282.). – Michael (# 25307).

Aizanoi/Azanoi s. Axana

Akakioskirche (Kpl.) → Alexios Mosele (# 20241).

Akakioskloster (Kpl.) → Anonymi (# 30295).

Akampsis s. Čorox

Hagios-Akepsimas-Kloster (Chalke [Prinzeninseln]) → Kyrillos (# 24245). – Nikolaos (# 25946). – Xenophon (# 28448).

Akerentza (griech.) s. Acerenza

Akindynos-Kloster (Chalkidike) → Akindynos (# 20212). – Andreas (# 20391). – Arkoleon (# 20574. – # 20575). – Basileios (# 21088). – Beliruch... (# 21138). – Christophoros (# 21326). – Dobrelos (# 21571). – Dobrikos (# 21572). – Georgios (# 22232). – Gon... (# 22318). – Inarios (# 22757). – Ioannes (# 23169. – # 23346. – # 23347. – # 23350. – # 23351). – Leon (# 24645). – Michael (# 25353). – N... (# 25484). – Nikolaos (# 26112. – # 26113). – Paschalios (# 26283. – # 26284). – Re..nikes (# 26809). – Theodoros (# 27853). – Theodosios (# 27939). – Anonymi (# 30581). – Anonymus (# 31946. – # 31947).

Akmoneia/Akmonia (Phrygien) → Agapetos (# 20161). – Barnakumeon (# 20818). – Eustachios (# 21823). – Eustathios (# 21831). – Euthymios (# 21974). – Ioannes Tzurillas (# 23401). – Konstantinos Galenos (# 24064). – Racheas (# 26792). – Romanos III. Argyros (# 26835). – Struthopolites (# 27402). – Anonyma (# 30120).

Akoimetoikloster (Bosporos) → Leon (# 24545).

tu Akonitu (Kloster, Lage unbekannt) → Leon (# 24580).

Akrakanthos s. Agrigent

Akrassos (Lydien) → Konstantinos (# 23765).

Akritas (Vorgebirge in Bithynien) → Theodoros Daphnopates (# 27694). – Anonymus (# 31047).

Akroïnon (Phrygien) → Theoktistos (# 28044). – Thomas (# 28278).

Akrokos (Opsikion) → Meletios (# 25035).

Akropolis (Kpl.) → Gregoras Iberitzes (# 22328). – Marianos (# 24957). – Philommates (# 26629). – Sergios (# 27022). – Anonyma (# 30062). – Anonymi (# 30150. – # 30318. – # 30502). – Anonymus (# 31390).

Akropolis (Thessalonike) → Anonymi (# 30238).

tu Akrulliu (Nonnenkloster, Thessalonike) → Anonymus (# 30872).

Alabanda/Alabardos (Karien) → Ioannes (# 22813). – Sabas (# 26923).

Alandos (Lydien) → Eustathios (# 21832).

Alania/Alanien (Kaukasus) → Alde (# 20226). – Eustratios (# 21909). – Euthymios (# 21926). – Gabriel (# 22037). – Ignatios (# 22740). – Nikolaos (# 26042). – Petros (# 26463). – Anonymi (# 30258. – # 30603). – Anonymus (# 30908. – # 30983. – # 30991).

Alaros (Fluß) → Kanadeoi (# 23662).

Albanien (Balkan) → Bogdanos (# 21186). – Elemagos (# 21634). — s. auch Berat

Albanien (Kaukasus) → Ašot I. "der Große" (# 20642).

Albanon (bei Rom) → Anonymus (# 31323). — s. auch Pancratiuskirche

Aldilon (nicht lokalisiert) → Eustolios (# 21881).

Aleos/Alia (Phrygia Pakatiane) → Georgios (# 22098).

Aleppo (Syrien) → Abū l-Barakāt b. Manṣūr (# 20044). – Abū l-Farağ al-ʿAṭṭār (# 20046). – Abū l-Fawāris Muḥammad b. Nāṣiraddawla (# 20050). – Abū Firās al-Ḥāriṯ b. Saʿīd b. Ḥamdān (# 20051). – Abū l-Ġanāʾim b. Manṣūr (# 20053). – Abū l-Ğayš b. Luʾlu (# 20054). – Abū l-Ḥasan b. Abī Ṭālib (# 20060). – Abū l-Ḥasan b. Abī Usāma (# 20061). – Abū l-Hayğāʾ b. Saʿdaddawla (# 20063). – Abū Sālim b. Luʾlu (# 20077). – Abū Ṭālib al-Hāšimī (# 20084). – Agapios II. von Antiocheia (# 20165). – Aḥmad b. al-Ḥusayn al-Aṣfar Taġlib (# 20184). – ʿAzīzaddawla Abū Šuğāʿ Fātik (# 20712). – Bakğūr (# 20747). – Bardas Parsakutenos (# 20786). – Bardas Phokas der Jüngere (# 20784). – Basileios (# 20937). – Basileios II. (# 20838). – Bišāra al-Qalʿī (# 21165). – Christophoros von Antiocheia (# 21277). – Damianos Dalassenos (# 21379). – Fatḥ (# 21995). – Georgios (# 22157). – Ḥalmān b. Karādīs (# 22550). – Ḥassān b. al-Mufarriğ b. al-Ğarrāḥ (# 22565). – Ibn Abī Ramāda (# 22683). – Ioannes I. Tzimiskes (# 22778). – Kisrā b. Kasūr (# 23702). – Konstantinos Dalassenos (# 23940). – Konstantinos Phokas (# 23841). – Kulayb an-Naṣrānī (# 24209). – Leon Melissenos (# 24531). – Luʾlu al-Ğarrāḥī (# 24793). – Māğid (# 24811). – Maḥfūẓ b. Ḥabīb b. al-Bağīl (# 24815). – Malkūṯa (# 24852). – Manğūtakīn (# 24858). – Manṣūr b. Luʾluʾ (# 24865). – Marwān al-ʿUqaylī al-Qarāmaṭa (# 25011). – Michael Burtzes (# 25253). – Miʿḍād b. Ẓālim (# 25405). – Muḥammad b. ʿIsā (# 25440). – al-Mutanabbī (# 25462). – Nādir (# 25486). – Nağā al-Kāsakī (# 25487). – Nāṣiraddawla (# 25492). – Nikephoros II. Phokas (# 25535). – Niketas Chalkutzes (# 25778). – Paulos (# 26349). – Petros (# 26496). – Qarġūyah (# 26785). – Qaṭās (# 26787). – Rašīq an-Nasīmī (# 26804). – Saʿdaddawla Abū l-Maʿālī (# 26954). – Saʿīdaddawla Abū l-Faḍāʾil (# 26962). – Sayfaddawla (# 26998). – Ṣāliḥ b. Mirdās (# 26966). – Sinān b. ʿUlyān (# 27087). – Ṭāhir (# 27555). – Theodoros Parsakutenos (# 27758). – T... (# 27550). – Yaʿīš (# 28456). – Yumn (# 28470). – Zuhayr (# 28522). – Anonymi (# 30535). – Anonymus (# 31400. – # 31431. – # 31499. – # 31511. – # 31512. – # 31694. – # 31695). — s. auch al-Ḥalba, Marğ Dābiq

Ales (Fluß in Kalabrien) → Abroche... (# 20030). – Basileios (# 20987. – # 20988). – Bonosos (# 21195). – Eulampios (# 21778). – Euthymios (# 21947). – Konstantinos (# 23923). – Leon (# 24522). – Maurutzones (# 25025). – Nikephoros (# 25615). – Niketas (# 25786). – Patrikios (# 26290). – Petros (# 26497). – Sergios (# 27034).

San Alessio s. Bonifatius-und-Alexius-Kloster (Rom)

Alethine-Philosophia-Kloster (Lakedaimon) → Antiochos (# 20474). – Gregorios (# 22477). – Ioannes (# 23409). – Lukas (# 24785). – Michael Choirosphaktes (# 25381). – Nikon (# 26166). – Nikon "Metanoeite" (# 26155). – Prokopios (# 26772). – Stephanos (# 27374). – Theodoros Xylanthropos (# 27776). – Zosimos (# 28519). – Anonyma (# 30115. – # 30121. – # 30122). – Anonymi (# 30538. – # 30615. – # 30616. – # 30617). – Anonymus (# 32026. – # 32028. – # 32029. – # 32036. – # 32037. – # 32038. – # 32039). — s. auch Parorion, Perissos, Sthlabochorion

Alexandreia/Alexandria (Ägypten) → Abū Bakr Muḥammad b. ʿAlī al-Mārdānī

(# 20042). – Abū Ḥafs ʿUmar b. al-Ḥusayn al-ʿAbbāsī (# 20057). – Abū l-Qāsim (# 20070). – Arsenios (# 20621). – Bononius (# 21193). – Christodulos (# 21243. – # 21253). – Elias (# 21655). – Elias der Jüngere (# 21639). – Eutychios (# 21977). – Georgios II. von Alexandreia (# 22258). – Ḥamza b. Muḥammad al-Kattānī (# 22551). – Ibn Balīḥa (# 22688). – Ioannes (# 22823. – # 23126). – Iob (# 23466). – Ioseph (# 23512). – Isḥāq (# 23561. – # 23562). – Kosmas (# 24100). – Michael (# 25179). – Michael I. von Alexandreia (# 25098). – Michael II. von Alexandreia (# 25109). – Petrus (# 26564). – Theophilos (# 28153). – Anonymi (# 30242. – # 30533). – Anonymus (# 30694. – # 31134).

Alexandrette (= al-Iskandirūna, Syrien) → Abū Bakr b. az-Zayyāt (# 20043). – Futūḥ (# 22015). – Ǧaʿfar b. Falāḥ (# 22049). – Michael Burtzes (# 25253). – Muḥammad b. ʿIsā (# 25440). – Petros (# 26496).

Alexioskloster (Bosporos) → Alexios Studites (# 20247).

Alia s. Aleos

Alinda/Alindos (Karien) → Eustathios (# 21832). – Theophilos (# 28141).

Allīs (arab.) s. Halys

Alonnesos (Sporadeninsel) → Kosmas (# 24143). – Lukas (# 24773). – Anonymus (# 30876).

Ałōri (Armenien) → Bagrat III. (# 20740). – Basileios II. (# 20838). – Gurgen (# 22531).

Alt-Kairo (Ägypten) s. Kairo

Altzike s. Artzike

Ałuank (arm.) s. Albanien (Kaukasus)

Amalfi (Kampanien) → Elias der Jüngere (# 21639). – Iohannes (# 23480. – # 23491). – Iohannes I. Petrella (# 23487). – Leo (# 24295). – Manso Fusilis (# 24860). – Manso I. (# 24861). – Mastalus I. (# 25012). – Petros (# 26513). – Sabas neos (# 26929). – Sergius I. von Amalfi (# 27053). – Sergius III. von Amalfi (# 27055). – Sigefredus (# 27068). – Anonymus (# 30850. – # 30859. – # 31819).

Amalfitanerkloster (Athos) → Arsenios (# 20614). – Georgios I. von Iviron (# 22180). – Iakobos (# 22671). – Iohannes (# 23491). – Ioseph (# 23541). – Kosmas (# 24162). – Leo (# 24301). – Neilos (# 25504). – Neophytos (# 25514). – Nikephoros (# 25663). – Nikodemos (# 25881). – Niphon (# 26170). – Sabas (# 26942). – Simon (# 27084). – Theodulos (# 28001). – Theoktistos (# 28063). – Anonymi (# 30503. – # 30560).

Amanos-Gebirge s. Mauron Oros (Syrien)

Amantea/Amanteia (Kalabrien) → Amantine (# 20266). – Basileios I. (# 20837). – Nikephoros Phokas "der Ältere" (# 25545). – Stephanos Maxentios (# 27223).

Amaseia (Helenopontos) → Bardas Phokas der Jüngere (# 20784). – Georgios (# 22085). – Malacenus (# 24838). – Meletios (# 25038). – Nikephoros (# 25538. – # 25680). – Niketas (# 25790). – Stephanos II. (# 27245). – Anonymi (# 30164. – # 30218). – Anonymus (# 30655. – # 30656. – # 30657).

ta Amastrianu (Kpl.) → Basileios (# 20927). – Leon der Assyrer (# 24316). – Petros (# 26468). – Anonymi (# 30147).

Amastris (Paphlagonien) → Alexandros (# 20234). – Anastasios (# 20326). – Eudokimos (# 21763). – Ioannes (# 23034. – # 23268). – Niketas (# 25725). – Stephanos (# 27212).

Amateina s. Amantea

Amazon (Karien) → Anonymi (# 30428). – Anonymus (# 31316).

Amberd s. Anberd

Amblada (Lykaonien) → Ioannes (# 22811).

Amboise (Frankreich) → Fulk Nerra (# 22013).

Ambrosios-Kloster (Mailand) → Magnus (# 24812). – Petrus (# 26558). – Symeon (# 27473).

Amida (Mesopotamien) → ʿAbdallāh al-Malaṭī (# 20013). – Abramios (# 20024). – Abū Dulaf (# 20045). – Abū l-Qāsim Hibatallāh b. Nāṣiraddawla (# 20074). – Abū Taġlib al-Ġaḍanfar b. Nāṣiraddawla (# 20081). – Abū Ṭāhir Yūsuf b. Damna (# 20083). – Hezarmerd (# 22589). – Ioannes I. Tzimiskes (# 22778). – Leon Balantes (# 24516). – Marwān al-ʿUqaylī al-Qarāmaṭa (# 25011). – Melias (# 25042). – Naǧā al-Kāsakī (# 25487). – Nikephoros II. Phokas (# 25535). – Sayfaddawla (# 26998). – Anonyma (# 30097). – Anonymi (# 30493). – Anonymus (# 31263. – # 31264).

Aminsos/Amisos (Helenopontos) → Alexandros (# 20229). – Basileios (# 20871). – Christophoros (# 21316). – Ioannes (# 22910). – Konstantinos (# 24056). – Kyrillos (# 24247). – Nikephoros (# 25680). – Paulos (# 26377).

Amorion (Galatien) → Bardas Phokas der Jüngere (# 20784). – Besarion (# 21158). – Blasios (# 21177). – Eustratios (# 21883). – Konstantinos (# 23980). – Konstantinos Gabras (# 23931). – Leon (# 24378). – Paulos (# 26322). – Ṯamal ad-Dulafī (# 27558). – Theodoros (# 27704). – Theophilos (# 28136). – Anonymi (# 30457).

Ampelon (Insel) → Gregorios (# 22410). – Lukas der Jüngere (# 24762). – Anonymi (# 30349).

Amphipolis s. Chrysopolis

ʿAmq (arab., Ebene bei Antiocheia, Syrien) → Naǧā al-Kāsakī (# 25487).

Amyklai/Amyklion (Peloponnesos) → Nikon "Metanoeite" (# 26155). – Zosimas (# 28518). – Anonymi (# 30475).

Amyzon (Karien) s. Amazon

Anagni/Anagnia (Latium) → Zacharias von Anagni (# 28477).

Anaia (Asia) → Athanasios (# 20665). – Ioseph (# 23515). – Nikephoros (# 25576). – Symeon Ampelas (# 27506). – Theophylaktos (# 28257. – # 28258). – Anonymus (# 31747).

Anakopʿia/Anakuphia (Abchasien) → Alde (# 20226). – Eustathios (# 21848).

Ananiaskloster (Kampanien) → Bonos (# 21194). – Ioannes (# 23358). – Kandidos (# 23666). – Konstantinos (# 24047). – Leon (# 24653). – Lukas (# 24782). – Michael (# 25358). – Niketas (# 25847). – Nikodemos (# 25880). – Nikolaos (# 26121). – Nikon (# 26162). – Pantoleon (# 26257). – Paschalios (# 26285). – Theodoros (# 27856). – Ursulos (# 28412). – Zacharias (# 28491).

Anaplus (Bosporos) → Euphrosyne (# 21800). – Ioannes (# 23370). – Philotheos (# 26642).

Anaratai (Kpl.) → Anonymae (# 30138). – Anonymus (# 31480).

Hagioi-Anargyroi-Kirche (Panion) → Basileios (# 20982).

Hagia-Anastasia-Kirche (Kpl.) → Basileios I. (# 20837). – Nikolaos (# 25916). – Anonyma (# 30065). – Anonymi (# 30331).

Hagia-Anastasia-Kirche (Monembasia) → Niketas (# 25716).

Hagia-Anastasia-Kloster (Rossano) → Antonios (# 20495). – Eupraxios (# 21807). – Neilos von Rossano (# 25503). – Anonyma (# 30078). – Anonymi (# 30345).

Hagios-Anastasios-Kloster (Carbone) → Lukas (# 24776).

Anastasis-Kirche (Jerusalem) → Adalgesius (# 20098). – Alagrecus (# 20220). – ʿAlī b. Suwwār (# 20256). – Arsenios (# 20621). – Athanasios I. von Jerusalem (# 20671). – al-ʿAzīz billāh (# 20711). – Basileios II. (# 20838). – Christodulos (# 21244). – Christodulos II. von Jerusalem (# 21248). – al-Ḥākim (# 22544). – Hilarion (# 22613). – Ioannes VII. von Jerusalem (# 23099). – Kāfūr al-Iḫšīdī (# 23596). – Lazaros vom Galesionberg (# 24285). – Maria (# 24929). – Muḥammad b. Ismaʿīl aṣ-Ṣanāǧī (# 25441). – Nikephoros I. von Jerusalem (# 25674). – Noë (# 26172). – Paulos (# 26385). – Petrus (# 26571). – Ṣadaqa b. Bišr (# 26955). – Sitt al-Mulk (# 27127). – Theodoros (# 27628). – Yārūḫ (# 28462). – Anonymi (# 30385. – # 30386). – Anonymus (# 31587. – # 31231. – # 31232. – # 31838. – # 31839. – # 31949.).

Anastasiupolis (Galatien) → Marinos (# 24978).

Anatolikon (Thema) → Adralestos Diogenes (# 20118). – Aëtios (# 20142). – Alexios (# 20242). – Andreas (# 20359). – Andronikos (# 20407). – Andronikos Dukas (# 20405). – Apulpher (# 20548). – Bardas Skleros (# 20785). – Basileios (# 20908). – Christophoros (# 21259. – # 21279. – # 21284). – Dionysios (# 21561). – Eustathios Argyros (# 21828). – Euthymios (# 21971). – Germanos (# 22297). – Gregoras (# 22334). – Gregorios (# 22418). – Hilarion (# 22609). – Ioannes (# 23031. – # 23032. – # 23033. – # 23160. – # 23299. – # 23326). – Ioannes Radenos (# 22914). – Kale (# 23600). – Kaleotes (# 23610). – Konstantinos (# 23814. – # 24003. – # 24069). – Leon (# 24365. – # 24416. – # 24469. – # 24406. – # 24430. – # 24584. – # 24592. – # 24607. – # 24693). – Leon Krateros (# 24317). – Leon Phokas (# 24423). – Lukas Stylites (# 24758). – Malakenos (# 24843). – Michael Burtzes (# 25253). – Nikephoros (# 25592. – # 25596. – # 25690). – Nikephoros II. Phokas (# 25535). – Nikephoros Phokas “der Ältere” (# 25545). – Nikephoros Xiphias (# 25661). – Niketas (# 25799). – Nikolaos (# 26143). – Petares (# 26410). – Phlulis (# 26649). – Romanos III. Argyros (# 26835). – Romanos Musele (# 26844). – Romanos Saronites (# 26843). – Theodoros (# 27590. – # 27646. – # 27676. – # 27841. – # 27842). – Theodosios Mesonyktes (# 27929). – Theophilos (# 28148). – Theophylaktos (# 28231). – Theophylaktos Dalassenos (# 28254). – Anonymi (# 30457). – Anonymus (# 30707. – # 30741. – # 30900. – # 30974. – # 31355. – # 31356. – # 31679. – # 31706. – # 31707. – # 32025). — s. auch tu Maurianu, Mistheia, Rade

Anatron (= Sabatra, Lykaonien) → Michael (# 25114).

Anazarba/Anazarbos (Kilikien) → Abū ʿAbdallāh b. ʿAmr b. ʿUbaydallāh al-Aqṭāʾ (# 20034). – Basileios Lakapenos (# 20925). – Eustratios (# 21894). – Ibn az-Zayyāt (# 22686). – Nikephoros II. Phokas (# 25535). – Rašīq an-Nasīmī (# 26804). – Yovsēpʿ (# 28469).

Anberd (Armenien) → Smbat-Yovhannēs (# 27146).

Anchialos (Thrakien) → Anastasios (# 20328). – Nikolaos (# 25900).

Ancona (Italien) → Domagoj (# 21577). – Marinus I. (# 24983). – Paulus (# 26397).

Andalusien → Dunale (# 21610). – Ḥasdāy b. Šaprūṭ (# 22564). – Yaʿqūb b. Isḥāq (# 28461). – Anonymi (# 30380). — s. auch Jaén

Andecava s. Angers

Andida (Pamphylien) → Thomas (# 28323).

Andraktos/Atraktoi-Kloster (Lage unbekannt) → Ioannes (# 23231). – Samuel (# 26985).

Andrapa (Helenopontos) → Antonios (# 20480). – Leon (# 24597).

Andrassos (Isaurien) → Ioannes (# 23093). – Konstantinos Maleïnos (# 23862). – Leon Phokas (# 24423). – Sayfaddawla (# 26998).

Hagios-Apostolos-Andreas-Kirche (Charax) → Theodosios (# 27900).

Hagios-Andreas-Kirche (Thessalonike) → Ioannes Kaminiates (# 22904).

Hagios-Andreas-Kloster (Athos) → Aristobulos (# 20564).

Hagios-Andreas-Kloster (Cerchiara, Kalabrien) → Andreas (# 20373). – Arsaphius (# 20591). – Gregorius (# 22492). – Pachomios (# 26218). – Sabas (# 26930). – Serius (# 27057). – Anonymus (# 31788).

Hagios-Andreas-Kloster von Peristerai (bei Thessalonike) → Antonios (# 20487. – # 20488). – Athanasios Athonites (# 20670). – Auxentia (# 20702). – Basileios (# 20858). – Blasios (# 21178). – Demetrios (# 21454). – Dorotheos (# 21590). – Elias (# 21645). – Ephraim (# 21687). – Euphemia (# 21786). – Euthymios (# 21912. – # 21921. – # 21932). – Georgia (# 22080). – Georgios (# 22102). – Gregorios (# 22370). – Hilarion (# 22602. – # 22604). – Ignatios (# 22719). – Ioannes (# 22829. – # 22830). – Ioannes Tsagastes (# 22835). – Kosmas (# 24101). – Methodios (# 25072. – # 25073). – Paulos (# 26317). – Sisinnios (# 27104). – Stephanos (# 27249. – # 27296). – Theodoros (# 27639). – Thomas (# 28296). – Anonyma (# 30009. – # 30010. – # 30011. – # 30012). – Anonymi (# 30188). – Anonymus (# 30642. – # 30733. – # 30734. – # 30735).

Hagios-Andreas-Kloster (= tu Andreiu, Optimaton) → Theophanes (# 28087).

Andros (Insel) → Leon (# 24432). – Philippos (# 26605).

Andzewacʿikʿ (Armenien) → Derenik (# 21536).

Anea s. Anaia

Hagios-Angelos-Kirche (Siponto) → Kyriakos (# 24228). – Anonymi (# 30325).

Hagios-Angelos-ta-Kampa-Kloster (Kalabrien) → Euprepeia (# 21809).

Angelus-Kirche (Benevent) → Iohannes (# 23481).

Angelus-Kirche (= Sant'Angelo, Valleluce) → Paulos (# 26366). – Andreas (# 20375). – Barnabas (# 20815). – Lukas (# 24763). – Markianos (# 24991). – Naukratios (# 25499). – Neilos von Rossano (# 25503). – Neophytos (# 25511). – Theognostos (# 28018).

Angers (Frankreich) → Fulk Nerra (# 22013). — s. auch St. Nicolas

Angoulême (Frankreich) → Cosmas (# 21351). – Symeon von Trier (# 27542).

Angurios-Kloster (Kpl.) → Konstantinos (# 23836).

Ani (Armenien) → Ašot III. "der Barmherzige" (# 20649). – Gagik I. Bagratuni (# 22053). – Smbat II. (# 27144). – Smbat-Yovhannēs (# 27146). – Trdat (# 28370). – Xač'ik Aršaruni (# 28445). — s. auch Gagkašēn, Gregor-der-Erleuchter-Kirche

Aninas-Kloster (Kpl.) → Ioseph Hymnographos (# 23510).

Anjou (Frankreich) → Fulk Nerra (# 22013).

Ankara/Ankyra (Galatien) → Anastaso (# 20343). – Christophoros (# 21258). – Daniel (# 21391). – Eudokimos Maleïnos (# 21764). – Gabriel (# 22023). – Gregorios (# 22403). – Ioannes (# 23176). – Michael (# 25115. – # 25368). – Ṯamal ad-Dulafī (# 27558). – Theodulos (# 27989). – Theophilos (# 28170).

Ankyra Sidera (Phrygien) → Ioannes (# 23000).

Ankyrosynaon → Michael (# 25121).

Hagia-Anna-Kirche (Trapezunt) → Alexios (# 20239).

Hagia-Anna-Kloster (Hellespontos) → Anonyma (# 30100).

Hagia-Anna-Kloster (Kalabrien) → Dynames (# 21611). – Eunuchos (# 21783). – Leopardos (# 24736). – Rupsias (# 26908).

Ano Arsenikeia s. Arsenikeia

Antartus (Syrien) → Basileios II. (# 20838). – Konstantinos Dalassenos (# 23940). – Manǧūtakīn (# 24858). – Nikephoros II. Phokas (# 25535).

Anthia (Lage unbekannt) → Theodoros (# 27878).

Anthes-Kloster (Lage unbekannt) → Anonymi (# 30260). – Anonymus (# 30935).

to Antich... (Kloster?) → Antonios (# 20518).

Antidionkloster (Bithynien) → Anonymus (# 30721).

Antigone/Antigonos (Prinzeninseln) → Ioannes Orphanotrophos (# 23371). – Nikephoros Xiphias (# 25661). – Paulos (# 26331). – Stephanos (# 27224). – Theophanes (# 28086). –

Antigus (Kappadokien) → Bardas Phokas der Jüngere (# 20784). – Konstantinos Charon (# 23922).

Antiocheia (Pisidien) → Basileios (# 20899. – # 20949). – Euthymios (# 21928). – Theophylaktos (# 28229). – Zacharias (# 28479).

Antiocheia (Syrien) → 'Abdallāh b. 'Ubaydallāh al-Ḥusaynī (# 20015). – Afrām (# 20154). – Abū l-Barakāt b. Manṣūr (# 20044). – Abū Ǧa'far b. al-Ḥusayn (# 20052). – Abū l-Ġanā'im b. Manṣūr (# 20053). – Abū l-Ǧayš b. Lu'lu (# 20054). – Abū Sālim b. Lu'lu (# 20077). – Agapios I. von Antiocheia (# 20164). – Agapios II. von Antiocheia (# 20165). – Aḥmad b. al-Ḥusayn al-

Aṣfar Taġlib (# 20184). – Aḥmad b. Tuġān al-ʿUǧayfī (# 20193). – Aḥmad b. Ṭūlūn (# 20194). – Anthemios (# 20447). – Anṭūnī (# 20540). – Athanasios Athonites (# 20670). – Aulax (# 20700). – ʿAyšalš (# 20708). – al-ʿAzīz billāh (# 20711). – Bardas Phokas der Jüngere (# 20784). – Bardas Skleros (# 20785). – Basileios (# 20845. – # 21102). – Basileios II. (# 20838). – Chariton (# 21233). – Christodulos (# 21243). – Christophoros von Antiocheia (# 21277). – Cosmas (# 21351). – Damianos Dalassenos (# 21379). – David (# 21442). – Dionysius (# 21568). – Dominicus (# 21586). – Elias I. von Antiocheia (# 21648). – Eustathios Maleïnos (# 21861). – Eustratios (# 21894). – Eutychios (# 21978. – # 21979). – Futūḥ (# 22015). – Ǧaʿfar b. Falāḥ (# 22049). – Ǧaʿfar b. al-Ḥusayn (# 22048). – Ǧawhar b. al-Ḥusayn (# 22067). – Ǧayš b. Muḥammad b. aṣ-Ṣamṣāma (# 22069). – Georgios (# 22095. – # 22157). – Gregorios (# 22427. – # 22387). – Hieremias (# 22591). – Ibn Abī ʿUmar (# 22684). – Ibn Diʿāmah (# 22691). – Ibn Maḥmūd (# 22698). – Ibn Māmak (# 22700). – Ibn Mānik (# 22701). – Ibrāhīm b. Yūḥannā (# 22706). – Ignatios (# 22750). – Ioannes (# 23047. – # 23126. – # 23184. – # 23378. – # 23379). – Ioannes bar ʿAbdûn (# 23438).). – Ioannes I. Tzimiskes (# 22778). – Ioannes III. von Antiocheia (# 23167). – Iob (# 23467). – Iosua (# 23542. – # 23543). – K.n.t.tīš (# 23591). – Konstantinos Burtzes (# 23930). – Konstantinos Dalassenos (# 23940). – K.r.m.rūk (# 23592). – Kulayb an-Naṣrānī (# 24209). – Lazaros vom Galesionberg (# 24285). – Leon Melissenos (# 24531). – Leon Phokas (# 24519). – Luʾlu al-Ǧarrāḥī (# 24793). – Macarius von Gent (# 24806). – Maḥfūẓ b. Ḥabīb b. al-Baǧīl (# 24815). – Manǧūtakīn (# 24858). – Manṣūr b. Luʾluʾ (# 24865). – Manuel (# 24888). – Michael (# 25354). – Michael Burtzes (# 25253). – Michael Spondyles (# 25363). – Mose (# 25424). – Moyses (# 25431). – Mufarriǧ b. Daġfal b. al-Ǧarrāḥ aṭ-Ṭāʾī (# 25433). – Muḥammad b. ʿIsā (# 25440). – Naǧā al-Kāsakī (# 25487). – Nikephoros I. von Jerusalem (# 25674). – Nikephoros II. Phokas (# 25535). – Nikephoros Uranos (# 25617). – Nikolaos (# 26011. – # 26145). – Nikolaos II. von Antiocheia (# 26124). – Pegasios (# 26402). – Petros (# 26496). – Rašīq an-Nasīmī (# 26804). – Sachakios Brachamios (# 26952). – Saʿdaddawla Abū l-Maʿālī (# 26954). – Samuel (# 26984). – aṣ-Ṣanhāǧī (# 26988). – Sīmā aṭ-Ṭawīl (# 27079). – Symeon (# 27505). – Symeon I. von Antiocheia (# 27478). – Symeon von Trier (# 27542). – T... (# 27550). – Theocharistos von Antiocheia (# 27588). – Theodoros II. von Antiocheia (# 27759). – Theodosios von Antiocheia (# 27890). – Theodosios II. von Antiocheia (# 27908). – Theodulos (# 27995). – Theophanes (# 28081). – Thomas (# 28279. – # 28330). – ʿUbaydallāh (# 28392). – Yaḥyā b. Saʿīd al-Anṭākī (# 28459). – Yaʿīš (# 28456). – Zachakios (# 28475). – az-Zuġaylī (# 28521). – Anonyma (# 30112). – Anonymi (# 30176. – # 30449. – # 30459 – # 30568. – # 30242). – Anonymus (# 31072. – # 31134. – # 31397. – # 31410. – # 31431. – # 31432. – # 31479. – # 31510. – # 31532. – # 31694. – # 31697. – # 31739. – # 31846. – # 31969). — s. auch Hagios-Apostolos-Petros-Kirche, Bāb al Baḥr,

Cassianus-Kirche, Ḥārim, Haus des hl. Petros, Kalla, al-Lukām, Megale Ekklesia

ta Antiochu (Kloster in Kpl.) → Theodora (# 27604).

Antipaskirche (Kpl.) → Ioseph Hymnographos (# 23510). – Stephanos Neolampes (# 27206).

Antitauros (Gebirge) → Ioannes I. Tzimiskes (# 22778). – Melias (# 25041).

Antonin (Italien) → Lothar II. (# 24751).

Antonios-Kauleas-Kloster (bei Kpl.) → Stylianos Zautzes (# 27406).

Antonios-Kirche (Neokaisareia) → Theodoros II. von Antiocheia (# 27759).

Antonios-Kloster (= Kloster des Kyr Antonios [Athos]) → Antonios (# 20510). – Athanasios (# 20680). – Kyrillos (# 24251). – Thomas (# 28317).

Antonios-Kloster (Chytroi) → Demetrianos (# 21451). – Anonymus (# 30759).

Antri/Antros (Lage unbekannt) → Samuel (# 26977).

Hagia-Megalomartys-Anysia-Kirche (Thessalonike) → Antipas (# 20475).

Anzitene s. Chanzit

Apachunes/Apahunik' → 'Abdarraḥmān (# 20019). – Ašot II. "der Eiserne" (# 20646). – Bardas Phokas der Jüngere (# 20784). – Basileios II. (# 20838). – David III. von Tao (# 21432). – Yakobos (# 28460). — s. auch T'ondrak

Apameia (Bithynien) → Bardas Phokas der Jüngere (# 20784). – Basileios (# 20944). – Eulampios (# 21776). – Ioannes I. Tzimiskes (# 22778). – Michael (# 25126). – Paulos (# 26295). – Sophronios (# 27157).

Apameia (Pisidien) → Basileios (# 20950). – Euthymios (# 21938). – Theodoros (# 27633). – Theognostos (# 28012).

Apameia (Syrien) → Aḥmad b. aḍ-Daḥḥāk (# 20187). – Badr al-'Aṭṭār (# 20728). – Damianos Dalassenos (# 21379). – Ǧayš b. Muḥammad b. aṣ-Ṣamṣāma (# 22069). – Konstantinos Dalassenos (# 23940). – al-Malā'iṭī (# 24840). – Manǧūtakīn (# 24858). – Maysūr (# 25027). – Sa'daddawla Abū l-Ma'ālī (# 26954). – Theophylaktos Dalassenos (# 28254). – Waḥīd al-Hilālī (# 28441). – Anonymi (# 30542).

Apameia (Thrakien) → Anonymi (# 30184).

Apeia (Phrygia Pakatiane) → Basileios (# 20865).

Aphrodisias (= Staurupolis, Karien) → Anthemios (# 20446). – Ioannes (# 23178). – Theodoros (# 27620). – Anonymus (# 31186).

Aplatianai (Galatien) → Blasios (# 21177). – Eustratios (# 21883).

Apollonias (Bithynien) → Michael (# 25119).

Apostel s. auch unter den entsprechendenEigennamen

Apostelkapelle (Athos) → Gerasimos (# 22281).

Apostelkirche (Kalabrien) → Elias Spelaiotes (# 21646).

Apostelkirche (Kpl.) → Akakios (# 20202). – Alexandros (# 20228). – Anastasia (# 20281). – Andreas "der Skythe" (# 20351). – Anna (# 20430). – Basileios (# 20914). – Basileios I. (# 20837). – Basileios II. (# 20838). – Eirene (# 21620). – Eudokia (# 21755). – Eudokia Baïane (# 21759). – Eudokia Ingerina (# 21754). – Ioseph Hymnographos (# 23510). – Konstantinos (# 23742). – Konstantinos

VII. (# 23734). – Konstantinos VIII. (# 23735). – Leon (# 24418). – Leon VI. (# 24311). – Myron (# 25476). – Nikephoros II. Phokas (# 25535). – Photios (# 26674). – Romanos II. (# 26834). – Stephanos I. (# 27208). – Theodoros (# 27705). – Theophano (# 28122. – # 28125). – Theophylaktos (# 28192). – Zoe Zautzina (# 28505). – Anonymi (# 30362. – # 30368). – Anonymus (# 30802).

Hagioi-Apostoloi-Kirche (Thessalonike) → Chaldos (# 21228). – Elias der Jüngere (# 21639). – Anonymus (# 30863).

Hagioi-Apostoloi-Kloster (Athos) → Anthimos (# 20463). – Athanasios (# 20680). – Kyrillos (# 24251). – Michael (# 25362). – Onesiphoros (# 26188). – Sabas (# 26939). – Sabbas (# 26947). – Symeon (# 27511). – Thomas (# 28314. – # 28317).

Hagioi-Apostoloi-Kloster (Kalabrien) → Ursos (# 28411).

Hagioi-Apostoloi-Kloster (Parthenitoi, Krim) → Niketas (# 25695). – Nikolaos (# 25942).

Hagioi-Apostoloi-Kloster (Lage unklar) → Anonymus (# 30921. – # 30937).

Apothekon-Kloster (Athos) s. Amalfitanerkloster

Appia (Phrygia Pakatiane) → Basileios (# 20865).

Appionkloster (bei Kepion) → Anonymus (# 31954).

Apros (Thrakien) → Sabas (# 26917). – Georgios (# 22238). – Anonymus (# 31981).

Apulien (Italien) → Abellari(s) (# 20020). – Abū l-Qāsim ʿAlī b. al-Ḥasan al-Kalbī (# 20072). – Ademar (# 20113). – Akindynos (# 20215). – Alfanus (# 20252). – Anna (# 20433). – Argyros (# 20559). – Basileios Boioannes (# 21094). – Benedictus VIII. (# 21143). – Byzantios (# 21219. – # 21220). – Cricori (# 21353). – Eugenios (# 21772). – Gaideris (# 22054). – Gregorius (# 22492). – Heinrich II. (# 22567). – Ioannes Proteuon (# 22931). – Ioannes von Alpharana (# 23366). – Iohannes (# 23496). – Johannes (# 23587). – Leo (# 24300. – # 24307). – Leo Patiano (# 24308). – Leon (# 24659). – Licastus (# 24740). – Maragdos (# 24900). – Maraldus (# 24903). – Mele (# 25032). – Meles (# 25033). – Melisiano (# 25046). – Michael Abidelas (# 25255). – Musandus (# 25453). – Muscatus (# 25455. – # 25456). – Pandulph I. "Eisenkopf" (# 26228). – Passari(s) (# 26287). – Petrus (# 26567. – # 26569). – Rodolfo (# 26825). – Rodulfus (# 26831). – Romuald (# 26890). – Romualt (# 26895). – Rossemannus (# 26897). – Rotari (# 26898). – Šabbetai Donnolo (# 26949). – Ṣābir (# 26951). – Sawdān (# 26997). – Selantzianos (# 27003). – Simeon (# 27080). – Smaragdus (# 27138). – Stephanos (# 27365). – Teodosius (# 27578). – Thomas (# 28310). – Tornikios Kontoleon (# 28366). – Trifilius (# 28371). – Vitalis (# 28430). – Anonymi (# 30563. – # 30597). – Anonymus (# 31682. – # 31508. – # 31509). — s. auch Acena, Arenola, Ascoli, Bari, Benevent, Besti, Bovino, Braganus, Brindisi, Cannae, Canosa, Casamaxima, Casaranello, Cassano, Castelione, Castellana, Celia, Civitate, Conversano, Cupersano, Fortore, Giovinazzo, Gravina, Hydruntos/Hydrus, Iohannes-Kloster in Lamis, Iontos, Iubenacium, Kallipolis, Lamis, Lecce, Lesina, Liporachi, Lucera, Luciniano, Minervino, Monopoli, Mons Garganus, Monte Peluso, Montemilone, Mortiliano, Mutulae, Nola, Oria, Ostuni, Polignano, Pugliano, Ruvo, Salice, Seda, Sessano, Silvacandida, Sipendos, Siponto, Tarent, Torremagio, Trani, Tremiti, Troia, Vaccaricia

Apxazeti s. Abchasien

Aquae Saravenae (= Sarvenis, Charsianon) → Bardas Phokas der Jüngere (# 20784). – Bardas Skleros (# 20785). – Džodžik (# 21612). – Ioannes Tornikios (# 22926). – Ivane (# 23583).

Aqraʿ (Syrien) → Ibn Mānik (# 22701).

Aqrīṭi (arab.) s. Kreta

Aquileia (Italien) → Bitalios (# 21172). – Anonymus (# 30704. – # 30705).

Aquitanien (Frankreich) → Symeon von Trier (# 27542).

Arabien s. al-Aḥsāʾ, Mekka

Arabeinikeia s. Rebenikeia (Chalkidike)

Arabissos (Kappadokien) → Basileios I. (# 20837). – Sayfaddawla (# 26998).

Arabize → Kosmas (# 24124).

Aracani s. Arsanias (Fluß)

Arachilabe (Bulgarien) → Andronikos (# 20409).

Araiakloster (Kalabrien) → Ioannes Markanetis (# 23395). – Kosmas (# 24174).

Aralsee → Anonymi (# 30408).

Aran (Kappadokien) → Eustathios Argyros (# 21828). – Leon Argyros (# 24399). – Pothos Argyros (# 26730). – Anonymus (# 30891).

ʿArandās (arab., Syrien) → Abū l-ʿAšāʾir b. al-Ḥasan b. ʿAlī b. al-Ḥusayn b. Ḥamdān (# 20040).

Arauraka (Armenien) → Eusebios (# 21817). – Anonymus (# 30841).

Arax (Fluß) → Ašot II. (# 20647). – Čʿordvaneli (# 21349). – Ioannes Kurkuas (# 22917). – Lalakon (# 24265). – Orestes (# 26193). – Zakʿaria (# 28497). – Anonymus (# 30847. – # 30848).

ʿArbasūs (arab.) s. Arabissos

Arčēš (arm.) s. Arzes

Archangeloi/Archangelos s. auch Erzengel bzw. unter Gabriel und Michael

Archangeloi-Kapelle im Iviron-Kloster (Athos) → Ioannes Athonites Iber (# 22942). – Anonymus (# 32021).

Archistrategos-Kloster (Athos) → Ioannes (# 23356).

Archistrategos-Kloster (Kpl.) → Maria (# 24913).

Archistrategos-Kloster (Vallelucio) → Aligernus (# 20258). – Anonymi (# 30507).

Arcke (arm.) s. Artzike

Ardabīl (arab., Aserbaidschan) → Subukī (# 27431).

Ardamaria/Ardamerion (Thessalonike) → Elias (# 21650). – Ioannes (# 22950).

Ardanutzi (Klardžetʿi) s. Artanudž.

Ardawel (arm.) s. Ardabīl (arab.)

Arenola (Apulien) → Rodulfus (# 26831).

Argina (Armenien) → Trdat (# 28370). – Xačʿik Aršaruni (# 28445). — s. auch Katholikatskirche

Arǧīš (arab.) s. Arzes

Argolis (Peloponnesos) → Nikon "Metanoeite" (# 26155). – Theodosios (# 27910). – Anonymus (# 31501). — s. auch Ioannes-Prodromos-Kirche, Medea

Argos (Peloponnesos) → Anastasios (# 20317). – Christophoros (# 21278). – Dionysios (# 21549). – Eustratios (# 21891). – Ioannes (# 22935). – Ioannes Blabenterios (# 23103). – Konstantinos (# 23834). – Nikolaos (# 26060). – Nikon "Metanoeite" (# 26155). – Petros von Argos (# 26428). – Theodoros (# 27680. – # 27705. – # 27791). – Theotimos (# 28272). – Anonyma (# 30049). – Anonymi (# 30285. – # 30360). – Anonymus (# 31291. – # 31405).

Arğūzān (arab.) s. Erzinğān

Argyroi-Kloster (Kpl.) → Romanos Argyros (# 26846).

Argyron (Sizilien) s. Ageira/Agira

Aria (Kalabrien) → Thomas (# 28334).

Aria-Kloster (Kalabrien) → Anonymus (# 31756. – # 31757. – # 31794).

Arianzos (Kappadokien) → Anonymi (# 30368).

Arinarion-Kloster (Kalabrien) → Theodora (# 27603).

Arka/Arke (Kappadokien) → Zachakios (# 28475).

Arka (Syrien) s. Arqa

Arkadia (Kreta) → Georgios (# 22203).

Arkadianai (Kpl.) → Anastasia (# 20282). – Basileios der Jüngere (# 20881). – Konstantinos Barbaros (# 23820). – Kosmas (# 24113). – Leon (# 24415). – Nikolaos Androsalites (# 25886). – Theodora (# 27600). – Theodote (# 27957). – Anonymi (# 30305. – # 30310). – Anonymus (# 31102. – # 31103. – # 31105. – # 31106. – # 31107. – # 31108. – # 31184). — s. auch Konstantinskirche

Arkadien s. Pallantion

Arkadiupolis (Asia) → Symeon (# 27454).

Arkadiupolis (Thrakien) → Andronikos (# 20411). – Bardas Skleros (# 20785). – Basileios (# 20862). – Katakalon (# 23687). – Konstantinos Skleros (# 23921). – Leon (# 24569). – Petros (# 26524). – Stephanos (# 27337). – Anonyma (# 30037). – Anonymae (# 30129). – Anonymus (# 30854. – # 31530. – # 31533).— s. auch Kachlakinekloster

Arkadiupolis (Lage unklar) → Ioannes (# 23228).

Arkos-Kloster (Athos) → Antonios (# 20504). – Kosmas (# 24137). – Onesiphoros (# 26188). – Thomas (# 28314. – # 28317).

Arles (Frankreich) → Hugo von der Provence (# 22637).

Armakurion (Thrakesion) → Bardas Mungos (# 20787). – Christophoros (# 21303). – Leon Aichmalotos (# 24533).

Armamentarea/Armamentaria → Kosmas (# 24131). – Anonymus (# 31395).

Armeniakon (Thema) → Adrianos (# 20124). – Aëtios (# 20145). – Anthes (# 20450). – Basileios (# 20939. – # 20960. – # 21060). – Christophoros (# 21315). – Christophoros Mitylenaios (# 21324). – Ergodotes (# 21738). – Gregoras (# 22327. – # 22336). – Helene (# 22575). – Ioannes (# 22879. – # 22903. – # 23035. – # 23217). – Ioannes Chaldos (# 23166). – Ioannes I. Tzimiskes (# 22778). – Ioannes Kurkuas (# 22824. – # 22917). – Konstantinos (# 23784. – # 23886. – # 24007). – Konstantinos Dalassenos (# 23940). – Lalakon (# 24265). – Leon (# 24381. – # 24473). – Leon Agelastos (# 24413). – Leon Lalakon

(# 24456). – Michael (# 25222. – # 25395). – Niketas (# 25823). – Nikon "Metanoeite" (# 26155). – Paschalios (# 26282). – Philomates (# 26627). – Rentakios (# 26816). – Romanos I. Lakapenos (# 26833). – Romanos Kurkuas (# 26852). – Symeon (# 27501). – Theod... (# 27593). – Theodoros (# 27714. – # 27871). – Theodoros II. von Antiocheia (# 27759). – Theodotos (# 27976). – Theognostos (# 28023). – Theophanes (# 28104). – Theophano (# 28125). – Anonymus (# 30646. – # 30647. – # 31586. – # 31732. – # 31887 – # 32008. – # 31466). — s. auch Damideia-Kloster, Darbidun, Dokia

Armenianoikloster s. Harmonianoikloster

Armenien → Abas (# 20007). – Abas I. (# 20006). – ʿAbdalḥamīd (# 20012). – ʿAbdarraḥmān (# 20019). – Abū l-Aswad (# 20041). – Abū l-Muʿizz (# 20069). – Abū Sālim (# 20076). – Abū Sawāda (# 20079). – Abū l-Ward I. (# 20087). – Abū l-Ward II. (# 20088). – Abū l-Yaqẓān al-ʿAlā b. Maslama as-Sulamī (# 20089). – Afšīn (Muḥammad b. Abī s-Sāǧ) (# 20156). – Aḥmad b. ʿAbdarraḥmān Abū l-Muʿizz (# 20186). – Apoganem (# 20545). – Ašot I. "der Große" (# 20642). – Ašot Makrocheir (# 20643). – Ašot III. von Taron (# 20645). – Ašot II. "der Eiserne" (# 20646). – Ašot III. "der Barmherzige" (# 20649). – Ašot IV. "der Tapfere" (# 20651). – Bagrat (# 20741). – Bagrat II. von Taron (# 20733). – Bardas Phokas der Jüngere (# 20784). – Basileios II. (# 20838). – David Arcruni (# 21441). – Davinus (# 21445). – Derenik (# 21536). – Eusebios (# 21817). – Gagik II. Arcruni (# 22052). – Gagik I. Bagratuni (# 22053). – Ǧakrūs (# 22057). – Gēorg II. Gaṙnecʿi (# 22078). – Georgios (# 22099. – # 22215. – Gregorios (# 22479). – Gregorios Taronites (# 22428). – Grigor I. von Taron (# 22497). – Gurgēn (# 22530). – Helena (# 22568). – Iachnukas (# 22652). – Ioannes (# 22899. – # 23301). – Ioannes Arrabonites (# 22970). – Jorius (# 23588). – Kekaumenos (# 23694). – Konstantinos (# 24010). – Konstantinos Lips (# 23815). – Krinites (# 24200). – Lewon (# 24737). – Macarius von Gent (# 24806). – Manuel (# 24875). – Maria die Jüngere von Bizye (# 24910). – Melias (# 25041). – Michael (# 25322. – # 25385). – Mudaphar (# 25432). – Mufliḥ as-Sāǧī (# 25435). – Mušeł (# 25457). – Naǧā al-Kāsakī (# 25487). – Naṣr as-Subkī (# 25493). – Nikephoros Komnenos (# 25676). – Niketas (# 25703). – Nikolaos Radenos (# 26087). – Pankratukas (# 26237). – Petros (# 26538). – Philippos (# 26603). – Pothos Monomachos (# 26744). – Pukrikas (# 26779). – Qusṭā b. Lūqā (# 26789). – Sahak (# 26959). – Sinutes (# 27090). – Skleros (# 27132). – Smbat I. "der Märtyrer" (# 27141). – Smbat II. (# 27144). – Smbat Tʿoṙnecʿi (# 27145). – Smbat-Yovhannēs (# 27146). – Stephanus (# 27386). – Subukī (# 27431). – Symeon von Polirone (# 27518). – Tarasios (# 27560). – Tautukas (# 27573). – Theodoros (# 27644. – # 27679. – # 27772. – # 27822). – Theodosios (# 27942). – Theophilos Kurkuas (# 28152). – Tʿornik (# 28364). – Trdat (# 28370). – Xačʿik Aršaruni (# 28445). – Yakobos (# 28460). – Yovhannēs (# 28465. – # 28466). – Yovhannēs Drasxanakertcʿi (# 28467). – Yūsuf b. Abī s-Sāǧ (Abū l-Qāsim) (# 28472). – Zachakios (# 28475). – Zakʿaria (# 28496). – Zapʿranik (# 28501). – Anonymi (# 30253. – # 30491. – # 30492.

– # 30494. – # 30497. – # 30613). – Anonymus (# 30653. – # 30841. – # 31094. – # 31119. – # 31149. – # 31297. – # 31338. – # 31466. – # 31644. – # 31798. – # 31821. – # 31971. – # 31973. – # 31979). — s. auch Ałōri, Anberd, Andzewac'ik', Ani, Apachunes, Apahunik', Arauraka, Arax, Argina, Aršamunik', Arsanias, Aršarunik', Artzike/Altzike, Arzes, Ašoc, Axurean, Aydzik', Ayrarat, Bagaran, Bagřač, Bagrewand, Bales, Bidlīs, Biwrakan, Chaliat, Cheri/Chert, Chlia, Chozanon, Dašt al-Warak, Datuan, Derdžan, Drasxanakert, Dvin, Ekełeac, Erazgawor, Erkan, Erndžak, Garni, Hafǧīǧ, Hałbat, Hark', Her, Ḫilāṭ, Hořomosivank', Ḫūzān, Kamrdžadzor-Kloster, Kapoyt, Karin, Karkaron, Kars, Kaycon, Kayean, Keltzene, Koher, Komana, Kore, Lokana, Mantzikert, Mardałi, al-Marzubān, Mastaton, Mecbac', Megale Armenia, Mokk', Mukon, Murgule, Naxčawan, Nikopolis, Pałakac'is, Pekri, Perkri, Phasiane, Qulb, Šahrān, Sakk'oray, Sanahin, Sasun, Satala, Šatik, Sebasteia, Sermantzon, Širak, Širimni, Siwnik, Surb Astuacacin, Tall Baṭrīq, Taranta, Taron, Tatvan, Tawus, Theodosiupolis, Tziliapert, Ulnutin, Ułt'is, Utik', Uxt'ik', Vałaršakert, Van-See, Vanand, Vasakawan, Vaspurakan, Vixik, Xałtoy Arič, Xancit', Zarehawan

Armenien I (Kirchenprovinz) → Demetrios (# 21475). – Eleutherios (# 21637). – Gregorios (# 22479). – Konstantinos (# 23759). – Theodoros (# 27796). – Theodotos (# 27981). – Theophylaktos (# 28226). – Thomas (# 28333). – Anonymus (# 30653. – # 31821. – # 31848. – # 31926. – # 31973).

Armenien II (Kirchenprovinz) → Ignatios (# 22750). – Ioannes (# 22826. – # 23377). – Ioannes von Melitene (# 23161). – Ioannes bar 'Abdûn (# 23438). – Theodoros (# 27772). – Theodosios (# 27935). – Zachakios (# 28475). – Anonymus (# 31175. – # 31402. – # 31556).

Armenien IV (Kirchenprovinz) → Vahan (# 28420).

Armenion-Kloster (Athos) → Niketas (# 25853).

Armeniu-Kloster en to Xerokastro (Athos) → Basileios (# 21036). – Georgios (# 22235). – Ignatios (# 22744. – # 22746). – Michael (# 25352). – Niketas (# 25853). – Sabas (# 26939). – Theodoros (# 27852. – # 27767). – Theodosios Siderokaustes (# 27937).

Armentum (Lukanien) → Antonius (# 20539). – Catharina (# 21226). – Landulph II. (# 24273). – Lucas von Demenna (# 24753). – Nicolaus (# 25528). – Theodorus (# 27885). – Vitalis (# 28428). – Anonymus (# 31762). — s. auch Marienkloster

Armon (Kalabrien) → Arsenios (# 20602). – Elias Spelaiotes (# 21646). – Anonymus (# 30797. – # 30798).

Arpasa s. Harpasa

'Arqa (arab., Syrien) → Damianos Dalassenos (# 21379). – Nikephoros II. Phokas (# 25535).

Arqanīn (arab., Diyār Bakr) → 'Abdallāh al-Malaṭī (# 20013). – Konstantinos Phokas (# 23841). – Sayfaddawla (# 26998).

Arsamosata (arab. Šimšaṭ, Kappadokien) → Ioannes Kurkuas (# 22917). – Melias (# 25041). – Michael (# 25247). – Naǧā al-Kāsakī (# 25487). – Naǧm (# 25488). – Sayfaddawla (# 26998). – Turnīq (# 28383).

Aršamunik‘ (Armenien) → Mumahhidaddawla Abū Manṣūr Sa‘īd b. Marwān (# 25447). — s. auch Erizay

Arsanias (Fluß, Armenien) → Abū l-Yaqẓān al-‘Alā b. Maslama as-Sulamī (# 20089). – Krinites (# 24200). – Manuel (# 24875). – Mxit‘ar (# 25472). – Sayfaddawla (# 26998).

Arsaphiakloster (Kalabrien) → Agathe (# 20170). – Amantine (# 20266). – Anthimos (# 20464). – Arethusa (# 20555). – Argythos (# 20562). – Arkoleon (# 20573). – Arkolinos (# 20576). – Arsaphia (# 20590). – Asoi (# 20641). – Babesos (# 20725). – Barbara (# 20756. – # 20757). – Basilakes (# 20836). – Basileios (# 21015. – # 21018. – # 21020. – # 21021. – # 21022). – Basileios Mastulistiakes (# 21019). – Beretis (# 21148). – Berseos (# 21152). – Bitinioi (# 21174). – Bor... (# 21196). – Bunite (# 21213). – Byrasos (# 21214). – Byrsaioi (# 21215). – Byrsaios (# 21216). – Chalkeos (# 21229). – Chalkeus (# 21230). – Chelandares (# 21239). – Christophoros (# 21308). – Chrysomila (# 21342). – Demetrios Pipiklos (# 21507). – Elias (# 21660). – Erimititzes (# 21739). – Eugenios (# 21772). – Euphemios (# 21793). – Eustathios (# 21865. – # 21867). – Georgios Straboskeles (# 22190). – Georgios Pithares (# 22191). – Glibardos (# 22312). – Grasa (# 22321). – Gregorios Tarchaneiotes (# 22438). – Grunissos (# 22506). – Hierusalem (# 22598). – Horea (# 22631). – Iannikellos (# 22674). – Ioannes (# 23199. – # 23204. – # 23193). – Ioannes Am(m)iropulos (# 23162). – Ioannes Berberis (# 23198). – Ioannes Gremedulos (# 23195). – Ioannes Kontos (# 23194). – Ioannes Raptokelles (# 23196). – Ioannes Lagubardos (# 23197). – Ioannikelos (# 23449). – Kalabretos (# 23599). – Kalokyres Delphinas (# 23632). – Kanadeoi (# 23662). – Kanitzes (# 23670). – Kaprarites (# 23671). – Kardymakes (# 23675). – Klituphon (# 23718). – Koklimardos (# 23722). – Kometas (# 23726). – Kometos (# 23727). – Kondoi (# 23728). – Konstantinos (# 23947. – # 23948). – Kontomauros (# 24088). – Kontostephanos (# 24091). – Kornibaskeloi (# 24093). – Kosmas Kuphos (# 24150). – Kreapatzos (# 24193). – Kukumitos (# 24208). – Lak... (# 24264). – Leon (# 24554. – # 24555. – # 24556. – # 24559. – # 24561. – # 24562). – Leon Ktenas (# 24560). – Leon Lutianos (# 24557). – Leon Matzilas (# 24558). – Libanos (# 24738). – Lipinares (# 24744). – Lupianos (# 24795). – Mabrikios (# 24805). – Manopulos (# 24859). – Martinos (# 25007). – Matremone (# 25015). – Mentaurios (# 25057). – Michael (# 25260). – Michael Abidelas (# 25255). – Mitzinos (# 25412). – Monobraos (# 25417). – Mutzuklakes (# 25469). – Nasar (# 25491). – Nikephoros (# 25630. – # 25631). – Nikephoros Kilimutzes (# 25629). – Nikolaos (# 26053. – # 26054. – # 26089). – Orgios Bitilianos (# 26202). – Pampinitos (# 26224). – Pantachos (# 26239). – Parias (# 26272). – Paulos (# 26369). – Petomenos (# 26411). – Petros (# 26516). – Petros Kondos (# 26514). – Petrothi (# 26551). – Philippos (# 26617). – Phloros Sikellos (# 26646). – Phoniskos (# 26658). – Phurkas (# 26690). – Platanites (# 26693). – Prephetos (# 26752). – Romanos (# 26857). – Saginares (# 26958). – Sakeloi (# 26963). – Salobrikas (# 26969). – Simiatikos (# 27081). – Skardusa (# 27129). –

Sontzokalas (# 27150). – Tabrobukinos (# 27551). – Tabrokures (# 27552). – Theodoros (# 27784). – Theodoros Pyrukianos (# 27783). – Theophanes (# 28105). – Theophano (# 28128). – Theophylaktos (# 28237). – Tzykalas (# 28391). – Ursos Bitilianos (# 28409). – Anonymi (# 30555). – Anonymus (# 31760. – # 31797). — s. auch Hagios Panteleemon

Aršarunik‘ (Armenien) → Niketas (# 25703). – Xač‘ik Aršaruni (# 28445). – Yovhannēs (# 28466).

Arsenikeia (Chalkidike) → Bardas (# 20789). – Elias (# 21662). – Euthymios Athonites Iber (# 21960). – Georgios I. von Iviron (# 22180). – Kalida (# 23612). – Nikephoros (# 25618). – Nikephoros Hexakionites (# 25608). – Nikolaos (# 26039). – Stephanos (# 27306). — s. auch Asprolakkos

Arškeni (Kappadokien) → Ioannes I. Tzimiskes (# 22778). – Sayfaddawla (# 26998).

Artāḥ (Syrien) → Bardas Skleros (# 20785). – Maḥfūẓ b. Ḥabīb b. al-Baġīl (# 24815). – Manǧūtakīn (# 24858). – Nikephoros II. Phokas (# 25535).

Artani (Klardžet‘i) → Adarnase II. (# 20099). – Bagrat I. von Klardžet‘i (# 20732). – Gurgen I. von Tao (# 22527).

Artanudž (Klardžet‘i) → Adarnase (# 20100). – Agapios (# 20163). – Ašot II. "Kiskases" (# 20648). – Bagrat I. (# 20732). – David Mamp‘ali (# 21413). – David II. (# 21423). – Giorgi II. (# 22307). – Gurgen I. von Klardžet‘i (# 22528). – Gurgen II. von Tao (# 22529). – Konstantinos (# 23833). – Smbat I. (# 27140). – Smbat II. (# 27143).

Artze (Iberien) → Konstantinos (# 24009). – Theodorokanos (# 27615).

Artzike (Altzike, arab. Ḏāt al-Ǧawz) → Abū l-Aswad (# 20041). – Abū l-Ward II. (# 20088). – Aḥmad b. ‘Abdarraḥmān Abū l-Mu‘izz (# 20186).

Arykanda (Lykien) → Theodoros (# 27631).

Arzan (Kappadokien) → Nikephoros II. Phokas (# 25535). – Sayfaddawla (# 26998).

Arzes (Armenien) → ‘Abdalḥamīd (# 20012). – Abū ‘Alī al-Ḥasan b. Marwān (# 20038). – Abū l-Aswad (# 20041). – Abū Sālim (# 20076). – Abū Sawāda (# 20079). – Abū l-Ward I. (# 20087). – Abū l-Ward II. (# 20088). – Aḥmad b. ‘Abdarraḥmān Abū l-Mu‘izz (# 20186). – Ašot II. "der Eiserne" (# 20646). – Basileios II. (# 20838). – Nikephoros Komnenos (# 25676).

Ascoli (Apulien) → Abellari(s) (# 20020). – Ademar (# 20113). – Argyros (# 20559). – Gregorios Tarchaneiotes (# 22438). – Ioannes Proteuon (# 22931). – Ioannikios (# 23451). – Iohannes (# 23496). – Kalokyres Delphinas (# 23632). – Landulph I. (# 24272). – Leo (# 24307). – Maraldus (# 24903). – Michael Abidelas (# 25255). – Musandus (# 25453). – Muscatus (# 25455. – # 25456). – Petrus (# 26569). – Romuald (# 26890). – Rossemannus (# 26897). – Rotari (# 26898). – Trifilius (# 28371).

Asekretiskloster (Bithynien) → Ioseph Bringas (# 23529).

Aserbaidschan (arab. Aḏarbayǧān bzw. arm. Atrpatakan) → Afšīn (Muḥammad b. Abī s-Sāǧ) (# 20156). – Mufliḥ as-Sāǧī (# 25435). – Sap‘i (# 26991). – Subukī (# 27431). – Yovsēp‘ (# 28469). – Yūsuf b. Abī s-Sāǧ (Abū l-Qāsim) (# 28472). — s. auch Ardabīl

Asfaraǧān (arab.) s. Vaspurakan

Asia (Provinz bzw. Kirchenprovinz) → Andreas (# 20398). – Anthimos (# 20465). – Antiochos (# 20472). – Antonios (# 20496). – Apostolios (# 20546). – Arsapios (# 20592). – Athanasios (# 20660. – # 20665). – Baanes (# 20717). – Basileios (# 20846. – # 20852. – # 20891. – # 21051. – # 21092. – Basileios der Jüngere (# 20881). – Ephraim (# 21688. – # 21695). – Eu... (# 21751). – Eudokia (# 21757). – Gabriel (# 22035). – Georgios (# 22249). – Gregorios (# 22369. – # 22389). – Ioannes (# 22924. – # 23364. – # 23408). – Konstantinos (# 23791. – # 23828). – Kyriakos (# 24241). – Leon (# 24453). – Maria (# 24918). – Michael (# 25117. – # 25367). – Nikephoros (# 25576. – Nikephoros Erotikos (# 25632). – Niketas (# 25783. – # 25806). – Nikolaos (# 26047. – # 26059). – Paulos (# 26337). – Petros (# 26430). – Philippos (# 26620). – Philotheos (# 26640). – Philoxenos (# 26643). – Sophronios (# 27159). – Stephanos (# 27260). – Studios (# 27403). – Symeon (# 27454). – Symeon Ampelas (# 27506). – Theodoros (# 27774. – # 27779). – Theodulos (# 27992. – # 27998). – Theophilos (# 28142). – Theophylaktos (# 28257. – # 28258). – Zosimas (# 28517). – Anonymi (# 30199). – Anonymus (# 30954. – # 31187. – # 31320. – # 31423. – # 31452. – # 31464. – # 31747. – # 31835. – # 31978). — s. auch Adramyttion, Anaia, Arkadiupolis, Assos, Atandra, Bareta, Christos-Soter-Kirche, Elaia, Ephesos, Erebinthos-Kloster, Erythra, Galesion, Galesion-Berg, Hypaipa, Kepion, Klazomenai, Kolophon, Kyme, Magnesia, Magnesia Anelios, Makrokome, Malpadea, Marathesion, Mastaura, Metropolis, Mykale, Nea Ephesos, Nyssa, Palaiopolis, Palia, Pergamon, Phoba, Phoke, Photia, Phygela, Pitane, Priene, Pyrgion, Sipylos, Smyrna, Timon, Tralleis, Xeron-Choraphion-Kloster

Askalon (Palästina) → Hārūn b. Yaḥyā (# 22555). – Anonymus (# 31133). — s. auch Marienkirche

Aškūniyya (arab., in Charsianon?) → Ioannes I. Tzimiskes (# 22778). – Sayfaddawla (# 26998).

Ašoc (Armenien) → Smbat-Yovhannēs (# 27146).

Asorestan s. Syrien

Asparzisterne (Kpl.) → Baanes (# 20719).

Asphaladeos (Kalabrien) → Epiphanios (# 21713).

Aspina/Aspona (Galatien I) → Nikephoros (# 25540).

Aspinda (Iberien) → Adarnase II. (# 20099). – Gurgen I. von Tao (# 22527). – Nasra (# 25496).

Asprakania s. Vaspurakan

Asprolakkos (Bach bei Arsenikeia) → Nikolaos (# 26039).

ʿAsqalān (arab.) s. Askalon

Assemini (Sardinien) → Getit (# 22304). – Nespella Ochotissa (# 25518). – Torkotorios (# 28363).

Assos (Asia) → Anthimos (# 20465).

Astakos (Bithynien) → Euthymios (# 21913). – Theodoros Daphnopates (# 27694).

Astere-Kloster (Attika, Hellas) → Anonymus (# 31062).

Asturien (Spanien) → Andreas (# 20393). — s. auch Oviedo

Ašunkʿ (arm., Tao) → Sahak (# 26959).

Atandra (Asia) → Konstantinos (# 23776).

al-Aṯārib (Syrien) → Naǧā al-Kāsakī (# 25487).

Ateus (Kastron in Kleinasien, Lage unbekannt) → Ioannes Tubakes (# 22918). – Leon (# 24409). – Leon Phokas (# 24408).

Athanassos (Phrygia Pakatiane) → Philotheos (# 26631).

Athen (Hellas) → Anastaso (# 20344). – Andreas Palikanti(os) (# 20397). – Anna (# 20441). – Basileios (# 20911. – # 20947). – Basileios Mo...ros (# 21120). – Bitalios (# 21171). – Chase (# 21238). – Demetrios (# 21464. – # 21471. – # 21484). – Demetrios N... (# 21525). – Epiphanios (# 21737). – Euphemios (# 21798). – Euthymios Kapules (# 21968). – Galates (# 22058). – Gelasios (# 22071). – Georgios (# 22128. – # 22158. – # 22257. – # 22277. – Georgios Syleotes (# 22278). – Germanos (# 22294. – # 22295). – Hypatios (# 22649). – Ioannes (# 23001. – # 23002. – # 23003. – # 23004. – # 23071. – # 23258. – # 23376. – # 23381. – # 23445. – # 23446). – Ioannes Kalabros (# 23382). – Ioannes Kokkalas (# 23443). – Ioannes Ketrenos (# 23444). – Ioannes Mamunes (# 23448). – Ioannes Oxeidas (# 23447). – Ioannes Psareutes (# 23367). – Ioannikios (# 23454). – Kablekas (# 23593). – Konstantinos (# 23929). – Konstantinos Drosos (# 24083). – Konstantinos Leichenares (# 24084). – Kosmas (# 24122). – Leon (# 24402. – # 24697). – Lukas der Jüngere (# 24762). – Malakenos (# 24844). – Maria (# 24928. – # 24941). – Michael (# 25133. – # 25361. – # 25364). – Niketas (# 25698. – # 25732. – # 25743. – # 25854). – Nikolaos (# 25976). – Nikon “Metanoeite” (# 26155). – Paschales tu Chalka (# 26277). – Paulos (# 26392). – Phantinos (# 26576). – Philippos (# 26608. – # 26613). – Platon (# 26695). – Pothetos (# 26724. – # 26725. – # 26726. – # 26727). – Pothos (# 26732. – # 26743). – Prokopios (# 26771). – Rendakios (# 26813). – Sabas (# 26915). – Sisinnios (# 27106). – Stephanos (# 27224). – Symeon (# 27538). – Theodegios (# 27596. – # 27597). – Theodoros ((# 27703. – # 27723. – # 27881. – # 27883). – Theodoros Daimonios (# 27863). – Theodoros Santabarenos (# 27619). – Theodote (# 27959). – Theoktistos (# 28064). – Theopemptos (# 28070). – Theophylaktos (# 28197. – # 28212. – # 28266). – Thomas (# 28304). – Anonyma (# 30005. – # 30006. – # 30014. – # 30082). – Anonymae (# 30125). – Anonymi (# 30412. – # 30593. – # 30624). – Anonymus (# 30689. – # 31085. – # 31386. – # 31515). — s. auch Hagios-Georgios-Kirche, Hephaistostempel, tu Lykodemu, Marienkirche, Megale Ekklesia, Parthenon, Piräus, Theometor-Kirche, Theotokos-Kirche, Panagia-Theotokos-Kirche tu Lykodemu, Theseion

Athenogeneskapelle (Kpl.) → Lampudios (# 24268).

Athos — s. Amalfitanerkloster, Hagios-Andreas-Kloster, Antonios-Kloster, Apostelkapelle, Hagioi-Apostoloi-Kloster, Archistrategos-Kloster, Arkos-Kloster, Armenion-Kloster, Armeniu-Kloster en to Xerokastro, Atziioannu-Kloster, Banitza-Kloster, Belas, Beriotos-Kloster, Blitzide-Kloster, Buleuteria-Kloster, Bylizon-Kloster, Chairon-Kloster, Chalasmata, Chaldos-Kloster, Chalkeus-Kloster, Chanas-Kloster, Charon-Kloster, Cheiliadus-

Kloster, Chelandin, Chilandar-Kloster, Chiliadus-Kloster, Chremitzaina-Kloster, Daphne-Hafen, Daphne-Kloster, Hagios-Demetrios-Kloster, Dielizon-Kloster, Docheiariu-Kloster, Hagios-Elias-Kloster, Esphigmenu-Kloster, Galeagra, Hagios-Georgios-Kloster, Glossion-Kloster, Gomatu-Kloster, Gyreutes-Kloster, Hesychastai-Kloster, Hilarionkloster, Ioannes-Baptistes-Kloster, Ioannes-Evangelistes-Kloster, Hagios-Ioannes-Prodromos-Kloster, Ioannes-Prodromos-Kloster tu Atziioanne, Ioannes-Theologos-Kloster, Ioannes-Theologos-Kloster tu Sikelu, Ioannes-Theologos-Kloster tu Spanoleontos, Isthmos, Iviron-Kloster, Kalamites-Kloster, Kaliukas-Kloster, Kallinikos-Kloster, Kaloi-Gerontes-Kloster, Kalykas-Kloster, Kamelauka-Kloster, Karakaleskloster, Karyes, Kaspakos-Kloster, Kastamonitu-Kloster, Katadaimones-Kloster, Katzari-Kloster, Kerasea, Kleme(n)s-Kloster, Kochliaras-Kloster, tu Krabatu, Kutlumusiu-Kloster, tu Kyparisiu, Larnakia-Kloster, Lukas-Sikelos-Kloster, Lukitzes-Kloster, Lutrakiu-Kloster, Magulas-Kloster, Makrosina, Hagios-Maximos-Kloster, Megale Laura, ta Melana, Meleai, Meleai-Kloster, Melissurgeion, tu Metrophanus, Mone tu Athonos, Monoxyletu-Kloster, Mylonas-Kloster, Mylopotamoskloster, Neakitu-Kloster, Hagios-Nestor-Kloster, Hagios-Nikephoros-Kloster, Hagios-Nikodemos-Kloster, Hagios-Nikolaos-Kloster, Hagios-Nikolaos-Kloster tu Paphlagonos, Hagios-Nikolaos-Myroblytes-Kloster, Hagios-Nikon-Kloster, Palaiokastra, Palaion Chorion, Hagios-Pankratios-Kloster, Panteleemon-Kloster, Hagios-Paulos-Kloster, Hagios-Petros-Kloster, ta Peukia, Phakenu-Kloster, Phalakros-Kloster, Philadelphos-Kloster, Philotheos-Kloster, Pithara-Kloster, Platanara, Platys, Prophurni, Protaton, Rabda-Kloster, Rhos-Kloster, Roda-Kloster, Sarabares-Kloster, Siderokastron-Kloster, Sikelos-Kloster, Skamandrenos-Kloster, Skathe-Kloster, Skoroda-Kloster, Soter-Kloster, Spanoleon-Kloster, Spasma, Sphrenzes-Kloster, Stauroniketa-Kloster, Stompu-Kloster, Strobelaia-Kloster, Hagios-Symeon-Kloster tu Boroskopu, Hagios-Symeon-Stylites-Kirche, Hagioi-Tessarakonta-Kloster, Hagios-Theodosios-Kloster, Theoktistos-Kloster, Theotokos-Kirche, Thessalonikea, Thessalonikeus-Kloster, Tolmatzes-Kloster, Trochalas-Kloster, Hagios-Tryphon-Kloster, Vatopedi-Kloster, Xenophon-Kloster, Xerokastron, Xerokastron-Kloster, Xeropotamu-Kloster, Xylurgos-Kloster, Zographu-Kloster, Zygos

Athyras (Thrakien, Fluß) → Leon (# 24635).

Ätna (Sizilien) → Sabas neos (# 26929).

Atraktoi-Kloster s. Andraktos-Kloster.

Atroa (Bithynien) → Lukas Stylites (# 24758). – Petros (# 26461). – Romanos Lakapenos (# 26842). – Anonymus (# 30906. – # 31589). — s. auch Hagios-Zacharias-Kloster

Atrpatakan (arm.) s. Aserbaidschan

Attaleia (Lydien oder Pamphylien) → Gregorios (# 22480).

Attaleia (Pamphylien) → Athanasios Athonites (# 20670). – Basileios (# 20959). – Euphemios (# 21792). – Gregorios (# 22480). – Hārūn b. Yaḥyā (# 22555). – Ioannes (# 23295). – Lazaros vom Galesionberg (# 24285). – Leon (# 24407). – Leon von Tripolis (# 24397). – Michael Kurtikios (# 25261). – Petros Thaumaturgos (# 26426). – Stephanos (# 27242). – Symeon (# 27458). – Theodotos (# 27979). – Anonymi

(# 30564. – # 30565). – Anonymus (# 30900. – # 30902. – # 30903. – # 31255. – # 31593. – # 31671. – # 31672. – # 31674. – # 31675. – # 31844. – # 31845. – # 31852).

Attika → Anonymus (# 31617. – # 31618. – # 31062). — s. auch Astere-Kloster, Kaisariane-Kloster, Kekrops, Marathon, Salamis

Attikom Bandulampes (Phrygien) → Christophoros (# 21259). – Kale (# 23600). – Lukas Stylites (# 24758). — s. auch Martys-Demetrios-Kirche

Attuda → Arsenios (# 20601).

Attynkome s. Attikom Bandulampes

Atzaras (Iberien, Fluß) → Ašot II. "Kiskases" (# 20648). – Gurgen II. von Tao (# 22529).

Atziioannu-Kloster (Athos) → Agathangelos (# 20166). – Antonios (# 20526. – # 20527). – Aristobulos (# 20564). – Eustratios (# 21903. – # 21905). – Euthymios Athonites Iber (# 21960). – Georgios (# 22240. – # 22250). – Gerasimos (# 22282). – Gregorios (# 22472). – Ioannes (# 23159. – # 23354. – # 23359. – # 23360. – # 23491). – Ioannes Phakenos (# 23134). – Kosmas (# 24162. – # 24168). – Michael (# 25355). – Nikephoros (# 25624. – # 25663. – # 25667). – Niketas (# 25848). – Nikolaos (# 26118. – # 26122). – Paulos II. Xeropotamites (# 26353). – Paulos (# 26381. – # 26386). – Petros (# 26536). – Phantinos (# 26579). – Simon (# 27082). – Symeon (# 27530. – # 27533). – Theophylaktos (# 28250).

Augsburg (Deutschland) → Anonymi (# 30443). – Anonymus (# 31392).

Augustakirche (Troia, Apulien) → Tornikios Kontoleon (# 28366).

Augusteion (Kpl.) → Konstantinos VII. (# 23734).

Augustopolis (Phrygia Salutaris) → Konstantinos (# 23746).

Aureliupolis (Lydien) → Arsenios (# 20599).

Aurillac (Frankreich) → Silvester II. (# 27075).

Autuda (Phrygia Pakatiane) → Niketas (# 25709).

Auvergne (Frankreich) → Petrus (# 26571).

Auxentiosberg (Bithynien) → Euphrosyne (# 21800). – Kosmas (# 24171). – Nikolaos (# 26077). – Anonymus (# 30640. – # 31990. – # 31991).

Auxentioskirche (Sizilien) → Elias Spelaiotes (# 21646). – Anonymus (# 30796).

Aventin (Rom) → Andreas (# 20373). – Benedictus VII. (# 21142). – Elias (# 21655). – Gregorius (# 22492). – Leo (# 24304). – Neilos von Rossano (# 25503). – Sabas (# 26930). – Sergios (# 27036). – Serius (# 27057). – Anonymi (# 30533).

Aversa (Kampanien) → Rodulfus (# 26831).

Aveyron (Frankreich) → Adalgesius (# 20098).

Avnik (Festung in Iberien) → Ašot II. (Kuropalates Iberias) (# 20647). – Č'ordvaneli (# 21349). – Ioannes Arrabonites (# 22970). – Theophilos Kurkuas (# 28152). – Anonymus (# 31297).

'Awǧ (Syrien) → Damianos Dalassenos (# 21379).

Awra (arab.) s. Oria

Axalc'ixe (Georgien) → Ivane (# 23583).

Axana/Azanoi (Phrygia Pakatiane) → Theophanes (# 28079).

Axios (Fluß) s. Vardar

Axurean (Armenien, Fluß) → Ašot III. "der Barmherzige" (# 20649). – Yovhannēs (# 28465).

Ayceac'/Aycik' s. Aydzik'

Aydzik' (Armenien) → Ašot III. "der Barmherzige" (# 20649). – Ioannes I. Tzimiskes (# 22778). – Lewon (# 24737). – Anonymi (# 30497).

'Ayn Ḏarīya (arab., Syrien) → Nikephoros II. Phokas (# 25535).

'Ayn Zarba (arab.) s. Anazarba/Anazarbos

'Ayntāb (arab., Syrien) → Nikephoros II. Phokas (# 25535).

Ayrarat (Armenien) → Ašot IV. "der Tapfere" (# 20651). – Smbat-Yovhannēs (# 27146). – Yovhannēs (# 28465).

Azanoi/Aizanoi s. Axana

Azara (Phrygia Pakatiane) → Lukas (# 24761).

A'zāz/'Azāz (Syrien) → Ioannes I. Tzimiskes (# 22778). – Manǧūtakīn (# 24858). – Naǧā al-Kāsakī (# 25487). – Nikephoros II. Phokas (# 25535). – Sa'daddawla Abū l-Ma'ālī (# 26954). – Anonymi (# 30535).

Baalbek (arab. Ba'albakk) s. Heliupolis

Bāb al Baḥr (Antiocheia) → Ibn Di'āmah (# 22691). – Ibn Maḥmūd (# 22698). – Ibn Mānik (# 22701).

Babylon (Ägypten) → Bononius (# 21193). – Dominicus (# 21586). – al-Ḥākim (# 22544). – Petrus (# 26564). – Symeon von Trier (# 27542). – Anonymus (# 32047).

Babylon (Mesopotamien) s. Bagdad

Baë s. Bage (Lydien)

Bagaran (Armenien) → Ašot I. "der Große" (# 20642). – Yovhannēs Drasxanakertc'i (# 28467).

Bagdad (Kalifat) → Abū 'Alī al-Ḥasan b. 'Alī at-Tamīmī (# 20037). – Abū l-'Ašā'ir Aḥmad b. Naṣr (# 20039). – Abū l-Fawāris Ḫutūr at-Turkī al-Mu'izzī (# 20049). – Abū l-Ḥasan 'Alī b. Muḥammad b. al-Furāt (# 20062). – Abū 'Umayr 'Adī b. Aḥmad b. 'Abdalbāqī al-Aḏanī (# 20086). – 'Aḍudaddawla Abū Šuǧā' Fannā Ḫusrau (# 20131). – 'Alī b. 'Īsā (# 20254). – Andronikos Dukas (# 20405). – Bardas Phokas der Jüngere (# 20784). – Bardas Skleros (# 20785). – Bunayy b. Nafīs (# 21212). – Christophoros von Antiocheia (# 21277). – Demetrianos (# 21451). – Elias I. von Antiocheia (# 21648). – Eutychios (# 21978). – al-Faḍl b. Ǧa'far b. al-Furāt (# 21985). – Ḥunayn b. Isḥāq (# 22640). – Ibn al-Bāqillānī (# 22689). – Ibn Qūnus (# 22702). – Ibn Šahrām (# 22703). – Ibrahīm (# 22707). – Ioannes (# 23184). – Ioannes Radenos (# 22914). – Konstantinos Skleros (# 23921). – Leon Choirosphaktes (# 24343). – Māǧid (# 24811). – Melias (# 25042). – Michael Toxaras (# 25167). – Mu'izzaddawla (# 25445). – al-Muktafī (# 25446). – Mu'nis al-Muẓaffar (# 25449). – al-Muqtadir (# 25451). – al-Mu'taḍid (# 25460). – al-Mu'tamid (# 25461). – al-Muṭī' (# 25464). – al-Muttaqī (# 25467). – Nikephoros Uranos (# 25617). – Qusṭā b. Lūqā (# 26789). – ar-Rāḍī (# 26799). – Romanos Skleros (# 26854). – Ṣamṣāmaddawla

(# 26976). – Šarafaddawla (# 26993). – Theodosios II. von Antiocheia (# 27908). – Yovsēp' (# 28469). – Anonymi (# 30242. – # 30252. – # 30279. – # 30493). – Anonymus (# 30864. – # 30865. – # 30879. – # 31070. – # 31072. – # 31081. – # 31092. – # 31133. – # 31231. – # 31233).— s. auch Dār al-Bustān, Dār Ṣā'id

Bage/Baë (Lydien) → Basileios (# 20864). – Klemes (# 23706).

Bagenitia/Baginitia (Epirus) → Hilarion (# 22605).

Bagoneiteia → Stephanos (# 27218).

Bagṙač (Armenien) → Č'ordvaneli (# 21350). – Ǧakrūs (# 22057).

Bagras (Syrien) → 'Ayšalš (# 20708). – Manǧūtakīn (# 24858). – Michael Burtzes (# 25253). – Nikephoros II. Phokas (# 25535). – Petros (# 26496).

Bagrewand (Armenien) → Basileios II. (# 20838). – Gagik I. Bagratuni (# 22053).

al-Baḥrī (Kloster auf dem Mons mirabilis, Syrien) → Chariton (# 21233).

Baiburt (Chaldia) → Adrianos (# 20123). – Bardas Boïlas (# 20771). – Ioannes Kurkuas (# 22917). – Tačat (# 27553).

Balanaia (Syrien) → Beken (# 21137). – Ioannes I. Tzimiskes (# 22778). – Leon Melissenos (# 24531).

Balanyās (arab.) s. Balanaia

Balarm (arab.) s. Palermo

Balatonsee (Pannonien) → Kocel (# 23721).

Balboura s. Burġūṯ

Bales (Armenien) → Abū 'Alī al-Ḥasan b. Marwān (# 20038).

Balis (Syrien) → Ioannes I. Tzimiskes (# 22778). – Nādir (# 25486). – Sa'daddawla Abū l-Ma'ālī (# 26954).

Ballelukion s. Vallelucio

Bamberg (Deutschland) → Meles (# 25033).

Bana (Bulgarien) → Nikolaos (# 26065).

Bana (Georgien) → Adarnase II. (# 20099). – Bagrat IV. (# 20743). – Zak'aria (# 28497).

Bania (Bukellarion) → Ioannes (# 22779).

Banitza-Kloster (Athos) → Sabas (# 26943).

Bāniyās (arab., Syrien) → Konstantinos Dalassenos (# 23940).

Banqāliyā (arab.) s. Pankaleia

Bar Gàgai (Syrien) → Iosua (# 23542).

Bāra (arab.) s. Bari

Baratas (Lykaonien) → Georgios (# 22100).

Barbalissos s. Balis

Barbaraflüßchen (Kpl.) → Anonymi (# 30200).

Barbara-Kapelle (Soandos) → Basileios (# 21084).

Hagia-Barbara-Kirche (Lakedaimon) → Anonymus (# 31518).

Barbarospalast (oikos tu Barbaru in Kpl.) → Apoganem (# 20545). – Basileios Lakapenos (# 20925). – Grigor I. (# 22497). – Konstantinos Barbaros (# 23820). – T'ornik (# 28364).

Barbula (Lykien) → Ioannes (# 22817).

Barḏa'a (arab.) s. Partaw

Bardaetta (Pisidien) → Bardas Phokas der Jüngere (# 20784). – Bardas Skleros (# 20785). – Konstantinos Charon (# 23922). – Anonymi (# 30482).

Bardaina-Kloster → Anna (# 20442).

Bardares/Bardarios (Fluß) s. Vardar

Bardaspalast (Kpl.) → Samonas (# 26973).

Bare (Karien) → Anonyma (# 30106).

Bareta (Asia oder Lykaonien) → Theodosios (# 27913).

Bargerī (arab.) s. Perkri

Bargylion/Bargyra (Karien) → Ioannes (# 22814).

Bari (Apulien) → Achanus (# 20092). – Adalbert (# 20096). – Ajo (# 20197). – Alexios Xiphias (# 20246). – Amatos (# 20267). – Amatus (# 20268). – Andreas (# 20392). – Archontissa (# 20549). – Aregese (# 20552). – Barsakios (# 20819). – Bartisky (# 20834). – Basileios (# 21057. – # 21098). – Basileios I. (# 20837). – Basileios Boioannes (# 21094). – Basileios Mesardonites Argyros (# 21090). – Basilius (# 21128. – # 21160. – # 21161. – # 21162. – # 21163. – # 21164). – Caloiohannes (# 21223). – Charzianites (# 21236). – Chrysostomos (# 21344). – Corcus (# 21348). – Cricori (# 21353. – # 21354. – # 21355). – Dalfio (# 21359). – Dalfius (# 21360). – Dattus (# 21407). – Farağ al-Muḥaddad (# 21991). – Fasana (# 21994). – Fridelchis (# 22006). – Gaideris (# 22055). – Georgios (# 22093). – Geronimo (# 22302). – Gregorios (# 22357). – Gregorios Tarchaneiotes (# 22438). – Gricori (# 22496). – Grimoald (# 22501). – Guiselprandus (# 22519). – al-Ḥasan b. ʿAlī b. Abī l-Ḥusayn al-Kalbī (# 22558). – Hieronimus (# 22592). – Hilarius (# 22621). – Husep (# 22644). – Iacobus (# 22653). – Iohannes (# 23493. – # 23499. – # 23501. – # 23502. – # 23504). – Ioannes Am(m)iropulos (# 23162). – Ioannes Kurkuas (# 23352). – Iohannes Orseolus (# 23495). – Iohannes XIX. (# 23503). – Kalokyres Delphinas (# 23632). – Kalphus (# 23660). – Konstantinos (# 23780). – Krommydes (# 24203). – Leo (# 24305. – # 24309). – Leon (# 24437). – Leontius (# 24732). – Ludwig II. (# 24755). – Lukas (# 24780). – Madelfrid (# 24807). – Madelmus (# 24808). – Maio (# 24816. – # 24817. – # 24818. – # 24821. – # 24823). – al-Manṣūr bi-Naṣr Allāh (# 24863). – Maraldo (# 24902). – Maraldus (# 24903). – Marius (# 24985. – # 24986). – Masyru (# 25013). – Mauros (# 25023). – Mele (# 25031). – Meles (# 25033). – Moiseo Pascike (# 25415). – Moses(es) (# 25429). – Musandus (# 25453. – # 25454). – Niciforo (# 25523. – # 25524). – Nikephoros Phokas “der Ältere” (# 25545). – Nikephoros Hexakionites (# 25608). – Niketas Ooryphas (# 25696). – Paone (# 26259). – Pardus (# 26271). – Parne (# 26274). – Petros (# 26539. – # 26540). – Petrosi (# 26550). – Petrus (# 26570). – Petrus II. Orseolus (# 26566). – Prunelgotri (# 26774). – Romoaldus (# 26889). – Romuald (# 26891). – Romualdo (# 26892). – Romualdus (# 26893. – # 26894). – Sasso (# 26996). – Sawdān (# 26997). – Sergios (# 27037). – Sergius (# 27054). – Silvester (# 27076). – Simagon (# 27078). – Siphandus (# 27092). – Smaragdus (# 27139). – Stefanus (# 27199). – Tasselgardos (# 27569). – Theodoros (# 27642). – Theofilactus (# 28007). – Theophylaktos (# 28073. – # 28184). – Tornikios Kontoleon (# 28366). – Urso (# 28405). – Ursus (# 28415). – Vitalis (# 28428). – Anonymi (# 30522). – Anonymus (# 31408. – # 31485. – # 31500. – # 31942. – # 31987). — s. auch Hagios-Basileios-

Kirche, Hagios-Demetrios-Kirche, Georgskirche, Gregoriuskirche, Hagios-Nikolaos-Kirche

Bārīd (Syrien) → Basileios (# 21102).

Barkeionkloster (Kalabrien) → Leontios (# 24731).

Barkirī (arab.) s. Perkri

Barnakumeis (Phrygia Pakatiane) → Barnakumeon (# 20818).

Bartholomaioskloster (Kpl.) → Ioseph Hymnographos (# 23510). – Theophanes (# 28075).

Barys (Hellespontos) → Paulos (# 26297). – Stephanos (# 27222).

Barzūya (arab.) s. Borzo

Basada (Lykaonien) → Nikephoros (# 25551). – Theodulos (# 28005).

Basean s. Phasiane

Basilaion/Basileiopolis (Galatien) → Eustathios (# 21851). – Ignatios (# 22715). – Ioannes (# 23271). – Kosmas (# 24123). – Leon (# 24335). – Maria (# 24918). – Nikephoros (# 25576).

Hagios-Basileios-Kirche (Bari) → Sasso (# 26996). – Ioannes Am(m)iropulos (# 23162).

Hagios-Basileios-Kirche (Sinasos) → Konstantinos (# 23803). – Anonymus (# 30835).

Hagios-Basileios-Kloster (Basilicata) → Anastasios (# 20331). – Anthimos (# 20468). – Ardabastos (# 20550). – Beniamin (# 21145). – Ioannes (# 23345). – Kosmas (# 24142. – # 24160). – Niketas (# 25844). – Nikolaos (# 26109. – # 26110). – Philippos (# 26623. – # 26624). – Sabas neos (# 26929). – Theodoros (# 27851).

Hagios-Basileios-Kloster (Kpl.) → Basileios (# 21002). – Basileios Lakapenos (# 20925). – Michael (# 25263).

Basilias (Kleisura, Lage unbekannt) → David (# 21427).

Basilicata (Italien) → Anastasios (# 20331). – Ardabastos (# 20550). – Argyros (# 20560). – Beniamin (# 21145). – Charzanites (# 21235). – Goïnandos (# 22315). – Ioannes (# 23341. – # 23345). – Ioannes tes Karas (# 23340). – Konstantinos tu Kontu (# 24040). – Kosmas (# 24160). – Lukas (# 24780). – Myron (# 25481). – Niketas (# 25844). – Nikolaos (# 26109. – # 26110). – Philippos (# 26623. – # 26624). – Romanos (# 26876). – Sabas neos (# 26929). – Sikenulphos (# 27071). – Theodoros (# 27851). – Vitalis (# 28428). — s. auch Acerenza, Hagios-Basileios-Kloster, Galasso, Markanoi-Kloster, Matera, Matina, Missanello, Petra, Petrapertusa, Teana, Tolve, Tricarico, Tursi, Venosa

Basilika Therma (Charsianon) → Bardas Phokas der Jüngere (# 20784).

Basintello (Lukanien) → Anastasios (# 20300).

Basinupolis (Bithynien) → Anthimos (# 20456). – Michael (# 25201).

Başmakçı s. Phaustinupolis

Basra (Kalifat) → Abū Ṭāhir b. Abī Saʿīd al-Ǧannābī al-Qarmāṭī (# 20082).

Bassianos-Kloster (Kpl.) → Lukas Stylites (# 24758). – Stephanos (# 27304). – Anonymus (# 31390).

Bassos-Kloster (Kpl.) → Athanasios (# 20683). – Basileios (# 20955).

Bathia (Georgien?) → Ignatios (# 22743).

Bathyrryax (bzw. Bathys Rhyax, Charsianon) → Christophoros (# 21258). – Diakonitzes (# 21539). – Kosmas (# 24157). – Pulades (# 26780). – Anonymus (# 30645. – # 30646. – # 30647).

Baṭn al-Luqān (Kilikien) → Bardas Phokas der Ältere (# 20769). – Sayfaddawla (# 26998).

Baṭn Hanzīṭ s. Chanzit

Batnai s. Sarūǧ

Batoneia (Chalkidike) → Demetrios (# 21505. – # 21506). – Georgios (# 22182). – Ioannes (# 23171). – Michael (# 25272). – Sebedragos (# 26999). – Serotas (# 27059).

Batopedi s. Vatopedi

Batos (Phrygien) → Ioannes Tzurillas (# 23401). – Racheas (# 26792). – Anonyma (# 30120).

Batos-Kloster (Sinai) s. Katharinenkloster (Sinai)

St.-Bavo-Kloster (Gent) → Macarius von Gent (# 24806). – Anonymi (# 30590).

Baylaqān (arab.) s. P'aytakaran (arm.)

Bayrūt (arab.) s. Beirut

Baysān (arab., Palästina) → Theodoros (# 27861).

Bayt al-maqdis (arab.) s. Jerusalem

Beaulieu-les-Loches (Kloster in Frankreich) → Fulk Nerra (# 22013).

Bedia (Georgien) → Bagrat III. (# 20740).

Beirut/Bayrūt/Berytos (Palästina) → al-Ḥākim (# 22544). – Ioannes I. Tzimiskes (# 22778). – Nuṣayr (# 26173). – Anonymus (# 30842. – # 31368. – # 31588).

Bela (Nikopolis) → Konstantinos (# 23863).

Běla Věža s. Sarkel

Belas (Athos) → Anonymus (# 31828).

Belasica s. Kleidion (Bulgarien)

Belegrada (Albanien) s. Berat

Belgien s. Leodiensis civitas

Belgorod (Rußland) → Vladimir I. von Kiew (# 28433).

Belgrad (Serbien) → Cosmas (# 21351). – Georgios (# 22094). – Gorasdos (# 22319). – Naum (# 25501). – Radislav (# 26800). – Sergius (# 27049). – Symeon von Trier (# 27542). – Anonymus (# 32007).

Belikia (Thrakien) → Basileios (# 21050). – Anonymus (# 31847).

Belikradon (Metochion auf der Chalkidike) → Nikolaos (# 26039).

Bema-Kloster (Pamphylien) → Anonymus (# 30944).

Benedikt-Kloster (Capua) → Basileios (# 21099).

Benedikt-Kloster (Conversano) → Adelgardus (# 20105). – Bisantius (# 21160). – Charzianites (# 21236). – Dalfio (# 21359). – Dauferi (# 21408). – Fasana (# 21994). – Maio (# 24816). – Masyru (# 25013). – Niciforo (# 25523). – Paone (# 26259). – Romoaldus (# 26889). – Tasselgardos (# 27569).

Benedikt-Kloster (Rom, Aventin) s. Bonifatius-und-Alexius-Kloster

Benedikt-Kloster (Salerno) → Basileios (# 21099).

Benevent (Apulien) → Adelchis (# 20103). – Ajo (# 20197). – Alberich II. (# 20223). – Aloara (# 20261). – Atenulph I. (# 20656). – Atenulph II. (# 20657). – Atenulph III. (# 20658). – Barsakios

(# 20819). – Basileios Kladon (# 20926). – Epiphanios (# 21710). – Eugenios (# 21772). – Gaideris (# 22054). – Georgios (# 22103). – Gregorios (# 22357). – Guaimar I. (# 22507). – Guaimar II. (# 22508). – Guaiphar II. (# 22510). – Ilduinus (# 22754). – Ioannes Byzalon (# 22934). – Iohannes (# 23481. – # 23490). – Iohannes VIII. (# 23470). – Johannes (# 23587). – Konstantinos (# 23780). – Kosmas (# 24111). – Landulph I. (# 24272). – Landulph II. (# 24273). – Landulph IV. (# 24274). – Leo (# 24301). – Ludwig II. (# 24755). – Nicolaus (# 25526). – Optabiano (# 26190). – Oton (# 26209). – Pandulph I. "Eisenkopf" (# 26228). – Polcari (# 26708). – Procopius (# 26755). – Romualt (# 26895). – Sawdān (# 26997). – Symbatikios (# 27443). – Theodoros (# 27642. – # 27766). – Theophylaktos (# 28184). – Anonymi (# 30503. – # 30505). – Anonymus (# 30643. – # 31508. – # 31509). — s. auch Angelus-Kirche, Sophienkloster

Bénigne (Frankreich) → Barnabas (# 20817).

Benusia s. Venosa

Berat (Albanien) → Elemagos (# 21634).

Bergonia s. Burgund

Berinupolis (Galatien) → Andronikos (# 20413). – Sisinnios (# 27097).

Beriotos-Kloster (Athos) → Symeon (# 27517).

Berissa (Lage unklar) → Anonymus (# 31767).

Berkri (arm.) s. Perkri

Bernkastel (Deutschland) → Ioannes (# 23010).

Beroë (Insel im Atlantik) → Dunale (# 21610). – Anonymi (# 30380).

Beroë (Bulgarien) → Andronikos (# 20412). – Ioseph (# 23534).

Berrhoia (Makedonien) → Ašot (# 20650). – Bardas (# 20802). – Damianos (# 21386). – Gregorios Taronites (# 22428). – Michael (# 25369). – Sahak (# 26960). – Samuel Kometopulos (# 26983). – Anonyma (# 30013). – Anonymus (# 30820).

Berytos s. Beirut

Besti (Apulien) → Alfanus (# 20252). – Vitalis (# 28430).

Bethanien (Palästina) → Arsenios (# 20603). – Anonymus (# 31731).

Bethlehem (Palästina) → Paraskeue (# 26262). – Symeon von Trier (# 27542). — s. auch Marienkloster

Béthune (Frankreich) → Jorius (# 23588).

Betunion (Lage unklar, Kalabrien?) → Sabas (# 26920).

Bibarion (Proasteion, Lage unklar) → Anonymi (# 30580).

Bidlīs (arab., Armenien) → Abū ʿAlī al-Ḥasan b. Marwān (# 20038).

Bieda (Latium) → Bonifatius (# 21191).

tes Binas (Kloster in Kalabrien) → Antonios (# 20533). – Leontios (# 24731).

Bindaios/Bindios (Pisidien) → Paulos (# 26310). – Stephanos (# 27221). – Anonymus (# 30969).

Bisignano (Kalabrien) → Elias der Jüngere (# 21639). – Georgios (# 22126). – Gregorios (# 22451). – Nikodemos von Kellarana (# 25874). – Anonymi (# 30342. – # 30610). – Anonymus (# 31166. – # 31167).

Bithyas (Syrien) → Afrām (# 20154).

Bithynien → Agapios (# 20162). – Andreas (# 20384). – Anna von Leukate (# 20426). – Athanasios (# 20672). – Bardas Phokas der Ältere (# 20769). – Basileios (# 20839). – Basileios I. Skamandrenos (# 20983). – Daniel (# 21402). – Dorotheos (# 21591). – Eudokimos Maleïnos (# 21764). – Eustratios (# 21882). – Euthymios (# 21912. – # 21913. – # 21926). – Galolektes (# 22061). – Gregor (# 22323). – Gregorios (# 22389). – Hesychios (# 22588). – Igor (# 22751). – Ioane (# 22775). – Ioannes (# 22839). – Ioannes Athonites Iber (# 22942). – Ioannes Kurkuas (# 22917). – Klemes (# 23704). – Konstantinos (# 23839. – # 23846. – # 23939). – Konstantinos Barbaros (# 23820). – Kosmas (# 24109. – # 24171). – Kyriakos (# 24229). – Leon (# 24416. – # 24431). – Lukas Stylites (# 24758). – Michael (# 25126. – # 25180). – Michael Maleïnos (# 25124). – Nikephoros (# 25579. – # 25657). – Niketas (# 25790). – Nikolaos (# 26015). – Petros Thaumaturgos (# 26426). – Petros (# 26445. – # 26461. – # 26524). – Romualt (# 26895). – Saba (# 26914). – Stephanos (# 27211). – Symeon (# 27466). – Theodoros Daphnopates (# 27694). – Theophanes (# 28087). – Theophylaktos (# 28200). – Thomas Dephurkinos (# 28286). – Tryphon (# 28374). – Anonyma (# 30007). – Anonymi (# 30205. – # 30288. – # 30313. – # 30450). – Anonymus (# 30641. – # 30715. – # 30719. – # 30721. – # 30766. – # 30767. – # 30768. – # 30771. – # 30809. – # 30906. – # 30909. – # 31013. – # 31047. – # 31120. – # 31228. – # 31269. – # 31302. – # 31312. – # 31492. – # 31589. – # 31600. – # 31956. – # 31990. – # 31991). — s. auch Agauronkloster, Agroskloster, Akritas-Vorgebirge, Antidionkloster, Apameia, Apollonias, Asekretiskloster, Astakos (Golf), Atroa, Auxentiosberg, Basinupolis, Bryas, Chalkedon, Chrysopolis, Daguta, Damatrys, Daphneonkloster, Daphnusia, Daskylion, Doguta, Elaiobomoi-Kloster, Hagios-Elias-Berg, Hagios-Elias-Kloster, Eriste, Galakrenaikloster, Gallos, Gordoserba, Kados, Kaisareia, Kedronakloster, Kersine, Kios, Krania-Kloster, Kyminas, Leukatas, Linoë, Lupadion, Maleïnos-Laura, Marykatos, Maximianai, Medikionkloster, Megas-Agros-Kloster, Mela, Nikaia, Nikomedeia, Nosiai, Olymp, Onumerica, Panormos, Pelekanos-Kloster, Phlubutekloster, Prainetos, Prusa, Pylai, Pythia, Satyros, Stephanos-Kloster tu Petru, Hyperhagia-Theotokos-Kirche, Traianoskloster, Troas, Xerolimne

Bithynien (Kirchenprovinz) → Alexandros (# 20231). – Anastasios (# 20301). – Anthimos (# 20456). – Antonios (# 20479). – Basileios (# 20870. – # 20944). – Basileios II. von Kaisareia (# 20933). – Daniel (# 21402). – Demetrios (# 21475). – Epiphanios (# 21701). – Eugenios (# 21768). – Eulampios (# 21776). – Georgios (# 22083. – # 22090). – Germanos (# 22290). – Gregorios (# 22435. – # 22454). – Ignatios (# 22734). – Ignatios Magentinos (# 22733). – Ioannes (# 22787. – # 23273). – Ioannes Polys (# 22951). – Konstantinos (# 23939). – Kosmas (# 24155). – Lazaros (# 24283). – Michael (# 25178. – # 25201. – # 25305). – Nikephoros (# 25537. – # 25681). – Petros Androsylites (# 26471). – Sergios (# 27040). – Sophronios (# 27157). – Stephanos (# 27315). – Theodoros (# 27685. – # 27697. – # 27705. – # 27706. – # 27813). – Theophylaktos Kalkatanes (# 28199). – Theopistos (# 28270). – Zacharias Kophos (# 28476). – Anonymi (# 30272). – Anonymus (# 31658).

Bitilianon/Bitinianon (Kalabrien) → Orgios Bitilianos (# 26202). – Rozos (# 26899).

Bitinopolis s. Berinupolis

Bitola s. Pelagonia

Bivino s. Bovino

Biwrakan (Armenien) → Naṣr as-Subkī (# 25493). – Yovhannēs Drasxanakertc'i (# 28467).

Bizye (Thrakien) → Agathe (# 20167). – Alexios (# 20240). – Anthimos (# 20459). – Baanes (# 20719). – Bardanes (# 20761). – Bulias (# 21210). – David (# 21426). – Demetrios (# 21468). – Drosos (# 21608). – Euthymios (# 21924). – Helene (# 22573). – Isaakios (# 23553). – Maria die Jüngere von Bizye (# 24910). – Marina (# 24974). – Michael (# 25103). – Nikephoros (# 25558. – # 25567). – Niketas Kannakes (# 25744). – Orestes (# 26192). – Petros (# 26438). – Sephronas (# 27009). – Sophia (# 27151). – Stephanos (# 27225. – # 27239). – Strategios (# 27390). – Theodoros (# 27695). – Zoe (# 28510). – Anonyma (# 30034. – # 30036. – # 30037. – # 30038. – # 30039. – # 30040. – # 30041. – # 30042. – # 30043. – # 30044. – # 30045. – # 30050. – # 30051. – # 30052). – Anonymae (# 30129). – Anonymi (# 30229. – # 30232. – # 30235. – # 30236). – Anonymus (# 30852. – # 30853. – # 30854. – # 30855. – # 30856. – # 30857. – # 30858. – # 31078. – # 31079. – # 31086. – # 31089. – # 31090).

Blachernai (Kpl.) → Ioannes (# 23131). – Michael (# 25374). – Saktikes (# 26964). – Symeon (# 27543). – Anonymi (# 30246). – Anonymus (# 30713. – # 31610).

Blachernenkirche (Kpl.) → Konstantinos (# 23869). – Konstantinos VII. (# 23734). – Konstantinos Lakapenos (# 23831). – Nikephoros II. Phokas (# 25535). – Polyeuktos (# 26715). – Romanos I. Lakapenos (# 26833). – Stephanos Lakapenos (# 27251). – Theodoros (# 27616). – Theophanes (# 28087). – Theophano (# 28122). – Theophylaktos (# 28192). – Anonymi (# 30246). – Anonymus (# 31066).

Blachernenpalast (Kpl.) → Ioannes (# 22903). – Ioannes Kurkuas (# 22824). – Ioannes Eladas (# 22909). – Ioannes Orphanotrophos (# 23371). – Konstantinos Diogenes (# 24045). – Michael (# 25151). – Petăr (# 26409). – Stephanos (# 27224). – Stylianos Zautzes (# 27406). – Theophano (# 28122). – Zoe Zautzina (# 28505).

Blāṭana (arab.) s. Platano

Blitzide-Kloster bzw. Blitzios-Kloster (Athos) → Leontios (# 24726). – Nikephoros (# 25673).

al-B.l.q.sūr (Lage unklar) → Aḥmad b. Tuġān al-'Uġayfī (# 20193). – Badr al-Ḥammāmī (# 20729).

Bodina s. Vodena

Bodrum (Karien) → Kyriakos (# 24237).

Böotien s. Boiotien

Boio (Bulgarien) → Nikephoros Xiphias (# 25661).

Boiotien → Konstantinos (# 23950). – Philippos (# 26610). – Theodoros (# 27656). — s. auch Chrysos, Koroneia, Koroneia-See, Rhastamitai, Steiris, Theben

Bolbos (Chalkidike) → Demetrios Pteleotes (# 21481).

Boleron (Thema) → Andronikos (# 20416). – Demetrios (# 21465). – Paulos (# 26324). – Symeon (# 27525).

Bolisos (Chios) → Nathanael (# 25498).

Bologna (Italien) → Bononius (# 21193).

Bomoi-Kloster s. Elaiobomoi-Kloster (Bithynien)

Bonifatius-und-Alexius-Kloster (Rom) → Andreas (# 20373). – Benedictus VII. (# 21142). – Elias (# 21655). – Gregorius (# 22492). – Leo (# 24304). – Neilos von Rossano (# 25503). – Sabas (# 26930). – Sergios (# 27036). – Serius (# 27057). – Anonymi (# 30533. – # 30533).

Bononia s. Bologna (Italien)

Boosa (Bulgarien) → Ioannes (# 23400).

Bordonos-Kloster s. Harmonianoi-Kloster

Borzo (Syrien) → Ioannes I. Tzimiskes (# 22778). – Kulayb an-Naṣrānī (# 24209). – Leon Phokas (# 24423). – Qaṭās (# 26787). – Sa'daddawla Abū l-Ma'ālī (# 26954). – Sayfaddawla (# 26998).

Bosnien → Časlav (# 21225).

Bosporos (kimmerischer) → Alexandros (# 20231). – Arsenios (# 20607). – Georgios (# 22221). – Georgios I. von Iviron (# 22180). – Nikolaos (# 25942). – Anonymus (# 31026. – # 32001). — s. auch Hermonassa, Monobatakloster

Bosporos (bei Kpl.) → Alexios Studites (# 20247). – Arkadios (# 20572). – Bardas Phokas der Ältere (# 20769). – Bardas Phokas der Jüngere (# 20784). – Bardas Skleros (# 20785). – Basileios Lakapenos (# 20925). – Erlendr (# 21740). – Euphrosyne (# 21800). – Eustathios (# 21846). – Ioannes Kurkuas (# 22917). – Kale (# 23602). – Kalokyres Delphinas (# 23632). – Leon Katakalon (# 24329). – Leon Phokas (# 24408. – # 24423). – Lukas (# 24760). – Marianos (# 24963). – Michael (# 25162). – Paulos (# 26328. – # 26373). – Petros Thaumaturgos (# 26426). – Symeon (# 27481). – Thomaïs von Lesbos (# 28277). – Anonyma (# 30002. – # 30003). – Anonymi (# 30368). – Anonymus (# 30640. – # 30708. – # 30804. – # 30818. – # 31132. – # 31544. – # 31685. – # 32030. – # 32040). — s. auch ta Agathu, Hagios-Martys-Aimilianos-Kloster, Akoimetoikloster, Alexioskloster, Anaplus, Hieron, Hieronkloster, Pelamys-Kloster, Pharos, Hagios-Phokas-Kloster, Rhabdo, Stenon, Tarasios-Kloster

Bostra (Palästina) → Konstantinos (# 23915).

Bothrotos (Epeiros palaia) → Basileios Mesardonites Argyros (# 21090). – Daniel (# 21393). – Elias der Jüngere (# 21639). – Georgios (# 22126). – Anonymus (# 30700. – # 30701. – # 30702).

Bova (Kalabrien) → Annalis (# 20444). – Petros (# 26494).

Bovino (Apulien) → Eugenios (# 21772). – Pandulph I. "Eisenkopf" (# 26228). – Anonymus (# 31508. – # 31509).

Boz-Dagh (Berg in Makedonien) → Germanos von Kosinitza (# 22285).

Brachianos (Berg) s. Mykale

Bragalenitza (Makedonien) → Dristăr (# 21606). – Symeon von Bulgarien (# 27467). – Taridenas (# 27565). – Anonyma (# 30083. – # 30084. – # 30085). – Anonymi (# 30442). – Anonymus (# 30727. – # 30728. – # 30729. – # 30730. – # 30731. – # 30732.

– # 31359. – # 31360. – # 31361. – # 31362. – # 31363. – # 31364).

Braganus (Fluß in Apulien) → Godinus (# 22314).

Brastamu (Chalkidike) → Basileios (# 20858). – Ephraim (# 21687). – Euthymios (# 21912). – Ignatios (# 22719). – Ioseph (# 23511). – Onuphrios (# 26189).

Bregalnica (Fluß in Makedonien) → Dristăr (# 21606). – Symeon von Bulgarien (# 27467). – Taridenas (# 27565). – Anonyma (# 30083. – # 30084. – # 30085). – Anonymi (# 30442). – Anonymus (# 30727. – # 30728. – # 30729. – # 30730. – # 30731. – # 30732. – # 31359. – # 31360. – # 31361. – # 31362. – # 31363. – # 31364).

Brescia (Lombardei, Italien) → Ludwig II. (# 24755).

Breti (Georgien) → Bagrat III. (# 20740).

Brindisi (Apulien) → Gregorius (# 22491). – Iohannes (# 23500). – Nikephoros Phokas "der Ältere" (# 25545). – Paone (# 26259). – Stephanus (# 27385).

Brochotos (Bulgarien) → Eustathios Daphnomeles (# 21864). – Ibatzes (# 22679). – Anonymi (# 30596).

Bruzzano (Kalabrien) → Ğa'far b. 'Ubayd (# 22051). – al-Mahdī (# 24814).

Bryas (lat. Umbria, Bithynien) → Romualt (# 26895). – Anonymus (# 31484. – # 31485. – # 31492).

Brysis (Haimimontos) → Nikephoros (# 25643). – Niketas (# 25706). – Stephanos (# 27239).

B.t.r.k (Syrien) → Abū Firās al-Ḥāriṯ b. Sa'īd b. Ḥamdān (# 20051). – Theodoros Parsakutenos (# 27758).

Buccino (Kampanien) → Gregorius (# 22492). – Anonymus (# 31788).

Bucito (Kalabrien) → Nikodemos von Kellarana (# 25874). – Anonymi (# 30545).

al-Budandūn (arab.) s. Podandos

Bukellarion (Thema) → Akepsimas (# 20207). – Andronikos (# 20408). – Ba...nos (# 20715). – Basileios (# 20905). – Christophoros (# 21293). – Eudokimos (# 21765). – Eustathios (# 21851). – Gregoras (# 22335). – Ioannes (# 22779. – # 23249). – Ioannes Chaldos (# 23166). – Kalos (# 23656). – Konstantinos Monomachos (# 24004). – Leon (# 24379. – # 24470. – # 24471). – Maria (# 24918. – # 24927. – # 24944). – Nikephoros (# 25576. – # 25645. – # 25646). – Petros (# 26525. – # 26530. – # 26546). – Prusianos (# 26775). – Theodoros (# 27873). – Theodosios (# 27911). – Thomas (# 28307). – Anonymus (# 30825. – # 31298. – # 31369. – # 31414. – # 31886). — s. auch Bania, Mantineia, Mariandynia, Maryandenoi

Bukellon (Haimimontos) → Ioannes (# 22815). – Theodoros (# 27801).

Bukoleonhafen (Kpl.) → Ioannes Thalasson (# 22850). – Konstantinos Lorikatos (# 23832). – Leon der Armenier (# 24390). – Michael Geron (# 25146). – Nikolaos I. Mystikos (# 25885). – Podaron (# 26705). – Romanos I. Lakapenos (# 26833). – Stephanos (# 27224). – Stylianos Zautzes (# 27406). – Theodoros (# 27684). – Theodotos (# 27969). – Theophylaktos (# 28195). – Theophylaktos Bimbilides (# 28202). – Zoe Karbonopsina (# 28506).

Bukoleonpalast (Kpl.) → Ioannes I. Tzimiskes (# 22778).

Bukubas (Thrakien) → Theodoros (# 27632).

Bulcinum s. Buccino

Buleuteria-Kloster (Athos) → Akakios (# 20203). – Antonios (# 20523. – # 20524. – # 20525). – Athanasios (# 20686. – # 20687). – Dionysios (# 21565. – # 21566). – Elias (# 21669). – Esaias (# 21745). – Eusebios (# 21821). – Eustratios (# 21902). – Euthymios (# 21964). – Georgios (# 22229. – # 22236. – # 22237. – # 22239). – Glykeria (# 22313). – Ignatios (# 22746). – Kosmas (# 24161. – # 24165). – Kyrillos (# 24255). – Markos (# 25000). – Metrophanes (# 25092). – Michael (# 25355). – Nikephoros (# 25663. – # 25666). – Nikolaos (# 26114. – # 26117). – Nikon (# 26159. – # 26161). – Pantoleon (# 26256). – Poimen (# 26706). – Symeon (# 27533. – # 27534). – Theodoretos (# 27612). – Theoktistos (# 28060). – Timotheos (# 28356). – Xenophon (# 28453). – Anonymus (# 31958). — s. auch Theotokos-Kirche

Bulgarien → Aaron (# 20004). – Aaron Kometopulos (# 20003). – Agathe (# 20171). – Aleates (# 20227). – Alexandros (# 20233). – Alogobotur (# 20262). – Alusianos (# 20263). – Angelarios (# 20422). – Basileios I. (# 20837). – Basileios II. (# 20838). – Basileios Lakapenos (# 20925). – Blasios (# 21177). – Bogdanos (# 21186). – Bogomilos (# 21187). – Boris I. Michael (# 21197). – Boris II. (# 21198). – Bran (# 21203). – Branimir (# 21204). – Carus (# 21224). – Časlav (# 21225). – Cerbula (# 21227). – Damianos (# 21371). – David (# 21440). – David Kometopulos (# 21433). – Demetrios (# 21528). – Demetrios Polemarchios (# 21511). – Dobromir (# 21573). – Domagoj (# 21577). – Dox (# 21601). – Dristăr (# 21606). – Eirene (# 21629). – Eschač (# 21748). – Etzboklias (# 21750). – Eustathios (# 21836). – Euthymios (# 21926). – Formosus (# 22001). – Georganes (# 22079). – Georgios (# 22094. – # 22113. – # 22210). – Germanos-Gabriel (# 22299). – Gorasdos (# 22319). – Hemnekos (# 22585). – Hutros (# 22645). – Ikmor (# 22753). – Ioaines (# 22769). – Ioannes (# 23045. – # 23365. – # 23400). – Ioannes I. Tzimiskes (# 22778). – Ioannes Chaldos (# 23166). – Ioannes Exarchos (# 22782). – Ioannes Kurkuas (# 23108). – Iohannes (# 23471). – Iohannes VIII. (# 23470). – Ioseph (# 23512). – Ivan Vladislav (# 23582). – Katakalon (# 23686). – Klemes (# 23704). – Klonimir (# 23719). – Knenos (# 23720). – Konstantinakios (# 23732). – Konstantinos (# 23890). – Kosara (# 24095). – Laurentios (# 24276). – Lazaritzes (# 24281). – Leon Choirosphaktes (# 24343). – Leon Katakalon (# 24329). – Leon Rabduchos (# 24400). – Leon Melissenos (# 24531). – Leon Diakonos (# 24547). – Liuntika (# 24746). – Lukas Stylites (# 24758). – Magerinos (# 24810). – Malkūṯa (# 24852). – Maria (# 24944). – Maria Lakapene (# 24919). – Marinus I. (# 24983). – Marmaen (# 25002). – Matesa (# 25014). – Michael (# 25166). – Moses Kometopulos (# 25425). – Mutimir (# 25465). – Nikephoros Phokas “der Ältere” (# 25545). – Nikephoros Erotikos (# 25583). – Nikephoros Uranos (# 25617). – Nikolaos (# 25893). – Nikolitzas (# 26152). – Paulos (# 26328). – Pavle Branović (# 26399). – Petar Gojniković (# 26408). – Petăr (# 26409). – Petros (# 26433). – Philippos (# 26616). – Pribislav (# 26754). – Prusianos (# 26775). – Romanos (# 26847). – Sahak (# 26960). – Samuel Kometopulos (# 26983).

– Santabarenos (# 26990). – Sergius (# 27049). – Stephanos (# 27207). – Stroïmir (# 27401). – Sundica (# 27433). – Svjatoslav von Kiew (# 27440). – Symeon (# 27468. – # 27524). – Symeon von Bulgarien (# 27467). – Taridenas (# 27565). – Theodoros (# 27641. – # 27674). – Theodoros Sigritzes (# 27681). – Theophylactus (# 28174). – Tzaselabos (# 28386). – Vladimir (# 28432). – Zacharias (# 28480). – Zdeslav (# 28502). – Anonyma (# 30008. – # 30036. – # 30083. – # 30084. – # 30085). – Anonymae (# 30139). – Anonymi (# 30148. – # 30162. – # 30182. – # 30192. – # 30194. – # 30196. – # 30197. – # 30198. – # 30237. – # 30270. – # 30278. – # 30294. – # 30302. – # 30303. – # 30442. – # 30461. – # 30527. – # 30592). – Anonymus (# 30632. – # 30633. – # 30711. – # 30727. – # 30728. – # 30729. – # 30730. – # 30731. – # 30732. – # 30755. – # 30800. – # 30807. – # 30808. – # 30990. – # 30997. – # 31059. – # 31060. – # 31066. – # 31087. – # 31359. – # 31360. – # 31361. – # 31362. – # 31363. – # 31364). — s. auch Arachilabe, Bana, Beroë, Bitola, Boio, Boosa, Bruzzano, Červen, Deabolis, Debra, German, Hagnoandnike, Hiericho, Kalai Drys, Kalydros, Kanina, Kastoria, Kleidion, Ključ, Kolone, Kolydros, Kurestos, Kutmičinica, Melnikos, Moglena, Moros, Mudagra, Ochrid, Odessos, Pelagonia, Peteriskon, Phillippupolis (Plovdiv), Pliska (Pliskova), Poligios, Polog, Preslav, Prespa, Prespa-See, Prilep, Pronitza, Ruse, Skopje, Stupion, Šumen, Tasepiaton, Theobuleia, Thermitza, Tmoros, Trajanische Pforte, Triaditza, Vardar, Varna, Vidin, Vuteli. — s. auch die Einträge unter Makedonien

Bulgarophygon (Thrakien) → Ašot Makrocheir (# 20643). – Konstantinos (# 23761). – Leon Katakalon (# 24329). – Melias (# 25041). – Theodosios (# 27898).

Bunaine (Berg in Thessalien) → Euphemianos (# 21790). – Nikolaos (# 25921. – # 25964).

Buno (Berg auf der Insel Skyros) → Anonymus (# 31966).

Būqā (arab., Syrien) → Abū l-Fawāris Muḥammad b. Nāṣiraddawla (# 20050). – Leon Phokas (# 24423). – Manǧūtakīn (# 24858). – Michael Burtzes (# 25253).

Burburu-Kloster (Longos, Chalkidike) → Xenophon (# 28451).

Burci s. Burtscheid

Burǧ ar-Raṣāṣ (Syrien) → Nikephoros II. Phokas (# 25535).

Burgund → Adalbert (# 20097). – Adelheid (# 20109). – Berta (# 21155). – Boso (# 21200). – Hugo von der Provence (# 22637). – Hugo von Tagliaferro (# 22636). – Ludwig III. von der Provence (# 24756). – Rudolph II. (# 26904).

Burǧūṯ (arab., Region in Pisidien) → Tuǧǧ b. Ǧuff (# 28378).

Burtscheid (Deutschland) → Gregorius (# 22492).

Burtuane (Kalabrien) → Gregorios Burtuanites (# 22406).

Bus (Kpl.) → Gregorios (# 22402). – Iulianos (# 23576). – Anonyma (# 30071).

Butoma (Dalmatien) → Sawdān (# 26997).

Butrinto s. Bothrotos

Buttianon (Kalabrien) → Anonyma (# 30103).

Byblos (Syrien) → Ioannes I. Tzimiskes (# 22778). – Nikephoros II. Phokas (# 25535).

Bylizon-Kloster (Athos) → Leontios (# 24726). – Nikephoros (# 25673).

Cadiz (Spanien) s. Gadeira

Caesarea Maritima s. Kaisareia (Palästina)

Caesarius-Kloster (= Hagios-Kaisarios-Kloster, Rom) → Blasios (# 21177). – Eustratios (# 21882). – Ioseph (# 23517). – Lukas (# 24759). – Sabas neos (# 26929). – Symeones (# 27547). – Anonymus (# 30669. – # 30695. – # 30696).

Cagliari/Calaris (Sardinien) → Christophoros (# 21289). – Maria (# 24935). – Nikolaos (# 26138). – Ortzokor (# 26207). – Salusios (# 26972). – Soreka (# 27162). – Torkotorios (# 28363). – Unuspetes (# 28402). – Anonymus (# 32014).

Caltabellota (arab. Qalʿat al-Ballūt, Sizilien) → Ḫalīl b. Isḥāq (# 22549). – al-Qāʾim bi-Amr Allāh (# 26784).

Caltavuturo (arab. Qalʿat Abī Ṯawr. Sizilien) → Abū Ṯawr (# 20085). – Ḫalīl b. Isḥāq (# 22549). – Mosilikes (# 25430). – al-Qāʾim bi-Amr Allāh (# 26784).

Camndaw (arm.) s. Tzamandos

Cannae (Apulien) → Basileios Boioannes (# 21094). – Bockos (# 21185). – Gregorii (# 22347). – Grisantio (# 22504). – Iohannes (# 23497). – Maio (# 24819). – Marianos (# 24970). – Meles (# 25033). – Musando (# 25452). – Rodolfo (# 26825). – Rodulfus (# 26831). – Siconus (# 27066). – Sillicto (# 27074).

Canosa (Apulien) → Iacobus (# 22653). – Leo (# 24300). – Oton (# 26209). – Paone (# 26259).

Capigrassa (Latium) → Ioannes (# 23358). – Konstantinos (# 24047). – Paschalios (# 26285).

Capo di Colonne (Kalabrien) → Petrus (# 26564).

Capograssa s. Capigrassa

Capua (Kampanien) → Aloara (# 20261). – Atenolfus (# 20655). – Atenulph I. (# 20656). – Atenulph II. (# 20657). – Atenulph III. (# 20658). – Basileios (# 21099). – Basileios Boioannes (# 21094). – Chasanus (# 21237). – Eugenios (# 21772). – Gregorios (# 22357). – Ioannes Byzalon (# 22934). – Ioannikios (# 23451). – Iohannes (# 23476). – Kyriakos (# 24235). – Landon III. (# 24270). – Landonulph (# 24271). – Landulph I. (# 24272). – Landulph II. (# 24273). – Landulph IV. (# 24274). – Ludwig II. (# 24755). – Pandolfus IV. (# 26227). – Pandulph I. “Eisenkopf” (# 26228). – Sawdān (# 26997). – Anonyma (# 30073). – Anonymi (# 30505. – # 30507. – # 30511). – Anonymus (# 30643. – # 31605). — s. auch Fellino-Kloster

Caralis s. Cagliari (Sardinien)

Carbone (Lukanien) → Beniamin (# 21145). – Kosmas (# 24160). – Lukas (# 24776). – Niketas (# 25844). – Sabas neos (# 26929). – Theodoros (# 27851). — s. auch Hagios-Anastasios-Kloster

Casamaxima (Apulien) → Iacobus (# 22653).

Casaranello/Casarano (Apulien) → Akindynos (# 20215). – Anonymus (# 31682). — s. auch S. Maria della Croce

Caserta (Kampanien) → Rodulfus (# 26831).

Cassano (arab. Qasāna, Kalabrien) → Abū l-Qāsim ʿAlī b. al-Ḥasan al-Kalbī (# 20072). – Andreas (# 20373). – Antonius (# 20538). – Arsaphius (# 20591). – David (# 21425). – Farağ al-Muḥaddad (# 21991). – Gregorius (# 22492). – al-Ḥasan b. ʿAlī b. Abī l-Ḥusayn al-Kalbī (# 22558). – al-Manṣūr bi-Naṣr Allāh (# 24863). – Pachomios (# 26218). – Sabas (# 26930). – Serius (# 27057). – Vitalis (# 28428). – Anonymus (# 31788). — s. auch Liporachi

Cassianus-Kirche (Antiocheia) → Christophoros (# 21277). – Nikolaos II. (# 26124). – Theodoros II. (# 27759).

Castel Mola (Taormina, Sizilien) → Konstantinos Karamallos (# 23816).

Castelione (Apulien) → Martinus (# 25009).

Castellana (Apulien) → Adelgardo (# 20104). – Adelgrimo (# 20107). – Adelprando (# 20111). – Ermecausus (# 21741). – Ermenando (# 21742). – Frumelghisi (# 22011). – Iannipertus (# 22675). – Leo (# 24294). – Liusprando (# 24748). – Martinus (# 25009). – Radelgardo (# 26795). – Taselghisa (# 27567).

Castronuovo (Sizilien) → Chrysonica (# 21343). – Elias (# 21677). – Sergius (# 27050). – Vitalis (# 28428).

Catania (Sizilien) → Abū l-ʿAbbās ʿAbdallāh b. Ibrāhīm (# 20031). – Christophoros (# 21287). – Euthymios (# 21914). – Kale (# 23604). – Leon (# 24543).

Cava (Kampanien) → Boronitus (# 21199). – Dorotheos (# 21599). – Ipsantos (# 23547). – Kenapiaris (# 23695). – Konstantinos (# 24041). – Konstantinos Trulles (# 24042). – Niketas (# 25843). – Theodoros (# 27849). — s. auch Nikolaos-Kloster

Çavuşin (türk., Ort in Kappadokien) → Bardas Phokas der Ältere (# 20769). – Ioannes I. Tzimiskes (# 22778). – Leon Phokas (# 24423). – Melias (# 25042). – Nikephoros II. Phokas (# 25535). – Theophano (# 28125).

Celia (Apulien) → Achanus (# 20092). – Bartisky (# 20834). – Caloiohannes (# 21223). – Corcus (# 21348). – Cricori (# 21354). – Iohannes (# 23493). – Mele (# 25031). – Moiseo Pascike (# 25415). – Simagon (# 27078).

Cella Salvatoris (Rom) → Gregorius (# 22492).

Cerchiara (Kalabrien) → Andreas (# 20373). – Arsaphius (# 20591). – Gregorius (# 22492. – # 22492). – Pachomios (# 26218). – Sabas (# 26930). – Serius (# 27057). – Anonymus (# 31788).— s. auch Hagios-Andreas-Kloster

Černigov (Rußland) → Oleg (# 26185).

Červen (Bulgarien) → Konstantinos (# 23890). – Nikolaos (# 25893). – Vladimir I. von Kiew (# 28433).

ta Chabunia (Chalkidike) → Demetrios Pteleotes (# 21481).

Chachmanztur/Chamantzour (Lazike?) → Theodoros (# 27724).

Chachuli-Kloster (Tao) → David (# 21415). – David III. (# 21432). – Georgios III. von Iviron (# 22259). – Ioannes (# 23384). – Kwirike (# 24220).

Chairetopoi (Phrygia Pakatiane) → Symeon (# 27461).

Chairon-Kloster (Athos) → Nikodemos (# 25881).

Chalasmata (Athos) → Theophylaktos (# 28234). – Anonymi (# 30566).

Chaldia (arm. Xałtikʿ) → Adrianos (# 20123). – B.r.kīl (# 20714). – Basileios (# 21061). – Georgios (# 22148). – Ioannes (# 22849. – # 23036. – # 23038. –

23252). – Ioannes Peperis (# 22967). – Leon (# 24369. – # 24382. – # 24384. – # 24474. – # 24691). – Leontios (# 24707). – Niketas (# 25720). – Nikolaos (# 26049. – # 26086. – # 26116). – Photios (# 26682). – Sayfaddawla (# 26998). – Theodoros (# 27645). – Theoleptos (# 28068). – Theophanios (# 28119). – Anonymus (# 31292). — s. auch Baiburt, Kerasus, Nikopolis, Trapezunt

Chaldia (Bistum) → Basileios (# 20919). – Anonymus (# 30941. – # 30955).

Chaldia (Thema) → Anastasios (# 20312. – # 20313). – Andronikos (# 20404). – Anthimos (# 20467). – Artabanes (# 20626). – Bardas Boïlas (# 20771). – Bardas Phokas der Jüngere (# 20784). – Basileios (# 20906. – # 20919). – Georgios (# 22115. – # 22214). – Gregoras (# 22330. – # 22333. – # 22419). – Ioannes (# 23037. – # 23039). – Ioannes Chaldos (# 22784). – Ioannes Kurkuas (# 22917). – Konstantinos (# 23833. – # 23858. – # 23887. – # 24008). – Konstantinos Lips (# 23815). – Leon (# 24475. – # 24631). – Leontios (# 24702). – Manuel (# 24875). – Michael (# 25138). – Niketas (# 25835). – Nikolaos (# 25944. – # 26127. – # 26142). – Petros (# 26526. – # 26538). – Pothos (# 26740). – Sabas Chaldos (# 26937). – Sachakios Brachamios (# 26952). – Tačat (# 27553). – Theophanes (# 28098). – Theophilos Kurkuas (# 28152). – Anonymi (# 30603). – Anonymus (# 30848. – # 30973. – # 31357. – # 31888).

Chaldos-Kloster (Athos) → Kosmas (# 24167). – Nikephoros (# 25663). – Nikolaos (# 26066). – Paulos (# 26381). – Sabas Chaldos (# 26937).

Chalepe s. Aleppo

Chaliat/Chliat (arab. Ḫilāṭ, arm. Xlatʻ, Armenien) → ʻAbdalḥamīd (# 20012). – Abū ʻAlī al-Ḥasan b. Marwān (# 20038). – Abū l-Aswad (# 20041). – Abū Sālim (# 20076). – Abū Sawāda (# 20079). – Abū l-Ward I. (# 20087). – Abū l-Ward II. (# 20088). – Aḥmad b. ʻAbdarraḥmān Abū l-Muʻizz (# 20186). – Ašot II. “der Eiserne” (# 20646). – Ašot III. von Taron (# 20645). – Bagrat (# 20741). – Bakur (# 20748). – Gagik II. Arcruni (# 22052). – Ioannes Kurkuas (# 22917). – Sayfaddawla (# 26998).

Chalke (Prinzeninseln) → Kyrillos (# 24245). – Nikolaos (# 25946). – Xenophon (# 28448). — s. auch Hagios-Akepsimas-Kloster

Chalke-Gefängnis (Kpl.) → Andreas (# 20377).

Chalke Pyle (Kpl.) → Anna (# 20432). – Gregoras Dukas (# 22329). – Ioannes I. Tzimiskes (# 22778). – Ioannes Eladas (# 22909). – Konstantinos Dukas (# 23817). – Kurtikios (# 24216). – Michael (# 25165). – Anonymus (# 30948. – # 30950. – # 31418).

Chalkedon (Bithynien) → Anna (# 20432). – Arkadios (# 20566). – Basileios (# 20850). – Daniel (# 21402). – Dometios (# 21582). – Eirene (# 21623). – Euthymios (# 21934). – Georgios (# 22129). – Ioannes (# 23186. – # 23274). – Ioannes Iubes (# 22944). – Iob (# 23467). – Kale (# 23602). – Kyros (# 24257. – # 24258). – Leon Phokas (# 24408). – Leontios (# 24709). – Lukas Stylites (# 24758). – Maria (# 24920). – Michael (# 25126. – # 25162. – # 25180. – # 25196). – Nikolaos I. Mystikos (# 25885). – Paraskeue (# 26262). – Phloros Sarantapechys (# 26645). –

Sergios (# 27022. – # 27026). – Sisinnios (# 27107). – Theodoros (# 27813). – Theophylaktos (# 28192). – Thomaïs von Lesbos (# 28277). – Zacharias Kophos (# 28476). – Anonyma (# 30061. – # 30062). – Anonymi (# 30316. – # 30318. – # 30319. – # 30320. – # 30321. – # 30367. – # 30502). – Anonymus (# 31126. – # 31127. – # 31128. – # 31131. – # 31132. – # 31202. – # 31390. – # 31730). — s. auch Eutropioshafen, Michaelitzes-Kloster

Chalkeus-Kloster (Athos) → Kosmas (# 24167).

Chalkidike (Makedonien) → Abramios (# 20027). – Akindynos (# 20213. – # 20214). – Anastasia Kalemero (# 20283). – Anastasios (# 20318. – # 20319. – # 20320. – # 20321). – Andreas (# 20363. – # 20382. – # 20383. – # 20385. – # 20388). – Athanasios (# 20669). – Auxentios (# 20705. – # 20706). – Bardas (# 20789). – Basileios (# 20858. – # 20918. – # 20997. – # 20998. – # 21000. – # 21001. – # 21007. – # 21008. – # 21089). – Basileios Stroimiros (# 20999). – Bitikos (# 21173). – Blasios (# 21180. – # 21182). – Boilas (# 21188). – Bud... (# 21209). – Christilos (# 21242). – Damianos (# 21377). – David (# 21422). – Deadomuslos (# 21446). – Deadukas (# 21447). – Demetrios (# 21498. – # 21499. – # 21500. – # 21501. – # 21502. – # 21503. – # 21504. – # 21505. – # 21506). – Demetrios Galikes (# 21524). – Dobrotas (# 21575). – Demetrios Pteleotes (# 21481). – Dobrukos (# 21576). – Dragases (# 21603). – Elias (# 21662. – # 21665). – Ephraim (# 21687). – Epiphanios (# 21734). – Eustratios (# 21896). – Euthymios (# 21912). – Euthymios Athonites Iber (# 21960). – Gabriel (# 22029). – Georgios (# 22130. – # 22165. – # 22166. – # 22167. – # 22168. – # 22169. – # 22170. – # 22171. – # 22172. – # 22173. – # 22174. – # 22175. – # 22181. – # 22182. – # 22224. – # 22225. – # 22233). – Georgios I. von Iviron (# 22180). – Georgios Tzetirileachas (# 22234). – Hierotheos (# 22596). – Hilarion (# 22604). – Ibanes (# 22677. – # 22678). – Ignatios (# 22719). – Ioannes (# 22936. – # 22949. – # 23086. – # 23087. – # 23119. – # 23121. – # 23122. – # 23123. – # 23135. – # 23136. – # 23137. – # 23138. – # 23139. – # 23140. – # 23141. – # 23142. – # 23143. – # 23144. – # 23145. – # 23146. – # 23147. – # 23148. – # 23149. – # 23150. – # 23151. – # 23152. – # 23153. – # 23171. – # 23172. – # 23173. – # 23174. – # 23342. – # 23353). – Ioannes Chaldos (# 23166). – Ioannes Kolobos (# 22783). – Ioannes Pteleotes (# 22985). – Ioannes Sphesditzes (# 23348). – Ioannes Stoginas (# 23349). – Ioseph (# 23511). – Kale (# 23601. – # 23606). – Kalida (# 23612). – Kalokyres (# 23630). – Kalonas (# 23653). – Kalotas (# 23659). – Konstantinos (# 23860. – # 23917. – # 23933. – # 23934. – # 23935. – # 23936. – # 24039). – Konstantinos Malelias (# 23818). – Kosmas (# 24110. – # 24158). – Leon (# 24529. – # 24534. – # 24538. – # 24540. – # 24643. – # 24648. – # 24656). – Lybeanos (# 24798). – Maldotas (# 24848). – Malkos (# 24851). – Manuel (# 24886). – Maria (# 24926. – # 24938). – Meliton (# 25049). – Methodios (# 25074). – Michael (# 25191. – # 25262. – # 25272). – Nepribados (# 25517). – Nikephoros tu Eupraxe (# 25575). – Nikephoros

(# 25618. – # 25640. – # 25663. – # 25664. – # 25665). – Nikephoros Hexakionites (# 25608). – Nikephoros Tzetirileachas (# 25636). – Niketas (# 25803. – # 25845). – Nikolaos (# 25924. – # 26016. – # 26024. – # 26026. – # 26028. – # 26029. – # 26030. – # 26031. – # 26032. – # 26033. – # 26041. – # 26108. – # 26115). – Onuphrios (# 26189). – Pachomios (# 26216). – Panaretos (# 26225). – Paschales (# 26276). – Paulos (# 26351. – # 26360. – # 26361. – # 26362. – # 26363. – # 26372. – # 26384). – Paulos Plabetzes (# 26383). – Perdanos (# 26405). – Petrilos (# 26413). – Petros (# 26501. – # 26502. – # 26504). – Philippos (# 26614). – Photios (# 26685. – # 26687). – Phsezelis (# 26689). – Polychrones (# 26712). – Pothos (# 26736. – # 26738). – Sebedragos (# 26999). – Serotas (# 27059). – Sira (# 27093). – Sironas (# 27094). – Sklabotheodoroi (# 27131). – Staurakios (# 27189). – Stephanos (# 27224. – # 27249. – # 27296. – # 27303. – # 27306. – # 27307. – # 27308. – # 27309. – # 27355. – # 27359. – # 27361). – Stephanos Pestares (# 27358). – Strategios (# 27393). – Striegoes (# 27400). – Styliane (# 27404). – Stylianos (# 27422). – Symeon (# 27519. – # 27536). – Theodora (# 27601). – Theodoros (# 27720. – # 27770. – # 27775). – Theodosios (# 27934). – Theodosios Siderokaustes (# 27937). – Theokletos (# 28038). – Theophanes (# 28099). – Theophano (# 28129). – Thomas (# 28314). – Tlerneas (# 28358). – Xenophon (# 28451). – Zacharias (# 28487). – Zoetos (# 28513). – Anonymi (# 30296. – # 30426). – Anonymus (# 30642. – # 30885. – # 31666. – # 32010). — s. auch Ainaia, Akindynos-Kloster, Arsenikeia, Batoneia, Belikradon, Bolbos, Brastamu, Burburu-Kloster, ta Chabunia, Debelikeia, Diabrippu, Dialia, Hagios-Elias-Kirche, Galatissa, Gephyrion, Gradiska, Hagia-Christine-Kloster, Hierissos, Isboros, Kaliurgu-Kloster, Kassandra, Kastrion, Kolobu-Kloster, Kranea, Longos, Lozeken, Musdoloka, Myriophyton, Hagios Nikolaos, Nomeristai, Ozolimnos, Peristerai, Polygyros-Kloster, Prablaka, Prosphori, Pyropetrin, Radochosta, Rebenikeia, Rudaba, Sermylia, Siderokausia, Soter-Kloster, Spelaiotes-Kloster, Stratonike, Stribela, Sykeai, tu Treabuku, Zelenitza, Zitetza

Chalkis (Euboia) s. Euripos/Euboia)

Chalkis (Syrien) → Nikephoros II. Phokas (# 25535).

Chanas-Kloster (Athos) → Kyrillos (# 24255). – Paulos (# 26389).

Chandax (Kreta) → ʿAbdalʿazīz b. Šuʿayb b. ʿUmar al-Qurṭubī (# 20009). – Athanasios Athonites (# 20670). – Methodios (# 25077). – Moschos (# 25422). – Nikephoros II. Phokas (# 25535). – Anonyma (# 30086). – Anonymus (# 31444).

Chanzit (Mesopotamien) → ʿAbdallāh al-Malaṭī (# 20013). – Abū l-Yaqẓān al-ʿAlā b. Maslama as-Sulamī (# 20089). – Ioannes I. Tzimiskes (# 22778). – Konstantinos Phokas (# 23841). – Melias (# 25042). – Michael (# 25247). – Nağā al-Kāsakī (# 25487). – Romanos I. Lakapenos (# 26833). – Sahak (# 26960). – Sayfaddawla (# 26998). – Turnīq (# 28383).

Charaboe (Patzinakia) → Kaïdum (# 23598).

Charan (arab. Ḥarrān, Syrien) → Anonymus (# 31172).

Charax (Paphlagonien) → Theodosios (# 27900). — s. auch Hagios-Apostolos-Andreas-Kirche

Chariton-Kloster (Palästina) → Elias (# 21655).

Chariupolis (Europe) → Kosmas (# 24099).

Charon-Kloster (Athos) → Paulos (# 26391). – Sabas (# 26939).

Charpete (arab. Ḫarbūt, Mesopotamien) → Abū Taġlib al-Ġaḍanfar b. Nāṣiraddawla (b. Ḥamdān) (# 20081). – Bardas Skleros (# 20785). – Ioannes Kurkuas (# 22917). – Moyses (# 25431). – Sayfaddawla (# 26998). – Anonymi (# 30322).

Charpezikion (Thema) → Anonymi (# 30389. – # 30390. – # 30391). – # 30392). – Anonymus (# 31238. – # 31239. – # 31240. – # 31245).

Charsianon (byz. Kastron und Thema) → Abū Ḥafṣ Badr b. al-Hayṯam (# 20056). – Abukes (# 20091). – Alexios (# 20249). – Anastaso (# 20343). – Arsaber (# 20588). – B.r.kīl (# 20714). – Bardas (# 20779). – Bardas Phokas der Ältere (# 20769). – Bardas Phokas der Jüngere (# 20784). – Bardas Skleros (# 20785). – Basileios (# 21037. – # 21062. – # 21063. – # 21112). – Džodžik (# 21612). – Eudokimos Maleïnos (# 21764). – Eustathios (# 21855). – Eustathios Argyros (# 21828). – Eustathios Maleïnos (# 21861). – Ibn al-Balanṭis (# 22687). – Ibn Ġudāl (# 22693). – Ibn Qūnus (# 22702). – Ioannes (# 23416). – Ioannes Kurkuas (# 22917). – Ioannes Salos (# 23300). – Ioannes Tornikios (# 22926). – Ivane (# 23583). – Konstantinos (# 24020). – Konstantinos Dukas (# 23817). – Leon (# 24476. – # 24511. – #24608). – Leon Argyros (# 24399). – Leontios (# 24702). – Michael Maleïnos (# 25124). – Nikephoros (# 25598. – # 25662). – Nikephoros Phokas “der Ältere” (# 25545). – Nikephoros (# 25571). – Nikephoros Kaminas (Kallonas) (# 25573). – Niketas (# 25730). – Nikolaos (# 25993). – Orestes (# 26193). – Petros (# 26518). – Pothos Argyros (# 26730). – Sayfaddawla (# 26998). – Stephanos Maxentios (# 27223). – Theodoros (# 27752). – Anonymus (# 30645. – # 30682. – # 30693. – # 31381. – # 32046. – # 32054). — s. auch Aquae Saravenae, Aškūniyya, Basilika Therma, Bathyrryax, Hagia-Elisabeth-Kloster, Pankaleia, Seberias, Siboron, Siricha

Chartophylakion (Kpl.) → Bartholomaios (# 20827). – Stephanos (# 27314).

tu Chartophylakos bzw. tu Chartophylan (Proasteion bei Kpl.) → Leon der Assyrer (# 24316). – Anonymi (# 30147).

Chartophylax-Kloster (Kpl.) → Basileios der Jüngere (# 20881).

Chasanara (Thema) → Anonymus (# 31358).

Chazarien (engl. Khazarien) → Almos (# 20260). – Georgios Tzules (# 22253). – Klemes (# 23704). – Sphengos (# 27172). – Svjatoslav von Kiew (# 27440). – Anonymus (# 31006. – # 31012). — s. auch Itil, Sarkel

Cheiliadus-Kloster (Athos) s. Chiliadus-Kloster

Chelandin (Athos) → Euthymios Athonites Iber (# 21960). – Ioannes Phakenos (# 23134).

Chelidon (Fluß in Kleinasien) → Anonymi (# 30310). – Anonymus (# 31108).

Cheri/Chert (Armenien) → Anonymus (# 31993).

Cherronesos (Thrakien) → Ioannes (# 23019).

Cherson → Alexandros (# 20231). – Anastas (# 20322). – Anna (# 20436). – Arsenius (# 20625). – Damianos (# 21368). – Georgios (# 22218. – # 22221). – Georgios Tzules (# 22253). – Gregorios (# 22416). – Ioachim (# 22768). – Ioannes (# 22881. – # 22884. – # 22895. – # 22996. – # 23021. – # 23022. – # 23023). – Ioannes Bogas (# 22911). – Ioseph Hymnographos (# 23510). – Kalokyros (# 23650). – Klemes (# 23704). – Leon (# 24590. – # 24621). – Lukas (# 24767). – Malchos (# 24846). – Michael (# 25150. – # 25212. – # 25213. – # 25214). – Michael Chersonites (# 25252). – Nikephoros (# 25565. – # 25568. – # 25593). – Paulos (# 26304). – Photeinos (# 26664). – Sergios (# 27025). – Sphengos (# 27172). – Theodoros (# 27755). – Tzulas (# 28389). – Vladimir I. von Kiew (# 28433). – Anonymi (# 30427. – # 30523. – # 30524. – # 30525. – # 30526. – # 30530. – # 30532). – Anonymus (# 31006. – # 31012. – # 31681. – # 31910).

Cherson (Thema) → Arsaber (# 20586). – Epiphanios (# 21724. – # 21725. – # 21727). – Ioannes (# 22995. – # 23209. – # 23210. – # 23219). – Konstantinos (# 23861. – # 23955. – # 23956). – Leon (# 24383. – # 24566). – Michael (# 25347). – Niketas (# 25810). – Sergios (# 27014. – # 27019). – Stephanos (# 27291). – Symeon (# 27469). – Theodoros (# 27794). – Theodosios (# 27940). – Theophanes (# 28084). – Theophanios (# 28120). – Thomas (# 28329). – Anonymus (# 31154).

Chilandar-Kloster (Athos) → Eustathios (# 21875). – Georgios Chelandaris (# 22164).

Chiliadus-Kloster (Athos) → Phantinos (# 26579).

Chios (Inseln) → Antiochos (# 20472). – Bardas Phokas der Jüngere (# 20784). – Beriboes (# 21149). – Damianos (# 21365). – Georgios (# 22117. – # 22136). – Georgios Theodorokanos (# 22261). – Himerios (# 22624). – Konstantinos (# 23965). – Leon von Tripolis (# 24397). – Leon Phokas (# 24519). – Michael (# 25308. – # 25399). – Niketas (# 25735). – Nikolaos (# 26081). — s. auch Bolisos

Chliat s. Chaliat

Choirobachoi/Choirobakchoi (Thrakien) → Leon (# 24635).

Choma (Lykien) → Nikolaos (# 25901).

Chonai (Phrygia Pakatiane) → Lazaros vom Galesionberg (# 24285). – Prokopios (# 26766). – Samuel (# 26978). – Anonyma (# 30098. – # 30099). – Anonymi (# 30519. – # 30586). – Anonymus (# 31553. – # 31670. – # 31671. – # 32000). — s. auch Michael-Kirche

Chopon (Patzinakia) → Giazes (# 22305).

Chorasan/Choresmien s. Ḫurasān

Chortiatis (Berg bei Thessalonike) → Antonios (# 20487). – Euthymios (# 21912). – Galatissa (# 22059). – Ioannes Tsagastes (# 22835).

Chortzine (Thema) → Melias (# 25043). – Theophanes (# 28090).

Chozanon (Fluß in Armenien) → Ioannes I. Tzimiskes (# 22778). – Nikephoros (# 25647).

Chremetisse-Kloster s. Chremitzaina-Kloster (Athos)

Chremitzaina-Kloster bzw. Chremitzene-Kloster (Athos) → Athanasios (# 20688). – Elias (# 21669). – Eustratios (# 21904). – Leontios (# 24717. – # 24726). – Nikolaos (# 26020). – Paulos II. Xeropotamites (# 26353). – Stephanos (# 27364). – Symeon (# 27530). – Xenophon (# 28451).

Hagia-Christine-Kloster (Chalkidike) → Methodios (# 25074). – Thomas (# 28296).

Christokamaron (Kpl). → Alexios Mosele (# 20241).

Christophoros-Kirche (Pallantion) → Nikolaos (# 25939).

Christophoros-Kloster (Kpl.) → Christophoros (# 21273).

Christopolis (= Kavala, Makedonien) → Andreas (# 20348). – Auxentios (# 20704). – Basileios (# 20841). – Basileios Kladon (# 20926). – Dorotheos (# 21593). – Germanos von Kosinitza (# 22285). – Ioannes (# 23072). – Ioseph (# 23530). – Leon (# 24362). – Michael (# 25205). – Niketas (# 25763. – # 25775). – Stephanos (# 27252).

Christos-Kirche (Trapezunt) → Athanasios Daimonokatalytes (# 20659).

Christos-Maburnas-Kloster (Skyros) → Glykeria (# 22313). – Ioannes (# 23165). – Anonymus (# 31602).

Christos-Soter-Kirche (Asia). → Zosimas (# 28517).

Christos-Soter-Kirche (Kpl.) → Ioannes I. Tzimiskes (# 22778). – Anonymus (# 31368).

Christos-Soter-Kloster (Latros) s. Soter-Kloster (Latros)

Christos-Soter-Kloster (Lage unbekannt) → Markos (# 24998).

Chromitissa-Kloster s. Chremitzaina-Kloster (Athos)

Chruseba (Hierissos) → Maria (# 24942).

Chrysaba (Thema) → Nikolaos (# 25987).

Chryse-Petra-Kloster (Helenopontos/ Paphlagonia) → Nikon “Metanoeite” (# 26155). – Anonymi (# 30381. – # 30451). – Anonymus (# 31201).

Chrysobalanton-Kloster (Kpl.) → Christophoros (# 21264). – Eirene von Chrysobalanton (# 21617). – Euetheia (# 21767). – Maria (# 24922). – Nikolaos (# 25916. – # 26090). – Anonyma (# 30015. – # 30016. – # 30017. – # 30018. – # 30019). – Anonymae (# 30126). – Anonymus (# 30760. – # 30781. – # 30783. – # 30784. – # 30785). — s. auch Hagios Panteleemon-Kirche

Chrysopolis (Bithynien) → Aigides (# 20195). – Alexandros (# 20228). – Andreas (# 20384). – Andreas “der Skythe” (# 20351). – Bardas Phokas der Jüngere (# 20784). – Basileios II. (# 20838). – Basileios Lakapenos (# 20925). – Ignatios (# 22749). – Ioannes (# 22987. – # 23369). – Ioseph (# 23530). – Kalokyres Delphinas (# 23632). – Kosmas (# 24171). – Leon (# 24448). – Leon VI. (# 24311). – Leon Phokas (# 24408. – # 24423). – Manasses (# 24856). – Matthaios (# 25016). – Methodios (# 25085). – Nikephoros Phokas (# 25609). – Orestes (# 26198). – Philippos (# 26602). – Philotheos (# 26642). – Polyeuktos (# 26715). – Sisinnios (# 27107). – Stephanos I. (# 27208). – Theophylaktos (# 28200). – Anonymus (# 30764. – # 31600. –

31989. – # 31990. – # 31991). — s. auch Damalis, Emporion, Palukiton, Philippikos-Kloster

Chrysopolis (Makedonien) → Elias (# 21668). – Gregorios Heptapsychos (# 22425). – Ioannes (# 23067). – Konstantinos Karamallos (# 23918). – Photios (# 26688).

Chrysos (Boiotien) → Kosmas (# 24130).

Chrysotriklinos (Kpl.) → Konstantinos VII. (# 23734). – Konstantinos Dukas (# 23817). – Olga (# 26186). – Petros (# 26499).

Chytroi (Zypern) → Demetrianos (# 21451). – Eustathios (# 21835). – Makedonios (# 24834). – Paulos (# 26315). – Theophilos (# 28144). – Anonyma (# 30029). – Anonymus (# 30710. – # 30759. – # 30815. – # 30816).— s. auch Antonios-Kloster

Circlarensis (Kalabrien) → Andreas (# 20373). – Arsaphius (# 20591). – Gregorius (# 22492). – Pachomios (# 26218). – Sabas (# 26930). – Serius (# 27057). – Anonymus (# 31788).

Civitate (Apulien) → Rodulfus (# 26831). – Tornikios Kontoleon (# 28366).

Clypea (Nordafrika) → al-Ḥasan b. ʿAlī b. Abī l-Ḥusayn al-Kalbī (# 22558).

Collesano (Sizilien) → Christophoros (# 21287). – Kale (# 23604). – Makarios (# 24830). – Sabas neos (# 26929).

Colonne (Köln oder Capo delle Colonne [unsicher]) → Elias (# 21673).

Columna Regia (Kalabrien) → Otto II. (# 26212). – Petrus (# 26564). – Romanos (# 26857). – Symeon (# 27512). – Anonymi (# 30512). – Anonymus (# 31667. – # 31668).

Conques (Frankreich) → Adalgesius (# 20098). — s. auch Sainte Foy

Conversano/Cupersano (Apulien) → Adelgardus (# 20105). – Adelgrimo (# 20108). – Adelperto (# 20110). – Alexandrus (# 20236). – Basilius (# 21130). – Bisantius (# 21160). – Charzianites (# 21236). – Cutuneo (# 21356). – Dalfio (# 21359). – Dauferi (# 21408). – Domnico (# 21588). – Faraco (# 21990). – Fasana (# 21994). – Grimoald (# 22500). – Grimoalt (# 22502). – Guiselprandus (# 22519). – Iohannes (# 23476). – Leo (# 24293). – Liuprando (# 24747). – Maio (# 24816. – # 24820). – Maraldus (# 24904). – Masyru (# 25013). – Medalspus (# 25028). – Niciforo (# 25523). – Niketas (# 25791). – Paone (# 26259). – Petro (# 26414). – Platypodes (# 26696). – Radelgaizo (# 26794). – Radelgardus (# 26796). – Radelgari (# 26798). – Romoaldo (# 26888). – Tasselgardos (# 27569). – Anonymus (# 31942). — s. auch Benedikt-Kloster

Cordoba (Spanien) → ʿAbdarraḥmān III (# 20018). – Aḥmad al-Yunānī (# 20183). – al-Ḥakam II. (# 22543). – Ḥasdāy b. Šaprūṭ (# 22564). – Hišām b. Huḏayl (# 22626). – Isaak b. Natan (# 23551). – Konstantin al-M.l.qī (# 23731). – Nikolaos (# 25962). – Recemundus (# 26810). – Salomon (# 26971). – Stephanos (# 27263). – Anonymi (# 30382. – # 30384. – # 30447). – Anonymus (# 31473).

Čʿormayri (Georgien) → David III. (# 21432).

Čorox (Fluß in Georgien) → Arseni (# 20596). – Bagrat III. (# 20740). – Gregorios (# 22469). – David Mampʿali (# 21413). – Gurgen von

K'art'li (# 22531). – Ioannes Athonites Iber (# 22942). – Iovane Grdzelisdze (# 23545). – Symbatios (# 27450).

Cortona (Toskana) → Stephanos (# 27293). — s. auch San Franceso

Cosenza (Kalabrien) → Ibrāhīm II. b. Aḥmad al-Aġlab (# 22708). – Pothos Argyros (# 26742). – Symeon (# 27512).

Cotrone s. Crotone

Cremona (Lombardei) → Liudprand von Cremona (# 24745).

Crotone (= Cotrone, griech. Krotone, Kalabrien) → Elias (# 21673). – Nikephoros (# 25541). – Otto II. (# 26212). – Petrus (# 26564).

Santa-Croce (Rom) → Benedictus VII. (# 21142).

Cues (Deutschland) → Ioannes (# 23010).

Cupersano s. Conversano (Apulien)

Dadaleia (Pisidien) → Methodios (# 25068).

Daguta (Bithynien) s. Doguta

Dalmatien s. Absarensum, Butoma, Dekatera, Iadera, Kotor, Nona, Ragusa, Rosa, Salona

Damalis (Chrysopolis) → Aigides (# 20195). – Leon Phokas (# 24408).

Damanaš/Damannaǧ (arab.) s. Demenna

Damaskus (Syrien) → 'Abdal'azīz b. 'Abdarraḥīm (# 20010). – 'Abdallāh b. 'Ubaydallāh al-Ḥusaynī (# 20015). – Abū 'Umayr 'Adī b. Aḥmad b. 'Abdalbāqī al-Aḏanī (# 20086). – Aḥmad b. aṭ-Ṭayyib b. Iliyās (# 20192). – Alftikīn (# 20253). – 'Alī b. 'Īsā (# 20254). – 'Alī b. al-Māward (# 20255). – Bakǧūr (# 20747). – Bišāra al-Qal'ī (# 21165). – Delemikes (# 21448). – Futūḥ (# 22015). – Ǧa'far b. Falāḥ (# 22049). – Ǧawhar (# 22066). – Ǧayš b. Muḥammad b. aṣ-Ṣamṣāma (# 22069). – al-Ḥākim (# 22544). – Ḥassān b. al-Mufarriǧ b. al-Ǧarrāḥ (# 22565). – Ioannes (# 22938). – Ioannes I. Tzimiskes (# 22778). – Manǧūtakīn (# 24858). – Muḥammad b. Ṭuǧǧ al-Iḫšīd (# 25443). – Nuṣayr (# 26173). – Paulos (# 26385). – Rayyān (# 26808). – Ṣāliḥ b. Mirdās (# 26966). – Sergios (# 27036). – Sinān b. 'Ulyān (# 27087). – Theodoros Philetas (# 27718). – Ṭuǧǧ b. Ǧuff (# 28378). – Yārūḫ (# 28462). – Ẓālim b. Mawhūb (# 28500).

Damatrys (Bithynien) → Konstantinos Barbaros (# 23820). – Samonas (# 26973). — s. auch Speira-Kloster

ta Damianu (Kpl.) → Christophoros Tzantzes (# 21261). – Leon Zautzes (# 24344). – Zoe Zautzina (# 28505).

Damideia-Kloster (Armeniakon) → Theophano (# 28125).

Damiette (arab. Damiyāṭ, Ägypten) → 'Abdal'azīz b. 'Abdarraḥīm (# 20010). – Aḥmad b. aṭ-Ṭayyib b. Iliyās (# 20192). – Biktor (# 21159). – Georgios II. von Alexandreia (# 22258). – Ioannes (# 23157).

Damokraneia (Thrakien) → Leon Damokranites (# 24552). — s. auch Erzengel-Michael-Kloster

Daonia (Europe) → Klemes (# 23707).

Daphne-Hafen (Athos) → Ioannes (# 23360). – Theodulos (# 28000).

Daphne-Kloster (Athos) s. Docheiariu-Kloster (Athos)

Daphneonkloster (Bithynien) → Petros Thaumaturgos (# 26426).

Daphnepalast (Kpl.) → Niketas (# 25703).

Daphnudion (Phrygia Salutaris) → Damianos (# 21364).

Daphnusia (Bithynien) → Antonios (# 20479). – Leon (# 24320).

Dār al-balāṭ (arab.) s. Praitorion (Kpl.)

Dār al-Bustān (arab., Palast in Bagdad) → Ioannes Radenos (# 22914). – Michael Toxaras (# 25167).

Dār Ṣā'id (arab., Palast in Bagdad) → Ioannes Radenos (# 22914). – Michael Toxaras (# 25167).

Dārā (arab., Syrien) → Nikephoros II. Phokas (# 25535).

Darb al-Ǧawzāt (arab., Kilikien) → Sayfaddawla (# 26998).

Darb al-Kankarūn (arab., Kilikien) → Sayfaddawla (# 26998).

Darb al-Mawzār (arab., bei Melitene) → Konstantinos Phokas (# 23841). – Sayfaddawla (# 26998).

Darb ar-Rāhib (arab., Pisidien) → Ṭuġǧ b. Ǧuff (# 28378).

Darb Bāqasāyā (arab., Diyār Bakr) → Ibn F.šīr (# 22692). – Leon Phokas (# 24423). – Romanos Balantes (# 26851). – Anonymus (# 31407).

Darb Ḫayyāṭīn (arab., Diyār Bakr) → Abū l-'Ašā'ir b. al-Ḥasan b. 'Alī b. al-Ḥusayn b. Ḥamdān (# 20040). – Ibn F.šīr (# 22692). – Ioannes I. Tzimiskes (# 22778). – Leon Phokas (# 24423). – Romanos Balantes (# 26851). – Sayfaddawla (# 26998). – Anonymus (# 31407).

Darb maġārat al-kuḥl (arab., Syrien) → Sayfaddawla (# 26998).

Darbidun (Armeniakon) → Ioannes Kurkuas (# 22824. – # 22917).

Dardanellen → Bardas Phokas der Jüngere (# 20784). – Bardas Skleros (# 20785). – Eustathios (# 21836). – Himerios (# 22624). – Leon von Tripolis (# 24397).

Dardania (Kirchenprovinz) → Demetrios (# 21528).

Dardanon (Hellespontos) → Ioannes (# 22818).

Dasbentos (Kappadokien) → Xyraphios (# 28455).

Daskylion (Bithynien) → Georgios (# 22090). – Germanos (# 22290). – Ioannes (# 23273). – Sergios (# 27040).

Dašt al-Warak (arab., Armenien) → Abū Sālim (# 20076).

Ḏāt al-Ǧawz (arab.) s. Artzike

Datuan (Armenien) s. Tatvan

Dauleia (Phokis) → Nikolaos (# 26046).

Deabolis (= Diabolis, bulg. Devol, Makedonien bzw. Bulgarien) → Eustathios Daphnomeles (# 21864). – Ibatzes (# 22679). – Ioannes (# 23400). – Marko (# 24992). – Michael Diabolinos (# 25183). – Naum (# 25501). – Theodoros Kaukanos (# 27855). – Anonymus (# 31968).

Debelikeia (Chalkidike) → Anastasia Kalememero (# 20283).

Debeltos (Thrakien bzw. Haimimontos [Kirchenprovinz]) → Aka.p... (# 20198). – David (# 21417). – Eustratios (# 21907). – Gregorios (# 22375). – Ioannes (# 23044). – Konstantinos (# 23957. – # 23973. – # 24018). – Michael (# 25242). – Symeon (# 27459). – Theognostos (# 28028). – Anonymus (# 30822. – # 32071).

Debra (Bulgarien) → Ioannes (# 23365).

Decimoputzu (Sardinien) → Ortzokor (# 26207). – Salusios (# 26972). – Torkotorios (# 28363).

Dēgik' (arm.) s. Digisene

Dekapolis (Isaurien) → Epiphanios (# 21731). – Euthymios (# 21913). – Nikolaos (# 26149). – Theodoros Dekapolites (# 27708). – Theodoros (# 27808).

Dekatera/Dekatora (= Kotor, Dalmatien) → Sawdān (# 26997).

Demenna (Sizilien) → Abū l-'Abbās 'Abdallāh b. Ibrāhīm (# 20031). – Antonius (# 20539). – Catharina (# 21226). – al-Ḥasan b. Aḥmad b. Abī Ḫinzīr (# 22559). – Ibrāhīm II. b. Aḥmad al-Aġlab (# 22708). – Ioannes (# 22981). – Lucas von Demenna (# 24753). – Thedibia (# 27582). – Theodorus (# 27885).

Demetrias (Thessalien) → Blasios (# 21177). – Damianos (# 21365). – Epiphanios (# 21716). – Ioseph (# 23517). – Leon (# 24445). – Lukas (# 24759). – Symeones (# 27547). – Xenophon (# 28447). – Anonymus (# 30745).

Martys-Demetrios-Kirche (Attynkome) → Lukas Stylites (# 24758).

Hagios-Demetrios-Kirche (Bari) → Basileios Mesardonites Argyros (# 21090).

Hagios-Demetrios- bzw. Megalomartys-Demetrios-Kirche (Hierissos) → Andreas (# 20388).

Hagios-Demetrios-Kirche (Kpl.) → Ioseph Hymnographos (# 23510).

Hagios-Demetrios-Kirche (Lage unklar) → Epiphanios (# 21705). – Euthymios (# 21922). – Michael (# 25313).

Hagios-Demetrios-Kirche (Sermylia) → Basileios (# 20858). – Euthymios (# 21912).

Hagios-Demetrios-Kirche (Thessalonike) → Demetrios (# 21454). – Draxanos (# 21605). – Elias der Jüngere (# 21639). – Methodios (# 25072). – Paulos (# 26339). – Anonymus (# 30863). — s. auch Prodromos-Kapelle

Hagios-Demetrios-Kloster (Athos) → Leontios (# 24728). – Nikephoros (# 25625). – Simon (# 27084).

Demetsana (Peloponnes) → Ioannes Lampardopulos (# 23100). – Polyeuktos (# 26715). — s. auch tes Monoporu

Demokraneia (Thrakien) → Leon Damokranites (# 24552).

St. Denis (Paris) → Elias (# 21673).

Deradrion (Sizilien) → Ḫalīl b. Isḥāq (# 22549).

Derdžan (Armenien) → Č'ordvaneli (# 21350). – Ǧakrūs (# 22057). – Ioannes (# 23333). – Leon (# 24530. – # 24691). – Samuel Kometopulos (# 26983).

Derkon/Derkos (Thrakien) → Basileios Gutos (# 21082). – Elpidios Brachames (# 21683). – Ioannes (# 23180). – Makarios (# 24828). – Neophytos (# 25506).

ta Derma (Ort am Berg Tmolos) → Nikephoros Erotikos (# 25632).

Dermocholcha (Galatien) → Eustathios (# 21834).

Derxene s. Derdžan

Desna (Fluß in Rußland) → Olga (# 26186).

Deure s. Debra (Bulgarien)

Deutschland → Elias (# 21673). – Gregorius (# 22492). – Hadwig (# 22539). – Heinrich II. (# 22567). – Hjálmvígi (# 22627). – Holmi (# 22628). – Lazaros (# 24282). – Leo (# 24304). – Liutfrid

(# 24749). – Meles (# 25033). – Otto I. (# 26211). – Otto II. (# 26212). – Otto III. (# 26213). – Pandolfus IV. (# 26227). – Petros (# 26499). – Anonymi (# 30366. – # 30443). – Anonymus (# 31392). — s. auch Aachen, Augsburg, Bamberg, Bernkastel, Burtscheid, Colonne, Cues, Kärnten, Köln, Mainz, Mosel, Regensburg, Reichenau, Rheinland, Saxonia, Schwaben, Trier, Worms, Würzburg

Develi s. Gabadonia (Kappadokien)

Devol s. Deabolis

Diabasis (Thrakien) → Konstantinos Kephalas (# 23824).

Diabolis s. Deabolis

Diabrippu (Chalkidike) → Nikephoros (# 25618). – Theodotos (# 27980).

Diadromoi s. Alonnesos

Diakonia-Kirche (Monembasia) → Theodoros (# 27627). – Anonymi (# 30286). – Anonymus (# 31017. – # 31018).

Dialia (Chalkidike) → Maria (# 24942).

Diauleia (Hellas) → Basileios (# 21048). – Germanos (# 22295).

Didymoteichon (Thrakien) → Bardas Skleros (# 20785). – Konstantinos Skleros (# 23921). – Nikephoros (# 25547).

Dielizon-Kloster (Athos) → Leontios (# 24726).

Digisene (= Tekes, Mesopotamia) → Iachnukas (# 22652). – Ioannes (# 22899). – Krinites (# 24200). – Manuel (# 24875). – Mudaphar (# 25432). – Pankratukas (# 26237). – Pukrikas (# 26779). – Tautukas (# 27573).

Dimašq (arab.) s. Damaskus

Diokleia (Duklja) → David (# 21440). – Ivan Vladislav (# 23582). – Kosara (# 24095). – Niketas (# 25826). – Samuel Kometopulos (# 26983). – Vladimir (# 28434).

Diomedes-Kirche bzw. Kloster (Kpl.) → Basileios I. (# 20837). – Euthymios (# 21913). – Ioannes (# 22779). – Nikolaos Androsalites (# 25886). – Anonymus (# 30753. – # 30844).

Dipotamon (Pisidien) → Bardas Skleros (# 20785). – Leon (# 24532). – Anonymi (# 30482).

Dristra s. Dorystolon

Diungios-Kloster bzw. Diunkios-Kloster (Lampe, Phrygien) → Athanasios Athonites (# 20670). – Anonymus (# 31461).

Diyūṭmah (arab.) s. Didymoteichon (Thrakien)

Diyār Bakr (arab., Provinz in Obermesopotamien) → ʿAbdallāh al-Malaṭī (# 20013). – Abū ʿAlī al-Ḥasan b. Marwān (# 20038). – ʿAḍudaddawla Abū Šuǧāʿ Fannā Ḫusrau (# 20131). – Bād b. Dūstuk (# 20727). – Bardas Skleros (# 20785). – Hezarmerd (# 22589). – Ibn al-Bāqillānī (# 22689). – Ibn F.šīr (# 22692). – Ioannes I. Tzimiskes (# 22778). – Konstantinos Skleros (# 23921). – Leon Phokas (# 24423). – Mumahhidaddawla Abū Manṣūr Saʿīd b. Marwān (# 25447). – Nikephoros II. Phokas (# 25535). – Q.l.mūṭ (# 26788). – Romanos Balantes (# 26851). – Romanos Skleros (# 26854). – Sayfaddawla (# 26998). – Umm Ḥasan (# 28401). – Anonymus (# 31407). — s. auch Amida, Arqanīn, Darb Bāqasāyā, Darb Ḫayyāṭīn, Ḥisn al-Yamanī

Diyār Muḍar (arab., Provinz in Obermesopotamien) → ʿAbdallāh al-Malaṭī (# 20013). – Ǧayš b. Ḫumārawayh (# 22068). – Ḫumārawayh (# 22639). –

Melias (# 25041). – Mu'nis al-Muẓaffar (# 25449). – Naǧm (# 25488). – Nikephoros II. Phokas (# 25535).

Diyār Rabīʿa (arab., Provinz in Obermesopotamien) → al-Ḥusayn b. Ḥamdān b. Ḥamdūn (# 22642). – Ioannes I. Tzimiskes (# 22778). – Nikephoros II. Phokas (# 25535). – Saʿīd b. Ḥamdān (# 26961). – Sayfaddawla (# 26998).

Dnjepr (Fluß in Rußland) → Æimundr (# 20135). – Grani (# 22320). – Hægbiǫrn (# 22541). – Karl (# 23677). – Øystæinn (# 26175). – Olga (# 26186). – Rafn (# 26801). – Rōðvīsl (# 26832). – Svenald (# 27439). – Svjatoslav von Kiew (# 27440). – Vīfill (# 28426). – Vladimir I. von Kiew (# 28433).

Docheiariu-Kloster (Athos) → Ioannes (# 23360). – Theodulos (# 28000).

Dodekanesos (Inseln) → Christophoros (# 21265).

Dodekathronos (Palästina) → Elias der Jüngere (# 21639).

Doguta (= Daguta, Bithynien) → Tryphon (# 28374).

Dokia (Armeniakon) → Ioannes Kurkuas (# 22824).

Dokimion (Phrygien) → Ioannes (# 22820). – Nikolaos (# 25888).

Doliche s. Teluch

Doliskana (Georgien) → Bagrat (# 20734). – Smbat I. (Kuropalates Iberias) (# 27142).

Dometiupolis (Isaurien) → Paulos (# 26306).

Domna (Lage unklar) → Aëtios (# 20141).

Don (Fluß in Rußland) → Baïtzas (# 20746). – Batas (# 21133). – Giazes (# 22305). – Ipaos (# 23546). – Kaïdum (# 23598). – Kostas (# 24186). – Kuel (# 24207). – Kurkutai (# 24212).

Donatus-Kirche (Rhegion) → Daniel (# 21393).

Donau (Fluß) → Arpad (# 20582). – Baïtzas (# 20746). – Batas (# 21133). – Blasios (# 21177). – Eustathios (# 21836). – Giazes (# 22305). – Ioannes I. Tzimiskes (# 22778). – Ipaos (# 23546). – Kaïdum (# 23598). – Kalokyres (# 23631). – Konstantinos Diogenes (# 24045). – Kostas (# 24186). – Kuel (# 24207). – Kurkutai (# 24212). – Kursan (# 24213). – Leon (# 24532). – Michael Barkalas (# 25147). – Naum (# 25501). – Nikephoros Xiphias (# 25661). – Niketas Skleros (# 25717). – Romanos I. Lakapenos (# 26833). – Svenald (# 27439). – Svjatoslav von Kiew (# 27440). – Symeon von Bulgarien (# 27467). – Theodoros (# 27761). – Theodoros Lalakon (# 27760). – Tzotzikios (# 28388). – Anonymi (# 30149. – # 30192. – # 30485). – Anonymus (# 31543).

Dornbuschkloster (Sinai) s. Katharinenkloster

Dorostolon s. Dorystolon

Dorylaion (Phrygia Salutaris) → Bardas Skleros (# 20785). – Ignatios (# 22718). – Ioannes III. von Antiocheia (# 23167). – Leon Phokas (# 24519). – Paulos (# 26309). – Sabas (# 26932).

Dorystolon/Dorystolos bzw. Silistra (Dristra) → Anemas (# 20421). – Arkadios (# 20570). – Bardas Skleros (# 20785). – Boris II. (# 21198). – Damianos (# 21371). – Ikmor (# 22753). – Ioannes I. Tzimiskes (# 22778). – Ioannes Kurkuas (# 23108). – Kalokyres (# 23631). – Leon Choirosphaktes (# 24343). – Leon Sarakenopulos (# 24520). – Nikephoros

Phokas "der Ältere" (# 25545). – Petros (# 26496). – Romanos (# 26847). – Romanos Lakapenos (# 26841). – Svenald (# 27439). – Svjatoslav von Kiew (# 27440). – Symeon von Bulgarien (# 27467). – Theodoros (# 27761). – Theodoros Lalakon (# 27760). – Theophilos (# 28162). – Tzotzikios (# 28388). – Anonyma (# 30095). – Anonymi (# 30485. – # 30488. – # 30489). – Anonymus (# 31543. – # 31551).

Dostinik (Serbien) → Klonimir (# 23719).

Dragabunton/Dragobunton (bei Thessalonike) → Drosyne (# 21609). – Galatissa (# 22059). – Georgia (# 22080).

Drama (Makedonien) → Dorotheos (# 21593). – Germanos von Kosinitza (# 22285). – Neophytos (# 25507). – Nikolaos (# 25917). – Anonymi (# 30214).

Drasxanakert (Armenien) → Yovhannēs Drasxanakertc'i (# 28467).

Drepanon (= Trapani, arab. Ṭ.rā.b.l.s, Sizilien) → Abū l-'Abbās 'Abdallāh b. Ibrāhīm (# 20031).

Dristra (Thema) → Basilianes (# 21125). – David (# 21437). – Petros (# 26529). – Theodoros (# 27826. – # 27827).— s. auch Dorystolon

Drizion (Kappadokien) → Basileios II. (# 20838). – Basileios Lakapenos (# 20925). – Konstantinos VIII. (# 23735). – Theophano (# 28125).

Drugubiteia (Thema) → Chryselios (# 21338). – Isaakios (# 23559). – Konstantinos (# 24019). – Leon (# 24619). – Nikolaos (# 26039). – Petros (# 26440).

Duklja s. Diokleia

Ḏū l-Kilā' (arab.) s. Kyzistra

Dubrovnik s. Ragusa

Hagios Dulas (Lykien) → Symeon (# 27463).

Dulūk (arab.) s. Teluch

Durachium s. Dyrrhachion

Durūb (arab.) s. Trypia

Dvin (Armenien) → Afšīn (Muḥammad b. Abī s-Sāǧ) (# 20156). – Ašot II. "der Eiserne" (# 20646). – Ioannes Kurkuas (# 22917). – Kekaumenos (# 23694). – Muḥammad (# 25436). – Naṣr as-Subkī (# 25493). – Smbat I. "der Märtyrer" (# 27141). – Subukī (# 27431). – Umayya (# 28400). – Yovhannēs Drasxanakertc'i (# 28467). – Yovsēp' (# 28469). – Yūsuf b. Abī s-Sāǧ (Abū l-Qāsim) (# 28472).

Dyrrhachion (Epeiros) → Agathe (# 20171). – Anastasios (# 20309). – Ašot (# 20650). – Basileios II. (# 20838). – Domagoj (# 21577). – Eirene (# 21629). – Eustathios Daphnomeles (# 21864). – Georgios Gonitziates (# 22248). – Ioannes Chryselios (# 23183). – Ivan Vladislav (# 23582). – Konstantinos (# 23907). – Leon (# 24351. – # 24376. – # 24458. – # 24695). – Lukianos (# 24787). – Marinus I. (# 24983). – Michael (# 25208). – Miroslava (# 25408). – Orestes Aichmalotos (# 26199). – Samuel Kometopulos (# 26983). – Theodoros (# 27850). – Theodosios (# 27891. – # 27938). – Vladimir (# 28434). – Anonymi (# 30594). – Anonymus (# 30962. – # 31343).

Dyrrhachion (Thema) → Leon Rabduchos (# 24400). – Niketas Pegonites (# 25851). – Petros (# 26481). – Rabduchos (# 26791). – Theodosios (# 27903). – Anonymus (# 30701. – # 32067).

Dysis (Sammelbegriff für die westlichen Provinzen auf dem Balkan) → Demetrios (# 21486). – Euprepios (# 21810). – Georgios (# 22144). – Ioannes (# 22882.

– # 23288. – # 23415. – # 23441). – Ioannes Eladas (# 22909). – Ioseph (# 23519). – Kallinikos (# 23614). – Konstantinos (# 23878). – Leon (# 24458). – Leon Damokranites (# 24552). – Leon Tzikanes (# 24370). – Michael (# 25207). – Niketas (# 25796). – Nikolaos (# 25985). – Pardos (# 26270). – Petros (# 26512). – Stephanos (# 27380). – Theod... (# 27592). – Theodotos (# 27973). – Anonymus (# 31348).

Džavaxet'i (Georgien) → Adarnase II. (# 20099). – Smbat I. (Kuropalates Iberias) (# 27142).

Dzoroy Vank' (arm., Vaspurakan) → Gēorg II. Gaṙnec'i (# 22078).

Ebaë (Lage unbekannt) → Basileios (# 20877).

Edessa (= Vodena, Makedonien) → Draxanos (# 21605). – Germanos-Gabriel (# 22299). – Romanos (# 26847).

Edessa (Syrien) → Abramios (# 20025). – Abū l-Hayṯam ʿAbdarraḥman b. al-Qāḍī Abī l-Ḥusayn (# 20064). – Bartholomaios (# 20825). – Georgios Maniakes (# 22262). – Ioannes Kurkuas (# 22917). – Melias (# 25042). – Michael (# 25392). – Naṣraddawla b. Marwān (# 25497). – Paulinos (# 26291). – Sayfaddawla (# 26998). – Theophylaktos (# 28192). – Anonymus (# 31172. – # 31176. – # 31177. – # 31181).

Eghnout s. Ulnutin

Eğri Taş kilisesi (Kappadokien) → Christophoros Lakapenos (# 21275). – Konstantinos VII. (# 23734). – Padiates (# 26219). – Romanos I. Lakapenos (# 26833).

Egrisi (arm.) s. Abchasien

Eikosiphoinissa (Makedonien) → Auxentios (# 20704). – Dorotheos (# 21593). – Germanos von Kosinitza (# 22285). – Neophytos (# 25507). – Nikolaos (# 25917). – Anonymi (# 30204. – # 30214. – # 30215). – Anonymus (# 30787. – # 31344).

Hagia-Eirene-Kirche (Rossano) → Kaniskas (# 23668). – Neilos von Rossano (# 25503). – Anonymi (# 30339).

Eirenepalast (Kpl.) → Basileios (# 20856). – Paulos (# 26294).

Eirenupolis (Isaurien) → Euschemon (# 21812).

Eirenupolis s. Bagdad

Hagia-Eisodia-Kirche (Panion) → Basileios (# 20982).

Ekbatana s. Bagdad

Ekełeac (Armenien) → Zak'aria (# 28497).

Elaia (Asia) → Antiochos (# 20472). – Basileios (# 20891). – Eudokia (# 21757). – Paulos (# 26337).

Elaiobomoi-Kloster (Bithynien) → Anastasios (# 20299). – Klemes (# 23712). – Romanos Saronites (# 26843). – Theodoros (# 27812). – Anonymus (# 30909. – # 31267).

Ełanc' berd (arm.) s. Ulnutin

Elegmoi-Kloster bzw. Eleimoikloster s. Elaiobomoi-Kloster (Bithynien)

Eleïmon-Kirche (Lage unbekannt) → Georgios (# 22207).

Elephantine Pyle (Kpl.) → Lampudios (# 24268).

Eleutherioshafen (Kpl.) → Anastasios Gongylios (# 20298). – Basileios der Jüngere

(# 20881). – Konstantinos Gongylios (# 23823). – Romanos I. Lakapenos (# 26833). – Theophanes (# 28089). – Anonyma (# 30056. – # 30065). – Anonymi (# 30308). – Anonymus (# 31115. – # 31116. – # 31118).

Eleutheriospalast (Kpl.) → Basileios der Jüngere (# 20881). – Nikolaos (# 26133). – Romanos I. Lakapenos (# 26833). – Theodoretos (# 27610). – Anonyma (# 30068). – Anonymi (# 30335. – # 30336. – (# 30338. – # 31157. – # 31158).

Eleutheropolis (Makedonien) → Theodosios (# 27895).

Hagios Elias (Chalkidike) → Anastasia Kalemero (# 20283).

Hagios-Elias-Berg (Bithynien) → Polyeuktos (# 26715).

Elias-Kirche (Kpl.) → Eirene (# 21620). – Myron (# 25476).

S. Elias (Matera) → Godinus (# 22314).

Hagios-Elias-Kloster (Athos) → Antonios (# 20527). – Nikolaos (# 26122). – Nikon (# 26163). – Simon (# 27085).

Hagios-Elias-Kloster (= Prophetes-Elias-Kloster, bithynischer Olymp) → Basileios (# 20891).

Hagios-Elias-Kloster (Kalabrien) → Antonios (# 20533). – Athanasios (# 20693). – Basileios (# 21106). – Daniel (# 21397). – Georgios (# 22265. – # 22266). – Ioannes Markanetis (# 23395). – Konstantinos (# 24058). – Kosmas (# 24174. – # 24176. – # 24177. – # 24178). – Leon (# 24672. – # 24673). – Leontios (# 24731). – Leonto (# 24735). – Lukas (# 24776). – Nikephoros (# 25683). – Nikolaos (# 26132). – Petros (# 26543. – # 26544). – Phantinos (# 26578). – Selidenos (# 27004). – Stephanos (# 27327). – Theoktiste (# 28041). – Thomas (# 28334). – Trasomundos (# 28369).

Hagios-Elias-Kloster tes Monokastanu (= Monokastanonkloster, bei Kpl.) → Ioannes (# 22938). – Theodoros (# 27857).

Hagia-Elisabeth-Kloster (Charsianon) → Eustathios Argyros (# 21828). – Leon Argyros (# 24399). – Pothos Argyros (# 26730).

Eluza (Phrygia Pakatiane) → Eustratios (# 21885).

Elvira (Spanien) → Recemundus (# 26810).

Ely (England) → Sigewold (# 27069).

Elysomane s. Klazomenai

Emesa (heute Homs, Syrien) → Abū Bakr b. az-Zayyāt (# 20043). – Abū Firās al-Ḥāriṯ b. Saʿīd b. Ḥamdān (# 20051). – Bakǧūr (# 20747). – Bardas Phokas der Jüngere (# 20784). – Basileios II. (# 20838). – Ǧayš b. Muḥammad b. aṣ-Ṣamṣāma (# 22069). – Ioannes (# 23245). – Ioannes I. Tzimiskes (# 22778). – Kulayb an-Naṣrānī (# 24209). – Manǧūtakīn (# 24858). – Mufarriǧ b. Daġfal b. al-Ǧarrāḥ aṭ-Ṭāʾī (# 25433). – Nikephoros II. Phokas (# 25535). – Qaṭās (# 26787). – Saʿdaddawla Abū l-Maʿālī (# 26954). – Ṣāliḥ b. Mirdās (# 26966). – Anonymus (# 31669).

Emilia-Romagna s. Nonantola, Parma, Piacenza, Ravenna

Emporion (Chrysopolis) → Orestes (# 26198).

Emporion (Kpl.) → Christophoros (# 21273).

Engizek Dağ(lar) (Berg in Kilikien) → Sayfaddawla (# 26998).

England → Andreas (# 20400). – Constantinus (# 21347). – Ēlēfr (# 21633). – Sigewold (# 27069). — s. auch Ely, Malmesbury, Winchester

Eniklion (Lage unbekannt) → Pardos (# 26269).

Enna (Sizilien) → Christophoros (# 21287). – Elias der Jüngere (# 21639).

Enorion (Peloponnesos) → Nikon "Metanoeite" (# 26155). – Anonymus (# 31501).

Epeiros → Chrysion (# 21339). – Elias der Jüngere (# 21639). – Ioannes (# 23181). – Michael (# 25101). – Anonymus (# 30700. – # 30701. – # 30702). — s. auch Baginitia, Bothrotos, Dyrrhachion, Erikusa, Kroia, Naupaktos, Nikopolis, Pelagonia, Serbeia, Soskos, Thesprotia

Epeiros nea (Kirchenprovinz) → David (# 21411). – Paulos (# 26312). – Anonymus (# 30962. – # 31343). — s. auch Glabenitza, Skodron, Stephaniakon

Epeiros palaia (Kirchenprovinz) → Antonios (# 20490). – Ioannes (# 23181). – Anonymus (# 30702).

Ephesos (Asia) → Adalgesius (# 20098). – Apostolios (# 20546). – Basileios (# 20846. – # 21092). – Eirene (# 21631). – Georgios (# 22238. – # 22249). – Gregorios (# 22369. – # 22389). – Ignatios (# 22745). – Ioannes (# 22924). – Iuditta (# 23572). – Konstantinos (# 23828. – # 23871). – Kyriakos (# 24241). – Lazaros vom Galesionberg (# 24285). – Matthaios (# 25017). – Petrus (# 26571). – Stephanos (# 27260). – Symeon (# 27489). – Symeon Ampelas (# 27506). – Theodoros (# 27774. – # 27779). – Anonymae (# 30142). – Anonymi (# 30586. – # 30622). – Anonymus (# 30954. – # 31187. – # 31320. – # 31423. – # 31862. – # 31954. – # 32049). — s. auch Hypselosberg, Ioannes-Theologos-Kirche, Legos, Malpadea, Prodromos-Kirche, Sirinçe

Epibatai (Thrakien) → Euthymios (# 21951). – Niketas (# 25801). – Paraskeue (# 26262).

Epidamnos s. Dyrrhachion

Epidauros (Peloponnesos) → Nikon "Metanoeite" (# 26155).

Epiphaneia (Syrien) s. Ḥamāh

Epiphanios-Kloster (Kerasus) → Nikolaos (# 26042). – Anonymi (# 30603).

Epirus s. Epeiros

Epirus nova s. Epeiros nea

Epirus vetus s. Epeiros palaia

Erax s. Arax (Fluß)

Erazgawor (Armenien) → Smbat I. "der Märtyrer" (# 27141). – Zakʿaria (# 28496).

Erebinthos-Kloster (Asia) → Andreas (# 20398). – Ephraim (# 21695). – Maria (# 24918). – Nikephoros (# 25576). – Nikolaos (# 26059). – Theodulos (# 27998). – Zosimas (# 28517).

Eremia-Kloster (Kpl.) → Photios (# 26667).

Eresos s. Hierissos (Chalkidike)

Erēz s. Erizay

Erikusa (Epeiros) → Chrysion (# 21339). – Elias der Jüngere (# 21639). – Kusonios (# 24219).

Erisos s. Hierissos

Erissos (Mitylene) → Basileios (# 21105).

Eriste (Bithynien) → Tarasios (# 27563).

Erizay (Aršamunikʿ) → Mumahhidaddawla Abū Manṣūr Saʿīd b. Marwān (# 25447).

Erkan (Armenien) → Mxit'ar (# 25472).

Erlöser-Kirche und -Kloster s. Soter-Kirche und -Kloster

Erndžak (Armenien) → Yūsuf b. Abī s-Sāǧ (Abū l-Qāsim) (# 28472).

Eroithra s. Erythra

Ertem (= Irtim, Patzinakia) → Baïtzas (# 20746).

Erymaton s. Rametta (Sizilien)

Erymna (Pamphylien) → Methodios (# 25064).

Erythra (Asia) → Arsapios (# 20592). – Georgios (# 22114). – Michael (# 25367). – Studios (# 27403).

Erzengel s. Archangeloi/Archangelos bzw. unter Gabriel und Michael

Erzinǧān (Mesopotamia [Thema]) → Anonymus (# 31407).

Erzurum s. Theodosiupolis

Esbai s. Euaissa

Esphagmenu s. Esphigmenu

Esphigmenu-Kloster (Athos) → Antonios (# 20509). – Basileios (# 21005). – Damianos (# 21380). – Ephymes (# 21696). – Georgios (# 22184). – Gregorios (# 22437). – Iakobos (# 22668. – # 22669). – Ioannes (# 23158). – Ioannes Athonites Iber (# 22942). – Ioannikios (# 23461). – Ioseph (# 23532). – Kosmas (# 24146. – # 24147. – # 24148). – Kyrikos (# 24243). – Kyrillos (# 24252. – # 24253). – Leontios (# 24717). – Michael (# 25273). – Nikephoros (# 25624. – # 25625. – # 25626. – # 25662). – Nikolaos (# 26036). – Nikon (# 26159). – Paulos (# 26368). – Petros (# 26506. – # 26507. – # 26508). – Theodoros (# 27778). – Theoktistos (# 28057). – Xenophon (# 28451). – Zosimas (# 28516). — s. auch Agron ton Selinon

ta esula (Kalabrien) → Ardiabastos (# 20551).

Etainos/Etenna (Pamphylien) → Petros (# 26439).

Euaissa (Kappadokien) → Platon (# 26694).

Euboia (Insel, Hellas) → Bardas (# 20805). – Bernward (# 21151). – Euthymios Kapules (# 21968). – Georgios (# 22132. – # 22201). – Maria (# 24945). – Nikon "Metanoeite" (# 26155). – Sisinnios (# 27108). – Theodoros (# 27654). – Yāzamān (# 28463). – Anonyma (# 30072). – Anonymi (# 30158). – Anonymus (# 30699. – # 30897. – # 31471. – # 31801. – # 31937. – # 32003. – # 32031). — s. auch Chalkis, Euripos

Eubulos-Xenon (Kpl.) → Eustathios (# 21858).

Eubulosviertel (= ta Eubulu, Kpl.) → Sergios (# 27022). – Anonymi (# 30317).

Euchaita (Helenopontos) → Euphemianos (# 21788). – Michael (# 25304). – Kalokyros (# 23647). – Lazaros vom Galesionberg (# 24285). – Manuel (# 24882). – Michael (# 25269). – Philaretos (# 26584. – # 26586). – Philotheos (# 26636). – Symeon (# 27516). – Theodoros Santabarenos (# 27619). – Anonyma (# 30117). – Anonymus (# 31732).

Eueme-Kloster (Lage unklar) → Stephanos (# 27293).

Eukarpia (Phrygia Salutaris) → Konstantinos (# 23774).

Eumeneia (Phrygia Pakatiane) → Epiphanios (# 21703). – Ioannikios (# 23455). – Paulos (# 26308). – Stylianos (# 27415). – Anonymus (# 31642).

Euonymos (Sporadeninsel) → Anonymus (# 30876).

Hagia-Euphemia-Kloster (Kpl.) → Anastasia (# 20280). – Anna (# 20427). – Basileios I. (# 20837). – Helene (# 22572). – Maria (# 24913). – Marianos (# 24955). – Zoe Karbonopsina (# 28506).

Hagia-Euphemia-Kloster (Neokastron) → Kabukolios (# 23594). – Leon (# 24687). – Mustoxides (# 25459). – Theophylaktos (# 28261).

Euphrat (Fluß) → Abramios (# 20025). – Abū l-Fawāris Muḥammad b. Nāṣir-addawla (# 20050). – Abū Firās al-Ḥāriṯ b. Sa'īd b. Ḥamdān (# 20051). – Abū l-Hayṯam 'Abdarraḥman b. al-Qāḍī Abī l-Ḥusayn (# 20064). – Abū l-Qāsim al-Ḥusayn b. 'Alī al-Maġribī (# 20071). – Gregorios Taronites (# 22428). – Ḥasan b. 'Alī al-Qawwās (# 22561). – Ioannes I. Tzimiskes (# 22778). – Ioannes Kurkuas (# 22917). – Konstantinos Phokas (# 23841). – Krinites (# 24200). – Manuel (# 24875). – Melias (# 25042). – Michael (# 25247). – Niketas (# 25785). – Qaṭās (# 26787). – Sayfaddawla (# 26998). – Tatikios (# 27571). – Theodoros (# 27880). – Turnīq (# 28383). – Zuhayr (# 28522). – Anonymi (# 30322). – Anonymus (# 31176. – # 31177. – # 31181).

Euphrateia (Turma) → Melias (# 25041).

Euphratensis (Kirchenprovinz) → Abramios (# 20025).

Euripos (Euboia) → Bardas (# 20805). – Euthymios Kapules (# 21968). – Georgios (# 22132. – # 22192. – # 22201). – Helene (# 22583). – Lukas (# 24766). – Maria (# 24945). – Nikolaos (# 26070). – Nikon "Metanoeite" (# 26155). – Oiniates (# 26178). – Sisinnios (# 27108). – Theodoros (# 27622. – # 27654. – # 27815). – Theodote (# 27961). – Theophylaktos (# 28182). – Yāzamān (# 28463). – Anonyma (# 30072). – Anonymus (# 31471. – # 31937. – # 32003).

Europe (Kirchenprovinz) → Agathe (# 20167). – Akindynos (# 20211). – Anastasios (# 20301). – Anthimos (# 20459). – Arsenios (# 20616). – Baanes (# 20719). – Bardanes (# 20761). – Basileios (# 20855. – # 20862). – Bulias (# 21210). – David (# 21426). – Euthymios (# 21924. – # 21951). – Iakobos (# 22660). – Ioannes (# 22781. – # 22803. – # 23175). – Isaakios (# 23553). – Lukas (# 24766). – Maria die Jüngere von Bizye (# 24910). – Marina (# 24974). – Nikephoros (# 25558. – # 25605). – Niketas Kannakes (# 25744). – Nikolaos (# 25897. – # 25922). – Orestes (# 26192). – Petros (# 26438. – # 26441). – Photios (# 26676). – Sabas (# 26917). – Sephronas (# 27009). – Sophia (# 27151). – Stephanos (# 27225. – # 27239). – Strategios (# 27390). – Symeon (# 27453). – Theod... (# 27591). – Theodoros (# 27695). – Zoe (# 28510). – Anonyma (# 30036. – # 30037. – # 30038. – # 30039. – # 30040. – # 30041. – # 30042. – # 30043. – # 30044. – # 30045. – # 30050. – # 30051. – # 30052). – Anonymae (# 30129). – Anonymi (# 30232. – # 30235. – # 30236). – Anonymus (# 30714. – # 30851. – # 30852. – # 30853. – # 30854. – # 30855. – # 30856. – # 30858. – # 31078. – # 31079. – # 31086. – # 31089. – # 31090. – # 31700. – # 31981). — s. auch Chariupolis, Daonia, Garella, Herakleia, Lizikon, Madyta, Metrai, Pamphilon, Sergentzion, Theodorupolis

Euros/Evros s. Maritza (Fluß)

Eusebios-Kloster (Optimaton) → Abramios (# 20025). – Konstantinos (# 23989). – Michael (# 25318). – Theophanes (# 28087). – Anonymus (# 31182).

Eustathios-Kloster (Hellespontos) → Plegatos (# 26698). – Anonymus (# 31739. – # 31776. – # 31815).

Hagios Eustratios ([Neoi], Inseln) → Eustratios (# 21898). – Euthymios (# 21912). – Ioannes Kolobos (# 22783). – Symeon (# 27451). – Anonymi (# 30562). – Anonymus (# 30629. – # 30630).

Hagios-Eustratios-Kapelle (Pegekloster) → Anonymi (# 30225). – Anonymus (# 30801).

Hagios-Eustratios-Kirche (Kalabrien) → Arsenios (# 20602). – Elias Spelaiotes (# 21646).

Hagios-Euthymios-Kloster (Palästina) → Lazaros vom Galesionberg (# 24285).

Hagios-Euthymios-Kloster (Trapezunt) → Paulos (# 26385).

Eutropioshafen (= ta Europiu, Chalkedon) → Anna (# 20432). – Arkadios (# 20566). – Eirene (# 21623). – Euthymios (# 21934). – Georgios (# 22129). – Ioannes Iubes (# 22944). – Kyros (# 24257. – # 24258). – Leontios (# 24709). – Lukas Stylites (# 24758). – Maria (# 24920). – Michael (# 25180). – Sergios (# 27022. – # 27026). – Sisinnios (# 27107). – Theophylaktos (# 28192). – Anonyma (# 30061. – # 30062). – Anonymi (# 30316. – # 30321. – # 30367. – # 30502). – Anonymus (# 31126. – # 31127. – # 31128. – # 31132. – # 31202. – # 31390. – # 31730).

Eutychios-und-Eutychianos-Kirche (Rethymno) → Ioannes Xenos (# 23109). – Anonymus (# 31841).

Euxeinos/Euxenos Pontos s. Schwarzes Meer

Exabulioskloster (Kpl.) → Demetrios (# 21456).

Ezeros (Hellas) → Baldos (# 20752). – Damianos (# 21363). – Theodosios (# 27931). – Anonymus (# 31584. – # 31586).

Falasṭīn (arab.) s. Palästina

al-Faramā (Ägypten) → Eutychios (# 21977). – Ibn Balīḥa (# 22688). – Michael (# 25179).

Fārs (arab.) s. Persien

Fellino-Kloster (Capua) → Kyriakos (# 24235).

Ferentino (Latium) → Stephanus (# 27382).

Fergana (Transoxanien) → Anonymi (# 30185). – Anonymus (# 30718).

Fides-Kloster (Conques) s. Sainte Foy

Finnland → Ægill (# 20134).

Flandern → Macarius von Gent (# 24806). – Symeon von Trier (# 27542). – Anonymi (# 30590). — s. auch Gent

Flaviupolis s. Krateia (Honorias)

Fondi (Latium) → Symeon (# 27452).

Fortore (Fluß in Apulien) → Rodulfus (# 26831).

Forum (Kpl., Identifizierung unklar) → Marianos (# 24956). – Anonymi (# 30183. – # 30311).

Forum Bovis (Kpl.) s. Bus (Kpl.)

Forum Constantini (Kpl.) → Anonymi (# 30217).

Fossombrone (Marken) → Petrus (# 26555).

Foy s. Sainte Foy (Conques)

San Francesco (Kirche in Cortona) → Stephanos (# 27293).

Frankenreich/Frankreich → Adalgesius (# 20098). – Anna (# 20436). – Arnulf von Kärnten (# 20578). – Cosmas (# 21351). – Elias (# 21673). – Fulk Nerra (# 22013). – Hugo Capet (# 22638). – Leo (# 24304). – Petros (# 26499). – Petrus (# 26571). – Rodulfus (# 26831). – Zacharias von Anagni (# 28477). – Zacharias Kophos (# 28476). — s. auch Amboise, Angers, Angoulême, Anjou, Aquitanien, Arles, Aurillac, Auvergne, Aveyron, Beaulieu-lès-Loches, Bénigne, Béthune, Haute-Loire, Le Puy-en-Velay, Leodiensis civitas, Limoges, Loches, Lothringen, Lothringen, Lüttich, Metz, Normandie, Paris, Pithiviers, Provence, Reims, Sainte Foy, Toul, Verdun, Vienne

Fraxinetum (Provence) → Hugo von der Provence (# 22637). – Anonymi (# 30326).

Friaul (Italien) → Berengar I. (# 21146).

al-Furāt (arab.) s. Euphrat

al-Fusṭāṭ (arab.) s. Kairo

Gabadonia (Kappadokien) → David Arcruni (# 21441).

Ǧabal Anṣarīya (Gebirgszug in Syrien) → Kulayb an-Naṣrānī (# 24209). – Qaṭās (# 26787).

Ǧabal Bahrā' (Gebirgszug in Phönizien) → Muḥammad b. Ḫalīd b. al-Bahrānī (# 25439).

Ǧabal Laylūn (Gebirgszug in Syrien) → Manṣūr b. Lu'lu' (# 24865).

Ǧabal Mūsa s. Mons mirabilis

Ǧabala (arab.) s. Byblos (Syrien)

Gabii (Latium) → Leo (# 24289).

Archangelos-Gabriel-Kirche (Kpl.) → Nikolaos (# 26090).

Gadeira (heute Cadiz, Spanien) → Dunale (# 21610). – Anonymi (# 30380).

Gaeta (Kampanien) → Basileios (# 20957). – Emilia (# 21685). – Iohannes I. von Gaeta (# 23478). – Iohannes III. von Gaeta (# 23492). – Otto III. (# 26213). – Sigefredus (# 27068). – Stephanos (# 27257). – Anonymus (# 31936. – # 31940). — s. auch Iohannes-Apiro-Kloster

al-Ǧa'farī (arab., Kilikien) → Ibn ad-Daḥḥāk (# 22685).

Gagkašēn (Ani) s. Gregor-der-Erleuchter-Kirche (Ani)

Gaianon (Kalabrien) → Georgios (# 22189).

Galaiagra s. Galeagra

Galakrenaikloster (Bithynien) → Gregorios (# 22389). – Ioannes (# 22937). – Michael (# 25178). – Nikolaos I. Mystikos (# 25885). – Anonymus (# 30888).

Galasso/Galasum (Basilicata) → Hilarius (# 22621).

Galata (Kpl.) → Basileios II. (# 20838). – Konstantinos Karamallos (# 23816). — s. auch Pikridionkloster

Galate (Paphlagonien) → Basileios Galaton (# 20936). – Symeon Neos Theologos (# 27488). – Theophano (# 28124).

Galatien → Eirene (# 21618). – Euphemia (# 21786). – Euthymios (# 21912). – Galatissa (# 22059). – Gregoras (# 22325). – Iulitta (# 23580). – Methodios (# 25073). – Nikephoros (# 25576). – Petros Thaumaturgos (# 26426). – Philetos (# 26591). – Photeinos (# 26661). – Sabas (# 26918). – Sisinnios (# 27097). – Sisinno (# 27125). – Anonymus (# 31196). — s. auch Hagios Agapetos, Amorion, Anastasiupolis, Ankara/Ankyra, Aplatianai, Aspina/Aspona, Basilaion, Basileiopolis, Berinupolis, Dermocholcha, Germia, Iliopolis, Iuliopolis, Kalymne, Kinepolis, Kinna, Meizon, Opso, Pessinus, Spaleia, Tabia, Troknada

Galatien I (Kirchenprovinz) → Andronikos (# 20413). – Antonios (# 20483). – Daniel (# 21391). – Gregorios (# 22403). – Ioannes (# 23176). – Nikephoros (# 25576). – Theodulos (# 27989). – Theophilos (# 28170).

Galatien II (Kirchenprovinz) → Besarion (# 21158). – Eusebios (# 21818). – Eustratios (# 21883). – Konstantinos (# 23865. – # 23980). – Niketas (# 25707). – Theodoros (# 27704). – Theophilos (# 28136). – Anonymus (# 30999. – # 31004).

Galatissa (Chalkidike) → Galatissa (# 22059).

Galeagra → Eustratios (# 21908). – Euthymios Athonites Iber (# 21960). – Georgia (# 22080). – Georgios (# 22256). – Ioannes (# 23170). – Kallinikos (# 23620). – Lukas (# 24786). – Nikon (# 26160). – Petros (# 26537). – Symeon (# 27540). – Tornikios Kontoleon (# 28366). – Zak'aria (# 28498). — s. auch Ioannes-Prodromos-Kloster

Galeagra-Kloster (Athos) s. Ioannes-Prodromos-Kloster (Galeagra)

Galesion (Asia) → Eirene (# 21631). – Anonymi (# 30622). – Anonymus (# 32049).

Galesionberg (Asia) → Antonios (# 20535). – Eirene (# 21631). – Ignatios (# 22745). – Ioannes (# 23440). – Kosmas (# 24181). – Lazaros vom Galesionberg (# 24285). – Lukianos (# 24790). – Symeon (# 27545). – Theodoros (# 27774). – Anonymae (# 30142). – Anonymi (# 30598. – # 30622). – Anonymus (# 31970. – # 31982. – # 31983. – # 31985. – # 31986. – # 32048. – # 32049. – # 32070). — s. auch Hagia-Marina-Kloster, Paphnutioshöhle, Petra, Soter-Kloster

Galiagra s. Galeagra

Galikon (Kalabrien) → Ursos (# 28411).

Galiläa s. Tabor, Tiberias

Gallipoli s. Kallipolis

Gallos (Fluß in Bithynien) → Hesychios (# 22588). – Michael Maleïnos (# 25124). – Anonymus (# 30927. – # 31956).
— s. auch Monokamarosbrücke

Gallucanta (Kampanien) → Eupraxios (# 21808). — s. auch Hagios-Nikolaos-Kloster

Gamirk' (arm.) s. Kappadokien

Gangra (Paphlagonien) → Basileios (# 20849). – Christophoros (# 21266). – Nikephoros (# 25581). – Nikolaos (# 25895. – # 25951. – # 25975). – Petros Thaumaturgos (# 26426). – Petros (# 26505). – Symeon (# 27494).

Ganos (Gebirgszug in Thrakien) → Ioannes bar 'Abdûn (# 23438). – Symeon (# 27529). – Theodoros (# 27729). – Anonymus (# 31932).

Ğarāğa s. Gerace (Kalabrien)

al-Ğarāğima (arab., Syrien) → Hieremias (# 22591).

La Garde-Freinet s. Fraxinetum

Garella (Europe) → Basileios (# 20863). – Hypatios (# 22647). – Leon (# 24595).

Gargano (Apulien) → Basileios Boioannes (# 21094). — s. auch Erzengel-Michael-Kloster

Gargara (Asia) → Ephraim (# 21688).

Garichela s. Garella

Garigliano (Fluß in Kampanien) → Dattus (# 21407). – Pandolfus IV. (# 26227). – Atenulph I. (# 20656). – Atenulph II. (# 20657). – Gregorius IV. von Neapel (# 22490). – Guaimar II. (# 22508). – Iohannes I. von Gaeta (# 23478). – Iohannes X. (# 23477). – Landulph I. (# 24272). – Nikolaos (# 25945). – Theophylactus (# 28173).

Gaṙni (Stadt in Armenien) → Gēorg II. Gaṙnec'i (# 22078).

Gastria-Kloster (Kpl.) → Michael (# 25176). – Thekla (# 27583). – T'ornik (# 28364).

Ǧayḥān (Fluß) s. Pyramos

Gaza (Palästina) → Ioannes (# 22823).

al-Ǧazarīya (arab. aṯ-Ṯuġūr al-Ǧazarīya) → al-Qāsim b. Sīmā (# 26786).

al-Ǧazīra (arab.) → Abū l-Hayǧā' b. Sa'daddawla (# 20063). – Waṯṯāb b. Ǧa'far (# 28442).

Gena (Paphlagonien) → Petros Thaumaturgos (# 26426).

Genezareth-See (Palästina) → Elias der Jüngere (# 21639).

Gent (Flandern) → Macarius von Gent (# 24806). – Anonymi (# 30590). — s. auch St.-Bavo-Kloster

Genua (arab. Ǧinwa, Ligurien) → Ya'qūb b. Isḥāq (# 28461). – al-Qā'im bi-Amr Allāh (# 26784).

Georgien (arab. Ǧurzān) → Adarnase II. (# 20099). – Alanios (# 20221). – Alde (# 20226). – Ašot III. von Taron (# 20645). – Athanasios Athonites (# 20670). – Bagrat (# 20730. – (# 20742). – Bagrat III. (# 20740). – Bagrat IV. (# 20743). – Bakur (# 20748). – Bardas (# 20807). – Basileios II. (# 20838). – David (# 21415). – David II. (# 21423). – Demetre (# 21450). – Giorgi I. (# 22309). – Giorgi II. von Abchasien (# 22307). – Gurgen von K'art'li (# 22531). – Gurgen I. von Tao (# 22527). – Ioannes (# 23043). – Isaak (# 23549). – Kanitissa (# 23669). – Kwirike (# 24220). – Malacenus (# 24838). – Maria (# 24943). – Mušeł (# 25457). – Nasra (# 25496). – Nikolaos (# 26131). – Romanos Dalassenos (# 26881). – Salome (# 26970). – Smbat I. "der Märtyrer" (# 27141). – Smbat II. von Klardžet'i (# 27143). – Anonymi (# 30218). – Anonymus (# 30793. – # 31988). — s. auch Axalc'ixe, Bana, Bathia, Bedia, Breti, Č'ormayri, Čorox, Doliskana, Džavaxet'i, Guria, Iberien, K'art'li, K'ut'at'isi, Kalmaxi, Kaxet'i, Kolciss, Kura, Mc'xet'a, Mglinavi, Nigali, St. Nino, Ninoc'mida, Ośki, Ot'xt'a Eklesia, P'anaskert, Parxali, Sak'art'velo, Sałk'oray, Samc'xe, Šamšuldē, Šavšet'i, Šemokmedi, Tao, Tao-Klardžet'i, T'mogwi, Tyrokastron, Up'lisc'ixe, Vierkirchenlaura, Westgeorgien, Zarzma

Hagios-Georgios-Kirche (Athen) → Andreas Palikanti(os) (# 20397). – Anna (# 20441). – Demetrios N... (# 21525). – Galates (# 22058). – Georgios (# 22158). – Ioannes Kalabros (# 23382). – Maria (# 24928). – Michael (# 25361). – Paschales tu Chalka (# 26277). – Paulos (# 26392). – Platon (# 26695). – Rendakios (# 26813). – Theophylaktos (# 28212). – Anonyma (# 30082).

Hagios-Georgios-Kirche (Silandos) → Aëtios (# 20151). – Georgios (# 22179). – Leon (# 24394).

Hagios-Georgios-Kirche (Thessalonike) → Daniel (# 21393). – Ioannes Kaminiates (# 22904).

Hagios-Georgios-Dubrikas-Kirche (Kreta) → Ioannes Xenos (# 23109).

Hagios-Georgios-Opsaropiastes-Kirche (Kreta) → Eutychios (# 21980). – Ioannes Xenos (# 23109).

Hagios-Georgios-Kirche (Lage unbekannt) → Niketas (# 25784).

Megalomartys-Georgios-Kirche (Nea Ephesos, Asia) → Ioannes (# 23364).

Hagios-Georgios-Kloster (Athos) (= Xenophontos-Kloster) → Antonios (# 20530). – Georgios (# 22240). – Theodoros (# 27859). – Xenophon (# 28451).

Megalomartys-Georgios-Kloster (Lage unbekannt) → Nikephoros (# 25581).

Georgskirche (Bari) → Moses(es) (# 25429). – Iohannes (# 23499). – Maio (# 24821). – Marius (# 24985).

Gephyrion (Chalkidike) → Bardas (# 20789). – Elias (# 21662). – Euthymios Athonites Iber (# 21960). – Kalida (# 23612).

Gerace (Kalabrien) → Elias der Jüngere (# 21639). – Farağ al-Muḥaddad (# 21991). – Georgios (# 22088). – al-Ḥasan b. ʿAlī b. Abī l-Ḥusayn al-Kalbī (# 22558). – Ioannes Pilatos (# 23084). – Leon Nasites (# 24661). – Makroioannes (# 24837). – Malachias (# 24839). – Malakenos (# 24842). – al-Manṣūr bi-Naṣr Allāh (# 24863). – Nikodemos Kondos (# 25882). – Nikolaos Nasites (# 26129). – Paschalios (# 26279). – Phantinos (# 26576). — s. auch Hagia Kyriake / Sancta Cyriaca, Phantinoskirche

Gerane/Geraneia (Hellas) → Leon (# 24630).

German (Ort in der Nähe des Prespasees) → David Kometopulos (# 21433). – Hṙipʿsimē (# 22633). – Nikolaos (# 26038). – Samuel Kometopulos (# 26983).

Germanikeia (arab. Marʿaš, Nordsyrien) → Abū Firās al-Ḥāriṯ b. Saʿīd b. Ḥamdān (# 20051). – Abū Riğāl b. Abī Bakkār (# 20075). – Andronikos Dukas (# 20405). – Bardas Phokas der Ältere (# 20769). – Basileios I. (# 20837). – Eustathios Argyros (# 21828). – Ğayš b. Muḥammad b. aṣ-Ṣamṣāma (# 22069). – Ioannes bar ʿAbdûn (# 23438). – Konstantinos Phokas (# 23841). – Leon Maleïnos (# 24509). – Leon Phokas (# 24423). – Manğūtakīn (# 24858). – Melias (# 25041). – Nikephoros II. Phokas (# 25535). – Pantheres (# 26241). – Pantherios (# 26246). – Sayfaddawlan (# 26998). – Ṯawāb b. ʿUqaylī (# 27574). – Anonymi (# 30444).

Germanikopolis (Isaurien) → Basileios (# 20872). – Nikolaos (# 25966).

Germanos-Bad (Kpl.) → Ioannes Hetaireiotes (# 23091). – Leon Rhodios (# 24512).

Hagios-Germanos-Kirche (Montecassino) → Manso (# 24862). – Anonymi (# 30520). – Anonymus (# 31677).

Germe (Hellespontos) → Stephanos (# 27216).

Germia (Galatien) → Niketas (# 25707). – Konstantinos (# 23865).

Gerokomeia s. unter den entsprechenden Namen

Giovinazzo (Apulien, Italien) → Leo (# 24300). – Rodostamos (# 26830).

al-Ġirān (arab., Unteritalien) → Ṣābir (# 26951). – Sālim b. Abī Rāšid (# 26967).

Gireptu-Kloster (= Gyreutes-Kloster, Athos) → Kyrillos (# 24253).

Girgent(i)/Ǧurǧint (arab.) s. Agrigent

Ǧisr al-Ḥādīṯ (arab., = Siderophygon [Syrien]) → Manǧūtakīn (# 24858).

Gisternin (Landgut auf Kassandra) → Basileios (# 21007). – Demetrios (# 21503). – Paulos (# 26372).

Giura (Insel, nördliche Sporaden) → Euthymios (# 21912).

Glabenitza/Glavinitza (Epeiros nea) → Michael (# 25306).

Glosion-/Glossion-Kloster (Athos) → Kosmas (# 24162). – Paulos (# 26386).

Goeleon (Chorion in Kleinasien) → Ioannes Tubakes (# 22918). – Leon Phokas (# 24408). – Leon (# 24409). – Michael Barys (# 25170).

Goldenes Tor (Kpl.) → Basileios (# 20856). – David (# 21440). – Konstantinos VII. (# 23734). – Konstantinos Lakapenos (# 23831). – Kosmas (# 24131). – Maria (# 24944). – Paulos (# 26294). – Samuel Kometopulos (# 26983). – Stephanos Lakapenos (# 27251). – Theophanes (# 28087). – Theophylaktos (# 28192). – Anonymus (# 31395).

Goleunt (mbulg.) s. Goeleon

Golf von Korinth → Anonymi (# 30349). — s. auch Kalamion

Gomatu-Kloster (Orphanos-Kloster, Athos) → Euphemia (# 21787). – Eustratios (# 21904). – Gregorios (# 22399). – Ioannes (# 23355). – Kale (# 23607). – Leon (# 24649). – Maria (# 24939). – Meletine (# 25034). – Nikolaos II. Chrysoberges (# 26019).

Gordorinia (Phrygia Salutaris) → Kerikos (# 23696).

Gordos (Lydien) → Leon (# 24336).

Gordoserba (Bithynien) → Stephanos (# 27211).

Göreme s. Korama, Tokalı Kilise

Gortyne (Kreta) → Nikon "Metanoeite" (# 26155). – Ioannes (# 23276).

Gotthia (Krim) → Ioannes (# 23277). – Leon (# 24590).

Gozus (Chorion, Lage unbekannt). → Guzenos (# 22533).

Grabeskirche (= Anastasiskirche, Jerusalem) → Adalgesius (# 20098). – Alagrecus (# 20220). – ʿAlī b. Suwwār (# 20256). – Arsenios (# 20621). – Athanasios I. von Jerusalem (# 20671). – al-ʿAzīz billāh (# 20711). – Basileios II. (# 20838). – Christodulos (# 21244). – Christodulos II. von Jerusalem (# 21248). – Fulk Nerra (# 22013). – Gerasimos (# 22281). – Ioannes VII. von Jerusalem (# 23099). – al-Ḥākim (# 22544). – Hilarion (# 22613). – Kāfūr al-Iḫšīdī (# 23596). – Lazaros vom Galesionberg (# 24285). – Maria (# 24929). – Muḥammad b. Ismaʿīl aṣ-Ṣanāǧī (# 25441). – Nikephoros I. von Jerusalem (# 25674). – Niketas (# 25746). – Paulos (# 26385). – Petrus (# 26571). – Ṣadaqa b. Bišr (# 26955). – Sitt al-Mulk (# 27127). – Yārūḫ (# 28462). – Anonymi (# 30385. – # 30386). – Anonymus (# 31232. – # 31587. – # 31838. – # 31231. – # 31839. – # 31840. – # 31949).

Gradiska (Ort bei Hierissos) → Basileios Stroimiros (# 20999). – Georgios I. von Iviron (# 22180). – Konstantinos Karamallos (# 23918). – Kosmas (# 24110). – Lybeanos (# 24798). – Maria (# 24938). – Nikephoros (# 25618). – Polychrones (# 26712). – Stephanos (# 27306. – # 27307). – Symeon (# 27519). – Theodoros (# 27771). — s. auch tu Treabuku

Gravina (Apulien) → Gregorios Tarchaneiotes (# 22438). – Theofilacto (# 28006).

Grecia (lat. für Griechenland) → Andreas (# 20393). – Konstantinos (# 23845). – Symeon (# 27475). – Symeon (# 27491). — Grundsätzlich s. unter Griechenland, Hellas, Peloponnesos usw.

Gregor-der-Erleuchter-Kirche (Ani) → Trdat (# 28370).

tu Gregora (Proasteion bei Keltzene) → Bagrat II. von Taron (# 20733). – Gregoras (# 22330). – Grigor I. von Taron (# 22497). – T'ornik (# 28364).

Gregoriuskirche (Bari) → Mele (# 25032).

Gregoriuskloster (Rom) → Zacharias von Anagni (# 28477).

Grenzgebiet (zwischen Byzanz und Kalifat) → 'Abdallāh b. Rāšid b. Kāwus (# 20014). – 'Abdalmalik (# 20016. – # 20017). – Abū 'Abdallāh b. 'Amr b. 'Ubaydallāh al-Aqṭā' (# 20034). – Abū 'Umayr 'Adī b. Aḥmad b. 'Abdalbāqī al-Aḏanī (# 20086). – Abū l-Ḥasan (# 20058). – Basileios I. (# 20837). – Bašīr aṯ-Ṯamalī (# 21132). – Ḫalaf al-Farġānī (# 22545). – Rustam b. Baradū al-Farġānī (# 26909). – Ṯamal ad-Dulafī (# 27558). – Theophilos Kurkuas (# 28152). – Urḫuz (# 28403). – Anonymi (# 30172). – Anonymus (# 31069. – # 31070). — s. auch aṯ-ṯuġur aš-šāmīya

Griechenland → Andreas (# 20393). – Konstantinos (# 23845). – Michael (# 25185). – Rentakios (# 26814). – Symeon (# 27491. – # 27475). – Anonyma (# 30005. – # 30006). – Anonymae (# 30125).

Großarmenien s. Megale Armenia

Großer Palast (Kpl.) s. Kaiserpalast (Kpl.)

Großmähren (Megale Moravia) → Svatopluk I. (# 27437).

Grottaferrata (griech. Krypte Pherrate bzw. Kryptopherre, Latium) → Bartholomaios (# 20826). – Basileios (# 20981). – Gregorius I. (# 22494). – Kyrillos (# 24250). – Neilos von Rossano (# 25503). – Paulos (# 26366). – Anonymus (# 31944).

Guardia Perticara (Lukanien) → Vitalis (# 28428).

Gugark' (Region in Iberien) → Gurgen II. von Tao (# 22529). – Yovhannēs Drasxanakertc'i (# 28467).

Ǧurǧint (arab.) s. Agrigent

Ǧūsiya (arab., Stadt in Syrien) → Bakǧūr (# 20747). – Bardas Phokas der Jüngere (# 20784).

Guzus s. Gozus

Gyla (Patzinakia) → Kurkutai (# 24212).

Gymnopelagesion (Insel, nördliche Sporaden) → Basileios (# 20984). – Kosmas (# 24143). – Laurentios (# 24278). – Leon (# 24537). – Lukas (# 24773). – Makarios (# 24832). – Michael (# 25267). – Paspalas (# 26286). – Sabas (# 26936). – Sergios (# 27033). – Anonymi (# 30528). – Anonymus (# 31692).

Gyreptu-Kloster (Athos) s. Gyreutes-Kloster

Gyreutes-Kloster (Athos) → Theodoros (# 27701). – Kyrillos (# 24253).

H. (= Hagios etc.) s. unter den Namen der Heiligen

al-Ḥadaṭ (arab.) s. Adata

Hadriana (Pamphylien) → Basileios (# 20866).

Hadrianothera (Hellespontos) → Basileios (# 21110).

Hafen (Kpl., Lage unklar) → Bononius (# 21193). – Petrus (# 26564). – Anonymi (# 30513. – # 30514).

Hafen (Lakedaimon) → Lukas (# 24785). – Anonymus (# 32027).

Hafǧīǧ s. Havačič‘

Hagios etc. s. unter den Namen der Heiligen

Hagiupolis (Lykien) → Michael (# 25120). – Menas (# 25052).

Hagnoandnike (Bulgarien) → Ioannes (# 23365).

Ḫaḫuli s. Chachuli-Kloster (Tao)

Haimimontos (Kirchenprovinz) → Bardanios (# 20762). – David (# 21418). – Germanos (# 22293). – Ignatios (# 22725*) – Kirakos (# 23701). – Konstantinos (# 23973. – # 23974). – Nikephoros (# 25643). – Nikolaos (# 26017). – Philippos (# 26598). – Stephanos (# 27239. – # 27250). – Symeon (# 27459). – Theodoros (# 27801). – Timotheos (# 28349). — s. auch Brysis, Bukellon, Debeltos, Probaton, Sozopolis, Tsokon, Tzoïda

Ḫal.diyāt (arab., Region, Identifizierung unklar) → Č‘ordvaneli (# 21350). – Bagrat (# 20739). – Ǧakrūs (# 22057).

Ḥalab (arab.) s. Aleppo (Syrien)

al-Ḥalba (arab., bei Aleppo) → Nikephoros II. Phokas (# 25535). – Sayfaddawla (# 26998).

Hałbat (Kloster in Armenien) → Ašot III. “der Barmherzige” (# 20649). – Basileios (# 21012). – Euthymios (# 21947). – Stephanos (# 27256). – Trdat (# 28370). – Anonymus (# 31999).

al-Ḫāldiyāt (arab.) s. Chaldia (Thema)

Halia (Pontos Polemoniakos) → Antonios (# 20477). – Theognostos (# 28032).

Halikarnassos (Karien) → Kyriakos (# 24237).

al-Ḫāliṣa (arab., Palermo) → Ḫalīl b. Isḥāq (# 22549).

Halonnesos (Sporadeninsel) → Anonymus (# 30876).

Halys (arab. Allīs, Fluß) – Aḥmad b. Kayġalaġ (# 20189). – Bardas Phokas der Ältere (# 20769). – Ioannes Kurkuas (# 22917). – Konstantinos Dukas (# 23817). – Nikephoros Kaminas (Kallonas) (# 25573). – Rustam b. Baradū al-Farġānī (# 26909). – Samonas (# 26973). – Sayfaddawla (# 26998). — s. auch Lalakaon

Ḥamāh (arab., = Epiphaneia, Syrien) → Ḥalmān b. Karādīs (# 22550). – Manǧūtakīn (# 24858). – Nikephoros II. Phokas (# 25535). – Qaṭās (# 26787). – Sa‘daddawla Abū l-Ma‘ālī (# 26954).

al-Ḥamrā' (Kairo) → al-Ḥākim (# 22544).

Ḫanāṣira (arab., Syrien) → Petros (# 26496).

Hanzīṭ (arab.) s. Chanzit

Ḫarbūt (arab.) s. Charpete

Ḥārim (Festung bei Antiocheia) → Michael Burtzes (# 25253).

Hark‘ (arm., arab. al-Hark, Armenien) → ‘Abdarraḥmān (# 20019). – Abū Sālim (# 20076). – Basileios II. (# 20838). – David III. (# 21432). – Lewon

(# 24737). – Smbat T'oṙnec'i (# 27145). – Yakobos (# 28460). – Anonymi (# 30491. – # 30492. – # 30494).

Harmatiosbad (Kpl.) → Eirene (# 21620).

Harmoi-Kloster (Kampanien) → Kosmas (# 24149). – Anonymi (# 30544). – Anonymus (# 31750. – # 31751).

Harmonianoi-Kloster (Lage unklar) → Andreas "der Skythe" (# 20351). – Ioannes Hagiopolites (# 22825). – Photios (# 26667).

Harpasa (Karien) → Leon (# 24337).

Ḥarrān (arab., Obermesopotamien) → Abū Firās al-Ḥāriṯ b. Sa'īd b. Ḥamdān (# 20051). – Abū l-Hayṯam 'Abdarraḥman b. al-Qāḍī Abī l-Ḥusayn (# 20064). – Sa'daddawla Abū l-Ma'ālī (# 26954). – Anonymus (# 31172).

Ḫaršana (arab.) s. Charsianon

al-Hārūnīya (arab., Kilikien) → Leon Phokas (# 24423).

al-Ḥaṣīn (arab., griech. Kasin, Kappadokien) → 'Abdallāh b. Rāšid b. Kāwus (# 20014).

Haus des hl. Petros (Antiocheia in Syrien) → Christophoros von Antiocheia (# 21277). – Nikolaos II. von Antiocheia (# 26124).

Haute-Loire (Département in Frankreich) → Petrus (# 26571).

Havačič' (arab. Hafǧīǧ, bei Theodosiupolis) → Bagrat III. (# 20740). – Basileios II. (# 20838). – Gurgen von K'art'li (# 22531). – Ioannes Kurkuas (# 22917). – Sayfaddawla (# 26998).

al-Ḫawābī (arab., Phönizien) → Muḥammad b. Ḫalīd b. al-Bahrānī (# 25439).

Hawnunik' (arm.) s. Avnik

al-Hazzāza (arab., Syrien) → Abū Muḥammad 'Abdallāh b. Muḥammad al-Fayyāḍī (# 20068). – Naǧā al-Kāsakī (# 25487).

Ḥḏeṯ (syr.) s. Adata

Hebdomon (Kpl.) → Symeon von Bulgarien (# 27467). – Basileios II. (# 20838). – Basileios der Jüngere (# 20881). – Ioannes Lazanes (# 22906). – Maria Lakapene (# 24919). – Anonymus (# 31230).

Hebros s. Maritza (Fluß)

Helenopolis (Kirchenprovinz) → Leon (# 24333). – Ioannes (# 22827).

Helenopontos (Kirchenprovinz) → Antonios (# 20480). – Basileios (# 20871. – # 20956. – # 20956). – Christophoros (# 21313). – Euphemianos (# 21788). – Georgios (# 22085). – Ioannes (# 22910). – Kalokyros (# 23647). – Leon (# 24597). – Manuel (# 24882). – Meletios (# 25038). – Michael (# 25105. – # 25269). – Nikon "Metanoeite" (# 26155). – Paulos (# 26305). – Philaretos (# 26584. – # 26586). – Philotheos (# 26636). – Stephanos (# 27333). – Stephanos II. (# 27245). – Stylianos (# 27414). – Symeon (# 27516). – Theodoros Santabarenos (# 27619). – Theodosios (# 27924). – Anonymi (# 30164. – # 30381. – # 30451). – Anonymus (# 30655. – # 30656. – # 30657. – # 31201. – # 31732). — s. auch Amaseia, Ami(n)sos, Andrapa, Chryse-Petra-Kloster, Euchaita, Ibora, Kutziagroi, Leontopolis, Sinope, Zalichos, Zela

Heliodoris (Lage unbekannt) → Nikolaos (# 25902).

Heliubomoi-Kloster s. Elaiobomoi-Kloster (Bithynien)

Heliupolis (Syrien) → Abū Bakr b. az-Zayyāt (# 20043). – Anastasios (# 20324). – Georgios (# 22089). – Ḥusayn b. aṣ-Ṣamṣām (# 22643). – Ioannes I. Tzimiskes (# 22778). – Qusṭā b. Lūqā (# 26789). – Ṣāliḥ b. Mirdās (# 26966). – Ẓālim b. Mawhūb (# 28500).

Hellas → Abasios (# 20008). – Barsakios (# 20822). – Basileios Apokaukos (# 21006). – Basileios Eladikos (# 21081). – Basileios Mo...ros (# 21120). – Blasios (# 21180). – Elias der Jüngere (# 21639). – Gabriel-Radomir-Romanos (# 22032). – Georgios (# 22126). – ʿAlī b. Yūsuf II. (# 20257). – Ioannes (# 22935). – Ioseph (# 23519). – Kosmas (# 24121). – Krinites (# 24202). – Leon (# 24328. – # 24366). – Michael Uranos (# 25186). – Nikephoros Uranos (# 25617). – Niketas (# 25731). – Niketas Helladikos (# 25714). – Oiniates (# 26178). – Rentakios (# 26814). – Staurakios (# 27179). – Symeon (# 27451). – Theophylaktos (# 28197). – Anonyma (# 30048. – # 30049). – Anonymi (# 30285. – # 30290. – # 30291. – # 30292. – # 30418). – Anonymus (# 31048. – # 31486).— s. auch Astere-Kloster, Athen, Attika, Diauleia, Euboia, Ezeros, Gerane, Kernitza, Griechenland, Lakedaimon, Lamia, Megara, Oreos, Theben

Hellas (Kirchenprovinz) → Anastaso (# 20344). – Andreas (# 20352). – Andreas Palikanti(os) (# 20397). – Anna (# 20441). – Antonios (# 20482. – # 20493). – Basileios (# 20875. – # 20947. – # 20995. – # 21048). – Demetrios (# 21471. – # 21484. – # 21512). – Demetrios N... (# 21525). – Epiphanios (# 21737). – Euphemios (# 21798). – Gabriel (# 22033). – Galates (# 22058). – Gelasios (# 22071). – Georgios (# 22128. – # 22132. – # 22158. – # 22192. – # 22201. – # 22257. – # 22277). – Georgios Syleotes (# 22278). – Germanos (# 22294. – # 22295). – Gregorios (# 22429. – # 22477. – # 22485). – Helene (# 22583). – Hilarion (# 22603. – # 22615). – Hypatios (# 22649). – Ioannes (# 23001. – # 23002. – # 23003. – # 23004. – # 23131. – # 23258. – # 23339. – # 23376. – # 23381. – # 23445. – # 23446). – Ioannes Aratos (# 23105). – Ioannes Kalabros (# 23382). – Ioannes Ketrenos (# 23444). – Ioannes Kokkalas (# 23443). – Ioannes Lampardopulos (# 23100). – Ioannes Malakenos (# 23106). – Ioannes Mamunes (# 23448). – Ioannes Oxeidas (# 23447). – Ioannes Psareutes (# 23367). – Ioannikios (# 23454). – Kablekas (# 23593). – Konstantinos (# 23929. – # 23941). – Konstantinos Drosos (# 24083). – Konstantinos Leichenares (# 24084). – Kosmas (# 24122). – Leon (# 24402. – # 24697). – Maria (# 24928. – # 24941). – Markianos (# 24989). – Meliton (# 25048). – Michael (# 25133. – # 25361. – # 25364). – Niketas (# 25698. – # 25743. – # 25854). – Nikolaos (# 25976. – # 26070). – Nikolaos Xylomachairios (# 25937). – Nikon "Metanoeite" (# 26155). – Paschales tu Chalka (# 26277). – Paulos (# 26392). – Philippos (# 26599. – # 26608. – # 26613). – Platon (# 26695). – Pothetos (# 26724. – # 26725. – # 26726. – # 26727). – Pothos (# 26732. – # 26743). – Prokopios (# 26771). – Rendakios (# 26813). – Rentakios (# 26815). – Romanos Genesios (# 26856). – Sabas (# 26915). – Sabbatios (# 26948). – Stephanos (# 27220). – Symeon (# 27538). – Theodegios (# 27596. – # 27597). – Theodoros (# 27654. – # 27703. – # 27723. – # 27881. – # 27883). – Theodoros Daimonios (# 27863). – Theodoros Santabarenos (# 27619). – Theodoros Xylanthropos (# 27776). – Theodote (# 27959. – # 27961). – Theoktistos (# 28064). – Theophylaktos (# 28182. – # 28212. – # 28266). – Thomas (# 28304). – Zosimas (# 28518). – Anonyma (# 30014. – # 30082. – # 30115. – # 30116). – Anonymi (# 30286. – # 30360. – # 30475. – # 30476. – # 30478. – # 30479. – # 30498. – # 30499. – # 30538. – # 30539. – # 30541. – # 30548). – Anonymus (# 30689. – # 30756. – # 30947. – # 31018. – # 31062. – # 31085. – # 31386. – # 31522. – # 31523. – # 31527. – # 31528. – # 31585. – # 31601. – # 31616. – # 31716. – # 31717. – # 31718. – # 31851. – # 31925. – # 31933. – # 31934. – # 31935. – # 31937. – # 31959. – # 32002. – # 32003. – # 32026. – # 32036).

Hellas (Thema) → Anastasios (# 20310. – # 20335). – Baldos (# 20752). – Bardas (# 20777. – # 20804. – # 20805). – Chase (# 21238). – Christophoros (# 21317). – Demochares (# 21534). – Euphemianos (# 21791). – Eustathios (# 21873. – # 21878). – Euthymios (# 21921). – Euthymios Kapules (# 21968). – Gabriel (# 22040). – Georgios (# 22260). – Gregoras (# 22342). – Gregorios (# 22469). – Ioannes (# 22983. – # 23024. – # 23025. – # 23026. – # 23258. – # 23292. – # 23293. – # 23324. – # 23694). – Konstantinos (# 23797. – # 23880. – # 24079). – Kosmas (# 24102). – Krinites Arotras (# 24199). – Leon (# 24455). – Malakenos (# 24844). – Manuel Barsakes (# 24893). – Maria (# 24945). – Michael (# 25339). – Niketas (# 25728. – # 25755). – Niketas Choirosphaktes (# 25821). – Nikulitzas (# 26167). – Pantoleon (# 26251). – Petros (# 26499). – Plotinos (# 26702). – Pothos (# 26728. – # 26729. – # 26731). – Samuel (# 26986). – Samuel Kometopulos (# 26983). – Sergios (# 27020. – # 27030). – Sisinnios (# 27113. – # 27114). – Stephanos (# 27281. – # 27289). – Theodoros (# 27731. – # 27750. – # 27838. – # 27862. – # 27868). – Theodosios (# 27931). – Theophanes (# 28114). – Theophilos (# 28159. – # 28160). – Tornikios Kontoleon (# 28366). – Anonyma (# 30012). – Anonymus (# 30896. – # 31007. – # 31093. – # 31227. – # 31311. – # 31320. – # 31351. – # 31678. – # 31763. – # 31908).

Hellas und Peloponnesos (Thema) → s. Hellas (Thema) und Peloponnesos (Thema)

Hellespont → Bardas Skleros (# 20785). – Himerios (# 22624). – Photios (# 26671). – Niketas (# 25740). – Paulos (# 26297). – Petros (# 26437).

Hellespontos (Kirchenprovinz) → Akakios (# 20201). – Anthimos (# 20465). – Barnabas (# 20812). – Basileios (# 20851). – Damianos (# 21362). – Demetrios (# 21478. – # 21527). – Gregorios (# 22351). – Ignatios (# 22721. – # 22731). – Methodios (# 25081). – Paulos (# 26367). – Philippos (# 26615). – Plegatos (# 26698). – Stephanos (# 27216). – Theodoros (# 27697). – Theodosios (# 27915). – Theophylaktos (# 28236). – Tobias (# 28359). – Anonyma (# 30100). – Anonymus (# 30994. – # 31174. – # 31345. – # 31739. – # 31740. – # 31776. – # 31815. – # 31974). — s. auch Abydos, Adrianutherai, Hagia-Anna-Kloster, Barys, Dardanon, Eustathios-Kloster, Germe, Hadrianothera, Ilion, Hagios Kornelios, Kyzikos, Lampsakos, Melitupolis,

Metellupolis, Oke, Parion, Poimaninos, Skamandros

Helos/Elos (Peloponnesos) → Anonymus (# 31933. – # 31935).

Hephaistostempel (Athen) → Andreas Palikanti(os) (# 20397). – Anna (# 20441). – Demetrios N... (# 21525). – Galates (# 22058). – Georgios (# 22158). – Ioannes Kalabros (# 23382). – Maria (# 24928). – Michael (# 25361). – Paschales tu Chalka (# 26277). – Paulos (# 26392). – Platon (# 26695). – Rendakios (# 26813). – Theophylaktos (# 28212). – Anonyma (# 30082).

Her (= Chert/Cheri bzw. Khoy und Hūy, Armenien) → Anonymus (# 31993).

Herakleia (Pontos) → Igor (# 22751). – Anonymus (# 31126. – # 31127).

Herakleia (arab. Hirqla, Kappadokien) → Aḥmad b. Ṭūlūn (# 20194). – Eustathios Maleïnos (# 21861). – Sayfaddawla (# 26998). – Sīmā (# 27077). – Themel (# 27584). – Anonymus (# 31315).

Herakleia (Latmos) → Demetrios (# 21476). – Gregorios (# 22362). – Ignatios (# 22739). – Paulos (# 26337. – # 26337). – Anonymus (# 30902. – # 30902. – # 30903).

Herakleia (Thrakien bzw. Europe [Kirchenprovinz]) → Adrianos (# 20129). – Anastasios (# 20301). – Arsenios (# 20616). – Demetrios (# 21461). – Euthymios (# 21951). – Gregorios (# 22377). – Ioannes (# 22781. – # 22803. – # 23175). – Kale (# 23608). – Meletios (# 25036). – Michael (# 25377). – Nikephoros (# 25605). – Nikolaos (# 25922). – Photios (# 26676). – Thomas (# 28325). – Symeon von Bulgarien (# 27467). – Anonymus (# 30714).

Herakleia (Lage unklar) → Akakios (# 20200). – Ioannes (# 22962).

Herakleia Salbake (Karien) → Basileios (# 20867).

Herakleos s. Kome Herakleos (Kappadokien)

Herkula (= Ardameri, Thessalonike) → Ioannes (# 22950).

Hermeleia s. Sermylia (Chalkidike)

Hermokapon (Lydien) → Nikephoros (# 25553).

Hermonassa (griech. für Tmutorakan, kimmerischer Bosporos) → Anonymus (# 32001).

Heroon (Apostelkirche, Kpl.) → Bardas (# 20765). – Basileios II. (# 20838). – Konstantinos VIII. (# 23735). – Leon VI. (# 24311). – Nikephoros II. Phokas (# 25535). – Romanos II. (# 26834).

Herzegowina → Michael (# 25166). – Vyšebud (# 28440). — s. auch Zachlumien

Ḥesnā ḏ-Z'YD (syr.) s. Charpete/Ḫarpūt

Hesychastai-Kloster (Athos) s. Chaldos-Kloster (Athos)

Hesychasterion (Phokas-Kloster) → Paulos (# 26328).

Hexabulioskloster (Kpl.) → Demetrios (# 21456).

Hexakomia (= Hexapolis, Thema) → Koropalates (# 24094). – Leon (# 24477).

Hexamilion (Thrakien) → Basileios Hexamilites (# 20972). – Ioannes (# 23241). – Methodios (# 25066).

Hibāl (arab., Ort bei Jerusalem) → Mufarriǧ b. Daġfal b. al-Ǧarrāḥ aṭ-Ṭā'ī (# 25433). – Theophilos I. von Jerusalem (# 28168).

Hidrus s. Hydrus

Hiera (Insel, Lage unbekannt) → Blasios (# 21178). – Euthymios (# 21912). – Georgios (# 22105). – Paulos (# 26317).

Hierapolis (Phrygien) → Arseber (# 20593). – Georgios (# 22133). – Hilarion (# 22607). – Ignatios (# 22714).

Hierapolis (arm. Mempe[t]ze, arab. Manbiǧ, Syrien) → Abū Firās al-Ḥāriṯ b. Saʿīd b. Ḥamdān (# 20051). – Anastasios (# 20324). – Ioannes I. Tzimiskes (# 22778). – Nikephoros II. Phokas (# 25535). – Theodoros Parsakutenos (# 27758).

Hierax (Monembasia) → Adrianos (# 20122).

Hiereia (Kpl.) → Basileios Lakapenos (# 20925). – Ioannes (# 23096). – Leon Apostyppes (# 24341). – Nikolaos I. Mystikos (# 25885). – Anonymus (# 31730).

Hiereiskloster (Zypern) → Antonios (# 20498). – Athanasios Athonites (# 20670). – Anonymus (# 31446).

Hiericho (Bulgarien) → Klemes (# 23704). – Thomas (# 28320).

Hierissos (Chalkidike) → Abramios (# 20027). – Akindynos (# 20213). – Anastasia Kalemero (# 20283). – Anastasios (# 20303. – # 20318. – # 20319. – # 20320. – # 20321). – Andreas (# 20367. – # 20368. – # 20382. – # 20383. – # 20385. – # 20388. – # 20390). – Athanasios (# 20669). – Athanasios Athonites (# 20670). – Auxentios (# 20705. – # 20706. – # 20707). – Bardas (# 20773). – Basileios (# 20932. – # 20989. – # 20990. – # 20991. – # 20997. – # 20998. – # 21000. – # 21001. – # 21089. – # 21096). – Basileios Eladikos (# 21081). – Basileios Skriniares (# 20931). – Basileios Stroimiros (# 20999). – Bitikos (# 21173). – Blasios (# 21180. – # 21182. – # 21182). – Boilas (# 21188). – Bud... (# 21209). – Christilos (# 21242). – Damianos (# 21376. – # 21377). – Datekos (# 21406). – Deadomuslos (# 21446). – Deadukas (# 21447). – Demetrios (# 21472. – # 21473. – # 21474. – # 21493. – # 21494. – # 21495. – # 21496. – # 21498. – # 21499. – # 21500. – # 21501. – # 21502). – Demetrios Galikes (# 21524). – Dionysios (# 21564). – Dobrotas (# 21575). – Dobrukos (# 21576). – Dragases (# 21603). – Elias (# 21665). – Epiphanios (# 21734). – Eustathios (# 21862). – Eustratios (# 21896). – Euthymios (# 21932). – Euthymios Athonites Iber (# 21960). – Gabriel (# 22029). – Georgios (# 22130. – # 22162. – # 22165. – # 22166. – # 22167. – # 22168. – # 22169. – # 22170. – # 22171. – # 22172. – # 22173. – # 22174. – # 22175. – # 22224. – # 22225. – # 22228. – # 22231. – # 22233. – # 22254. – # 22255). – Georgios I. von Iviron (# 22180). – Georgios Tzetirileachas (# 22234). – Gregorios (# 22398. – # 22399). – Gregorios Phuskulos (# 22400). – Helene (# 22581). – Hierotheos (# 22596). – Ibanes (# 22677. – # 22678). – Ioannes (# 22948. – # 22949. – # 22950. – # 23086. – # 23087. – # 23114. – # 23115. – # 23135. – # 23136. – # 23137. – # 23138. – # 23139. – # 23140. – # 23141. – # 23142. – # 23143. – # 23144. – # 23145. – # 23146. – # 23147. – # 23148. – # 23149. – # 23150. – # 23151. – # 23152. – # 23153. – # 23169. – # 23222. – # 23342. – # 23344. – # 23353). – Ioannes Athonites Iber (# 22942). – Ioannes Chaldos (# 23166). – Ioannes Kolobos (# 22783). – Ioannes Sphesditzes (# 23348). – Ioannes Stoginas (# 23349). – Ioannes Tornikios (# 22926). – Ioannikios (# 23464). – Kale (# 23606). – Kalida (# 23612). – Kalokyres (# 23630). – Kalokyros (# 23643). – Kalotas (# 23658. – # 23659). – Katakalon (# 23685). – Konstantinos (# 23837. – # 23838. – # 23917. – # 23924. – # 23925. – # 23926. – # 23933. – # 23934. – # 23935. – # 23936. – # 24039. – # 24046). – Konstantinos Karamallos (# 23918). – Kosmas (# 24158. – # 24110). – Kyriakos (# 24231. – # 24240). – Kyrillos (# 24249). – Leon (# 24524. – # 24525. – # 24534. – # 24643. – # 24646. – # 24647. – # 24648. – # 24656. – # 24658). – Lybeanos (# 24798). – Maldotas (# 24848). – Malkos (# 24851). – Manuel (# 24886). – Maria (# 24926. – # 24932. – # 24938. – # 24940. – # 24942). – Maria Mentika (# 24931). – Methodios (# 25074). – Michael (# 25181. – # 25182. – # 25258. – # 25259. – # 25262). – Nepribados (# 25517). – Nikephoros (# 25618. – # 25640. – # 25664. – # 25665. – # 25668). – Nikephoros Tzetirileachas (# 25636). – Niketas (# 25787. – # 25803. – # 25845). – Nikolaos (# 25924. – # 25956. – # 26013. – # 26024. – # 26025. – # 26026. – # 26028. – # 26029. – # 26030. – # 26031. – # 26032. – # 26033. – # 26039. – # 26069. – # 26108. – # 26115. – # 26119). – Nikolaos II. Chrysoberges (# 26019). – Pachomios (# 26216). – Parilos (# 26273). – Paschales (# 26276). – Paschalios (# 26281). – Paulos (# 26334. – # 26351. – # 26360. – # 26361. – # 26362. – # 26363. – # 26384). – Paulos Plabetzes (# 26383). – Perdanos (# 26405). – Petrilos (# 26413). – Petros (# 26501. – # 26502). – Philippos (# 26614). – Photios (# 26687). – Phsezelis (# 26689). – Polychrones (# 26712). – Pothos (# 26736. – # 26738). – Sakules (# 26965). – Samonas (# 26974). – Sira (# 27093). – Sironas (# 27094). – Stephanos (# 27259. – # 27258. – # 27297. – # 27299. – # 27300. – # 27306. – # 27307. – # 27308. – # 27309. – # 27355. – # 27357. – # 27359. – # 27361. – # 27363). – Stephanos Kalekas (# 27356). – Stephanos Pestares (# 27358). – Strategios (# 27393). – Strates (# 27397). – Striegoes (# 27400). – Styliane (# 27404). – Stylianos (# 27422). – Symeon (# 27510. – # 27519). – Theodoros (# 27701. – # 27702. – # 27762. – # 27770. – # 27771. – # 27806. – # 27860). – Theodosios (# 27947). – Theodotos (# 27980). – Theokletos (# 28038). – Theophanes (# 28099). – Theophano (# 28129). – Thomas (# 28296. – # 28298. – # 28314). – Thomas Tzulas (# 28297). – Tlerneas (# 28358). – Tornikios Kontoleon (# 28366). – Zacharias (# 28487). – Zoe (# 28509). – Zoetos (# 28513). – Anonymi (# 30448). – Anonymus (# 30885. – # 31666. – # 32010). — s. auch Chruseba, Hagios-Demetrios-Kirche, Gradiska, Longos, Megale Laura (Metochion), Ozolimnos, Pravlaka, tes Sophanus

Hierokaisareia (Lydien) → Theodoros (# 27638).

Hieromnemon-Kloster (= Burburu-Kloster, Longos) → Xenophon (# 28451).

Hieron (Bosporos) → Ioannes (# 23298). – Leon (# 24508). – Michael (# 25130). – Anonymus (# 32030. – # 32040).

Hieronkloster (Bosporos) → Arsenios (# 20598).

Hilarionkloster (Kloster tu Kyr Hilarionos [Athos]) → Antonios (# 20526).

Hilarionkloster (Hypselosberg) → Hilario (# 22599). – Leontios (# 24725).

Ḫilāṭ s. Chaliat

Himeria (Sizilien) → Manuel Phokas (# 24884). – Niketas (# 25784).

Ḥimṣ (arab.) s. Emesa (Syrien)

Himyopolis s. Ionopolis

Hippodrom (Kpl.) → Anastasios (# 20297). – Bardas (# 20783). – Basileios Lakapenos (# 20925). – Basileios Peteinos (# 20934). – Ioannikios (# 23458). – Konstantinos (# 23821. – # 24025). – Konstantinos Dukas (# 23817). – Leon Phokas (# 24423). – Nasar (# 25490). – Nikephoros (# 25576). – Niketas David Paphlagon (# 25712). – Niketas Gypsokopos (# 25856). – Nikolaos Chalkutzes (# 26007). – Paschalios (# 26280). – Philoraios (# 26630). – Philotheos (# 26634). – Sergios (# 27022). – Stylianos (# 27410). – Theophilos Erotikos (# 28154). – Anonymi (# 30143. – # 30175. – # 30183. – # 30233. – # 30334. – # 30367. – # 30370. – # 30372. – # 30373). – Anonymus (# 30692. – # 30925. – # 30948. – # 31129. – # 31217. – # 31218. – # 31219. – # 31220).— s. auch Hippostasion, Sphendone

Hippodromgericht (Kpl.) → Bardas (# 20779. – # 20791). – Basileios (# 21003. – # 21025). – Chryselios (# 21338). – Eusebios (# 21820). – Eustathios (# 21855. – # 21868. – # 21873). – Eustathios Romaios (# 21870). – Georgios (# 22147). – Gregorios (# 22457. – # 22482). – Ioannes (# 23289. – # 23301. – # 23303. – # 23312. – # 23319. – # 23411). – Konstantinos (# 23954. – # 24008. – # 24017. – # 24025. – # 24079). – Leon (# 24609). – Marianos (# 24967). – Michael (# 25396). – Michael Monokarites (# 25319). – Niketas (# 25823. – # 25871). – Nikolaos (# 26135). – Pantherios (# 26247). – Paulos (# 26375. – # 26376). – # 26394. – # 26395). – Petros (# 26542. – # 26546). – Philaretos (# 26587). – Pothos Monomachos (# 26744). – Romanos III. Argyros (# 26835). – Sergios (# 27030. – # 27043). – Symeon (# 27504). – Tepeiganos (# 27579). – Theodoros (# 27751. – # 27780. – # 27868. – # 27871). – Theodoros Dekapolites (# 27708). – Theophanes (# 28114). – Anonymus (# 31867. – # 31887. – # 31893. – # 31899.

Hippostasion (Startboxen des Hippodroms in Kpl.) → Sergios (# 27022). – Anonymus (# 31129).

al-Ḥīra (arab., Stadt im Irak) → Ḥunayn b. Isḥāq (# 22640).

Hirqla (arab.) s. Herakleia in Kappadokien

Ḥisn al-ʿImm (arab., Syrien) → Manǧūtakīn (# 24858). – Michael Burtzes (# 25253). – Anonymus (# 31695).

al-ḥisn al-mansūb ilā aṣḥāb al-baqr (arab.: "Kastell der Rinderleute", Lage unbekannt) → Anonymi (# 30223).

Ḥiṣn Manṣūr (Mesopotamien) → al-Ḥusayn b. Ḥamdān b. Ḥamdūn (# 22642). – Muʾnis al-Muẓaffar (# 25449). – Sayfaddawla (# 26998).

Ḥiṣn Ḏī l-Qarnayn (arab., Mesopotamien) → Turnīq (# 28383). – Michael (# 25247). – Naǧā al-Kāsakī (# 25487).

Ḥiṣn ar-Rān (arab., Syrien) → Konstantinos Phokas (# 23841). – Sayfaddawla (# 26998).

Ḥiṣn at-Tall (arab., Mesopotamien) → Ḥasan b. ʿAlī al-Qawwās (# 22561).

Ḥisn Salām (Mesopotamien) → Ioannes Kurkuas (# 22917). – Sayfaddawla (# 26998).

Ḥisn al-Yamanī (Diyār Bakr) → Ioannes I. Tzimiskes (# 22778).

Ḥiṣn Ziyād (arab.) s. Charpete

Ḫlaṭ (arab.) s. Chaliat

Hochburgund → Rudolph II. (# 26904).

Hodegetria-Kloster (Kpl.) → Anonyma (# 30058).

Hodegon-Kloster (Kpl.) → Agapios II. von Antiocheia (# 20165). – Theodoros II. von Antiocheia (# 27759).

Höhle des Pythagoras (Samos) s. Pythagoras-Höhle

Höhlenkloster (Kalabrien) → Antonis (# 20536). – Bitalios (# 21170). – Christophoros (# 21307). – Eleuthera (# 21636). – Elias (# 21649. – # 21673). – Elias Spelaiotes (# 21646). – Erotikos (# 21743). – Georgios (# 22185. – # 22189). – Glaukeias (# 22311). – Iakobos (# 22665). – Ioannes (# 22965. – # 23211). – Karpos (# 23679). – Laurentios (# 24277). – Leonas (# 24701). – Leonto (# 24734). – Likastos (# 24742). – Mesa (# 25060). – Niketas (# 25793). – Petros (# 26449). – Phantinos (# 26576). – Sabbas (# 26945). – Theodoros (# 27785). – Anonyma (# 30079. – # 30103). – Anonymae (# 30140). – Anonymi (# 30557). – Anonymus (# 30892. – # 31284. – # 31286. – # 31342. – # 31433. – # 31743. – # 31759).

Honorias s. Klaudiupolis, Krateia, Prusias, Tion

Hoṙomosivankʿ (in Širak, Armenien) → Abas I. von Armenien (# 20006). – Ašot III. "der Barmherzige" von Armenien (# 20649). – Mušeł (# 25457). – Yovhannēs (# 28465).

Ḫurasān (arab. [Region in Persien] = Cho rasan/Choresmien/Kharezm) → GuðlæifR (# 22516). – Muḥammad b. ʿIsā (# 25440). – Slagvi (# 27134). – Anonymi (# 30408). – Anonymus (# 31410. – # 31499).

Ḥusn al-ʿImm s. Ḥisn al-ʿImm

Ḫūzān (arab., Armenien) → Anonymus (# 31407).

Hyberoi (Lage unklar) → Paulos (# 26296).

Hydruntus s. Hydrus

Hydrus (Hydruntos/Hydruntus [heute Otranto], Apulien) → Abū l-Qāsim ʿAlī b. al-Ḥasan al-Kalbī (# 20072). – Adelchis (# 20103). – Arnulf II. (# 20579). – Atenolfus (# 20655). – Farağ al-Muḥaddad (# 21991). – Gregorios (# 22357). – Gregorius (# 22492). – al-Ḥasan b. ʿAlī b. Abī l-Ḥusayn al-Kalbī (# 22558). – al-Mahdī (# 24814). – Markos (# 24993. – # 24995). – Niketas (# 25752). – Niketas Ooryphas (# 25696). – Philaretos (# 26585). – Ṣābir (# 26951). – Sālim b. Abī Rāšid (# 26967). – Symeon (# 27468). – Anonymi (# 30468). – Anonymus (# 31063. – # 31481. – # 31720. – 31788).

Hyllarima (Karien) → Leon (# 24447). – Paulos (# 26318).

Hypaipa (Asia) → Andreas (# 20399). – Gregorios (# 22365). – Nikolaos (# 26140).

Hypate (= Neai Patrai, Thessalien) → Anonymus (# 31320).

Hagios-Hypatios-Kloster (Athos) → Iakobos (# 22672).

Hyperhagios etc. s. unter den Namen der Heiligen

Hypselos (Pontos Polemoniakos) → Ioannes Pseles (# 23054).

Hypselosberg (bei Ephesos) → Hilario (# 22599). – Leontios (# 24725). — s. auch Hilarionkloster

Hypsos s. Ipsos

Iacobuskloster (Tremiti) → Landenolfus (# 24269). – Leo (# 24310). – Petrus (# 26572). – Roccio (# 26822).

Iadera (Dalmatien) → Dominicus (# 21584). – Iohannes (# 23471. – # 23472). – Iohannes VIII. (# 23470). – Vitalis (# 28427).

Iassa/Iassos (Karien) → Gregorios (# 22367).

Ibererkloster (Pontosregion, Lage unklar) → Arseni (# 20596). – Ioannes Athonites Iber (# 22942). – Iovane Grdzelisdze (# 23545). – Anonymus (# 31820).

Iberia/Iberien → Abas I. von Armenien (# 20006). – Adarnase II. (# 20099). – Adarnase III. (# 20101). – Ašot I. "der Große" (# 20642). – Ašot II. (# 20647). – Bagrat (# 20730. – # 20734. – # 20741. – # 20742). – Bakur (# 20748). – Bardas (# 20807). – Basileios (# 20917). – Č'ordvaneli (# 21349). – David (# 21415). – David II. (# 21423). – Demetre (# 21450). – Giorgi I. (# 22309). – Gurgen I. von Tao (# 22527). – Gurgen II. von Tao (# 22529). – Ioannes Kurkuas (# 22917). – Konstantinos (# 23833). – Malacenus (# 24838). – Nasra (# 25496). – Nikephoros Uranos (# 25617). – Nikolaos (# 26131). – Romanos Dalassenos (# 26881). – Sinutes (# 27090). – Smbat I. (# 27142). – Smbat II. von Klardžet'i (# 27143). – Symeon (# 27468). – Anonymus (# 31074). — s. auch Artze, Aspinda, Atzaras, Avnik, Georgien, Gugark', Klardžet'i, Sevuk, Tao

Iberia (Katepanat) → Konstantinos (# 24009).

Iberia (Thema) → Bardas (# 20807). – Ioannes (# 23442). – Niketas (# 25857). – Romanos Dalassenos (# 26881). – Theophylaktos Dalassenos (# 28254).

Iberia (K'art'li) → Gurgen (# 22531). – Giorgi I. (# 22309).

Iberia (Tao) → Phers (# 26581). – Theudatos (# 28276).

Iberitzespalast (Kpl.) → Gregoras Iberitzes (# 22328).

Iberon-Kloster (Athos) s. Iviron-Kloster

Ibora (Helenopontos) → Nikolaos (# 25904).

Idrus s. Hydrus

Iericho (Nikopolis) → Leon (# 24602). – Michael (# 25324). – Thomas (# 28320).

Ierissos s. Hierissos (Chalkidike)

Ifranǧa (arab.: "das Frankenland" = Unteritalien) → Sawdān (# 26997).

Ifrīqiya (arab., = Nordafrika) → Abū 'Abdallāh al-Ḥusayn b. Aḥmad aš-Šī'ī (# 20033). – Abū 'Alī (# 20036). – Abū l-'Abbās 'Abdallāh b. Ibrāhīm (# 20031). – Aḥmad b. Ziyādatallāh b. Qurhub (# 20191). – Faraǧ al-Muḥaddad (# 21991). – Ǧa'far b. 'Ubayd (# 22051). – al-Ḥasan b. Aḥmad b. Abī Ḫinzīr (# 22559). – al-Ḥasan b. 'Alī b. Abī l-Ḥusayn al-Kalbī (# 22558). – al-Ḥasan b. 'Ubaydallāh b. Ṭuǧǧ (# 22563). – Ibn 'Abbās (# 22680). – Ibn Abī Ḥaǧr (# 22681). – Ibrāhīm II. b. Aḥmad al-Aġlab (# 22708). – al-Mahdī (# 24814). – al-Manṣūr bi-Naṣr Allāh (# 24863).

– al-Mu'izz (# 25444). – al-Qā'im bi-Amr Allāh (# 26784). – Farağ al-Muḥaddad (# 21991). – Ḥabašī (# 22535). – Ḫalīl b. Isḥāq (# 22549). – Krinites Chaldos (# 24201). – Nasar (# 25490). – Niketas (# 25784). – Nikolaos (# 26008). – Ṣābir (# 26951). – Sālim b. Abī Rāšid (# 26967). – Sawdān (# 26997). – Ya'qūb b. Isḥāq (# 28461). – Ziyādatallāh III. (# 28504). – Anonymi (# 30176. – # 30304). – Anonymus (# 30880. – # 30881. – # 30984. – # 31389). — s. auch Clypea, Iqlibīya, Kairouan, Karthago, al-Mahdīya, ar-rāhib, Raqqāda, Ṣabra al-Manṣūrīya, Sāqiyat Mams, Susa

Ihlara (türk., Kappadokien) → Padiates (# 26219).

Iḫrisūbūlī (arab.) s. Chrysopolis

Ikonion (arab. Qūniya, Lykaonien) → Abū Ṯābit (# 20080). – Andronikos Dukas (# 20405). – Baasakios (# 20723). – Bardas Skleros (# 20785). – Basileios (# 21011). – Eleutherios (# 21638). – Gregoras Iberitzes (# 22328). – Krikorikes (# 24198). – Nağā al-Kāsakī (# 25487). – Pazunes (# 26400). – Phokas (# 26657). – Rustam b. Baradū al-Farġānī (# 26909). – Theophilos (# 28143). – Theophylaktos (# 28176). – Anonymus (# 30988. – # 32053). — s. auch Kabala

Iktroi (= Kitros, Makedonien) → Methodios (# 25071).

Ilion (Hellespontos) → Petros (# 26437).

Iliopolis (Galatien) → Georgios (# 22089). – Ignatios (# 22715).

Īliyā' (arab.) s. Jerusalem

Illyricum/Illyrikon → Basileios (# 20858). – Elias der Jüngere (# 21639). – Klemes (# 23704). – Konstantinos Diogenes (# 24045).

Imbros (Insel) → Himerios (# 22624). – Leon von Tripoli (# 24397). – Nikephoros Phokas (# 25609).

'Imm (arab., Syrien) s. Ḥisn al-'Imm

Inseln → Artabasdos (# 20631). – Konstantinos (# 23972). – Philippos (# 26600. – # 26605). — s. auch Chios, Dodekanesos, Euboia, Euonymos, Hagios Eustratios, Imbros, Jonische Inseln, Kalonymos, Karpathos, Kephallenia, Kerkyra, Korsika, Kos, Kreta, Kykladen, Kythera, Lacroma, Lemnos, Lesbos, Leukas, Liparische Inseln, Malta, Neoi, Nibertis, Paros, Patmos, Paxos, Prinzeninseln, Proikonnesos, Rhodos, Salamis, Samos, Samothrake, Sardinien, Sizilien, Skopelos, Skyros, Sporaden, Strobelos, Tenedos, Terbenia, Terebinthos, Tetranesos, Thasos, Tremiti, Zakynthos, Zypern

Inseln (Ionische) → Ibrāhīm II. b. Aḥmad al-Aġlab (# 22708). – Nasar (# 25490). – Niketas Ooryphas (# 25696). – Photios (# 26671). — s. auch Leukas, Zakynthos

Inseln, Liparische → Samuel (# 26981).

Hagios-Ioannes-Apeiros-Kloster (= San Giovanni a Piro, Policastro, Kampanien) → Hesaias (# 22587). – Isidoros (# 23563). – Lukas (# 24783).

Hagios-Ioannes-Baptistes-Kirche (Kiew) → Vladimir I. von Kiew (# 28433).

Hagios-Ioannes-Baptistes-Kloster (Athos) s. Hagios-Ioannes-Prodromos-Kloster (Athos)

Hagios-Ioannes-Evangelistes-Kloster (Metochion der Megale Laura, Athos). → Arseni (# 20595). – Giorgi (# 22308). – Ioannes Athonites Iber (# 22942). –

Ioannes Tornikios (# 22926). – Saba (# 26913). – T'eodore (# 27575).

Hagios-Ioannes-Prodromos-Kapelle (in der Hagios-Demetrios-Kirche in Thessalonike) → Methodios (# 25072).

Hagios-Ioannes-Prodromos-Kirche (Argolis) → Petros von Argos (# 26428).

Hagios-Ioannes-Prodromos-Kirche (Monembasia) → Antonios (# 20493).

Hagios-Ioannes-Prodromos-Kirche (im Iviron-Kloster, Athos) → Euthymios Athonites Iber (# 21960).

Hagios-Ioannes-Prodromos-Kloster tu Atzioanne (Athos) s. Atziioannu-Kloster

Hagios-Ioannes-Prodromos-Kloster (Athos) → Ioannes (# 23170). – Kosmas (# 24170). – Neophytos (# 25516).

Hagios-Ioannes-Prodromos-Kloster (Galeagra) → Eustratios (# 21908). – Ioannes (# 23170). – Kallinikos (# 23620). – Lukas (# 24786). – Nikon (# 26160). – Symeon (# 27540). – Zak'aria (# 28498).

Hagios-Ioannes-Prodromos-Kloster (Lage unbekannt) → Stephanos (# 27319).

Hagios-Ioannes-Prodromos-Kloster (Odessos) → Georganes (# 22079).

Hagios-Ioannes-Prodromos-Kloster (Thessalonike) → Agape (# 20158). – Kalonas (# 23652). – Nikolaos (# 25960).

Hagios-Ioannes-Prodromos-Kloster tes Euemes (Lage unbekannt) → Stephanos (# 27293).

Hagios-Ioannes-Prodromos-Kloster (= Prodromos-Kloster, Athos) → Ioannes (# 23170). – Kosmas (# 24170). – Neophytos (# 25516).

Ioannes-Theologos-Kirche (Ephesos) → Chrysocheir (# 21340). – Matthaios (# 25017). – Anonymus (# 31320).

Hagios-Ioannes-Theologos-Kloster tu Spanoleontos (= Spanoleon-Kloster, Athos) → Menas (# 25054). – Niketas (# 25849). – Petros (# 26537).

Hagios-Ioannes-Theologos-Kloster (Athos) → Bartholomaios (# 20831). – Ioannes (# 23368). – Niketas (# 25849).

Hagios-Ioannes-Theologos-Kloster (am Hebdomon, Kpl.) → Basileios II. (# 20838).

Hagios-Ioannes-Theologos-Kloster tu Sikelu (Athos) → Elias (# 21669). – Lukas (# 24774). – Nikephoros (# 25623). – Phantinos (# 26577).

Hagios-Ioannes-Theologos-Kloster (Kalabrien) → Kontos (# 24089). – Kosmas (# 24183). – Margarites (# 24909). – Ru..ios (# 26900). – Lukios (# 24791).

Hagios-Ioannes-Kirche (Zypern) → Konstantinos Iudaios (# 23739).

Ioannina (Nikopolis) → Zacharias (# 28478).

Ioannitzaberg (Phokis) → Antonios (# 20494). – Demetrios (# 21479). – Germanos (# 22296). – Iobanesios (# 23468). – Kale (# 23603). – Lukas der Jüngere (# 24762). – Theophylaktos (# 28198). – Anonymae (# 30136). – Anonymi (# 30413). – # 30419. – # 30420. – # 30421). – Anonymus (# 31271. – # 31272. – # 31273. – # 31280. – # 31294. – # 31296).

Ioannupolis s. Preslav

Ioannupolis (Thema) → Katakalon (# 23686). – Adralestos (# 20116). – Leon Sarakenopulos (# 24520). – Nikephoros Xiphias (# 25661). – Petros (# 26517). – Staurakios (# 27191). – Theophanes (# 28106).

S.-Iohanni-Apiro-Kloster (Gaeta) → Basileios (# 20957).

S. Iohannes-Kirche (= Sanctus-Iohannes-Kirche, Vietri) → Kosmas (# 24142). – Sabas neos (# 26929).

S. Iohannes-Kloster (Lamis, Apulien) → Alexios Xiphias (# 20246). – Basileios Boioannes (# 21094). – Christophoros (# 21328). – Ioannes Kurkuas (# 23352).

Ionopolis (= Himyopolis, Paphlagonien) → Anthes (# 20448). – Anonymus (# 31340).

Iontos (= Ugento, Apulien) → Sawdān (# 26997).

Iperii (= Parion oder Perge?) → Gregorios (# 22349).

Ipsos (Phrygia Salutaris) → Photios (# 26669). – Thomas (# 28284).

Iqlibīya (arab., = Clypea, Ifrīqiya) → al-Ḥasan b. ʿAlī b. Abī l-Ḥusayn al-Kalbī (# 22558).

Iqrīṭiš (arab.) s. Kreta

Iran (Persien) s. auch Ṙay, Šaš, Transoxanien, Turcia

ʿIrāq (arab., Irak) → Abū Ǧaʿfar b. al-Ḥusayn (# 20052). – ʿAlī b. Suwwār (# 20256). – Ǧaʿfar b. al-Ḥusayn (# 22048). – Ǧawhar b. al-Ḥusayn (# 22067). – Ḥunayn b. Isḥāq (# 22640). — s. auch Bagdad, al-Ḥīra, Kufa, Mosul, Samarra

Irmīnīya (arab.) s. Armenien

Irtim (Patzinakia) → Baïtzas (# 20746).

Isaurien → Paulos (# 26306). – Petros (# 26442). – Theodoros Dekapolites (# 27708). – Anonymi (# 30245). — s. auch Andrassos, Dekapolis, Dometiupolis, Eirenupolis, Germanikopolis, Kabala, Kodadeia, Meloë, Musbada, Philadelpheia, Seleukeia, Sykai, Zenopolis

Isaurien (Kirchenprovinz) → Athanasios (# 20661. – # 20662). – Basileios (# 20872). – Euschemon (# 21812). – Nikephoros (# 25635). – Nikolaos (# 25966). – Anonymus (# 31401. – # 31945. – # 31945).

Isboros (Chalkidike) → Ioannes Kolobos (# 22783).

Ischchan/Ishkan s. Išxani (Tao)

Isindos (Pamphylien) → Ignatios (# 22724).

al-Iskandarīya (arab.) s. Alexandreia (Ägypten)

al-Iskandirūna (arab.) bzw. Iskenderun s. Alexandrette

Iskorosten (Rußland) → Asmud (# 20639). – Igor (# 22751). – Svenald (# 27439).

Island → Bolli Bollason (# 21189). – Eyvindr Bjarnason (# 21983). – Finnbogi (# 21998). – Gestr Þórhallason (# 22303). – Gríss Sæmingsson (# 22505). – Ketill (# 23700). – Kolskeggr Hamundarson (# 23724). – Márr Húnrǫðarson (# 25004). – Stefnir Þorgilsson (# 27201). – Þorðr Sjáreksson (# 28338). – Þorkell leppr Þjóstarson (# 28342). – Þorsteinn Víga-Styrsson (# 28345). – Þorvaldr hinn víðfǫrli Koðránsson (# 28347).

Isthmos des Athos → Nikolaos (# 26020). – Stephanos (# 27364).

Isthmos (Korinth) → Basileios Apokaukos (# 21006). – Niketas Ooryphas (# 25696). – Anonymus (# 31585).

Išxan/Išxani (Tao) → Adarnase II. (# 20099). – Adarnase III. (# 20101). – Ašot II. (# 20647). – Bagrat (# 20734). – Basileios (# 20928). – David II. (# 21423). –

Gurgen von K'art'li (# 22531). – Smbat I. (Kuropalates Iberias) (# 27142).

Italia/Italien s. unter den einzelnen Regionen und Provinzen (Apulien, Basilicata, Friaul, Kalabrien, Kampanien, Langobardia, Latium, Lombardei, Longibardia, Lukanien, Marken, Piemont, Rom, Sardinien, Sizilien, Toskana, Unteritalien, Venetien) sowie unter den einzelnen Örtlichkeiten

Itea (unklar) → Theodoros (# 27636).

Itil (Stadt im Chazarenreich) → Svjatoslav von Kiew (# 27440).

Iubenacium (Apulien) → Leo (# 24300).

Iuliopolis/Iuliupolis (Galatien) → Eustathios (# 21851). – Ignatios (# 22715). – Leon (# 24335). – Maria (# 24918). – Nikephoros (# 25576).

Iunopolis (Paphlagonien) → Gregorios (# 22366).

Iviron-Kloster (bei Kpl.) → Anonymi (# 30203).

Iviron-Kloster (Athos) → Agathon (# 20179). – Anastasios (# 20332). – Andreas (# 20389). – Antonios (# 20527). – Arseni (# 20595. – # 20596. – # 20597). – Athanasios (# 20681). – Bakur (# 20748). – Bardas (# 20788). – Bartholomaios (# 20829). – Basileios (# 21085). – Christophoros (# 21325). – Dionysios (# 21563). – Elias (# 21659. – # 21662). – Euthymios Athonites Iber (# 21960). – Gabriel (# 22034). – Georgios (# 22230). – Georgios Chelandaris (# 22164). – Georgios I. von Iviron (# 22180). – Georgios III. von Iviron (# 22259). – Giorgi (# 22308). – Gregorios (# 22478). – Gvirpel (# 22534). – Hilarion (# 22613). – Ioannes (# 23170. – # 23354. – # 23384). – Ioannes Athonites Iber (# 22942). – Ioannes Tornikios (# 22926). – Iordanes (# 23509). – Iovane Grdzelisdze (# 23545). – Klemes (# 23716). – Leo (# 24301). – Menas (# 25054). – Michael (# 25270). – Mik'ael (# 25406). – Neophytos (# 25513). – Niketas (# 25849). – Nikon (# 26158). – Ok'ropiri (# 26179). – Petros (# 26427. – # 26537). – Saba (# 26913). – Serapion (# 27010). – Sira (# 27093). – Stephanos (# 27362). – T'eodore (# 27575. – # 27576). – Theophanes (# 28103). – Theophylaktos (# 28228). – Thomas (# 28314. – # 28331). – Timotheos (# 28353). – Xenophon (# 28451). – Zacharias (# 28488). – Zak'aria (# 28498). – Anonymi (# 30206. – # 30207. – # 30578). – Anonymus (# 30763. – # 30790. – # 31729. – # 31820. – # 31823. – # 32019. – # 32009. – # 32018. – # 32020. – # 32021). — s. auch Archangeloi-Kapelle, Ioannes-Prodromos-Kirche, Karaba (Metochion), Melissurgeion (Metochion), Symeon-Stylites-Kirche, Theotokos-Kirche

Ivrea (Piemont) → Adalbert (# 20097).

Jaén (arab. Ǧayyān, Andalusien) → Ḥasdāy b. Šaprūṭ (# 22564).

Jericho (Palästina) → Paraskeue (# 26262).

Jerusalem (Palästina) → Adalgesius (# 20098). – Adeodatus (# 20114). – Agapios (# 20163). – Agapios II. von Antiocheia (# 20165). – Agathon (# 20178). – Alagrecus (# 20220). – Arsen (# 20594). – Arsenios (# 20603. – # 20621). – Athanasios I. von Jerusalem (# 20671). – Benedictus IV. (# 21141). – Benedictus VII. (# 21142). – Bononius (# 21193). – Christodulos (# 21244). – Christodulos II. von Jerusalem (# 21248). – David (# 21410). – Davinus (# 21445). – Dunale (# 21610). – Elias (# 21641. – # 21643). – Elias der Jüngere (# 21639). – Elias III. (# 21642). – Euthymios (# 21974). – Fulk Nerra (# 22013). – Georgios (# 22142). – Gerasimos (# 22281). – Germanos von Kosinitza (# 22285). – al-Ḥākim (# 22544). — al-Ḥasan b. ʿUbaydallāh b. Ṭuġǧ (# 22563). – Hemingr Hjarrandsson (# 22584). – Hilarion (# 22611. – 22613). – Hilarius (# 22622). – Ingirūn (# 22764). – Ioannes VII. von Jerusalem (# 23099). – Iohannes (# 23490). – Ioseph (# 23531). – Isḥaq (# 23561). – Kāfūr al-Iḫšīdī (# 23596). – Kalos (# 23655). – Konstantinos (# 23845). – Lazaros vom Galesionberg (# 24285). – Leontios I. von Jerusalem (# 24708). – Malacenus (# 24838). – Muḥammad b. Ismaʿīl aṣ-Ṣanāǧī (# 25441). – Nikephoros (# 25603). – Nikephoros I. von Jerusalem (# 25674). – Niketas (# 25746). – Noë (# 26172). – Orestes (# 26197). – Øystæinn (# 26176). – Paraskeue (# 26262). – Paulos (# 26354. – # 26385). – Petros Thaumaturgos (# 26426). – Petrus (# 26564. – # 26571). – Recemundus (# 26810). – Saba (# 26912). – Ṣadaqa b. Bišr (# 26955). – Sergios II. (# 27021). – Stefnir Þorgilsson (# 27201). – Styrbiǫrn (# 27428). – Symeon (# 27475. – # 27491. – # 27518. – # 27523. – # 27537). – Takīn (# 27556). – Theodoros (# 27628). – Theodosios (# 27887). – Theodosius (# 27955). – Theophilos I. von Jerusalem (# 28168). – Thomas II. von Jerusalem (# 28321). – Þorsteinn Rigardsson/Ragnhildsson (# 28346). – Yārūḫ (# 28462). – Yūsuf II. (# 28474). – Anonyma (# 30098). – Anonymi (# 30218. – # 30242. – # 30385. – # 30386. – # 30412. – # 30533. – # 30579). – Anonymus (# 31072. – # 31134. – # 31231. – # 31232. – # 31233. – # 31587. – # 31671. – # 31838. – # 31840. – # 32066). — s. auch Anastasis-Kirche bzw. Grabeskirche, Hibāl, Ölberg, Praitorion, Sabaskloster

Jonische Inseln s. Inseln, Ionische

Jonisches Meer → al-Ḥusayn b. Rabāḥ (# 22641). – Bitalios (# 21171). – Phantinos (# 26576).

Joppe (Palästina) → Paraskeue (# 26262).

Jordan (Fluß) → Germanos von Kosinitza (# 22285). – Paraskeue (# 26262). – Symeon von Trier (# 27542). — s. auch Prodromos-Kloster

Judäische Wüste (Palästina) → Elias (# 21655). – Hilarion (# 22611). – Paulos (# 26354).

Justiniansäule (Kpl.) → Hārūn b. Yaḥyā (# 22555).

K‘art‘li (= Ostgeorgien) → Bagrat III. (# 20740). – Giorgi I. (# 22309). – Gurgen (# 22531).

al-Kabādūk (arab.) s. Kappadokien

Kabala (Festung bei Ikonion) → Andronikos Dukas (# 20405). – Gregoras Iberitzes (# 22328). – Rustam b. Baradū al-Farġānī (# 26909). – Anonymi (# 30247).

Kabba (Lage unbekannt) → Konstantinos (# 23779). – Theodoros (# 27635).

Kachetien (= Kaxet‘i, Georgien) → Arseni (# 20596). – T‘eodos (# 27577).

Kachlakine-Kloster (Arkadiupolis) → Anonyma (# 30037). – Anonymae (# 30129). – Anonymus (# 30854).

Kadara s. Korydala (Pamphylien)

Kadibos (= Kandyba, Lykien) → Basileios (# 20873).

Kados (Bithynien) → Konstantinos (# 23760). – Petros (# 26524).

Kärnten → Arnulf von Kärnten (# 20578).

Kafar ʿAzūz (arab., Ort bei Sarūǧ, Mesopotamien) → Aḥmad b. al-Ḥusayn al-Aṣfar Taġlib (# 20184). – Waṯṯāb b. Ǧaʿfar (# 28442).

Kafarbayya (arab.) → Nikephoros II. Phokas (# 25535).

Kafartūtā (arab., Mesopotamien) → Nikephoros II. Phokas (# 25535).

ta Kainurgia (Dorf am Latros, Karien) → Anonymus (# 31785).

Kairo (Ägypten) → ʿAbdalġānī b. Saʿīd (# 20011). – Abū Bakr Muḥammad b. ʿAlī al-Mārdānī (# 20042). – Abū Ḥafs ʿUmar b. al-Ḥusayn al-ʿAbbāsī (# 20057). – Abū l-Qāsim (# 20070). – Arsenios (# 20621). – al-ʿAzīz billāh (# 20711). – Barǧawān (# 20810). – Bononius (# 21193). – Dominicus (# 21586). – Elias (# 21655). – Eutychios (# 21977). – Georgios II. von Alexandreia (# 22258). – al-Ḥākim (# 22544). – Ḥamza b. Muḥammad al-Kattānī (# 22551). – Ibn al-Ḥūsayn (# 22694). – Iob (# 23466). – Konstantinos Dalassenos (# 23940). – K.r.m.rūk (?) (# 23592). – Michael (# 25179). – al-Muʿizz (# 25444). – Nikephoros I. von Jerusalem (# 25674). – Nikolaos (# 26008). – Orestes (# 26197). – Petrus (# 26564). – Sitt al-Mulk (# 27127). – Symeon von Trier (# 27542). – Theodoros (# 27861). – Theophilos (# 28153). – Theophylaktos Dalassenos (# 28254). – Yaḥyā b. Saʿīd al-Anṭākī (# 28459). – Yūsuf II. (# 28474). – aẓ-Ẓāhir (# 28495). – Anonymus (# 31577. – # 31587. – # 31723. – # 31724. – # 31938. – # 31961. – # 31962. – # 32047). — s. auch al-Ḥamrā', Marienkirche, Mariyam al-Qanṭara, Michael-Kirche, Qasr aš-Šamaʿ, Theodoros-Kirche: Hagios-Theodoros-Kirche

Kairuan (arab. Qayrawān, Ifrīqiya) → al-Ḥasan b. Aḥmad b. Abī Ḫinzīr (# 22559). – Ibn ʿAbbās (# 22680). – Ibn Abī Ḥaǧr (# 22681). – al-Manṣūr bi-Naṣr Allāh (# 24863). – al-Muʿizz (# 25444). – Ziyādatallāh III. (# 28504). – Anonymus (# 31226).

Kaisareia (Bithynien) → Theopistos (# 28270). – Gregorios (# 22454).

Kaisareia (Kappadokien) → Adrianos (# 20123). – Arethas (# 20554). – Bardas Boïlas (# 20771). – Bardas Parsakutenos (# 20786). – Bardas Phokas der Jüngere (# 20784). – Basileios II. von Kaisareia (# 20933). – David Arcruni (# 21441). – Gregorios (# 22432. – # 22454). – Ioannes I. Tzimiskes (# 22778). – Ioannes Kurkuas (# 22917). – Lazaros vom Galesionberg (# 24285). – Nikephoros II. Phokas (# 25535). – Nikephoros Parsakutenos (# 25611). – Petros (# 26496). – Prokopios (# 26757). – Stephanos (# 27305. – # 27315). – Stylianos (# 27418). – Symeon Ampelas (# 27506). – Tačat (# 27553). – Theodoros Parsakutenos (# 27758). – Theophanes Choirinos (# 28088). – Theophanes Sphenodaimon (# 28076). – Anonyma (# 30117). – Anonymus (# 30690. – # 30693. – # 31474. – # 31953).

Kaisareia (Palästina) → Christodulos II. von Jerusalem (# 21248).

Kaisariane-Kloster (Attika) → Anonymus (# 31062).

Hagios-Kaisarios-Kloster (= Caesarius-Kloster, Rom) → Blasios (# 21177). – Eustratios (# 21882). – Sabas neos (# 26929).

– Theophano (# 28127). – Anonymus (# 30696).

Kaisaropolis (Makedonien) → Methodios (# 25067).

Kaiserpalast (Kpl.) → Arsenios (# 20608). – Artabasdos (# 20627). – Atzypotheodoros (# 20699). – Baanes Angures (# 20716). – Basileios (# 20844. – # 20984). – Basileios I. (# 20837). – Basileios Lakapenos (# 20925). – Basileios Peteinos (# 20934). – Delemikes (# 21448). – Epiphanios (# 21707). – Eudokia Ingerina (# 21754). – Eulogios (# 21780). – Georgios (# 22116). – Gregoras Dukas (# 22329). – Gregorios (# 22404). – Ioannes (# 22903. – # 22937). – Ioannes Garidas (# 22900). – Ioannes Tubakes (# 22918). – Konstantinos (# 23916). – Konstantinos Dukas (# 23817). – Konstantinos Lakapenos (# 23831). – Lampudios (# 24268). – Leon (# 24412). – Leon Balantes (# 24516). – Liutfrid (# 24749). – Michael (# 25249). – Nikephoros (# 25576). – Niketas (# 25740). – Nikolaos (# 25910). – Olga (# 26186). – Paulos (# 26332). – Romanos I. Lakapenos (# 26833). – Romanos Lakapenos (# 26841). – Samonas (# 26973). – Sinapes (# 27088). – Stephanos (# 27224). – Stephanos I. (# 27208). – Stephanos Lakapenos (# 27251). – Stylianos (# 27416). – Symeon (# 27480). – Theodoros Matzukes (# 27683). – Theodoros Zephinezer (# 27682). – Theophanes Sphenodaimon (# 28076). – Theophano (# 28125). – Theophilos Erotikos (# 28154). – Theophylaktos (# 28192). – Titlebakios (# 28357). – Zoe Karbonopsina (# 28506). – Anonymae (# 30133. – # 30134). – Anonymi (# 30226. – # 30249. – # 30368. – # 30370. – # 30371. – # 30377. – # 30378. – # 30382. – # 30409. – # 30473). – Anonymus (# 31210. – # 31211. – # 31212. – # 31213. – # 31214. – # 31215. – # 31216. – # 31223. – # 31224. – # 31506). — s. auch Chrysotriklinos, Daphnepalast, Dreifaltigkeitskirche, Haus der Marina, Hippodrom, Horologion, Kubikulum, Lampros, Lausiakos, Magnaura, Margaritespalast, Nea Ekklesia, Neunzehn Akubiten, Palastkirche, Pentakubukleion des hl. Paulos, Pharos-Kirche, Sekreton der Asekreteia, Hagia-Trias-Kloster, Triklinos der Kandidatoi, Triklinos des Iustinianos II., Trikonchos

Kalabria (Thema) → Leon (# 24664). – Malakenos (# 24842). – Michael Charaktos (# 25161). – Nikephoros Hexakionites (# 25608). – Nikephoros Phokas "der Ältere" (# 25545). – Niketas Botherites (# 25715). – Paschalios (# 26279). – Marianos Argyros (# 24962). — s. auch Kalabrien

Kalabrien (arab. Qalawrīya) → Abroche... (# 20030). – Abū l-ʿAbbās ʿAbdallāh b. Ibrāhīm (# 20031). – Abū l-Qāsim ʿAlī b. al-Ḥasan al-Kalbī (# 20072). – Achileus (# 20093). – Adelgises (# 20106). – Agathe (# 20170). – Aḥmad b. Ziyādatallāh b. Qurhub (# 20191). – ʿAmmār b. ʿAlī b. Abī l-Ḥusayn (# 20275). – Andreas (# 20373). – Anna (# 20433). – Annalis (# 20444). – Antonios (# 20495. – # 20502. – # 20533). – Antonius (# 20537. – # 20538). – Ardiabastos (# 20551). – Argyros (# 20561). – Arnulf II. (# 20579). – Arsaphius (# 20591). – Arsenios (# 20602). – Barduchos (# 20809). – Bartholomaios (# 20826). – Basileios (# 20929. – # 20975. – # 20977. – # 20992. – # 20993. – # 21012. – # 21099. – # 21106). – Basileios Boioannes (# 21094). – Basileios Mesardonites

Argyros (# 21090). – Basilo (# 21131). – Bitalios (# 21168. – # 21171). – Blatton (# 21184). – Bonelos (# 21190). – Bryaina (# 21207). – Byrseus (# 21217). – Christophoros (# 21272. – # 21287). – Chrysomila (# 21342). – Daniel (#21393. – # 21396). – David (# 21425). – Demetrios (# 21459. – # 21492). – Dynames (# 21611). – Elias (#21649. – # 21673). – Elias Spelaiotes (# 21646). – Epiphanios (# 21713). – Eulampios (# 21779). – Eunuchos (# 21783). – Euphrosyne (# 21800). – Eupraxios (# 21807). – Euprepeia (# 21809). – Eustathios (# 21845). – Farağ al-Muḥaddad (# 21991). – Ğa'far b. 'Ubayd (# 22051). – Gaudiosos (# 22064). – Ğawhar (# 22066). – Georgios (# 22125. – # 22126. – # 22131. – # 22266). – Gregorios (# 22396. – # 22397. – # 22451). – Gregorios Maleïnos (# 22426). – Gregorius (# 22492). – al-Ḥasan b. 'Alī b. Abī l-Ḥusayn al-Kalbī (# 22558). – Hilarion (# 22617). – al-Ḥusayn b. Rabāḥ (# 22641). – al-Mahdī (# 24814). – Hypomonos (# 22651). – Ibrāhīm II. b. Aḥmad al-Aġlab (# 22708). – Ioannes (# 22832. – # 22843. – # 22844. – # 22946. – # 22963. – # 22964. – # 22965. – # 22979. – # 23116. – # 23117. – # 23118. – # 23211. – # 23387). – Ioannes Byzalon (# 22934). – Ioannes Markanetis (# 23395). – Ioannes Pilatos (# 23084). – Iohannes XVI. Philagathos (# 23486). – Iuditta (# 23572). – Kale (# 23604). – Kandidos (# 23665). – Kaniskas (# 23668). – Kolumbos (# 23725). – Kondursa (# 23729). – Konstantinos (# 23927. – # 23928. – # 24059). – Konstas (# 24087). – Kontos (# 24089). – Kosmas (# 24114. – # 24115. – # 24120. – # 24136. – # 24174. – # 24178. – # 24183). – Krambeas (# 24189). – Krinites Chaldos (# 24201). – Kyriakos (# 24228). – Lagitianos (# 24262). – Landulph I. (# 24272). – Leo (# 24302). – Leon (# 24331. – # 24414. – # 24420. – # 24437. – # 24523. – # 24526. – # 24601. – # 24664. – # 24670. – # 24672. – # 24673). – Leon Kapestris (# 24671). – Leon Rabduchos (# 24400). – Leon Zeugites (# 24528). – Leontios (# 24703. – # 24731). – Leontios Skephakas (# 24715). – Leopardos (# 24736). – Licastus (# 24740). – Lukianos (# 24788). – Lukios (# 24791). – Makarios (# 24830). – Makroioannes (# 24837). – Malachias (# 24839). – Malakenos (# 24842). – al-Manṣūr bi-Naṣr Allāh (# 24863). – Margarites (# 24907. – # 24908. – # 24909). – Marianos Argyros (# 24962). – Mesinos (# 25061). – Moroleon (# 25421). – al-Mu'izz (# 25444). – Nasar (# 25490). – Neilos von Rossano (# 25503). – Nikasi (# 25534). – Nikephoros (# 25610. – # 25616. – # 25683). – Nikephoros Hexakionites (# 25608). – Niketas (# 25721. – # 25784). – Niketas Botherites (# 25715). – Nikolaos (# 25953. – # 25955. – # 26014). – Orestes (# 26197). – Otto II. (# 26212). – Pachomios (# 26218). – Pardeleon (# 26263). – Paschalios (# 26279). – Petrakes (# 26412). – Petros (# 26447. – # 26470. – # 26478. – # 26494. – # 26497. – # 26513. – # 26543. – # 26544). – Petrus (# 26564). – Phantinos (# 26576. – # 26578). – Philotheos Seberitianos (# 26638). – Polyeuktos (# 26713). – Polykarpos (# 26718). – Pothos (# 26734). – Pothos Argyros (# 26742). – Proklos (# 26756). – Rizikas (# 26819). – Romanos (# 26857. – # 26858). – Rozos (# 26899). – Ru..ios (# 26900). – Rupsias (# 26908). – Sabas (# 26920. – # 26925. – # 26930). – Sabas neos (# 26929). –

Sabbas (# 26945). – Šabbetai Donnolo (# 26949). – Ṣābir (# 26951). – Sālim b. Abī Rāšid (# 26967). – Sarantares (# 26994). – Selidenos (# 27004). – Seloptios (# 27005). – Sergios (# 27035. – # 27047). – Serius (# 27057). – Skorniates (# 27133). – Stephanos (# 27256. – # 27257. – # 27302). – Symeon (# 27512). – Theodora (# 27603). – Theodoros (# 27640). – Theoktiste (# 28041). – Theophylaktos (# 28225). – Thomas (# 28334). – Trasomundos (# 28369). – Ursinianos (# 28404). – Ursos (# 28410. – # 28411). – Vitalis (# 28428). – Zacharias (# 28481). – Anonyma (# 30069. – # 30078. – # 30079. – # 30101. – # 30104. – # 30105). – Anonymi (# 30274. – # 30323. – # 30324. – # 30325. – # 30327. – # 30339. – # 30340. – # 30341. – # 30342. – # 30343. – # 30344. – # 30345 – # 30346. – # 30347. – # 30348. – # 30415. – # 30422. – # 30460. – # 30474. – # 30477. – # 30507. – # 30512. – # 30552. – # 30556. – # 30557. – # 30563. – # 30567. – # 30610). – Anonymus (# 30779. – # 30780. – # 30791. – # 30797. – # 30798. – # 30803. – # 30845. – # 30892. – # 30984. – # 31084. – # 31098. – # 31135. – # 31136. – # 31140. – # 31141. – # 31142. – # 31143. – # 31144. – # 31145. – # 31147. – # 31148. – # 31160. – # 31161. – # 31162. – # 31163. – # 31164. – # 31165. – # 31166. – # 31167. – # 31168. – # 31169. – # 31170. – # 31171. – # 31284. – # 31285. – # 31286. – # 31301. – # 31342. – # 31463. – # 31468. – # 31469. – # 31470. – # 31472. – # 31477. – # 31516. – # 31517. – # 31524. – # 31525. – # 31667. – # 31668. – # 31720. – # 31742. – # 31760. – # 31764. – # 31784. – # 31788. – # # 31791. – # 31795. – # 31796. – # 31805. – # 31999. – # 32023). — s. auch Ales (Fluß), Amante(i)a, Hagios-Angelos-ta-Kampa-Kloster, Hagia-Anna-Kloster, Apostelkirche, Hagioi-Apostoloi-Kloster, Araiakloster, Aria, Arinarion-Kloster, Armon, Arsaphiakloster, Asphaladeos, Barkeionkloster, Betunion, tes Binas, Bisignano, Bitilianon, Bova, Bucito, Burtuane, Buttianon, Capo di Colonne, Cassano, Cerchiara, Cerchiara-Kloster, Circlarensis, Columna Regia, Cosenza, Crotone/Cotrone, Hagios-Elias-Kloster, ta esula, Hagios-Eustratios-Kirche, Gaianon, Galikon, Gerace, Höhlenkloster, Ioannes-Theologos-Kloster, Kampana, Karon, Kastellionkloster, Kellaranakloster, Klimenturin, Hagios-Konstantinos-Kloster, Korasion, Krotone, Kuria, Kurtzanoi, Lakina, Lao, Latinianon, Luzzi, Malachia, Malaiton, Malbiton, Marathon, Mazara, Mega-Spelaion-Kloster, Melicucca, ta Melikana, Mensa, Mesobianon, Metropolis, Milazzo, Mileto, Mindinon, Moros, Mulakloster, Mylai, Myrtilo, Neokastron, Oriolo, Hagia Paraskeue, Pelaioi, Pelion, Pentadaktylos, Petra Coeci, Petra Kaukas, Petra tu typhlu, Hagios-Petros-Kloster, Hagios-Petros-Gerokomeion, Plageia, Platanea, Proïmos, Rhegion, Rossano, Rusiton, Saginares, Salinai, Santa Severina, Sekros, Seminarion, Sikron, Sinni, Skylla, San Sosti, Soter-Gerokomeion, Stelai, Stylo, Suberaton, Syrakusanerkloster, Taormitanerkloster, Tauriana, Termini, Termoli, Hagioi-Tessarakonta-Kloster, Theotokos-Kloster-Ano-Agro, Tiriolo, Tramuntanon, to Trapezoma, Turturon, Vicus Fantini, Zosimos-Kloster

Kalagrostor (Kpl.) → Euphrosyne (# 21800). – Nikolaos (# 25940). – Anonyma

(# 30046). – Anonymae (# 30130). – Anonymi (# 30240).

Kalai Drys (Bulgarien) → David Kometopulos (# 21433).

Kalamata (Peloponnesos) → Nikon “Metanoeite” (# 26155). – Anonymi (# 30548). – Anonymus (# 31925). — s. auch Archangelos-Michael-Kirche

Kalamion (Golf von Korinth) → Anonymus (# 31150).

Kalamites-/Kalamitzia-Kloster (Athos) → Georgios (# 22247).

Kalamon-Kloster bzw. -Wüste (Palästina) → Hilarion (# 22611).

Kalathai-Kloster (Karien) → Elias (# 21664). – Lazaros vom Galesionberg (# 24285).

Kalavrita (Peloponnesos) → Elias (# 21673).

Kaliukas-Kloster (Athos) s. Kallikas-Kloster

Kaliurgu-Kloster (Chalkidike) → Andronikos (# 20416). — s. auch Soter-Kloster

Kalla (Teil der Stadtmauer von Antiocheia) → Aulax (# 20700).

Kallikas-/Kalykas-Kloster (Athos) → Leontios (# 24727). – Petros (# 26500). – Xenophon (# 28450).

Kallikrateia (Thrakien) → Paraskeue (# 26262).

Kallinikos-Kloster (Athos) → Gregorios (# 22473).

Kallipolis (Apulien) → Sawdān (# 26997). – Thomas (# 28310). – Anonymus (# 31682).

Kallistarios/Kallistarion (Lage unklar) → Anonymus (# 31767).

Kalloikas-/Kaloikas-Kloster s. Kallikas-Kloster (Athos)

Kalmaxi (Georgien) → Gurgen I. von Tao (# 22527).

Kaloë (Westkleinasien) → Basileios (# 20942). – Leon (Diakonos) (# 24547).

Kaloi-Gerontes-Kloster (Athos) → Georgios (# 22229). – Gregorios (# 22437. – # 22472). – Kosmas (# 24162. – # 24163). – Kyrillos (# 24252). – Nikephoros (# 25663). – Nikolaos (# 26036). – Paulos (# 26381). – Theodoros (# 27854). – Xenophon (# 28451).

Kalon Oros (Alanya) → Anonymus (# 30900).

Kalon-Geronton-Kloster (Athos) s. Kaloi-Gerontes-Kloster (Athos)

Kalonymos (Insel) → Ioannes (# 22966). – Leon (# 24532). – Leon Phokas (# 24423). – Nikephoros Phokas (# 25609). – Symeon (# 27486). – Anonymi (# 30435. – # 30436).

Kaludia (Kappadokien) → Theodoros (# 27880).

Kalydros (Bulgarien) → Anonymus (# 31581).

Kalykas-Kloster (Athos) s. Kallikas-Kloster (Athos)

Kalymne (Galatien) → Nikolaos (# 25905).

Kamacha/Kamachos (Mesopotamien) → Manuel (# 24875). – Orestes (# 26193). – Theodosios (# 27942).

Kamarai (Thrakien) → Nikephoros (# 25558).

Kamelauka-Kloster (Athos) → Theodosios (# 27933).

ta Kamena (Besitz des Kolobu-Klosters) → Athanasios (# 20669). – Pachomios (# 26216). – Anonymus (# 30885).

Kamenia (Grundbesitz der Megale Laura) → Elias (# 21670). – Eustratios (# 21903). – Euthymios Athonites Iber (# 21960). – Gabriel (# 22043). – Georgios I. von Iviron (# 22180). – Gregorios (# 22473). – Ignatios (# 22748). – Iohannes (# 23491). – Ioseph (# 23540). – Michael (# 25355). – Nestor (# 25520). – Nikephoros (# 25663. – # 25667). – Nikon (# 26163). – Theoktistos (# 28062).

Kamia/Kama (Lage unbekannt) → Stephanos (# 27334).

Kaminoi (Thessalonike) → Elias der Jüngere (# 21639).

Kampana s. Hagios-Nikolaos-Kloster

Kampanien → Bartholomaios (# 20826). – Basileios (# 21099). – Basileios Boioannes (# 21094). – Chasanus (# 21237). – Diogenes (# 21540). – Gregorius (# 22492). – Kyriakos (# 24235). – Nikodemos (# 25877). – Rodulfus (# 26831). – Sabas neos (# 26929). – Theodoros (# 27856). – Theophylaktos (# 28183). – Anonyma (# 30063). – Anonymi (# 30328. – # 30330. – # 30507. – # 31137. – # 31138. – # 31139. – # 31144. – # 31145. – # 31146. – # 31151). — s. auch Amalfi, Ananiaskloster, Aversa, Buccino, Capua, Caserta, Cava, Gaeta, Gallucanta, Garigliano, Harmoi-Kloster, Lago Negro, Laïnon, Merkurion, Hagios-Nazarios-Kloster, Neapel, Palinodion, Petra Coeci, Petra tu typhlu, Policastro, Puteoli, Salerno, Serperi, Urtzuli, Veteri, San Vincenzo, Volturno

Kampanion (Phokis) → Lukas der Jüngere (# 24762).

Kampsa (Makedonien) → Gregorios (# 22372).

Kamrdžadzor-Kloster (Armenien) → Yovhannēs (# 28466).

Kamuliana (Kappadokien) → David Kamulianos (# 21421). – Gregorios (# 22363). – Michael (# 25310. – # 25171).

ta Kanikleiu-Kloster (Kpl.) → Andreas (# 20366). – Petros (# 26469). – Sophia (# 27152). – Theodora (# 27604).

Kanina (Bulgarien) → Klemes (# 23704).

Kapegrasa s. Capigrassa (Latium)

Kapoue (griech.) s. Capua

Kapoyt (Festung im Arax-Tal, Armenien) → Smbat I. "der Märtyrer" (# 27141). – Yūsuf b. Abī s-Sāǧ (Abū l-Qāsim) (# 28472).

Kappadokien (arab. al-Qabāḏīq) → Anastaso (# 20343). – Andreas (# 20365). – Baasakios (# 20723). – Bardas (# 20767). – Bardas Phokas der Ältere (# 20769). – Bardas Phokas der Jüngere (# 20784). – Bardas Skleros (# 20785). – Bartzapedon (# 20835). – Basileios (# 21084). – Basileios II. (# 20838). – David (# 21412). – David Arcruni (# 21441). – Eirene von Chrysobalanton (# 21617). – Eudokimos Maleïnos (# 21764). – Eustathios Maleïnos (# 21861). – Gregorios (# 22387). – Ibn Abī ʿĪsā (# 22682). – Ioannes (# 23177. – # 23220). – Ioannes I. Tzimiskes (# 22778). – Ioannes Kurkuas (# 22917). – Isaak (# 23552). – Ismael (# 23566). – Konstantinos (# 23803. – # 23896). – Konstantinos Maleïnos (# 23862). – Krikorikes (# 24198). – Leon Apostyppes (# 24341). – Leon Phokas (# 24408. – # 24423). – Leontios (# 24720). – Melias (# 25042). – Michael (# 25171). – Michael Burtzes (# 25253). – Nikephoros II. Phokas (# 25535). – Nikephoros Xiphias (# 25661). – Nikephoros Phokas Barytrachelos (# 25675).

– Padiates (# 26219). – Pazunes (# 26400). – Petros (# 26496). – Philippos (# 26601). – Phokas (# 26651). – Platon (# 26694). – al-Qāsim b. Sīmā (# 26786). – Rāġib (# 26802). – Rašīq an-Nasīmī (# 26804). – Senekʿerim-Yovhannēs Arcruni (# 27008). – Stephanos (# 27305). – Stephanos Maxentios (# 27223). – Symeon (# 27546). – Themel (# 27584). – Theodoros (# 27880). – Theodoros Parsakutenos (# 27758). – Theodosios (# 27936). – Theodule (# 27988). – Theodulos (# 28004). – Theophano (# 28125). – Yāzamān (# 28463). – Yōhannēs (# 28464). – Anonyma (# 30099). – Anonymi (# 30368. – # 30519. – # 30551. – 30602). – Anonymus (# 30681. – # 30706. – # 30835. – # 31315. – # 31996). — s. auch Antigus, Arabissos, Aran, Arianzos, Arka/Arke, Arsamosata, Arškeni, Arzan, Çavuşin, Dasbentos, Drizion, Eğri Taş kilisesi, Esbai, Euaissa, Gabadonia, Goeleon, al-Ḥaṣīn, Herakleia, Ihlara, Kaisareia, Kaludia, Kamuliana, Kiskisos, Koku Lithos, Kome Herakleos, Korama, Koron, Kukas, Kuku Lithos, Kyzistra, Larissa, Lulon, Lykos, al-Maskanīn, Mega Lulon, Melitene, Mokissos, Nazianz, Nevşehir, Oxylithos, Parnassos, Paşabağ, Pates, Peristremma, Phaustinupolis, Rhagea, Rhodandos, Sālamūn, Salandū, Saros, Selime, Sinasos, Soandos, Spadiata, Spynin, Symposion, Trypia, Tyana, Tyropoion, Tzamandos, Zelve, Zīung

Kappadokien (Kirchenprovinz) → Arethas (# 20554). – Basileios II. von Kaisareia (# 20933). – Gregorios (# 22432. – # 22454. – # 22455). – Ioannes (# 23177). – Leon (# 24452). – Michael (# 25310). – Nikephoros (# 25591). – Niketas (# 25792). – Prokopios (# 26757). – Stephanos (# 27305). – Stylianos (# 27418). – Theophanes Choirinos (# 28088). – Theophanes Sphenodaimon (# 28076). – Anonymus (# 30690. – # 31082. – # 30693. – # 31315. – # 31624).

Kappadokien (Thema) → Akatios (# 20206). – Balantios (# 20751). – Bardas Phokas der Ältere (# 20769). – Barsakis (# 20824). – Eustathios Maleïnos (# 21861). – Konstantinos (# 23855. – # 23888. – # 23954. – # 23963. – # 23987. – # 23996). – Konstantinos Maleïnos (# 23862). – Leon Phokas (# 24423). – Michael (# 25159. – # 25278. – # 25321. – # 25387). – Niketas (# 25755). – Senekʿerim-Yovhannēs Arcruni (# 27008). – Theodoros (# 27751). – Theodotos (# 27967). – Anonymus (# 30778. – # 30706).

Karaba (Metochion des Iviron-Klosters auf dem Athos) → Arseni (# 20596). – Euthymios Athonites Iber (# 21960). – Iovane Grdzelisdze (# 23545). – Petros (# 26537).

Karabitsin s. Theotokoskloster (Karabitsin, Kpl.)

Karabize s. Karabizye

Karabizye (Rhodope, Thrakien) → Kosmas (# 24124). – Anonyma (# 30044).

al-Karak (Ort östlich des Toten Meeres) → Theophilos I. (# 28168).

Karakaleskloster/Karakallukloster (Athos) → Georgios I. von Iviron (# 22180). – Iakobos (# 22671). – Ioseph (# 23541). – Kosmas (# 24162). – Neilos (# 25504). – Neophytos (# 25514). – Nikephoros (# 25663). – Nikodemos (# 25881). – Niphon (# 26170). – Sabas (# 26942). – Simon (# 27084). – Theodulos (# 28001). – Theoktistos (# 28063).

ta Karianu (Palast, Kpl.) → Niketas (# 25703).

Karien → Athanasios (# 20674). – Bartholomaios (# 20827). – Basileios (# 20930. – # 21004). – Damianos (# 21381). – Demetrios (# 21476. – # 21509). – Dometios (# 21581). – Ephraim (# 21692). – Euthymios (# 21943). – Gabriel (# 22030. – # 22035). – Germanos (# 22300). – Gregorios (# 22431). – Hilarion (# 22616). – Ignatios (# 22736. – # 22739). – Ignatios Charzanas (# 22737). – Ioakeim (# 22773). – Ioannes (# 22966). – Konstantinos (# 23946). – Lazaros (# 24284). – Leon (# 24433. – # 24442). – Lukas (# 24765. – # 24775). – Mauroi (# 25022). – Methodios (# 25079). – Michael (# 25193. – # 25195. – # 25203. – # 25366). – Niketas (# 25750. – # 25789). – Pachomios (# 26217). – Paulos (# 26337. – # 26338). – Petros (# 26475. – # 26521). – Philippos (# 26604). – Photios (# 26678). – Sachakios (# 26953). – Symeon (# 27460. – # 27486). – Thomas (# 28311). – Anonyma (# 30080. – # 30106). – Anonymi (# 30423. – # 30425. – # 30428. – # 30433. – # 30434. – # 30435. – # 30446. – # 30472. – # 30516). – Anonymus (# 31288. – # 31289. – # 31290. – # 31314. – # 31316. – # 31317. – # 31318. – # 31319. – # 31321. – # 31393. – # 31394. – # 31396. – # 31434. – # 31439. – # 31744. – # 31745. – # 31746. – # 31785. – # 31786). — s. auch Alabanda/Alabardos, Alinda, Amazon, Aphrodisias (= Staurupolis), Bare, Bargylion, Bodrum, Halikarnassos, Harpasa, Herakleia Salbake, Hyllarima, Iassa/Iassos, ta Kainurgia, Kalathai-Kloster, Kedramos, Keramos, Kibyrra, Laryma, Latmos/Latros, Latros-See, Maiandros, Milet, Mylasa, Neapolis, Oroboi, Philetos, Staurupolis, Stratonikeia, Strobelion-Kloster, Thebai

Karien (Kirchenprovinz) → Athanasios (# 20674). – Basileios (# 20867. – # 20930. – # 21004). – Demetrios (# 21476). – Ephraim (# 21692. – # 21695). – Gabriel (# 22030. – # 22035). – Germanos (# 22300). – Gregorios (# 22362. – # 22431). – Hilarion (# 22616). – Ignatios (# 22736. – # 22739). – Ignatios Charzanas (# 22737). – Ioakeim (# 22773). – Ioannes (# 22966. – # 23178. – # 23188). – Ioseph (# 23523). – Kyriakos (# 24237). – Lazaros (# 24284). – Leon (# 24447). – Lukas (# 24765). – Nikephoros (# 25576). – Niketas (# 25789). – Paulos (# 26318. – # 26337. – # 26338). – Petros (# 26475). – Photios (# 26678). – Prokopios (# 26769). – Sachakios (# 26953). – Sophronios (# 27161). – Theodoros (# 27620). – Theophilos (# 28141). – Anonymi (# 30423. – # 30428. – # 30446. – # 30472). – Anonymi (# 30517. – # 30518). – Anonymus (# 31186. – # 31288. – # 31289. – # 31290. – # 31314. – # 31316. – # 31317. – # 31318. – # 31319. – # 31321. – # 31393. – # 31394. – # 31396. – # 31434. – # 31744. – # 31745. – # 31746).

Karin/Karni s. Theodosiupolis

Karkarea (Makedonien) → Antonios (# 20488). — s. auch Pyrgos-Kloster

Karkaron (griech., Armenien) → Konstantinos Phokas (# 23841). – Sayfaddawla 26998).

Karkinion (= Lokana, Lykandos?) → Kurtikios (# 24215).

Karni (georg.) s. Karin

Karon (Kalabrien) → Christophoros (# 21287). – Kale (# 23604). – Makarios (# 24830).

Karpathos (Insel) → Philippos (# 26600).

Kars (Armenien) → Abas (# 20007). – Mušeł (# 25457).

Karsumia (Lydien) → Paulos (# 26382). — s. auch Hagios-Phrontinos-Kloster

Karthago (Ifrīqiya) → Sawdān (# 26997).

Karya-Kloster (Latros) → Demetrios (# 21476). – Paulos (# 26337. – # 26338). – Petros (# 26475). – Symeon (# 27486). – Basileios (# 20891).

tu Karydiu (Heerstraße in Kilikien) → Apulpher (# 20548). – Nikephoros Phokas "der Ältere" (# 25545).

Karyes (Athos) → Agathangelos (# 20166). – Antonios (# 20521. – # 20529. – # 20530. – # 20531. – # 20532). – Aristobulos (# 20564). – Arsenios (# 20622). – Athanasios (# 20679. – # 20681. – # 20688. – # 20689. – # 20690). – Athanasios Athonites (# 20670). – Bartholomaios (# 20830. – # 20831). – Basileios (# 21095). – Blasios (# 21183). – Daniel (# 21404). – Demetrios (# 21497). – Dionysios (# 21555. – # 21563. – # 21567). – Elias (# 21668. – # 21671). – Epiphanios (# 21735). – Eustathios (# 21875). – Eustratios (# 21902. – # 21904). – Euthymios (# 21966. – # 21967). – Euthymios Athonites Iber (# 21960). – Euthymios Studites (# 21945). – Georgios (# 22226. – # 22227. – # 22236. – (# 22243. – # 22244. – # 22245. – # 22246. – # 22247. – # 22252. – # 22256). – Georgios I. von Iviron (# 22180). – Gerasimos (# 22283). – Gregorios (# 22472. – # 22474). – Hilarion (# 22620). – Iakobos (# 22672). – Ioannes (# 23343. – # 23356. – # 23357. – # 23360. – Ioannes Athonites Iber (# 22942). – Kallinikos (# 23619). – Klemes (# 23715). – Kosmas (# 24164. – # 24165. – # 24166. – # 24167. – # 24168. – # 24169. – # 24170). – Kyprianos (# 24226). – Kyrillos (# 24252. – # 24253. – # 24255). – Leon Phokas (# 24423). – Leontios (# 24717. – # 24724. – # 24726. – # 24728. – # 24729). – Lukitzes (# 24792). – Michael (# 25350. – # 25355. – # 25359). – Neophytos (# 25515. – # 25516). – Nikephoros (# 25620. – # 25663. – # 25667. – # 25669. – # 25670. – # 25671. – # 25673). – Niketas (# 25846. – # 25850. – # 25853). – Nikolaos (# 26036. – # 26114. – # 26118. – # 26120. – # 26122. – # 26123). – Nikon (# 26159. – # 26164). – Niphon (# 26169). – Paulos (# 26381. – # 26386. – # 26387. – # 26388. – # 26389. – # 26390) – # 26391). – Paulos I. Xeropotamites (# 26352). – Paulos II. Xeropotamites (# 26353). – Petros (# 26427. – # 26535). – Phantinos (# 26579). – Sabas (# 26940. – # 26941. – # 26943). – Simon (# 27083. – # 27085). – Stephanos (# 27292). – Symeon (# 27530. – # 27533. – # 27536). – Theodoretos (# 27612). – Theodoros (# 27858. – # 27859). – Theodosios (# 27948). – Theodulos (# 28000). – Theoktistos (# 28057. – # 28061). – Theophilos (# 28169). – Thomas (# 28314). – Thomas Pitharas (# 28316). – Tornikios Kontoleon (# 28366). – Xenophon (# 28451). – Anonymi (# 30206). – Anonymus (# 30763). — s. auch Protaton, Theotokos-Kirche (Protaton)

Kasin (griech.) s. al-Ḥaṣīn

Kaspakos-Kloster (Athos) → Agathangelos (# 20166). – Antonios (# 20526).

– Aristobulos (# 20564). – Eustratios (# 21903). – Euthymios Athonites Iber (# 21960). – Georgios (# 22240). – Ioannes (# 23354). – Ioannes Phakenos (# 23134). – Iohannes (# 23491). – Kosmas (# 24162. – # 24165). – Michael (# 25355). – Nikephoros (# 25624. – # 25663) – # 25667). – Nikolaos (# 26118). – Paulos (# 26381). – Paulos II. Xeropotamites (# 26353). – Simon (# 27082). – Symeon (# 27530. – # 27533). – Theoktistos (# 28062). – Theophylaktos (# 28250).

Kassandra (Chalkidike) → Agathon (# 20177). – Basileios (# 21007. – # 21008. – # 21009). – Demetrios (# 21503. – # 21504. – # 21505. – # 21506). – Euthymios (# 21932). – Georgios (# 22181. – # 22182). – Ioannes (# 23171. – # 23172. – # 23173. – # 23174). – Kalonas (# 23653). – Leon (# 24538. – # 24540). – Michael (# 25272). – Nikolaos (# 25954. – # 26039. – # 26041). – Panaretos (# 26225). – Paulos (# 26372). – Petros (# 26504). – Sebedragos (# 26999). – Serotas (# 27059). – Staurakios (# 27189). – Stephanos (# 27316). – Theodoros (# 27775). – Theodosios (# 27934). – Thomas (# 28296). — s. auch Gisternin, Kassandreia, ton Korakeon, Leuka, Posidion

Kassandra-Tor (Thessalonike) → Antipas (# 20475). – Theopiste (# 28267). – Anonymus (# 31536. – # 31537.

Kassandreia (Polichnion auf Kassandra) → Basileios (# 21007. – # 21008. – # 21009). – Demetrios (# 21503. – # 21504. – # 21505. – # 21506). – Georgios (# 22181. – # 22182). – Ignatios (# 22723). – Ioannes (# 23171. – # 23172. – # 23173. – # 23174). – Kalonas (# 23653). – Leon (# 24538. – # 24540). – Michael (# 25272). – Nikolaos (# 26039. – # 26041). – Panaretos (# 26225). – Petros (# 26504). – Sebedragos (# 26999). – Serotas (# 27059). – Staurakios (# 27189). – Stephanos (# 27316). – Theodoros (# 27775). – Theodosios (# 27934).

Kassianos-Kirche (Antiocheia) s. Cassianus-Kirche

Kastamon (Paphlagonien) → Manuel Erotikos bzw. Komnenos (# 24885).

Kastamonitu-Kloster (Athos) → Sabas (# 26939).

Kastellion (Thrakien) → Pothos Argyros (# 26730).

Kastellionkloster (Kalabrien) → Anonymus (# 31140).

Kastoria (Makedonien bzw. Bulgarien) → Bogdanos (# 21186). – David Kometopulos (# 21433). – Ioannes (# 23400).. – Maria (# 24944). – Samuel Kometopulos (# 26983). – Anonymi (# 30593).

Kastorion (Phokis) → Epiphanios (# 21711). – Euphrosyne (# 21799). – Lukas der Jüngere (# 24762). – Anonymi (# 30412).

Kastrion (Chalkidike) → Anastasia Kalemero (# 20283).

Katadaimones (Athos) → Konstantinos (# 24046). – Maria (# 24940). – Maria Mentika (# 24931).

Katadaimones-/Katadaimonon-Kloster (Athos) → Paulos (# 26387).

Katane s. Catania (Sizilien)

Katasyrta (Thrakien) → Ioannes Garidas (# 22900). – Leon Phokas (# 24408). – Michael (# 25175). – Nikolaos (# 25947). – Symeon von Bulgarien (# 27467).

Katharinenkloster (Sinai) → Anastasios (# 20296). – Biktor (# 21159). – Georgios II. von Alexandreia (# 22258). – Ioannes (# 23157). – Jorius (# 23588). – Salmūn (# 26968). – Symeon von Trier (# 27542). – Anonymi (# 30228). – Anonymus (# 31949. – # 32033. – # 32034. – # 32035). — s. auch Sinai

Katholikatskirche (arm., in Argina) → Trdat (# 28370).

Kato Arsenikeia s. Arsenikeia

Kato Media (Thema) → Georgios Maniakes (# 22262).

Katzari-Kloster (Athos) → Antonios (# 20507). – Stephanos (# 27312).

Kaukab, s. Kawkab

Kaukasus s. Alanien, Albanien, Armenien, Georgien, Iberien, Kachetien, K'art'li, Nižnii Archyz, Zelenčuk

Kauleas-Kloster (Kpl.) → Antonios II. Kauleas (# 20476).

Kavala s. Christopolis

Kawkab s. (Kappadokien)

Kaxet'i (georg.) s. Kachetien

Kaycon (Armenien) → Smbat-Yovhannēs (# 27146).

Kayean (Armenien) → Smbat-Yovhannēs (# 27146).

Kaystros (Fluß in Westkleinasien) → Nikephoros Erotikos (# 25632).

Kedisos (= Kidyessos, Phrygia Pakatiane) → Thomas (# 28283).

Kedramos (= Kindramos, Karien) → Symeon (# 27460).

Kedronakloster (bithynischer Olymp?) → Dorotheos (# 21591).

Kekrops (Attika) → Nikon "Metanoeite" (# 26155).

Kellaranakloster (Kalabrien) → Basileios (# 21026). – Leon Nasites (# 24661). – Leonas (# 24701). – Nikodemos von Kellarana (# 25874). – Nikodemos Kondos (# 25882). – Nikolaos Nasites (# 26129). – Anonyma (# 30110). – Anonymi (# 30545. – # 30610). – Anonymus (# 31758. – # 31759. – # 31795. – # 31796. – # 31804. – # 31805).

Kellibara-Kloster (Latros) → Demetrios (# 21476). – Matthaios (# 25017). – Paulos (# 26337).

Keltzene (Armenien bzw. Mesopotamien) → Bagrat II. (# 20733). – Georgios (# 22096). – Gregoras (# 22330). – Grigor I. von Taron (# 22497). – Ioannes (# 23333). – Manuel (# 24875). – Michael (# 25379). – Orestes (# 26193). – Tačat (# 27553). – T'ornik (# 28364). – Anonymus (# 31407. – # 31979). — s. auch tu Gregora

Kenchreai (Peloponnesos) → Niketas Ooryphas (# 25696).

Kenea (Lykien) → Daniel (# 21392).

Kephallenia/Kephalenia (Ionische Inseln) → Antonios (# 20481). – al-Ḥusayn b. Rabāḥ (# 22641). – Ibrāhīm II. b. Aḥmad al-Aġlab (# 22708). – Ioseph (# 23519). – Konstantinos (# 24055). – Leon (# 24499). – Michael (# 25324). – Nasar (# 25490). – Nikolaos (# 25918). – Anonymus (# 31916).

Kephallenia (Kirchenprovinz) → Andreas (# 20371).

Kephallenia (Thema) → Andreas (# 20374). – Georgios (# 22103). – Mosilikes (# 25430). – Nikephoros Phokas "der Ältere" (# 25545). – Symbatikios

(# 27443). – Symeon (# 27498). – Theodosios (# 27919). – Theodotos (# 27982). – Theoktistos (# 28048). – Tornikios Kontoleon (# 28366). – Anonymi (# 30406).

Kephaludion (Sizilien) → Niketas (# 25700).

Kepion (Dorf am Galesionberg) → Georgios (# 22238). – Lukianos (# 24790). – Anonymus (# 31954). — s. auch Appionkloster, Galesionberg

Keramos (Karien) → Symeon (# 27456).

Kerasa (Lydien) → Agathon (# 20176).

Kerasea (Athos) → Paulos (# 26370).

Kerasus (Chaldia) → Gregorios (# 22450). – Nikolaos (# 26042). – Symeon (# 27455). – Anonymi (# 30603). — s. auch Epiphanios-Kloster

Kerč/Kertsch (Krim) → Anonymus (# 32001).

Kerde s. Nerde

Kerkes (Berg auf Samos) → Paulos (# 26337). – Ioannes (# 22966). – Theophanes (# 28092). – Anonymus (# 31306).

Kerkyra (= Korkyra, Insel) → Andronikos (# 20406). – Arsenios (# 20603). – Daniel (# 21393). – Demetrios (# 21459). – Elias der Jüngere (# 21639). – Ioannes (# 23386). – Kosmas (# 24151). – Leon (# 24514). – Liudprand von Cremona (# 24745). – Michael (# 25101). – Michael Chersonites (# 25252). – Pachomios (# 26215). – Anonyma (# 30004. – # 30076. – # 30077. – # 30178). – Anonymus (# 31303. – # 31496. – # 31497. – # 31498). — s. auch Paxos, Hagioi-Petros-und-Paulos-Kirche

Kerminitza (Peloponnesos) → Michael (# 25154).

Kernitza (Hellas) → Paulos (# 26341).

Kersine (Bithynien) → Ioannes Elatites (# 22907). – Michael Maleïnos (# 25124). – Anonymus (# 30927. – # 30928).

Kertsch s. Kerč

Kesisler Vadisi (Paşabağ) → Symeon (# 27546).

Ketzeon (Festung, Lage unbekannt) → Ašot II. (# 20647).

Kharezm/Khwarezm s. Ḫurasān

Khoy s. Cheri

Kibyrra/Kibyrrha (Karien) → Prokopios (# 26769). – Stephanos (# 27209).

Kibyrrhaioton (Thema) → Aberkios (# 20021). – Athanasios (# 20672). – Basileios (# 21069). – Basileios Hexamilites (# 20972). – Christophoros (# 21279). – Chrysocheir (# 21341). – David von Achrid (# 21409). – Epiphanios (# 21718). – Eustathios (# 21843). – Gregorios (# 22488). – Ioannes (# 22885. – # 23294). – Iubas (# 23570). – Himerios (# 22624). – Konstantinos (# 23804). – Konstantinos Toxaras (# 23744). – Leon (# 24407. – # 24604). – Michael (# 25155. – # 25160). – Michael Kurtikios (# 25261). – Nikephoros (# 25570). – Nikephoros Kabasilas (# 25677). – Niketas (# 25741). – Nikolaos (# 26050). – Paulos (# 26337). – Photios (# 26678). – Podaron (# 26705). – Romanos (# 26865). – Sergios (# 27046). – Staurakios Platys (# 27181). – Stephanos (# 27235. – # 27242. – # 27266). – Stylianos (# 27407). – Theodoros (# 27647). – Theodoros Proteuon (# 27874). – Anonymus (# 30823. – # 30900. – # 30901. – # 30902. – # 30903. – # 31255. – # 31305. – # 31353. – # 31354. – # 31365. –

31593. – # 31782. – # 31882). — s. auch Attaleia, Sylaion

Kiew (Rußland) → Anastas von Cherson (# 20322). – Anna (# 20436). – Igor (# 22751). – Ioannes (# 23404). – Michail (# 25404). – Oleg (# 26185). – Olga (# 26186). – Stefnir Þorgilsson (# 27201). – Svenald (# 27439). – Svjatoslav (# 27440). – Theophylaktos (# 28226). – Þóraldr (# 28336). – Vladimir I. (# 28433). – Anonymi (# 30515. – # 30525. – # 30530. – # 30532). – Anonymus (# 32015). — s. auch Ioannes-Baptistes-Kirche, Theotokos-Kirche, Ugorskoe

Kilikien → Apulpher (# 20548). – Delemikes (# 21448). – Eustathios Maleïnos (# 21861). – Georgios (# 22200). – Ioannes (# 22938. – # 23256). – Ioannes I. Tzimiskes (# 22778). – Ioannes Kurkuas (# 22917). – Ioannes VII. von Jerusalem (# 23099). – Leon (# 24610). – Leon Phokas (# 24423). – Nikephoros II. Phokas (# 25535). – Nikephoros Phokas "der Ältere" (# 25545). – Petros (# 26496). – Yāzamān (# 28463). – Yovsēp' (# 28469). – Anonymi (# 30245). – Anonymus (# 31196. – # 31855. – # 31945). — s. auch Adata, Anazarba/Anazarbos, Baṭn al-Luqān, Darb al-Ǧawzāt, Darb al-Kankarūn, Engizek Dağ(lar), al-Ǧa'farī, al-Hārūnīya, tu Karydiu, Korykos, Kydnos, Lamos, Longias, Mallos, Marǧ Dibāǧ, Mopsuestia, Phlabias, Podandos, Pyramos, Ṣafṣāf, Seleukeia, Tarsos

Kilikien I (Kirchenprovinz) → Georgios (# 22200).

Kilikische Pforte → Yāzamān (# 28463).

Killis (arab. Killiz, Nordsyrien) → Bardas Phokas der Jüngere (# 20784). – Sa'daddawla Abū l-Ma'ālī (# 26954).

Kimmerischer Bosporos s. Bosporos (kimmerischer)

Kindramos s. Kedramos.

Kinepolis (= Kinna, Galatien?) → Antonios (# 20483). – Sabas (# 26918). – Tarasios (# 27561).

Kinna s. Kinepolis

Kios (Bithynien) → Epiphanios (# 21701). – Ioannes (# 22787). – Konstantinos (# 23939). – Michael (# 25305). – Nikephoros (# 25681).

Kırşehir (moderner türk. Ortsname) s. Aquae Saravenae

Kiskisos/Kiskissa (Bistum, Suffragan von Kaisareia, Kappadokien) → Stephanos (# 27305).

Kitros (Makedonien) → Germanos (# 22286). – Methodios (# 25071). – Anonymi (# 30496). – Anonymus (# 31581).

Kız (türk., griech. Panasker, Georgien) → Bagrat III. (# 20740).

Kızlar Kalesi (türk.) s. Lykandos

Klardžet'i (= Georgien) → Adarnase (# 20100). – Agapios (# 20163). – Ašot II. "Kiskases" (# 20648). – Bagrat (# 20734. – # 20742). – Bagrat I. Eristav (# 20735). – Bagrat I. von Klardžet'i (# 20732). – David II. (# 21423). – David Mamp'ali (# 21413). – Demetre (# 21450). – Giorgi II. (# 22307). – Gurgen I. von Klardžet'i (# 22528). – Gurgen I. von Tao (# 22527). – Gurgen II. von Tao (# 22529). – Konstantinos (# 23833). – Smbat I. von Klardžet'i (# 27140). – Smbat II. von Klardžet'i (# 27143). – Xosrovanuš (# 28454). — s. auch Ardanutzi, Artani

Klaudiupolis (Honorias) → Ignatios (# 22713). – Konstantinos (# 24067). – Kyprianos (# 24225). – Niketas (# 25812). – Theoktistos (# 28046).

Klazomenai (Asia) → Makarios (# 24826).

Kleidion (Bulgarien) → Basileios II. (# 20838). – Gabriel-Radomir-Romanos (# 22032). – Nikephoros Xiphias (# 25661). – Samuel Kometopulos (# 26983). – Theophylaktos Botaneiates (# 28251).

Klemens-Kloster/Klemes-Kloster (Athos) → Ioannes Tornikios (# 22926). – Petros (# 26427). – Anonymi (# 30206. – # 30207). – Anonymus (# 30763. – # 30790). — s. auch Iviron Kloster (Athos)

Klepai (Thrakien) → Methodios (# 25070).

Kleroi (Phrygia Salutaris) → Nikephoros (# 25554). – Photios (# 26672).

Klimenturin (Kalabrien) → Salobrikas (# 26969).

Ključ (Bulgarien) s. Kleidion

Knossos (Kreta) → Konstantinos (# 23960). – Nikephoros (# 25686).

Kochliaras-Kloster (Athos) → Nikephoros (# 25670).

Kodadeia (Isaurien) → Gregorios (# 22364).

Köln (griech. Kolonia, Deutschland) → Elias (# 31673).

Kogamos (Fluß in Westkleinasien) → Nikephoros Erotikos (# 25632).

Koher (Berg in Armenien, türk. Karer Dağ) → Basileios II. (# 20838).

Koile Syria → Bardas Skleros (# 20785). — s. auch Syrien

Kokkos (Pontos Polemoniakos) → Nikephoros (# 25692).

Kokorobion-Kloster (Kpl.) → Anthes (# 20449). – Euarestos (# 21752). – Ioannes (# 22859). – Iulitta (# 23580). – Sergia (# 27011). – Anonymus (# 31287).

Kokos/Kokkos (Pontos Polemoniakos) → Nikephoros (# 25692).

Koku Lithos (Kappadokien) → Eustathios Maleïnos (# 21861).

Kolchis (Westgeorgien) → Athanasios Athonites (# 20670). – Kanitissa (# 23669).

Kolobu-Kloster (Chalkidike) → Akindynos (# 20214). – Andreas (# 20363). – Athanasios (# 20669). – Athanasios Athonites (# 20670). – Basileios (# 20918). – Euthymios Athonites Iber (# 21960). – Euthymios Studites (# 21945). – Gregorios (# 22398). – Ioannes (# 23119. – # 23121. – # 23122. – # 23123. – # 23344). – Ioannes Athonites Iber (# 22942). – Ioannes Chaldos (# 23166). – Ioannes Kolobos (# 22783). – Ioannes Tornikios (# 22926). – Konstantinos (# 23860). – Konstantinos Malelias (# 23818). – Kosmas (# 24110). – Leon (# 24529). – Meliton (# 25049). – Michael (# 25191). – Nikephoros Hexakionites (# 25608). – Nikephoros tu Eupraxe (# 25575). – Nikolaos (# 25924. – # 26016. – # 26039). – Pachomios (# 26216). – Samonas (# 26974). – Stephanos (# 27224. – 27297. – # 27303. – # 27363). – Symeon (# 27519). – Theodoros (# 27720). – Theodoros Kladon (# 27763). – Thomas (# 28314). – Anonymus (# 30885). — s. auch ta Kamena

Kolone (Bulgarien) → Ioannes (# 23400).

Koloneia (arab. Qalūniya) → Ioannes (# 22879). – Konstantinos (# 23759). – Michael (# 25371). – Nikephoros (# 25591). – Nikolaos II. von Antiocheia (# 26124). – Sayfaddawla (# 26998). – Thomas (# 28333). – Theodoros II. von Antiocheia (# 27759). – Anonymus (# 30627). — s. auch Nikopolis

Koloneia (Thema) → Bardas Phokas der Jüngere (# 20784). – Christophoros (# 21294). – Gregoras (# 22326). – Iachnukas (# 22652). – Ioannes (# 22879). – Ioannes Arrabonites (# 22970). – Konstantinos (# 23787. – # 24008). – Leon (# 24623). – Manuel (# 24875). – Michael (# 25223). – Niketas (# 25824). – Petronas Boïlas (# 26421). – Stephanos (# 27231). – Theodoros II. von Antiocheia (# 27759). – Anonymus (# 30847. – # 31857).

Kolonia (griech.) s. Köln

Kolophon (Asia) → Eu... (# 21751).

Kolydros (Bulgarien) → Demetrios Teichonas (# 21523).

Komana (Armenien oder Pontos Polemoniakos) → Theodosios (# 27945). – Ioannes (# 22826).

Komba (Lykien) → Konstantinos (# 23772).

Kome Herakleos (Kappadokien) → Themel (# 27584). – Anonymus (# 31315).

Komne (nicht lokalisiert) → Manuel Erotikos bzw. Komnenos (# 24885). – Theodosios (# 27944). – Methodios (# 25083).

Konstantia s. Salamis (Zypern)

Konstantinopel (arab. al-Qusṭanṭinīya) — s. Abramitai-Kloster, ta Aerobindu, Agora, Akakioskirche, Akakioskloster, Akropolis, ta Amastrianu, Anaratai, Hagia-Anastasia-Kirche, Angurios-Kloster, Aninas-Kloster, ta-Antiochu-Kloster, Antipaskirche, Antonios-Kauleas-Kloster, Apostelkirche, Hagios-Apostolos-Philippos-Kirche, Arachangelos-Gabriel-Kirche, Argyroi-Kloster, Arkadianai, Armamentarea-Kloster, Asparzisterne, Athenogeneskapelle, Augusteion, Barbaraflüßchen, Barbarospalast, Bardaspalast, Bartholomaioskloster, Bassianos-Kloster, Bassos-Kloster, Blachernai, Blachernenkirche, Blachernenpalast, Bosporos, Bukoleonhafen, Bukoleonpalast, Bus, Chalke Pyle, Chalke-Gefängnis, Chalkedon, Chartophylakion, tu Chartophylakos, Chartophylax-Kloster, Christokamaron, Christophoros-Kloster, Christos-Soter-Kirche, Chrysobalanton-Kloster, Chrysotriklinos, ta Damianu, Daphnepalast, Hagios-Demetrios-Kirche, Diomedes-Kirche, Diomedes-Kloster, Eirenepalast, Elephantine Pyle, Eleutherioshafen, Eleutheriospalast, Elias-Kirche, Emporion, Eremia-Kloster, Eubulosviertel, Hagia-Euphemia-Kirche, Hagia-Euphemia-Kloster, Exabulioskloster, Forum, Forum Bovis, Forum Constantini, Galata, Gastria-Kloster, Germanos-Bad, Goldenes Tor, Großer Palast, Hafen, Hagios-Basileios-Kirche, Harmatiosbad, Hebdomon, Heroon (Apostelkirche), Hexabulioskloster, Hiereia, Hippodrom, Hippodromgericht, Hippostasion, Hodegetria-Kloster, Hodegon-Kloster, Iberitzespalast, Ioannes-Theologos-Kloster, Iviron-Kloster, Justiniansäule, Kaiserpalast, Kalagrostor, ta Kanikleiu-Kloster, ta Karianu, Kauleas-Kloster, Kokorobion-Kloster, Konstantinsforum, Konstantinskloster, Konstantinssäule, ta Korones, Kosmidion, Kosmidionkloster, Kyros-Kloster, Lampros, Lausiakos, Hagios-Lazaros-Kirche, Hagios-Lazaros-Kloster, Lips-Kloster, Hagios-Mamas-Kloster, ta Mamelias, Mangana, Manuel-Kloster, Margaritespalast, Marianos-Kloster, Marienkirche am Forum, Martinakios-Kloster, Maximina-Kloster, Menas-Kirche, Merdosagaris, Mese, Mesokapelu-Kloster, Mesomphalos, Hagios-Martys-Mokios-Kirche und -Koster, Monothyro, Mosele-Kloster und -Palast, Muzalonkloster, Myrelaion-Kloster und -Palast, Nea Ekklesia, Hagios-Nikolaos-Kapelle, Hagios-Nikolaos-Kloster, Numeragefängnis, Paitorion, Panagios-Kloster, Hagios-Panteleemon-Kirche und -Kloster, Hagioi-Pantes-Kirche, Hagia-Martys-Paraskeue-Kirche, Patriarcheion, Pegai, Pege-Kloster, Pege-Palast, Pera, Peribleptos-Kloster, Perichytes, Petrion, Petrion-Palast, Pharos-Kirche und -Palast, Phiale, Philopation, Phirmupolis, Hagioi-Martyres-Phloros-kai-Lausos-Kirche, Hagios-Phokas-Kirche, Phokas-Palast, Phoros, Pikridionkloster, Piperatos-Kloster, Praitorion, Psamathia, Psamathia-Kloster, Psomatheus-Kloster, Ptere-Kloster, Pyliatikon, Ruphinianaikloster, Seemauern, Sergios-und-Bakchos-Kloster, Sergiuskloster, Sigma, Sikeonkloster, Skepekloster, Hagia Sophia, Sophienhafen, Soter-Kirche, Sphendone, ta Sphorakiu, Stadtmauer, ta Steiru, Protomartys-Stephanos-Kirche, Stephanos-Palast, Studioskloster, Thekla-Kirche, Theodora-Palast, Theodoros-Kirche ta Sphorakiu, Theodoros-Phanerotes-Kirche, Theophano-Kirche, Theotokos-Kirche (am Sigma), Theotokos-Kirche ta mikra Rhomaiu, Theotokoskloster ta Kyru, Thomaskirche ta Amantiu, Hagia-Trias-Kapelle und -Kloster, Tribunalion, Tyche, Tzykanisterion, Xenon, Xenon des Eubulos, Xenon des hl. Sampson, Xenon des Myrelaion-Klosters, Xerolophos, Xylinites-Kloster, Xylokerkostor, Zautzeskloster, Zeugma, Zeuxippos

Konstantinos-Kloster (Lage unbekannt) → Christodulos (# 21245).

Hagios-Konstantinos-Kloster (Kalabrien) → Leon (# 24331).

Konstantinsforum (= Phoros, Kpl.) → Andreas (# 20369). – Eustathios (# 21858). – Ioannes Hetaireiotes (# 23091). – Leon Philosophos (# 24313). – Michael (# 25245). – Anonymi (# 30217).

Konstantinskirche (Arkadianai) → Nikolaos Androsalites (# 25886).

Konstantinskloster (Kpl.) → Theodoros Santabarenos (# 27619).

Konstantinssäule (auf dem Forum, Kpl.) → Leon Philosophos (# 24313).

ton Korakeon (Kassandra) → Euthymios (# 21932).

Korama (griech., türk. Göreme, Kappadokien) → Bardas Phokas der Ältere (# 20769). – Ioannes I. Tzimiskes (# 22778). – Konstantinos (# 23896). – Leon Phokas (# 24423). – Melias (# 25042). – Nikephoros II. Phokas (# 25535). – Theophano (# 28125).

Korasion (Kalabrien) → Eulampios (# 21778).

Korça (bulg.) s. Kurestos

Kore (griech.; arm. Kori, Armenien) → ʿAbdarraḥmān (# 20019).

Korfu s. Kerkyra

Korinth (Peloponnesos) → Arsenios (# 20603). – Athanasios (# 20684). – Basileios (# 20973). – Basileios Apokaukos (# 21006). – Bitalios (# 21171). – Christophoros (# 21278). – Germanos (# 22296). – Gregorios (# 22372). – Hilarion (# 22603). – Ioannes (# 22806). – Lukas der Jüngere (# 24762). – Michael Argyromytes (# 25382). – Niketas (# 25863). – Niketas Ooryphas (# 25696). – Nikodemos (# 25879).

– Nikolaos (# 25939). – Nikon "Metanoeite" (# 26155). – Paulos (# 26292. – # 26335. – # 26342). – Petros (# 26515). – Phantinos (# 26576). – Symeon (# 27529). – Theophylaktos (# 28198). – Anonymus (# 30993. – # 31293. – # 31294. – # 31295. – # 31307. – # 31308. – # 31486. – # 31849. – (# 31854. – # 31934). — s. auch Golf von Korinth, Isthmos, Kranion-Basilika

Hagios Kornelios (Hellespontos) → Anthimos (# 20465). – Samuel (# 26979).

Koron (arab. Qurra, Kappadokien) → Ibn Kallūb (# 22697). – Rāġib (# 26802). – Anonymus (# 30680).

Korone (arab. Qurūna, Peloponnesos) → Georgios (# 22202). – Gerasimos (# 22280). – Ioannes (# 23221). – Ioannes (# 23275). – Niketas (# 25716). – Nikon "Metanoeite" (# 26155). – Prokopios (# 26762). – Stephanos (# 27325). – Theodoros (# 27627). – Theodosios (# 27951). – Anonymus (# 30651. – # 31684).

Koroneia (Boiotien) → Nikolaos (# 26056).

Koroneia-See (See in Boiotien) → Basileios (# 20858).

ta Korones (Kpl.) → Baanes (# 20719).

Korsika (Insel) → al-Qā'im bi-Amr Allāh (# 26784). – Ya'qūb b. Isḥāq (# 28461).

Korsun s. Cherson

Korydala (Lykien) → Eustratios (# 21884).

Korydala (Pamphylien, = Kadara?) → Nikephoros (# 25549).

Korykos/Kurikos (Kilikien) → Kalos (# 23657). – Michael (# 25280).

Kos (Insel) → Konstantinos (# 23762).

Kosinitza (Makedonien) → Dorotheos (# 21593).

Kosinitzakloster s. Eikosiphoinissa (Makedonien)

Kosmidion (bei Kpl.) → Symeon von Bulgarien (# 27467). – Theophylaktos (# 28192). – Anonymus (# 31300).

Kosmidionkloster (Kpl.) → Ignatios (# 22749). – Methodios (# 25085).

Kotene (Pamphylien) → Makarios (# 24827).

Kotor (griech. Dekatera/Dekatora bzw. lat. Decatera, Dalmatien) → Sawdān (# 26997).

Kotyaion (Phrygien) → Anthimos (# 20455). – Baïanos (# 20745). – Bardas (# 20767). – Chamaretos (# 21231). – David (# 21412). – Epiphanios (# 21715). – Leon (# 24532). – Leon Apostyppes (# 24341). – Lukas Stylites (# 24758). – Nikolaos (# 25957). – Petros (# 26496). – Stephanos (# 27317).

Kpl. (Abkürzung) s. Konstantinopel

tu Krabatu (Grundbesitz der Megale Laura, Athos) → Elias (# 21670). – Eustratios (# 21903). – Euthymios Athonites Iber (# 21960). – Gabriel (# 22043). – Georgios I. von Iviron (# 22180). – Gregorios (# 22473). – Ignatios (# 22748). – Iohannes (# 23491). – Ioseph (# 23540). – Kosmas (# 24168). – Michael (# 25355). – Nestor (# 25520). – Nikephoros (# 25663. – # 25667). – Nikon (# 26163). – Theoktistos (# 28062).

Kranea (Chalkidike) → Antonios (# 20486). – Nikolaos (# 26041).

Krania-Kloster (Bithynien) → Bardas Skleros (# 20785). – Euthymios Athonites Iber (# 21960). – Gregor (# 22323). – Ioannes Athonites Iber (# 22942). – Ioane (# 22775). – Saba (# 26914).

Kranion-Basilika (Korinth) → Nikolaos (# 25939).

Krateia (Honorias) → Basileios (# 20847). – Konstantinos (# 24067). – Sabbas (# 26946).

Kreta (arab. Aqrīṭi) → 'Abdal'azīz b. Šu'ayb b. 'Umar al-Qurṭubī (# 20009). – Abū 'Abdallāh 'Umar II. b. Šu'ayb (# 20032). – 'Alī b. Yūsuf II. (# 20257). – Anemas (# 20421). – Athanasios Athonites (# 20670). – Bardas (# 20781). – Basileios (# 20879. – # 20977). – Eumathios (# 21782). – Eustathios (# 21843). – Eutychios (# 21980). – Georgios (# 22155). – Himerios (# 22624). – Ioakeim (# 22771). – Ioannes (# 22955. – # 23276). – Ioannes Kretikos (# 22821). – Ioannes Xenos (# 23109). – Ioseph Bringas (# 23529). – Ioseph Hymnographos (# 23510). – Karamuntes (# 23674). – Konstantinos (# 23960). – Konstantinos Gongylios (# 23823). – Krinites (# 24202). – Kyrillos (# 24256). – Leon (# 24401). – Leon Daphereras (# 24665). – Limnogalaktos (# 24743). – Lukas (# 24777). – Manuel Kurtikes (# 24878). – Meliton (# 25048). – Michael (# 25187. – # 25246). – Michael Uranos (# 25186). – Moschos (# 25422). – Moše Agura (# 25423). – Muḥammad b. Šu'ayb (# 25437). – Nicolaus Critis (# 25527). – Nikephoros (# 25686). – Nikephoros Pastilas (# 25606). – Nikephoros II. Phokas (# 25535). – Niketas (# 25836). – Nikodemos (# 25878). – Nikon "Metanoeite" (# 26155). – Photios (# 26671). – Rentakios (# 26814). – Romanos I. Lakapenos (# 26833). – Staurakios Platys (# 27181). – Stephanos (# 27292. – # 27367). – Šu'ayb (# 27429). – Theodoretos (# 27606). – Theodoros (# 27676). – Theodotos (# 27979). – Yūsuf b. 'Umar II. (# 28473). – Anonymi (# 30223. – # 30257. – # 30289. – # 30387. – # 30388. – # 30389. – # 30390. – # 30391. – # 30392. – # 30393. – # 30394. – # 30395. – # 30396. – # 30397. – # 30398. – # 30399. – # 30400. – # 30401. – # 30402. – # 30403. – # 30404. – # 30405. – # 30406. – # 30614. – Anonymus (# 30893. – # 30894. – # 30895. – # 30896. – # 30897. – # 30898. – # 30899. – # 30901. – # 30902. – # 30903. – # 30904. – # 30905. – # 31238. – # 31239. – # 31240. – # 31241. – # 31242. – # 31243. – # 31244. – # 31245. – # 31246. – # 31247. – # 31248. – # 31249. – # 31250. – # 31251. – # 31252. – # 31253. – # 31254. – # 31255. – # 31256. – # 31257. – # 31258. – # 31259. – # 31260. – # 31261. – # 31262. – # 31417. – # 31443. – # 31841). — s. auch Agrion, Arkadia, Chandax, Hagios-Georgios-Dubrikas-Kirche, Hagios-Georgios-Opsaropiastes-Kirche, Knossos, Kuphu, Melikon/ Melikos, Myriokephalon, Martys-Photeine-Kirche, Hagiu-Pneumatos-Kloster, Rethymnon, Siba, Temenos, Theotokos-Kirche

Kreta (Thema) → Basileios (# 21045). – Philaretos Bracheon (# 26589). – Theophanes (# 28110).

Krim → Alexandros (# 20231). – Georgios I. von Iviron (# 22180). – Ioannes (# 23277). – Ioseph Hymnographos (# 23510). – Klemes (# 23704). – Konstantinos (# 23938). – Malchos (# 24846). – Manuel (# 24874). – Michael Chersonites (# 25252). – Niketas (# 25695). – Nikolaos (# 25942). – Anonymi (# 30427). — s. auch Cherson,

Gotthia, Kerč , Kimmerischer Bosporos, Parthenitoi, Sugdaia, Tepe-Kerman

Kriotabros (Lage unklar) → Strategos (# 27396). – Krinites (# 24200).

Kroatien → Alogobotur (# 20262). – Basileios Boioannes (# 21094). – Bran (# 21203). – Branimir (# 21204). – Domagoj (# 21577). – Iohannes (# 23471). – Konstantinos Diogenes (# 24045). – Kosara (# 24095). – Krasimer (# 24190). – Krešimir III. (# 24197). – Leon (# 24603). – Miroslav (# 25407). – Mutimir (# 25466). – Petar Gojniković (# 26408). – Petrus Particiacus (# 26559). – Pribina (# 26753). – Pribislav (# 26754). – Sermon (# 27058). – Stephanos (# 27207). – Symeon von Bulgarien (# 27467). – Ursus II. Particiacus (# 28414). – Zdeslav (# 28502). – Anonymi (# 30151. – # 30152. – # 30601). – Anonymus (# 30636). — s. auch Save, Sirmion

Kroia (Epeiros) → David (# 21411).

Krotone s. Crotone (Kalabrien)

Krypte Pherrate bzw. Kryptopherre (griech.) s. Grottaferrata

Ktisma (Sizilien) → Christophoros (# 21287). – Makarios (# 24830).

Kubikulum (Kaiserpalast, Kpl.) → Ioannes Garidas (# 22900).

Kufa (Irak) → Abū Ṭāhir b. Abī Saʿīd al-Ǧannābī al-Qarmāṭī (# 20082). – al-Mutanabbī (# 25462).

Kukas (Kappadokien?) → Anastaso (# 20343). – Methodios (# 25075). — s. auch Theotokos-Kirche

Kuku Lithos (Kappadokien) → Anthes Alyates (# 20452).

Kulpee (Patzinakia) → Ipaos (# 23546).

Kumarion/Kumaron (Berg bei Ephesos) → Hilario (# 22599). – Ignatios (# 22745). – Iuditta (# 23572). – Leontios (# 24725). – Theodoros (# 27774). – Anonymi (# 30587. – # 30589). – Anonymus (# 31954). — s. auch Hagia-Marina-Kapelle

Kuphu (Kreta) → Kyrillos (# 24256).

Kura (Fluß in Georgien) → Giorgi I. (# 22309).

Kurestos (bulg. Korça, Bulgarien) → Ioannes (# 23400).

Kuria (Kalabrien) → Achileus (# 20093). – Ardiabastos (# 20551). – Basileios (# 20992. – # 20993). – Basilo (# 21131). – Bonelos (# 21190). – Eulampios (# 21779). – Hypomonos (# 22651). – Ioannes (# 23116. – # 23117. – # 23118). – Konstantinos (# 23927. – # 23928). – Leon (# 24526). – Leon Zeugites (# 24528). – Margarites (# 24907. – # 24908). – Nikephoros (# 25616). – Nikolaos (# 26014). – Stephanos (# 27302).

Kurikos s. Korykos

Kursun s. Cherson

Kurtzanoi (Proasteion bei Rhegion, Kalabrien) → Achileus (# 20093). – Antonios (# 20502). – Ardiabastos (# 20551). – Basileios (# 20992. – # 20993). – Basilo (# 21131). – Bonelos (# 21190). – Demetrios (# 21492). – Eulampios (# 21779). – Hypomonos (# 22651). – Ioannes (# 23116. – # 23117. – # 23118). – Kandidos (# 23665). – Konstantinos (# 23927. – # 23928). – Konstas (# 24087). – Kosmas (# 24136). – Leon (# 24523. – # 24526). – Leon Zeugites (# 24528). – Leontios Skephakas (# 24715). – Lukianos (# 24788). – Margarites (# 24907. – # 24908). – Nikephoros (# 25616). – Nikolaos (# 26014). – Petros (# 26497). – Sergios (# 27035). – Stephanos (# 27302). – Ursinianos (# 28404).

Kuşkalesi (türk., modern) s. Tzamandos

K'ut'at'isi (Residenzstadt in Georgien) → Bagrat IV. (# 20743).

Kutlumusiu-Kloster (Athos) → Athanasios (# 20667).

Kutmičinica (Bulgarien) → Dometas (# 21579).

Kutziagroi (Helenopontos) → Stylianos (# 27414).

Kydnos (arab. Nahr Baradān, Fluß bei Tarsos) → Ibn az-Zayyāt (# 22686).

Kykladen (Inselgruppe) → Beriboes (# 21149). – Georgios Theodorokanos (# 22261) – Ioannes (# 22957). – Konstantinos (# 23998). – Nikolaos (# 26104). – Soterichos (# 27166). – Theophanes (# 28110). – Anonymi (# 30289. – # 30291). — s. auch Leria

Kylindros s. Andrassos

Kyme (Asia) → Philotheos (# 26640).

Kyminas (Berg und Kloster in Bithynien) → Agapios (# 20163). – Antonios (# 20508). – Athanasios Athonites (# 20670). – Eudokimos Maleïnos (# 21764). – Hesychios (# 22588). – Ioannes Elatites (# 22907). – Konstantinos (# 23846). – Kyriakos (# 24229). – Leon (# 24431). – Leon Phokas (# 24423). – Methodios (# 25077). – Michael Maleïnos (# 25124). – Nikephoros II. Phokas (# 25535). – Stephanos (# 27225). – Theophanes (# 28091). – Thomas Dephurkinos (# 28286). – Anonymus (# 30927. – # 30928. – # 31302. – # 31312. – # 31388).

Kympsala s. Kypsela/Kypsella

tu Kyparisiu (Athos) → Ioannes Phakenos (# 23134).

Kyprianos (= Tanis bzw. arab. Tinnīs [Ägypten]) → Theophilos (# 28153).

Kypros s. Zypern

Kypsela/Kypsella (Rhodope) → Leon (# 24541). – Stephanos (# 27210). – Nikolaos (# 25973).

Martys-Kyriake-Kirche (Lakedaimon) → Bitalios (# 21172). – Gabriel (# 22033). – Georgios (# 22267). – Gregorios (# 22429. – # 22477. – # 22485). – Hilarion (# 22615). – Ioannes (# 23339. – # 23409). – Ioannes Malakenos (# 23106). – Lukas (# 24785). – Manuel (# 24898). – Michael Argyromytes (# 25382). – Nikon "Metanoeite" (# 26155). – Rentakios (# 26815). – Sabbatios (# 26948). – Stephanos (# 27374). – Theodoros Xylanthropos (# 27776). – Theopemptos (# 28070). – Anonyma (# 30116). – Anonymi (# 30476. – # 30478. – # 30479. – # 30498. # 30538. – # 30619. – # 30623). – Anonymus (# 31515. – # 31523. – # 31527. – # 31528. – # 31925. – # 31933. – # 31934. – # 31935. – # 32026. – # 32028. – # 32036. – # 32038).

Hagioi-Kyros-und-Ioannes-Kirche (Monembasia) → Euphrosyne (# 21802). – Helene (# 22577). – Ioannes (# 22998).

Kyros-Kloster (= Theotokoskloster ta Kyru, Kpl.) → Ioannes (# 23163). – Ioannes Geometres (# 23092). – Psenas (# 26777). – Anonymus (# 31686. – # 31689. – # 31690. – # 31691).

ta Kyru (Stadtteil in Kpl.) → Psenas (# 26777).

Kythera (Insel) → Antonios (# 20493). – Leon (# 24410). – Meliton (# 25048). – Theodoros (# 27627). – Anonymi (# 30293. – # 30297. – # 30301).

Kythrea (Zypern) → Demetrianos (# 21451).

Kyzikos (Hellespontos) → Amphilochios (# 20278). – Barnabas (# 20812). – Christophoros (# 21274). – Daniel (# 21395). – Demetrios (# 21463. – # 21478. – # 21527). – Eustratios (# 21882). – Gregorios (# 22358. – # 22372). – Ignatios (# 22731). – Theodoros (# 27697). – Anonymus (# 30994. – # 31345. – # 31739. – # 31740. – # 31974).

Kyzistra (Kappadokien) → Damianos (# 21365). – Melias (# 25041). – Rustam b. Baradū al-Farġānī (# 26909).

Lacroma (Insel) → Lampredius (# 24266). – Leo (# 24310). – Petrus (# 26572). – Vitalis (# 28431).

al-Lāḏiqīya (arab.) s. Laodikeia (Syrien)

Lagaina (Phrygien) → Lukas Stylites (# 24758).

Lagina (Pamphylien) → Basileios (# 20876). – Elissaios (# 21679).

Lago Negro (Kampanien) → Agapetos (# 20160). – Lukas (# 24778). – Makarios (# 24830). – Sabas neos (# 26929). – Anonyma (# 30102). – Anonymus (# 31748. – # 31749. – # 31752. – # 31753. – # 31754. – # 31755. – # 31789. – # 31790. – # 31791. – # 31793. – # 31803). — s. auch Apostel-Philippos-Kloster

Lagobardia/Lagubardia s. Langobardia

Laïnon (Kampanien) → Agapetos (# 20160). – Anonymus (# 31793).

Lakama (Syrien) → Damianos Dalassenos (# 21379).

Lakapa/Lakape (= Lakotena, Lykandos) → Romanos I. Lakapenos (# 26833). – Anonymus (# 31466).

Lakapa-/Lakape-Kloster → Petros (# 26476). – Anonymus (# 31466).

Lakedaimon/Lakedaimonia (Hellas bzw. Peloponnes) → Antiochos (# 20474). – Antonios (# 20484). – Basileios (# 20887). – Basileios Apokaukos (# 21006). – Bitalios (# 21172). – Demetrios (# 21512). – Eustathios (# 22429. – # 21850). – Gabriel (# 22033). – Georgios (# 22267). – Gregorios (# 22477. – # 22485). – Hilarion (# 22615). – Ioannes (# 22961. – # 23339. – # 23409). – Ioannes Aratos (# 23105). – Ioannes Lampardopulos (# 23100). – Ioannes Malakenos (# 23106). – Leon (# 24449). – Leontios (# 24710). – Lukas (# 24785). – Manuel (# 24898). – Michael Argyromytes (# 25382). – Michael Choirosphaktes (# 25381). – Nikolaos (# 25939). – Nikon (# 26166). – Nikon “Metanoeite” (# 26155). – Prokopios (# 26772). – Rentakios (# 26815). – Sabbatios (# 26948). – Stephanos (# 27374). – Theodoretos (# 27608). – Theodoros Xylanthropos (# 27776). – Theodosios (# 27950). – Theokletos (# 28035). – Theopemptos (# 28070). – Zosimas (# 28518). – Zosimos (# 28519). – Anonyma (# 30025. – # 30115. – # 30116. – # 30121. – # 30122. – # 30123). – Anonymi (# 30475. – # 30476. – # 30478. – # 30479. – # 30480. – # 30498. – # 30499. – # 30538. – # 30539. – # 30541. – # 30615. – # 30616. – # 30617. – # 30618. – # 30619. – # 30623). – Anonymus (# 30788. – # 31515. – # 31518. – # 31522. – # 31523. – # 31527. – # 31528.

– # 31585. – # 31716. – # 31717. – # 31718. – # 31875. – # 31925. – # 31933. – # 31934. – # 31935. – # 32026. – # 32027. – # 32028. – # 32029. – # 32036. – # 32037. – # 32038. – # 32039). — s. auch Agora, Alethine-Philosophia-Kloster, Hagia-Barbara-Kirche, Hafen, Martys-Kyriake-Kirche, Hagios-Nikolaos-Kloster, Soter-, Theotokos- und Hagia-Kyriake-Kirche, Sthlabochorion, Xenon des hl. Sampson

Lakina (Kalabrien) → Eustathios (# 21865).

Lakonien (Peloponnesos) → Niketas (# 25740).

Lakotena s. Lakapa

Lalakaon (Zufluß des Halys) → Nasar (# 25490).

Lamia (Hellas) → Ioannes (# 22977. – # 23042). – Stephanos (# 27230).

Lamis (Apulien) → Alexios Xiphias (# 20246). – Basileios Boioannes (# 21094). – Christophoros (# 21328). – Ioannes Kurkuas (# 23352).

Lamos (Fluß in Kilikien, arab. al-Lāmus) → Abū l-ʿAšāʾir Aḥmad b. Naṣr (# 20039). – Abū ʿUmayr ʿAdī b. Aḥmad b. ʿAbdalbāqī al-Aḏanī (# 20086). – Aḥmad b. Tuġān al-ʿUǧayfī (# 20193). – Bašīr aṯ-Ṯamalī (# 21132). – Bišr al-Afšīnī (# 21166). – Delemikes (# 21448). – al-Faḍl b. Ǧaʿfar b. al-Furāt (# 21985). – Ǧayš b. Ḫumārawayh (# 22068). – Ibn Warqāʾ aš-Šaybānī al-Barīdī (# 22705). – Ioannes (# 22938). – Ioannes Kurkuas (# 22917). – Ioannes Radenos (# 22914). – Kosmas (# 24110). – Michael Toxaras (# 25167). – Muʾnis al-Muẓaffar (# 25449). – Mufliḥ (# 25434). – Muḥammad b. ʿAlī b. Yaḥyā al-Armanī (# 25438). – Muḥammad b. Ṭuġǧ al-Iḫšīd (# 25443). – Naṣr aṯ-Ṯamalī (# 25494). – ar-Rāḍī (# 26799). – Rāġib (# 26802). – Rustam b. Baradū al-Farġānī (# 26909). – Šafīʿ (# 26957). – Sayfaddawla (# 26998). – Sergios (# 27041). – Stephanos (# 27241). – Šunayf (# 27432). – Symeon (# 27468).

Lampe (Phrygien) → Athanasios Athonites (# 20670). – Anonymus (# 31461). — s. auch Diungios-Kloster

Lamponiu-Kloster (am Latros) → Bartholomaios (# 20827). – Basileios (# 21003. – # 21004). – Gabriel (# 22030). – Gregorios (# 22431). – Ignatios (# 22739). – Methodios (# 25079). – Niketas (# 25789). – Paulos (# 26337). – Anonymi (# 30517. – # 30518).

Lampros (kaiserlicher Palast, Kpl.) → Basileios (# 21067). – Ioseph (# 23535).

Lampsakos (Hellespontos bzw. Opsikion) → Himerios (# 22624). – Leon von Tripolis (# 24397). – Markos (# 24999). – Niketas (# 25811). – Anonymus (# 31174).

al-Lāmus (arab.) s. Lamos (Fluß)

Langbarðaland (= Langobardenland) → Holmi (# 22628). – Anonymus (# 32065).

Langobardia/Langubardia (Unteritalien) → Alberich II. (# 20223). – Aligernus (# 20258). – Basileios (# 21099). – Basileios Kladon (# 20926). – Ioannes Proteuon (# 22931). – Ioannikios (# 23451). – Konstantinos (# 23859). – Leon (# 24499. – # 24664). – Makarios (# 24830). – Maragdos (# 24900). – Marianos Argyros (# 24962). – Melisiano (# 25046). – Nikephoros Phokas "der Ältere" (# 25545). – ŌlæifR (# 26180). – Paschalios (# 26279). – Prokopios (# 26770). – Romanos (# 26857. – # 26858). – Romoaldus (# 26889). – Sawdān (# 26997). – Stephanos Maxentios (# 27223). – Symbatikios (# 27443). – Anonymi (# 30221. – # 30314.

– # 30315). – Anonymus (# 31894. – # 31917. – # 32065). — s. auch Langbarðaland, Longobardia

Lao (Fluss in Kalabrien) → Daniel (# 21397).

Laodikeia (Phrygia Pakatiane) → Anastasios (# 20323). – Barnakumeon (# 20818). – Elias (# 21663). – Epiphanios (# 21707). – Euthymios (# 21974). – Ioannes (# 22845. – # 23078). – Isaakios (# 23557). – Konstantinos (# 23777. – # 23825. – Konstantinos Galenos (# 24064). – Leon (# 24679). – Paulos (# 26293). – Petros (# 26495). – Petros Thaumaturgos (# 26426). – Sisinnios (# 27096). – Symeon (# 27464. – # 27504). – Theodoros (# 27620). – Anonymi (# 30454. – # 30455). – Anonymus (# 31076. – # 31077. – # 31403. – # 31976).

Laodikeia (Syrien) → Abū l-Ḥusayn ʿAlī b. Ibrāhīm b. Yūsuf al-Fuṣayṣ (# 20066). – Himerios (# 22624). – Ibn Šākir (# 22704). – K.r.m.rūk (# 23592). – Kulayb an-Naṣrānī (# 24209). – Leon (# 24401). – Michael Burtzes (# 25253). – Nazzāl (# 25502). – Paulos (# 26385). – Qaṭās (# 26787). – Theodoros (# 27816. – # 27817). – Yūnus (# 28471). – Anonymus (# 31950. – # 31951. – # 31952). – Tobias (# 28359).

Laodikeia Kekaumene (Pisidien) → Akakios (# 20201). – Epiphanios (# 21707). – Paulos (# 26367).

Lapara s. Lykandos

Laqandū (arab.) s. Lykandos

Laqubin s. Lakapa

Laranda (Lykaonien) → Sabas (# 26921).

Larissa (Kappadokien) → Baasakios (# 20723). – Gregorios (# 22469). – Krikorikes (# 24198). – Pazunes (# 26400). – Senekʿerim-Yovhannēs Arcruni (# 27008). – Yōhannēs (# 28464). – Anonymus (# 31926).

Larissa (unklar) → Paulos (# 26355). – Theoktistos (# 28042).

Larissa (Syrien) s. Šayzar

Larissa (Thessalien) → Agathe (# 20171). – Aimilianos (# 20196). – Akindynos (# 20210). – Basileios (# 20861). – Bitalios (# 21171). – Christophoros (# 21269). – Demetrios (# 21477). – Eirene (# 21622. – # 21629). – Euodios (# 21784). – Euphemianos (# 21790). – Euthymios (# 21918). – Gregorios (# 22372. – # 22380. – # 22398. – # 22469). – Harmodios (# 22554). – Iakobos (# 22658). – Ioannes (# 22869). – Kekaumenos (# 23694). – Krinites (# 24202). – Michael (# 25148). – Nikephoros Uranos (# 25617). – Niketas (# 25740). – Nikolaos (# 25964. – # 26016). – Nikulitzas (# 26167). – Pankratios (# 26232). – Pantoleon (# 26253). – Pelagia (# 26404). – Petros (# 26472). – Phantinos (# 26576). – Philippos (# 26607). – Samuel Kometopulos (# 26983). – Stephanos (# 27368). – Stylianos (# 27423). – Theodoros (# 27663). – Anonymi (# 30227). – Anonymus (# 30943. – # 31678).

Larnakia-Kloster (Athos) → Laurentios (# 24280).

Laryma (= Hyllarima, Karien) → Leon (# 24447).

Lateinerkloster (mone ton Latinon, Lage unbekannt) → Adrianos (# 20126).

Lateranbasilika (Rom) → Anonymus (# 31644).

Latinianon (Kalabrien) → Kale (# 23604). – Lukas (# 24778). – Sabas neos (# 26929).

– Anonymus (# 31313. – # 31327). — s. auch Laurentioskloster

Latium (Italien) → Abellari(s) (# 20020). – Ademar (# 20113). – Argyros (# 20559). – Diogenes (# 21540). – Gauderichos (# 22063). – Gregorios (# 22357). – Iohannes (# 23496). – Maraldus (# 24903). – Musandus (# 25453). – Muscatus (# 25455. – # 25456). – Rossemannus (# 26897). – Rotari (# 26898). – Theophylaktos (# 28183). — s. auch Albanon, Anagni(a), Bieda, Capigrassa, Ferentino, Fondi, Gabii, Gargano, Grottaferrata, Montecassino, Nepi, Ostia, Porto, Segni, Terracina, Tusculum, Valleluce, Velletri

Latmos → s. Latros (Berg in Karien)

Latros (= Latmos, Berg in Karien) → Athanasios (# 20674). – Bartholomaios (# 20827). – Basileios (# 20930. – # 21003. – # 21004). – Damianos (# 21381). – Demetrios (# 21476. – # 21509). – Dometios (# 21581. – # 21692). – Euthymios (# 21943). – Gabriel (# 22030. – # 22035). – Germanos (# 22300). – Gregorios (# 22431). – Hilarion (# 22616). – Ignatios (# 22736. – # 22739). – Ignatios Charzanas (# 22737). – Ioakeim (# 22773). – Ioannes (# 22966. – # 23246). – Konstantinos (# 23946). – Lazaros (# 24284). – Leon (# 24433. – # 24442. – # 24579). – Lukas (# 24765. – # 24775). – Matthaios (# 25017). – Mauroi (# 25022). – Methodios (# 25079). – Michael (# 25193. – # 25203. – # 25366). – Nikephoros (# 25576). – Niketas (# 25750. – # 25789). – Pachomios (# 26217). – Paulos (# 26337. – # 26338). – Petros (# 26475. – # 26521). – Photeinos (# 26665). – Photios (# 26678). – Symeon (# 27486). – Symeon Ampelas (# 27506). – Thomas (# 28311). – Anonyma (# 30106). – Anonymi (# 30423. – # 30425. – # 30433. – # 30434. – # 30446. – # 30517. – # 30518). – Anonymus (# 31288. – # 31289. – # 31290. – # 31314. – # 31317. – # 31318. – # 31319. – # 31321. – # 31393. – # 31394. – # 31396. – # 31434. – # 31744. – # 31745. – # 31746. – # 31785. – # 31786. – # 31921. – # 31927. – # 31928. – # 31989). — s. auch Agraulon-Kloster, Archangelos-Michael-Kirche, Christos-Soter-Kloster, Herakleia, Karya-Kloster, Kellibara-Kloster, Lamponiu-Kloster, Hagios-Paulos-Kloster, Soter-Kloster, Stylos, Theotokos-Höhle, Theotokos-Kloster tu Stylu

tu Latru (Kloster oder Klösterkongregation) → Leon (# 24579). — s. auch Latros

Latros-See (Karien) → Ioseph Hymnographos (# 23510). – Anonymi (# 30424. – # 30424). – Anonymus (# 31304. – # 31304. – # 31305. – # 31305).

Laura ta Melana bzw Laura ton Melanon s. Megale Laura (Athos)

Laurentios (Rom) → Adrianus (# 20130).

Hagios-Laurentios-Kloster (Latinianon) → Beniamin (# 21145). – Makarios (# 24831). – Sabas neos (# 26929). – Anonymi (# 30430. – # 30431. – # 30438). – Anonymus (# 31322. – # 31327. – # 31332).

Laurentius-Kloster in Lüttich (= St-Laurent de Liège) → Leo (# 24302).

Laurentius-Kloster in Salerno (Kampanien) → Nikodemos (# 25877).

Lausiakos (Kaiserpalast, Kpl.) → Ktenas (# 24205).

Hagios-Lazaros-Kirche bzw. Kloster (Kpl.) → Basileios I. (# 20837). – Eudokia Baïane (# 21759). – Euthymios (# 21963). – Hierotheos (# 22593). – Ioannes

(# 22947). – Ioannes Garidas (# 22900). – Leon VI. (# 24311). – Nikolaos (# 25910). – Anonyma (# 30067). – Anonymi (# 30337).

Lazike → Athanasios Athonites (# 20670). – Kanitissa (# 23669). — s. auch Chachmanztur, Rhodopolis

Lazike (Kirchenprovinz) → Basileios (# 20919). – Ioannes (# 23229). – Konstantinos (# 24054).

Le Puy-en-Velay (Frankreich) → Petrus (# 26571).

Lebedos (unklar) → Anonymus (# 31346).

Lecce (Apulien) → Stephanos (# 27360). – Anonymus (# 32068).

Ioannes-Theologos-Kloster tu Sikelu (Athos) s. Lukas-Sikelos-Kloster (Athos)

Legos (Dorf bei Ephesos) → Hilario (# 22599). – Leontios (# 24725).

Lemnos (Insel) → Andreas (# 20395). – Arsenios (# 20600). – Athanasios Athonites (# 20670). – Bardas (# 20788). – Chrysocheir (# 21341). – David von Achrid (# 21409). – Euphemia (# 21787). – Eustratios (# 21904). – Himerios (# 22624). – Ioannes (# 23355). – Ioannes I. Tzimiskes (# 22778). – Ioannes Radenos (# 22914). – Kale (# 23607). – Leon (# 24649). – Leon von Tripoli (# 24397). – Maria (# 24939). – Meletine (# 25034). – Mitzos (# 25413). – Nikephoros Kabasilas (# 25677). – Stephanos (# 27275). – Theodoros Zephinezer (# 27682). – Zacharias (# 28488). — s. auch ta Omphalia

Leodiensis civitas (= Liège, Frankreich) → Leo (# 24302).

Leontia-Kloster (= Ioannes-Prodromos-Kloster, Thessalonike) → Agape (# 20158). – Ioannes Tornikios (# 22926). – Kalonas (# 23652). – Nikolaos (# 25960). – Theodoros Kladon (# 27763).

Leontinoi (Sizilien) → Manuel Phokas (# 24884). – Niketas (# 25784).

Hagios-Leontios-Kloster (Stylo, Kalabrien) → Antilia (# 20470). – Bitalianos (# 21167). – Ioannes Kellos (# 23423). – Krepatunes (# 24196). – Leon (# 24686). – Mylonas (# 25474). – Panormites (# 26238). – Phurkas (# 26691).

Leontokome s. Tephrike

Leontopolis (Helenopontos) → Athanasios (# 20661). – Christophoros (# 21313). – Ioannes (# 22827). – Michael (# 25105). – Sabas (# 26924). – Stephanos (# 27333).

Leria (Kykladen) → Ioseph (# 23514).

Lesbos (= Mitylene, Insel) → Bardas Phokas der Jüngere (# 20784). – Basileios (# 20860. – # 21105). – Christophoros Mitylenaios (# 21324). – Damianos (# 21365). – Demetrios (# 21460). – Elias (# 21675). – Himerios (# 22624). – Iakobos (# 22656). – Ioseph Bringas (# 23529). – Kale (# 23602). – Leon Phokas (# 24423). – Michael (# 25097. – # 25162). – Mitylenaios (# 25410). – Nikephoros (# 25687). – Nikephoros Phokas (# 25609). – Stephanos Lakapenos (# 27251). – Theoktiste (# 28039). – Thomaïs von Lesbos (# 28277). – Thomas (# 28319). – Anonymi (# 30486). — s. auch Erissos, Methymna

Lesina (Apulien) → Christophorus (# 21336). – Landenolfus (# 24269).

Leucius-/Leucus-Kloster (Sessano, Apulien) → Leria – Adelperto (# 20110). – Alexandrus (# 20236). – Grimoald (# 22500). – Grimoalt (# 22502). – Leo (# 24293).

– Liuprando (# 24747). – Radelgari (# 26798). – Radelgardus (# 26796).

Leuka/Leukai (Kassandra) → Euthymios (# 21932). – Germanos (# 22291).

Leukas (Insel) → Ioannes (# 23181). – Anonymi (# 30469). – Anonymus (# 31482).

Leukatas/Leukate (Bithynien) → Aigides (# 20195). – Anna (# 20426). – Sabas (# 26924). – Theodoros Daphnopates (# 27694). – Anonymi (# 30288. – # 30771). – Anonymus (# 31047).

Leuke (Thrakien) → Symeon (# 27457).

Liège (Lüttich) s. Leodiensis civitas

Ligurien s. Genua

Limnogalaktos (Thrakesion) → Limnogalaktos (# 24743).

ton Limnon (Kloster, Lage unbekannt) → Euthymios (# 21941).

Limoges (Frankreich) → Cosmas (# 21351).

Limyra (Lykien) → Nikephoros (# 25546).

Lindos (Rhodos) → Eudokia (# 21756). – Ioannes (# 22846). – Konstantinos Rhodios (# 23819).

Linoë (Bithynien) → Basileios (# 20870). – Kyrillos (# 24244).

Liparische Inseln s. Inseln, Liparische

Liporachi (Berg bei Cassano) → Antonius (# 20538).

Lips-Kloster (Kpl.) → Konstantinos Lips (# 23815).

Livadia (= Leukas?) → Sabas (# 26924).

Livland → ĀsgæiRR (# 20637).

Lizikon (Europe) → Germanos (# 22289).

Ljubeč' (Rußland) → Oleg (# 26185).

Loches (Frankreich) → Fulk Nerra (# 22013).

Locoediensis s. Lucedio

Lokana (Armenien) → Kurtikios (# 24215).

Lokne (Kloster, Lage unbekannt) → Anonymus (# 31874).

Lombardei (Italien) s. Brescia, Cremona, Mailand, Padua, Pavia, Polirone, Verona, Vicenza

Longias (Kilikien) → Basileios Lakapenos (# 20925).

Longibardia/Longobardia (Thema, Unteritalien) → Anastasios (# 20300). – Atenulph II. (# 20657). – Barnabas (# 20813). – Barsakios (# 20819). – Basileios (# 21099). – Berta-Eudokia (# 21156). – Epiphanios (# 21710). – Gaidon (# 22056). – Georgios (# 22103). – Holmi (# 22628). – Imogalapto (# 22756). – Ioannes (# 23015). – Konstantinos (# 23859). – Kosmas (# 24111). – Landulph I. (# 24272). – Leon (# 24499). – Malakenos (# 24842). – Nikephoros Hexakionites (# 25608). – Nikephoros Phokas "der Ältere" (# 25545). – Nikolaos (# 25945). – ŌlæifR (# 26180). – Paschalios (# 26279). – Prokopios (# 26770). – Stephanos Maxentios (# 27223). – Symbatikios (# 27443). – Symeon (# 27498). – Theodosios (# 27919). – Theognostos Limnogalaktos (# 28019). – Theoktistos (# 28048). – Ursoleon (# 28407). – Vitalis (# 28428). – Anonymus (# 30803. – # 31095. – # 31096. – # 31720. – # 31894. – # 31917. – # 32065). — s. auch Langobardia, Loggibardia, Logubardia u. ä.

Longos (Lokalität bei Hierissos) → Basileios (# 20858). – Basileios Stroimiros (# 20999). – Georgios (# 22255). – Ioannes Athonites Iber (# 22942). – Ioannes Tornikios (# 22926). – Konstantinos Karamallos (# 23918). – Maria (# 24942). – Symeon (# 27519). – Theodoros (# 27771). – Xenophon (# 28451). — s. auch Burburu-Kloster, Hieromnemon-Kloster

Lopadion s. Lupadion

San Lorenzo-Kloster (Latinianon) s. Laurentios-Kloster (Latinianon)

Lornaia (Lykien) → Eusebios (# 21814).

Lothringen (= Lorraine, Frankreich) → Leo (# 24304). – Anonymi (# 30563). — s. auch Mouzon, Toul

Lozeken (Chalkidike) s. Lozikion

Lucacense castrum bzw. monasterium s. Loches (Frankreich).

Lucca (Toskana) → Davinus (# 21445). – Symeon von Polirone (# 27518). — s. auch Michaelskirche

Lucedio (Piemont) → Bononius (# 21193). – Petrus (# 26564). — s. auch Michael-und-Ianuarios-Kloster

Lucera (Apulien) → Adelbertus (# 20102). – Adelvertus (# 20112). – Alaricus (# 20222). – Angelo (# 20423). – Gregorius (# 22493). – Ilduinus (# 22754). – Ioannes (# 23182). – Johannes (# 23587). – Optabiano (# 26190). – Petrus (# 26568). – Polcari (# 26708). – Silittus (# 27073). – Theodorus (# 27884).

Luciniano (Apulien) → Mele (# 25032). – Simeon (# 27080).

Lüttich s. Leodiensis civitas

Luga (Rußland, Fluß) → Olga (# 26186).

Luik s. Leodiensis civitas

al-Lukām/al-Lukkām (Berg bei Antiocheia) → Chariton (# 21233). – Hieremias (# 22591). – Symeon (# 27505).

Lukanien (Italien) → Anastasios (# 20300). – Lukas (# 24776). – Petros (# 26513). – Phantinos (# 26576). – Sabas neos (# 26929). – Vitalis (# 28428). – Anonymus (# 31099. – # 31762). — s. auch Armentum, Basintello, Carbone, Guardia Perticara, Markanoi-Kloster, Rapolla, Tricarico, Turri

Hagios-Lukas-Kloster (Lage unklar, evtl. Tarsos) → Georgios (# 22200).

Lukas-Sikelos-Kloster (= Sikelos-Kloster bzw. Ioannes-Theologos-Kloster tu Sikelu, Athos) → Elias (# 21669). – Lukas (# 24774). – Nikephoros (# 25623). – Phantinos (# 26577).

Lukas-Kloster (Steiris) → Euthymios (# 21957). – Gregorios (# 22410. – # 22439). – Kosmas (# 24130). – Lukas der Jüngere (# 24762). – Philippos (# 26610). – Anonymus (# 31761).

Lukas-Kloster (Thessalonike) → Theodora (# 27598). – Theopiste (# 28267).

Lukia-Kloster (= Santa Lucia bei Rhegion, Kalabrien) → Arsenios (# 20602). – Elias Spelaiotes (# 21646). – Niketas Botherites (# 25715). – Anonymus (# 30791). — s. auch Mindinon

Lukitzes-Kloster (Athos) → Ioannes (# 23357).

al-Lukkām s. al-Lukām

Lulon (Kappadokien) → Philippos (# 26601). – Phlulianos (# 26648).

Lunda (Phrygia Pakatiane) → Eustathios (# 21830).

Lupadion/Lopadion (Bithynien) → Basileios (# 20902). – Christophoros (# 21267). – Pantoleon (# 26250).

Lurnaia (Lykien) → Eusebios (# 21814).

Lutrakiu-Kloster (Athos) → Dorotheos (# 21596). – Ioannes (# 23164. – # 23169. – # 23343). – Symeon (# 27530).

Luzzi (Kalabrien) → Daniel (# 21397).

Lydien → Anatolios (# 20347). – Andronikos Lydos (# 20410). – Dionysios (# 21545). – Caleb (# 21221. – # 21222). – Elkanah (# 21681). – Evdokia (# 21982). – Joseph (# 23589). – Judah (# 23590). – Leon (# 24585). – Moses (# 25427. – # 25428). – Nabon (# 25485). – Namer (# 25489). – Šabbetaï (# 26950). – Šelaḫya (# 27002). – Symeon (# 27458). – Theophilos (# 28135). — s. auch Akrassos, Attaleia, Aureliupolis, Bage, Gordos, Hierokaisareia, Karsumia, Kerasa, Mastaura, Maurige, Sardeis, Silandos, Stratonikeia, Thyateira, Trakula

Lydien (Kirchenprovinz) → Aëtios (# 20151). – Agathon (# 20176). – Arsenios (# 20599). – Basileios (# 20864. – # 20868). – Epiphanios (# 21702). – Georgios (# 22179). – Gregorios (# 22480). – Ioannes (# 23188). – Leon (# 24394. – # 24421. – # 24542). – Maria (# 24936). – Nikephoros Erotikos (# 25632). – Paulos (# 26382). – Petros (# 26434. – # 26444. – # 26460). – Stylianos (# 27417). – Theophylaktos (# 28181).

Lykandos (Lapara) → Andronikos Lydos (# 20410). – Anthimos (# 20461). – Bardas Mungos (# 20787). – Bardas Skleros (# 20785). – Christophoros (# 21303). – Damianos (# 21365). – David (# 21430). – Eustathios Maleïnos (# 21861). – Georgios Eunesis (# 22270). – Ioannes Thylakas (# 23422). – Katakalos (# 23689). – Konstantinos (# 23853). – Kurtikios (# 24215). – Melias (# 25041). – Michael (# 25396). – Michael Burtzes (# 25253). – Michael Kurtikios (# 25261). – Nikolaos Radenos (# 26087). – Petros (# 26492. – # 26496). – Romanos I. Lakapenos (# 26833). – Rustam b. Baradū al-Farġānī (# 26909). – Sisinnios (# 27109). – Stephanos (# 27376). – Theodulos Parsakutenos (# 27993). – Anonymus (# 31466. – # 31593). — s. auch Karkinion, Lakapa

Lykaonien → Andronikos Dukas (# 20405). – Rustam b. Baradū al-Farġānī (# 26909). – Sabas (# 26921). – Sisinnios (# 27097). – Stephanos (# 27213). — s. auch Amblada, Anatron, Baratas, Bareta, Basada, Ikonion, Laranda, Lystra, Mancinik, Morokampos-Kloster, Pyrgoi, Rhoina, Sabatra

Lykaonien (Kirchenprovinz) → Basileios (# 20848. – # 20878. – # 21011). – Eleutherios (# 21638). – Ioannes (# 22811). – Nikephoros (# 25551). – Phokas (# 26657). – Theodoros (# 27777). – Theodulos (# 28005). – Theophilos (# 28143). – Theophylaktos (# 28176). – Anonymus (# 30988).

Lykien → Konstantinos (# 23847). – Sabas (# 26919). — s. auch Arykanda, Barbula, Choma, Hagios Dulas, Hagiupolis, Kadibos, Kenea, Komba, Korydala, Limyra, Lornaia, Lurnaia, Meloïtoi, Myra, Oiniandos, Patara, Phellos, Pinara, Rykanda, Tergastos, Tlos

Lykien (Kirchenprovinz) → Andreas (# 20349). – Athanasios (# 20664). – Baanes (# 20717). – Basileios (# 20873). – Daniel (# 21392). – Eusebios (# 21814). – Georgios (# 22208). – Ignatios (# 22735). – Nikolaos (# 25890). – Sisoes (# 27126). – Theodoros (# 27866). – Theodosios (# 27893). – Timotheos (# 28355). – Anonymus (# 31188. – # 31975).

tu Lykodemu (Athen) → Ioannes Psareutes (# 23367).

Lykos (Kappadokien) → Sayfaddawla (# 26998).

Lysias (Phrygia Salutaris) → Konstantinos (# 23768).

Lystra (Lykaonien) → Basileios (# 20878). – Eleutherios (# 21638).

Ma'arrat an-Nu'mān (arab., Syrien) → Sa'daddawla Abū l-Ma'ālī (# 26954). – Zuhayr (# 28522). – Nikephoros II. Phokas (# 25535).

Maastricht → Alagrecus (# 20220).

Mempeze s. Hierapolis (Syrien)

Hagios-Maburnas-Kloster (Skyros) s. Soter-Kloster

al-Madīna s. Palermo

Madīnat as-Salām s. Bagdad

Madīnat az-Zahrā (Spanien) → Aḥmad al-Yunānī (# 20183).

Madyta (Europe) → Euthymios (# 21951). – Konstantinos (# 23763. – # 23987). – Paraskeue (# 26262).

Mäander (Fluß in Lydien) s. Maiandros

Maghrebinien (Balkanregion) → Chuzpephoros (# 21345). – Eirene (# 21619). – Eustachios (# 21827). – Přzibislav (# 26776). — s. auch Metropolsk, Hagia Sophistica.

Maglaba/Manglaba (Thrakien) → Alexios Mosele (# 20241). – Ioannes (# 22937). – Kaukanos (# 23693). – Leon Argyros (# 24399). – Menikos (# 25056). – Photeinos (# 26663). – Pothos Argyros (# 26730). – Symeon von Bulgarien (# 27467). – Anonymus (# 31068).

Magnaura (Kaiserpalast, Kpl.) → Abū 'Umayr 'Adī b. Aḥmad b. 'Abdalbāqī al-Adanī (# 20086). – Basileios Peteinos (# 20934). – Danelis (# 21390). – Euthymios (# 21913). – Ioannes (# 22796). – Leon VI. (# 24311). – Liutfrid (# 24749). – Samonas (# 26973). – Strategis (# 27395). – Theophano (# 28122). – Anonyma (# 30005. – # 30005. – # 30005. – # 30005. – # 30006. – # 30006. – # 30006. – # 30006. – # 30006. – Anonymae (# 30125). – Anonymi (# 30371. – # 30407). – Anonymus (# 30920. – # 31236. – # 31237). – Gregorios (# 22372).

Magnesia am Maiandros (Asia) → Athanasios (# 20660). – Basileios (# 21051). – Eirene (# 21628). – Elias (# 21664). – Gabriel (# 22035). – Georgios (# 22163). – Lazaros vom Galesionberg (# 24285). – Leontios (# 24723). – Lukas (# 24757). – Niketas (# 25794). – Nikolaos (# 26047). – Philoxenos (# 26643). – Theophilos (# 28142). – Anonymus (# 31670).

Magnesia Anelios (am Sipylos, Asia) → Athanasios (# 20660). – Basileios (# 21119). – Gabriel (# 22035). – Lukas (# 24757).

tu Magula (Athos) → Agathon (# 20179). – Damianos (# 21387). – Eustratios (# 21903). – Euthymios Athonites Iber (# 21960). – Ioannes (# 23354). – Michael Aichmalotos (# 25286). – Nikephoros (# 25663). – Paulos Magulas (# 26371). – Stephanos (# 27323). – Stephanos (# 27362).

Magulas-Kloster (Athos) → Andreas (# 20389). – Athanasios (# 20688). – Elias (# 21670). – Eustratios (# 21903). – Euthymios Athonites Iber (# 21960). – Gabriel (# 22043). – Georgios I. von Iviron (# 22180). – Gregorios (# 22473).

– Ignatios (# 22748). – Iohannes (# 23491). – Ioseph (# 23540). – Michael (# 25355). – Nestor (# 25520). – Nikephoros (# 25663. – # 25667). – Nikon (# 26163). – Paulos Magulas (# 26371). – Stephanos (# 27323). – Theoktistos (# 28062). – Thomas (# 28331).

al-Mahdīya (arab., Ifrīqiya) → Farağ al-Muḥaddad (# 21991). – Nikolaos (# 26008). – al-Manṣūr bi-Naṣr Allāh (# 24863).

Mahrūya (arab., Syrien [= Meroe]) → Aḥmad b. al-Ḥusayn al-Aṣfar Taġlib (# 20184). – Pegasios (# 26402).

Mähren/Moravia → Angelarios (# 20422). – Gorasdos (# 22319). – Iohannes VIII. (# 23470). – Klemes (# 23704). – Laurentios (# 24276). – Methodios (# 25062). – Stephanus V. (# 27384). – Svatopluk I. (# 27437). – Wiching (# 28443). – Anonymi (# 30182). – Anonymus (# 30712). — s. auch Neutra

Maiandros (Fluß in Karien) → Caleb (# 21221. – # 21222). – Eirene (# 21628). – Elias (# 21664). – Elkanah (# 21681). – Evdokia (# 21982). – Gabriel (# 22035). – Georgios (# 22163). – Joseph (# 23589). – Judah (# 23590). – Lazaros vom Galesionberg (# 24285). – Leon (# 24585). – Matthaios (# 25017). – Moses (# 25427. – # 25428). – Nabon (# 25485). – Namer (# 25489). – Niketas (# 25794). – Šabbetaï (# 26950). – Šelaḥya (# 27002). — s. auch Magnesia, Philadelpheia

Mailand (Lombardei) → Arnulf II. (# 20579). – Magnus (# 24812). – Petrus (# 26558). – Symeon (# 27473). — s. auch Ambrosius-Kloster

Mainz (Deutschland) → Liutfrid (# 24749).

Maiumas (Ägypten) → Ioannes (# 22823).

Makedonien → Akindynos (# 20209. – # 20214). – Basileios (# 20911. – # 20927). – Bogdanos (# 21186). – Dominicus (# 21585). – Dristăr (# 21606). – Ǧakrūs (# 22057). – Georgios (# 22211. – # 22269. – Georgios Sursubules (# 22137). – Germanos von Kositnitza (# 22285). – Gregorios (# 22370. – # 22372). – Ibn Ġudāl (# 22693). – Ioannes (# 22831. – # 23041. – # 23119. – # 23121. – # 23122. – # 23123. – # 23285). – Ioannes Chaldos (# 23166). – Ioannikios (# 23464). – Kesta Stypiotes (# 23699). – Klemes (# 23704). – Konstantinos (# 23809. – # 23860). – Kurtikios (# 24215). – Leon (# 24513. – # 24529). – Leon Damokranites (# 24552). – Leontios (# 24716). – Magerinos (# 24810). – Marianos (# 24955). – Martha (# 25005). – Meliton (# 25049). – Methodios (# 25074). – Neophytos (# 25507). – Nikephoros (# 25577). – Niketas (# 25820). – Nikolaos (# 25917). – Nikolaos Nikolitzas (# 26037). – Oleg (# 26185). – Petros (# 26440). – Philippos (# 26602). – Prokopios Krenites (# 26760). – Samuel Kometopulos (# 26983). – Stephanos (# 27303). – Stephanos Maxentios (# 27223). – Taridenas (# 27565). – Theodora (# 27598. – # 27599). – Theodoros (# 27674. – # 27720). – Theodotos (# 27962). – Theophanes (# 28087). – Theopiste (# 28267. – # 28268). – Anonyma (# 30008. – # 30013. – # 30030. – # 30083. – # 30084. – # 30085). – Anonymi (# 30189. – # 30193. – # 30204. – # 30214. – # 30215. – # 30442. – # 30527. – # 30529. – # 30531. – # 30609. – # 30727). – Anonymus (# 30728. – # 30729. – # 30730. – # 30731. – # 30732. – # 30736. – # 30737. – # 30738. – # 30739.

– # 30787. – # 30805. – # 30819. – # 30820. – # 31344. – # 31359. – # 31360. – # 31361. – # 31362. – # 31363. – # 31364. – # 31980. – # 32010). — s. auch Abāriya, Berrhoia, Boz-Dagh, Bragalenitza, Bregalnica, Chalkidike, Christopolis, Chrysopolis, Deabolis, Drama, Edessa, Eikosiphoinissa, Eleutheropolis, Iktroi, Kaisaropolis, Kampsa, Karkarea, Kitros, Kosinitza, Matikia, Panax, Pernikon, Philippi, Philippupolis, Pliskova, Polystolo, Rametanitza, Serrai, Skopje, Sofia, Strumica, Strymon, Stupion, Theotokos-Kirche (Popolia), Theotokos-Kirche (Tsernista), Thessalonike, Tiberiupolis, Tzernista, Vardar. — s. auch die Einträge unter Bulgarien

Makedonien (Kirchenprovinz) → Arsenios (# 20600). – Auxentios (# 20704). – Basileios (# 20883). – Chaldos (# 21228). – Demetrios (# 21453). – Dorotheos (# 21593). – Euthymios (# 21955). – Gregorios (# 22398). – Iakobos (# 22673). – Ioannes (# 22828. – # 22905). – Ioseph (# 23530). – Leon (# 24538). – Leontios (# 24716). – Neophytos (# 25505). – Nikephoros (# 25582). – Nikolaos (# 25894). – Panaretos (# 26225). – Photios (# 26688). – Plotinos (# 26703). – Sergios (# 27012). – Theodoros (# 27618). – Theophanes (# 28111). – Anonymus (# 31519. – # 31980. – # 32012).

Makedonien (Thema) → Abessalom (# 20023). – Christophoros (# 21291). – David (# 21419). – Georgios (# 22146). – Gregorios (# 22413. – # 22469). – Gudelios (# 22513). – Ioannes (# 22851. – # 23289). – Konstantinos (# 23906). – Leon (# 24396). – Leon Apostyppes (# 24341). – Lykastos (# 24801). – Malakenos (# 24842). – Marianos Argyros (# 24962). – Michael (# 25285). – Michael Monokarites (# 25319). – Nikephoros Phokas "der Ältere" (# 25545). – Nikolaos (# 26064). – Orestios (# 26201). – Petros (# 26496). – Photeinos (# 26662). – Romanos (# 26850. – # 26853). – Soterichos (# 27163). – Stephanos (# 27270. – # 27294). – Symbatikios (# 27443. – # 27444). – Theophylaktos (# 28243). – Anonymi (# 30404). – Anonymus (# 30740. – # 30995. – # 31123. – # 31258. – # 31310. – # 31377. – # 31378. – # 31903).

Makre (Rhodope) → Antiochos (# 20471). – Ioannes (# 23081). – Basileios (# 21055). – Nikolaos (# 25899). – Theodoros (# 27620).

Makrokome (Asia) → Theophanes (# 28082).

Makrosina (Athos) → Euthymios (# 21912).

Malachia (Kalabrien) → Georgios (# 22185).

Malaiton (Kalabrien) → Sabbas (# 26945).

Malaṭya (arab.) s. Melitene

Malawriya (Pisidien) → Ṭuġǧ b. Ǧuff (# 28378).

Malbiton/Malvito (Kalabrien) → Cono (# 21346). – Vitalis (# 28429). – Symeon (# 27512).

Maleïnos-Laura (Bithynien) → Gregorios (# 22453).

Mallos (Kilikien) → Ioannes I. Tzimiskes (# 22778).

Malmesbury (England) → Constantinus (# 21347).

Malpadea (bei Ephesos) → Georgios (# 22238).

Malta (Insel) → Anonymus (# 30639).

Malvito (Kalabrien) s. Malbiton

Hagios-Mamas-Kloster (Kpl.) → Antonios (# 20503. – # 20512. – # 20514). – Arsenios (# 20609). – Basileios (# 20994). – Hierotheos (# 22595). – Ignatios (# 22749). – Ioannikios (# 23459). – Leon Xylokodon (# 24572). – Meletios (# 25040). – Methodios (# 25085). – Petronas (# 26420). – Soterichos (# 27165). – Symeon (# 27489. – # 27490). – Symeon Neos Theologos (# 27488). – Theophylaktos (# 28200). – Anonymi (# 30536. – # 30573. – # 30575. – # 30583). – Anonymus (# 31596. – # 31597. – # 31599. – # 31600. – 31948).

ta Malelias (Kpl.) → Leon Malelias (# 24480).

Mamgana s. Mangana

Mamistra s. Mopsuestia (Kilikien)

Mamruan (Tao) → Gurgen (# 22531).

Mananalis (Pontos Polemoniakos) → Michael (# 25289).

Manāzǧird (arab.) bzw. Manazkert (arm.) s. Mantzikert

Manbiǧ (arab.) s. Hierapolis (Syrien)

Mancinik (Lykaonien) → Baasakios (# 20723). – Krikorikes (# 24198). – Pazunes (# 26400).

Mangana (Stadtviertel in Kpl.) → Kyriakos (# 24239).

Manganapalast (Kpl.) → Georgios (# 22106). – Gregorios (# 22446. – # 22459). – Ioannes (# 23303. – # 23393). – Kyriakos (# 24239). – Leon (# 24393. – # 24427). – Michael (# 25171. – # 25230). – Romanos (# 26884). – Stephanos (# 27291). – Tačat (# 27553). – Theodotos (# 27986). – Anonymus (# 31366. – # 31891).

Manglaba s. Maglaba

Mani (Peloponnesos) → Nikon "Metanoeite" (# 26155).

Manipulien (Balkanregion) → Přzibislav (# 26776).

Mantaia/Mantea (Landgut bei Smyrna) → Basileios I. (# 20837).

Mantineia (Bukellarion bzw. Pisidien) → Maria (# 24927. – # 24944).

Mantineia (Peloponnesos) → Maria (# 24927).

Mantīya (arab.) s. Amanteia

Mantzikert (arab. Manāzǧird, arm. Manazkert, griech. Manzikiert, Armenien) → ʿAbdalḥamīd (# 20012). – ʿAbdarraḥmān (# 20019). – Abū ʿAlī al-Ḥasan b. Marwān (# 20038). – Abū l-Aswad (# 20041). – Abū l-Muʿizz (# 20069). – Abū l-Ward I. (# 20087). – Abū l-Ward II. (# 20088). – Abū Sālim (# 20076). – Abū Sawāda (# 20079). – Aḥmad b. ʿAbdarraḥmān Abū l-Muʿizz (# 20186). – Ašot II. "der Eiserne" (# 20646). – Ašot II. (Kuropalates Iberias) (# 20647). – Bardas Phokas der Jüngere (# 20784). – Ioannes Kurkuas (# 22917). – Naǧā al-Kāsakī (# 25487). – Sayfaddawla (# 26998).

Manuel-Kloster (Kpl.) → Prusianos (# 26775). – Sergios (# 27023). – Sergios II. (# 27044).

Manzikiert (griech.) s. Mantzikert

Maqidūnīya (arab.) s. Makedonien

al-Maqlūb (arab.) s. Orontes (Fluß)

Maqṭaʿ/Maqṭaʿat al-anfār (arab.) s. Darb al-Kankarūn

Marʿaš (arab.) s. Germanikeia

Maraqīya (arab., Syrien) → Konstantinos Dalassenos (# 23940). – Muḥammad b.

Ḫalīd b. al-Bahrānī (# 25439). – Nikephoros II. Phokas (# 25535).

Marathesion (Asia) → Ioannes (# 23364).

Marathon (Attika) → Georgios (# 22185).

Marathon (Kalabrien) → Georgios (# 22185).

Mardaïten → Aberkios (# 20021). – Eustathios (# 21843). – Krinites (# 24202). – Michael Uranos (# 25186). – Niketas (# 25741). – Staurakios Platys (# 27181).

Mardałi (Armenien) → David III. von Tao (# 21432).

Marǧ Dābiq (arab., bei Aleppo) → Manǧūtakīn (# 24858).

Marǧ Dibāǧ (arab., bei Mopsuestia) → ʿAzīzaddawla Abū Šuǧāʿ Fātik (# 20712).

Marǧ Qilliz (arab., Mesopotamien) → Anonymus (# 31407).

Margaritespalast (Kpl.) → Basileios I. (# 20837). – Leon VI. (# 24311).

Hagia Maria (Kastron auf Sizilien) → Elias der Jüngere (# 21639).

Maria-del-Rifugio-Kloster (Tricarico, Basilicata) → Basileios Boioannes (# 21094).

S. Maria della Croce (Casaranello, Apulien) → Akindynos (# 20215). – Anonymus (# 31682).

Mariandynia (Bukellarion) → Eustathios (# 21851). – Maria (# 24918). – Nikephoros (# 25576).

Marianos-Kloster (Kpl.) → Euthymios (# 21913).

Marienkirche (arab. Maryam-al-Ḫaḍrā', Askalon, Palästina) → Anonymus (# 31133).

Marienkirche (Athen, Parthenon) → Anastaso (# 20344). – Basileios (# 20947). – Demetrios (# 21471. – # 21484). – Epiphanios (# 21737). – Georgios (# 22128. – # 22277). – Germanos (# 22294. – # 22295). – Hypatios (# 22649). – Ioannes (# 23001. – # 23002. – # 23003. – # 23004. – # 23381. – # 23445. – # 23446). – Ioannes Ketrenos (# 23444). – Ioannes Kokkalas (# 23443). – Konstantinos (# 23929). – Konstantinos Drosos (# 24083). – Kosmas (# 24122). – Leon (# 24402. – # 24697). – Michael (# 25133. – # 25364. – Niketas (# 25698. – # 25743). – Nikolaos (# 25976). – Philippos (# 26608. – # 26613). – Pothetos (# 26724. – # 26725. – # 26726). – Pothos (# 26732. – # 26743). – Sabas (# 26915). – Theodegios (# 27596. – # 27597). – Theodoros (# 27703. – # 27723. – # 27881). – Thomas (# 28304). – Anonyma (# 30014). – Anonymus (# 30689).

Marienkirche (am Forum, Kpl.) → Basileios I. (# 20837).

Marienkirche s. Mariyam al-Qanṭara (Alt-Kairo)

Marienkloster (Lage unklar) → Anonymus (# 31853).

Marienkloster (Armentum) → Catharina (# 21226).

Marienkloster (Bethlehem) → Symeon von Trier (# 27542).

Marienkloster (Tremiti, Apulien) → Leo (# 24310). – Petrus (# 26572). – Roccio (# 26822).

Hagia-Marina-Kirche bzw. Kloster (Palukiton) → Christophoros Phagura (# 21327). – Ignatios (# 22749). – Ioannes (# 23369). – Kosmas (# 24171). – Manasses (# 24856). – Methodios (# 25085). – Niketas Stethatos (# 25842). – Philotheos (# 26642). – Symeon (# 27531). – Symeon (# 27535). – Theodulos (# 28002). – Theophylaktos (# 28200). – Anonyma (# 30118. – # 30119). – Anonymi (# 30583. – # 30588). – Anonymus (# 31955. – # 31989. – # 31990. – # 31991. – # 31600).

Hagia-Marina-/Marine-Kloster am Galesionberg → Kosmas (# 24181). – Anonymi (# 30598). – Anonymus (# 31983).

Hagia-Marine-Kapelle (Kumaronberg) → Hilario (# 22599). – Leontios (# 24725). – Anonymi (# 30587). – Anonymus (# 31954).

Maritza (= Ebros/Evros, Fluß in Thrakien) → Leon (# 24541).

Mariyam al-Qanṭara (arab., Alt-Kairo) → Theodoros (# 27861).

Markanoi-Kloster (Basilicata bzw. Lukanien) → Anonymus (# 31748).

Marken (Italien) s. Fossombrone

Marmarameer → Baanes (# 20722). – Chrysocheir (# 21341). – Ioannes (# 23370). – Ioannes bar ʿAbdûn (# 23438). – Kyrillos (# 24245). – Leon Damokranites (# 24552). – Leon Phokas (# 24408). – Niketas Ooryphas (# 25696). – Nikolaos (# 25946). – Philotheos (# 26642). – Photios (# 26671). – Polyeuktos (# 26715). – Symeon (# 27481). – Xenophon (# 28448). – Anonymi (# 30200). – Anonymus (# 30909). — s. auch Prinzeninseln, Proikonnesos

Marmaritzion (Thessalien) → Hypatios (# 22648).

Maroneia (Rhodope) → Niketas (# 25708).

Marǧ Q.l.zūn (arab., Mesopotamien) → Anonymus (# 31407).

Martinakios-Kloster (Kpl.) → Samonas (# 26973).

Martys s. unter den entsprechenden Heiligennamen

Martyropolis (arab. Mayyāfāriqīn, Mesopotamien) → Abū ʿAlī al-Ḥasan b. ʿAlī at-Tamīmī (# 20037). – Abū ʿAlī al-Ḥasan b. Marwān (# 20038). – Abū l-Hayǧāʾ b. Saʿdaddawla (# 20063). – Abū Taġlib al-Ġaḍanfar b. Nāṣiraddawla (b. Ḥamdān) (# 20081). – ʿAḍudaddawla Abū Šuǧāʿ Fannā Ḫusrau (# 20131). – Bardas Skleros (# 20785). – Basileios (# 20859). – Hezarmerd (# 22589). – Ioannes I. Tzimiskes (# 22778). – Melias (# 25042). – Mumahhidaddawla Abū Manṣūr Saʿīd b. Marwān (# 25447). – Nādir (# 25486). – Naǧā al-Kāsakī (# 25487). – Naṣraddawla b. Marwān (# 25497). – Nikephoros II. Phokas (# 25535). – Romanos Skleros (# 26854). – Saʿdaddawla Abū l-Maʿālī (# 26954). – Šarwa (# 26995). – Sayfaddawla (# 26998). – Subuk (# 27430). – Umm Ḥasan (# 28401). – Yakobos (# 28460). – Anonymus (# 31960).

Maryam-al-Ḫaḍrāʾ-Kirche s. Marienkirche (Askalon, Palästina)

Maryandenoi (Chora ton Maryandenon, Bukellarion) → Eustathios (# 21851). – Maria (# 24918). – Nikephoros (# 25576).

Marykatos/Marykatu (Bithynien) → Eudokia (# 21757). – Paulos (# 26337).

al-Marzubān (Armenien) → Sayfaddawla (# 26998).

al-Maskanīn (Kappadokien) → ʿAbdallāh b. Rāšid b. Kāwus (# 20014). – Yāzamān (# 28463).

Massīnā (arab.) s. Messina

al-Maṣṣīṣa (arab.) s. Mopsuestia

SS. Massimo e Bartolomeo (Salerno) → Nikodemos (# 25877).

Mastaton (Armenien) → Bagrat (# 20734). – Ioannes Kurkuas (# 22917). – Nikephoros Phokas Barytrachelos (# 25675). – Petronas Boïlas (# 26421).

Mastaura/Mastraba (in Thrakesion bzw. Lydien bzw. Asia [KP]) → Baanes (# 20717). – Caleb (# 21221. – # 21222). – Elkanah (# 21681). – Evdokia (# 21982). – Joseph (# 23589). – Judah (# 23590). – Leon (# 24585). – Moses (# 25427. – # 25428). – Nabon (# 25485). – Namer (# 25489). – Šabbetaï (# 26950). – Šelaḫya (# 27002).

Mastraba s. Mastaura

Matera (Basilicata) → Godinus (# 22314). – Imogalapto (# 22756). – Leo (# 24292). – Radelchis (# 26793). – Stephanos (# 27365). – Anonymi (# 30190). — s. auch S. Elias

Matikia (Berg in Makedonien) → Germanos von Kosinitza (# 22285).

Matina (Basilicata) → Godinus (# 22314). — s. auch S. Petrus

Matracha s. Zekchia

tu Maurianu (Heerstraße im Thema Anatolikon) → Apulpher (# 20548). – Nikephoros Phokas ("der Ältere") (# 25545).

Maurige (Lage unbekannt, vielleicht Lydien) → Nikolaos (# 25979).

Mauron Oros (= Amanos-Gebirge, Syrien) → Georgios III. von Iviron (# 22259). – Michael Burtzes (# 25253). – Petros (# 26496).

Mauruna-Kloster (Skyros) s. Soter-Kloster (Skyros)

al-Mawṣil (arab.) s. Mosul

Maximianai (Bithynien) → Nikephoros (# 25537).

Maximina-Kloster (Kpl.) → Epiphanios (# 21709). – Gregorios (# 22402).

Hagios-Maximos-Kloster (Athos) → Athanasios (# 20689).

Mayyāfāriqīn (arab.) s. Martyropolis

Māzar/Mazara (arab. Māzar, Kalabrien) → Basileios (# 20975). – al-Ḥasan b. ʿAlī b. Abī l-Ḥusayn al-Kalbī (# 22558). – Ḫalīl b. Isḥāq (# 22549).

Mazdat s. Mastaton

Mcʿxetʿa (Georgien) → Bagrat III. (# 20740).

Mecbacʿ (Armenien) → Gurgen (# 22531). – Nikephoros Uranos (# 25617).

Medaion (Phrygia Salutaris) → Methodios (# 25065).

Medea (Argolis) → Theodosios (# 27910).

Medeia/Media (Thrakien) → Niketas David Paphlagon (# 25712). – Niketas Kannakes (# 25744). – Anonymus (# 30886. – # 31078).

Medeolanision (griech.) s. Mailand

Media s. Medeia (Thrakien)

Medien (= Persien/Iran) → Nikephoros Komnenos (# 25676).

Medien (= Dukat von Edessa?) → Paulinos (# 26291).

Medikionkloster (Bithynien) → Niketas (# 25761).

Medina Elvira (Spanien) → Recemundus (# 26810).

Mega Lulon (Kappadokien) → Munsur (# 25450).

Mega Monasterion (= H.-Andreas-Kloster von Peristerai bei Thessalonike) → Athanasios Athonites (# 20670).

Mega-Spelaion-Kloster (Kalabrien) → Elias (# 21673). – Elias Spelaiotes (# 21646).

Megale Armenia → Abas I. (# 20006). – Ašot I. "der Große" (# 20642). – Ašot III. "der Barmherzige" (# 20649). – Helena (# 22568). – Kekaumenos (# 23694). – Maria die Jüngere von Bizye (# 24910). – Smbat-Yovhannēs von Armenien (# 27146). – Stephanus (# 27386). – Anonymus (# 31798).

Megale Arsenikeia s. Arsenikeia

Megale Ekklesia (Antiocheia, = Cassianuskirche in Antiocheia, Syrien) → Christophoros von Antiocheia (# 21277). – Nikolaos II. von Antiocheia (# 26124).

Megale Ekklesia (Athen) → Basileios (# 20947). – Demetrios (# 21471. – # 21484). – Epiphanios (# 21737). – Georgios (# 22128. – # 22277). – Hypatios (# 22649). – Ioannes (# 23001. – # 23002. – # 23003. – # 23004. – # 23381). – Ioannes Kokkalas (# 23443). – Ioannikios (# 23454). – Konstantinos (# 23929). – Kosmas (# 24122). – Leon (# 24697). – Michael (# 25364). – Niketas (# 25698). – Nikolaos (# 25976). – Philippos (# 26613). – Pothetos (# 26725). – Pothos (# 26743). – Theodegios (# 27596. – # 27597). – Theodoros (# 27723. – # 27881). – Thomas (# 28304). – Anonymus (# 30689).

Megale Ekklesia (Kpl.) s. Hagia Sophia (Kpl.)

Megale Laura (Athos) → Akakios (# 20202. – # 20203. – # 20204). – Ambrosios (# 20271. – # 20272). – Andreas (# 20384). – Antonios (# 20498. – # 20508. – # 20522. – # 20524. – # 20525. – # 20528). – Aristobulos (# 20563). – Arseni (# 20595). – Arsenios (# 20614). – Athanasios (# 20682. – # 20686. – # 20687. – # 20695). – Athanasios Athonites (# 20670). – Auxentios (# 20707). – Barioannes (# 20811). – Basileios (# 20989. – # 20990. – # 20991. – # 21079. – # 21087). – Basileios Eladikos (# 21081). – Charonites (# 21234). – Damianos (# 21376). – Daniel (# 21403). – Datekos (# 21406). – Demetrios (# 21493. – # 21494. – # 21495. – # 21496). – Dionysios (# 21554. – # 21564). – Dorotheos (# 21597). – Ephraim (# 21694). – Eusebios (# 21821). – Eustathios (# 21862. – # 21863). – Eustratios (# 21897. – # 21898. – # 21902). – Euthymios (# 21944. – # 21949. – # 21953. – # 21964). – Euthymios Athonites Iber (# 21960). – Euthymios Studites (# 21945). – Gabriel (# 22042). – Georgios (# 22162. – # 22178. – # 22228. – # 22231. – # 22233. – # 22235. – # 22239. – # 22263). – Georgios I. von Iviron (# 22180). – Gerasimos (# 22281). – Germanos (# 22298). – Giorgi (# 22308). – Glykeria (# 22313). – Gregorios (# 22434). – Hesaïas (# 22586). – Hierotheos (# 22597). – Iakobos (# 22670. – # 22671). – Ignatios (# 22744. – # 22746. – # 22747). – Ioannes (# 23114. – # 23115. – # 23154. – # 23155. – # 23212. – # 23344). – Ioannes Athonites Iber (# 22942). – Ioannes I. Tzimiskes (# 22778). – Ioannes Tornikios (# 22926). – Ioseph (# 23541). – Kalokyros (# 23643). – Kalotas (# 23658). – Konstantinos (# 23924. – # 23925. – # 23926. – # 24046). – Kosmas (# 24140. – # 24143. – # 24144. – # 24145. – # 24161. – # 24162. – # 24172). – Kyriakos (# 24231. – # 24240). – Kyrillos (# 24249. – # 24252). – Leon (# 24524. – # 24525. – # 24646). – Lukas (# 24773). – Lukianos (# 24789). – Maria (# 24932. – # 24940). – Maria Mentika (# 24931). – Markos (# 24999. – # 25000). – Matthaios (# 25018. – # 25019). – Michael (# 25258. – # 25259. – # 25268. – # 25352. – # 25356). – Neilos (# 25504). – Neophytos (# 25514). – Nikephoros (# 25610. – # 25663. – # 25666. – # 25668). – Nikephoros II. Phokas (# 25535). – Nikephoros Uranos (# 25617). – Niketas (# 25787). – Nikodemos (# 25881). – Nikolaos (# 26013. – # 26069. – # 26106. – # 26111. – # 26117. – # 26119). – Nikolaos II. Chrysoberges (# 26019). – Niphon (# 26170). – Paphnutios (# 26261). – Paschalios (# 26281). – Paulos (# 26355. – # 26364. – # 26370). – Perdanos (# 26405). – Petros (# 26520. – # 26534). – Philadelphos (# 26582). – Poimen (# 26706). – Saba (# 26913). – Sabas (# 26939. – # 26942). – Sergios (# 27038). – Simon (# 27084). – Sophronios (# 27160). – Stephanos (# 27249. – # 27292. – # 27296. – # 27299. – # 27300). – Strates (# 27397). – Symeon (# 27510. – # 27529. – # 27532). – T'eodore (# 27575). – Theodoretos (# 27611. – # 27612). – Theodoritos (# 27614). – Theodoros (# 27762. – # 27790. – # 27792. – # 27806). – Theodotos (# 27979). – Theodulos (# 28001). – Theoktistos (# 28054. – # 28058. – # 28059. – # 28060. – # 28063). – Theophanes (# 28100. – # 28101. – # 28102). – Theophylaktos (# 28227. – # 28234). – Thomas (# 28315. – # 28318). – Timotheos (# 28352. – # 28353. – # 28356). – Xenophon (# 28453). – Anonymi (# 30453. – # 30558. – # 30559. – # 30560. – # 30561. – # 30562. – # 30566. – # 30572. – # 30577. – # 30612). – Anonymus (# 30728. – # 30729. – # 30730. – # 30731. – # 30732. – # 31462. – # 31552. – # 31824. – # 31825. – # 31826. – # 31827. – # 31828. – # 31829. – # 31830. – # 31831. – # 31832. – # 31833. – # 31834. – # 31923. – # 31958. – # 32010. – # 32031. – # 32045). — s. auch Kamenia, Metochion (bei Hierissos), Mylopotamoskloster, Neoi-Kloster, Theotokos-Kirche, tu Krabatu

Megalomartys s. unter den entsprechenden Heiligennamen

Megara (Hellas) → Gregorios (# 22372).

Megas-Agros-Kloster (Bithynien) → Ignatios (# 22732). — s. auch Agros-Kloster

Megiste Laura s. Megale Laura

Meionien (= Mäonien, Karien) → Theophilos (# 28141).

Meizon (Galatien) → Iulianos (# 23575).

Mekka (Arabien) → Abū Ṭāhir b. Abī Sa'īd al-Ǧannābī al-Qarmāṭī (# 20082).

Mela (Bithynien) → Paulos (# 26298).

ta Melana (Athos) → Athanasios Athonites (# 20670). – Stephanos (# 27292). – Anonymus (# 31462).

Melas (Fluß in Thrakien) → Leon (# 24635).

Meleai (Athos) → Athanasios (# 20685). – Elias (# 21668).

Meleai-Kloster (= Theotokoskloster ton Meleon, Athos) → Athanasios (# 20685). – Elias (# 21668). – Ioannes Heptapsychos (# 23223).

Melicucca/Melikukka (Kalabrien) → Elias (# 21673). – Elias Spelaiotes (# 21646). –

ta Melikana (Proasteion in Kalabrien) → Kanadeoi (# 23662).

Melikon/Melikos (Kreta) → Nikodemos (# 25878). — s. auch Hagiu-Pneumatos-Kloster

Melikukka (Kalabrien) s. Melicucca

Melingoi/Melimgoi (Slawengebiet auf der Peloponnes) → Bardas Platypodes (# 20772). – Ioannes Proteuon (# 22931). – Krinites Arotras (# 24199).

Melissurgeion (Metochion des Iviron-Klosters, Athos) → Tornikios Kontoleon (# 28366).

Melitene (arab. Malaṭya, Kappadokien) → Abū ʿAbdallāh b. ʿAmr b. ʿUbaydallāh al-Aqṭaʿ (# 20034). – Abū ʿAlī al-Ḥasan b. Marwān (# 20038). – Abū Ḥafṣ b. ʿAmr (# 20055). – Abū l-Hayǧāʾ b. Saʿdaddawla (# 20063). – Abū l-Qāsim ʿAlī b. Aḥmad b. Bisṭām (# 20073). – Abū ṣ-Ṣalṭ (# 20078). – Aḥmad b. Muḥammad al-Qābūs (# 20190). – Andreas (# 20401). – Andreas "der Skythe" (# 20351). – Baasakios (# 20723). – Bād b. Dūstuk (# 20727). – Bardas Skleros (# 20785). – Basileios (# 21102). – Basileios I. (# 20837). – Basileios II. (# 20838). – Bunayy b. Nafīs (# 21212). – David (# 21442). – Dionysius (# 21568). – Disinios (# 21570). – Elias (# 21674). – Ignatios (# 22750). – Ioannes (# 23161. – # 23301. – # 23377. – # 23378. – # 23379). – Ioannes bar ʿAbdûn (# 23438). – Ioannes Chrysoberges (# 23380). – Ioannes I. Tzimiskes (# 22778). – Ioannes Kurkuas (# 22917). – Ioannes VII. von Sarug (# 23101). – Iosua (# 23542. – # 23543). – Ismael (# 23566). – K.n.t.tīš (# 23591). – Konstantinos Phokas (# 23841). – Krikorikes (# 24198). – Kulayb an-Naṣrānī (# 24209). – Leon (# 24478). – Manṣūr b. Luʾluʾ (# 24865). – Melias (# 25041). – Mose (# 25424). – Moyses (# 25431). – Muʾnis al-Muẓaffar (# 25449). – Muzāḥim b. Ḫāqān (# 25471). – Naṣr al-Iqrīṭišī (# 25495). – Nikephoros Balanites (# 25660). – Pazunes (# 26400). – Petrus Čeraphī (# 26574). – al-Qāsim b. Sīmā (# 26786). – Saʿīd b. Ḥamdān (# 26961). – Samonas (# 26973). – Sayfaddawla (# 26998). – Sergios (# 27046). – Solomonakes (# 27148). – Theodoros (# 27772. – # 27865). – Theodosios (# 27935). – Zachakios (# 28475). – Anonymi (# 30574). – Anonymus (# 31124. – # 31175. – # 31402. – # 31556. – # 31591). — s. auch Darb al-Mawzār

Melitias (Thrakien) → Anonymi (# 30184).

Melitupolis (Hellespontos) → Damianos (# 21362). – Michael (# 25106). – Theophanes (# 28083).

Melnikos (Bulgarien) → Sergios (# 27045).

Meloë (Isaurien) → Nikephoros (# 25635). – Petros (# 26442).

Meloïtoi (Lykien) → Sisoes (# 27126).

Mempe(t)ze s. Hierapolis (Syrien)

Megalomartys-Menas-Kirche (Kpl.) → Anonymae (# 30124).

Mensa/Mesa (Kalabrien) → Mesa (# 25060).

Merdosagaris (Kpl.) → Photios (# 26667).

Merkurion (Kampanien) → Andreas (# 20375). – Barnabas (# 20815). – Lukas (# 24763). – Basileios (# 20929). – Bitalios (# 21171). – Bryaina (# 21207). – Christophoros (# 21287). – Georgios (# 22131). – Gregorios (# 22397). – Ioannes (# 22946). – Kosmas (# 24120). – Kyriakos (# 24228). – Lukas (# 24778). – Makarios (# 24829. – # 24830). – Markianos (# 24991). – Naukratios (# 25499). – Neilos von Rossano (# 25503). – Neophytos (# 25511). – Niketas (# 25752). – Petros (# 26470).

– Phantinos (# 26576). – Sabas neos (# 26929). – Stephanos (# 27257). – Theognostos (# 28018). – Zacharias (# 28481). – Anonymi (# 30323. – # 30324. – # 30325. – # 30341. – # 30347. – # 30432. – # 30439). – Anonymus (# 31135. – # 31136. – # 31140. – # 31141. – # 31142. – # 31143. – # 31144. – # 31145. – # 31147. – # 31148. – # 31160. – # 31324. – # 31333. – # 31792). — s. auch Michael-Kirche, Stephanos-Kirche, San Zaccaria bzw. Hagios-Zacharias-Kloster

Meroe (= arab. Mahrūya, Syrien) → Aḥmad b. al-Ḥusayn al-Aṣfar Taġlib (# 20184).

Mesa (Kalabrien) s. Mensa

Mesanykta/Mesanakta/Mesonakta (= Dipotamos, Phrygien) → Leon (# 24692). – Petros (# 26549).

Mese (Kpl.) → Anastasios (# 20299). – Andreas (# 20369). – Basileios (# 20935). – Demetrios (# 21470). – Michael Theognostos (# 25365). – Nikolaos Kubatzes (# 25950). – Romanos I. Lakapenos (# 26833). – Samuel (# 26987). – Theodoretos (# 27607). – Theodoros (# 27705). – Theodotos (# 27969). – Anonymi (# 30362. – # 30363). – Anonymus (# 31190. – # 30356).

Mesembria (Thrakien) → Alexios (# 20243). – Andronikos (# 20411). – Basileios (# 20909). – Bladtzertes (# 21176). – David (# 21418). – Georgios (# 22124). – Ioannes (# 22903. – # 22937. – # 23428). – Konstantinos Rhodios (# 23819). – Leon Apostyppes (# 24341). – Leon Phokas (# 24408). – Manuel (# 24871). – Nikolaos (# 26063). – Pankratios (# 26234). – Stephanos (# 27253). – Theodoros (# 27820). – Theodosios Abukes (# 27907). – Timotheos (# 28349).

Mesene (Thrakien) → Bardas Bratzes (# 20766). – Maria die Jüngere von Bizye (# 24910). – Nikephoros (# 25558). – Anonymus (# 30725).

Mesobianon/Mesobianos (Kalabrien) → Elias der Jüngere # 21639. – Epiphanios (# 21713). – Polyeuktos (# 26713). – Anonymus (# 31265).

Mesokapelu-Kloster (Kpl.) → Alexandros (# 20228).

Mesomphalos (Kpl.) → Ioannes Geometres (# 23092).

Mesonakta s. Mesanykta

Mesopotamien → Adrianos Marzapulos (# 20128). – Bardas Skleros (# 20785). – Konstantinos Parsakutenos (# 24051). – Leon (# 24586). – Mosilikes (# 25430). – Moyses (# 25431). – Mu'nis al-Muẓaffar (# 25449). – Nikephoros II. Phokas (# 25535). – Nikolaos (# 26116). – Theodoros (# 27876). – Theophilos Kurkuas (# 28152). – Anonymus (# 31466. – # 31495). — s. auch Amida, Bagdad, Basra, Chanzit, Charpete, Digisene (Tekes), Erzinǧān, Ḥarrān, Ḥiṣn at-Tall, Ḥiṣn Ḏī l-Qarnayn, Ḥiṣn Manṣūr, Ḥisn Salām, Kafar ʿAzūz, Kafartūtā, Kamachos, Keltzene, Marǧ Q.l.zūn, Marǧ Qilliz, Martyropolis, Nisibis, Obermesopotamien, ar-Raḥba, ar-Raqqah, Romanopolis, Salām, Samosata, Sarūǧ, Tādim, Tezerbule, Tigris

Mesopotamien (Kleisura) → Manuel (# 24875). – Pankratukas (# 26237). – Pukrikas (# 26779). – Tautukas (# 27573). — s. auch Mesopotamien (Thema)

Mesopotamien (Kirchenprovinz) → Basileios (# 20859).

Mesopotamien (Thema) → Achilleios (# 20095). – Christophoros Mitylenaios (# 21332). – Iachnukas (# 22652). – Ioannes (# 22899). – Ioannes Arrabonites (# 22970). – Leon (# 24500. – # 24503) – # 24504. – # 24586. – # 24609). – Manuel (# 24875). – Mudaphar (# 25432). – Niketas (# 25818). – Nikolaos (# 25994). – Orestes (# 26193). – Pankratukas (# 26237). – Pukrikas (# 26779). – Romanos (# 26867). – Romanos I. Lakapenos (# 26833). – Tautukas (# 27573). – Anonymus (# 31407. – # 31532. – # 31889. – # 31979). — s. auch Mesopotamien (Kleisura)

Mesothynia → Nikephoros (# 25536).

Messene/Messenien (Peloponnesos) → Nikon "Metanoeite" (# 26155). – Niketas (# 25716). – Philippos (# 26599).

Messina (arab. Massīnā, Sizilien) → Abū l-ʿAbbās ʿAbdallāh b. Ibrāhīm (# 20031). – Abū l-Qāsim ʿAlī b. al-Ḥasan al-Kalbī (# 20072). – Aḥmad b. al-Ḥasan b. ʿAlī al-Kalbī (# 20188). – Basileios Boioannes (# 21094). – Gregorios (# 22350). – al-Ḥasan b. ʿAlī b. Abī l-Ḥusayn al-Kalbī (# 22558). – Manuel Phokas (# 24884). – Niketas (# 25784). – Prasinakios (# 26747). – Anonymus (# 31464).

Mesubianon (Kalabrien) s. Mesobianon

Metellupolis (Hellespontos) → Michael (# 25106. – # 25113).

Methone/Mothone (Peloponnesos) → Athanasios (# 20663). – Blasios (# 21177). – Ioseph (# 23517). – Lukas (# 24759). – Nasar (# 25490). – Niketas (# 25759). – Nikon "Metanoeite" (# 26155). – Symeones (# 27547). – Theodoros (# 27811). – Anonymus (# 30691. – # 30692. – # 30745. – # 31836).

Methymna/Methymne (Lesbos) → Iakobos (# 22656). – Ioseph Bringas (# 23529). – Leon Phokas (# 24423). – Nikephoros Phokas (# 25609). – Stephanos Lakapenos (# 27251). – Theoktiste (# 28039). – Anonymi (# 30486).

Metochion (der Megale Laura bei Hierissos) → Auxentios (# 20707).

Metrai (Europe) → Gregorios (# 22360).

tu Metrophanus (Athos) → Athanasios (# 20686). – Elias (# 21669). – Eustratios (# 21904). – Georgios (# 22243. – # 22246. – # 22252). – Kosmas (# 24165. – # 24168). – Kyrillos (# 24252). – Metrophanes (# 25092). – Michael (# 25355). – Nikephoros (# 25663. – # 25667. – # 25671. – # 25672). – Niketas (# 25850). – Nikolaos (# 26114. – # 26123). – Nikon (# 26159). – Niphon (# 26169). – Pantoleon (# 26256). – Paulos II. Xeropotamites (# 26353). – Poimen (# 26706). – Symeon (# 27530. – # 27536). – Theoktistos (# 28057).

Metropolis (Asia) → Ioannes (# 22809).

Metropolis (Rhegion, Kalabrien) s. Rhegion.

Metropolsk (Maghrebinien) → Eustachios (# 21827). — s. auch Hagia Sophistica.

Metz (Frankreich) → Fulk Nerra (# 22013).

Mglinavi (Artani, Georgien) → Gurgen I. von Tao (# 22527).

Archangelos-Michael-Hesychasterion (Bosporos [am Stenon]) → Paulos (# 26328).

Archangelos-Michael-Kirche (Bosporos) → – Anonyma (# 30002. – # 30003). – Anonymus (# 30672).

Michael-Kirche (Chonai) → Anonyma (# 30098. – # 30099). – Anonymi (# 30519). – Anonymus (# 31671).

Archangelos-Michael-Kloster (Damokraneia) → Leon Damokranites (# 24552).

Erzengel-Michael-Kloster (Gargano) → Otto III. (# 26213).

Michael-Kirche (Kairo) → Elias (# 21655). – Christophoros (# 21287).

Archangelos-Michael-Kirche (Kalamata) → Anonymi (# 30548).

Archangelos-Michael-Kirche (Latros) → Paulos (# 26337).

Michael-Kirche (Lucca, Toskana) → Davinus (# 21445).

Michael-Kirche (Merkurion) → Lukas (# 24778). – Makarios (# 24830).

Archangelos-Michael-Kirche (Oxeia) → Eutychianos (# 21976).

Michael-Kirche und -Kloster (Satyros) → Ignatios (# 22712). – Makarios (# 24829). – Niketas (# 25752). – Anonymus (# 31324. – # 31324. – # 31333).

Michael-Kirche (Stylos-Kloster), s. Archangelos-Michael-Kirche (Latros)

Michael-Kloster (Damokraneia) → Leon Damokranites (# 24552).

Michael-und-Ianuarios-Kloster (= SS. Michele e Genuario, Lucedio in Piemont) → Bononius (# 21193). – Petrus (# 26564).

Michaelitzes-Kloster (Chalkedon) → Michael (# 25126).

Milano s. Mailand

Milazzo (= Mylai, Kalabrien) → Gaudiosos (# 22064). – Nasar (# 25490). – Anonymi (# 30422).

Milet/Miletos (Karien) → Ignatios (# 22722). – Ioakeim (# 22773). – Leon (# 24433. – # 24442). – Nikephoros (# 25576). – Sachakios (# 26953). – Sophronios (# 27161). – Symeon Ampelas (# 27506). – Anonymi (# 30424. – # 30425. – # 30433. – # 30472). – Anonymus (# 31304).

Mileto (arab. Milīṭā, Kalabrien) → Otto II. (# 26212). – Abū l-Qāsim ʿAlī b. al-Ḥasan al-Kalbī (# 20072). – Anonymus (# 31305).

Milopotamoskloster s. Mylopotamoskloster

Mindinon (Metochion des Lukiaklosters, Kalabrien) → Elias Spelaiotes (# 21646). – Arsenios (# 20602). – Niketas Botherites (# 25715).

Minervino (= Minervinum, Apulien) → Rodostamos (# 26830).

Miṣr (arab. Ägypten) → Abū Bakr Muḥammad b. ʿAlī al-Mārdānī (# 20042). – Ǧayš b. Ḫumārawayh (# 22068). – Ḫumārawayh (# 22639). – Ibn al-Ḥūsayn (# 22694). – Kāfūr al-Iḫšīdī (# 23596). – Muḥammad b. Ṭuġǧ al-Iḫšīd (# 25443). – Nikolaos (# 25952). – Takīn b. ʿAbdallāh al-Ḥarbī (# 27557). – Anonymus (# 31697). — s. auch al-Fusṭāṭ bzw. Alt-Kairo/Kairo

Missanello (Kloster, Basilicata) → Vitalis (# 28428).

Mistheia/Misthia (Anatolikon) → Apulpher (# 20548). – Basileios (# 20848). – Nikephoros Phokas “der Ältere” (# 25545). – Theodoros (# 27761). – Anonymus (# 30741. – # 30742).

Mitylene/Mytilene s. Lesbos

Moglena (Bulgarien) → Dometianos (# 21580). – Elitzes (# 21680). – Konstantinos Diogenes (# 24045). – Meliton (# 25050). – Nikephoros Xiphias (# 25661). – Theodoros Kaukanos

(# 27855). – Anonymus (# 31362. – # 31967. – # 31968).

Hagios-Martys-Mokios-Kirche bzw. Kloster (Kpl.) → Alexandros (# 20228). – Bardas (# 20790). – Chantaris (# 21232). – Ioseph Hymnographos (# 23510). – Leon VI. (# 24311). – Markos (# 24995). – Nikolaos Hagiomokites (# 26126). – Nikolaos I. Mystikos (# 25885). – Stylianos (# 27410. – # 27410). – Zoe Karbonopsina (# 28506). – Anonymae (# 30135). – Anonymi (# 30233. – # 30234. – # 30546. – # 30547).

Mokissos (Kappadokien) → Nikephoros (# 25591).

Mokk' (Provinz in Armenien) → Grigor I. von Taron (# 22497). – Zap'ranik (# 28501).

Mone tu Athonos (Athos) → Ioannes (# 22948). – Paulos (# 26334).

Monembasia/Monobasia (Peloponnesos) → Adrianos (# 20122). – Antonios (# 20493). – Athanasios (# 20677). – Basileios (# 21029). – Basileios I. (# 20837). – Christophoros (# 21290). – Epiphanios (# 21714). – Euphrosyne (# 21802). – Georgios (# 22108). – Helene (# 22577). – Ioannes (# 22998). – Konstantinos (# 23868). – Leon (# 24346. – # 24410). – Meliton (# 25048). – Niketas (# 25716). – Pardos (# 26269). – Paulos (# 26350. – # 26350). – Theodoros (# 27627). – Anonymi (# 30223. – # 30286. – # 30301). – Anonymus (# 31017. – # 31018. – # 31050). — s. auch Hagia-Anastasia-Kirche, Diakonia-Kirche, Hagioi-Kyros-und-Ioannes-Kirche, Hierax, Ioannes-Prodromos-Kirche, Terea, Theotokos-Kirche

Monobatakloster (kimmerischer Bosporos) → Arsenios (# 20607). – Alexandros (# 20231). – Georgios I. von Iviron (# 22180). – Anonymus (# 31026).

Monokamarosbrücke (am Gallos) → Michael Maleïnos (# 25124).

Monokastanu-Kloster s. Hagios-Elias-Kloster tes Monokastanu

Monopoli (Apulien) → Cutuneo (# 21356). – Faraco (# 21990). – Gregorius (# 22491). – Iohannes (# 23482). – Leo (# 24299). – Martinus (# 25009). – Petro (# 26414). – Ratelhisi (# 26806). – Stephanus (# 27385). – Tassilo (# 27570).

tes Monoporu (Ort bei Demetsana auf der Peloponnes) → Ioannes Lampardopulos (# 23100). – Polyeuktos (# 26715).

Monothyro (Kpl.) → Staurakios (# 27179).

Monoxyletu-/Monoxylitu-Kloster (Athos) → Anthimos (# 20463). – Antonios (# 20507). – Arsenios (# 20615). – Athanasios Athonites (# 20670). – Bartholomeon (# 20833). – Basileios (# 21005). – Dionysios (# 21556). – Dorotheos (# 21596). – Euthymios (# 21954. – # 21954). – Ioannes (# 23158. – # 23169). – Ioannes Athonites Iber (# 22942). – Ioannes Phakenos (# 23134). – Ioannikios (# 23460). – Ioël (# 23469). – Nikephoros (# 25623). – Nikolaos (# 26036). – Nikon (# 26157). – Paulos I. Xeropotamites (# 26352). – Symeon (# 27517). – Theodosios (# 27933). – Kosmas (# 24164). – Xenophon (# 28450).

Mons Garganus bzw. Monte Gargano (Apulien) → Alexios Xiphias (# 20246). – Anṭūnī (# 20540). – Basileios Boioannes (# 21094). – Christophoros (# 21328). – Ioannes Kurkuas (# 23352). – Nicolaus (# 25526). – Theodoros (# 27766). – Vitalis (# 28430).

Mons mirabilis (= Ǧabal Mūsa, Syrien) → Afrām (# 20154). – Anṭūnī (# 20540). – Chariton (# 21233). – Georgios III. von Iviron (# 22259). – Nikephoros Uranos (# 25617). — s. auch al-Baḥrī, Symeon-Kloster (bei Aleppo)

Monte Peluso (Apulien) → Leo Patiano (# 24308).

Montecassino (Kloster in Latium) → Abellari(s) (# 20020). – Ademar (# 20113). – Aligernus (# 20258). – Andreas (# 20396). – Argyros (# 20559). – Arsenios (# 20624). – Atenolfus (# 20655). – Basileios (# 21099). – Basileios Boioannes (# 21094). – Disilus (# 21569). – Falcon (# 21987). – Falcus (# 21988). – Genesios (# 22073). – Gregorios Tarchaneiotes (# 22438). – Ioannes Am(m)iropulos (# 23162). – Ioannikios (# 23451). – Iohannes (# 23476. – # 23490. – # 23496). – Leo (# 24307). – Manso (# 24862). – Maraldus (# 24903. – # 24906). – Marianos Argyros (# 24962). – Maurus (# 25024). – Medalspus (# 25028). – Musandus (# 25453). – Muscatus (# 25455. – # 25456). – Neilos von Rossano (# 25503). – Pandolfus IV. (# 26227). – Petros (# 26533). – Petrus (# 26569). – Pothos Argyros (# 26742). – Romanos (# 26858). – Rossemannus (# 26897). – Rotari (# 26898). – Trifilius (# 28371). – Anonymi (# 30520). – Anonymus (# 31677). — s. auch Hagios-Germanos-Kirche

Montemilone (Apulien) → Rodostamos (# 26830).

Mopsuestia (arab. al-Maṣṣīṣa, Kilikien) → Abū Riǧāl b. Abī Bakkār (# 20075). – Andronikos Dukas (# 20405). – Ioannes I. Tzimiskes (# 22778). – Isḥaq (# 23561). – Leon Phokas (# 24423). – Nikephoros II. Phokas (# 25535). – Sayfaddawla (# 26998). – Anonymus (# 31400. – # 31474. – # 31475. – # 31476. – # 31499. – # 31855). — s. auch Kafarbayya, Marǧ Dibāǧ

Moraboi s. Moravia

Morava (Thema) → Adralestos Diogenes (# 20120).

Moravia/Moraboi (Mähren) → Agathon (# 20175). – Methodios (# 25062). – Svatopluk I. (# 27437).

Morka (Lage unbekannt) → Michael (# 25118).

Morokampos-Kloster (Lykaonien) → Eleutherios (# 21638). – Phokas (# 26657).

Moros (Kastron in Bulgarien) → Ioannes (# 23400).

Moros (Kalabrien) → Glaukeias (# 22311).

Moros (Peloponnesos) → Nikon "Metanoeite" (# 26155).

Mortiliano (Apulien) → Ladeprando (# 24261). – Maio (# 24822). – Spararo (# 27171). – Porfiro (# 26722).

Mosapurg (Pannonien) → Kocel (# 23721).

Moschee (Rhegion, Kalabrien) → Ioannes Pilatos (# 23084).

Mosel (Fluß in Deutschland) → Ioannes (# 23010).

Mosele-Kloster (Kpl.) → Alexios Mosele (# 20241). – Romanos Musele (# 26844). – Anonymi (# 30295).

Mosele-Palast (Kpl.) → Alexios Mosele (# 20241).

Mosul (arab. al-Mawṣil, Irak) → Abū Taġlib al-Ġaḍanfar b. Nāṣiraddawla (b. Ḥamdān) (# 20081). – al-Ḥusayn

b. Ḥamdān b. Ḥamdūn (# 22642). – Muḥammad b. Naṣr (# 25442). – Nāṣiraddawla (# 25492). – Saʿīd b. Ḥamdān (# 26961).

Mosyna (Phrygia Pakatiane) → Euthymios (# 21916). – Konstantinos (# 23773).

Mosynopolis (Rhodope) → Paulos (# 26307).

Mothone s. Methone (Peloponnesos)

Mottola s. Mutulae (Apulien)

Mouzon (Kloster in Lothringen) → Leo (# 24304).

Msta (Fluß in Rußland) → Olga (# 26186).

Mudagra/Mundagra/Mundraga (Bulgarien) → Leon Choirosphaktes (# 24343). – Liuntika (# 24746).

al-Muḍīq (Syrien) → Damianos Dalassenos (# 21379). – Ǧayš b. Muḥammad b. aṣ-Ṣamṣāma (# 22069).

Mukon (Armenien) → Eustratios (# 21888).

Mulakloster (Kalabrien) → Euthymios (# 21925). – Theodoros (# 27675). – Anonymus (# 31274).

Mundagra/Mundraga s. Mudagra

Mūnūfāsiya (arab.) s. Monembasia

Muqaṭṭam (arab., Berg in Ägypten) → Salmūn (# 26968).

Murgule (Fluß in Armenien) → David Mampʿali (# 21413).

Muš (arm., Taron) → Ašot III. (# 20645). – Bagrat II. von Taron (# 20733). – Krinites (# 24200). – Lewon (# 24737). – Tʿornik (# 28364). – Anonymi (# 30497).

Musa Dagh (=Ǧabal Mūsa, Syrien) s. Mons mirabilis

Musbada (Isaurien) → Germanos (# 22288).

Musdoloka (Chalkidike) → Ioannes (# 23174). – Petros (# 26504).

Muttergotteskirche s. unter Theotokoskirche

Mutulae (Apulien) → Basileios Boioannes (# 21094).

Muzalonkloster (Kpl.) → Anonyma (# 30065. – # 30066).

Mykale (Berg in Asia) → Basileios (# 20891). – Nikephoros (# 25576). – Paulos (# 26337). – Symeon Ampelas (# 27506). – Anonymus (# 31268).

Mylai (Kalabrien) s. Milazzo

Mylasa (Karien) → Ioannes (# 23267). – Philippos (# 26604). – Xenophon (# 28446).

Myloma/Mylomnai (Pamphylien) → Theodoros (# 27637).

Mylonas-Kloster (Athos) → Athanasios (# 20688). – Sabas Mylonas (# 26935).

Mylopotamoskloster (Metochion der Megale Laura, Athos) → Agathon (# 20179). – Athanasios (# 20682). – Elias (# 21670). – Eustratios (# 21903). – Euthymios Athonites Iber (# 21960). – Gabriel (# 22043). – Georgios I. von Iviron (# 22180). – Gregorios (# 22473). – Ignatios (# 22748). – Iohannes (# 23491). – Ioseph (# 23540). – Michael (# 25355). – Nestor (# 25520). – Nikephoros (# 25663. – # 25667). – Nikon (# 26163). – Stephanos (# 27362). – Theodoros (# 27790). – Theoktistos (# 28062). – Timotheos (# 28353).

Myra (Lykien) → Fulk Nerra (# 22013). – Georgios (# 22208). – Ignatios (# 22735). – Konstantinos (# 23847). – Nikolaos (# 25890). – Theodosios (# 27893). – Timotheos (# 28355). – Anonymus (# 31188. – # 31975).

Myrelaion-Kloster (= Romanos-Kloster) und -Palast (Kpl.) → Agathe (# 20169). – Alexios Mosele (# 20241). – Christophoros Lakapenos (# 21275). – Helene Lakapene (# 22574). – Petronas (# 26420). – Romanos (# 26866). – Romanos I. Lakapenos (# 26833). – Sachakios (# 26953). – Stephanos (# 27240). – Theodora (# 27602). – Anonymi (# 30295. – # 30472).

Xenon des Myrelaion-Klosters (Kpl.) → Romanos (# 26866).

Myriokephalon (Kreta) → Ioannes Xenos (# 23109). – Lukas (# 24777). – Anonymi (# 30614).

Myriophyton (Chalkidike) → Demetrios Pteleotes (# 21481). – Anonymi (# 30426).

Myriophytos (bei Thessalonike) → Elias (# 21645).

Myrmex (Opsikion) → Philotheos (# 26637). – Theophila (# 28132). – Anonymi (# 30441).

Myrtilo (Kalabrien) → Patrikas (# 26289).

Mytilene/Mitylene s. Lesbos

Nābil (arab.) s. Neapel (Kampanien)

Nahr al-Maqlūb (arab.) s. Orontes (Fluß in Syrien)

Nahr Rayḥān (arab.) s. Kydnos (Fluß bei Tarsos)

Nakoleia (Phrygia Salutaris) → Achillas (# 20094). – Photios (# 26668). – Theodoros (# 27667).

Narni (Umbrien) → Martinus (# 25008).

Naṣībīn (arab.) s. Nisibis

an-Nāṭulīq (arab.) s. Anatolikon (Thema)

Naupaktos (Epiros bzw. Nikopolis [Kirchenprovinz]) → Antonios (# 20482). – Daniel (# 21394). – Elias der Jüngere (# 21639). – Eustratios (# 21892). – Georgios (# 22260). – Kusonios (# 24219). – Michael (# 25251). – Prokopios (# 26767). – Zenobios (# 28503). – Anonymi (# 30468. – # 30469. – # 32006).

Nauplion (Peloponnesos) → ʿAlī b. Yūsuf II. (# 20257). – Anastasios (# 20317). – Andreas (# 20352). – Christophoros (# 21278). – Dionysios (# 21549). – Eustratios (# 21891). – Ioannes Blabenterios (# 23103). – Konstantinos (# 23834). – Manuel (# 24887). – Michael Uranos (# 25271). – Nikolaos (# 26060). – Nikon "Metanoeite" (# 26155). – Petros von Argos (# 26428). – Theodoros (# 27627. – # 27680. – # 27705. – # 27791). – Anonyma (# 30048. – # 30049). – Anonymi (# 30275. – # 30285. – # 30289. – # 30290. – # 30291. – # 30292. – # 30360). – Anonymus (# 30756. – # 31048. – # 31050. – # 31195. – # 31291. – # 31405).

Naxčawan (arm., Armenien) → Gagik II. Arcruni (# 22052). – Naṣr as-Subkī (# 25493).

Hagios-Nazarios-Kloster (Kampanien) → Anonyma (# 30063). – Anonymi (# 30328. – # 30330). – Anonymus (# 31137. – # 31138. – # 31139. – # 31144. – # 31145. – # 31146. – # 31151).

Nazianz (Kappadokien) → Eusebios (# 21816). – Ioannes (# 22819).

Nea Ekklesia (Kpl.) → Arethas (# 20554). – Basileios (# 20910). – Basileios (# 21109). – Basileios I. (# 20837). – Christophoros (# 21276). – Danelis (# 21390). – Eustathios (# 21846). – Euthymios (# 21934). – Eutychios (# 21981). – Gregoras (# 22331). – Gregorios (# 22372). – Ioannes (# 23319). – Konstantinos Kephalas (# 23790). – Ktenas (# 24205). – Kyros (# 24257). – Leon (# 24451). – Niketas (# 25703). – Nikolaos (# 25949). – Pardos (# 26266). – Paulos (# 26344). – Photios (# 26667). – Theophanes (# 28096). – Anonymus (# 31202).

Nea Ephesos (Asia) → Ioannes (# 23364). — s. auch Megalomartys-Georgios-Kirche

Nea Kome (Kloster, Lage unbekannt) → Euthymios (# 21970).

Neai Patrai (Thessalien) → Basileios (# 20953). – Kosmas (# 24173). – Leon (# 24332). – Nikolaos (# 26043). – Symeon (# 27464). – Anonymus (# 31320. – # 31851).

Neakitu-Kloster (Athos) → Ioannikios (# 23460). – Sabas (# 26939).

Neapel (Kampanien) → Anthimus (# 20469). – Athanasius II. von Neapel (# 20696). – Chasanus (# 21237). – Grauso (# 22322). – Gregorius IV. von Neapel (# 22490). – Guaimar I. (# 22507). – Ioannes (# 23426). – Ioannikios (# 23451). – Marianos Argyros (# 24962). – Marinus II. von Neapel (# 24984). – Petros (# 26541). – Petrus (# 26575). – Ṣābir (# 26951). – Sālim b. Abī Rāšid (# 26967). – Sergius (# 27056). – Stephania (# 27205). – Stephanos (# 27264). – Theophylaktos (# 28184).

Neapolis (Lage unbekannt) → Nikephoros (# 25542).

Neapolis (Karien) → Kerykos (# 23698). – Konstantinos (# 23769).

Neapolis (Pisidien) → Konstantinos Malelias (# 23818). – Leon (# 24318). – Nikolaos I. Mystikos (# 25885). – Stephanos (# 27264). – Anonymus (# 30938. – # 30939).

Neilopotamon (Athos) s. Mylopotamoskloster

Nemogarda (griech.) s. Novgorod

Neoi (Insel) → Eustratios (# 21898). – Euthymios (# 21912). – Ioannes Kolobos (# 22783). – Symeon (# 27451). – Anonymi (# 30562). – Anonymus (# 30629. – # 30630).

Neoi-Kloster (Metochion der Megale Laura auf der Neoi-Insel) → Eustratios (# 21898). – Anonymi (# 30562).

Neokaisareia (Pontos Polemoniakos, heute Niksar) → Basileios (# 20922). – Ioannes (# 22797). – Leon (# 24339). – Leontios (# 24714). – Nikephoros (# 25580). – Nikolaos (# 26040. – # 26073). – Paulos (# 26302). – Stephanus V. (# 27384). – Stylianos (# 27405). – Stylianos Mappas (# 27409). – Theodoros II. von Antiocheia (# 27759). – Zacharias (# 28483). – Anonymus (# 31871. – # 31998). — s. auch Antonios-Kirche

Neokastron (Kalabrien) → Kabukolios (# 23594). – Leon (# 24331. – # 24687). – Mustoxides (# 25459). – Theophylaktos (# 28261). — s. auch Hagia-Euphemia-Kloster

Neos Strymon (Thema) → Stephanos (# 27322).

Nepi (= Nepensium, Latium) → Stephanus (# 27381).

Nerde (evtl. Kerde, Lage unbekannt) → Ioannes (# 22887).

Nesoi (Kykladen) → Artabasdos (# 20631). – Nikolaos (# 26104). – Theodoros (# 27777).

Hagios-Nestor-Kloster (Athos) → Theophoros (# 28172).

Neu-Athos (Abchasien) → Eustathios (# 21848).

Neunzehn Akubiten (Kaiserpalast, Kpl.) → Theophano (# 28122).

Neutra (= Nitra/Niytra, Mähren) → Wiching (# 28443).

Nevşehir (türk., Kappadokien) → Bardas Phokas der Ältere (# 20769). – Ioannes I. Tzimiskes (# 22778). – Leon Phokas (# 24423). – Melias (# 25042). – Nikephoros II. Phokas (# 25535). – Theophano (# 28125).

Nibertis (Insel im Atlantik) → Dunale (# 21610). – Anonymi (# 30380).

Nicastro s. Neokastron (Kalabrien)

San Nicola di Gallucanta (Kloster) s. Hagios-Nikolaos-Kloster (Gallucanta, Kampanien)

St-Nicolas d'Angers (Frankreich) → Fulk Nerra (# 22013).

Niederlande s. Maastricht

Nigali (Georgien) → David Mamp'ali (# 21413). – Smbat I. (# 27140). – Smbat II. (# 27143).

Nikaia (Bithynien) → Alexandros (# 20231). – Alexios (# 20248). – Amphilochios (# 20278). – Anastasios (# 20301). – Bardas Skleros (# 20785). – Basileios II. von Kaisareia (# 20933). – Chrysocheir (# 21340). – Demetrios (# 21475). – G... (# 22016). – Gregorios (# 22435). – Gregorios Asbestas (# 22348). – Ignatios Magentinos (# 22733). – Ioannes Polys (# 22951). – Konstantinos (# 23839). – Konstantinos Iudaios (# 23739). – Lazaros (# 24283). – Manuel (# 24892). – Manuel Erotikos bzw. Komnenos (# 24885). – Nikephoros (# 25537). – Niketas (# 25723). – Pegasios (# 26402). – Petros Androsylites (# 26471). – Philotheos (# 26635). – Stephanos (# 27293). – Symeon (# 27466. – # 27500). – Theodoros (# 27685. – # 27697. – # 27705. – # 27706). – Theophylaktos Kalkatanes (# 28199). – Anonymi (# 30272). – Anonymus (# 31658).

Nike (Thrakien) → Theodoros (# 27630).

Hagios-Nikephoros-Kloster (Athos, heute Xeropotamu-Kloster) → Antonios (# 20521). – Ioannes (# 23360). – Paulos I. Xeropotamites (# 26352). – Anonymi (# 30448).

Nikodemos von Kellarana (Kloster) s. Kellaranakloster (Kalabrien)

Hagios-Nikodemos-Kloster (Athos) → Nikephoros (# 25626).

Hagios Nikolaos (Chalkidike) → Kosmas (# 24110). – Parilos (# 26273). – Basileios Stroimiros (# 20999).

Nikolaos-Eleïmon-Kirche (Lage unbekannt) → Georgios (# 22207).

Hagios-Nikolaos-Kapelle (Kpl.) → Sergios (# 27022).

Hagios-Nikolaos-Kirche (Bari) → Basileios Mesardonites Argyros (# 21090).

Hagios-Nikolaos-Kloster (Athos) → Kosmas (# 24166. – # 24168). – Leontios (# 24724). – Theodoros (# 27858). – Theodulos (# 28003).

Nikolaos-Kloster (Cava, Kampanien) → Boronitus (# 21199). – Dorotheos (# 21599). – Ipsantos (# 23547). – Kenapiaris (# 23695). – Konstantinos (# 24041). – Konstantinos Trulles (# 24042). – Niketas (# 25843). – Theodoros (# 27849).

Hagios-Nikolaos-Kloster (Daphne) s. Docheiariu-Kloster (Athos)

Hagios-Nikolaos-Kloster (Gallucanta, Kampanien) → Eupraxios (# 21808).

Hagios-Nikolaos-Kloster (Kampana, Kalabrien) → Kamarotos (# 23661). – Kondursa (# 23729). – Rozos (# 26899).

Hagios-Nikolaos-Kloster (Kpl.?) → Konstantinos (# 23857). – Leon (# 24419). – Makar (# 24824).

Hagios-Nikolaos-Kloster (Lakedaimon) → Lukas (# 24785). – Anonymus (# 32027).

Hagios-Nikolaos-Kloster tu Paphlagonos (= Paphlagon-/Pephlagon-Kloster, Athos) → Nikon (# 26159).

Hagios-Nikolaos-Kloster (Metochion des Pithara-Klosters, Athos) → Georgios (# 22256). – Tornikios Kontoleon (# 28366).

Hagios-Nikolaos-Myroblytes-Kloster (Athos) → Gregorios (# 22474).

Nikomedeia (Bithynien) → Anna von Leukate (# 20426). – Chrysocheir (# 21340). – Euthymios (# 21912). – Georgios (# 22083). – Gregorios (# 22388. – # 22458). – Ignatios (# 22734). – Igor (# 22751). – Ioseph Bringas (# 23529). – Konstantinos (# 23833). – Kosmas (# 24104). – Stephanos (# 27315). – Anonymus (# 30771. – # 31228. – # 31971).

Hagios-Nikon-Kloster (Athos) → Euthymios (# 21967).

Nikonberg (Sizilien) → Elias Spelaiotes (# 21646). – Anonymus (# 30796).

Nikopolis (Armenia II [Kirchenprovinz]) → Markianos (# 24988). – Tarasios (# 27560).

Nikopolis (Chaldia bzw. Koloneia) → Gregorios (# 22479). – Iachnukas (# 22652). – Petronas Boïlas (# 26421). – Anonymi (# 30613). – Anonymus (# 31821).

Nikopolis (Epeiros [Kirchenprovinz]) → Antonios (# 20490). – Eustratios (# 21892). – Niketas (# 25743). – Anonymus (# 32006). — s. auch Bela, Iericho, Naupaktos

Nikopolis (Thema) → Andreas (# 20374). – David (# 21428). – Georgios (# 22274). – Iachnukas (# 22652). – Ioannes (# 22852). – Ioseph (# 23524). – Konstantinos (# 24081). – Leon (# 24391. – # 24440. – # 24602). – Leon Toxeas (# 24377). – Michael (# 25215. – # 25324). – Nikephoros (# 25694). – Paulos (# 26326). – Theodoros (# 27719). – Theophylaktos (# 28203). – Thomas (# 28320). – Anonymi (# 30406). – Anonymus (# 30701. – # 30812. – # 30836. – # 30898. – # 31339. – # 31880. – # 31881).

Nikopolis (Thrakien) → Nikolaos (# 25908. – # 25896).

Nil (Fluß in Ägypten) → Damianos (# 21365). – Dominicus (# 21586). – Symeon von Trier (# 27542). – Anonymus (# 32005).

Nin s. Nona (Dalmatien)

St. Nino (Ninoc'mida, Georgien) → Arseni (# 20596).

Nisa s. auch Nyssa

Nisa (= Nisos Nessos, Lage unbekannt) → Ioannes (# 22789).

Nisibis (arab. Naṣībīn/Nuṣaybīn, Mesopotamien) → Abū Taġlib al-Ġaḍanfar b. Nāṣiraddawla (b. Ḥamdān) (# 20081). – Ioannes I. Tzimiskes (# 22778). – Melias (# 25042). – Nikephoros II. Phokas (# 25535). – Subuk (# 27430).

Nižnii Archyz (Nordkaukasus) → Petros (# 26463).

Nola (Apulien) → Basilius (# 21128). – Hieronimus (# 22592). – Lucas von Demenna (# 24753). – Siphandus (# 27092).

Nomeristai (Chalkidike) → Basileios (# 20989. – # 20990. – # 20991). – Damianos (# 21376). – Datekos (# 21406). – Demetrios (# 21493. – # 21494. – # 21495. – # 21496). – Eustathios (# 21862). – Georgios (# 22162). – Ioannes (# 23114. – # 23115). – Kalokyros (# 23643). – Kalotas (# 23658). – Konstantinos (# 23924. – # 23925. – # 23926). – Kyriakos (# 24231). – Kyrillos (# 24249). – Leon (# 24524. – # 24525). – Michael (# 25258. – # 25259). – Niketas (# 25787). – Nikolaos (# 26013). – Paschalios (# 26281). – Perdanos (# 26405). – Stephanos (# 27299. – # 27300). – Strates (# 27397). – Symeon (# 27510). – Theodoros (# 27762).

Nona (= Nin, Dalmatien) → Iohannes (# 23471). – Iohannes VIII. (# 23470). – Theodosius (# 27956).

Nonantola (Kloster, Emilia Romagna) → Leo (# 24304). – Iohannes XVI. Philagathos (# 23486).

Nordafrika s. Ifrīqiya (arab.)

Nordfrankreich → Symeon von Trier (# 27542).

Nordsyrien → Aḥmad b. al-Ḥusayn al-Aṣfar Taġlib (# 20184). – Andronikos Dukas (# 20405). – Ibn Ibrāhīm (# 22695). – Ioannes Chaldos (# 23166). – Ioannes VII. von Jerusalem (# 23099). – Konstantinos Dalassenos (# 23940). – Michael Burtzes (# 25253). – Nikolaos (# 26011). – Sayfaddawla (# 26998). — s. auch Syrien

Normandie (Frankreich) → Rodulfus (# 26831). – Anonymus (# 32033).

Norwegen → Bersi (# 21153). – Bolli Bollason (# 21189). – Erlendr (# 21740). – Finnbogi (# 21998). – Fraþi (# 22004). – Hemingr Hjarrandsson (# 22584). – Kolskeggr Hamundarson (# 23724). – Márr Húnrǫðarson (# 25004). – Óláfr Tryggvason (# 26182). – Sóti (# 27170). – Þóraldr (# 28336). – Þorðr Sjáreksson (# 28338). – Þorsteinn Rigardsson/Ragnhildsson (# 28346). – Anonymus (# 32050).

Nosiai (Ort und Kloster, Bithynien oder Paphlagonien) → Konstantinos Barbaros (# 23820). – Metrios (# 25087). – Anonymus (# 30821).

Novgorod (Nougorod, griech. Nemogarda, Rußland) → Ioachim (# 22768). – Oleg (# 26185). – Olga (# 26186). – Rūni (# 26906). – Sigviðr (# 27070). – Spiallbuði (# 27174). – Svjatoslav von Kiew (# 27440). – UddgæiRR (# 28393). – Vladimir I. von Kiew (# 28433). – Anonymi (# 30620).

Numeragefängnis (Kpl.) → Elias (# 21674). – Ignatios (# 22750). – Ioannes (# 23378). – Ioannes bar ʿAbdûn (# 23438). – Moyses (# 25431). – Petros (# 26527). – Zachakios (# 28475).

Nuṣaybīn (arab.) s. Nisibis

Nyssa (= Nisa, Asia) → Michael (# 25117).

Nyssa (Kappadokien) → Ignatios (# 22725).

Nyssa (Lage unklar) → Basileios (# 20946). – Nikolaos (# 25889). – Stephanos (# 27369).

Obermesopotamien s. Diyār Bakr, Diyār Muḍar, Diyār Rabīʿa

Ochrid/Ohrid (= Achrid/Achrida, Bulgarien) → Arsenios (# 20623). – David von Achrid (# 21409). – Eustathios Daphnomeles (# 21864). – Gabriel (# 22020). – Ibatzes (# 22679). – Ioannes (# 23365). – Klemes (# 23704). – Leon (# 24666). – Naum (# 25501). – Philippos (# 26616). – Anonymi (2) (# 30596). – Anonymus (# 30800. – # 30807. – # 30808. – # 30990). — s. auch Hagia Sophia (Ochrid).

Odessos (Bulgarien) → Georganes (# 22079). – Ioaines (# 22769). – Ioannes (# 23045). — s. auch Ioannes-Prodromos-Kloster

Odrěnĭ (altruss.) bzw. Odrin (mbulg.) s. Adrianupolis

Oe Leon s. Goeleon

Ölberg (Jerusalem) → Elias III. (# 21642).

Oghnout s. Ulnutin

Oiniandos (Lykien) → Nikolaos (# 25903).

Oka (Rußland) → Svjatoslav von Kiew (# 27440).

Oke (Hellespontos) → Strategios (# 27389).

Ol'min dvor (Rußland) → Oleg (# 26185).

Olenos (Peloponnesos) → Petros (# 26455).

Oltʿisi s. Oltu

Oltu (Fluß in Tao) → Adarnase II. (# 20099). – Bagrat III. (# 20740). – Basileios II. (# 20838). – Gurgen von Kʿartʿli (# 22531). – Mušeł (# 25457).

Olympos (Bithynien) → Basileios (# 20891). – Basileios I. Skamandrenos (# 20983). – Dorotheos (# 21591). – Eudokia (# 21757). – Euthymios (# 21912. – # 21913. – # 21926). – Euthymios Athonites Iber (# 21960). – Gregor (# 22323). – Ioane (# 22775). – Ioannes Athonites Iber (# 22942). – Ioannes Hexapterygos (# 22997). – Klemes (# 23704). – Konstantinos Boïlas (# 23835). – Konstantinos Iudaios (# 23739). – Lukas Stylites (# 24758). – Nikolaos (# 26077). – Nikolaos II. Chrysoberges (# 26019). – Petros (# 26458. – # 26458. – # 26461). – Petros Thaumaturgos (# 26426). – Romanos Lakapenos (# 26842). – Saba (# 26914). – Stephanos (# 27225). – Symeon (# 27466). – Theodoros (# 27697). – Tryphon (# 28374). – Anonymi (# 30450. – # 30607). – Anonymus (# 30719. – # 30762. – # 30906. – # 31153. – # 31411. – # 31412. – # 31589). — s. auch Hagios-Elias-Kloster, Kedronakloster, Pissadinoi-Kloster, Smilakia-Kloster

Olžiči (Rußland) → Olga (# 26186).

ta Omphalia (Lemnos) → Zacharias (# 28488).

Ondrěęnĭ gradŭ bzw. Ondrěnĭ (altruss.) s. Adrianupolis

Onumerica oder Enumerika (Bithynien) → Konstantinos (# 23749).

Opsikion (Thema) → Andreas (# 20354. – # 20360). – Andreas "der Skythe" (# 20351). – Basileios (# 20927). – David (# 21420). – Dionysios (# 21548). – Elephantinos (# 21635). – Epiphanios (# 21730). – Eudokia Baïane (# 21759). – Georgios Peganes (# 22082). – Gregorios (# 22443). – Ioannes (# 23296. – # 23299). – Ioannes Tzurillas (# 23401). – Konstantinos (# 24000. – # 24001). – Leon (# 24467). – Leontios (# 24721). – Meletios (# 25035). – Niketas (# 25867). – Nikolaos (# 25915). – Petros (# 26468). – Philotheos (# 26635. – # 26637). – Racheas (# 26792). – Romanos III. Argyros (# 26835). – Romanos Musele (# 26844). – Sergios (# 27043). – Stephanos (# 27375). – Struthopolites (# 27402). – Symeon (# 27482). – Theodoros (# 27684). – Theophila (# 28132). – Theophylaktos (# 28194). – Theudatos (# 28276). – Thomas (# 28326). – Tryphon (# 28374). – Anonymi (# 30387. – # 30393. – # 30441). – Anonymus (# 30742. – # 30829. – # 31415). — s. auch Akrokos, Lampsakos, Myrmex

Opso (Galatien) → Euphemia (# 21786). – Euthymios (# 21912). – Methodios (# 25073).

Optimaton (Thema) → Abramios (# 20025). – Athanasios (# 20672). – Christophoros (# 21292). – Eustathios (# 21841). – Galolektes (# 22061). – Gregoras (# 22332). – Gregorios (# 22440). – Ioannes (# 22886. – # 23215). – Ioannes Mitylenaios (# 23297). – Konstantinos (# 23882. – # 24002). – Kosmas (# 24109). – Leon (# 24468). – Michael (# 25320). – Nikephoros (# 25595). – Niketas (# 25729). – Nikolaos (# 25930. – # 25931. – # 25992. – # 26085). – Petros (# 26484). – Romanos (# 26872). – Theophanes (# 28087). – Theophilos (# 28157). – Thomas Dephurkinos (# 28286). – Anonymi (# 30313). – Anonymus (# 30641. – # 30766. – # 30767. – # 31120. – # 31182. – # 31885). — s. auch Hagios-Andreas-Kloster, Eusebios-Kloster

Oraka/Orakon (Phrygia Pakatiane) → Nikephoros (# 25552).

Orchomenos s. Skripu

Orea s. Oria

Oreos (Hellas [Kirchenprovinz]) → Basileios (# 20875). – Konstantinos (# 23941). – Anonymus (# 32031).

Oria (Apulien) → Alexios Xiphias (# 20246). – Ǧaʿfar b. ʿUbayd (# 22051). – Gaideris (# 22054). – Ḥananel ben Amittai (# 22552). – Iohannes (# 23500). – Leon (# 24414). – al-Mahdī (# 24814). – Petrus (# 26567). – Porfirius (# 26720). – Šabbetai Donnolo (# 26949). – Šefatiah (# 27000). – Smaragdus (# 27138). – Teodosius (# 27578). – Theodorus (# 27884). – Anonymus (# 30757. – # 31080. – # 31084).

Oriolo (Kalabrien) → Bonos (# 21194). – Ioannes (# 23358). – Kandidos (# 23666). – Konstantinos (# 24047). – Leon (# 24653). – Lukas (# 24782). – Michael (# 25358). – Niketas (# 25847). – Nikodemos (# 25880). – Nikolaos (# 26121). – Nikon (# 26162). – Paschalios (# 26285). – Theodoros (# 27856). – Ursulos (# 28412).

Oroboi (Karien) → Elias (# 21664). – Georgios (# 22163). – Lazaros vom Galesionberg (# 24285).

Orontes (Fluß in Syrien) → Arsenios (# 20603). – Christophoros von Antiocheia (# 21277). – Damianos Dalassenos (# 21379). – Ǧayš b. Muḥammad b. aṣ-Ṣamṣāma (# 22069). – Ibn Mānik (# 22701). – Leon Melissenos (# 24531). – Luʾlu al-Ǧarrāḥī (# 24793). – Macarius von Gent (# 24806). – Manǧūtakīn (# 24858). – Michael Burtzes (# 25253). – Nikolaos II. von Antiocheia (# 26124). – Anonymus (# 31532).

Orphanos-Kloster s. Gomatu-Kloster

Oški (georg., arm. Ašunkʿ, Tao-Klardžetʿi) → Sahak (# 26959). – Bagrat I. Eristav (# 20735). – David III. von Tao (# 21432).

Oški-Laura (Tao-Klardžet'i) → Abuharb (I.) (# 20090). – Adarnase III. (# 20101). – Bagrat (# 20738. – # 20739). – Č'ordvaneli (# 21350). – Ioannes Tornikios (# 22926). – Iovane Varazvač'e (# 23544). – T'ornik II. Varazvač'e (# 28365). – Tzotzikios (# 28388).

Osrhoene (Kirchenprovinz) → Anonymus (# 31176).

Ostfrankenreich → Arnulf von Kärnten (# 20578).

Ostgeorgien (georg. K'art'li) → Bagrat III. (# 20740). – Gurgen von K'art'li (# 22531). – Giorgi I. (# 22309).

Ostia (Latium) → Donatus (# 21589). – Eugenius (# 21775).

Ostsee → Óláfr Tryggvason (# 26182). – Vladimir I. von Kiew (# 28433).

Ostuni (Apulien) → Gregorius (# 22491).

Ot'xt'a Eklesia (= Vierkirchenlaura, Georgien) → Arseni (# 20596). – David III. von Tao (# 21432). – Ioannes Athonites Iber (# 22942). – Iovane Grdzelisdze (# 23545).

Otranto s. Hydrus

Otroi (Phrygia Salutaris) → Michael (# 25112).

Oviedo (Asturien, Spanien) → Andreas (# 20393). – Gregorius (# 22495).

Ovruč (= Vruč, Rußland) → Svenald (# 27439).

Oxeia (Prinzeninseln) → Baanes (# 20722). – Basileios Skleros (# 21113). – Eutychianos (# 21976). — s. auch Archangelos-Michael-Kirche

Oxylithos (Kappadokien) → Leon (# 24532). – Michael Burtzes (# 25253). – Romanos (# 26855).

Ozolimnos (bei Hierissos, Chalkidike) → Akindynos (# 20213). – Bud... (# 21209). – Deadomuslos (# 21446). – Deadukas (# 21447). – Georgios (# 22130). – Ioannes (# 23086. – # 23087). – Kalokyres (# 23630). – Konstantinos (# 23917). – Malkos (# 24851). – Maria (# 24926). – Paulos (# 26351). – Petrilos (# 26413). – Striegoes (# 27400). – Theophanes (# 28099). – Thomas (# 28296). – Tlerneas (# 28358). – Anonymi (# 30448).

Padua (Lombardei) → Leon (# 24479).

Pagania (Serbien) → Leon Rabduchos (# 24400). – Petar Gojniković (# 26408).

Pagdati s. Bagdad

Pagrai/Pagras s. Bagras (Festung)

Païper/Païpert s. Baiburt (Chaldia)

Paitorion (Kpl.) → Anonymus (# 30814).

Palästina → Abū 'Umayr 'Adī b. Aḥmad b. 'Abdalbāqī al-Aḏanī (# 20086). – Adalgesius (# 20098). – Arsenios (# 20603). – Bardas Skleros (# 20785). – Bononius (# 21193). – Delemikes (# 21448). – Dunale (# 21610). – Elias (# 21641. – # 21643. – # 21655). – Elias der Jüngere (# 21639). – Fulk Nerra (# 22013). – Ǧawhar (# 22066). – Gerasimos (# 22281). – Germanos von Kosinitza (# 22285). – al-Ḥākim (# 22544). – Ḥassān b. al-Mufarriǧ b. al-Ǧarrāḥ (# 22565). – Hilarion (# 22611). – Konstantinos (# 23915). – Malacenus (# 24838). – Mufarriǧ b. Daġfal b. al-Ǧarrāḥ aṭ-Ṭā'ī (# 25433). – Nikephoros (# 25603). – Nuṣayr (# 26173).

– Óláfr Tryggvason (# 26182). – Paulos (# 26354). – Petros Thaumaturgos (# 26426). – Petrus (# 26564. – # 26571). – Ṣāliḥ b. Mirdās (# 26966). – Sinān b. ʿUlyān (# 27087). – Symeon von Trier (# 27542). – Theodosios (# 27887). – Þorvaldr hinn víðfǫrli Koðránsson (# 28347). – Yārūḫ (# 28462). – Ẓālim b. Mawhūb (# 28500). – Anonymi (# 30218. – # 30533). – Anonymus (# 31133. – # 31232. – # 31731. – # 32066). — s. auch Askalon, Baysān, Bethlehem, Bostra, Dodekathronos, Hagios-Euthymios-Kloster, Gaza, Genezareth-See, Jericho, Jerusalem, Joppe, Jordan, Judäische Wüste, Kaisareia, Kalamon-Kloster, Prodromos-Kloster, ar-Ramla, Sidon, Tabor, Ṭūr Ayyūb

Palaestina II (Kirchenprovinz) → Noë (# 26172). – Theodoros (# 27628).

Palaiokastra (Athos) → Bartholomaios (# 20830). – Kosmas (# 24169). – Nikephoros (# 25663). – Niphon (# 26169). – Paulos II. Xeropotamites (# 26353).

Palaion Chorion (Athos) → Anastasios (# 20332). – Euthymios Athonites Iber (# 21960). – Neophytos (# 25513). – Nikephoros (# 25663). – Niketas (# 25846). – Paulos II. Xeropotamites (# 26353). – Sabas (# 26940). – Sabbas (# 26947). – Symeon (# 27530). – Theodulos (# 28000).

Palaiopolis (Asia) → Ioseph (# 23513). – Petros (# 26430). – Theodulos (# 27992).

Palaiopolis (Pamphylien [Kirchenprovinz]) → Theodulos (# 27992).

Pałakacʿis (See in Vanand, Armenien) → Giorgi I. (# 22309). – Rat (Horatios Liparites) (# 26805).

Palastkirche (Kaiserpalast, Kpl.) → Eustathios (# 21876).

Palatin (Rom) → Blasios (# 21177). – Eustratios (# 21882). – Sabas neos (# 26929). – Anonymus (# 30696).

Palermo (= Panormos, arab. Bānarm, Sizilien) → Abū Isḥāq (# 20067). – Abū l-ʿAbbās ʿAbdallāh b. Ibrāhīm (# 20031). – Abū l-Qāsim ʿAlī b. al-Ḥasan al-Kalbī (# 20072). – Aḥmad b. al-Ḥasan b. ʿAlī al-Kalbī (# 20188). – ʿAmmār b. ʿAlī b. Abī l-Ḥusayn (# 20275). – Argentios (# 20557). – Elias der Jüngere (# 21639). – Farağ al-Muḥaddad (# 21991). – Ğaʿfar b. Muḥammad (# 22050). – Gaudiosos (# 22064). – Ḫalīl b. Isḥāq (# 22549). – Ioseph Hymnographos (# 23510). – Leon (# 24330). – Theodosios (# 27892). – Anonymi (# 30176. – # 30220. – # 30422. – # 30474). – Anonymus (# 30639. – # 30686. – # 30687. – # 30880. – # 30984. – # 31517. – # 31526). — s. auch al-Ḫāliṣa

Palia (Asia) → Iulianos (# 23574).

Palinodion (Kampanien) → Petros (# 26513).

Pallantion (Arkadien) → Nikolaos (# 25939). — s. auch Christophoros-Kirche

Pallene s. Kassandra (Chalkidike)

Paltos (Syrien) → Andreas (# 20386). – Eustratios (# 21901).

Palukiton (bei Chrysopolis, Bithynien) → Anthes (# 20454). – Christophoros Phagura (# 21327). – Damianos (# 21389). – Ignatios (# 22749). – Ioannes (# 23369). – Kosmas (# 24171). – Manasses (# 24856). – Methodios (# 25085). – Philotheos (# 26642). – Symeon (# 27531. – # 27535). – Theodulos (# 28002). – Theophylaktos (# 28200). – Anonyma (# 30118. – # 30119). – Anonymi (# 30583. – # 30588). – Anonymus (# 31600. – # 31948. – # 31955.

– # 31989. – # 31990. – # 31991). — s. auch Hagia-Marina-Kloster

Pamphilon (Europe) → Petros (# 26441).

Pamphylien → Euphemios (# 21792). – Petros Thaumaturgos (# 26426). — s. auch Andida, Attaleia, Bema-Kloster, Erymna, Etainos, Hadriana, Isindos, Kadara, Korydala, Kotene, Lagina, Myloma, Palaiopolis, Perbaina, Perge, Phlogai, Psychron, Selge, Sennea, Side, Sinde, Sylaion, Tityos

Pamphylien (Kirchenprovinz) → Basileios (# 20866. – # 20876. – # 20943). – Elissaios (# 21679). – Eustathios (# 21844). – Euthymios (# 21940). – Gregorios (# 22480). – Ioannes (# 22785. – # 23179). – Leon (# 24407). – Matthaios (# 25020). – Petros (# 26439). – Platon (# 26694). – Stephanos (# 27242). – Theodoros (# 27637. – # 27814). – Theodulos (# 27992). – Theophanes (# 28078). – Anonymus (# 31025).

Panagios etc. s. unter den entsprechenden Heiligen

Panagios-Kloster (Kpl.) → Antonios (# 20498). – Athanasios (# 20694). – Kosmas (# 24172). – Pantoleon (# 26258). – Anonymus (# 32011).

P'anaskert (griech. Panasker, Georgien) → Bagrat III. (# 20740).

Panax (Fluß in Makedonien) → Germanos von Kosinitza (# 22285).

Pancratiuskirche (Albanon, Latium) → Anonymus (# 31323).

Panion/Panidos (Thrakien) → Akindynos (# 20211). – Basileios (# 20982). – Kallistos (# 23625). – Michael (# 25378). – Paulos (# 26393). – Anonymus (# 30703). — s. auch Hagioi-Anargyroi-Kirche, Hagia-Eisodia-Kirche

Pankaleia (Charsianon) → Bardas Phokas der Jüngere (# 20784). – Bardas Skleros (# 20785). – Ioannes Tornikios (# 22926). – Konstantinos Gabras (# 23931).

Hagios-Pankratios-Kloster (Athos) → Nikolaos (# 26120).

Pannonien → Dragaïs (# 21602). – Gorasdos (# 22319). – Ignatios (# 22730). – Ioakin (# 22774). – Kocel (# 23721). – Lazarus (# 24287). – Leon (# 24353). – Liuntika (# 24746). – Methodios (# 25062). – Symeon (# 27472). — s. auch Balatonsee, Mosapurg, Zavalár

Panormos (Bithynien) → Nikephoros (# 25657). – Nikolaos (# 26084).

Panormos (Sizilien) s. Palermo

Hagios Panteleemon (Metochion des Arsaphiaklosters, Kalabrien) → Agathe (# 20170). – Barbara (# 20756. – # 20757). – Basileios (# 21015). – Beretis (# 21148). – Bitinioi (# 21174). – Georgios Pithares (# 22191). – Ioannes (# 23204). – Ioannes Berberis (# 23198). – Ioannes Lagubardos (# 23197). – Kanitzes (# 23670). – Klituphon (# 23718). – Kondoi (# 23728). – Kornibaskeloi (# 24093). – Kosmas Kuphos (# 24150). – Leon (# 24561). – Leon Ktenas (# 24560). – Libanos (# 24738). – Nikephoros (# 25631). – Parias (# 26272). – Petomenos (# 26411). – Petros (# 26516). – Anonymus (# 31797).

Hagios-Panteleemon-Kirche (im Chrysobalantonkloster, Kpl.) → Nikolaos (# 26090).

Hagios-Panteleemon-Kirche bzw. Kloster (Kpl.) → Sergios (# 27023).

Hagios-Panteleemon-Kloster tes Armamentareas s. Armamentaria

Panteleemon-Kloster (= Thessalonikeus-Kloster bzw. Sphrenzes-Kloster, Athos) → Leontios (# 24717). – Metrophanes (# 25091).

Hagioi-Pantes-/Hagion-Panton-Kirche (Kpl.) → Leon VI. (# 24311). – Nikephoros II. Phokas (# 25535). – Polyeuktos (# 26715).

Paphlagon-Kloster s. Hagios-Nikolaoskloster tu Paphlagonos (Athos)

Paphlagonien → Anastasios Gongylios (# 20298). – Andreas (# 20358). – Arsenios (# 20609). – Basileios (# 21010). – Basileios Galaton (# 20936). – Eleutherios (# 21638). – Gregorios (# 22477). – Igor (# 22751). – Ioannes (# 22925). – Ioseph Bringas (# 23529). – Konstantinos Barbaros (# 23820). – Konstantinos Dukas (# 23817). – Konstantinos Gongylios (# 23823). – Kosmas (# 24130). – Leon (# 24315. – # 24666). – Manuel Erotikos bzw. Komnenos (# 24885). – Nikephoros (# 25581). – Niketas David Paphlagon (# 25712). – Nikon "Metanoeite" (# 26155). – Petros (# 26462). – Symeon Neos Theologos (# 27488). – Theodoros (# 27710). – Theodosios (# 27900). – Theophano (# 28124). – Anonymus (# 30821. – # 31180. – # 31671). — s. auch Amastris, Charax, Chryse-Petra-Kloster, Galate, Gangra, Gena, Ionopolis/Iunopolis, Kastamon, Nosiai, Parthenios, Pompeiupolis, Porson, Sora, Tion

Paphlagonien (Kirchenprovinz) → Alexandros (# 20234). – Anthes (# 20448). – Basileios (# 20849. – # 21010). – Christophoros (# 21260. – # 21266). – Eudokimos (# 21763). – Ioannes (# 22791. – # 23268). – Nikolaos (# 25951. – # 25975). – Nikon "Metanoeite" (# 26155). – Petros (# 26505). – Petros Thaumaturgos (# 26426). – Phokas (# 26650). – Stephanos (# 27212). – Symeon (# 27494). – Theodosios (# 27894). – Theodotos (# 27971). – Anonymi (# 30381. – # 30451). – Anonymus (# 31201. – # 31340).

Paphlagonien (Thema) → Aëtios (# 20153). – Argyros (# 20561). – Christophoros (# 21305). – Christophoros Mitylenaios (# 21324). – Eustathios (# 21855). – Georgios (# 22118. – # 22119. – # 22147). – Ioannes (# 22876. – # 23286). – Ioannes Mitylenaios (# 23297). – Isaakios (# 23556). – Kallistos (# 23622). – Konstantinos (# 23883. – # 23884. – # 23885. – # 24005. – # 24006. – # 24026. – # 24071). – Kosmas (# 24126). – Leon (# 24380. – # 24405). – Michael (# 25128. – # 25143. – # 25190. – # 25219. – # 25220. – # 25221. – # 25279). – Niketas (# 25765). – Nikolaos (# 25932). – Sisinnios (# 27105). – Stephanos (# 27283. – # 27343). – Symeon (# 27503). – Theo... (# 27587). – Theodotos (# 27965). – Anonymi (# 30308). – Anonymus (# 31118. – # 31298. – # 31383).

Paphnutioshöhle (Galesionberg) → Antonios (# 20535). – Georgios (# 22238). – Ignatios (# 22745). – Ioannes (# 23440). – Kosmas (# 24181). – Lazaros vom Galesionberg (# 24285). – Symeon (# 27545). – Anonymi (# 30598). – Anonymus (# 31970. – # 31982. – # 31983. – # 31985. – # 31986. – # 32048. – # 32070).

Paphos (Zypern) → Arsenios (# 20619). – Basileios (# 21058). – Anonymus (# 31446).

Pappa/Pappoi (Pisidien) → Nikolaos (# 25907).

Hagia Paraskeue (Kalabrien) → Symeon (# 27512).

Hagia-Martys-Paraskeue-Kirche (Kpl.) → Anonymus (# 31102).

Parhal s. Parxali

Parion (Hellespontos) → Eustathios (# 21836). – Gregorios (# 22349. – # 22351). – Leon von Tripolis (# 24397). – Philippos (# 26615).

Paris (Frankreich) → Elias (# 21673).

Paristrion (Thema) → Tzotzikios (# 28388).

Parkhal s. Parxali

Parlaos (Pisidien) → Anthimos (# 20457).

Parma (Emilia-Romagna) → Berta-Eudokia (# 21156). – Sigefredus (# 27068).

Parnassos (Kappadokien) → Theognostos (# 28011).

Parorion (Metochion des Alethine-Philosophia-Klosters, Lakedaimon) → Nikon "Metanoeite" (# 26155).

Paros (Insel) → Konstantinos (# 23972). – Symeon (# 27465). – Theoktiste (# 28039). – Anonymi (# 30158). – Anonymus (# 30699). — s. auch Theotokos-Kirche

Parsakute (Lage unbekannt) → Bardas Parsakutenos (# 20786). – Konstantinos Parsakutenos (# 24051). – Nikephoros Parsakutenos (# 25611). – Theodoros Parsakutenos (# 27758. – # 27993). – Samuel (# 26980).

Partaw (Albanien, Kaukasus) → Yovsēp' (# 28469). – Yūsuf b. Abī s-Sāǧ (Abū l-Qāsim) (# 28472).

Parthenios (Fluß in Paphlagonien) → Theodosios (# 27900).

Parthenitoi (Krim) → Niketas (# 25695). – Nikolaos (# 25942). — s. auch Hagioi-Apostoloi-Kloster

Parthenon (Athen) → Anastaso (# 20344). – Basileios (# 20947). – Chase (# 21238). – Demetrios (# 21471. – # 21484). – Epiphanios (# 21737). – Georgios (# 22128. – # 22277). – Georgios Syleotes (# 22278). – Germanos (# 22294. – # 22295). – Hypatios (# 22649). – Ioannes (# 23001. – # 23002. – # 23003. – # 23004. – # 23381. – # 23445. – # 23446). – Ioannes Ketrenos (# 23444). – Ioannes Kokkalas (# 23443). – Ioannes Mamunes (# 23448). – Ioannes Oxeidas (# 23447). – Ioannikios (# 23454). – Kablekas (# 23593). – Konstantinos (# 23929). – Konstantinos Drosos (# 24083). – Konstantinos Leichenares (# 24084). – Kosmas (# 24122). – Leon (# 24402. – # 24697). – Michael (# 25133. – # 25364). – Niketas (# 25698. – # 25743). – Nikolaos (# 25976). – Philippos (# 26608. – # 26613). – Pothetos (# 26724. – # 26725. – # 26726. – # 26727). – Pothos (# 26732. – # 26743). – Sabas (# 26915). – Theodegios (# 27596. – # 27597). – Theodoros (# 27703. – # 27723. – # 27881. – # 27883). – Theophylaktos (# 28266). – Thomas (# 28304). – Anonyma (# 30014). – Anonymus (# 30689. – # 31085. – # 31386). — s. auch Marienkirche

Parxali (Tao-Klardžet'i) → David III. (# 21432).

Paşabağ (Kappadokien) → Symeon (# 27546). — s. auch Kesisler

Pasada, s. Basada

Patara (Lykien) → Theodulos (# 27990).

Patir-Kloster (bei Rossano) → Basileios (# 21024).

Patmos (Insel) → Anonymus (# 30781).

Patras (Peloponnes) → Andreas (# 20364). – Anna (# 20428). – Arethas (# 20554). – Basileios (# 20995). – Elias der Jüngere (# 21639). – Elias Spelaiotes (# 21646). – Febronia (# 21997). – Gregorios (# 22390. – # 22447). – Ioannes (# 23131. – # 23403). – Ioannes Lampardopulos (# 23100). – Konstantinos (# 24065). – Lukas der Jüngere (# 24762). – Philippos (# 26619). – Romanos Genesios (# 26856). – Sabas (# 26916). – Theodoros (# 27629). – Theodoros Santabarenos (# 27619). – Thomas (# 28289). – Anonyma (# 30047). – Anonymi (# 30222). – Anonymus (# 30626. – # 30724. – # 30792. – # 30799. – # 30940. – # 30951. – # 30953. – # 30992. – # 30993. – # 30998. – # 31073. – # 31293. – # 31566. – # 31609. – # 31849. – # 31851. – # 31977).

Patriarcheion (Kpl.) → Anastasios (# 20317). – Bartholomaios (# 20827). – Eustathios (# 21876). – Georgios (# 22084). – Ioannes (# 22921. – # 22922. – # 23185. – # 23239. – # 23272). – Konstantinos (# 23980). – Michael (# 25264. – # 25265). – Petros (# 26542). – Photios (# 26677). – Stephanos (# 27314). – Theo... (# 27586). – Theodoros (# 27704. – # 27705. – # 27725). – Anonymi (# 30145. – # 30350. – # 30351. – # 30537. – # 30575). – Anonymus (# 31199. – # 31200. – # 31701. – # 31702). — s. auch Sekreton

Patzinakia → Almos (# 20260). – Baïtzas (# 20746). – Batas (# 21133). – Giazes (# 22305). – Ipaos (# 23546). – Kaïdum (# 23598). – Kostas (# 24186). – Kuel (# 24207). – Kurkutai (# 24212). – Anonymi (# 30270. – # 30278). — s. auch Charaboe, Chopon, Ertem, Gyla, Irtim, Kulpee, Talmat, Tzopon, Tzur

Hagios-Paulos-Kloster (Athos) → Paulos I. Xeropotamites (# 26352). – Paulos II. Xeropotamites (# 26353). – Poimen (# 26706).

Hagios-Paulos-Kloster (= Stylos-Kloster bzw. Theotokos-Kloster tu Stylu, Latros) → Bartholomaios (# 20827). – Basileios (# 21003. – # 20930). – Damianos (# 21381). – Demetrios (# 21476. – # 21509. – Dometios (# 21581). – Ephraim (# 21692). – Euthymios (# 21943). – Gabriel (# 22030. – # 22035). – Germanos (# 22300). – Hilarion (# 22616). – Ignatios (# 22736). – Ignatios Charzanas (# 22737). – Ioakeim (# 22773). – Ioannes (# 22966). – Konstantinos (# 23946). – Lazaros (# 24284). – Lukas (# 24765. – # 24775). – Methodios (# 25079). – Michael (# 25193. – # 25203. – # 25366). – Nikephoros (# 25576). – Pachomios (# 26217). – Paulos (# 26337). – Petros (# 26521). – Photeinos (# 26665). – Photios (# 26678). – Symeon (# 27486). – Thomas (# 28311). – Anonyma (# 30106). – Anonymi (# 30425. – # 30433. – # 30434. – # 30446. – # 30517. – # 30518). – Anonymus (# 31289. – # 31290. – # 31314. – # 31317. – # 31318. – # 31319. – # 31321. – # 31393. – # 31394. – # 31396. – # 31434. – # 31744. – # 31745. – # 31746. – # 31785. – # 31786. – # 31876). — s. auch Michael-Kirche

Pavia (Lombardei) → Iohannes XVI. Philagathos (# 23486).

Paxos (Insel bei Kerkyra) → Liudprand von Cremona (# 24745).

Pe... → Leon (# 24358).

Pegai (bei Kpl.) → Alexios Mosele (# 20241). – Christophoros Lakapenos (# 21275). – Ioannes (# 22937). – Kaukanos (# 23693). – Leon Argyros (# 24399). – Maria Lakapene (# 24919). – Menikos (# 25056). – Photeinos (# 26663). – Pothos Argyros (# 26730). – Stephanos II. (# 27245). – Stylianos Zautzes (# 27406). – Symeon von Bulgarien (# 27467). – Theophanes (# 28087). – Zoe Zautzina (# 28505). – Anonymus (# 31068).

Pege-Kloster (Kpl.) s. Theotokos-Kloster tes peges

Pege-Palast (Kpl.) → Basileios I. (# 20837).

Peira (Lage unbekannt) → Nikephoros (# 25557).

Pekri (Armenien) → Gagik II. Arcruni (# 22052).

Pelagonia (Epeiros) → Gabriel-Radomir-Romanos (# 22032). – Georgios Gonitziates (# 22248). – Ibatzes (# 22679). – Ivan Vladislav (# 23582). – Orestes Aichmalotos (# 26199).

Pelaioi (Kalabrien) → Sabbas (# 26945). – Anonymi (# 30552). – Anonymus (# 31784).

Pelakan-Kloster s. Pelekanos-Kloster

Pelamys-Kloster (am Bosporos) → Leon Phokas (# 24423). – Anonymus (# 31544).

Pelekanos-Kloster (Bithynien) → Nikolaos (# 26015).

Pelion (Kalabrien oder Sizilien) → Anonymi (# 30610).

Peloponnesos → Abasios (# 20008). – Abū ʿAbdallāh ʿUmar II. b. Šuʿayb (# 20032). – Adrianos (# 20122). – ʿAlī b. Yūsuf II. (# 20257). – Arethas (# 20554). – Barsakios (# 20823). – Basileios I. (# 20837). – Bitalios (# 21171). – Christophoros (# 21290). – Danelis (# 21390). – Daniel (# 21393. – # 21394). – Elias (# 21673). – Elias Spelaiotes (# 21646). – Epiphanios (# 21714). – Euphrosyne (# 21800. – # 21802). – Gabriel-Radomir-Romanos (# 22032). – Gregorios (# 22398). – Helene (# 22577). – Ibrāhīm II. b. Aḥmad al-Aġlab (# 22708). – Ioannes (# 22935. – # 22998. – # 23339). – Ioannes Lampardopulos (# 23100). – Ioseph (# 23524). – Ioseph Hymnographos (# 23510). – Konstantinos (# 23868). – Krinites (# 24202). – Landulph I. (# 24272). – Leon (# 24346). – Michael Uranos (# 25186). – Nasar (# 25490). – Nikephoros Uranos (# 25617). – Niketas (# 25716). – Nikolaos (# 25948). – Nikon “Metanoeite” (# 26155). – Oiniates (# 26178). – Pardos (# 26269). – Paulos (# 26350). – Petros (# 26455). – Phantinos (# 26576). – Photios (# 26671). – Sabbatios (# 26948). – Samuel Kometopulos (# 26983). – Sisinnios Peloponnesites (# 27101). – Theodoros (# 27627). – Thomas (# 28294. – # 28330). – Anonyma (# 30048. – # 30049). – Anonymi (# 30209. – # 30223. – # 30285. – # 30289. – # 30290. – # 30291. – # 30292. – # 30355. – # 30476. – # 30498). – Anonymus (# 30651. – # 30756. – # 30998. – # 31009. – # 31179. – # 31486. – # 31501. – # 31518. – # 31522. – # 31523. – # 31684. – # 31977). — s. auch Amyklai/Amyklion, Argolis, Argos, Demetsana, Enorion, Epidauros, Helos, Kalamata, Kalavrita, Kenchreai, Kerminitza, Korinth, Korone, Lakedaimon, Lakonien, Mani, Mantineia, Melingoi, Messene, Methone/Mothone, Monembasia, Moros, Nauplion, Olenos, Patras,

Plagia, Prokopioskirche, Sparta, Taygetos, Tegea, Terea, Zemena

Peloponnesos (Kirchenprovinz) → Andreas (# 20364). – Antonios (# 20484. – # 20481. – # 20663. – # 20677. – # 20684). – Basileios (# 20887. – # 20973. – # 21029). – Christophoros (# 21278. – # 21290). – Dionysios (# 21549). – Eustathios (# 21850). – Eustratios (# 21891). – Georgios (# 22108. – # 22202). – Gerasimos (# 22280). – Gregorios (# 22447). – Hilarion (# 22603). – Ioannes (# 22806. – # 22961. – # 22998. – # 23221. – # 23275. – # 23403). – Konstantinos (# 23834. – # 23868. – # 24065). – Leon (# 24346. – # 24449). – Leontios (# 24710). – Nikephoros (# 25539). – Niketas (# 25716. – # 25759. – # 25863). – Nikodemos (# 25879). – Nikolaos (# 25939. – # 26060). – Paulos (# 26292. – # 26335. – # 26342. – # 26350). – Petros von Argos (# 26428). – Philippos (# 26619). – Prokopios (# 26762). – Sabas (# 26916). – Stephanos (# 27325). – Theodoretos (# 27608). – Theodoros (# 27629. – # 27680. – # 27791. – # 27811). – Theodosios (# 27950. – # 27951). – Theokletos (# 28035). – Theopemptos (# 28070). – Theotimos (# 28272). – Thomas (# 28289). – Anonymi (# 30480). – Anonymus (# 30651. – # 30724. – # 30792. – # 30940. – # 30998. – # 31017. – # 31291. – # 31294. – # 31405. – # 31515. – # 31518. – # 31566. – # 31609. – # 31684. – # 31836. – # 31849. – # 31977).

Peloponnesos (Thema) → Anastasios (# 20335). – Antiochos (# 20474). – Bardas (# 20778). – Bardas Platypodes (# 20772). – Basileios (# 20958. – # 21028. – Basileios Apokaukos (# 21006). – Bitalios (# 21172). – Christophoros (# 21317). – Demetrios (# 21512). – Euphemios (# 21792). – Euphrosynos (# 21803). – Eustathios (# 21873. – # 21878). – Gabriel (# 22033). – Georgios (# 22267). – Gregorios (# 22429. – # 22477. – # 22482. – # 22485). – Hilarion (# 22615). – Ioannes (# 22989. – # 23027. – # 23028. – # 23325. – # 23409). – Ioannes Kretikos (# 22821). – Ioannes Malakenos (# 23106). – Ioannes Proteuon (# 22931). – Kaleogeros (# 23609). – Konstantinos (# 23793. – # 23811). – Krenites (# 24194). – Krinites Arotras (# 24199). – Leon (# 24444. – # 24700). – Leon Agelastos (# 24413). – Lukas (# 24785). – Manuel (# 24898). – Maria (# 24927). – Markianos (# 24990). – Michael (# 25216). – Michael Argyromytes (# 25382). – Michael Choirosphaktes (# 25381). – Niketas (# 25740. – # 25764. – # 25822). – Nikolaos (# 26009). – Nikolaos Trellos (# 26082). – Nikon (# 26166). – Paulos (# 26379). – Phokas (# 26653. – # 26656). – Prokopios (# 26772). – Rentakios (# 26815). – Romanos Genesios (# 26856). – Sisinnios Hexakionites (# 27112). – Stephanos (# 27374). – Symbatios (# 27447). – Theodoros (# 27838. – # 27868). – Theodoros Xylanthropos (# 27776). – Theoktistos (# 28050). – Theophanes (# 28114). – Zosimas (# 28518). – Zosimos (# 28519). – Anonyma (# 30115. – # 30116. – # 30121. – # 30122. – # 30123). – Anonymi (# 30406. – # 30475. – # 30478. – # 30479. – # 30480. – # 30499. – # 30538. – # 30539. – # 30541. – # 30548. – # 30615. – # 30616. – # 30617. – # 30618. – # 30619. – # 30623). – Anonymus (# 30795. – # 30899. – # 31048. – # 31073. – # 31093. – # 31257.

– # 31352. – # 31379. – # 31527. – # 31528. – # 31585. – # 31716. – # 31717. – # 31718. – # 31909. – # 31925. – # 31933. – # 31934. – # 31935. – # 32026. – # 32027. – # 32028. – # 32029. – # 32036. – # 32037. – # 32038. – # 32039).

Peltai s. Philita

Pentadaktylos (Kalabrien) → Daniel (# 21393). – Elias der Jüngere (# 21639).

Pentakubukleion (Kaiserpalast, Kpl.) → Olga (# 26186).

Pera s. Galata

Perbaina (Pamphylien) → Nikolaos (# 26072).

Perejaslavl' (Rußland) → Oleg (# 26185).

Peremyšl (Rußland) → Vladimir I. von Kiew (# 28433).

Pergamon (Asia) → Andreas (# 20356). – Antiochos (# 20472). – Basileios (# 20891). – Eudokia (# 21757). – Georgios (# 22107). – Leon (# 24453. – # 24578). – Methodios (# 25069). – Paulos (# 26337). – Pothos (# 26733).

Perge (Pamphylien) → Euthymios (# 21940). – Gregorios (# 22349). – Ioannes (# 22785. – # 23179). – Nikephoros (# 25641).

Peribleptos-Kloster (Kpl.) → Euthymios (# 21974). – Romanos III. Argyros (# 26835). – Symeon (# 27541). – Anonymi (# 30611).

Perichytes (Kpl.) → Anonymi (# 30143. – # 30367).

Perissos (Metochion des Alethine-Philosophia-Klosters, Lakedaimon) → Nikon "Metanoeite" (# 26155). – Anonymi (# 30541).

Peristera (Sporadeninsel) → Anonymus (# 30876).

Peristerai (Chalkidike) → Antonios (# 20487. – # 20488). – Auxentia (# 20702). – Blasios (# 21178). – Demetrios (# 21454). – Dorotheos (# 21590). – Elias (# 21645). – Euphemia (# 21786). – Euthymios (# 21921). – Georgios (# 22102. – # 22105). – Gregorios (# 22370). – Hilarion (# 22602. – # 22604). – Ignatios (# 22719). – Ioannes (# 22829. – # 22830). – Ioannes Tsagastes (# 22835). – Kosmas (# 24101). – Methodios (# 25072. – # 25073). – Paulos (# 26317). – Sisinnios (# 27104). – Theodoros (# 27639). – Anonyma (# 30009. – # 30010. – # 30011. – # 30012). – Anonymi (# 30188). – Anonymus (# 30642. – # 30733) – # 30734. – # 30735). — s. auch Hagios-Andreas-Kloster, Frauenkloster

Peristremma (Kappadokien) → Ioannes (# 23220). – Isaak (# 23552). – Leontios (# 24720). – Padiates (# 26219). – Theodosios (# 27936). – Theodule (# 27988). – Theodulos (# 28004).

Peritheorion (Thrakien) → Athanasios (# 20681). – Iakobos (# 22657).

Perkri (Armenien) → ʻAbdalḥamīd (# 20012). – Abū ʻAlī al-Ḥasan b. Marwān (# 20038). – Abū l-Ward I. (# 20087). – Abū l-Ward II. (# 20088). – Abū Sālim (# 20076). – Abū Sawāda (# 20079). – Aḥmad b. ʻAbdarraḥmān Abū l-Muʻizz (# 20186). – Ašot II. "der Eiserne" (# 20646).

Pernikon/Pernikos (Makedonien) → Krakras (# 24188).

Peros s. Rhusion (Rhodope)

Persarmenien → Bagrat (# 20739).

Persien → Muʿizzaddawla (# 25445). – al-Mutanabbī (# 25462). – Šarafaddawla (# 26993). – Yūsuf b. Abī s-Sāǧ (Abū l-Qāsim) (# 28472).

Persthlavitza s. Preslav

Perugia (Umbrien) → Benedictus (# 21139).

Pessinus (Galatien) → Blasios (# 21177). – Eusebios (# 21818). – Eustratios (# 21883). – Genesios (# 22076). – Anonymus (# 30999. – # 31004).

Peteriskon/Petriskon (Bulgarien) → Gabriel-Radomir-Romanos (# 22032).

Petersdom (Rom) → Agapet II. (# 20159). – Anonyma (# 30064).

Petra (Basilicata) → Leontius (# 24732).

Petra (Galesionberg) → Anonymus (# 31970).

Petra (Lage unbekannt) → Leon Choirosphaktes (# 24343). – Anonymi (# 30249. – # 30250).

Petra Coeci (Kampanien oder Kalabrien) s. Petra tu typhlu

Petra Kaukas (Kalabrien) → Arsenios (# 20602). – Elias Spelaiotes (# 21646).

Petra Roseti (Lukanien) → Vitalis (# 28428).

Petra tu typhlu (Kampanien oder Kalabrien) → Bonos (# 21194). – Ioannes (# 23358). – Kandidos (# 23666). – Konstantinos (# 24047). – Leon (# 24653). – Lukas (# 24782). – Michael (# 25358). – Niketas (# 25847). – Nikodemos (# 25880). – Nikolaos (# 26121). – Nikon (# 26162). – Pantoleon (# 26257). – Paschalios (# 26285). – Theodoros (# 27856). – Ursulos (# 28412). – Zacharias (# 28491).

Petrapertusa (Basilicata) → Argyros (# 20560). – Charzanites (# 21235). – Goïnandos (# 22315). – Ioannes (# 23341). – Ioannes tes Karas (# 23340). – Konstantinos tu Kontu (# 24040). – Lukas (# 24780). – Myron (# 25481). – Romanos (# 26876). – Sikenulphos (# 27071).

Petrion (Kpl.) → Anna (# 20430). – Basileios I. (# 20837). – Helene (# 22576). – Ioannes (# 23314. – # 23397). – Maria (# 24921). – Theophano (# 28125). – Theophylaktos (# 28242). – Zoe Karbonopsina (# 28506).

Petrion-Palast (Kpl.) → Antonios III. Studites (# 20499). – Ioannes (# 23314). – Theophano (# 28125). – Theophylaktos (# 28242).

Petriskon s. Peteriskon

Hagios-Apostolos-Petros-Kirche (Antiocheia) → Iob (# 23467). – Anonymus (# 31397).

Hagios-Petros-Kloster (Athos) → Michael (# 25362).

Hagios Petros (Gerokomeion in Kalabrien) → Leon (# 24522). – Mesinos (# 25061).

Hagioi-Petros / Zosimos-Kloster (Kalabrien) → Byrseus (# 21217).

Hagioi-Petros-und-Paulos-Kirche (Kerkyra) → Arsenios (# 20603).

Petroskloster (Tarent) → Bartholomaios (# 20832). – Christophoros Bochomakes (# 21304). – Domnella (# 21587). – Eudokimos (# 21766). – Georgios (# 22176). – Ioannes (# 23120. – # 23156). – Kalokyros (# 23644. – # 23645). – Leon (# 24535. – # 24536. – # 24664). – Merkurios (# 25058). – Michael Abidelas (# 25255). – Niketis (# 25873). – Nikolaos (# 26035). – Nikolaos Munsuris (# 26034). – Stephanos (# 27310). – Symeon (# 27513). – Theophilos (# 28164). – Ursoleon (# 28408).

– Anonymi (# 30606). — s. auch Petrus-und-Paulus-Kloster

tu Petru (Phrygien) → Basileios (# 20891). – Eudokia (# 21757). – Paulos (# 26337). – Anonymi (# 30417. – # 31268).

S. Petrus (Matina) → Godinus (# 22314).

Hagios-Apostolos-Petros-Kirche (Rom) → Dunale (# 21610). – Anonymi (# 30380).

Petrus-und-Paulus-Kloster (Tarent) → Areskes (# 20553). – Artikos (# 20635). – Christophoros (# 21263). – Gregorios (# 22430). – Iannetze(s) (# 22676). – Ioannes (# 23130. – # 23132. – # 23133). – Kalokyros (# 23636). – Konstantinos (# 23932). – Kurtike(s) (# 24214). – Leon Aichmalotos (# 24347). – Stephanos (# 27226). – Ursoleon (# 28406). — s. auch Petroskloster

Petruskloster (Tarent) s. Petroskloster

Petruskloster (Torremaggio) → Basileios Boioannes (# 21094).

Petschenegen s. Patzinakia

ta Peukia (Hafen, am Athos?) → Georgios (# 22263). – Symeon (# 27529). – Anonymi (# 30608).

Phakenu-Kloster (Athos) → Ioannes Phakenos (# 23134).

Phalakros-/Pharaklos-Kloster (Athos) → Bartholomeon (# 20833). – Michael (# 25359). – Neophytos (# 25514). – Nikephoros (# 25622).

Phantinoskloster (Kalabrien) → Athanasios (# 20693).

Pharaklos-Kloster s. Phalakros-Kloster

Pharos (Leuchtturm am Bosporos) → Theophanes (# 28087).

Pharos-Kirche (im Kaiserpalast, Kpl.) → Konstantinos VII. (# 23734). – Konstantinos Lakapenos (# 23831). – Romanos I. Lakapenos (# 26833). – Stephanos Lakapenos (# 27251). – Theophanes (# 28087). – Theophylaktos (# 28192). – Anonymi (# 30368).

Pharos-Palast (Kpl.) → Romanos I. Lakapenos (# 26833).

Pharsalos (Thessalien) → Stephanos (# 27217).

Phasiane (Armenien) → Ašot II. Kuropalates Iberias (# 20647). – Č'ordvaneli (# 21349). – David III. (# 21432). – Gurgen von K'art'li (# 22531). – Ioannes Kurkuas (# 22917). – Leon Katakalon (# 24329). – Nikephoros Uranos (# 25617). – Theophilos Kurkuas (# 28152). – Zak'aria (# 28497).

Phasis s. Arax (Fluß)

Phaustinupolis (Kappadokien) → Padiates (# 26219).

Phellinos-Kloster (Capua) s. Fellino-Kloster.

Phellos (Lykien) → Konstantinos (# 23766).

Phiale (Kpl.) → Anonymi (# 30246).

Philadelpheia (Isaurien) → Michael (# 25116).

Philadelphos-Kloster (Athos) → Arsenios (# 20622). – Ioseph (# 23532). – Nestor (# 25520). – Philadelphos (# 26582). — s. auch Hagioi-Tessarakonta-Kloster

Philetos (Karien) → Anonymi (# 30564. – # 30565). – Anonymus (# 31837).

Philippi/Philippoi (Makedonien) → Auxentios (# 20704). – Basileios (# 20883). – Euthymios (# 21955). – Germanos von Kosinitza (# 22285). – Euthymios (# 21955). – Leon (# 24513). – Nikephoros (# 25582). – Nikolaos (# 25894).

– Photios (# 26688). – Romanos (# 26853).

Philippikos-Kloster (Chrysopolis) → Andreas (# 20384).

Philippoi s. Philippi (Makedonien)

Philippopolis (Makedonien) s. Philippupolis

Hagios-Philippos-Kloster (Ageira/Argyron, Sizilien) → Christophoros (# 21287). – Lucas von Demenna (# 24753). – Nikephoros (# 25585). – Sabas neos (# 26929). – Vitalis (# 28428). – Anonymus (# 31325).

Hagios-Apostolos-Philippos-Kirche (Kpl.) → Basileios der Jüngere (# 20881). – Ioannes (# 22947). – Anonymae (# 30132).

Hagios-Philippos-Kloster bzw. Apostel-Philippos-Kloster (Lago Negro) → Agapetos (# 20160). – Lukas (# 24778). – Makarios (# 24830). – Anonyma (# 30102). – Anonymus (# 31748. – # 31749. – # 31752. – # 31753. – # 31754. – # 31755. – # 31789. – # 31790. – # 31791. – # 31793. – # 31803).

Philippupolis (= Plovdiv, Makedonien) → Demetrios (# 21518). – Ioannes (# 23281). – Krakras (# 24188). – Konstantinos (# 24021). – Leon (# 24434). – Leon Melissenos (# 24531). – Nikephoros (# 25577). – Nikephoros Xiphias (# 25661). – Stephanos Kontostephanos (# 27313). – Svjatoslav von Kiew (# 27440). – Theodorokanos (# 27615). – Theognostos (# 28029). – Anonymi (# 30481. – # 31850). – Anonymus (# 31850).

Philita (= Peltai, Phrygia Pakatiane) → Germanos (# 22287).

Philomelion (Phrygien) → Euthymios (# 21919). – Giorgi I. (# 22309). – Romanos Musele (# 26844).

Philopation (bei Kpl.) → Iakobitzes (# 22654).

Philosophia-Kloster (Lakedaimon) s. Alethine-Philosophia-Kloster

Philotheos-Kloster s. Ptere-Kloster (Athos)

Phirmupolis (Metochion des Studiosklosters, Kpl.) → Lukas (# 24759). – Philippos (# 26606). – Anonymi (# 30195). – Anonymus (# 30744).

Phlabias (Kilikien) → Eustratios (# 21894).

Phlogai (Pamphylien) → Eustathios (# 21833).

Hagioi-Martyres-Phloros-kai-Lausos-Kirche (Kpl.) → Basileios ho Neos (# 20881).

Phlubutekloster (Bithynien) → Konstantinos Iudaios (# 23739). – Anonymus (# 30715).

Phoba (Phrygia Pakatiane) → Eustratios (# 21886).

Phönizien s. Syrien

Phokaia (Asia) → Bardas Skleros (# 20785). – Michael Kurtikios (# 25261). – Theodoros Karantenos (# 27765).

Hagios-Phokas-Kirche (Kpl.) → Basileios I. (# 20837).

Hagios-Phokas-Kloster (Bosporos bei Kpl.) → Niketas David Paphlagon (# 25712). – Paulos (# 26328). – Petros Thaumaturgos (# 26426). — s. auch Archangelos-Michael-Hesychasterion, Archangelos-Michael-Kirche

Hagios-Phokas-Kloster (Trapezunt) → Ioannes Tornikios (# 22926). – Athanasios Daimonokatalytes (# 20659).

Phokas-Palast (Kpl.) → Nikephoros Phokas "der Ältere" (# 25545).

Phoke (Asia) → Paulos (# 26313).

Phokis → Epiphanios (# 21711). – Konstantinos (# 23950). — s. auch Dauleia, Ioannitzaberg, Kampanion, Kastorion, Thermopylai

Phokomin/Phokomis/Photokome (Thrakien) → Nikolaos (# 26139). – Petros (# 26427). – Anonymi (# 30206). – Anonymus (# 30754. – # 30769. – # 30770).

Phoros (= Konstantinsforum, Kpl.) → Andreas (# 20369).

Martys-Photeine-Kirche (Kreta) → Nikon "Metanoeite" (# 26155).

Photia (Asia) → Niketas (# 25699).

Phrangia/Phrankia (= Frankenreich) → Elias (# 21673). – Hugo von der Provence (# 22637). – Petros (# 26499).

Hagios-Phrontinos-Kloster (Karsumia) → Paulos (# 26382).

Phrygia Pakatiane (Kirchenprovinz) → Agapetos (# 20161). – Arseber (# 20593). – Arsenios (# 20601). – Barnakumeon (# 20818). – Basileios (# 20865). – Elias (# 21663). – Epiphanios (# 21703). – Eusebios (# 21815). – Eustratios (# 21887). – Euthymios (# 21974). – Georgios (# 22133). – Ioannes (# 22845). – Ioannikios (# 23455). – Konstantinos Galenos (# 24064). – Leon (# 24679). – Michael (# 25115). – Paulos (# 26293). – Paulos (# 26308). – Petros (# 26495). – Philotheos (# 26631). – Prokopios (# 26766). – Samuel (# 26978). – Sisinnios (# 27096). – Symeon (# 27461. – # 27464. – # 27504). – Theodoros (# 27620). – Theoktistos (# 28043). – Theophanes (# 28079). – Thomas (# 28283). – Anonymi (# 30454. – # 30455). – Anonymus (# 31076. – # 31077. – # 31403. – # 31553. – # 31642. – # 31976. – # 32000). — s. auch Aleos/Alia, Ankyrosynaon, Apeia, Appia, Athanassos, Autuda, Axana/Azanoi, Azara, Barnakumeis, Chairetopoi, Chonai, Eluza, Eumeneia, Kedisos, Laodikeia, Lunda, Mosyna, Oraka, Philita, Phokaia, Sebastes, Syblaia, Tampsi, Traianupolis, Augustopolis, Daphnudion, Dorylaion, Eukarpia, Gordorinia

Phrygia Salutaris (Kirchenprovinz) → Anthimos (# 20455). – Damianos (# 21364). – Epiphanios (# 21715). – Ioannes (# 22939). – Leon (# 24416). – Nikolaos (# 25957). – Pantoleon (# 26252). – Petros (# 26436). – Philetos (# 26595). – Photios (# 26668. – # 26669). – Sabas (# 26932). – Stephanos (# 27317). – Theodegetos (# 27594). – Theodoros (# 27634. – # 27635). – Anonymus (# 31083). — s. auch Ipsos, Kleroi, Lysias, Medaion, Nakoleia, Otroi, Phyteia, Pisie, Spore, Stektorion, Synada, Teputze

Phrygien → Agapetos (# 20161). – Arseber (# 20593). – Barnakumeon (# 20818). – Basileios (# 20891). – Christophoros (# 21259). – Epiphanios (# 21715). – Eudokia (# 21757). – Euthymios (# 21974). – Gregorios (# 22372). – Ioannes (# 22845). – Ioannes Tzurillas (# 23401). – Kale (# 23600). – Konstantinos (# 23791). – Konstantinos Galenos (# 24064). – Lukas Stylites (# 24758). – Meletios (# 25035). – Nikephoros der Phrygier (# 25589). – Paulos (# 26337). – Petros (# 26496). – Philetos von Synada (# 26597). – Racheas (# 26792). – Romanos III. Argyros (# 26835). – Sisinnios (# 27096). – Stephanos (# 27317). – Struthopolites (# 27402). – Symeon (# 27504). – Theodoros (# 27620). – Theoktistos (# 28043). – Anonyma (# 30120). – Anonymus (# 31461. – # 31976). — s. auch Akmoneia, Akroïnon, Ankyra Sidera,

Attikom Bandulampes (= Attynkome), Batos, Dokimion, Hierapolis, Kotyaion, Lagaina, Lampe, Mesanykta, tu Petru, Philomelion, Stephanos-Kloster tu Petru, Synaos, Tiberiupolis, Tottaion

Phygela (Asia) → Ioannes (# 23364).

Phyteia (Phrygia Salutaris) → Theodegetos (# 27594).

Piacenza (Emilia Romagna) → Iohannes XVI. Philagathos (# 23486). – Lothar II. (# 24751).

Piemont (Italien) → Bononius (# 21193). – Petrus (# 26564). — s. auch Ivrea, Lucedio, Vercelli

Pietrapertusa (Basilicata) s. Petrapertusa

Pikridionkloster (Pera, Kpl.) → Agapios II. von Antiocheia (# 20165). – Ioannes Sikeliotes (# 23413). – Konstantinos Karamallos (# 23816).

Pinara (Lykien) → Athanasios (# 20664).

Pinson/Pisson (Dorf bei Thessalonike) → Georgia (# 22080).

Piperatos-Kloster (in oder bei Kpl.) → Eustathios Romaios (# 21870). – Marianos (# 24963). – Romanos I. Lakapenos (# 26833). – Anonymus (# 30804. – # 30818).

Piräus (Athen) → Nikon "Metanoeite" (# 26155). — s. auch Theometor-Kirche

Pisa (Toskana) → Symeon von Polirone (# 27518).

Pisidien (arab. Fīzīdiya/Qaḏayḏiya) → ʿAbdallāh b. Rāšid b. Kāwus (# 20014). – Bardas Phokas der Jüngere (# 20784). – Bardas Skleros (# 20785). – Georgios (# 22095). – Ioannes (# 23124). – Niketas (# 25857). – Paulos (# 26310). – Romanos Musele (# 26844). – Stephanos (# 27221). – Theodoros Karantenos (# 27765). – Theodosios (# 27896). – Anonymi (# 30482). – Anonymus (# 30679. – # 30969). — s. auch Adada, Adrianupolis, Agrai, Antiocheia, Apameia, Bardaetta, Bindaios, Burġūṯ, Dadaleia, Darb ar-Rāhib, Dipotamon, Laodikeia Kekaumene, Malawriya, Mantineia, Neapolis, Pappa, Parlaos, Sagalassos, Sarayönü, Siniandos, Sozopolis, Timbrias, Tymbriada, Tyraion, Zarzela

Pisidien (Kirchenprovinz) → Akakios (# 20201). – Anastasios (# 20286). – Anthimos (# 20457). – Basileios (# 20845. – # 20854. – # 20874). – Euthymios (# 21928). – Ignatios (# 22725*) – Konstantinos (# 23777). – Paulos (# 26367). – Stephanos (# 27264). – Theodosios (# 27944). – Theognostos (# 28012). – Theophylaktos (# 28229). – Tobias (# 28359). – Zacharias (# 28479). – Anonymus (# 30938. – # 30939).

Pisie (Phrygia Salutaris) → Michael (# 25110).

Pissadinoi-Kloster (Bithynischer Olymp) → Euthymios (# 21912).

Pissinus (Galatien) s. Pessinus

Pisson s. Pinson

Pitane (Asia) → Leon (# 24577).

Pithara-Kloster (Athos) → Demetrios (# 21497). – Georgios (# 22256). – Ioannes Athonites Iber (# 22942). – Kyrillos (# 24252). – Thomas Pitharas (# 28316). – Tornikios Kontoleon (# 28366). — s. auch Hagios-Nikolaos-Kloster

Pithiviers (Frankreich) → Gregorios (# 22479). – Anonymi (# 30613). – Anonymus (# 31821).

Plageia (Kalabrien) → Eleuthera (# 21636). – Leonto (# 24734). – Likastos (# 24742). – Anonymae (# 30140).

Plagia (Peloponnesos) → Anonymus (# 31934).

Platanara (Athos) → Theodoros (# 27778).

Platanea (Kalabrien) → Platanites (# 26693).

Platano (Sizilien) → Ḫalīl b. Isḥāq (# 22549). – Nikephoros (# 25576). – al-Qā'im bi-Amr Allāh (# 26784). – Theodoros (# 27676). – Anonymus (# 31747).

Plate (Prinzeninseln) → Basileios Skleros (# 21113).

Plateia Petra (Thrakesion) → Basileios (# 20927). – Bardas Mungos (# 20787). – Christophoros (# 21303). – Leon Aichmalotos (# 24533).

Plattensee (= Balatonsee, Ungarn) → Stephan I. von Ungarn (# 27204).

Platys (Athos) → Antonios (# 20507). – Arsenios (# 20615). – Athanasios (# 20686). – Athanasios Athonites (# 20670). – Bartholomeon (# 20833). – Basileios (# 21005). – Damianos (# 21378). – Dionysios (# 21556. – # 21557). – Dorotheos (# 21596). – Elias (# 21658). – Ioannes (# 23158) – # 23164). – Ioannes Phakenos (# 23134). – Iohannes (# 23491). – Nikephoros (# 25621. – # 25622). – Nikon (# 26157). – Paulos I. Xeropotamites (# 26352). – Symeon (# 27515). – Xenophon (# 28450).

Pliska (Bulgarien) → Boris I. Michael (# 21197). – Ioannes Exarchos (# 22782). – Lasaros (# 24275). – Matesa (# 25014). – Symeon von Bulgarien (# 27467).

Pliskova (Makedonien) → Germanos von Kosinitza (# 22285). – Nikephoros Xiphias (# 25661). – Theodorokanos (# 27615).

Plusias s. Prusias

Hagiu-Pneumatos-Kloster (Melikos auf Kreta) → Nikodemos (# 25878).

Podandos (Kilikien) → 'Abdallāh b. Rāšid b. Kāwus (# 20014). – Basileios Lakapenos (# 20925). – Damianos (# 21382). – Ibn Warqā' aš-Šaybānī al-Barīdī (# 22705). – ar-Rāḍī (# 26799). – Anonymus (# 30678. – # 30679. – # 30680. – # 30681. – # 30682).

Poimaninos (Hellespontos) → Nikephoros (# 25548).

Polemonion (Pontos Polemoniakos) → Andreas (# 20357). – Ioannes (# 22790). – Photeinos (# 26666).

Policastro (Kampanien) → Hesaias (# 22587). – Isidoros (# 23563). – Lukas (# 24783). — s. auch Hagios-Ioannes-Apeiros-Kloster

Poligios (Bulgarien) → Ioannes Pseles (# 23054).

Polignano (Apulien) → Hosylo (# 22632). – Ioacheim (# 22767). – Iohannes (# 23494). – Leo (# 24306). – Lupo (# 24796). – Petrus (# 26573). – Porfiro (# 26723). – Radelgardus (# 26797). – Sifado (# 27067). – Smaragdus (# 27137).

Polirone (Lombardei) → Symeon von Polirone (# 27518).

Polock (Rußland) → Oleg (# 26185). – Vladimir I. von Kiew (# 28433).

Polog/Polog(i)os (Bulgarien) → Ioannes Pseles (# 23054).

Polygyros-Kloster (= Pteleotes-Kloster, Chalkidike) → Basileios (# 21007. – # 21008). – Demetrios (# 21504. – # 21505. – # 21506). – Demetrios Pteleotes (# 21481). – Euthymios Athonites Iber (# 21960). – Georgios (# 22181. – # 22182). – Georgios I. von

Iviron (# 22180). – Ioannes (# 23171. – # 23172. – # 23173. – # 23174). – Ioannes Pteleotes (# 22985). – Kalonas (# 23653). – Leon (# 24538. – # 24540). – Michael (# 25272). – Nikolaos (# 26039. – # 26041). – Panaretos (# 26225). – Petros (# 26504). – Photios (# 26685). – Sebedragos (# 26999). – Serotas (# 27059). – Sklabotheodoroi (# 27131). – Staurakios (# 27189). – Theodoros Kladon (# 27763). – Theodosios (# 27934). – Anonymi (# 30426).

Polystolos/Polystylos (Makedonien) → Demetrios (# 21453).

Pompeiupolis (Paphlagonien) → Basileios (# 21010). – Ioannes (# 22791). – Nikephoros (# 25597). – Theodosios (# 27894).

Pontos Euxeinos/Euxenos s. Schwarzes Meer

Pontos Polemoniakos (Kirchenprovinz) → Andreas (# 20357). – Antonios (# 20477). – Athanasios Daimonokatalytes (# 20659). – Basileios (# 20922). – Georgios (# 22195). – Ioannes (# 22790. – # 23270). – Ioannes Pseles (# 23054). – Leontios (# 24714). – Michael (# 25289). – Nikephoros (# 25580. – # 25588). – Niketas (# 25804). – Nikolaos (# 26040. – # 26073). – Nikon "Metanoeite" (# 26155). – Stylianos (# 27405). – Stylianos Mappas (# 27409). – Symeon (# 27455). – Theodoros (# 27722). – Theodosios (# 27945). – Theognostos (# 28032). – Zacharias (# 28483). – Anonymus (# 31871. – # 31998. – # 22826). — s. auch Halia, Herakleia, Hypselos, Kok(k)os, Komana, Mananalis, Neokaisareia, Polemonion, Rhizaion, Trapezunt

Pontosregion → Arseni (# 20596). – Bardas Phokas der Jüngere (# 20784). – David Arcruni (# 21441). – Ioannes (# 23298). – Iovane Grdzelisdze (# 23545). – Michael (# 25130). – Nikolaos II. von Antiocheia (# 26124). – Paraskeue (# 26262). – Petros (# 26538). – Anonymus (# 31126. – # 31127. – # 31729. – # 31820). — s. auch Schwarzes Meer

Popolia s. Theotokos-Kirche

Porcetum s. Burtscheid

Poroi (Thrakien) → Ioannes (# 23067). – Nikephoros (# 25550).

Porson/Poson (Paphlagonien) → Nasar (# 25490).

Porto (Latium) → Formosus (# 22001). – Valpertus (# 28422).

Posidion (Kassandra) → Euthymios (# 21932).

Prablaka (Chalkidike) s. Pravlaka

Prainetos (Bithynien) → Eugenios (# 21768). – Ioannes (# 22878). – Leon (# 24677).

Praitorion (Jerusalem) → Anonymi (# 30385. – # 31231. – # 31232).

Praitorion (Kpl.) → Leon (# 24484. – # 24663). – Michael (# 25193). – Niketas David Paphlagon (# 25712). – Sisinnios (# 27115). – Stephanos (# 27274). – Anonymi (# 30175. – # 30186. – # 30550). – Anonymus (# 30692. – # 30878. – # 31070. – # 31072. – # 31375. – # 31778).

Pravlaka/Prablaka (bei Hierissos) → Auxentios (# 20707). – Dionysios (# 21564). – Georgios (# 22231. – # 22255). – Sakules (# 26965).

Preslav (= Ioannupolis, Bulgarien) → Adralestos (# 20116). – Aëtios (# 20152). – Aleates (# 20227). – Alexandros (# 20233). – Bardas Skleros (# 20785). – Boris I. Michael (# 21197). – Boris II. (# 21198). – Ioannes (# 23317.

– # 23433). – Ioannes I. Tzimiskes (# 22778). – Ioannes Exarchos (# 22782). – Kalokyres (# 23631). – Katakalon (# 23686). – Konstantinos Karantenos (# 24061). – Leon Sarakenopulos (# 24520). – Liuntika (# 24746). – Nikephoros Xiphias (# 25661). – Olga (# 26186). – Petros (# 26517). – Staurakios (# 27191). – Stephanos (# 27320). – Svenald (# 27439). – Svjatoslav von Kiew (# 27440). – Symeon von Bulgarien (# 27467). – Theodorokanos (# 27615). – Theodoros (# 27761). – Theophanes (# 28106). – Vladimir (# 28432). – Anonymi (# 30485. – # 30489. – # 30302).

Prespa (Makedonien) → Bogdanos (# 21186). – David (# 21440). – David Kometopulos (# 21433). – Germanos-Gabriel (# 22299). – Ivan Vladislav (# 23582). – Samuel Kometopulos (# 26983). – Vladimir (# 28434).

Prespa-See (Makedonien) → David Kometopulos (# 21433). – Hřip'simē (# 22633). – Nikolaos (# 26038). – Samuel Kometopulos (# 26983).

Priene (Asia) → Ioannes (# 23408).

Prilep (Bulgarien) → Samuel Kometopulos (# 26983).

Prinzeninseln → Baanes (# 20722). – Basileios Skleros (# 21113). – Kyrillos (# 24245). – Nikolaos (# 25946). – Sergios (# 27022). – Xenophon (# 28448). – Anonymi (# 30318). — s. auch Antigone, Chalke, Oxeia, Plate, Prote

Probaton/Probanda (Haimimontos) → Konstantinos (# 23974). – Leon (# 24334). – Manuel (# 24870).

Prodromos s. auch unter Ioannes-Prodromos

Prodromos-Kapelle (in der Hagios-Demetrios-Kirche, Thessalonike) → Auxentia (# 20702). – Demetrios (# 21454). – Dorotheos (# 21590). – Elias (# 21645). – Euthymios (# 21921). – Georgios (# 22102). – Gregorios (# 22370). – Hilarion (# 22602). – Ioannes (# 22829. – # 22830). – Kosmas (# 24101). – Methodios (# 25072). – Sisinnios (# 27104). – Theodoros (# 27639). – Anonyma (# 30009. – # 30010. – # 30011. – # 30012). – Anonymi (# 30188). – Anonymus (# 30733. – # 30734. – # 30735).

Prodromos-Kloster (Lage unbekannt) → Stephanos (# 27319).

Prodromos-Kirche (Ephesos) → Anonymus (# 32070).

Prodromos-Kloster (am Jordan, Palästina) → Germanos von Kosinitza (# 22285).

Prodromos-Kloster (Thessalonike) s. Leontia-Kloster (Thessalonike)

Prodromos-Kloster tu Atziioanne (Athos) siehe Atziioannu-Kloster

tu Proedru (Kloster, Lage unbekannt) → Nikolaos (# 25980). – Philaretos (# 26588).

Proikonnesos (Insel im Marmarameer) → Basileios Peteinos (# 20934). – Ignatios (# 22721). – Photios (# 26671). – Stephanos Lakapenos (# 27251). – Theophano (# 28125).

Proïmos (Fluß in Kalabrien) → Ursos (# 28410).

Prokoilos (Kassandra) → Nikolaos (# 25954).

Hagios-Prokopios-Kirche (Peloponnesos) → Lukas der Jüngere (# 24762).

Hagios-Prokopios-Kirche (Syngrasis) → Eirene (# 21625). – Epiphanios (# 21722).

– Euthymios (# 21948). – Iakobos (# 22667).

tu Prokopiu (Kloster, Lage unbekannt) → Methodios (# 25082).

Pronitza/Pronista (Bulgarien) → Eustathios Daphnomeles (# 21864). – Ibatzes (# 22679). – Anonymi (# 30596).

Prophurni (Kellion auf dem Athos) → Athanasios Athonites (# 20670). – Lukitzes (# 24792).

Propontis s. Marmarameer

Prosphori (Chalkidike) → Antonios (# 20532). – Athanasios (# 20688). – Blasios (# 21183). – Daniel (# 21404). – Elias (# 21671). – Eustratios (# 21904). – Euthymios Athonites Iber (# 21960). – Georgios (# 22243. – # 22245. – # 22246). – Georgios I. von Iviron (# 22180). – Kosmas (# 24162). – Leontios (# 24726. – # 24727). – Michael (# 25355. – # 25359). – Nikephoros (# 25663). – Nikolaos (# 26118). – Niphon (# 26169). – Paulos II. Xeropotamites (# 26353). – Petros (# 26535). – Phantinos (# 26579). – Sabas (# 26943). – Symeon (# 27530. – # 27536). – Theodosios (# 27948). – Theoktistos (# 28057. – # 28061). – Xenophon (# 28451). – Kyprianos (# 24226). – Kyrillos (# 24252).

Protaton (Karyes, Athos) → Andreas (# 20363). – Arsenios (# 20613. – # 20615). – Athanasios (# 20679). – Bartholomaios (# 20830). – Christodulos (# 21249). – Elias (# 21671). – Georgios (# 22229). – Ioannes Phakenos (# 23134). – Katakalon (# 23685). – Kosmas (# 24133. – # 24169). – Kyrillos (# 24252). – Leontios (# 24730). – Lukas (# 24769). – Michael (# 25350). – Nikephoros (# 25624. – # 25663. – # 25667). – Niketas (# 25850). – Paulos (# 26381). – Petros (# 26427). – Poimen (# 26706). – Sabas (# 26941). – Stephanos (# 27292). – Thomas (# 28314. – # 28296). – Anonymi (# 30206). – Anonymus (# 30763. – # 30763). — s. auch Theotokos-Kirche (Protaton)

Prote (Prinzeninseln) → Konstantinos Lakapenos (# 23831). – Leon Phokas (# 24423). – Nikephoros Phokas (# 25609). – Polyeuktos (# 26715). – Romanos I. Lakapenos (# 26833). – Sergios (# 27023). – Stephanos Lakapenos (# 27251). – Theophano (# 28125).

Protomartys s. unter den entsprechenden Heiligennamen

Provence (Frankreich) → Hugo von der Provence (# 22637). — s. auch Fraxinetum

Prusa (Bithynien) → Kosmas (# 24155). – Niketas (# 25710). – Stephanos (# 27335).

Prusias/Plusias (Honorias) → Agapios (# 20162). – Basileios (# 21038). – Konstantinos (# 23750). – Leon (# 24338). – Michael Maleïnos (# 25124).

Psamathia (Stadtteil von Kpl.) → Leon (# 24491). – Leon Katakalon (# 24329). – Michael (# 25176). – T'ornik (# 28364).

Psamathia-Koster (Kpl.) → Baanes (# 20718). – Basileios (# 20921). – Euthymios (# 21913). – Gabriel (# 22023). – Leon (# 24491). – Leon Choirosphaktes (# 24343). – Niketas David Paphlagon (# 25712). – Samonas (# 26973). – Stephanos I. (# 27208). – Symeon (# 27468). – Zoe Zautzina (# 28505). – Anonymi (# 30231. – # 30276). – Anonymus (# 30726. – # 30749. – # 30750. – # 30751. – # 30752). — s. auch ta Agathu

Pskov (Rußland) → Igor (# 22751). – Olga (# 26186).

Psomatheia s. Psamathia

Psomatheus-Kloster (Kpl.) → Michael (# 25176). – T'ornik (# 28364). — viell. identisch mit dem Psamathia-Kloster bzw. dem Gastria-Kloster (Kpl.)

Psychron (Pamphylien) → Nikephoros (# 25594).

Pteleotes-Kloster s. Polygyros-Kloster (Chalkidike)

Ptere-Kloster (= Philotheos-Kloster, Athos) → Elias (# 21670). – Eustratios (# 21903). – Euthymios Athonites Iber (# 21960). – Gabriel (# 22043). – Georgios (# 22243). – Georgios I. von Iviron (# 22180). – Gregorios (# 22473). – Ignatios (# 22748). – Iohannes (# 23491). – Ioseph (# 23540). – Kosmas (# 24168). – Michael (# 25355). – Nestor (# 25520). – Nikephoros (# 25663. – # 25667). – Nikon (# 26163). – Philotheos (# 26639). – Theoktistos (# 28062).

Pugliano/Puliniano (Apulien) → Grauso (# 22322). – Ioannes (# 23426). – Maio (# 24820). – Maraldus (# 24904). – Petrus (# 26575). – Sergius (# 27056).

Puteoli (Kampanien) → Blasios (# 21177). – Ioseph (# 23517). – Lukas (# 24759). – Symeones (# 27547).

Puy s. Le Puy-en-Velay

Pylai (Bithynien) → Damianos (# 21384). – Gregorios (# 22383). – Ioannes (# 23331). – Leon (# 24416). – Nikephoros (# 25579). – Niketas (# 25790). – Theodoros Daphnopates (# 27694). – Anonymi (# 30288). – Anonymus (# 31047).

Pyliatikon (Landgut bei Kpl.) → Euthymios (# 21913). – Zoe Zautzina (# 28505).

Pyramos (arab. Sayḥān, Fluß in Kilikien) → Bardas Phokas der Jüngere (# 20784). – Bardas Skleros (# 20785). – Eustathios Maleïnos (# 21861). – Konstantinos Phokas (# 23841). – Melias (# 25041). – Michael Burtzes (# 25253). – Sayfaddawla (# 26998).

Pyrgion (Asia) → Basileios (# 20852). – Stephanos (# 27220).

Pyrgoi (Lykaonien) → Stephanos (# 27213). – Theodoros (# 27777).

Pyrgos-Kloster (Karkarea) → Antonios (# 20488).

Pyropetrin (Chalkidike) → Antonios (# 20532). – Athanasios (# 20688). – Blasios (# 21183). – Daniel (# 21404). – Elias (# 21671). – Eustratios (# 21904). – Euthymios Athonites Iber (# 21960). – Georgios (# 22243. – # 22245. – # 22246). – Georgios I. von Iviron (# 22180). – Kosmas (# 24162). – Kyprianos (# 24226). – Kyrillos (# 24252). – Leontios (# 24726. – # 24727). – Michael (# 25355. – # 25359). – Nikephoros (# 25663). – Nikolaos (# 26118). – Niphon (# 26169). – Paulos II. Xeropotamites (# 26353). – Petros (# 26535). – Phantinos (# 26579). – Sabas (# 26943). – Symeon (# 27530. – # 27536). – Theodosios (# 27948). – Theoktistos (# 28057. – # 28061). – Xenophon (# 28451).

Pythagoras-Höhle (Samos) → Ioannes (# 22966). – Paulos (# 26337). – Theophanes (# 28092). – Anonymus (# 31306).

Pythia (Bithynien) → Ioseph Bringas (# 23529).

al-Qabāḏīq (arab.) s. Kappadokien

Qaḏayḏiya (arab.) s. Pisidien

al-Qāhira (arab.) s. Kairo

Qal'at Abī Ṯawr (arab.) s. Caltavutura

Qal'at al-Ballūt (arab.) s. Caltabellota

Qal'at Iġāṯa (arab.) s. St. Agatha (Kalabrien)

Qal'at M.l.ṭa (arab.) s. Mileto (Kalabrien

Qal'at Nādir (arab., Syrien) → Nādir (# 25486).

Qal'at al-Ḥasab (arab., Unteritalien) → Ṣābir (# 26951). – Sālim b. Abī Rāšid (# 26967).

Qalawrīya (arab.) s Kalabrien

Qālīqalā (arab.) s. Theodosiupolis

Qalūniya (arab.) s. Koloneia

Qasāna (arab.) s Cassano (Kalabrien)

Qasr aš-Šama' (arab., Kairo) → Arsenios (# 20621).

Qasṭūn (arab., Syrien) → Manǧūtakīn (# 24858). – Michael Burtzes (# 25253).

Qaṭāniya (arab.) s. Catania

Qayrawān s. Kairuan (Tunesien)

Qaysārīya (arab.) s. Kaisareia (Kappadokien)

Qinnasrīn (arab.) s. Chalkis (Syrien)

al-Qiyāma (arab.) s. Anastasiskirche (Jerusalem)

al-Qubba (Syrien) → Himerios (# 22624).

al-Quds (arab.) s. Jerusalem

Qularīya (arab.) s. Kalabrien

Qulb (Armenien) → Ašot III. von Taron (# 20645).

Qulūniya (arab.) s. Koloneia

Quluwrīya (arab.) s. Kalabrien

al-Qulzum (Ägypten) → Christodulos (# 21253). – Isḥāq (# 23562).

Qūniya (arab.) s. Ikonion

Qurra (arab.) s. Koron (Kappadokien)

Qurṭuba (arab.) s. Cordoba (Andalusien)

Qurūna (arab.) s. Korone

al-Quṣayr (arab., Sinai) → Salmūn (# 26968).

al-Qusṭanṭinīya (arab. für Konstantinopel) → Afrīna (# 20155). – Basileios I. Skamandrenos (# 20983). – Ibn Baṣilūs (# 22690). – Konstantin al-M.l.qī (# 23731).

Qvelis-c'ixe s. Tyrokastron (Džavaxet'i)

R... — der griechische Buchstabe P, ρ wird in der PmbZ sowohl durch R, r als auch durch Rh, rh wiedergegeben. Es ist also unter beiden Namensformen zu suchen.

Ra'bân (syr., arab. Ra'bān, Nordsyrien) → Abū Firās al-Ḥāriṯ b. Sa'īd b. Ḥamdān (# 20051). – Ibn Ibrāhīm (# 22695). – Ioannes (# 23378). – Ioannes I. Tzimiskes (# 22778). – Konstantinos Phokas (# 23841). – Nikephoros II. Phokas (# 25535). – Sayfaddawla (# 26998).

Rabda-/Rauda-Kloster (Athos) → Georgios (# 22229). – Gregorios (# 22437). – Kosmas (# 24162. – # 24163). – Kyrillos (# 24252). – Michael (# 25355). – Nikephoros (# 25663). – Nikolaos (# 26036). – Paulos (# 26381). – Theodoros (# 27854). – Xenophon (# 28451).

Råby (Schweden) → Anundr (# 20541).

Rade (Anatolikon) → Ioannes Radenos (# 22914).

Radochosta (Chalkidike) → Akindynos (# 20212). – Andreas (# 20391). – Arkoleon (# 20574. – # 20575). – Basileios

(# 21088). – Beliruch... (# 21138). – Christophoros (# 21326). – Dobrelos (# 21571). – Dobrikos (# 21572). – Georgios (# 22232). – Gon... (# 22318). – Inarios (# 22757). – Ioannes (# 23346. – # 23347. – # 23350. – # 23351). – Leon (# 24645). – Michael (# 25353). – N... (# 25484). – Nikolaos (# 26113. – # 26112). – Paschalios (# 26283. – # 26284). – Re..nikes (# 26809). – Theodoros (# 27853). – Theodosios (# 27939). – Anonymi (# 30581). – Anonymus (# 31946. – # 31947).

Rafanīya (arab., Syrien) → Basileios II. (# 20838).

Ragusa (griech. Rausion, Dalmatien) → Basileios I. (# 20837). – Lampredius (# 24266). – Leo (# 24310). – Niketas Ooryphas (# 25696). – Petrus (# 26572). – Sawdān (# 26997). – Vitalis (# 28431). – Anonymi (# 30146. – # 30152). – Anonymus (# 30636).

ar-Raḥba (Mesopotamien) → Abū Taġlib al-Ġaḍanfar b. Nāṣiraddawla (# 20081).

ar-Rāhib (Insel vor Ifrīqiya) → al-Ḥasan b. ʿAlī b. Abī l-Ḥusayn al-Kalbī (# 22558).

Raidestos s. Rhaidestos (Thrakien)

Rametanitza (Makedonien) → Aaron Kometopulos (# 20003).

Rametta (Sizilien) → Abū l-Qāsim ʿAlī b. al-Ḥasan al-Kalbī (# 20072). – Aḥmad b. al-Ḥasan b. ʿAlī al-Kalbī (# 20188). – al-Ḥasan b. ʿAmmār al-Kalbī (# 22562). – Ibrāhīm II. b. Aḥmad al-Aġlab (# 22708). – Manuel Phokas (# 24884). – Neilos von Rossano (# 25503). – Niketas (# 25784). – Anonymi (# 30458). – Anonymus (# 31464).

Ramiṭa (arab.) s. Rametta (Sizilien)

ar-Ramla (Palästina) → Alftikīn (# 20253). – Ǧaʿfar b. Falāḥ (# 22049). – Ǧawhar (# 22066). – al-Ḥasan b. ʿUbaydallāh b. Ṭuġǧ (# 22563). – Ḥassān b. al-Mufarriǧ b. al-Ǧarrāḥ (# 22565). – Ioannes VII. von Jerusalem (# 23099). – Mufarriǧ b. Daġfal b. al-Ǧarrāḥ aṭ-Ṭāʾī (# 25433). – Muḥammad b. Ṭuġǧ al-Iḫšīd (# 25443). – Theophilos I. von Jerusalem (# 28168). – Yārūḫ (# 28462). – Anonymus (# 31133).

Ramṭa (arab.) s. Rametta (Sizilien)

Rapolla (Lukanien) → Vitalis (# 28428).

ar-Raqqah (Mesopotamien) → Melias (# 25041). – Naǧm (# 25488). – Saʿdaddawla Abū l-Maʿālī (# 26954).

Raqqāda (arab., Ifrīqiya) → Ibn ʿAbbās (# 22680). – Ibn Abī Ḥaǧr (# 22681). – Ziyādatallāh III. (# 28504). – Anonymus (# 30881).

Ras (Lage unbekannt) → Ioannes (# 23018).

Rasi (Serbien) → Bran (# 21203). – Mutimir (# 25465). – Stephanos (# 27207).

Rāšida (arab.) s. Kairo

Raška (Serbien) → Bran (# 21203). – Mutimir (# 25465). – Stephanos (# 27207).

Rauda-Kloster (Athos) s. Rabda-Kloster

Rausion s. Ragusa

Ravenna (Emilia Romagna) → Iohannes X. (# 23477). – Leo (# 24304).

Ṙay (arm.; arab. ar-Rayy [= Teheran], Iran) → Yūsuf b. Abī s-Sāǧ (Abū l-Qāsim) (# 28472).

Rebenikeia (Chalkidike) → Georgios Tzetirileachas (# 22234). – Ioannes (# 22949). – Ioannes Sphesditzes (# 23348). – Ioannes Stoginas (# 23349). – Konstantinos (# 24039). – Leon (# 24648).

– Nikephoros Tzetirileachas (# 25636). – Paulos (# 26384). – Paulos Plabetzes (# 26383). – Phsezelis (# 26689). – Sira (# 27093). – Stephanos (# 27361). – Stephanos Pestares (# 27358). – Theophano (# 28129).

Regensburg (Deutschland) → Agathon (# 20174). – Anastasios (# 20289). – Dragaïs (# 21602). – Ignatios (# 22730). – Ioakin (# 22774). – Lazaros (# 24282). – Lazarus (# 24287). – Leon (# 24353). – Ludwig "der Deutsche" (# 24754). – Methodios (# 25062). – Symeon (# 27472). – Anonymi (# 30161).

Region s. Rhegion

Reichenau (Deutschland) → Dragaïs (# 21602). – Gorasdos (# 22319). – Ignatios (# 22730). – Ioakin (# 22774). – Konstantinos (# 23845). – Lazarus (# 24287). – Leon (# 24353). – Methodios (# 25062). – Symeon (# 27472. – # 27475). – Symeon (# 27491).

Reichsgericht s. Hippodromgericht (Kpl.)

Reims (Frankreich) → Leo (# 24304). – Silvester II. (# 27075).

Rethymnon (Kreta) → Ioannes Xenos (# 23109). — s. auch Eutychios-und-Eutychianos-Kirche

Rh... — der griechische Buchstabe Ρ, ρ wird in der PmbZ sowohl durch R, r als auch durch Rh, rh wiedergegeben. Es ist also unter beiden Namensformen zu suchen.

Rhabda-Kloster (Athos) s. Rabda-Kloster (Athos)

Rhabdo (Ort am Bosporos) → Euthymios (# 21913). – Leon Katakalon (# 24329).

Rhagea (Kappadokien) → Bardas Skleros (# 20785). – Ioannes (# 23125). – Konstantinos Gabras (# 23931). – Konstantinos Skleros (# 23921). – Leon (# 24532). – Niketas Hagiozacharites (# 25788). – Petros (# 26496). – Theodoros Hagiozacharites (# 27764).

Rhaidestos (Thrakien) → Alexandros (# 20232). – David (# 21424). – Epiphanios (# 21729). – Georgios (# 22081). – Gregorios (# 22402). – Ioannes (# 23020). – Manuel (# 24873). – Melitine (# 25047). – Nikolaos (# 25897). – Theod... (# 27591). – Zacharias von Anagni (# 28477). – Anonyma (# 30057). – Anonymi (# 30487). – Anonymus (# 30851. – # 31700).

Rhastamitai (Boiotien) → Nikolaos (# 26056).

Rhegion (arab. Rayyū/Rīyū, Kalabrien) → Abroche... (# 20030). – Abū l-ʿAbbās ʿAbdallāh b. Ibrāhīm (# 20031). – Achileus (# 20093). – Adelgises (# 20106). – Annalis (# 20444). – Antonios (# 20502). – Ardiabastos (# 20551). – Arsenios (# 20602). – Barduchos (# 20809). – Basileios (# 20915. – # 20975. – # 20987. – # 20988. – # 20992. – # 20993). – Basileios Boioannes (# 21094). – Basilo (# 21131). – Bonelos (# 21190). – Bonosos (# 21195). – Byrseus (# 21217). – Daniel (# 21396). – Demetrios (# 21459. – # 21491. – # 21492). – Dynames (# 21611). – Elias der Jüngere (# 21639). – Elias Spelaiotes (# 21646). – Eulampios (# 21778. – # 21779). – Eunuchos (# 21783). – Euprepeia (# 21809). – Euthymios (# 21947). – Garamos (# 22062). – al-Ḥasan b. ʿAlī b. Abī l-Ḥusayn al-Kalbī (# 22558). – al-Ḥusayn b. Rabāḥ (# 22641). – Hypomonos (# 22651). – Ibrāhīm II. b. Aḥmad al-Aġlab (# 22708). – Ioannes (# 22963. – # 23116. – # 23117. – # 23118). – Ioannes Pilatos (# 23084). – Kabukolios (# 23594). – Kamarotos (# 23661). – Kandidos

(# 23665). – Kondursa (# 23729). – Konstantinos (# 23923. – # 23927. – # 23928. – # 24059). – Konstas (# 24087). – Kontos (# 24089). – Kosmas (# 24136. – # 24183). – Lagitianos (# 24262). – Leon (# 24331. – # 24522. – # 24523. – # 24526. – # 24687). – Leon Zeugites (# 24528). – Leontios (# 24703). – Leontios Skephakas (# 24715). – Leonto (# 24733). – Leopardos (# 24736). – Lucas von Demenna (# 24753). – Lukianos (# 24788). – Lyteras (# 24803). – Mabrikes (# 24804). – al-Mahdī (# 24814). – Margarites (# 24907. – # 24908. – # 24909). – Martinos (# 25006). – Maurutzones (# 25025). – Mesinos (# 25061). – Mustoxides (# 25459). – Nasar (# 25490). – Nikephoros (# 25615. – # 25616). – Nikephoros Hexakionites (# 25608). – Nikephoros Phokas "der Ältere" (# 25545). – Niketas (# 25786). – Niketas Botherites (# 25715). – Nikolaos (# 25953. – # 26014). – Orestes Aichmalotos (# 26199). – Patrikios (# 26290). – Petros (# 26446. – # 26494. – # 26497). – Polykarpos (# 26718). – Poniros (# 26719). – Pothos (# 26735). – Rizikas (# 26819). – Rozos (# 26899). – Ru.. ios (# 26900). – Rupsias (# 26908). – Sālim b. Abī Rāšid (# 26967). – Seloptios (# 27005). – Sergios (# 27034. – # 27035. – # 27047). – Skorniates (# 27133). – Stephanos (# 27302). – Theophylaktos (# 28237. – # 28261). – Ursinianos (# 28404). – Ursos (# 28410. – # 28411). – Anonymus (# 30758. – # 3077. – # 30780. – # 30791. – # 30796. – # 30845. – # 30849. – # 31742. – # 31760). — s. auch Donatus-Kirche, Gerokomeion Hagioi Tessarakonta, Gerokomeion Hagios Petros, Gerokomeion ho Soter, Kurtzanoi, Lukia-Kloster, Moschee (Rhegion)

Rheinland (Deutschland) → Symeon von Trier (# 27542).

Rhemata s. Rametta (Sizilien)

Rhizaion (Pontos Polemoniakos) → Ioannes (# 22807). – Nikephoros (# 25580 – # 25588).

Rhobam s. Ra'bān (arab.)

Rhodandos (Kappadokien) → Damianos (# 21382). – Nikephoros Phokas Barytrachelos (# 25675). – Nikephoros Xiphias (# 25661).

Rhodope (Kirchenprovinz) → Antiochos (# 20471). – Basileios (# 20853. – # 21055). – Euthymios (# 21931). – Georgios (# 22097. – # 22183). – Iakobos (# 22657). – Ioannes (# 22805. – # 23282). – Leon (# 24541). – Michael (# 25307). – Nikephoros (# 25547. – # 25550). – Niketas (# 25708). – Nikolaos (# 25899. – # 25973). – Stephanos (# 27210). — s. auch Arabize (= Karabize), Kypsel(l)a, Makre, Maroneia, Mosynopolis, Rhusion, Topeiros, Traianupolis, Xantheia

Rhodopolis (Lazike) → Ioannes (# 23229).

Rhodos (Insel) → Anna (# 20434). – Basileios (# 20937). – Eudokia (# 21756). – Ioannes (# 22846. – # 22856). – Konstantinos Rhodios (# 23819). – Leontios (# 24705). – Michael (# 25102). – Moše Agura (# 25423). – Nikolaos (# 26077). – Stephanos Lakapenos (# 27251). – Theodoros (# 27777). – Anonymus (# 31255). — s. auch Lindos

Rhoiai s. Kroia

Rhoina/Rhoinoi (Lykaonien) → Theodoros (# 27777).

Rhos-Kloster (= Theotokos-Kloster der Rhos bzw. Theotokos-Kloster tu Xylurgu, Athos) → Gerasimos (# 22282).

Rhosia/Rosia s. Rußland

Rhusion (Rhodope) → Basileios (# 20853). – Euthymios (# 21931). – Ioannes (# 22792). – Tryphon (# 28373).

Rīyū (arab.) s. Rhegion (Kalabrien)

Rochan s. Edessa (Syrien)

Roda-Kloster (Athos) → Daniel (# 21404).

Rodantos s. Rhodandos (Kappadokien)

Rodnja (Rußland) → Vladimir I. von Kiew (# 28433).

Rom (Italien) → Adeodatus (# 20114). – Adrianus (# 20130). – Agapet II. (# 20159). – Alberich II. (# 20223). – Anastasios (# 20302). – Anastasius Bibliothecarius (# 20341). – Andreas (# 20373). – Arsenius (# 20625). – Basileios (# 20842. – # 20924). – Basileios Boioannes (# 21094). – Basileios Pinakas (# 20843). – Basilius (# 21127). – Benedictus (# 21140). – Benedictus IV. (# 21141). – Benedictus VII. (# 21142). – Benedictus VIII. (# 21143). – Blasios (# 21177). – Bonifatius VII. (# 21192). – Branimir (# 21204). – Cerbula (# 21227). – Christophoros (# 21287). – Cosmas (# 21351). – Crescentius (# 21352). – Daniel (# 21393). – David (# 21410). – Davinus (# 21445). – Deusdona (# 21538). – Diogenes (# 21540). – Domagoj (# 21577). – Dominicus (# 21584). – Donatus (# 21589). – Dunale (# 21610). – Elias der Jüngere (# 21639). – Elias III. (# 21642). – Elias Spelaiotes (# 21646). – Eulogios (# 21781). – Eustachios (# 21825). – Eustratios (# 21882). – Euthymios (# 21915). – Fulk Nerra (# 22013). – Gaidon (# 22056). – Gauderichos (# 22063). – Georgios (# 22094). – Gregor V. (# 22324). – Gregorios (# 22357). – Gregorius (# 22492). – Hadrianus II. (# 22537). – Hārūn b. Yaḥyā (# 22555). – Hierotheos (# 22595). – Hilarion (# 22600). – Iakobos (# 22659). – Ignatios (# 22728). – Ioannes (# 22785. – # 22799. – # 22986. – # 23302). – Iohannes (# 23471. – # 23472. – # 23474). – Iohannes X. (# 23477). – Iohannes XI. (# 23479). – Iohannes XII. (# 23483). – Iohannes XIII. (# 23484). – Iohannes XIV. (# 23488). – Iohannes XV. (# 23489). – Iohannes XVI. Philagathos (# 23486). – Iohannes XVII. (# 23498). – Iohannes XIX. (# 23503). – Ioseph (# 23517). – Ioseph Hymnographos (# 23510). – Isaak (# 23549). – Kalokyros (# 23646). – Klemes (# 23704). – Leo (# 24290. – # 24291. – # 24297. – # 24304). – Lothar II. (# 24751). – Lukas (# 24759). – Makarios (# 24829). – Malacenus (# 24838). – Mandelbert (# 24857). – Maria (# 24914. – # 24933). – Marinus I. (# 24983). – Marozia (# 25003). – Methodios (# 25062. – # 25063). – Naum (# 25501). – Nicolaus (# 25525). – Niketas (# 25752). – Orestes (# 26195. – # 26197). – Otto II. (# 26212). – Otto III. (# 26213). – Paulus (# 26397. – # 26398). – Petros (# 26433. – # 26467). – Petrus (# 26553. – # 26554. – # 26562). – Rodulfus (# 26831). – Romanos (# 26857). – Saba (# 26912). – Sabas (# 26930). – Sabas neos (# 26929). – Sergios (# 27036). – Sergius (# 27052). – Sergius III. (# 27051). – Serius (# 27057). – Sigefredus (# 27068). – Silvester II. (# 27075). – Stephanus (# 27381). – Stephanus V. (# 27384). – Sundica (# 27433). – Symeon (# 27468). – Symeon von Polirone (# 27518). – Symeon von Trier (# 27542). – Symeones (# 27547). – Teodosius (# 27578). – Theodoros (# 27627. – # 27629). – Theodosios (# 27887). – Theodosius (# 27955). – Theodule

(# 27987). – Theognostos (# 28010). – Theopemptos (# 28071). – Theophano (# 28127). – Theophylactus (# 28173. – # 28174. – # 28183. – # 28192). – Vitalis (# 28427. – # 28428). – Zacharias von Anagni (# 28477). – Zdeslav (# 28502). – Zosimas (# 28515). – Anonyma (# 30064). – Anonymi (# 30154. – # 30218. – # 30219. – # 30243. – # 30380. – # 30412. – # 30439. – # 30471. – # 30586). – Anonymus (# 30669. – # 30695. – # 30696. – # 30745. – # 30755. – # 31064. – # 31314. – # 31323. – # 31603. – # 31644. – # 31699. – # 31713. – # 31720. – # 30533. — s. auch Albanon, Aventin, Benedikt-Kloster, Bonifatius-und-Alexius-Kloster, Caesarius-Kloster (= Kaisarios-Kloster), Cella Salvatoris, Santa Croce in Gerusalemme, Gregoriuskloster, Lateranbasilika, Laurentios, Palatin, Petersdom, Hagios-Apostolos-Petros-Kirche, San Saba

Romagyris (griech.; arab. Rūmaǧird, Ort in der persischen Region Šaš) → Christophoros von Antiocheia (# 21277). – Eutychios (# 21978). – Māǧid (# 24811). – Anonymi (# 30449).

Romanopolis (Mesopotamien) → Romanos I. Lakapenos (# 26833).

Romanos-Kloster s. Myrelaionkloster (Kpl.)

Ros-Kloster (Athos) s. Rhos-Kloster

Rosa (Dalmatien) → Sawdān (# 26997).

Rosiano (Kalabrien) s. Rossano

Rossano (Kalabrien) → Antonios (# 20495). – Basileios (# 20977. – # 21024). – Blatton (# 21184). – Elias der Jüngere (# 21639). – Eupraxios (# 21807). – Georgios (# 22126. – # 22131). – Gregorios (# 22396). – Gregorios Burtuanites (# 22406). – Gregorios Maleïnos (# 22426). – Ioannes (# 22946). – Iohannes XVI. Philagathos (# 23486). – Kallinikos (# 23617). – Kaniskas (# 23668). – Laidulph (# 24263). – Leon (# 24420). – Neilos von Rossano (# 25503). – Nikolaos (# 25955). – Polyeuktos (# 26713). – Proklos (# 26756). – Šabbetai Donnolo (# 26949). – Stephanos (# 27256). – Theophylaktos (# 28225). – Zacharias (# 28481). – Anonyma (# 30069. – # 30078. – # 30101). – Anonymi (# 30274. – # 30327. – # 30339. – # 30340. – # 30342. – # 30343. – # 30344. – # 30345. – # 30346. – # 30348. – # 30460. – # 30474. – # 30477. – # 30507). – Anonymus (# 31143. – # 31161. – # 31162. – # 31163. – # 31164. – # 31165. – # 31168. – # 31169. – # 31170. – # 31171. – # 31335. – # 31468. – # 31469. – # 31470. – # 31472. – # 31477. – # 31516. – # 31517. – # 31524. – # 31525). — s. auch Hagia-Anastasia-Kloster, Hagios-Adrianos-Kirche, Hagios-Andreas-Kloster, Hagia-Eirene-Kirche, Patir-Kloster

Rostov (Rußland) → Oleg (# 26185).

Rotes Meer → Anonymus (# 32034).

Rudaba (Chalkidike) → Akindynos (# 20212). – Andreas (# 20391). – Arkoleon (# 20574. – # 20575). – Basileios (# 21088). – Beliruch... (# 21138). – Christophoros (# 21326). – Dobrelos (# 21571). – Dobrikos (# 21572). – Georgios (# 22232). – Gon... (# 22318). – Inarios (# 22757). – Ioannes (# 23169. – # 23346. – # 23347. – # 23350. – # 23351). – Leon (# 24645). – Michael (# 25353). – N... (# 25484). – Nikolaos (# 26113. – # 26112). – Paschalios (# 26283. – # 26284). – Re..nikes (# 26809). – Theodoros (# 27853). – Theodosios (# 27939). – Anonymi

(# 30581). – Anonymus (# 31946. – # 31947).

Rudaba-Kloster s. Akindynos-Kloster (Chalkidike)

ar-Ruhā (arab.) s. Edessa (Syrien)

Ruphinianaikloster (Kpl.) → Romanos I. Lakapenos (# 26833). – Theophylaktos (# 28192).

Rurreppi (Lage unbekannt) → Theodoros (# 27622).

Ruse (Bulgarien) → Nikolaos (# 25893).

Rusianon s. Rossano

Rusion (Rhodope) s. Rhusion

Rusiton (Proasteion in Kalabrien) → Christophoros (# 21308).

Russia (lat.) s. Rußland

Rußland → Æimundr (# 20135). – Ǣsbiǫrn (# 20139). – Ǣskæll (# 20140). – Anundr (# 20542). – Āsgautr (# 20638). – Āsmundr (# 20640). – Basileios I. (# 20837). – Bolli Bollason (# 21189). – Dōmari (# 21578). – Farulfr (# 21993). – GuðlæifR (# 22515. – # 22516). – Hægbiǫrn (# 22541). – Ioannes (# 23404). – Iuli (# 23573). – Kolskeggr Hamundarson (# 23724). – Michail (# 25404). – Olga (# 26186). – Øystæinn (# 26175). – Rafn (# 26801). – Rōðfūss (# 26823). – Rōðvīsl (# 26832). – Slagvi (# 27134). – Svjatoslav von Kiew (# 27440). – Theophylaktos (# 28226). – Vladimir I. von Kiew (# 28433). – Anonymus (# 30649. – # 32015). — s. auch Belgorod, Černigov, Desna, Dnjepr, Don, Iskorosten, Kiew, Ljubeč', Luga, Msta, Novgorod, Oka, Ol'min dvor, Olžiči, Ovruč, Perejaslavl', Polock, Pskov, Rodnja, Rostov, Ščekovica, Smolensk, Tiča, Ugorskoe, Vasilev, Volchov, Wolga

Ruvo (Rubum, Apulien) → Rodostamos (# 26830).

Rykanda (Lykien) → Theodoros (# 27631).

S., SS., s. unter den Namen der Heiligen

Sab'īn (Dorf in Syrien, in der Nähe von Aleppo) → Ioannes I. Tzimiskes (# 22778).

San Saba (Kloster in Rom) → Neilos von Rossano (# 25503).

Sabaskloster (bei Jerusalem) → Chariton (# 21233). – Georgios (# 22142). – Kalos (# 23655). – Lazaros vom Galesionberg (# 24285). – Paulos (# 26354). – Anonymus (# 31838. – # 31839. – # 31840).

Ṣabra al-Manṣūrīya (arab., Ifrīqiya) → Assyropulos (# 20654). – Al-Manṣūr bi-Naṣr Allāh (# 24863). – Anonymus (# 31389).

Sachsen s. Saxonia (Deutschland)

Særkland (Sarazenenland) → Guðmundr (# 22517). – Halfdan (# 22546). – Haraldr (# 22553). – Ingvarr (# 22766). – Sæbiǫrn (# 26956). – Spiūti (# 27175). – UlfR (# 28399). – Anonymus (# 32044).

Ṣafṣāf (arab., Kilikien) → Sayfaddawla (# 26998).

Sagalassos (Pisidien) → Euthymios (# 21939). – Georgios (# 22204). – Leon (# 24322).

Saginares (Kalabrien?) → Saginares (# 26958).

Šahrān (Armenien) → Gagik II. Arcruni (# 22052).

Ṣahyūn (Syrien) → Ioannes I. Tzimiskes (# 22778). – Kulayb an-Naṣrānī (# 24209).

Sainte Foy (Conques, Frankreich) → Adalgesius (# 20098).

tu Sakelariu (Kloster, Lage unbekannt) → Michael (# 25314).

Salām (arab., Mesopotamien) → Anonymi (# 30322).

Salamis (Insel, Attika) → Nikon "Metanoeite" (# 26155).

Salamis (= Konstantina, Zypern) → Eustathios (# 21835). – Theophilos (# 28144). – Anonymus (# 30709).

Sālamūn (= Selme, Kappadokien) → Leontios (# 24720).

Salandū (arab., = Traianopolis, Kappadokien) → Aḥmad b. Kayġalaġ (# 20189). – Aḥmad b. Tuġān al-ʻUǧayfī (# 20193). – Athanasios (# 20662). – Ibn Abī ʻĪsā (# 22682). – Ibn al-Iḫšād (# 22696). – Rustam b. Baradū al-Farġānī (# 26909). – Yāzamān (# 28463).

Salerno (arab. Salīr, Kampanien) → Alberich II. (# 20223). – Aloara (# 20261). – Barsakios (# 20819). – Basileios (# 21099). – Bonos (# 21194). – Boronitus (# 21199). – Dorotheos (# 21599). – Epiphanios (# 21710). – Eupraxios (# 21808). – Georgios (# 22103). – Guaimar I. (# 22507). – Guaimar II. (# 22508). – Guaimar III. bzw. IV. (# 22509). – Guaiphar II. (# 22510). – Ioannes (# 23358). – Ipsantos (# 23547). – Kandidos (# 23666). – Kenapiaris (# 23695). – Konstantinos (# 24041. – # 24047). – Konstantinos Trulles (# 24042). – Leon (# 24653). – Lukas (# 24778. – # 24782). – Makarios (# 24830). – Michael (# 25358. – # 25360). – Niketas (# 25843. – # 25847). – Nikodemos (# 25877. – # 25880). – Nikolaos (# 26121). – Nikon (# 26162). – Pandulph II. (# 26229). – Pantoleon (# 26257). – Paschalios (# 26285). – Sabas neos (# 26929). – Ṣābir (# 26951). – Sālim b. Abī Rāšid (# 26967). – Theodoros (# 27849. – # 27856). – Ursulos (# 28412). – Anonyma (# 30063). – Anonymi (# 30505). – Anonymus (# 31137. – # 31138. – # 31139. – # 31144. – # 31145. – # 31146. – # 31151). — s. auch Benedikt-Kloster, Laurentius-Kloster, SS. Massimo e Bartolomeo

Salice (Apulien) → Theodoros (# 27717). – Anonymi (# 30429). — s. auch Theodoros-Kloster

Salinai/Salinas (Kloster in Kalabrien) → Bitalios (# 21168). – Daniel (# 21393). – Elias Spelaiotes (# 21646). – Georgios (# 22126). – Gregorios Burtuanites (# 22406). – Konstantinos (# 23792). – Kosmas (# 24114). – Kusonios (# 24219). – Nikodemos von Kellarana (# 25874). – Sabbas (# 26945). – Anonymi (# 30220). – Anonymus (# 30849).

Salīr (arab.) s. Salerno

Sałk'oray (Armenien) → Zak'aria (# 28497).

Salona (Dalmatien) → Dominicus (# 21584). – Iohannes (# 23471. – # 23472). – Iohannes VIII. (# 23470). – Vitalis (# 28427).

Salūniqyia/Salūqiya (arab.) s. Thessalonike

Salūqīyah (arab.) s. Seleukeia (Kilikien)

aš-Šām (arab.) s. Syrien

Samandū (arab.) s. Tzamandos

Samarra (Irak) → Qusṭā b. Lūqā (# 26789).

Samc'xe (Georgien) → Adarnase II. (# 20099). – Gurgen I. von Tao (# 22527). – Nasra (# 25496). — s. auch Zarzma

Samos (Insel) → Anastasios (# 20311). – Bakur (# 20748). – Basileios Mesardonites Argyros (# 21090). – Christodulos (# 21251). – Damianos (# 21365). – Georgios Theodorokanos (# 22261). – Himerios (# 22624). – Ioannes (# 22966). – Kosmas (# 24119). – Leon (# 24375). – Leon von Tripolis (# 24397). – Michael (# 25317). – Nikodemos (# 25875). – Paulos (# 26337. – # 26337). – Pollyphuskes (# 26711). – Sergios (# 27041). – Symeon (# 27486). – Theophanes (# 28092). – Yāzamān (# 28463). – Anonymi (# 30437). – Anonymus (# 31304. – # 31306. – # 31317. – # 31318. – # 31329). — s. auch Kerkes, Pythagoras-Höhlen

Samos (Thema) → Alexios (# 20245). – Beriboes (# 21149). – Christodulos (# 21251). – Chrysocheir (# 21341). – David von Achrid (# 21409). – Epiphanios (# 21717). – Georgios (# 22213). – Hilarion (# 22606). – Ioannes (# 22955). – Konstantinos Paspalas (# 23781). – Leon (# 24466). – Nikephoros (# 25569). – Nikephoros Kabasilas (# 25677). – Nikolaos (# 25990). – Romanos I. Lakapenos (# 26833). – Theodoros (# 27732). – Theognostos (# 28022). – Theotimos (# 28273). – Anonymus (# 31254. – # 31384).

Samosata (arab. Sumaysāṭ, Mesopotamien) → Abramios (# 20024. – # 20025). – Abū l-Fawāris Muḥammad b. Nāṣiraddawla (# 20050). – Abū l-Fawāris Muḥammad b. Nāṣiraddawla (# 20050). – Abū Firās al-Ḥāriṯ b. Saʿīd b. Ḥamdān (# 20051). – Abū l-Hayṯam ʿAbdarraḥman b. al-Qāḍī Abī l-Ḥusayn (# 20064). – Abū l-Qāsim al-Ḥusayn b. ʿAlī al-Maġribī (# 20071). – Basileios I. (# 20837). – Basileios Lakapenos (# 20925). – Ioannes (# 23402). – Ioannes I. Tzimiskes (# 22778). – Ioannes Kurkuas (# 22917). – Konstantinos Phokas (# 23841). – Melias (# 25041). – Mu'nis al-Muẓaffar (# 25449). – Naǧm (# 25488). – Qaṭās (# 26787). – Saʿīd b. Ḥamdān (# 26961). – Sayfaddawla (# 26998). – Tautukas (# 27573). – Zuhayr (# 28522). – Anonymus (# 31172. – # 31176. – # 31177. – # 31181).

Samothrake (Insel) → Himerios (# 22624). – Konstantinos Lakapenos (# 23831). – Leon von Tripolis (# 24397). – Niketas (# 25745).

Sampson-Xenon (Kpl.) → Eirene (# 21624). – Ephraim (# 21693). – Eustratios (# 21895). – Genesios (# 22074). – Georgios (# 22123. – # 22159). – Konstantinos (# 23738). – Leon (# 24517. – # 24518). – Anonyma (# 30088).

Sampson-Xenon (Lakedaimon) → Ioannes Malakenos (# 23106). – Rentakios (# 26815). – Anonymi (# 30478).

Šamšuldē (Georgien) → Gurgen II. von Tao (# 22529).

San, Sanctus etc. s. unter den Namen der Heiligen

Sanahin (Kloster in Armenien) → Ašot III. "der Barmherzige" (# 20649).

Sanaos s. Synaos

Sangarios (Fluß in Nordwestkleinasien) → Abramios (# 20025). – Athanasios (# 20672). – Galolektes (# 22061). – Ioannes (# 22839). – Kosmas (# 24109). – Petros (# 26445). – Theophanes (# 28087). – Thomas Dephurkinos (# 28286). – Anonymi (# 30205. – # 30313). – Anonymus (# 30641. – # 30766. – # 30767. – # 30768. – # 30809. – # 31120. – # 31182). — s. auch Traianoskloster

Sankt Gallen (Schweiz) → Symeon (# 27473).

Sant' Antioco (Insel bei Sardinien) → Soreka (# 27162). – Unuspetes (# 28402). – Nespella Ochotissa (# 25518). – Salusios (# 26972). – Torkotorios (# 28363).

Santa Severina (griech. Hagia Seberine, arab. S.b.rīna, Kalabrien) → Basileios (# 21012). – Ioannes (# 22832). – Nikephoros Phokas "der Ältere" (# 25545). – Philotheos Seberitianos (# 26638). – Stephanos (# 27256). – Theodoros (# 27640). – Vitalis (# 28428). – Anonymus (# 31999).

Santiago de Compostela (Spanien) → Davinus (# 21445). – Symeon von Polirone (# 27518).

Sāqiyat Mams (arab., Ifrīqiya) → Anonymus (# 31226).

Sarabares-/Sarabareus-Kloster (Athos) → Elias (# 21670). – Georgios (# 22245). – Ioseph (# 23541).

Saraqūsa (arab.) s Syrakus (Sizilien)

aš-Šarāt (arab., Palästina?) → Isḥaq (# 23561).

Sarayönü (Pisidien) → Akakios (# 20201). – Paulos (# 26367). – Tobias (# 28359).

Sardeis (Lydien) → Antonios (# 20492). – Basileios (# 20904). – Ioannes (# 22999). – Leon (# 24421. – # 24542). – Petros (# 26434. – # 26444. – # 26460). – Stylianos (# 27417). – Theophylaktos (# 28181). – Anonymus (# 30930).

Sardinien (Insel) → Basileios Mesardonites Argyros (# 21090). – Christophoros (# 21289). – Getit (# 22304). – Maria (# 24935). – Nespella Ochotissa (# 25518). – Nikolaos (# 26138). – Ortzokor (# 26207). – al-Qā'im bi-Amr Allāh (# 26784). – Salusios (# 26972). – Soreka (# 27162). – Torkotorios (# 28363). – Unuspetes (# 28402). – Ya'qūb b. Isḥāq (# 28461). – Anonymus (# 32014). — s. auch Assemini, Cagliari, Decimoputzu, Sant' Antioco, Sulci, Villasor

Sarkel (Chazarien) → Svjatoslav von Kiew (# 27440).

Saros (Fluß in Kappadokien) → Basileios I. (# 20837).

Sarūǧ (arab., griech. Sarotzi, Mesopotamien) → 'Abdallāh al-Malaṭī (# 20013). – Aḥmad b. al-Ḥusayn al-Aṣfar Taġlib (# 20184). – Ioannes VII. von Sarug (# 23101). – Sa'daddawla Abū l-Ma'ālī (# 26954). – Sayfaddawla (# 26998). – Waṯṯāb b. Ǧa'far (# 28442). – Anonymus (# 31172).

Sarvenis s. Aquae Saravenae

Šaš (Transoxanien) → Christophoros von Antiocheia (# 21277). – Eutychios (# 21978). – Ioannes (# 23184). – Māǧid (# 24811). – Anonymi (# 30449). – Anonymus (# 31410). — s. auch Romagyris

Sasonion/Sassonio (Unteritalien) → Dorotheos (# 21598).

Sasun (Armenien) → Ašot III. von Taron (# 20645).

Satala (Armenien) → Philippos (# 26603).

Sātīdamā (arab. Saydamah bzw. Sindīya, Lage unbekannt) → Yāzamān (# 28463).

Šatik (Armenien) → Ašot IV. "der Tapfere" (# 20651). – David III. (# 21432). – Mušeł (# 25457). – Smbat-Yovhannēs (# 27146).

Satyros (Bithynien) → Alexandros (# 20231). – Ignatios (# 22712). – Anonyma (# 30002. – # 30003). – Anonymus (# 30672). — s. auch Michael-Kirche

Save (Fluß in Kroatien) → Časlav (# 21225). – Nestongos (# 25519). – Sermon (# 27058). – Anonymi (# 30599. – # 30600). – Anonymus (# 31972. – # 31984).

Šavšet'i (Georgien) → Gurgen I. von Tao (# 22527).

Saxonia (Deutschland) → Salomon (# 26971).

Ṣaydā (arab.) s. Sidon (Palästina)

Saydamah (arab.) s. Sātīdamā

Sayḥān (arab.) s. Pyramos

Šayzar (arab., Syrien) → Aḥmad b. al-Ḥusayn al-Aṣfar Taġlib (# 20184). – Basileios II. (# 20838). – Christophoros von Antiocheia (# 21277). – Ǧayš b. Muḥammad b. aṣ-Ṣamṣāma (# 22069). – Ḥalmān b. Karādīs (# 22550). – Manǧūtakīn (# 24858). – Manṣūr b. Karādis (# 24864). – Sa'īdaddawla Abū l-Faḍā'il (# 26962). – Anonymus (# 31698).

Ščekovica (Rußland) → Oleg (# 26185).

Schwaben (Herzogtum in Deutschland) → Berta (# 21155). – Dragaïs (# 21602). – Hadwig (# 22539). – Ignatios (# 22730). – Ioakin (# 22774). – Lazarus (# 24287). – Leon (# 24353). – Methodios (# 25062). – Symeon (# 27472).

Schwarzes Meer (Pontos Euxeinos) → Ašot II. "Kiskases" (# 20648). – Gurgen II. von Tao (# 22529). – Ioannes Am(m)iropulos (# 23162). – Niketas David Paphlagon (# 25712).

Schweden → Ægill (# 20134). – Æimundr (# 20135). – Æivīsl (# 20136). – Ærnmundr (# 20137). – Æsbiǫrn (# 20138. – # 20139). – Æskæll (# 20140). – Āki (# 20208). – Anundr (# 20541. – # 20542). – Arni (# 20577). – ĀsgæiRR (# 20637). – Āsgautr (# 20638). – Āsmundr (# 20640). – Assurr (# 20653). – Banki (# 20753). – BāulfR (# 21136). – Biūrstæinn (# 21175). – Brūsi (# 21206). – Dōmari (# 21578). – Farulfr (# 21993). – Folkbiǫrn (# 22000). – FrøygæiRR (# 22008). – Frøystæinn (# 22009). – GæiR... (# 22046). – GæiRbiǫrn (# 22047). – Gauti (# 22065). – Gīsli (# 22310). – Grani (# 22320). – Grīmmundr (# 22499). – GuðlæifR (# 22515. – # 22516). – Guðmundr (# 22517). – Gunnarr (# 22521. – # 22522). – GunnlæifR (# 22523). – GunnulfR (# 22524). – Gunnvaldr (# 22525). – Gunnviðr (# 22526). – HæfniR (# 22540). – Hægbiǫrn (# 22541). – Halfdan (# 22546. – # 22547). – Haraldr (# 22553). – Haursi (# 22566). – Hiðinn (# 22590). – Holmstæinn (# 22629). – HrōðgæiRR (# 22634). – Hugi (# 22635). – IdhialmR (# 22709). – Ingifastr (# 22759. – # 22760). – Ingimundr (# 22761. – # 22762. – # 22763). – Ingirūn (# 22764). – Ingvarr (# 22765. – # 22766). – Iuli (# 23573). – Kætil... (# 23595). – KāgR (# 23597). – Karl (# 23677). – Kārr (# 23680). – Ketill (# 23700). – Kolskeggr Hamundarson (# 23724). – Kulbæinn (# 24210). – KylfingR (# 24221. – # 24222. – # 24223. – # 24224). – Liūtr (# 24750). – Oddlaug (# 26174). – ŌlæifR (# 26180. – # 26181). – OrmgæiRR (# 26203). – OrmR (# 26204). – OrmulfR (# 26205). – Ōsnīkinn (# 26208). – ŌtryggR (# 26210). – Øystæinn (# 26175. – # 26176). – Øyvindr (# 26177). – Rafn (# 26801). – Ragnvaldr (# 26803). – Rōðfūss (# 26823). – Rōðvīsl (# 26832). – Rūni (# 26906). – Rysia (# 26910). – Sæbiǫrn (# 26956). – Sigviðr (# 27070). – Skarði (# 27128). – SkarfR (# 27130). – Slagvi (# 27134). – Sóti (# 27170). – Spiallbuði (# 27174). – Spiūti (# 27175). – Styrbiǫrn (# 27428). – Svæinn (# 27434. – # 27435. – # 27436). – Þōrbiǫrn (# 28337). – Þōrðr (# 28339). – Þōrir (# 28340). – Þōrkæll (# 28341).

– Þōrstæinn (# 28343. – # 28344). – Tōki (# 28361). – Tosti (# 28367). – UddgæiRR (# 28393). – UlfR (# 28396. – # 28397. – # 28398. – # 28399). – VǣringR (# 28418. – # 28419). – Viðbiǫrn (# 28424). – Vīfill (# 28426). – Anonymi (# 30579. – # 30620. – # 30621). – Anonymus (# 32041. – # 32042. – # 32043. – # 32044. – # 32051. – # 32055. – # 32056. – # 32057. – # 32058. – # 32059. – # 32060. – # 32061. – # 32062. – # 32063. – # 32064. – # 32065. – # 32066). — s. auch Råby, Svinnegarn

Schweiz s. Sankt Gallen

Sebasteia/Sebaste bzw. polis Sebastenon (Armenien [Kirchenprovinz] bzw. Kappadokien) → Philippos (# 26603). – David Arcruni (# 21441). – Demetrios (# 21475). – Eleutherios (# 21637). – Eusebios (# 21817). – Gabriēl (# 22031). – Gregorios (# 22479). – Konstantinos (# 23778). – Lukas Stylites (# 24758). – Petros (# 26538). – Philippos (# 26603). – Senekʿerim-Yovhannēs Arcruni (# 27008). – Siōn (# 27091). – Skleros (# 27132). – Theodoros (# 27796). – Theodotos (# 27981). – Theophylaktos (# 28226). – Anonymi (# 30574). – Anonymus (# 31821. – # 31848. – # 31926. – # 31973. – # 30653).

Sebasteia (Thema) → Aronios (# 20580). – Baasakios (# 20723). – Konstantinos (# 23853). – Leon Argyros (# 24399). – Melias (# 25041). – Romanos I. Lakapenos (# 26833). – Anonymus (# 31893).

Sebastes (Phrygia Pakatiane) → Euthymios (# 21917).

Sebastopolis (Abasgia) → Petros (# 26463).

Seberias (Charsianon) → Basileios (# 21037). – Gregorios (# 22455).

Seberina/Seberine/Seberitianon s. Santa Severina (Kalabrien)

Seda (Apulien) → Iohannes (# 23476).

Seemauer (Kpl.) → Michael (# 25164).

Segni (Latium) → Iohannes (# 23473).

Sekreton der Asekreteia (im Kaiserpalast, Kpl.) → Nikephoros tu Eupraxe (# 25575).

Sekreton (im Patriarcheion, Kpl.) → Basileios (# 21100). – Demetrios (# 21527). – Eustathios (# 21876). – Ioannes (# 23374). – Leon (# 24663). – Petros (# 26542). – Pothos (# 26741). – Romanos (# 26877). – Theodosios (# 27949).

Sekros (Fluß in Kalabrien) → Elias der Jüngere (# 21639). – Sabas (# 26925).

Seleukeia (arab. Salūqīyah/Silūkiya, Isaurien bzw. Kilikien) → Akindynos (# 20217). – Arsaber (# 20587). – Arsenios (# 20603). – Basileios (# 20917. – # 20941). – Demetrios (# 21485. – # 21519. – # 21530). – Eustathios (# 21856). – Euthymios (# 21913). – Ioannes (# 22891. – # 23046. – # 23318). – Iulianos (# 23578). – Konstantinos (# 23843). – Leon (# 24321. – # 24368). – Niketas Xeros (# 25825). – Nikolaos (# 26088). – Stephanos (# 27227). – Theodoros (# 27712. – # 27877). – Theodulos (# 27995). – Anonymi (# 30245). – Anonymus (# 30678. – # 31401. – # 31945).

Seleukeia Pieria (arab. Silūkiya, Syrien) → Agapios II. von Antiocheia (# 20165). – Arsenios (# 20603). – Theodulos (# 27995). – Anonymus (# 31822).

Selge (Pamphylien) → Basileios (# 20943). – Gregorios (# 22359). – Matthaios (# 25020). – Theophanes (# 28078). – Anonymus (# 31025).

Selime/Selme (Kappadokien) → Leontios (# 24720).

ton Selinon (Besitz des Esphigmenu-Klosters, Athos) → Nikephoros (# 25662).

Selinus s. Semnea (Pamphylien) bzw. Salandū (= Traianopolis)

Selvacandida s. Silvacandida (Apulien)

Selymbria/Selybria (Thrakien) → Baanes (# 20719). – Basileios II. (# 20838). – Bulias (# 21210). – Euthymios (# 21951). – Iakobos (# 22660). – Marinus I. (# 24983). – Niketas (# 25801). – Sergios (# 27048). – Sisinnios (# 27099). – Symeon (# 27453). – Symeon von Bulgarien (# 27467). – Theophanes (# 28116). – Theophylaktos (# 28265).

Seminarion (Kalabrien) → Photios (# 26679). – Anonymi (# 30411).

Šemokmedi (Georgien) → Giorgi II. von Abchasien (# 22307).

Sennea (Pamphylien) → Ignatios (# 22717).

Serbeia/Serbia/Servia (Epeiros) → Demetrios Polemarchios (# 21511). – Ioannes (# 22877). – Magerinos (# 24810). – Nikephoros Xiphias (# 25661). – Nikolaos Nikolitzas (# 26037). – Anonymi (# 30527).

Serbien → Bran (# 21203). – Časlav (# 21225). – Etzboklias (# 21750). – Goïnik (# 22316). – Hemnekos (# 22585). – Klonimir (# 23719). – Knenos (# 23720). – Leon Rabduchos (# 24400). – Marmaen (# 25002). – Michael (# 25166). – Mutimir (# 25465). – Neophytos (# 25507). – Nikolaos (# 25917). – Pavle Branović (# 26399). – Petar Gojniković (# 26408). – Pribislav (# 26754). – Stephanos (# 27207). – Stroïmir (# 27401). – Theodoros Sigritzes (# 27681). – Vladimir (# 28432). – Zacharias (# 28480). – Anonymi (# 30151. – # 30152. – # 30302. – # 30303). – Anonymus (# 30636). — s. auch Belgrad, Dostinik, Pagania, Rasi, Raška, Terbunia, Tribunia

Serbien (Thema) → Konstantinos Diogenes (# 24045).

Sergentzion (Europe) → Ioannes (# 22816).

Sergios-und-Bakchos-Kirche bzw. Kloster (Kpl.) → Ignatios (# 22712). – Ioannes (# 22779). – Iohannes VIII. (# 23470). – Ioseph Hymnographos (# 23510).

Martyres-Sergios-und-Bakchos-Kirche (Kythera) → Antonios (# 20493). – Theodoros (# 27627). – Anonymi (# 30297. – # 30301).

Sergiuskloster (Kpl.) s. Sergios-und-Bakchos-Kloster

Sermantzon (Armenien) → Abū Sālim (# 20076).

Sermylia (Chalkidike) → Basileios (# 20858). – Euthymios (# 21912). — s. auch Hagios-Demetrios-Kirche

Serperi (Kampanien) → Neilos von Rossano (# 25503). – Otto III. (# 26213). – Stephanos (# 27257). – Anonymus (# 31936. – # 31940).

Serrai/Serrhes (Makedonien) → Konstantinos (# 23991). – Krakras (# 24188). – Leon Melissenos (# 24531). – Leontios (# 24716). – Moses Kometopulos (# 25425). – Anonymi (# 30595). – Anonymus (# 31980).

Serrhes s. Serrai

Sessano (Apulien) → Adelgrimo (# 20108). – Adelperto (# 20110). – Alexandrus (# 20236). – Grimoald (# 22500). – Grimoalt (# 22502). – Leo (# 24293). – Liuprando (# 24747). – Radelgardus

(# 26796). – Radelgari (# 26798). — s. auch Leucius-Kloster

(Santa) Severina s. Santa Severina

Sevuk (Iberien?) → David III. (# 21432).

Shaizar s. Šayzar

Siba (Kreta) → Ioannes Xenos (# 23109).

Siboron (Charsianon) → Basileios (# 21037).

Side (Pamphylien) → Anastasios (# 20307). – Eustathios (# 21844). – Markos (# 24994). – Theodoros (# 27814).

Siderogephyron (arab. Ğisr al-Ḥādīṯ, Syrien) → Manğūtakīn (# 24858).

Siderokastron-Kloster (Athos) → Georgios (# 22252).

Siderokausia (Chalkidike) → Ioannes Kolobos (# 22783). – Nikephoros Hexakionites (# 25608). – Niketas (# 25803). – Nikolaos (# 25924. – # 26039). – Stephanos (# 27306). – Theodosios Siderokaustes (# 27937).

Sidon (arab. Ṣaydā, Palästina) → Abū l-Fatḥ aš-Šayḫ (# 20047). – Ioannes I. Tzimiskes (# 22778). – Ioannes Kaminiates (# 22904). – Ṣāliḥ b. Mirdās (# 26966). – Anonymi (# 30500). – Anonymus (# 30875. – # 32066).

Sigma (Kpl.) → Leon Philosophos (# 24313). – Anonymi (# 30157). — s. auch Theotokos-Kirche

Sīḥ Laylūn (Syrien) → Manṣūr b. Lu'lu' (# 24865).

Sikelos-Kloster (Athos) s. Lukas-Sikelos-Kloster (Athos)

Sikeonkloster (Kpl.) → Stephanos I. (# 27208).

Sikron/Sikros/Sikruon (Kalabrien) → Christophoros (# 21307). – Maëlis (# 24809). – Nikodemos von Kellarana (# 25874). – Anonymus (# 31783).

Silandos (Lydien) → Aëtios (# 20151). – Eustathios (# 21832). – Georgios (# 22179). – Kallistos (# 23623). – Leon (# 24394). — s. auch Hagios-Georgios-Kirche

Silistra (Thrakien) s. Dorystolon

Silvacandida (Apulien) → Gregorius (# 22489).

Šimšaṭ (arab.) s. Arsamosata

Sinai (arab. Ṭūr Sīnā) → Anastasios (# 20296). – Biktor (# 21159). – Bononius (# 21193). – Elias der Jüngere (# 21639). – Eustathios (# 21860). – Georgios II. von Alexandreia (# 22258). – Ioannes (# 23157. – # 23490). – Isḥaq (# 23561). – Jorius (# 23588). – Petrus (# 26564). – Salmūn (# 26968). – Symeon von Trier (# 27542). – Anonymi (# 30228). – Anonymus (# 31949. – # 32033. – # 32034. – # 32035). — s. auch Katharinenkloster, al-Quṣayr

Sinasos (Kappadokien) → Konstantinos (# 23803). – Anonymus (# 30835). — s. auch Hagios-Basileios-Kirche

Sinde/Sindos (Pamphylien) → Nikephoros (# 25641).

Sindīya (arab.) s. Sātīdamā

Siniandos (Pisidien) → Basileios (# 20874).

Sinni (Fluß in Kalabrien) → Sabas neos (# 26929).

Sinope (Helenopontos) → Ioannes (# 23007). – Michael (# 25311. – # 25376). – Theodoros (# 27621). – Theodosios (# 27897. – # 27923. – # 27924). – Theophylaktos (# 28264).

Sipelos/Sipylos (Höhenzug bei Smyrna) → Basileios (# 21119).

Sipendos/Siponto (Apulien) → Kyriakos (# 24228). – Maio (# 24819). – Procopius (# 26755). – Anonymi (# 30325). — s. auch Hagios-Angelos-Kirche

Ṣiqilliya (arab.) s. Sizilien

Širak (Armenien) → Mušeł (# 25457). – Smbat-Yovhannēs (# 27146). – Trdat (# 28370). – Xač'ik Aršaruni (# 28445). – Yovhannēs (# 28465).

Siricha (arab. Ṣarīḫa, Charsianon) → Bardas Phokas der Ältere (# 20769). – Basileios I. (# 20837). – B.r.kīl (# 20714). – Ibn al-Balanṭis (# 22687). – Ibn Ġudāl (# 22693). – Konstantinos Dukas (# 23817). – Leon (# 24511). – Samonas (# 26973). – Sayfaddawla (# 26998). – Samonas (# 26973). — s. auch Timios-Stauros-Kloster

Širimni/Širimt'a (georg., arm. Širimk', Armenien) → Giorgi I. (# 22309). – Rat (Horatios Liparites) (# 26805).

Sirinçe (türk., bei Ephesos) → Apostolios (# 20546). – Basileios (# 21092). – Georgios (# 22249).

Sirmion/Sirmium (Kroatien) → Konstantinos Diogenes (# 24045). – Nestongos (# 25519). – Sermon (# 27058). – Anonymi (# 30599. – # 30600). – Anonymus (# 31972. – # 31984).

Siune (griech.) s. Siwnik'

Siwnik'/Siune (Armenien) → Sinutes (# 27090). – Anonymus (# 31119).

Sizilien (arab. Ṣiqilliya) → Abū l-'Abbās 'Abdallāh b. Ibrāhīm (# 20031). – Abū 'Alī (# 20036). – Abū Isḥāq (# 20067). – Abū l-Qāsim 'Alī b. al-Ḥasan al-Kalbī (# 20072). – Abū Ṭawr (# 20085). – Afrīna (# 20155). – Aḥmad b. al-Ḥasan b. 'Alī al-Kalbī (# 20188). – Aḥmad b. Ziyādatallāh b. Qurhub (# 20191). – 'Ammār b. 'Alī b. Abī l-Ḥusayn (# 20275). – Andreas (# 20353). – Anthimos (# 20464). – Antonios (# 20478). – Argentios (# 20557). – Argyros (# 20561). – Assyropulos (# 20654). – Barsakios (# 20819). – Basileios (# 20975). – Basileios Boioannes (# 21094). – Basileios Kladon (# 20926). – Christophoros (# 21287). – Chrysaphios (# 21337). – Elias der Jüngere (# 21639). – Eupraxios (# 21805). – Eustathios (# 21836. – # 21845). – Euthymios (# 21914). – Farağ al-Muḥaddad (# 21991). – Ğa'far b. Muḥammad (# 22050). – Ğa'far b. 'Ubayd (# 22051). – Ğawhar (# 22066). – Georgios Maniakes (# 22262). – Gregorios Asbestas (# 22348). – Ḫalīl b. Isḥāq (# 22549). – al-Ḥasan b. al-'Abbās (# 22556). – al-Ḥasan b. Aḥmad b. Abī Ḫinzīr (# 22559). – al-Ḥasan b. 'Alī b. Abī l-Ḥusayn al-Kalbī (# 22558). – al-Ḥasan b. 'Ammār al-Kalbī (# 22562). – al-Ḥusayn b. Rabāḥ (# 22641). – Ibn Baṣilūs (# 22690). – Ibrāhīm II. b. Aḥmad al-Aġlab (# 22708). – Ioannes (# 22802. – # 22866). – Ioannes Patrianus (# 22801). – Ioannes Pilatos (# 23084). – Ioseph Hymnographos (# 23510). – Kale (# 23604). – Konstantinos Karamallos (# 23816). – Konstantinos Sikelos (# 23741). – Krambeas (# 24189). – Leon (# 24330. – # 24457. – # 24543. – # 24573). – Makarios (# 24830). – al-Manṣūr bi-Naṣr Allāh (# 24863). – Manuel Phokas (# 24884). – Marianos Argyros (# 24962). – Michael Barkalas (# 25147). – Michael Charaktos (# 25161). – Moroleon (# 25421). – Mosilikes (# 25430). – al-Mu'izz (# 25444). – Nasar (# 25490). – Neilos von Rossano (# 25503). – Nik... (# 25531). – Nikephoros (# 25576). – Nikephoros Hexakioni-

tes (# 25608). – Nikephoros Phokas "der Ältere" (# 25545). – Niketas (# 25704. – # 25784). – Nikolaos (# 25963. – # 25968. – # 26008). – Orestes (# 26197). – Orestes Aichmalotos (# 26199). – Otto II. (# 26212). – Petros (# 26435). – Polites (# 26710). – Prasinakios (# 26747). – Prokopios (# 26764). – al-Qā'im bi-Amr Allāh (# 26784). – Rodophyles (# 26828). – S.q.rīt (# 27147). – Sabas neos (# 26929). – Sabbas (# 26945). – Ṣābir (# 26951). – Samuel (# 26981). – Semnoen (# 27006). – Theodosios (# 27892). – Theophano (# 28128). – Vitalis (# 28428). – Ya'īš (# 28457). – Zacharias (# 28484). – Anonymi (# 30170. – # 30173. – # 30422. – # 30458. – # 30474). – Anonymus (# 30637. – # 30639. – # 30676. – # 30676. – # 30683. – # 30686. – # 30687. – # 30862. – # 30880. – # 30984. – # 31234. – # 31463. – # 31464. – # 31517. – # 31526).
— s. auch St. Agatha, Ätna, Ageira, Agrigent, Argyron, Auxentioskirche, Caltabellota, Caltavuturo, Castel Mola, Castronuovo, Catania, Collesano, Demenna, Deradrion, Drepanon (= Trapani), Enna, Himeria, Kephaludion, Ktisma, Leontinoi, Hagia Maria, Messina, Nikonberg, Palermo, Pelion, Platano, Rametta, Syrakus, Taormina

Sizilien (Thema) → Barsakios (# 20819). – Basileios Kladon (# 20926). – Eupraxios (# 21805). – Ioannes (# 22875. – # 23017). – Kallinikos (# 23615). – Konstantinos (# 23740. – # 23805. – # 23806. – # 23807. – # 23808). – Leon (# 24571). – Mosilikes (# 25430). – Nik... (# 25531). – Pothos (# 26728. – # 26734). – Romanos (# 26848). – Anonymus (# 30683. – # 31282).

Skamandrenos-Kloster (Athos) → Epiphanios (# 21735).

Skamandros (Hellespontos) → Anthimos (# 20465). – Basileios I. Skamandrenos (# 20983).

Skandinavien → Erlendr (# 21740). – Eyvindr Bjarnason (# 21983). – Farulfr (# 21993). – Finnbogi (# 21998). – Folkbiǫrn (# 22000). – Fraþi (# 22004). – FrøygæiRR (# 22008). – Frøystæinn (# 22009). – GæiR... (# 22046). – GæiRbiǫrn (# 22047). – Gauti (# 22065). – Gestr Þórhallason (# 22303). – Gīsli (# 22310). – Grani (# 22320). – Grīmmundr (# 22499). – Gríss Sæmingsson (# 22505). – GuðlæifR (# 22515. – # 22516). – Guðmundr (# 22517). – Gunnarr (# 22521. – # 22522). – GunnlæifR (# 22523). – GunnulfR (# 22524). – Gunnvaldr (# 22525). – Gunnviðr (# 22526). – HæfniR (# 22540). – Halfdan (# 22546. – # 22547. – # 22548). – Haraldr (# 22553). – Haursi (# 22566). – Hemingr Hjarrandsson (# 22584). – Hiðinn (# 22590). – Hjálmvígi (# 22627). – Holmi (# 22628). – Holmstæinn (# 22629). – HrōðgæiRR (# 22634). – Hugi (# 22635). – IdhialmR (# 22709). – Ingifastr (# 22759. – # 22760). – Ingimundr (# 22761. – # 22762. – # 22763). – Ingirūn (# 22764). – Ingvarr (# 22765. – # 22766). – Kætil... (# 23595). – KāgR (# 23597). – Karl (# 23677). – Kārr (# 23680). – Ketill (# 23700). – Kolskeggr Hamundarson (# 23724). – Kulbæinn (# 24210). – KylfingR (# 24221. – # 24222. – # 24223. – # 24224). – Liūtr (# 24750). – Márr Húnrǫðarson (# 25004). – Oddlaug (# 26174). – ŌlæifR (# 26180. – # 26181). – Óláfr Tryggvason (# 26182). – OrmgæiRR (# 26203). – OrmR (# 26204). – OrmulfR (# 26205). – Ōsnīkinn (# 26208). – ŌtryggR (# 26210). – Øystæinn (# 26176). – Øyvindr (# 26177). – Ragnvaldr (# 26803). – Rūni (# 26906). – Rysia (# 26910). – Sæbiǫrn (# 26956). – Sigviðr (# 27070). – Skarði (# 27128). – SkarfR (# 27130). – Slagvi (# 27134). – Sóti (# 27170). – Spiallbuði (# 27174). – Spiūti (# 27175). – Stefnir Þorgilsson (# 27201). – Styrbiǫrn (# 27428). – Svæinn (# 27434. – # 27435. – # 27436). – Þóraldr (# 28336). – Þōrbiǫrn (# 28337). – Þōrðr (# 28339). – Þorðr Sjáreksson (# 28338). – Þōrir (# 28340). – Þōrkæll (# 28341). – Þorkell leppr Þjóstarson (# 28342). – Þōrstæinn (# 28343. – # 28344). – Þorsteinn Rigardsson/Ragnhildsson (# 28346). – Þorsteinn Víga-Styrsson (# 28345). – Þorvaldr hinn víðfǫrli Koðránsson (# 28347). – Tofi (# 28360). – Tōki (# 28361). – Tosti (# 28367). – UddgæiRR (# 28393). – UlfR (# 28396. – # 28397. – # 28398. – # 28399). – VæringR (# 28418. – # 28419). – Valldimar (# 28421). – Viðbiǫrn (# 28424). – Vīfill (# 28426). – Vladimir I. von Kiew (# 28433). – Anonymi (# 30579. – # 30620. – # 30621. – # 30624). – Anonymus (# 32041. – # 32042. – # 32043. – # 32044. – # 32050. – # 32051. – # 32055. – # 32056. – # 32057. – # 32058. – # 32059. – # 32060. – # 32061. – # 32062. – # 32063. – # 32064. – # 32065. – # 32066). — s. auch Dänemark, Finnland, Island, Norwegen, Schweden

Skathe-Kloster (Athos) → Dionysios (# 21567).

Skepekloster (Kpl.) → Euphrosyne (# 21800). – Photios (# 26667). – Anonymi (# 30153).

Skepsis (Hellespontos) → Anthimos (# 20465).

Sklavinien (Balkan) → Danelis (# 21390). – Anonymi (# 30238).

Skleos (Thermopylen, Thessalien) → Rupenios (# 26907).

Skodron (Epeiros nea) → Paulos (# 26312).

Skopelos (Insel) → Bardanios (# 20762). – Anonymus (# 31602).

Skopje (Bulgarien) → Nikolitzas (# 26152). – Romanos (# 26847). – Samuel Kometopulos (# 26983). – Anonymus (# 31941).

Skoroda-/Skordea-Kloster (Athos) → Anastasios (# 20332). – Daniel (# 21404). – Neophytos (# 25513). – Niketas (# 25846). – Sabbas (# 26947).

Skylla/Skyllation (Kalabrien) → Demetrios (# 21452). – Konstantinos (# 23792).

Skyros (Insel, Sporadeninsel) → Akakios (# 20203). – Andreas (# 20395). – Antonios (# 20524. – # 20525. – # 20528. – Arsenios (# 20603). – Athanasios (# 20686. – # 20687). – Basileios (# 21093). – Eusebios (# 21821). – Eustratios (# 21902). – Euthymios (# 21964). – G... (# 22017). – Georgios (# 22239). – Glykeria (# 22313). – Ignatios (# 22746). – Ioannes (# 23165. – # 23361. – # 23362. – # 23363). – Konstantinos (# 23952. – # 24048. – # 24049. – # 24050). – Kosmas (# 24161). – L... (# 24260). – Leon (# 24654. – # 24655). – Markos (# 25000). – Michael (# 25309). – Mitzos (# 25413). – Nikephoros (# 25666). – Niketas (# 25727). – Nikolaos (# 26117). – Theodoretos (# 27612). – Theoktistos (# 28060). – Theopemptos (# 28072). – Theophylaktos (# 28252. – # 28253). – Thomas (# 28332). – Timotheos (# 28356). – Xenophon (# 28453). – Anonymi (# 30504. – # 30591). – Anonymus (# 31601. – # 31602. – # 31604. – # 31616. – # 31958. – # 31959. – # 31963. – # 31964. – # 31965. – # 31966). — s. auch Buno, Christos-Maburnas-Kloster, Soter-Kloster

Smilakia-Kloster (Olymp, Bithynien) → Nikolaos II. Chrysoberges (# 26019).

Smolensk (Rußland) → Oleg (# 26185).

Smyrna/Smyrne (Asia) → Antonios (# 20496). – Ioannes (# 22797. – # 22999. – # 23030. – # 23040). – Ioannes Tzurillas (# 23401). – Kosmas (# 24129). – Leon (# 24339). – Metrophanes (# 25088). – Niketas (# 25705. – # 25783. – # 25806). – Paulos (# 26302). – Sophronios (# 27159). – Theodoros (# 27652). – Anonymi (# 30612). – Anonymus (# 31452. – # 31978. – # 32052).

Soandos (Kappadokien) → Basileios (# 21084). — s. auch Barbara-Kapelle

Sofia (Bulgarien) → Aaron Kometopulos (# 20003). – Krakras (# 24188).

tes Sophanus (bei Hierissos, Chalkidike) → Maria (# 24942).

Hagia Sophia (Kpl.) → Abū ʿUmayr ʿAdī b. Aḥmad b. ʿAbdalbāqī al-Aḏanī (# 20086). – Adrianos (# 20122). – Alexandros (# 20235). – Arni (# 20577). – Artabasdos (# 20630). – Ašot II. (Kuropalates Iberias) (# 20647). – Baanes Angures (# 20716). – Basileios (# 20948. – # 21047). – Basileios I. (# 20837). – Basileios II. (# 20838). – David Arcruni (# 21441). – Demetrios (# 21527. – # 23407). – Epiphanios (# 21728). – Eudokia Ingerina (# 21754). – Eudokia Hetaireiotissa (# 21760). – Eugenios (# 21773). – Eustratios ((# 21837. – # 21883). – Euthymios Kasnes (# 21935). – Georgios (# 22083). – Gregoras Iberitzes (# 22328). – Gregorios (# 22401). – Halfdan (# 22548). – Hārūn b. Yaḥyā (# 22555). – Hierotheos (# 22595). – Ioannes (# 22984. – # 23088. – # 23096. – # 23127. – # 23238. – # 23383. – # 23385. – # 23439). – Ioannes III. von Antiocheia (# 23167). – Ioannes Neatokomites (# 22838). – Ioseph Bringas (# 23529). – Konstantinos (# 23802. – # 23869. – # 23978. – # 23990). – Konstantinos VII. (# 23734). – Konstantinos VIII. (# 23735). – Konstantinos Lakapenos (# 23831). – Konstantinos Rhodios (# 23819). – Leon (# 24649. – # 24666). – Leon VI. (# 24311). – Leon Choirosphaktes (# 24343). – Leon Phokas (# 24423). – Leon Rhodios (# 24512). – Marianos (# 24964). – Michael ((# 25125. – # 25152. – # 25198. – # 25287. – # 25312). – Nikephoros (# 25590). – Nikephoros II. Phokas (# 25535). – Niketas (# 25767. – # 25862). – Niketas Xylinites (# 25697). – Nikolaos (# 25919. – # 26068). – Nikolaos I. Mystikos (# 25885). – Polyeuktos (# 26715). – Pothos (# 26741). – Prokopios (# 26761). – Rentakios (# 26814). – Romanos III. Argyros (# 26835). – Samonas (# 26973). – Sergios (# 27022). – Sisinnios (# 27121). – Sophia (# 27153). – Stephanos (# 27293). – Stephanos I. (# 27208). – Stephanos Lakapenos (# 27251). – Stylianos (# 27411). – Synesia (# 27548). – Theodoros (# 27616. – # 27705. – # 28208. – # 27870). – Theophanes (# 28087). – Theophylaktos (# 28192. – # 28223). – Trdat (# 28370). – Anonyma (# 30027). – Anonymi (# 30255. – # 30259. – # 30268. – # 30269. – # 30362). – Anonymus ((# 30912. – # 30933. – # 30952.

– # 30972. – # 31016. – # 31489. – # 31603. – # 31611. – # 31872. – # 31892. – # 31937).

Hagia Sophia (Ochrid) → Leon (# 24666).

Hagia Sophia (Thessalonike) → Leon (# 24649). – Michael (# 25181). – Paulos (# 26314).

Sophienhafen (Kpl.) → Theodoros (# 27696). – Anonyma (# 30055). – Anonymus (# 31109. – # 31110).

Sophienkloster (Benevent) → Adelbertus (# 20102). – Adelvertus (# 20112). – Alaricus (# 20222). – Angelo (# 20423). – Gregorius (# 22493. – # 22493). – Ioannes (# 23182). – Petrus (# 26568). – Silittus (# 27073).

Hagia Sophistica (Kathedrale in Metropolsk) → Eustachios (# 21827).

Sora/Soroi (Paphlagonien) → Konstantinos (# 23775). – Leontios (# 24722). – Phokas (# 26650). – Symeon (# 27494).

Soskos (Epeiros) → Nikephoros Xiphias (# 25661).

San Sosti (Kalabrien) s. Martys-Sozon-Kloster

ho Soter (Gerokomeion in Kalabrien) → Sergios (# 27047). – Skorniates (# 27133). – Ursos (# 28410).

Soter-, Theotokos-und-Hagia-Kyriake-Kirche (Lakedaimon) → Basileios Apokaukos (# 21006). – Bitalios (# 21172). – Gabriel (# 22033). – Georgios (# 22267). – Gregorios (# 22429. – # 22477. – # 22485). – Hilarion (# 22615). – Ioannes (# 23339. – # 23409). – Ioannes Malakenos (# 23106). – Lukas (# 24785). – Manuel (# 24898). – Michael Argyromytes (# 25382). – Nikon “Metanoeite” (# 26155). – Rentakios (# 26815). – Sabbatios (# 26948). – Stephanos (# 27374). – Theodoros Xylanthropos (# 27776). – Theopemptos (# 28070). – Anonyma (# 30116). – Anonymi (# 30476. – # 30498. – # 30619. – # 30623. – # 30478. – # 30479. – # 30538). – Anonymus (# 31515. – # 31523. – # 31527. – # 31528. – # 31717. – # 31718. – # 31925. – # 31933. – # 31934. – # 31935. – # 32026. – # 32036. – # 32038).

Soter-Kirche (des Ioannes I. Tzimiskes, Kpl.) → Anonymus (# 31368).

Soter-Kloster (Athos) → Dionysios (# 21555). – Georgios (# 22236). – Leontios (# 24729). – Sabas (# 26940).

Soter-Kloster (Latros) → Athanasios (# 20674). – Paulos (# 26337). – Anonymi (# 30423). – Anonymus (# 31288).

Soter-Kloster (Metochion des Kaliurgu-Klosters, Chalkidike) → Andronikos (# 20416).

Soter-Kloster (Lage unbekannt) → Markos (# 24998).

Soter-Kloster (Skyros) → Akakios (# 20203). – Andreas (# 20395). – Antonios (# 20524. – # 20525). – Athanasios (# 20686. – # 20687). – Basileios (# 21093). – Eusebios (# 21821). – Eustratios (# 21902). – Euthymios (# 21964). – G... (# 22017). – Georgios (# 22239). – Glykeria (# 22313). – Ignatios (# 22746). – Ioannes (# 23165. – # 23165. – # 23361. – # 23362. – # 23363). – Konstantinos (# 24048. – # 24049. – # 24050). – Kosmas (# 24161). – L... (# 24260). – Leon (# 24654. – # 24655). – Markos (# 25000). – Mitzos (# 25413). – Nikephoros (# 25666). – Nikolaos (# 26117). – Theoktistos (# 28060). – Theopemptos (# 28072). – Theophylaktos (# 28252. –

28253). – Thomas (# 28332). – Timotheos (# 28356). – Xenophon (# 28453). – Anonymi (# 30504. – # 30591). – Anonymus (# 31601. – # 31602. – # 31958. – # 31959. – # 31963. – # 31964. – # 31965. – # 31966).

Soter-Kirche und -Kloster (Galesionberg) → Antonios (# 20535). – Ioannes (# 23440). – Symeon (# 27545). – Anonymus (# 32048).

Soterupolis (Kleisura) → Anonymus (# 31299).

Martys-Sozon-Kloster (San Sosti, Kalabrien) → Markos (# 25001).

Sozopolis (Haimimontos) → Agelastos (# 20182). – Germanos (# 22293). – Ignatios (# 22725*) – Stephanos (# 27332).

Sozopolis (Pisidien) → Ignatios (# 22725*) – Nikolaos (# 25898).

Spadiata und Pates (Kappadokien) → Padiates (# 26219).

Spaleia (Galatien) → Gregoras (# 22325).

Spanien → ʿAbdarraḥmān III. b. Muḥammad an-Nāṣir (# 20018). – Aḥmad al-Yunānī (# 20183). – Andreas (# 20393). – Dunale (# 21610). – al-Ḥakam II. al-Mustanṣir billāh (# 22543). – al-Ḥākim (# 22544). – Hišām b. Huḏayl (# 22626). – Nikolaos (# 25962). – Recemundus (# 26810). – Salomon (# 26971). – Stephanos (# 27263). – Anonymi (# 30382. – # 30384. – # 30408). – Anonymus (# 31473). — s. auch Andalusien, Asturien, Cordoba, Elvira, Gadeira, Madīnat az-Zahrā, Medina Elvira, Oviedo, Santiago de Compostela

Spanoleon-Kloster (Athos) s. Hagios-Ioannes-Theologos-Kloster (Athos)

Sparta (Peloponnesos) → Basileios (# 20887). – Daniel (# 21393). – Elias der Jüngere (# 21639). – Gregorios (# 22429). – Niketas (# 25740). – Nikon "Metanoeite" (# 26155). – Thomas (# 28330). – Anonymae (# 30128). — s. auch Lakedaimon

Spartari (Turma) → Georgios (# 22212).

Spasma (Athos) → Gregorios (# 22437). – Kosmas (# 24163).

Spathe (Paulikianerfestung) → Padiates (# 26219).

Speira-Kloster (Damatrys) → Konstantinos Barbaros (# 23820). – Samonas (# 26973).

Spelaiotes-Kloster (Chalkidike) → Andreas (# 20367).

Spercheios (Fluß in Thessalien) → Gabriel-Radomir-Romanos (# 22032). – Nikephoros Uranos (# 25617). – Samuel Kometopulos (# 26983). – Anonymus (# 31320).

Sphendone (im Hippodrom, Kpl.) → Konstantinos (# 23821). – Philotheos (# 26634). – Stylianos (# 27410). – Anonymi (# 30233. – # 30367. – # 30143).

ta Sphorakiu (Kpl.) → Leon Phokas (# 24423). – Anonymus (# 31547).

Sphrenzes-Kloster s. Panteleemon-Kloster (Athos)

Spoleto (Umbrien) → Alberich II. (# 20223). – Romualt (# 26895). – Wido II. (# 28444).

Sporaden (Inselgruppe) → Basileios (# 20984). – Euthymios (# 21912). – Kosmas (# 24143). – Laurentios (# 24278). – Leon (# 24537). – Lukas (# 24773). – Makarios (# 24832). – Michael (# 25267). – Paspalas (# 26286).

– Sabas (# 26936). – Sergios (# 27033). – Anonymi (# 30528). – Anonymus (# 30876. – # 31692). — s. auch Alonnesos/Halonnesos, Giura, Gymnopelagesion, Peristera, Skopelos, Skyros

Spore (Phrygia Salutaris) → Theodoros (# 27634).

Spynin (Kappadokien) → Eustathios Argyros (# 21828). – Leon Argyros (# 24399). – Pothos Argyros (# 26730).

Stabarotos (Lage unbekannt) → Isaak (# 23550).

Stadtmauer (Kpl.) → Helene (# 22576). – Maria (# 24921). — s. auch Goldenes Tor

Stadtmauer (Thessalonike) → Ioannes Kaminiates (# 22904).

Stagoi (Thessalien) → Elemagos (# 21634).

Stauroniketa-Kloster (Athos) → Nikephoros (# 25667). – Sabas (# 26942).

Staurupolis (Karien) s. Aphrodisias

Steiris (Boiotien) → Christophoros (# 21285). – Demetrios Kalonas (# 21508). – Gregorios (# 22410. – # 22410. – # 22439). – Ioannes (# 23200. – # 23201. – # 23202). – Konstantinos (# 23950). – Kosmas (# 24130). – Lukas der Jüngere (# 24762). – Nikolao (# 25884). – Nikolaos (# 26046. – # 26055. – # 26056). – Pankratios (# 26233). – Philippos (# 26610). – Theodosios (# 27912). – Anonyma (# 30081. – # 30108. – # 30109. – # 30111). – Anonymae (# 30137). – Anonymus (# 31387. – # 31761. – # 31799. – # 31800. – # 31801). — s. auch Lukas-Kloster

ta Steiru bzw. tu Steiriu (= ta Tzeru, Kpl.) → Basileios I. (# 20837). – Lukas (# 24784).

Stektorion (Phrygia Salutaris) → Germanos (# 22292).

Stelai (Kalabrien) → al-Ḥusayn b. Rabāḥ (# 22641). – Ibrāhīm II. b. Aḥmad al-Aġlab (# 22708). – Nasar (# 25490). — s. auch Milazzo

Stenon (Bosporos) → Alexios Mosele (# 20241). – Basileios Lakapenos (# 20925). – Ioannes (# 22937). – Kaukanos (# 23693). – Leon Argyros (# 24399). – Menikos (# 25056). – Paulos (# 26328). – Photeinos (# 26663). – Pothos Argyros (# 26730). – Theophanes (# 28087). – Anonymus (# 31068. – # 31132. – # 32030. – # 32040).

Stephaniakon (Epeiros Nea) → Kosmas (# 24098).

Protomartys-Stephanos-Kirche (Kpl.) → Leon VI. (# 24311). – Stephanos Neolampes (# 27206).

Stephanos-Kirche (Merkurion) → Anonymi (# 30432).

Protomartys-Stephanos-Kirche bzw. Kloster (Thessalonike) → Akindynos (# 20209). – Antonios (# 20488). – Auxentia (# 20702). – Demetrios (# 21454). – Dorotheos (# 21590). – Elias (# 21645). – Euthymios (# 21921). – Georgios (# 22102). – Gregorios (# 22370). – Hilarion (# 22602). – Ioannes (# 22829. – # 22830. – # 22831). – Kosmas (# 24101). – Martha (# 25005). – Sisinnios (# 27104). – Theodora (# 27599). – Theodora von Thessalonike (# 27598). – Theodoros (# 27618. – # 27639). – Theodotos (# 27962). – Theopiste (# 28267. – # 28268). – Anonyma (# 30009. – # 30010. – # 30011. – # 30013). – Anonymi (# 30187. – # 30188. – # 30189. – Anonymus (# 30733. – # 30734. – # 30735.

– # 30736. – # 30737. – # 30738. – # 30739. – # 30805. – # 30819. – # 30820).

Stephanos-Kloster bei tu Petru (Phrygien oder Bithynien) → Basileios (# 20891). – Eudokia (# 21757). – Paulos (# 26337). – Basileios (# 20891).

Stephanos-Palast (Kpl.) → Anonymus (# 30753).

Sthlabochorion (Metochion des Alethine-Philosophia-Klosters, Lakedaimon) → Antiochos (# 20474). – Michael Choirosphaktes (# 25381). – Nikon "Metanoeite" (# 26155). – Nikon (# 26166). – Prokopios (# 26772). – Zosimos (# 28519). – Anonyma (# 30121). – Anonymi (# 30615. – # 30616. – # 30617). – Anonymus (# 30479. – # 31527. – # 31875).

Stilo (Kalabrien) s. Stylo

Štip s. Stupion

Stompu-Kloster (Athos) → Klemes (# 23715).

Straboniketa-Kloster (Athos) s. Stauroniketa-Kloster

strana Frač'skaa (= choros Thrakoon) → Leon Phokas (# 24408).

Stratonike (Chalkidike) s. Isboros

Stratonikeia (Karien oder Lydien) → Dionysios (# 21562). – Georgios (# 22206). – Ioannes (# 23188). – Michael (# 25156).

Stribela (Chalkidike) → Theodotos (# 27980).

Strobelaia-Kloster (Athos) → Euthymios (# 21954).

Strobelion-Kloster (Karien) → Lazaros vom Galesionberg (# 24285). – Anonymi (# 30516).

Strobelos/Strobylos (Insel) → Damianos (# 21365). – Leon von Tripolis (# 24397). – Himerios (# 22624).

Strongylizon (Strymon) → Anonymus (# 30972. – # 30975).

Struma s. Strymon (Fluß)

Strumica/Strumbitze (= Tiberiupolis, Makedonien) → David Areianites (# 21438). – Demetrios (# 21528). – Dragomuž (# 21604). – Dristăr (# 21606). – Ioannes Chaldos (# 23166). – Michael Botaneiates (# 25357). – Nikolaos (# 26039). – Symeon von Bulgarien (# 27467). – Taridenas (# 27565). – Theophylaktos Botaneiates (# 28251). – Anonyma (# 30083. – # 30084. – # 30085). – Anonymi (# 30442). – Anonymus (# 30727. – # 30728. – # 30729. – # 30730. – # 30731. – # 30732. – # 31359. – # 31360. – # 31361. – # 31362. – # 31363. – # 31364).

Strymon/Struma (Fluß in Makedonien) → Aaron Kometopulos (# 20003). – Basileios II. (# 20838). – Elias (# 21668). – Gregorios Heptapsychos (# 22425). – Ioannikios (# 23464). – Konstantinos Karamallos (# 23918). – Paulos (# 26312). – Photios (# 26688). – Symeon (# 27525). – Theodoros (# 27720). – Anonymi (# 30238. – # 30609). – Anonymus (# 32010).

Strymon (Kleisura/Thema) → Andronikos (# 20416). – Basileios Kladon (# 20926). – Gregorios Heptapsychos (# 22425). – Konstantinos Karamallos (# 23918). – Krenites (# 24195). – Leon (# 24553). – Lykastos (# 24801). – Niketas (# 25738). – Nikolaos (# 26039). – Paulos (# 26324). – Stephanos (# 27252. – # 27280). – Symbatios (# 27446). – Symeon (# 27510). – Theodoros (# 27720). – Theodoros Kladon (# 27763). – Theodotos (# 27964. – # 27975). – Theophiletos (# 28134). – Theophilos (# 28171). – Anonymus (# 30866. – # 30972). — s. auch Strongylizon

Studioskloster (Kpl.) → Achillas (# 20094). – Alexios Studites (# 20247). – Anastasios (# 20297). – Anatolios (# 20347). – Anna (# 20434). – Antonios III. Studites (# 20499). – Antonios Mauros (# 20485). – Arkadios (# 20565). – Athanasios (# 20666). – Basileios (# 21039). – Blasios (# 21177). – Dionysios (# 21545). – Dorotheos (# 21592). – Eustathios (# 21836). – Eustratios (# 21910). – Euthymios (# 21913). – Euthymios Studites (# 21945). – Gregoras Iberitzes (# 22328). – Hilarion (# 22601). – Ignatios (# 22712. – # 22727. – # 22749). – Ioannes (# 22913. – # 23094). – Ioannes I. Tzimiskes (# 22778). – Ioseph (# 23517). – Klemes (# 23705). – Konstantinos Diogenes (# 24045). – Leon Choirosphaktes (# 24343). – Leon Katakalon (# 24329). – Lukas (# 24759). – Methodios (# 25085). – Michael Exabulites (# 25202). – Michael Monachos (# 25099). – Musikos (# 25458). – Nikephoros Xiphias (# 25661). – Niketas Stethatos (# 25842). – Nikolaos (# 26077. – # 26125). – Nikolaos II. von Antiocheia (# 26124). – Petros (# 26473). – Philippos (# 26606). – Philotheos (# 26642). – Sergios (# 27039). – Stephanos (# 27298). – Symeon Eulabes (# 27479). – Symeon Neos Theologos (# 27488). – Symeones (# 27547). – Theophilos (# 28135. – # 28165). – Timotheos (# 28351). – Anonymi (# 30195). – Anonymus (# 30744. – # 30982. – # 31283. – # 31594).

Stupion/Stypion/Štip (Bulgarien bzw. Makedonien) → Kesta Stypiotes (# 23699). – Theodoros Kaukanos (# 27855). – Anonymus (# 31968).

Stylo/Stilo (Kalabrien) → Antilia (# 20470). – Bitalianos (# 21167). – Elias (# 21673). – Ioannes Kellos (# 23423). – Krepatunes (# 24196). – Leon (# 24686). – Mylonas (# 25474). – Nikolaos (# 26089). – Otto II. (# 26212). – Panormites (# 26238). – Phurkas (# 26691). — s. auch Hagios-Leontios-Kloster

Stylos (Latros) → Pachomios (# 26217). – Paulos (# 26337). – Anonymi (# 30446. – # 30425). – Anonymus (# 31289).

Stylos-Kloster (Latros) s. Paulos-Kloster (Latros)

Stypion (Makedonien) s. Stupion

Suberaton (Kalabrien) → Saginares (# 26958). – Skardusa (# 27129).

Sudak (Krim) s. Sugdaia

Sugdaia/Sugdia/Sudak (Krim) → Konstantinos (# 23938). – Petros (# 26510).

Sulci (Sardinien) → Nespella Ochotissa (# 25518). – Salusios (# 26972). – Torkotorios (# 28363).

Sumaysāṭ (arab.) s. Samosata

Šumen (Bulgarien) → Konstantinos (# 23890).

Sune (griech.) s. Siwnikʻ

Ṣūr (arab.) s. Tyros

Sūrā (arab.) s. Būqā

Surb Astuacacin (Armenien) → Gurgen von Kʻartʻli (# 22531). – Nikephoros Uranos (# 25617).

Surož s. Sugdaia

Susa (Ifrīqiya) → Nikolaos (# 26008).

Svinnegarn (Schweden) → Banki (# 20753).

Syblaia/Syblaion (Phrygia Pakatiane) → Nikephoros (# 25556).

Sykai (Isaurien) → Ignatios (# 22726).

Sykai (Zypern) → Demetrianos (# 21451).

Sykeai (Chalkidike) → Auxentios (# 20707). – Georgios (# 22255). – Sakules (# 26965).

Sykeoskloster (Lage unklar) → Stephanos I. (# 27208).

Sylaion/Syllaion (Pamphylien bzw. Kibyrrhaioton) → Georgios Syleotes (# 22278). – Ioannes (# 22785. – # 22797. – # 23179). – Leon (# 24339. – # 24403). – Paulos (# 26302). – Anonymus (# 30810).

Hagios-Symeon-Kloster (arab. Dayr Mār Simʿān/Qalaʿat Simʿān, Syrien) → Anṭūnī (# 20540). – Chariton (# 21233). – Christophoros von Antiocheia (# 21277). – Georgios (# 22157). – Saʿdaddawla Abū l-Maʿālī (# 26954). – Symeon (# 27505). – T... (# 27550). – Theodulos (# 27995).

Hagios-Symeon-Kloster tu Boroskopu (Athos) → Theoktistos (# 28061).

Hagios-Symeon-Stylites-Kirche (Eigentum des Iviron-Klosters, Athos) → Arseni (# 20596). – Iovane Grdzelisdze (# 23545).

Symeonion (Lage unbekannt) → Nikephoros (# 25555).

Symposion (Kappadokien) → Ismael (# 23566). – Melias (# 25041). – al-Qāsim b. Sīmā (# 26786).

Synada/Synnada (Phrygia Salutaris) → Elias (# 21674). – Gerasimos (# 22279). – Ioannes (# 22939). – Konstantinos Iudaios (# 23739). – Leon (# 24416). – Nikolaos (# 25887). – Pantoleon (# 26252). – Petros (# 26436). – Philetos (# 26595). – Philetos von Synada (# 26597). – Anonymus (# 31083. – # 31706).

Synaos/Sanaos (Phrygien) → Basileios (# 20869. – # 21046). – Eusebios (# 21815). – Konstantinos (# 23748). – Sisinnios (# 27102).

Syngrasis (Zypern) → Eirene (# 21625). – Epiphanios (# 21722). – Euthymios (# 21948). – Iakobos (# 22667). — s. auch Hagios-Prokopios-Kirche

Synnada s. Synada

Syrakus (arab. Saraqūsa, Sizilien) → Abū Isḥāq (# 20067). – Adrianos (# 20122). – Antonius (# 20537). – Basileios I. (# 20837). – Ǧaʿfar b. Muḥammad (# 22050). – Georgios Maniakes (# 22262). – Gregorios Asbestas (# 22348). – Ibrāhīm II. b. Aḥmad al-Aġlab (# 22708). – Ioannes Patrianus (# 22801). – Leon (# 24330). – Manuel Phokas (# 24884). – Niketas (# 25704. – # 25784). – Petros (# 26435). – Polites (# 26710). – Sabbas (# 26945). – Semnoen (# 27006). – Symeon von Trier (# 27542). – Theodosios (# 27892). – Zacharias (# 28484). – Anonymi (# 30170. – # 30173. – # 30543. – Anonymus (# 30676. – # 30683. – # 30686. – # 30687. – # 31313).

Syrakusanerkloster (Kalabrien) → Sabas neos (# 26929). – Anonymus (# 31313).

Syricha, s. Sirica

Syrien → Aḥmad b. Tuġān al-ʿUǧayfī (# 20193). – Aḥmad b. Ṭūlūn (# 20194). – Alftikīn (# 20253). – ʿAlī b. Suwwār (# 20256). – Aulax (# 20700). – ʿAyšalš (# 20708). – Bakur (# 20748). – Bardas (# 20767). – Bardas Phokas der Jüngere (# 20784). – Basileios I. (# 20837). – Basileios II. (# 20838). – Bišāra al-

Qal'ī (# 21165). – David (# 21412). – Eustathios (# 21843). – Ǧa'far b. Falāḥ (# 22049). – Ǧa'far b. al-Ḥusayn (# 22048). – Ǧayš b. Ḫumārawayh (# 22068). – Gregorios (# 22427). – Ḫalaf al-Farġānī (# 22545). – Ḥalmān b. Karādīs (# 22550). – al-Ḥasan b. 'Alī Kūrah (# 22560). – al-Ḥasan b. 'Ubaydallāh b. Ṭuġǧ (# 22563). – Himerios (# 22624). – Ḫumārawayh (# 22639). – Ibn Ibrāhīm (# 22695). – Ioannes I. Tzimiskes (# 22778). – Konstantinos Dalassenos (# 23940). – Konstantinos Dukas (# 23817). – Kulayb an-Naṣrānī (# 24209). – Leon (# 24401). – Leon Apostyppes (# 24341). – Leon Phokas (# 24423). – Limnogalaktos (# 24743). – Manǧūtakīn (# 24858). – Manṣūr b. Lu'lu' (# 24865). – Moyses (# 25431). – Mu'nis al-Muẓaffar (# 25449). – Muḥammad b. Ṭuġǧ al-Iḫšīd (# 25443). – Naǧā al-Kāsakī (# 25487). – Nikephoros II. Phokas (# 25535). – Nikephoros Uranos (# 25617). – Nikolaos (# 25944). – Nikolaos II. von Antiocheia (# 26124). – Nuṣayr (# 26173). – Óláfr Tryggvason (# 26182). – Petros (# 26496). – Phers (# 26581). – Qarġūyah (# 26785). – Recemundus (# 26810). – Sergios (# 27036). – Sinān b. 'Ulyān (# 27087). – Staurakios Platys (# 27181). – T... (# 27550). – Ṯamal ad-Dulafī (# 27558). – Theodoretos (# 27606). – Theodoros (# 27816. – # 27817). – Theudatos (# 28276). – Þorðr Sjáreksson (# 28338). – Yārūḫ (# 28462). – Yovsēp' (# 28469). – Zachakios (# 28475). – Ẓālim b. Mawhūb (# 28500). – az-Zuġaylī (# 28521). – Zuhayr (# 28522). – Anonymus (# 30675. – # 30874. – # 30878. – # 30893. – # 30894. – # 30895. – # 30896. – # 30897. – # 30901. – # 30902. – # 30903. – # 30904. – # 30905. – # 31231. – # 31233. – # 31397. – # 31822. – # 32050).
— s. auch Aleppo, Alexandrette (al-Iskandirūna), 'Amq, Antartus, Antiocheia, Aqra', 'Arandās, 'Arqa, Artāḥ, al-Aṯārib, 'Awǧ, 'Ayn Ḏarīya, 'Ayntāb, A'zāz/'Azāz, B.t.r.k, Bagras, Balanaia, Balis, Bāniyās, Bar Gàgai, Bārīd, Beirut, Bithyas, Borzo, Būqā, Burǧ ar-Raṣāṣ, Byblos, Chalkis, Charan, Damaskus, Dārā, Darb maġārat al-kuḥl, Edessa, Emesa, Epiphaneia, Ǧabal Anṣarīya, Ǧabal Bahrā', Ǧabal Laylūn, al-Ǧarāǧima, Germanikeia, Ǧisr al-Ḥādīṯ, Ǧūsiya, Ḥamāh, Ḫanāṣira, al-Ḫawābī, al-Hazzāza, Heliupolis, Hierapolis, Ḥisn al-'Imm, Ḥiṣn ar-Rān, 'Imm, Killis, Lakama, Laodikeia, Ma'arrat an-Nu'mān, Mahrūya, Maraqīya, Marǧ Dābiq, Mauron Oros, Meroe, Mons mirabilis, al-Muḍīq, Orontes, Paltos, Qal'at Nādir, Qasṭūn, al-Qubba, Ra'bân, Rafanīya, Sab'īn, Ṣahyūn, Šayzar, Seleukeia Pieria, Siderogephyron, Sīḥ Laylūn, Hagios-Symeon-Kloster, Tall Bāšir, Tall Ḥāmid, Tartus, Teluch, Tīzīn, Tripolis, aṯ-ṯuġur aš-šāmīya, Tyros, Wādī Buṭnān

Syrische Grenzgebiete s. aṯ-ṯuġur aš-šāmīya

Syrische Pforte → Michael Burtzes (# 25253).

Tabaria (Ägypten) → Dunale (# 21610). – Anonymi (# 30369). – Anonymus (# 31225).

Ṭabarmīn (arab.) s. Taormina (Sizilien)

Tabia (Galatien) → Philetos (# 26591). – Theophylaktos (# 28207).

Tabor (Berg in Galiläa) → Elias der Jüngere (# 21639). – Paulos (# 26385).

Tādim/Dādim (arab., Chanzit, Mesopotamien) → Sayfaddawla (# 26998).

Tadvan/Ṭaiṭawāna s. Datuan

Takas... (Lage unbekannt) → Theophilos (# 28155).

Tall Bāšir (arab., Syrien) → Nikephoros II. Phokas (# 25535).

Tall Baṭrīq/Tall Biṭrīq (arab., Armenien) → Abū l-'Ašā'ir b. al-Ḥasan b. 'Alī b. al-Ḥusayn b. Ḥamdān (# 20040). – Dionysius (# 21568). – Ibn F.šīr (# 22692). – Ioannes I. Tzimiskes (# 22778). – Leon Phokas (# 24423). – Romanos Balantes (# 26851). – Sayfaddawla (# 26998). – Anonymus (# 31407).

Tall Ḥāmid (arab., Syrien) → Nağā al-Kāsakī (# 25487).

Talmat (Patzinakia) → Kostas (# 24186).

Tamatarcha s. Zekchia

Tamiathis s. Damiette

Tampsi/Thampsiupolis (Phrygia Pakatiane) → Ioannes (# 22788).

Tanis (= Kyprianos, arab. Tinnīs, Ägypten) → Christodulos (# 21253). – Eutychios (# 21977). – Ibn Balīḥa (# 22688). – Ibn al-Ḥūsayn (# 22694). – Isḥāq (# 23562). – Michael (# 25179). – Muḥammad b. Ṭuġğ al-Iḫšīd (# 25443). – Theophilos (# 28153).

Tao (arm. Tayk', Georgien) → Abas I. (# 20006). – Abuharb (I.) (# 20090). – Adarnase II. (# 20099). – Adarnase III. (# 20101). – Arseni (# 20596). – Bagrat (# 20739. – # 20741). – Bagrat I. Eristav (# 20735). – Bagrat III. (# 20740). – Bakur (# 20748). – Basileios II. (# 20838). – Č'ordvaneli (# 21350). – David II. (# 21423). – David III. (# 21432). – Džodžik (# 21612). – Euthymios Athonites Iber (# 21960). – Georgios III. von Iviron (# 22259). – Giorgi I. (# 22309). – Gurgen von K'art'li (# 22531). – Gurgen I. von Tao (# 22527). – Gurgen II. von Tao (# 22529). – Ioannes Athonites Iber (# 22942). – Ioannes Tornikios (# 22926). – Iordanes (# 23509). – Iovane Grdzelisdze (# 23545). – Iovane Varazvač'e (# 23544). – Mušeł (# 25457). – Nikephoros Phokas Barytrachelos (# 25675). – Nikephoros Uranos (# 25617). – Phers (# 26581). – Rat (Horatios Liparites) (# 26805). – Sahak (# 26959). – Smbat I. Kuropalates Iberias (# 27142). – Smbat I. von Klardžet'i (# 27140). – Theudatos (# 28276). – Tzotzikios (# 28388). – Zak'aria (# 28497). – Anonymi (# 30576. – # 30578). – Anonymus (# 31074. – # 31683). — s. auch Ašunk', Chachuli-Kloster, Išxan, Mamruan, Oltu, Oški, Parxali, Tortum-ṣū

Tao-Klardžet'i (Georgien) → Basileios (# 20928). – Smbat I. von Klardžet'i (# 27140). – Gregorios (# 22469). – Symbatios (# 27450). — s. auch Ekrek, Theotokos-Kirche, Vierkirchenlaura

Taormina (griech. Tauromenion; arab. Ṭabarmīn, Sizilien) → Abū l-'Abbās 'Abdallāh b. Ibrāhīm (# 20031). – Aḥmad b. al-Ḥasan b. 'Alī al-Kalbī (# 20188). – Barsakios (# 20819). – Chrysaphios (# 21337). – Chrysion (# 21339). – Daniel (# 21393). – Elias der Jüngere (# 21639). – Eustathios (# 21836). – al-Ḥasan b. al-'Abbās (# 22556). – al-Ḥasan b. 'Ammār al-Kalbī (# 22562). – al-Ḥasan b. 'Alī b. Abī l-Ḥusayn al-Kalbī (# 22558). – al-Ḥusayn b. Rabāḥ (# 22641). – Ibrāhīm II. b. Aḥmad al-Aġlab (# 22708). – Ionas (# 23505). – Konstantinos Karamallos (# 23816). – Manuel Phokas (# 24884). – Michael Charaktos (# 25161). – Nikephoros Phokas "der Ältere" (# 25545). – Niketas (# 25784). – Paulos (# 26299). – Prokopios (# 26764). – Sālim b.

Abī Rāšid (# 26967). – Theophano (# 28122). – Anonymus (# 30862. – # 31749. – # 31791). — s. auch Castel Mola

Taormitanerkloster (Kalabrien) → Sabas neos (# 26929). – Anonymus (# 31749. – # 31791).

Taranta/Taranton (Armenien) → Palatinos (# 26222). – Anonymi (# 30160).

Tarasios-Kloster (Bosporos bei Kpl.) → Konstantinos Barbaros (# 23820). – Paulos (# 26373). – Samonas (# 26973). – Anonymus (# 31685).

Tarent (griech. Terentos, arab. Ṭārant, Apulien) → Abū l-Qāsim ʿAlī b. al-Ḥasan al-Kalbī (# 20072). – Areskes (# 20553). – Artikos (# 20635). – Bartholomaios (# 20832). – Christophoros (# 21263). – Christophoros Bochomakes (# 21304). – Deusdona (# 21538). – Domnella (# 21587). – Eudokimos (# 21766). – Georgios (# 22101. – # 22176). – Gregorios (# 22430). – Iannetze(s) (# 22676). – Ioannes (# 23120. – # 23130. – # 23132. – # 23133. – # 23156). – Kalokyros (# 23636. – # 23644. – # 23645). – Kandida (# 23663). – Konstantinos (# 23859. – # 23932). – Kurtike(s) (# 24214). – Leon (# 24535. – # 24536. – # 24664). – Leon Aichmalotos (# 24347). – Leon Apostyppes (# 24341). – al-Mahdī (# 24814). – Merkurios (# 25058). – Michael (# 25260). – Michael Abidelas (# 25255). – Nikephoros (# 25607). – Nikephoros Phokas "der Ältere" (# 25545). – Niketis (# 25873). – Nikolaos (# 26035). – Nikolaos Munsuris (# 26034). – Otto II. (# 26212). – Šabbetai Donnolo (# 26949). – Ṣābir (# 26951). – Sālim b. Abī Rāšid (# 26967). – Sawdān (# 26997). – Stephanos (# 27226. – # 27310). – Stephanus V. (# 27384). – Symeon (# 27513). – Theophilos (# 28164). – Ursoleon (# 28406. – # 28408). – Anonymi (# 30606). – Anonymus (# 30625). — s. auch Petroskloster bzw. Petrus-und-Paulus-Kloster

Taron (arm. Tarōn). → Apoganem (# 20545). – Ašot II. Arkaïkas von Taron (# 20644). – Ašot III. "der Barmherzige" (# 20649). – Ašot III. von Taron (# 20645). – Ašot Makrocheir (# 20643). – Bagrat (# 20736). – Bagrat II. (# 20733). – Euphemios (# 21794). – Gregorios Taronites (# 22428). – Grigor I. (# 22497). – Ioannes I. Tzimiskes (# 22778). – Konstantinos Lips (# 23815). – Krinites (# 24200). – Leon (# 24530). – Lewon (# 24737). – Nikolaos Tornikios (# 25961). – Sinutes (# 27090). – Smbat Tʿoṙnecʿi (# 27145). – Tʿornik (# 28364). – Theodoros (# 27644. – # 27679). – Theophylaktos (# 28196). – Vahan (# 28420). – Yovhannēs Drasxanakertcʿi (# 28467). – Anonymi (# 30491. – # 30492. – # 30494. – # 30497). — s. auch Muš

Tarsos (arab. Ṭarasūs, Kilikien) – ʿAbdallāh b. Rāšid b. Kāwus (# 20014). – Abū l-ʿAšāʾir Aḥmad b. Naṣr (# 20039). – Abū l-Qāsim ʿAlī b. Aḥmad b. Bisṭām (# 20073). – Abū Riǧāl b. Abī Bakkār (# 20075). – Abū Ṯābit (# 20080). – Abū ʿUmayr ʿAdī b. Aḥmad b. ʿAbdalbāqī al-Aḏanī (# 20086). – Aḥmad b. Abbā (# 20185). – Aḥmad b. Kayġalaġ (# 20189). – Aḥmad b. Tuġān al-ʿUǧayfī (# 20193). – Aḥmad b. Ṭūlūn (# 20194). – ʿAlī b. ʿĪsā (# 20254). – Andreas "der Skythe" (# 20351). – Andronikos Dukas (# 20405). – Apulpher (# 20548). – Badr al-Ḥammāmī (# 20729). – Basileios (# 20917). – Basileios Hexamilites (# 20972). – Bašīr aṯ-Ṯamalī

(# 21132). – Bišr al-Afšīnī (# 21166). – Chosnis (# 21240). – Christophoros von Antiocheia (# 21277). – Damianos (# 21365). – Eustathios (# 21856). – Eustathios Maleïnos (# 21861). – Fatḥ aṯ-Ṯamalī (# 21996). – Georgios (# 22200). – Gregorios (# 22452). – al-Ḥasan b. ʿAlī Kūrah (# 22560). – al-Ḥusayn b. Ḥamdān b. Ḥamdūn (# 22642). – Ibn Abī ʿĪsā (# 22682). – Ibn ad-Daḥḥāk (# 22685). – Ibn Diʿāmah (# 22691). – Ibn al-Iḫšād (# 22696). – Ibn Maḥmūd (# 22698). – Ibn az-Zayyāt (# 22686). – Ioannes (# 22938). – Ioannes I. Tzimiskes (# 22778). – Karamones (# 23673). – Kesta Stypiotes (# 23699). – Kosmas (# 24152). – Leon (# 24401). – Leon Phokas (# 24423). – Leon von Tripolis (# 24397). – Melias (# 25041). – Monasteriotes (# 25416). – Mu'nis al-Muẓaffar (# 25449). – Muḥammad b. Ṭuġǧ al-Iḫšīd (# 25443). – Naǧā al-Kāsakī (# 25487). – Naṣr aṯ-Ṯamalī (# 25494). – Nikephoros II. Phokas (# 25535). – Niketas (# 25704). – Nikolaos II. von Antiocheia (# 26124). – Nizār b. Muḥammad (# 26171). – Oiniates (# 26178). – Rašīq an-Nasīmī (# 26804). – Rustam b. Baradū al-Farġānī (# 26909). – Samonas (# 26973). – Sayfaddawla (# 26998). – Sīmā (# 27077). – Stephanos (# 27241). – Symeon (# 27468). – Ṯamal ad-Dulafī (# 27558). – Ṭuġǧ b. Ǧuff (# 28378). – Urḫuz (# 28403). – Yāzamān (# 28463). – az-Zuġaylī (# 28521). – Anonymi (# 30239. – # 30370. – # 30374. – # 30459). – Anonymus (# 30706. – # 30707. – # 30882. – # 31196. – # 31315. – # 31330. – # 31331. – # 31400. – # 31474. – # 31475. – # 31873. – # 31945).
— s. auch Hagios-Lukas-Kloster

Tartus/Tortosa (arab. Anṭarṭūs, Syrien) → Basileios II. (# 20838). – Damianos Dalassenos (# 21379). – Manǧūtakīn (# 24858). – Nikephoros II. Phokas (# 25535).

Tasepiaton (Bulgarien) → Klemes (# 23704).

Tatvan (Datuan, arab. Ṭayṭawāna, Armenien) → Aḥmad b. ʿAbdarraḥmān Abū l-Muʿizz (# 20186). – Ašot III. von Taron (# 20645). – Sayfaddawla (# 26998)..

Taubenschlag-Kirche s. Çavuşin (Kappadokien)

Tauriana (Kalabrien) → Bitalios (# 21170). – Daniel (# 21393). – Elias der Jüngere (# 21639). – Georgios (# 22126). – Paulos (# 26299). – Anonymus (# 30877).

Tauromenion (griech.) s. Taormina (Sizilien

Tauromenitenkloster (Kalabrien) s. Taormitanerkloster

Tauros (Gebirge) → ʿAbdalmalik (# 20016). – Damianos (# 21365). – Melias (# 25041). – Sīmā aṭ-Ṭawīl (# 27079). – Anonymi (# 30171. – # 30172).

Tauroskythen → Kalokyres (# 23631).

Tawus (Armenien) → Smbat-Yovhannēs (# 27146).

at-Tay (arab.) bzw. Taykʿ (arm.) s. Tao

Taygetos (Gebirge, Peloponnes) → Antiochos (# 20474). – Michael Choirosphaktes (# 25381). – Nikon (# 26166). – Prokopios (# 26772). – Zosimos (# 28519). – Anonyma (# 30121). – Anonymi (# 30615. – # 30616. – # 30617).

Ṭāysīra (arab.) s. Dorystolon

Ṭayṭawāna (arab.) s. Tatvan (Armenien)

Teana (Basilicata) → Anthimos (# 20468). – Kosmas (# 24160). – Niketas (# 25844). – Theodoros (# 27851).

Tegea (Peloponnesos) → Thomas (# 28294). – Eustathios (# 21829).

Teichos s. Tychos

Tekeli Dağ s. Kabala (Kappadokien)

Tekes s. Digisene

Tell Paṭrīq s. Tall Baṭrīq

Teluch (arab. Dulūk, Syrien) → Abū l-ʿAšāʾir b. al-Ḥasan b. ʿAlī b. al-Ḥusayn b. Ḥamdān (# 20040). – Georgios Maniakes (# 22262). – Konstantinos Phokas (# 23841). – Leon Phokas (# 24423). – Naǧā al-Kāsakī (# 25487). – Nikephoros II. Phokas (# 25535). – Sayfaddawla (# 26998).

Temenos (Festung bei Chandax, Kreta) → Nikephoros II. Phokas (# 25535).

Tenedos (Insel) → Ioannes (# 22929). – Konstantinos Lakapenos (# 23831). – Thomas (# 28295). – Anonymus (# 31346).

Tepe-Kerman (Krim) → Manuel (# 24874).

Tephrike (= Leontokome) → Basileios I. (# 20837). – Christophoros (# 21258). – Chrysocheir (# 21340). – Gregoras (# 22340). – Kurtikios (# 24215). – Petros Sikeliotes (# 26431). – Pulades (# 26780). – Anonymi (# 30160). – Anonymus (# 30688).

Teputze/Tzutza (Phrygia Salutaris) → Nikolaos (# 25906).

Terbenia (Insel, Golf von Korinth?) → Ioannes (# 23202).

Terbunia (Serbien) → Čuzimir (# 21357). – Hvalimir (# 22646).

Terea/Tairea (bei Monembasia) → Antonios (# 20493). — s. auch Theotokos-Kirche

Terebinthos (Insel) → Elias (# 21640).

Tergastos (Lykien) → Sabas (# 26919).

Termini (arab. Ṯ.r.m.h, Kalabrien) → Basileios (# 20975). – al-Ḥasan b. ʿAlī b. Abī l-Ḥusayn al-Kalbī (# 22558).

Termoli (arab. Tirmūla, Kalabrien) → Anonymus (# 31098).

Ternabos (Berg bei Larissa, Thessalien) → Aimilianos (# 20196). – Akindynos (# 20210). – Christophoros (# 21269). – Demetrios (# 21477). – Eirene (# 21622). – Euodios (# 21784). – Gregorios (# 22380). – Harmodios (# 22554). – Ioannes (# 22869). – Michael (# 25148). – Nikolaos (# 25964). – Pankratios (# 26232). – Pantoleon (# 26253). – Theodoros (# 27663).

Terracina (Latium) → Crescentius (# 21352).

Hagioi-Tessarakonta-Kloster bzw. Gerokomeion (Rhegion, Kalabrien) → Lagitianos (# 24262). – Polykarpos (# 26718). – Rizikas (# 26819).

Hagioi-Tessarakonta-Kloster (Metochion des Philadelphos-Klosters, Athos) → Ioseph (# 23532).

Tetranesos (Insel bei Kerkyra) → Arsenios (# 20603).

Tezerbule (Mesopotamien?) → Tatikios (# 27571).

Thampsiupolis s. Tampsi (Phrygia Pakatiane)

Thasos (Insel) → Himerios (# 22624). – Leon von Tripolis (# 24397).

Thebai (Karien) → Leon (# 24442).

Theben/Thebai (Boiotien bzw. Hellas [Kirchenprovinz]) → Euthymios (# 21921). – Euthymios Kapules (# 21968). – Ioseph (# 23520). – Kallonas (# 23626). – Krinites (# 24202). – Leon (# 24328). – Markianos (# 24989). – Nikon “Metanoeite” (# 26155). – Pankratios (# 26233). – Pothos (# 26731). – Anonyma (# 30012. – # 30081). – Anonymus (# 30735. – # 30947. – # 31007. – # 31227. – # 31309. – # 31334. – # 31486. – # 31763. – # 31908. – # 32002).

Thekla-Kirche (Kpl.) → Nikephoros Phokas "der Ältere" (# 25545).

Theobuleia (Bulgarien?) → Nikolaos (# 25913).

Theodora-Palast (bei Kpl.) → Saktikes (# 26964).

Hagios-Theodoros-Kirche (Alt-Kairo, Ägypten) → Iob (# 23466). – Yūsuf II. (# 28474).

Theodoros-Kirche ta Sphorakiu (Kpl.) → Anonymus (# 30817).

Theodoros-Kloster (Salice) → Theodoros (# 27717). – Anonymi (# 30429).

Theodoros-Phanerotes-Kirche (Kpl.) → Anonymus (# 30722. – # 30723).

Theodorupolis (Europe) → Ioannes (# 22810).

Hagios-Theodosios-Kloster (Athos) → Basileios (# 21005). – Theoktistos (# 28063).

Theodosiupolis (Karin/Karni, arab. Qālīqalā, Stadt und Region in Armenien) → Adarnase III. (# 20101). – Andronik (# 20403). – Ašot II. "Kiskases" (# 20648). – Ašot II. Kuropalates Iberias (# 20647). – Bagrat (# 20734). – Č'ordvaneli (# 21349). – David III. (# 21432). – Ioannes (# 23333). – Ioannes Arrabonites (# 22970). – Ioannes Athonites Iber (# 22942). – Ioannes I. Tzimiskes (# 22778). – Ioannes Kurkuas (# 22917). – Ioannes Tornikios (# 22926). – Iovane Varazvač'e (# 23544). – Lalakon (# 24265). – Muḥammad b. Naṣr (# 25442). – Naǧā al-Kāsakī (# 25487). – Orestes (# 26193). – Petronas Boïlas (# 26421). – Phers (# 26581). – Romanos Dalassenos (# 26881). – Sayfaddawla (# 26998). – Theophilos Kurkuas (# 28152). – Theophilos Kurkuas (# 28152). – T'ornik II. (Varazvač'e) (# 28365). – Zak'aria (# 28497). – Anonymus (# 30847. – # 30848. – # 31297. – # 31971). — s. auch Havačič'

Theoktistos-Kloster (Athos) → Kosmas (# 24135).

Theometer-Kirche (Piräus) → Nikon "Metanoeite" (# 26155).

Theomorph... (unklar) → Niketas (# 25784).

Theophanes-Kloster (Lage unbekannt) → Anonymus (# 32016).

Theophano-Kirche (Kpl.) → Leon VI. (# 24311).

Theotokos-Höhle (Latros) → Demetrios (# 21476). – Paulos (# 26337).

Theotokos-Kirche (Athen) → Anonymi (# 30412).

Hyperhagia-Theotokos-Kirche (Bithynien) → Basileios der Jüngere (# 20881). – Ioannes (# 22947).

Theotokos-Kirche (des Buleuteria-Klosters, Athos) s. Buleuteria-Kloster

Theotokos-Kirche (Ekrek, Tao-Klardžet'i) → Gregorios (# 22469). – Symbatios (# 27450).

Theotokos-Kirche (des Iviron-Klosters, Athos) → Euthymios Athonites Iber (# 21960). – Georgios I. von Iviron (# 22180). – Ioannes Athonites Iber (# 22942).

Theotokos-Kirche (Kiew) → Vladimir I. von Kiew (# 28433).

Theotokos-Kirche (Kukas) → Anastaso (# 20343).

Theotokos-Kirche (Kuphu auf Kreta) → Kyrillos (# 24256).

Panagia-Theotokos-Kirche tu Lykodemu (Athen) → Ioannes Psareutes (# 23367).

Theotokos-Kirche (Megale Laura, Athos) → Athanasios Athonites (# 20670).

Theotokos-Kirche ta mikra Rhomaiu (Kpl.) → Eutychianos (# 21976). – Thomaïs von Lesbos (# 28277). – Anonymus (# 31229).

Theotokos-Kirche (Monembasia) → Theodoros (# 27627). – Anonymi (# 30286). – Anonymus (# 31017. – # 31018).

Theotokos-Kirche (Paros) → Anonymi (# 30158). – Anonymus (# 30699).

Theotokos-Kirche tu Pharu s. Pharos-Kirche (im Kaiserpalast, Kpl.)

Theotokos-Kirche (Piräus) s. Theometer-Kirche

Theotokos-Kirche (bei Popolia, Makedonien) → Germanos von Kosinitza (# 22285).

Theotokos-Kirche (Protaton) → Petros (# 26427). – Anonymi (# 30206).

Theotokos-Kirche (am Sigma, Kpl.) → Leon Philosophos (# 24313). – Anonymi (# 30157).

Theotokos-Kirche (Terea) → Antonios (# 20493).

Panagia-Theotokos-Kirche (Thessalonike) → Anna (# 20443). – Christophoros (# 21328). – Katakale (# 23684). – Maria (# 24947). – Nikephoros (# 25679). – Demetrios (# 21489). – Epiphanios (# 21721).

Theotokos-Kirche (= Acheiropoietoskirche?, Thessalonike) → Basileios (# 20882).

Theotokos-Kirche (bei Tzernista, Makedonien) → Germanos von Kosinitza (# 22285). – Neophytos (# 25507). – Nikolaos (# 25917). – Anonymi (# 30204. – # 30214). – Anonymus (# 30787).

Theotokos-Kloster (Lage unbekannt) → Neophytos (# 25509).

Hyperhagia-(Theotokos)-Kloster (Lage unbekannt) → Symeon (# 27497).

Theotokos-Kloster-Ano-Agro (Kalabrien) → Adelgises (# 20106).

Theotokos-Kloster tes Antiphonetrias (Myriokephalon auf Kreta) → Ioannes Xenos (# 23109). – Lukas (# 24777). – Anonymi (# 30614).

Theotokos-Kloster (Athen) → Anonymus (# 31270).

Theotokos-Kloster (Athos) → Petros (# 26536).

Theotokos-Kloster (Daqnūn bzw. Dayr as-Sayyida wālida llāh al-maʿrūf bi-Daqnūna, Lage unbekannt) → Gregorios (# 22427).

Hyperhagia-Theotokos-Kloster tu Eusebiu (Bithynien) → Abramios (# 20025). – Kosmas (# 24109). – Theophanes (# 28087). – Anonymi (# 30313). – Anonymus (# 31120. – # 31182).

Theotokos-Kloster al-Ǧarāǧima (bei Antiocheia, Syrien) → Hieremias (# 22591).

Theotokos-Kloster tu Gomatu s. Gomatu-Kloster (Athos)

Theotokos-Kloster in Hagnoandnike (Bulgarien) → Ioannes (# 23365).

Theotokos-Kloster (Hierissos) → Maria (# 24942).

Theotokos-Kloster (Karabitsin, Kpl.) → Nikolaos (# 26093).

Theotokos-Kloster (Kepion) s. Appionkloster bei Kepion

Theotokos-Kloster ta Korones (Kpl.) → Baanes (# 20719).

Theotokos-Kloster ta Kyru (Kpl.) s. Kyroskloster (Kpl.)

Theotokos-Kloster tu Lamponiu (= Lamponiu-Kloster, Latros) → Bartholomaios (# 20827). – Basileios (# 21004). – Gregorios (# 22431). – Ignatios (# 22739). – Methodios (# 25079). – Niketas (# 25789). – Anonymi (# 30517).

Theotokos-Kloster tu Lutrakiu (= Lutrakiu-Kloster, Athos) → Symeon (# 27530).

Theotokos-Kloster ton Meleon (Athos) s. Meleai-Kloster

Theotokos-Kloster ta mikra Rhomaiu (Kpl.) → Eutychianos (# 21976). – Kale (# 23602). – Thomaïs von Lesbos (# 28277). – Anonyma (# 30070. – # 30071). – Anonymae (# 30135). – Anonymus (# 31228. – # 31229).

Theotokos-Kloster (Myrtilo) → Patrikas (26289)

Theotokos-Kloster (bei tes Monoporu, Peloponnesos) → Polyeuktos (# 26715).

Theotokos-Kloster del Patir (bei Rossano) → Basileios (# 21024).

Theotokos-Kloster tes peges (Kpl.) – Basileios I. (# 20837). – Euphrosyne (# 21800). – Euthymios (# 21913 – # 21937). – Gabriel (# 22025). – Helene (# 22570). – Ignatios (# 22729). – Ioannes (# 22793. – # 22980. – # 22991). – Ioannes Kurkuas (# 22917). – Ioannes Peperis (# 22967). – Kalokyris (# 23635). – Leon VI. (# 24311). – Maria (# 24916. – # 24923). – Maria Lakapene (# 24919). – Maria Schiniza (# 24917). – Matthaios (# 25016). – Meletios (# 25037). – Methodios (# 25076). – Nikolaos (# 25940). – Nikolaos (# 25971). – Romanos Kurkuas (# 26852). – Stephanos I. (# 27208). – Stephanos II. (# 27245). – Stephanos Katzator (# 27272). – Symeon von Bulgarien (# 27467). – Tarasios (# 27564). – Theophanes (# 28087). – Theophilos (# 28158). – Theophylaktos (# 28204. – # 28205). – Zoe Karbonopsina (# 28506). – Anonyma (# 30020). – Anonymae (# 30130. – # 30138). – Anonymi (# 30225). – Anonymus (# 30638. – # 30764. – # 30765. – # 30789. – # 30801. – # 31292. – # 31337. – # 31480. – # 31808).
— s. auch Hagios-Agathon-Kirche, Hagios-Eustratios-Kapelle

Theotokos-Kloster tu Pelekanu (Bithynien) → Nikolaos (# 26015).

Theotokos-Kloster Periblebtos (Kpl.) → Euthymios (# 21974). – Romanos III. Argyros (# 26835).

Theotokos-Kloster Piperudion (Bosporos, evtl. = Piperatos-Kloster) → Eustathios Romaios (# 21870). – Marianos (# 24963). – Anonymus (# 30804. – # 30818).

Theotokos-Kloster von Ptere s. Ptere-Kloster (Athos)

Theotokos-Kloster der Rhos (= Rhos-Kloster, Athos) → Gerasimos (# 22282).

Theotokos-Kloster ton skepeinon mandron → Gregorios (# 22471).

Theotokos-Kloster (Skutarion) → Ioannes (# 22987).

Theotokos-Kloster-Spatharea-Stratu (Kalabrien) → Leon (# 24331). – Nasar (# 25490).

Theotokos-Kloster tu Stylu (Latros) s. Paulos-Kloster (Latros)

Theotokos-Kloster (Tricarico) → Aruballos (# 20636). – Atzupes (# 20698). – Gerasimos (# 22284). – Ioannes (# 23373). – Ioannes Balsamos (# 23372). – Ionas (# 23507). – Konstantinos (# 24052. – # 24053). – Kosmas (# 24139). – Leon (# 24660). – Leon tu lat... (# 24662). – Naukratios (# 25500). – Nikolaos (# 26128). – Phantinos (# 26580). – Phloros (# 26647). – Rodon (# 26827). – Rosimanos (# 26896). – Stephanos (# 27366).

Theotokos-Kloster tu Xylurgu (Athos) s. Theotokos-Kloster der Rhos (Athos)

Thermitza (Bulgarien) → David Areianites (# 21438).

Thermopolis (Thrakien) → Michael (# 25175).

Thermopylai (Gebirgspaß in Phokis bzw. Thessalien) → Konstantinos (# 23950). – Rupenios (# 26907).

Theseion (Athen) → Andreas Palikanti(os) (# 20397). – Anna (# 20441). – Demetrios N... (# 21525). – Galates (# 22058). – Georgios (# 22158). – Ioannes Kalabros (# 23382). – Maria (# 24928). – Michael (# 25361). – Paschales tu Chalka (# 26277). – Paulos (# 26392). – Platon (# 26695). – Rendakios (# 26813). – Theophylaktos (# 28212). – Anonyma (# 30082).

Thesprotia (Epeiros?) → Elias der Jüngere (# 21639). – Georgios (# 22126).

Thessalien → Damianos (# 21365). – Elias der Jüngere (# 21639). – Gabriel-Radomir-Romanos (# 22032). – Georgios (# 22126). – Gregorios (# 22398. – # 22469). – Ioseph (# 23517). – Kekaumenos (# 23694). – Lukas (# 24759). – Nikephoros Uranos (# 25617). – Niketas (# 25740). – Nikolaos (# 26043). – Petros (# 26472). – Samuel Kometopulos (# 26983). – Stephanos (# 27217). – Symeones (# 27547). – Anonymi (# 30418). – Anonymus (# 30745. – # 31320. – # 31967). — s. auch Bunaine, Demetrias, Hypate, Larissa, Marmaritzion, Neai Patrai, Pharsalos, Skleos, Spercheios, Stagoi, Ternabos, Thermopylen, Zetunion

Thessalien (Kirchenprovinz) → Basileios (# 20953). – Damianos (# 21363). – Iakobos (# 22658). – Kosmas (# 24173). – Leon (# 24332. – # 24445). – Nikolaos (# 26043). – Philippos (# 26607). – Stephanos (# 27368). – Stylianos (# 27423). – Symeon (# 27464). – Xenophon (# 28447). – Anonymus (# 31320. – # 31602).

Thessalonike (arab. Salūqiya/Salūniqyia, Makedonien) → Agape (# 20158). – Akindynos (# 20209). – Andreas (# 20367. – # 20394). – Anna (# 20443). – Anthimos (# 20458). – Antipas (# 20475). – Antonios (# 20488). – Artabasdos (# 20628). – Ašot (# 20650). – Athanasios Athonites (# 20670). – Auxentia (# 20702. – # 20703). – Baasakios Diogenes (# 20724). – Bardas (# 20773). – Basileios (# 20858. – # 20882. – # 20893. – # 20932). – Basileios Skriniares (# 20931). – Bitalios (# 21171). – Blasios (# 21178). – Chaldos (# 21228). – Christophoros (# 21328). – Damianos (# 21372). – Daniel (# 21393). – David Areianites (# 21438). – David Nestoritzes (# 21439). – Demetrios (# 21454. – # 21472. – # 21473. – # 21489). – Dorotheos (# 21590). – Drosyne (# 21609). – Elemagos (# 21634). – Elias (# 21645). – Elias der Jüngere (# 21639). – Ephraim (# 21687). – Epiphanios (# 21698. – # 21721). – Euphemia (# 21786). – Euphemianos (# 21790). – Eustachios (# 21825). – Eustathios (# 21838). – Euthymios (# 21912. – # 21921. – # 21932). – Euthymios Athonites Iber (# 21960). – Galatissa (# 22059). – Georgia (# 22080). – Georgios (# 22102. – # 22105. – # 22126. – # 22156. – # 22241. – # 22242. – # 22264). – Gregorios (# 22370. – # 22372. – # 22387. – # 22398. – # 22399. – # 22470). – Gregorios Phuskulos (# 22400). – Gregorios Taronites (# 22428). – Hārūn b. Yaḥyā (# 22555). – Hilarion (# 22600. – # 22602). – Himerios (# 22624). – Horation (# 22630). – Iakobos (# 22673). – Ignatios (# 22719). – Ioannes (# 22828. – # 22829. – # 22830. – # 22831. – # 22841. – # 22880. – # 22883. – # 22905. – # 22948. – # 22949. – # 22972. – # 23251). – Ioannes Chaldos (# 23166). – Ioannes Kaminiates (# 22904). – Ioannes Tornikios (# 22926). – Ioseph (# 23519). – Ioseph Hymnographos (# 23510). – Isaak (# 23549). – Kalokyros (# 23640). – Kalonas (# 23652). – Katakale (# 23684). – Katakalon (# 23685). – Klemes (# 23704. – # 23709). – Konstantinos (# 23783. – # 23795. – # 23796. – # 23837. – # 23838. – # 23874. – # 23879. – # 24044). – Konstantinos Diogenes (# 24045). – Kosmas (# 24101. – # 24102. – # 24106. – # 24107. – # 24111). – Kostatas (# 24187). – Kusonios (# 24219). – Leon (# 24385. – # 24443. – # 24459. – # 24460. – # 24650). – Leon von Tripolis (# 24397). – Mamalos (# 24853). – Maria (# 24947). – Marinus I. (# 24983). – Martha (# 25005). – Meligalas (# 25045). – Methodios (# 25072. – # 25073. – # 25074). – Michael (# 25181. – # 25182). – Michael Botaneiates (# 25357). – Neophytos (# 25505). – Nikephoros (# 25610. – # 25679). – Nikephoros Hexakionites (# 25608). – Nikephoros Uranos (# 25617). – Niketas (# 25738. – # 25817. – # 25924. – # 25960. – # 26006). – Nikolaos (# 26023). – Nikolitzas (# 26152). – Oleg (# 26185). – Pardoleon (# 26264). – Pardos (# 26267). – Paulos (# 26314. – # 26317. – # 26334. – # 26339. – # 26372). – Paulos Bobos (# 26374). – Pediasimos (# 26401). – Petronas (# 26417). – Petros Skleros (# 26498). – Phantinos (# 26576). – Photios (# 26683). – Plotinos (# 26703). – Prokopios (# 26763). – Rodophyles (# 26828). – Samonas (# 26974). – Samuel Kometopulos (# 26983). – Sergios (# 27012. – # 27028). – Sisinnios (# 27099. – # 27104. – # 27110). – Staurakios (# 27184. – # 27186. – # 27194. – # 27196). – Stephanos (# 27249. – # 27279. – # 27296). – Stylianos Zautzes (# 27406). – Symeon (# 27468. – # 27509). – Theodora (# 27599). – Theodora von Thessalonike (# 27598). – Theodoros (# 27618. – # 27639. – # 27648. – # 27701. – # 27702). – Theodotos (# 27962. – # 27974). – Theoktistos (# 28049). – Theophanes (# 28111). – Theophano (# 28122). – Theophylaktos (# 28209). – Theophylaktos Botaneiates (# 28251). – Theopiste (# 28267. – # 28268). – Thomas (# 28296. – # 28298). – Thomas Tzulas (# 28297). – Zoetos (# 28513). – Anonyma (# 30009. – # 30010. – # 30011. – # 30013. – # 30021. – # 30026. – # 30030. – # 30089. – # 30090. – # 30091. – # 30092. – # 30093.

– # 30094. – # 30096. – Anonymi (# 30187. – # 30188. – # 30189. – # 30202. – # 30208. – # 30212. – # 30238. – # 30483. – # 30484. – # 30496). – Anonymus (# 30628. – # 30733. – # 30734. – # 30735. – # 30736. – # 30737. – # 30738. – # 30739. – # 30761. – # 30805. – # 30819. – # 30820. – # 30863. – # 30866. – # 30867. – # 30868. – # 30869. – # 30870. – # 30871. – # 30872. – # 30873. – # 30874. – # 30875. – # 30876. – # 31349. – # 31519. – # 31520. – # 31521. – # 31535. – # 31536. – # 31537. – # 31538. – # 31539. – # 31573. – # 31574. – # 31575. – # 31576. – # 31578. – # 31581. – # 31582. – # 31583. – # 32012. – # 32022).
— s. auch Akropolis, tu Akrulliu, Hagios-Andreas-Kirche, Hagia-Megalomartys-Anysia-Kirche, Hagioi-Apostoloi-Kirche, Ardamaria/Ardamerion, Chortiatis, Hagios-Demetrios-Kirche, Dragabunton, Hagios-Georgios-Kirche, Herkula, Ioannes-Prodromos-Kapelle und -Kloster, Kaminoi, Kassandra-Tor, Leontia-Kloster, Lukas-Kloster, Mega Monasterion, Myriophytos, Panagia ton Chalkeon, Peristerai, Pinson, Hagia Sophia, Stadtmauer, Protomartys-Stephanos-Kloster, Panagia-Theotokos-Kirche

Thessalonike (Thema) → Anastasios (# 20303). – Andreas (# 20368). – Andronikos (# 20416). – Artabasdos (# 20629). – Basileios (# 20892). – Chrysocheir (# 21341). – David von Achrid (# 21409). – Georgios (# 22145). – Ioannes (# 23334). – Ioannes Chaldos (# 23166). – Katakalon (# 23685). – Konstantinos (# 23849). – Konstantinos Karamallos (# 23918). – Leon (# 24439). – Leon Chitzilakes (# 24398). – Marinos (# 24975. – # 24979). – Michael (# 25188. – # 25209. – # 25210). – Nikephoros Hexakionites (# 25608). – Nikephoros Kabasilas (# 25677). – Niketas (# 25719. – # 25747). – Nikolaos (# 25924. – # 25986. – # 26039). – Pediasimos (# 26401). – Petronas (# 26423). – Samonas (# 26974). – Staurakios (# 27196). – Symeon (# 27510). – Theodoros Kladon (# 27763). – Theophilos (# 28146). – Thomas (# 28296). – Zoetos (# 28513). – Anonymus (# 30861. – # 30895. – # 31413. – # 31534. – # 31878).

Thessalonikea (Athos) → Euthymios Athonites Iber (# 21960). – Ioannes (# 23356). – Nikephoros (# 25663). – Paulos II. Xeropotamites (# 26353). – Theodoretos (# 27612). – Xenophon (# 28451).

Thessalonikeus-/Thessalonikeon-Kloster (Athos) s. Sphrenzes-Kloster (Athos)

Theupolis s. Jerusalem

Hagios-Thomas-Kirche (Lage unbekannt) → Nikolaos (# 25978).

Thomaskirche ta Amantiu (Kpl.) → Leon VI. (# 24311).

Thrakesion (Thema) → Ampelios (# 20277). – Bardas Mungos (# 20787). – Bartholomaios (# 20827). – Basileios (# 21003). – Christophoros (# 21303). – Gabriel (# 22030). – Gregorios (# 22417. – # 22418. – # 22457). – Ioannes (# 22894. – # 22975. – # 23029. – # 23075. – # 23248. – # 23322). – Ioannes Tzurillas (# 23401). – Konstantinos (# 23854. – # 23999. – # 24011). – Konstantinos Diogenes (# 24045). – Leon (# 24373). – Limnogalaktos (# 24743). – Manuel (# 24879). – Maria (# 24944). – Methodios (# 25079). – Michael (# 25153. – # 25193. – # 25211. – # 25218). – Nikephoros (# 25563). – Nikephoros

Parsakutenos (# 25611). – Nikephoros Pastilas (# 25606). – Nikephoros Phokas "der Ältere" (# 25545). – Nikephoros Uranos (# 25617). – Niketas (# 25858). – Nikolaos (# 26083. – # 26098). – Pantheres (# 26242). – Pantherios (# 26244). – Pardos (# 26268). – Paulos (# 26376. – # 26394). – Paulos Bobos (# 26374). – Petros (# 26511). – Photios (# 26678). – Racheas (# 26792). – Sanianos (# 26989). – Stephanos (# 27271. – # 27342). – Symbatios (# 27445). – Symeon Ampelas (# 27506). – Theodoros (# 27733. – # 27821). – Theodoros Spongarios (# 27700). – Theophylaktos (# 28232). – Anonymi (# 30388. – # 30394. – # 30395. – # 30396. – # 30397. – # 30398. – # 30399. – # 30517. – # 30518. – # 30553. – # 30554). – Anonymus (# 30824. – # 30893. – # 30929. – # 30930. – # 30931. – # 31241. – # 31242. – # 31243. – # 31243. – # 31244. – # 31246. – # 31247. – # 31248. – # 31249. – # 31250. – # 31251. – # 31252. – # 31416. – # 31787. – # 31862. – # 31883. – # 31884). — s. auch Armakurion, Limnogalaktos, Mastaura, Platei Petra

Thrakien → Adrianos (# 20129). – Agathe (# 20167). – Alexios (# 20240). – Anastasios (# 20301). – Anthimos (# 20459). – Arsenios (# 20616). – Ašot Makrocheir (# 20643). – Athanasios (# 20681). – Baanes (# 20719. – # 20720). – Bardanes (# 20761). – Bardas Bratzes (# 20766). – Bardas Skleros (# 20785). – Basileios (# 20982). – Basileios Gutos (# 21082). – Bulias (# 21210). – David (# 21426). – Demetrios (# 21468). – Drosos (# 21608). – Elpidios Brachames (# 21683). – Euthymios (# 21924. – # 21931). – Gelasios (# 22071). – Helene (# 22573). – Ioannes (# 23102. – # 23175. – # 23180). – Ioannes Alakas (# 23107). – Ioannes bar ʿAbdûn (# 23438). – Ioannes Bogas (# 22911). – Ioannes Garidas (# 22900). – Isaakios (# 23553). – Kale (# 23608). – Kallistos (# 23625). – Kirakos (# 23701). – Konstantinos Kephalas (# 23824). – Konstantinos Malelias (# 23818). – Konstantinos Skleros (# 23921). – Kosmas (# 24105). – Leon (# 24541. – # 24635). – Leon Damokranites (# 24552). – Leon Phokas (# 24408). – Maria die Jüngere von Bizye (# 24910). – Marina (# 24974). – Melias (# 25041). – Michael (# 25175). – Nikephoros (# 25558. – # 25605). – Niketas David Paphlagon (# 25712). – Niketas Kannakes (# 25744). – Nikolaos (# 25896. – # 26017). – Oleg (# 26185). – Orestes (# 26192). – Petros (# 26524). – Philokales (# 26625). – Samuel Kometopulos (# 26983). – Sephronas (# 27009). – Sergios (# 27048). – Sophia (# 27151). – Stephanos (# 27225. – # 27239. – # 27250. – # 27337). – Stephanos Maxentios (# 27223). – Strategios (# 27390). – Theodoros (# 27630. – # 27695. – # 27729). – Theophanes (# 28087. – # 28116). – Theophylaktos (# 28265). – Zoe (# 28510). – Anonyma (# 30034. – # 30036. – # 30037. – # 30038. – # 30039. – # 30040. – # 30041. – # 30042. – # 30043. – # 30044. – # 30045. – # 30050. – # 30051. – # 30052. – # 30062). – Anonymae (# 30129). – Anonymi (# 30184. – # 30229. – # 30232. – # 30235. – # 30236). – Anonymus (# 30703. – # 30725. – # 30851. – # 30852. – # 30853. – # 30854. – # 30855. – # 30856. – # 30857. – # 30858. – # 31078. – # 31079. – # 31086. – # 31089. – # 31090. – # 31529. – # 31530. – # 31533. – # 31700. – # 31932. – # 31981). — s. auch Acheloos, Adrianupolis, Ainos, Anchialos, Apameia, Apros, Arkadiupolis, Athyras, Belikia, Bizye, Bukubas, Bulgarophygon, Cherronesos, Choirobachoi, Damokraneia/Demokraneia, Debeltos, Derkon, Diabasis, Didymoteichon, Epibatai, Ganos, Herakleia, Hexamilion, Kallikrateia, Kamarai, Karabizye, Kastellion, Katasyrta, Klepai, Leuke, Maglaba/Manglaba, Maritza, Medeia, Melas, Melitias, Mesembria, Mesene, Nike, Nikopolis, Panion, Peritheorion, Phokomin, Poroi, Rhaidestos, Selymbria, Silistra, Thermopolis, Tomis, Trapobizye, Tzurulon, Zelminai

Thyateira (Lydien) → Basileios (# 20868). – Leon (# 24678). – Paulos (# 26382).

Thynia → Michael (# 25238). – Paulos (# 26323). – Nikephoros (# 25682).

Tiberias (Galiläa) → Noë (# 26172). – Paulos (# 26385). – Theodoros (# 27628). – Anonymi (# 30582).

Tiberiupolis (Makedonien) → Dristăr (# 21606). – Klemes (# 23704). – Symeon von Bulgarien (# 27467). – Taridenas (# 27565). – Anonyma (# 30083. – # 30084. – # 30085). – Anonymi (# 30442). – Anonymus (# 30727. – # 30728. – # 30729. – # 30730. – # 30731. – # 30732. – # 31359. – # 31360. – # 31361. – # 31362. – # 31363. – # 31364). — s. auch Hagia-Trias-Kloster

Tiberiupolis (Phrygien) → Meletios (# 25035). – Theoktistos (# 28043).

Tibi s. Dvin

Tiča (= Theiss, Fluß in Bulgarien) → Tudor Doxov (# 28377).

Tigane (Basilicata) s. Teana

Tigris (Fluß in Mesopotamien) → Ioannes Kurkuas (# 22917).

Timbrias (Pisidien) → Theodosios (# 27896).

Timios-Stauros-Kloster (Siricha) → Konstantinos Dukas (# 23817).

Timon (Asia) → Ignatios (# 22716).

Tinnīs (arab.) s. Tanis (Ägypten)

Tion/Tios (Honorias bzw. Paphlagonien) → Basileios (# 20945). – Konstantinos (# 23747). – Leon (# 24315. – # 24472). – Petros (# 26485). – Michael (# 25315). – Sisinnios (# 27117).

Ṯirāyūn (arab.) s. Tyraion (Pisidien)

Tiriolo (arab. Tirmūla, Kalabrien) → Ṣābir (# 26951). – Anonymus (# 31098).

Tityos (Pamphylien) → Euschemon (# 21813).

Tīzīn (arab., Syrien) → Nikephoros II. Phokas (# 25535).

Tlos (Lykien) → Andreas (# 20349). – Theodoros (# 27866).

T'mogwi (Georgien) → Bagrat (# 20742). – Bagrat III. (# 20740). – Demetre (# 21450).

Tmolos (Berg in Asia bzw. Lydien) → Nikephoros Erotikos (# 25632). — s. auch ta Derma

Tmoros (Berg in Bulgarien) → Aaron (# 20004). – Alusianos (# 20263). – Nikephoros Erotikos (# 25632). – Prusianos (# 26775).

Tmutorakan (russ.) s. Zekchia

Tokalı Kilise (in Göreme, Kappadokien) → Konstantinos (# 23896).

Tolmatzes-Kloster (Athos) → Georgios (# 22246).

Tolve (Basilicata) → Argyros (# 20560). – Charzanites (# 21235). – Goïnandos (# 22315). – Gregorios Tarchaneiotes (# 22438). – Ioannes (# 23341). – Ioannes tes Karas (# 23340). – Konstantinos tu Kontu (# 24040). – Lukas (# 24780). – Myron (# 25481). – Romanos (# 26876). – Sikenulphos (# 27071).

Tomis (Thrakien) → Aniketos (# 20425).

T'ondrak (Apahunik') → Yakobos (# 28460).

Topeiros (Rhodope) → Ioannes (# 22792). – Tryphon (# 28373).

Torcello (Venedig) → Maria Argyropulaina (# 24937).

Torremagio (Apulien) → Basileios Boioannes (# 21094). — s. auch Petruskloster

Tortosa (Syrien) s. Tartus

Tortum-ṣū (Fluß in Tao) → Ioannes Tornikios (# 22926).

Tosb/Tosp (Vaspurakan) → Gēorg II. Gaṙnec'i (# 22078).

Toskana (Italien) → Adalbert (# 20096). – Berta (# 21154). – Stephanos (# 27293). — s. auch Cortona, Lucca, Pisa

Totes Meer → Theophilos I. von Jerusalem (# 28168).

Tottaion (Phrygien) → Lukas Stylites (# 24758).

Toul (Lothringen) → Anonymi (# 30563).

Ṭ.rā.b.l.s (arab.) s. Drepanon (Sizilien)

Trajanische Pforte (Bulgarien) → Aaron Kometopulos (# 20003). – Basileios II. (# 20838). – Samuel Kometopulos (# 26983).

Traianopolis s. Salandū (Kappadokien)

Traianoskloster (am Sangarios) → Athanasios (# 20672). – Anonymus (# 30641. – # 31120).

Traianupolis (Phrygia Pakatiane) → Eustratios (# 21887).

Traianupolis (Rhodope) → Georgios (# 22183).

Trakula (Lydien) → Konstantinos (# 23767).

Tralleis (Asia) → Theophanes (# 28077). – Theophylaktos (# 28239). – Theopistos (# 28269).

Tramuntanon (Kalabrien) → Achileus (# 20093). – Ardiabastos (# 20551). – Barbara (# 20755). – Basileios (# 20992. – # 20993). – Basilo (# 21131). – Bonelos (# 21190). – Eulampios (# 21779). – Hypomonos (# 22651). – Ioannes (# 23116. – # 23117. – # 23118). – Konstantinos (# 23927. – # 23928). – Leon (# 24526). – Leon Murutzes (# 24527). – Leon Zeugites (# 24528). – Margarites (# 24907. – # 24908). – Nikephoros (# 25616). – Nikolaos (# 26014). – Photios (# 26684). – Pullos (# 26783). – Sphirites (# 27173). – Stephanos (# 27302).

Trani (Apulien) → Andreas (# 20396). – Atenolfus (# 20655). – Basileios Boioannes (# 21094). – Chrysostomos (# 21344). – Delterios (# 21449). – Disilus (# 21569). – Falcon (# 21987). – Falcus (# 21988). – Gregorios (# 22412). – Ioannakios (# 22777). – Maraldus (# 24906). – Petros (# 26509). – Rodostamos (# 26830). – Romanos (# 26865). – Romoald (# 26887).

Transoxanien (= Šaš, Iran) → Eutychios (# 21978). – Ioannes (# 23184). – Anonymi (# 30449). – Anonymus (# 31410). — s. auch Fergana, Šaš

Transsylvanien s. Maghrebinien

Trapani (Sizilien) s. Drepanon

to Trapezoma (Proasteion in Kalabrien) → Theophylaktos (# 28261).

Trapezunt (arab. Ṭrābzundah/Ṭarābizunda, Chaldia bzw. Pontos Polemoniakos) → Alexios (# 20239). – Athanasios Athonites (# 20670). – Athanasios Daimonokatalytes (# 20659). – Basileios (# 20919. – # 20928). – David Arcruni (# 21441). – Georgios (# 22195). – Giorgi I. (# 22309). – Gregorios Taronites (# 22428). – Ioannes (# 22899. – # 23270). – Ioannes Hexapterygos (# 22997). – Ioannes Tornikios (# 22926). – Kanitissa (# 23669). – Konstantinos (# 24054). – Mudaphar (# 25432). – Nikephoros I. von Jerusalem (# 25674). – Nikephoros Phokas Barytrachelos (# 25675). – Niketas (# 25804). – Paulos (# 26385). – Petros (# 26538). – Theodoros (# 27722). – Theodoros Zephinezer (# 27682). – Anonyma (# 30074). – Anonymi (# 30603). – Anonymus (# 31152. – # 31275. – # 31988). — s. auch Hagia-Anna-Kirche, Christos-Kirche, Hagios-Euthymios-Kloster, Hagios-Phokas-Kloster

Trapobizye (Thrakien) → Konstantinos (# 23770). – Manuel (# 24891).

tu Treabuku (Felder bei Gradiska, Chalkidike) → Maria (# 24938).

Tremiti (Insel in der Adria, Apulien) → Landenolfus (# 24269). – Roccio (# 26822). — s. auch Marienkloster, Iacobuskloster

Trevi s. Trivento (Umbrien)

Triaditza (Bulgarien) → Demetrios (# 21514). – Nikephoros Xiphias (# 25661).

Hagia-Trias-Kapelle (Kpl.) → Euphrosyne (# 21800). – Nikolaos (# 25940). – Anonymae (# 30130).

Hagia-Trias-Kloster (Kpl., wohl im Kaiserpalast) → Niketas (# 25703).

Hagia-Trias-Kloster (Tiberiupolis, Phrygien) → Meletios (# 25035).

Tribenas (Lage unbekannt) → Symeon (# 27462).

Tribunalion (Kpl.) → Arsenios (# 20608). – Ioannes (# 22937). – Leon (# 24412). – Paulos (# 26332).

Tribunia (Serbien) → Čuzimir (# 21357). – Hvalimir (# 22646).

Tricarico (Lukanien bzw. Basilicata, Italien) → Argyros (# 20560). – Basileios Boioannes (# 21094). – Charzanites (# 21235). – Goïnandos (# 22315). – Gregorios Tarchaneiotes (# 22438). – Ioannes (# 23341). – Ioannes tes Karas (# 23340). – Konstantinos tu Kontu (# 24040). – Lukas (# 24780). – Myron (# 25481). – Romanos (# 26876). – Selantzianos (# 27003). – Sikenulphos (# 27071). – Vitalis (# 28428). – Anonymus (# 31481). — s. auch Maria-del-Rifugio-Kloster, Theotokoskloster

Trier (Deutschland) → Cosmas (# 21351). – Symeon von Trier (# 27542).

Triklinos des Iustinianos II. (Kaiserpalast, Kpl.) → Olga (# 26186). – Romanos II. (# 26834). – Theophano (# 28125). – Anonymi (# 30370). – Anonymus (# 31210. – # 31215).

Trikonchos (Kaiserpalast Kpl.) → Theodoretos (# 27607).

Trimithus (Zypern) → Eustathios (# 21835). – Theophilos (# 28144).

Tripolis (arab. Ṭarābulus, Syrien [heute Libanon]) → Abū l-Ḥasan Aḥmad b. Naḥrīr al-Arġālī (# 20059). – Bardas Phokas der Jüngere (# 20784). – Basileios II. (# 20838). – Damianos Dalassenos (# 21379). – Gregorios (# 22352). – al-Ḥākim (# 22544). – Himerios (# 22624). – Ibn Šākir (# 22704). – Ioannes I. Tzimiskes (# 22778). – Ioannes Kaminiates (# 22904). – Izeth (# 23585). – K.r.m.rūk (# 23592). – Leon (# 24401). – Leon von Tripolis (# 24397). – Maysūr (# 25027). – Michael Burtzes (# 25253). – Muẓahhar b. Nazzāl (# 25470). – Nazzāl (# 25502). – Nikephoros I. von Jerusalem (# 25674). – Nikephoros II. Phokas (# 25535). – Nuṣayr (# 26173). – Rayyān (# 26808). – Sisinnios (# 27103). – Anonymus (# 30874. – # 31950. – # 31951. – # 31952).

Trivento (= Trevi, Umbrien) → Dominicus (# 21583). – Grimualdus (# 22503). – Phloros (# 26644).

Troas (Bithynien) → Michael (# 25111). – Petros (# 26432).

Trochalas-/Trogalas-Kloster (Athos) → Petros (# 26535). – Ioël (# 23469).

Troia (Apulien) → Basileios Boioannes (# 21094). – Byzantios (# 21219. – # 21220). – Heinrich II. (# 22567). – Ioannes von Alpharana (# 23366). – Leon (# 24659). – Maragdos (# 24900). – Maraldus (# 24905). – Passari(s) (# 26287). – Rodulfus (# 26831). – Stephanos (# 27365). – Tornikios Kontoleon (# 28366). – Anonymi (# 30597). — s. auch Augustakirche

Troiaditza s. Triaditza

Troknada (Galatien) → Konstantinos (# 23764).

Tropai (Unteritalien) → Nikephoros Phokas “der Ältere” (# 25545).

Hagios-Tryphon-Kloster (Athos) → Euthymios (# 21969). – Nikolaos (# 26114). – Theodulos (# 28001).

Trypia (Kappadokien) → Melias (# 25041).

Tschoroch s. Čorox

Tsernista s. Tzernista

Tsokon (Haimimontos) → Israel (# 23567).

tu Tzekudbamu oder tes Tzekudbames (Kloster, Lage unbekannt) → Esaïa (# 21747).

aṯ-ṯuġur aš-šāmīya (arab. Syrische Grenzgebiete) → Abū ‘Umayr ‘Adī b. Aḥmad b. ‘Abdalbāqī al-Aḏanī (# 20086). – Aḥmad b. Tuġān al-‘Uǧayfī (# 20193). – Bašīr aṯ-Ṯamalī (# 21132). – al-Ḥasan b. ‘Alī Kūrah (# 22560). – Naṣr aṯ-Ṯamalī (# 25494). – al-Qāsim b. Sīmā (# 26786). – b. Baradū al-Farġānī (# 26909). – Ṯamal ad-Dulafī (# 27558). – Anonymus (# 31069. – # 31070). — s. auch al-Ǧazarīya, Grenzgebiet (zwischen Byzanz und Kalifat)

Tulba s. Tolve (Basilicata)

Tullensis civitas s. Toul (Lothringen)

Tunis s. Ifrīqiya

Ṭūr Ayyūb (arab., = Berg Hiob, Palästina?) → Isḥaq (# 23561).

Ṭūr Sīnā s. Sinai

Ṭuranda (arab.) s. Taranta

Turcia (Gegend im Iran) → Malacenus (# 24838). – Anonymi (# 30218). – Anonymus (# 30793).

Turcicum s. Tursi (Apulien)

Turitunion s. Zetunion (Thessalien)

Turkia s. Ungarn

Turri (Lukanien) → Basileios (# 21057). – Elias (# 21677). – Hilarius (# 22621). – Leontius (# 24732). – Nifus (# 25529). – Vitalis (# 28428).

Tursi (= Turcicum, Basilicata) → Anonymus (# 31481).

Turturon (Kalabrien) → Ioannes (# 23211). – Kyriakos (# 24236). – Anonyma (# 30104. – # 30105). – Anonymi (# 30556. – # 30557).

Tuscien s. Toskana

Tusculum (Latium) → Gregorius I. (# 22494). – Michael (# 25351). – Paulos (# 26366). – Theophylactus (# 28173). – Anonymus (# 31943). — s. auch Sancta Agata an der Via Latina

Tyana (Kappadokien) → Eustathios (# 21853). – Ioannes (# 23177). – Leon (# 24452). – Leontios (# 24706). – Anonymus (# 31315).

Tyche (Standbild in Kpl.) → Sergios (# 27022).

Tychos/Teichos (Lage unbekannt) → Eustathios (# 21829).

Tymbriada (Pisidien) → Nikephoros (# 25566).

Tyraion (arab. Ṭirāyūn, Pisidien) → Anastasios (# 20286). – Ioseph (# 23518). – Konstantinos (# 23771). – Ṭuġǧ b. Ǧuff (# 28378).

Tyrokastron (georg. Qvelis-c'ixe, in Džavaxet'i, Georgien) → Ašot II. "Kiskases" (# 20648). – Giorgi II. von Abchasien (# 22307). – Gurgen II. von Tao (# 22529).

Tyroloe s. Tzurulos (Thrakien)

Tyropoion (arm. Žeṙaws, Kappadokien) → Bardas Phokas der Jüngere (# 20784). – Bardas Skleros (# 20785).

Tyros (arab. Ṣūr, Syrien [heute Libanon]) → Abū 'Abdallāh al-Ḥusayn b. Nāṣiraddawla b. Ḥamdān (# 20035). – 'Allāqa (# 20259). – Damianos (# 21365). – Fā'iq al-Barrāz (# 21986). – Ǧayš b. Muḥammad b. aṣ-Ṣamṣāma (# 22069). – al-Ḥākim (# 22544). – Thomas (# 28279).

Tzamandos (arab. Samandū, Kappadokien) → Damianos (# 21365). – David Arcruni (# 21441). – Melias (# 25041). – Niketas (# 25792). – Rustam b. Baradū al-Farġānī (# 26909). – Sayfaddawla (# 26998). – Theodulos Parsakutenos (# 27993).

Tzeliapert s. Tziliapert

Tzernista/Tsernista (Makedonien) → Germanos von Kosinitza (# 22285). – Neophytos (# 25507). – Nikolaos (# 25917). – Anonymi (# 30204. – # 30214). – Anonymus (# 30787. – # 31344). — s. auch Theotokos-Kirche

Tziliapert (Kleisura bzw. Thema, Armenien?) → Konstantinos (# 24010). – Anonymus (# 31338).

Tzoïda (Haimimontos) → Israel (# 23567).

Tzopon (Patzinakia) → Batas (# 21133).

Tzur (Patzinakia) → Kuel (# 24207).

Tzurulon/Tzurulos (Thrakien) → Basileios (# 20855). – Ioannes (# 23102). – Philokales (# 26625).

Tzykanisterion (Kpl.) → Basileios I. (# 20837).

Uasada s. Basada

Ugorskoe (Berg in/bei Kiew, Rußland) → Oleg (# 26185).

Ulnutin (Armenien) → Ašot III. von Taron (# 20645). – Bagrat II. (# 20733). – Krinites (# 24200). – T'ornik (# 28364).

Ułt'is (Armenien) → Mušeł (# 25457).

Umbria (lat.) s. Bryas (Bithynien)

Umbrien (Italien) s. Narni, Perugia, Spoleto, Trivento

Ungarn → Almos (# 20260). – Arpad (# 20582). – Bulču (# 21211). – Časlav (# 21225). – Eustathios (# 21836). – Ezelech (# 21984). – Falič (# 21989). – Hierotheos (# 22594). – Ielech (# 22710). – Iutoča (# 23581). – Kali (# 23611). – Kursan (# 24213). – Leon Rabduchos (# 24400). – Liuntika (# 24746). – Michael (# 25166). – Oleg (# 26185). – Solt (# 27149). – Stephan I. von Ungarn (# 27204). – Symeon von Bulgarien (# 27467). – Tarkaču (# 27566). – Taši (# 27568). – Termaču (# 27580). – Tevel (# 27581). – Tokšin (# 28362). – Anonymi (# 30192. – # 30194). – Anonymus (# 31391). — s. auch Balatonsee/Plattensee, Veszprém, Veszprémvölgy

Unteritalien → Abellari(s) (# 20020). – Ademar (# 20113). – Aḥmad b. al-Ḥasan b. ʿAlī al-Kalbī (# 20188). – Anastasios (# 20331). – Andreas (# 20373). – Anna (# 20433). – Annalis (# 20444). – Anthimos (# 20460. – # 20468). – Ardabastos (# 20550). – Argyros (# 20559. – # 20561). – Arnulf II. (# 20579). – Arsaphius (# 20591). – Arsenios (# 20624). – Atenolfus (# 20655). – Athanasios (# 20692). – Barnabas (# 20814). – Barsakios (# 20819). – Basileios (# 20839. – # 20975. – # 20981. – # 21024. – # 21099). – Basileios I. (# 20837). – Basileios Kladon (# 20926). – Beniamin (# 21145). – Bonos (# 21194). – Bubali (# 21208). – Daniel (# 21396. – # 21398). – David (# 21425). – Diakonitzes (# 21539). – Diogenes (# 21540). – Dorotheos (# 21598). – Elias (# 21673. – # 21673). – Eupraxios (# 21805). – Fulk Nerra (# 22013). – Georgios (# 22093). – Georgios Maniakes (# 22262). – Gregorios Tarchaneiotes (# 22438). – Gregorius (# 22492). – Guaimar III. bzw. IV. (# 22509). – Ḫalīl b. Isḥāq (# 22549). – al-Ḥasan b. ʿAlī b. Abī l-Ḥusayn al-Kalbī (# 22558). – Holmi (# 22628). – Ioannes (# 22940. – # 23097. – # 23345. – # 23358). – Ioannes Byzalon (# 22934). – Ioannes Proteuon (# 22931). – Ioannikios (# 23451). – Iohannes (# 23496). – Ionas (# 23508). – Kallinikos (# 23617). – Kandidos (# 23666). – Konstantinos (# 24043. – # 24047. – # 24059). – Kosmas (# 24142. – # 24160). – Krambeas (# 24189). – Landulph I. (# 24272). – Leo (# 24302. – # 24304. – # 24307). – Leon (# 24331. – # 24652. – # 24653. – # 24664). – Leon Apostyppes (# 24341). – Leontios (# 24718). – Licastus (# 24740). – Lukas (# 24780. – # 24782). – Makroioannes (# 24837). – al-Mahdī (# 24814). – Malachias (# 24839). – Malakenos (# 24842). – al-Manṣūr bi-Naṣr Allāh (# 24863). – Maragdos (# 24900). – Maralda (# 24901). – Maraldus (# 24903). – Marianos Argyros (# 24962). – Markos (# 24996). – Michael (# 25358. – # 25360). – Michael Abidelas (# 25255). – Moroleon (# 25421). – Mosilikes (# 25430). – Musandus (# 25453). – Muscatus (# 25456). – Neilos von Rossano (# 25503). – Nikephoros Hexakionites (# 25608). – Nikephoros Phokas "der Ältere" (# 25545). – Niketas (# 25844. – # 25847). – Niketas Botherites (# 25715). – Niketas Ooryphas (# 25696). – Nikodemos (# 25880). – Nikolaos (# 25953. –

26109. – # 26110. – # 26121). – Nikon (# 26162. – # 26165). – Oiniates (# 26178). – Otto II. (# 26212). – Pachomios (# 26218). – Pankratios (# 26235). – Paschalios (# 26279. – # 26285). – Paulos (# 26356). – Petros (# 26494). – Petrus (# 26564. – # 26569). – Philippos (# 26623. – # 26624). – Pothos Argyros (# 26742). – Prokopios (# 26758). – Rabduchos (# 26791). – Rayca (# 26807). – Romuald (# 26890). – Rossemannus (# 26897). – Rotari (# 26898). – Sabas (# 26930). – Sabas neos (# 26929). – Sālim b. Abī Rāšid (# 26967). – Sawdān (# 26997). – Šefatiah (# 27000). – Serius (# 27057). – Siphandus (# 27092). – Theodoros (# 27851. – # 27856). – Theodorus (# 27884). – Theodosios (# 27932. – # 27938). – Theognostos (# 28025). – Theophylaktos (# 28183). – Trifilius (# 28371). – Ya'qūb b. Isḥāq (# 28461). – Zacharias (# 28491). – Anonymi (# 30221. – # 30563). – Anonymus (# 31481. – # 31498. – # 31574. – # 31720. – # 31726. – # 31788). — s. auch al-Ġirān, Qal'at al-Ḥasab, Sasonion, Tropai, Zikaron-Kloster sowie unter den einzelnen Regionen und Orten

Up'lisc'ixe (Georgien) → Smbat I. "der Märtyrer" (# 27141).

Ūra (arab.) s. Oria (Apulien)

Urtzuli/Urtzulon (Kampanien) → Leon (# 24653).

Utik' (Armenien) → Ioannes Kurkuas (# 22917).

Uxt'ik' (arm., georg. Olt'i, Armenien) → Basileios II. (# 20838). – Gurgen von K'art'li (# 22531). – Mušeł (# 25457).

Vaccaricia (Apulien) → Rodulfus (# 26831).

Vaghaschakert, s. Vałaršakert

Vałaršakert/Vałašukert/Vałaškert (Armenien) → Gagik I. Bagratuni (# 22053). – Zak'aria (# 28497).

Valleluce/Vallelucio (Latium) → Aligernus (# 20258). – Andreas (# 20375). – Barnabas (# 20815). – Bartholomaios (# 20826). – Basileios (# 21099). – Lukas (# 24763). – Markianos (# 24991). – Naukratios (# 25499). – Neilos von Rossano (# 25503). – Neophytos (# 25511). – Paulos (# 26366). – Stephanos (# 27257). – Theognostos (# 28018). – Anonymi (# 30506. – # 30507). – Anonymus (# 31606. – # 31645. – # 31646). — s. auch Archistrategos-Kloster

Van-See (Armenien) → Abas I. (# 20006). – Abū l-Aswad (# 20041). – Abū l-Ward I. (# 20087). – Abū l-Ward II. (# 20088). – Aḥmad b. 'Abdarraḥmān Abū l-Mu'izz (# 20186). – Ašot II. "der Eiserne" (# 20646). – Ašot III. von Taron (# 20645). – Bagrat (# 20741). – Bakur (# 20748). – Nikephoros Komnenos (# 25676). – Sap'i (# 26991). – Sayfaddawla (# 26998). – Yakobos (# 28460).

Vanand (Armenien) → Abas (# 20007). – Giorgi I. (# 22309). – Rat (Horatios Liparites) (# 26805).

Vardar (Fluß) → Bardas Skleros (# 20785). – Kosmas (# 24106). – Mušeł (# 25457). – Pesota (# 26407). – Samuel Kometopulos (# 26983). – Anonymus (# 31361. – # 31941).

Varna (Bulgarien) → Georganes (# 22079). – Ioaines (# 22769). – Ioannes (# 23045).

Vasakawan (Armenien) → Mxit'ar (# 25472). – Spramik (# 27176).

Vasilev (Rußland) → Vladimir I. von Kiew (# 28433).

Vaspurakan (Armenien) → Basileios Mesardonites Argyros (# 21090). – David Arcruni (# 21441). – Derenik (# 21536). – Dometianos (# 21580). – Elitzes (# 21680). – Gagik II. Arcruni (# 22052). – Gēorg II. Gaṙnec'i (# 22078). – Gurgēn (# 22530). – Konstantinos (# 23830). – Maria (# 24943). – Nikephoros Komnenos (# 25676). – S.n.ǧār (# 26911). – Sap'i (# 26991). – Senek'erim-Yovhannēs Arcruni (# 27008). – Theophylaktos Dalassenos (# 28254). – Yovhannēs Drasxanakertc'i (# 28467). — s. auch Dzoroy Vank', Tosb

Vatašakert s. Vałaršakert

Vatopedi-Kloster (Athos) → Antonios (# 20509). – Athanasios (# 20690). – Basileios (# 21005). – Christophoros (# 21325). – Damianos (# 21380). – Ephymes (# 21696). – Georgios (# 22184). – Gregorios (# 22437). – Iakobos (# 22668. – # 22669). – Ioannes (# 23158. – # 23368). – Ioannes Athonites Iber (# 22942). – Ioannikios (# 23461). – Ioseph (# 23532). – Kosmas (# 24146. – # 24147. – # 24148). – Kyrikos (# 24243). – Kyrillos (# 24252. – # 24253). – Leontios (# 24717). – Michael (# 25273). – Nikephoros (# 25621. – # 25624. – # 25625. – # 25626. – # 25663). – Nikolaos (# 26036. – # 26123). – Nikon (# 26159). – Paulos (# 26368). – Petros (# 26506. – # 26507. – # 26508). – Symeon (# 27536). – Xenophon (# 28451). – Zosimas (# 28516). – Iakobos (# 22671).

Velikia s. Belikia

Velitza (Bulgarien) → Anonymus (# 30800. – # 30807. – # 30808).

Velletri (= Velitrae, Latium) → Gauderichos (# 22063).

Venedig (Italien) → Basilius Orseolus (# 21129). – Gregorios Tarchaneiotes (# 22438). – Iohannes Orseolus (# 23495). – Konstantinos (# 23889). – Liutfrid (# 24749). – Maria Argyropulaina (# 24937). – Naum (# 25501). – Otto Orseolus (# 26214). – Petrus (# 26557). – Petrus I. Orseolus (# 26563). – Petrus II. Candianus (# 26560). – Petrus II. Orseolus (# 26566). – Petrus III. Candianus (# 26561). – Petrus Parteciacus (# 26559). – Salomon (# 26971). – Ursus I. Parteciacus (# 28413). – Ursus II. Parteciacus (# 28414). – Zak'aria (# 28497). – Anonymi (# 30174). – Anonymus (# 30712). — s. auch Torcello

Venosa (Basilicata) → Petrus (# 26569).

Vercelli (Piemont) → Bononius (# 21193). – Petrus (# 26564).

Verdun (Frankreich) → Anonymi (# 30408).

Verona (Lombardei) → Flambert (# 21999). – Ludwig III. (# 24756). – Otto II. (# 26212). – Rudolph II. (# 26904).

Veszprém (Ungarn) → Stephan I. von Ungarn (# 27204).

Veszprémvölgy (Nonnenkloster bei Vesprém) → Stephan I. von Ungarn (# 27204).

Veteri (lat., = Vietri-sul-Mare, Kampanien) → Kosmas (# 24142). – Sabas neos (# 26929). — s. auch Iohannes-Kirche

Vicenza (Lombardei) → Ioannes (# 23043).

Vicus Fantini (Kalabrien) → Bitalios (# 21170).

Vidin (Bulgarien) → Samuel Kometopulos (# 26983).

Vienne (Frankreich) → Hugo von der Provence (# 22637).

Vierkirchenlaura (Tao-Klardžet'i) → Arseni (# 20596). – David III. (# 21432). –

Ioannes Athonites Iber (# 22942). – Iovane Grdzelisdze (# 23545).

Villasor (Sardinien) → Ortzokor (# 26207). – Salusios (# 26972). – Torkotorios (# 28363).

San Vincenzo (Kloster am Volturno, Kampanien) → Theophano (# 28127).

Vixik (Armenien) → Ašot II. "Kiskases" (# 20648).

Vodena s. Edessa (Makedonien)

Volchov (Fluß in Rußland) → Ioachim (# 22768).

Volturno (Berg und Fluß in Kampanien) → Georgios (# 22103). – Godinus (# 22314). – Leo (# 24292. – # 24296). – Radelchis (# 26793). – Theophano (# 28127). – Anonymi (# 30190). — s. auch San Vincenzo

Vruč s. Ovruč (Rußland)

Vuteli (= Pelagonia, Bulgarien) → Gabriel-Radomir-Romanos (# 22032).

Vxik s. Vixik (Armenien)

Wādī Buṭnān (arab., Syrien) → Nikephoros II. Phokas (# 25535).

Wałaršakert, s. Vałaršakert

al-Warak (arab.) s. Kore (Armenien)

Warī (arab.) s. Oria (Apulien)

Weṙiay (arm.) s. Berrhoia (Bulgarien)

Westen s. Dysis

Westgeorgien (georg. Ap'xazet'i, griech Abasgia/Abchasien) → Athanasios Athonites (# 20670). – Bagrat III. (# 20740). – Giorgi I. (# 22309). – Gurgen von K'art'li (# 22531). – Kanitissa (# 23669). — s. auch Abasgia/Abchasien

Winchester (England) → Andreas (# 20400).

Wolga (Fluß in Rußland) → Svjatoslav von Kiew (# 27440).

Worms (Deutschland) → Otto II. (# 26212).

Würzburg (Deutschland) → Bernward (# 21151).

Wunderbarer Berg (bei Antiocheia) s. Mons mirabilis

Xałtoy Arič/Xałtoyarič/Xałtoy Dzor (Armenien) → Andronik (# 20403). – David III. (# 21432). – Phers (# 26581).

Xałtik' (arm.) s. Chaldia

Xancit' (Armenien) → Mxit'ar (# 25472). – Spramik (# 27176).

Xantheia (Rhodope) → Georgios (# 22097).

Xawatanēk'/Xawatanēs s. Gabadonia (Kappadokien)

Xaxuli-Kloster s. Chachuli-Kloster (Tao)

Xenon s. auch unter Eubulos, Sampson, Myrelaion-Kloster

Xenon (nicht identifiziert, Kpl.) → Theophilos (# 28149).

Xenophon/Xenophontos-Kloster (Athos) → Theodoros (# 27859). – Xenophon (# 28451).

Xerokastron (Athos) → Basileios (# 21036). – Georgios (# 22235). – Ignatios (# 22744). – Michael (# 25352). – Sabas (# 26939). – Theodoros (# 27852). – Theodosios Siderokaustes (# 27937). – Thomas (# 28317).

Xerokastron-Kloster (Athos) → Blasios (# 21183). – Ignatios (# 22746). – Ioannes (# 23158). – Onesiphoros (# 26188). – Sabas (# 26939). – Theodoros (# 27767). – Thomas (# 28314. – # 28317).

Xerolimne (Bithynien) → Agapios (# 20162). – Michael Maleïnos (# 25124).

Xerolophos (Kpl.) → Ioannes (# 22941).

Xeron-Choraphion-Kloster (Asia) → Andreas (# 20398). – Nikephoros (# 25576). – Nikolaos (# 26059). – Philippos (# 26620). – Symeon Ampelas (# 27506). – Theodulos (# 27998). – Zosimas (# 28517). – Anonymus (# 31464. – # 31835).

Xeropotamu-Kloster (= Hagios-Nikephoros- bzw. Hagios-Paulos-Kloster, Athos) → Antonios (# 20521). – Ioannes (# 23360). – Neilos (# 25504). – Nikephoros (# 25663). – Paulos I. Xeropotamites (# 26352). – Paulos II. Xeropotamites (# 26353). – Poimen (# 26706). – Anonymi (# 30448).

Xlat‘ (arm.) s. Chaliat

Xylinites-Kloster (Kpl.) → Eustathios (# 21858).

Xylokerkostor (Kpl.) → Petronas (# 26420).

Xylurgos-Kloster s. Theotokos-Kloster der Rhos (Athos)

Ylizon-Kloster (Athos) s. Dielizon-Kloster (Athos)

Ypsos s. Ispsos

San Zaccaria al Mercurio (= Hagios-Zacharias-Kloster, Merkurion) → Andreas (# 20375). – Barnabas (# 20815). – Lukas (# 24763). – Markianos (# 24991). – Naukratios (# 25499). – Neophytos (# 25511). – Theognostos (# 28018).

Hagios-Zacharias-Kloster (Atroa) → Lukas Stylites (# 24758). – Petros (# 26461). – Anonymus (# 30906).

Zachlumien (Herzegowina) → Vyšebuđ (# 28440). – Michael (# 25166).

Zakynthos (Ionische Inseln) → al-Ḥusayn b. Rabāḥ (# 22641). – Nikephoros (# 25539).

Zalichos (Helenopontos) → Ioannes (# 22812).

Zara s. Iadera

Zarehawan/Zarehuan (Armenien) → Niketas (# 25703).

Zarzela (Pisidien) → Leon (# 24595).

Zarzma (Kloster in Samc‘xe, Georgien) → Ivane (# 23583).

Zautzeskloster (Kpl.) → Stylianos Zautzes (# 27406).

Zavalár (Pannonien) → Kocel (# 23721).

Zechia s. Zekchia

Zekchia/Zechia/Zichia/Zikchia (Kirchenprovinz) → Konstantinos (# 23938). – Anonymus (# 32001).

Zela (Helenopontos) → Paulos (# 26305). – Anonymus (# 30655. – # 30657).

Zelenčuk (Fluß im Nordkaukasus) → Petros (# 26463).

Zelenitza (Chalkidike) → Georgios I. von Iviron (# 22180). – Maria (# 24942). – Nikephoros (# 25618). – Stephanos (# 27306). – Anonymus (# 31666).

Zelminai/Zelminoi oder Zelmina (Thrakien) → Leon (# 24635).

Zelve (Kappadokien) → Symeon (# 27546).

Zemena (Peloponnesos) → Lukas der Jüngere (# 24762). – Anonymus (# 30992. – # 30993. – # 31293).

Zenopolis/Zenopon (Isaurien) → Niketas (# 25711).

Žeṙaws (arm.) s. Tyropoion

Zeta s. Diokleia

Zetunion (Thessalien) → Georgios (# 22091). – Gregorios (# 22361). – Anonymus (# 31320).

Zeugma (Kpl.) → Stephanos Neolampes (# 27206).

Zeuxippos (Kpl.) → Petros (# 26527).

Zichia s. Zekchia

Zikaron-/Zkaron-Kloster (Unteritalien?) → Basileios (# 20839).

Zikchia s. Zekchia

Zitetza (Chalkidike) → Nikolaos (# 26069). – Theodoros (# 27806).

Zographu-Kloster (Athos) → Georgios (# 22160). – Onesiphoros (# 26188). – Thomas (# 28314. – # 28317).

Zṙung (Kappadokien) → Bardas Phokas der Jüngere (# 20784).

Zygos (Region und Kloster, Athos) → Aëtios Zacharias (# 20143). – Athanasios (# 20688). – Athanasios Athonites (# 20670). – Elias (# 21669). – Eustratios (# 21904). – Leon Phokas (# 24423). – Leontios (# 24717. – # 24726). – Nikephoros (# 25663. – # 25671). – Niphon (# 26169). – Paulos II. Xeropotamites (# 26353). – Stephanos (# 27364). – Symeon (# 27530). – Xenophon (# 28451). – Anonymus (# 31409).

Zypern (Kypros) → Alexios (# 20238). – Antonios (# 20498). – Athanasios Athonites (# 20670). – Bardas (# 20794). – Damianos (# 21365). – Demetrianos (# 21451). – Eirene (# 21625). – Epiphanios (# 21704. – # 21722). – Epiphanios III. von Zypern (# 21700). – Euthymios (# 21948). – Gregorios (# 22449). – Himerios (# 22624). – Iakobos (# 22667). – Ioannes (# 23295). – Leon (# 24401). – Limnogalaktos (# 24743). – Michael (# 25127). – Moses (# 25426). – Niketas Chalkutzes (# 25778). – Petros (# 26520). – Petros Thaumaturgos (# 26426). – Staurakios (# 27178). – Theodosios (# 27920. # 27925). – Theodotos (# 27979). – Anonyma (# 30029). – Anonymus (# 31446. – # 32013). — s. auch Chytroi, Hiereiskloster, Ioannes-Kirche, Konstantia, Kythrea, Paphos, Salamis, Sykai, Syngrasis, Trimithus

Zypern (Kirchenprovinz) → Epiphanios (# 21704. – # 21722). – Epiphanios III. von Zypern (# 21700). – Eustathios (# 21835). – Iakobos (# 22667). – Theophilos (# 28144). – Anonymus (# 30709).